Glaubenszugänge

Lehrbuch der katholischen Dogmatik

Band 1

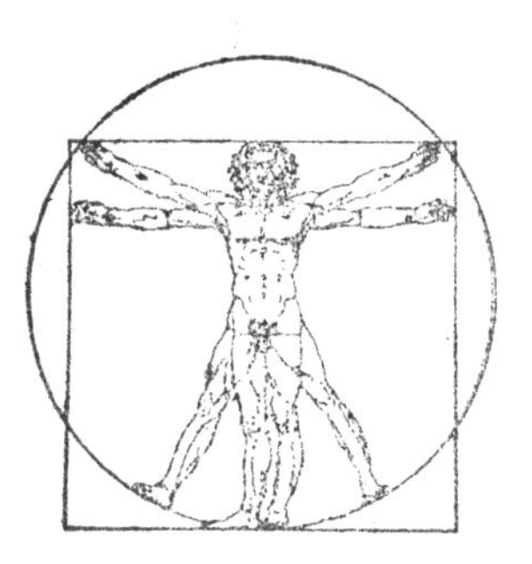

Thomas [illegible]

- Weihnachten 1995 -

Glaubenszugänge

Lehrbuch der katholischen Dogmatik
in drei Bänden
Herausgegeben von Wolfgang Beinert

Band 1

1995

Ferdinand Schöningh
Paderborn · München · Wien · Zürich

Glaubenszugänge

Lehrbuch der Katholischen Dogmatik

Herausgegeben von

Wolfgang Beinert

Band 1

Wolfgang Beinert:
Einleitung in die Dogmatik – Theologische Erkenntnislehre

Wilhelm Breuning:
Gotteslehre

Alexandre Ganoczy:
Schöpfungslehre

Georg Langemeyer:
Theologische Anthropologie

1995

Ferdinand Schöningh
Paderborn · München · Wien · Zürich

Die Deutsche Bibliothek – CIP-Einheitsaufnahme

Glaubenszugänge: Lehrbuch der katholischen Dogmatik; [in drei Bänden] / hrsg. von Wolfgang Beinert. – Paderborn; München; Wien; Zürich: Schöningh
NE: Beinert, Wolfgang [Hrsg.]

Bd. 1. Einleitung in die Dogmatik: theologische Erkenntnislehre / Wolfgang Beinert. – 1995
ISBN 3-506-70805-8 kart.
ISBN 3-506-70801-5 Gb.

Umschlag- und Einbandgestaltung: Elmar Lixenfeld, Frankfurt a. M.

Gedruckt auf umweltfreundlichem, chlorfrei gebleichtem und alterungsbeständigem Papier ♾ ISO 9706

Printed in Germany. Herstellung: Ferdinand Schöningh, Paderborn

ISBN 3-506-70801-5 (gebunden)
ISBN 3-506-70805-8 (kartoniert)

Vorwort

Christ ist erstanden von der Marter alle.
Des solln wir alle froh sein; Christus will unser Trost sein.
Kyrieleis.
Wär er nicht erstanden, so wär die Welt vergangen.
Seit daß er erstanden ist, so freut sich alles, was da ist.
Kyrieleis. Halleluja, Halleluja, Halleluja.

I.

Der Text eines der ältesten Kirchenlieder deutscher Sprache, der auf das 12. Jahrhundert zurückgeht (Gotteslob 213; Evangelisches Gesangbuch 99), ist eine allen Christen gemeinsame Kurzformel ihres Glaubens. Die Auferstehung des Christus vom Schandtod der Kreuzigung ist in einem Ursprung, Anlaß und Mitte aller religiösen Rede in der Kirche, die sich dem Christusereignis erst verdankt – dieses als Spannungsbogen verstanden, der von der Verkündigung an Maria bis zum Kommen des Gottesgeistes an Pfingsten reicht (vgl. zur religiösen Rede die Übersicht S. 4).

Aufgrund des Ostergeschehens können Christen voller Vertrauen sich an Gott im *Gebet* wenden „durch unseren Herrn Jesus Christus". *Christ will unser Trost sein. Kyrieleis.*

Seit des Petrus Pfingstpredigt steht im Kern jeglichen christlichen *Bekenntnisses*: „Gott hat ihn von den Wehen des Todes befreit und auferweckt" (Apg 2,24). *Christ ist erstanden von der Marter alle.*

Das Ereignis des Ostermorgens hat Christen von damals an bis zur Stunde angetrieben, aller Welt zu *verkünden*, was nun wirklich eine freudige Nachricht ist: „Gott hat ihn zum Herrn und Messias gemacht, diesen Jesus, den ihr gekreuzigt habt" (Apg 2,36). *Des solln wir alle froh sein.*

Im Grund hat auch die Reflexion derer, die sich denkerisch mit der Erfahrung der ersten christlichen Generation auseinandergesetzt haben, um jenes unvordenkliche und alle andere Erfahrung auf den Kopf stellende Geschehnis gekreist. Ostern ist auch das Zentrum christlicher *Lehre. Wär er nicht erstanden, so wär die Welt vergangen.*

Die christliche Religion ist daher Ansage der Freude über alle Freuden hinaus, der Befreiung weit über alle weltimmanenten Freiräume hinaus, der Hoffnung über alle zeitgebundene Zukunftserwartung hinaus. Das *Halleluja* des jubelnden Gotteslobes ist die Erkenntnismelodie der Christen. *Seit daß er erstanden ist, so freut sich alles, was da ist.*

II.

Als die vierzehnjährige Sofie Amundsen, die fiktive Heldin des philosophischen Bestsellers von *Jostein Gaarder* (Sofies Welt. Roman über die Geschichte der Philosophie, München 1993), einen rätselhaften Zettel im Briefkasten findet mit dem lapidaren Text WER BIST DU?, da brechen alle jene Probleme auf, die jede und jeden irgendwann bewegen, sobald er zur Reife seines Menschseins gelangt: WOHER KOMME ICH? WOHIN GEHE ICH? WORIN LIEGT DER SINN MEINES DASEINS? Das sind die Grundfragen von Mensch und Menschheit, die unüberhörbar und unstillbar sind, bis eine befriedigende Lösung erfolgt.

Die Christen bieten eine Antwort an, die mehr sein will als das Tasten der Philosophen, deren Überlegungen jenes in seiner Art faszinierende Buch vorlegt. Sie ist allerdings in der Gegenwart für viele unverständlich geworden oder sie wird übertönt von einem Lärm, der aus vielen Quellen kommt und dessen Ursache viele Namen hat: Säkularismus, Fundamentalismus, Indifferentismus, Hedonismus ... Die oft im Institutionalismus erstarrte Kirchenorganisation selbst veranlaßt nicht wenige, sich verbittert die Ohren zuzuhalten, wenn die Glaubensgemeinschaft sich zu Wort meldet. Schuld und Versagen der Christen sind widerständliche Wirklichkeit für ihr Wort. Der Zugang zum christlichen Glauben ist zweitausend Jahre nach der Geburt jenes Jesus von Nazaret, der sich an Ostern als der Christus Gottes erwiesen hat, für mehr und mehr Menschen, auch für solche, die prinzipiell für sein Evangelium offen wären, schier hoffnungslos verstellt.

Glaubenszugänge möchte angesichts dieser Situation das *Lehrbuch der katholischen Dogmatik* eröffnen, das hier in drei Bänden vorgelegt wird. Wie der Untertitel angibt, geschieht dies in jener Form religiöser Rede, die wir *Lehre* nennen. Aus und in der Verantwortung, die Lehrer der wissenschaftlichen Disziplin *Theologie* haben, versuchen die elf Autoren, die es erarbeitet haben, zu zeigen, welche Bedeutung, d. h. vor allem: *welchen Lebenswert* die christliche Botschaft in sich und besonders für die Gegenwart besitzt, eine Botschaft, die sich von der österlichen Wurzel her in der Auseinandersetzung mit der jeweiligen Zeit und ihren konkreten Detailproblemen reich und vielgestaltig entfaltet und verästelt hat. Sie tun dies unter der systematisch-dogmatischen Perspektive, der es eigen ist, auf rationalem Weg den Inhalt dieser Botschaft so zu erschließen, daß das Dogma in die Doxa, die Lehre ins Lob mündet.

Wie und in welcher Systematik die Dogmatik auf die Grundfragen der Menschen eine christliche Antwort zu geben vermag, kann die nebenstehende Skizze veranschaulichen.

III.

Das Werk möchte ein *Lehrbuch* für alle sein, die sich auf die christlichen Glaubensinhalte einlassen. Das sind natürlich zunächst die Theologiestudierenden aller Ausbildungswege und Ausbildungsformen, also jene, denen in erster Linie die Berufsarbeit der Verfasser gewidmet ist. Diese würden sich freilich auch freuen, wenn es ihren Kollegen Anregungen und Hilfe bieten würde. Darüber hinaus aber möchte es allen Menschen – seien es Christen oder am Christentum in irgendeiner Weise Interessierte – eine Ein- und Hinführung in die Gehalte dieser Religionen geben.

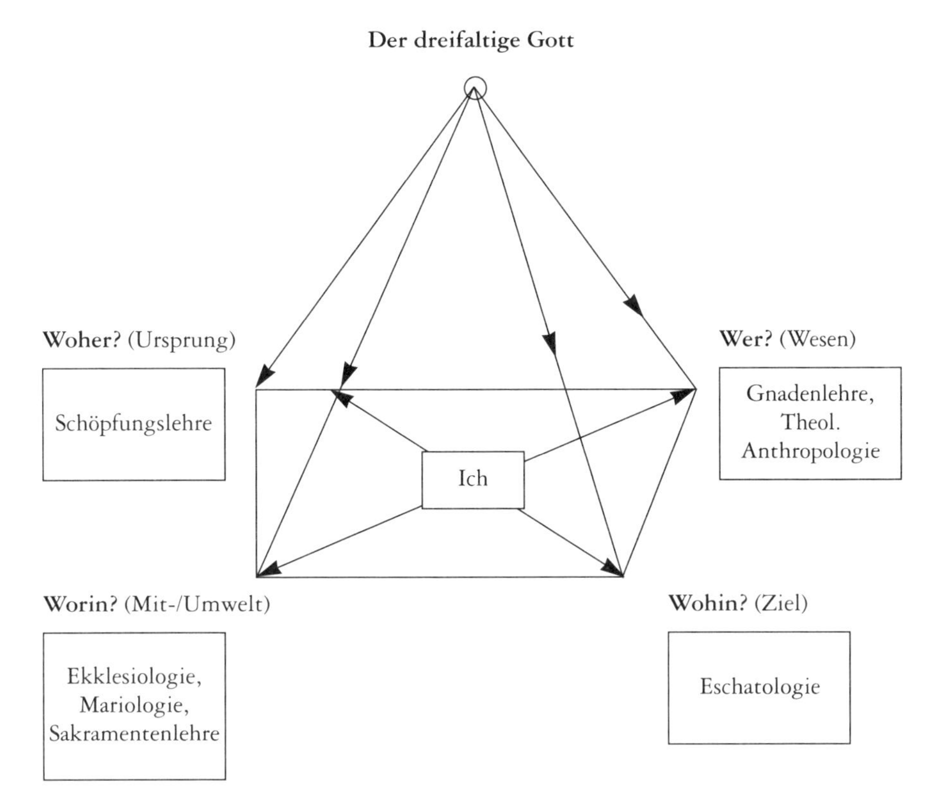

Die Dogmatik will als systematische Darstellung der Inhalte des christlichen Glaubens wie dieser selbst dem Subjekt („Ich") Antwort auf die Grundfragen des Menschseins geben: Woher komme ich? Wer bin ich? Worin existiere ich? Wohin geht mein Lebensweg? Die herkömmlichen Traktate lassen sich verstehen als detaillierte Auskunft aus der Sicht der durch die Geschichte vermittelten Offenbarung des dreifaltigen Gottes. Sein Wesen und Handeln beleuchten die drei unmittelbar auf ihn bezogenen Traktate. Den unmittelbaren Ursprung des Menschen (und seiner Mit- und Umwelt) behandelt die Schöpfungslehre, sein Wesen die Theologische Anthropologie und die Gnadenlehre (die zugleich auch wieder auf die Mit- und Umwelt verweist, sofern die Gnade einen ekklesialen Index besitzt). Der einzelne Christ als soziales Wesen steht in der Gemeinschaft der Glaubenden (Ekklesiologie), deren Urbild Maria ist (Mariologie) und deren heilsmittelnder Einfluß in den Sakramenten das Individuum erreicht. Die Eschatologie schließlich weist auf Gott, dessen Offenbarung ins Werk gesetzt wurde, um den Menschen ewigen Anteil an seinem Leben zu schenken. Die innerste Abzweckung der Dogmatik ist die Förderung des christlichen Lebens durch Zugang zum Glauben.

Um dem Charakter eines Lehrbuches gerecht zu werden, haben sich alle Mitarbeiter nach ihren Kräften um eine verständliche Sprache und eine klare Darstellung bemüht. Skizzen, Tabellen, Schaubilder, Übersichten stehen im Dienst dieser Absicht. Der Mensch des Fernsehzeitalters bedarf der visuellen Hilfen. Gern hätte der Herausgeber auch künstlerische Darstellungen verwendet, doch das hätte den Gestehungspreis in einer Weise verteuert, die den Käufern nicht zumutbar ist. Eine leichte Lektüre ist das Werk gleichwohl nicht, muß er bemerken, um der Hinweispflicht auf Risiken und Nebenwirkungen zu genügen. Das liegt nicht zuletzt in der Sache selber, die höchste denkerische Anforderungen stellt, gerade weil es um die tiefsten Menschheitsfragen geht.

In der Kirche Christi werden sie nicht erst seit heute, sondern über zwei Jahrtausende hinweg verhandelt. Das hatte zur Folge, daß überaus viele Seiten- und Nebenfragen angesprochen wurden, die gleichwohl unter bestimmten Vorzeichen zu Hauptfragen mutieren konnten und auch wieder können. Das auf den ersten Blick bereits in die Augen fallende Resultat: Dogmatiken sind in jeder Hinsicht gewichtige Werke, die ihre Sache nur vielbändig an Leserin und Leser bringen. Es ist die Absicht der vorliegenden Darstellung, diese Sache so ausführlich wie nötig uns so knapp wie nur irgend möglich zu vermitteln. Unvermeidlich ist, daß ihr die einen vorwerfen, sie habe aber doch dort per excessum, hier per defectum gesündigt. Das „Hier" und das „Dort" der Anklage wird wechseln, ist zu erwarten. Wer im Besitz des ersten Steins ist, darf mutig werfen.

Die dogmatische Antwort wird ausdrücklich unter dem Vorzeichen des Katholischen gegeben. Das heißt näherhin: (1) Sie ist dem römisch-katholischen Bekenntnis verpflichtet und will dessen Glaubensinhalte darlegen. (2) Sie ist sich der Grundbedeutung des Wortes *katholisch* bewußt, die Aufgeschlossenheit, Dialogbereitschaft, Lernfähigkeit von prinzipiell allen Quellen, Wachheit für die „Zeichen der Zeit" umfaßt, von denen das Zweite Vatikanische Konzil, das maßgebende theologie- und kirchengeschichtliche Ereignis des 20. Jahrhunderts, gesprochen hat (GS 4, 11; UR 4; AA 14; PO 9), und denen es selber gerecht werden wollte. Seinen Anstößen wissen sich daher die Autoren verpflichtet. (3) Sie ist aus diesen Gründen ökumenisch ausgerichtet, weil nur im ständigen Blick auf das Glaubensgut uns das Glaubensleben aller Christen und ihrer Gemeinschaften die Fülle des Glaubens erfaßt und wiedergegeben werden kann.

Katholizität schließt Einfalt aus und verlangt Vielfalt. Nicht zuletzt aus diesem Grunde war es die Absicht des Herausgebers, mehrere Kollegen um die Mitarbeit zu bitten. Er weiß um den Wert des Buches „aus einem Guß" und kennt die Nachteile des Gemeinschaftswerkes – und ist sich bewußt, daß jenes ebenso Unzuträglichkeiten im Gefolge hat wie dieses schätzenswerte Vorzüge. Sie waren bestimmend. Das Ziel etwa der neuscholastischen Manualien war die eindimensionale Darlegung der Lehramtsanweisungen. Die anderen Bezeugungsinstanzen des Glaubens blieben, wo sie überhaupt in ihrer Bedeutung recht gesehen wurden, im Schatten. Wir wissen heute, daß schon die Verfasser der biblischen Bücher gerade so das abstrichlose Wort Gottes wiedergegeben haben, daß sie es in der Pluralität ihrer jeweiligen Individualität, ihrer Zeit- und Kontextbezogenheit gespiegelt haben. Erst recht ist das in der Theologie- und Dogmengeschichte passiert. Es kann darum heute nicht anders sein. So ist schon die Tatsache Bestandteil dogmatischer Lehrvermittlung, daß die einzelnen Traktate aus individuell unterschiedlicher Sicht systematisiert, illustriert, doziert werden. Wer das Gesamtwerk zur Kenntnis nimmt, wird merken, daß dahinter dennoch – oder vielleicht: deswegen – ein großer Konsens des Glaubens steht. Glaube, Theologie und in Folge Dogmatik sind polyphon, weil sie aus der Fülle, nicht aus dem Kärglichen leben.

IV.

In diesem Band 1 folgt auf die allgemeine *Einleitung in die Dogmatik*, welche mit Wesen und Problemen dieser wissenschaftlich-theologischen Disziplin vertraut machen möchte, die *Theologische Prinzipienlehre*, deren Aufgabe es ist, Rechenschaft über Grundlagen und Erkenntnisinstanzen glaubenswissenschaftlicher Denkbemühungen zu liefern. Beide Teile verantwortet der *Herausgeber*. Es geht um Fragen, die von höchster und höchst aktueller Bedeutung nicht nur binnendogmatisch sind. Weil sie, wiewohl im Vorfeld angesiedelt, oft keine Antwort finden, bleiben Menschen nicht selten von vornherein die Zugänge zum christlichen Glauben verschlossen oder sie erscheinen ganz und gar nicht einladend. Schon das Wort *Dogma* besitzt in der Gemeinsprache einen negativen und abschreckenden Klang. Es steht für Rechthaberei, Denkstarre und Denkverbot. Dogmatisch sein und Dogmatik treiben wird zum Synonym für Borniertheit schlankweg. Auch gegenüber den Bezeugungsorten des Glaubens herrschen große Vorbehalte, um nicht gleich von Mißtrauen zu sprechen. Die Heilige Schrift gilt als lebensfern, die Tradition als lebenshemmend, das Lehramt als lebensfeindlich, die Theologie als leblos – und der Glaubenssinn der Gläubigen kommt in der Lebenswelt auch vieler Christen gar nicht als wichtige Größe vor. Einer der Gründe für diesen Sachverhalt besteht darin, daß der damit angesprochene Problemkreis in den Handbüchern der Dogmatik nur selten und selten ausführlich genug erörtert wird. Das ist wiederum dadurch bedingt, daß die Prinzipienlehre als Territorium der Fundamentaltheologie betrachtet wird, in dem der Dogmatiker nicht wildern dürfe. Unsere Darstellung bemüht sich, die angedeuteten Fragen aufzugreifen und sachgerechte Antworten zu geben.

Die in einer Dogmatik zu erwartenden Einzelprobleme des Glaubens werden in diesem Werk in zehn Traktaten vorgestellt und behandelt. Dabei ist der heilsgeschichtliche Ansatz gewählt worden; die Begründung dafür wird in der *Einleitung in die Dogmatik* gegeben. Ausdrücklich aufgenommen sind die beiden Sachgebiete, die bis vor kurzem und sogar derzeit noch in den Manualien fehlen, die *Theologische Anthropologie* und die *Pneumatologie*.

Im vorliegenden Band werden die ersten drei Traktate geboten, die aus der genannten Perspektive sich ergeben. Die *Gotteslehre* (*Wilhelm Breuning*, Bonn, Bearbeitung durch den *Herausgeber*) stellt in den Mittelpunkt die aus dem Christusereignis sich ergebende Schau Gottes als der dreieinen Liebe, die die Fülle und Vollkommenheit in sich ist und aus sich heraus den Geschöpfen sich schenkt. Damit ist der Grund gelegt, aus dem Glaube lebt. Zugleich wird die Möglichkeit der Vernunft diskutiert, sich dem Geheimnis eines Gottwesens überhaupt und vor allem dem Mysterium der Trinität zu nähern.

Eine besondere Bedeutung hat in diesen Zusammenhängen die Welt, der Kosmos, die empirische Wirklichkeit, die uns umgibt und die wir uns durch Wissenschaft und Technik erschließen und (in vieler, auch selbstzerstörender Hinsicht) heute in Frage stellen. Vom Gottesgeheimnis her erschließt sie sich als Werk der Trinität, das durch die Inkarnation der zweiten göttlichen Person Gott selbst zunächst betrifft in allen ihren Dimensionen und unter allen erdenklichen Aspekten. In der *Schöpfungslehre* wird das gezeigt und in der fruchtbringenden Diskussion mit den modernen Naturwissenschaften für den glaubenswilligen Menschen erschlossen. *Alexandre Ganoczy*, Inhaber des Dogmatiklehrstuhls an der theologischen Fakultät in Würzburg, hat sich seit langem mit diesen Fragen beschäftigt. Er bietet hier eine Synthese seiner Forschungen an, die neue Perspektiven erschließen.

Der Mensch ist das höchste Schöpfungswerk Gottes, sofern dieser ihn als sein Bild und Gleichnis ins Dasein gerufen und als Partner in seine ewige Gemeinschaft gerufen hat. Das ist der Grund- und Fundamentalansatz der *Theologischen Anthropologie*. Er hat seinen äußersten Beweis wiederum im Christusgeschehen erfahren: Gott hat sich so dem Menschen verbunden, daß er einer aus uns geworden ist, in allem uns gleich, die Sünde ausgenommen; aber die gehört gerade nicht zum Wesen, sondern zum Unwesen des Menschen. Die Konsequenzen aus diesen Tatsachen für den Zeitgenossen erschließt *Georg Langemeyer*, ehedem Professor an der Ruhr-Universität in Bochum. Angesichts der akuten Bedrohung des Humanum heute sind sie von dringlichem Interesse.

V.

Am Ende des Anfangs dieses Lehrbuches steht der vielfache und herzliche Dank. Er gilt zunächst dem *Verlag Schöningh* und hier besonders Herrn *Dr. Hans F. Jacobs*, Paderborn. Dieser hat die Anregung gegeben, es zu erarbeiten. Hätte ich allerdings geahnt, wie mühsam die Realisierung sein würde, so hätte ich mich ihr wohl verweigert. In den unvorhersehbaren Schwierigkeiten, betreffend die Termine, die Gewinnung von Mitarbeitern, die Redaktionsarbeit, hat aber Dr. Jacobs unermüdlich helfend und vermittelnd zur Seite gestanden. So kommt ihm ein beträchtlicher Anteil daran zu. Dem Haus Schöningh ist die sorgsame und ansprechende Erstellung des Gewandes zugute zu schreiben, die dieses Werk geschneidert bekommen hat. Das ist keine Routinefloskel: Die Kunst, schöne wissenschaftliche Bücher zu machen, reizt nicht mehr viele Verleger.

Dank zu sagen ist pari passu den Mitarbeitern. Mit den meisten verbindet mich ein lange Jahre währendes freundschaftliches Zusammenwirken, das sich nicht erst hier der Öffentlichkeit stellt. Viele von ihnen haben bereits Können und Kenntnis zur Verfügung gestellt in dem von mir herausgegebenen „Lexikon der katholischen Dogmatik" (Freiburg-Basel-Wien [3]1991) und den ebenfalls von mir angeregten „texten zur theologie" (Sektion Dogmatik), die seit einigen Jahren in Graz erscheinen; die Serie ist noch nicht abgeschlossen. In Einheit mit diesen „Glaubenszugängen" ist damit ein dogmatisches Gesamtlehrwerk geschaffen worden, das über die lexikalische Erstinformation und den Zugang zu den Quellentexten eine Darstellung der Glaubensinhalte geben will.

,Teamwork' sind diese drei Bände nicht nur von den Verfassern her. Die umfangreiche Arbeit, die mit der endlichen Veröffentlichung verbunden ist, wäre unmöglich ohne die vielen Helferinnen und Helfer an den Lehrstühlen und Instituten der Autoren. Tiefer Dank ist mithin abzustatten den Assistentinnen und Assistenten, den studentischen Hilfskräften und nicht zuletzt den getreuen Sekretärinnen, deren entsagungsvolle Bemühungen erst das Resultat reifen haben lassen, das jetzt vorgelegt werden kann. Stellvertretend für alle möchte ich die eigenen Mitarbeiterinnen und Mitarbeiter nennen – was insofern berechtigt ist, als sie wohl die Hauptlast bei der Endredaktion und dann mit den Registrierungsarbeiten hatten. Besondere Anerkennung verdient unter ihnen mein Assistent und jetziger Kollege Dr. theol. habil. *Bertram Stubenrauch*. Kurzfristig hat er es übernommen, die *Pneumatologie* zu verfassen, als ein Autor ausfiel. Was die Redaktionsarbeit angeht, so ist er unter anderem verantwortlich gewesen für die Vereinheitlichung und für die Sachüberprüfung der Vorlagen. Stud. theol. *Barbara Kastenbauer* und ihre Vorgängerin Dipl. Theol. *Irmgard Thanner* haben als studentische Hilfskräfte die Namensregister erstellt. Meine Sekretärin *Luise Ackermann* hat meine eigenen Texte auf dem Computer geschrieben und darüber hinaus vielfältige andere Dienste am Werk geleistet, ohne die es dieses Lehrbuch nicht geben würde.

Regensburg, am 28. Januar 1995, dem Festtag des hl. Thomas von Aquin.

Wolfgang Beinert

Die Abkürzungen in diesem Werk, soweit sie sich nicht unmittelbar erschließen lassen, richten sich nach S. Schwertner, IATG² = TRE, Abkürzungsverzeichnis (1994) und LThK³, Abkürzungsverzeichnis (1994).

Das Kürzel – tzt D – steht für: Texte zur Theologie. Abteilung Dogmatik. 10 Bde. Hg. v. W. Beinert, Graz-Wien-Köln 1989 ff.

Inhaltsverzeichnis

Wilhelm Breuning

GOTTESLEHRE

Alexandre Ganoczy

SCHÖPFUNGSLEHRE

Georg Langemeyer

THEOLOGISCHE ANTHROPOLOGIE

VERZEICHNIS DER TABELLEN UND SCHAUBILDER

Wolfgang Beinert

Einleitung in die Dogmatik

1. Die Dogmatik im theologischen System

Das auslösende Moment jeder christlichen Theologie ist die Selbstmitteilung Gottes, die in einem langen, Jahrhunderte dauernden *Prozeß* erfolgt ist, der seinen Höhepunkt in Jesus Christus hat. Er wird zu Beginn des Briefes an die Hebräer beschrieben (Hebr 1,1-3; 2,1):

1.) *„Viele Male und auf vielerlei Weise hat Gott einst zu den Vätern gesprochen durch die Propheten"*: Das Zeugnis davon finden wir im sog. Alten Testament vor.

2.) *„In dieser Endzeit aber hat er zu uns gesprochen durch den Sohn"*: Das zitierte Dokument selber, aber auch das ganze übrige Neue Testament bezeugen diese Offenbarung Gottes in Jesus von Nazaret.

3.) *„Ihn hat er zum Erben des Alls eingesetzt und durch ihn hat er auch die Welt erschaffen; er ist der Abglanz seines Wesens; er trägt das All durch sein machtvolles Wort, hat die Reinigung von den Sünden bewirkt und sich dann zur Rechten der Majestät in die Höhe gesetzt"*: Das Zeugnis von Jesus ist von höchster Bedeutung, sofern er nicht nur mit göttlichen Attributen ausgezeichnet erscheint, sondern vor allem, weil er als das Heil der Menschen dargestellt wird. Es wird angedeutet, worin die Mitte dieses Zeugnisses besteht: Es ist die Gesamtheit von Wort, Leben und Werk des Nazareners; diese erhält ihr alles bestimmendes Vorzeichen durch das Erlösungswerk, also durch den Tod, die Auferstehung und die Erhöhung Jesu. Wir können vereinfachend vom *Christusgeschehen* als dem Zentrum der Offenbarung Gottes in der „Endzeit" sprechen.

4.) Wegen der universalen Bedeutung, die es besitzt, *„müssen wir um so aufmerksamer auf das achten, was wir gehört haben, damit wir nicht vom Weg abkommen"*: Die Selbstmitteilung Gottes in Jesus dem Christus ist also höchster Beachtung wert. Man muß sich auf sie einlassen, sie be-*folgen* (von einem Weg ist die Rede). Die Weise dieser Einlassung, die Antwort auf das Wort Gottes ist der Glaube.

Der auslösende Impuls der christlichen Theologie ist also *ein von Gott in Gang gesetzter Dialog mit den Menschen*, der verschiedene Phasen und Verwirklichungsformen kennt. In der Zeit nach Christus erfolgt er durch das Zeugnis der Menschen, die bereits glaubend ihr Ja zum Heilshandeln Gottes gesprochen haben. Den nun in Gang kommenden Ablauf schildert Paulus (Röm 10,9. 14 f.):

1.) *„Wenn du mit dem Mund bekennst: ‚Jesus ist der Herr' und in deinem Herzen glaubst: ‚Gott hat ihn von den Toten auferweckt', so wirst du gerettet werden"*: Die Heilsnotwendigkeit des Christusglaubens wird nochmals hervorgehoben, und zwar, wie V.13 ausdrücklich betont, für ausnahmslos alle Menschen.

2.) *„Wie sollen sie nun den anrufen, an den sie nicht glauben? Wie sollen sie an den glauben, von dem sie nichts gehört haben? Wie sollen sie hören, wenn niemand verkündigt? Wie soll aber jemand verkündigen, wenn er nicht gesandt ist?"*: Die universale Bedeutung des Christusgeschehens setzt eine universale Verkündigung voraus. Diese

Formen religiöser Rede

Bezeichnung	Form	Ziel
Gebet	Kundgabe des Du-Glaubens	Anrede Gottes
Bekenntnis	Kundgabe des Daß-Glaubens	personale Darlegung der Glaubensinhalte vor Gottes Angesicht
Verkündigung	Mitteilung der göttlichen Heilstaten	Überzeugung der Adressaten
Lehre	*Information über den Glauben*	*Reflexion und Aneignung*

Das Schema zeigt die vier Grundformen der religiösen Rede. Jede Form hat eine eigenständige Funktion. Deswegen sind für den religiösen Existenzvollzug alle wichtig und nicht ersetzbar. Das Spezifische von Gebet und Bekenntnis ist die *Rede an Gott*. Verkündigung und Lehre dagegen sind *Rede über Gott*, die sich an andere richtet. Theologische Darlegungen gehören der Lehr-Form zu. Sie setzt sich mit den Problemen auseinander, vermittelt Einsichten und ist die Voraussetzung für die dialogische Verständigung über den Glauben innerhalb der Kirche wie gegenüber Außenstehenden.

Bei alledem darf nicht außer acht gelassen werden, daß jede Rede über Gott, auch die Form der Lehre unter dem Gesetz der Analogie steht (vgl. in diesem Band Gotteslehre 3.4.1): Wir können Gott nicht begreifen, sondern nur näherungsweise von ihm Aussagen machen; dabei wird die Ähnlichkeit je von größerer Unähnlichkeit überholt.

erfolgt aber nicht nach Belieben, sondern bedarf der Legitimation. Sie muß jedenfalls innerhalb der Glaubensgemeinschaft erfolgen und deren Glauben weitergeben.

Die christliche Theologie versteht sich als *eine* Instanz innerhalb dieser Verkündigungsaufgabe neben anderen, genauer: neben dem *Lehramt* der Kirche und neben dem *Glaubenszeugnis aller Glaubenden*, das in und auf allen Lebensgebieten möglich und tatsächlich ist. Ihre Eigenart ist es, daß sie die Verkündigungsaufgabe auf systematisch-methodische oder *wissenschaftliche* Weise erfüllt. „Seid stets bereit, jedem Rede und Antwort zu geben, der nach dem Vernunftgrund (*logos*) der Hoffnung fragt, die euch erfüllt" (1 Petr 2,15): In dieser neutestamentlichen Weisung sieht sie ihre Legitimation wie auch ihre Notwendigkeit begründet.

Aus dieser Aufgabe ergeben sich vier Fragestellungen, die im Laufe der Zeit zu vier Disziplinen der wissenschaftlichen Theologie geführt haben. Im heutigen Universitätsbetrieb werden die Erfordernisse dieser Disziplinen („Fachgruppen") von verschiedenen Einzelwissenschaften wahrgenommen, die sich vor allem seit der Aufklärung des 17./18. Jahrhunderts herausgebildet haben. Wegen des immensen Anwachsens des Materials gliedern sich immer wieder neue „Fächer" heraus, so im 20. Jahrhundert das Fach *Christliche Gesellschaftslehre*. Eine besondere Stellung nimmt die *Philosophie* ein: Wegen der im nächsten Kapitel zu besprechenden Verflochtenheit der Glaubenslehre mit bestimmten Denkformen bedürfen die Theologiestudierenden wenigstens einer Einführung in diese Wissenschaft. Dazu kommen noch bestimmte Fächer, die sich mit einzelnen theologisch wichtigen Gebieten befassen, die besondere Aufmerksamkeit erfordern und im Ganzen der Theologie, wenn auch nicht an jeder Fakultät vertreten sein müssen: Dazu zählen die *Missionswissenschaft* oder die *Christliche Archäologie*.

Es ergibt sich folgende Gliederung der Theologie:

Fragestellung	*Lösungsweg*	*Theol. Fächer*
Wie begründet sich der Glaube historisch?	Kritische Befragung der Hl.Schrift als Urkunde der Offenbarung: *Biblische Theologie*	Einleitungswissenschaft, Exegese des Alten und des Neuen Testamentes
Welchen Weg geht der Glaube in der Geschichte?	Kritische Untersuchung der in der Geschichte vorgelegten Interpretationen der Offenbarung: *Historische Theologie*	Kirchen- und Dogmengeschichte
Worin besteht die Bedeutung und Einheit der Glaubenszeugnisse?	Integration der Einzelaussagen des Glaubens in den Gesamtglauben: *Systematische Theologie*	Fundamentaltheologie, *Dogmatik*, Moraltheologie, Christl. Gesellschaftslehre, Kirchenrecht, Philosophisch-theologische Propädeutik
Wie ist der Inhalt des Glaubens heute zu bezeugen und zu verkünden?	Einbringen der Glaubensaussagen in die Lebenssituation der Adressaten: *Praktische Theologie*	Religionspädagogik, Katechetik, Pastoraltheologie, Liturgiewissenschaft, Homiletik

Die in der letzten Spalte angegebenen Fächer verstehen sich nicht in jedem Fall als *nur* einer Disziplin zuordenbar: Das *Kirchenrecht* hat auch sehr praktische Aufgaben; die *Liturgiewissenschaft* ist auch ein systematisches Fach.

Die Dogmatik ist nach dieser Einteilung also ein Fach in der Gruppe *Systematische Theologie*. Sie hat als solches die Aufgabe, die Aussagen über den Inhalt der Offenbarung, wie sie sich innerhalb der Theologiegeschichte von den biblischen Anfängen bis heute ergeben haben, zu ordnen und in ihrem Zusammenhang darzustellen. Was das näherhin bedeutet, kann man erst feststellen, wenn man sich über jenen Begriff klar geworden ist, dem sie ihren Namen verdankt. So ist als nächstes zu fragen: *Was ist ein Dogma?*

2. Das Dogma

2.1 Das Wort

Dogma leitet sich vom griechischen Verbum *dokein* ab und ist die substantivische Bildung zum Partizip *tò dedogménon*.

Das Verbum bedeutet *meinen, glauben, beschließen, scheinen, angesehen sein, gelten*. Dementsprechend bezeichnet das Partizip *das, was als richtig erschienen ist, das Geglaubte, Gemeinte, Beschlossene*. Vom gleichen Wortstamm *dok-* leitet sich auch das Substantiv *doxa* her, das ebenfalls *Meinung, Urteil, Ansicht* heißen kann, dann aber, vornehmlich im christlichen Sprachgebrauch, den Sinn von *Ehre, Glanz, Herrlichkeit, Majestät* bekommen hat: Es drückt die Haltung aus, die die Menschen Gott gegenüber einnehmen sollen, die Verherrlichung und den Lobpreis der göttlichen Majestät. Dieser Sinn schwingt nach christlichem Verständnis auch in der spezifisch theologischen Bedeutung von Dogma mit.

Die Fülle der Bedeutungen von *Dogma* führte zu sehr unterschiedlichen Interpretationen. *Dogma* kann dementsprechend heißen:

1.) Meinung,
2.) Beschluß (Feststellung und Übernahme der für recht befundenen Meinung),
3.) Verordnung, Edikt (Veröffentlichung eines Beschlusses),
4.) Gesetz[1],
5.) Normative Lehrsätze philosophischer Schulen[2],
6.) Lehren und Vorschriften Jesu[3],
7.) Christliche Lehrsätze[4],
8.) die gesamte christliche Lehre[5],
9.) die kirchlich verbindlich festgestellte Lehre[6],
10.) die autoritative Vorlage eines christlichen Lehrsatzes[7].

Für die Wortgeschichte spielt eine besondere Rolle der südgallische Mönch *Vinzenz von Lerin*. In seinem 435 herausgegebenen Werk *Commonitorium de catholicae fidei antiquitate* übernimmt er das griechische Wort in die lateinische Theologensprache. Den *nova dogmata* der Irrlehrer stellt er das *dogma catholicum* gegenüber, welches die Apostel der Kirche übergeben haben[8].

---

1 Im hellenistischen Judentum auch für das mosaische Gesetz: Philo v. Alexandrien, all. 1,54 f.
2 Cicero, acad. post. 9,27.
3 Ignatius v. Antiochien, Magn. 13,1.
4 Athenagoras, leg. 11,1.
5 Eusebius v. Caesarea, h.e. 2,13,3.
6 Origenes, comm. in Mt. 12,23; Eusebius, h.e. 5,23,2; 6,43,2: Konzilsbeschlüsse.
7 Erstmals im 12. Jahrhundert bei Bernhard von Clairvaux, ep. 189,5, dann seit dem 16. Jahrhundert häufig.
8 Vgl. Common. 18,24; 22,26; 25,36.

Wegen des im Wort mitschwingenden subjektiven Moments machte man bis in die Neuzeit hinein von ihm in der Theologie nur sparsam Gebrauch. Statt dessen verwendete man andere Wörter: *Lehre (doctrina), Bekenntnis (professio/confessio), katholische Wahrheit (veritas catholica), Wahrheitsregel (regula/canon veritatis), Darstellung des Glaubens (ekthesis tès pisteôs/expositio fidei)* oder auch schlicht *Glaube (pistis/fides)*. Von besonderer Wichtigkeit wird der vor allem im Mittelalter verwandte Begriff *articulus fidei*, Glaubensartikel. *Articulus* ist die Verkleinerungsform von *artus* Glied; im klassischen Latein heißt es *Fingerglied*: Damit wird angedeutet, daß der einzelne Satz als Teil eines umfassenden Ganzen verstanden werden muß, der sinnvoll und bedeutsam erst innerhalb dieses Ganzen ist, so wie auch ein Fingerglied erst als integraler Teil des ganzen Körpers von Wichtigkeit ist. Die ersten protestantischen Systematiker sprachen von *loci (communes)* (Melanchthon).

Die neuzeitliche Geschichte des Wortes *Dogma* beginnt erst in der Zeit der nachreformatorischen Glaubensauseinandersetzungen. 1528 wird das Commonitorium des Vinzenz von Lerin, das bis dahin in Vergessenheit geraten war, erstmals gedruckt: Sein Problem, die Bewahrung des apostolischen Tradition, gewinnt nun ganz aktuelle Bedeutung. Zunehmend findet jetzt auch die von ihm verwendete Terminologie, also auch unser Wort, Eingang in die Theologensprache. Die letzte Präzisierung erfolgt dann im 18. Jahrhundert, als der Dominikanergeneral *Vinzenz Gotti* den kirchlich-normativen Charakter der Glaubenssätze mit dem Begriff *dogma catholicum* heraushebt. Ohne das Wort selbst zu nennen, erklärt 1870 das Erste Vatikanische Konzil: „Mit göttlichem und katholischem Glauben ist also all das zu glauben, was im geschriebenen oder überlieferten Wort Gottes enthalten ist und von der Kirche in feierlichem Entscheid oder durch gewöhnliche und allgemeine Lehrverkündigung als von Gott geoffenbart zu glauben vorgelegt wird" (DH 3011 = NR 34). In der Folgezeit gilt dieser Text als faktische Definition des Wortes *Dogma*.

Erst das 20. Jahrhundert wird ein vertieftes Verständnis bringen. Um dieses einordnen und würdigen zu können, müssen wir nach dem *Sachgehalt* fragen, der sich heute damit verbindet.

2.2 Die Sache

Das Christentum hat einen durchgehend *kommunionalen und kommunikatorischen* Charakter: Es ist entstanden aus dem Glauben an den Dialog Gottes mit den Menschen in Jesus Christus, der in der Gemeinschaft (*communio*) der Kirche fortgeführt wird und in den durch diese alle Menschen einbezogen, in *Kommunikation* gebracht werden sollen. Seinem Wesen nach ist es daher eine personale Religion. Es geht ihm um die Liebesgeschichte Gottes mit den Menschen. Liebe aber ist ein Phänomen, das den ganzen Menschen umgreift – seinen Willen nicht minder wie seinen Verstand, seine Affekte ebenso wie seine Emotionen.

Besondere Aufmerksamkeit verdient die *rationale Komponente* in diesem ganzheitlichen Geschehen. Liebe ist stets eine existentielle Zuwendung; sie darf deswegen nicht „blind" oder „irrational" (amour fou) sein, sondern muß sich ebenso ihrer selbst wie auch der Liebens-Würdigkeit ihres Partners versichern: Die echte Liebe verlangt nach einem reifen Urteil. Das gilt auch, ja in eminent nachdrücklicher Weise von der Liebe zu Gott. Weil es dabei um das ganze und unwiderrufliche Wohl und Glück des Menschen, um sein *Heil* geht, muß die Gottesbeziehung des Menschen verantwortet sein. Er muß sich im Rahmen des menschlich Möglichen gewiß sein, daß er den wahren Gott liebt und daß wirklichkeitsentsprechend seine Gotteserkenntnis, seine Gottesverehrung und seine Erfassung des göttlichen Willens ist. Menschliche Wahrheitserkenntnis ist aber nur im Medium und unter den Bedingungen einer Sprache (und damit einer Sprachgemeinschaft) möglich. Sie geschieht durch *Sachaussagen oder Urteile*. Diese werden innerhalb des Glaubensbereiches gemacht: Glaube ist, wie noch zu zeigen sein wird, nichts anderes als die Gestalt der Gottesliebe. Gleichwohl müssen sie innerhalb dieses Bereichs rational sein. Wir nennen solche Aussagen *Glaubensaussagen*; ihre Gesamtheit bezeichnen wir als *Glaubenslehre*. Diese wird innerhalb der Sprachgemeinschaft *Kirche* vermittelt und erhebt den Anspruch, die Wirklichkeit, die sie bezeichnet, zu erreichen, also, anders ausgedrückt, *wahr* zu sein.

Diese Komponente des Glaubens war den Christen von Anfang an gegenwärtig. Das Neue Testament hatte sie aufmerksam gemacht, daß ihr Glaube sich nicht in erster und maßgeblicher Linie auf Theorien und Lehrsysteme gründe – er wäre dann im Grund nur eine Philosophie gewesen –, sondern auf Jesus Christus. Er hatte nachdrücklich gesagt: „*Ich* bin der Weg, die *Wahrheit* und das Leben", und zugleich ebenso entschieden darauf hingewiesen, daß nur durch ihn als *Weg* das *Leben* Gottes gefunden, also die Heilswirklichkeit erreicht werden könne: „Wer mich gesehen hat, hat den Vater gesehen" (Joh 14,6.9).

In diesem personalen Sinn kann das Neue Testament Jesus dann auch *Lehrer* (hebr. *Rabbi*, griech. *didaskalos*) nennen: Häufig reden ihn die Zeitgenossen mit diesem Titel an (vgl. z.B. Mt 8,19; 12,38; 19,16) oder sprechen von ihm als Lehrer (z. B. Mt 9,11; 17,24 u. ö.). Lehren ist eine Haupttätigkeit des Nazareners (z. B. Mt 4,23; 5,2; Mk 1,21 u. v. a. Stellen). Es wird aber deutlich, daß er etwas anderes ist als ein gewöhnlicher Rabbi. Das erste Evangelium schildert die Wirkung der Bergpredigt: „Als Jesus diese Rede beendet hatte, war die Menge sehr betroffen von seiner Lehre; *denn er lehrte wie einer, der* (göttliche) *Vollmacht hat, und nicht wie ihre Schriftgelehrten*" (Mt 7,28). Jesus erweist sich als ein Lehrer, der qualitativ von allen anderen Lehrern zu unterscheiden ist, so daß, genau genommen, sich nach ihm niemand noch so nennen darf. Die Gemeinde überliefert das Wort: *„Ihr sollt euch nicht Rabbi nennen lassen, denn nur einer ist euer Meister, ihr alle aber seid Brüder. ... Auch sollt ihr euch nicht Lehrer nennen lassen, denn nur einer ist euer Lehrer, Christus"* (Mt 23,8.10). Damit wird zugleich ein qualitativer Unterschied der Schüler Jesu zu den Rabbinenschülern und zu allen anderen Schülern benannt: Während im Normalfall das Schülerdasein endet, weil aus dem Belehrten ein Gelehrter, aus dem Lernenden ein Meister wird und nach der Absicht des Lehrenden auch werden soll, bleiben die Jünger zeitlebens *Jünger*. Das Kennwort für Menschen, die sich um Jesus scharen, lautet denn auch *Nachfolge*: Sie besteht nicht in einem bloßen Hinterhergehen, sondern in der An- und Übernahme des Geschickes des Meisters (vgl. Lk 9,23), im Gehen des Weges, den er beschritten hat, da er allein der wahre Weg ist und unfehlbar zum Leben führt, um noch einmal auf die johanneische Formel zurückzugreifen. Das ist die echte Meisterschaft, der eigentliche Beruf, zu dem man in der Schule Christi ausgebildet wird. In einem umfassenden Reflexionszitat mehrerer neutestamentlicher Texte faßt der späte 1. Petrusbrief zusammen: *„Dazu seid ihr berufen worden; denn auch Christus hat für euch gelitten und euch ein Beispiel gegeben, damit ihr seinen Spuren folgt* (wörtlich: *seinen Fußstapfen nachfolgt*)" (1 Petr 2,21).

Damit ist der biblisch verbindliche Hintergrund gezeichnet, vor dem alle Theologie und somit auch jede Dogmatik und jede dogmatische Aussage erst Konturen gewinnt. *Lehre* bleibt für das Christentum sekundär gegenüber der *Nachfolge*. Schon sehr früh, noch in der Berichtszeit des Neuen Testamentes, hat sich freilich auch herausgestellt, daß *Nachfolge* nur durch *Lehre* gesichert und als „Beruf" vermittelt werden kann. Die entscheidende Frage aller Nachfolgewilligen lautet unausweichlich: *„Was ist das für ein Mensch"*, dem wir nachfolgen sollen (vgl. Mk 4,41)? Es ist die christologische Frage, die sich auf Person und Geschick Jesu und auf seine damit engstens verflochtene Botschaft von Gottes Herrschaft und Reich (*basileia tou theou*) richtet. Sie ist unerhört, problemreich, von geheimnisvoller Fülle; sie ist Mißverständnissen, Verfälschungen und Verflachungen allezeit ausgesetzt. Das ist bereits zu Lebzeiten der ersten Generation unter Leitung der Apostel so; nach deren Tod verschärft sich die Situation: Es gibt *„Fabeleien"*, denen die Apostelschüler *„in unermüdlicher und geduldiger Belehrung" „die gesunde Lehre"* entgegenzusetzen haben (vgl. 2 Tim 4,2-4). So kennen die frühen Gemeinden bereits ein *Lehr-Amt* (1 Kor 12,28; Eph 4,11).

Es finden sich, schon in den frühen Schichten des Neuen Testamentes, feststehende *Lehr-Aussagen*, die sich auf die Deutung von Person, Leben, Werk und Vollendung Jesu beziehen: *„Du bist der Messias, der Sohn des lebendigen Gottes"*, bekennt der Mann Petrus (Mt 16,16); *„ich glaube, daß du der Messias bist, der Sohn Gottes, der in die Welt kommen soll"*, korrespondiert die Frau Marta (Joh 11,27). Eine besondere Rolle spielt der Glaube an die tatsächliche Auferweckung von den Toten und die Erhöhung (1 Kor 15,3-5; 1 Thess 4, 14; Röm 8,34; 14,9 u. ö.). Das eine Christus-Bekenntnis spricht sich so in vielen Formeln, in unterschiedlichen Perspektiven, gerichtet an je andere Adressaten aus. In der Folgezeit wird es ständig weiter entfaltet, ausgebaut, präzisiert. Es sind verschiedene Anlässe, die Impulse für diesen Vorgang liefern. Solche Lehraussagen dienen der *Selbstvergewisserung* der Glaubenden und der *Identität* der Glaubensgemeinschaft. Sie sind notwendig, wenn man Außenstehenden erklären will, warum man sich zu Christus bekennt – sei es in der Situation der *Mission*, sei es in Konfrontation mit der *Anklage der Christenverfolger*. Auch für den *Gottesdienst* müssen Bekenntnisse geschaffen werden. Wenn *Meinungsverschiedenheiten* über die richtige Interpretation des Christusgeschehens aufkommen, muß die richtige Lehre von irrigen (häretischen) Ansichten abgegrenzt (*definiert*, von lat. *finis* Grenze) werden.

Allen diesen Zwecken dienen verschiedene Instrumente. Schon die *Kanonentscheidung*, also die Festlegung der Schriften, die zur Heiligen Schrift gehören[9], ist ein erstes, sehr wichtiges Mittel. Es bilden sich *Glaubensbekenntnisse* (*Symbola*) heraus, die den wesentlichen Inhalt der christlichen Lehre zusammenfassen: Heute noch sind aus der Alten Kirche im liturgischen Gebrauch das sog. Apostolische und das Große (Nizäno-konstantinopolitanische) Glaubensbekenntnis. *Lehrbücher* bilden sich heraus aus der Notwendigkeit, die Taufbewerber in den Glauben einzuführen, so z. B. die „Katechesen" des Kyrillos von Jerusalem, aber auch in der Absicht, eine Art Kompendium für die bereits Glaubenden bereitzustellen, so etwa das um 220/230 entstandene Werk „Perì archòn" (Über die Hauptlehren) aus der Feder des Origenes. In den christologischen Streitigkeiten kommt es dann zu Lehrentscheidungen, die in definitorischer Absicht für die ganze Glaubensgemeinschaft verbindlich die rechte Lehre festlegen: Wir haben damit die ersten *Dogmen* im neuzeitlichen Sinn vor uns.

Natürlich bleiben die Reflexionen der Glaubenden nicht auf die Person Jesu im engen Sinn beschränkt. Mit dem christologischen Problem ist die Frage nach der Einheit Gottes verschränkt: Die Trinitätslehre wird entwickelt. Ein tieferes Verständnis der Person Christi ermöglicht die Beschäftigung mit der heilsgeschichtlichen Rolle Marias, seiner Mutter. Das Werk Christi muß tiefer verstanden werden: Erlösungs- und Gnadenlehre bilden sich noch in der Alten Kirche aus; das Mittelalter entwirft eine Theologie der Sakramente als der konkreten Heilsmittel. Die Kirche als Heils"anstalt" tritt alsbald ins Blickfeld einschließlich der damit gegebenen Fragen nach ihrer Institutionalität. Kurz: Die ganze Breite dessen entsteht, was heute als *christliche Lehre* in (leider) immer umfangreicher werdenden Lehrbüchern und katechetischen Werken zusammengefaßt wird. Dabei handelt es sich aber, der Augenschein trügt manchmal, nicht um ein Sammelsurium aller möglichen Aussagen zu allen möglichen Themen, sondern um die sachlogische Entfaltung der entscheidenden Frage, *wer der Christus sei*.

Dabei gilt, was schon bei den neutestamentlichen Lehrformeln gesagt werden mußte, daß sie nämlich immer situations-, zeit- und adressatengerichtet sind. Genauer: Hier gilt das erst recht, sofern im Verlauf der Jahrhunderte gar nicht mehr die trotz aller Unterschiede gegebene Homogenität der Urkirche gewahrt bleiben konnte. Zu unterschiedlich sind die Lebenswelten, die Denkformen, die Problemhorizonte, in und unter denen die Lehre verkündet werden muß. Natürlich bringt dieser Umstand es mit sich, daß zu bestimmten Zeiten der christologische Explikationsvorgang auf Pfade führt, die in *diesen* Zeiten um *dieses* Vorganges willen beschritten werden mußten, die sich aber zu *anderen* Zeiten als Umwege oder Nebenwege herausstellen, die man nicht unbedingt mitzugehen braucht. Man kann hier an manche Spitzfindigkeit der scholastischen Engellehre oder der barocken Gnadentheologie denken.

Unsere Erwägungen lassen uns nun schärfer erkennen, was unter *Dogma* zu verstehen ist. Wir haben vor der Begriffsbestimmung aber noch einige wichtige Erläuterungen zu geben, die aus dem eben Gesagten folgen.

1.) Aufgrund der historischen Tatsachen sind innerhalb der Gesamtlehre der Kirche zu unterscheiden

[9] Vgl. Theologische Erkenntnislehre 4.1.2.

– *Dogmatische Aussagen oder Dogmen im weiteren Sinne*: Es handelt sich um alle lehrhaften, in wissenschaftliche Form gefaßten Urteile über die christologisch vermittelte und für die christliche Praxis notwendige Offenbarungswahrheit. Sie beanspruchen, wahr zu sein, stehen aber unter den Bedingungen allen menschlichen Sprechens: sie sind begrenzt aussagekräftig, diskursfähig, auf ihre Richtigkeit hin befragbar, verbesserbar. Ihre jeweilige Verbindlichkeit ist zu untersuchen.

– *Dogmen im engeren Sinne*: Sie sind Lehraussagen, in denen eine christologisch vermittelte praxisbedeutsame Offenbarungswahrheit in einem universal-kirchlich verbindlichen Urteil von den zuständigen Instanzen (Lehramt von Papst und Bischöfen) so festgestellt wird, daß dessen Leugnung eine Häresie wäre. Sofern sie in menschlicher Sprache vorgelegt werden, haben sie selbstredend auch an deren Bedingtheit teil, jedoch steht die Verbindlichkeit außer Diskussion.

Die Dogmatik beschäftigt sich mit beiden Klassen von Lehraussagen, da in beiden Ausfaltungen der Offenbarungswahrheit stattfinden. Da die zweite gewöhnlich nur in Streit- und Notsituationen der Glaubensgemeinschaft erarbeitet worden ist, ergibt die Summe der Dogmen noch lange nicht das, was Christen zu glauben haben. Viele entscheidende und heilswichtige Lehren sind niemals Gegenstand einer formellen Definition gewesen, z. B. die Existenz Gottes oder die jesuanische Botschaft vom Reich Gottes.

2.) Aufgrund der christologischen Konzentration der kirchlichen Lehrverkündigung haben nicht alle Dogmen und dogmatischen Aussagen den gleichen Rang und die gleiche Bedeutung für die *Praxis des Glaubens*. Es gibt eine Mitte oder Spitze der Glaubensurteile, von der her sich die anderen bestimmen lassen müssen. Das letztgenannte Bild gab den Anlaß, von einer *Hierarchie der Wahrheiten* zu sprechen[10]. Ganz „oben" stehen jene, die unmittelbar von dem dreieinen Gott und seiner Kundgabe in Jesus von Nazaret handeln. Aussagen wie die von der Unfehlbarkeit des Papstes oder von der leiblichen Aufnahme Marias in den Himmel stehen dagegen weiter „unten": Bei ihnen geht es um Urteile, die im Vergleich zum trinitätstheologisch-christologischen Komplex periphere Ableitungen darstellen. Es darf aber nicht übersehen werden, daß von einer Rangordnung der *Wahrheiten* die Rede ist: Die einen wie die anderen Aussagen erheben den Anspruch, sachgerecht, also wahr zu sein. Nur wären eben die peripheren Urteile ohne die zentralen gar nicht christlich möglich: Die päpstliche Unfehlbarkeitslehre geriete in die Gefahr der Blasphemie, die von der Himmelaufnahme der Gottesmutter in jene des Aberglaubens. – Für das ökumenische Gespräch von Interesse ist die Frage, ob eine Einigung der Kirchen möglich wäre, die auf das gemeinsame Bekenntnis der Grundwahrheiten gegründet ist, aber eine gewisse Freiheit bezüglich der anderen gewährte unter der Bedingung, daß sie nicht als unchristlich oder unwahr denunziert werden. Problematisch ist dabei der Umfang jener unbedingt positiv anzunehmenden Primäraussagen.

3.) Aufgrund des Entstehungsvorganges stehen alle Dogmen und dogmatischen Aussagen unter dem Index der *Geschichtlichkeit*. Diese Feststellung ist ein wichtiges Ergebnis der dogmatischen und dogmengeschichtlichen Arbeit des 20.

---

[10] UR 11.

Jahrhunderts. Nicht nur die göttliche Selbstmitteilung in der Offenbarung ist, wie uns ganz zu Anfang schon der Verfasser des Hebräerbriefes dargetan hat, ein zeitaufwendiger Vorgang gewesen, auch deren Übernahme (Rezeption) durch die Kirche vollzieht sich nicht in einem Akt und Augenblick, sondern durch die ganze Geschichte hin. Sie vollzieht sich freilich so, daß sich in bestimmten Vorgängen und Momenten die Rezeption konkretisiert – in den Dogmen und dogmatischen Aussagen. Diese sind daher, und zwar ungeachtet des Wahrheits- und Geltungsanspruches, zwangsläufig durch die Entstehungssituation bedingt: Sie werden geformt durch eine bestimmte Sprache, den Horizont der Definitoren, die historischen Umstände, die seinerzeit geläufigen Denkmodelle, die herrschende Spiritualität. Hier entsteht eine gewisse Schwierigkeit: Alle diese (sich in der sprachlichen Gestalt irgendwie zusammenfassenden) Randbedingungen lassen sich nicht ohne weiteres von der gemeinten Sache ablösen. Sie verhalten sich nicht wie das Kleid zum Körper, sondern eher wie der Leib zur Seele. Wenigstens bei den formellen Dogmen, aber auch in etwa bei den dogmatischen Aussagen ist in Rechnung zu stellen, daß sie nicht an letzter Stelle die Funktion einer *Sprachregelung* haben: Eine Gemeinschaft bedarf zur Wahrung ihrer Identität auch der identischen Sätze und Formeln. Das beste Beispiel dafür ist die Kontinuität, mit der sich die altkirchlichen Symbola trotz mancher Probleme erhalten haben, die sie mit sich bringen. Dennoch gehen die Randbedingungen und die Worte nicht einfach ineinander auf, so daß nur eine verbale Wiederholung einmal (formell oder nicht) definierter dogmatischer Urteile nötig und möglich wäre, will man im wahren Glauben bleiben. So ist die Dogmatik nicht nur in dem Sinn ein unabschließbares Unternehmen, daß sie nach „vorn" blickend mit ständig neuen Entfaltungsmöglichkeiten der Offenbarungsbotschaft zu rechnen hat; sie hat auch „rückwärts" schauend ständig mit der Aufarbeitung des bereits vorliegenden dogmatischen Materials zu tun. – Was gemeint ist, läßt sich am besten am dreifachen Gehalt des Verbums *aufheben* demonstrieren:

– Aufheben kann heißen *beseitigen*: Eine Aufhebung von Dogmen unter dieser Perspektive ist nicht möglich, da sie ja den Anspruch erheben, wahre Urteile zu sein. Wahrheiten kann man nicht beiseite tun.

– Aufheben kann bedeuten *bewahren*: Aus dem gerade genannten Grund müssen Dogmen in diesem Verständnis aufgehoben werden.

– Aufheben kann endlich meinen *auf eine höhere Ebene bringen* (etwas vom Boden aufheben und auf den Tisch legen): In diesem Sinne müssen Dogmen aufgehoben werden. Sie sind immer wieder aus ihrer ursprünglichen Zeitgestalt zu erheben, um ihren Wahrheitsgehalt und ihren Heilssinn fruchtbar werden zu lassen für die Zeit von heute und in der hier, in diesem kulturellen Horizont, einsichtigen Gestalt.

4.) Aufgrund des mit dem Begriff Dogma verbundenen Sachgehaltes ist endlich zu sagen, daß es ein tiefes Mißverständnis bedeutet, wenn sich damit die Vorstellung von Intransigenz, Starrheit, Zeitungemäßheit verknüpft, wie das bei vielen Zeitgenossen der Fall ist. Damit wird aber nicht die *Dogmengebundenheit* der christlichen Kirchen (besonders nicht der römisch-katholischen Kirche) getroffen, als vielmehr der *Dogmatismus*. Darunter versteht man eine Haltung weltanschaulicher Geschlossenheit, die ohne Rücksicht auf die Geschichtlichkeit, in die der Mensch radikal eingebunden ist und bleibt, also auch ohne Rücksicht auf die unumgehbare Relativität des eigenen Standpunktes, auf die Sicherung der Wirklichkeit abzielt durch die absolute Sanktionierung und Immunisierung überkommener Urteile oder Positionen. Wortlaut und Gehalt eines kirchlichen Lehrsatzes werden beispielsweise schlankweg identifiziert, ohne daß die Frage zugelassen wird, inwiefern und unter welchen Rahmenvorgaben in der Sprachgestalt (nach heutigem Verständnis) der Sachverhalt auch wirklich zum Vorschein kommt. Dogmatistisch ginge beispielsweise jemand vor, der aus dem Wortlaut des Dogmas von der Aufnahme Marias „mit Leib und Seele in die himmlische Herrlichkeit" (DH 3903) als dogmatisch verbindlich schlösse, daß der Mensch aus zwei Teilen, einem Leib und einer Seele, bestehe. Die Haltung des Dogmatismus ist derzeit weit verbreitet; sie wurde im 19. Jahrhundert oft als *Traditionalismus* bezeichnet, während man heute meist von *Fundamentalismus* spricht. Sie hat aber nichts zu tun mit der Lehre der Kirche von den Dogmen. Hier gilt das Wort des Thomas von Aquin: „Der Glaubensakt richtet sich nicht auf das Glaubensurteil, sondern auf die von ihm angezielte Sache"[11]. Dieses Urteil, in der damaligen Sprache der „Glaubensartikel", aber „ist die Erfassung der göttlichen Wahrheit, die immer auf diese Wahrheit aus ist"[12]. Wir können auch sagen: Der Sinn und damit auch die Bedeutung und Notwendigkeit von Dogmen besteht darin, daß sie *Positionshilfen* auf dem Weg der Nachfolge Christi sind. Sie gleichen den Randmarkierungen an unseren Bundesstraßen und Autobahnen: Diese haben die Aufgabe, den Reisenden sicher zum Ziel zu verhelfen; sie sind aber weder der Startpunkt noch der Weg noch erst recht der Endpunkt. So sind auch die Dogmen und dogmatischen Aussagen nicht der Ausgang des Glaubens: Das ist die in der Hl. Schrift uns eröffnete Selbstmitteilung Gottes. Sie sind auch nicht der Weg: Das ist die glaubende Nachfolge des Herrn. Erst recht sind sie kein Ziel: Das ist das Leben des dreifaltigen Gottes selbst. Wohl aber sind sie unverzichtbar dafür, daß man von der einen über die andere zum dritten kommt. In diesem Sinn sind sie nicht so sehr *Vor*gaben des Christenglaubens als *Auf*gaben zu dessen rechter und lebenfördernder Gestaltung. Damit stellt sich nun die Frage nach der richtigen *Auslegung der Dogmen*. Ehe wir uns ihr zuwenden, *fassen wir das bisher Erarbeitete zusammen*.

2.3 Der Begriff

1.) Unter *Dogma im engeren Sinn* (formelles Dogma) versteht man eine für den Glaubenden verbindliche Lehraussage, in der mit kirchlich festgelegten Sprach-

[11] S.th. II II, q. 1, a. 2 ad 2: „Actus credentis non terminatur ad enuntiabile sed ad rem".
[12] S.th. II II, q. 1, a. 6 s.c.: „Articulus fidei est perceptio veritatis tendens in ipsam".

mustern eine in der göttlichen Offenbarung enthaltene Wahrheit unter den Bedingungen der Geschichtlichkeit ausgelegt, auf das christliche Leben bezogen und in ihrem bleibenden Sinngehalt bewahrt wird.

Die Eigenschaften eines solchen formellen Lehrsatzes sind also demnach:

– Er ist seinem Gehalt nach die *Verdeutlichung eines Sachverhaltes, der in der Selbstmitteilung Gottes*, wie sie uns in der Heiligen Schrift zugänglich wird, *eingeschlossen ist*. Das Dogma fügt der Offenbarung mithin weder eine Ergänzung noch eine Erweiterung zu, sondern ist eine Präzisierung, die aus bestimmten Gründen erforderlich wurde.

– Er ist der Form nach ein (logisches) *Urteil*, das den genannten Sachverhalt beschreibt und damit von anderen Sachverhalten abgrenzt (Definition).

– Er ist der objektiven Geltung nach ein *irrtumsfreies* Urteil. Das liegt darin begründet, daß er nichts anderes ist als die Formulierung einer in der Hl. Schrift enthaltenen Wahrheit.

– Er ist der Herkunft nach eine *verbindliche Aussage der Kirche*, getroffen von den dafür kompetenten Organen der Glaubensgemeinschaft (Lehramt). Damit ist auch der Wortlaut in besonderer Weise geschützt: Er hat sprachregelnde und damit gemeinschaftsermöglichende Funktion. Das bedeutet aber nicht, daß er damit der Interpretation und Diskussion entzogen wäre.

– Er ist seinem Geltungsanspruch nach eine den Glaubenden *im Gewissen verpflichtende Richtschnur* für Leben und Glauben. Auch das liegt in seinem Verhältnis zur Offenbarung beschlossen: Das Dogma gibt wieder, was Gott zu unserem Heil verbindlich und normierend sagt und will. Seine Rezeption ist daher nichts anderes als die Gestalt des konkreten Glaubens. Wer sich einmal und in voller Freiheit dafür entschieden hat, sich auf den offenbarenden Gott in Jesus Christus einzulassen, der ist an die Präzisierungen gebunden, die diese Entscheidung enthält und aus sich heraus freisetzt.

– Er ist seiner Entstehung nach *geschichtlich*: Das ergibt sich prinzipiell bereits aus der Bezogenheit des Dogmas auf die selber geschichtliche Offenbarung, aber im Einzelfall vor allem daraus, daß es an bestimmte historische Rand- und Rahmenbedingungen geknüpft ist, die von dem dogmatischen Urteil nicht abgelöst werden können. Die sich daraus ergebenden Konsequenzen werden im nächsten Abschnitt eingehend bedacht werden.

2.) Unter *Dogma im weiteren Sinn* (dogmatische Aussage) versteht man ein wissenschaftliches Urteil, in welchem die kirchlich vermittelten Inhalte des christlichen Glaubens dargestellt, begründet, ausgelegt und gegebenenfalls für eine formelle Dogmatisierung aufbereitet werden.
Ihm kommen damit im einzelnen folgende Eigenschaften zu:

– Es versteht sich als Ausdruck einer in der Offenbarung enthaltenen *Wahrheit*.

– Es ist als *Lehrsatz* formuliert und konvergiert mit anderen Lehrsätzen (einschließlich der Dogmen im engeren Sinn) zu einem *Lehrsystem*.

– Es ist Ausdruck des *Bekenntnisses* der Glaubensgemeinschaft.

– Es ist *geschichtlich*.

Im Gegensatz zu den formellen Dogmen ist es aber nicht mit dem Anspruch unbedingter Geltung von einer kirchlichen Lehrautorität definiert. Sein Geltungsanspruch ist daher im einzelnen festzustellen: Er kann von einer irrtumsfreien Aussage bis zur bloßen theologischen Meinung reichen. Eine der Aufgaben der Dogmatik besteht darin, hierüber Klarheit zu bekommen. Dazu hat man die *Noten- und Zensurenlehre* entwickelt[13].

Das *Lehramt selbst* hat vor dem Zweiten Vatikanischen Konzil vor allem die Verpflichtungskraft und die bleibende Gültigkeit des formellen Dogmas eingeschärft; der entsprechende Passus aus dem Ersten Vatikanischen Konzil wurde unter 2.1 schon zitiert (DH 3011; vgl. auch DH 3020,3041,3043,3073). Pius XII. wandte sich in der Enzyklika „Humani Generis“ (1950) gegen einen Wechsel in der Terminologie[14]. Im Zweiten Vatikanischen Konzil vollzog sich dann ein Wandel, insofern dem Moment der Geschichtlichkeit vorsichtig Rechnung getragen wurde: Nach „Dei Verbum“ gibt es einen Fortschritt im Verständnis der apostolischen Überlieferung[15]; die Aufgabe des Lehramtes wurde unter der Perspektive der Verkündigung beschrieben[16] und damit die Aufmerksamkeit auf die pastorale, zeitentsprechende Aussageform gelenkt. Diese Sicht hat dann die Erklärung „Mysterium Ecclesiae“ der Glaubenskongregation (1975) übernommen und ausgebaut. Sie problematisiert in Nr. 5 die „historische Bedingtheit, der der Ausdruck der Offenbarung unterliegt“ und bemerkt hierzu u. a.: „Was diese Geschichtlichkeit angeht, muß zunächst bedacht werden, daß der Sinn, den die Glaubensaussagen haben, teilweise von der Aussagekraft der zu einer bestimmten Zeit und unter bestimmten Umständen angewandten Sprache abhängt. Außerdem kommt es bisweilen vor, daß eine dogmatische Wahrheit zunächst in unvollständiger, aber deshalb nicht falscher Weise ausgedrückt wird und später im größeren Zusammenhang des Glaubens und der menschlichen Erkenntnisse betrachtet und dadurch vollkommener und vollständiger dargestellt wird. ... Schließlich unterscheiden sich zwar die Wahrheiten, die die Kirche in ihren dogmatischen Formeln wirklich lehren will, von dem wandelbaren Denken einer Zeit und können auch ohne es zum Ausdruck gebracht werden; trotzdem kann es aber bisweilen geschehen, daß jene Wahrheiten auch vom Lehramt in Worten vorgetragen werden, die Spuren solchen Denkens an sich tragen“ (DH 4539; hier deutsch nach der Ausgabe NKD 43,147/149). Das sind behutsame, aber doch insgesamt sehr klare Aussagen zur geschichtlichen Bedingtheit der Dogmen. Wir stehen damit wieder bei der *Frage der Interpretation*.

2.4 Die Auslegung der Dogmen

Die in diesem Abschnitt zu verhandelnden Probleme ergeben sich aus den beiden Tatsachen, daß die Materie der Dogmatik unter dem Index der Geschicht-

[13] Vgl. Theologische Erkenntnislehre 4.3.5.2.

[14] DH 3881-3883; Paul VI. wiederholte die Mahnung 1965 in der Enzyklika „Mysterium fidei“ anläßlich der Versuche, in der Eucharistielehre das Modell von der Transsubstantiation durch das der Transsignifikation zu ersetzen; der Papst selber verwendete aber ebenfalls einen anderen dogmatischen Begriff, den der *Transelementation*.

[15] DV 8; DH 4210.

[16] LG 25; DH 4149 f; vgl. CD 12-15.

lichkeit in einem doppelten Sinn steht: Einmal ist die einzelne Formel situationsbedingt und daher im Kontext des gesamtkirchlichen Glaubens zu verstehen. Das ist die Frage der *Dogmeninterpretation*. Zum anderen gibt es im Verlauf der Kirchen- und Theologiegeschichte einen Erkenntniszuwachs dogmatischer Natur, der die einzelnen Formeln von sich aus nochmals in einen Prozeß stellt. Das ist die Frage der *Dogmenentwicklung*.

2.4.1 Die Dogmeninterpretation

Aus dem Wesen dogmatischer Aussagen ergeben sich, ohne Anspruch auf Vollständigkeit, nachstehende Regeln für die Auslegung:

1.) Wegen des Praxisbezugs der dogmatischen Urteile, der seinerseits durch ihren Bezug auf die Offenbarung Gottes für das Heil der Menschen konstituiert wird, sind sie stets auf das christliche Leben hin zu interpretieren. Sie sind Erinnerung an das Heilshandeln Gottes, Vergegenwärtigung seiner Heilszusage an uns hier und jetzt sowie Ansage der Hoffnung auf das endgültig und endzeitlich geschehende Heil. Sie haben damit eine eminent *pastorale Bedeutung*. Unter diesem Blickwinkel wird ferner der schon einmal früher ausgesprochene *doxologische* Charakter der dogmatischen Aussage besonders deutlich.

2.) Insofern die dogmatischen Aussagen Ausdruck des Lebens und der Lehre der ganzen Kirche sind, müssen sie auch *innerhalb des gesamten Lebens und der gesamten Lehre der Glaubensgemeinschaft* interpretiert werden. „Der Sinn der Dogmen und ihrer Interpretation ist ... ein soteriologischer: Sie sollen die Gemeinschaft der Kirche vor Irrtum schützen, die Wunden des Irrtums heilen und dem Wachstum in lebendigem Glauben dienen“[17]. Die Einzelaussagen sind darum entsprechend ihrem Stellenwert in der Wahrheitshierarchie und im Zusammenhang mit allen anderen Aussagen[18] zueinander zu vermitteln: Genau diese Aufgabe deutet der mittelalterliche Ausdruck *articulus fidei* an.

3.) Da dogmatische Aussagen Aussagen des kirchlichen Glaubens sind, ist ihre Interpretation ein zutiefst *geistliches Geschehen*. Sie verlangt einen lebendigen Glauben. Da dieser nicht nur bestimmten Christen oder Gruppen von Christen gegeben ist, sondern in Taufe und Firmung allen geschenkt wurde und durch das sakramentale Leben (vor allem in der Eucharistie) sowie durch die Spiritualität gefördert und gemehrt wird, ist die Dogmeninterpretation grundlegend eine Aufgabe für alle Christen. Das oben angeführte Dokument der Internationalen Theologenkommission erklärt: „Sie ist angeregt, getragen und geleitet vom Wirken des Heiligen Geistes in den Herzen einzelner Christen. Sie geschieht im Licht des Glaubens; sie wird vorangetrieben von den Charismen und vom Zeugnis der Heiligen, welche der Geist Gottes der Kirche einer bestimmten Zeit schenkt. In diesem (!) Zusammenhang gehört auch das prophetische Zeugnis von geistlichen Bewegungen und die aus geistlicher Erfahrung stammende Einsicht von Laien, die vom Geist Gottes erfüllt sind (DV 8)“[19]. Dementsprechend gibt es

[17] Internat. Theologenkommission, Die Interpretation der Dogmen: IkaZ 19 (1990) 262.

[18] Das Erste Vatikanische Konzil spricht DH 3016 vom „nexus mysteriorum inter se“.

[19] A.a.O. 263.

sehr unterschiedliche „Orte" der Dogmeninterpretation: das prophetische Zeugnis einzelner Christen, die Liturgie, die Katechese, das Gebetsleben, alle Glaubensäußerungen durch Literatur, Kunst, Frömmigkeit, Dienst am Nächsten.

4.) Das erste und wichtigste Auslegungskriterium ist die *Heilige Schrift*, weil per definitionem das Dogma und die dogmatische Aussage nichts anderes sind als Verdeutlichung und Entfaltung der dort uns zugänglichen Offenbarung Gottes. Indirekt gelten damit für die Dogmeninterpretation alle Regeln und Prinzipien der Hermeneutik, die in der Exegese gelten. Die damit verbundenen Probleme kommen ausführlicher unter 2.4.2 zur Sprache. Aus der prinzipiellen Schriftgebundenheit ergibt sich auch die christologische Konzentration der Einzelaussagen, sofern die Bibel im Christusgeschehen ihre unbezweifelbare Mitte besitzt.

5.) Ein wesentliches Auslegungskriterium ist weiter die positive Erschließung des bleibenden, weil wahren Dogmengehaltes auf die Bedürfnisse und Erfordernisse *der jeweiligen Gegenwart*. Dogmatische Aussagen sollen einerseits die „Zeichen der Zeit"[20] aus dem Glauben deuten und erhellen, andererseits aber durch sie auch zu einer vertieften Einsicht in den Gehalt des Glaubens führen. Bezugspunkt ist also immer der konkrete Mensch in der konkreten Zeit.

Sofern die Dogmeninterpretation wesentlich (nicht ausschließlich) Sache der wissenschaftlichen Theologie, näherhin der Disziplin *Dogmatik* ist, hat sie nach *allen Regeln und Kriterien* zu erfolgen, die diese kennt und bereitstellt. Zu nennen sind Quellenstudium, Hermeneutik, Linguistik, Philosophie, die Human- und Kulturwissenschaften als Mittel und Wege der Erschließung. Anzuwenden sind die Gesetze der Analogie: Da es sich um Aussagen dreht, die immer etwas mit dem göttlichen Mysterium zu tun haben, sind sie zwar zutreffend, aber immer so, daß das Gemeinte das Gesagte unendlich übersteigt: Die Auslegung bleibt hinter der vollen Wirklichkeit erheblich zurück. Zu beachten sind die sich aus der Geschichtlichkeit ergebenden Folgen: Man muß den Inhalt von der Aussageform unterscheiden, die Bedingtheiten der Entstehungssituation in Rechnung stellen, den Sinnüberschuß beachten. Die einzelnen Traktate der Dogmatik stellen die konkrete Anwendung der hier aufgestellten Regeln dar; auf Beispiele kann daher jetzt verzichtet werden.

2.4.2 Dogmenentwicklung

Unter diesem Stichwort wird ein Problem verhandelt, das sich aus der Spannung ergibt, daß das Dogma zum einen Ausdruck der ein für alle Male ergangenen und in sich nicht veränderlichen Offenbarung Gottes in Jesus Christus ist, daß es aber andererseits unter den Vorzeichen der Geschichtlichkeit, also einer beträchtlichen Veränderbarkeit steht. Es geht, wenn man es einmal ganz praktisch anhand eines Beispiels formulieren will, um die Frage, ob die Apostel schon die Unbefleckte Empfängnis Mariens geglaubt haben bzw. daran glauben konnten. Dahinter steht eine ebenso schwierige wie für Theologie und christliches Leben

---

[20] GS 3 f; 10 f; 22; 40; u. ö.

auch sonst erhebliche Thematik: Wie können echte Selbigkeit und wirkliche Entwicklung, wie kann Identität im Wandel, wie können Sein und Werden miteinander vereinbart werden?

Unbestreitbar ist zunächst einmal der Umstand, *daß* es in der Kirche einen dogmatischen Erkenntnisfortschritt seit eh und je gegeben hat. Der Jurisdiktionsprimat und die Unfehlbarkeit des Papstes und die Unbefleckte Empfängnis der Mutter Gottes sind in der ausdrücklichen Form, wie sie in den Definitionen des 19. Jahrhunderts festgehalten sind, in den ersten Generationen der Kirche nun einmal nicht geglaubt worden. Im Streit steht mithin nur die Erklärung dieser Tatsache. Prinzipiell drei Grundformen von Entwicklung sind denkbar; sie sind auch von Theologen vertreten worden: Sie werden im nachstehenden Schema dargestellt.

Theoretische Möglichkeiten von Dogmenentwicklungen

Dogmatische Entwicklungen und neue Dogmen sind	Repräsentanten
Abfall von der Selbigkeit des Glaubensinhaltes	Protestantische Theologen: M.Flacius, Magdeburger Centurien, Theorie der „Hellenisierung des Christentums“
Fortschritt über die ursprüngliche Offenbarung hinaus	Mittelalterliche u. neuzeitliche idealistische Strömungen: Joachim v. Fiore, Deutscher Idealismus, Modernismus
Entwicklungen nach den inneren Gesetzen des Glaubensinhaltes	Katholische Theologen

Die beiden ersten Möglichkeiten widersprechen dem Wesen der Offenbarung: Ihre Verkündigung in die Geschichte hinein steht unter dem Beistand des Heiligen Geistes – also kann es keinen wirklichen irreversiblen Abfall von ihren Inhalten geben; was er aber wirkt, ist eben die Verkündigung der faktischen und in sich nicht mehr überholbaren Offenbarung – also kann es keine substantielle Ergänzung ihres Inhaltes geben. Beide Grenzen sind bereits Joh 16,12-15 gezogen: „Noch vieles habe ich euch zu sagen, aber ihr könnt es jetzt nicht tragen. Wenn aber jener kommt, der Geist der Wahrheit, wird er euch *in die ganze Wahrheit einführen* (griech.: hodêgêsei = einen Weg geleiten). Denn er wird nicht aus sich heraus reden, sondern er wird *sagen, was er hört ... Er nimmt von dem, was mein ist*, und wird es euch verkünden".

So bleibt nur die dritte Option. Sie ist jedoch offen für mehrere Ausdeutungen: Was heißt genau *Entwicklung*? Im Lauf der Theologiegeschichte hat diese Frage unterschiedliche Antworten erhalten:

1.) Die Entwicklung bezieht sich nicht auf den objektiven Glaubensbestand, sondern auf die *subjektive Glaubenserkenntnis*: Dies war die Überzeugung der gesamten Alten Kirche[21]. Im übrigen war sie wie die ganze Antike allem Neuen

[21] Vgl. z. B. Tertullian, praescr. 22,8; Augustinus, comm. in Jo. 96 ff.

gegenüber mißtrauisch. Klassisch formuliert *Vinzenz von Lerin*: „Man muß Sorge tragen, daß wir das halten, was überall, was immer, was von allen geglaubt worden ist“[22].

2.) Der objektive Glaubensbestand wird durch *logisch-rationale Entfaltung der Offenbarungsaussagen* erschlossen: Das ist der Lösungsansatz der mittelalterlichen Scholastik. Sie bedient sich hierzu des aristotelischen Schlußverfahrens (Konklusionstheologie). Problemlos ist unter diesen Voraussetzungen die Ableitung aus zwei *formell*, d. h. unmittelbar als solchen erfaßbaren geoffenbarten Sätzen; auf diese beschränkt sich *Thomas von Aquin* und seine Schule. Diskutiert wird dagegen, ob auch eine Ableitung legitim ist, die auf einem formell geoffenbarten Obersatz und einem nur aus der Vernunft zu erschließenden Untersatz beruht; man nannte solche Konklusionen *virtuell* geoffenbart[23]. *Duns Scotus* und die Franziskanerschule hatten diese Form der Ableitung für rechtens erklärt: Die Dogmenentwicklung geschieht mithin nicht nur durch *Begründung* (Thomas), sondern auch durch *Ergründung* des Glaubensinhaltes.

3.) Der Inhalt der göttlichen Offenbarung wird im Lauf der Geschichte zunehmend erschlossen durch das kirchliche Gesamtbewußtsein, welches *nicht nur rational-logisch, sondern auch intuitiv-geistlich* dessen inne wird, was Gott der Kirche und über sie der Menschheit sagen will. Die Dynamik der Geschichte selber führt also zur tieferen Erkenntnis des Glaubens. Diese Theorie wird, mit im einzelnen noch einmal unterschiedlichen Präzisierungen, im 19. Jahrhundert vertreten von der katholischen Tübinger Schule und vor allem von *J. H. Newman*. Nach ihm fordert die *Idee des Christentums* selber eine Entfaltung: In der Offenbarung sind so viele Einzelaspekte enthalten, daß sie der christliche Intellekt nicht auf einmal erfassen kann; es bedarf also einer durch die Geschichte gehenden Bewußtwerdung. Diese erfolgt mittels einer intuitiven Erkenntnis, die dem logisch-rationalen Schlußverfahren noch vorgeordnet und sensibel ist für die Aspekte der göttlichen Selbstmitteilung: Newman nennt sie den *illative sense* (von lat. *inferre* hineinbringen, erschließen). Im 20. Jahrhundert wird die Theorie weitgehend übernommen: *M. Blondel* präzisiert sie durch den Blick auf die kirchliche Tradition. Diese ist nicht eine Weitergabe von isolierten Sätzen, sondern die Vermittlung der inneren Lebendigkeit der Glaubensgemeinschaft, die in den dogmatischen Aussagen in die Ausdrücklichkeit der Erkenntnis überführt wird. In diesen Konzeptionen wird deutlich, daß die Weitergabe des Glaubens in der geschichtlichen Erhellung und Entfaltung Sache und Werk der Kirche als ganzer ist, d. h. sowohl des Lehramtes wie auch der Theologie wie nicht zuletzt des Glaubenssinnes und der Glaubensübereinstimmung aller Gläubigen. Es kann

---

[22] Common. 2,3: „Curandum est, ut id teneamus, quod ubique, quod semper, quod ab omnibus creditum est“. Die Glaubensüberlieferung wird bestimmt durch die Kriterien der *universitas, antiquitas* und *consensio*.

[23] Ein dogmengeschichtliches Beispiel wurde dafür beigezogen: Das 6. Ökumenische Konzil in Konstantinopel hatte aufgrund der chalkedonensischen Zweinaturenlehre definiert, daß in Christus auch zwei Willen existieren. Es wurde von folgender Überlegung geleitet:
Obersatz: Christus hat eine menschliche und eine göttliche Natur.
Untersatz: Der Wille ist eine Eigenschaft der Natur.
Konklusion: Also hat Christus sowohl einen menschlichen wie einen göttlichen, also *zwei* Willen.

dabei nicht von vornherein angegeben werden, welche unter diesen Größen den entscheidenden Impuls gibt.

Die hier in großen Zügen vorgestellten Konzeptionen innerhalb der dritten Option zeigen ganz von selbst, wie schwierig das Problem der Dogmenentwicklung ist. Der eigentliche Grund dafür ist die Tatsache, daß es sich dabei nach Ausweis der ganzen bisherigen Geschichte um ein offensichtlich nicht nach einem bestimmten „Gesetz" ablaufendes Geschehen handelt, sondern um einen durch die jeweiligen konkreten Konstellationen bedingten Vorgang. Da dieser vor Ablauf der Geschichte nicht als abgeschlossen gelten kann, läßt sich auch eine allgemeine Theorie der Dogmenentwicklung kaum erstellen. Unter den eben vorgestellten Konzeptionen leiden die beiden ersten daran, daß sie ganz einfach nicht faktengerecht sind. Es gibt tatsächlich einen objektiven Zuwachs an Glaubenserkenntnis, also „neue Dogmen". Dieser aber geschieht keineswegs nach den Prinzipien der Logik des Aristoteles: Man kann allenfalls nachträglich nachweisen, daß er sich auf diese Weise darstellen läßt. Die dritte Konzeption wird dagegen den Tatsachen besser gerecht. Sie steht allerdings in Gefahr, daß die Bewußtwerdung der Kirche von dem, was sie glaubt und glauben soll, als eine nur aufsteigende Entwicklungslinie erscheint, etwa wie die Umsatzkurve eines Unternehmens auf Erfolgskurs. Auch das widerspricht den Fakten. Der Erkenntnisvorgang ist nicht immer das Ergebnis ruhig-besinnlicher Meditationen, sondern sehr oft begleitet von einem Ringen, von heftigen Auseinandersetzungen, die die Kirche bis in die Grundfesten erschüttert haben. Nicht immer gelingt eine optimale Vorlage der Erkenntnis, so daß neue Mißverständnisse auftauchen und einen echten Fortschritt der Einsicht verhindern. Das ist etwa der Fall, wenn eine Aussage sehr stark amalgamiert ist mit einem bestimmten philosophischen System[24]. Im übrigen kennzeichnet es das christliche Denken, daß es progressiv durch Regreß ist: Das je Neue am Glaubensverständnis ist das tiefere Eindringen in das in Christus endgültig veröffentlichte Geheimnis Gottes mit der Welt, das als solches unausschöpfbar und unaussagbar ist. Die dogmengeschichtliche Betrachtung zeigt: „Sämtliche großen normativen Entscheidungen ... sind nicht im Vorwärtseinschnitt der laufenden dgl (= *dogmengeschichtlichen*) Entwicklung, sondern gerade umgekehrt im Rückwärtseinschnitt, d. h. als Durchbrüche zum geschichtlichen Ursprung des Christentums hin erfolgt"[25]. Die Dogmenentwicklung ist also alles in allem als ein Faktum zu beschreiben, das sich wesensnotwendig aus der Geschichtlichkeit des Dogmas ergibt. Da der Glaubenssatz auf der einen Seite als Ausdruck der Offenbarungsbotschaft normativ-verpflichtend und damit nicht überholbar ist, aber auf der anderen weder Abschluß noch das letzte Wort zu einem Sachproblem ist, kann und muß er ständig unter Beibehaltung seines intendierten Sinnes durch neue Einsichten vertieft und in den Gesamtglauben einbezogen werden. Das aber bedingt wirkliche Veränderungen: Sie vollziehen sich entweder durch neue lehramtliche Definitionen (Klärung des Verhältnisses von Vater und Sohn durch den Begriff

[24] In vorsichtiger Weise werden solche Fälle auch von der Erklärung „Mysterium Ecclesiae" (1975) vorausgesetzt: NKD 43, Trier 1975, 149-151.

[25] K. Beyschlag, Grundriß der Dogmengeschichte I, Darmstadt [2]1988, 56.

homousios), durch begriffliche Präzisierungen der Theologen (etwa in der Gnadenlehre zur Bestimmung des Verhältnisses von göttlichem und menschlichem Part) oder durch Bewußtwerdung von bislang nur einschlußweise in den Glaubensquellen gegebenen Inhalten (Siebenzahl der Sakramente).

Der letzte Fall ist der eigentliche Problemfall der Dogmenentwicklung. Man wird sagen müssen, daß er nicht durch eine glatte Theorie gelöst werden kann, die auf die Einzelfälle nur angewendet werden muß. Vielmehr ereignet sich der Erkenntnisgewinn durch ein Geflecht von Impulsen, deren einige manchmal stärker, manchmal schwächer wirken, auch wenn sie wohl immer alle ihren Beitrag leisten. Zu nennen sind

1.) die Führung des Geistes in die volle Wahrheit,

2.) die ständige Reflexion der Kirche auf Schrift und Überlieferung,

3.) die einschränkende und fördernde Funktion des kirchlichen Lehramtes,

4.) die wissenschaftliche Forschung der Theologie,

5.) die Herausforderung durch die zeitgeschichtliche Situation (Häresien, neue Problemlagen, philosophische Konzepte; allgemein: „Zeichen der Zeit“[26]).

Im Grund ist der Vorgang, der mit dem Begriff *Dogmenentwicklung* umschrieben wird, *ein inneres Moment des heilsgeschichtlichen Dialogs* zwischen dem sich mitteilenden Gott und der Annahme seines Wortes durch die Menschen. Der Dogmatik obliegt es, Kriterien zu entwickeln, die im einzelnen Fall darüber Auskunft geben können, ob es sich um eine kirchlich richtige und berechtigte oder um eine mit ihren Prinzipien unvereinbare Entwicklung dreht.

Hierfür hilfreich sind die Merkmale, die *J.H.Newman* erarbeitet hat; sie wurden durch das schon wiederholt herangezogene Papier der Internationalen Theologenkommission „Die Interpretation der Dogmen“ neuerlich in Erinnerung gerufen. Demnach ist zur Legitimität einer neuen dogmatischen Erkenntnis erforderlich:

1.) *Erhaltung des Typus*: Die Gesamtstruktur des Glaubens muß erhalten bleiben.

2.) *Kontinuität der Prinzipien*: Die hinter einer Aussage stehenden Glaubensgrundlagen müssen jeweils tragende Fundamente der neuen Aussage sein.

3.) *Assimilationsvermögen*: Die Grundidee des Glaubens erscheint als Gestaltungsprinzip der neuen Erkenntnis.

4.) *Logische Folgerichtigkeit*: Die neue Einsicht muß sich im Nachhinein als logisch stimmig mit dem Gesamtglauben erweisen.

5.) *Vorwegnahme der Zukunft*: Wenn es für die neue Einsicht bereits in der Tradition Antizipationen irgendwelcher Art gibt, erweist diese sich als traditionsverbunden.

6.) *Bewahrende Auswirkung auf die Vergangenheit*: Keine wesentliche Tradition muß aufgrund neuer Einsicht geopfert werden.

7.) *Fortdauernde Lebenskraft*: Die neue Einsicht erweist sich als förderlich für Glaube und Leben der Christen[27].

---

[26] GS 40.44.60.

[27] IkaZ 19 (1990) 265 f.

2.5 Dogma in den anderen christlichen Konfessionen

Das Christentum ist seinem Wesen nach eine „dogmatische“ Religion. Es hat, wie wir gezeigt haben, seinen Grund in der Überzeugung, daß sich das unergründliche Geheimnis Gottes durch die Jahrhunderte in einem Prozeß kundgetan hat, der seinen Höhepunkt und Abschluß als Selbstmitteilung Gottes in Jesus von Nazaret gefunden hat, der aber gleichwohl in der nachfolgenden Geschichte, weil heilswichtig, im Vorgang der Aneignung und Erhellung weiterläuft. Darin ist die Überzeugung enthalten, daß der Zugang zum Geheimnis Gottes vermittelt ist (durch die dia- und synchrone Gemeinschaft der Glaubenden) und daß er mit denkerischen Mitteln (näherungsweise) gefunden werden kann (Glaubensreflexion mit Glaubensurteilen). Daraus folgt, daß es in anderen Religionen Dogmen im Sinn unserer Begriffsbestimmung nicht gibt.

Auch das Glaubensbekenntnis des *Islam*, die *Schahada* („Es gibt keinen Gott außer Allah und Mohammad ist sein Prophet“) ist nicht eine Reflexion auf eine Offenbarung, sondern drückt diese selbst aus. Der Koran ist unmittelbar von Gott gegeben und ohne Vermittlung durch eine Gemeinschaft zugänglich. Bezeichnenderweise gibt es, von den Anfängen abgesehen, im Islam auch keine Theologie als Glaubensvergewisserung, sondern nur eine Apologetik als Widerlegung der Gegner. Da es im wesentlichen darum geht, die koranische Lebensweisung richtig zu verstehen und in die eigene Existenz umzusetzen, haben erheblich größere Bedeutung die Rechtsschulen, die genau das mit praktischen Weisungen anzielen.

Auch im *Buddhismus* fehlen Dogmen. Zwar gibt es hier dezidierte Grundüberzeugungen wie die „Vier Wahrheiten“, die eine Ähnlichkeit mit dem Typus Dogma haben, doch haben sie einen vollkommen anderen Stellenwert als im Christentum: Man soll sie möglichst rasch wieder verlassen; entscheidend ist der „Weg“, den Sidharta Gautamo ging; er ist vom Jünger methodisch zu verfolgen, damit er der *bodhi* nahekommt.

Umgekehrt folgt aus der obigen Feststellung, daß es keine Ausprägung des Christentums gibt, die „undogmatisch“ wäre. Unterschiedlich ist allerdings der Stellenwert, den die Konfessionen dem Glaubenssatz einräumen. Das entscheidende Kriterium ist die Antwort auf die Frage, ob er auf die Seite der *Offenbarung* oder auf die Seite des *Glaubens* gehöre. Die *orthodoxen Kirchen des Ostens* und die *römisch-katholische Kirche* entscheiden sich für die erste Alternative. Für die *Orthodoxie* sind Dogmen offenbarte Wahrheiten des Glaubens, die die Kirche bewahrt, verkündigt, anwendet und fruchtbar macht. Sie haben allesamt den einen Sinn, Christus und sein Werk explizit zu machen. *D. Staniloae* erklärt: „Die Dogmen sind genaue Definitionen oder ‚Abgrenzungen‘ (horoi). Sie grenzen die Unendlichkeit Gottes von der Endlichkeit ab“[28]. Insofern sind sie keiner Entwicklung unterworfen, faktisch seit dem letzten wirklich ökumenischen (d. h. von allen Teilkirchen beschickten) Konzil zahlenmäßig abgeschlossen und

[28] Dogmatik I,93. Das griech. Wort *horos* = Grenze ist auch die Bezeichnung der dogmatischen Beschlüsse der altkirchlichen Konzilien.

unfehlbar. Sie können von der Theologie nur noch ausgelegt werden. Eine Dogmenentwicklung ist nicht vorstellbar.

Für die zweite Alternative haben sich die *Kirchen der Reformation* entschieden: Die Dogmen – der Protestantismus spricht lieber vom *Bekenntnis* – gehören eindeutig auf die Seite des Glaubens, also der menschlichen Antwort auf die Offenbarung. Dieser selbst ist, bezogen auf das Wort Gottes in der Hl. Schrift, das primäre Geschehen, in welchem der Mensch Stellung bezieht. Sekundär sind die Bekenntnisaussagen dann Verständnishilfen, mittels derer der normative Gehalt der Bibel deutlich gemacht werden soll. Sie sind daher auch weder normativ noch irrtumsfreie Aussagen. Vielmehr haben sie eine eher existentielle Bedeutung[29].

In schematischer Vereinfachung kann man die Unterschiede sich anhand des folgenden Schaubildes vergegenwärtigen[30]:

Dogmenverständnis in den großen christlichen Konfessionen

Katholische Kirche	Orthodoxe Kirche	Reformatorische Kirchen
Offenbarung Hl. Schrift *Dogma* *Dogmenentwicklung*	Offenbarung Hl. Schrift *Dogma*	Offenbarung Hl. Schrift
Glaube	Glaube	Glaube *Bekenntnis*

[29] M. Luther, Predigt von 1525 (WA 16,271 f): „Denn Christus ist nicht darum Christus genennet, daß er zwo Naturen hat. Was gehet mich dasselbige an? Sondern er trägt diesen herlichen und tröstlichen Namen von dem Ampt und Werk, so er auf sich genommen hat. ... Daß er von Natur Mensch und Gott ist, das hat er für sich, daß er aber ... seine Liebe ausgeschüttet und mein Heiland und Erlöser wird, das geschieht mir zu Trost und gut".

[30] Vgl. K. Beyschlag, Grundriß der Dogmengeschichte I, 21.

3. Aufgabe und Methode der Dogmatik

3.1 Der Begriff

Sofern die Dogmatik die Wissenschaft vom Dogma ist, wie wir bereits anfangs in einem ersten Erklärungsversuch feststellten, hängt die nähere und genauere Begriffsbestimmung vom Verständnis von *Dogma* ab; es kann, so ergibt sich daraus weiter, eine solche Wissenschaft erst geben, wenn und soweit dieses ausgebildet ist. Die Bezeichnung treffen wir denn auch erstmals im 17. Jahrhundert, als in der konfessionellen Kontroverse wichtig wurde, den Glaubensbestand festzustellen. Als Fachbezeichnung begegnet sie erstmals 1661 im Titel des Buches von *L. F. Reinhart*, einem protestantischen Theologen: *„Theologia christiana dogmatica"*. Ein Jahr später unterscheidet sein Konfessionsbruder *G. Calixt* die *„theologia dogmatica"* von der Moraltheologie. Sie wird als die Wissenschaft vom kirchlichen Dogma verstanden. Dieses wird gewöhnlich seinem Gehalt nach analysiert, dann aus der Bibel und der Überlieferung begründet und schließlich in einem dritten Schritt auf dem Weg der Schlußfolgerung spekulativ erörtert.

Freilich hat es auch schon vorher Unternehmungen gegeben, die den Inhalt und Gehalt des christlichen Glaubens systematisch darzustellen suchten. Genannt wurden bereits die entsprechenden Werke des *Origenes* und *Augustinus*. Für den Bereich des Ostens sind die „Oratio catechetica magna" des Gregor v. Nyssa und die „Darlegung des orthodoxen Glaubens" von *Johannes v. Damaskus* zu erwähnen. Im Mittelalter übt außerordentlich großen Einfluß das Buch der *„Sentenzen"* des Bischofs *Petrus Lombardus* aus; es war für Jahrhunderte *das* Theologiebuch schlankweg. Die gewaltigen *„Summen"* der Hochscholastik sind Systementwürfe des Glaubens, die auch heute noch Bewunderung verdienen.

Es gab, neben den gerade erwähnten, verschiedene Namen für diese Unternehmungen: Man nannte sie schlicht *sacra pagina* (heilige (Buch-) Seite), weil sie sich als Interpretationen der Bibel verstanden, oder *Institutio(nes), Doctrina christiana*, sofern sie eben die „Christenlehre" zusammenfaßten, *Loci communes*, d. h. Ortsbestimmungen des theologischen Denkens.

Setzen wir das heutige Verständnis von *Dogma* voraus, wie es im letzten Abschnitt erläutert wurde, kommen wir zur folgenden Begriffsbestimmung:

Dogmatik ist die theologische Wissenschaft von der in der Gesamtverkündigung der Kirche sich aussprechenden Selbstmitteilung Gottes durch Jesus Christus im Heiligen Geist, wie sie im christlichen Glauben angenommen und für das Leben der Christen verbindlich wird.

3.2. Die Aufgaben

Die Generalaufgabe der Dogmatik besteht darin, mit wissenschaftlicher Verbindlichkeit zu sagen, welches der Glaube der Gemeinschaft ist, die durch eben diesen Glauben gebildet wird, welches also der Glaube der christlichen Kirche ist[31]. Durch ihre Wissenschaftlichkeit unterscheidet sie sich von anderen Bezeugungsinstanzen des Glaubens, so vor allem vom Lehramt: Dieses hat als Generalaufgabe die authentisch-amtliche Vorlage (*propositio*) des Glaubensbestandes, die Dogmatik dagegen hat ihn systematisch-methodisch zu untersuchen (*reflexio*)[32].

Dabei werden zwei Voraussetzungen gemacht:

1.) Dogmatik ist nur möglich auf der Grundlage des *Vertrauens in die Wahrheitsfähigkeit der menschlichen Vernunft*, welche so weit reicht, daß sie auch eine gewisse Erkenntnis Gottes haben kann.

2.) Damit hängt zusammen das Vertrauen darauf, daß die menschliche Sprache in der Lage ist, über die erkannten Wahrheiten *zutreffende Begriffe* zu bilden und *sachgemäße Urteile* zu fällen.

In der Philosophie und der Fundamentaltheologie wird gezeigt, daß und wie weit dieses doppelte Vertrauen begründet ist. Was das Sprachproblem angeht, so ist zu bemerken, daß die Dogmatik über keine Ortho- oder Metasprache verfügt: es existiert, mit anderen Worten, keine dogmatikspezifische Normsprache noch ein von anderen verschiedenes Idiom, mit dem sie Glaubensäußerungen ausdrücken könnte. Sie ist auf die Redeweisen angewiesen, die auch sonst innerhalb der Glaubensgemeinschaft üblich sind: Gebet, Liturgie, Doxologie, Verkündigung, Alltagssprache usw. Alle diese Ausdrucksformen des Glaubens sind darum auch Phänomenbereiche, in denen der Gegenstand der Dogmatik zur Sprache kommt.

Wenn und weil Wahrheit über Gott erkannt werden kann, sind auch normative Aussagen möglich, die zumindestens innerhalb des Glaubensbereiches Geltungskraft beanspruchen.

Im einzelnen lassen sich folgende *Aufgaben der Dogmatik* bestimmen:

1.) Sie steht *im Dienst der Glaubensgemeinschaft*, da sie deren Glauben bedenkt, auf ihr Leben hin auslegt und damit zur Identität derselben beiträgt.

2.) Sie gibt allen Menschen, die nach Grund und Begründetheit des Glaubens der Christen fragen, *aus wissenschaftlicher Verantwortung Rechenschaft*. Damit steht die Dogmatik im Dienst an der Wahrheitsfindung der menschlichen Gemeinschaft.

3.) Sie hat in diesem doppelten Dienst das gesamte Spektrum des Glaubensinhaltes zu reflektieren, also nicht nur die formell definierten Dogmen und die

---

[31] Hier spielt das Problem der Konfessionen natürlich herein: Es kann momentan ausgeklammert werden, sofern einmal alle christlichen Konfessionen so etwas wie eine Dogmatik kennen, wenn auch nicht zu allen Zeiten unter diesem Begriff, sofern zum anderen sich Dogmatik als kirchliche Wissenschaft im Dienst der jeweiligen Kirche versteht, in der sie betrieben wird.

[32] Vgl. 3.3.

dogmatischen Aussagen (Dogmen im weiteren Sinn), sondern ebenso deren Begründung in der Hl. Schrift und der Tradition sowie deren Bedeutung für die Praxis. Unter dieser Rücksicht ist sie die *zentrale theologische Disziplin*: Alle anderen haben, ungeachtet ihrer wissenschaftstheoretischen Eigenständigkeit, die Aufgabe, entweder Material für die dogmatische Forschung beizutragen oder deren Resultate zu berücksichtigen.

4.) Sie hat nach den *Regeln der Wissenschaft* zu arbeiten, modifiziert durch die spezifischen Aufgaben, wie sie eben beschrieben worden sind. Das heißt näherhin:

(1) Dogmatik ist eine *theologische Wissenschaft*: Sie macht Aussagen (*logos*) über jenen Gott (*theós*), der sich zum Heil aller Menschen in Jesus von Nazaret geoffenbart hat und dem im Glauben die heilsbedingende Antwort darauf gegeben wird. Die Dogmatik steht damit innerhalb der Bewegung des kirchlichen Glaubens und setzt diesen nicht nur als Gegenstand, sondern auch als Haltung bei denen voraus, die diese Wissenschaft betreiben.

(2) Dogmatik ist eine *freie Wissenschaft*: Das ergibt sich zum ersten daraus, daß sie aus der Haltung eines Glaubens heraus betrieben wird, der selber seinem Wesen nach als liebende Antwort auf Gottes Selbstmitteilung frei ist. Zwar ist die Wahrheit unbedingt, doch weil die Wahrheit des Glaubens eine Entscheidung voraussetzt, ist auch die mit ihm sich befassende Wissenschaft in der gleichen Weise frei wie dieser. Zum zweiten ergibt sich die Freiheit der Dogmatik aus dem Wesen der Materie, die sie reflektiert. Dogmen und dogmatische Aussagen sind nicht nur jeweils Abschluß eines Erkenntnisprozesses, sondern stets auch Ausgang weiterer Erschließung. Sie regen zu neuen Denkvorgängen an, eröffnen Diskurse, führen zu vertiefter Einsicht, sie sind, mit einem Wort, Impulse zu neuem Verstehen. Weil dieses aber auf dem Weg der Wissenschaft gewonnen wird, muß die Offenheit des Forschens, der Fachdiskussion, des Suchens garantiert sein; das schließt die Möglichkeit des Irrens, der Um- und Seitenwege notwendig ein. Alles dies darf nicht beschnitten werden, soll die Dogmatik ihre Aufgabe sachgerecht erfüllen. Aus diesem Grund hat es auch immer unterschiedliche dogmatische Entwürfe, Darstellungen, Vorgehensweisen gegeben: Man sprach früher von theologischen *Schulen*. Aus dem nämlichen Grund kann sich die Dogmatik auch nicht als bloße Exekutorin lehramtlicher Vorgaben und Weisungen verstehen. Ein solcher Lehramtspositivismus verbaute ihr echtes wissenschaftliches Forschen. – So wichtig der Freiraum ist und so reichlich bemessen er sein muß, unbeschränkt und grenzenlos ist er mitnichten. Das folgt aus den gleichen Prinzipien wie die wissenschaftliche Freiheit der Dogmatik selber. Wer sich zum christlichen Glauben bekennt, ist auch an dessen Vorgaben und Wahrheiten gebunden. Dazu gehört auch die Existenz eines verbindlichen Lehramtes, das unter bestimmten Umständen und Bedingungen auch letztverbindlich zu sprechen befugt ist. Ob und in welchem Sinn diese gegeben sind und was genau der Inhalt dieser Rede ist, hat die Dogmatik freilich selber noch einmal in Freiheit zu erörtern.

(3) Dogmatik ist eine *historisch-kritische Wissenschaft*: Das folgt aus der wesentlichen Geschichtlichkeit ihrer Materie. Die Glaubensformeln – das gilt bereits für jene der Heiligen Schrift – sind unausweichlich Produkte einer ganz

bestimmten, an sich überholbaren Denkform und einer definiten Sprache, die sie nachhaltig prägen. Dogmatische Texte müssen daher auf dem Hintergrund ihrer Entstehungszeit kritisch gelesen, analysiert und interpretiert werden. Aus dieser Forderung heraus hat sich eine eigene Disziplin im Zusammenhang mit der Dogmatik herausgebildet, die *Dogmengeschichte*. Von ihr ist in Abschnitt 4 die Rede. – Aufgrund ihres kritischen Potentials ist der Dogmatik auch ein polemisches Moment immanent. Sie hat auch manchmal Nein zu sagen gegen bestimmte Geisteshaltungen – und das muß sie in alle Richtungen hin tun, selbst in die bestimmter Gruppen der eigenen Glaubensgemeinschaft. Freilich muß sie kritisch (und das schließt ein: kritikfähig) auch im passiven Sinn bleiben nicht um ihrer selbst willen, sondern wegen ihrer Aufgabe. Man spricht daher besser vom prophetischen Moment der Dogmatik.

(4) Dogmatik ist eine *hermeneutische Wissenschaft*: Unter *Hermeneutik* versteht man die Kunst und Wissenschaft der Erklärung und Auslegung von Texten. Sie ist für die Dogmatik nicht nur deswegen wichtig, weil sie es meist mit historischen Texten zu tun hat, die als Texte der Vergangenheit für uns heute interpretationsbedürftig sind, sondern vor allem, weil in ihnen die Offenbarung Gottes vorgestellt und erläutert wird, die für alle Menschen heilsbedeutsam ist. Die dogmatische Forschung verfolgt stets eine doppelte Richtung. Sie fragt: Wie, in welcher Weise und mit welchem Geltungsanspruch legt ein Text die Botschaft der Offenbarung aus (*Schriftentsprechung*)? Sie fragt weiter: Wie, in welcher Weise und mit welchem Geltungsanspruch wird der gleiche Text heute für unseren Glauben fruchtbar (*Zeitentsprechung*)? Die Texte müssen also nicht nur in ihrem Sinngehalt erschlossen werden zum Zweck der Information; vielmehr gilt es überdies, ihre existentielle Bedeutung für die Gegenwart herauszukristallisieren. Die dafür geltenden Prinzipien und Regeln sind oben dargelegt worden.

(5) Dogmatik ist eine *spekulative oder konstruktive Wissenschaft*: Ihr kommt es nicht nur und vor allem nicht letztlich darauf an, die Daten der bisherigen Dogmengeschichte oder der heutigen Glaubensvorgaben zu erheben (*positive Dogmatik*), sondern in ihrem zweifachen Dienst die innersten Motive zu erheben, die zu diesen Daten geführt haben. Dabei geht es auch um die Einheit und den Zusammenhang von Dogmen und dogmatischen Aussagen und um deren Entsprechung zur Sinnsuche der Menschen überhaupt und vor allem in der Situation der Gegenwart. So fragt die Dogmatik nach der Stimmigkeit, Kohärenz und Logik der Aussagen des Glaubens; sie sucht deren inneren Zusammenhang und die Struktur zu erschließen; zugleich bemüht sie sich aufzuzeigen, wie sie den Problemen und Nöten der Menschen von heute Hilfe und Antwort zu geben imstande sind; nicht an letzter Stelle hat sie auch die Aufgabe darzustellen, daß und inwiefern jene Aussagen für Glaube, Hoffnung und Liebe der Christen förderlich sind. – In der wissenschaftlichen Praxis wird die Dogmatik diesen Erfordernissen gerecht, indem die Dogmatiker versuchen, Gesamtentwürfe oder Gesamtkonzeptionen des Glaubens zu entwerfen (lat. *construere* entwerfen, errichten, daher *konstruktive* Wissenschaft). Solche Entwürfe und Konzeptionen heißen auch *Systeme*. Dogmatik ist daher eine *systematische* Wissenschaft auch in der Hinsicht, daß sie Raster entwirft, in denen die einzelnen Glaubensinhalte ihren eigentümlichen Ort finden. Ein solches dogmatisches Grundprinzip kann sein

die Heilsgeschichte[33], Gott selber[34], die Rechtfertigung des Sünders[35], die Befreiung der Menschen aus jeder Form der Unterdrückung[36]. – Dadurch entsteht eine beträchtliche Vielfalt und Pluralität in der Dogmatik. In der Geschichte haben sich eine Reihe von Formen und Typen dogmatischen Denkens, dogmatischer Systeme, dogmatischer Schulen herausgebildet. Man verbindet sie manchmal mit dem Namen von Theologen (*Augustinismus, Thomismus*), manchmal dient der Konstruktionspunkt als Bezeichnung (*existenzialistische, transzendentale Dogmatik*), gelegentlich dienen Orte (*Alexandriner, Tübinger Schule*) oder Gruppen (*Scholastik, monastische Theologie*) als Taufpaten; eine bestimmte Spiritualität kann ebenfalls zum Kennzeichen werden (*franziskanische, jesuitische Theologie*). Natürlich gibt es keinen Grund, der für die Gegenwart oder Zukunft neue Systeme ausschlösse. Dogmatik erweist sich somit als prinzipiell fruchtbare und unabschließbare Wissenschaft. Der eigentliche Grund dafür ist die Unerschöpfbarkeit des Wortes Gottes, das in die Zeit hinein auszulegen und zu verkünden ist. Damit ist die Frage nach den *Methoden der Dogmatik* virulent.

3.3 Die Methodenproblematik

Die Wirklichkeit erschließt sich nur, wenn man den richtigen Schlüssel hat. Man bekommt immer nur Antworten auf Fragen, die man stellt. Die Methodenfrage, die Frage nach dem richtigen Weg (griech. *hodos*) ist darum für alle Wissenschaften, mithin auch für die Dogmatik, von höchster Wichtigkeit. Die Lösung, welcher Weg zu wählen sei, ergibt sich vom Startpunkt wie vom Ziel her. Für die Dogmatik ist der Ausgangspunkt die Offenbarung, das Ziel die Vermittlung der in Dogmen und dogmatischen Aussagen formulierten Offenbarungsbotschaft für die Menschen von heute. Wie kommt man also von der einen zu den anderen?

Die Urteile der Dogmatik sind Formulierungen aus dem Glauben. Der Glaube ist auch sozusagen das Empfangsorgan, mit dem sie von den Menschen wahrzunehmen sind. Der Weg wird also von der *Struktur des Glaubens* bestimmt sein. In Vorwegnahme der und mit Hinweise auf die Aussagen, die innerhalb der Theologischen Erkenntnislehre weiter unten gemacht werden, ist festzustellen, daß dieser ein objektives und ein subjektives Element enthält[37]. Er bezieht sich auf einen *Inhalt* („Gott ist dreifaltig in einer Natur und drei Personen"), der aber nicht aus äußerer Evidenz (durch eine Intuition oder aufgrund eines logischen Schlußverfahrens) angenommen wird, sondern wegen *der Autorität* und der *Vertrauenswürdigkeit* des Mitteilenden, in unserem Falle Gottes („Ich glaube, daß die-

[33] Hugo v. St.Viktor: opera redemptionis; de sacr. 1,1,2.

[34] Thomas v. Aquin: Deus sub ratione Deitatis ; S.th. I, q.1, a.7.

[35] M. Luther: Homo reus et perditus – deus iustificans et salvator; WA 40/2, 328.

[36] Südamerikanische Befreiungstheologie.

[37] Vgl. Theologische Erkenntnislehre 3.1.

ser Satz wahr ist, weil ich *an* Gott glaube und darum auch *ihm* glaube, wenn sich das aus seiner Selbstmitteilung ergibt"). Aus dem *objektiven* Element ergeben sich Antworten auf die Frage: *Was ist der Fall?* Wir nennen sie *Wesens- oder Essenzaussagen*. Das *subjektive* Element hingegen läßt erkennen: *Wer ist der Bürge* für das, was der Fall ist? Solche Antworten bezeichnen wir als *personale oder Existenzaussagen*. Beide Fragen und natürlich erst recht die Antworten sind für die Zielvorgabe entscheidend. Damit bieten sich grundlegend zwei Wege an, um die Offenbarungsbotschaft dogmatisch zu vermitteln. Denn der Glaubende muß wissen, *was* das für ein Gott ist, dem er glauben soll (essentielle Fragestellung), und *wer* er ist, dem er sein Schicksal anvertrauen soll (existentielle Fragestellung). In der Alten Kirche nannte man den Weg zur Antwort auf die erste Frage *theologia*, den zur Antwort auf die andere Frage *oikonomia*. Ersterer geht es um das Wesen Gottes, letzterer um sein geschichtliches Handeln, aus dem allein er für uns erfahrbar wird. Seitdem hat die Dogmatik beide Methoden anzuwenden. Die Wirklichkeit, um die es ihr geht, kann nur mittels beider erschlossen werden.

Das Problem liegt darin, daß niemand gleichzeitig auf zwei Wegen gehen kann. Konkret hatte und hat das für die Darlegung der Inhalte der Dogmatik die Konsequenz, daß das eine System mehr „essentialistisch", das andere mehr „existentialistisch" vorgeht. Das ist so lange erträglich, wie sich der jeweilige Dogmatiker bewußt bleibt, daß er den je anderen Weg nicht vernachlässigen darf. Für welchen er sich entscheidet, hängt sehr vom Zielpunkt ab: dem Menschen seiner Zeit (der er unvermeidlich natürlich auch selbst zuzurechnen ist). Als sich die Theologen der Alten Kirche mit der Welt des Hellenismus konfrontiert sahen, der ein großes Vertrauen auf die Wahrheitsfähigkeit der menschlichen Vernunft besaß und dementsprechend an der Wesensproblematik interessiert war, wählten sie in Anlehnung an die philosophischen Systeme der Zeit vornehmlich den Weg der *theologia*. Wegen der Autoritätsgläubigkeit des Mittelalters wurde er auch im Mittelalter als Königsweg betrachtet – so von der Scholastik. In der Neuzeit dagegen vollzog sich die berühmte „anthropologische Wende" hin zum Subjekt, zum Menschen, zur konkreten Geschichte. Das hatte zur Folge, daß der *„ökonomische"* Weg zur dogmatischen Hauptstraße wurde. Vor allem im 20. Jahrhundert wurde er sehr verkehrsreich. In der *Politischen Theologie* kreist das Denken um das Theorie-Praxis-Problem; die *Feministische Theologie* sucht als Konstruktionspunkt die Erfahrung der Frauen zu fixieren; *eigenständige* lateinamerikanische, afrikanische und asiatische Dogmatiken entstehen. Man bezeichnet alle diese Systeme auch gern als *kontextuelle Theologien*: Damit ist das existentielle Moment bereits deutlich herausgestellt. Die Zusammenhänge, die Kontexte des konkreten Menschen sind methodologisch bestimmend.

Beide Wege haben ihre spezifischen Gefahren. Der essentialistische Ansatz ist seinem Wesen nach sehr abstrakt; er droht welt- und zeitlos zu werden. Man mag auf ihm zu richtigen Einsichten kommen, nur kann es sein, daß sie niemanden (mehr) interessieren. Eine essentialistische Dogmatik kann sich oft des Verdachtes nicht erwehren, sie antworte auf Fragen, die keiner stellt, verweigere aber Auskunft auf das, was die Fragenden umtreibt. Solches kann man der existentialistisch geprägten Dogmatik bestimmt nicht vorwerfen. Sie müht sich redlich, Rede und Antwort zu geben; sie ist stets auf Plausibilität bedacht; sie spricht die Sprache ihrer Zeit. Aber gibt sie dann auch wirklich immer und je die Antwort des Glaubens? Hat sie den Mut zu der Widerständlichkeit, die Christentum gegenüber bloßen Zeitströmungen aufzubringen hat? Hält sie an der überkommenen Lehre fest (1 Tim 4,16), verkündet sie das Wort, „ob man es hören will oder nicht" (2 Tim 4,2)?

Leben ist immer lebensgefährlich, lautet eine zwar banale, aber unbestreitbare Einsicht. Auch eine lebendige Dogmatik kann die Gefahren nicht meiden. Wenn sie sie aber sieht, ist sie ihnen schon halb entronnen. Sie werden erst in dem Augenblick zur Lebensbedrohung, wo ein Weg verabsolutiert wird. Die *theologia* zielt vor allem Gott an, die *oikonomia* den Menschen. Nach christlichem Verständnis sind aber Gott und Mensch dank der Gnade Gottes keine gegensätzlichen Größen, deren eine man nur auf Kosten der anderen wahren könnte. So gilt, was *Walter Kasper* schreibt: „Eine rein essentialistische Theozentrik ohne existentielle Anthropozentrik erstarrt, eine von der Theozentrik emanzipierte Anthropozentrik dagegen führt zur Auflösung der dogmatischen Substanz." Er zitiert das berühmte Wort des *Irenäus von Lyon*, des „Vaters der Dogmatik", wonach die Ehre Gottes der lebendige Mensch sei[38], und fährt fort: „Nur indem die dogmatische Theologie Theologie bleibt und nicht Anthropologie wird, ist sie die Grundlage einer christl. Anthropologie, bleibt sie die Lehre vom Heil des Menschen in Gott"[39].

Diesem Postulat sucht in der Gegenwart die *heilsgeschichtliche Methode* gerecht zu werden. Sie geht zurück auf Anregungen Karl Rahners, der sie in seinem „Grundkurs des Glaubens"[40] angewendet hat. Vor allem ist sie aber in dem dogmatischen Handbuch „Mysterium salutis" verfolgt, das seinen Grundriß ebenfalls Rahner verdankt. Auch das vorliegende Werk folgt dieser Methode.

Ihr geht es erstlich und letztlich um *Gott*, um sein Wesen, seine „Ehre". Aber dieser Gott ist der Gott Abrahams, Isaaks und Jakobs, der Gott des Bundes mit den *Menschen* – so wird er, prägend für die jüdische wie für die christliche Religion, erfahren (vgl. Ex 2,24; Lev 26,42; 2 Makk 1,2; Mt 22,32; Apg 3,13 u. ö.). Gott ist immer „Gott in der Geschichte seiner Taten"[41]: Das ist darum die entscheidende Vorgabe aller Dogmatik. Sie hat also in der Perspektive der essentialistischen Theologie nach dem Wesen Gottes zu fragen, aber sie kann diese Frage nur stellen unter dem Horizont seines Heilshandelns in der Geschichte, mithin unter existentialistischem Aspekt. Als Theologie ist die Dogmatik notwendig Frage nach dem Wesen Gottes; als Theologie unter biblisch-christlichen Bedingungen aber ist sie ebenso notwendig Frage nach der Erschließung Gottes in die Zeit, wie sie zuerst in den alttestamentlichen Bundesschlüssen, dann in unvordenklicher und unüberbietbarer Weise in Jesus als dem Christus geschehen ist; mithin ist sie existentialistisch eingestellt. Die beiden Wege sind dann aber nicht mehr zwei Straßen, die zur Wahl stehen, sondern solche, die beide, einer

[38] Haer. III,20,2.

[39] NHThG ^{2}1, 318.

[40] K. Rahner, Grundkurs des Glaubens. Einführung in den Begriff des Christentums, Freiburg-Basel-Wien 1976 (Erstauflage, seitdem viele Neudrucke).

[41] K. Barth, Einführung in die evangelische Theologie, Zürich 1962, 15.

nach dem anderen, zu beschreiten sind, weil nur so die Aufgaben der Dogmatik bewältigt werden können. Der essentialistische führt *von Gott zum Menschen*, der existentialistische *vom Menschen zu Gott*. Erst so kann erkannt werden, was als Quintessenz der neutestamentlichen Glaubensreflexion gelten darf: „Gott ist die Liebe. Die Liebe Gottes wurde unter uns dadurch offenbart, daß Gott seinen einzigen Sohn in die Welt gesandt hat, damit wir durch ihn leben" (1 Joh 4,8 b f.).

3.4 Die Methoden dogmatischer Darstellung

In diesem Abschnitt soll ein Blick auf die *Vorgehensweise* der Dogmatik bei der Erörterung ihrer Materie geworfen werden. Sie hängt, wie kaum besonders betont werden muß, vom methodologischen Grundsatz ab, über den wir gerade gesprochen haben. Zu unterscheiden ist einmal der *Grundaufbau*, dann der *Argumentationsgang*, mittels derer die Materie dargeboten wird.

3.4.1 Aufbau

Eine essentialistische Dogmatik geht von philosophischen Fragestellungen aus, auch wenn sie natürlich theologisch arbeitet. Denn die Philosophie will das Wesen und die Gründe der Wirklichkeit erkennen. In der neuscholastischen „Katholischen Dogmatik nach den Grundsätzen des heiligen Thomas" von *F. Diekamp* heißt es mit aller Klarheit: „Dieser Gesichtspunkt (ratio sub qua), der die Wissenschaft von Gott und seinen Werken zur theologischen macht, kann nur *Gott selbst nach seiner Gottheit sein*"[42]. Das zeigt sich natürlich vor allem in der Gotteslehre selbst. Sie schaltet gewöhnlich eine „natürliche Theologie" vor: Die Erkennbarkeit Gottes aus der Vernunft, die sog. Gottesbeweise, und die aus Gottes Wesen folgenden Eigenschaften werden ausführlich behandelt. Eine existentialistisch konzipierte Darstellung beginnt dagegen gern mit anthropologischen Problemen: Ihr geht es in erster Linie um den Menschen, wenn auch in der theologisch gebotenen Perspektive. Auch hier kann ein Zitat sehr schnell verdeutlichen, was das Anliegen ist. In der „Kritischen Dogmatik" von *Gotthold Hasenhüttl* lesen wir: „Das Sprechen von Gott wird ... immer abhängig sein vom anthropologischen Verständnis: ‚Sage mir, wer du bist, und ich sage dir, welchen Gott du hast', ist durchaus ein sinnvoller theologischer Ausdruck, um die gegenseitige Bedingtheit wiederzugeben. Denn Reden von Gott ist Reden vom Menschen, und Theologie ist stets – bewußt oder unbewußt – zugleich Anthropologie"[43]. Die eigentliche Frage, die dann etwa in der Gotteslehre zu beantworten ist, lautet: „Wie heute von Gott sprechen?"

[42] Münster [10-12]1949-1954, Bd. I, 12. Hervorhebungen im Original!
[43] Graz 1979, 136.

Metaphysische Gottesaussagen haben keinen wirklichen Platz mehr aus diesem Blickwinkel.

Wählt man dagegen den heilsgeschichtlichen Ansatz, so muß als leitendes Prinzip der Dogmatik nach *Karl Rahner* gelten: „... nach notwendigen Wesensstrukturen und Zusammenhängen fragen *und* berichten ..., was und wie es in der Heilsgeschichte tatsächlich – frei und unableitbar – zuging. Das zweite, das Berichten, versteht sich von selbst. Aber das erste, das Fragen, ist trotz allem heutigen Existentialismus auch wichtig. Denn Theologie ist Denken. Und denken kann man ‚nackte' Fakten überhaupt nicht. Denn auch freie Setzungen haben ihr Wesen, ihre Struktur, ihre Zusammenhänge, ihre Homologien und Analogien. Mitten also im Bericht, daß dies und das geschah, muß immer wieder gesagt werden, was es eigentlich war, das so geschah"[44]. Entsprechend beginnt *Rahner* in seinem „Grundriß des Glaubens" nach einer wissenschafts- und erkenntnistheoretischen Einleitung mit dem „Ersten Gang: Der Hörer der Botschaft" – also grundsätzlich anthropologisch, aber nicht exklusiv: der Mensch erscheint ausgerichtet auf eine Botschaft. Welche ist das? „Zweiter Gang: Der Mensch vor dem absoluten Geheimnis", lautet das folgende Kapitel, das vom Wesen dieses Geheimnisses spricht.

3.4.2 Argumentation

Die Methodenwahl beeinflußt auch den Gang, mit dem eine dogmatische Darstellung ihre Aussagen begründet. Die essentialistische Methode geht ihrem Wesen nach „von oben nach unten": Es wird festgestellt, was ist; und das sicherste Kriterium dafür ist, was feststeht – und das ist die Lehre der (amtlichen) Kirche. Am Anfang steht also die *These*, der sorgfältig formulierte Lehr-Satz. Er wird „bewiesen" durch eine oder mehrere Lehramtsaussagen. Diese werden gestützt durch Schriftbelege – oft ohne die Mühe einer echten Exegese – und den Nachweis der beständigen Lehrverkündigung der These in der Vergangenheit (Traditionsargument). Am Schluß stehen gewöhnlich spekulative Reflexionen, die noch einmal zeigen sollen, daß das Lehramt auch vor dem Denken bestehen kann. Im Grund ist aber mit dem Hinweis auf das Lehramt alles schon gesagt; der Rest ist eigentlich Ausweis einer gewissen Abundanz, die ebenso gut auch fehlen könnte. Dieser Stil ist monologisch und autoritär.

Wissenschaftstheoretisch ist er fragwürdig. Er wurde vor allem in den Lehrbüchern der Neuscholastik des 19. und der ersten Hälfte des 20. Jahrhunderts gepflegt[45].

Der wissenschaftlichen Intention der Dogmatik angemessener sind Argumentationsgänge, die dem menschlichen Suchen und Fragen nach der Wahrheit besser entsprechen. Sie haben eine lange und große Tradition in der Kirche. Die mittelalterliche Theologie erörterte ihre Themen in der *Disputation*, die nach

[44] K. Rahner, Über den Versuch eines Aufrisses der Dogmatik: ders., Schriften zur Theologie 1, Einsiedeln-Zürich-Köln ²1956, 23 f.

[45] Er begegnet auch im „Katechismus der katholischen Kirche" von 1992 (Beispiel: Nr. 88 über die Dogmen).

Übersicht über die dogmatische Argumentationsweise

am Beispiel des Dogmas von der Jungfräulichkeit Marias vor der Geburt Jesu in der *Hochscholastik* und in der *Neuscholastik* (Thomas von Aquin, Summa Theologica III,28,1 – Pohle-Gierens, Lehrbuch der Dogmatik, Paderborn, Band II, 1932, 289-293, Die Vorgehensweise wird in beiden Fällen schematisch wiedergegeben)

Summa theologica	*Lehrbuch der Dogmatik*
Frage 28. Marias Jungfräulichkeit. In vier Artikeln Art. 1: War die selige Jungfrau Maria bei der Empfängnis Jungfrau?	§ 3. Die Freiheit von aller leiblichen Befleckung oder die ewige Jungfrauschaft Marias. Erster Satz: Maria war die reinste Jungfrau vor der Geburt Jesu. De fide definita (Formelles Dogma).
Ausgangsposition (Videtur quod): Maria war nicht Jungfrau. 1. Lk 2,33 wird Josef Jesu Vater genannt. 2. Mt 1 wird Jesus Davidssohn genannt, was nur über die väterliche Linie möglich ist. 3. Gal 4,4 steht „geboren von einer Frau (mulier)“; das bedeutet nach allgemeinem Sprachgebrauch „verheiratete Frau“. 4. Wenn Jesus in allem wahrer Mensch war, war er auch auf natürliche menschliche Art gezeugt. 5. Wurde sein Leib nicht natürlich gezeugt, war es auch kein wahrer Menschenleib. *Gegenposition* (Sed contra): Jes 7,14 „Die Jungfrau wird empfangen“. Die jungfräuliche Zeugung ist Vater, Sohn und dem Zweck der Inkarnation angemessen. *Problemerörterung* (Respondeo dicendum): Die jungfräuliche Empfängnis ist Glaubensgut, aber auch aus 4 Gründen angemessen: Herausstellung der besonderen Vaterschaft Gottes; der Leib Jesu sollte von jeder Verderbnis (corruptio) rein sein; zeichenhaft sollte die absolute Sündenfreiheit Jesu dargestellt werden; die alleinige Initiative Gottes bei der Menschwerdung wird deutlich. *Zurückweisung der Ausgangsposition* (Ad 1,2 ...): Exeget. Diskurs.	*Lehre der Kirche:* Die These erscheint als Glaubensartikel im Apostol. Symbolum und wird von Päpsten und Synoden bezeugt. (Angabe der Stellen) *Schriftbeweis:* Mt 1,18.22f.; Lk 1,35; 3,23. AT: Jes 7,14 *Väter:* Sie haben „von Anbeginn“ die These gelehrt (Justinus, Ignatius von Antonichien) – Hinweis auf eine Sammlung von patristischen Zitaten (Rouet de Journel) *Hinweis:* Marias Ehe mit Josef war eine wahre menschliche Ehe trotz „mangelnden Vollzugs“.

festen Regeln erfolgte, aber den Gesetzlichkeiten des Diskurses folgte. Am Anfang steht nicht eine schon feststehende Behauptung, sondern eine Frage. Gründe und Gegengründe werden beigebracht, das Für und Wider erörtert, bis endlich die Antwort sich herausschält; am Ende wird zu den Argumenten Pro und Contra Stellung genommen. Als Eideshelfer dienen die Autoritäten – weltliche wie geistliche, amtliche wie philosophische. Die Sache selber aber wird mit denkerischen Mitteln geklärt. In kristallener Klarheit begegnet uns dieser Stil in der „Summa Theologica" des *Thomas von Aquin*. Die moderne, heilsgeschichtlich ausgerichtete Dogmatik hat dieses Schema den Prinzipien nach beibehalten; freilich vollziehen sich Diskurse heute in anderer Form als im 12. oder 13. Jahrhundert. Vor allem wird heute die Bedeutung der Heiligen Schrift als Grundnorm des christlichen Glaubens herausgestellt. Gewöhnlich gehen die Autoren, auch in diesem Werk wird das deutlich, so vor:

• Darlegung des Themas und seiner Problematik für die Glaubensgemeinschaft heute;

• Befragung der biblischen Theologie zur Sache;

• Entfaltung der Thematik in der Theologie- und Geistesgeschichte;

• Interpretation der aus Bibel und Geschichte erhobenen Daten auf das heutige Verstehen und die gegenwärtige Situation;

• Integration der neuen Erfahrungen in das Offenbarungsgeschehen.

In beiden Fällen, der mittelalterlichen wie der zeitgenössischen Argumentationsform, ist der Stil dialogisch, kommunional, offen auf neue Einsicht, woher immer sie sich ergibt.

Die heutige Dogmatik folgt damit den Vorgaben, die – unter Berufung auf die jüngere Tradition – das *Zweite Vatikanische Konzil* gemacht hat. Im Dekret „Optatam totius" über die Priesterausbildung sagt es: „Die dogmatische Theologie soll so angeordnet werden, daß zuerst die biblischen Themen selbst vorgelegt werden; dann erschließe man den Alumnen, was die Väter der östlichen und westlichen Kirche zur treuen Überlieferung und zur Entfaltung der einzelnen Offenbarungswahrheiten beigetragen haben, ebenso die weitere Dogmengeschichte, unter Berücksichtigung der Beziehungen zur allgemeinen Kirchengeschichte; sodann sollen sie lernen, mit dem heiligen Thomas als Meister, die Heilsgeheimnisse in ihrer Ganzheit spekulativ tiefer zu durchdringen und ihren Zusammenhang zu verstehen, um sie, soweit möglich, zu erhellen. Sie sollen geschult werden, diese selben Heilsgeheimnisse stets in den liturgischen Handlungen und im gesamten Leben der Kirche gegenwärtig und wirksam zu sehen, und lernen, die Lösung der menschlichen Probleme im Lichte der Offenbarung zu suchen, ihre ewige Wahrheit auf die wandelbare Welt menschlicher Dinge anzuwenden und sie in angepaßter Weise den Menschen unserer Zeit mitzuteilen"[46].

---

[46] OT 16.

4. Dogmengeschichte

Solange man in der Kirche die Dogmen als unveränderliche, ein für alle Male und optimal formulierte Glaubensaussagen verstand, war die Konzeption einer Dogmengeschichte nicht vorstellbar. Gleichwohl hat es von Anfang der Offenbarungsmitteilung an, also schon in der Heiligen Schrift, Vorgänge gegeben, die Anlaß bieten, die Geschichte von Aussagen zu verfolgen, die heilsbedeutsam geworden sind. Die Autoren des Neuen Testamentes interpretieren bereits ihre Bibel, unser Altes Testament, auf das sie bewegende Christusgeschehen hin. Deutlich wird das beispielsweise in der Auslegung der Weissagung des Jesaja von der *Geburt des Königskindes* als Heilszeichen. Dem an Gottes Rettungswillen zweifelnden König Ahas verkündet der Prophet: „Seht, *ha'almah* wird ein Kind empfangen, sie wird einen Sohn gebären, und sie wird ihm den Namen Immanuel (Gott mit uns) geben" (Jes 7,14). Das hebräische Wort bedeutet *junge Frau*; von ihr, dem ganzen Zusammenhang nach der Frau des Königs, wird gesagt, daß sie einem Knaben das Leben schenken wird. Das ist an sich nichts Außergewöhnliches, wohl aber in diesem Fall: Die Geburt soll dem Ahas zeigen, daß Gott mit ihm und seinem Volk ist: Durch den Knaben wird die Thronfolge und damit die Dynastie (zusammen mit dem Volk) bewahrt. Schon im gleichen Prophetenbuch wird die Perspektive erweitert: Der Knabe ist ein Symbol des kommenden Messias (Jes 9,5 f.). Beim ersten Evangelisten geschieht das nämliche noch einmal, nur daß die messianische Prophetie jetzt als christologische Erfüllung und Überhöhung verstanden wird (Mt 1,23): Die junge Frau ist eine *Jungfrau*. Die hier gezeigte Entwicklung ist für das Verstehen der Offenbarungsbotschaft von Wichtigkeit. Sie muß also beachtet werden.

Es bedurfte, wie angedeutet, aber einer neuen Sicht des Dogmas, die Einsicht in seine Geschichtlichkeit, um zu der heutigen Disziplin *Dogmengeschichte* zu gelangen. Zunächst war eine Erschließung der entsprechenden Quellen nötig: Sie war im 17. Jahrhundert das Werk der gelehrten Benediktiner aus der Kongregation des hl. Maurus, der sog. *Mauriner*. In über 200 Bänden machten sie die Kirchenväter in kritischen Ausgaben zugänglich. Bis dahin waren die Theologen auf Exzerptsammlungen angewiesen, die in der Alten Kirche „Florilegien", im Mittelalter „Sentenzenbücher" hießen. Der eigentliche „Vater der Dogmengeschichte" ist der französische Jesuit *Dionysius Petavius* (Denis Petau), der in seinem fünfbändigen Werk „De theologicis dogmatibus" (1644-1650) durch den Rückgriff auf die Kirchenväter die Theologie aus der barockscholastischen Erstarrung befreien wollte. Das geschieht bei ihm noch weitgehend unkritisch.

Die wissenschaftliche Disziplin *Dogmengeschichte* ist ein Kind der *Aufklärung*. Das hat zwei Gründe: „1. An die Stelle der Anwesenheit Gottes (einschließlich des Teufels) im Raum der Geschichtsbetrachtung tritt seine Abwesenheit bzw. die Anwesenheit des Menschen als Geschichtsmittelpunkt. 2. An die Stelle der Übertatsächlichkeit und Unveränderlichkeit dogmatischer Inhalte tritt die

Erkenntnis ihrer tatsächlichen Veränderlichkeit, und zwar dergestalt, daß in der Aufklärungstheologie das Prinzip der *Veränderung*, im theologischen Idealismus das der *Entwicklung* und in der Epoche des theologischen Realismus das Motiv der *Entstehung* der Glaubensnormen jeweils die Dominante der dgl (= *dogmengeschichtlichen*) Konzeption bildet"[47]. Lange Zeit ist sie eine Domäne der protestantischen Systematik; erst als sich im 20. Jahrhundert die Erkenntnis von der Legitimität der Dogmenentwicklung auch beim katholischen Lehramt durchsetzte[48], kommt es auch im katholischen Raum zu dogmengeschichtlichen Forschungen und einem eigenen Universitätsfach *Dogmengeschichte*[49].

Heute versteht sich die Dogmengeschichte als jenes wissenschaftliche Fach, das das Werden und die Wirkungsgeschichte von Dogmen und dogmatischen Aussagen erforscht und darstellt. Ihre Probleme und Lösungsansätze ergeben sich aus der Stellung, die der einzelne Forscher zur Frage der Dogmenentwicklung einnimmt. Im Hintergrund der Darstellung stehen daher Themen wie Tradition, Identität und Wandel, Geschichtlichkeit, Wachsen des Glaubensverständnisses, Bedeutung und Wesen von Häresien. Sie sind alle leicht ideologisch besetzbar, so wenn als umfassendes Deutungsmuster der Geschichte die Idee des kontinuierlichen Fortschritts – leicht eine katholische Versuchung – oder umgekehrt jene des anhaltenden Abfalls vom Ideal – die protestantische Anfechtung – als leitendes hermeneutisches Prinzip verwendet wird. Das führt zur Ausblendung der Wirklichkeit, macht also erkenntnisblind. Eine realistische Untersuchung wird die Glaubensgeschichte dagegen als fortdauernde Interpretation der Offenbarungsbotschaft in den Entscheidungen der Glaubensgemeinschaft sehen, die auf diese Weise sowohl die Selbigkeit des Glaubensinhaltes wie seine Bedeutsamkeit und Plausibilität für die jeweilige Zeit wahrt, weil sie anders nicht gewahrt werden kann, solange die Kirche auf dem Weg durch die Zeit ist. Indem die entsprechenden Fakten erhoben und die hinter jenen Entscheidungen stehenden Fragestellungen, Motivationen und Impulse rekonstruiert werden, leistet die Dogmengeschichte einen wesentlichen Beitrag zur Erschließung der Sache des Glaubens auf die gegenwärtigen Problemkonstellationen, die bei aller Neuheit stets auch Produkt der Vergangenheit als deren Austrag in die Gegenwart sind. Die Erinnerung an die Geschichte führt damit als *Er-Örterung* des Glaubens zum Finden des *Ortes*, an dem er heute zu leben und zu verkünden ist.

Dogmengeschichte ist damit auf der einen Seite eine *historische* Disziplin, die mit dem Instrumentarium des Historikers arbeitet; sie ist aber ebenso eine *Teilwissenschaft der Dogmatik*, ohne welche diese sachgerecht nicht arbeiten kann. In allen dogmatischen Hand- und Lehrbüchern der Gegenwart, auch in dem vorliegenden, nimmt daher die Darstellung der Geschichte der einzelnen Lehrinhalte einen beträchtlichen Raum ein.

---

[47] K. Beyschlag, Grundriß der Dogmengeschichte I, Darmstadt ²1988, 33.

[48] Vgl. Pius XII., Enzyklika „Humani Generis" von 1950: AAS 42 (1950) 568 f: Der Passus wird vom Zweiten Vatikanischen Konzil OT 16 als Beleg angeführt.

[49] Es wird gewöhnlich in Personalunion mit dem Fach *Dogmatik* gelehrt. Vgl. oben das Zitat OT 16 in dem eigens auf die Dogmengeschichte als Aufgabe der dogmatischen Theologie hingewiesen wird.

5. Die Einteilung der Dogmatik

Ein in sich schlüssiges, alle anderen Einteilungsweisen ausschließendes Gliederungsprinzip der Dogmatik gibt es nicht. Das hat seinen Grund in der im Abschnitt über die Methodologie (oben 3.3.) bereits behandelten Spannung zwischen dem essentialistischen, existentialistischen und heilsgeschichtlichen Ansatz, deren keiner exklusiv ist und auch nicht sein kann. Die *theologia* Gottes erschließt sich immer nur von der *oikonomia*; die *oikonomia* Gottes ist der Ausdruck und Ausfluß seines Wesens.

Ein weiterer Grund liegt darin, daß Gottes Handeln in der Geschichte ein einziger Akt ist, in dem es zwar unterschiedene Momente gibt, die aber alle Teile einer einzigen Zuwendung Gottes zu den Menschen sind. Jedes Stoffgebiet der Dogmatik ist daher zugleich auch Markierung der Tat Gottes. So wenig man also die einzelnen Glaubenssätze isoliert voneinander betrachten darf, so wenig kann man die Themenbereiche der Dogmatik anders als aus didaktischen Gründen voneinander scheiden. Sie sind, vom Gesichtspunkt der Vermittlung gesehen, zugleich Perspektiven, unter denen man das Ganze des Glaubens betrachten kann. Die Substantive, mit denen die Stoffgebiete bezeichnet werden, können mit den zugehörigen Adjektiven getauscht werden. *Christologie* ist die Lehre über Jesus Christus, der *christologische* Aspekt ist ein unerläßlicher Aspekt dogmatischen Denkens und Arbeitens, sofern die gesamte Wirklichkeit für den Christen durch das Christusgeschehen geprägt und geformt ist. *Eschatologie* ist die Lehre von der Vollendung von Mensch, Gesellschaft und Welt bei Gott; *eschatologisch* ist jeder ganzheitliche theologische Ansatz, sofern die Heilsgeschichte auf diese Vollendung ausgerichtet ist. Ähnliches gilt von allen denkbaren materialen Themen der Dogmatik.

Das bedeutet aber, daß grundsätzlich jeder *Markierungspunkt* für das göttliche Handeln auch *Ausgangspunkt* der Dogmatik sein kann. Man kann ebenso gut mit der Pneumatologie ein dogmatisches Handbuch beginnen, und das mit guten Gründen verteidigen. Dabei stellt sich sehr schnell heraus, daß die Themen ineinander verschränkt sind. Der Gott der Gotteslehre ist kein philosophischer oder religionsgeschichtlicher Gott, sondern der Vater Jesu Christi (was es nahelegt, mit der Christologie einzusetzen); Jesus Christus ist uns in der heutigen Situation der Geschichte nicht anders zugänglich als durch die Kirche (was die Behandlung der Ekklesiologie voraussetzen würde).

Es gab und gibt daher bis heute ziemlich unterschiedliche Versuche, den Stoff der Dogmatik zu ordnen. Ein beliebtes Gliederungsprinzip, vor allem in Katechismen und anderen für theologische Laien bestimmten Büchern, ist *das dreiteilige Glaubensbekenntnis*; erstmals wurde es von *Augustinus* in der Schrift „Enchiridion ad Laurentium sive de fide, spe et caritate" (um 421) angewendet. Es orientiert sich „theologisch" an der Dreipersönlichkeit Gottes, wird aber „ökonomisch" korrigiert durch die Zuordnung der Heilsgeschichte an den Vater als

Schöpfer, den Sohn als Erlöser und den Hl. Geist als Wirkprinzip der Kirche. Von großem Einfluß wurde die „Summa Theologica“ des *Thomas von Aquin*, der, wie wir sahen, noch vom Zweiten Vatikanischen Konzil als „Meister“ der Theologie empfohlen wurde[50]. Nach ihm ist „das Hauptanliegen“ der Theologie „die Vermittlung der Erkenntnis Gottes, und zwar nicht nur, wie er in sich ist, sondern auch als Ausgang und Ziel der Dinge und besonders der vernünftigen Geschöpfe. ... Um diese Wissenschaft darzulegen, werden wir erstens über Gott handeln, zweitens über die Bewegung der vernünftigen Geschöpfe auf Gott hin, drittens über Christus, der als Mensch unser Weg zu Gott ist“[51].

Heute hat sich in der Universitätstheologie im allgemeinen eine Gliederung durchgesetzt, die die Materie in *Traktate* einteilt, die meist identisch sind mit dem Vorlesungsstoff eines Semesters. Sie orientiert sich dabei an der von Gott ins Werk gesetzten Heilsgeschichte. Ihre großen Hauptthemen sind daher: Gott – Schöpfung – Erlösung durch Jesus Christus – Fortführung der Erlösung durch das Wirken des Hl. Geistes in der Kirche – Vollendung der Schöpfung in Gott. Hinter dieser Einteilung erkennt man noch deutlich das Schema der altkirchlichen Glaubensbekenntnisse, das freilich entsprechend dem geschichtlichen Werden des Glaubensinhaltes entfaltet wurde und immer noch wird. So wird, meist im Anschluß an die Christologie, eine eigene dogmatische Betrachtung der dogmatischen Bedeutung der Mutter Christi (Mariologie) eingeschaltet; die Ekklesiologie wird ergänzt durch die Lehre von den Sakramenten und von der Gnade. Die bisher genannten Traktate sind klassisch und finden sich in allen Dogmatiken, wenngleich die Reihenfolge variieren kann. Neueren Datums – und nicht überall Bestandteil des Vorlesungsstoffes und der Handbücher – sind die Traktate *Theologische Anthropologie* und *Pneumatologie*.

Die Lehre vom Menschen aus christlicher Sicht war früher gewöhnlich ein Kapitel innerhalb der Schöpfungstheologie, meist unter dem Aspekt von Sünde und Erbsünde behandelt. Ansonsten war der Mensch in der Moraltheologie unter dem Aspekt seines ethischen Tuns Objekt der theologischen Betrachtung. Nachdem aber die Anthropologie innerhalb der Wissenschaften gegenwärtig zum Haupt- und Generalthema geworden ist, erweist es sich als notwendig, das Wesen des Menschen und sein Verhalten auch unter systematisch-dogmatischer Perspektive zu analysieren. – Der Heilige Geist hatte entsprechend der „Geistvergessenheit“, die lange Jahrhunderte das Abendland kennzeichnete, keinen selbständigen „Ort“ innerhalb des dogmatischen Systems. Was zu sagen war, wurde teils in der Trinitäts-, teils in der Gnadenlehre abgehandelt. Erst in der Gegenwart erkannte man die problematischen Konsequenzen. Inzwischen hat sich eine eigene Pneumatologie etabliert.

Der materialen Dogmatik ist oft ein eigener Traktat vorgeschaltet, der unter verschiedenen Bezeichnungen läuft: *Theologische Erkenntnis- oder Prinzipienlehre, General- oder Fundamentaldogmatik* oder auch einfach *Prolegomena* bzw. *Einleitung in die Dogmatik*. Das Thema dieses Traktats ist die Darlegung der Grundsätze und Prinzipien, nach und mit denen die Dogmatik ihre Erkenntnisse erzielt.

[50] OT 16.

[51] S.th. I,2 prooemium.

Nach der hier vorgestellten und in diesem Werk durchgeführten Gliederung ergeben sich insgesamt *elf Traktate der Dogmatik* .

Die dogmatischen Traktate in der Anordnung dieses Lehrbuches

Name	Gegenstand der Untersuchung
	Band 1
0 Einleitung in die Dogmatik	Begriff und Wesen von Dogma und Dogmatik
1 Theologische Erkenntnislehre	Quellen und Prinzipien des Erkenntnisgewinns der Dogmatik
2 Gotteslehre	Das Wesen Gottes nach seiner heilsgeschichtlichen Selbstmitteilung
3 Schöpfungslehre	Der grundlegende Beginn der Heilsgeschichte und seine Konsequenzen
4 Theol. Anthropologie	Der Mensch im Licht der göttlichen Offenbarung
	Band 2
5 Christologie	Jesus von Nazaret als Sohn Gottes (Christologie im engeren Sinn) und Erlöser der Welt (Soteriologie)
6 Mariologie	Die Mutter Jesu als Konkretion der Erlösungstat Gottes in ihrem Sohn
7 Ekklesiologie	Die Kirche als Zeichen und Frucht der Erlösungstat
	Band 3
8 Pneumatologie	Das Wirken des Geistes Jesu Christi in der Geschichte
9 Gnadenlehre	Das Heil als Gnade in der Welt
10 Sakramentenlehre	Die sieben Heilszeichen der Kirche als Mittel des Heiles
11 Eschatologie	Die Vollendung der Geschichte in der absoluten Zukunft Gottes

Nach der allgemeinen Einführung in die Wissenschaft *Dogmatik* und der Darlegung der Prinzipien, mittels derer sie zu ihren Erkenntnissen gelangt, folgt die Gliederung dieses Werkes der Struktur der *Heilsgeschichte.* In **Band I** wird die Grundgestalt des göttlichen Handelns dargelegt: Gott, der als dreifaltige Liebe erkannt wird, teilt sich in der Schöpfung und vor allem in ihrem Höhepunkt, dem Menschen, den Glaubenden mit. **Band II** nimmt vor allem das Christusereignis in den Blick, das die Heilsgeschichte zentriert und zugleich maßgebend durch die Kirche prägt, deren Urbild die Mutter Jesu ist. In **Band III** endlich konzentriert sich die Aufmerksamkeit auf den Menschen (als Individuum, als soziales Wesen, als weltverhaftete Existenz), der durch die begnadende Einwohnung des Heiligen Geistes, vermittelt vor allem in den Sakramenten, der endgültigen Gottesgemeinschaft entgegenpilgert.

Die Einteilung dogmatischer Lehrbücher

Pohle-Gierens	*Th. Schneider (Hrsg.)*	*Wilfried Joest*
Einleitung Allgemeine Gotteslehre Trinitätslehre Schöpfungslehre (mit Anthropologie und Angelologie)	Prolegomena Gotteslehre Schöpfungslehre Christologie Pneumatologie	Grund- und Anfangsfragen der Dogmatik Die Wirklichkeit Gottes (Gotteslehre, Christologie und Pneumatologie; Trinitätslehre)
Erlösungslehre (Christologie, Soteriologie und Mariologie) Gnadenlehre	Gnadenlehre Ekklesiologie Mariologie Allgemeine Sakramentenlehre Spezielle Sakramentenlehre Eschatologie Trinitätslehre	Theol. Anthropologie Gnaden- und Rechtfertigungslehre Ekklesiologie mit Sakramentenlehre Eschatologie
Sakramentenlehre Eschatologie		

An drei Gesamtdarstellungen der Dogmatik, die eigens als Lehrbücher konzipiert wurden, sollen unterschiedliche, von der hier gebotenen Einteilung *abweichende Gliederungen* des Stoffes veranschaulicht werden. Die waagerechten Linien (—) markieren die Bandunterteilung.

Pohle-Gierens, Lehrbuch der Dogmatik. 3 Bde., Paderborn [8]1931-1933, ist ein typisches Werk der Neuscholastik, die bis zum Zweiten Vatikanischen Konzil die im Lehrbetrieb der Katholischen Fakultäten herrschende Richtung war. Die relativ ausführliche Anthropologie ist in die Schöpfungslehre eingebaut; sie betrachtet den Menschen nur unter dem Aspekt von Gottebenbildlichkeit und Sünde. Vom Hl. Geist ist abgesehen von der Trinitätslehre nur anläßlich des Rechtfertigungsgeschehens, nie aber als eigenem Thema die Rede. Die Sakramentenlehre ist stark ausgebaut: sie umfaßt 633 S.; die Eschatologie wird dagegen nur auf 77 Seiten behandelt (beides in Bd. III). Die Ekklesiologie fehlt: Da die neuscholastischen Lehrbücher sich an der Einteilung der Summa Theologica des Thomas v. Aquin orientieren, dieser sich aber wiederum auf das Schema des Petrus Lombardus stützte, welcher in seinem Sentenzenbuch kein Kapitel über die Kirche hatte, wird über diese in der Neuzeit nicht in der Dogmatik, sondern in der Fundamentaltheologie gesprochen. Auch eine Prinzipienlehre sucht man vergebens. – *Theodor Schneider (Hrsg.), Handbuch der Dogmatik.* 2 Bde., Düsseldorf 1992, steht für nachkonziliare Lehrbücher. Auffällig ist das Fehlen der Theologischen Anthropologie: Vom Menschen ist ausdrücklich nur innerhalb der Schöpfungslehre die Rede. Ebenso gibt es keine Theologische Erkenntnislehre. Die *Prolegomena* entsprechen der „Einleitung in die Dogmatik“. Auffällig ist ferner die Plazierung der Trinitätslehre als „Summe“ des Werkes ganz an den Schluß: Der dreieine Gott soll so als Fülle der Vollendung herausgestellt werden. – *Wilfried Joest, Dogmatik.* 2 Bde., Göttingen 1984.1986. ist ein Lehrbuch aus lutherischer Tradition. Die „Grund- und Anfangsfragen der Dogmatik“ werden zu Beginn im Sinn einer Einleitung ins Fach wie einer Erkenntnislehre behandelt. Die materiale Dogmatik ist in zwei große Fragestellungen gegliedert: Zuerst wird der in Jesus Christus begründete Glaube an die Wirklichkeit Gottes entfaltet (Bd. 1), dann der Weg Gottes mit den Menschen beschrieben (Bd.2).

Literaturverzeichnis

1. Die Dogmatik im theologischen System

Auer, J., Ratzinger J. (Hg.): Kleine katholische Dogmatik II-IX, Regensburg 1970 ff.
Beinert, W.: Wenn Gott zu Wort kommt. Einführung in die Theologie (BThF 6), Freiburg-Basel-Wien 1978.
Eicher, P.: Theologie. Eine Einführung in das Studium, München 1980.
Eicher, P. (Hg.): Neue Summe Theologie I-III, Freiburg-Basel-Wien 1988-1989.
Ganoczy, A.: Einführung in die Dogmatik (Die Theologie), Darmstadt 1983.
Hasenhüttl, G.: Kritische Dogmatik, Graz-Wien-Köln 1979.
Joest, W.: Dogmatik I-II, Göttingen 1984-1986.
Keil, G.: Glaubenslehre. Grundzüge christlicher Dogmatik, Stuttgart u. a. 1986.
Mildenberger, F.: Grundwissen der Dogmatik. Ein Arbeitsbuch, Stuttgart 1983.
Müller, G.L.: Katholische Dogmatik. Für Studium und Praxis der Theologie, Freiburg-Basel-Wien 1995.
Nocke, F.-J., Zirker, H.: Einübung in die systematische Theologie, München 1984.
Pöhlmann, H.G., Abriß der Dogmatik. Ein Kompendium, Gütersloh [5]1990.
Rössler, A. (Hg.): Was gilt in der Kirche?, Stuttgart 1994.
Sauter, G., Stock, A.: Arbeitsweisen systematischer Theologie. Eine Anleitung, München-Mainz 1976.
Schlink, E.: Ökumenische Dogmatik. Grundzüge, Göttingen 1983.
Schneider, Th. (Hg.): Handbuch der Dogmatik I-II, Düsseldorf 1992.
Schneider, Th.: Auf seiner Spur. Ein Werkstattbuch. Hg. v. A. Moos, Düsseldorf 1990.
Scheeben, M.J.: Handbuch der katholischen Dogmatik I: Theologische Erkenntnislehre. Hg. v. M. Grabmann, Freiburg [3]1959.
Schockenhoff, E., Walter, P. (Hg.): Dogma und Glaube. Bausteine für eine theologische Erkenntnislehre (FS W. Kasper), Mainz 1993.
Staniloae, D.: Orthodoxe Dogmatik I-III, Zürich 1985-1995.
Verweyen, H., Gottes letztes Wort. Grundriß der Fundamentaltheologie, Düsseldorf 1991.
Waldenfels, H.: Kontextuelle Fundamentaltheologie, Paderborn u. a. 1985.

2. Das Dogma

Becker, K.J.: Dogma. Zur Bedeutungsgeschichte des lateinischen Wortes in der christlichen Literatur bis 1500: Gr. 57 (1976) 307-350. 658-701.
Beinert, W.: Dogmatik studieren. Einführung in dogmatisches Denken und Arbeiten, Regensburg 1985.
Deneffe, A.: Dogma. Wort und Begriff: Schol. 4 (1951) 381-400.
Elze, M.: Der Begriff des Dogmas in der Alten Kirche: ZThK 61 (1964) 421-438.
Feld, H., u. a.: Grund und Grenzen des Dogmas. Zur Funktion von Lehrsätzen, Freiburg-Basel-Wien 1973.
Finkenzeller, J.: Glaube ohne Dogma? Düsseldorf 1972.
Hilberath B.J., Kuschel, K.-J., Verweyen, H.: Heute glauben. Zwischen Dogma, Symbol und Geschichte, Düsseldorf 1993.

Hödl, F.: Articulus fidei. Eine begriffsgeschichtliche Arbeit: J. Ratzinger, H. Fries (Hg.), Einsicht und Glaube (FS G. Söhngen), Freiburg-Basel-Wien 1962, 358-376.
Hoping, H.: Wahrheit und Dogma. Zwischen Dogmatismus und Relativismus: WiWei 46 (1983) 1-28. 92-107.
Internationale Theologenkommission, Die Interpretation der Dogmen: Theologie und Kirche. Dokumentation (Arbeitshilfen 86) - 31. März 1991. Hg. v. Sekretariat der Deutschen Bischofskonferenz, Bonn 1991, 75-103.
Ivánka, E.v.: Das Dogma der orthodoxen Kirche im Spiegel der wichtigsten Glaubensurkunden: W. Nyssen, H.-J. Schulz, P. Wiertz (Hg.), Handbuch der Ostkirchenkunde, Bd. I, Düsseldorf 1984, 289-320.
Kretschmar, G.: Wahrheit als Dogma - Die Alte Kirche: H.-R. Müller-Schwefe (Hg.), Was ist Wahrheit?, Göttingen 1965, 94-120.
Lubac, H. de: Credo. Gestalt und Lebendigkeit unseres Glaubensbekenntnisses, Einsiedeln 1975.
Mildenberger, F.: Biblische Dogmatik. Eine Biblische Theologie in dogmatischer Pespektive. Band 1: Prolegomena: Verstehen und Geltung der Bibel, Stuttgart-Berlin-Köln 1991.
Mostert, W.: Sinn oder Gewißheit? Versuche zu einer theologischen Kritik des dogmatischen Denkens, Tübingen 1976.
Neufeld K. H. (Hg.): Probleme und Perspektiven dogmatischer Theologie, Düsseldorf 1986.
Nolte, J.: Dogma in Geschichte. Versuch einer Kritik des Dogmatismus in der Glaubensdarstellung, Freiburg-Basel-Wien 1971.
Pannenberg, W., Was ist eine dogmatische Aussage?: ders., Grundfragen systematischer Theologie, Göttingen [3]1979, 159-180.
Joest, W.: Endgültigkeit und Abgeschlossenheit des Dogmas: ThLZ 79 (1954) 435-440.
Rahner, K.: Was ist eine dogmatische Aussage: ders., Schriften V (1964) 54-81.
Rahner, K., Lehmann, K.: Kerygma und Dogma: MySal 1 (1965) 622-703.
Rahner, K., Lehmann, K.: Geschichtlichkeit der Vermittlung: MySal 1 (1965) 727-787.
Rondet, H., Ändern sich Dogmen?, Aschaffenburg 1965.
Scheffczyk, L.: Dogmen der Kirche - heute noch verstehbar? Grundzüge einer dogmatischen Hermeneutik, Berlin 1973.
Schlier, H.: Kerygma und Sophia. Zur neutestamentlichen Grundlegung des Dogmas: ders., Die Zeit der Kirche, Freiburg-Basel-Wien 1957, 206-232.
Schlink, E.: Die Struktur der dogmatischen Aussage. Der kommende Christus und die kirchlichen Traditionen, Göttingen 1961.
Schnodt, P.: The Problem of Beginning of Dogma in Recent Theology, Frankfurt 1978.
Schoonenberg, P. (Hg.), Die Interpretation des Dogmas, Düsseldorf 1969.
Söll, G.: Dogma und Dogmenentwicklung: HDG 1,5 (1971).
Urban, H. J.: Bekenntnis, Dogma, kirchliches Lehramt. Die Lehrautorität der Kirche in heutiger evangelischer Theologie, Wiesbaden 1972.
Wickert, U., Ratschow, C. H.: Dogma: TRE 9 (1981) 26-41.

3. Aufgabe und Methode der Dogmatik

Dahlferth, J. U.: Religiöse Rede von Gott, München 1981.
Frey, CH. (Hg.): Repetitorium der Dogmatik. Mit einem Anhang zur Ethik, Bochum 1992.
Ganoczy, A.: Einführung in die Dogmatik, Darmstadt 1983.
Joest, W., Pannenberg, W. (Hg.): Dogma und Denkstrukturen? (FS E. Schlink), Göttingen 1963.

Kasper, W.: Die Methoden der Dogmatik. Einheit und Vielheit, München 1967.
Kasper, W.: Dogmatik als Wissenschaft. Versuch einer Neubegründung: ThQ 157 (1977) 189-203.
Kasper, W.: Dogmatik: NHThG 1 ([2]1991) 310-320.
Krech, W.: Grundfragen der Dogmatik (EETh 3), München 1970.
Mildenberger, F.: Die Verhältnisbestimmung von Theologie und Ökonomie als grundlegendes Strukturproblem einer modernen Dogmatik: ZThK 87 (1990) 340-358.
Müller, W.W.: Das Symbol in der dogmatischen Theologie. Eine symboltheologische Studie anhand der Theorien von K. Rahner, P. Tillich, P. Ricoeur und J. Lacan (EHS.T 23,401) Frankfurt u. a. 1990.
Neufeld, K. H. (Hg., Vorwort und Herausgeber der deutschen Ausgabe L. Ullrich), Probleme und Perspektiven dogmatischer Theologie, Regensburg 1986.
Sauter, G., u. a., Dogmatik: TRE 9 (1981) 41-116.
Schlink, E.: Ökumenische Dogmatik. Grundzüge, Göttingen 1983.
Schulte, R.: Theologie und Heilsgeschehen. Zur Aufgabe heutiger Dogmatik, Essen 1969.
Staniloae, D.: Orthodoxe Dogmatik (ÖTh 12) Bd. 1, Zürich u. a. 1984.
Thönissen, W.: Das Geschenk der Freiheit. Untersuchungen zum Verhältnis von Dogmatik und Ethik, Mainz 1988.
Troeltsch, E.: Historische und dogmatische Methode in der Theologie: ders., Gesammelte Schriften III, Tübingen 1922, 729-753.
Weth,O.: Grundlagen der Dogmatik, Neukirchen-Vluyn [5]1977.

4. Dogmengeschichte

Adam, A.: Lehrbuch der Dogmengeschichte I-II, Gütersloh 1965-1968.
Andresen C. (Hg.): Handbuch der Dogmen- und Theologiegeschichte, Göttingen I-III, 1982-1984.
Baudel, J.: Einführung in die Dogmengeschichte. Hg. v. A. Fries, Aschaffenburg 1975.
Beyschlag, K.: Grundriß der Dogmengeschichte. Bd. 1: Gott und Welt, Darmstadt 1987.
Böhm, J.: Dogma und Geschichte. Systematische Überlegungen zum Problem der Dogmenentwicklung in der Auseinandersetzung zwischen Alfred Loisy und dem Lehramt der katholischen Kirche, Bad Honnef 1987.
Cavallin, L.: Dogma und Dogmenentwicklung bei Adolf von Harnack. Eine Frage an die neuere Theologie (Rom Diss 1974), Volkach 1976.
Geiselmann, J. R.: Die katholische Tübinger Schule. Ihre theologische Eigenart, Freiburg-Basel-Wien 1964.
Hammans, H.: Die neueren katholischen Erklärungen der Dogmenentwicklung (BNGKT 7), Essen 1965.
Hauschild, W.-D.: Dogmengeschichtsschreibung: TRE 9 (1981) 116-125.
Kasper, W.: Die Lehre von der Tradition in der Römischen Schule, (ÜNT 5), Freiburg 1962.
Kasper, W.: Dogma/Dogmenentwicklung: NHThG 1 ([2]1991) 292-309.
Lipps, M. A.: Dogmengeschichte als Dogmenkritik. Die Anfänge der Dogmengeschichtsschreibung in der Zeit der Spätaufklärung (BSHTS 48), Bern u. a. 1983.
Löser, W., Lehmann, K., Lutz-Bachmann, M. (Hg.): Dogmengeschichte und katholische Theologie, Würzburg 1988.
Lohse, B.: Epochen der Dogmengeschichte; Stuttgart 1963.
Pelikan, J.: The Christian Tradition. A History of the Development of Doctrine I-V, Chicago-London 1971-1989.

Ratzinger, J.: Das Problem der Dogmengeschichte in der Sicht der katholischen Theologie, Köln-Opladen 1966.
Schulz, W.: Dogmenentwicklung als Problem der Geschichtlichkeit der Wahrheitserkenntnis. Eine erkenntnistheoretisch-theologische Studie zum Problemkreis der Dogmenentwicklung (AnGr 173 B 56), Roma 1969.
Seeberg, R.: Lehrbuch der Dogmengeschichte I-IV,1 (1895-98), Stuttgart [5-6]1960.
Welte, B.: Zum Strukturwandel der katholischen Theologie im 19. Jahrhundert: ders., Auf der Spur des Ewigen, Freiburg-Basel-Wien 1965, 380-409.

Wolfgang Beinert

Theologische Erkenntnislehre

1. Einleitung

1.1 Begriff

Das eigentliche Thema der Dogmatik ist das Material, das sich im Bedenken der Offenbarungsbotschaft angesammelt hat und zu der weiteren Reflexion anregt, die in den einzelnen Traktaten geschieht. Dieser *materiellen Dogmatik* ist jedoch ein *formaler* Teil vorzuschalten, in dem unter wissenschaftstheoretischem Aspekt darüber Rechenschaft und Auskunft gegeben wird, auf welchen *Fundamenten* diese Arbeit ruht. Unter dieser Rücksicht heißt er *Fundamentaldogmatik*. Es geht darum, die *theologischen Prinzipien* offenzulegen, mittels derer der Dogmatiker zu seinen Urteilen kommt. Dieser formale Teil wird darum auch *Theologische Prinzipienlehre* genannt. Sofern grundsätzlich die Weise zur Debatte steht, wie in der Theologie – deren zentrale Disziplin, wie gezeigt wurde, die Dogmatik ist – legitime und wissenschaftlich verantwortbare, mithin wahre *Erkenntnisse* gewonnen werden, spricht man auch von der *Theologischen Erkenntnislehre*. Wir wählen diesen Begriff.

Vom Wortsinn her umfaßt er ein sehr weites und vielschichtiges Feld. Weil alle theologischen Sätze als Urteile im logischen Sinn gebildet werden, gehört zu einer umfassenden theologischen Lehre von der Erkenntnis die Behandlung der Prinzipien von Logik, Hermeneutik, Sprachphilosophie – also eine *philosophische* Erkenntnistheorie. Insofern Theologie den Anspruch anmeldet, Wissenschaft zu sein, muß an sich auch über dessen Rechtmäßigkeit befunden werden – eine *wissenschaftstheoretische* Erörterung ist damit ein Teil der entsprechenden Erkenntnislehre. Da jede Theologie nach christlicher Auffassung den Glauben der Glaubensgemeinschaft innerhalb derselben analysiert, muß eine theologische Theorie der Erkenntnis nach der Möglichkeit und Tatsächlichkeit der Glaubensgrundlagen wie der darauf beruhenden Gemeinschaft fragen, d. h. das Subjekt des Glaubens untersuchen – so ist eine *Theorie von Religion* und *religiöser* Erkenntnis zu entwerfen.

Die formale Dogmatik überläßt alle diese Aufgaben anderen Wissenschaften: der Philosophie, der Wissenschaftstheorie und der Fundamentaltheologie.

Sie schränkt ihr Arbeitsgebiet ein auf jene theologischen Voraussetzungen, welche methodologisch am Beginn des dogmatischen Diskurses stehen und ihn dadurch erst als wissenschaftliche Rede ermöglichen. Wir verstehen also diesen ersten Traktat der Dogmatik als die *Lehre von den Bedingungen und Regeln der glaubenswissenschaftlichen Erkenntnis*.

1.2 Die Sache

Die Dogmatik hat, so sahen wir, die Aufgabe, innerhalb der Glaubensgemeinschaft den Gehalt ihres Glaubens denkerisch zu durchdringen, unverkürzt und unverfälscht zu bewahren und ihn zugleich verständlich auszusprechen, um den Zeitgenossen den Zugang zu ihm zu ermöglichen. Damit stellt sich ihr zunächst, wie jeder anderen Wissenschaft auch, das *Problem von Inhalt und Methode*. Es bekommt jedoch eine eigentümliche Gestalt, da jener Glaube zurückgeht auf eine geschichtliche Erfahrung, die ihren Kern im Ereignis der Auferweckung Jesu von Nazaret aus dem Tod hat, der im Kontext der Gotteserfahrung des alten Israel gesehen und gedeutet wird. Sie ist als höchst real von den Zeugen überliefert, übersteigt aber den Raum jedweder möglichen empirischen Erfahrung und entzieht sich damit auch den sonst verfüglichen Mitteln, solche dingfest zu machen und zu überprüfen. Sie gehört in die Kategorie der religiösen Erfahrungen. Die Dogmatik findet sich damit von Anfang an in der Spannung zwischen religiösem Glauben und rationalem Denken, zwischen Tradition und Zeitbezogenheit, zwischen Kirche und „Welt".

Aus diesem Grunde ist sie sich und jedem möglichen Adressaten in besonderer Weise Rechenschaft schuldig über die Bedingungen, unter denen sie als Glaubenswissenschaft und im Rahmen kirchlicher Glaubenserkenntnis überhaupt steht, und über die Regeln, nach denen sie arbeitet. Die Theologische Erkenntnislehre ist der Ort, an dem dies geschieht. Näherhin erfüllt sie drei bedeutsame Aufgaben:

1.) Als Teil der Wissenschaft vom *christlichen Glauben* zeigt sie auf, daß Form und Struktur des Glaubens als wesentlicher Weise menschlicher Erkenntnis und seiner christlichen Gestalt legitimen Erkenntnisgewinn bringen: sie verhilft dem Glauben, so könnte man in Anklang an die Definition der Theologie als *fides quaerens intellectum* formulieren, zu eben diesem „Intellekt".

2.) Sie hat als Teil der dogmatischen *Theologie* wie die Theologie überhaupt eine wichtige Funktion für die ganze Kirche. Indem sie die Strukturen und Wirkweisen von Glauben und christlicher Erkenntnis herausarbeitet, erhellt sie das Wesen der Glaubensgemeinschaft selber. Unter dieser Rücksicht ist sie ein Teil der Lehre von der Kirche (Ekklesiologie). Sie verhilft beispielsweise dazu, die Aufgaben und Kompetenzen der einzelnen Kirchenglieder und verfassungsgemäßen Gruppierungen (Lehramt, Theologie, Laien) festzustellen und zu gewichten; dadurch kann sie ekklesiologische Engführungen und Verkürzungen vermeiden helfen.

3.) Als Teil der *dogmatischen* Theologie stellt sie die Verfahrensweisen fest, nach denen Glaubenssätze als glaubensverbindlich festzustellen und zu beurteilen sind. Sie bewahrt die Dogmatik dadurch vor Ideologisierungen und dogmatistischen Verfestigungen. Ebenso ermöglicht sie es, daß dogmatische Aussagen zugleich sachgerecht und zeitgemäß sein können, d. h. jene vorhin benannten Spannungen durchzuhalten imstande sind.

Aus wissenschaftsgeschichtlichen Gründen, die im folgenden Abschnitt zur Sprache kommen, begegnet uns der Titel „Theologische Erkenntnis-" oder „Prinzipienlehre" heute meist in *fundamentaltheologischen* Handbüchern, so z. B. in dem vierbändigen „Handbuch der Fundamentaltheologie" (1985-1988)[1]. Es handelt sich dabei um die wissenschaftstheoretische Grundlegung der wissenschaftlichen Theologie überhaupt. Im Rahmen eines Dogmatik-Lehrbuches geht es dagegen nur um die Behandlung der Fundamente dieser Wissenschaft, also um einen gegenüber der Fundamentaltheologie eingeschränkteren, zugleich aber fachspezifischen Ansatz: Es muß die Relevanz der „Prinzipien" gerade für diese Wissenschaft eigens herausgestellt werden; dafür kann sich der Dogmatiker auf die fundamentaltheologischen Resultate dankbar rückbeziehen, er kann es aber bei ihnen nicht bewenden lassen. Ihm „geht es im Grunde um die Auslegung des ersten Wortes des kirchlichen Glaubensbekenntnisses: credo bzw. credimus, das wie ein Vorzeichen vor der Klammer der einzelnen materialen Glaubenswahrheiten steht. Die Reflexion auf die Möglichkeit und auf den Grund des Credo ist Fundamentaldogmatik"[2]. Es geht um die Grundlegung dogmatischen Denkens und Redens – nicht um das Ganze der Theologie also, wohl aber um ein Denken und Reden, das immer „auf das Ganze der Theologie ausgreift" und darum natürlich Berührungen mit dem fundamentaltheologischen Arbeiten kaum vermeiden kann. „Wollte man Dogmatik und Fundamentaltheologie prinzipiell unterscheiden, dann müßte entweder letztere ihren theol. Anspruch aufgeben oder die erstere wahrheitsvergessen darauf verzichten, sich um ihre eigenen Voraussetzungen und Grundlagen zu kümmern und darum zu purem Dogmatismus verkümmern"[3].

1.3 Geschichte

Eine wissenschaftliche Disziplin, die die gerade beschriebenen Aufgaben wahrnimmt, kann es selbstverständlich erst geben, wenn die damit verbundenen Probleme ausdrücklich virulent werden und die Theologie als solche einen hohen Reflexionsstand erreicht hat. Daher kann es niemanden verwundern, daß die Theologische Erkenntnislehre erst eine Frucht der Neuzeit ist. Da die angedeuteten Probleme aber mit dem christlichen Glauben selbst bereits gegeben sind, finden sich Elemente davon schon im *Neuen Testament*, das die erste uns greifbare Reflexionsstufe des christlichen Glaubens ist.

Anfangs unserer *Einleitung in die Dogmatik* haben wir auf Röm 10,14 f. hingewiesen. Paulus beschreibt die Stufen, auf denen ein Mensch zum Heil kommt: Sendung der Apostel – Verkündigung – Hören – Glauben – Christusverehrung – Rechtfertigung. Im Galaterbrief nennt er den Schritt, der noch vor der

---

1 W. Kern, H. J. Pottmeyer, M. Seckler (Hg.), HFTh 4, Traktat Theologische Erkenntnislehre.
2 W. Kasper, Dogmatik: NHThG[2] 1,316 f.
3 W. Kasper, a.a.O., 317.

Sendung des bevollmächtigten Verkünders liegt: Die Offenbarung, die er von Jesus Christus empfangen hat (Gal 1,11).

Ebenfalls in der *Einleitung* haben wir vom Traditionsprinzip erfahren, welches in der *Patristik* entwickelt worden ist: Es geht hier um die Regel, mit der man feststellen kann, ob eine Aussage *dogma catholicum* ist oder nicht. Eine Theologie im heutigen Verständnis bildet sich erst im *Mittelalter* aus. Dem entspricht es, daß die Summen und Sentenzenkommentare dieser Zeit erste Erörterungen über die Wissenschaftlichkeit ihrer Arbeit oder über die Spannung von Glaube und Vernunft anstellen. Im späten Mittelalter entwirft der französische Theologe und spätere Kardinal *Pierre d'Ailly* (Petrus Alliacensis, + 1420) im Zusammenhang mit seinen ekklesiologischen Untersuchungen eine Erkenntnislehre[4].

Der eigentliche Begründer unseres Traktates ist aber erst der spanische Dominikanertheologe *Melchior Cano* (+ 1560) geworden, ein leidenschaftlicher und zu seiner Zeit nicht unumstrittener Mann. Er wurde durch die spätscholastischen Untersuchungen zu theologischen Methodenfragen angeregt, sich systematisch mit der Theologischen Erkenntnislehre zu befassen. Er schreibt *„De locis theologicis"* (begonnen nach 1546), ein Werk, das unvollendet blieb und erst nach seinem Tod veröffentlicht wurde[5], aber fünf Jahrhunderte seinesgleichen nicht fand. In sehr klaren und leicht verständlichen Aussagen beantwortet er die Frage, wo und wie man das Objekt einer theologischen Aussage findet. Zehn „Orte" (loci) führt er an, die in zwei Klassen unterteilt werden: Unter dem Titel *ratio* nennt er die Philosophie, die Geschichte sowie die natürliche Vernunft; als *auctoritas* treten auf die Hl. Schrift, die Tradition, der Glaube der Gesamtkirche, die Konzilien, die Römische Kirche, die Heiligen und endlich die scholastischen Theologen.

Besondere Erwähnung verdient der eine Generation jüngere englische Kontroverstheologe *Thomas Stapleton* (+ 1598). Seine 1578 publizierte *„Principiorum fidei doctrinalium demonstratio methodica"* entstand aus den Auseinandersetzungen mit der reformatorischen Theologie. Ihnen liegt immer auch – bei allen Einzelproblemen – die Frage zugrunde, welche Lehre nun die sachgerechtere sei, die der Katholiken oder der reformatorischen Theologen. Die methodologische und erkenntnistheoretische Problematik bedarf da der Behandlung.

Stapletons Buch hat großen Einfluß ausgeübt auf *Matthias Josef Scheeben* († 1888). Der Kölner Dogmatiker veröffentlichte ein „Handbuch der katholischen Dogmatik" (6 Bücher in 3 Bänden): Der 1. Band hat den Titel *„Theologische Erkenntnislehre"* (1874 erstmals erschienen). Es ist unter dem Eindruck der Verhandlungen des Ersten Vatikanischen Konzils geschrieben, bei denen theologische Prinzipienfragen vor allem bei der Vorbereitung der Definition der päpstlichen Unfehlbarkeit zur Debatte standen. Nach wie vor gehört das Buch zu den bedeutendsten Werken zur Sache.

In der Folgezeit fehlen größere Darstellungen. Vor allem schweigen sich meistens die dogmatischen Hand- und Lehrbücher aus. Das liegt auch daran, daß die Prinzipienlehre gegenwärtig hauptsächlich als letzter Traktat der Fundamental-

[4] B. Meller, Studien zur Erkenntnislehre des Peter von Ailly (FThSt 67), Freiburg 1954.

[5] Salamanca 1563.

theologie gelehrt wird. Dieses Fach der systematischen Theologie hat sich wissenschaftsgeschichtlich unmittelbar aus der alten *Apologetik* heraus entwickelt, also aus der „Verteidigungswissenschaft". Etwa seit 50 Jahren versteht es sich aber als Grundlagenwissenschaft der Theologie schlechthin. Dann gehört die Prinzipien- oder Erkenntnislehre freilich zur Pflichtmaterie der Fundamentaltheologie. Sie wird dort im Sinn einer wissenschaftstheoretischen Grundlagenforschung betrieben. Damit hat sie umgreifendere Ambitionen als im Rahmen einer Fundamentaldogmatik. Warum wir gleichwohl im Sinne von Scheeben eine fundamental*dogmatische* Erkenntnislehre eigens vorlegen, wurde am Ende des vorausgehenden Abschnitts begründet.

1.4 Themen und Einteilung

Das Heilsgeschehen hat nach christlichem Verständnis einen kommunionalkommunikatorischen Charakter[6]. Der Mensch begegnet dem sich mitteilenden Gott – die Theologie nennt dieses Geschehen *Offenbarung* – und sieht sich aufgefordert, dem Wort Gottes seine Antwort zu geben – die Theologie bezeichnet sie als *Glauben*. Findet dieser Dialog in echter und rechter Weise statt, ereignet sich das verheißene Heil. Beide Größen, die Offenbarung wie der Glaube, sind radikale und totale Kommunikationsweisen; daher können sie auch in eine radikale und totale Gemeinschaft (communio) führen, in die ewige Lebensgemeinschaft von Gott und Menschen. *Radikal* bedeutet: Gott schenkt sich in seiner Mitteilung ganz und gar und rückhaltslos mit allem, was er ist und hat. Das kommt am deutlichsten in der Sendung und Hingabe seines Sohnes zum Ausdruck: Mehr kann er seinem Wesen nach nicht geben. Das fordert die vollkommene Hingabe des Menschen an Gott heraus. *Total* meint: Gott schenkt den Menschen nicht *etwas*, sondern *sich selbst*. Dementsprechend muß sich der Mensch Gott *mit allen Kräften* zuwenden: „Du sollst den Herrn, deinen Gott, lieben mit ganzem Herzen und ganzer Seele, mit all deinen Gedanken und all deiner Kraft", lautet daher das Prinzipalgebot (Mk 12,30; vgl. Dtn 6,4 f.).

Damit sind die beiden Eckpfeiler jeder theologischen Erkenntnis benannt: Das objektive Prinzip ist *die Offenbarung*, das subjektive Prinzip *der Glaube*. Die Theologische Erkenntnislehre betrachtet sie jedoch nicht in ihrer ganzen Breite und Fülle, sondern hauptsächlich und in leitendem Interesse (was beides Seitenblicke nicht ausschließt) unter kognitivem Aspekt. Es geht ihr hinsichtlich der Offenbarung darum, festzustellen, was Gott in seiner Offenbarung sagt und dessen als wahr gewiß zu werden; hinsichtlich des Glaubens geht es ihr darum, herauszubekommen, welche Einsichten für das Leben und Handeln des Christen sich daraus ergeben. Beides geschieht freilich nicht aus Interesse an Information, sondern steht unter dem Index des Heiles: Es ist für das Schicksal des Menschen bedeu-

[6] Vgl. oben, Einleitung in die Dogmatik 2.2.

tungsvoll, wahre Erkenntnis über Gottes Selbstmitteilung zu erlangen. Die Theologische Erkenntnislehre weiß dabei, daß Glaube mehr ist als Erkennen kognitiver Art: Er hat zum Inhalt Erfahrung aller Art und Dimensionen, geistliches Leben, Orthopraxis (Liturgie, Diakonie, Zeugnis). Als Teil der wissenschaftlichen Theologie befaßt sie sich aber primär mit der intelligiblen Seite des Geschehens.

Dabei stellt sich sofort die Frage: Wie können wir den sich mitteilenden Gott objektiv erkennen? Darin eingeschlossen ist die andere Frage: Wie kann solche Erkenntnis zum theologischen Prinzip werden? Denn niemand heute hat eine unmittelbare Erfahrung der Selbstmitteilung Gottes – weder aus der Zeit vor Christus, noch in Christus. Das liegt nicht bloß daran, daß die Zeit der Offenbarung mit dem Christusgeschehen beendet ist[7], sondern vor allem daran, daß erst durch diese empirische Ungreifbarkeit der Offenbarung der Akt des Glaubens ermöglicht wird: Die menschliche Antwort wäre sonst keine freie und gemeinschaftsermöglichende Tat, sondern ein Denkzwang.

Damit ist bereits gesagt, daß Offenbarung und Glauben nicht unvermittelt zueinander sind, sondern eines *Mediums* bedürfen, damit ein Mensch Gottes Erschließung glaubend annehmen kann. Dieses Medium ist prinzipiell die *Geschichte*: Die Offenbarung ist zu bestimmten, heute vergangenen Zeiten erfolgt und das geschieht heute nicht mehr. Der Weg der Vermittlung von der Vergangenheit ins Heute ist die Geschichte. Doch diese Einsicht bedarf der Konkretisierung: Wer, welche Geschichtssubjekte leisten genau und überprüfbar jenen Transport?

Wir sind also auf vermittelnde Objektivationen des Wortes Gottes angewiesen, die im strengen Sinn aber dieses Wort Gottes gerade nicht sind. Der Ort, an dem der glaubensbereite Mensch in geschichtlicher Greifbarkeit der Offenbarung begegnet, ist *die Kirche*. Sie versteht sich als die Gemeinschaft derer, die bereits glauben; sie kann also auch angeben, was objektiv zum Glauben gehört und wo man diesen Objektivationen begegnet. Der „theologische Ort" (*locus theologicus*) par excellence und schlechthin für den angezielten Erkenntnisgewinn ist mithin die Kirche. Man könnte also, wie erwähnt, sagen, die Theologische Erkenntnislehre sei ein Teil der Ekklesiologie. Näherhin ist sie aber nicht an deren theoretischer Struktur interessiert, sondern allein an den Weisen, mit denen sie die kognitive Vermittlung der Offenbarungsbotschaft für den Glauben leistet: Genauer müßte man sagen, sie sei *angewandte Ekklesiologie unter erkenntnistheoretischem Aspekt.*

Faktisch wird der Glaube der Kirche an fünf „Orten" (loci theologici) unter dieser Rücksicht greifbar, besser: wird er objektiv *bezeugt*. Wir ziehen es daher vor, statt von loci von *Bezeugungsinstanzen* zu sprechen. Da die Kirche eine dia- und synchrone Gemeinschaft ist, liegen sie teils in der Vergangenheit, teils in der jeweiligen Gegenwart. Wir unterscheiden:

---

[7] Das ist keine bloße Faktenfeststellung, sondern selbst eine theologische Erkenntnis: Wenn Christus die schlechthin radikale Aussage Gottes ist, kann es über sie hinaus keine neue und qualitativ andere mehr geben, sondern nur noch deren freilich ständig neu zu erhebende Interpretation auf die jeweilige geschichtliche Situation hin. Vgl. unten 2.5.

– für die Vergangenheit:
  1.) die *Heilige Schrift* als ursprüngliches und nicht mehr hinterfragbares Glaubenszeugnis,
  2.) die *Tradition* oder *kirchliche Überlieferung* als geschichtliche Auslegung und Verdeutlichung des Schriftzeugnisses;
– für die Gegenwart:
  3.) das authentische *kirchliche Lehramt* als letzte Entscheidungsinstanz in der Feststellung des zu Glaubenden,
  4.) die *wissenschaftliche Theologie* als Reflexion des Gesamtglaubens der Kirche,
  5.) den *Glaubenssinn der Gläubigen* als Präsenz des Glaubens im alltäglichen Leben der Kirche von heute.

Damit ist die Struktur des ersten Traktates der Dogmatik offengelegt.

Die Struktur des theologischen Erkenntnisprozesses

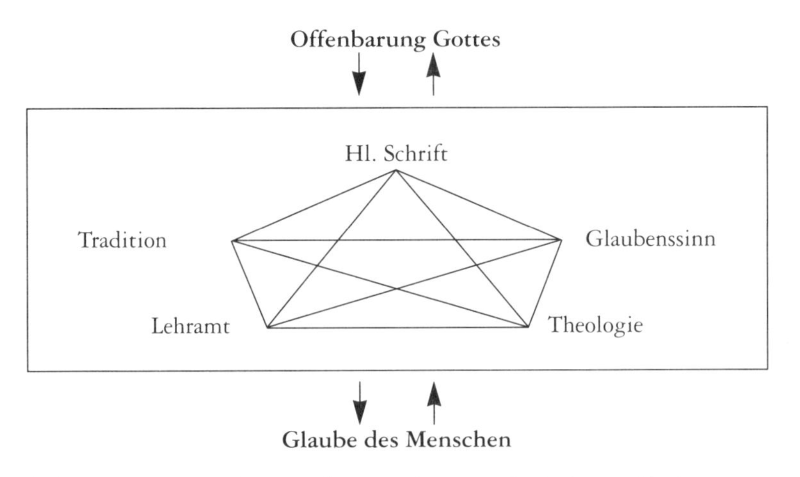

Die *Offenbarung* Gottes soll den Menschen erreichen und durch dessen *Glauben* angenommen werden, um so wieder zu Gott zu gelangen. Aufgrund der Geschichtlichkeit des Glaubens ist dieser Vorgang nur durch die Vermittlung der Kirche als Gemeinschaft der an Gottes Offenbarung Glaubenden möglich. Konkret erfolgt sie über die fünf Bezeugungsinstanzen *Hl. Schrift, Tradition* (für die Vergangenheit), *kirchliches Lehramt, wissenschaftliche Theologie* und *den Glaubenssinn der Gläubigen* (für die Gegenwart). Sie sind in sich eigenständige Größen, kommunizieren aber jede mit jeder anderen. Das wird durch die Linien angedeutet, die sie in der obigen Graphik verbinden.

Seine Themen sind Offenbarung und Glaube sowie die Untersuchung der genannten fünf Bezeugungsinstanzen. Sie sind das *Materialobjekt* der folgenden Seiten. Das *Formalobjekt* sind die genannten Inhalte unter erkenntnistheoretischer Perspektive. Konkret heißt das: Nachstehend wird keine umfassende Theorie über diese sieben Fragekreise geboten. Wir untersuchen also zum Beispiel nicht die Möglichkeit oder Tatsächlichkeit der Offenbarung; wir interessieren uns nicht für den Glauben als theologische Tugend; wir begründen nicht die Existenz eines Lehramtes oder die Verfahrensweisen der Pastoraltheologie. Unser leitendes Interesse ist einzig die Frage: Wie können wir in der Kirche Gottes Offenbarung als wahr erkennen und welche erkenntnistheoretischen Zusammenhänge, Konsequenzen und Wirkungen ergeben sich aus der Antwort?

2. Die Offenbarung als objektives Prinzip der theologischen Erkenntnis

2.1 Der Begriff

Umgangssprachlich bedeutet *offenbaren* so viel wie „eine auf den ersten Blick nicht erkennbare Seite oder Dimension einer Wirklichkeit eröffnen". Bei Einstellungsprüfungen ist der *Zahlenreihen-Test* beliebt; er kann etwa so aussehen:

4 8 12 ?
2 4 12 ?

Gefragt wird, welche Zahl jeweils an Stelle des Fragezeichens einzusetzen ist. Der Prüfling hat, gesunde Sinne und Schriftkenntnis vorausgesetzt, einen unmittelbaren Zugang zur Realität: Er nimmt verschiedene Zahlzeichen wahr. Doch die Frage legt nahe, daß sie nicht zufällig in dieser Folge gedruckt sind, sondern daß eine geordnete Beziehung zwischen ihnen herrscht. Aber welche? Durch genaue Beobachtung kann sie sich *erschließen* oder *offenbar werden*; Subjekt dieser Erschließung ist der Verstand, das logische Denkvermögen des Probanden oder auch eine andere Person, die die Einsicht vermittelt, daß in der 1. Reihe die Ergänzungszahl *16*, in der 2. Reihe *48* lauten muß. „Hinter" der Zahlenreihe *offenbart* sich die Gesetzmäßigkeit, daß im 1. Fall das Konstruktionsprinzip „+ 4", im 2. Fall der fortlaufende Multiplikator (n x 2,3,4...) ist.

Der Offenbarungsbegriff entsteht also aus der Erfahrung, daß die unmittelbar sich zeigende Wirklichkeit noch nicht die ganze Wirklichkeit sein muß. Das wird in einem Bild ausgedrückt. Im Deutschen ist es die Eröffnung eines Verschlossenen. Im Griechischen und Lateinischen (und den davon abgeleiteten Sprachen) denkt man an einen Schleier (griech. *kalymma*, lat. *velum*), der zurückgezogen wird (griech. *apo*-kalyptein, *apokalypsis*, lat. *re*-velare, *revelatio*).

Religionsgeschichtlich gehört *Offenbarung* zu den Grundbegriffen überhaupt. Alle Religionen leben davon, daß Gott, Götter oder das Göttliche als höchste oder letzte Dimension der Realität den Menschen erschlossen werden, indem diese sie wahrnehmen und/oder sie sich kundgibt. Das kann geschehen durch Mythen (manche *Stammesreligionen*) oder durch heilige Schriften (im *Hinduismus* die vedische Offenbarung, im *Islam* der Koran). Ist in beiden Fällen Offenbarung vornehmlich als sprachliche Erschließung gedacht, der das Hören entspricht, verbindet sich im *Buddhismus* Offenbarung mit der inneren, schweigenden Erleuchtung des unaussagbaren Mysteriums. Der Begriff *Offenbarungsreligion* meint also, daß sich diese nicht einer Setzung der Vernunft verdankt, sondern einem positiven Akt einer transzendenten Macht („Gott", „Götter").

Im Christentum[8] bezeichnet *Offenbarung* die in der Geschichte erfolgende vollkommene und restlose Selbstmitteilung Gottes durch Worte,Taten und Geschehnisse, die ihren abschließenden Gipfel in *Jesus Christus* hat; seitdem wird sie durch den Hl. Geist in die Kirche hinein vermittelt und von dieser intentional allen Menschen verkündet. Der Begriff wird damit zum Zentralbegriff dieser Religion überhaupt: Durch ihr Offenbarungsverständnis hebt sie sich von allen anderen Religionen ab, sofern in der Mitte weder eine Überlieferung noch eine Schrift noch eine innere Erleuchtung, sondern eine historische Persönlichkeit steht. Offenbarung im christlichen Sinn ist also eine *streng personale Kategorie*. Sie bezeichnet aus diesem Grund nicht allein ein Referenzprinzip ihrer Selbstvergewisserung, sondern ist auch ein Ausdruck für das Heilshandeln Gottes selber: Seine Offenbarung ist keine neutrale Mitteilung von irgendwelchen Einsichten, sondern in der innersten Absicht bereits Verwirklichung des Heiles, das er schenkt.

Weil christliche Theologie die wissenschaftliche Reflexion über Gott ist, wie er sich in Jesus Christus erschlossen hat, wird der Offenbarungsbegriff auch zu ihrem Schlüsselbegriff. Er ist für sie zum einen die *erkenntnistheoretische* Grundkategorie: Ihr Gegenstand ist alles und nur das, was geoffenbart ist bzw. unlösbar damit verknüpft ist. Zum anderen ist er der *hermeneutische* Grundbegriff: Letztes Interpretationskriterium für die Theologie ist die Offenbarung Gottes.

2.2 Offenbarung in der Heiligen Schrift

2.2.1 Das Alte Testament

Vor diesen starken Behauptungen erscheint es sehr merkwürdig, daß die Hl. Schrift weder im Alten noch im Neuen Testament einen einheitlichen Offenbarungsbegriff entwickelt hat. Es finden sich aber sehr wohl verschiedene *Sachverhalte* und *Bezeichnungen*, die für das Gemeinte stehen.

„Wahrhaftig, du bist ein verborgener Gott", formuliert der Prophet Jesaja eine allgemeine Einsicht (Jes 45,14), aber nicht nur deswegen, weil die Menschen zu beschränkt sind, ihn zu erkennen, sondern weil das vom Wesen Gottes selber her unmöglich ist. *„Laß mich doch deine Herrlichkeit sehen"*, bittet Mose den Herrn, muß aber hören, daß niemand Gottes Antlitz zu erblicken vermag: *„Kein Mensch kann mich sehen und am Leben bleiben"*, antwortet Jahwe (Ex 33,18-23). Erst auf diesem Hintergrund kann man ermessen, daß es ein Akt der Gnade und darum des Heiles ist, wenn er sich dennoch immer wieder kundgibt. Wir halten uns zuerst einige *Sachverhalte* vor Augen: Gott offenbart sich:

---

[8] Bis auf die christologische Komponente konvergiert der *jüdische* Offenbarungsbegriff mit dem christlichen weitgehend, weshalb das Christentum das Alte Testament als kanonisch übernommen hat.

– Durch *Epiphanien*: Er selbst zeigt sich, wenn auch in einer gewissen Verhüllung, Menschen wie Abraham (Gen 18), Mose (Ex 3,4-4,17) oder Elija (1 Kön 19,11-13).

– Durch *Träume, Visionen, Orakel* (Gen 20,6; Num 22-24; 1 Sam 10,10. 17-27; Jes 6,1-13).

– Durch *historische Ereignisse*: Die entscheidenden Angelpunkte der Geschichte des Volkes erfährt Israel als Manifestation Jahwes. So werden die Berufung Abrahams (Gen 12,1-7), der Auszug aus dem „Sklavenhaus" Ägypten gegen alle Widerstände (Ex 3), die Gesetzgebung am Berg Sinai (Ex 19) als Offenbarungen Gottes erlebt, aus denen Israel Hoffnung für die Rettung in der Endzeit gewinnt (Jes 66). Gott ist der Gott, der sich seit der Zeit der Urväter als Heilsbringer erschlossen hat, der „Gott Abrahams, Isaaks und Jakobs", wie es oft heißt (z. B. Ex 2,24; 3,6; Dtn 1,8; 1 Kö 18,36; 2 Makk 1,2). Vor allem muß an dieser Stelle das berühmte *Schᵉma Jisrael*, das jüdische Credo genannt werden: Es ist das Bekenntnis zu Gott, der sich als Gott Israels für immer im Exodus-Ereignis erklärt hat[9].

– Durch *Kundgabe seines Namens*: In der ganzen antiken Welt ist die Preisgabe des Eigennamens ein Zeichen der Erschließung des eigenen Wesens und der Hingabe an die anderen[10]. Die Nennung des Namens ist daher als ausgezeichnete Offenbarungstat zu werten. Klassisch ist die Berufung des Mose, der die Erscheinung im Dornbusch fragt, wie sie heiße: „Da antwortete Gott dem Mose: Ich bin der ‚*Ich bin da*'. Und er fuhr fort: So sollst du zu den Israeliten sagen: Der ‚*Ich bin da*' hat mich zu euch gesandt. Weiter sprach Gott zu Mose: ... Jahwe, der Gott eurer Väter, der Gott Abrahams, Isaaks und Jakobs hat mich zu euch gesandt. Das ist mein Name für immer, und so wird man mich nennen in allen Generationen" (Dtn 3,14-16). Der Offenbarer stellt sich hier nicht einfach vor, sondern gibt an, welchen Wesens er ist – der Gott der Geschichte, der schon in der Zeit der alten Patriarchen für sein Volk dagewesen ist. Offenbarung wird zur Geschichtsinterpretation[11].

Unterschiedliche *Bezeichnungen* charakterisieren das Offenbarungsgeschehen; wieder seien einige angeführt. Der *Vorgang* der Kundgabe kann heißen:
– sich sehen lassen (Gen 12,7: *nir'eh*),
– sich zu erkennen geben (Gen 41,39; Ex 6,3: *hodia'*),
– sich enthüllen (Gen 35,7: *niglàh*),
– sich antreffen lassen (Num 23,3 f: *wajaqàr*),
– sagen, sprechen (am häufigsten: *amar, diber*).

Die *Erkenntnis* dieser Kundgabe wird mit Verben bezeichnet wie *sehen* (r'h), *schauen* (hzh), *hören* (sm) und vor allem *erkennen* (jd')[12].

---

[9] Dtn 26,5-9: „Du aber sollst vor dem Herrn, deinem Gott, folgendes Bekenntnis ablegen: Mein Vater war ein heimatloser Aramäer. Er zog nach Ägypten, lebte dort als Fremder mit wenigen Leuten und wurde dort zu einem großen, mächtigen und zahlreichen Volk. ... Der Herr führte uns mit starker Hand und hoch erhobenem Arm, unter großem Schrecken, unter Zeichen und Wundern aus Ägypten, er brachte uns an diese Stätte und gab uns dieses Land, ein Land, in dem Milch und Honig fließen".

[10] Diese Hingabe kann sogar die Auslieferung an die Macht der anderen einschließen: Im deutschen Märchen vom Rumpelstilzchen wird das noch deutlich.

[11] Ähnlich auch die Selbstvorstellungsformeln Ex 8,6; 9,14.29; Ez 7,9; 21,10; Hos 12,10; 13.4.

[12] Es handelt sich dabei nicht um ein intellektuelles Durchdringen, sondern um ein verstehendes Vernehmen: vgl. Ez 38,23.

Auffällig ist, daß die Kundgabe Jahwes zwar einzelnen gegenüber erfolgt, daß aber der eigentliche Adressat stets das ganze Volk ist. Der *Bund* Gottes mit Israel ist gleichsam der Offenbarungsraster: Um des Bundes willen offenbart sich Jahwe; die Annahme seiner Offenbarung konstituiert den Bund seitens der Menschen.

2.2.2 Das Neue Testament

Auch in ihm fehlt ein einheitlicher Offenbarungsbegriff. Wie im Alten Testament begegnen uns verschiedene *Phänomene*, in denen und durch die sich Gott den Menschen erschließt. Das können beispielsweise sein

– Engelserscheinungen (Lk 1; 2,8-15; Mt 28,1-8),
– Visionen (Mt 17,1-9; Apg 7,55 f.; 10,9-23a; 22,6-11. 17-21),
– Träume (Mt 1,20; 2,12; Apg 16,9),
– Inspirationen (Apg 2; 11,27 f.),
– Wunder (Mt 11,2-6; 12,28; Joh 2,11).

Wieder gibt es auch zahlreiche *Verba*, die den Akt der Kundgabe umschreiben: *bekanntmachen* (gnorizein), *erscheinen, sichtbarwerden* (ôphthenai, emphanizein), *sehen lassen* (deiknyein), *kundtun* (deloun, semainein); vor allem ist das Wort *apokalyptein* zu erwähnen: offenlegen, offenbaren.

Im Unterschied aber zum Alten Testament haben alle diese Phänomene eine ganz eindeutige Richtung: Sie konvergieren im Christusereignis; und dieses erscheint, wie uns der Hebräerbrief gleich anfangs unserer Ausführungen bestätigt hat, als Vollendung, Höhepunkt und Ende der Gottesrede zu den Menschen (Hebr 1,1 f.). Dementsprechend ist *das* Offenbarungsgeschehen schlechthin die nachösterliche Gegenwart Jesu, die in den Erscheinungen des Auferstandenen sich zeigt (vgl. Mk 16,9-20; Mt 28,9 f.; 16-20; Lk 14,13-53; Joh 20,21). Erst von ihnen her begreifen die Anhänger Jesu, was ihnen zu dessen irdischen Lebzeiten weitgehend verborgen geblieben war: Jesus von Nazaret ist nicht nur durch sein Wort allein der *Offenbarer* Gottes; in seiner ganzen Persönlichkeit ist er vielmehr selber Gottes *Offenbarung*. Diese Verbindung wird in dem bekannten „johanneischen" Logion des ersten Evangeliums hergestellt: *„Niemand kennt den Sohn, nur der Vater, und niemand kennt den Vater, nur der Sohn, und der, dem es der Sohn offenbaren will"* (Mt 11,27). Das vierte Evangelium hat diese Linie voll ausgezogen. Zunächst erklärt Jesus gegenüber Thomas, daß er selber die Erschließung des Vaters ist: „Ich bin der Weg, die Wahrheit und das Leben. Niemand kommt zum Vater außer durch mich" (Joh 14,6). Als Philippus im unmittelbaren Anschluß darum bittet, Jesus möge ihnen den Vater zeigen, erhält er die Antwort: „Wer mich gesehen hat, *hat* den Vater *gesehen*" (V.9).

Es bedarf freilich erst des Heiligen Geistes, um diesen empirisch nicht greifbaren Sachverhalt zur christlichen Erfahrung werden zu lassen. Er führt die Jünger Jesu in die ganze Wahrheit ein (Joh 16,13). Die nachpfingstlichen Predigten, wie sie in der Apostelgeschichte stilisiert sind, weisen darum immer wieder nach, daß alles, was sich mit seinem Leben und Sterben verbindet, die Erfüllung der alttestamentarischen Verheißungen ist. Er ist in der Tat der Messias, der

Christus, (vgl. Apg 2,29-36; 10;36-43). Paulus bringt das Christusgeschehen als Heilsereignis auf den Punkt, wenn er schreibt: *„Jetzt aber ist unabhängig vom Gesetz die Gerechtigkeit Gottes geoffenbart worden, bezeugt vom Gesetz und von den Propheten: die Gerechtigkeit Gottes aus dem Glauben an Jesus Christus, offenbart für alle, die glauben"* (Röm 3,21 f.) Er ist *„das Geheimnis der verborgenen Weisheit Gottes"*, die jetzt veröffentlicht wird (1 Kor 2,7-10; Kol 1,24-27; Eph 1,8 f.), zuerst in seinem Leben und Wirken, nun durch die apostolische Predigt, die selber durch die Offenbarung des Sohnes legitimiert worden war (Gal 1,16)[13].

Vor allem die Gefangenschaftsbriefe kosmologisieren und universalisieren die offenbarungstheologische Bedeutung des Kyrios: Gott hat in ihm *„das Geheimnis seines Willens kundgetan"*, nämlich *„die Fülle der Zeiten heraufzuführen, in Christus alles zu vereinen, was im Himmel und auf Erden ist"* (Eph 1,10). Der Christushymnus des Kolosserbriefes bezeichnet ihn als *„Erstgeborenen der ganzen Schöpfung. Denn in ihm wurde alles erschaffen im Himmel und auf Erden...; alles ist durch ihn und auf ihn hin geschaffen"* (Kol 1,15 f.; der ganze Hymnus 15-20). Jesus Christus ist der Inbegriff der Selbstkundgabe Gottes von der Schöpfung angefangen und für alle Menschen aller Zonen und Zeiten.

2.2.3 Synthese des biblischen Offenbarungsbegriffs

Die in den Schriften des Alten wie des Neuen Testamentes festgehaltene Erfahrung besteht darin, daß sich Gott, zu dessen Wesen Unzugänglichkeit gehört, in verschiedenen Ereignissen der Geschichte wie auch in Selbstkundgaben gegenüber bestimmten Personen zu verschiedenen Epochen erschlossen hat. Seine Offenbarung ist also *fundamental geschichtlich und in die Dynamik der Geschichte eingebunden.* Ihren Gipfel und in gewissem Sinne auch ihren Endpunkt erreicht sie in Jesus Christus, durch dessen Leben, Wirken, Sterben und Erhöhung nicht nur alle vorausgehenden partikulären Erschließungen des göttlichen Geheimnisses (die Verheißungen des Alten Testaments) ihre letzte Erfüllung und Deutung bekommen, sondern in dem Gott selber in unvorgedachter und nicht mehr überbietbarer Weise gegenwärtig wird und auch nach der Erhöhung durch das Wirken des Hl. Geistes gegenwärtig bleibt. Man kann unter diesem Aspekt von einem *Abschluß* der Offenbarung reden: Insofern Jesus das Wort Gottes schlankweg und schlechthin ist, das unter uns erschienen ist (vgl. Joh 1,1-14), kann es ein schlankweg neues Wort Gottes schlechthin nicht mehr geben; auch der Hl. Geist führt immer nur in *seine* Wahrheit ein. Aber ganz offenbar ist es notwendig, daß solche Einführung beständig in der fortlaufenden Geschichte erfolgt. Bereits die Autoren des Neuen Testamentes entwerfen verschiedene Theologien und konzipieren eine Reihe von Modellen, um ihren Lesern in der konkreten sozio-kulturellen Situation, in der sie sich befinden, die Offenbarung Gottes in Jesus aufzuschließen und aufzuschlüsseln. Anders wäre die Präsenz des Wortes Gottes augenscheinlich nicht gewährleistet. Doch das ist ein Faktum, das über die erste Generation hinaus gilt. So läßt sich sagen: Gerade die präzise Weise, in

---

[13] Vgl. zu diesem Komplex auch Eph 3,1-13; Phil 2,6-11.

der die Offenbarung in Jesus abgeschlossen ist, verlangt die *Fortführung der Interpretation dieser Offenbarung.* Sie geschieht nun in der Kirche als der Institution, der der Hl. Geist an Pfingsten geschenkt worden ist und die das Offenbarungswort der Schrift hütet und weitervermittelt. Dieses ist die *„Hinterlage"* (diathêkê, depositum) für die Glaubenserkenntnis der nachfolgenden Generationen: Dieses Wort darf jedoch nicht statisch mißverstanden werden in dem Sinn, als sei dieses Depositum eine Art Schatzkammer, aus der man diese oder jene Pretiose holen kann. Der in die Wahrheit einführende Geist gibt vielmehr der Kirche schöpferische Impulse, aus denen heraus sie nicht nur „Altes", sondern auch „Neues", d. h. bisher in der Fülle des göttlichen Wortes noch nicht Entdecktes erkennt (vgl. Mt 13,52). Unter diesem Gesichtswinkel ist die Offenbarung *unabschließbar.*

Die *Inhalte der Offenbarung* sind auf den ersten Blick ziemlich divergent. Sie konvergieren aber auf einige wenige wichtige Aussagen. Im Alten Testament steht die unendliche Transzendenz Gottes, seine Herrlichkeit und unverfügliche Schöpfermacht, sein erwählendes Bundeshandeln, seine souveräne Freiheit und immer wieder die Ansage eines völkerumfassenden Heiles im Zentrum. Das Neue Testament fokussiert alle vorausgehenden (alttestamentlichen) wie alle gegenwärtigen Erfahrungen (der neutestamentlichen Gemeinden und Autoren) von der Selbstmitteilung Gottes in der Person Jesu von Nazaret, der als die Heilsgegenwart Gottes vorgestellt wird. Er ist mithin der zentrale Inhalt aller Offenbarung überhaupt.

Die Erkenntnis der Offenbarung vollzieht sich dadurch, daß die Menschen die Ebene des empirischen Wissens und Erfassens überschreiten und mit neuen Augen die ihnen zugängliche Wirklichkeit betrachten. Das vermögen sie aber nicht aus eigener Kraft, sondern sie müssen diese neuen Augen geschenkt bekommen: Darauf weist die Rede von den außerordentlichen Erkenntnisformen durch Vision oder Traum. Die Offenbarung Gottes ist ein in doppelter Weise heilshaftes Geschehen: Es ist freies und uneinklagbares Geschenk, daß er sich *kundtut*; gleicherweise bedarf es der freien und nicht einforderbaren Gabe Gottes, daß er als Offenbarer *erfahren* wird: Das Korrelat der Offenbarung ist, so können wir schon hier sagen, der *Glaube* als Gnade. Er ist rechtlich nicht einklagbar, sondern besteht in der freien und liebenden Rezeption der Kundgabe Gottes an die Menschen.

Versuchen wir, *die Weise der Offenbarung* zu charakterisieren, so können wir sie als eine *Epiphanie* beschreiben: Gott zeigt sich als der unendlich souveräne und zugleich intim nahe Gott, als Richter und Lenker der Welt. als liebender Herr. Obschon man an sich, so mußte es einst Mose erkennen, Gott nicht ins Angesicht blicken kann ohne umzukommen, können wir ihm jetzt ohne Angst begegnen: Wer unseren Bruder Jesus anblickt, der hat Gott geschaut – und gerade darin wird ihm das Leben zuteil.

Eine *erkenntnistheoretische Reflexion* über die Offenbarung zeigt sich in der Bibel nur ansatzweise. Im *Alten Testament* wird sie deutlich, wenn die vielen Erschließungssituationen einheitlich auf Jahwe zurückgeführt werden und aus ihnen auf einen Heilsplan geschlossen wird: Gott hat zu den Vätern gesprochen und er tut sich jetzt kund und er wird auch künftig sich zu sehen geben um seines Bundes willen. Ein explizites Nachdenken über die Offenbarung gibt es im vorchristlichen Judentum erst in dem Moment, da es sich mit dem aufklärerischen Hellenismus auseinandersetzen muß. Jetzt wird der Rückgriff und das Beharren auf den eigenen Traditionen damit gerechtfertigt, daß sie aus der Mitteilung Gottes stammen. Ein Indiz dafür sind die vielen sog. *pseudepigraphischen Schriften*, die nun entstehen: Man suchte die eigenen Überzeugungen zu stützen durch Schriften, die unter dem Namen der alten Offenbarungsempfänger wie Mose, Henoch oder Baruch laufen[14]. Im *Neuen Testament* vollzieht sich die denkerische Reflexion auf die Offenbarung einmal durch die zunehmende metasprachliche Verwendung des Begriffs (z. B. Mt 16,17; 1 Kor 2; Gal 1,12), dann durch die schon geschilderte Konzentration des als Offenbarung zu qualifizierenden Geschehens auf Jesus.

2.3 Die Reflexion über die Offenbarung in der Theologie- und Dogmengeschichte

2.3.1 Von der Alten Kirche bis zum 19. Jahrhundert

In den ersten Jahrhunderten sieht sich die Kirche vor die Aufgabe der beständigen Inkulturation gestellt. Das Wort, die Botschaft, die Offenbarung Gottes ist allen Völkern zu verkünden – kulturgeographisch sind es erst jene, die in der Welt des Hellenismus leben, später hauptsächlich die germanischen Stämme – und das geht nur, wenn die Daten der Offenbarung plausibel je für deren Verständnis gemacht werden können. Dem damit sofort entstehenden Risiko, den christlichen *Logos*, das Wort Gottes in Christus, durch die Vermischung mit den *logoi*, den Sprachgestalten heidnischen Denkens zu verwässern, wehrte man durch die Fixierung dessen, was man um Gottes willen bewahren mußte: im Bibelkanon, in der Ausbildung der regula fidei, durch kirchenamtliche Definitionen, durch die Erstellung von Bekenntnisformeln und nicht zuletzt durch die beständige theologische und katechetische Erschließung der Hl. Schrift.

Die Christen der Antike und des Mittelalters haben keine Probleme damit, daß sich Gott im Zuge dieses Vorgangs neuerlich kundtut. *Die* Offenbarung aktualisiert sich für sie in *Offenbarungen*, divinatorischen Phänomenen aller Art wie Erscheinungen, Weissagungen, wundersamen Fügungen. Aber auch die offiziellen Auslegungen der biblischen Offenbarung wie die als normativ angesehenen Aussagen der Väter, der Konzilien, des Kirchenrechts werden bis in die Zeit des Tridentinischen Konzils mit Verben aus der entsprechenden Terminologie wie *revelare, inspirare, illuminare* qualifiziert.

Die Begegnung der Christen mit der spätantiken Kultur leitete aber auch einen Prozeß der *Intellektualisierung* des Offenbarungsbegriffs ein, der seinen Höhepunkt in der mittelalterlichen Scholastik erreicht. Was bringt die Zuwen-

[14] Vgl. unten 4.12.

dung zur Offenbarungsbotschaft für einen Gewinn, lautet die entscheidende Frage, der über andere denkerische Wege zur Realitätserkenntnis hinausreicht? Die Gotteserkenntnis als solche konnte es nicht sein, da zu ihr auch die Philosophie führt. Aber die Hl. Schrift bezeugt Gott als den erlösenden, befreienden, geschichtsmächtigen, menschgewordenen Gott – und das erschließt sich dem reinen Denken auf der Basis der natürlichen Erkenntnis niemals. Gerade solche Einsicht aber ist heilsnotwendig. Damit werden nun prinzipiell zwei Erkenntniswege konstituiert: Mit der *Vernunft* erkennt man die natürliche, mit dem offenbarungsgestützten *Glauben* die „übernatürliche" Wirklichkeit. Diese kann, mit anderen Worten, nicht mehr durch innere, sondern nur mehr durch äußere Gründe – also durch die Offenbarung Gottes – legitimiert werden. Damit wird noch kein Gegensatz zwischen Glaube und Vernunft aufgerissen; vernünftig ist nicht nur die Zustimmung zu unmittelbar einsichtigen oder begründbaren Sachverhalten, sondern auch die Zustimmung zu solchen, die jener Gott kundgetan hat, der weder irren noch täuschen kann. Im übrigen war man überzeugt, daß die Meditation über diese Sachverhalte mittels der Vernunft weitere Einsichten in den Gehalt des Glaubens bringen würde. Der mittelalterliche Theologe glaubt, um zu erkennen; er erkennt, um zu glauben. Die Offenbarung wird damit zur Quelle von Heilserkenntnis und Heilswissen. Vor allem *Thomas von Aquin* hat sie als theologische Erkenntniskategorie eingehend analysiert[15]. Damit hat sich ein entscheidender Wandel in der Konzeption von Offenbarung überhaupt vollzogen. Versteht die Bibel diese noch als *Epiphanie*, als ein Sich-Zeigen der Herrlichkeit Gottes in ihrer Fülle, wird die Offenbarungsbotschaft nun zum umfassenden *Instruktor* von Tatsachen, die ansonsten unzugänglich geblieben wären. *Die Wahrheit* Gottes wird in viele *Wahrheiten* umgemünzt, die man in ebenso vielen Sätzen artikulieren kann. Diese sind dann unveränderlich, terminologisch nicht überholbar, geschichtsenthoben. An die Stelle des epiphanischen tritt ein *intruktionstheoretisches* Offenbarungsverständnis.

Die beim Fürsten der Hochscholastik noch gegebene Synthese von Vernunft und Glaube fällt im Spätmittelalter auseinander. Beide werden praktisch autonome Erkenntnisprinzipien. Die Vernunft erschließt die notwendigen Gegebenheiten der Natur, die Offenbarung instruiert über das kontingente Handeln Gottes in der (von der Natur prinzipiell unabhängigen) „Übernatur". Dieser Dualismus hat erhebliche Konsequenzen:

– Offenbarung wird zu einer positivistischen lehrhaften und lehrmäßigen *Vorgabe*, die man nicht mehr im freien Akt liebenden Glaubens sich aneignen, sondern nur noch im Gehorsam gegenüber der Autorität des bestimmte „Wahrheiten" mitteilenden Gottes akzeptieren kann.

– Entscheidend wird dabei die *Vorlage* der Offenbarungs"wahrheiten": Parallel zum Zerfall der Vernunft-Glaube-Synthese läuft (seit der Gregorianischen Reform des 11. Jahrhunderts) ein Erstarken der kirchlichen Zentralgewalt. Das kirchliche Lehramt, das sich zudem mehr und mehr in der Person des Papstes konzentriert, erscheint nun als letztlich einzig authentischer und kompetenter Kenner, Hüter, Garant und Interpret der Offenbarung, die in den Lehrsätzen der

[15] S.th. I, q.1 a. 1.

amtlichen Dokumente dargestellt wird. Dem Offenbarungspositivismus korrespondiert nun ein *Lehramtspositivismus*, der Gehorsam gegenüber der Offenbarungsbotschaft verleiblicht sich im Gehorsam gegenüber den Lehramtsweisungen, theologische Reflexion über die Offenbarung wird zur Kommentierung lehramtlicher Dokumente[16].

– Im Gefolge dieser Sicht steht der tiefsitzende *Vorbehalt* der Kirche gegen die Moderne, der einen entscheidenden, wenn auch gerade nicht gewollten Beitrag zur neuzeitlichen Säkularisierung und Entchristlichung leistet. Wird die Offenbarung verstanden als Mitteilung übervernünftiger Wahrheiten in übernatürlichen Erschließungsvorgängen, entzieht sich nicht nur sie, sondern auch jegliche Artikulation derselben der kritischen An- und Nachfrage. Damit kann dieses Verständnis als Legitimation kirchlicher Immunisierungsstrategien (miß-)verstanden werden – und zwar nicht nur von außen her, sondern auch von innen, etwa um bestehende Strukturen um ihrer selbst willen zu stützen und zu wahren, die an sich geschichtskontingent sind. Die Folge ist eine Art theologischer Absolutismus, der sich der Argumentation unter Hinweis auf die unbegreiflichen Willensdekrete Gottes verweigert. Die neuzeitlichen Auseinandersetzungen zwischen Kirche und Naturwissenschaften haben zu einem großen Teil ihre Ursache darin.

Die Reflexion auf die Offenbarung hatte damit zu Verengungen geführt, die in der Aufklärung zum Protest und in der Folgezeit zu einer Neubesinnung der Kirche und der kirchlichen Theologie geführt haben.

2.3.2 Vom 19. Jahrhundert bis zur Gegenwart

Die Kirchenkritik der beginnenden Neuzeit ist in ihrem Ansatz Kritik des herrschenden instruktionstheoretischen Offenbarungsmodells der Kirche. Je mehr sich diese unter Berufung darauf von der freien Wahrheitsforschung abkoppelte und je weniger dem neuzeitlichen Menschen angesichts der Kirchenspaltungen des 16. Jahrhunderts und der Folgezeit deutlich wurde, welche Konfessionsgemeinschaft nun die richtigen Instruktionen Gottes verkündete, um so nachhaltiger sah er sich auf das eigene Denken und dessen Erkenntnisgrund verwiesen. Die Autonomie des Denkens und die Mündigkeit des Denkers werden dann zu den Leitideen der Aufklärung. Offenbarung und Vernunft, Glaube und Denken treten polemisch auseinander. Es erscheint als uneinsichtig, daß die selbstbestimmende emanzipierte Vernunft eine höhere Autorität über sich haben solle, der sie nur fraglos gehorchen könne. So kann auch nur das der Inhalt wahrer Religion sein, was jedermann vernünftig zu erkennen in der Lage sei. Dieser Maßstab wurde auch auf die Quellen des kirchlichen Glaubens, auf die Schrift und die sie auslegende Überlieferung angelegt. Damit aber wird die christliche Theologie durch eine allgemeine Religionsphilosophie und Religionswissenschaft ersetzt.

Der Angriff der Aufklärung zwang die Kirche dazu, sich eingehend mit Faktum und Begriff der Offenbarung auseinanderzusetzen. Er wird nun zu einem

[16] Vgl. die Übersicht über die dogmatischen Argumentationsweisen S. 33.

Schlüsselbegriff der Theologie des 19. und 20. Jahrhunderts, dem ein eigener Traktat *„De revelatione"* gewidmet wird. Er nimmt aufgrund der konkreten Herausforderung zunächst eine eigenartige Form an: Gegen die rationalistischen Angriffe reagieren die Theologen apologetisch; das aber heißt: im Prinzip auf der nämlichen Ebene wie die Aufklärer, der rationalistischen. Erst im 20. Jahrhundert gelangt man zu einer Reflexion des Offenbarungsbegriffes aus den innertheologischen Prinzipien selber.

In der Auseinandersetzung werden von den katholischen Theologen verschiedene Lösungen angeboten:

– Der *Traditionalismus* hebt die Unfähigkeit der individuellen Vernunft hervor, eigenständig metaphysische, moralische und religiöse Wahrheiten zu entdecken. Daher bedarf es nach ihrer Ansicht einer Ur-Offenbarung Gottes, der die Vernunft sich beugen muß (De Lamennais).

– Der *Fideismus* hält den übernatürlichen Glauben für absolut erforderlich, um überhaupt die fundamentalen Lebens-Wahrheiten erkennen zu können (L. Bautain).

– Der *Semirationalismus* setzt gut katholisch eine Offenbarung als gegeben voraus, stimmt mit dem Rationalismus aber darin überein, daß deren Inhalte, ist sie einmal vorhanden, als vernunftkonform erkannt werden können (Hermes).

– Der *Modernismus* verlegt das Offenbarungsgeschehen in das subjektive Erleben des Individuums.

Alle diese Angebote werden vom kirchlichen Lehramt kritisiert. Die *neuscholastischen Theologen* entwickeln nun vom instruktionstheoretischen Ansatz her das Modell der Offenbarung als „bezeugendes Sprechen Gottes" (*locutio Dei attestans*). Neben den Wahrheiten der Vernunft und den historischen und empirischen Tatsachenwahrheiten gibt es als dritte Klasse die Offenbarungswahrheiten. Sie sagen etwas aus über Gottes freies Handeln in der Geschichte. Weil Offenbarung *Sprechen Gottes* ist teilen sie zunächst dem Offenbarungsträger, dann durch seine Vermittlung allen Menschen einen Sachverhalt (Wahrheit) mit. Für dessen Richtigkeit aber bürgt nicht die innere Einsicht der Vernunft, sondern das „Zeugnis" Gottes. Die Offenbarungswahrheiten werden auf Autorität hin angenommen. Das wiederum entspricht der Vernunft wegen der Qualität Gottes, der nicht irren oder täuschen kann. Der Mensch kann sie darum akzeptieren auch ohne innere Einsicht. Dies geschieht im Glaubensakt, in dem die vorgelegten Sätze für wahr gehalten werden. In dieser Konzeption wird sicher die Souveränität und Freiheit Gottes beachtet, doch erscheint dieser eher als absolutistischer Gott, dessen Verhalten jeder Nachfrage entzogen ist. Wird aber damit die doch auch von Gott gegebene Rationalität des Menschen noch gewahrt? Offenbarung erscheint als ein dem Menschen *von außen* zukommendes, ihn aber irgendwie gar nicht betreffendes pädagogisches Tun Gottes. Man hat diese Offenbarungstheologie daher auch *extrinsezistisch* genannt (ab extrinseco = von außen).

Im 20. Jahrhundert wird sie überwunden. Dazu tragen viele Faktoren bei, von denen nur die wichtigsten genannt werden können. Einmal gerät der Glaube-Vernunft-Dualismus, der hinter ihr steht, in die Kritik. Zum anderen heben die historischen Studien der Zwischenkriegszeit (ca. 1920-1940) Einsichten hervor, die in der neuscholastischen Apologetik vergessen worden waren: Offenbarung ist nicht primär ein Erkenntnisdatum, sondern der göttliche Heilsvollzug in der Geschichte selbst, Gottes Selbstzeugnis und Selbstmitteilung. Sie aber können nicht auf Begriffe, Sätze und Lehrsysteme reduziert werden. Die Besinnung auf die theologische Wertigkeit der Geschichte machte zudem deutlich, daß der geschichtliche Prozeß selbst Sinnträger der Offenbarung sein kann. So zeigt sich, daß Offenbarung nicht die Auskunft Gottes über Gott ist, die wir anders nicht haben können, sondern echte und wahre *Selbstmitteilung Gottes*: Diese aber hat als Ziel die Teilhabe der Menschen am Leben Gottes selber. Gott eröffnet sich ganz dem ganzen Menschen, um mit ihm in eine allumfassende Gemeinschaft zu treten.

An die Stelle des instruktionstheoretischen Modells tritt damit eine Konzeption, die sich an den Realitäten der Kommunikation orientiert; man bezeichnet sie daher auch als *kommunikationstheoretisches Modell*. Offenbarung bedeutet hier *ontologisch* die Wirklichkeit Gottes selber, *kategorial* die menschliche Erfahrung dieser Wirklichkeit als gegenwärtiger, *kommunikationstheoretisch* die Mitteilung dieser Gegenwart zu unserem Heil. *Erkenntnistheoretisch* zeigt sie sich als Grund und als Grenze zugleich der theologischen Wissenschaft. Damit soll gesagt sein: Die Offenbarung ist *Grund* der Existenz von Theologie im christlichen Verständnis, weil Gottes Selbstmitteilung von den Menschen um ihres Heiles willen an- und aufgenommen werden muß, und zwar nicht nur in allen Dimensionen dieser Mitteilung, sondern auch mit allen Dimensionen des Menschen. Dazu gehört wesentlich auch sein Denken. Theologie hat aber dann auch nicht über *alles und jedes* zu denken und zu reden, wohl aber über *das Ganze*: Das Gott-Menschen-Verhältnis – wiederum in allen Dimensionen – ist der Gegenstand christlicher Theologie, sonst nichts; deswegen ist die Offenbarung ihre *Grenze*.

2.4 Offenbarung im Verständnis des kirchlichen Lehramtes

2.4.1 Die Grundausrichtung

Das kirchliche Lehramt äußert sich in ausdrücklicher Weise erstmals Ende des 19. Jahrhunderts zu unserem Thema – und es tut dies in geradezu spiegelbildlicher Reaktion gegenüber den zeitgenössischen Auseinandersetzungen. Es entwickelt keine eigenständige Lehre.Vielmehr werden zunächst die mit der neuscholastischen Theologie unvereinbaren Theorien zurückgewiesen, dann wird auf deren Grundlage das instruktionstheoretische Modell eingeschärft.

Der erste Schritt wird mit dem Pontifikat *Gregor XVI.* (1831-1846) eingeleitet. Er verurteilt den Traditionalismus durch die Enzyklika „Mirari vos arbitramur" (1832), den Fideismus durch die Enzyklika „Singulari nos" (1835), den Semirationalismus durch das 1835 veröffentlichte Breve „Dum acerbissimus"[17].

[17] DH 2738-2740. Vgl. auch die Thesen, die Bautain 1840 und 1844 unterschreiben mußte; DH 2751-2756, 2765-2769.

Sein Nachfolger *Pius IX.* setzt diese Linie fort in der Stellungnahme gegen Zeitirrtümer wie Rationalismus und Indifferentismus[18] durch das Dekret der Indexkongregation gegen Bonnetty von 1855 (DH 2811-2814) und das Breve „Eximiam tuam" gegen die Irrtümer A. Günthers von 1857 (DH 2828-2831) sowie (als Zusammenfassung) durch die Enzyklika „Quanta cura" (DH 2890-2896) und den Syllabus[19].

2.4.2 Das Erste Vatikanische Konzil

Der zweite Schritt ist die Sache des *Ersten Vatikanischen Konzils*. Auf dessen 3. Sitzung wird am 24. April 1870 die Dogmatische Konstitution „Dei Filius" über den katholischen Glauben verabschiedet (DH 3000-3045), deren 2. Kapitel „De revelatione" heißt[20]. Für die Feststellung der konziliaren Lehre sind aber auch die beiden folgenden Kapitel über den Glauben und das Verhältnis Glaube-Vernunft heranzuziehen.

Nach dem Konzil existieren grundsätzlich zwei Wege der menschlichen Gotteserkenntnis. Aus sich ist die Vernunft bereits dazu fähig, die Existenz Gottes aus der Schöpfung mit Sicherheit (*certo*) zu erfassen. Daneben aber „hat es seiner Weisheit und Güte gefallen", auf übernatürliche Weise „sich und die ewigen Ratschlüsse (*decreta*) seines Willens" zu offenbaren (DH 3004). Diese Kundgabe ist mithin ungeschuldet, sie ist aber zugleich heilsnotwendig (DH 3005). Man muß sie annehmen nicht wegen der Einsicht in diese Ratschlüsse, sondern aufgrund der Autorität Gottes, der sich weder irren noch andere täuschen kann (DH 3008). Es gibt freilich eine Verstehenshilfe, die aber ebenfalls vernunftextern bleibt: Die Wunder und Weissagungen Gottes als Zeichen seiner Allmacht und seines unendlichen Wissens (DH 3009). Gleichwohl bleibt die Erkenntnis der Offenbarung immer unvollkommen, diese selber Mysterium (DH 3016). Großen Wert legt das Dokument auf die definitive Abgeschlossenheit der Offenbarungslehre, welcher dann das exklusive Dogmenverständnis entspricht, von dem in der Einleitung in die Dogmatik die Rede war: Die von Gott geoffenbarte Glaubenslehre (*doctrina fidei*) ist der Kirche als göttliches Depositum zur Bewahrung und irrtumslosen Erklärung übergeben (*tradita*). „Deshalb muß auch immer jener Sinn der heiligen Glaubenswahrheiten beibehalten werden, der einmal von der heiligen Mutter der Kirche dargelegt worden ist" (DH 3020).

Der apologetisch-defensive Charakter dieser Äußerungen ist nicht zu übersehen: Die Konstitution wendet sich gegen jene Systeme, die das traditionelle Offenbarungsverständnis in Frage gestellt hatten. So werden die Offenbarungserkennbarkeit und die bleibende Geheimnishaftigkeit gegen den Rationalismus, wird die Vernünftigkeit der Glaubenszustimmung gegen den Fideismus verteidigt. Leicht erkennbar ist auch der starke Intellektualismus: Die Offenbarung wird beinahe nur in Bezug zum menschlichen Intellekt gesehen. Sie erscheint als Informationsgeschehen bzw. als Erkenntnismedium, durch welches der Glaubende bestimmte absolute, satzhafte Lehren vermittelt bekommt. Das extrinsezistische Instruktionsmodell wird zunächst festgeschrieben.

[18] Vgl. die Enzyklika „Qui pluribus" von 1846; DH 2775-2786.

[19] DH 2901-2980; beide Dokumente erschienen 1864.

[20] DH 3004-3007, die Canones 3026-3029.

Das zeigt sich nach dem Ersten Vatikanischen Konzil in den päpstlichen Reaktionen gegen den sogenannten *Modernismus*. In Aufnahme von Theorien des protestantischen Liberalismus des späten 19. Jahrhunderts hatten katholische Theologen wie *Alfred Loisy* und *George Tyrell* zu Beginn des 20. Jahrhunderts die These vertreten, die Offenbarung sei ein rein innerlich-subjektives Geschehen, das vom Menschen erworbene Bewußtsein seiner Gottesbeziehung, eine quasi-mystische Erfahrung ohne begriffliches Substrat. Sie wurde unter *Pius X.* in verschiedenen Verlautbarungen verworfen[21]. So richtig die Zurückweisung eines psychologistischen Immanentismus, so wichtig umgekehrt die Wahrung der Ungeschuldetheit und der Neuheit der göttlichen Offenbarung auch waren, so sehr wird aber auch der neuscholastische Extrinsezismus auf die Spitze getrieben.

2.4.3 Das Zweite Vatikanische Konzil

Der oben unter 2.3.2 beschriebene theologische Reflexionsprozeß führte Anfang der 2. Hälfte des 20. Jahrhunderts zu einer Neuorientierung des kirchlichen Lehramtes, deren Zeugnis die Offenbarungskonstitution „Dei Verbum" des *Zweiten Vatikanischen Konzils* vom 18. November 1965 ist[22]. Seine Geschichte gehört zu den erregendsten Vorgängen auf dem Konzil. Die Vorentwürfe enthielten noch das überkommene intellektualistische Verständnis. Der Vorgänger der jetzigen Konstitution war das Schema „Über die Quellen der Offenbarung". Obwohl eine starke Mehrheit nach einer kritischen Diskussion den Abbruch der Debatte verlangte, zog Johannes XXIII. den Entwurf zurück und ordnete die Bildung einer neuen Kommission an, die ein Schema „Über die göttliche Offenbarung" erarbeiten sollte. Die Debatten in der Konzilsaula führten zu weiteren Textvorlagen. Der gültige Text entspricht dem insgesamt 4. Schema. Mit unserem Thema beschäftigt sich ausdrücklich das 2. Kapitel (2-6).

Gott als Offenbarungsträger nach Vaticanum I und Vaticanum II

Vaticanum (DH 3004)	Vaticanum II (DV 2 = DH 4202)
Es hat seiner (Gottes) Güte und Weisheit gefallen, sich	Gott hat in seiner Güte und Weisheit beschlossen, sich selbst zu offenbaren und das Geheimnis seines Willens
und die ewigen Beschlüsse seines Willens dem Menschengeschlecht zu offenbaren.	kundzutun:
	daß die Menschen durch Christus ... im Heiligen Geist Zugang zum Vater haben und teilhaftig werden der göttlichen Natur.

[21] Dekret „Lamentabili" (DH 3420-3426); Enzyklika „Pascendi dominici gregis" (DH 3475-3500): beide 1907; Motuproprio „Sacrorum antistitum" von 1910 (sog. Antimodernisteneid), besonders DH 3539,3541.

[22] DH 4201-4235. In der folgenden Darstellung werden die Nummern des Dokumentes selbst mit dem Sigel DV angeführt.

Der Grundzug der Offenbarungslehre ist *personalistisch*. Das zeigt schlagend ein Vergleich der Grundaussagen beider vatikanischer Konzilien (s. S. 67). Ziel des göttlichen Handelns ist nicht mehr die Mitteilung von Willensdekreten, sondern die Vermittlung des trinitarischen Heiles an die Menschen. Infolgedessen besteht die Offenbarung nicht mehr nur aus Worten; sie ereignet sich gleichfalls in Gottes Werken, die in sakramentaler Begrifflichkeit beschrieben werden. Der Höhepunkt ist das Christusgeschehen[23]. Der Extrinsezismus der Neuscholastik wird damit überwunden. An seine Stelle tritt eine dialogische, also kommunikatorische Sicht.

Offenbarung ist nach DV 3 und 4 ein Geschehen, das sich in der Heilsgeschichte abspielt, besser: das sie wesentlich konstituiert. Sie hat, so kann man sagen, eine *heilsgeschichtliche Gestalt*. Ihr Beginn fällt mit der Schöpfung zusammen, die als Offenbarungsvorgang zwar von der übernatürlichen Heilskundgabe Gottes unterschieden, aber nicht von ihr geschieden wird: beide sind christologisch verbunden. Christus steht daher in jeder Beziehung in der Mitte der Heilsökonomie. Auch an dieser Stelle ist ein Vergleich mit dem Ersten Vatikanischen

Die Vermittlung der Offenbarung nach Vaticanum I und Vaticanum II

Vaticanum I (DS 3013 f.)	Vaticanum II (DV 4 = DH 4204; DV 7 = DH 4207).
Damit wir nun der Pflicht, den wahren Glauben zu umfassen ... genügen können, gründete Gott durch seinen einziggeborenen Sohn die Kirche und stattete sie mit solchen offenkundigen Merkmalen ihrer Herkunft von ihm aus, daß sie von allen erkannt werden kann als Hüterin und Lehrerin des geoffenbarten Wortes. Denn nur die katholische Kirche trägt alle die vielen wunderbaren Zeichen, die Gott gegeben hat, auf daß die Glaubwürdigkeit der christlichen Lehre hell aufleuchte. Ja, schon durch sich selbst ist die Kirche ein großer, steter Beweggrund der Glaubwürdigkeit und ein unwiderlegliches Zeugnis ihrer göttlichen Sendung, ihrer wunderbaren Fortpflanzung, ihrer hervorragenden Heiligkeit und unerschöpflichen Fruchtbarkeit in allem Guten, in ihrer katholischen Einheit und unbesiegbaren Beständigkeit.	Wer ihn (Christus) sieht, sieht auch den Vater. Er ist es, der durch sein ganzes Dasein und seine ganze Erscheinung, durch Worte und Werke, durch Zeichen und Wunder, vor allem aber durch seinen Tod und seine herrliche Auferstehung von den Toten, schließlich durch die Sendung des Geistes der Wahrheit die Offenbarung erfüllt und abschließt und durch göttliches Zeugnis bekräftigt, daß Gott mit uns ist... (DV 4). (Christus gibt die Offenbarung durch die Sendung der Apostel weiter, deren Botschaft in der Hl. Schrift niedergelegt ist, sowie durch die amtlich gesicherte Überlieferung dieser Botschaft). Diese Heilige Überlieferung und die Schrift beider Testamente sind gleichsam ein Spiegel, in dem die Kirche Gott, von dem sie alles empfängt, auf ihrer irdischen Pilgerschaft anschaut, bis sie hingeführt wird, ihn von Angesicht zu Angesicht zu sehen, so, wie er ist (DV 7).

[23] DV 2.

Konzil aufschlußreich: Was dort der Kirche, wird nun Christus zugeschrieben. Er steht in der Sendung des Vaters; er gibt die Sendung weiter, zunächst an die Apostel, dann über sie der nachfolgenden Kirche. Erst im Bewahren der Christusbotschaft in der Treue zu ihrer Sendung hat die Kirche offenbarungsvermittelnde Qualität (S. 68). Sie kann in der Tat, das folgt daraus, nur dann und insofern Offenbarungszeichen sein, als Christus ihr als seinem Sakrament gegenwärtig ist. Das hat Konsequenzen auch für die Weitergabe der göttlichen Selbstmitteilung, von der das 2. Kapitel der Konstitution handelt. Jene ist ein durch und durch dynamisches Geschehen, das seinen bleibenden Startpunkt in der unüberholbaren und damit zwar nicht ergänzungsfähigen[24], wohl aber fortschrittsfähigen Christusbotschaft hat: *„Denn die Kirche strebt im Gang der Jahrhunderte ständig der Fülle der göttlichen Wahrheit entgegen"*; und zwar tut sie das nicht allein auf intellektuelle Weise, sondern in einem ganzheitlichen Geschehen: *„So führt die Kirche in Lehre, Leben und Kult durch die Zeiten weiter und übermittelt allen Geschlechtern, was sie selber ist, alles, was sie glaubt"*[25].

Diese ganzheitliche Konzeption erscheint auch in DV 5: Selbstverständlich hat der Offenbarungsempfänger Gott Gehorsam zu leisten; hier unterscheidet sich *„Dei Verbum"* nicht von *„Dei Filius"*. Aber er besteht nicht nur in einem intellektuellen Zustimmungsakt, sondern in der Überantwortung des Menschen als ganzen an Gott in aller menschlichen Freiheit.

Man kann nicht verhehlen, daß dieser Duktus in den Folgekapiteln der Konstitution nicht immer ganz durchgehalten worden ist. Wie viele andere, hat auch dieses konziliare Dokument Kompromißcharakter. Die alte objektivistische Sicht schimmert in Formulierungen durch wie „Depositum"[26] oder „Schatz der Offenbarung"[27]. Aber das sind Einzelaussagen, die die hermeneutischen Positionen des 1. Kapitels nicht erschüttern können. Sie haben ihrerseits das Verständnis der anderen Bezeugungsinstanzen des Glaubens wie Tradition und Lehramt beeinflußt; in den folgenden Kapiteln wird das näher nachgewiesen werden.

2.5 Systematische Überlegungen

1.) Der *Begriff Offenbarung* in theologischem Verständnis ist bezogen auf eine Erschließungssituation besonderer Art: Vorausgesetzt wird auf Seiten Gottes dessen wesentliche Unzugänglichkeit (1 Tim 6,16), auf Seiten des Menschen eine grundsätzliche Fähigkeit zu transzendenter Erkenntnis. Im Geschehen der Offenbarung hebt Gott seine Verborgenheit dadurch auf, daß er sich dieser Erkenntnis erfahrbar macht. Weil Gott die Liebe ist (1 Joh 4,8) und bei ihm Sein und

[24] DV 4.
[25] DV 8.
[26] DV 10.
[27] DV 26; vgl. auch 7,10,11.

Wesen zusammenfallen, wie in der Gotteslehre gezeigt werden wird, ist der Beweggrund der Offenbarung die Liebe, die er selber ist.

2.) Der *Inhalt der Offenbarung* ist daher nicht *etwas*, sondern *Gott selber*. Da er sich als Liebender nicht nur einer Fähigkeit des Menschen, sondern zutiefst diesem selber als ganzem zuwendet, ist Offenbarung ein dialogisch-personales Geschehen, ein Existenzvollzug Gottes, der auf den Existenzvollzug des Menschen abzielt. Diese personale Komponente wird in der Hl. Schrift und in der kirchlichen Sprache verdeutlicht dadurch, daß die Kategorien von *Wort, Sprechen, Anrede*, verwendet werden. Unter dieser Perspektive kann man das Ergebnis auch als (formulierte) *Sätze*, (einzelne) *Wahrheiten* verstehen, mit denen sich die Theologie zu befassen hat. Der Zusammenhang und die Verbindung mit dem Handeln Gottes wird aber sofort deutlich, wenn man daran denkt, daß viele Worte, z. B. der Propheten Ausdeutung seines Tuns sind. Vor allem der Exodus aus Ägypten wird als Kundgabe der Treue Gottes interpretiert (z. B. Dtn 6,12). Ausdrücklich versteht auch Jesus sein Agieren als Kundgabe der Heilsbotschaft (vgl. Lk 13,32-35). Augustinus sagt in dieser Perspektive: „Fragen wir die Wunder selbst, was sie uns von Christus sagen. Sie haben nämlich, recht verstanden, ihre eigene Sprache. Denn weil Christus selbst das Wort Gottes ist, ist auch das Tun des Wortes Wort für uns“[28].

3.) Das *Geschehen der Offenbarung* umgreift nach dem Gesagten grundsätzlich alles göttliche Tun nach außen: Schon die Schöpfung kann daher als Teil der göttlichen Selbstmitteilung verstanden werden. Da die Schöpfungswirklichkeit allen Menschen zur Reflexion offensteht, kann man die Menschheitsreligionen wenigstens als Antwort und Entfaltung dieser ursprünglichen Offenbarung Gottes interpretieren. Im allgemeinen richtet sich aber die Aufmerksamkeit der Theologie auf jene Kundgaben Gottes, die über diesen „natürlichen“ Bereich hinausgehen und die dann als „übernatürlich“ qualifiziert werden. Es handelt sich nach biblischem Verständnis nicht um einen einmaligen Akt oder nur ab und an ergehende Handlungen oder Worte Gottes, sondern um einen prinzipiell durch die ganze Geschichte laufenden und sie deswegen als *Heils*geschichte charakterisierenden Vorgang, der freilich besondere Höhepunkte kennt. In diesem Sinne kann man vier Phasen unterscheiden:
– die Ursprungsoffenbarung der Schöpfung,
– die Geschichte des Volkes Israel,
– das Christusgeschehen,
– die Entfaltung in der Zeit der Kirche.

4.) *Der geschichtliche Vollzug der Offenbarung* hat eine soziale Komponente. Nach alttestamentlichem Verständnis offenbart sich Gott zwar auch einzelnen, aber niemals ausschließlich auf einzelne ausgerichtet: Adressat ist immer eine Personenmehrheit – die ganze Menschheit oder wenigsten das Volk Israel. Im Neuen Testament sind es die Jünger Jesu, die Apostel, die Kirche. So darf man sagen: In der gegenwärtigen Phase der Heilsgeschichte nach Christus ist die Kirche einerseits der konkrete Adressat des gesamten Offenbarungsgeschehens, andererseits ist dieses der konkrete Ursprung und Grund der Kirche. Erkenntnistheoretisch

[28] Comm. in Jo. 24; CChr. SL 36,244.

bedeutet dies, daß Offenbarung ein Schlüsselbegriff für das Verstehen von Kirche und allen kirchlichen Vollzügen ist, mithin auch für die kirchliche Theologie.

5.) Näherhin ist der hermeneutische Schlüssel *Jesus Christus als Maß und Mitte der Offenbarung*. Die sich offenbarende Liebe Gottes hat die Geschichte nicht als Bühne der Selbstdarstellung benutzt, sondern ist in der Inkarnation in Jesus von Nazaret Bestandteil der Geschichte geworden. Damit kommt Gott in einer unvordenklichen Weise bei den Menschen „an“, und zwar in doppelter Weise. Gott offenbart sich, *zum einen*, in einer nicht mehr zu überbietenden Weise. In Jesus wird er im wahrsten Wortsinn „ansichtig“. Daher ist eine andere, neue und die Christusoffenbarung ergänzende oder überholende allgemeine oder *öffentliche* Offenbarung nicht denkbar: Was sollte Gott mehr sagen können als sein göttliches Wort, das sein Sohn ist? Man kann nicht ausschließen, daß es auch noch nach Christus unmittelbare Kundgaben Gottes an einzelne Menschen gibt; sie haben dann aber nur den Charakter von *Privatoffenbarungen*, die für andere als die direkten Adressaten keine Verpflichtungskraft besitzen. Gerade wegen der Unüberbietbarkeit des Wortes Gottes, das Christus ist, ist der in ihm gegebene Abschluß der Offenbarung zugleich Sinneröffnung für die ganze nachchristliche Geschichte. Sofern diese weiterläuft und immer neue Generationen hervorbringt, muß sie kontinuierlich neu erschlossen und mit den je anderen und neuen Situationen der Menschen konfrontiert werden. Dem dienen die verschiedenen kirchlichen Bezeugungsinstanzen, die daher ebenfalls kontinuierlich zu arbeiten haben bzw. miteinander ins Gespräch gebracht werden müssen. Es ist also wegen des spezifischen Charakters der Christusoffenbarung zu erwarten, daß sich ständig wirklich neue, d. h. vorher, in anderen Situationen und unter anderen sozio-kulturellen Horizonten (noch) nicht erfahr- und erkennbare Inhalte erschließen. Sie sind wahrhaft neu, wenn auch nicht anders als die bisherigen Erschließungen. – *Zum anderen* bedeutet die Erkenntnis „Jesus Christus Maß und Mitte der Offenbarung“ auch, daß Gottes Wort in dem Sinne ankommt, daß Jesus als Mensch der vollkommene, der absolut ge-*hor*same *Hörer* des Wortes und Täter des Willens Gottes ist. Damit wird er für die Menschen zum Maß der Haltung gegenüber der Offenbarung: Sie ist konstitutiv Christusnachfolge: *„Nicht mehr ich lebe, sondern Christus lebt in mir“* (Gal 2,20).

6.) Damit deutet sich bereits an, daß *der Glaube das eigentliche Agens der menschlichen Offenbarungsrezeption* ist. Denn daß Jesus von Nazaret der Sohn Gottes ist und daß geschichtliche Vollzüge nicht Zufallsprodukte, sondern im Plan Gottes liegende Geschehnisse sind, das ist mit den dem Menschen aus sich heraus verfüglichen Erkenntnismitteln allein nicht wahrzunehmen. Es bedarf dazu noch einmal des göttlichen Handelns, d. h. jener Gnade, die den Glauben hervorruft. Wo sie nicht geschenkt ist, kann der Mensch nicht Gottes Handeln erkennen, wo sie nicht angenommen wird, geht es ins Leere. Offenbarung ist also nicht eine Größe an sich, sondern ein korrelativer Begriff: Sie hat erst dort und dann statt, wo dem Empfänger der Offenbarung aufgeht, daß es sich um eine solche handelt. Zum Begriff der Offenbarung gehört wesentlich dieses Moment des Aufschließens, des Erleuchtens, des Erhellens.

7.) Wenn Theologie Glaubenswissenschaft ist und der Glaube wesentliches Korrelat zur Offenbarung ist, ergibt sich, daß *die Offenbarung Urprinzip aller theologischen Erkenntnis* ist. Gegenstand des theologischen Erkennens kann also nur

das sein, was und soweit es geoffenbart ist oder mit der Offenbarung in Zusammenhang steht. Alles andere ist Objekt anderer Wissenschaften. Damit ist ein Grundkriterium der Theologie benannt; es muß also auch festgestellt werden, in welche Klasse von Gegenständen etwas fällt – in den Bereich der Offenbarung oder in einen anderen Bereich. Damit ist aber die Tatsache der Offenbarung auch der Grund für die Existenz und die Notwendigkeit einer theologischen Erkenntnislehre. Man muß wissen:
– was geoffenbart ist,
– wie weit etwas mit der Offenbarung zusammenhängt,
– nach welchen Kriterien das festgestellt wird,
– welche Bedeutung für das christliche Leben es hat.

8.) Im einzelnen gelten daher als *Objekt der Theologie*

a.) *Die Glaubenswahrheiten* (veritates fidei): Dabei kann man vier Aspekte unterscheiden. Betrachtet man die *Vorlage* durch die Offenbarung, kann man unterscheiden Glaubenswahrheiten, welche

* *an sich geoffenbart* sind: Inhalte, die nur durch die Offenbarung erkennbar werden wie z. B. die Dreifaltigkeit Gottes;
* *auch der natürlichen Vernunft zugänglich* sind: Die Offenbarung setzt sie voraus und erhellt sie zugleich; als Beispiel kann man die Kontingenz (Schöpfung) der Welt anführen. Man nennt solche Wahrheiten auch *praeambula fidei*: Sie sind sozusagen das „Vorwort" zum Glauben, weil sie zwar nicht das eigentliche Glaubensobjekt darstellen, aber doch für den Glauben notwendig sind.

Ein zweiter Aspekt schaut auf das *Ziel* der göttlichen Selbstkundgabe. Daher unterscheidet man bei der formulierten Vorlage der Kundgabe Gottes

* *Glaubenssätze* (res fidei): Sie zielen Gott und sein Wirken selbst an; sie sind der eigentliche Gegenstand der Dogmatik;
* *Handlungssätze* (res morum): Sie haben Richtlinien für die Verwirklichung des christlichen Lebens zum Inhalt; sie sind der Gegenstand der Moraltheologie.

Ein weiterer Aspekt betrifft die *Absicht* der göttlichen Selbstmitteilung. Gott kann etwas offenbaren

* *direkt*: Etwas wird uns um seiner selbst willen mitgeteilt und ist dann Gegenstand der Offenbarung im engeren Sinn;
* *indirekt*: (per accidens): Etwas wird zur Sicherung und Abrundung der Offenbarung kundgetan, z. B. Wunder, Prophetien, sittliche Beispiele.

Schließlich kann man noch die *Ausdrücklichkeit* der Offenbarung ins Visier bekommen: Dann unterscheidet man

* *formal geoffenbarte Glaubenswahrheiten*: Sie sind unmittelbar im Wort Gottes enthalten und bedürfen keiner weiteren Wahrheiten, um erkannt zu werden. Unterschiedlich kann nochmals der Grad der formalen Kundgabe sein: *Explizit* formale Aussagen werden im Medium der Offenbarung sofort erkannt, *implizit* formale Aussagen bedürfen einer oft langen Reflexion, um als Offenbarungskundgaben erfaßt zu werden. Hier ist an das zu erinnern, was zur Dogmenentwicklung gesagt worden ist[29]. Der Satz von der leiblichen Aufnahme Marias zu Gott ist ein Beispiel für diese Klasse von Glaubenswahrheiten.

[29] Vgl. oben, Einleitung in die Dogmatik 2.4.2.

* *virtuell geoffenbarte Glaubenswahrheiten*: Damit sind solche gemeint, die nur ansatzweise (in virtute) in der Selbstmitteilung Gottes aufscheinen. Erst unter Einsatz des eigenen Denkens können wir eine nähere Orientierung gewinnen. Man spricht auch von *Theologumena* oder von *Theologischen Konklusionen*, weil sie „aus der Quelle des Logos Gottes durch den menschlichen Verstand oder die Vernunft hergeleitet oder ermittelt werden“[30].

b.) *Die Dogmatischen Fakten* (facta dogmatica): Darunter verstand die klassische Theologie alle jene Tatsachen und Lehren, die an sich auch der menschlichen Vernunft zugänglich und für sie erkennbar sind, die aber insofern mit der Offenbarung in Beziehung stehen, als deren Erfassung und Verstehen durch sie gesichert oder fortentwickelt werden kann. Der Name ist etwas irreführend, weil unter den Begriff nicht nur historische Tatsachen fallen, sondern auch Tatbestände, die gesichert sein müssen, um die Offenbarungslehre geltend zu machen. Es geht etwa um solche Probleme: Ist der vom Konzil von Nikaia verwendete Begriff *homoousios* tatsächlich geeignet, die Lehre der Hl. Schrift über die Beziehung zwischen Gott Vater und Gott Sohn angemessen wiederzugeben? Ist der Papst rechtmäßiger Amtsinhaber, ist ein Konzil legitim versammelt, welche ein Dogma verkünden? Es ist klar, daß ein unzureichender Begriff oder eine unrechtmäßig zustandegekommene dogmatische Aussage weder der Offenbarung gerecht werden noch glaubensverbindlich sein können; sie können dann selbstverständlich auch nicht das Objekt der theologischen Betrachtung sein.

In den Gnadenstreitigkeiten des 17. Jahrhunderts (vgl. in diesem Werk die Gnadenlehre, Bd. III, Nr. 1.3.3.1) nannte man „factum dogmaticum“ auch das lehramtliche Urteil über den Sinn eines recht- oder irrgläubigen Satzes.

Der Gegenstand der theologischen Erkenntnis über die Offenbarung

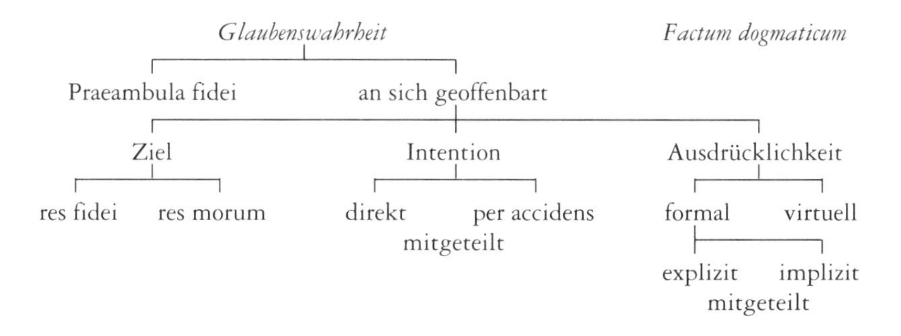

[30] M. J. Scheeben, Theologische Erkenntnislehre, 31.

3. Der Glaube als subjektives Prinzip der theologischen Erkenntnis

3.1 Eine kleine Phänomenologie des Begriffes Glauben

Bereits im voraufgehenden Kapitel mußten wir auf den Begriff *Glauben* zu sprechen kommen: Die Selbstmitteilung Gottes, seine Offenbarung, hat als erklärtes Ziel den Menschen, genauer sein Heil. Dieses aber vollzieht sich in der Aufnahme der Gemeinschaft mit Gott, die identisch ist mit der Annahme der Offenbarung. Man nennt diesen Akt des Menschen *Glauben*. *Offenbarung* und *Glauben* verhalten sich mithin zueinander korrelativ. Die eine ist ohne den anderen nicht denkbar, sofern Offenbarung ohne Glaube ziellos, Glaube ohne Offenbarung aber grundlos wäre. Wenn nun die Offenbarung als Vorgabe seitens Gottes das objektive Prinzip der theologischen Erkenntnis ist, hat der Glaube als das subjektive Korrelat dazu zu gelten. Seine genaue Untersuchung ist für eine theologische Erkenntnislehre unerläßlich, ja von besonderer Bedeutung, da die Theologie als *Glaubens*reflexion keinen anderen Zugang zur Selbstkundgabe Gottes als ihn hat. Sie kann außerhalb von Glauben und von außerhalb des Glaubens nicht betrieben werden, ist sie doch nichts anderes als eine Modifikation des Glaubens, in dem dieser sich selber zur methodisch-systematischen Entfaltung bringt.

Wir können uns freilich an dieser Stelle nicht damit begnügen, eine kurze Begriffsbestimmung zu bringen, um dann gleich die biblischen und theologischen Daten zu erheben. *Glauben* ist ein Wort, das mehr noch als *offenbaren* der Alltagssprache zugehört, zugleich aber auch in der Alltagswelt erheblichem Mißtrauen ausgesetzt ist: Die Leute glauben alles mögliche, aber sicher ist nur, was man weiß. So lautet etwa die allgemeine Einstellung. Ist sie aber auch gerechtfertigt?

Etymologisch scheinen die Verhältnisse schon einmal anders festgelegt zu sein. In den klassischen Sprachen wie im Deutschen drückt das Verbum ein Verhältnis des Vertrauens aus:

griech.	pisteuein	sich verlassen auf, vertrauen
lat.	credere (= cor dare)	das Herz verschenken
deutsch	glauben (von *galaubjan*)	sich etwas lieb, vertraut machen (verwandt mit *lieben, loben, erlauben*)

Der allgemeine Sprachgebrauch ist jedoch umfassender und ungenauer. Das zeigt die untenstehende kleine Tabelle. Zusammenfassend kann man drei Grundformen von *glauben* unterscheiden: Glauben bedeutet

Die Bedeutungen von „glauben" im Alltagssprachgebrauch

etwas f. möglich od. wahrscheinlich halten,	Ich glaube, es wird bald regnen
fälschlich für jemanden, etwas halten	Er glaubte sich unbeobachtet
für wahr, richtig halten	Man muß nicht alles glauben, was in der Zeitung steht
der begründeten Meinung, Überzeugung sein	Der Verteidiger glaubte, daß die Argumente des Staatsanwalts nicht zur Verurteilung reichten
Vertrauen aufgrund von Wahrscheinlichkeit schenken	Ich glaube schon, daß der Junge uns den richtigen Weg gewiesen hat: wir gehen ja nach Norden
einer Autorität gefühlsmässig vertrauen	Das Kind glaubte dem Vater, daß es wirklich Überschallflugzeuge gibt
absolutes Vertrauen aus innerer Sicherheit haben	Ich glaube an Gott, den Vater, den Allmächtigen...

1.) *Annehmen, daß etwas der Fall ist*: Die Haltung des Glaubens bezieht sich auf bestimmte Inhalte: *etwas* glauben (lat. credere *aliquid*). In der Theologie spricht man von der *fides quae* (creditur) oder dem *Daß-Glauben* (Ich glaube, daß Gott der Schöpfer der Welt ist).
2.) *Auf Versicherung einer Person hin annehmen, daß etwas der Fall ist*: Die Haltung des Glaubens wird über die Annahme von Inhalten vermehrt um das Moment des Zu-und Vertrauens zu einer Person: *jemandem* glauben (lat. credere *alicui*).
3.) *Aufgrund von Treue oder Liebe einer Person etwas annehmen*: Die Haltung des Glaubens beruht darauf, daß die Annahme der Inhalte letztlich gesichert ist durch Güte, Gerechtigkeit, Liebenswürdigkeit des personalen Gegenübers: *an jemanden* glauben (lat. credere *in aliquem*). In der Theologie nennt man diese Form die *fides qua* (creditur) oder den *Du-Glauben* (Ich glaube es dem guten Gott, wenn er mir kundtut, daß er die Welt erschaffen hat). Es handelt sich hier um eine Form der (Erwiderung von) Liebe.

Glauben in allen seinen Bedeutungsmöglichkeiten ist mithin immer ein personales Geschehen. Es beruht zunächst auf der Entscheidung eines Subjekts (*ich* glaube). Diese bedarf der Versicherung oder der Bestätigung: Eine solche kann der bloße Augenschein zuzüglich der Lebenserfahrung sein (ich glaube, daß es bald regnet, *weil* Wolken aufziehen und ich von früher her weiß, daß sie oft Regen enthalten), aber auch eine andere Person, deren Aussagen ich Vertrauen schenke. Das Motiv kann sehr verschieden sein. Die Höchstform ist erreicht, wenn der Vertrauensgrund die unerschütterliche Liebe eines Subjekts zum anderen ist. Im vollen und eigentlichen Sinn ist Glauben ein Geschehen von Person zu Person. Es besitzt die gleiche Ich-Du-Relation wie die Liebe: „*Ich* liebe (glaube an) *dich*". Als personale Stellungnahmen sind Glaube wie Liebe auf Erkennen verwiesen und angewiesen. Man kann nur dann einen so hohen Einsatz auf einen anderen hin wagen, wenn man auch *weiß*, was man wagt, auf wen hin dieses Wagnis geschieht; man erfährt aber auch erst in Glauben und Liebe, wer der andere ist, was er bedeutet[31]. „Paulus“ schämt sich nicht seiner Verfolgung, „denn ich weiß, wem ich Glauben geschenkt habe und ich bin überzeugt, daß er die Macht hat, das mir anvertraute Gut ... zu bewahren“ (1 Tim 1,12). Glauben und Erkennen und dadurch gewonnene Einsicht in die Wirklichkeit hängen also unlöslich zusammen.

Damit aber erheben sich die Fragen: Kann Glauben gewißlich zur Wahrheit führen? Ist eine Erkenntnis, die auf Vertrauen gründet, mit den Kriterien rationalen Denkens vereinbar? Landläufig werden sie gern verneint. *Wissen* und *Glauben* erscheinen als Gegensätze, wobei wir das erstere für begründeter und mithin sicherer halten als den letzteren: Was man wissen kann, braucht man nicht zu glauben. Wir haben daher großes Vertrauen in die *Wissenschaft*. Viele Zeitgenossen stellen aber in Abrede, daß es so etwas wie eine *Glaubenswissenschaft*, Theologie also, legitimerweise geben könne. Dahinter steht unausgesprochen die These, daß sich Wissen gewöhnlich auf Sachverhalte bezieht, die entweder von selber einleuchten oder die man nachprüfen kann, z. B. das Widerspruchsprinzip, eine mathematische Gleichung oder ein Naturgesetz. Die Wissenschaftstheorie der Neuzeit hat jedoch darauf aufmerksam gemacht, daß die beiden fraglichen Größen sich nicht ausschließen, sondern einander ergänzen und aufeinander angewiesen sind. Beide sind und bleiben verschieden: Glaube ist nicht eine Sonderform des Wissens. Wohl aber käme Wissen ohne Glauben so wenig zu sich selber wie ein Glaube, der auf Wissen verzichtete:

1.) *Wissen bedarf des Glaubens*:

* Was die intuitiven Einsichten angeht, so ist vorauszusetzen, daß der Verstand überhaupt erkenntnisfähig ist und die Termini richtig begreift. Das aber ist nur auf der Grundlage des Vertrauens möglich.

* Die anderen Einsichten der Wissenschaft beruhen auf Erfahrung, die induktiv oder deduktiv erschlossen wird. Die Möglichkeit, Erfahrungen zu machen, ist aber stets begrenzt. Daß sie verallgemeinert werden können, ist nicht mehr zu beweisen, sondern beruht auf dem Vertrauen in die prinzipielle Geordnetheit der Wirklichkeit. Wir erfahren z. B., daß alle Gegenstände, die wir emporheben und loslassen, nach unten fallen; daraus leiten wir das Schwerkraftgesetz ab. Aber wir können nicht ausnahmslos alle Gegenstände so behandeln – weder in der Gegenwart noch in der Vergangenheit und erst recht nicht in der Zukunft. Gleichwohl vertrauen wir auf die universale Geltung des Gesetzes[32].

* Kein Wissenschaftler fängt in seinem Fach ab ovo an, sondern verläßt sich auf die Informationen seiner Kollegen. Das ist nur auf der Grundlage von Vertrauen möglich.

---

[31] Im Hebräischen drückt sich dieser Sachverhalt aus, wenn *erkennen* als Synonym für den sexuellen Akt verwendet wird; im NT vgl. z. B. Lk 1,34.

[32] In jüngster Zeit befaßt sich die *Chaostheorie* mit der Tatsache, daß uns kaum je alle Ursachen zugänglich werden können, die zu einer bestimmten Wirkung führen. Dennoch stellt sie (aus Vertrauen) die prinzipielle Determiniertheit der Naturabläufe nicht in Frage.

* Wissenschaftlicher Fortschritt kommt normalerweise dadurch zustande, daß sich ein Wissenschaftler Überzeugungen bildet, Hypothesen aufstellt, Systeme entwirft im Vertrauen darauf, daß sie sich bewähren. Dabei wird er nicht selten von bestimmten Interessen geleitet, z. B. von dem Wunsch, mit einer neuen Entdeckung der Menschheit hilfreich zu werden. Erkenntnis ist, wie man an diesem Beispiel sieht, eine Leistung der ganzen Person, nicht nur des Verstandes.

* Grundsätzlich ist Wissen auf Erfassen der Wirklichkeit ausgerichtet. Es sucht nach dem Grund in allen Gründen, nach dem letzten Ursprung des Seins, der aller Einzelwirklichkeit transzendent ist. Als solcher kann er aber empirisch nicht mehr ohne weiteres erfahren werden; er bedarf einer personalen Zuwendung, die nur auf Vertrauen basieren kann.

2.) *Glaube bedarf des Wissens*:

* Gläubiges Vertrauen ist nur möglich, wenn begründet werden kann, warum es gerade dieser personalen Wirklichkeit entgegengebracht wird. Man muß rational sagen können, warum man trotz allen Leids der Welt an die Existenz eines guten Gottes glaubt, weshalb man zwar an die Auferstehung Jesu, nicht aber an die des Rübezahl glaubt. Glaube vollzieht sich im Horizont des Wissens.

* Glaube ist daran zu messen, ob er sich im Leben bewährt. Kann man wirklich besser leben, gelassener sterben, wenn man an die Auferstehung der Toten in Jesus Christus glaubt? Das aber ist weitgehend auch rational überprüfbar.

* Glaube im umfassenden Sinn als Gottesglauben gelangt zu umfassender Sinnbedeutung der Existenz des Menschen und der Welt. Er erschließt damit Perspektiven, die rationaler Überprüfung fähig und bedürftig sind. Glaube an Gott ist nur möglich, wenn einerseits Gott nicht völlig innerhalb des Bereiches *Wissen* steht – sonst wäre er nicht Subjekt des Glaubensaktes; wenn er andererseits nicht völlig außerhalb des Bereiches *Wissen* steht – sonst hätte Glauben keinen Ansatzpunkt in der erfahrenen und erfahrbaren Wirklichkeit.

3.) *Glauben ist eine eigenständige Weise der Wirklichkeitserfassung*:

* Sofern der Glauben sich im Horizont des Wissens vollzieht, beruht er auf einer objektiven Erkenntnis und ist insofern gleicher Art wie das Wissen. Darüber hinaus aber gründet er in einer Entscheidung, die sich von Person auf Person richtet.

* Wißbarer Erkenntnis gegenüber ist der Erkennende wesentlich passiv eingestellt: Man kann nicht umhin anzuerkennen, daß $8 \times 3 = 24$ sind oder *daß sich die Erde um die Sonne dreht* (wogegen sich zu Zeiten Galileis Kirchenleute bekanntlich dennoch sträubten); man kann aber zum Glauben so wenig wie zur Liebe gezwungen werden: Er ist also eine essentiell aktive Haltung des Menschen.

* Wissen muß nicht, kann aber folgenlos bleiben für den Menschen. Glauben dagegen setzt, wo er ernstlich existiert, immer werthaftes Handeln frei, so wie Liebe immer zur Gegenliebe aufruft.

4.) *Glaube und Wissen sind aufeinander verwiesen, doch voneinander unterschieden*:

Glauben	Wissen
beruht auf dem Innewerden der Gegenwart Gottes	beruht auf Erfahrung
ist eingebettet im Glauben der Glaubensgemeinschaft	ist eingebettet im Menschheitswissen
ist ein Person-Verhältnis	ist ein Sach-Verhältnis

Unsere kleine Analyse hat ergeben, daß der Glaube als Weise des personalen Erkennens eine legitime menschliche Weise der Wirklichkeitserfassung ist. Er verhilft zu einer echten Erkenntnis von Wahrheit. Was wir allgemein sagten, gilt in besonderer Weise vom Gottesglauben, mit dem es die Dogmatik zu tun hat. Das ergibt sich aus den *Aussagen der Offenbarungsurkunde* des Christentums, der wir uns daher jetzt zuwenden müssen.

3.2 Der Glaube in der Heiligen Schrift

Glauben nach dem Zeugnis der Hl. Schrift

Altes Testament		Neues Testament	
	Terminologie		
ʿaman	fest, zuverlässig, bewährt sein Hiphil: heemin Vertrauen haben zu, zu, sich halten an	pisteuein pistis	vertrauen, glauben (in Gehorsam) Glaube
batah	vertrauen auf, sich verlassen auf		
hasah	geborgen sein, sich bergen		
hikkah	warten, Geduld haben, harren		
quiwwah	hoffen auf		
ᵉmunah	Sicherheit, Festigkeit, Glaube		
ᵉmet	Festigkeit, Integrität, Wahrheit, Glaube		
	Maßstab des Glaubens		
Abraham	Vater der Glaubenden	Das Christusereignis in der apostolisch-kirchlichen Vermittlung	
Mose	Befreier zum Bund m. Jahwe		
Propheten	Künder der Gegenwart Gottes		
	Inhalt der Glaubensbotschaft		
Die in der Geschichte und geschichtlich ergehende Verheißung Gottes an sein Volk		Die personale Entscheidung zur Heilstat Gottes in Jesus Christus	

3.2.1 Altes Testament

Wie die Übersicht auf Seite 78 zeigt, kennt das Alte Testament kein „Schlüsselwort“ für unseren Begriff *glauben*. Es verwendet dafür eine ganze Palette von Termini, die alle Beziehungsbegriffe sind und die alle den Aspekt des Vertrauens und der Stabilität zur Geltung bringen. Wirkungsgeschichtlich besonders bedeutungsvoll ist der Stamm *'aman* geworden, der im liturgischen Bekräftigungswort *Amen* enthalten ist: Wer so spricht, bekennt, daß das vorausgehende Wort (eines anderen) auch für ihn gilt.

Von hier aus kann sich uns ein Zugang zur Sache erschließen: *Glauben* ist eine Haltung des radikalen Vertrauens auf Jahwe. Sie bildet sich in der Geschichte aus der Erfahrung Israels heraus, daß Gott in den positiven (*Verheißungen*) wie negativen (*Drohungen*) Manifestationen dem Volk lebendig-personal, heilschaffend und befreiend begegnet. Das Lied der Deborah (Ri 5,1-31) ist ein anschauliches Beispiel dafür. Der letzte Vers faßt zusammen: *„So gehen all deine Feinde zugrunde, Herr. Doch die, die ihn lieben, sind wie die Sonne, wenn sie aufgeht in ihrer Kraft“*. Öfters finden wir auch das Bild vom *Felsen* als Illustration dafür, was das Volk erfährt, wenn es sich an Jahwe hält. Am Tag der Errettung aus der Hand Sauls singt David: *„Herr, du mein Fels, meine Burg, mein Retter, mein Gott, mein Fels, bei dem ich mich berge, mein Schild und sicheres Heil, meine Feste, meine Zuflucht, mein Helfer, der mich vor der Gewalttat rettet“* (2 Sam 22,2 f.; vgl. u. a. Dtn 32,3 f. 18.31 f. 37; Ps 18,2 f.; 19,15). Solche Erfahrungen sind sicher zunächst individuell, aber sie werden immer eingebunden in die Erfahrungen der Gemeinschaft des Bundesvolkes, welches der primäre Ort des göttlichen Handelns ist. Das zeigt sich nicht zuletzt an den exemplarischen Glaubens-Gestalten Israels wie *Abraham*, *Mose* und den *Propheten*, die als die großen Vertrauenden zugleich die Begründer, Führer, Mahner des Bundesvolkes geworden sind. An sie erging je das offenbarende Wort Gottes; in Gehorsam und Bereitschaft haben sie ihr Vertrauen auf Gott gesetzt; Gottes Treue hat sich an ihnen erwiesen. So ist das Volk entstanden und durch die Jahrhunderte geleitet worden. *Glauben* ist damit durch und durch mit dem Index der *Geschichtlichkeit* versehen: Er ist in einem die Anerkennung des Heilshandelns Gottes in der Vergangenheit, die Treue zum Bund hier und jetzt in Ehrfurcht und Gehorsam, Vertrauen und Hoffnung für die Zukunft. Glaube ist die *Ermöglichung der religiösen Existenz*. Er schenkt die heilsentscheidende *Rechtfertigung*: Wer nicht glaubt, kann nicht bestehen vor Gott (Jes 7,9).

Wegen der umfassenden Geschichtlichkeit des Glaubens existieren zu verschiedenen Zeiten unterschiedliche Verwirklichungsformen dieser Haltung. In der Zeit der Propheten wird wegen der zunehmenden Untreue des Volkes der individuelle Glaube hervorgehoben; in der nachexilischen Zeit manifestiert sich der vollendete Glaube als vollkommener Gesetzesgehorsam; in der Auseinandersetzung mit den anderen Religionen wird das intellektualistische und inhaltliche Moment ins Licht gerückt[33].

---

[33] Vgl. das Glaubensbekenntnis sch^{e}ma Jisrael, oben S. 57, Anm. 9.

3.2.2 Neues Testament

Werfen wir wieder zuerst einen Blick auf die Übersicht S. 78. Der Unterschied zum Alten Testament fällt sofort ins Auge. Im Neuen Testament herrscht eine große Eindeutigkeit: Nur ein einziger Stamm *pist-* existiert. Die Wortstatistik ergibt, daß er an rund 500 Stellen vorkommt (nur Christós ist häufiger) – offensichtlich haben wir einen Zentralbegriff vor uns!

Eine sachliche Untersuchung fördert eine weitere Differenz zutage: Der alttestamentliche Glaube ist auf alle geschichtlichen Taten und Verheißungen Gottes gerichtet, im Neuen Testament geht es nur mehr um jene Tat Gottes, die wir als *Christusereignis* bezeichnen. Darin findet der Glaube seine absolute Gewißheit, so daß alle anderen Geschehnisse der Vergangenheit geradezu belanglos werden, alle zu erwartenden Ereignisse aber Auszeitigungen dieses Ereignisses sein können.

Damit verändert aber auch der Glaube seine Gestalt: Er ist nicht mehr in erster Linie vertrauende Treue als vielmehr *entschiedene Entscheidung zu Jesus Christus* als der entscheidenden geschichtlichen Tat Gottes – mit Einschluß aller Konsequenzen (Nachfolge bis ans Kreuz). Diese Veränderung entspricht vollkommen der veränderten Sicht der Offenbarung im Neuen Testament. Nach den vielen und vielgestaltigen Kundgaben in der alttestamentlichen Zeit hat sich Gott nun, so der Anfang des Hebräerbriefes, endgültig und unüberholbar in Christus mitgeteilt. Die sachlich gegebene Korrespondenz von Glaube und Offenbarung hat damit nur mehr einen einzigen, freilich als solchen unausschöpfbaren Inhalt: Jesus, der der Logos und der Christus Gottes ist.

Versuchen wir so knapp wie möglich, diese Angaben etwas zu verdeutlichen. Die meisten neutestamentlichen Verwendungsbelege von *glauben* finden sich im Munde Jesu; es handelt sich um ein für ihn offensichtlich wichtiges Thema. Der Glaube ist die *Voraussetzung*, daß er *Wunder* (Mk 6,5 f; 9,22-24; Mt 8,10; 15,28) *Heilungen* (Mk 5,34; Mt 9,22 u.ö.) und *Vergebung der Sünden* (Mk 2,1-12; Lk 7,48-50) wirken kann. Der Glaube besitzt nämlich eine einzigartige *Macht und Kraft*: Er kann Berge versetzen und selbst Gott zum Handeln veranlassen: *„Alles, worum ihr betet und bittet – glaubt nur, daß ihr es schon erhalten habt, dann wird es euch zuteil"* (Mk 11,23 f.). Damit soll nicht gesagt werden, daß der Gläubige ihn zwingen könnte; vielmehr begibt er sich mit dem Glauben so in die Gemeinschaft Gottes, daß dessen Kraft sozusagen zu seiner eigenen wird. *„Wer glaubt, kann alles"*, sagt Jesus dem Vater eines besessenen Jungen (Mk 9,23) – so wie nach Jesu Worten Gott alles kann (Mk 10,27). Umgekehrt ist dann der „kleine Glaube" (*oligopistia*: Mt 6,30 par; 8,26; 14,31; 17,20) im letzten fast schlimmer als der Unglaube. Er setzt der alles wagenden Liebe Gottes nur eine reservierte Zuneigung entgegen, mit der ein Mensch scheitern muß.

Am intensivsten findet die Reflexion über den Glauben in der *johanneischen Tradition* statt: Welche Folgen hat die Entscheidung für Jesus für den Glaubenden? Die *Synoptiker* denken darüber eher indirekt nach. Wenn bei ihnen der Herr seine Worte oft mit der Formel *Amen* einleitet, wird angedeutet, daß diese das Ziel haben, Vertrauen zu wecken (vgl. *hemin*), daß also Jesus selber Quelle und Grund des Glaubens ist. *Johannes* spricht darüber viel deutlicher. Das Verbum *pisteuein* verbindet sich oft mit dem Dativobjekt *Jesus*: Er ist der von Gott kommende Gesandte, so daß die Anerkennung seiner Sendung Heilsbedingung ist (Joh 3,15 f. 36; 5,24; 6,40 u. ö.). Dabei handelt es sich nicht um eine unartikulierte Haltung, sondern um eine inhaltlich bestimmbare und bestimmte Zuwendung. Glaube hat Inhalte (Joh 8,24; 10,38 u. ö.); er hat somit auch das Element des Erkennens. Beide Begriffe können daher synonym werden:"*Wir sind zum Glauben gekommen und haben erkannt: Du bist der Heilige Gottes*" (Joh 6,69; vgl. 7,26; 8,28; 10,38). Der Glaube führt zur Erkenntnis der Wahrheit (Joh 14,17.26; 16,13). Das Ziel der Haltung des Glaubens ist das Heil selber, umschrieben mit den typisch johanneischen Termini *Licht* (Joh 3,21; 1 Joh 1,5), *Leben* (Joh 5,40; 6,0); man gelangt durch ihn zu Jesus (Joh 6,35; 10,26-30; 15,9).

Entscheidend wird für das volle Verständnis der neutestamentlichen Theologie des Glaubens *das paulinische Schrifttum*. Glaube ist die Annahme der Botschaft von den Heilstaten Gottes in Jesus Christus und damit zugleich der Grund der Rechtfertigung des Menschen: „*Wenn du mit deinem Mund bekennst: ‚Jesus ist der Herr‘ und in deinem Herzen glaubst: ‚Gott hat ihn von den Toten auferweckt‘, so wirst du gerettet werden. Wer mit dem Herzen glaubt und mit dem Mund bekennt, wird Gerechtigkeit und Heil erlangen*" (Röm 10,9 f.; vgl. 3,21 f; 4,13). Glaube erscheint somit als eine offene, „hörende" Haltung, als Gehorsam (Röm 10,16; 2 Kor 9,13; 2 Thess 1,8). Das ist jedoch keine blinde, sondern eine durchaus erkenntnisgeleitete und somit auch die Vernunft einschaltende Zuwendung zu Gott: Der Glaube kommt vom Hören der Predigt, die nach reiflicher Überlegung angenommen wird. Paulus erinnert die Gemeinde in Korinth an das von ihm verkündigte Evangelium. „*Ihr habt es angenommen; es ist der Grund, auf dem ihr steht. Durch dieses Evangelium werdet ihr gerettet, wenn ihr an dem Wortlaut festhaltet, den ich euch verkündet habe. Oder habt ihr den Glauben vielleicht unüberlegt angenommen?*" (1 Kor 15,1 f.; vgl. Röm 10,14-21). In der nachapostolischen Zeit, neutestamentlich eingefangen in den *Pastoralbriefen*, bekommt dieses Moment größere Bedeutung: Glaube und rechte Lehre werden zusammengesehen (1 Tim 4,1-5; 6,20 f.). Die Verknüpfung des Glaubens mit Predigt und Lehre weist uns darauf hin, daß dieser nach dem Neuen Testament stets auch ein ekklesiales Element besitzt: Ähnlich wie im Alten Testament wird er mit dem Volk des Bundes zusammengeschaut. Denn dieses ist der eigentliche Adressat der heilshaften Zuwendung Gottes zu den Menschen. Neutestamentlich gesprochen: Glaube ist Glaube der Kirche, der Glaubende wird ein solcher in der Gemeinschaft der Kirche.

Ein paränetisch gerichtetes Resumé der Theologie des Glaubens begegnet uns schließlich *Hebr 11,1-12,3*, wo es dem Autor darum geht, den müde werdenden Christen die Bedeutung des Glaubens vor Augen zu führen. Der Text beginnt mit einer Definition: „*Glaube aber ist: Feststehen in dem, was man erhofft, Überzeugtsein von Dingen, die man nicht sieht*" (11,1). Etwas später wird die Heilsnotwendigkeit des Glaubens eingeschärft und der Minimalbestand der *fides quae* bestimmt: „*Ohne Glauben aber ist es unmöglich, (Gott) zu gefallen; denn wer zu Gott kommen will, muß glauben, daß er ist und daß er denen, die ihn suchen, ihren Lohn geben wird*" (11,6). Der Verfasser zählt dann in einer langen Liste die bedeutenden Gestalten der israelischen Geschichte auf, die aus ihrer *fides qua* heraus alle Fährnisse des

Lebens und selbst den Tod ertragen haben. Die Gemeinde von heute steht also durch diese „Wolke von Zeugen" (12,1) in einer umfassenden Gemeinschaft der Glaubenden, an deren Spitze Jesus selber steht, der „Urheber und Vollender des Glaubens" (12,2). Wenn die Christen an ihn denken, *„werdet ihr nicht ermatten und den Mut nicht verlieren"* (12,3).

3.3 Die Reflexion über den Glauben in der Theologiegeschichte und durch das kirchliche Lehramt

3.3.1 Die Alte Kirche

Die Geschichte des Glaubensbegriffes unter erkenntnistheoretischer Perspektive ist eine Oszillation des Verstehens zwischen den Polen, die in den beiden letzten Abschnitten schon dargestellt worden sind: Es geht um das Verhältnis zum Wissen, es geht um die Beziehung zwischen der affektiven, aus der fides qua sich ergebenden, und der gnoseologischen Seite, die aus der fides quae resultiert. Endlich geht es um das Verhältnis zwischen Glaube und Lehrsystem.

Die erste große Herausforderung stellte die schon in der Zeit des Neuen Testamentes auftretende, später gewaltige Ausmaße annehmende Bewegung der *Gnosis* dar – schon im Namen wird deutlich, worin sie liegt: *gnôsis* heißt *Erkenntnis*. Diese wird als der eigentliche Zugangsweg zu Gott und zur Erlösung hingestellt; der Glaube ist nur eine naturhaft-mystische Anlage ohne eigentliche Heilsrelevanz. Die frühen Kirchenväter sehen sich zur Polemik veranlaßt, in der sie der rationalen Erkenntnis durchaus eine wichtige Rolle einräumen, wenngleich sie betonen, daß die wahre Gnosis umfangen von der Liebe und in der Gemeinschaft der Kirche zu vollziehen ist: „Die erste heilbringende Veränderung ist nach meiner Meinung die aus dem Heidentum zum Glauben, eine weitere die aus dem Glauben zur Erkenntnis (gnôsis). Diese aber geht über in die Liebe und bringt so das Erkennende und das Erkannte in ein nahes, freundschaftliches Verhältnis"[34].

Eine wesentliche Arbeit der Alten Kirche besteht in der Feststellung und Systematisierung der Glaubensinhalte. Die Symbola bilden sich, die Glaubensregel wird erstellt, die Konzilien definieren bei Streitfällen den rechten, evangeliumsgemäßen Glauben. An dieser Stelle ist nochmals auf die Einleitung in die Dogmatik rückzuverweisen[35]. Natürlich verlangt die Kirche von ihren Gliedern Zustimmung zu alledem. Es ist vor allem *Augustinus*, der zeigt, daß diese keineswegs irrational, blind, nach Art des Kadavergehorsams erfolgen soll, erfolgen kann, sondern auf einer gewissen Einsicht beruhen muß, sofern er selbst zur

[34] Klemens v. Alexandrien, strom. 7,710,57; GCS 3,41 f. Über das Verhältnis Gnosis – Kirche vgl. a.a.O. 15,92 (a.a.O. 65).

[35] Vgl. vor allem 2.2.

Erkenntnis führt. Er ist die Weise, wie man geschichtlich ergangene Wahrheit erfaßt und bedarf dazu der Gründe. Diese können sein Wunder, die Erfüllung von Verheißungen, der Hl. Geist, die kirchliche Autorität. *„Glauben heißt nichts anderes als mit Zustimmung denken"*, definiert er[36]. Umgekehrt führt auch die Erkenntnis zum Glauben. Es entsteht mithin ein dialektisches Verhältnis, das der Bischof von Hippo mit dem berühmten Satz festhält: *„Erkenne, um zu glauben; glaube, um zu erkennen"*[37]. Der Glaube ist somit ein ganzheitlicher Akt, der den Menschen zur größeren Menschlichkeit verhilft.

3.3.2 Das Mittelalter

Die damit vorgegebene Relation wird zum Hauptthema dieser Epoche. Dabei ist festzuhalten, daß der mittelalterliche Mensch fest im Glauben verwurzelt ist. Glaube und Wissen, Gottesliebe und Gotteslehre sind für ihn kaum Gegensätze, wohl aber Spannungsfelder. Es geht ihm darum, das Glaubenswissen auch intellektuell einzuholen, so weit das möglich ist. Charakteristisch dafür ist das Wort *Anselms von Canterbury*, der zu Beginn seines „Proslogion" – nicht argumentiert, sondern *betet*: „Ich versuche nicht, Herr, Deine Tiefe zu durchdringen, denn auf keine Weise stelle ich ihr meinen Verstand gleich; aber mich verlangt, Deine Wahrheit einigermaßen einzusehen, die mein Herz glaubt und liebt. *Ich suche ja auch nicht einzusehen, um zu glauben, sondern ich glaube, um einzusehen* (neque enim quaero intelligere ut credam, sed *credo ut intellegam*). Denn auch das glaube ich: ‚Wenn ich nicht glaube, werde ich nicht einsehen'"[38].

Mit der Ausbildung der Scholastik und der Übersiedelung der Theologie an die Universitäten als etablierte Wissenschaft wird das intellektuelle Moment natürlich stark in Relief gesetzt. Gegen den damit drohenden Rationalismus wendet sich zunächst die *monastische Theologie*, dann im 12. Jahrhundert die *Franziskanerschule* (Bonaventura): Theologie ist nach ihnen eine „affektive Wissenschaft" (*scientia affectiva*), die zur Weisheit (*sapientia*) als dem Verkosten der Liebe Gottes (*sapere* = schmecken, verkosten) geleitet.

Eine vermittelnde Position zwischen dem rationalen und dem emotionalen Glaubensverständnis versuchte *Thomas von Aquin*. Glaube ist auf der einen Seite eine spekulativ-intellektuelle Zustimmung zu den Offenbarungsinhalten, auf der anderen Seite ist diese aber durch den Willen bewirkt. Glaube ist in dieser Sicht dann eine theologische Tugend.

3.3.3 Reformation und katholische Reform

Luther wendet sich vor allem gegen die scholastische Glaubenstheologie. Er setzt in strenge Korrelation das Wort Gotte und den Glauben; dieser ist die reine Wirkung von jenem, durch keinerlei menschliche Vorleistung bedingt. Fragen

---

[36] Praed. sanct. 2,5; PL 44,963: „Credere nihil aliud est quam cum assensione cogitare".
[37] Ep. 120: „Intellige, ut credas; crede, ut intellegis".
[38] Proslog. 1, Lat.-dt. Ausgabe. Ed. F. S. Schmitt, Stuttgart-Bad Cannstatt 1964, 82-85.

der Struktur, der Vernünftigkeit und Wahrheit treten stark in den Schatten; *sola fide*, allein durch den Glauben wird Gott gefunden. Glaube wird zum abstrichlosen Vertrauen (*fiducia*, daher auch *Fiduzialglauben*) auf die Gnade, welche wiederum allein (*sola gratia*) die Rechtfertigung des Sünders wirkt. Glaube wird zu einem universalen Akt des Heiles.

Der Wittenberger hat allerdings gegen diese steile Theologie schon durch *Melanchthon*, dann auch durch *Calvin* Widerspruch erfahren; beide heben wieder das Erkenntnismoment hervor.

Das *Konzil von Trient* hat die lutherische Tendenz zurückgewiesen, den Glauben als bloße subjektive Vertrauenshaltung zu begreifen, und dagegen wieder die Wahrheitsrelation betont (DH 1528-1533). Glaube ist ein Akt des zustimmenden Verstandes. In der Kontroverstheologie bildet sich dann in Akzentuierung dieser konziliaren These ein sehr stark syllogistisches Glaubensverständnis heraus, das seinen Triumph in der Neuscholastik des 19. Jahrhunderts feierte.

3.3.4 Neuzeit

Sie ist gekennzeichnet durch das Auseinanderbrechen der mittelalterlichen Synthese von Glauben und Wissen dergestalt, daß in der Aufklärung der Glaube als negativer Gegenbegriff zum Wissen erscheint. Konservative Kreise innerhalb des Katholizismus suchten dagegen eine Auffassung zu setzen, die das Heil in einem *traditionalistischen Fideismus* sucht (Lamennais, Bonnetty): Danach ruht der übernatürliche Glaube allein auf der inneren Erfahrung und einer nicht-rationalen Intuition des Glaubenden. Spiegelbildlich wiederholen sich die Debatten um den Offenbarungsbegriff.

Das kirchliche Lehramt bleibt auf der Linie von Trient. Auf dem *Ersten Vatikanischen Konzil* wird eine Art Begriffsbestimmung versucht: Glaube ist demnach *„eine übernatürliche Tugend, durch die wir auf Antrieb und Beistand der Gnade Gottes glauben, daß das von ihm Geoffenbarte wahr ist, nicht weil wir die innere Wahrheit der Dinge mit dem natürlichen Licht der Vernunft durchschauten, sondern auf die Autorität des offenbarenden Gottes selbst hin, der weder täuschen noch getäuscht werden kann"* (DH 3008; vgl. 3031-3036, 3009-3014). Es ist leicht zu sehen, daß und wie auch an dieser Stelle die Begriffe *Offenbarung* und *Glauben* engstens aufeinander bezogen sind. Das extrinsezistische Element beherrscht beide. Glaube ist vornehmlich intellektuelle Erkenntnis, die an die Autorität des bestimmte Inhalte mitteilenden Gottes gebunden ist.

Das *Zweite Konzil im Vatikan* hat dieses Verständnis korrigiert, indem es den Aspekt der personalen, freiheitlichen Begegnung von Gott und Mensch einbringt und den Akt des letzteren als ganzheitliches, „Herz" und Intellekt umfassendes Geschehen apostrophiert, dessen Urheber der Hl. Geist ist. Darin wird der Glaube dann zu einem Mittel der Erkenntnis von Offenbarung. Damit wird die Kirchenversammlung dem personalen Verständnis der Bibel besser gerecht. Der entscheidende Text findet sich in der Konstitution „Dei Verbum" 5 und ist ebenfalls (naturgemäß) vom Offenbarungsbegriff dieses Konzils geprägt. Glauben ist demnach ein Akt des Gehorsams; *„darin überantwortet sich der Mensch Gott* *als ganzer in Freiheit, indem er sich ‚dem offenbarenden Gott mit Verstand und Willen voll unterwirft' und seiner Offenbarung willig zustimmt"*. Er bedarf der Gnade Gottes und des Beistandes des Hl. Geistes, *„der das Herz bewegen und Gott zuwenden, die Augen des Verstandes öffnen und ‚es jedem leichtmachen muß, der Wahrheit zuzustimmen und zu glauben'. Dieser Geist vervollkommnet den Glauben ständig durch seine Gaben, um das Verständnis (intelligentia) der Offenbarung mehr und mehr zu vertiefen"*.

3.4 Systematische Überlegungen

In Zusammenfassung und Entfaltung der bisher gewonnenen Erkenntnisse soll jetzt eine Untersuchung des Glaubens als Prinzip der theologischen Erkenntnis erfolgen. Dementsprechend verstehen wir unter *Glauben* die Haltung absoluten Vertrauens, wie es der Offenbarung Gottes entgegengebracht wird. Die Rede ist, anders ausgedrückt, hauptsächlich vom *Du-Glauben* (fides qua). Nur indirekt gehen wir auf den Daß-Glauben (fides quae) ein; über ihn wird im einzelnen in den übrigen Kapiteln dieser Dogmatik gehandelt. In einigen Thesen fassen wir zusammen, was zu sagen ist.

1.) Glaube ist ein Prinzip der menschlichen Erkenntnis

Man kann die erkenn- und erfahrbare Wirklichkeit in zwei „Klassen" einteilen: Es gibt *erstens* jene Realitäten, die man zählen, wägen und messen kann; mit ihnen befassen sich die Mathematik und die Natur- und Technikwissenschaften. Deren Einsichten müssen bewiesen werden; die Beweise selber unterliegen der Überprüfung durch Experiment und Falsifizierung. *Zweitens* gibt es Bereiche der Wirklichkeit, die nur unter Einsatz der ganzen Persönlichkeit des Erkennenden ansichtig werden; in ihnen werden wir des Zieles und des Sinnes unserer Existenz ansichtig. Mit ihnen befassen sich Ethik, Ästhetik, die Humanwissenschaften und die Religion. Mit einem Sammelbegriff können wir von den *hermeneutischen Wissenschaften* sprechen. Ihre Ergebnisse beruhen auf erschließender Einsicht; sie können daher nicht bewiesen, sondern nur verstanden werden, bedürfen also mit anderen Worten des personalen Einsatzes auch dessen, dem sie vorgelegt werden[39].

[39] Man kann zwingend darlegen, daß in einem rechtwinkligen Dreieck der Flächeninhalt des Quadrates über der Hypotenuse c gleich der Summe der Flächeninhalte der Quadrate über den Katheten a und b, daß also $c^2 = a^2 + b^2$ ist (Pythagoreischer Lehrsatz). Um das einzusehen, bedarf es seitens des Darlegenden nur der entsprechenden Erläuterung der Begriffe und der damit gemeinten Verhältnisse, seitens des Einsehenden nur des klaren Denkens. Man kann aber nicht zwingend darlegen, daß Gemeinnutz vor Eigennutz geht, Picassos „Guernica" ein bedeutendes Gemälde und Fußballspielen schön ist, daß es herrschaftsfreien Dialog geben soll oder daß Gott gütig ist. Um solche Behauptungen zu verstehen, muß sich jemand personal einlassen auf das Gemeinte in der Hoffnung, daß ihm aufgehe (sich erschließe), was damit gemeint ist und daß der Sachverhalt stimmt.

Die seit der Aufklärung unter dem Stichwort „Glaube – Wissen" geführte Diskussion hat allerdings inzwischen zum Resultat geführt (*K. Popper*), daß es auch in den Naturwissenschaften keine absolute, das personale Moment ausschließende Objektivität gibt: Die hier gewonnene Erkenntnis ist nicht einfach eine Art Photographie der Realität, sondern das Spiegelbild der Interessen, die den Forscher geleitet haben. Jedes Experiment ist im Grund eine Frage, die sich von einer Theorie her stellt – und die Natur antwortet (bestenfalls) nur auf diese Frage, sonst auf nichts. Wenn von Objektivität und Unabhängigkeit vom Subjekt gesprochen wird, bedeutet dies mithin nur, daß die Antworten prinzipiell durch ein Experiment kontrolliert werden können. Das aber geht bei der anderen „Klasse" von Wirklichkeit nicht. Sie führt aber ebenso zu Einsichten in das, was wirklich ist.

Die Erkenntnis der nicht unmittelbar empirischen Wirklichkeit ist aber nicht minder wichtig als die der naturwissenschaftlichen Realität. Das zeigt sich deutlicher als in der Vergangenheit in unserer Zeit. Die Ergebnisse der Humangenetik beispielsweise werfen die dringliche Frage auf, ob wir auch alles dürfen und sollen, was wir technisch können. Sie kann nicht mehr naturwissenschaftlich, sondern nur mehr ethisch beantwortet werden; die Ethik ihrerseits bedarf dafür einer weltanschaulichen Grundlage. Die hermeneutischen Wissenschaften befassen sich also grundlegend mit der Auslegung von Dasein, Existenz und Sinn.

Der *Glaube* im theologischen Sinn ist nun ein Akt interpersonalen Sicheinlassens auf Gott als den grundlosen Grund aller Wirklichkeit. Ein solches Sicheinlassen ist seinerseits freilich alles andere als unbegründet. Es geht aus von Fakten, z. B. von historischen Ereignissen wie dem Leben des Jesus von Nazaret. In der Erfahrung der Wirklichkeit erschließt sich ihm dann dieser Gott als Urheber alles Seienden, als menschenliebender Partner, als Träger und Ermöglicher jeglicher Sinnhaftigkeit in der Welt. Man kann auch sagen: Gott offenbart sich dem Menschen. Der Glaube ist dann das unbedingte vertrauende Sicheinlassen darauf. Darin wird der Mensch inne, woher er kommt, was er ist, woraufhin er ausgerichtet ist – und darin eröffnet sich ihm in neuer Weise die Wirklichkeit. Der Glaube führt in der Tat zu echter Erkenntnis, und zwar zu solcher, die auf andere Weise nicht erzielt werden kann. Sie vermag einen Erkenntnisprozeß einzuleiten, der die gesamte übrige Wirklichkeit in ein neues Licht zu rücken in der Lage ist, auch jene, die zunächst nur naturwissenschaftlich erhoben werden konnte. Wir können nun wissen, ob wir humangenetische Forschungsergebnisse praktisch anwenden dürfen. ob das der Menschheit von Nutzen oder schädlich ist. Wir können nun Prinzipien aufstellen, nach denen im Atomzeitalter Frieden zu schaffen ist, nach denen Menschen miteinander umgehen sollen oder die Selbstverwirklichung der eigenen Existenz legitim ins Werk gesetzt werden soll.

Wir sehen wieder: Glaube und Vernunft stehen also weder in Gegensatz zueinander noch sind sie voneinander bloß graduell unterschieden. Glaube ist vielmehr ein Grundakt der Vernunft, mittels dessen und nur mittels dessen sich die Wirklichkeit ganz und voll erschließt. Theologie als Wissenschaft muß ihn daher als wesentliches Erkenntniskriterium beachten.

2.) Glaube ist ein Akt des Menschen, der durch Gott ermöglicht wird

Nach dieser grundsätzlichen Ortsbestimmung des Glaubens im Rahmen der menschlichen Erkenntnismöglichkeiten betrachten wir nun seinen Ursprung. Das Subjekt des Glaubens ist der Mensch: Er trifft jene Fundamentaloption, in der er sich mit abstrichlosem Vertrauen Gott als dem Sinngrund der Wirklichkeit zuwendet. Sie geht aus der Personmitte hervor, aus der ungeteilten Einheit von Lieben und Erkennen.

Glauben ist aber mitnichten ein spontaner Akt, sondern Reaktion auf eine Aktion, Ant-Wort auf ein Wort[40]. Im christlichen Verständnis setzt der Glaube die Offenbarung Gottes voraus, gleichgültig ob man diese dann als „natürlich" oder „übernatürlich" qualifiziert. Weil Gott an sich unzugänglich ist, kann er nur erkannt werden, wenn er die Initiative ergreift.

Weil aber der letzte Zielgrund der Offenbarung Gottes das Heil der Menschen ist und weil dieses jede menschliche Leistungsmöglichkeit übersteigt, ist de facto die Offenbarung Tat der schenkenden Liebe Gottes oder Gnade. Soll aber die heilschaffende Qualität der Offenbarung erkannt werden, muß Gottes Liebe auch noch diese qualifizierte Einsicht tragen: Glaube ist also selbst Tat der Gnade Gottes: Er schenkt gleichsam neue Augen, mit denen die Wirklichkeit auf ihn hin erschaut werden kann. Die klassische Tradition sprach vom *Glaubenslicht* (*lumen fidei*), das Gott dem Menschen gnadenhaft schenke, oder vom *Glaubensanfang* (*initium fidei*), der von Gott gewirkt werden müsse (DH 375-378, 396).

Glaube – Tat Gottes, Tat des Menschen: Die beiden Aussagen schließen sich keineswegs aus. Um beim Bild zu bleiben: Gott schenkt dem Menschen neue Augen, aber sehen muß er selber; und nicht die Augen sind der Gegenstand des Sehens, sondern was die Augen sehen. Glaube ist ein Geschenk; der Mensch hätte ihn nicht, wäre er ihm nicht gegeben. Doch ist er auch tatsächlich gegeben: Es hängt daher ebenso auch vom Menschen ab, was er damit macht. *Thomas von Aquin* konnte daher vom Glauben als Tugend, also als ethisch zu wertendem Tun reden.

3.) Glaube ist ein freier und vernunftgemäßer Akt des Menschen

Mit dieser These wird die Struktur des Glaubensaktes freigelegt. Sie ergibt sich aus dem bereits Erkannten. Von der *Freiheit des Glaubens* kann man in einer zweifachen Weise sprechen: Sie resultiert von Seiten Gottes daraus, daß die den Glauben ermöglichende Gnade uneinforderbares Geschenk ist; von Seiten des Menschen ist sie die Konsequenz aus dem Wesen des Glaubens als personaler Fundamentaloption. Zur Personalität gehört wesentlich die Freiheit. Ist also der Glaube personal, ist er auch frei. Das wird sofort deutlicher, wenn man an die Relationen von Glaube und Liebe denkt: Sofern der Glaube die Form der vertrauenden Liebe zu Gott ist, muß er die Charakteristika der Liebe haben; dieser aber ist eigen, daß sie frei ist. Erzwungene Liebe ist ein Widersinn in sich; man

[40] Das wird sofort deutlich, wenn man fragen würde: „Soll ich jetzt einen Brief schreiben oder glauben?" Das ist eine unsinnige Alternative. Das Schreiben geht völlig aus meiner Initiative hervor; Glauben setzt eine Vorgabe voraus.

müßte hier von Vergewaltigung reden, die aber gerade nicht Liebe ist. Die Kirche hat gegen alle Versuchungen zu Zwangsbekehrungen, denen Christen ab und an erlegen sind, an der Freiheit des Glaubensaktes festgehalten (DS 1526,3010). Vor allem geschah dies auf dem Zweiten Vatikanischen Konzil, das auf der Basis der Menschenwürde die Religionsfreiheit anerkannt hat[41]. Für die Theologie ergibt sich aus diesen Überlegungen, was in der Einleitung zur Dogmatik schon festgehalten worden ist: Auch sie ist (einschließlich aller Disziplinen, also auch der Dogmatik) eine freie Wissenschaft.

Die *Vernunftgemäßheit* (*rationabilitas*) des Glaubens ergibt sich sachlich aus seiner Erkenntnisfähigkeit, vom Subjekt her aus dessen Personalität. Der Verstand des Menschen muß, auch wenn er von der Gnade erhellt wird, ein freies und verantwortliches Ja zur Glaubensvorlage sprechen. Das ist nur möglich, wenn diese vernunftgemäß ist. Näherhin hat die Vernunft ein doppeltes Urteil zu fällen:

* Ist eine Vorlage glaubwürdig (*credibilitas*)? Wenn als Glaubensgegenstand die Sätze vorgelegt werden: *„Jesus ist von den Toten auferstanden"* und *„Eurydike ist von den Toten auferstanden"*, muß entschieden werden:

– Sind beide Sätze *wahr*?
– Sind beide Sätze *falsch*?
– Ist nur *ein* Satz wahr?
– *Welcher* Satz ist in diesem Falle wahr?

Nur Vernunftgründe lassen ein menschlich verantwortetes Urteil zu.

* Ist eine Vorlage glaubenspflichtig (*credenditas*)? Wenn wir heute der Ansicht sind, daß aufgrund der biblischen Aussagen zwar zu glauben ist, daß Gott die Welt erschaffen hat, nicht aber, daß er dies in einem Sechstagewerk vollbracht hat, dann muß diese Wahl begründet werden; das aber ist Sache der Vernunft.

4.) Glaube ist geschichtlich und sozial

Wir kommen damit auf die Vermittlungsgestalt des Glaubens und auf die Zusammenhänge von Glaubensakt und Glaubensinhalt zu sprechen. Die *Geschichtlichkeit* des Glaubens kann wiederum eine zweifache Bedeutung haben. Zunächst bedeutet sie: Der Akt des Glaubens richtet sich zwar unmittelbar auf Gott, aber er wird dazu veranlaßt durch bestimmte Fakten, die den Inhalt der Offenbarung ausmachen und die markiert werden durch historische Daten. Jesus ist geboren aus Maria, gestorben unter Pontius Pilatus, sagt in diesem Sinne unser Credo. Die Selbsterschließung Gottes erfolgt für mich nicht durch eine unmittelbare Vision oder Inspiration, sondern über diese Geschehnisse und in ihnen. Sie bilden also das notwendige Medium jener Erkenntnis, die der Glaube zu schenken vermag. Dem Gott der Geschichte kann man nur geschichtlich begegnen. Daraus folgt im übrigen auch der Umstand, daß Glaube in Glaubenssätzen artikuliert werden kann, daß also *Dogmatik* überhaupt möglich ist. Denn wenn die Offenbarung in der Geschichte ergeht, ist sie auch in gewissem Sinne objektivierbar: sie erfolgt in historischen und historisch eruierbaren Ereignissen. Wenn sich nun der Glaube darauf richtet, ist er ebenfalls objektivierbar. Solche Objektivation geschieht durch Sätze, Formeln, Urteile.

---

[41] Erklärung „Dignitatis Humanae" über die Religionsfreiheit: In Auszügen DH 4240-4245.

Geschichtlichkeit des Glaubens meint aber weiter: Nicht nur die Offenbarung erfolgt in der eben gezeigten Weise geschichtlich, auch *der Glaubende selber* gehorcht den Gesetzen der Geschichtlichkeit. Er ist eingebunden in konkrete und einmalige sozio-kulturelle Kontexte und Situationen; er steht unter einem je unverwechselbaren Horizont des Denkens; er ist in singulärer Weise durch seine Biographie geformt. Wenn ihm Glaubenserkenntnis zuwachsen soll, muß die Glaubensvorlage so sein, daß sie ihm in dieser seiner Konkretheit plausibel, akzeptabel und heilswichtig auch tatsächlich erscheint.

Damit spätestens stellt sich die Frage nach der Weitergabe der Glaubensinhalte, aus denen jemand zur Haltung des Glaubens gelangt. Die Antwort lautet: Der Glaube hat eine *soziale Gestalt*, er ist ein *kommunikatorischer Vollzug*. Die zweifache Geschichtlichkeit verlangt, daß der Glaubensinhalt durch *die Zeiten* in *diese Zeit* hinein vermittelt wird. Die Sozialgestalt dieses Vollzuges ist nach christlichem Verständnis die Kirche. In ihr haben sich jene Bezeugungsinstanzen herausgebildet, auf die einleitend hingewiesen wurde und die im nächsten Kapitel behandelt werden: Die ersten Offenbarungszeugen haben die Botschaft Gottes in den Schriften niedergelegt, aus denen im Prozeß der Kanonbildung die *Hl. Schrift* geworden ist; in der kirchlichen *Tradition* wurde sie in einem bewahrt und zeitgerecht ausgelegt und so bis heute weitergegeben. In der Gegenwart haben diese (je spezifisch unterschiedene) doppelte Aufgabe das *kirchliche Lehramt, die wissenschaftliche Theologie* und der *Glaubenssinn der Gläubigen*. Die Kirche als ganze und in ihrem Gliederungen und Gliedern ist also wesentlich für den Glaubensvollzug. Sie wird daher auch als *Gemeinschaft der Gläubigen* (*congregatio fidelium*) apostrophiert; das ist eine ihr wesentlich zukommende Benennung. Sie besagt sowohl, daß sie ein Sozialgebilde ist, das durch Personen gebildet wird, die durch den Akt des Glaubens an Gott sich auszeichnen, als auch den Umstand, daß sie ihre Aufgabe darin sieht, die Glaubensinhalte zu tradieren und zu verkünden, die sich aus diesem Akt ergeben.

Daraus aber folgt ein *dialektisches Verhältnis* zwischen Akt und Inhalt.

Man kann es am besten verständlich machen, wenn man sich vor Augen hält, daß ich mich als gläubigen Menschen bezeichne, weil ich bestimmte Glaubensinhalte vernommen und übernommen habe. Sie wurden mir vermittelt durch Eltern, Lehrer, Priester, Professoren, exemplarische Christen – alles Leute, die in der Kirche standen. Mit einem Wort: *Ich glaube*, weil *wir glauben*. Auf der anderen Seite fühle ich mich verpflichtet, meinen Glauben nicht verborgen zu halten, sondern ihn zu bekennen, ihn an andere Menschen weiterzugeben, um ihnen den Lebenssinn zu erschließen. Selbstredend geschieht das dadurch, daß ich immer auch mich selber einbringe; der Glaube hat personale Gestalt, personale Gestalt haben darum auch die Inhalte, die ich vermittle. Wieder knapp formuliert: *Wir glauben*, weil *ich glaube*. Ich bin im Glauben gewachsen, weil ich ihn in seiner traditionalen Form übernommen habe, aber auch der Glaube der Gemeinschaft wächst, weil ich seine konkrete Gestalt (mit-)präge. Das ist ein kontinuierlicher Vorgang seit Anbeginn der Kirche, wie die Übersicht S. 90 andeuten möchte. Damit er nicht beliebig wird, sind Regelungen zu treffen, die sicherstellen, daß die wesentlichen Inhalte gewahrt bleiben: Solche sind der Kanon, die Symbola, die Dogmen, die Katechismen u. a. Auch das Amt in der Kirche hat diese Aufgabe in spezifischer Weise.

Glaube und Glaubensakt in der Kirche

Offenbarung

↓

Erstzeugen:
Im Glaubensakt Annahme der Inhalte und geschichtlich modifizierte Weitergabe (Hl. Schrift)

↓

Gläubige in der Vergangenheit:
Annahme des biblisch bezeugten Glaubens im Glaubensakt und geschichtlich modifizierte Weitergabe (Tradition)

↓

Kirche heute:
Glaubensakt aufgrund der Annahme der biblisch-traditionsgeprägten Glaubensinhalte, Verarbeitung und Vermittlung durch Lehramt, Theologie, Glaubenssinn

↓

Die „Antwort-Seite" des theologischen Erkenntnisprozesses (vgl. das Schaubild S. 53) soll in diesem Schema genauer herausgestellt werden. Die Bezeugungsinstanzen treten selber glaubend in den Vermittlungsvorgang ein, sofern ihre Träger (Hagiographen, Urgemeinde, Christen der Vergangenheit, Papst, Bischöfe, Theologen und alle Christen heute) selber Glaubende sind. Dieses Geschehen endet nicht in der Gegenwart, sondern setzt sich in der Weitergabe dieses Glaubens an die folgenden Generationen fort.

5.) Motiv und Gegenstand des Glaubens ist Gott in Jesus Christus durch den Heiligen Geist

Mit dieser These wird verdeutlicht, was bisher schon Objekt unserer Analyse gewesen ist. Der Glaubensakt ist seinem Kern nach eine Tat vorbehaltloser und abstrichloser Liebe, die sich auf Gott richtet (*credere in*). Warum kann man ihn setzen, wodurch ist er letzthin verantwortbar, was sichert ihn schlußendlich ab? Nur *eine* Antwort ist möglich: Weil Gott *Gott* ist – der unendlich Heilige, der Herrliche, der Mächtige, der Liebende... In der trocken-extrinsezistischen Sprache des Ersten Vatikanischen Konzils: *„Weil er nicht irren und sich nicht täuschen kann"* (DH 3008).

Dieser Gott aber hat sich, wie immer wieder festgehalten, zuletzt und endgültig in Jesus Christus mitgeteilt. Die Christen glauben an ihn als den Gott-Menschen. In ihm sind Gott und Mensch in absolut unübertreffbarer Weise – in der Christologie werden wir hören: *hypostatisch* – geeint. Der Glaube heute ist darum sowohl als Du- wie als Daß-Glaube christozentrisch. Das besagt zuerst: Der Glaubensakt richtet sich auf Gott immer „durch unseren Herrn Jesus Christus". Das besagt ferner: Die Glaubensinhalte sind kein additives Sammelsurium frommer Aussagen, sondern sind strukturiert. Wenn Christus das Zentrum ist, dann ist eine Glaubensaussage um so gewichtiger, um so existentieller, um so heilschaffender, je näher sie dieser Mitte ist. Das Zweite Vatikanische Konzil sprach, wie wir schon wissen, unter dieser Perspektive in einem anderen Bild von der

Hierarchie der Wahrheiten[42]: Wie in einer Pyramide können „Bausteine des Glaubens" der Spitze (= Christus) näher oder ferner sein. Damit ist nicht gesagt, daß es „wahrere" und „weniger wahre" Aussagen gebe – es handelt sich um eine Hierarchie der *Wahrheiten* –, sondern daß sie einen unterschiedlichen Stellenwert im Ganzen des Glaubens als *articuli fidei* haben. Da wir mit Christus in der Kirche durch den Heiligen Geist verbunden sind, ist der Glaube gerade als christozentrischer seinem Wesen nach pneumatisch. Nur weil der Geist in uns wirkt, können wir glauben und im Glauben Sohn und Vater erreichen.

6.) Glaube führt zur Gewißheit aus dem Geheimnis Gottes

Diese letzte These befaßt sich mit der Frage nach der Qualität der Glaubenserkenntnis. Welchen Wahrheits- und Gewißheitsgrad hat sie? In der neuscholastischen Theologie wurde das Problem unter dem Stichwort *Analysis fidei* verhandelt. Zwei Dinge müssen beachtet werden. Zuerst ist klipp und klar zu sagen, daß die Glaubenserkenntnis nicht von gleicher Beschaffenheit ist wie eine Feststellung empirischer Tatsachen. Ihr eigentlicher und in allen Einzelaussagen angezielter „Gegenstand" sind gerade nicht diese, d. h. Objekte, sondern das höchste denkbare Subjekt, nämlich *Gott*. Auch wenn er sich offenbart, selbst wenn er die Spitzenform der Selbstmitteilung in seinem Sohn wählt, kann er nie voll und ganz und restlos von den Menschen erfaßt werden. Das liegt nicht allein an deren Beschränktheit, sondern im Wesen Gottes selber: Gott ist als der grundlose Grund allen Seins unbegreiflich und bleibendes Geheimnis. Ein Gott, den man begreifen könnte, wäre in diesem Augenblick nicht mehr Gott; an seine Stelle hätte sich der Begreifende gesetzt. Denn *be-greifen* (das Wort meint ursprünglich *in die Hand bekommen*) heißt immer auch *sich bemächtigen*. Der Glaubenserkenntnis ist somit von Natur aus eine bleibende Dunkelheit zu eigen; sie rührt aber nicht aus dem Mangel an Licht, sondern aus einer Lichtfülle, vor der das Auge versagt.

Zum anderen aber ist festzuhalten: Es ergibt sich die Frage aus der konkreten Konfrontation mit einem Faktum, das beansprucht, Offenbarung zu sein. Wie kann man wissen, daß ein ganz bestimmtes Wort, eine ganz bestimmte Tat, ein ganz bestimmtes Geschehen zur Selbstkundgabe Gottes gehört? In der instruktionstheoretischen Fassung des Offenbarungsverständnisses stellte sich die Sache etwa so dar:

> Was Gott offenbart, ist absolut *wahr*: Er kann nicht irren oder täuschen.
> Gott hat geoffenbart, daß er *dreifaltig* ist.
> Also ist es absolut *wahr, daß Gott dreifaltig ist*: Ich kann mir dessen absolut gewiß sein.

Problemlos ist der Obersatz, nicht aber der Untersatz. Woher wissen wir, daß er wahr ist, d. h. daß Gott eine trinitarische Existenz geoffenbart hat? Die Antwort scheint in ein Dilemma zu münden:

a.) Entweder glauben wir einfach auf Gottes Autorität hin und schenken der Faktizitätsfrage keine Beachtung; wir bringen ein „Verstandesopfer" (*sacrificium intellectus*). Dann aber ist der Glaube nicht mehr vernunftgemäß und wir können uns des Inhaltes nicht absolut gewiß sein.

[42] UR 11. Vgl. Einleitung in die Dogmatik 2.2.

b.) Oder wir versichern uns der Faktizität durch einen historischen oder sonstwie wissenschaftlichen Beweis. Dann ist der Glaube aber nicht mehr Gottesglaube; und weil er nicht personal begründet ist, kann er auch nicht die absolute Gewißheit besitzen.

Im kommunikationstheoretischen Offenbarungsmodell ergeben sich solche Probleme nicht. Offenbarung und Glauben sind beide personale Realitäten. Die Vergewisserung in einer dadurch konstituierten Kommunikation erfolgt so, daß sich der Empfänger einer Botschaft (der Mensch) auf den „Sender" (Gott) vertrauend einläßt. Wahrheit wird erfahren in deren Bewährung im eigenen Leben, der Gesellschaft, der Geschichte. Noch einmal muß die Analogie mit der Liebe herangezogen werden: Daß ein Mensch meine Liebe erwidert, daß er mich wirklich liebt, kann eindeutig und unwiderleglich nur aus seinem Verhalten mir gegenüber erkannt werden, nicht aber durch außerhalb der Liebe liegende Gründe – so sehr sie Hilfestellung leisten mögen. So muß sich der Mensch auf Gottes Offenbarung und damit auf Gott selbst einlassen, um einzusehen, daß wahr ist, was darüber gesagt und erschlossen werden kann. Dann wird er innewerden, daß er Gott mehr trauen kann als allen anderen Personen. In der Offenbarung vergewissert er uns seiner selbst und gründet auf diese Gewißheit unser Verhältnis zu ihm. Diese Beziehung ist von Seiten des Menschen Glaubens-Gehorsam: Es ist aber kein Aufgeben (sacrificium) des Verstandeseinsatzes, sondern ein durchaus rational zu verantwortender Vorgang: Indem wir auf Gott hören, gehören wir ihm zu.

Wir stehen hier vor einem *Sonderfall des hermeneutischen Zirkels*: Man muß immer schon verstehen, um zu verstehen; einsehen, um einzusehen. Desgleichen ist Glaubensgewißheit nur aufgrund von Glauben möglich. Damit bleibt sowohl die Freiheit wie die Vernünftigkeit wie auch die Eigentümlichkeit des Glaubens als Prinzip der Erkenntnis gewahrt: Der Glaubende glaubt um Gottes willen an Gott.

Das ist freilich notwendig ein vermitteltes Geschehen, wie schon prinzipiell nachgewiesen worden ist. Vermittelnde Macht ist die Kirche als ganze. Im folgenden haben wir uns mit den *Bezeugungsinstanzen des kirchlich vermittelten Glaubens* im einzelnen zu beschäftigen.

4. Die Bezeugungsinstanzen des kirchlichen Glaubens

4.1 Die Heilige Schrift

4.1.1 Die Hl. Schrift als theologische Erkenntnisquelle

Zum gemeinsamen Grundbekenntnis der Christenheit gehört die Überzeugung, daß uns die Selbstmitteilung Gottes in ihrer für uns ursprünglichen und verbindlichen Form in jener Sammlung von Schriften begegnet, die sie als *die Heilige Schrift* bezeichnet. Sie gilt daher als das Wort Gottes und hat den Rang einer obersten Erkenntnisquelle für den Glauben, die für alle anderen Bezeugungsinstanzen den Maßstab darstellt. Man drückt dies dadurch aus, daß man erklärt, sie sei die *norma normans non normata* für die christliche Glaubenserkenntnis. In der christlichen Frömmigkeit ist die Hl. Schrift oder Bibel zusammen mit der Eucharistie die Lebensquelle für die christliche Existenz. In einem auf die „Nachfolge Christi" zurückgehenden Bild spricht das Zweite Vatikanische Konzil vom Tisch des Wortes Gottes und des Leibes Christi, von denen her die Gläubigen genährt werden: „Die Kirche hat die Heiligen Schriften immer verehrt wie den Herrenleib selbst, weil sie, vor allem in der heiligen Liturgie, *vom Tisch des Wortes wie des Leibes Christi* ohne Unterlaß das Brot des Lebens nimmt und den Gläubigen reicht. In ihnen zusammen mit der Heiligen Überlieferung sah sie immer und sieht sie die höchste Richtschnur ihres Glaubens, weil sie, von Gottes Wort eingegeben und ein für alle Male niedergeschrieben, das Wort Gottes selbst unwandelbar vermitteln und in den Worten der Propheten und der Apostel die Stimme des Heiligen Geistes vernehmen lassen"[43]. In diesem Text ist zusammengefaßt, welche Geltung und Bedeutung die Bibel als theologische Erkenntnisquelle besitzt. Beide sind allerdings nicht unproblematisch, wie allein die Tatsache zeigt, daß zwar alle Christen die gleiche Wertschätzung für die Hl. Schrift zeigen, daß sie sich aber letztendlich über deren Ausdeutung streiten bis hin zur Aufgabe der kirchlichen Gemeinschaft.

Auf ein *erstes Problem* macht der Konzilstext schon deutlich aufmerksam. Erst ist von der Bibel als vom „Tisch des Wortes Gottes" die Rede, dann wird aber unterscheidend gesagt, daß sie dieses Wort vermittele und in Menschenworten (Propheten, Apostel) den Gottesgeist vernehmbar werden lasse. Hier liegt ein entscheidender Unterschied etwa zum Islam. Er kennt ebenfalls ein Heiliges Buch, den *Koran* (Qur'an, eigentlich „Rezitation"). Nach moslemischer Auffassung ist er die

[43] DV 21. Vgl. Nachf. Christi 4,11. Das Bild vom Tisch des Wortes Gottes findet sich noch in folgenden Dokumenten des gleichen Konzils: SC 51; PC 6; PO 18. Eine ausgezeichnete Studie über „Die Interpretation der Bibel in der Kirche" hat die Päpstl. Bibelkommission 1993 vorgelegt (VAS 115, Bonn 1994).

Abschrift eines im Himmel aufbewahrten Urbuches, das der Engel Gabriel dem Propheten Mohammed in arabischer Sprache wortwörtlich übermittelt hat. Er ist somit das Wort Gottes selbst und daher unfehlbar, unhinterfragbar, unauslegbar, ja eigentlich sogar unübersetzbar. Im Gegensatz dazu verstehen die Christen die Bibel nicht als direktes Gotteswort, sondern als den Niederschlag der göttlichen Selbstkundgabe in Schriften, die menschliche Verfasser zu Autoren haben. Der Koran ist, so der Islam, Wort Gottes schlechthin, die Bibel ist, so das Christentum, Gottes Wort *in* Menschenwort. Es nimmt daher auch an allen Bedingtheiten und Schwächen teil, die mit dieser Menschlichkeit notwendig oder faktisch verbunden sind, z. B. an der Dunkelheit und der Mangelhaftigkeit des Erkennens, der sozio-kulturell bedingten Denkform von Menschen. Nicht das Bibelwort als solches kann also unfehlbar sein, sondern allenfalls die damit gemeinte Sache. Jedenfalls muß es hinterfragt, interpretiert, philologisch wie sachlich ständig neu übersetzt werden. Das ist auch immer wieder in der Kirche geschehen.

Aus der fundamentalen Spannung von Gottes- und Menschenwort ergeben sich *weitere Problemkomplexe*. Unter erkenntnistheoretischem Aspekt sind folgende zu klären:

1.) Weil die Bibel kein Buch aus einem Guß ist, sondern eine Schriftensammlung, ist zuerst der verbindliche Umfang festzustellen: Welche Texte haben biblische Dignität und welche nicht? Damit ist die *Kanonfrage* gestellt.

2.) Weil die Bibel Gotteswort im Menschenwort ist, ist zu begründen, weshalb und aufgrund welcher Voraussetzungen sie normative Geltung beanspruchen darf. Damit ist das Problem der *Inspiration* aufgeworfen.

3.) Weil Gott nicht irren kann, in der Bibel aber sich unübersehbare Irrtümer finden, ergibt sich sofort die Frage, wie beides sich vereinen lasse. Sie wird unter dem Stichwort *Inerranz* der Hl. Schrift abgehandelt.

4.) Weil die Bibel nur in Interpretation zu verstehen ist, müssen wir uns Gedanken über die rechte, wahre Erkenntnis bringende Auslegung machen. Das ist um so dringlicher, als unter Berufung auf die Bibel höchst unterschiedliche, auch, wie gesagt, kirchentrennende Schlüsse gezogen wurden und werden. Es geht um die richtige *Bibelhermeneutik*.

4.1.2 Die Kanonfrage

Die Heilige Schrift (griech. *graphè*) ist die Einheit aus der Vielfalt von bestimmten Schriften (griech. *tà biblia*); der Maßstab für diese Einheit ist der *Kanon* (griech. für Richtmaß, Norm, Maßstab). Aufgrund seiner liegt der biblische Text in einer festen Gestalt vor; von ihm her muß er auch verstanden werden. Sofern er Erkenntnisquelle ist, ist die Ausbildung des Kanons „die normative Grundform und damit auch das kritische Maß jeder dogmatischen Aussage“[44]. Daher ist zu fragen, wie er entstanden ist und welche Kriterien dafür entscheidend waren, daß eine bestimmte Schrift ins Verzeichnis der biblischen Schriften aufgenommen worden ist.

[44] K. Lehmann, Die Bildung des Kanons als biblisches Ur-Paradigma. Zur Verhältnisbestimmung von Schrift, Überlieferung und Amt: Freiburger Universitätsblätter 108 (1990) 63.

Terminologische Klärungen

Die Schriften, die bei der Kanonabklärung eine Rolle spielen, werden in verschiedene Gruppen eingeteilt. Dabei verwendeten die katholischen Theologen eine andere Begriffssprache als die evangelischen: Sie wird nachfolgend dokumentiert. Die 1987 vom vatikanischen Sekretariat für die Einheit der Christen (jetzt „Rat") und den Vereinigten Bibelgesellschaften verabschiedeten „Guidelines for Interconfessional Cooperation in Translating the Bible" schlagen vor, daß die unten „zeitweise bestritten" genannten Bücher als *deuterokanonische* Schriften bezeichnet werden sollen.

Sind Schriften	heißen sie	
	in kath.Terminologie	in prot.Terminologie
unbestritten bezügl. ihrer Kanonzugehörigkeit	protokanonisch	Homologumena (= anerkannte Schriften)
zeitweise bestritten bezügl. ihrer Kanonzugehörigkeit	deuterokanonisch	Antilegomena (= bestrittene Schriften) oder Apokryphen
nichtkanonisch, aber aus dem Umkreis der biblischen Bücher	Apokryphen	Pseudepigraphen

Insgesamt ist leider zu sagen, daß trotz intensiver Forschungen die Entstehungsgeschichte der Bibel noch nicht vollständig geklärt und chronologisch zweifelsfrei datiert werden konnte. Als mehr oder weniger gesichert kann das Folgende gelten[45].

4.1.2.1 Die Entstehung des alttestamentlichen Kanons

Sie erstreckt sich über ein halbes Jahrtausend und dürfte durch die 587 v. Chr. beginnende Babylonische Gefangenschaft des Volkes Israel angestoßen worden sein. Damals wird seine religiöse Identität in Frage gestellt. Die Führer des Volkes begegnen dieser Gefahr durch den Rückgriff auf die schriftlichen Traditionen. Es gab bereits Textsammlungen mit normativem Anspruch. Sie waren aber noch nicht unabänderlich, sondern wurden durch Erweiterung und Interpretation fortgeschrieben. Im 4. vorchristlichen Jahrhundert bildet sich als abgeschlossener Textteil die *Tora* heraus, d. h. die Bücher des Pentateuch, die als Landesgesetz der Provinz Juda verwendet werden. In der zweiten Hälfte des 3. Jahrhunderts v. Chr. wird eine weitere Schriftengruppe in Palästina zusammengefügt, die später *Nebiim* (= Propheten) genannt werden; Anlaß war die Polemik gegen den andringenden Hellenismus. In einem dritten, sehr verwickelten Prozeß, der bis ins 1. Jahrhundert n. Chr. reicht, entsteht die dritte Gruppe der *Ketubim* (= übrige Schriften) genannten Bücher. Die Übersicht S. 96 f. informiert über den materiellen Gehalt dieser hebräischen Bibel.

[45] Ich folge hier weitgehend den Forschungsergebnissen, die in der „Gemeinsamen Erklärung" des Ökumenischen Arbeitskreises evangelischer und katholischer Theologen „Kanon – Heilige Schrift – Tradition" festgehalten sind: W. Pannenberg, Th. Schneider (Hg.), Verbindliches Zeugnis I. Kanon – Schrift – Tradition (DiKi 7), Freiburg-Göttingen 1992, 371-397.

Das älteste Zeugnis für das Vorhandensein einer Schriftensammlung finden wir um 190 v. Chr. im Vorwort des Buches Jesus Sirach. Besonders wichtig für uns ist die Liste des Flavius Josephus, der in der Schrift *Contra Apionem* 1,39-41 (letztes Jahrzehnt des 1. Jahrhunderts n. Chr.) nicht nur 22 Bücher als kanonisch anführt, sondern auch so etwas wie eine Kanontheorie aufstellt: Solche Schriften haben demnach Geltung, die in der Zeit der Propheten von Mose bis Esra entstanden sind und welche von gottgeleiteten Autoren kommen. Originalität und Inspiration sind also die Kriterien für die Kanonizität. Dieser *pharisäische Kanon* entsteht wieder aus Gründen der Identitätswahrung: Jerusalem ist zerstört, apokalyptische Gruppen suchen die Katastrophenstimmung für sich zu nutzen, endlich dringen die Christen mehr und mehr vor und verunsichern auch durch ihr Schriftverständnis die traditionelle Synagoge.

Der Kanon des Alten Testamentes

Hebräische Bibel	Septuaginta	Vulgata
Thora Gen Ex Lev Num Dtn	*Geschichtsbücher* Gen Ex Lev Num Dtn	*Pentateuchus* Gen Ex Lev Num Dtn
Nebiim Jos Ri 1/2 Sam 1/2 Kön	Jos Ri 1-4 Kön 1/2 Chr Esra (1 Esra) Neh (2 Esra) Est Jdt 1-4 Makk	*Libri historici* Jos Ri 1/2 Sam 1/2 Kön 1/2 Chr (1) Esra Neh (od. 2 Esra) Tob Jdt
Jes Jer Ez Hos Joel Am Obd Jona, Mi, Nah, Hab, Zef, Hag, Sach, Mal	*Lehrbücher* Ps Od Salom Spr Koh Hld Ijob Weish Sir Ps Salom	*Libri didactici* Ijob Ps Spr Koh Hld Weish Sir

Ketubim	*Propheten*	*Libri prophetici*
Ps	Hos	Jes
Ijob	Am	Jer
Spr	Mi	Klgl
Ruth	Joel	Bar
Hld	Obd	Ez
Koh	Nah	Dan
Klgl	Hab	Joel
Est	Zef	Am
Dan	Hag	Obd
Esr	Sach	Jona
1/2 Chr	Mal	Mi
	Jes	Hab
	Jer	Zef
	Bar	Hag
	Ep Jer	Mal
	Ez	
	Susanna	1/2 Makk
	Dan	
	Bel et Draco	

Diese hatten sich nämlich die griechische Bibel der Diasporajuden, die *Septuaginta* (LXX) zu eigen gemacht[46]. Sie entstand in Alexandrien seit dem 3. Jahrhundert vor Christus; zur Zeit Jesu ist sie im wesentlichen abgeschlossen. Zusätzlich zur hebräischen Sammlung nimmt sie eine Reihe von Erbauungsschriften aus der hellenistisch-römischen Zeit auf, die sogenannten *deuterokanonischen* Bücher. Sie erfreuen sich besonders in den frühen christlichen Gemeinden des Westens besonderer Wertschätzung. Interessant ist der Umstand, daß die Übersetzer sich nicht nur sehr frei gegenüber dem palästinensischen Schrifttum verhalten, sondern auch ziemlich großzügig mit den übernommenen Texten verfahren: einmal ergänzen, das andere Mal kürzen sie. Das beweist die relative Offenheit gegenüber „kanonischer" Literatur. In die gleiche Richtung weist die Tatsache, daß das Judentum seinen Kanon nie autoritativ abgeschlossen hat[47].

4.1.2.2 Die Ausbildung des neutestamentlichen Kanons

Für Jesus, die Apostel und die ersten Christengemeinden war *Hl. Schrift* die alexandrinische Fassung der LXX, welche seit Melito von Sardes[48] *Altes* Testament heißt: es ist für sie vorerst das einzige[49].

[46] Nach der im Aristeasbrief enthaltenen Legende haben 72 Juden in 72 Tagen die Übersetzung angefertigt, daher „Siebzigerbibel".

[47] Seit dem 19. Jahrhundert konstruierte man aus rabbinischen Schriften eine „Synode von Jamnia/Jabne", die genau dies Ende des 1. nachchristlichen Jahrhunderts getan haben sollte. Es handelt sich aber um eine Versammlung, wohl ein Lehrhaus, ohne jegliche gesamtjüdische Autorität.

[48] Eusebius, h.e. 4, 26, 13 f.

[49] Die Liste von 22 Büchern wird bestätigt durch die Synode von Laodicea (nach 350) und den 39. Osterfestbrief des Athanasius von 357.

Im neu entstehenden *Neuen* Testament finden wir nahezu alle Bücher der LXX direkt oder in Anspielungen zitiert[50]. Sie gelten als inspiriert (vgl. 2 Tim 3,16; 2 Petr 1,21). Die Christen deuten freilich die Texte jetzt als Voraussagen, die durch das Christusgeschehen erfüllt sind und die daher neuen Verstehens und neuer Deutung bedürfen, der *interpretatio christiana*. Das Alte Testament bleibt also Norm, aber diese richtet sich als *norma normata* an Jesus Christus aus. Theologisch steht die Überzeugung dahinter, daß der Gott der Bibel der Vater Jesu Christi ist. Charakteristisch ist dieser Paulustext: *„(Gott) hat uns fähig gemacht, Diener des Neuen Bundes zu sein, nicht des Buchstabens, sondern des Geistes. Denn der Buchstabe tötet, der Geist aber macht lebendig. Wenn aber schon der Dienst, der zum Tod führt und dessen Buchstaben in Stein gemeißelt waren, so herrlich war, daß die Israeliten das Gesicht des Mose nicht anschauen konnten, weil es eine Herrlichkeit ausstrahlte, die doch vergänglich war, wie sollte da der Dienst des Geistes nicht viel herrlicher sein?"* (2 Kor 3,6-8; vgl. Hebr 1,1).

Im „Dienst des Geistes" entstehen nun verschiedene Schriften – zunächst nur Sammlungen von Reden und Aussprüchen (Logien) Jesu, später auch von Briefen der Apostel und ihrer Schüler. Im 2. Jahrhundert veranlassen verschiedene Ereignisse die verbindliche Festlegung des Umfangs der für Christen normativen Schriften:

- Die Debatte mit der *Gnosis* wirft die Frage auf: Wo ist echte und wahre Tradition?
- Der Syrer *Tatian* fertigt aus den vorhandenen vier Evangelien ein einziges, um durch Ausmerzung aller Widersprüche die Einheit der Verkündigung zu „retten". Darf man beliebig mit den überkommenen Schriften umgehen?
- *Markion* baut sich aufgrund seines Dualismus und Antijudaismus eine eigene Quellensammlung für seine Verkündigung zusammen: Das Alte Testament wird gestrichen, von den Evangelien nur (ein gereinigter) Lk übernommen, sonst läßt er nur 10 (ebenfalls überarbeitete) Paulusbriefe gelten. Kann man von den jeweils eigenen theologischen Vorentscheidungen her die Schriften manipulieren?

Die Kirche muß sich nun nach einer Phase der Großzügigkeit und auch der Unsicherheit festlegen. Dazu verhilft ihr in erheblichem Maße *Irenäus von Lyon*. Natürlich benötigt er ein Kriterium für die Auswahl. Das ist seine große heilsgeschichtliche Konzeption, wie sie z. B. adv. haer. 2,30,9 zu lesen ist: Es kommt für uns heute darauf an, den rechten Glauben anzunehmen und zu bewahren. Wir finden ihn einmal über die ununterbrochene Reihe der (bischöflichen) Tradenten[51], aber auch in Schriften, die ebenfalls in einer Art Sukzessionskette auf uns gekommen sind:

↓			↓
	Gesetz	Ankündigung (*annuntiat*)	
	Propheten	Ausrufung (*praeconant*)	
	Christus	Offenbarung (*revelat*)	
	Apostel	Überlieferung (*tradunt*)	
	Kirche	G l a u b e	

[50] Ausgenommen sind nur Cant, Weish und Sir.

[51] Haer. III,2-4.

Gesetz und Propheten bilden das Alte Testament. Die neutestamentlichen Schriften sind entweder Erstverkündigung *von* (sermones Domini) oder *über* Christus (Evangelien, Apg, Corpus Paulinum). Sie stehen also gewissermaßen in der Mitte zwischen der lebendigen Predigt der ersten und der gegenwärtigen Generation der Kirche. Sie ist als ganze die Trägerin der Christuswahrheit; die Hl. Schrift ist eine Weise, wie sie ihrer Aufgabe gerecht wird, die vom Gottesgeist getragene Wahrheit zu verkündigen[52].

Etwa zeitgleich mit dem Lyoner Bischof, also um 200, entsteht im *Canon Muratori* das erste Kanonverzeichnis. Seine Auswahlprinzipien sind Alter, apostolische Herkunft und liturgischer Gebrauch von Schriften. Das letzte Kriterium zeigt noch einmal die gleiche Konzeption wie bei Irenäus: Der formale Kanon wird durch einen faktischen Kanon bestimmt: Die lebendige Verkündigung, auch *kanon tês pisteos, regula veritatis* genannt. Darin ist auch der Grund zu suchen, daß es noch bis zum Ausgang des 4. Jahrhunderts dauert, bis sich das heute geltende Verzeichnis von 27 Büchern definitiv herauskristallisiert: Lange bleibt *Apg* unbeachtet; Zweifel herrschen bezüglich *Hebr, Jak, 2 Petr, 2 und 3 Joh, Judas und Offb*. Umgekehrt werden eine Zeitlang die Briefe von *Barnabas, 1/2 Clemens* und der „*Hirte des Hermas*" zum Kanon gerechnet. Wichtig ist immer nur, die Identität und Kontinuität von literarischen Zeugnissen mit dem Anfang und mit der lebendigen Tradition zu zeigen. Der Schlüssel für die Deutung einer Schrift liegt nicht in ihr selber, sondern in der Lehrverkündigung der Kirche.

Der Kanon des Neuen Testamentes

Die Evangelien	Mt Mk Lk Joh
Die paulinischen Briefe	Röm 1/2 Kor Gal Eph Phil Kol 1/2 Thess
Die Pastoralbriefe	1/2 Tim Tit Phlm Hebr*
Die Katholischen Briefe	Jak* 1/2*Petr 1/2*/3* Joh Jud* Offb*

Die mit * versehenen Schriften waren zeitweise umstritten.

Schriften im Umkreis des Neuen Testamentes

Apokryphe Evangelien:	Thomas, Petrus, Nazoräer, Ebionäer, Hebräer, Ägypter, Proto-Evg. des Jakobus, Epistula Apostolorum.
Apokryphe Apostelgeschichten:	über Petrus, Paulus, Andreas, Johannes, Thomas.
Briefe:	1 Clemens*, 1-7 Ignatius v. Antiochien, Polycarp v. Smyrna, Barnabas*.
Apokalypsen:	Petrus, Hirt des Hermas*, Himmelfahrt des Jesaja (christliche Version).
Gemeindeordnungen:	Didache, 2 Clemens*

Die mit * versehenen Schriften waren zeitweise Bestandteil des Neuen Testamentes.

[52] Vgl. haer. III,24,1.

4.1.2.3 Die endgültige Festlegung des Bibelkanons

Während die Schriftensammlung des Neuen Testamentes mehr oder weniger unumstritten bleibt, halten die Irritationen um die Fassung des alttestamentlichen Kanons lange an: Gilt die hebräische Kurzfassung oder die Langfassung der LXX?

Der längere Kanon findet sich im Osten vollständig bei Athanasius im 39. Osterfestbrief von 367, den wir schon erwähnten. Als eine Generation später im Westen die Synoden von *Rom* (382) und *Hippo Regius* (393) ihn aufstellen (und auch den LXX-Kanon bestätigen), ist das keine autoritative Weisung neuer, sondern eine Feststellung und Sanktionierung bestehender Sachverhalte. Im Mittelalter übernimmt das *Unionskonzil von Florenz* im Dekret für die Jakobiten den altkirchlichen Kanon (DH 1334-1336). Das schließt nicht aus, daß auch danach die Kanonfrage uneinheitlich beantwortet wird. Unter humanistischem Einfluß macht sich die Tendenz zur Beschränkung auf den hebräischen Kanon bemerkbar, auch bei Katholiken wie dem Kardinal *Cajetan de Vio*; in manchen Bibelausgaben erscheinen auch nichtkanonische Texte wie *3/4 Esra*.

Grundsätzlich wird die Kanonproblematik von den Reformatoren des 16. Jahrhunderts wieder aufgerollt. *Luther* will nur jene Bücher als kanonisch gelten lassen, die „Christum treiben". Das schließt grundsätzlich die Zusätze des LXX-Kanons gegenüber dem jüdischen aus – also die deuterokanonischen Bücher (gleichwohl nimmt Luther *Sir, Weish* und *1 Makk* ernst) –, aber auch einzelne protokanonische Bücher wie *Ester*. Immerhin werden sie von der *altprotestantischen Dogmatik* als „gut und nützlich zu lesen" qualifiziert und darum in den Bibelausgaben nach den protokanonischen Schriften abgedruckt. Seit 1985 stehen auch im evangelischen Lektionar 24 Predigtperikopen, die ihnen entnommen sind. Dagegen sind die deuterokanonischen Schriften in den *reformierten Kirchen* praktisch ganz außer Gebrauch gekommen.

In den *Kirchen des Ostens* wird die theoretische Unterscheidung von proto- und deuterokanonischen Schriften festgehalten; sie ist aber ohne große praktische Relevanz: Im religiösen Bewußtsein haben auch die letzteren erhebliche Bedeutung, nicht zuletzt deswegen, weil sie von den Vätern zitiert, in der Hymnenliteratur verwendet und in der Ikonographie künstlerisch ausgeschöpft werden.

Die endgültige und definitive Festlegung des Bibelkanons für die *römisch-katholische Kirche* ist erst auf dem *Konzil von Trient* erfolgt. Das geschah gleich zu Beginn. Schließlich mußte bei der geplanten Auseinandersetzung mit den Reformatoren erst einmal feststehen, was als verbindliche Heilige Schrift zu gelten habe. Am 08.04.1546 wird der Septuaginta- und Vulgatakanon unter Androhung des Anathems gegen Abweichler bestätigt (DH 1502-1504): Die deuterokanonischen Bücher werden also abstrichlos übernommen. Allerdings bleiben sie auch heute noch in der liturgischen Verwendung im Schatten: die neue Leseordnung nach dem Zweiten Vatikanischen Konzil kennt im ganzen Dreijahreszyklus nur 10 Perikopen, die ihnen entnommen sind.

Wie die Geschichte zeigt, hat sich die Entscheidung für diesen oder jenen Kanon mit konfessionellen Optionen verbunden. Sie ist also auch ein ökumenisches Problem, das allerdings heute entschärft zu sein scheint[53]. Schon 1987

[53] Vgl. Gemeinsame Erklärung (a.a.O. Anm. 45) 384.

haben daher die vom Vatikanischen Einheitssekretariat und den Vereinigten Bibelgesellschaften verabschiedeten „Guidelines for Interconfessional Cooperation in Translating the Bible" vorgeschlagen, daß die Vollbibeln künftig den LXX-Kanon abdrucken. Dabei sollen die deuterokanonischen Bücher bzw. Buchteile zwischen denen des hebräischen Kanons und dem Neuen Testament zu stehen kommen.

4.1.3 Die Inspirationslehre

4.1.3.1 Begriff und Problematik

Die Vorstellung, daß bestimmte Worte oder Schriften unter göttlichem Wirken entstanden sind, finden wir nicht nur im Judentum und im Christentum, sondern auch im Islam[54], im Hinduismus, im klassischen Griechenland und im antiken Rom. Der Begriff *inspiratio* (griech. *theópneustos*) legt ein „Hauchen" Gottes, also einen geistig-geistlichen Vorgang nahe. Unter der Inspiration der Hl. Schrift versteht man den besonderen Einfluß Gottes auf die Autoren der biblischen Texte (*Hagiographen*), so daß diese Texte in der Tat Wort Gottes sind und als solches gelten können. Dieser Einfluß vollzieht sich nach christlicher Anschauung durch das Wirken des Hl. Geistes. Inspiration ist also die Angabe einer *Kausalbeziehung* (Gott wirkt mit) und eine *Qualitätsaussage* (der Schrifttext ist geisterfüllt). Die *Inspirationslehre* gibt mithin die Antwort darauf, weshalb die Heilige Schrift *heilig* ist, weshalb sie, mit anderen Worten, auch als oberste, normierende Erkenntnisquelle des Glaubens gelten darf und muß.

Die Problematik ergibt sich daraus, daß näher zu klären ist, wie sich beim konkreten Bibeltext der Anteil des göttlichen und jener des menschlichen Verfassers zueinander verhalten; falls Fehler und Irrtümer im Text festgestellt werden, erhebt sich die Frage, ob denn Gott dafür verantwortlich gemacht werden könne bzw. müsse. Diese zweite Frage wird unter dem Stichwort *Inerranz* im Abschnitt 4.1.4 besprochen. Sie ist aber nicht ganz von der Inspirationslehre zu trennen. Was das erste Problem angeht, so wurden drei Lösungstypen entwickelt:

– *Verbalinspiration*: Der ganze Bibeltext ist in seinem wortwörtlichen Bestand inspiriert; nach manchen Theologen gilt das selbst von der Vokalisierung des hebräischen Textes durch die Masoreten.

– *Realinspiration*: Inspiriert sind die Gedanken des Hagiographen, die „Sache" (res), die er darlegt, nicht aber die von ihm gewählten Formulierungen.

– *Personalinspiration*: Die Verfasser sind inspiriert als Personen, bleiben aber freie Gestalter der in der Bibel enthaltenen Gedanken; der göttliche Beistand beschränkt sich auf die Aussageabsichten, die sie haben.

4.1.3.2 Die Grundlagen

Das Grunddatum, das die Überzeugung von der spezifischen Heiligkeit bestimmter Texte manifestiert, ist die Bildung und Bedeutung des Kanons selbst. In ihn werden jene Schriften aufgenommen, die Zeugnisse des Bundesge-

[54] Für den Koran vgl. oben 4.1.1.

schehens zwischen Gott und den Menschen dadurch werden, daß sich in ihnen Gott ausdrücklich den Menschen zuwendet.

Eine Theorie darüber gibt es im *Alten Testament* noch nicht. Wohl aber zeigen einzelne Stellen das Wissen darum, daß Gottes Wort sich in den Texten findet. Gelegentlich erscheint er sogar als Schreiber (Ex 24.12; 31,18; 32,16: Gesetzestafeln). Die Propheten sehen sich durch den Heiligen Geist zur Ansage und Bezeugung des Gotteswortes bevollmächtigt (Jes 48,16; 61,1 ff.; Ez 2,1 ff.)

Im *Neuen Testament* sieht Jesus das Wort des Propheten in sich erfüllt (Lk 4,16-30 bezieht sich auf Jes 61,1 ff.). Er sagt seinen Jüngern für die Verkündigung den Beistand des Geistes zu (Mt 10,20; Lk 21,15; Joh 16,4b-15). Paulus versteht sein Wort als autorisiert durch diesen Geist (Röm 5,13; 1 Kor 7,40; 2 Kor 4,13).

Darüber hinaus erscheinen einzelne Hinweise auf die Inspiration, die sich auf das Alte Testament beziehen: „Jede von Gott eingegebene Schrift (*pâsa graphê theópneustos – Omnis Scriptura divinitus inspirata*) ist auch nützlich zur Belehrung, zur Widerlegung, zur Besserung, zur Erziehung in der Gerechtigkeit; so wird der Mensch Gottes zu jedem guten Werk bereit und gerüstet sein" (2 Tim 3,16 f.).Deutlicher noch ist eine Passage in 1 Petr über das Zeugnis von Propheten und Aposteln; sie schließt: „Vom Heiligen Geist getrieben (*hypò pneúmatos hagíou pherómenoi – a Spiritu Sancto ducti*) haben Menschen in Gottes Auftrag geredet" (2 Petr 1,21; die ganze Perikope 12-21). In diesen Texten ist festgehalten:

– Das biblische Zeugnis ist zunächst Menschenzeugnis.
– Es kommt aber in Gottes Auftrag zustande.
– Näherhin wirkt dabei der Hl. Geist.
– Der Zweck dieses Wirkens ist nicht nur intellektueller Erkenntniszuwachs, sondern geistliche Auferbauung.

Man kann auch noch auf das Selbstbewußtsein einzelner Hagiographen hinweisen, daß sie mit ihrer Niederschrift nicht bloß Privatmeinungen zum Besten geben: „Darum danken wir Gott unablässig dafür, daß ihr das Wort Gottes, das ihr durch unsere Verkündigung empfangen habt, *nicht als Menschenwort, sondern – was es in Wahrheit ist – als Gottes Wort angenommen habt*" (1 Thess 2,13)[55].

Am Ende des späten 2 Petr schließlich haben wir ein Zeugnis, daß es zur Zeit der Abfassung eine Sammlung von Paulusbriefen gab, die auf die gleiche Stufe gehoben werden wie die Schriften des Alten Testamentes (3,14-16).

4.1.3.3 Die Ausbildung

In der Alten Kirche versteht man, wie schon dargelegt, die Schriften der apostolischen Generation innerhalb des einen Heilsplans Gottes (*oikonomia*) als Zeugnis von jenem Christus, der im Alten Testament schon verheißen war. So gab es keine Schwierigkeit, den Inspirationsglauben auf das Neue Testament zu übertragen: „Es war kein anderer Geist in den Alten als in denen, die bei der Ankunft Christi inspiriert wurden"[56]. Für *Augustinus* ist das geschriebene Evangelium

---

[55] Vgl. auch Offb 22,18 f; die Formel bezieht sich auf Dtn 4,2; Gen 2,9; 3,22. Der Verfasser nimmt also die Autorität des Mose für sich in Anspruch. Beabsichtigt dürfte aus der gleichen Intention heraus die Parallelisierung des Anfangs von Joh mit dem Beginn von Gen sein.

[56] Origenes, princ. 1, praef. 4.

„gleichsam die Gegenwart des Herrn, der Mund Christi“[57]. Solche Äußerungen verraten im übrigen, daß der Duktus des biblischen Verständnisses gewahrt bleibt: Inspiration hat eine soteriologisch-pastorale Abzielung; es geht um den geistlichen Lebenswert der kanonischen Schriften, nicht so sehr um die Frage der Irrtumslosigkeit. Gerade weil Gott ihr Urheber ist, kann man in der Lektüre der Bibel zu den Geheimnissen des Glauben, zum Geheimnis Gottes vordringen. In der Praxis der *geistlichen Schriftauslegung* wird diese Einsicht fruchtbar gemacht[58].

Gott wird gewöhnlich als *auctor* der heiligen Bücher tituliert: Das bedeutet noch nicht „Verfasser“, sondern „*Urheber*“. Der Hagiograph erscheint unter verschiedenen Bildern: er ist Sekretär, Schreibinstrument, dem Haupt gehorchendes Leibesglied, Musikinstrument (Lyra, Flöte). Im antiken Denken ist er damit keineswegs zur völligen Passivität verurteilt. Ein Musikinstrument kann nicht nur gut oder schlecht sein; es bewahrt auch immer seine Eigenart. Und mit einer grünen Kreide kann man nicht rot schreiben. Die Inspiration wird auf alle Teile der Bibel bezogen, weil sie alle Gott als Urheber haben.

Im Verständnis der Alten Kirche waren Schrift und Kirche aufeinander bezogene Größen, wie wir sahen. Die apostolische Verkündigung an die Gemeinden führt zur Verschriftung; die Schrift selber ist dann Norm für die späteren Gemeinden. Diesen hermeneutischen Zirkel verschieben *die Reformatoren* zugunsten der Bibel unter Berufung auf die Inspirationslehre: Der der Kirche verheißene Geist wirkt nur mehr in und aus der Hl. Schrift. Maßgebend für den Christen ist daher nicht die Autorität der Kirche, sondern das „innere Zeugnis des Hl. Geistes“[59]; die Bibel legt sich selber aus[60].

Im Grunde aber hält sich die altkirchliche Inspirationslehre bis zur Aufklärung des 18. Jahrhunderts mehr oder minder ungebrochen durch – Differenzen gibt es allenfalls über die materiale Erstreckung der Inspiration (Verbal- oder Realinspiration). Erst die Aufklärung des 18. Jahrhunderts bringt einen radikalen Bruch. Die Exegeten entdeckten – nicht als erste; schon *Augustinus* rechnete mit apostolischen Gedächtnisschwächen – eine Reihe von Irrtümern, Fehlern und Widersprüchen in den Texten, die mit der Theorie der göttlichen Inspiration nicht zusammenzureimen schienen.

Die katholische Theologie mußte sich mit diesen Fakten auseinandersetzen. Das *Erste Vatikanische Konzil* hatte sich damit begnügt, neben der Kanonizität die Inspiriertheit der Bibel zu sichern, aber keine weiteren Erklärungen gegeben (DH 3006,3022). Dies tat die *Neuscholastik*. Grundlage ist auch für sie die Beziehung Schrift – Kirche. Dabei legt sie gut antireformatorisch den Hauptakzent auf die Kirche, d. h. konkret auf das Lehramt. Dieses vermittelt die entsprechend dem instruktionstheoretischen Konzept lehr- und satzhaft verstandene Offenbarung dem Glaubenden, der als solcher seine Zustimmung zu diesen Lehrsätzen der Kirche und damit auch zu der Offenbarungs-Lehre leistet. Mit der Inspiration wird also nun direkt die Bedeutung der Bibel, indirekt die autoritative Stellung des kirchlichen Lehramtes gestützt. Dazu ist es nötig, sie als

---

[57] Comm. in Jo. 30,1; vgl. serm. 85,1,1.

[58] Vgl. unten 4.1.4 mit der Übersicht S. 107.

[59] Calvin, Inst. christ. rel. 1,7,4 f: *testimonium Spiritus Sancti internum.*

[60] Luther, WA 7.97: *sui ipsius interpres.*

Einwirkung Gottes auf Verstand und Willen der Hagiographen bezüglich aller Teile ihrer Niederschrift zu interpretieren. Es geht nicht mehr nur um die Kanonizität der Schriften, sondern vor allem um ihre Irrtumsfreiheit, die sich dann auch auf die lehramtliche Vermittlung erstrecken mußte. Die Hl. Schrift wird zum Kompendium von wahren und richtigen Lehrsätzen. In ihr gibt es, so etwa der römische Fundamentaltheologe *S. Tromp*, nicht den leisesten Fehler, und zwar nicht nur hinsichtlich der religiösen und moralischen, sondern auch bei den naturwissenschaftlichen und historischen Aussagen[61].

Das Anliegen der neuscholastischen Inspirationslehre ist zweifellos berechtigt: Gegenüber der Aufklärung war der Offenbarungscharakter der Bibel, gegenüber der Reformation die Spannungseinheit Schrift – Kirche zu wahren und zu schützen. Aber ließ es sich auf diesem Wege durchsetzen? Die neuzeitliche Exegese hatte bei einer ganzen Reihe von Texten gezeigt, daß sie Irrtümer und Fehler enthalten. Die Neuscholastiker konnten z. B. nicht leugnen, daß Mt 27,9 das Zitat nicht, wie dort angegeben, von Jeremia, sondern von Sacharja stammt. *Tromp* zieht sich auf die augustinische Lösung zurück, Mt habe unter dem Einfluß des Hl. Geistes die falsche Angabe gemacht, um zu zeigen, daß die Propheten eine Einheit bilden[62]. Aber hat dann Gott nicht doch einen Irrtum verursacht? Und kann der Rekurs auf ein höheres Ziel ihn entschuldigen? Völlig verunsichert wird der Leser des Tromp'schen Lehrbuches, wenn er, die obigen Behauptungen im Kopf, lesen muß: „Nicht selten unterliegt der Text der Verfasser Irrtümern hinsichtlich der Namen und Zahlen“[63].

Faktisch war die Theorie gescheitert. Als sie den Vätern des *Zweiten Vatikanischen Konzils* noch einmal in Gestalt des Schemas „De Fontibus Revelationis“ vorgelegt wurde, verfiel sie der Ablehnung. An ihre Stelle trat eine neue, vom kommunikationstheoretischen Offenbarungsmodell geprägte Auffassung von der Schriftinspiration. Sie liegt im 3. Kapitel der Konstitution „Dei Verbum“, Nr. 11-13 vor. Die Kirchenversammlung hält mit der einmütigen kirchlichen Überlieferung an der Tatsache der Inspiration der ganzen Hl. Schrift fest. Damit ist die Heiligkeit wie auch die Kanonizität der Bibel gesichert. Gott ist ihr Urheber, aber er ist es in der Weise, daß er auch Menschen, den Hagiographen, eine echte menschliche Urheberschaft zukommen läßt. Das schließt ein, daß deren menschliche Begrenztheiten in ihr Werk einfließen. Aus diesem Grund wird in Nr. 12 auf die Notwendigkeit der literarkritischen Forschungsarbeit bei der Exegese ausdrücklich verwiesen. Der Sinn des göttlichen Handelns ist nicht die Lehrvermittlung, sondern *das Heil*. Damit wird der Schwerpunkt von der Inerranzfrage wieder auf die soteriologisch-pastorale Intention des Inspirationsgedankens gelegt; das zeigt auch der Hinweis auf 2 Tim 3,26 f. Nicht die zu postulierende Richtigkeit der Einzelaussagen ist der Schlüssel für die Lehre von der Inspiration der Bibel, sondern das Ganze der Bibel ist der Schlüssel für die Deutung der Einzelsätze. Der Text schließt mit der Feststellung, daß das Verhältnis der göttlichen zur menschlichen Komponente nach der Analogie der Menschwerdung Gottes zu deuten ist (Nr. 13).

---

[61] De Sacrae Scripturae inspiratione, Romae [5]1953, 121.
[62] a.a.O. 145 f.
[63] a.a.O. 142.

Die Inspirationslehre nach dem Schema"De fontibus revelationis" und der Konstitution „Dei Verbum"

De Fontibus Revelationis 2,7-14	Dei Verbum 3,11-13
(8) Zur Abfassung dieser göttlichen Schrift hat Gott selbst einige ... Hagiographen so innerlich zum Schreiben veranlaßt und bewegt, daß sie alles und nur das, was er selber als Erstverfasser (*primarius Auctor*) der Schrift intendierte, im Verstand begriffen und schriftlich niedergelegt haben. ... Der Hagiograph ist bei der Abfassung des Buches des Hl. Geistes „Organ" oder Instrument, allerdings ein solches, das lebendig und vernünftig ist. Daher kann man seine Eigenart und spezifische Besonderheit aus dem hl. Buch erschließen. (11) Weil Gott durch das Wirken des Hl. Geistes der Verfasser (auctor) der ganzen Hl. Schrift und gleichsam der Schriftsteller aller Aussagen durch die Hand des Hagiographen ist, folgt, daß alle und jeder einzelne Teil, auch die kleinsten, der heiligen Bücher inspiriert sind. Alles also, was der Hagiograph sagt, muß als Aussage des Hl. Geistes gelten. (12) Aus dieser Ausdehnung der göttlichen Inspiration auf alles folgt unmittelbar und notwendig die absolute Irrtumsfreiheit der ganzen Hl. Schrift.	(11) Zur Abfassung der heiligen Bücher hat Gott Menschen erwählt, die ihm durch den Gebrauch ihrer eigenen Fähigkeiten und Kräfte dazu dienen sollten, all das und nur das, was er – in ihnen und durch sie wirksam – geschrieben haben wollte, als echte Verfasser zu überliefern. Da also alles, was die inspirierten Verfasser oder Hagiographen aussagen, als vom Hl. Geist ausgesagt zu gelten hat, ist von den Büchern der Schrift zu bekennen, daß sie sicher, getreu und ohne Irrtum die Wahrheit lehren, die Gott um unseres Heiles willen in heiligen Schriften aufgezeichnet haben wollte. (*Es folgt 2 Tim 3,16 f., griechischer Text*).

Die Engführung der neuscholastischen Inspirationstheorie war damit zwar überwunden, doch hatte sich das Konzil versagt, eine ins Detail gehende Erklärung dieser Kon-Spiration zwischen Gott als *auctor* der Schrift und den Menschen als Bibel-Autoren zu geben.

4.1.4 Die Inerranz der Hl. Schrift

Der Wortbedeutung nach ist unter der *Inerranz der Bibel* die Irrtumsfreiheit gemeint, die dieser aufgrund ihres göttlichen Ursprungs zuerkannt werden muß. Sachlich verbindet sich damit die Frage nach dem rechten Verstehen dieses Buches als ganzem wie auch seiner einzelnen Teile als „Wort Gottes", d. h. genauer als dessen Niederschlag in der Brechung der menschlichen Verfasser. Die sich in diesem Zusammenhang ergebenden Fragen und Probleme sind, so ist zu wiederholen, sehr eng mit den beiden schon verhandelten Themen *Kanon* und

Inspiration verflochten. Die Lösungen entsprechen daher denen, die dort gefunden worden sind.

Die biblischen Verfasser sind sich bewußt, daß ihre Vorgänger kraft göttlicher Autorität wahr und verbindlich sprechen. Sie wissen aber ebenso, daß um genau dieser Wahrheit und Verbindlichkeit willen deren Aussagen in die eigene Gegenwart transponiert werden müssen, damit Gottes Anspruch hier und heute Antwort finden kann. Das damals Gesagte muß darum in der Perspektive der eigenen Zeit neu gelesen werden: Wir nennen diesen Vorgang „relecture". Die Übersicht unten zeigt das an zwei Beispielen. Vor allem aber ist die Schriftinterpretation Jesu selber überzeugend. Er kennt die Bibel seiner Zeit, er lebt aus ihrer Frömmigkeit, er will ihr Geltung bei den Mitmenschen verschaffen ohne den Abstrich auch nur eines einzigen Jota, des kleinsten griechischen Buchstabens (Mt 5,18). Doch das tut er nicht durch die bloße Rezitation von Texten, sondern durch die Freilegung der ursprünglichen Absicht, die Gott mit seinem Wort verbunden wissen wollte. Es sei nur an das bekannte Ehescheidungsverbot erinnert: Gegen die Scheidebriefregelung des mosaischen Gesetzes, das in der Tora steht, also biblischen Rang besitzt, ruft Jesus die Schöpfungsregelung ins Gedächtnis: Gott untersagt die Trennung von Mann und Frau! (Mk 10,10-12 mit Gen 1,27 gegen Dtn 24,1). Gegenüber dem bloß Uralten setzt er die Geltung des Ursprünglichen, d. h. des hinter den Worten der Schrift stehenden Willens Gottes, den er als Heilswillen zeigt. Die Zeitgenossen, vor allem die Religionsführer, empfinden das als Provokation; sie reagieren mit der Verfolgung und schließlichen Eliminierung des Herrn.

Innerbiblische relecture von Schrifttexten

a.) Die Ankündigung einer wunderbaren Knabengeburt[64]	
Jes 7,14	Strafzeichen gegen den Unglauben des Königs Ahas
Mi 5,2	Verheißung eines messianischen Herrschers
Mt 1,22	Erfüllung der Verheißung durch die Geburt des Messias
b.) Die Frauen in der kirchlichen Versammlung	
1 Kor 14,33 b-35	Frauen dürfen an (außergottesdienstlichen) kirchlichen Beratungen (also in der Öffentlichkeit) zwar anwesend sein, aber nicht mitberaten (wie damals überall üblich): Adaptation an die „bürgerliche" Gesellschaft bei einer insgesamt großzügigen Haltung gegenüber der Rolle von Frauen (Apostolin Junia, Vorsteherin Phoebe).
1 Tim 2,11 f.	Frauen dürfen in der Kirche nicht lehren – vermutlich wegen bestimmter gnostischer Auffassungen über die Frauen, die gegen das Herkommen verstoßen: Adaptation an die Verhältnisse der nachapostolischen Zeit.

[64] Vgl. Einleitung in die Dogmatik 4.

Die geistliche Schriftinterpretation

Jeder Text der Bibel hat nach patristisch-mittelalterlicher Exegese eine vierfache Bedeutung, die in einem Distichon mnemotechnisch festgehalten wird:

Littera gesta docet,	wörtliche Bedeutung, historischer Sinn
quid credas, allegoria,	allegorische Bedeutung = dogmatische Auslegung vor allem auf Christus, Kirche, Glauben des Individuums
moralis, quid agas,	ethische Bedeutung, sittliches Verhalten, Erbauung, Liebe
quid speras (quo tendas), anagogia	eschatologische Bedeutung, Hoffnungsdimension

Die Alte Kirche zieht daraus die Einsicht, daß die heiligen Schriften durch eine bloß wörtliche Auslegung nicht vollinhaltlich erfaßt werden können, so wichtig diese auch als Ausgangspunkt jeder Meditation bleibt. Die *geistliche Schriftinterpretation* setzt sich durch. Damit wird die Schrift zum Maßstab, mittels dessen Irrlehren abgewehrt und die Lehre positiv ausgebildet werden: Theologie ist praktisch identisch mit Exegese. Noch im Mittelalter kann sie daher einfach *sacra pagina* heißen. Damit legte man sich aber mitnichten auf einen schlichten Biblizismus fest. Schon die arianischen Wirren hatten gezeigt, daß der biblisch bezeugte Glaube unter Umständen nur bewahrt werden könne, wenn man neue Begriffe in die Reflexion einführt. Im philosophisch-geistigen Klima des 4. Jahrhunderts kann man das in der Hl. Schrift bezeugte einzigartige Verhältnis zwischen Gott (Vater) und Jesus Christus nur wahren und gegen alle Verfälschungen absichern, wenn man das nicht-biblische Wort *homoousios* (eines Wesens) einführt und dogmatisch verbindlich macht.

Natürlich sind die Theologen als Folge der Inspirationslehre auch von der Irrtumsfreiheit der Schrift überzeugt; sie wird aber nicht so sehr auf die Aussagen als solche als vielmehr auf die *Aussageintention* bezogen. Wichtig für den Glauben und für die Glaubensreflexion ist das Zeugnis von Christus als dem fleischgewordenen Gott: es ist unter der *superficies historica*, dem historischen Material der Bibel aufzuspüren – deswegen die Suche nach den geistlichen Schriftsinnen!

Im 12. Jahrhundert bahnt sich ein Wandel an. Die auf betend-betrachtende Aneignung gerichtete Auslegung der bisherigen Tradition erhält sich in der *monastischen Theologie* (Bernhard v. Clairvaux, Rupert v. Deutz). Die neu aufkommende „Schultheologie" (*Scholastik*) hingegen betreibt eine zergliedernde, vor allem den Wortsinn favorisierende Exegese mit systematisch-dogmatischer Ausrichtung. Nun entsteht durch theologische Exkurse zu bestimmten Texten, etwa dem Schöpfungsbericht die Literaturgattung der *Quaestio de divina pagina* – zunächst Zusatz zu den biblischen Schriften, entwickelt sie sich zum selbständigen Werk (*Petrus Abaelard, Gilbert v. Poitiers*). Ein weiterer Schritt in die gleiche Richtung der Konzentration auf den Literalsinn wird durch das Streben der Humanisten nach den Quellen eingeleitet: *Laurentius Valla* und *Erasmus von Rotterdam* bemühen sich um ursprachliche Editionen, die u. a. auch eine Lösung aus den Fesseln der *Vulgata*, der quasi kanonischen lateinischen Übersetzung der Bibel, erlaubt. Sie war der kirchlich authentische Text, aber enthielt doch manche Übersetzungsfehler.

Das Inerranzproblem wird aber erst seit der *Aufklärung* in äußerster Schärfe aufgeworfen. Die Entdeckungen der modernen Naturwissenschaften hatten das der Bibel zugrundeliegende geozentrische Weltbild als falsch nachgewiesen. Der wegen der Erbsündenlehre von den Theologen verteidigte Monogenismus der biblischen Schöpfungserzählungen (Abstammung der Menschen von einem einzigen Paar) erweist sich als problematisch. Inzwischen entsteht auch eine kritische Exegese, die die Verflechtung biblischer Vorstellungen mit Umweltideologien zeigt. Man entdeckt, daß die uns vorliegende Form mancher Schriften das Ergebnis eines langen und langwierigen Entstehungsprozesses ist. Die absolute Geltung der Hl. Schrift scheint damit absolut erschüttert zu sein: *Baruch Spinoza* leugnet ihre Inspiriertheit; *J. Toland* und in Deutschland *H. S. Reimarus* lassen nur das in der Bibel gelten, was vor der Vernunft als wahr bestehen kann; *D. F. Strauß* erklärt die Evangelien zu reinen Legenden. Auf katholischer Seite übernimmt der *Modernismus* weitgehend diese Thesen.

Die *Neuscholastik* des 19. und 20. Jahrhunderts fixiert sich nun immer mehr auf die Verteidigung der Irrtumslosigkeit der Bibel – bis hin zu dem Punkt, daß deren Heilsbedeutsamkeit kaum noch in den Handbüchern erwähnt wird. In dem oben wiedergegebenen Passus Nr. 12 aus dem Schema „De Fontibus Revelationis" (vgl. S. 105) spiegelt sich getreu das herrschende Verständnis. Die nicht wegzudiskutierenden, durch die immer subtileren Analysen der bald herrschenden historisch-kritischen Exegese sich mehrenden Probleme sucht man zu lösen mit dem Hinweis auf zeitbedingte Ausdrucksweisen[65] oder durch eine textuelle oder inhaltliche Beschränkung der Inspiration auf Glaubens- und Sittenlehre[66].

Das *Zweite Vatikanische Konzil* hat dann diese Verengungen aufgebrochen, indem es, wie wir sahen, die auf das Heil der Menschen gerichtete Intention

Lehramtliche Aussagen zur Inspiration der Hl. Schrift

Autor	DH	Aussage
Konzil v. Trient	1501	„Diktat" (= Einfluß) des Hl. Geistes. Keine nähere Bestimmung der Art und Weise des Einflusses.
Leo XIII., „Providentissimus Deus"	3293	Gott hat seinen Beistand den Hagiographen in allen Phasen ihrer schriftstellerischen Tätigkeit gegeben, so daß sie alles und nur das, was der Hl. Geist wollte, „mit unfehlbarer Wahrheit angemessen" ausgedrückt haben
Pius XII., „Divino afflante Spiritu"	(3826)	Die Erlaubnis zur Anwendung der historisch-kritischen Methode setzt die wahre Autorschaft der Hagiographen voraus.
Vaticanum II, „Dei Verbum"	4216/20	Gott spricht nicht nur mittels der Menschen, sondern wahrhaft menschlich. Inspiriert ist „die Wahrheit..., die Gott um unseres Heiles willen in der Bibel aufgezeichnet wissen wollte".

[65] Leo XIII., „Providentissimus Deus" (1893); Pius XII., „Divino afflante Spiritu" (1943).
[66] H. Holden, Fr. Lepormant, A. Rohling.

der Bibel wieder ins Licht gestellt hat. Die Irrtumsfreiheit der Schrift kann nicht auf bestimmte Sätze oder Berichte isoliert bezogen werden, sondern bedeutet, daß sie uns die ganze Wahrheit, deren Erkenntnis heilsnötig ist, abstrichlos und irrtumslos bietet. Die Inerranz ist also eine auf das *Formalobjekt* der Bibel bezogene Qualität.

4.1.5 Systematische Überlegung

Die erkenntnistheoretische Bedeutung der Heiligen Schrift als oberste Glaubensnorm bemißt sich nach ihrer Beziehung zu dem sich um unseres Heiles willen mitteilenden Gott, kurz gesagt: an der Verifikation ihres Charakters als *heiliger* Schrift. Sie ist mithin innerhalb des Kontextes der Theologie von Offenbarung und Glauben zu sehen, d. h. nach dem schon im letzten Kapitel Erörterten als Moment eines dialogischen, kommunikatorischen Geschehens.

In der Bibel selber wird als umfassender Terminus dafür *Wort Gottes* verwendet. Er bezeichnet jegliche Bewegung Gottes zu den Menschen hin und wird im Neuen Testament in besonderer Weise mit dem *Hl. Geist* verbunden (vgl. 1 Thess 1,5). Diese Bewegung ist darauf gerichtet, eine Heilsgemeinde zu konstituieren und richtet sich daher in erster Linie immer an die Gemeinschaft, an das Volk erst des Alten, dann des Neuen Bundes. Den einzelnen erreicht sie in dieser durch die Kommunikation Gottes gebildeten Kommunität. Neben der pneumatologischen besitzt sie also auch eine *ekklesiologische Dimension*.

Schritte bei der Exegese von Bibeltexten

Textkritik:	Welches ist der ursprüngliche Wortlaut des Textes?
Literarkritik:	Wer war(en) der/die Verfasser und die Bearbeiter; welche Textschichten lassen sich feststellen; worin besteht die Einheit des Textes?
Sprachanalyse:	Welches ist Ziel, Horizont und Bedeutung der Sprachhandlung des Textes?
Form- und Gattungs-Kritik:	In welchem Lebensbereich bewegt sich der Text?
Motiv- und Traditionskritik:	Welche Themen, Motive, Traditionen schlagen sich im Text nieder?
Überlieferungskritik:	Welche vorausgegangenen Traditionen sind in den Text eingegangen?
Kompositions- und Redaktionskritik:	Wie sind die verschiedenen Textschichten zusammengewachsen?
Zeit- und Verfasserfrage:	Von wem stammt der Text und wann ist er niedergeschrieben worden?
Einzel- und Gesamtauslegung des Textes:	Welchen Sinn hat der Text nach Absicht des/der Verfasser?
Theologische Kritik:	Erhebung des Materials für die theologisch-systematische Bearbeitung *(Aufgabe u. a. der Dogmatik)*

Innerhalb dieses Geschehens ist also grundsätzlich auch der theologische Ort der Hl. Schrift zu suchen. Sie bildet sich nicht aus einem systematischen Entschluß heraus, sondern entsteht in einem langen Prozeß. Personen und Personengruppen in Israel machen bestimmte Erfahrungen, die sie als Gotteserfahrungen deuten und bekennen. Damit wird ein Traditionsvorgang eingeleitet, in dessen Verlauf sie entfaltet, ergänzt und im Lichte neuer Erfahrungen gedeutet und schließlich auch durch definite Personen schriftlich aufgezeichnet werden. In diesen Aufzeichnungen sieht nun die Gemeinde das Fundament ihres Glaubens und damit, weil der Grund ihrer Vergemeinschaftung allein der Glaube ist, auch ihrer Identität. Sie haben damit für die Gemeinde eine konstitutive Bedeutung: Im *Menschenwort* erfährt und erkennt sie *Gottes Wort*. Diese Erfahrung und Erkenntnis ist selber bereits getragen vom Geist Gottes, sofern sie in der Dimension des Glaubens erfolgt.

Der hier geschilderte Traditonsvorgang erfolgt in zwei wesentlich voneinander unterschiedenen, aber keineswegs zu trennenden Phasen. Die erste vollzieht sich im Verschriftlichungsgeschehen selber: Wie die Redaktionsgeschichte der alttestamentlichen Schriften zeigt, werden die jeweils neueren Texte oft einfach neben die älteren gesetzt – der doppelte Schöpfungsbericht Gen 1/2 ist das bekannteste Beispiel. Die Devise dieser Phase lautet: *Man darf nichts aus der biblischen Tradition weglassen.* Denn in allen ihren Artikulationen handelt es sich um Artikulationen des Wortes Gottes, das in sich ein Kontinuum darstellt. Das Ende dieser und der Beginn der zweiten Phase ist der Abschluß des Kanons. Wodurch ist er aber gerechtfertigt? Warum wird der Verschriftlichungsprozeß mit einem Male nicht weiter fortgesetzt, sondern die neue Devise ausgegeben: *Man darf der biblischen Tradition nichts mehr hinzufügen?*

Der theologische Grund dafür ist das Christusereignis. Seine Jünger erkennen es als einen von Gott ausgehenden und legitimierten Vorgang der Bildung eines neuen Bundesvolkes im Blut Jesu. Durch die Ostererfahrung erschließt sich ihnen die Heilsgeschichte neu: Das *Alte* Testament ist abgeschlossen, wenn auch nicht überholt; es ist von Christus her zu deuten. Das *Neue*, das sich in ihm erschlossen hatte, muß nun in einer Wiederholung des Tradierungsvorgangs im alten Israel erst verkündet, dann aufgezeichnet werden – damit die Christusgemeinde ein Glaubensfundament und einen Identitätsnachweis bekommt. Dieser Prozeß ist aber nicht mehr grundsätzlich indefinit wie in Israel, sondern prinzipiell abzuschließen, sofern Christus als Gottes letztes und endgültiges Wort erkannt wird. Die Kriterien für die schriftlichen Zeugnisse ergeben sich mit innerer Logik:

Nähe zum Ursprung (konkret zu den Aposteln als den Erstzeugen und Erstverkündern von Ostern),
Konformität mit dem Christusgeschehen (mit Jesus selber bzw. mit dem Vater Jesu hinsichtlich des AT),
Rezeption in der Kirche als Gemeinschaft der Glaubenden,
normative Geltung in der Kirche.

Damit haben wir eine wichtige Einsicht in die Qualität der Schrift als Bezeugungsinstanz für den Glauben gewonnen. Sie ist grundlegend identisch mit der Kanonbildung. Diese aber ist ein inneres Moment der Offenbarung selber, d. h.

heilgeschichtlich konkret im Willen Gottes verwurzelt, der seinen Sohn zum Begründer des neuen Gottesvolkes der Kirche macht, die als Kirche Christi Trägerin des Heilswillens Gottes sein soll. Das geschieht zunächst (in der Urkirche) durch die Fixierung der authentischen schriftlichen Christuszeugnisse, d. h. der Kanonbildung und des Kanonabschlusses, dann (in den folgenden Generationen) durch die Unterstellung der Kirche unter die Norm der (kanonischen) Bibel.

Letztere hat damit ein eigentümliches Verhältnis zur Kirche. Es muß durch drei Feststellungen beschrieben werden:

1.) Die Hl. Schrift ist ein Buch *vor der Kirche*, weil sie Teil des kirchenbegründenden Offenbarungshandelns Gottes ist. Das zeigt sich daran, daß keine kirchliche Instanz auszumachen ist, die den Kanon autoritativ verfügt hätte. Er „erlegt sich der Kirche auf" in einem komplexen Vorgang.

2.) Sie ist ein Buch *durch die Kirche*, weil sie aus der Christuserfahrung und dem Christusglauben der (Ur-)Kirche als Christuszeugnis stammt. Das ist präzise beschrieben in der Vorrede des 1 Johannesbriefes (1 Joh 1,1-4).

3.) Sie ist ein Buch *für die Kirche*, weil sie als Christuszeugnis normierend für die Glaubensgemeinschaft dergestalt ist, daß es eine übergeordnete Norm (für die der Urkirche folgenden Generationen) nicht gibt. Aller Glauben und alle Glaubensreflexion (Theologie) muß sich also durch sie legitimieren lassen.

Der innerste Grund für alle drei Momente ist die Einsicht, daß sich in diesen Schriften, die *die Schrift* bilden, das Wort Gottes niedergeschlagen hat: Sie wird in der Aussage von der Inspiriertheit und Inerranz der Bibel formuliert. Obschon Wort von Menschen und daher allen Bedingungen und Bedingtheiten ausgesetzt, die damit unvermeidbar verbunden sind, ist sie es so, daß darin unfehlbar Gott zu Wort kommt, was nach dem oben Gesagten immer bedeutet: Daß durch das Schriftwort und in ihm Gottes Heil erkannt werden kann. Darin liegt der eigentliche Wahrheitsgehalt der Schrift und ihre fundamentale Funktion für Glauben und Theologie. Darin gründen aber auch die Vorgaben, denen eine theologisch verantwortete Schriftauslegung zu folgen hat.

1.) Die Bibel ist kein schlankweg und unter jeder Hinsicht irrtumsloses Werk. Das ist nicht nur eine Faktenfeststellung, sondern ergibt sich theologisch aus der Tatsache, daß sie Gotteswort *im Menschenwort* ist. Damit steht sie allen Fehlern, Irrtümern, Ungenauigkeiten, Verwechslungen offen, die mit menschlicher Autorschaft verbunden sind. In der Vergangenheit war das solange ein Problem, als man – übrigens ähnlich wie in der Auffassung von der Gnade[67] – Gott und Mensch nur in einem Konkurrenzverhältnis zu sehen vermochte: Was man also dem Menschen zuschrieb, schien man Gott abschreiben zu müssen; und umgekehrt. Wenn also die Schrift als Wort Gottes wahr sein sollte und mußte, meinte man, ihr eine echt menschliche (und also den Bedingtheiten offene) Verfasserschaft faktisch absprechen zu müssen. Was nicht sein durfte, konnte dann auch nicht sein. Die Folge waren gequälte Harmonisierungsversuche. Doch in Wirklichkeit kann es keine echte Konkurrenz geben, weil Gott und Mensch nicht auf der gleichen Ebene stehen. Gott ist *auctor* der Schrift nicht als Instanz neben den Menschen (auctor ist dann *Verfasser*), sondern als *Urheber* des die Schrift konstitu-

[67] Vgl. in diesem Werk Bd. III: Gnadenlehre 4.1.2.3.

ierenden Heilsgeschehens: Er ermächtigt Menschen, in *ihren* Worten *sein Wort* in Freiheit, Glaube und Liebe so zur Erscheinung zu bringen, daß im Menschenwort tatsächlich und wahrhaftig sein Wort kundgetan wird. Die Inspiration ist also ein Moment des gott-menschlichen Kommunikationsvorgangs, bei dem die menschlichen Verfasser sagen, was Gott sagen will.

2.) Als solches Moment macht die Inspiration die Hl. Schrift wahrhaft und wirklich zur pneumatisch getragenen Bezeugungsinstanz der göttlichen Offenbarung und damit zur grundlegenden Quelle aller theologischen Erkenntnis.

3.) Die Theologie hat bei deren Nutzung zunächst zu berücksichtigen, daß sie vom unmittelbaren Zugang her Menschenwort ist. Sie muß daher zuerst einmal an den Text selbst herangehen und ihn historisch-kritisch nach allen Regeln hermeneutischer Kunst analysieren[68]. Dabei kann sie jedoch nicht stehenbleiben. Die *einzelne Schriftstelle* ist auch im Kontext der Einzelschrift, die *Einzelschrift* im Kontext des Kanons, der *Kanon* im Kontext der Kirche, *die Kirche* im Kontext des Heilshandelns Gottes zu interpretieren. Das hat u.a. auch zur Folge, daß der Einzeltext gegebenenfalls zu relativieren ist: Ein Jesuswort hat einen anderen Stellenwert als ein Fluchpsalm, ein Evangelium eine andere theologische Bedeutung als das Buch Deuteronomium.

4.) Da aber dieses Heilshandeln Gottes als dialogisches Geschehen mit dem Kanonabschluß nicht ans Ende gekommen ist, impliziert die Inspiration der Bibel eine prinzipielle Offenheit und Unabgeschlossenheit für die Zeit der Kirche. Es darf ihr zwar nichts hinzugefügt werden, doch der kanonisch fixierte Text eröffnet als Niederschlag des göttlichen Wortes für alle Zeiten neue Verstehensmöglichkeiten und ermöglicht durch die Konfrontation mit den Problemen einer bestimmten Zeit und Generation neue und bisher nicht erschlossene Erkenntnismöglichkeiten[69]. Die Kirche war sich dessen stets bewußt: Sie hat sich niemals mit dem bloßen Rezitieren der Bibel begnügt, sondern diese in den kirchlichen Kommunikationsprozeß (Predigt, Katechese, lehramtliche Interpretation, Theologie) einbezogen. Daraus ergibt sich, daß auch andere nachkanonische Texte kirchliche Geltung erlangen können. Sie sind nicht inspiriert, aber sie sind gegebenenfalls getreue Auslegung der biblischen Norm. Sie sind dann *norma normans normata*. Nach katholischer Überzeugung gilt das für Dogmen im strengen Sinn, für andere kirchliche Lehr- und Glaubenszeugnisse in abgeschwächter Weise (Zeugnis der Kirchenväter, nicht-unfehlbare Lehramtsverlautbarungen, geistliche Schriften usw.).

5.) Weil das Wort Gottes und seine Wahrheit je größer sind als deren Umsetzung ins Menschenwort, steht auch die Hl. Schrift unter dem Gesetz des übergreifenden Geheimnisses und der nur perspektivisch und fragmentarisch zu erfassenden Wahrheit. Ihre Sätze und Texte sind unter diesem Aspekt nicht bloße Informationen über Gott und Gottes Tun, sondern vor allem Verweis zur liebend-lebendig-personalen Begegnung mit dem Vater Christi durch den Hl. Geist.

---

[68] Vgl. die Übersicht S. 109.

[69] Heute bekommen beispielsweise angesichts der ökologischen Situation oder der Frauenemanzipation bestimmte Bibeltexte, die selbstverständlich „schon immer" im Kanon stehen, neues Gewicht und neue Normativität.

4.2 Die Tradition

4.2.1 Der Begriff

Das Wort *Tradition* leitet sich ab vom lat. Substantiv *traditio*, das seinerseits vom Verbum *tradere* kommt. Ein Blick ins Wörterbuch zeigt, daß sich damit eine Reihe von Inhalten verbindet, die höchst unterschiedliche Bedeutung besitzen. Der Grundsinn ist *übergeben* (*trans-* hinüber, *dare* geben); daraus entspringen Sinngehalte, die im Deutschen umschrieben werden mit den Wörtern *anvertrauen, ans Herz legen, ausliefern, verraten, vererben, fortpflanzen, überliefern, lehren, berichten, mitteilen*. Sie haben auch emotional ein sehr unterschiedliches Potential, denkt man an die zweite und die dritte von uns genannte Bedeutung.

Das griechische Äquivalent, soweit in der Hl. Schrift belegt, lautet substantivisch *paradosis*, als Verbum *paradidonai*. Dieses hat eine ähnliche Spannweite wie das lateinische Gegenstück: es kann heißen *übergeben, weitergeben, hingeben, überliefern, verraten. Paradosis* kommt in der LXX nur vor im Sinn von Übergabe von Städten und Auslieferung von Menschen (Jer 32,4; 34,2); im Neuen Testament erscheint es an 13 Stellen[70]. *Paradidonai* ist ein hier häufig verwendetes Wort: an 113 Stellen begegnet es uns, vor allem in den Evangelien und in der Apostelgeschichte.

In den sprachlichen Umkreis gehören ferner:
paralambánein annehmen und *parathéke* das Überlieferte (lat. *depositum*),
mimnéskesthai gedenken, in Erinnerung bewahren und *anámnesis* Erinnerung,
kerýssein verkündigen und *kérygma* Predigt, Verkündigung,
didáskein lehren und *didaché* Lehre.

Wenn in der theologischen Erkenntnislehre von der *Tradition* gesprochen wird, ist in erster Linie an die *Überlieferung*, d. h. an die Weitergabe der Offenbarung von der Hl. Schrift über die Kirche der Vergangenheit zur Kirche von heute gedacht. Es geht um den Vorgang, durch den die Identität, die Kontinuität und die fruchtbare Entfaltung des Wortes Gottes in der Glaubensgemeinschaft ermöglicht wird. Unter diesem Aspekt ist sie ein wichtiges und maßgebliches Kriterium zur Feststellung des Glaubensinhaltes.

In sich ist Tradition ein außerordentlich komplexes Geschehen, in dem mehrere Komponenten zu beachten und vor allem auch zu unterscheiden sind. Im allgemeinen Sprachgebrauch (auch der Theologen) geschieht das nicht immer. Daraus erwachsen Probleme, die an sich vermeidbar sind. Jedenfalls ist stets darauf zu achten, welche Bedeutung im einzelnen Verwendungsfall der Autor gerade meint. Die Übersicht S. 114 gibt Auskunft über das Bedeutungsspektrum von *Tradition*.

4.2.2 Die Sache

Was geschähe, entfernte man aus dem Leben des Individuums, einer Gruppe, eines Volkes, der Menschheit das Überlieferungsgut – was auch einschlösse, daß

[70] Achtmal Mk 7,3-13; sonst nur in den paulinischen Schriften.

der Vorgang des Tradierens verboten würde? Die kurze und schreckliche Antwort muß lauten: Man verurteilte den betreffenden Menschen bzw. die Gemeinschaft zum geistigen Tod. Mit diesem Eingriff würde man nämlich die Sprache, die Kultur, das sittliche Erbe, das Brauchtum, die Feste, alle Umgangsformen zerstören. Alles dies haben wir ererbt, ist uns von früheren Geschlechtern überkommen. Damit aber träfe nicht nur eine ungeheuerliche Verarmung ein, vielmehr wäre der einzelne bzw. die Gemeinschaft einem kaum zu ertragenden Druck ausgesetzt, alle diese lebensermöglichenden Größen neu zu schaffen. Jeder Mensch wäre gezwungen, alle Lebenserfahrungen von neuem zu machen. Das aber führte zu unerträglicher Belastung. Ohne Tradition fiele der Mensch sehr bald in einen Primitivzustand zurück.

Allerdings darf er als einzelner wie als Glied einer Gemeinschaft es sich auch nicht erlauben, ausschließlich aus der Tradition zu leben. Er käme dann niemals aus dem gerade gegenwärtigen Zustand heraus, d. h. er wäre immer im Primitivzustand geblieben. Mit der Sprache vermag er neue Inhalte, neue Erfahrungen und Erkenntnisse auszudrücken, mit den ethischen Vorgaben muß er auf die aktuellen Herausforderungen reagieren, aus dem Kulturerbe heraus hat er sein eigenes Leben neu zu gestalten.

Tradition wird also fruchtbar nur in der *Dialektik von Pflege und Widerstand.* Sie entlastet davon, jeweils am Nullpunkt starten zu müssen, und ist kritische Instanz gegenüber den neuen Entwürfen, insofern sie an bereits durchgeführte Alternativen erinnert – aus diesem Grunde ist sie zu bewahren. Sie kann aber

Die Komponenten des Traditionsbegriffs

Komponente	Lateinische Bezeichnung	Inhalt
Vorgang	traditio activa, transmissio	Vorgang des Überlieferns
	traditio passiva vel obiectiva, traditum, depositum	Der überlieferte Inhalt, das Überlieferungsgut
	traditio subiectiva, tradens	das überliefernde Subjekt
Modus	traditio realis	Realtradition (Lebensvorgänge, Kult, Institutionen, Beispiel)
	traditio verbalis, oralis	Verbaltradition (Predigt, Katechese, Schriften, Lehre)
Zeitlicher Ablauf	traditio divina	auf Jesus Christus selbst zurückgeführte Überlieferung
	traditio apostolica	auf die Apostel bzw. die apostolische Zeit zurückgeführte Überlieferung
	traditio humana seu ecclesiastica (traditiones)	Überlieferungen der kirchlichen Gemeinschaft in der nachapostolischen Zeit

auch versteinern, fixieren, notwendige Entwicklungen hemmen, Leben ersticken – aus diesem Grunde ist die Traditionskritik höchst notwendig. Wo beides geschieht, ermöglicht sie Fortschritt und Freiheit. Wo nur das eine geleistet wird, entsteht ein verhängnisvolles Verhalten zu der Tradition und in der Gegenwart (Vgl. die nachstehende Übersicht).

Typen des Verhaltens zur Tradition

Name	Theorie	Folge
Traditionalismus	Geschichte ist beständiger Verfall, alle Traditionen sind unverkürzt und unverändert zu bewahren	Fundamentalismus, restauratives Verhalten
Evolutionismus	Geschichte ist beständiger Fortschritt, daher kann man alle Traditionen aufgeben	Progressismus, Utopismus
Typologische Dialektik	Geschichte ist ein dialektischer Vorgang, bei dem die Identität mit der Vergangenheit durch den Wandel erhalten wird: Diese ist daher Modell für die Gegenwart.	Offenheit, Reformbereitschaft

Geht es um die Frage der Erkenntnis, setzt das rechte Verhalten zur Tradition neue Einsicht frei. Tradition hat also *typologische Bedeutung*: Ihre Zeugnisse sind jeweils Typen, Modelle, Zeichensysteme, in denen sich eine Lebenserfahrung der Vergangenheit vergegenwärtigt dergestalt, daß wir sie für unsere Zeit, in unsere Problematik übersetzen und damit neue Einsicht gewinnen.

Tradition hat mithin auch eine wichtige Bedeutung für die Zukunft. Es kann sie sinnvoll überhaupt nur geben, sofern die Geschichte noch nicht abgeschlossen ist. Denn sie birgt wenigstens potentiell in sich einen Sinnüberschuß, der der zeitlich-geschichtlichen Entfaltung bedarf. Deren Ende aber kann nicht im Voraus bestimmt werden. Das Erbe der Vergangenheit kann sich in neuen Lebens- und Kulturräumen in ganz neuer Weise entfalten.

Es versteht sich, daß das Bedachte mutatis mutandis, aber in intensiver Weise für die *christliche Theologie* Geltung besitzt. Sie geht auf einen normativen und somit zu bewahrenden Ursprung zurück, sie erhebt universalen Anspruch als für alle Generationen, Lebens- und Kulturräume gültiges System. Zudem weiß sie sich unter der beständigen Leitung des Gottesgeistes. Tradition ist für sie ein wesentliches Lebens- und Erkenntnismoment.

4.2.3 Tradition in der Heiligen Schrift

Das zeigt sich bereits am Beginn des Christentums. Jesus selber versteht sich, wie im vorigen Kapitel bereits angedeutet wurde, als Erfüller und Vollender von

Gesetz und Propheten; nicht der kleinste Buchstabe darf aufgehoben werden (Mt 5,17-20) – aber nicht weil es auf diesen an sich ankäme, sondern weil Jesus der endgültige Exeget der göttlichen Selbstkundgabe ist: sofern er *„Gott ist und am Herzen des Vaters ruht, hat er Kunde gebracht“* (Joh 1,18. Vgl. Mk 12,29-31; Lk 24,25 f.). So tadelt er das fundamentalistische Traditionsverständnis der Pharisäer, die das Händewaschgebot urgieren, aber dessen Sinn nicht mehr tradieren. Jesus quittiert das mit dem Verdikt: *„Ihr gebt Gottes Gebot preis und haltet euch an die Überlieferung der Menschen“* (Mk 7,2-13, Zitat V. 8).

Die vorchristliche Tradition wird seitdem schöpferisch neu interpretiert, wie wir bei der Erläuterung der Kanongeschichte sahen, aber auch im Detail in der apostolischen Predigt sehen können. Musterbeispiel ist die Petrusrede am ersten Pfingstfest (Apg 2,14-36): Nicht weniger als sechs alttestamentliche Texte, also jüdisches Traditionsgut von höchstem Rang, werden angeführt und auf die nach Jesu Tod eingetretene Situation neu gedeutet.

Vor allem aber wird das Christusgeschehen selber als normierende Tradition gesehen. Charakteristisch dafür ist der erste Korintherbrief. „Ich lobe euch, daß ihr in allem an mich denkt (*mémnesthe*) und an den Überlieferungen (*paradóseis*) festhaltet, wie ich sie euch übergeben (*parédoka*) habe“ (1 Kor 11,2). Das ist eine allgemeine Feststellung, die bald darauf inhaltlich präzisiert wird: „Ich habe vom Herrn empfangen (*parélabon*), was ich euch überliefert habe (*parédoka*): Jesus, der Herr, nahm in der Nacht, in der er ausgeliefert wurde (*paredídoto*), Brot, sprach das Dankgebet und sagte: Das ist mein Leib für euch. Tut dies zu meinem Gedächtnis (*anámnesin*)“ (11,23 f.). Ähnlich redet Paulus 15,1-3, wo das Ostergeschehen als Rezeptions- und Traditionsbotschaft thematisiert wird. Es wird sichtbar: Wenn in christologischem Zusammenhang von Überlieferung die Rede ist, dann geht es zunächst um einen kommunikatorischen Prozeß, in dem der Apostel eine *Mittelstellung einnimmt als Empfänger und Tradent zugleich.* Aber es geht darum um wesentlich mehr: Es geht um die Hingabe Jesu an die Menschen, die durch die Auslieferung durch den Verräter Judas eingeleitet wurde, im Letzten Abendmahl als bleibende Vergegenwärtigung gestiftet, im Kreuzestod mit letzter Deutlichkeit vollzogen wird. Tradition im biblisch gefüllten Sinn ist ein Heilsvorgang, innerhalb dessen das Kommunikationsgeschehen einen unerläßlichen, aber doch abgeleiteten Part einnimmt. *„Wir sind Gesandte an Christi Statt: Laßt euch mit Gott versöhnen!“* (2 Kor 5,20).

Das gilt freilich nicht für jeden Traditionsvorgang. Die göttlich-apostolische Überlieferung entfaltet sich in Überlieferung*en*, in tradition*es* hinein. Paulus selber unterscheidet bereits zwischen Weisungen des Herrn und eigenen Ratschlägen (1 Kor 7,10 mit 52). Die unterschiedlichen Aussagen in den einzelnen Evangelien erklären sich sehr oft einfach dadurch, daß das Herrenwort in eine bestimmte kirchliche Situation, in eine konkrete Gemeinde hinein ausgesagt wird[71]. Niemals ist Tradition ein Weitergabevorgang nach Art der Übergabe von Gegenständen, die unverändert von einer Hand in die andere übergehen, sondern eine interpretatorische Kommunikation des Wesensgehaltes der göttli-

[71] So die differierenden Ehescheidungslogien: Vgl. in diesem Werk Bd. III: Sakramentenlehre 9.2.2.

chen Offenbarungsbotschaft. Sie wird geleitet von der Einsicht, daß der Glaube nur im Rückgriff auf sie gewahrt bleibt und daß man daher auf die geschichtliche Erstgestalt zurückfragen muß, daß er aber auch nur dann personaler Glaube sein kann, wenn er sie in die eigene Lebenssituation adaptierend hineinnimmt.

4.2.4 Die Tradition in der Tradition

4.2.4.1 Die Alte Kirche

Das eigentliche Problem, das sich aus dem Gesagten ergibt, lautet: Wie vollzieht sich der Tradierungsvorgang (*traditio activa*)? Er hat eine je und je schwierige Übersetzung zu leisten: Das Gleiche muß anders gesagt werden. Sie wird in der Theologie- und Kirchengeschichte nötig unter drei faktisch gegebenen Bedingungen:
- Tod der ersten, unmittelbaren Zeugen des Christusereignisses („Apostel"),
- Überstieg der Kirche in eine andere Kultur (zuerst: von der jüdischen in die hellenistische, dann in die germanische, heute in außereuropäische Kulturen),
- Notwendigkeit, nach außen (Glaubensverteidigung) und innen (Heterodoxien) die Identität der Glaubensinhalte zu wahren.

Die erste Gegebenheit führt zur Ausbildung des *Bibelkanons*. Die zweite setzt einen Vorgang in Marsch, der es in der Alten Kirche zur *Ausbildung der Theologie* kommen läßt; später charakterisiert man ihn, meist unfreundlich, als *Hellenisierung* des Christentums. Die letzte Gegebenheit endlich führt zur Ausbildung der *Glaubensregel* (*kánon tês písteos, regula fidei*), die sich sozusagen materialisiert in Glaubensformeln, Bekenntnistexten, Symbola, Dogmen, Katechesen, Erbauungsschriften. Vor allem der Liturgie räumen die Kirchenväter einen bedeutenden Stellenwert ein als Kriterium für die Glaubenserkenntnis. Auf *Prosper von Aquitanien* geht der Ausdruck *Cölestin I.* im sog. *Indiculus* von 431 zurück, *„daß die Regel des Betens die Regel des Glaubens bestimmt"*[72].

Tradition tradiert sich natürlich nicht selber; so schließt unsere Frage auch ein, wer denn ihr *Träger* sei. Wir kennen die erste, noch schriftinterne Beantwortung: Erster Träger der Offenbarung ist Gott, der uns in und durch Jesus Christus zugänglich wird. An seiner Statt übernehmen dann die Apostel deren Weitergabe. Was aber geschieht, wenn sie nicht mehr existieren? Der Frontalangriff der *Gnosis* zwingt im 2. Jahrhundert zur Lösung dieses Problems. Diese Bewegung berief sich nämlich für ihre Theorien auf geheime apostolische Überlieferungen. Dagegen wendet sich *Irenäus von Lyon*, indem er die Lehrtradition mit der Amtssukzession verknüpft: Nur was die von den Aposteln eingesetzten Bischöfe und ihre Nachfolger lehren, ist echtes Überlieferungsgut[73]. Kurz und knapp sagt *Origenes:* „Man braucht nur jene Wahrheit zu glauben, die in nichts von der kirchlichen und apostolischen Tradition abweicht"[74].

---

[72] DH 246: „Ut legem credendi lex statuat supplicandi". Die Formel wird gewöhnlich in der Kurzform zitiert: Lex orandi – lex credendi.

[73] Haer. I,10,1 ff; III,1,1; III,3,1.

[74] Princ. 1, praef. 2: „Illa sola credenda est veritas, quae in nullo ab ecclesiastica et apostolica traditione discordat".

Die Frage ist damit allerdings noch nicht gänzlich beantwortet. Wenn christlicher Glaube mehr ist als eine rational-intellektuelle Zustimmung zu Sätzen, wenn er als *fides qua* ein durch und durch personaler Vorgang ist, dann kann sich das Tradieren nicht durch das amtliche Personal allein vollziehen, sondern muß Sache aller Glaubenden sein. Hier liegt der theologische Grund für den Topos vom *Glaubenssinn der Gläubigen*, der unter 4.5 zur Sprache kommen wird. In der Frühzeit der Kirche erkennt man vor allem jene qualifizierten Glaubenden als wichtige Traditionsträger, die wir als die *Heiligen* bezeichnen. Sie erscheinen als die exemplarische Exegese der Bibel, sofern diese Handlungsanweisung zum Leben mit Gott durch Christus ist. Bereits im 2. Jahrhundert wendet sich unter dieser Perspektive die Aufmerksamkeit den Martyrern zu, die bis zum Blutvergießen an der apostolischen Botschaft festgehalten haben. Später gelten die Mönche, die Jungfrauen, die Bekenner, die Kirchenlehrer, natürlich auch jene Bischöfe, die Leben und Lehre nahtlos in Zusammenklang bringen, als Gruppen von besonders bedeutungsvollen Tradenten.

Tradenten tradieren immer *etwas* – aber ist es auch immer die *traditio divino-apostolica*, also im letzten die Offenbarungsbotschaft, oder sind es bloß die *traditiones humanae*? Ist das *traditum* als solches zu übernehmen oder muß die glaubensverpflichtende Sache aus der durchaus wandelbaren Form ausgefällt werden? Von der geistlichen Schriftauslegung der Väter her[75] erscheint diese Fragestellung zunächst unangemessen. Kraft des der Kirche geschenkten Hl. Geistes ist Tradition nichts anderes als die Manifestation des Christusgeheimnisses in der Zeit der Kirche. Noch bis in die mittelalterliche Theologie hinein gab es keine Schwierigkeit, die Begriffe *revelare* und *inspiratio* auch für deren Kundgaben gelten zu lassen[76]. Bibel und Überlieferung sind also zwei Weisen, in denen das Mysterium Gottes in Jesus Christus uns erreicht. Tradition und Traditionen gehören zusammen, zusammen gehören auch Schrift und Überlieferung. Berühmt und wirksam bis in die Formulierungen des Zweiten Vatikanischen Konzils wird ein Satz des hl. *Basilius*: „Die von der Kirche bewahrten Dogmen und verkündigten Lehren (*kerygmata*) haben wir einige aus der (schriftlichen) Lehre (*didaskalia*), andere aus der mysterienhaft überkommenen Überlieferung der Apostel empfangen. Beide haben die gleiche Kraft für die Frömmigkeit“[77].

In der Kirche macht sich daher schon früh das Bestreben geltend, möglichst jede Gewohnheit auch gleich als apostolisch und damit glaubens- und lebensverbindlich auszugeben. „*Nihil innovetur nisi quod traditum est*“ argumentiert im Ketzertaufstreit *Stephan von Rom* – und meint eigentlich nur die Kulttradition seiner Kirche, also das Faktische[78]. Oder man beruft sich, nicht allzu sehr anders als die Gnostiker, auf *mündliche* Traditionen, wenn in der Schrift über eine Lehre oder Praxis nichts zu finden ist[79].

[75] Vgl. 4.1.3.3.

[76] Y. Congar, Die Tradition und die Traditionen I, Mainz 1965, 152-169 hat dafür viele Belege gesammelt.

[77] Spir. 27,66.

[78] Cyprian, ep. 74,1,2; 74,2,1 ff und 74,9,2.

[79] Tertullian, coron. 4,1.4 ff.

Traditionskritik wird somit erforderlich. Sarkastisch bemerkt *Tertullian*, damals schon Montanist, Christus habe nicht gesagt, er sei die Gewohnheit, sondern die Wahrheit[80]. *Cyprian* leitet daraus schon eine hermeneutische Regel ab: „Eine Gewohnheit ohne Wahrheit ist bloß ein alter Irrtum. ... Christus hat uns diese Wahrheit gezeigt und im Evangelium gesagt: Ich bin die Wahrheit. Wenn wir daher in Christus sind und wir Christus in uns tragen und wenn wir in der Wahrheit bleiben und die Wahrheit in uns, dann stehen wir in der Wahrheit“[81]. *Das personale Moment* wird ausschlaggebend. Der afrikanische Bischof stellt im gleichen sachlichen Zusammenhang noch eine andere wichtige Interpretationsregel auf: Höher als die Berufung auf die Tradition sind *rationale Argumente* zu werten. „Erfolglos halten uns jene die Gewohnheit entgegen, die durch die Vernunft überwunden werden, als ob die Gewohnheit einen größeren Rang als die Wahrheit hätte“[82].

Von großem Einfluß wird die Konsensregel des *Vinzenz von Lerin*. Er polemisiert gegen die Gnaden- und Prädestinationslehre Augustins, die er als traditionswidrig einstuft. In seinem „Commonitorium“ stellt er nun als Kriterium für den rechten katholischen Glauben auf: „Man muß in der katholischen Kirche große Sorge tragen, daß wir das halten, was überall, was immer, was von allen geglaubt wird (*quod ubique, quod semper, quod ab omnibus creditum est*); denn das ist im wahren und eigentlichen Sinn katholisch“[83]. Inhalt des Glaubens und mithin der Offenbarung ist alles und nur das, was vom doppelten Konsens der Gegenwart (*consensio universitatis*) und der Vergangenheit (*consensus antiquitatis; Tradition*) getragen wird; ist dieser doppelte Konsens nicht festzustellen, sind die autorisierten Traditionsträger[84] zu befragen, also die Konzilien, die Theologen und Lehrer. Vinzenz beschreibt drei Fundorte zur Glaubensfeststellung; in Wirklichkeit aber nennt er nur zwei Kriterien, den *synchronen* oder gleichzeitigen und den *diachronen* oder historischen Konsens der Kirche. Neben der *Apostolizität* wird damit die *Katholizität* (verstanden als universitas) zum Unterscheidungsmerkmal – damit aber ist dem bloßen Traditionalismus gewehrt.

4.2.4.2 Das Mittelalter

Es sind drei Entwicklungen, die zu einer Differenzierung des Traditionsbegriffes in dieser Epoche führen. In allen ist die neu aufkommende wissenschaftliche Theologie der Katalysator.

In dem Augenblick, da sich die Glaubensreflexion unter dem Einfluß der aristotelischen Wissenschaftstheorie als Fakultät in der „Universitas scientiarum“ versteht, muß sie sich deren Ansprüchen, Methoden und Kriterien unterwerfen. Sie muß, anders ausgedrückt, rational und diskursiv vorgehen. Nicht die bloße

---

[80] Virg. vel. 1,1 f: „Dominus noster Christus veritatem se, non consuetudinem cognominavit“.

[81] Ep. 74,9,2: „Nam consuetudo sine veritate vetustas erroris est ... Quam veritatem Christus ostendens in evangelio suo dicit: Ego sum veritas. Propter quod si in Christo sumus et Christum in nobis habemus et si manemus in veritate et veritas in nobis manet, ea quae sunt vera teneamus“.

[82] Ep. 73,13,1: „Proinde frustra quidem qui ratione vincuntur consuetudinem nobis opponunt, quasi consuetudo maior sit veritate“.

[83] Common. 2,3.

[84] Das sind die *omnes* nach Common. a.a.O. und 3,4.

Autorität, auch nicht die der *consensio* im Sinne des Leriners, also auch nicht die Berufung auf die Tradition konnte als Merkmal der Wahrheit eingesetzt werden, sondern vor allem *das Argument* wird entscheidend. Glaube und Vernunft, auctoritas und ratio, Tradition und Beweis geraten in ein Spannungsverhältnis; bisweilen scheiden sie sich voneinander. Man kann die Wahrheit rational erfassen und „per affectum pietatis per divinam traditionem", meint *Alexander von Hales*[85].

Die Spannung spitzt sich zur Alternative zu, als sich die Lehrgewalt mehr und mehr auf das Papsttum verlagert und dessen Lehramt faktisch zur obersten Norm wird. *Der Papst* wird nun geradezu zum Inspirations- und Offenbarungsträger: Er könnte sogar die Verfassung der Kirche ändern „*inspiratione et revelatione Spiritus Sancti*"[86]. Das Mittelalter spricht nun von einem *magisterium cathedrae pastoralis* – das sind Papst und Bischöfe – und vom *magisterium cathedrae magistralis* – das ist die wissenschaftliche Theologie, die sich durchaus noch als *sacra pagina*, also als Exegese der Bibel versteht. Es erhebt sich nun, erstmals Ende des 13. Jahrhunderts präzis auf den Begriff gebracht, das Problem: Muß man mehr der (biblischen) Theologie oder (dem Lehramt) der Kirche glauben?[87]

Schließlich gibt es noch ein drittes Problem. Die Glaubensinhalte werden infolge der systematisch-methodischen Analysen der Theologie immer weiter entfaltet, differenziert, präzisiert. Aber sind alle diese Ableitungen auch durch die Schrift gedeckt? Nein, mußte man in vielen Fällen ehrlich sagen. Wie aber kann man sie dann als katholisch einstufen? Es gibt, lautet die Entgegnung, neben der Schrift noch die mündliche Überlieferung (*traditio oralis*), die ebenfalls offenbarungsgemäß ist. „Schrift" *und* „Tradition" werden nun ebenfalls zu einem polaren Gegenüber, mehr noch: zu *zwei eigenständigen Quellen* für die Glaubenserkenntnis. Festgeschrieben ist das beispielsweise in der einflußreichen und über das *Decretum Gratiani* wirkungsgeschichtlich potenten Kanonessammlung des *Burchard von Worms*. Um die Jahrtausendwende schreibt er: „Einige Gewohnheiten kirchlicher Institutionen empfangen wir aus der Hl. Schrift, andere durch die apostolische Tradition, die durch die Nachfolge im Geheimnis bestätigt wird. Ihnen kommt gleiche Kraft und gleiche Verehrung zu"[88]. Das ist natürlich *Basilius*, aber jetzt ist das geistliche Einheitsband verloren, so daß aus zwei Manifestationen des Einen zwei verschiedene „Quellen" werden.

4.2.4.3 Reformation und Neuzeit

Unter dem von uns in diesem Kapitel gewählten Blickpunkt kann man die mit dem 16. Jahrhundert anhebende Geschichtsperiode im Abendland als Zeit der Traditionsbrüche bezeichnen. Sie beginnt mit der Reformation, die gegen die spätmittelalterlichen Überlagerungen des Glaubens mit allen möglichen Zusätzen, von einer wuchernden Volksfrömmigkeit angefangen bis hin zu den Auswüchsen spätscholastischer Spitzfindigkeiten, zur Reinheit der Quellen vordrin-

[85] S.th. tract. introduct. 1,4,1 n. 2.
[86] Y. Congar, Die Tradition und die Traditionen I, 125, Anm. 31.
[87] Heinrich v. Gent, Summa quaest. 10,1.
[88] Decr. 3,127.

gen will. Im Sprachgebrauch der Zeit laufen alle diese Dinge, das Wallfahrtswesen wie die Ausgestaltungen der Marienfrömmigkeit oder das Ablaßwesen, unter dem nämlichen Namen *Tradition* wie die Überlieferung der apostolischen Zeit. Da kann es, soll die Kirche erneuert werden, nur den kompromißlosen Rückgang auf die Hl. Schrift geben: „Sola Scriptura" wider alle mündlichen Traditionen, lautet denn der Ruf der Reformatoren. Damit wird einmal der Gegensatz von (allein verbindlicher) Schrift und (nur aus Menschengemächte bestehender) Tradition, dann der zwischen Reformation und Altgläubigen statuiert: „Wenn ich schreie: Evangelium, Evangelium, Christus, Christus, dann antworten sie: Väter, Väter, Bräuche, Bräuche, Weisungen, Weisungen"[89].

Das Konzil von Trient, das nach langer Verzögerung die unaufschiebbare Erneuerung der römisch-katholischen Kirche – inzwischen Konfession neben anderen – einleitete, konnte angesichts der Angriffe kein unbefangenes Programm dafür vorlegen, sondern sah sich zuerst einmal verpflichtet, die alte Lehre zu schützen. Das bedeutete natürlich auch die Stärkung des von den „Novatores" in Frage gestellten Lehramtes, der kirchlichen Autorität. Dogmatisch hat das Konzil auf den meisten von ihm behandelten Gebieten die ausdrückliche Absicht gehabt, weder die alten Traditionen aufzugeben noch in die innerkatholischen Schulstreitigkeiten einzugreifen. Wegen der großen Geltung der Kirchenversammlung bei den folgenden Theologengenerationen hatte dieses Vorgehen allerdings zur Folge, daß die tridentinischen Dekrete als unüberholbarer Ausdruck des katholischen Glaubens betrachtet wurden. Lehramt und Überlieferung werden so zu den maßgeblichen Bezeugungsinstanzen. Sie vermittelten sicher und zuverlässig, was zu glauben war.

Das Bedürfnis nach zuverlässiger Sicherheit wuchs bei den Leuten der Kirche unter den scheinbar alles Herkömmliche in Frage stellenden Attacken der Naturwissenschaften und der Aufklärung. Nun wird die Welt nicht mehr von der göttlichen Offenbarung in ihrer traditionellen und lehrverbindlichen Auslegung gedeutet, sondern von der Vernunft allein her: „*Sola ratione*". Damit ist ein umstürzender Wechsel der Perspektive gegeben: An die Stelle des Glaubens tritt der Verstand, an die Stelle Gottes der Mensch, an die Stelle der Kirche die Gesellschaft. Im Verlauf der Epoche nimmt das Tempo zu, in dem neue Einsichten entwickelt, alte Lösungen als falsch erkannt, prinzipiell das Überkommene als das Relative eingeschätzt wird. Das alles läuft auf eine vernichtende Traditionskritik hinaus. Ihnen suchen sich traditionalistische und integralistische Strömungen in der katholischen Kirche entgegenzustellen. Die amtlichen Traditionsträger wollen einen Mittelkurs steuern, der zwischen der Skylla des Rationalismus und der Charybdis des Fundamentalismus hindurchlaviert: Das *Erste Vatikanische Konzil* ist das große gesamtkatholische Unternehmen in dieser Richtung. Die *Dogmatische Konstitution „Dei Filius"* ortet das Verhältnis zwischen Glaube und Vernunft, die *Dogmatische Konstitution „Pastor aeternus"* will die traditionelle Ekklesiologie retten. Faktisch resultiert aus diesen Bemühungen ein rigider Zentralismus und eine restriktive Haltung gegenüber allen Versuchen,

---

[89] M. Luther, WA 7,182: „Ita fit, ut ego clamem: Evangelion, Evangelion, Christus, Christus, ipsi respondeant: Patres, Patres, usus, usus, statuta, statuta".

eine wirkliche Auseinandersetzung mit der Moderne einzuleiten. *„Modernismus"* und *„Antimodernismus"* werden zu Schlagworten, die die jeweilige Haltung kennzeichnen und zugleich verurteilen wollen. In der sog. *„Zwischenkriegstheologie"* (ca. 1920-1940) unternahm man Versuche, die Verhärtungen aufzubrechen, vor allem durch eine Zuwendung zu der gesamten Überlieferung der Kirche, nicht nur zu der mittelalterlichen. In den verschiedenen Bewegungen (liturgisch, patristisch, Laien, Ökumene), die meist „von unten" aufgebrochen waren, sollte sie in Synthese mit der Neuzeit gebracht werden. Nach dem Zweiten Weltkrieg hat dann das *Zweite Vatikanische Konzil* die Ernte in die Scheuer gefahren. In dem wohl „modernsten" Dokument, der *Pastoralkonstitution „Gaudium et spes"* wird es der Kirche als Pflicht aufgetragen, „nach den Zeichen der Zeit zu forschen und sie im Licht des Evangeliums zu deuten. So kann sie dann in einer jeweils einer Generation angemessenen Weise auf die bleibenden Fragen der Menschen nach dem Sinn des gegenwärtigen und zukünftigen Lebens und nach dem Verhältnis beider zueinander Antwort geben"[90]. Das ist eine entschiedene Bejahung der Tradition als Quelle theologischer Erkenntnis, aber auch der Zeitzeichen als Material für sie. Sich dieser Spannung zu stellen, bleibt der Glaubensgemeinschaft nach wie vor ja angesichts der neuen Entwicklungen dringlicher denn früher aufgegeben. Wir leben in einer Epoche, in der fast alle bislang tragenden Traditionen über Bord geworfen werden (müssen). Wenn es richtig ist, daß Tradition als solche lebensnotwendig ist (vgl. 4.2.2), dann zeichnen sich bedrohliche Gefahren ab. Sie können sicher nicht im Sinn des Traditionalismus bewältigt werden. Auf jeden Fall ist das Nachdenken über Tradition allenthalben, besonders in der Kirche höchst zeitgemäß.

4.2.5 Die Tradition nach dem Lehramt

Die gerade abgeschlossene Tour d'horizon hat zutage gebracht, daß das Traditionsproblem zu *dem* Problem der Neuzeit geworden ist. Dem entspricht es, daß die drei letzten Kirchenversammlungen sich damit befaßt haben; das wurde schon erwähnt. Wir haben uns nun mit deren Aussagen etwas näher zu beschäftigen. Da das Erste Vatikanische Konzil praktisch nur die Feststellungen seines Vorgängers repetiert, können wir uns auf die Konzilien von Trient und Vaticanum II beschränken.

Das *Konzil von Trient* hatte sich die Aufgabe gestellt, gegenüber den reformatorischen Bestrebungen die reine und wahre katholische Lehre darzustellen. Wo aber ist sie zu finden und wie erreicht sie den Menschen? Die Antwort gibt das „Decretum de libris sacris et de traditionibus recipiendis" vom 08. April 1546 (DH 1501-1505): Die „Quelle aller heilsamen Wahrheit und Sittenlehre" ist das Evangelium, das durch die Predigt der Propheten, Jesu und der Apostel allen Geschöpfen verkündigt wird. Dann heißt es (DH 1501):

[90] GS 4.

Tridentina Synodus ... perspiciensque hanc veritatem et disciplinam contineri in libris scriptis et *sine scripto traditionibus*, quae ab ipsius Christi ore ab Apostolis acceptae, aut ab ipsis Apostolis Spiritu Sancto dictante quasi per manus traditae ad nos usque pervenerunt, orthodoxorum Patrum exempla secuta, omnes libros tam Veteris quam Novi Testamenti, cum utriusque unus Deus sit auctor, nec non traditiones ipsas, tum ad fidem, tum ad mores pertinentes, tamquam vel oretenus a Christo vel a Spiritu Sancto dictatas et continua successione in Ecclesia catholica conservatas, *pari pietatis affectu et reverentia* suscipit et veneratur.	Die heilige Kirchenversammlung... weiß, daß diese Wahrheit und Ordnung enthalten ist in geschriebenen Büchern *und ungeschriebenen Überlieferungen*, die die Apostel aus Christi Mund empfangen haben oder die von den Aposteln selbst auf Eingebung des Hl. Geistes gleichsam von Hand zu Hand weitergegeben wurden und so bis auf uns gekommen sind. So folgt sie dem Beispiel der rechtgläubigen Väter, wenn sie alle Bücher des Alten und Neuen Bundes – denn der eine Gott ist ja der Urheber von beidem – zugleich mit den Überlieferungen, die Glaube und Sitte betreffen, *mit gleicher frommer Bereitschaft und Ehrfurcht* anerkennt und verehrt. Denn sie stammen ja aus dem Munde Christi oder sind vom Heiligen Geist eingegeben und sind in ununterbrochener Reihenfolge in der katholischen Kirche bewahrt worden.

Das Konzil spricht mit gebotener Klarheit. Oberste Quelle des Glaubens ist das *Evangelium*, das von den Propheten über Christus bis zu den Aposteln gepredigt worden ist (und mit der Kanonbildung seinen Abschluß gefunden hat). Diese Quelle kommt auf uns in einer doppelten Weise: als *kanonische Schrift* und als *Überlieferung(en)*. Die Einheit wird durch das Wirken des Hl. Geistes gewahrt. Beide verdienen die gleiche Anerkennung und Verehrung (*pietatis affectus*). In der Auseinandersetzung der Zeit mußte bestimmt werden, was apostolische, was menschliche Traditionen sind. Das hat das Konzil nicht getan; es hat sich aber darauf verständigt, daß im Dekret nur von den ersteren gesprochen werden solle. Offen bleibt das Verhältnis zwischen Bibel und Tradition: ein einfaches *et* verbindet beide. Wichtig ist im Vorausblick auf die spätere Debatte, daß die ursprüngliche Verhältnisbestimmung lautete: *partim – partim* (teils – teils).

Wesentlich wichtiger für die Kirchenversammlung selber ist die Feststellung des Verhältnisses zwischen „Evangelium" in beiden Modi der Vermittlung und der Instanz der Auslegung dieses Evangeliums: Wer entscheidet über den Sinn des je Gesagten? Die Schrift, hatten die Reformatoren behauptet, legt sich selber aus. Nein, sagt Trient: „Um leichtfertige Geister im Zaum zu halten", beschließt das Konzil, daß einzig der Mutter Kirche „das Urteil über den wahren Sinn und die Erklärung der heiligen Schriften" zustehe (DH 1507). Die *Mutter Kirche* ist ganz eindeutig die „Amtskirche", also das Lehramt. „Aus dem ‚charisma veritatis', das bei Irenäus das der Kirche verliehene Geistgeschenk der Wahrheit meinte, wurde nun eine Geistzusage und eine Geistvollmacht für die Hierarchie bei lehramtlichen Entscheidungen, aus der ‚regula fidei' bzw. ‚veritatis', der Regel, welche der Glaube bzw. die Wahrheit selbst ist, wurde eine lehramtliche Regel für den Glauben. Sie wurde als regula fidei proxima der Schrift und der Tradition als den regulae fidei remotae vorgeordnet. So erhielt – wie man jetzt sagte – die aktive Tradition den Vorrang vor der objektiven"[91]. Bezeichnender Ausdruck ist das von Pius IX. kolportierte Wort: „La tradizione sono io" – der Papst ist Subjekt und Organ der Tradition[92].

Wenn und wo die nachtridentinische Theologie sich der Verhältnisbestimmung Schrift – Tradition zuwendete, geschah dies gewöhnlich im Sinne der vom Konzil gar nicht behaupteten *Zwei-Quellen-Theorie*. Unsere Glaubenserkenntnis basiert letztendlich auf dem „Evangelium", aber wir werden seiner ansichtig zu verschiedenen Teilen (*partim – partim*) aus der Schrift bzw. aus den „mündlichen" Traditionen[93]:

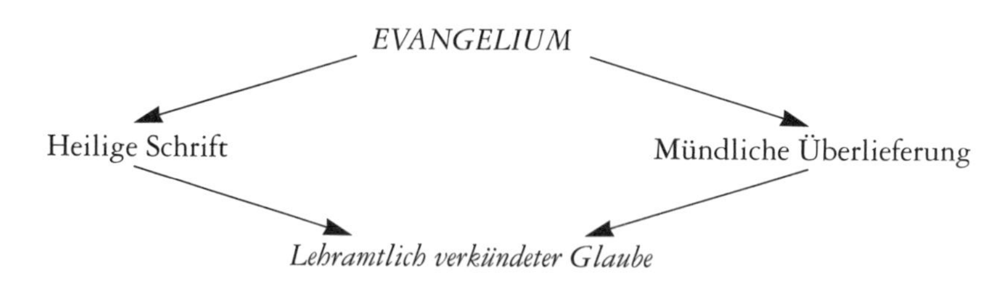

Die Tradition erscheint als *autonome Erkenntnisquelle*. Scheinbar wurde dieser Befund gedeckt durch den Hinweis auf den Kanon, der nirgendwo biblisch verankert sei, also durch eine andere Quelle erkannt werden mußte, oder durch die Dogmatisierung der Unbefleckten Empfängnis (1854) und der leiblichen Aufnahme Mariens in den Himmel (1950), für die ebenfalls ein Schriftfundament nicht nachweisbar war. Aber umgekehrt hatte sich die Kirche, auch ihr Lehramt, immer bemüht, den wenigstens indirekten Nachweis zu liefern, daß ihre Aussagen biblisch gedeckt sind.

In den Jahren vor dem Zweiten Vatikanischen Konzil wurden verschiedene Modelle entworfen: Sie tendierten darauf hin, die materiale Suffizienz der Bibel nachzuweisen, d. h. zu zeigen, daß alle heilsnotwendigen Wahrheiten dortselbst enthalten sind, die Materie der Bibel also hinreichend als Erkenntnisquelle sei[94].

Das Zweite Vatikanische Konzil setzte die offene Frage auf die Tagesordnung. Sein Grund- und Hauptproblem war es, den überkommenen Glauben der Welt von heute zu vermitteln. In der Traditionsfrage aber geht es genau darum. Es geht um die oberste und letzte Norm der kirchlichen Verkündigung, die die Kirche nie, der gegenüber sie aber alle anderen grundsätzlich aufgeben kann. Dem Konzil wurde zuerst das uns schon bekannte Schema „*De fontibus revelationis*"[95] vorgelegt. Schon der Name sagt, wes Geistes Kind es war. Im ersten Kapitel lesen wir ausdrücklich: „Die heilige Mutter Kirche hat immer geglaubt und

---

[91] W. Kasper, Das Verhältnis von Schrift und Tradition. Eine pneumatologische Perspektive: W. Pannenberg, Th. Schneider (Hg.), Verbindliches Zeugnis I: Kanon – Schrift – Tradition (DiKi 7), Freiburg-Göttingen 1992, 351.

[92] R. Aubert, Le pontificat de Pie IX, Paris 1952, 354; K. Schatz, Vaticanum I (1869-1870), Bd. III, Paderborn u.a. 1994, 312-322: Demnach hat der Papst tatsächlich diese Äußerung getan.

[93] Wobei „mündlich" so viel heißt wie: „nicht in die kanonischen Schriften aufgenommen"; selbstverständlich finden wir sie heute in literarischen Zeugnissen vor.

[94] Vgl. die Übersicht W. Beinert, Tradition: ders.: LKDog ^{3}1991, 516.

[95] S. 4.1.3.3.

glaubt, daß die gesamte Offenbarung nicht in der Schrift allein, sondern in Schrift und Tradition *wie in einer zweifachen Quelle* enthalten ist, wenn auch in je anderer Weise“[96]. Die Überlieferung ist insofern eine Ergänzung der Bibel, als „deren Sinn allein aus der apostolischen Tradition gewiß und ganz (*certe et plene*) erkannt und sogar ausgelegt werden kann. Mehr noch: Die Tradition, und zwar sie allein, ist der Weg, auf dem bestimmte geoffenbarte Wahrheiten erhellt und von der Kirche erkannt werden, jene vor allem, die die Inspiration, die Kanonizität und die Integrität aller und jeder einzelnen der heiligen Schriften betreffen“[97]. „Das kirchliche Lehramt“, so heißt es dann am Ende des Anfangskapitels, „hat die Aufgabe, als nächste und allgemeine Glaubensnorm nicht nur ... über den Sinn und die Interpretation sowohl der Hl. Schrift als auch der Dokumente ... der Tradition zu urteilen, sondern auch alles das zu erläutern und darzulegen, was in den beiden Quellen dunkel oder einschlußweise enthalten ist“[98].

Die Väter des Zweiten Vatikanischen Konzils ließen sich von dem Schema nicht beeindrucken. Es kommt zur ersten großen Krise des Konzils, zur „Schlacht um die Bibel“, wie sie auch genannt wurde: Am 29.11.1962 setzt Johannes XXIII. die Vorlage endgültig ab. Eine gemischte Kommission aus Vertretern der Theologischen Kommission und des Einheitssekretariates erarbeitete ein neues Schema, dessen dritter Entwurf dann 1964 die Grundlage der Debatte in der Konzilsaula bildete. Wir halten uns an den endgültigen Text; er steht in Kapitel 2 von „Dei Verbum“[99].

Der Leitbegriff in Nr. 7 lautet *Evangelium*: Es ist die einzige „Quelle (*fons*) jeglicher Heilswahrheit und Sittenlehre“ und umfaßt die Predigt der Propheten, Jesu und der Apostel; deren Verkündigung hat sich in der mündlichen Predigt, im Beispiel, in Einrichtungen (*institutiones*) und mit besonderer Deutlichkeit in inspirierten Schriften niedergeschlagen. Ihr Werk wird weitergeführt durch die Bischöfe (DH 4207).

Der Text lehnt sich eng an Trient an; um so auffälliger ist die Tatsache, daß in ihm nicht wie dort von *traditiones*, sondern von *Sacra Traditio* (mit Versalien!) gesprochen wird. Bei ihr handelt es sich nicht um irgendwelche mündlichen Sonderlehren, sondern um die Verbal- und Realtradition des Evangeliums. „Was von den Aposteln überliefert wurde, umfaßt alles, was dem Volk Gottes hilft, ein heiliges Leben zu führen und den Glauben zu mehren. So führt die Kirche in Lehre, Leben und Kult durch die Zeiten weiter (*perpetuat*) und übermittelt (*transmittit*) allen Geschlechtern alles, was sie selber ist, alles, was sie glaubt“[100]. Die beiden Verben sind wichtig: Ausdrücklich wird, wie der anschließende Passus zeigt, damit einem fundamentalistischen Biblizismus und Traditionalismus Paroli geboten: „Diese apostolische Überlieferung kennt in der Kirche unter dem Beistand des Heiligen Geistes einen Fortschritt“, der nicht nur dem Lehramt verdankt wird, sondern allen Gliedern der Kirche[101]. Noch weniger als die Hl.

---

[96] Acta synodalia Conc. Vat. II, 1/3, Nr. 4 S. 15.

[97] Nr. 5: a.a.O. 16.

[98] Nr. 6: a.a.O.

[99] Nr. 7-10: De divinae revelationis transmissione; DH4207-4214.

[100] Nr. 8; DH 4209.

[101] Nr. 8; DH 4210.

Schrift ist die Tradition deckungsgleich mit dem Evangelium. Beide sind nur „gleichsam ein Spiegel, in dem die Kirche Gott ... anschaut“[102].

Für die theologische Erkenntnislehre ist das eine bedeutungsvolle Aussage. Die Kirche hat die Aufgabe, so mahnen schon die Verfasser der Pastoralbriefe, das ihr anvertraute (Glaubens-)Gut (1 Tim 6,20; 2 Tim 1,12.14: paratheke, depositum) treu zu bewahren. Vom antiken Sprachgebrauch her lag es nahe, diesen Begriff statisch aufzufassen[103]. Während die Pastoralbriefe nur mahnen wollen, daß die Verkünder nicht Herren, sondern nur Diener und Zeugen des Evangeliums sein dürfen, ließ sich im Horizont des neuzeitlichen Sicherungsstrebens in der Kirche leicht an eine formal identische Weitergabe von Lehr-Sätzen denken, die wortwörtlich von Geschlecht zu Geschlecht zu übernehmen seien. Das Konzil dagegen unterscheidet zwischen dem Depositum und der Formulierung des Glaubens, die nicht notwendig identisch sind; ausdrücklich geschieht das in der Pastoralkonstitution „*Gaudium et spes*“, wo unter Aufnahme der Konzilseröffnungsansprache Papst Johannes XXIII. erklärt wird: „Die Glaubenshinterlage selbst, das heißt die Glaubenswahrheiten, darf nicht verwechselt werden mit ihrer Aussageweise, auch wenn diese immer den selben Sinn und Inhalt meint“[104]. Tradition ist also ein Lebensvorgang, der sich in jenem Heiligen Geist vollzieht, der die Kirche in alle Wahrheit einführt[105]. In ihr wird Gott selber der Kirche gegenwärtig.

Mit diesen grundlegenden dogmatischen Klärungen kann die Kirchenversammlung dann die beiden in der Neuzeit so lange diskutierten Fragen nach dem Verhältnis der Tradition zur Schrift und zum Lehramt aufgreifen. Beim ersten Problem bleibt das Konzil weitgehend auf den Spuren von Trient. Die Kirche schöpft die Gewißheit über das Geoffenbarte „nicht aus der Heiligen Schrift allein“, weshalb auch die Tradition die Liebe und Achtung verdient, die der Bibel gebühren[106]. Wird hier doch wieder das *partim – partim* eingebracht? Man muß das nicht so verstehen, sondern kann auch interpretieren, daß da nur die Unerläßlichkeit der Tradition für die Erkenntnis des Glaubens eingeschärft wird[107]. Die mit unserem Problem verbundene Frage nach der Suffizienz der Schrift jedenfalls wird nicht entschieden.

Das zweite Problem, das Verhältnis der Tradition (und der Hl. Schrift) zum Lehramt, wird Nr. 10 (DH 4214) abgehandelt. Bibel und Überlieferung bilden einen einzigen „heiligen Schatz des Wortes Gottes“, der der ganzen Kirche, Hirten und Gläubigen, übergeben ist. Ersteren kommt es freilich allein zu, dieses Wort „verbindlich zu erklären“. Dabei gilt das Prinzip: „*Das Lehramt ist nicht über dem Wort Gottes, sondern dient ihm, indem es nichts lehrt, als was überliefert ist*“.

---

[102] Nr. 7; DH 4208.

[103] Para- oder katatheke bezeichnet ein Rechtsgeschäft, bei dem jemandem ein Wert ohne das Recht auf Eigengebrauch übergeben wurde aufgrund der Vertrauenswürdigkeit des Verwahrers.

[104] GS 62/2.

[105] Nr. 8; DH 4211.

[106] Nr. 9; DH 4212. Ausdrücklich wird die basilianisch-tridentinische Formel *pari pietatis affectu ac reverentia* repetiert. Der zitierte Zusatz kam auf besondere Anordnung Paul VI. in den Schlußtext.

[107] Das gilt auch für die Nr. 21 und 24 = DH 4228 und 4231 verwendete Formel *una cum Sacra Traditione*.

Damit ist dem neuscholastischen Lehramtspositivismus Valet gesagt. Denn es muß begründet und es darf in Frage gestellt werden, daß eine bestimmte lehramtliche Kundgabe diesem Grundsatz entspricht. Daß sich das Lehramt nicht als zumindest faktische Letztinstanz des Evangeliums verstehen darf, geht auch deutlich aus dem Schlußsatz hervor: *„Es zeigt sich also, daß die Heilige Überlieferung, die Heilige Schrift und das Lehramt der Kirche gemäß dem weisen Ratschluß Gottes so miteinander verknüpft und einander zugesellt sind, daß keines ohne die anderen besteht und daß alle zusammen, jedes auf seine Art, durch das Tun des einen Heiligen Geistes wirksam dem Heil der Seelen dienen*". An dieser Stelle ist von Theologie und Glaubenssinn nicht die Rede, doch zeigen andere Konzilstexte – wir besprechen sie an gegebenem Ort – sehr wohl, daß in diese interaktive Kommunikation auch diese Bezeugungsinstanzen eintreten.

Das Zweite Vatikanische Konzil hat das Verdienst, mit „Dei Verbum" Kap. 2 die Verengungen und Verkürzungen der nachtridentinischen Theologie überwunden zu haben. Schrift und Tradition sind nicht zwei nebeneinander oder gar einander gegenüber stehende Größen, sondern zwei Momente eines einzigen Geschehens, der Vermittlung des Evangeliums Jesu Christi durch den Heiligen Geist in die gegliederte Gemeinschaft der Glaubenden (Lehramt, Theologie, einfache Gläubige) hier und jetzt. „Auch wenn dies vom Vaticanum II ausdrücklich so nicht gesagt wird, kann seine Lehre doch in der einfachen These zusammengefaßt werden: Die im theologischen Sinn verstandene Tradition ist die in Lehre, Leben und Liturgie der Kirche geschichtlich wie geistlich ausgelegte Schrift"[108].

Gleichwohl hat das Kapitel auch Kritik erfahren. Weder ist das Verhältnis von Schrift und Tradition eindeutig beschrieben noch ist vor allem gesagt, worin sich *Traditio* und *traditiones* wirklich voneinander unterscheiden, welche Kriterien also anzuwenden sind, um Glaubenshinterlage und Glaubensausdruck im Einzelfall voneinander zu lösen, um wirklich das Depositum fidei und nicht irgendwelche kulturell bedingte Formeln lebendig zu erhalten. Der in der Nachkonzilszeit ausgebrochene Streit um Berechtigung und Verhältnis von historisch-kritischer und geistlich-kirchlicher Schriftauslegung hat seine Wurzeln unter anderem auch in dieser Unklarheit der Offenbarungskonstitution.

4.2.6 Die Erkenntnis des Offenbarungsinhaltes aus der Tradition

1.) Jede theologische Analyse von Begriff und Wirklichkeit der Tradition in der Kirche muß ausgehen vom *Tradendum*, vom Überlieferungsgut (*traditio obiectiva*). Dieses ist nach christlichem Verständnis zunächst das Zeugnis von der *Offenbarung* als der Selbsterschließung Gottes in und durch Jesus Christus. In der kirchlichen Sprache wird sie *Evangelium* oder *Wort Gottes* genannt. Dieses Zeugnis ist auf der einen Seite an bestimmte historische Fakten angebunden, z. B. an Leben, Worte, Taten Jesu von Nazaret. Es muß daher geschichtlich vermittelt werden, indem es, vor allem mit dem Medium der Sprache, weitergegeben wird an die jeweils folgende Generation. Auf der anderen Seite bezieht sich dieses Zeugnis

[108] W. Kasper, Das Verhältnis von Schrift und Tradition: a.a.O. (Anm. 91) 362.

aber in letzter Instanz nicht auf die Sätze oder Formeln, die diese Tatsachen festhalten, sondern auf Gott in Christus selber. Tradition ist ihrem innersten Wesen nach die Selbstauslieferung Gottes in die Gegenwart der Geschichte (*traditio subiectiva*). Sie ist daher ein sich im Heiligen Geist vollziehendes oder pneumatisches Geschehen. Als solches besitzt sie einen nicht einholbaren Mehrwert gegenüber jeder menschlichen Bezeugung. Das eigentliche „Empfangsorgan" für die Tradition ist daher der *Glauben*. Er besitzt, wie wir oben sahen, eine soziale oder ekklesiale Komponente: Tradition ist daher eine kirchliche Größe.

2.) *Der Vorgang der Tradition* (*traditio activa*) wird von diesen Gegebenheiten bestimmt. Er ist ein personales und dialogisches Geschehen, das sich in prinzipiell allen Lebensvollzügen ereignen kann. Es ist aber weder mit diesen identisch noch kann es von ihnen abgelöst werden. In der klassischen theologischen Sprache ausgedrückt: Die *Traditio* (divino-apostolica) ist nur in und durch *traditiones* (humanae) zu aktualisieren, aber sie geht nie in ihnen auf. Das Wesen der Tradition verlangt daher Traditionskritik[109].

3.) Sofern der Traditionsvorgang ein geschichtlich-kirchliches Geschehen ist, erhebt sich von der erkenntnistheoretischen Fragestellung aus das Problem, wie uns konkret das Evangelium oder Wort Gottes als das historische Tradendum erreicht. Die erste Antwort lautet: Durch das Zeugnis von Christus. Das ist zum einen das Alte Testament in der interpretatio christiana, zum anderen Predigt und Bekenntnis der Apostel von Jesus als dem Christus Gottes (apostolisches Kerygma), die sich in einzelnen Schriften niedergeschlagen haben. Diese hinwiederum wurden als das authentische Christuszeugnis im Kanon des Neuen Testamentes gesichert und bewahrt. Die *Heilige Schrift* ist damit ein *Produkt des Traditionsvorganges* und somit Bestandteil der objektiven Tradition. Sie hat eine einzigartige Qualifikation gegenüber allen nachfolgenden Traditionszeugnissen, da in ihr der Glaube der Auferstehungszeugen abschließend festgehalten und bezeugt wird. Die Schrift ist die Gestalt der Apostolischen Verkündigung, hinter die die kommenden Generationen nicht mehr zurückkönnen. In diesem Sinne ist sie *material suffizient* zu nennen: Sie enthält alles Material, das für eine heilshafte Glaubenserkenntnis erforderlich ist[110].

4.) Gerade deswegen ergibt sich für die nachapostolische Kirche die verpflichtende Aufgabe, die Dynamik und das Verständnis für das in der Schrift niedergelegte Evangelium (Wort Gottes) wachzuhalten und je neu zu verkünden. Sie wird durch alle jene Vorgänge geleistet, die gewöhnlich als *Tradition* (im Gegensatz zur Hl. Schrift) bezeichnet werden. In Wirklichkeit handelt es sich weder um eine zweite Quelle neben der ersten noch um ein sekundäres Moment gegenüber dem primären Moment Schrift, sondern um eine weitere Phase des heilsgeschichtlichen Vermittlungsvorganges: um die Vermittlung für die und in der nachapostolischen Zeit und Kirche. Man findet Christus nur in der Schrift, aber man findet die Schrift nur in der Verkündigung der Kirche von heute.

---

[109] Vgl. dazu unten Punkt 9.

[110] In der Theologie wird in der Terminologie der Zeit diese Singularität auch mit dem Begriff der *„Apostolischen Zeit"* ausgedrückt. Man sagt auch, daß die Offenbarung *„mit dem Tod des letzten Apostels"* abgeschlossen sei; gemeint ist faktisch der Abschluß der Kanonbildung, wenigstens als Abfassung der jüngsten dort aufgenommenen Schrift, also von 2 Petr.

5.) Damit soll nicht nur gesagt werden, daß die Schrift der Kirche als der *legitimen Verkündigungsinstanz* übergeben ist, sondern auch, daß Kirche die *authentische Instanz* der Interpretation der biblischen Zeugnisse ist, durch die diese für alle Generationen entfaltet, erschlossen, gedeutet, heilswirksam gemacht werden. In diesem Sinne kann man die Kirche als eine durch die Zeiten sich durchhaltende *Meditationsgemeinschaft* verstehen, in der das in der Schrift uns tradierte Evangelium unter dem Einfluß des Hl. Geistes be- und durchdacht, neu er- und bekannt wird. Die kirchliche Überlieferung ist daher ihrem Wesen nach sowohl ein kommunikatorischer als auch ein schöpferischer Vorgang der *Aneignung* und die eigene Identität der Generationen, Kulturen, Gesellschaften einbringende *Weitergabe* des Übernommenen an die kommende Kirche. Sie ist damit ein kontinuierlicher Prozeß, der solange dauert wie die Geschichte der Kirche dauern wird. Auch das Heutige ist morgen Bestandteil der Tradition und damit des Tradierungsgeschehens. Überlieferung ist, so verstanden, ein inneres Element jenes Erkenntnisfortschrittes, der durch das Wirken des Gottesgeistes als des Führers in die Wahrheit der Glaubensgemeinschaft immanent ist. Wäre dem nicht so, würde das Neue der Neuheit des Christusereignisses verloren gehen, der Sauerteig aus dem Mehl der Welt verschwinden, das Werk der Erlösung aus der alten Knechtschaft verdunsten und der Buchstabe über den Geist obsiegen.

6.) Daraus folgen zwei erkenntnistheoretisch relevante Fakten. Das erste: Im Lauf der durch das Wirken des Hl. Geistes sich durchsetzenden Offenbarung vermag die Kirche *immer genauer und deutlicher* die Einschlüsse zu sehen, die im Zeugnis der Bibel enthalten sind. Sie kann daher, um der Treue zum Wort Gottes willen zu Aussagen oder Formulierungen gedrängt werden, die material so nicht in der Schrift stehen, die aber genau in der Intention des dort Gesagten liegen. Es kann daher zu formal „neuen" Dogmen und dogmatischen Sätzen kommen: Sie müssen allerdings sorgfältig der Kritik durch die Bibel, die bisherige Tradition und die Gemeinschaft der Glaubenden heute unterzogen werden[111].

7) Das zweite Faktum: Sofern die ganze Kirche unter der Leitung des Hl. Geistes steht und den Dienst der Offenbarungsüberlieferung ausübt, bilden prinzipiell *alle Lebensäußerungen der Glaubensgemeinschaft* in der nachapostolischen Zeit das Material der Tradition. Sie wird also nicht nur durch literarische Mittel bezeugt wie amtliche Lehrverlautbarungen, Lehrbücher, Katechismen, Dogmen, Glaubensbekenntnisse, sondern gleicherweise durch die Liturgie und die Formen des gemeinschaftlichen geistlichen Lebens, durch die Kunst, durch das Zeugnis der Heiligen, die Rezeptionsvorgänge des Volkes Gottes[112], die Volksfrömmigkeit. Alle diese Gegebenheiten sind daher auch Material für die dogmatische Forschung. Traditionellerweise schlägt sich das in der Rede von den Bezeugungsinstanzen nieder, die für die je zeitgenössische Kirche gelten: das Lehramt, die

[111] Ein Beispiel dafür aus der Alten Kirche ist die uns schon bekannte Einfügung des nicht in der Hl. Schrift vorkommenden Wortes *homoousios* (eines Wesens, gleichwesentlich) ins Glaubensbekenntnis des Konzils von Nizäa zur Verdeutlichung der Beziehung zwischen Vater und Jesus Christus; in der Neuzeit illustrieren das Gemeinte die Dogmen von 1854 über die Unbefleckte Empfängnis Marias und 1950 über die leibliche Verherrlichung der Mutter Gottes.

[112] Vgl. unten 4.5.1.3.

wissenschaftliche Theologie und der Glaubenssinn der Gläubigen. Der letztere hat allerdings lange Zeit, bis in die Gegenwart hinein, kaum eine echte Chance in der Dogmatik gehabt.

8.) Alle diese Gestalten sind nicht die Tradition selber, sondern, wie eben gesagt, deren Bezeugungsgestalten oder Fundorte (*loci theologici*). Der Glaube bezieht sich nicht auf sie, sondern in ihnen und durch sie auf Gott, der sich dank des Wirkens des Hl. Geistes in Christus uns überliefert. Die Traditionsformen und Traditionsgestalten sind gleichsam Modelle, Typen, Zeichen der *Traditio Dei in Christo* und zugleich auch für unseren Beitrag in diesem kontinuierlichen Geschehen. Weil aber das Modell nicht die Sache ist und das Zeichen hinter der Wirklichkeit, die gemeint ist, zurückbleibt, sind die Traditionsformen und Traditionsgestalten immer *auch* (nicht *nur* also!) einseitig, oberflächlich, in der Darstellung unzureichend.

9.) Aus diesem Grund ist im Sinne der schon apostrophierten Notwendigkeit von Traditionskritik stets zwischen *Gestalt* und *Gehalt* der Tradition zu unterscheiden. Für dieses Unternehmen lassen sich folgende Regeln aufstellen; sie sind in den vorausgegangenen Überlegungen begründet:

a) Alle Aussagen der Tradition müssen sich durch den formalen Hinweis auf die Geoffenbartheit in der *Hl. Schrift* ausweisen, um theologische Relevanz erheischen zu können.
b) Alle Aussagen der Tradition müssen wenigstens indirekt ihre *Heilsbedeutsamkeit* als Vergegenwärtigung des Christusgeheimnisses deutlich machen können.
c) Alle Aussagen der Tradition müssen ihre kirchliche *Gemeinschaftsfähigkeit* nachweisen – und zwar *diachron* (sie gehören zum Glaubensgut der Vergangenheit: antiquitas) wie *synchron* (sie gehören zum Glaubensgut der ganzen heutigen Kirche: universitas).
d) Alle Aussagen der Tradition müssen sich im *christlichen Leben* bewähren als Ermöglichung der personalen Liebe zu Gott.
e) Alle Aussagen der Tradition stehen unter dem *Vorbehalt des Hl. Geistes*, der weht, wo er will und der das Angesicht der Erde erneuert. Das bedeutet: So wenig die Bibel biblizistisch, so wenig darf die Tradition traditionalistisch verstanden werden. Die Kirche muß immer damit rechnen, daß die Außenseiter abseits des breiten Stromes der Traditionen *die Tradition* besser erschauen – wie beispielsweise ein Graf Spee in der Zeit der Hexenverfolgungen oder die Vorkämpfer der Sklavenbefreiung seit dem 17. Jahrhundert. Sie muß gewärtig sein, daß Gott von neuem das prophetische Potential aktiviert und den Glaubenden alte Wahrheiten ganz neu vor Augen führt, so daß sie ihnen revolutionär dünken – wie etwa heute die Würde und Bedeutung der Frau in der Geschichte des Heiles. Die Versuchung kann dann entstehen, die Traditionen gegen die Tradition auszuspielen.

Es gehört wesentlich zum Geschäft der Theologie und hier insbesondere der Dogmatik, anhand dieser Kriterien durch und in Tradition die Selbsterschließung Gottes zu erkennen und zu vergegenwärtigen. Die Tradition ist daher eine ganz wichtige Quelle der theologisch-dogmatischen Erkenntnis.

Heilige Schrift und Tradition als einander bedingende Weisen der Offenbarungsvermittlung

Evangelium / Wort Gottes / Offenbarung		
Historische Abfolge der Vermittlung	Bezug zum Evangelium	Formen der Weitergabe
Gesetz und Propheten	Verheißung	Schriften des AT
Jesus Christus	Erfüllung	mündliche Predigt
Apostel	Verkündigung	* Kerygma (Predigt, Bekenntnis) * einzelne Schriften (Niederschlag des Kerygmas) * Kanon (Sicherung des Kerygmas)
- - - - - - - -	- - - - - - - -	- - - - - - - -
Tradition der Kirche	Kreative Weitergabe	Aussagen von Lehramt, Theolologie, Glaubenssinn der Glaubenden als Sicherung von Verständnis und Dynamik des Glaubens an die Offenbarung
Heutige Kirche	Aneignung und Weitergabe an die Kirche der Zukunft	„Alles, was sie selber ist, alles, was sie glaubt" (DV 8)
Eschatologische Erfüllung des Christusheiles		

In der Übersicht wird gezeigt, daß und wie der Vorgang der Offenbarung ein einziges und sich durch die ganze Geschichte ziehendes Geschehen ist, in dem freilich verschiedene Phasen zu unterscheiden sind. Sie haben unterschiedliche Bedeutung, bilden aber integrale Teile des Ganzen. Die wesentliche Zäsur, angedeutet durch die gestrichelte Linie (----), ist das Ende der Zeit der Offenbarung mit dem Abschluß der apostolischen Tradition in der Kanonbildung. Die Hl. Schrift besitzt von daher einen unvergleichlichen Rang, aber sie kann nur recht gewürdigt werden innerhalb des Gesamtgeschehens. Es ist in dieser Perspektive auch nicht angemessen, von verschiedenen „Quellen" der theologischen Erkenntnis zu reden: Diese hat alle Phasen in den Erkenntnisprozeß einzubeziehen, und zwar entsprechend ihrem (in der rechten Spalte angedeuteten) Rang, aber eben als Teile des Ganzen.

4.3 Das Lehramt der Kirche

4.3.1 Begriff

Der lateinische Begriff für die hier zu verhandelnde Bezeugungsinstanz lautet *magisterium*. Er wird von *magis* (mehr) abgeleitet und bezeichnete ursprünglich die Kompetenz des *magister*, d. h. jedweden Vorgesetzten oder Vorstehers (z. B. über die Reiterei: magister equitum). Dann wurde das Wort besonders für den Lehrer und seine Kompetenz verwendet. Im kirchlichen Sprachgebrauch bürgert sich *magisterium* für Lehramt erst im 19. Jahrhundert ein.

Instrumentarium des päpstlichen Lehramtes

Im Lauf der Zeit haben sich verschiedene Verlautbarungsformen herausgebildet, mittels derer der Römische Papst selbst oder durch seine Organe (Päpstliche Kongregationen oder Räte) sein Lehramt ausübt. Der dogmatische Rang der jeweils gewählten Form steht nicht a priori fest, auch wenn man im allgemeinen sagen kann, daß er um so größer ist, je feierlicher und universaler die Form des betreffenden Dokumentes ist. Auf jeden Fall ist zu unterscheiden zwischen solchen, die vom Papst selber unterzeichnet sind, und denen, die die Regierungsorgane des Papstes verantworten, wenn auch mit päpstlicher Billigung. Ist diese *in forma communi* (in gewöhnlicher Form) gegeben, macht er sich das Dokument nicht persönlich zu eigen; dafür bedarf es der Billigung *in forma speciali* (in spezieller Form). Für die Hermeneutik päpstlicher Dokumente ist neben den allgemeinen Regeln in Anschlag zu bringen, wie weit der Inhalt mit den anderen Bezeugungsinstanzen übereinstimmt, welches die Quelle der Verlautbarung ist und mit welcher Autorität sich der Autor für den Inhalt einsetzt und welcher Geltungsbereich ins Auge gefaßt ist.
Folgende Verlautbarungsformen sind gegenwärtig in Geltung:

A.) *Dokumente des Papstes* (* = auch für Dokumente päpstlicher Regierungsorgane gebräuchlich)	
Enzyklika (litterae encyclicae)	Rundschreiben über Glaubens- und Sittenfragen
Constitutio (apostolica)	feierliche Festlegung
Litterae apostolicae	autoritative Bestimmungen
Adhortatio apostolica	Anweisungen für eine bestimmte Praxis der Frömmigkeit
Motu proprio	Anweisungen an Ortskirchen oder kirchliche Gruppierungen
Instructio*	amtliche Weisung
Decretum*	Anordnung, verbindlicher Bescheid
Declaratio*	Erklärung
B.) *Dokumente päpstlicher Kongregationen oder Räte*	
Normae	Vorschriften
Monitum	Mahnung
Responsum, Communicatio	verbindliche Auskunft
Directorium	Rahmenrichtlinien
Dazu die unter A.) mit * genannten Formen.	

Heute versteht man darunter *die durch die sakramentale Weihe oder Ordination* (daher: Amt) *begründete Lehrautorität in der Kirche*, deren konkrete *Träger* der Einzelbischof, kollegiale Bischofsgremien (Synode, Bischofskonferenz, Konzil) sowie der römische Papst in je genauer zu bestimmender Weise sind: Über die damit vorzunehmenden Differenzierungen unterrichtet hinsichtlich des päpstlichen Lehramtes die obige Übersicht. Das Lehramt verfügt über die grundsätzliche Kompetenz der *authentischen*, d. h. verbindlichen Bezeugung und Verkündigung der Wahrheit des Glaubens im Dienst am Wort Gottes sowie der Entscheidung bei Streitigkeiten, die in Glaubensfragen entstehen. Dem entspricht auf Seiten der übrigen Glieder der kirchlichen Gemeinschaft die prinzipielle Bereitschaft zur gehorsamen *Annahme* der Äußerungen des Magisterium.

Diese kann nach dem Codex Iuris Canonici auch rechtlich eingefordert werden[113].

Aus der Kompetenz des Lehramtes ergibt sich näherhin als *Gegenstand* der amtlichen Lehre der Bereich der göttlichen Offenbarung sowie der damit verbundenen Sicherungsaussagen und der Bereich der Wertordnung, die sich aus den Weisungen und Maßgaben des Wortes Gottes ergibt. In der klassischen Sprache redet man von den *res fidei et morum*. Unter Abschnitt 4.3.5 werden dazu genauere Überlegungen angestellt.

Man kann drei *Grundformen* verbaler lehrhafter Äußerungen unterscheiden:

1.) Das *Bekenntnis* (Symbolum),
2.) das *Dogma*,
3.) *kirchliche Lehräußerungen im weiteren Sinn*: Briefe, Reden, themenspezifische Glaubensformeln aus bestimmtem Anlaß, Bekenntnisschriften, Enzykliken, synodale oder konziliare Dokumente. Wenn man heute von Kundgaben des Lehramtes spricht, meint man gewöhnlich diese dritte Grundform.

Nicht alle Aussagen des kirchlichen Lehramtes werden mit dem gleichen *Anspruch* gemacht und besitzen dann auch nicht die gleiche Verpflichtungskraft. Vor allem ist zu unterscheiden zwischen solchen Aussagen, die mit dem *Anspruch der Unfehlbarkeit* vorgetragen werden, und solchen, bei denen dies *nicht* der Fall ist, welche mithin *fehlbar* sind. Genau genommen kann man nicht von „unfehlbaren Aussagen" des Lehramtes sprechen, auch wenn dies häufig geschieht. Aussagen haben die Form von Urteilen oder Sätzen; diese aber sind wahr oder falsch dem Inhalt nach, irreversibel oder revidierbar der Form nach. Mit Unfehlbarkeit wird die Qualifikation eines letztinstanzlichen Urteils von dazu kompetenten Instanzen des Lehramtes bezeichnet, daß ein bestimmter Satz wahr ist und, weil und sofern er dies ist, auch für immer (irreformabiliter) wahr ist: Wahre Sätze werden also als inhaltlich wahr bezeugt und verkündet.

4.3.2 Das biblische Fundament

Das Magisterium erscheint im Licht des Neuen Testamentes als *Ministerium* (was von *minus*, also *weniger* kommt!), d. h. als *Dienstamt* zum Wohl und Nutzen der ganzen Kirche. Es steht im Duktus des Offenbarungshandelns Gottes, der sein Wort, das in letzter Aussagbarkeit Jesus Christus, sein Sohn ist, durch die Kirche der Menschheit mitteilen will. Der eigentliche und eigentlich auch einzige Lehrer innerhalb des Heilshandelns Gottes ist daher Christus: *„Ihr sollt euch nicht Lehrer nennen lassen, denn nur einer ist euer Lehrer, Christus"* (Mt 23,10).

Daß wirklich *seine* Lehre und nichts anderes verkündet wird, kann keine menschliche Instanz garantieren; darum ist der Kirche der Hl. Geist gegeben worden, der sie in alle Wahrheit einführt (Joh 16,13). Aus diesem und nur aus diesem Grund ist *„die Kirche des lebendigen Gottes"*, so 1 Tim 3,15, *„die Säule und das Fundament der Wahrheit"*, die im Kern christologisch ist und deswegen und nur deswegen auch ekklesiologische Weiterungen hat. *„Das Geheimnis unseres*

[113] Can. 1364 § 1 CIC.

Glaubens“, fährt der Text fort (V. 16) lautet: „*Er wurde offenbart im Fleisch, gerechtfertigt durch den Geist, geschaut von den Engeln, verkündet unter den Heiden, geglaubt in der Welt, aufgenommen in die Herrlichkeit*“.

Das Subjekt des V.15 ist die ganze Kirche. Diese ist auch nach heutiger exegetischer Interpretation das intentionale Subjekt in den meisten Texten, die eine gewisse Identität zwischen Jesus und den von ihm angesprochenen Menschen setzen und die traditionell zur Begründung eines Lehr*amtes*, also einer innerkirchlichen Institution herangezogen worden sind[114]. Auch wenn die Zwölf unmittelbar gemeint sind, darf doch nicht übersehen werden, daß diese nicht nur die künftigen Bischöfe und Amtsträger darstellen, „sie repräsentieren auch, ja zuerst, das ‚neue Volk‘, das man ‚die Kirche‘ heißen wird“[115]. Kein Glied der Kirche ist von der Verkündigung und Bezeugung des Christusglaubens ausgenommen: In diesem Sinne sind alle Lehrer, so wie alle dafür auch den Hl. Geist empfangen haben. Hier liegt der biblische Grund für die Bedeutung der *Theologie*, über die 4.4 zu sprechen ist, und des *Glaubenssinns der Gläubigen*, von dem näher unter 4.5 zu handeln sein wird.

Fragt man nun nach dem *Stellenwert*, den die Lehre im NT besitzt, so weisen die entsprechenden Texte aus, daß es dabei nicht um eine abstrakte, systematisch-methodische Darlegung geht, sondern um die Verkündigung des Gotteswortes, um die Ansage der *Basileia*, des Gottesreiches. Lehre (griech. *didaskalia*) ist ihrem Wesen nach Verkündigung (griech. *kerygma*): In den Parallelaussagen Mk 1,38 und 6,6 über das Wanderpredigttum Jesu steht einmal *verkünden* (keryssein), einmal *lehren* (didaskein)[116]. Vor allem bei Paulus erscheint Lehre als weisheitliches, aus dem Glauben kommendes Bemühen um die Heilswahrheit: „*Wir verkünden ... nicht Weisheit dieser Welt oder der Machthaber dieser Welt, die einst entmachtet werden. Vielmehr verkündigen wir das Geheimnis der verborgenen Weisheit Gottes, die Gott vor allen Zeiten vorausbestimmt hat zu unserer Verherrlichung*“. Dazu sind wir in der Lage dank der Enthüllung des Mysteriums durch den Geist. „*Davon reden wir auch, nicht mit Worten, wie menschliche Weisheit sie lehrt, sondern wie der Geist lehrt, indem wir den Geisterfüllten das Wirken des Geistes deuten*“ (1 Kor 2,6 f. 13). Lehre ist mithin ein geistgeleitetes, in der Selbstmitteilung Gottes gründendes Zeugnis von Christus. Der Lehrer in der Kirche erscheint vor allem als *Zeuge*.

Erst *die Pastoralbriefe* legen großen Wert auf die Weitergabe der apostolischen Botschaft auch hinsichtlich der Einzelinhalte – genötigt werden deren Verfasser dazu durch die massiven Gefährdungen durch Irrlehrer, aber auch durch die Notwendigkeit der Selbstvergewisserung und der Ausrichtung der Glaubensgemeinschaft an der vorgegebenen Norm.

---

[114] G. Rheinbay, Das ordentliche Lehramt in der Kirche, 106-112. Solche Texte sind Mt 5,11-16; 28,18; Mk 3,13 f; Lk 10,16; Apg 2,42; 15 u. a. Bei Johannes wird, ähnlich wie 1 Tim 3,15, ganz deutlich die ganze Kirche als Objekt gesehen: Vgl. z. B. 14,16; 15,26; 16,13.

[115] J. Ratzinger, Das neue Volk Gottes, Düsseldorf ²1972, 45 mit dem ausdrücklichen Hinweis auf die Einheit von Amt und Gemeinde.

[116] Zum Gesamtbefund differenziert: F. Hahn, Urchristliche Lehre und neutestamentliche Theologie. Exegetische und fundamentaltheologische Überlegungen zum Problem christlicher Lehre: W. Kern (Hg.), Die Theologie und das Lehramt (QD 91), Freiburg-Basel-Wien 1982, 76-92.

Lehre, Verkündigung, Zeugnis und der Zuspruch des Gotteswortes bilden also für das NT eine große und umgreifende Einheit: „Lehre hat kerygmatische Funktion, ganz gleich, ob sie die grundlegende Überlieferung der Apostel rein bewahrt oder ob sie explizierend, interpretierend und vertiefend über die aktuelle Verkündigung hinausführt bzw. zur rechten Bewährung des Christseins anleitet"[117]. Zugleich stellen wir einen Entfaltungs- und Entwicklungsvorgang fest, der angestoßen wird durch die konkrete Zeitlage: Lehre ist in neutestamentlicher Sicht ein nach vorn offenes Geschehen. Sie ist aber auch je festzustellen und treu weiterzugeben: Lehre ist damit ein Kernelement von Kirche, sofern sie wanderndes Volk Gottes ist.

4.3.3 Die geschichtliche Ausbildung

Prinzipiell bleibt die Situation der nachneutestamentlichen Kirche immer die gleiche: Sie kann ihre Aufgabe als *„Säule und Fundament der Wahrheit"* und damit ihren Heilsdienst nur dann vollziehen, wenn sie die Treue zum Ursprung und darin ihre Selbigkeit wahrt. Wechselnd sind allerdings die Rahmenbedingungen, innerhalb derer sie dieser Vorgabe gerecht werden muß. Damit sind nicht bloß die jeweiligen historischen Herausforderungen gemeint, in denen die Wahrheit des Evangeliums verkündet und gegen bestimmte Zeitströmungen und Mentalitäten verteidigt werden muß. Von Bedeutung sind nicht minder die Auffassungen, wie Wahrheit in der Kirche angesichts gerade dieser Rahmenvorgaben gewahrt werden kann oder muß. Die Kirche steht auch da unter dem Gesetz der Geschichtlichkeit.

Das Lehramt und alle damit verbundenen Probleme sind unter diesem allgemeinen Horizont zu sehen und zu beurteilen. Es geht dabei einmal um die Frage nach der bleibenden Wahrheit, der Verbindlichkeit und der Durchsetzung der christlichen Botschaft, zum anderen geht es um die Art und Weise der Wahrheitsvermittlung in der je aktuellen geschichtlichen Lage. Eigentlich strittig ist innerhalb der Christenheit nicht der erste Punkt: Alle Kirchen und kirchlichen Gemeinschaften kennen und anerkennen die Notwendigkeit des verbindlichen Lehrens und auch bestimmter Instanzen, denen dieses Tun obliegt. Die Diskussionen entstehen hinsichtlich des zweiten Punktes, und zwar heute nicht mehr nur interkonfessionell, sondern auch binnenkatholisch: Welche Rolle hat das konkrete Lehramt innerhalb der Glaubensgemeinschaft einzunehmen? Damit aber treten sofort auch die beiden anderen jeweils in der Gegenwart agierenden Bezeugungsinstanzen *Theologie* und *Glaubenssinn der Gläubigen* ins Blickfeld. Man kann das kirchliche Lehramt nicht von der Kirche abstrahieren; man kann es auch nicht mit ihr schlankweg identifizieren. Wie und auf welche Weise ist es aber dann in sie zu integrieren? Die Antwort auf diese Frage, die in den letzten Jahrzehnten außerordentlich spitz und zugespitzt gestellt wird, kann nicht ohne einen Rückblick auf die theologiegeschichtliche Entwicklung des kirchlichen Lehramtes gefunden werden.

---

[117] F. Hahn, a.a.O., 92.

In der *Alten Kirche* wird unsere Problematik akut in der Auseinandersetzung mit der Gnosis. Vornehmlich durch die theologische Arbeit des Bischofs *Irenäus von Lyon* kristallisiert sich die Einsicht heraus, daß die Wahrheit des Glaubens durch drei miteinander engstens verflochtene Momente garantiert werde. Diese sind:

1.) Der Kanon der *Hl. Schrift*,
2.) die Glaubensregel (*regula fidei*), die nicht als eine juridische Autorität verstanden wird (Regel *für* den Glauben), sondern als Grundlage aller theologischen Aussagen (Regel, *die der Glaube selber ist*),
3.) die in der Nachfolge der Apostel (Sukzession) stehenden und miteinander Gemeinschaft haltenden Glaubenszeugen (*Bischöfe*).

Garant der konkreten Glaubensverkündigung wird damit der Bischof: „Wer Hirte ist, muß auch Lehrer sein“[118]. Seine *cathedra* wird zum Symbol und Äquivalent für *magisterium*: Der Bischofssitz ist zugleich Lehrstuhl. Lehre aber ist immer noch vorrangig Bezeugung des Schriftwortes im Sinn der Glaubensregel, die den Menschen einsehbar werden soll. „Ich wollte mit der Vernunft sehen, was ich geglaubt habe“, umreißt Augustinus diese Bewegung[119].

Zu Beginn des zweiten Jahrtausends setzt sich – nach Trennung von Ost- und Westkirche – in der (westlichen) *Scholastik des Mittelalters* eine neue Konzeption durch. Die beiden in der Alten Kirche verknüpften Komponenten der apostolischen Autorität und der vernunftgemäßen Vermittlung verselbständigen sich mehr oder weniger; sie werden bald auch von zwei verschiedenen Instanzen mehr oder weniger exklusiv wahrgenommen, denen beide der Titel *magisterium* zuerkannt wird[120]: Natürlich erhebt sich damit die Frage, wie die beiden *magisteria* und ihre *doctores* sich und ihre Aufgabe verstehen; eine gewisse Konkurrenz ist hier von vornherein angelegt, die in der Alten Kirche schon deswegen kaum aufkommen konnte, weil im Notfall der Bischof auch sachkundiger Theologe (in den Möglichkeiten seiner Zeit) war.

Historisch geht es zunächst um die Frage nach dem Verhältnis der beiden „cathedrae“: Das ist der seither klassische Spannungsbogen zwischen kirchlichem Lehramt und Theologie. Seitdem Macht und Bedeutung des Papsttums wachsen, ist weiter die Frage zu klären, wie sich bischöfliches und päpstliches Lehramt zueinander verhalten: Das ist die seitdem ebenso klassische Problematik „Primat – Episkopat“.

Zur ersten Frage: Seit dem 13. Jahrhundert wird die Theologie zu einer eminenten Führungsmacht in Kirche und Gesellschaft. Das *studium* wird neben *imperium* und *sacerdotium* zur dritten Autorität der Epoche. Die theologischen Fakultäten verstehen sich als Gremien, denen Lehrkompetenz und Lehraufsicht über die ganze Kirche zukommt[121]. Zugleich aber beanspruchen mehr und mehr die römischen Päpste das Recht der *determinatio fidei*, der autoritativ-verbind-

[118] Hieronymus, comm. in Eph. 2,4 ad v. 11/12.

[119] Trin. 15,28,51.

[120] Die beiden in der anschließenden Übersicht genannten lateinischen Begriffe finden sich bei Thomas v. Aquin, c.Impugn. 2; Quodl. 3,9 ad 3. Vgl. oben 4.2.4.2.

[121] Auf der 34. Sitzung des Baseler Konzils nehmen 1439 teil: 7 Bischöfe, 13 Priester und *300 Fachtheologen* (die natürlich auch Priester waren).

Lehre im mittelalterlichen Verständnis

Glaubenslehre im *vor- und außerwissenschaftl. Status* (1. Jahrtausend)	Lehre in *wissenschaftl. Form* (rational, argumentativ, problemorientiert)
Vermittlung durch Unterweisung des Amtes (Papst, Bischöfe)	Vermittlung durch den Diskurs
magisterium cathedrae pastoralis	*magisterium cathedrae magistralis*
Ausübung: Darlegen und Entscheiden (*disponere, determinare*)	Ausübung: Forschen und Lehren (*inquirere, docere*)

Das entscheidend Neue in der mittelalterlichen Reflexion des Glaubens ist die Begründung einer eigenen Glaubenswissenschaft, die sich an den wissenschaftstheoretischen Prinzipien des Aristoteles orientiert. Bisher geschah die Betrachtung des Glaubens eher in meditativer Schau, deren Ziel nicht in erster Linie das Wissen (scientia) als vielmehr die Weisheit (sapientia), d.h. das „Verkosten" (sapere) des Gotteswortes war. Das schloß genaues analytisches Denken nicht aus, wie die Klärungsvorgänge der Alten Kirche in Trinitätslehre und Christologie beweisen; sie standen aber immer im Dienste der Pastoral. Die Bischöfe sind zugleich sehr oft auch (Fach-)Theologen. Spätestens in der Hochscholastik tritt diese Einheit auseinander in zwei „magisteria".

lichen Feststellung und Festlegung des Glaubensinhaltes. Schon *Thomas von Aquin* erkennt ihnen das Recht zu, Lehrentscheidungen zu treffen (*sententialiter determinare*)[122]. Zu Beginn des 14. Jahrhunderts spricht der Theologe *Guido Terrena* dem römischen Bischof erstmals Unfehlbarkeit in Glaubensfragen zu.

Damit ist auch schon die zweite Frage angeschnitten. In den Auseinandersetzungen mit dem *Konziliarismus* des 14. und 15. Jahrhunderts und dem *Gallikanismus* des 18. und 19. Jahrhunderts setzt sich die Antwort durch: *Der Papst* und nicht das Konzil bzw. die Gemeinschaft der Bischöfe (getrennt von ihm) ist oberste lehramtliche Instanz, die grundsätzlich unabhängig auch über die eigene amtliche Kompetenz entscheiden kann. Im *Ersten Vatikanischen Konzil* wird ihm daher folgerichtig der Jurisdiktionsprimat zuerkannt: Die Römische Kirche hat die ordentliche und unmittelbare Vollmacht über alle anderen Kirchen; alle anderen sind daher zu Gehorsam in Glaubens- und Sittenangelegenheiten und in Sachen von Disziplin und Leitung verpflichtet (DH 3060). Aus diesem universalen Primat leitet sich dann auch die Unfehlbarkeit des Papstes ab (DH 3074). Damit kann man die im 19. Jahrhundert allgemein gewordene Unterscheidung in eine „lehrende" und „hörende" Kirche (*ecclesia docens et ecclesia discens*) treffen, wobei sich die erstere im Papst konzentriert, die zweite neben den „einfachen" Gläubigen auch die Theologen umfaßt. Diese stehen dergestalt im Dienst des Lehramtes, daß sie sozusagen als päpstliche Delegaten nur mehr kommentieren, was dieses vorschreibt. Das gilt nicht nur für die mit dem Anspruch der Unfehlbarkeit vorgetragenen Lehren, sondern auch für das ordentliche Lehramt, wie *Pius XII.* ausdrücklich in der Enzyklika „Humani generis" (1950) erklärt (DH 3884-3886). So wird das päpstliche Lehramt zur „nächsten Glaubensregel" (*regula fidei proxima*),

[122] S.th. II II, q. 1, a. 10; q. 11, a. 2 ad 3.

deren Aufgabe nunmehr nicht mehr primär das Glaubenszeugnis, sondern die Glaubensfestlegung (Definition) wird.

Damit aber hat sich gegenüber der Kirche des ersten Jahrtausends ein Wandel vollzogen, den W. Kasper beschreibt: „So vollzog sich ein Übergang von der auctoritas zur potestas, von der traditio zur discretio, von der communicatio fidei zur determinatio fidei. ... Die *materiale Wahrheitsfrage* wurde jetzt also *formaljuridisch mit Hilfe der Instanzenfrage* zu klären versucht“[123].

Wir sind ein wenig dem Ablauf der Zeit vorausgeeilt. In Wirklichkeit hat sich diese Umpolung nicht widerspruchslos vollzogen. Der erste Protest kam von den *Reformatoren* des 16. Jahrhunderts, die an der Verbindlichkeit des Lehrens und an der Irrtumslosigkeit der Kirche festhalten, beides aber nicht mehr an irgendwelchen Institutionen, auch nicht der des Konzils, festmachen wollen, sondern darauf vertrauen, daß sich die Wahrheit des Evangeliums von selbst durchsetze. Der zweite Protest wurde namens der eigengesetzlichen Vernunft von der *Aufklärung* des 17./18. Jahrhunderts geltend gemacht. Schließlich wiesen die *Historiker* gegenüber dem als autoritär und intransigent empfundenen absolutistischen Lehramt darauf hin, daß dieses selber immer auch eingebunden war und ist in die wissenschaftlichen und ideologischen Erkenntnisbedingungen der jeweiligen Zeit; daher sei es immer wieder auch zu Änderungen der Lehräußerungen gekommen. Kann aber dann das gerade aktuale Lehramt seine gerade aktuellen Verlautbarungen mit so hohem Anspruch verpflichtend machen, daß jeder Vorbehalt, jede Kritik, jede Infragestellung nur mehr als moralisch negativ zu bewertender Ungehorsam eingestuft werden kann? Vor allem im 20. Jahrhundert gewinnen solche Fragen an erheblichem Gewicht.

Man kann eine lange Liste mit Revisionen von Lehrentscheidungen aufstellen, welche nicht nur Fragen der Lebensordnung betreffen, wie die Aufhebung des Zinsverbotes oder die Ablehnung der Sklavenhaltung, sondern auch durchaus dogmatische Inhalte. In der Kirche des 3. Jahrhunderts war im Anschluß an *Origenes* die Rede davon, daß es in Gott drei „Hypostasen“ oder „Substanzen“ gebe; dadurch ließ sich die Häresie des Modalismus gut bekämpfen, nach dem Vater, Sohn und Hl. Geist nur drei Weisen der einen Gottheit sind. Als 325 das Konzil von Nizäa definierte, in Gott existiere nur eine Hypostasis, und diesen Begriff mit „Wesenheit“ (*ousia*) gleichsetzte (DH 126), bedeutete das ein Abgehen von der bisherigen Linie; es hatte auch entsprechende Turbulenzen zur Folge, bis es dem theologischen Scharfsinn eines *Athanasius* und der *drei Kappadokier* in den folgenden Jahrzehnten gelang, eine Brücke zwischen beiden Anschauungen zu schlagen. Darüber unterrichtet der Traktat „Gotteslehre“ im einzelnen.

Ein weiteres Beispiel einer lehramtlichen Korrektur ist die Geschichte des Axioms „Außerhalb der Kirche gibt es kein Heil“ (*Extra Ecclesiam nulla salus*). Wenigstens auf dem Konzil von Florenz ist dieser Satz dogmatisch verbindlich festgelegt worden[124]. Vom 19. Jahrhundert an haben Korrekturbemühungen ein-

---

[123] Freiheit des Evangeliums und dogmatische Bindung in der katholischen Theologie. Grundlagenüberlegungen zur Unfehlbarkeitsdebatte: W. Kern (Hg.), Die Theologie und das Lehramt, Freiburg-Basel-Wien 1982, 208.

[124] DH 1351; vgl. auch schon Bonifaz VIII., Bulle „Unam Sanctam“ (DH 875); 5. Laterankonzil (COD 629 f).

gesetzt, die spätestens seit dem Zweiten Vatikanischen Konzil aus dem Personalprinzip *(Nur Personen, die Mitglieder der katholischen Kirche sind, finden das Heil)* ein Sachprinzip gemacht haben: *Wer immer das Heil findet, findet es nicht ohne die sachliche Vermittlung der Kirche Christi*[125].

Als letztes Beispiel mag die Entwicklung des Menschenrechtsgedankens in der Kirche dienen. Obschon er zweifelsohne auf grundchristlichen Fundamenten aufruht, war er doch in Europa erst durch die Französische Revolution zum universalen Postulat erhoben worden. Einzelne Katholiken wie der spätere Kardinal *John Henry Newman* oder der deutsche Bischof *Wilhelm Emmanuel von Ketteler* haben das früh erkannt; die offizielle Kirche verhielt sich aber erst einmal strikt ablehnend. 1791 gab *Pius VI.* im Breve „Quod aliquantum" zu Protokoll, daß die Gedanken- und Handlungsfreiheit widergöttlich, der Gleichheits- und Freiheitsgedanke sinnwidrig seien. Die Konfessions-, Gewissens-, und Pressefreiheit zerrütten laut *Pius VII.*[126] die Völkersitten. *Gregor XVI.* nennt in seiner Enzyklika „Mirari vos" (1832) die Gewissensfreiheit einen Wahnsinn, die Pressefreiheit abscheulich[127]. Erst mit *Leo XIII.* beginnt eine Phase vorsichtiger Annäherung: In der Enzyklika „Libertas praestantissimum" von 1888 anerkennt er einen richtigen Kern im Menschenrechtsgedanken. In den Sozialenzykliken setzen er und seine Nachfolger sich für verschiedene Rechte der Arbeiter (Eigentum, gerechter Lohn, Koalitionsfreiheit, Freizeit) ein; allerdings noch ohne den Begriff „Menschenrechte" zu nennen. Das tut erstmals *Pius XI.* im Jahr 1937 („Mit brennender Sorge", „Divini Redemptoris") unter Bezug auf die Glaubensfreiheit, das Elternrecht und das Recht auf Leben und Unversehrtheit. Mehr oder minder aber geschieht das alles beiläufig. Erst seit dem Pontifikat *Johannes XXIII.* werden die Menschenrechte als solche ausdrücklich anerkannt[128]. Das *Zweite Vatikanische Konzil* erklärt das Recht der menschlichen Person auf Religionsfreiheit (Erklärung „Dignitatis Humanae"). Vor allem aber macht *Johannes Paul II.* mit großer Leidenschaft die Durchsetzung der Menschenrechte zu einem der großen Themen seiner Regierungszeit[129].

Die apologetisch eingestellte Theologie der *Neuscholastik* reagierte auf alle diese Herausforderungen mit einer immer dezidierteren Akzentuierung des Lehramtes, vornehmlich natürlich des päpstlichen. Wie bereits anfangs erwähnt, wird im 19. Jahrhundert, unter dem Einfluß der deutschen Kanonistik übrigens, *Magisterium* das Kennwort dieser juridisch beeinflußten Theologie. Sie sieht die Wahrheit des Glaubens am besten aufgehoben in den Weisungen Roms, die nun aber nicht mehr so sehr als Bezeugung, denn als Satzung – im doppelten Sinn von Satz und Rechtssetzung – aufgefaßt werden. Ein Lehramtspositivismus bildet sich heraus, dessen ausschließliche Quelle der „Denzinger" wird, also die (rein private) Sammlung kirchenamtlicher Verlautbarungen: Was dort nicht

---

125 Vgl. W. Beinert, Die alleinseligmachende Kirche. Oder: Wer kann gerettet werden?: StZ 115 (1990) 75-85, 264-268.

126 Apostol. Brief „Post tam diuturnas", 1814.

127 Vgl. auch den Syllabus Pius IX., Nr. 79; DH 2979.

128 Enzyklika „Pacem in terris" 1963; DH 3958-3969.

129 Zum ganzen vgl. K. Hilpert, Die Menschenrechte. Geschichte, Theologie, Aktualität, Düsseldorf 1991, 137-173; dort auch Belege.

schwarz auf weiß gedruckt ist, verdient dieser Ansicht nach keine theologische Beachtung. Jedem Wort des Papstes wird eine Autorität zuerkannt, die nahe an die des außerordentlichen Lehramtes heranreicht[130]. Damit erschien die Glaubenslehre zwar sehr übersichtlich, klar und geordnet, doch waren zwei entscheidende Handicaps unvermeidlich. Das eine „lag in einem ungeschichtlichen, lehrhaft-abstrakten, ja cartesianisch-rationalistischen Verständnis der Glaubenswahrheiten im Sinne von lehramtlich vorgelegten Satzwahrheiten“[131], das andere besteht darin, daß die Theologie faktisch ins Lehramt zurückgenommen wird. Dieses bekommt nun für viele Christen absolutistische und totalitäre Züge. Das hat verhängnisvolle pastorale Konsequenzen: Im Zeitalter demokratischen Denkens, welches sich mehr oder minder in der ganzen Welt durchsetzt, bzw. überall als Ideal gilt, ist der Sinn für eine als starr empfundene Autoritätsausübung stark geschwunden. Hinzu kommt der Umstand, daß sich die Kirche zunehmend mit Problemen konfrontiert sieht, für die es keine Lösungsansätze in der Tradition gibt: Man kann sie nur meistern, wenn sich alle Verantwortlichen gemeinsam, im offenen Diskurs und unbefangen gegenüber möglicherweise nicht mehr anwendbaren Denkmustern der Vergangenheit, wenn auch, so weit es sich um Christen handelt, in Treue zum definierten Glauben, mit ihnen befassen. Gläubige, welche den Eindruck haben, daß sich das Lehramt dieser Diskussion verweigert, sind in der Gegenwart in Versuchung, der Kirche überhaupt den Rücken zu kehren[132].

4.3.4 Das kirchliche Lehramt über sich selbst

Die letzten Erörterungen machen verständlich, daß die Lehramtsproblematik eine typisch neuzeitliche Fragestellung ist. Sie wird daher in kirchlichen Dokumenten ausführlich erst seit dem *Ersten Vatikanischen Konzil* behandelt. Dieses benennt als Glaubensgegenstand alles, „was im geschriebenen oder überlieferten Wort Gottes enthalten ist und von der Kirche in feierlichem Lehrentscheid oder durch gewöhnliche und allgemeine Lehrverkündigung als von Gott geoffenbart zu glauben vorgelegt wird“ (DH 3011). Entsprechend dem besonderen Duktus des Konzils wird vor allem das Lehramt des Papstes hervorgehoben: Er hat in Konsequenz zu seinem Jurisdiktionsprimat die höchste Lehrgewalt (DH 3065). Feierlich erklären die Bischöfe als katholisches Dogma: „Wenn der römische Bischof in höchster Lehrgewalt (*ex cathedra*) spricht, das heißt, wenn er seines Amtes als Hirt und Lehrer aller Christen waltend in höchster, apostolischer Amtsgewalt endgültig entscheidet, eine Lehre über Glauben oder Sitten sei von

[130] So waren in den dreißiger Jahren des 20. Jahrhunderts verschiedene Theologen der Meinung, Enzykliken seien eo ipso unfehlbare Verlautbarungen.

[131] W. Kasper, Freiheit des Evangeliums (Anm. 14), 211.

[132] Die hier nur angedeuteten Schwierigkeiten brachen in der Zeit unmittelbar nach dem Konzil angelegentlich der Debatte um die päpstliche Unfehlbarkeit auf, die durch das Buch von H. Küng, „Unfehlbar? Eine Anfrage“, Zürich-Einsiedeln-Köln 1970, (zuletzt mit einem aktuellen Vorwort von H. Haag 1989 in München (Serie Piper 10016) erschienen, dazu viele Übersetzungen), angestoßen wurden.

der ganzen Kirche festzuhalten, so besitzt er aufgrund des göttlichen Beistandes, der ihm im heiligen Petrus verheißen ist, jene Unfehlbarkeit, mit der der göttliche Erlöser seine Kirche bei endgültigen Entscheidungen in Glaubens- und Sittenlehren ausgerüstet haben wollte. Diese endgültigen Entscheidungen des römischen Bischofs sind daher aus sich und nicht aufgrund der Zustimmung der Kirche unabänderlich (*ex sese, non autem ex consensu ecclesiae irreformabiles*)"[133].

Das Dogma von der päpstlichen Unfehlbarkeit ist, denkt man an manche Forderungen, die vor dem Konzil und noch auf dessen Sitzungen erhoben wurden, ziemlich restriktiv abgefaßt. Die Prärogative der Irrtumslosigkeit kann der römische Bischof nur in Anspruch nehmen,

1.) wenn er *als Papst* spricht, also nicht in irgendeiner anderen Eigenschaft, z. B. als Bischof der Diözese Rom, als Patriarch des Abendlandes;

2.) wenn er eine *endgültige* Entscheidung treffen will; das aber muß offenkundig gemacht werden[134];

3.) wenn die Entscheidung sich auf *Glaubens- oder Sittenlehren* (doctrinam de fide vel moribus) bezieht, also nicht auf politische, kulturelle, naturwissenschaftliche Fragen;

4.) wenn eine Entscheidung im Rahmen der *gesamtkirchlichen* Unfehlbarkeit sich bewegt, d. h. wenn er wirklich als (hervorragendes) Glied der Kirche redet[135].

Der erst sehr spät in den Text eingefügte letzte Satz der Definition („Diese endgültigen Entscheidungen...") bezieht sich auf die von episkopalistischen Strömungen vertretene Meinung, päpstliche Lehräußerungen würden erst durch die Ratifikation des Bischofskollegiums definitiv. Es ist der *consensus subsequens* gemeint, die nachträgliche Zustimmung: Das Konzil weist dessen Notwendigkeit zurück. Von dieser Ablehnung ist nicht betroffen der *consensus antecedens*, d. h. die vor einer Definition liegende Übereinstimmung der Gesamtkirche mit der päpstlichen Lehräußerung. Ausdrücklich sagt das Konzil: „Auch den Nachfolgern Petri ist der Heilige Geist nicht verheißen, daß sie auf seine Eingebung hin eine neue Lehre veröffentlichen sollten. Sie sollen vielmehr mit seinem Beistand die durch die Apostel überlieferte Offenbarung ... heilig bewahren und getreulich auslegen"[136]. Vom Versuch einer Ausweitung der päpstlichen Lehrkompetenz durch Pius XII. in der Enzyklika „Humani generis" von 1950 war unter 4.3.3 bereits die Rede. Alles in allem ist zu sagen, daß nach kirchlicher Lehre

---

[133] DH 3074, deutsch: NR 454.

[134] Can. 749 § 3 CIC: „Als unfehlbar definiert ist eine Lehre nur anzusehen, wenn dies offensichtlich feststeht (*manifesto constiterit*)".

[135] Die Theologie hat immer auch mit der Möglichkeit eines häretischen oder schismatischen Papstes gerechnet: Vgl. Decr. Grat. d. 40 S. 6 p. III (Friedberg I,146): Papa „a nemine est iudicandus, nisi deprehendatur a fide devius". Vgl. Auch P. Granfield, Das Papsttum. Kontinuität und Wandel, Münster 1984, 212-222. Das Konzil denkt bei „Kirche" sicher zunächst an die hierarchische Kirche, also ans bischöfliche Lehramt; im Licht von LG 12 ist aber die Aussage auf die universelle Glaubensgemeinschaft als primäre Trägerin der Unfehlbarkeit zu beziehen.

[136] DH 3070. Tatsächlich haben Pius IX. bzw. Pius XII. vor der Definition der Mariendogmen von 1854 und 1950, den beiden einzigen bisher von Päpsten verkündeten Dogmen, die Bischöfe und theologischen Fakultäten nach der Meinung *der Gläubigen* zu den geplanten Glaubensinhalten befragt.

der Papst alles andere als eine Art absolutistischer „Lehr-Fürst" ist. So groß auch seine Kompetenz ist, so tief ist sie zugleich in den Gesamtlebensvollzug der Kirche einzubinden. Die Übersicht unten macht das deutlich.

In der Generallinie der Erneuerung der Kirche aus dem unverkürzten Erbe der Vergangenheit hat das *Zweite Vatikanische Konzil* den Versuch einer Integration des Lehramtes in die gesamtkirchliche Aufgabe unternommen. Die Verpflichtung der unverfälschten Weitergabe der Offenbarung obliegt dem ganzen Gottesvolk[137], das ganze Gottesvolk ist daher auch vor dem Irrtum im Glauben bewahrt[138]. Innerhalb desselben und in Konsonanz mit ihm hat dann das Lehramt seine Funktion. Es steht in der gleichen Spannung wie die Kirche selber, wie die Gläubigen und wie die Theologie: Es ist rückgekoppelt an das Wort Gottes in der Heiligen Schrift und ihrer Interpretation in der Überlieferung[139] und zugleich ausgerichtet auf die Erfordernisse der Zeit[140]. Das hat eine andere Weise des Verlautbarens zur Folge, die mit dem Stichwort *pastoral* umschrieben worden ist. Damit war nicht, wie das später manchmal mißverstanden wurde, eine unverbindliche, dogmatisch irrelevante Rede gemeint, sondern eine Vermittlung des Glaubens, die die Realität der Geschichtlichkeit ernst nimmt – also auf den Menschen zielt, der in dieser Stunde der Geschichte konkret lebt und sein Christsein verwirklichen soll. Auf diesem Hintergrund sind die unmittelbaren Verlautbarungen des Lehramtes LG 20-25 (DH 4144-4150) über sich selber zu interpretieren. Die Bischöfe handeln in der Person Christi als Lehrer; das tun sie nicht nur jeder für sich, sondern auch in kollegialen Akten, bei denen der Papst in irgendeiner Weise beteiligt sein muß: Solche Akte können feierlich sein (Konzil) oder auch von den in der Welt lebenden Bischöfen ausgeübt werden, wobei allerdings ein ausdrücklicher kollegialer Akt gesetzt werden muß; es genügt also

Die Einschränkungen der päpstlichenUnfehlbarkeit

Weise der Beschränkung	Grund der Beschränkung
ekklesial	Einbindung in die Gesamtkirche und deren Bezeugungsinstanzen
offenbarungstheologisch	Bewahrung, nicht Erweiterung des depositum fidei
pneumatologisch	assistentia (negativa), nicht Inspiration des Hl. Geistes
formal	Aussagen ex cathedra
inhaltlich	Glaubens- und Sittenlehre
intentional	nur universale, alle Menschen/Christen betreffende Aussagen
erkenntnistheoretisch	nur geltend für Aussagen, die mit der Hl. Schrift und der traditio divino-apostolica konkordant sind
moralisch	nur solche Aussagen, die mit dem allgemeinen Sittengesetz übereinstimmen

[137] DV 8; DH 4209-4211.
[138] LG 12; DH 4130.
[139] LG 25,4; DH 4150; DV 10,2; DH 4214.
[140] GS 62.

nicht der faktische Konsens der Bischöfe[141]. Die Aussage des Ersten Vatikanischen Konzils über die Unfehlbarkeit des Papstes wird wiederholt; auch den Bischöfen kommt sie zu, wenn sie das oberste Lehramt zusammen mit dem Papst ausüben[142]. LG 25,1-2 (DH 4149) spricht vom Verhalten der Gläubigen gegenüber dem Lehramt. Es besteht im „religiösen Gehorsam des Willens und des Verstandes“, der nicht bloß den mit dem Anspruch der Unfehlbarkeit vorgetragenen Lehren gilt, sondern auch für alle anderen, seien sie päpstlichen oder bischöflichen Ursprungs. Werden diese Passagen von ihrem universalkirchlich-kommunionalen Hintergrund gelöst, so scheint das alte zweipolige Kirchenbild (lehrende – hörende Kirche) verfestigt zu werden.

Zunächst aber halten kirchliche Dokumente an der konziliaren Sicht fest. In der Erklärung der Kongregation für die Glaubenslehre „Mysterium Ecclesiae“ (1973) wird den Gläubigen zugesprochen, daß sie „mannigfaltig dazu bei“tragen, „daß die Glaubenserkenntnis in der Kirche wächst“ (DH 4532), wenngleich die authentische Lehrvollmacht nur den Hirten gegeben ist (DH 4533). Bemerkenswert ist das „Schreiben der deutschen Bischöfe an alle, die von der Kirche mit der Glaubensverkündigung beauftragt sind“ (1967): Nachdrücklich wird auch da die Rolle des Lehramtes hervorgehoben, aber zugleich auf die Bedeutung der Theologie hingewiesen[143]. Unbefangen und nüchtern wird auch die Tatsache angesprochen, daß dem Lehramt in nicht-unfehlbaren Äußerungen Irrtümer unterlaufen sind. Die Kirche muß „zur Wahrung der eigentlichen und letzten Glaubenssubstanz ... , selbst auf die Gefahr eines Irrtums im einzelnen hin, Lehrweisungen aussprechen, die einen bestimmten Verbindlichkeitsgrad haben und doch, weil keine Glaubensdefinition, eine gewisse Vorläufigkeit bis zur Möglichkeit eines Irrtums an sich tragen“[144].

Die vom Konzil, wenn auch nicht ganz konsequent, eingeschlagene Richtung weg von einer positivistischen Konzeption ist in der Folgezeit nicht konsequent fortgeführt worden. Schon *Paul VI.*, mehr noch *Johannes Paul II.* zeigten ein Verständnis des kirchlichen Lehramtes, das an die vorkonziliaren Auffassungen anknüpft. Der Codex Iuris Canonici von 1983 macht die Vorgaben von LG 25 zur strafbewehrten Rechtsnorm[145]. Im Jahr 1989 legt die Kongregation für die Glaubenslehre eine Glaubensformel („*Professio fidei*“) und einen Treueid („*Iusiurandum fidelitatis*“) für bestimmte Amtsträger in der Kirche vor. Die erste Formel verlangt das Bekenntnis zum Nizäno-Konstantinopolitanischen Symbolum, zu den Urteilen des unfehlbaren und allgemeinen und ordentlichen Lehramtes, das Festhalten an „definitiven“ Vorlagen in der Glaubens- und Sittenlehre und Gehorsam gegenüber Aussagen des „authentischen Lehramtes“, auch wenn dessen Träger „nicht beabsichtigen, dieselben in einem definitiven Akt zu verkünden“. Der Treueid verlangt neben der Einhaltung aller kirchlichen Gesetze gehorsame Gefolgschaft in allem, „was die geistlichen Hirten als authentische Lehrer und Meister (*doctores et*

[141] LG 22,2; DH 4146.

[142] LG 25,3; DH 4149.

[143] Das Schreiben ist abgedruckt: Deutsche Bischofskonferenz (Hg.), Theologie und Kirche. Dokumentation (Arbeitshilfen 86), Bonn 1991, 15-41; der Satz bezieht sich auf Nr. 13-15, S. 20-22.

[144] A.a.O. Nr. 18, S. 23.

[145] Cann. 752 und 1371 § 1.

magistri) des Glaubens erklären oder als Leiter der Kirche bestimmen"[146]. Schließlich ist die ebenfalls von der Kongregation für die Glaubenslehre 1990 vorgelegte „Instruktion über die kirchliche Berufung des Theologen" zu nennen. Hier wird der Terminus *definitiv* erklärt: er bezieht sich auf Aussagen, die zwar „nicht in den Glaubenswahrheiten enthalten, wohl aber mit ihnen innerlich so verknüpft sind, daß ihr definitiver Charakter letztlich sich von der Offenbarung selber herleitet"[147]. Aufgrund des göttlichen Beistandes, der den Lehramtsträgern gegeben ist, verlangt das Dokument die Zustimmung der Gläubigen auch dann, wenn diese „ohne eine unfehlbare Definition abzugeben und ohne sich ‚definitiv' auszusprechen, in der Ausübung ihres ordentlichen Lehramtes eine Lehre vortragen, die zu einem besseren Verständnis der Offenbarung in Sachen des Glaubens und der Sitten führt, oder moralische Weisungen erlassen, die sich aus dieser Lehre ergeben" [148].

Die beiden Dokumente der Glaubenskongregation haben eine lebhafte und besorgte Diskussion hervorgerufen[149]: Liegen hier Tendenzen zu einer Ausweitung der Lehramtsautorität vor? Soll an die Stelle des theologischen Diskurses über nicht unfehlbare und mithin möglicherweise irrige Aussagen ein „schlichter" Gehorsam treten? Welchen Stellenwert haben dann noch die Bezeugungsinstanzen *wissenschaftliche Theologie* und *Glaubenssinn der Gläubigen*?

Wer die vorangehenden Kapitel dieses Traktates gelesen hat, merkt unschwer, daß es sich bei der Auseinandersetzung nicht eigentlich um einen Konflikt zwischen Lehramt und Theologie oder Lehramt und Moderne handelt: Zur Debatte stehen die beiden unterschiedlichen Offenbarungsmodelle. Wer die instruktionstheoretische Konzeption verteidigt, der muß Glaubenswahrheiten als Satzwahrheiten, Glaubenssicherung als autoritative Sicherung von Sätzen und Lehramt als judiziales System verstehen, das nur von oben nach unten funktionieren kann. In der kommunikationstheoretischen Fassung bedarf die Kirche desgleichen ein verbindlich sich artikulierendes Lehramt. Denn die Wahrheit kann nicht durch Mehrheit festgestellt werden. Sie kann es aber ebensowenig durch bloßen Einsatz von Autorität, die von außen kommt. Die Wahrheit hat ihre Autorität in sich selbst – und das muß dargelegt und kontextuell wie konsensuell vermittelt werden, mit einem Wort: In den Bedingungen der Geschichtlichkeit. Damit aber werden wir zu den systematischen Überlegungen geführt.

4.3.5 Systematische Erwägungen

4.3.5.1 Das Lehramt im Gefüge der Glaubensvermittlung

Die letzte Grundlage des christlichen Glaubens und der letzte Mittler des Glaubensverstehens ist die uns in Jesus Christus endgültig und ein für alle Male mit-

---

[146] AAS 81 (1989) 105 f; eine authentische deutsche Übersetzung liegt nicht vor; die hier benutzte ist entnommen: G. Thils, Th. Schneider, Glaubensbekenntnis und Treueid. Klarstellungen zu den „neuen" römischen Formeln für kirchliche Amtsträger, Mainz 1990, 16-20; die Zitate 18,19.

[147] Deutsche Bischofskonferenz (Hg.), Theologie und Kirche. Dokumentation (Arbeitshilfen 86), Bonn 1991, Nr. 16, S. 110.

[148] A.a.O. Nr. 17, S. 111.

[149] Vgl. das oben genannte Buch von Thils-Schneider mit weiteren Hinweisen.

geteilte Offenbarung: das Wort Gottes. Es ist in sich selber begründet und ruft zum Glauben auf. Insofern ist es in einem einzigartigen Sinn autoritativ. Alle weitere Vermittlung ist *von hier abgeleitet*; sie besitzt darum immer nur *abgeleitete Autorität*, die ihr Maß am Maß der Ableitung der Vermittlung hat.

An erster Stelle ist die *apostolische Kirche* zu nennen, deren Rang sich von der Zeugenschaft zum Osterereignis und von der pfingstlichen Geistsendung her bestimmt. Ihr Glaubenszeugnis ist der nachfolgenden Kirche über das Neue Testament vermittelt worden, welches daher normativen Wert und oberste Autorität besitzt, die durch die Inspiration gesichert ist.

Damit das Wort Gottes in der verbindlichen Interpretation des Neuen Testamentes unvermindert und unverfälscht bewahrt und weitergegeben wird, ist *der Kirche als ganzer* der Hl. Geist gegeben worden, so daß diese nicht in dem Maße in Irrtum fallen kann, daß sie die Christuswahrheit für immer verliert. Damit wäre ihr Daseinsgrund zerstört und die Verheißung nichtig, daß Christus ihr bis ans Ende der Weltzeit gegenwärtig bleibt (Mt 28,20). Die Infallibilität der Kirche und aller kirchlichen Organe ist mithin in der ihr zugesagten *Indefektibilität* begründet. Weil aber nicht jeder Irrtum und jede Fehlaussage gleich an die Grundfesten des Anwesens der Wahrheit gehen, kann die Behauptung des Bleibens in der Wahrheit nur negativ formuliert werden: Aussagen der Kirche über den Glaubensinhalt müssen nicht notwendig erschöpfend, optimal formuliert und unmißverständlich gefaßt sein; es genügt, daß die Annahme der Entscheidung nicht irreversibel vom Evangelium wegführt. Die Theologen machen diesen Sachverhalt auch geltend, wenn sie von der *assistentia negativa*, dem negativen Beistand des Hl. Geistes sprechen: Er steht nicht unbedingt und notwendig hinter jeder kirchlichen Aussage, sondern verhindert lediglich, daß sie einen substantiellen, d. h. die Christuswahrheit fundamental zerstörenden Irrtum enthält.

Die Glaubensweitergabe erfolgt in der Zeit der Kirche durch den kontinuierlichen Erkenntnisprozeß aller Generationen. Für die Vergangenheit sprechen wir von der *Tradition*, für die Gegenwart gliedern wir ihn näher auf in die verschiedenen kirchlichen Gruppierungen, die den Glauben weitergeben, also in das Zeugnis aller Gläubigen allgemein, im besonderen das der wissenschaftlichen Theologie und vornehmlich das des kirchlichen Lehramtes[150].

Wenn wir uns entsprechend unserem momentanen Thema nun ihm zuwenden, dürfen wir niemals die eben in Wiederholung schon gewonnener Einsichten formulierten Sachverhalte und Zusammenhänge außer acht lassen. Das Lehramt steht als ein – sehr wesentliches, aber nicht singuläres – Moment in der Oszillation zwischen Wort Gottes und Wort der Kirche: das Wort Gottes ist zwar nur im Wort der Kirche für uns zugänglich, aber das Wort der Kirche ist

[150] Wir meinen nach dem üblichen theologischen Sprachgebrauch mit dem Begriff *kirchliches Lehramt* jenes der Bischöfe zusammen mit dem römischen Bischof. Man darf aber nicht übersehen, daß aufgrund der Teilhabe aller Getauften am prophetischen Amt Christi auch von einem nichtbischöflichen Lehramt gesprochen werden muß. In der Geschichte der Kirche haben auch stets Nicht-Bischöfe Anteil an amtlichen Lehrvorgängen gehabt, so die weltlichen Fürsten, die Konzilstheologen; für die Gegenwart vgl. can. 339 § 2 CIC / 1983. Nach CD 30 haben auch die Pfarrer Anteil am *munus magisterii*. Ähnliches gilt auch von den Inhabern der missio canonica, welche bekanntlich auch Laien sein können.

der Norm des Wortes Gottes zu- und untergeordnet und nicht schlankweg mit ihm identisch.

Die eigenständige und unverzichtbare Bedeutung des Lehramtes ist darin gegründet, daß die Weitergabe des Glaubens nur durch verbindliches und wahres Zeugnis möglich ist. Der Glaube fordert das Bekenntnis, das Bekenntnis aber verlangt Propositionen mit Wahrheitsgehalt, die in der erwähnten abgeleiteten und analogen Weise wegen des Anspruchs, den das Wort Gottes impliziert, auch autoritativ vorgelegt werden müssen. Wenn auch alle Christen Befähigung und Pflicht zum Bezeugen des Glaubens haben, verlangt diese sehr dezidierte Aufgabe besondere Qualifikationen und Legitimationen: Sie wird bezüglich des Lehramtes durch die bischöfliche Ordination und den damit verbundenen besonderen Beistand des Geistes garantiert.

4.3.5.2 Die Aufgaben und Prärogativen des Lehramtes

Sie ergeben sich aus seiner kirchlichen Funktion:

1.) Das kirchliche Lehramt ist verantwortlich für die Wahrung, Bezeugung und richtige Auslegung der durch die Schrift vorgelegten und in der Tradition bedachten Inhalte des christlichen Glaubens in der Gemeinschaft der Kirche. „Eine neue öffentliche Offenbarung als Teil der göttlichen Glaubenshinterlage empfangen“ die Träger des Lehramtes „jedoch nicht“[151].

2.) Dieser Verantwortung kann es nur gerecht werden, wenn ihm die entsprechende Autorität gegeben ist, die vor allem in der Situation des einheitsbedrohenden Dissenses (Irrlehre, Schisma) letztverbindlich und definitiv feststellen kann, was Inhalt des Glaubens ist und was nicht.

3.) Da dessen Mitte Christus ist, hat das Lehramt den Glauben der Kirche immer neu auf ihn, der Wahrheit, Weg und Leben ist, zu zentrieren und zu konzentrieren.

4.) Das ist nur dann möglich, wenn das Lehramt den Glaubensinhalt ständig neu den Glaubenden so vorlegt, daß dieser wirklich ankommen und angenommen werden kann. Eine bloß traditionalistisch verstandene Selbigkeit der Formeln und Vorlagen genügt nicht, da sich im Lauf der Zeit Situationen ändern und vertiefte Sachkenntnisse gewonnen werden. Es genügt auch nicht das Pochen auf die Autorität des Lehramtes allein, da Glaube rational und frei ist und daher auch nur in freier Einsicht angenommen werden kann, die der argumentativen Stützung bedarf[152].

5.) Weil das Lehramt nicht *über*, sondern *in* der Gemeinschaft der Kirche steht, haben seine Inhaber beim Zustandekommen ihrer Entscheidungen auf die Konsonanz mit allen anderen kirchlichen Glaubensäußerungen aller anderen Bezeugungsinstanzen zu achten und alle verfüglichen Mittel zur Wahrheitsfindung anzuwenden „entsprechend ihrer Pflicht und dem Gewicht der Sache“[153]. Dazu gehört auch die Beachtung der Hierarchie der Wahrheiten, die Zeitbezogenheit einer Aussage, die Beachtung des ökumenischen Dialoges, die Rezeption der gesicherten Ergebnisse der Wissenschaften.

---

[151] LG 25; DH 4150.
[152] Vgl. oben 3.4.
[153] LG 25; DH 4150.

Das kirchliche Lehramt und seine Kompetenz

Amtsträger	Lehramtl. Akt	Kompetenz	Qualität	Aussagekraft	Verpflichtungsgrad
Einzelbischof	Predigt, Hirtenschreiben, Katechismus	Lehrer seiner Ortskirche	möglicherweise nicht irrtumsfrei	ordentliches Lehramt	bedingt
Bischofskollegium (einschl. Papst): – in expliziter Gemeinsamkeit	Verlautbarungen außerhalb ökumen. Konzilen	Lehrer d. ganzen Kirche	irrtumsfrei	ordentliches und allgemeines Lehramt	unbedingt
– auf dem ökumen. Konzil versammelt	Konziliare Definitionen	Lehrer d. ganzen Kirche	irrtumsfrei	außerordentliches und allgemeines Lehramt	unbedingt
Papst – als Bischof von Rom	wie Einzelbischof				
– als Oberhaupt der Kirche	nicht definitive Äußerungen	Lehrer d. ganzen Kirche	möglicherweise nicht irrtumsfrei	ordentliches Lehramt	bedingt
	definitive Äußerungen	Lehrer d. ganzen Kirche	irrtumsfrei	außerordentliches Lehramt (ex cathedra)	unbedingt

6.) Wegen der expliziten Amtlichkeit ihrer Aufgabe können Inhaber des kirchlichen Lehramtes verbindlich sprechen. Das schließt ein, daß die Glieder der Kirche gegenüber solchen Aussagen zu gehorsamer Annahme verpflichtet sind. Entsprechend der Hierarchie der Wahrheiten ist diese Verbindlichkeit gestuft; entsprechend gestuft ist auch die Gehorsamspflicht. An sich gehörte es zu den Aufgaben des Lehramtes mitzusagen, mit welcher Verpflichtungskraft eine bestimmte Äußerung ergeht; doch geschieht dies im allgemeinen nicht. Die Theologen haben daher eine Tafel der Qualifikationen (*notae theologicae*) bzw. Disqualifikationen (*censurae theologicae*) erstellt, die *allgemein* für Sätze gelten, die den Glauben betreffen: Sie findet sich in der Übersicht S. 148. Für *Sätze des Lehramtes* trifft zu:

* Mit dem Anspruch der Unfehlbarkeit geäußerte Sätze sind *unbedingt verbindlich*, wobei die prinzipielle Bedingtheit menschlicher Sätze in Rechnung zu stellen ist.

* Nicht-unfehlbare Sätze sind *bedingt verbindlich*. Als Bedingungen sind zu nennen: Argumentationskraft und Plausibilität des Satzes, Einsicht und Gewissensspruch des Adressaten.

7.) Weil es an die Offenbarung gebunden ist, hat das Lehramt direkte Kompetenz lediglich in der Materie, die Inhalt der göttlichen Selbstmitteilung ist, also in Fragen des Glaubens und der christlichen Lebensführung (*res fidei et morum*). Sie kann dann unter den vorgesehenen Bedingungen auch Gegenstand einer unbedingt verbindlichen Definition sein. Eine indirekte Kompetenz besitzt es bezüglich alles dessen, was zum Schutz dieser Materie nötig ist („Sicherungswahrheiten").

Tafel der theologischen Qualifikationen

Art der Aussage	Note	Zensur
Formell geoffenbarte Wahrheit	de fide divina	haeresis manifesta
Formell geoffenbarte und als solche päpstlich oder konziliar definierte Wahrheit („Dogma")	de fide divina definita	haeresis formalis
Vom ordentlichen Lehramt als geoffenbart vertretene Wahrheit	de fide	haeresis
Definitionen im Sicherungsbereich der Offenbarung	de fide ecclesiastica definita	propositio reprobata
Nicht-unfehlbare Aussagen im Sicherungsbereich der Offenbarung	de fide ecclesiastica	propositio falsa
Sätze, die nicht definiert sind, deren Leugnung aber eventuell eine andere Glaubenswahrheit bedroht	fidei proximum	haeresi proximum
Sätze aus dem Sicherungsbereich, für die gleiches gilt	theologice certum	sententia falsa
Sätze der wissenschaftlichen Theologie können sein	sententia communis, probabilis, tolerata, pia	

Nicht jede lehramtliche Aussage hat die gleiche Bedeutung und den nämlichen Verpflichtungsgrad; entsprechend ist auch nicht jeder Widerspruch qualitativ auf der gleichen Stufe. Die in der klassischen Theologie entwickelte Tafel stellt zusammen, welche Form der Lehramtsaussage welchen Verpflichtungsgrad (Note) besitzt, bzw. welchem Verdikt (Zensur) die Behauptung des Gegenteils verfällt.

Das Lehramt selbst hat sich weder auf dem Ersten noch auf dem Zweiten Vatikanischen Konzil darüber geäußert, was genau unter diesen Begriff fällt. Herkömmlicherweise verstand man darunter die sogenannten „dogmatischen Tatsachen" (*facta dogmatica*), d. h. formale Bedingungen, von denen die Legitimität bestimmter Lehräußerungen abhängt[154]. Sicher gehören zur indirekten Materie des Lehramtes auch Konklusionen, die sich notwendig aus einer Offenbarungsmitteilung ergeben[155]. Damit verbunden ist die Kompetenz, entgegenstehende

[154] Vgl. oben 2.5, 8b.

[155] Wenn etwa geoffenbart ist, daß Jesus ein wahrer Mensch ist, dann ist daraus mit Gewißheit zu folgern, daß er auch eine menschliche Seele besitzt; diese gehört notwendig zum Menschsein dazu.

Ansichten zu verurteilen (DH 3018). In allen diesen Fällen sind auch irrtumsfreie Aussagen denkbar. Diskutiert wird die Frage, ob feierliche Heiligsprechungen unter die indirekte Kompetenz fallen[156]. In jüngster Zeit ist die Frage akut geworden, ob es auch natürliche Wahrheiten gibt, die notwendig mit der Offenbarung verbunden sind und die daher Gegenstand unfehlbarer Lehrkundgaben werden können. Der 2. Zusatz zur „Professio fidei" von 1989 hatte von Glaubens- und Sittenlehren gesprochen, die das Lehramt *„definitive"* vorlegt[157]. In dem beigegebenen offiziösen Kommentar von *U. Betti* wurde erklärt, der Begriff beziehe sich auf nicht als göttlich geoffenbarte, aber doch auf definitive Weise vorgelegte Äußerungen. „Zum Objekt irreformabler Definitionen, wenn auch nicht von Glaubensdefinitionen, kann all das werden, was sich auf das Naturgesetz bezieht, welches Ausdruck des Willens Gottes ist. In diesem Sinne gehört auch dieses in den Bereich kirchlicher Interpretations- und Lehrkompetenz, da die Kirche ein Heilsamt innehat"[158]. Während bisher die Begriffe *unfehlbar* und *definitiv* praktisch synonym verstanden und vornehmlich auf die Aussagen direkter lehramtlicher Kompetenz bezogen wurden, scheint nun eine neue Klasse eingeführt zu werden: Neben den „Glaubensdefinitionen" gibt es „definitive" Lehrvorgaben, die gleichwohl wie die ersteren irreformabel sein können. Die damit verbundenen Fragen werden noch diskutiert[159].

7.) Einer besonderen Betrachtung bedarf noch der Terminus *res morum*. Das Zweigespann „Glaube und Sitten" reicht zurück bis Augustinus[160] und findet sich als lehramtliche Formel seit dem Konzil von Trient (DH 1501,1507). Dort umfaßten die *mores* nicht so sehr Ausflüsse des moralischen Gesetzes als liturgische und zeremonielle Ausdrucksformen. Seit dem Ersten Vatikanischen Konzil verstehen die Theologen darunter die natürliche Sittenordnung, so weit sie zur Wahrung des Glaubens erforderlich ist, und die sittlichen Mittel, die zur Erreichung des Heiles notwendig sind. Eine nähere Bestimmung des Begriffs durch das Lehramt selbst ist auf keinem Konzil gegeben worden, obschon er öfters verwendet wird. Bislang hat das kirchliche Lehramt auch noch nie eine *res morum* mit dem Anspruch der Unfehlbarkeit definiert. Zweifellos gehören beide Begriffe engstens zusammen. Jesus Christus verstand sich und seine Botschaft nicht nur als *Wahrheit*, sondern auch als *Weg*, d. h. die Wahrheit, um die es im Glauben geht, soll den Hörer auf den Weg zu Gott bringen, der das *Leben* in Fülle ist (vgl. Joh 14,6). Dann aber kann die Kirche im Vollzug ihrer Heilsaufgabe in Fragen des Weges nicht weniger kompetent sein als in solchen der Wahrheit. Soweit also moralische Weisungen in der Offenbarung enthalten sind, verfügt sie über die Vollmacht zur irreformablen Auslegung. Problematisch ist aber ihre Kompetenz in Sachen des sog. natürlichen Sittengesetzes. Hier ist – doch das ist Aufgabe der Moraltheologie – erst einmal zu klären, was dieser Begriff genau bedeu-

---

156 Die Argumentation lautet: Durch die Kanonisierung wird den Gläubigen das Christsein eines Menschen als exemplarisch und zu Gott führend vorgestellt; die Kirche kann in einer solchen Sache nicht unverbindlich sprechen.

157 S. o. S. 143.

158 G. Thils, Th. Schneider, Glaubensbekenntnis und Treueid, 24 f; das Zitat 25.

159 Vgl. a.a.O. 90-107.

160 Inquis. Jan. ep. 54,2.4.5.

tet, vor allem, wie weit er mit bestimmten philosophischen Anschauungen (etwa der Stoiker) zusammenhängt. Umfaßt er beispielsweise für den Menschen auch den Bereich der Kultur, sofern diese Äußerung seiner Geistnatur ist? Ist „Natur" eine statische und geschlossene Realität oder ist sie dynamisch-evolutiv verfaßt? Konkret wird die Frage immer dann, wenn es um bestimmte Determinierungen geht. Sie können nur induktiv erfolgen: In bestimmten Lebensfragen suchen die Glaubenden Antworten im Licht des Evangeliums. Vor allem in den epochalen Umbrüchen der Gegenwart mit vollkommen neuen und außerordentlich komplexen Fragestellungen – man denke an die Probleme der Gentechnologie, der Bevölkerungsexplosion oder der Intensivmedizin – lassen sich Lösungen nicht nur mittels einer simplen Schlußfolgerung aus neutestamentlichen Texten finden; dazu bedarf es auch des Fach- und Sachverstandes, über den das Lehramt nicht in besonderer Weise verfügt. Die Kirche gewinnt aus dem ihr anvertrauten Wort Gottes „die Grundsätze der religiösen und sittlichen Ordnung..., wenn sie auch nicht immer zu allen einzelnen Fragen eine fertige Antwort bereit hat; und so ist es ihr Wunsch, das Licht der Offenbarung mit der Sachkenntnis aller Menschen in Verbindung zu bringen, damit der Weg, den die Menschheit neuerdings nimmt, erhellt werde"[161]. So sicher es angesichts dieser Umstände ist, daß die Kirche verbindlich in Fragen der *mores* sprechen kann und muß, so unsicher ist es, ob sie das auch mit letzter Verbindlichkeit, also mit irreformablen Sätzen in dieser Materie zu tun vermag. Die Diskussion ist an diesem Punkt noch zu keinem Schluß gekommen.

8.) Im Licht der obigen Überlegungen kann zusammenfassend über Aufgaben und Prärogativen des kirchlichen Lehramtes gesagt werden: Alle seine Aussagen basieren auf der in der Hl. Schrift enthaltenen und durch die Tradition ausgelegten Offenbarung Gottes; sie sind selber Teil des gesamtkirchlichen Glaubensbekenntnisses[162]. Daher haben sie autoritatives Gewicht. Unter dem *außerordentlichen und allgemeinen Lehramt* verstehen wir den äußersten und punktuellen Vollzug des kirchlichen Lehrauftrages in einer Konzils- oder ex-cathedra-Entscheidung (Definition). Der normale Weg, auf dem er wahrgenommen wird, ist das *ordentliche Lehramt*; es wird auf alle anderen, eben nicht genannte Weisen vollzogen[163]. Vom *ordentlichen und allgemeinen Lehramt* spricht man, wenn die Bischöfe zusammen mit dem Papst außerhalb des ökumenischen Konzils explizite kollegiale Akte der Glaubensverkündigung setzen. Mit der *Prärogative der Unfehlbarkeit* können Äußerungen des außerordentlichen allgemeinen und des ordentlichen allgemeinen Lehramtes sowie ex-cathedra-Entscheidungen des Papstes ausgestattet sein. Ob sie de facto unter diesem Anspruch verlautbart werden, muß offenkundig feststehen. Alle anderen Lehramtsäußerungen vermögen nicht *von vornherein irrtumsfrei* zu sein. Das gilt auch von solchen, die (moralisch) alle Bischöfe mit dem Papst in bloß faktischer Einmütigkeit machen, ohne einen ausdrücklichen Akt zu setzen: Die Summe in sich per definitionem

[161] GS 33,2 (DH 4333).

[162] Sehr oft werden Ausdrücke verwendet wie *profiteri, credere, confiteri*.

[163] Glaubensverkündigung der Bischöfe in ihren Diözesen, auf Konferenzen, Synoden, dem ökumenischen Konzil (außerordentliches, aber nicht allgemeines Lehramt), durch Dokumente des Papstes außerhalb des ex-cathedra-Bereiches und päpstlicher Kongregationen.

nicht unfehlbarer Lehramtsträger führt nicht zu einem in sich unfehlbaren Urteil.

Auch eine unter den gegebenen Voraussetzungen ausgesprochene irrtumsfreie Lehräußerung ist nicht ohne Bedingtheiten:

– Weil das Lehramt nicht Offenbarungsträger, sondern nur Instanz des Offenbarungszeugnisses ist, besteht eine Differenz zwischen dem Wort Gottes und dem Wort der Lehramtsträger. Nur bezüglich des ersteren ist ein Akt des Glaubens möglich, da es unendlich ist. Die Lehramtsträger dagegen sind endlich, den Bedingungen der Geschichtlichkeit unterworfen, eingebunden in das Glaubensleben der ganzen Kirche, nicht zuletzt auch dem Faktum der Sündhaftigkeit ausgesetzt. Für die Findung der Wahrheit verfügen sie über keine außerordentlichen Mittel. Der Hl. Geist ist ihnen nur im Sinn der *assistentia negativa* gegeben.

– Eine mit dem Anspruch der Irrtumsfreiheit vorgelegte Definition entläßt diese aus keiner Begrenzung und Beschränkung, die nicht mit der Wahrheit selber unvereinbar ist. Sie bleibt eine menschliche Proposition; als solche ist sie mehr oder weniger angemessen, einsichtig, verständlich, gut formuliert, historischen Kontexten verhaftet. Aus jedem dieser Gründe kann sie gegebenenfalls neu formuliert, in größere Zusammenhänge versetzt, mit größerer Plausibilität vorgetragen werden. Unter dieser Perspektive kommt dem Prozeß der *Rezeption* große Bedeutung zu (vgl. dazu unten 4.5.1.3). Irreversibel bleibt immer nur das, was die Proposition *meint*. Irreversibilität ist nicht Immobilität.

Daraus ergibt sich, daß die Irreformabilität einer lehramtlichen Aussage diese weder gegen kritische Rückfragen immunisiert noch den Prozeß der Wahrheitserkenntnis in irgendeiner Weise definitiv abschließt.

4.3.5.3 Das Lehramt und die Gemeinschaft der Gläubigen

Weil das Lehramt mit seinen Aufgaben und Vollmachten zur bleibenden, auf den Stiftungswillen Jesu Christi zurückgehenden Verfassung der Kirche gehört und im geschilderten Sinne eine authentische, unter bestimmten Voraussetzungen auch irrtumsfreie und mit definitiven Kompetenzen versehene Bezeugungsinstanz des Glaubens ist, gehören seine Existenz samt seinen Prärogativen selber zum Inhalt des christlichen Glaubens. Der Christ glaubt nicht an das Lehramt, sondern einzig und allein an das Wort Gottes. Doch weil in diesem auch Worte über das Lehramt enthalten sind als Instanz des Zeugnisses vom Wort Gottes, akzeptiert er es als zu seinem Glauben gehörend und soweit es Glaubensinstanz ist. Das ist die Haltung des Gehorsams. Er kann geleistet, er kann verweigert werden (Ungehorsam). Letzteres ist negativ zu bewerten auch vom Standpunkt des Glaubens aus.

Daraus entstehen differenzierte Verhältnisbestimmungen zwischen Lehramts- und Nichtlehramts-Trägern. Die Grunddifferenz ergibt sich aus der Qualität der Vorlagen. Steht fest, daß sie die Bedingungen eines unfehlbaren Urteils erfüllen, dann verlangen sie die Akzeptanz der Gläubigen: Diese ist nichts anderes als die Akzeptanz des Wortes Gottes, das sich darin ausspricht. Man muß und darf hier von einem *obsequium fidei*, einer vom Glauben getragenen Annahme einer Lehramtsvorgabe sprechen. Sie ist allerdings wegen der am Ende des vorausgehenden

Abschnitts besprochenen Differenz zwischen dem Wort Gottes und dem Lehramtssatz nicht schlechthin absolut.

Wesentlich problematischer steht es mit den nicht-unfehlbaren Aussagen und Weisungen des Lehramtes. Da sie definitionsgemäß nicht unfehlbar sind, sind sie – die Logik läßt eine dritte Möglichkeit nicht zu – *fehlbar*. Das heißt natürlich nicht, daß sie eo ipso falsch sind; aber diese Möglichkeit kann nicht mit Sicherheit ausgeschlossen werden. Infolgedessen kann man die Relation Lehramt – Gläubige nicht auf die Relation Befehl – Gehorsam innerhalb eines juridisch-institutionellen Rahmens (wie beispielsweise in einem militärischen Verband) bringen. Selbst wenn man davon absieht, daß auch dort Kadavergehorsam abzulehnen ist – wir haben im 20. Jahrhundert zu viele verhängnisvolle Folgen gesehen, die sich daraus ergeben haben –, ist bei der Kirche in Rechnung zu stellen, daß aufgrund des allen in Taufe und Firmung geschenkten Hl. Geistes alle Glaubenden immer auch Hörer und alle auch Lehrer sind[164] – und die Träger des Lehramtes gehören zu den Glaubenden! Die entsprechenden Texte reden denn auch nie von Gehorsam schlankweg oder vom Glaubensgehorsam wie im obigen Fall, sondern lediglich vom *obsequium religiosum*, also einem auf der Basis der Gottesbeziehung aufruhenden Verhältnis. Was bedeutet dies?

Versteht man die Kirche als *communio*, als geschwisterliche Gemeinschaft der Christusgläubigen, so kann die Grundbeziehung zwischen ihren Gliedern nur die des Vertrauens und des verstehenden Eingehens auf die Intentionen der Mitchristen sein. Sie ist ihrerseits erforderlich um des gemeinsamen und einen Zieles der Kirche willen, Sakrament der Einheit der Menschen mit Gott und untereinander zu sein[165]. Das gilt natürlich auch gegenüber dem Lehramt. Seinen Aussagen ist also ein zunächst nicht limitierter Vorschuß des Vertrauens aus dem Geist der Liebe heraus entgegenzubringen. Sie haben die Präsumption der Wahrheit, allerdings von deren eigenen Voraussetzungen her nicht mehr in gleicher Weise wie die unfehlbaren Definitionen, sondern bis zum prinzipiell möglichen Erweis des Gegenteils. Sollte sich dies herausstellen, ist eine Zustimmung gar nicht mehr möglich; würde sie dennoch gegeben, wäre sie unmoralisch, weil wider die (wenigstens subjektive) Erkenntnis der Wahrheit.

Es kann also einen Dissens zu solchen Vorgaben geben, der nicht aus innerer Opposition oder aus moralisch zu disqualifizierendem Ungehorsam kommt, sondern der legitim, ja notwendig ist. In diesem Falle kann und muß er auch geäußert werden, weil die Wahrheit und mit ihr das Wohl der Kirche auf dem Spiel stehen. Das schließt auch eine öffentliche Diskussion nicht aus. Unter dem Titel „Pflichten und Rechte aller Gläubigen" legt der *Codex Iuris Canonici* fest: *„Entsprechend ihrem Wissen, ihrer Zuständigkeit und ihrer hervorragenden Stellung haben sie das Recht und bisweilen sogar die Pflicht, ihre Meinung in dem, was das Wohl der Kirche angeht, den geistlichen Hirten mitzuteilen und sie unter Wahrung der Unversehrtheit des Glaubens und der Sitten und der Ehrfurcht gegenüber den Hirten und unter Beachtung des allgemeinen Nutzens und der Würde der Personen den übrigen Gläubigen kundzutun"*[166]. In der heutigen Mediengesellschaft ist nicht zu vermeiden, daß

[164] Vgl. unten 4.5.

[165] Vgl. LG 1.

[166] Can. 212 § 3 CIC.

solche Äußerungen nicht immer auf innerkirchliche Räume beschränkt bleiben können.

Im einzelnen kann man (ohne daß Anspruch auf Vollständigkeit erhoben werden soll) an folgende Fälle denken, bei denen Widerspruch angemeldet werden darf:

– Der Zusammenhang einer lehramtlichen Aussage mit Schrift und Tradition kann nicht erkannt werden.

– Die Regeln des diskursiven Denkens erlauben keine Annahme.

– Die Argumente des Lehramtes erscheinen nicht überzeugend oder tragfähig.

– Eine Weisung schränkt die Denk- und Forschungsfreiheit ein, die laut GS 62 die Kirche gewähren muß.

– Das Gewissen als oberste moralische Instanz für den einzelnen verbietet die Zustimmung.

Dabei ist jeweils nicht entscheidend, ob jeweils auch der Fall ist, was als der Fall angegeben wird: Genau das ist in der Diskussion erst zu klären. Zur Legitimität des Dissenses genügt das ehrliche, aus der Haltung von Glaube und Liebe kommende und der Kirche verpflichtete Suchen nach der Wahrheit. Die Gemeinschaft der Glaubenden empfängt auch das Charisma des Prophetischen; sie hat in ihrer Geschichte die Erfahrung gemacht, daß gerade die bedeutenden Heiligen nicht selten auch bedeutende kirchliche Dissidenten gewesen sind, die als solche beträchtlich zum leuchtenden Zeugnis des Glaubens für ihre Zeit und oft weit darüber hinaus beigetragen haben[167]. Die Kirche als ganze wie auch ihr Lehramt sind angesichts dieser Tatsachen zu jener Haltung der Gelassenheit verpflichtet, die im Gleichnis vom Unkraut unter dem Weizen angemahnt wird (Mt 13,24-30). Jenes Unkraut ist nicht irgendeines, sondern *zizanion* oder Tollkorn. Dieses kann „bis zur Entwicklung der Ähre in der Saat auch für ein geübtes Auge kaum vom Weizen unterschieden werden“[168]. Vorschnelle Disziplinierung kann sehr nachteilig sein für die Gemeinschaft der Kirche.

4.3.6 Verbindliches Lehren in anderen christlichen Kirchen und kirchlichen Gemeinschaften

Die universale Heilsbedeutung des Evangeliums und die im Neuen Testament sich abzeichnende Struktur der Kirche machen überzeugend einsichtig, daß es für die Christen lebenswichtig ist, in der wahren Lehre zu bleiben und daß es Regelungen geben muß, mittels derer das gewährleistet wird. Verbindliches Lehren und entsprechende lehrverantwortliche Instanzen gibt es daher in allen christlichen Kirchen und Kirchengemeinschaften. Allerdings sind die konkreten Auffassungen untereinander und zur römisch-katholischen Kirche different. Sie leiten sich jeweils ab vom Schrift- und Kirchenverständnis, welches sie bestimmt.

---

[167] Interessanterweise sind viele davon zu Lebzeiten oder danach in erheblichen Konflikt mit Trägern des Lehramtes gekommen: man erinnere sich eines Franz von Assisi, eines Thomas von Aquin, eines Ignatius von Loyola, einer Jeanne d'Arc.

[168] J.Gnilka, Das Matthäusevangelium I. Teil (HThK I/1), Freiburg-Basel-Wien 1986, 491.

4.3.6.1 Die orthodoxen Kirchen des Ostens

Ausgangspunkt ist die konziliare Ekklesiologie, deren Kern die Eucharistiefeier ist. Der Glaube des einzelnen versteht sich nicht primär als Annahme von dogmatischen Definitionen. Er ist vielmehr aktive Teilnahme am gelebten Glauben der ganzen Kirchengemeinschaft, deren Seinsgrund hinwiederum das Leben in der göttlichen Wahrheit ist. Der letzte Träger und Interpret des Glaubensinhaltes ist daher weder eine Institution noch eine einzelne Person, sondern das Heils- und Glaubensbewußtsein der Gesamtkirche. Greifbar wird es im ökumenischen Konzil, das seine geistliche Wurzel in der eucharistischen Gemeinschaft der Bischöfe und ihrer Gläubigen hat. Es definiert nicht „von oben herab“ Sätze, die zu glauben sind, sondern stellt die Übereinstimmung des Glaubens der Gläubigen fest; deswegen kann es ihn dann auch verbindlich formulieren. Die konziliaren Feststellungen bedürfen aus dem gleichen Grund auch der Rezeption durch die Christen. Diese ist aber weder eine juristische noch eine demokratische Legitimation, sondern ein charismatischer Akt, in dem die Identität der Glaubensgemeinschaft manifest wird. Sie wird nicht erst nachträglich zu einem konziliaren Akt hergestellt, sondern liegt ihm bereits voraus. Denn dem ganzen Kirchenvolk ist der Glaube anvertraut. Vor allem die russische slavophile Theologie des 19. Jahrhunderts hat unter dem von *Chomjakov* ins Spiel gebrachten Begriff *sobornost'* diese Theologie ausgearbeitet.

Im formalen Sinn besitzen die orthodoxen Kirchen keine unfehlbare Lehrinstanz. Herausgehobene Glaubenszeugen sind nicht nur die Bischöfe (als Zeugen des Glaubens ihres Sprengels). Auch prophetische Gestalten oder Mönche (Starzen in Rußland) können Autorität in Glaubensdingen haben.

Die eigentliche Bezeugungsinstanz für den Glauben ist somit nicht das Lehramt, sondern die Liturgie, genauer: die Feier der Eucharistie. Bekenntnisäußerungen finden sich in Folge davon nicht so sehr in präzisen, geradezu juristischen Formeln wie in der römisch-katholischen Kirche als vielmehr in doxologischer Fassung; sie entspringen dem Erleben der Wahrheit und Schönheit der göttlichen Epiphanie.

4.3.6.2.Die Kirchen der Reformation

Während das römisch-katholische wie das orthodoxe Lehrverständnis wesentlich ekklesiologisch, vom Kirchenbegriff her geprägt ist, erfährt es bei den reformatorischen Kirchen eine soteriologische Ausformung. Der einzige und allen anderen denkbaren Autoritäten absolut vorgeordnete Verkündigungsmaßstab ist die Heilige Schrift, präziser gesagt: deren Mitte, die Lehre von der Rechtfertigung des Sünders aus Gnade allein. Sie ist freilich nicht ohne Auslegung und Aktualisierung heilsrelevant. Daher besitzen für die Feststellung der Inhalte des Glaubens eine wichtige Funktion die Theologen als Lehrer der Hl. Schrift und die Bekenntnisschriften als Ausdruck des Glaubens der Gläubigen. Eines Lehramtes, erst recht nicht eines unfehlbaren bedarf die Kirche nicht, weil letztes Glaubenskriterium der Glaube an die Gegenwart Christi selbst ist. Die kirchliche Verkündigung hat aus diesem Grund Anteil an der Wahrheit ihres Herrn selbst.

Verantwortlich für die rechte Verkündigung sind grundsätzlich alle Christen. Konkret wird sie ausgeübt im Mit- und Zueinander verschiedener Ämter und Gremien mit unterschiedlichen Verantwortlichkeiten. Vornehmlich kommt in diesem Sinn das Lehren zu den Pfarrern, Hochschullehrern und Kirchenleitungen; bei diesen haben besondere Funktion sehr oft die Synoden[169]. Entscheidungen werden auf dem Weg des Konsenses gesucht. Denn zur Verbindlichkeit der Verkündigung gehört auch die Rezeption der Lehre durch die Gemeinden: Sie muß ja von den Christen geglaubt und ins tägliche Leben umgesetzt werden.

Mit der Möglichkeit der Häresie wird gerechnet. Es gibt daher geordnete Verfahren für den Fall relevanter Glaubensabweichungen von Kirchenmitgliedern (Lehrzuchtverfahren).

4.4 Die wissenschaftliche Theologie[170]

4.4.1 Begriff und Sache

4.4.1.1. Die Theologie

Das griechische Wort *theologia* besteht aus den Begriffen *theós* für Gott und *lógos* für Rede, Kunde, Wissenschaft. Theologie ist also dem Wortsinn nach *wissenschaftliche Rede über Gott*. Diese Bedeutung kommt dem Wort freilich erst seit der Zeit der Hochscholastik, also seit dem 13. Jahrhundert, zu. Vorher diente es im außerchristlichen Bereich zur Bezeichnung von Göttergeschichten[171], der Reflexion über das Sein[172] oder der staatlich-bürgerlichen Kultordnung[173]. Im 2. Jahrhundert wird es in den christlichen Wortschatz übernommen und vor allem als Bezeichnung der Lehre vom Wesen des dreifaltigen Gottes verwendet, die von der *oikonomia* genannten Lehre vom heilsgeschichtlichen Handeln dieses Gottes unterschieden wurde.

Sachlich hat man die heute von der Theologie geleistete Arbeit schon seit den Anfängen des Christentums aufgenommen. Doch geschah dies unter Bezeichnungen wie „Lehre oder Rede über die Göttlichkeit" (*ratio sive sermo de divinitate*)[174], „christliche" oder „heilige Lehre" (*doctrina christiana, sacra doctrina*) oder einfach „heilige Schrift" (*sacra, divina pagina/scriptura*), weil die Bibel die Ur-Kunde jeder verantworteten christlichen Gottesrede ist.

Jedenfalls war seit eh und je für die Christen klar, daß sich Gott in der Geschichte geoffenbart und diese Offenbarung ihren Höhepunkt in Jesus als dem

---

[169] Vor allem in den Gliedkirchen der Evangelisch-Lutherischen Kirche in Deutschland (EKD).

[170] Da die Dogmatik Teil der Theologie ist, müssen im folgenden manche Themen noch einmal angesprochen werden, die schon in der Einleitung in die Dogmatik angeschnitten worden sind.

[171] Platon, rep. 379 A.

[172] Aristoteles, metaph. VI,1,1025 a 19.

[173] Varro nach Augustinus, civ. 6,5.

[174] Augustinus, civ. 8,1.

Christus gefunden hatte, weshalb sie im liebenden Glauben anzunehmen ist, daß es aber zugleich der Vergewisserung vor sich selber wie vor den fragenden Mitmenschen bedürfe, ob, wie und wieweit diese Offenbarung um des eigenen Heiles willen auch wirklich verantwortlich anzunehmen, zu bekennen und ins Leben umzusetzen sei. Umgekehrt zeigte sich sofort auch, daß die Botschaft der Offenbarung neues Licht auf die Wirklichkeit wirft und damit deren besserer Erkenntnis dienlich ist. Glaube und Denken erscheinen also aufeinander ver- und angewiesen[175]. Der Einsatz der Vernunft gehört damit ins Glaubensgeschehen und in den Glaubensvollzug hinein. *Augustinus* faßt das gegenseitige Verhältnis in die Formel: „Verstehe, um zu glauben, und glaube, um zu verstehen" (*Intellige ut credas, crede ut intellegas*)[176]. Das Mittelalter kennzeichnet dann den Glauben als vernunftausgerichtet (*fides quaerens intellectum*).

Innerhalb der Theologischen Erkenntnislehre verstehen wir Theologie heute als *die wissenschaftliche, d. h. systematisch und methodisch erfolgende Eröffnung und Entfaltung der im Glauben erfahrenen Wirklichkeit der göttlichen Offenbarung sowie deren Reflexion im Leben der kirchlichen Gemeinschaft.*

Gegenstand der Theologie ist mithin Tatsache wie Inhalt der göttlichen Selbstmitteilung, aber auch das Leben der Kirche in allen seinen Dimensionen, insofern es Reflex dieser Mitteilung in den Erfahrungs- und Handlungsfeldern des Glaubens ist. In der schon in der Einleitung in die Dogmatik (Nr. 1) referierten Einteilung der Theologie spiegelt sich diese Aufgabenstellung deutlich wider. Die Weise der Zuwendung zu ihrem Gegenstand ist der Weg der Wissenschaft, also ein rationaler Zugang. Die Theologie leugnet damit weder, daß es andere legitime Wege gibt (Liturgie, geistliches Leben, Frömmigkeitsformen), noch stellt sie in Abrede, daß diese von hohem und entscheidendem Lebenswert sind. Sie erhebt allerdings den Anspruch, daß der eigene Weg, aus dem oben gerade angegebenen Grund, unverzichtbar ist.

Die Arbeitsweise der Theologie als Wissenschaft wird näher umschrieben durch die folgenden Begriffe[177]:

a.) Theologie geht *systematisch* vor: Die Erkenntnis der Glaubensinhalte
  – vollzieht sich nach den Standards der Rationalität, d. h. nach den Regeln der Logik, den Prinzipien von Identität und Widerspruch, den Grundsätzen diskursiver Argumentation,
  – wird umgesetzt in begriffliche Urteile
  – und in einen kohärenten Gesamtzusammenhang gefügt.

b.) Theologie arbeitet *methodisch*: Das zur systematischen Wahrheitserkenntnis führende Verfahren (*hodos* = Weg) wird gesucht. Aus den bereits in den vorausgehenden Abschnitten erhobenen Befunden ergibt sich, daß die Theologie näherhin auf folgende Weise arbeitet:
  – *retrospektiv*: Die historischen Befunde werden erhoben;
  – *introspektiv*: Die Analyse der Inhalte wird unternommen;
  – *prospektiv*: Die Bedeutung der Inhalte für die Gegenwart und Zukunft von Kirche und Welt wird aufgewiesen.

---

[175] Vgl. oben 3.1.

[176] Serm. 43,7,9.

[177] Vgl. auch Einleitung in die Dogmatik 3.2.

4.4.1.2 Die Theologen

Unter Theologen werden hier diejenigen Gläubigen verstanden, die durch Studium und Leben dazu qualifiziert sind, wissenschaftliche Theologie zu treiben. Ihr Konsens besitzt in der Theologischen Erkenntnislehre den Wert eines Erkenntniskriteriums.

Einen besonderen Rang nehmen die Theologen der Alten Kirche ein. Sie stehen dem Ursprung des Christentums sowohl kulturell wie sprachlich noch besonders nahe und sind daher wertvolle Zeugen des altkirchlichen Glaubens. In ihrer Zeit und durch ihr Wirken hat sich die konkrete begriffliche Gestalt des Glaubens herausgebildet; sehr oft haben sie konstitutiv oder interpretativ die fundamentalen Dogmen der Kirche der ersten Jahrhunderte beeinflußt. Die Zeit der Kirchenväter oder *Patristik* hat aus diesem Grund eine gewisse Normativität für die kommende Theologie.

Näherhin unterscheidet man aus dieser Epoche, die von der nachneutestamentlichen Zeit bis etwa um die erste Jahrtausendwende reicht[178]:

- *Kirchenväter*: Darunter versteht man Theologen[179], die in der Rechtgläubigkeit verharrten, ein heiliges Leben führten, durch die Kirche Anerkennung fanden und der Zeit des kirchlichen Altertums zugehören;
- *Kirchenschriftsteller*: Es handelt sich um Theologen, die der Alten Kirche zugehören, denen aber die anderen drei Merkmale fehlen können.

Was die späteren Perioden der Kirchengeschichte anlangt, so spricht man von

- *Kirchenlehrern*, wenn Theologinnen und Theologen die Merkmale der Orthodoxie, der Heiligkeit und der kirchlichen Anerkennung aufweisen;
- *Theologen* im engeren Sinne, wenn sie als rechtgläubige, kirchliche Anerkennung findende Christinnen und Christen wirken.

4.4.2 Die biblischen Grundlagen

Wie bereits angedeutet, kennt die Heilige Schrift keine wissenschaftstheoretischen Überlegungen, wohl aber reflektiert sie nachhaltig und nachdrücklich die Erfahrungen mit Gott, die die Menschen damals machen. Das zeigt sich vor allem vor dem Phänomen, das alle *christliche* Theologie erst in Gang gebracht hat; wir artikulieren es in der Form des ältesten Evangeliums: *„Was ist das für ein Mensch“* – nämlich Jesus von Nazaret? (Mk 4,41). Die Antwort kann nur schwer gefunden werden, weil dieser Mensch ganz offensichtlich die Dimensionen normalen Menschseins und normaler Erfahrung von Menschlichkeit sprengt. Das zeigt sich bereits in seinem ganzen irdischen Leben und Wirken, wird aber in höchst erregender Weise durch das Ostergeschehen an den Tag gebracht. Denkerische Auseinandersetzung ist gefordert, die das ganze Neue Testament durchzieht, die sich aber besonders eindrucksvoll und auf hohem Niveau im Evangelium nach Johannes[180]

---

[178] Die Festlegung ist insgesamt nicht einheitlich, auch ist die Entwicklung im Osten von der im Westen zu unterscheiden: dort gilt meist *Johannes von Damaskus* als letzter Kirchenvater († 749), hier zählt man gelegentlich noch die Theologen bis zur Scholastik dazu.

[179] Die meisten sind zugleich Bischöfe, erst im 5. Jahrhundert rechnen auch nichtbischöfliche Christen zu den Kirchenvätern.

[180] Vgl. z. B. nur den Prolog 1,1-14.

und in den Schriften des Paulus zeigt[181]. Man kann also sagen: Der eigentliche Ausgangspunkt und der wegen der Bedeutung der Auferstehung Jesu bleibende Kristallisationskern christlicher Theologie ist die Reflexion über Jesus als den Christus oder, einfacher, die *Christologie.* Christlicher Glaube kann *christlich* nur bleiben, wenn er immer mit seiner ureigenen „Sache“, mit dem Christusereignis, in genauer und richtiger Beziehung steht. Daraus ergibt sich, daß Theologie nach christlichem Verständnis als erste Aufgabe hat, *sachgerecht* zu arbeiten. Um möglichst genau bei der „Sache“ zu bleiben, bilden sich früh bestimmte Formeln heraus, die kurz und präzis die wesentlichen Inhalte des Glaubens kerygmatisch festhalten; sie sollen möglichst unverändert von einer Generation zur anderen weitergegeben werden. Ein prägnantes Beispiel ist 1 Kor 15,3-5: *„Vor allem habe ich euch überliefert, was auch ich empfangen habe: Christus ist für unsere Sünden gestorben, gemäß der Schrift, und ist begraben worden. Er ist am dritten Tag auferweckt worden, gemäß der Schrift, und erschien dem Kephas, dann den Zwölf“.* Diese um 55 niedergeschriebene, aber von Paulus nicht selbst geprägte Formel bekennen wir fast noch mit den gleichen Worten in unserem Symbolum.

Es gibt aber für die ersten christlichen Gemeinden noch einen weiteren wichtigen Ansatzpunkt theologischer Reflexion; er ist unmittelbar mit dem ersten verknüpft. Wenn Jesus als der auferstandene und erhöhte Christus universale Heilsbedeutung hat, wenn er der menschgewordene Gott ist, der „für uns Menschen und um unseres Heiles willen“ gekommen ist und gewirkt hat, dann muß genau dieser Sachverhalt so vermittelt und verkündet werden, daß tatsächlich *alle* Menschen zu *allen* Zeiten und aus *allen* Kulturen zu erkennen und einzusehen in der Lage sind, daß *„in keinem anderen Namen“* Heil hier und jetzt geschenkt wird (Apg 4,12). Daraus folgt als zweites Ergebnis, daß christliche Theologie *zeitgemäß* wirken muß: Die Antwort auf die Frage, was für ein Mensch dieser Jesus von Nazaret sei, muß in den jeweiligen Denk- und Verstehenshorizont, in den jeweiligen kulturellen Kontext hinein übersetzt werden. So finden sich neben den kerygmatischen Glaubensformeln katechetische und lehrhafte Texte im Neuen Testament, die sie begründen, kommentieren, erläutern, auf das christliche Leben hin ausdeuten. In diesem Bereich herrscht ein großer Pluralismus, der an vielen Beispielen illustriert werden kann.

Allein die Tatsache, daß *vier* Evangelien kanonische Geltung erlangten, ist ein Beleg dafür: Wer eine Synopse aufschlägt, wird sofort gewahr, daß sie in der Substanz einander gleichen, ohne daß alle Details miteinander zusammenzureimen wären. Das erklärt sich u. a. aus dem Umstand, daß die Autoren sich an sehr unterschiedliche Menschen in ihrer Christusverkündigung wenden. Bereits in der Zeit, die die Schriften des neuen Testamentes abdecken, findet der Überstieg in eine andere Kultur statt: Das bedingt unterschiedliche Zugänge für die Adressaten. *Matthäus* hat Judenchristen im Blick, die selbstverständlich genau ihre Hl. Schrift, unser Altes Testament kennen; der Evangelist kann daher viele Referenzen daraus zum Beweis seiner Behauptungen anführen. *Lukas* vermag das nicht in gleichem Maß zu tun – er schreibt für Heidenchristen, denen die hebräische Bibel nicht sehr vertraut war. So spricht man von einer markinischen, lukani-

[181] Hier besonders Röm 1,1-11,36; 1 Kor 2. 15.

schen usw. Theologie. Unterschiedlich ist auch die Rechtfertigungslehre eines *Paulus* und des *Jakobusbriefes*: Andere Akzente werden aus unterschiedlichen Perspektiven und pastoralen Interessen heraus gesetzt. In der Christologie wird gezeigt, daß der Grundinhalt des Glaubens (Jesus ist wahrer Mensch und Gott zugleich) in verschiedenen Modellen, Bildern und Jesus zugedachten Titeln ausgesprochen wird. Ähnliches wird in der Ekklesiologie bezüglich der Kirche als der Heilsgemeinschaft in Christus festgestellt.

Besonders deutlich wird die innerneutestamentliche theologische Reflexion, wenn es um den zentralen Glaubensinhalt geht. Nach dem Zeugnis der Evangelien ist das die Predigt Jesu vom *Reich Gottes*. Die Briefliteratur dagegen stellt *Jesus selber* als Mitte des Glaubens heraus: Damit ersetzen die Verfasser nicht eine „Lehre" durch eine andere, sondern spiegeln die Erkenntnis wider, daß man nicht darum herumkommt, von *ihm* zu sprechen, wenn man den Inhalt seiner *Predigt* unverkürzt und entsprechend der Einsicht der damaligen Gemeinden wiedergeben will: Er selber ist, so sagt es später *Origenes*, das Reich Gottes in seiner Vollgestalt (*autobasileia*).

Fragt man nach dem Grund aller dieser Bemühungen, so stößt man nicht nur darauf, daß die Menschen unter den damaligen Bedingungen von Verdächtigung und Verfolgung sich selber der Rationalität und Humanität ihres Glaubens vergewissern mußten, um bestehen zu können, sondern erfährt auch, daß anders eine Verbreitung dieses Glaubens, also die vom Herrn aufgetragene Mission, nicht möglich ist. Der späte 1. Petrusbrief gibt den angefochtenen Christen seiner Zeit Anweisungen für das richtige Verhalten innerhalb ihres Lebensbereiches, der „Welt" (1 Petr 3,13-4,11). An erster Stelle steht das Bekenntnis zum Kyrios: *„Haltet in euren Herzen Christus, den Herrn, heilig!"*. Dann folgt sogleich: *„Seid stets bereit, jedem Rede und Antwort zu stehen, der euch nach dem Grund (logos) eurer Hoffnung fragt, die euch erfüllt"* (V.15)[182]. Man kann in dieser Stelle sozusagen die *Magna Charta christlicher Theologie* sehen.

4.4.3 *Die geschichtliche Entwicklung*

Die im Neuen Testament sichtbaren Probleme bleiben in der ganzen Geschichte substantiell gleich. Das erste ist die Spannung von *Glaube und Vernunft*. Wer sie in Richtung Glaube auflösen will, landet in einem ideologischen Irrationalismus, der letztlich inhuman ist; wer sie aufhebt zugunsten der Vernunft, verfällt einem flachen Rationalismus, der der Offenbarung nicht gerecht wird. Das zweite Problem ist die Polarität von *Einheit und Vielheit*. Wer immer nur die Identität und Selbigkeit der Formeln zu bewahren sucht, verfällt leicht der tötenden Kraft des geistlosen Buchstabens (vgl. 2 Kor 3,6) und bringt damit die Botschaft um ihre Relevanz; wer umgekehrt zu sehr auf die Zeitgemäßheit bedacht ist, läuft Gefahr, den Inhalt der Botschaft zu verflüchtigen und ein anderes Evangelium zu verkünden. Theologie kann nur dann ihre Aufgabe für Glaube und Kirche erfüllen, wenn sie beide Spannungen aus- und aufrechterhält.

---

182 Die Einheitsübersetzung unterschlägt den entscheidenden Begriff *logos*.

Noch eine dritte Spannung kommt hinzu, die nicht so sehr aus dem Wesen des Glaubens selber sich erklärt wie die eben genannten, sondern aus der faktischen Entwicklung. Die größte Gefahr für die junge Kirche war, wie erwähnt, die *Gnosis*, eine komplexe Häresie, zu deren Kennzeichen ein gewisser Rationalismus gehört. Zur Begründung ihrer Auffassungen beriefen sich seine Vertreter, wie wir schon sagten, auf angebliche Geheimlehren der Apostel. Ihnen gegenüber hebt *Irenäus von Lyon*, ihr Hauptgegner, das in der Nachfolge der Apostel stehende Amt der Bischöfe als Garanten des wahren apostolischen Glaubens hervor. Die *cathedra* wird das Symbol dafür: Sie ist zugleich Hirtensitz und Lehrstuhl. In der Tat sind die großen Theologen der Alten Kirche fast immer auch Bischöfe, die hauptsächlich von den Bischöfen getragenen Ökumenischen *Konzilien* (aber auch die lokalen *Synoden*) Orte profunder theologischer Diskussion und Determination. Im 12./13. Jahrhundert entsteht dann eine Form der Glaubensdurchdringung, die philosophisch, rational, analytisch vorgeht. Ihr Ort ist nicht mehr das Konzil, sondern die (Dom-) *Schule*; ihre Protagonisten sind nur selten noch die Bischöfe, meist handelt es sich um einfache Priester, die nun an den Schulen lehren. Wir stehen im Zeitalter der nach diesem Lehrbetrieb genannten *Scholastik*. Damit bildet sich nun jenes doppelte Lehramt heraus, von dem im vorigen Abschnitt schon gesprochen wurde: das *magisterium cathedrae pastoralis* der Bischöfe, die nun ihr Hauptaugenmerk auf die Selbigkeit und Einheit des Glaubens richten und beides autoritativ-juridisch durchzusetzen bemüht sind, und das *magisterium cathedrae magistralis* der bald an den Universitäten akademisch-wissenschaftlich lehrenden Theologen, deren Interesse der verstandesmäßigen Analyse der Glaubenswahrheiten und ihrer inneren Kohärenz gilt. Sie betrachten naturgemäß den Glaubensinhalt von unterschiedlichen Perspektiven aus: Theologie erscheint als sehr plurales Phänomen und weckt als solches leicht den Verdacht, dem einheitlichen Glauben zuwiderzulaufen: Die Spannung zwischen *Theologie und Lehramt* gehört seitdem ebenfalls zu den bleibenden Daten der Kirchengeschichte[183].

Betrachten wir nun in einem schematischen Überblick den Verlauf der Theologie-Geschichte. Bereits die Ausbildung des neutestamentlichen Schriftkanons stellt eine theologische Leistung dar: Aus den urchristlichen Schriften werden nach den oben 4.1.2.2 genannten Kriterien einige ausgewählt und in einen konvergenten Sinnzusammenhang gestellt, dessen Mitte das von ihnen aus unterschiedlichen Perspektiven angezielte Christusmysterium ist: *Einheit und Pluralität bleiben in einer offenen Spannung zueinander.*

Wie schwer es ist, sie immer aufrecht zu erhalten, zeigt sich um so deutlicher, je mehr sich die Kirche aus dem jüdischen Kulturbereich löste und zur Kirche im real existierenden Hellenismus wird. Soll man wie *Irenäus* nahe dem Text der Bibel bleiben oder wie *Justinus* auf das griechische Denken zugehen? Auf die Dauer wird der zweiten Alternative der Vorzug gegeben. Was aber heißt „griechisches Denken"? Seinem mystisch-spekulativen Zug folgt die berühmte Theologenschule in Alexandrien – in der Christologie führt das zur Gefahr des Monophysitismus. Dem ethisch-historischen Ansatz des Hellenismus gibt die Schule

---

[183] Vgl. oben 4.3.3.

von Antiochien den Vorzug – und neigt der nestorianischen Verkürzung zu. So bedarf es der *Glaubensfestlegung* (*determinatio*); sie geschieht zwischen dem 4. und 8. Jahrhundert vornehmlich durch die Ökumenischen Konzilien, aber auch auf lokalen Synoden. Der antihäretische Kampf und die Verurteilung der Glaubensabweichungen ist aber nicht das tiefste Motiv der Kirchenversammlungen; das ist das *Glaubenszeugnis* (*testificatio fidei*) für die Kirche: Die Konzilsbischöfe wollen nicht *„aristotelice"*, d. h. aus philosophisch-akademischem Interesse heraus den Glaubensgehalt darlegen, sondern *„piscatorie"*, für die „Fischer", will sagen: die einfachen Christen[184]. Während im christlichen Osten die Kirchenväter bis heute die beinahe einzig maßgebenden Theologen bleiben, hält sich ihr Einfluß im Westen in ähnlichem Maß nur in der sog. *monastischen Theologie* durch, d. h. dem meditativ-frommen Denken, das in den Klöstern der Benediktiner und ihrer Reformgemeinschaften gepflegt wird.

Entscheidend für diesen Teil der Kirche wird im schon angedeuteten Sinne die *Scholastik*. Sie versucht die altkirchlichen Glaubenssätze auf der Basis der platonischen, dann der damals über die arabische Kultur neu rezipierten aristotelischen Philosophie zu durchdenken und fruchtbar zu machen: sie sucht das *intelligibile* im *credibile* zu erheben, also das rationale, wissenschaftlich und diskursiv zu erarbeitende Moment. Dazu gehört auch der Drang zum System, zur Lehre. Die Theologie beansprucht selber Lehrfunktionen, ein *magisterium* in der Kirche und tritt damit in jene schon apostrophierte Konkurrenz zum bischöflich-päpstlichen magisterium. Sie ist an sich nicht naturnotwendig: Diesem kommt es, wie eben gesagt, zu, über die Glaubensinhalte außerwissenschaftlich aufgrund der Amtsvollmachten und der Amtsautorität zu entscheiden (*imperare, disponere*), die Theologen haben mit den Methoden der Wissenschaft zu forschen und darzulegen (*inquirere, docere*). Gerade darin erweist sich die Eigenständigkeit ihres Tuns und darin liegt der Grund, daß ihre Wissenschaft den Rang einer eigenständigen Bezeugungsinstanz erhält.

Das Programm der Scholastik ist zunächst außerordentlich erfolgreich. Großartige Systeme entstehen, dargelegt in den eindrucksvollen „Summae theologicae". Je nach ihrem Ansatzpunkt unterscheiden sie sich erheblich voneinander: *Die Pluralität erhält ihr Recht*. Die *Dominikanerschule* mit ihrem Fürsten Thomas von Aquin startet vom Primat des Intellekts, die *Franziskaner*, Bonaventura steht hier an der Spitze, betonen den Vorrang des Willens. Nach und nach wird die scholastische Theologie zur Führungsmacht in der Kirche. Die bedeutenden Fakultäten, allen voran die Pariser *Sorbonne*, werden zu den eigentlichen lehramtlichen Entscheidungsinstanzen; sie üben, anders ausgedrückt, jurisdiktionelle Gewalt aus, wie sie eigentlich den Bischöfen zusteht.

In der Mitte des 15. Jahrhundert erstarkt dann die päpstliche Zentralgewalt, die mehr und mehr auch theologische Kompetenz und Entscheidungsgewalt beansprucht. Im 18. Jahrhundert kommt die Unterscheidung in eine „lehrende" und eine „hörende" Kirche (*Ecclesia docens et discens*) auf; im 19. Jahrhundert setzt sie sich durch: Die Lehr-*Befugnis* kommt nur noch dem Lehr-*Amt* zu, das zuneh-

[184] Vgl. A. Grillmeier, Jesus der Christus im Glauben der Kirche, Bd. 1: Von der Apostolischen Zeit bis zum Konzil von Chalkedon (451), Freiburg-Basel-Wien [3]1990, 765-775.

mend im Papst seinen Kristallisationspunkt bekommt, alle anderen Kirchenglieder, die Theologen nicht ausgeschlossen, haben nur mehr zu „hören". Theologie ist in dieser Konzeption einzig damit beschäftigt, die amtlichen Aussagen im amtlichen Sinne zu kommentieren, zu erklären und den restlichen Gläubigen zu vermitteln[185]. Das nunmehr allein *Magisterium* genannte Lehramt macht sich praktisch von den übrigen Bezeugungsinstanzen unabhängig, sofern es sich zur nächsten Glaubensnorm (*regula fidei proxima*) bestimmt.

Das *Zweite Vatikanische Konzil* versucht eine Korrektur dieses Modells, das im letzten aus dem rein vertikalen Kirchenbild des Mittelalters resultiert, in dem alle Kommunikation in der Glaubensgemeinschaft einbahnig von „oben" nach „unten" läuft. Mit der Erneuerung des communio-Modells und seiner horizontalen Struktur bekommt mit den anderen loci theologici auch die Theologie neuen Rang. „Es ist ... Aufgabe des *ganzen Gottesvolkes*, vor allem auch der Seelsorger und *Theologen*, unter dem Beistand des Heiligen Geistes auf die verschiedenen Sprachen unserer Zeit zu hören, sie zu unterscheiden, zu deuten und im Licht des Gotteswortes zu beurteilen, damit die geoffenbarte Wahrheit immer tiefer erfaßt, besser verstanden und passender verkündet werden kann" (GS 44,2). Die „neuen Fragen" unserer Zeit verlangen „auch von den Theologen neue Untersuchungen. Außerdem sehen sich die Theologen veranlaßt, immer unter Wahrung der der Theologie eigenen Methoden und Erfordernisse nach einer geeigneten Weise zu suchen, die Lehre des Glaubens den Menschen ihrer Zeit zu vermitteln"[186].

In der nachkonziliaren Zeit – beginnend schon unter dem Pontifikat Paul VI. – sucht sich eine Linie durchzusetzen, die die vorkonziliare Rolle der Theologie wieder begünstigt. In der schon erwähnten Instruktion der Glaubenskongregation „Über die kirchliche Berufung des Theologen" von 1990 wird der beinahe absolute Vorrang des Lehramtes mit vielen Wendungen betont[187]. Es kann praktisch keinen Dissens der Theologie zu ihm geben, der berechtigt wäre. Bei der Interpretation seiner Dokumente „gilt der Grundsatz, daß die Unterweisung des Lehramtes – dank des göttlichen Beistands – auch abgesehen von der Argumentation gilt, die zuweilen von einer besonderen Theologie übernommen ist, deren sie sich bedient. Der theologische Pluralismus ist nur in dem Maße berechtigt, wie er die Einheit des Glaubens in seiner objektiven Bedeutung wahrt"[188]. Zwar wird auch an manchen Stellen der Wissenschaftscharakter der Theologie gewürdigt[189], aber primär hat sie sich in allem und jedem an den Entscheidungen des Lehramtes auszurichten, „selbst wenn sie nicht durch das Charisma der Unfehlbarkeit garantiert sind"[190].

[185] Vgl. DS 3886.

[186] GS 62,2; vgl. auch 62,7; GE 10 f.

[187] Vgl. 4.3.4.

[188] Kongregation für die Glaubenslehre, Instruktion über die kirchliche Berufung des Theologen Nr. 34: Deutsche Bischofskonferenz (Hg.), Theologie und Kirche. Dokumentation. 31. März 1991 (Arbeitshilfen 86), Bonn 1991, 118. Der letzte Satz des Zitats beruft sich auf nicht weniger als sechs Äußerungen Johannes Paul II. Im „Katechismus der katholischen Kirche" von 1992 erscheint Theologie nur mehr als Helferin des Lehramtes: Nr. 2033.2038.

[189] Z. B. A.a.O. Nr. 9 (107), 12 (109).

[190] A.a.O. 16 (11).

4.4.4 Systematische Überlegungen

Wie für alle Organe, Instanzen und Glieder der Kirche ist das in der Hl. Schrift bezeugte Wort Gottes der Ausgangspunkt der christlichen Theologie. Im Unterschied zur Philosophie sucht und findet sie also ihren Gegenstand nicht selbst, sondern dieser ist ihr vorgegeben. Das Wort Gottes aber ist uns zum einen nur im vielfältig gebrochenen Menschenwort zugänglich, zum anderen erhebt es den Anspruch, für alle Menschen heilsnotwendig zu sein. Das Heil aber betrifft den Menschen je als ganzen und in allen seinen Dimensionen.

Daraus ergeben sich die Rahmenrichtlinien theologischer Arbeit. Diese ist *zuallererst* und unausweichlich an das Wort Gottes gebunden: Sie kann von ihm bei Strafe des Selbstverlustes nicht abweichen. Sofort aber ist *zweitens* hinzuzufügen: Dieses Wort verfügt über keine „Orthosprache", d. h. ein ihm absolut eigenes und daher absolut zu sprechendes Idiom, sondern begegnet uns stets schon als übersetztes Wort in den Sprachen der Hagiographen, der Liturgie, der Kirchenväter usw. *Sprache* meint in unserem Zusammenhang natürlich nicht allein das Objekt der Philologie, sondern darüber hinaus auch die Denkformen und Verstehensmuster, die in ihr sich ausdrücken. Das Wort Gottes ist aus diesen Sprachen darum von der Theologie immer neu zu erheben und in die jeweils heutige, von den Adressaten der theologischen Arbeit verstandene und verwendete Sprache zu übertragen. Daraus ergeben sich jene beiden schon genannten Aufgaben der Theologie im Dienst am Glauben: Sie muß diesen *sachgerecht und zeitgemäß* verkünden. Dies ist aber *drittens* deshalb unumgänglich, weil der christliche Glaube in einer doppelten Weise das Be-Denken seiner selbst verlangt, eben *fides quaerens intellectum* ist: Das Wort Gottes beantwortet die tiefsten denkerischen Fragen, die der Mensch hat – die Frage nach dem Sinn seines Lebens und der Welt, die Frage nach Gott und seinem Plan. Es gibt eine Antwort, die alles andere als plausibel ist: Daß, um nur ein Beispiel zu nennen, Gott die Welt durch den Tod seines Sohnes, also eine augenscheinliche Grausamstat, erlösen wollte, erscheint heute vielen Menschen als unzumutbar und absurd. Seine Antwort ist auch nicht die einzige, die in der Geschichte vorgefunden wird: Es gibt viele konkurrierenden Antworten aus den anderen Religionen, aus mancherlei Ideologien und weltanschaulichen Programmen. Gerade wenn der Glaube seinem innersten Wesen nach Liebe zu Gott ist, muß er zugleich die Liebe zur Wahrheit einschließen. Das Wort Gottes selber also setzt das Denken frei. Die Glaubensbotschaft kann zum anderen aber die Menschen nur erreichen, wenn sie mit allen Dimensionen auch die rationale anspricht und zufriedenstellt. „Glaube, der zum Paradox wird, kann dann eigentlich auch die tägliche Welt nicht mehr deuten, nicht mehr durchdringen"[191].

Das Denken und Bedenken des Glaubens kann sich nicht anders als in großer Vielgestalt vollziehen. Auch das liegt sowohl in der Herkunft wie in der Zielrichtung von Theologie begründet. Ihr geht ein Glaube voraus, der aus der Fülle des Christusgeheimnisses kommt, in dem sich Gott endgültig und doch nie ganz

---

[191] J. Card. Ratzinger, Wesen und Auftrag der Theologie. Versuche zu ihrer Ortsbestimmung im Disput der Gegenwart, Einsiedeln-Freiburg 1993, 18.

einholbar ausgesprochen hat. Aller Glaube bleibt, wie schon Paulus wußte, „Stückwerk" (1 Kor 13,8-12). Es bedarf also vieler Worte, vieler Perspektiven, vieler Annäherungen, um wenigstens in etwa zu ergründen, was zum Heil gereicht. Die Auslegung der Offenbarungsbotschaft ist daher ein innergeschichtlich unabschließbares Unternehmen. Was den zweiten Aspekt angeht, so müssen wir uns vor Augen halten, daß es undefinierbar viele Denk- und Weltbetrachtungssysteme gibt; in sie alle hinein ist das Wort Gottes zu vermitteln. Eine allgemeingültige Sprache und Denkform kann es da auch nicht geben. Es versteht sich, daß immer nur dieses Wort und kein anderes angesagt werden darf: Darin liegt der Einheits- und Konvergenzpunkt christlicher Theologie. Es ist aber doch wohl ebenso einsichtig, daß es in prinzipiell allen Sprachen (immer verstanden im weiten Sinn) und damit in eine wiederum nicht von vornherein zu definierenden Pluralität zu inkulturieren ist.

Es ist gerade die Gebundenheit der Theologie an ihre Aufgabe, die verlangt, daß sie in aller Freiheit forschen und suchen muß. Sie ist zum ersten Reflexion eines *Glaubens*, der selber seinem Wesen nach frei ist[192], der sich niemandem aufdrängen, niemandem Gewalt antun darf, sondern der so von seinen Anhängern zu bezeugen ist, daß er die Adressaten überzeugt. Das kann auf verschiedene Weise geschehen – durch das Leben der Kirchenglieder, durch einen feierlichen Gottesdienst, durch ein inneres Erspüren der Wahrheit – es kann aber niemals an der Rationalität des Menschen vorbeigeschehen, wenn denn dieser Glaube tatsächlich den ganzen Menschen erreichen und durchformen soll. Man kann zu Gott nur dann ein liebendes Ja sagen, wenn man es verantworten kann: „Der Glaube verlangt nach Begründungen wegen der Liebe zu dem, dem er zustimmt"[193]. Es ist Aufgabe der Theologie, diese Begründungen zu suchen, wo immer sie sich finden lassen – also gegebenenfalls auch dort, wo ungewohntes Neuland sich auftut.

Zum anderen soll sie diesen Glauben *reflektieren*, also nicht nur diejenigen Formulierungen und Formeln wiederholen, in die er einmal im Lauf der Geschichte gefaßt worden ist. Wie erinnern uns, daß der Glaubenssatz immer nur „tendens in veritatem" ist[194] – das trifft für die Sätze der Bibel nicht minder zu wie für die Dogmen, für lehramtliche Kundgebungen gleicherweise wie für theologische Aussagen auch. So ist die „Tendenz" immer wieder aufzuschließen auf die „Wahrheit"; und das hat zu geschehen mit den Mitteln, die die Wissenschaft zur Verfügung stellt: ihre Methoden, ihre neuen Erkenntnisse, ihre je verfeinerten Mittel der Forschung; in Unabhängigkeit von allen Interessen, auch denen der Machterhaltung, von aller Angst, von allen vordergründigen Zwecken. Denn nur so, einzig aus der Leidenschaft für die Wahrheit, kann der Glaube seine Kontinuität zum Wort Gottes bewahren.

Diese Freiheit schließt ein, daß die Theologie als Wissenschaft keine Behinderung erfährt im Geschäft des Verstehens, Beurteilens, Begründens, Interpretie-

[192] Vgl. oben 3.4.

[193] Bonaventura, sent. I, prooem. Q. 2 ad 6: „Propter amorem eius, cui assentit, (fides) desiderat habere rationes".

[194] Thomas v. Aquin, S.th. II II, q. 1, a. 6c.

rens und Erklärens. Sie muß wenigstens in der heutigen Gesellschaft ihr Tun auch in aller Öffentlichkeit vollziehen können. Alle Referenzsysteme müssen ihr offen und zugänglich sein: Kritische Instanzen für ihre Arbeit sind nicht allein das kirchliche Lehramt sowie alle anderen Bezeugungsinstanzen, von denen in diesem Traktat gehandelt wird, sondern ebenso die zeitgenössischen Lebenserfahrungen außerhalb des Glaubenssinnes der Gläubigen, die anderen Wissenschaften, die konfessionellen und religiösen Traditionen und Erkenntnisse, die Systeme von Staat, Politik, Recht und Wirtschaft. Weil es der christlichen Theologie zwar nicht um alles, wohl aber um das Ganze des Lebens und der Wirklichkeit geht, kann es kein Lebensgebiet geben, das a priori keine Relevanz für die Theologie hätte.

Hier liegt übrigens auch der Grund, weshalb der Theologie als Wissenschaft nach wie vor ein Platz im Haus der Wissenschaften, in der Universität, gebührt, und zwar unter den gleichen Bedingungen, wie sie für die übrigen Disziplinen gelten. Weil und sofern es ihr um die Wahrheit des Ganzen der Wirklichkeit geht, kann letztlich ohne sie keine volle Erkenntnis der Realität auf wissenschaftlichem Wege statthaben. Dem steht nicht entgegen, daß sie an bestimmte Axiome, eben die Offenbarungsbotschaft Gottes in der Hl. Schrift gebunden ist: Es gibt keine einzige Wissenschaft, die voraussetzungslos wäre. Erfordert ist nur die Rechenschaft darüber; und diese leistet die Theologie[195].

Mit alledem leistet die wissenschaftliche Theologie der Kirche wie der Gesellschaft einen unverzichtbaren Dienst. Was die Kirche näherhin anlangt, so verhilft sie ihr zu tieferer Einsicht, zu genauerer Kenntnis des Glaubens, zur Integration der Lebenswelt in die Glaubenswelt, zum verantwortlichen Zeugnis. In diesem Sinne kann man von einem *eigenständigen Lehramt der Theologen* sprechen, wie das bereits im Mittelalter der Fall war[196]. Die Tatsachen bestätigen dieses Urteil. Man braucht sich nur einmal vorzustellen, was die Kirche wäre ohne die denkerischen Beiträge eines Augustinus, eines Thomas von Aquin, eines Bonaventura, einer Theresa von Avila, eines John Henry Newman, eines Karl Rahner oder eines Hans Urs von Balthasar! Sie alle haben Glaubensverständnis und Glaubensleben in kaum zu überschätzender Weise geprägt – auch jene des Lehramtes der Kirche.

Das Stichwort für den letzten anfangs dieses Kapitels geschilderten Antagonismus ist gefallen. Er muß besonders vor Augen treten, wenn scheinbar gleicherweise von einem Lehramt von Papst und Bischöfen und einem Lehramt der Theologen gesprochen wird. Wie verhalten sich beide zueinander? Zuerst ist zu antworten, daß sie beide gemeinsam unter dem Wort Gottes im Dienst an der Kirche stehen. Herkunft und Zielausrichtung sind also gleich. Eine echte Konkurrenz oder gar eine „angeborene" Feindschaft ist damit von Anfang an ausgeschlossen. Sie können auch nicht resultieren aus den Kennzeichen, die beiden je zukommen[197]. Beide sind eigenständige und aufeinander nicht zurückführbare

[195] Vor allem in der Fundamentaltheologie, aber auch in der Theologischen Erkenntnislehre.

[196] Heute spricht u.a. auch J. Ratzinger vom „episkopalen und wissenschaftlichen Lehramt": Internat. Theologenkommission, Die Einheit des Glaubens und der theologische Pluralismus, Einsiedeln 1973, Kommentar zu These VI, 42.

[197] Vgl. Übersicht S. 166.

Die Unterschiede zwischen kirchlichem Lehramt und wissenschaftlicher Theologie

	Lehramt	Theologie
Kompetenz	Autoritatives Urteil	Vermittlung
Autoritätsgrund	Ordination	Wissenschaftl. Qualifikation
Interessen	Einheit der Kirche	Einsicht in den Glauben
Methoden	Leitung aus Verantwortung	Wissenschaftliches Vorgehen
Sprache	Bezeugung des Glaubens	Feststellung des Glaubens

Bezeugungsinstanzen in der Kirche. Das Lehramt kann die Theologie nicht zu seinem bloßen Exekutivvorgang machen, diese ihrerseits kann das Lehramt nicht außer Acht lassen bei ihrem Tun: Opfer wäre im einen wie im anderen Falle die Gemeinschaft der Glaubenden selber. „Eine Kirche ohne Theologie verarmt und erblindet; eine Theologie ohne Kirche aber löst sich ins Beliebige auf"[198]. Mit alledem ist natürlich nicht ausgeschlossen, wie die Fakten überdeutlich zeigen, daß Lehramt und Theologie in einer polaren Spannung zueinander stehen. Diese ist ebenso wie die Eigenständigkeit beider in den Unterschieden zwischen beiden Größen angelegt. Wo diese von der einen oder der anderen nicht beachtet werden, wo nicht die Grenzen innerhalb der Gemeinsamkeit gesehen werden, dort kann aus der Spannung Streit, aus dem Antagonismus Feindschaft werden. Die Ordination als solche befähigt nicht zu wissenschaftlichem Denken, aber das Lehramt der Kirche muß auch nicht den letzten rationalen Zugang zu seinem Glaubenszeugnis erschließen. Die wissenschaftliche Autorität eines Theologen verleiht seinen Aussagen keine größere Autorität als sie seine Argumente haben, aber er braucht auch nicht die Kirche zu leiten. Hält man sich dies vor Augen, erscheint als das einzig sachliche Verhältnis zwischen Lehramt und Theologie *das Verhältnis kooperierender Partnerschaft*.

Das schließt Kritik aneinander ein, nicht aus. Wo Theologie klar und eindeutig die Botschaft des Glaubens und damit ihr eigenes Apriori verrät, hat die kirchliche Autorität ebenso klar und eindeutig ihr Veto einzulegen. Das Amt „muß dagegen der wissenschaftlichen Frage nach der Vielfalt und Weite der eigenen historischen Aussage der Schrift Raum lassen, auch wo diese Auslegung Unerwartetes und Neues zutage fördert"[199]. Was gegenüber der Schrift gilt, trifft erst recht für alle nachfolgenden Aussagen der Kirche zu, auch jene des Amtes. So wenig wie die Autoren der Bibel verfügen die Amtsträger über eine „Orthosprache", sondern nur über die Sprache ihrer jeweiligen Zeit und der denkerischen Tradition, der sie selber entstammen. Die Rede nach „Art der Fischer" (piscatorie) des 5. Jahrhunderts – unterstellt, diese hätten die Bischöfe damals gesprochen – ist nicht mehr die Redeweise unserer Tage: Die Formel von Chalkedon kann mithin nicht einfach „im Raum stehen bleiben", wenn heute der

[198] J. Card. Ratzinger, Wesen und Auftrag der Theologie, a. a. O. 41.

[199] J. Ratzinger, Kommentar zu These VI der Internat. Theologenkommission, Die Einheit des Glaubens und der theologische Pluralismus, Einsiedeln 1973, 42.

Glaube verkündet werden soll. Im Unterschied zu den Hagiographen kommt Papst und Bischöfen auch nicht die Gabe der Inspiration zu; sie verfügen über die gleichen Erkenntnismittel wie alle anderen Kirchenglieder auch; der Hl. Geist ist ihnen in besonderer, aber nicht exklusiver Weise gegeben. So kann niemanden Wunder nehmen, „daß Lehrdokumente nicht frei von Mängeln waren. Die Hirten haben nicht immer gleich alle Aspekte oder die ganze Kompliziertheit einer Frage erfaßt"[200]. Es kann dann nicht ausgeschlossen werden, daß die wissenschaftliche Theologie jene „Mängel" korrigiert. Da die Kirche aus Menschen besteht, kann es ebensowenig verwundern, daß diese Gegebenheiten immer wieder zu Konflikten führen. Diese sind an und in sich nicht schlimm, sofern sie Momente des Suchens und Findens der Wahrheit durch Menschen sind. Böse werden sie erst in dem Augenblick, da Strategien der humanen und christlichen Konfliktbewältigung nicht gesucht oder mißachtet werden.

4.5 Der Glaubenssinn der Gläubigen

4.5.1 Begriff und Sache

4.5.1.1 Sensus fidei – sensus fidelium – consensus

Wie in der Lehre über die Taufe gezeigt werden wird, gehört zu den Wirkungen dieses Sakramentes die Wiedergeburt im Heiligen Geist und das Wachstum des Glaubens. Dieser Glaube richtet sich auf Jesus Christus, der sich selbst als „die Wahrheit" bezeichnet hat (Joh 14,6), er vollzieht sich im Hl. Geist, der „der Geist der Wahrheit" ist (Joh 14,17), und wird gelebt in der Kirche, „die Säule und das Fundament der Wahrheit" ist (1 Tim 3,15). Da es sich bei dieser Wahrheit nicht um empirisch zu eruierende Tatsachen handelt, sondern um zwischenpersonale Erkenntnis (die Persönlichkeit des Glaubenden erkennt die Persönlichkeit Jesu Christi), und weil sie als sinngebende Wahrheit bedroht wird von der Erfahrung des Un-Sinnes in dieser Welt, bedarf es einer Fähigkeit auch bei dem einzelnen Glaubenden, diese mit Sicherheit zu erkennen. Man nennt sie *Glaubenssinn* (*sensus fidei*).

Es handelt sich hier um eine Fähigkeit, wie wir sie ähnlich in Bezug auf andere personale und interpersonale Wirklichkeiten auch kennen. Ein Kunstwerk rührt uns an, es kann uns erschüttern, begeistern, glücklich werden lassen, weil wir seines innersten Gehaltes, seiner tiefsten Wirklichkeit inne werden – und zwar mit großer Gewißheit, auch wenn wir gar nicht in der Lage sind, mit Begriffen auszudrücken, was wir empfinden, was uns anrührt, was wir erfahren und erkennen. Natürlich können wir nützlicherweise versuchen, mit dem Instru-

---

[200] Kongregation für die Glaubenslehre, Instruktion über die kirchliche Berufung des Theologen Nr. 24 (a. a. O. 114).

mentarium der Kunstwissenschaften zu analysieren, worin Wesen und Wirkung des Werkes beruhen, aber dieser Versuch kann die unmittelbare Weise des erkenntnistheoretischen Zugangs nicht ersetzen. Auch die Erfahrung der Liebe eines anderen Menschen oder zu einem anderen Menschen geht auf nämliche Weise vonstatten. Wir sind uns dieser Wirklichkeit ganz sicher; wir wissen, daß es sich um eine solche und nicht um den Traum oder eine Ahnung handelt – und wieder fehlen uns die rechten Worte, um zu sagen, was wir so sicher erkannt haben. Das hindert ebenfalls nicht, daß man sich mit ethischen, philosophischen oder theologischen Kategorien um eine exakte, anderen vermittelbare Beschreibung des Phänomens *Liebe* bemüht. So nutzbringend sie ist, so genau sie sein mag: Sie bleibt von jener ersten Weise des Erkennens himmelweit verschieden.

Wenn auch die Wirklichkeit, die der Glaubende wahrnimmt, auf ähnliche Weise erkannt wird, so liegt das hauptsächlich daran, daß, wie wir sahen[201], der Glaube in seiner Vollgestalt nichts anderes als die Form der Liebe zu Gott ist. Er wird also den gleichen erkenntnistheoretischen Gesetzen gehorchen wie jede Liebe. Mithin gibt es nicht nur eine begriffliche, in Urteilen sich äußernde Feststellung der Glaubensgehalte, sondern auch eine vorbegriffliche Form, die in einer allgemeinen Erfassung der Wirklichkeit des Glaubens besteht und die sich dann auch nicht-begrifflich äußern kann.

Der Glaubenssinn der Gläubigen unterscheidet sich allerdings aufgrund seiner Herkunft wesentlich von den gerade erwähnten Beispielen. Das Erlebnis der inneren Wahrheit eines Kunstobjekts oder der Liebe eines bestimmten Menschen kann höchst individuell sein. Ein Gemälde von *J. Beuys* oder *P. Picasso* finden nicht alle Zeitgenossen schön; manche bestreiten sogar, es handle sich dabei um Kunst. Warum sich gerade dieser Mensch in jenen verliebt, bleibt gelegentlich auch seinen besten Freunden und Freundinnen verborgen. Beim Glauben ist es anders: Er beruht nicht auf einer spontanen Überzeugung, sondern auf der Gnade. Sein Urheber ist der Heilige Geist, der auch das Wirkprinzip der Kirche ist. Der Glaubenssinn ist darum zwar etwas, das jedem einzelnen Glaubenden zukommt, zugleich aber ist er grundsätzlich gleich bei allen Glaubenden, sofern der Geist Gottes ihren Glauben gleicherweise wirkt. Der Glaubenssinn des Individuums (*sensus fidei*) konvergiert daher zum *Glaubenssinn der Gläubigen* (*sensus fidelium*). Aus der gleichen Erkenntnis ergibt sich die Übereinstimmung aller, denen sie gegeben wird. Damit gewinnt der Glaubenssinn eine größere Objektivität; er wird auch der Analyse besser zugänglich. So ist er geeignet, die Funktion einer Bezeugungsinstanz für den Glauben zu übernehmen. Da er sich zwar an den anderen Bezeugungsinstanzen orientieren muß, schon weil es sich um solche und damit um normierende Größen handelt, aber doch nicht aus ihnen abgeleitet werden kann, handelt es sich um eine eigenständige Größe in der je gegenwärtigen Kirche, die darum neben dem kirchlichen Lehramt und der wissenschaftlichen Theologie eigens behandelt werden muß. Natürlich sind auch deren Vertreter Glaubende und somit ist von ihnen alles zu sagen, was wir gesagt haben; dennoch denkt man bei der Lehre vom Glaubenssinn vor allem an die Nicht-Amtsträger und die Nicht-Theologen[202].

---

[201] Vgl. oben 3.1.

[202] Früher sprach man einfach von den *Laien*; aber auch Laien können wissenschaftliche Theologen sein.

Er spielt aber nicht allein in der Theologischen Erkenntnislehre eine Rolle, sondern auch in der Ekklesiologie: Aus der inneren Übereinstimmung wächst die äußere, der *Konsensus der Glaubenden* (*consensus fidelium*). Da zur Gemeinschaft der Gläubigen alle Getauften gehören, gehört der Konsens der Amtsträger, der Theologen und aller anderen Gläubigen zum realen Ziel der Kirche. Anders könnte sie nicht das Anwesen der Wahrheit bleiben. Das bedeutet aber nicht, daß diese Übereinstimmung sofort und vollkommen gegeben sein müßte. Die Wahrheit des Glaubens ist uns immer so geschenkt, daß wir sie zugleich suchen müssen. Es handelt sich um einen geschichtlichen Prozeß, der immer auch die jeweiligen Lebenswelten des Glaubenden berührt und einbezieht. Allein schon aus diesem Grund kann es zu erheblichen Differenzen zwischen den je gegenwärtigen Bezeugungsinstanzen kommen: Die Lebenswelten eines Bischofs, eines theologischen Universitätslehrers und eines Bankangestellten mit zwei heranwachsenden Kindern sind unter Umständen sehr verschieden und nur schwer einander zu vermitteln. Der Konsens ist dann unter Umständen bei aller Gemeinsamkeit in den fundamentalen Glaubensinhalten konkret nur mühsam zu finden. Jedenfalls gibt es Meinungsverschiedenheiten, die nur durch Geltungsproblematisierung und Dialog, also in einem möglicherweise lange Zeit beanspruchenden Vorgang zu beheben sind.

Mit diesen Erwägungen haben wir nun alle Elemente beigebracht, die für die Definition des Glaubenssinnes der Gläubigen wichtig sind. Wir verstehen darunter *ein allen Kirchengliedern zukommendes freies Charisma der inneren Übereinstimmung mit dem Gegenstand des Glaubens, kraft dessen die Kirche in ihrer Gesamtheit, die sich im Glaubenskonsens ausspricht, den Gegenstand des Glaubens erkennt und in Übereinstimmung mit dem kirchlichen Lehramt und der wissenschaftlichen Theologie bekennt.*

4.5.1.2 Abgrenzung von ähnlichen Phänomenen

Um der genaueren Bestimmung willen ist der Glaubenssinn der Gläubigen von verschiedenen anderen Phänomenen abzugrenzen, die mit ihm verwandt oder die ihm ähnlich sind. Solche Phänomene sind:

1.) *Der kirchliche Sinn* (*sentire cum Ecclesia*): Es handelt sich dabei um die Bereitschaft, das Glaubensbewußtsein der Kirche aus Liebe zu ihr ganz zu übernehmen und sich zu eigen zu machen. Das kann nur unter der Voraussetzung des Glaubenssinnes geschehen.

2.) *Der Glaubensinstinkt* (*instinctus fidei*): Darunter versteht man die allen Menschen zueigene religiöse Anlage. Ohne sie könnte man nicht zum Glauben finden und den Glaubenssinn ausbilden.

3.) *Der Lehramtspositivismus*: Damit ist eine Haltung gemeint, die amtliche Formeln stereotyp und unreflektiert repetiert, ohne sie sich wirklich innerlich und in personaler Verantwortung zu eigen zu machen. Sie ist nicht wirklich personal und unterscheidet sich vom Glaubenssinn dadurch, daß sie den Glauben nicht eigenständig bezeugt.

4.) *Der schwärmerische Enthusiasmus*: Wir heben damit auf eine ebenfalls unreflektiert-unkritische Position ab, die gespeist wird durch ein bloßes religiöses Gefühl, durch fromme „Eingebungen“ und Einbildungen, wobei die objektiven Kriterien des Glaubens außer acht gelassen oder als marginal betrachtet werden. Ein solcher

Enthusiasmus zeigt sich oft in der Pflege sonderbarer Andachtsformen, der Neigung zu Wundersucht und Erscheinungsglauben, der Bildung elitärer geistlicher Gruppen, der Gefolgschaft zu „Wunderheilern" und dergleichen. Im Gegensatz dazu orientiert sich der Glaubenssinn stets an den Aussagen der offiziellen Kirche.

5.) *Der religiöse Soziologismus*: Damit ist die These gemeint, das entscheidende Kriterium für die Wahrheit des Glaubens sei die Mehrheitsmeinung der Glaubenden. Konsens wird identisch mit der Ansicht der Majorität, die mit soziologischen Mitteln (z. B. Umfragen, Statistiken) festgestellt wird. So wenig aber wie die Autorität als solche Wahrheit schaffen kann, kann es die Mehrheit als solche. Wahrheit ist vorgegeben; sie muß gesucht und kann gefunden werden auf alle möglichen Weisen: Oft waren es in der Geschichte wenige einzelne, die sie quer gegen alle Mehrheiten und Autoritäten erkannt haben[203]. Im Unterschied zum religiösen Soziologismus ist der Glaubenssinn und der daraus resultierende Konsens der Glaubenden in der lebendigen Glaubenserfahrung anhand aller Glaubensquellen begründet. Wegen seiner Qualität als innere und oft auch vorbegriffliche Erkenntnis kann er nicht ohne weiteres und vor allem nicht adäquates Objekt der Soziologie werden. Damit ist nicht in Abrede gestellt, daß deren Untersuchungen wertvolle Einsichten in den Zustand der Kirche liefern.

4.5.1.3 Rezeption

Darunter versteht man einen Sonderfall der Betätigung des Glaubenssinnes. Da er eine allen Glaubenden kraft der Taufe zukommende aktive Erkenntnisfähigkeit ist, besteht deren Rolle im gesamtkirchlichen Wahrheitsfindungsprozeß nicht einfach in einem frag- und klaglosen Gehorsam gegenüber autoritativen Vorlagen. Das gilt auch für die Weisungen des kirchlichen Lehramtes, zumal diese nichts absolut Neues vorlegen können, sondern lediglich den Glauben der ganzen Kirche zu bewahren und zu interpretieren rechtens imstande sein können. Zwischen beiden besteht eine Zirkelstruktur: Das Lehramt verkündet, was die Kirche glaubt; die Kirche glaubt, was das Lehramt als Glauben der Kirche aussagt:

Die Beziehungen zwischen
dem Lehramt und
dem Glauben der Kirche

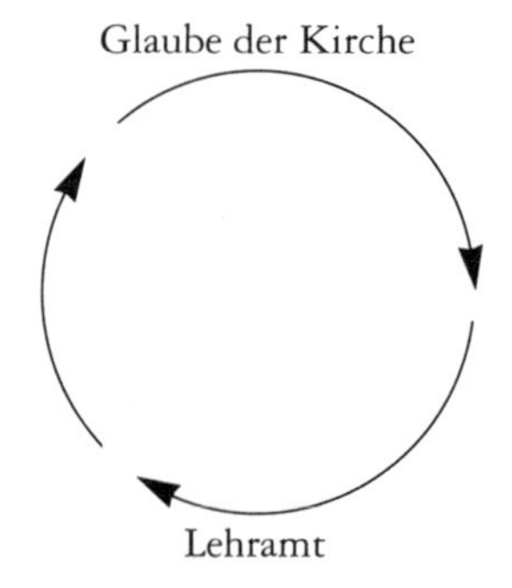

[203] Ein Beispiel sind die mittelalterlichen Hexenverfolgungen. An deren Legitimität, ja Notwendigkeit hielten zeitweise praktisch alle Amtsträger einschließlich der Päpste und nahezu alle Theologen und erst recht die überwältigende Mehrzahl der anderen Christen fest. Als sich *Friedrich von Spee* dagegen wendete, erhob sich gegen ihn massiver Widerstand. Heute bestreitet niemand, daß er gegen die zeitgenössische Kirche recht hatte.

Damit aber ist die Annahme oder *Rezeption* (von lat. *recipere* annehmen, übernehmen, empfangen, aufnehmen) einer Lehramtsaussage ein wesentliches Moment im theologischen Erkenntnisvorgang. Sie hat zwar keine juristische Kraft in dem Sinne, daß erst die Rezeption durch die Glaubenden einen lehramtlichen Akt verbindlich machen würde. Denn das Lehramt ist ebenso wie der Glaubenssinn der Gläubigen eine Instanz eigenen Rechtes. Sie ist aber, aus dem nämlichen Grund der Eigenständigkeit, auch kein bloßer Akt des Gehorsams, sondern Zustimmung der Glaubenden aus eigenem Urteil.

Darin liegt eingeschlossen, daß es legitimerweise auch den Akt der *Nicht-Rezeption* geben kann. Dieser ist wohl zu unterscheiden von Akten des Ungehorsams, der Apathie, der Indifferenz oder der Gleichgültigkeit. Er besagt, daß eine lehramtliche Vorgabe nicht als glaubenskonform oder glaubensförderlich erfahren zu werden vermag. Der Grund dafür kann in unvollkommener Vermittlung, in mangelhafter Argumentation einer Lehre durch das Lehramt liegen, aber durchaus auch in der Sache selber. Die Nicht-Rezeption bedeutet dann nicht unbedingt, daß die Lehre falsch ist; möglicherweise ist sie inopportun, nicht konkret im Leben zu befolgen, aus ungenügender Kenntnis der Realität zustande gekommen. In den beiden ersten Fällen lassen sich die Defizienzen beheben; das wird aber stets auch seine Zeit brauchen. Dann weicht die Nicht-Rezeption der Rezeption. Auch im dritten Fall kann zu einer späteren Zeit die Zustimmung der Gläubigen erfolgen, falls die Hindernisse weggefallen sind.

Wir verstehen also unter Rezeption *einen kirchlichen Lebensvorgang, in dem die Glaubensgemeinschaft eine Entscheidung der kompetenten kirchlichen Autorität als wahr, verbindlich und glaubensfördernd erkennt und sich aktiv zu eigen macht.*

4.5.2 Die biblischen Grundlagen

Im Neuen Testament ist die Lehre von einer aktiven Beteiligung aller Gläubigen am Glaubensfindungsvorgang, unbeschadet der Kompetenz von qualifizierten Zeugen, in der Lehre vom Wirken des Gottesgeistes begründet. Dieser wird die Kirche – und hier ist nicht an bestimmte, sondern an alle Glieder gedacht – in die ganze Wahrheit einführen (Joh 14,17; 16,13). Den Gläubigen ist „der Geist Christi" gegeben (1 Kor 2,16), der „die Augen eures Herzens" erleuchtet (Eph 1,18). Dadurch entsteht die von Paulus apostrophierte Fülle der Charismen, die in ihrem Zusammenklang die Kirche auferbaut (1 Kor 121-11; Eph 4,4-6).

Am deutlichsten zeigt sich die ekklesiale Struktur dieser Gabe in der Einleitung des ersten Johannesbriefes, in der die Zusammenhänge zwischen der Glaubenserfahrung der Gläubigen und der Glaubensverkündigung der Kirche offengelegt werden: *„Was von Anfang an war, was wir gehört haben, was wir mit unseren Augen gesehen, was wir geschaut und was unsere Hände angefaßt haben, das verkünden wir: Das Wort des Lebens. Denn das Leben wurde offenbart, wir haben gesehen und bezeugen und verkünden euch das ewige Leben, das beim Vater war und uns offenbart wurde. Was wir gesehen und gehört haben, das verkünden wir auch euch, damit auch ihr Gemeinschaft mit uns habet. Wir aber haben Gemeinschaft mit dem Vater und mit seinem Sohn*

Jesus Christus" (1 Joh 1,1-5). Der innerste Grund dafür ist wiederum die Geistbegabung oder, wie der Verfasser sich ausdrückt, „die Salbung von dem, der heilig ist" und die allen in der Kirche zuteil geworden ist (1 Joh 2,20).

Ähnlich lautet auch die petrinische Tradition. In seiner Pfingstpredigt deutet der Erstapostel das Herabkommen des Geistes als Erfüllung der Vision des Joel (3,1-5): *„Jetzt geschieht, was durch den Propheten Joel gesagt worden ist: ‚Ich werde meinen Geist ausgießen über alles Fleisch. Eure Söhne und eure Töchter werden Propheten sein, eure jungen Männer werden Visionen haben, und eure Alten werden Träume haben. Auch über meine Knechte und Mägde werde ich von meinem Geist ausgießen in jenen Tagen und sie werden Propheten sein'"* (Apg 2,16-18). Der Verfasser des ersten Petrusbriefes charakterisiert als Berufung des „auserwählten Geschlechts" der Kirchenmitglieder: *„Damit ihr die großen Taten dessen verkündet, der euch aus der Finsternis in sein wunderbares Licht gerufen hat"* – und auch das spielt auf ein Prophetenwort des Alten Testamentes an (1 Petr 2,9; vgl. Jes 43,20 f.).

Gleichsam als Zusammenfassung kann die Aussage des Briefes an die Hebräer gelten, der über den Neuen Bund, der im Blut Christi geschlossen worden ist, mit Jeremias sagt: *„Ich lege meine Gesetze in ihr Inneres hinein und schreibe sie ihnen in ihr Herz. Ich werde ihr Gott sein und sie werden mein Volk sein. Keiner wird mehr seinen Mitbürger und seinen Bruder belehren und sagen: Erkennet den Herrn! Denn sie alle, klein und groß, werden mich erkennen"* (Hebr 8, 10 f.).

In allen diesen Zeugnissen wird auch die rezeptive Struktur des Glaubens in etwa deutlich. Konkret vollzieht sich das Bezeugen durch die Apostel, die Hagiographen oder die ganze Gemeinde dergestalt, daß die Heilsbotschaft von Jesus als dem Christus vorgelegt und dann in freiem Entscheid von den Adressaten angenommen wird. Typisch ist auch hier das erste Pfingstfest: Die Worte des Petrus treffen die Hörer „mitten ins Herz"; sie fragen, was sie tun sollen und vernehmen das Angebot zur Taufe. „Die nun, die sein Wort *annahmen*, ließen sich taufen. ... Sie hielten an der Lehre der Apostel fest und an der Gemeinschaft, am Brechen des Brotes und an den Gebeten" (Apg 2,37-42; zit. 37.41.42). Der Glaube erscheint als ein Akt des Rezipierens auch an anderen Stellen: Der Bericht über die Einsetzung der Eucharistie (1 Kor 11,23), der Glaube an die Auferstehung (1 Kor 15,1-3) und an „das Evangelium" schlechthin (Gal 1,9) – alles das wird als Überliefern und freies Annehmen gekennzeichnet.

Bei den angeführten Perikopen handelt es sich um Texte, hinter denen die lebendige Verfassungsrealität der Urkirche steht. Sicher ist damals die Autorität der Apostel, voran des Paulus, unbestritten; gleichwohl fallen die wichtigen Entscheidungen im Konsensverfahren, an dem alle Gläubigen beteiligt sind. Da ist die Nachwahl zur Auffüllung der „Zwölf": Auf Betreiben des Petrus nehmen sie etwa 120 „Brüder" vor (Apg 1,15-26). Bei der Aufstellung des Siebenergremiums wählt „die ganze Gemeinde" den Stephanus und seine Gefährten (Apg 6,1-7). Der folgenreiche Beschluß von Jerusalem betreffend das Verhältnis von jüdischem Gesetz und Christentum fällt durch „die Apostel und die Ältesten zusammen mit der ganzen Gemeinde" (Apg 15,22).

Mithin ist festzustellen, daß in der Urkirche die Wirklichkeit, die wir mit den Begriffen sensus fidei et fidelium, consensus und Rezeption beschrieben hatten, außerordentlich lebendig und konkret gegeben war.

4.5.3 Die Daten der Kirchen- und Theologiegeschichte

Ältere Lehrbücher der Dogmatik kennen kein Kapitel über den Glaubenssinn der Gläubigen oder über die Rezeption, obschon die damit benannten Gegebenheiten seit den Zeiten des Neuen Testamentes bekannt waren und auch immer wieder eine Rolle in Theologie und Praxis der Kirche gespielt haben. In der jüngsten Zeit, beginnend mit dem 19. Jahrhundert, erregen sie jedoch die gespannte Aufmerksamkeit der Forscher. Das mag damit zusammenhängen, daß die etwa gleichzeitig auftretenden emanzipatorischen und demokratisierenden Strömungen in der Kirche, die zunächst scharf zurückgewiesen wurden, in verschiedenen Vorgängen der Geschichte wie auch in entsprechenden Äußerungen ihrer Protagonisten Ansätze für ihre eigenen Forderungen fanden. Wir müssen uns daher zuerst jenen Vorgängen zuwenden, ehe wir dann theoretische Aussagen zur Sache suchen.

4.5.3.1 Die Kirchengeschichte

Das wichtigste Datum in unserem Zusammenhang ist die feierliche Definition der beiden sogenannten „neuen" *Mariendogmen*. Papst *Pius IX.* erhob 1854 zum Glaubenssatz, daß Maria vom ersten Augenblick ihrer Empfängnis an von aller Erbschuld bewahrt war. *Pius XII.* dogmatisierte 1950 die leibliche Aufnahme der Mutter Jesu in den Himmel. Wie näher in der Mariologie gezeigt werden wird, gibt es für beide Lehrsätze weder ein ausreichendes Schriftargument noch eine ungebrochene Traditionslinie. Die Theologen der damaligen Zeit konnten sich auch nicht darauf verständigen, ob sie sich logisch kohärent aus der Gottesmutterschaft, dem Grunddatum aller Marienlehre, ergäben. Klar und unbezweifelbar war nur der Umstand, daß sie sich beide seit Jahrhunderten der Zustimmung der Gläubigen erfreuten. Der Glaubenssinn der Gläubigen gewann damit die Kraft eines dogmenbegründenden Argumentes.

Ebenfalls im 19. Jahrhundert fiel dem großen Theologen und späteren Kardinal *John Henry Newman* bei seinen dogmengeschichtlichen Studien auf, daß während der arianischen Wirren des 4. Jahrhunderts die meisten Bischöfe in ihrer Christologie heterodox waren; nur die Laien hielten unerschütterlich an der wahren Gottheit Jesu fest: Man muß also, folgerte er, „um die Überlieferung der Apostel kennenzulernen, auf die Gläubigen zurückgreifen"[204].

Im 20. Jahrhundert gaben die in der Zeit zwischen den beiden Weltkriegen entstehenden „Bewegungen" – vor allem die ökumenische und die liturgische Bewegung sind zu erwähnen – den Anstoß zu einer *„Theologie des Laientums"*. 1958 überschrieb *Michael Schmaus*, damals führender Dogmatiker, einen Abschnitt seines Lehrbuches „Die Laien als Träger kirchlicher Heilsfunktionen"[205]. Von nachhaltiger Wirkung wurden die Studien *Y. Congars*. Seine umfangreiche Studie „Der Laie"[206] hat die Texte des Zweiten Vatikanischen Konzils beeinflußt.

---

[204] J. H. Newman, Über das Zeugnis der Laien in Fragen der Glaubenslehre: ders., Polemische Schriften (Ausgewählte Werke 4), Mainz 1954, 272. Der Beweis findet sich 273-289.

[205] M. Schmaus, Katholische Dogmatik III/1, München $^{3-5}$1958, 727-740.

Im 20. Jahrhundert fand auch die Rezeptionsproblematik das wache Interesse der Kirchenhistoriker und Dogmengeschichtler. Vorgänge, die für die Verfassung und das Leben der Kirche von fundamentaler Bedeutung sind, zeigten sich ihnen als rezeptive Geschehnisse. Nur zwei seien angeführt. Die *Kanonausbildung* war ein gesamtkirchlicher Rezeptionsvorgang (vgl. oben 4.1.2). Auf den *altkirchlichen Konzilien und Synoden* erscheint der Bischof zum einen als Zeuge seiner Ortskirche, deren Glaube der Gesamtkirche zur Rezeption vorgelegt wird; zum anderen ist er gegenüber seiner Ortskirche Zeuge der auf dem Konzil versammelten Gesamtkirche, deren Lehre ihr zur Annahme vorgestellt wird. Dabei zeigte sich auch, daß vor allem die Straße Konzil – Ortskirchen lang sein kann und viel Zeit vergeht, bis alle sie gegangen sind[207].

Wenigstens erwähnt soll werden, daß in neuester Zeit der Rezeptionsbegriff Anwendung in der ökumenischen Theologie findet. Hier versteht man unter Rezeption die Annahme der theologischen Konsense zwischenkirchlicher Dialogkommissionen durch die auftraggebenden Kirchen oder von Glaubens- und Lebensäußerungen einer Kirche durch eine andere als Zeugnisse echten Christentums. Konkret ging und geht es um Fragen wie die Anerkennung der Taufe und der Weihe oder die Möglichkeit einer Übernahme von Bekenntnisschriften[208].

4.5.3.2 Die Theologiegeschichte

In der Alten Kirche haben die Theologen keine Probleme, die Wirklichkeit und Bedeutung des Glaubenssinnes der Gläubigen anzuerkennen und zu respektieren: *„Nichts ohne euren Rat und des Volkes Zustimmung"*, lautet die Devise eines an sich sehr selbstbewußten Bischofs wie Cyprian von Karthago, die er in einem Brief an Priester und Diakone ausspricht[209]. Der Gründe dafür sind zwei.

Die eine Ursache für diese Aufgeschlossenheit liegt in der Übernahme des Argumentes *„e consensu omnium"* für die Wahrheit eines Satzes aus der antiken Philosophie. Wo alle einer Meinung sind, da kann es keinen Irrtum geben. Für die christlichen Theologen gewinnt diese Erkenntnis zusätzliche Kraft aufgrund der biblischen Lehre von der allgemeinen Geistausteilung (vgl. 5.5.2). Das Konsensargument steht auch hinter dem berühmten Kanon des Vinzenz von Lerins, den wir im Kapitel über die Tradition kennengelernt haben (4.2.4.1): Zu glauben ist, was überall, immer und von allen gehalten worden ist; anders wäre anzunehmen, „alle Gläubigen aller Zeiten, alle Heiligen ... der ganze Erdkreis endlich, dem Haupt Christus durch den katholischen Glauben geeint, sei durch den ganzen Lauf der Jahrhunderte in Unkenntnis, Irrtum, Gotteslästerung, Unwissen befangen gewesen"[210]. Im Grunde kommen damit die drei Kriterien im einen des Konsenses überein, der einmal diachron (alle durch alle Zeit: *antiquitas*), einmal synchron (alle heute überall: *universitas*) akzentuiert werden kann.

---

[206] Stuttgart 1956.

[207] Das Konzil von Nizäa 325 wurde erst 381 vom Konzil von Konstantinopel anerkannt; dieses selber fand erst 519 die römische Rezeption. Leo IX. anerkannte erst 1053 das II. Konzil von Nizäa (787).

[208] Beim Jubiläum der Confessio Augustana wurde um 1980 herum diskutiert, ob diese als katholisch gelten könne.

[209] Cyprian, Ep. ad presb. et diac. 14,4.

[210] Common. 24,5.

Die zweite Ursache liegt in der altkirchlichen Ekklesiologie. Sie versteht die Kirche als eine geschwisterliche Gemeinschaft; das Stichwort heißt *communio*. Denn alle haben den gleichen Hl. Geist. Knapp und kurz bringt *Paulinus von Nola* diese Überzeugung auf die Formel: „Wir hängen vom Wort aller ab, denn der Geist Gottes weht in jedem Gläubigen“[211]. Kirche ist das organische Gefüge aller Glieder, denen zwar unterschiedliche Funktionen und Aufgaben zugeteilt sind, die aber doch gleicherweise vom Geist Christi belebt und beseelt werden. Darum haben sie auch an seinem dreifachen Amt Anteil. Sie sind mithin – und hier wird des Petrus Pfingstpredigt ebenso wie die Aussage des Hebräerbriefes wiederaufgenommen – auch alle Propheten, alle Lehrer. Das sind sie sicher nicht aus sich, sondern weil im Geist Christus selber ihr „innerer Lehrer“ ist, wie vor allem *Augustinus* nachhaltig betont: „Wir haben nämlich Christus als den inneren Lehrer“, sagt der Bischof seinen Laien, „der sowohl mich lehrt, was ich sage, wie auch euch“[212]. So fordert er sie auf: „Bessert also durch Argumente, tröstet durch Ansprechen, gebt ein Beispiel durch rechtes Leben. Dann wird (Christus) bei diesen (Adressaten der Christen) sein, wie er auch bei euch war“[213].

Vor allem auf den Konzilien zeigen sich die Konsens- und Rezeptionsvorgänge für die Väter deutlich. Sie sind der eigentliche Ort der Feststellung und, im Streitfall, der Erlangung des Konsenses durch die Bischöfe, aber auch durch die auf den Kirchenversammlungen anwesenden Laien als Zeugen ihrer Ekklesien und der Rezeption ihres Glaubens im Sinne der vinzentinischen *antiquitas* und *universitas*. Das ökumenische Konzil von Chalkedon ist für Papst *Leo d. Gr.* „von allen Provinzen des römischen Reiches mit dem Konsensus der ganzen Welt (*universitas-Aspekt*) und ohne Trennung von den Beschlüssen des heiligen Konzils von Nizäa (*antiquitas-Perspektive*) gefeiert worden“[214].

Weil die Bischöfe die Haupt- und Erstzeugen des Glaubens ihrer Ortskirchen für die Universalkirche sind, ist es in den ersten Jahrhunderten selbstverständlich, daß die ganze Ortskirche an ihrer Bestellung beteiligt ist. Zitieren wir aus vielen Zeugen noch einmal *Leo d. Gr.*, dem man übrigens nicht vorwerfen kann, er habe kein primatial-päpstliches Bewußtsein gehabt: „Wer allen (als Bischof) vorstehen soll, der soll auch von allen gewählt werden“[215]. Und weil die Bischöfe zugleich den Glauben der Universalkirche in ihrer Ekklesia verkünden müssen, muß auch die Gesamtkirche bei der Konstituierung eines Bischofs beteiligt sein. Das wird durch die Verpflichtung konkretisiert, daß er von wenigstens drei anderen Bischöfen geweiht werden muß. Damit er aber auch tatsächlich in der Lage ist, den universalkirchlichen Glauben weiterzugeben, fordern die „Statuta ecclesiae antiquae“, man müsse nach der Wahl prüfen, ob der neue Oberhirte auch „die Glaubenswirklichkeit mit einfachen Worten auszusagen vermag“[216].

Als gegen Ende des ersten Jahrtausends die kommunionale Ekklesiologie vom Modell der Kirche als vertikal ausgerichteter Leib Christi abgelöst wird, in dem

---

211 Ep. 23,36.
212 Comm. in Jo. 20,3.
213 Comm. in ps. 50,1.
214 Ep. 164,3.
215 Ep. 14,5.
216 Zit. nach H. Legrand, Die Gestalt der Kirche: P. Eicher (Hg.), Neue Summe Theologie III, 128.

alle Lebensströme vom Haupt, auf Erden durch den römischen Papst verkörpert, ausgehen, verliert mehr und mehr der Konsens der Gläubigen und die Reflexion über ihren Glaubenssinn an Bedeutung für Leben und Theologie der Glaubensgemeinschaft. Der Papst „bewegt und reguliert als erster das ganze christliche Gemeinwesen (politia)", meint im Mittelalter der Papalist *Hermann von Schilditz*[217]. Die Mitwirkung der Laien reduziert sich auf die frag- und klaglose Rezeption der päpstlichen Weisungen in abstrichlosem Gehorsam.

Damit ist jedoch die Sache selber nicht vom Tisch; dafür ist sie auch zu klar in der patristischen Tradition begründet. Das Mittelalter befaßt sich mit ihr nun aber nicht mehr aus ekklesiologischem Interesse – das ist nach dem gerade Vermerkten unschwer zu verstehen –, sondern unter der *erkenntnistheoretischen* Perspektive: Was ist der Glaubenssinn? Vor allem *Thomas von Aquin* gibt die durchdachte Antwort. Als erstes stellt er fest, daß der sensus fidelium an Schrift und Kirchenlehre, also an objektive Vorgaben, angebunden bleibt. Wer sich nicht daran hält, vertritt bestenfalls eine „Meinung" (*opinio*), gegebenenfalls einen Irrtum, schlimmstenfalls eine Häresie[218]. Dennoch hat der einzelne Christ die Befähigung zur Wahrheit und so zur richtigen Beurteilung einer zum Glauben vorgelegten Proposition. Thomas redet von einer *connaturalitas ad res divinas per caritatem*, einer natürlichen Beziehung zur Theologie kraft der Liebe[219]. Sie ist etwas anderes als das rationale, argumentative Urteil: Ihr Grund ist die Erleuchtung durch den Geist der Weisheit, durch den wir Irrtum und Wahrheit zu unterscheiden vermögen.

Die theologische Diskussion der Neuzeit wird angeregt durch die Emphase, mit der die Reformatoren des 16. Jahrhunderts wider den römischen Klerikalismus und Zentralismus den Vorrang des Priestertums aller Gläubigen betonen. Arme Bauern und Kinder verstünden Christus besser, meinte Martin Luther, als Papst, Bischof und Gelehrte; da ist alles ganz anders[220]. Die Apologeten des alten Glaubens waren dadurch in eine Zwickmühle gebracht. Selbstverständlich mußten sie darauf bestehen, daß das Ganze der Kirche mehr als ihre Teile ist, weshalb ihre Unfehlbarkeit nicht schon auf der Summierung aller Glaubensansichten beruhe. Andererseits konnten sie sich gegen die Neuerer nach der Manier des Vinzenz von Lerins gut auf die *antiquitas* und *universitas* der katholischen Lehren, also auf den Glaubenssinn berufen. Auf jeden Fall wird erst einmal die theologische Reflexion dadurch beflügelt. Sie baut die Lehre vom Glaubenssinn in drei Richtungen aus:

1.) Er ist eine besondere *Form der Tradition*. Die „ecclesia in credendo", wie man nun auch sagt, ist im Sinne des vinzentinischen Kanons Fundort zur Feststellung und Bezeugung des Glaubens. Vor allem die Barockscholastik bedient sich dieser Argumentation.

2.) Er ist *das Echo des kirchlichen Lehramtes*. Für die Vertreter der einflußreichen „Römischen Schule" des 19. Jahrhunderts ist der Glaubenssinn gleichsam der

---

217 Contra haeret. 2,3.

218 S.th. II II, q. 5, a. 3c; vgl. De car.13, ad 6.

219 S.th. II II, q. 45, a. 2c.

220 WA 7, 315.

rein passive Spiegel des Magisteriums. Die Kirche wird eingeteilt in ein *ecclesia docens (activa)*, die zusammenfällt mit dem (päpstlichen) Lehramt, und in die *ecclesia discens (passiva)*, identisch mit den Gläubigen. Insofern sie der getreue Widerhall der lehramtlichen Verlautbarungen ist, dient sie als unfehlbares Wahrheitskriterium.

3.) Er ist *eigenständiges Kriterium der Erkenntnis von Glaubenswahrheiten.* Diese Überzeugung bildet sich durch die Analyse der kirchengeschichtlichen Tatsachen heraus, die im unmittelbar vorausgehenden Abschnitt erwähnt worden sind. Als Hauptvertreter dieser These sind, neben *J. H. Newman* in England, in Deutschland *J. A. Möhler* und *M. J. Scheeben* zu nennen.

Auch das kirchliche Lehramt selber befaßte sich immer mehr mit dem wichtigen Topos. Das Konzil von Trient beruft sich gegen die Reformatoren auf „alle unsere Altvordern, so viele ihrer in der wahren Kirche Christi waren" (DH 1637), weshalb „contra *universum Ecclesiae sensum*" zu lehren, gottlose Niedertracht sei (DH 1726). In der Definitionsbulle des Immaculata-Dogmas konnte sich 400 Jahre später *Pius IX.* darauf berufen, daß es gemäß dem Ergebnis seiner Befragung der Bischöfe „bei allen Völkern der katholischen Welt" geglaubt werde[221]. Ein ähnliches Resultat registrierte sein Nachfolger *Pius XII.* 1950 hinsichtlich der Assumptio-Lehre, wenn er von einer „einzigartigen Übereinstimmung (*conspiratio*) der katholischen Bischöfe und Gläubigen" und dem „einmütigen (*concordem*) Glauben des christlichen Volkes" spricht[222]. Doch das sind eher beiläufige Erwähnungen.

Erstmals findet der Glaubenssinn als theologische Bezeugungsinstanz eine lehramtliche Würdigung auf dem *Zweiten Vatikanischen Konzil.* Sie geschieht auf der Basis des neuen Nachdenkens über die Kirche insgesamt wie auch über ihre Gliedgruppen, hier besonders über die Laien. Dabei war zu klären, ob dem Glaubenssinn eine eigenständige Bezeugungsfunktion zukäme oder ob er, im Sinn der nachtridentinischen Apologetik, nur ein Reflex des Magisteriums sei. Die zuständige Subkommission des Konzils stellte die bemerkenswerte Definition auf, er sei „sozusagen eine Fähigkeit der ganzen Kirche, mittels derer sie im Glauben die überlieferte Offenbarung erkennt, indem sie Wahres und Falsches in Glaubensdingen unterscheidet, und zugleich tiefer in ihn eindringt und ihn voller im Leben verwirklicht"[223]. Der entscheidende Text steht in der Kirchenkonstitution „Lumen gentium", und zwar im wichtigen Kapitel II, welches über „Das Volk Gottes" in seiner Gesamtheit und Ganzheit handelt. Unter Hinweis auf die Teilhabe des Gottesvolkes am prophetischen Amt Christi erklären die Konzilsväter: *„Die Gesamtheit der Gläubigen, welche die Salbung von dem Heiligen haben (vgl. 1 Jo 2,20 u. 27), kann im Glauben nicht irren. Und diese ihre besondere Eigenschaft macht sie durch den* übernatürlichen Glaubenssinn des ganzen Volkes *dann kund, wenn sie ‚von den Bischöfen bis zu den gläubigen Laien' ihre allgemeine Übereinstimmung in Sachen des Glaubens und der Sitten äußert".* Durch diesen Glaubenssinn hält das Gottesvolk in Konsonanz mit dem Lehramt den Glauben fest,

---

[221] Ineffabilis Deus: Acta PII IX. P.P. I/1, Graz 1971, 606.
[222] Munificentissimus Deus: AAS 42 (1950) 768.
[223] Acta Synodalia II,II/I: Sessio publica IV, Città del Vaticano 1973, 199.

dringt tiefer in ihn ein „und wendet ihn im Leben voller an“[224]. Mit unmißverständlichen Worten wird hier auf eine echte Unfehlbarkeit der Kirche in credendo erkannt, die eine aktive und eigenständige Gabe des Hl. Geistes an alle Gläubigen ist.

Dieser Text ist der wichtigste und ausdrücklichste, aber nicht der einzige der Kirchenversammlung zur Sache. Er ruht auf der Überzeugung, daß unter allen Christen „eine wahre Gleichheit in der allen Gläubigen gemeinsamen Würde und Tätigkeit zum Aufbau des Leibes Christi“ waltet[225]: So haben die Laien auch ein eigenständiges, auf die Zusammenarbeit mit dem Amt angewiesenes, aber nicht vom Auftrag der Hierarchie abgeleitetes Apostolat[226].

Unter diesem Aspekt sagt das Konzil auch etwas über die *Rezeption* aus. Sie ist im Bezug auf die Laien für das Amt eine Größe, die es verpflichtet, denn das tiefere Eindringen in die Geheimnisse des Glaubens ist kein Exklusivrecht von Papst und Bischöfen, sondern geschieht nicht weniger „durch das Nachsinnen und Studium der Gläubigen ..., durch die innere Einsicht, die aus geistlicher Erfahrung stammt“[227]. Das hat eine rechtmäßige und auch durch das Amt nicht zu beseitigende Pluralität innerhalb des christlichen Glaubens zur Folge[228]. Die Rezeptionsproblematik wird vor allem im Kontext mit der Religionsfreiheit in der Erklärung „Dignitatis humanae“ thematisiert. Weil der Glaube ein freier Akt ist[229], ist auch die Rezeption des Glaubens aus welcher Quelle auch immer eine freie und unerzwingbare, vom Gehorsam zu unterscheidende Handlung. Das gilt gerade deswegen, weil die Quelle als solche grundsätzlich anerkannt wird. Aber weil die zu rezipierende Weisung per definitionem etwas Neues ist (sonst stellte sich die Frage gar nicht), das vorerst nicht zum Glaubensbestand der Rezipienten zählt, muß es in Freiheit assimiliert werden können – das geht aber nur unter der Voraussetzung, daß sie einsichtig ist. Die Kirche muß darum „Rücksicht auf die Würde der von (Gott) geschaffenen menschlichen Person“ nehmen, „die nach eigener Entscheidung in Freiheit leben soll“ und die daher, wie es der Herr selber getan hat, „mit Geduld“ gewinnen und einladen muß (DH 11,1). Denn auch das ist zu sagen: „Gewiß ist bisweilen im Leben des Volkes Gottes auf seiner Pilgerfahrt – im Wechsel der menschlichen Geschichte – eine Weise des Handelns vorgekommen, die dem Geist des Evangeliums wenig entsprechend, ja sogar entgegengesetzt war“ (DH 12,1). Solches aber kann und darf nicht rezipiert werden; wiederum ist kritisches Verstehen, verantwortungsgestützte Einsicht von den Glaubenden gefordert.

In der nachkonziliaren Zeit haben lehramtliche Verlautbarungen vielfach auf die Lehre des Zweiten Vatikanischen Konzils vom Glaubenssinn rekurriert; am deutlichsten geschah dies in der Erklärung „Mysterium Ecclesiae“ der Glaubenskongregation von 1973, wo ein eigenes Kapitel über die Unfehlbarkeit der

[224] LG 12. Die Anführung innerhalb des Zitates referiert auf Augustinus, praed. sanct. 14,27.
[225] LG 32,3.
[226] AA 2 f; vgl. LG 37,3.
[227] DV 8,2.
[228] GS 43.
[229] DH 10: Die Aussage wird durch außergewöhnlich viele Eideshelfer aus der Tradition abgesichert (Anm. 8 f).

ganzen Kirche handelt[230]. Die Frage der Rezeption kommt im Kirchenrechtsbuch von 1983 zur Sprache, wenn can. 212 CIC an die „eigene Verantwortung" der Gläubigen appelliert (§ 1) und erklärt, ihnen sei es „unbenommen (*integrum*), ihre Anliegen ... den Hirten der Kirche zu eröffnen" (§ 2), ja es ihnen sogar als Recht bzw. Pflicht zugesteht, „ihre Meinung in dem, was das Wohl der Kirche angeht, den geistlichen Hirten mitzuteilen und sie ... den übrigen Gläubigen kundzutun" (§ 3). Auch den Theologen wird „die gebührende Freiheit der Forschung und der klugen Meinungsäußerung" zugesichert[231]. Allerdings sind alle diese Passus wortreich abgesichert durch Kautelen, in denen vornehmlich doch wieder an die Gehorsamspflicht gegenüber dem Lehramt beschwörend erinnert wird[232]. Die Frage bleibt offen, wie weit das Lehramt selber die Texte des Konzils entsprechend dessen Geist rezipiert hat[233].

4.5.4 Systematische Erwägungen

Die Lehre vom Glaubenssinn der Gläubigen ergibt sich mit innerer Konsequenz aus dem Wesen der Kirche als Anwesen der Wahrheit Gottes in der Welt wie aus der Weise, wie dieses Bleiben in der Wahrheit erreicht wird. Die Wahrheit des Christentums ist personal: Jesus Christus selber ist die Wahrheit für die Welt. Ihre Präsenz und ihre erkenntnistheoretische Entfaltung ist gewährleistet durch den Heiligen Geist. Beides, die Gegenwart und das Auf- und Annehmen der Wahrheit geschieht wiederum personal, also dadurch, daß Menschen sich in liebendem Glauben ganz und gar Christus zuwenden, seine Botschaft vernehmen und ihm auf seinem Heilsweg nachfolgen. Wahrheit ist also im christlichen Sinn ein *Geschehen der Begegnung*.

Das bedeutet einmal, daß dem Glaubenden ermöglicht werden muß, personal und existentiell, also selbständig, zu dieser Wahrheit Zugang zu haben, zum anderen, daß alle Lebensdimensionen des Glaubenden von dieser Wahrheit erfaßt werden und sie zum Ausdruck bringen können. Genau dies geschieht nun durch den Glaubenssinn als *sensus fidei*: Er ist ein in der Geistbegabung durch Taufe und Firmung begründetes freies (d. h. nicht an die Ordination gebundenes, also nicht amtliches) Charisma der inneren Übereinstimmung des Glaubenden mit dem Gegenstand des Glaubens. Er ist daher jedem Menschen gegeben, der die genannten Sakramente mit Frucht empfangen hat. Näher kann man ihn beschreiben als ein *Innewerden der Wahrheit*. Dieses kann auch nicht-konzeptuell sein und in einer weisheitlichen Einsicht, einem Gespür für das Rechte bestehen. Solche Art von Einsicht kennen wir etwa gegenüber Werken der Kunst oder Menschen, die wir lieben. Sie ist auf jeden Fall sehr konkret und vermag durchaus auch in ein Urteil zu münden. Weil das zu Erkennende nach Maßgabe des Erkennenden wahrgenommen wird[234],

---

[230] NKD 43, 135-139; in Auszügen auch DH 4531-4533.

[231] Can. 218 CIC.

[232] Vgl. vor allem auch cann. 750-754 in Verbindung mit can. 1371 CIC.

[233] Vgl. auch die schon mehrfach herangezogene Instruktion „Über die kirchliche Berufung des Theologen" Nr. 5/S. 106 mit den Nrn. 13,19 und 23 (S. 109, 112, 113).

[234] Vgl. das scholastische Axiom: „Quidquid recipitur, ad modum recipientis recipitur".

gehen die Lebenswelt und die Lebenserfahrungen des Glaubenden in den sensus fidei ein. Er bekommt dadurch eine spezifische Konkretheit, aber auch einen geschichtlichen Index. Erkenntnis aus dem Glaubenssinn kann daher wachsen und sich entsprechend den kulturellen Kontexten auch ändern.

Der Glaubensakt (*fides qua*) richtet sich unmittelbar auf die Inhalte des Glaubens (*fides quae*). Weil Glaube als Haltung eine sakramental durch die Kirche vermittelte Gnade ist und weil er als Komplex von Inhalten kirchlich tradiert und verkündet wird, ist der Glaubenssinn als senus fidei grundsätzlich stets auch der *sensus fidelium*, Sinn aller Glaubenden: Er ist seiner Natur nach hingeordnet auf die Übereinstimmung des Erkennens und Einsehens mit allen anderen Glaubenden. Diese äußert sich im *consensus fidelium*, in der manifesten Übereinstimmung der Kirchenglieder, die gerade dadurch zur Glaubens*gemeinschaft* (*congregatio fidelium*) werden. Noch einmal ist daran zu erinnern, daß das theologisch zu beachtende Wirkprinzip der Hl. Geist ist, der in allen Glaubenden seinen Einfluß entfaltet. Da er die Kirche durch den Glauben in der Wahrheit hält, ist der sensus fidelium als Einsicht in diesen Glauben notwendig auf die Wahrheit gerichtet: Er ist *unfehlbar*. Denn die Kirche vermöchte nicht in der Wahrheit zu bleiben, wenn nicht ihre Gläubigen, aus denen sie wesentlich besteht, nicht in ihr bleiben könnten. Im consensus fidelium tritt diese Wirklichkeit zutage und wird zur Größe auch der Kirche als Institution. *Der Glaubenssinn ist die eigentliche Basis der ihr verliehenen Unfehlbarkeit.*

Fragt man nach den *Äußerungen* des Glaubenssinnes, muß die Antwort lauten: Wenn der Glaube eine Lebenswirklichkeit ist, die die ganze Existenz durchwirkt, dann ist Ausdruck dieses Glaubens die ganze menschliche Existenz in allen Dimensionen, auf allen Ebenen, in allen Bezügen, Äußerungen und Realisierungen. Mit einem Wort: Er äußert sich in der *Religiosität* eines Christen. Je tiefer, je vitaler sie ist, um so relevanter wird dieser Christ für die Feststellung des Glaubenssinnes der Gläubigen. Daher haben *die Heiligen* (im engeren Sinne als die kanonisierten, „anerkannten" Persönlichkeiten) eine besondere Bedeutung in der Kirche nicht nur als Beispiele des christlichen Lebens, sondern auch als Bezeugungsinstanzen des Glaubens. Beides resultiert letzten Endes daraus, daß sie exemplarische Nachfolgerinnen und Nachfolger Christi sind. In seiner Auslegung der „Primat-Stelle" (Mt 16,13-19) erklärt *Origenes*: „In Wahrheit also wurde zu Petrus gesagt: Du bist Petrus, und auf diesen Felsen will ich meine Kirche bauen, und die Pforten der Hölle werden sie nicht überwältigen; doch das scheint *allen Aposteln und allen vollendeten Gläubigen* gesagt zu sein, weil alle Petrus und Felsen sind und auf allen die Kirche Christi erbaut wird. ... Denn alle, die Christus nachfolgen, werden ähnlich Felsen genannt wie Christus"[235].

Was von den Heiligen im engeren Sinn gilt, ist mutatis mutandis auch von den anderen Christen zu sagen, die in der Hl. Schrift generell „Heilige" genannt werden (vgl. Röm 1,7; 1 Kor 1,2; 2 Kor 1,1) und die Kirche als Gemeinschaft der Heiligen (*communio sanctorum*) bilden. Ihr Glaubenssinn äußert sich im Erfahrungswissen, in ihrem Wirken in Familie, Arbeitswelt, Gesellschaft. Besondere Aufmerksamkeit verdienen alle kulturellen Äußerungen von Christen – in bil-

[235] In Matth. 12,11.

dender und darstellender Kunst, Architektur, Literatur, Musik. Der Glaubenssinn kommt auch zu Wort in den Andachts- und Frömmigkeitsformen, in geistlichen Zusammenschlüssen (Orden, Bruderschaften, geistlichen Bewegungen), in der Welt der etwas vage mit „Volksfrömmigkeit“ umschriebenen Religiosität.

Die Dogmatik hat sich bisher nicht allzu sehr um diese Dinge gekümmert – sehr zu ihrem Schaden vermutlich. Mit Recht hat daher die Internationale Theologenkommission 1990 gemahnt, daß ihre Aufgabe der Glaubensinterpretation „nicht ein rein intellektueller, aber auch nicht nur ein existentieller oder soziologischer Vorgang ist; sie besteht auch nicht nur in der exakteren Definition einzelner Begriffe, in logischen Folgerungen oder Neuformulierungen. Sie ist angeregt, getragen und geleitet vom Wirken des Heiligen Geistes in der Kirche und in den Herzen der einzelnen Christen. Sie geschieht im Licht des Glaubens; sie wird vorangetrieben von den Charismen und vom Zeugnis der Heiligen, welche der Geist Gottes der Kirche einer bestimmten Zeit schenkt. In diesem (!) Zusammenhang gehört auch das prophetische Zeugnis der geistlichen Bewegungen und die aus geistlicher Erfahrung stammende innere Einsicht von Laien, die vom Geist Gottes erfüllt sind (DV 8)“[236].

Unsere Überlegungen führen dazu, daß wir nun die in Frage stehende Sache genauer orten können. Der Glaubenssinn der Gläubigen ist die Reaktion auf die kirchlich vermittelte Offenbarungsbotschaft. Daher ist er weder ein bloßes „Gefühl“ noch eine rein subjektive Äußerung oder eine Art „sechster Sinn“, sondern eine echte Form der *Glaubenserkenntnis*. Darin liegt auch begründet, daß er nicht einfach mit der bloßen Meinung von Christen identisch gesetzt werden kann. Er kann daher auch nicht schlüssig mit soziologischen Erhebungen (Meinungsumfragen) eruiert werden. Ebenso wenig deckt er sich mit frommen Ansichten, die keine Grundlage in der Offenbarung haben, z. B. über bestimmte Erscheinungen, die Realität von Legenden, die Bedeutsamkeit bestimmter religiöser Praktiken.

Weil der Glaubenssinn alle Glaubenden sakramental-pneumatisch gegeben ist, unterscheidet er sich sowohl von dem lebendigen kirchlichen Lehramt wie von der Arbeit der wissenschaftlichen Theologie: Er ist eine originäre Instanz für die Feststellung des christlichen Glaubens neben den genannten; zwar ist er auf sie (wie auch auf Schrift und Tradition) hingeordnet, aber er ist nicht bloß das Echo einer „hörenden Kirche“ auf deren Verlautbarungen.

Weil alle Bezeugungsinstanzen des Glaubens unter den Bedingtheiten des Geschichtlichen und des (allzu) Menschlichen standen und stehen, ist die Möglichkeit des Dissenses, der Meinungsverschiedenheiten, der theologischen Konflikte nicht aus-, sondern eingeschlossen. Weder die Träger des Lehramtes noch die wissenschaftlichen Theologen noch die Glaubenden insgesamt sind a priori und in allen Äußerungen vor Ungeschicklichkeiten, Falschaussagen, Irrtümern, inadäquaten Formulierungen, horizontverengten Sätzen gefeit. Keiner verfügt über eine „Orthosprache“, die in sich verständlich und unabhängig von Interpretationen wäre. Jeder aber ist geprägt von philosophischen, spirituellen, sozialen,

[236] Die Interpretation der Dogmen. Dokument der Internationalen Theologenkommission: IkaZ 19 (1990) 263.

kulturalen Einflüssen, deren er sich meistens gar nicht voll bewußt ist. Das gilt vom „einfachen" Gläubigen nicht minder wie vom Wissenschaftler und vom Amtsträger. Daher sind Störungen der Rezeptionsprozesse unvermeidlich: In der Tat ist auch die Kirchen- und Theologiegeschichte voll von Konflikten zwischen Amtsträgern, Theologen und – Heiligen. Solange wie die anstehenden Fragen und Probleme nicht geklärt sind, muß die Rezeption vorerst storniert werden. „Wo weder Einmütigkeit der Gesamtkirche vorliegt, noch ein klares Zeugnis der Quellen gegeben ist, da ist auch eine verbindliche Entscheidung nicht möglich; würde sie formal gefällt, so fehlten ihre Bedingungen, und damit müßte die Frage nach ihrer Legitimität erhoben werden"[237]. Auch andere Gründe für eine wenigstens zeitweise Rezeptionsverweigerung sind denkbar. Aufgrund der notwendigen Bedingtheiten lehramtlicher Äußerungen kann es geschehen, daß einzelne seiner Weisungen als deckungs*un*gleich mit der Lebenswelt der Glaubenden erlebt werden. Sie erscheinen als unpraktikabel, unplausibel, lebensfeindlich, faktisch unausführbar. Eine verantwortete und gläubige Übernahme ist dann nicht möglich, sollen nicht verraten werden *philosophisch* die Tugend der Klugheit, *theologisch* der Primat des Gewissens und die Freiheit des Glaubens. Eine nur äußere „gehorsame" Rezeption wäre kein echter glaubenskonformer Akt.

Als letzte, aber nicht geringste Frage stellt sich das Problem der *Feststellung des Glaubenssinnes* der Glaubenden. Anders als die Äußerungen etwa von Lehramt und Theologen sind seine Äußerungen in der Regel nicht sehr klar, nur schwer eruierbar, noch schwerer analysierbar und überprüfbar. Man muß an dieser Stelle auch eingestehen, daß wir uns auf einem noch kaum beackerten Feld der theologischen Reflexion bewegen. Man kann aber einige Regeln aufstellen; Vollständigkeit beanspruchen sie nicht:

1.) Eine echte Äußerung des sensus fidei bzw. fidelium liegt dort vor, wo ihre Urheber(innen) sich in der *Nachfolge Christi* bewegen. Das hat seinen Grund in der oben angesprochenen Verbindung von Glaube und Praxis.

2.) Eine echte Äußerung liegt weiter dann vor, wenn sie für die Kirche insgesamt oder eine Gruppe in ihr jene *Praxis* fördert, die aus dem Glauben kommt.

3.) Eine echte Äußerung liegt ferner vor, wenn sie ihrer Aussageabsicht nach mit der *Offenbarungsbotschaft* konform geht.

4.) Eine echte Äußerung liegt endlich vor, wenn sie prinzipiell *dialogfähig* bleibt mit den Äußerungen von Lehramt und Theologie auf dem Hintergrund von Hl. Schrift und kirchlicher Überlieferung.

4.6 Die Interaktion der Bezeugungsinstanzen

In den Überlegungen dieses Kapitels ist verschiedentlich angesprochen worden, daß die Bezeugungsinstanzen des Glaubens nicht voneinander isoliert gesehen

[237] J. Ratzinger, Primat und Episkopat: ders., Das neue Volk Gottes. Entwürfe zur Ekklesiologie, Düsseldorf [2]1970, 144.

werden dürfen. Sie sind allesamt Instanzen innerhalb der einen Kirche, deren Aufgabe es ist, das Wort Gottes den Menschen je hier und je jetzt treu zu verkünden und verstehbar zu interpretieren. Diese Kirche aber ist ihrer Wesensgestalt nach *communio*, eine *Gemeinschaft* der Glaubenden. Daraus resultiert die Einsicht, daß prinzipiell keine einzige Instanz ein Monopol gegenüber den anderen dergestalt besitzt, daß diese eigentlich überflüssig wären. Interessanterweise haben die drei großen Ausprägungen des Christentums zu derartigen Monopolisierungen geneigt; sie stellen aber alle Verengungen und Verkürzungen dar, die mit der christlichen Ekklesiologie wie mit den Fakten nicht konkordant sind. Das gilt vom *sola Scriptura*-Prinzip des Protestantismus wie von der römisch-katholischen Tendenz zum *solum magisterium* und der Neigung der östlichen Orthodoxie, sich auf die *sola traditio* (der ersten Konzilien, der Kirchenväter) zu stützen. Nicht resultiert aus der Gestalt der Kirche die Gleichwertigkeit und Gleichrangigkeit der einzelnen Bezeugungsinstanzen: Ohne jeden Zweifel hat die Hl. Schrift eine größere Kompetenz für die Glaubensinterpretation als alle anderen Instanzen. Sie ist, wie wir sagten, oberste Norm, die ihrerseits nicht mehr von einer anderen normiert werden kann (*norma normans non normata*).

Wenn Schrift, kirchliche Überlieferung, Lehramt, Theologie und Glaubenssinn in einer kommunionalen Beziehung zueinander stehen, folgt daraus die *Interaktion der Bezeugungsinstanzen*. Von jeder einzelnen gehen spezifische Impulse auf die anderen aus, jede einzelne empfängt von allen anderen gleicherweise Anstöße. Es entsteht ein mehrbahniges System, keine Folge von Einbahnstraßen – noch einmal: Das trifft auf alle fünf Größen zu, über die wir gehandelt haben. Mit wenigen Worten soll das im einzelnen gezeigt werden[238].

1.) Die *Heilige Schrift* ist die zeitlich wie sachlich letzte greifbare Bezeugunggestalt des Wortes Gottes in der Kirche nach Abschluß des Kanonprozesses. Hinter sie kann niemand zurück. Daher ist sie die erste Norm des Glaubens, der Verkündigung, des Lebens der Kirche. Diese hat sich verbindlich an ihr auszurichten – also auch die übrigen kirchlichen Instanzen für Glauben, Verkündigung und Praxis. Das hindert nicht nur nicht, sondern bedingt die Einbeziehung der Bibel in den je aktuellen Glaubensfindungsprozeß in einer Weise, durch die sie, obschon im Wortlaut unverändert und unveränderbar, doch einem gewissen Mutationsvorgang unterworfen wird. So entdeckt das kirchliche Bewußtsein – Theologen, Lehramtsträger und die anderen Gläubigen – in den letzten Jahren beispielsweise die lange überlesenen Texte, die relevant sind für heutige ökologische Verhaltensweisen, oder die Bedeutung, die in der Ordnung der Schöpfung wie der Erlösung die Frauen haben. Die Geschichte der geistlichen Bewegungen zeigt, wie plötzlich bestimmte Bibelworte in Verbindung mit zeitgenössischen Nöten und Sorgen zu ungeahnten spirituellen Erneuerungen in der Kirche, für die Kirche führen.

2.) Die *Tradition* ist die Form und Weise der Vermittlung der christlichen Lebens- und Glaubenserfahrung der Vergangenheit, die damit als geistgeleitete Zeit der Kirche für die Gegenwart und die Zukunft bewahrt und fruchtbar gemacht wird. Aus diesem Grund und soweit sie dies tut, ist sie verbindlich für

---

238 Vgl. auch das Schema S. 53.

die Glaubensgemeinschaft. Das trifft aber nur dann wirklich zu, wenn sie an der Hl. Schrift überprüft wird und mit der je heutigen Gemeinschaft der Glaubenden und ihrer Erfahrung sich konfrontieren läßt. Das Alte ist nicht sakrosankt, weil es alt ist, sondern wenn es genuin christlich ist. Da es auch für die Tradition keine „Orthosprache" gibt und sie unter den Bedingtheiten der Geschichte steht, hat die je gegenwärtige Generation das Material der Tradition zu sichten, um festzustellen, was zeit- und kulturverhaftet und somit nicht bindend (*traditiones*), und was gültige Interpretation des Wortes Gottes (*Traditio divino-apostolica*) ist. Auch hier kann man, sucht man ein derzeit aktuelles Beispiel, auf die Diskussionen hinweisen, die um die Rolle der Frau in der Kirche oder die Möglichkeit einer Zulassung von Frauen zum Ordo mit Leidenschaft geführt werden.

3.) Das *kirchliche Lehramt* hat die Aufgabe, die Kirche im wahren Glauben zu halten, indem es durch autoritative und authentische, gegebenenfalls auch irreformable (unfehlbare) Interpretation und Verkündigung den Gehalt des Wortes Gottes sichert und bewahrt. Dazu ist auch eine gewisse Sprachregelung kaum erläßlich, die vor allem im Fall irreformabler Aussagen auch kirchliche Norm sein können bzw. müssen, an die sich die übrigen Kirchenglieder zu halten haben. Das geschieht aber nicht absolut, sondern unter den Voraussetzungen und Konditionen, die durch den Eigenwert der anderen Bezeugungsinstanzen gegeben sind. Das Lehramt kann und darf die Hl. Schrift nur auslegen und muß sie auf der Linie der kirchlichen Tradition explizierend weiterführen. Das ist sachgerecht aber nur möglich, wenn es in Konsonanz steht mit allen anderen Glaubenden seiner Zeit, deren Glauben vom gleichen Heiligen Geist, der dem Amt gegeben ist, gewirkt ist; dieser Glaube aber manifestiert sich in den Erkenntnissen der Theologie und im Glaubenssinn der Gläubigen. Deren Impulse hat das Lehramt daher zu beachten, ernsthaft und grundlegend positiv zu würdigen, und, so weit es sich um echte Glaubensäußerungen handelt, zu integrieren. Es hat schließlich auch auf die Rezeption der eigenen Vorgaben durch Theologie und Glaubende zu achten und im Fall der Nicht-Rezeption sachlich-sorgsam zu prüfen, wo eventuell die Gründe dafür liegen; Selbstkritik ist dabei genauso wichtig wie die Kritik an den Theologen und den anderen Gläubigen. Vor allem ist die Frage zu stellen, ob die stets auch menschlich konditionierte Glaubens- und Lebenserfahrung der Vertreter des Lehramtes (noch) mehr oder weniger deckungsgleich mit der entsprechenden Erfahrung der anderen Kirchenglieder ist. Unter diesem Aspekt sind beispielsweise die „heißen Eisen" von heute sinnvoll zu behandeln – das Zölibatsproblem, die Ehe- und Familienmoral, die Fragen nach Mitbestimmungsmöglichkeiten in der Kirche, der Umgang mit Frauen.

4.) Die *wissenschaftliche Theologie* hat die Funktion, die Inhalte des Glaubens der Kirche in der Kirche und für sie methodisch-systematisch sachgerecht und zeitgemäß darzustellen, auszulegen und zu entfalten. Das vermag sie nur in einem steten und lebendigen Austausch mit den anderen Instanzen der kirchlichen Gemeinschaft. Diese sind für sie sowohl Quellen, aus denen sie das Material für ihre Aufgabe schöpft, wie auch normative Kriterien, an denen sie zu überprüfen hat, ob sie diese Aufgabe auch erfüllt. Ist das nicht der Fall, kann die Kirche ihre Ergebnisse nicht rezipieren; das wird unter Umständen auch offiziell, durch lehramtliche Verfügung, festgestellt. Dabei ist auch zu begründen, daß und weshalb die Rezeption unmöglich ist. Selbstverständlich sind auch die Argumente sofort Bestandteil von Rezeptionsprozessen. Weil die Theologie sich als Wissenschaft im Rahmen der anderen Wissenschaften (wenngleich mit der ihr eigentümlichen Gestalt) versteht, haben sich ihre Vertreter in besonderer Weise auch in die Gemeinschaft der anderen Wissenschaftler zu begeben: Theologie hat am interdisziplinären Gespräch teilzunehmen, indem die eigenen Perspektiven und Theoreme eingebracht, die gesicherten Resultate der Forschungen der anderen Wissenschaften akzeptiert werden. Das kann dann auch Impulse für neue Überlegungen des eigenen Gegenstandes auslösen. Das klassische Beispiel ist die Auseinandersetzung der letzten Jahrhunderte mit den modernen Naturwissenschaften. In der Schöpfungslehre läßt sich das an der Rezeption der Evolutionstheorie gut verfolgen.

5.) Der *Glaubenssinn der Gläubigen* in der dreifachen Form des sensus *fidei*, sensus und consensus *fidelium* ist die Weise, in der die Gemeinschaft der Kirche des Inhaltes ihres Glaubens inne wird und aus der heraus sie ihr Bekenntnis ablegt. Er ist, was nicht vergessen werden darf, zugleich das faktisch letzte Glied in der Generationenfolge der kirchlichen Überlieferung: Die Glaubensweitergabe an das nächste Geschlecht erfolgt natürlich im Zusammenspiel aller drei Bezeugungsinstanzen der gegenwärtigen Kirche, aber tatsächlich hat das entscheidende Gewicht dabei der Glaubenssinn. Die kirchliche Sozialisierung vor allem in den entscheidenden und alle anderen prägenden ersten Lebensphasen eines Christen geschieht weder durch das Studium päpstlicher Enzykliken noch durch die Vertiefung in dogmatische oder moraltheologische Kompendien. Die Eltern, die Geschwister, Verwandte, Mitglieder der Ortsgemeinde (Pfarrer, Kindergärtner(in), „Bezugspersonen") sind es, die mithelfen, den in der Taufe keimhaft geschenkten Glauben zum Reifen zu veranlassen, so weit das Sache von Menschen eben ist und sein kann. Damit hat der Glaubenssinn sein eigenes Gewicht und seine eigenständige Kompetenz. Er hat einen unüberholbaren Anteil am Finden und Künden der Wahrheit in der Gemeinschaft der Kirche. Er vermag aber nur dann den Glauben der Kirche zu erkennen, anzuerkennen und zu tradieren, wenn er das alles tut in der normativen Bindung an die Schrift, in der Gestalt, wie die Tradition sie auslegt, wie das Lehramt sie öffentlich bezeugt und wie die Theologie sie kritisch klärt und erklärt. Das Leben und Wirken der Heiligen in der kirchlichen communio bietet das anschaulichste und zugleich ein außerordentlich farbig-vielgestaltiges Beispiel für die Dynamik, welche der Glaubenssinn der Gläubigen einbringt – ob man nun an die großen Ordensgründer[239] denkt oder an prophetische Frauen wie Hildegard von Bingen oder Theresia von Avila.

Am Schluß ist nochmals zu betonen, daß der Erkenntnisprozeß, von dem in diesem Traktat gehandelt worden ist, ein göttlich-menschliches Geschehen ist. Die Einsicht in das Wort Gottes, wie es in der Kirche vielgestaltig, vielfältig und vielfach durch die Zeit verkündet wird, beruht in seiner Wurzel nicht auf

[239] Die gewöhnlich wenigstens zum Zeitpunkt der Gründung nicht Amtsträger gewesen sind wie Benedikt, Franziskus oder Ignatius von Loyola.

irgendeiner Leistung von Menschen – nicht der Hagiographen, nicht der Kirchenväter, der Päpste, Bischöfe, Theologen oder irgendwelcher Charismatiker –, sondern sie vollzieht sich in der Kraft des Heiligen Geistes, durch sein Wirken, in seiner Gnade und in der von ihm vorgegebenen Zielrichtung: „Der Heilige Geist, der in den Gläubigen wohnt und die ganze Kirche leitet und regiert, schafft diese wunderbare Gemeinschaft der Gläubigen und verbindet sie in Christus so innig, daß er das Prinzip der Einheit der Kirche ist. Er selbst wirkt die Verschiedenheit der Gaben und Dienste, indem er die Kirche Jesu Christi mit mannigfachen Gaben bereichert ‚zur Vollendung der Heiligen im Werk des Dienstes, zum Aufbau des Leibes Christi' (Eph 4,12)"[240]. Das bedeutet unter anderem, daß es keine Position gibt, von der her jemand a priori Regeln aufzustellen in der Lage wäre, wie konkret das Wahrheitsgeschehen in der Kirche in einer bestimmten Zeit abläuft. Das kann vorrangig geschehen durch eine Konzentration auf das Wort der Schrift, durch eine relecture der Tradition, durch das Zeugnis des Lehramtes, durch wissenschaftlich-theologische Forschungen, durch das Lebenszeugnis der Christen in ihrer Lebenswelt. Es kann und darf nie so geschehen, daß der Vorrang heute zum Monopolanspruch für immer erhoben wird. Die tatsächlichen und möglichen Interaktionen der Bezeugungsinstanzen sind je und je und prinzipiell vielfältiger als sie in einer Theologischen Erkenntnislehre dargestellt werden können.

Nach katholischer Lehre ist jede Gnade ein Geschenk, das der Begnadete zu eigen erhält und mit dem er folglich mitwirken, das er auf seine Weise fruchtbar machen muß. *Auf seine Weise* – das bedeutet immer: auf menschliche Weise, nach den Modi, die Menschen gegeben und zugänglich sind. Die vorrangige Weise, wie sie in der Gemeinschaft zur Erkenntnis der Wahrheit gelangen, ist das Gespräch miteinander, der *Dialog*. Es ist nicht verwunderlich, daß das Zweite Vatikanische Konzil an vielen Stellen davon gesprochen, ihn den Christen ans Herz gelegt hat[241]. Normierendes Modell solchen Dialoges ist der gott-menschliche Dialog zwischen dem sich selber mitteilenden Gott und dem an diesen Gott glaubenden Menschen. Er ist darum universal zu führen, also überall dort, wo Menschen in diesen Dialog einbezogen werden sollen. Das geht aber plausibel nur dergestalt, „daß wir vor allem in der Kirche selbst, bei Anerkennung aller rechtmäßigen Verschiedenheit, gegenseitige Hochachtung, Ehrfurcht und Eintracht pflegen, um ein immer fruchtbareres Gespräch zwischen allen in Gang zu bringen, die das eine Volk Gottes bilden, Geistliche und Laien. Stärker ist, was die Gläubigen eint als was sie trennt. Es gelte im Notwendigen Einheit, im Zweifel Freiheit, in allem Liebe"[242].

Dieser Text weist nachdrücklich darauf hin, daß Dialog in der Kirche entscheidend gekennzeichnet ist nicht nur durch die Inhalte des Gesprächs, sondern auch, ja primär durch die personale Haltung, in der diese verhandelt werden. Wo Menschen einander fremd geworden sind, wo an die Stelle verständnisbereiter

---

[240] UR 2/2.

[241] Vgl. z. B. das Sachregister K. Rahner, H. Vorgrimler (Hg.), Kleines Konzilskompendium, Freiburg-Basel-Wien, Erstauflage 1966, seither viele, z. T. auch ergänzte Auflagen: nicht weniger als 27 Belege zu *Dialog*, 17 zu *Gespräch* werden aufgelistet!

[242] GS 92,2.

Offenheit und Achtung fundamentalistisches Beharren auf den eigenen Thesen herrscht, ist eine echte Sachdiskussion nicht mehr möglich. Die Störungen auf der Beziehungsebene sind eine unübersteigbare Barriere für die Begegnung auf der Sachebene.

Was diese angeht, so setzt ein wirklicher Dialog die Bereitschaft voraus, die je eigene Ansicht in Frage zu stellen, zu korrigieren oder gar zu revidieren. Gespräch kann Erfolg nur haben, wenn die Partner hör- und lernbereit sind. Es ist Kommunikation in der Communio – wörtlich also: Mit-Teilung; und auch die kann keine einbahnige Bewegung sein, soll nicht aus dem Gespräch Paränese oder schulmeisterliche Belehrung werden. „Dialog in diesem Sinne bedeutet also Kommunikation, die Systemgrenzen überspringt, indem man versucht, die Perspektive derer, die ein anderes ‚System' repräsentieren, mit in Betracht zu ziehen und zu einem über den bloßen Interessenausgleich hinausgehenden Ergebnis zu gelangen"[243]. Im einzelnen ist auf die Darlegungen und Ergebnisse der Kommunikationstheorie zu verweisen.

Dialog ist ein aufwendiger, ein zeitraubender, ein mühsamer und also alles in allem ein für viele unangenehmer Vorgang. Er ist auf jeden Fall die Weise, wie nach Gottes Willen der Glaube erkannt, eingesehen und für das Leben der Welt verkündet werden soll. Er ist auch der Weg, den die Dogmatik zu gehen hat.

[243] Kommission 8 „Pastorale Grundfragen" des Zentralkomitees der deutschen Katholiken, Dialog statt Dialogverweigerung. Wie in der Kirche miteinander umgehen?, 3,2 S. 13. Das Papier vom Oktober 1991 fand seinerzeit große Beachtung auch deswegen, weil der Versuch unternommen wurde, die damaligen binnenkatholischen Probleme ehrlich ins Gespräch zu bringen.

Literaturverzeichnis

1. Einleitung

Bayer, O.: Autorität und Kritik. Zur Hermeneutik und Wissenschaftstheorie, Tübingen 1991.
Beinert, W.: Wenn Gott zu Wort kommt. Einführung in die Theologie (BThF 6), Freiburg-Basel-Wien 1978.
Kern, W., Niemann, F.-J.: Theologische Erkenntnislehre (LeTh 4), Düsseldorf [2]1990.
Kern, W., Pottmeyer, H.J., Seckler M. (Hg.): Handbuch der Fundamentaltheologie. Band 4: Traktat Theologische Erkenntnislehre – Schlußteil: Reflexion auf Fundamentaltheologie, Freiburg-Basel-Wien 1988.
Koch, K.: Christliche Identität im Widerstreit heutiger Theologie, Ostfildern 1990.
Lang, A.: Die theologische Prinzipienlehre der mittelalterlichen Scholastik, Freiburg 1964.
Lang, A.: Die Vermittlung der göttlichen Offenbarung (Theologische Erkenntnislehre): ders., Fundamentaltheologie II, München [4]1968, 197-327.
Pfammatter, J., Furger, F. (Hg.): Wege theologischen Denkens: ThBer 8, Einsiedeln 1979.
Rahner K.: Theologische Erkenntnis- und Methodenlehre: SM IV (1969) 885-892.
Ratzinger, J.: Was ist Theologie?: ders., Theologische Prinzipienlehre. Bausteine zur Fundamentaltheologie, München 1982, 331-348.
Sauter, G., Stock, A.: Arbeitsweisen Systematischer Theologie. Eine Anleitung, München-Mainz 1976.
Seckler, M.: Theologische Erkenntnislehre – eine Aufgabe und ihre Koordinaten. Aus Anlaß einer Neuerscheinung: ThQ 163 (1983) 40-46.
Seckler, M.: Die ekklesiologische Bedeutung des Systems der ‚loci theologici'. Erkenntnistheoretische Katholizität und strukturale Weisheit: ders., Die schiefen Wände des Lehrhauses. Katholizität als Herausforderung, Freiburg-Basel-Wien 1988, 79-104.
Seckler, M.: Die Theologische Prinzipien- und Erkenntnislehre als fundamentaltheologische Aufgabe: ThQ 168 (1988) 182-193.
Söhngen, G.: Die Weisheit der Theologie durch den Weg der Wissenschaft: MySal 1 (1965) 905-980.
Wohlmuth, J., Koch, H. G.: Leitfaden Theologie. Eine Einführung in Arbeitstechniken, Methoden und Probleme der Theologie. Einsiedeln 1975.

2. Die Offenbarung als objektives Prinzip der theologischen Erkenntnis

Arenhoevel, D.: Was sagt das Konzil über die Offenbarung?, Mainz 1967.
Bea, A.: Das Wort Gottes und die Menschheit. Die Lehre des Konzils über die Offenbarung, Stuttgart 1968.
Berger, K.: Unfehlbare Offenbarung. Petrus in der gnostischen und apokalyptischen Offenbarungsliteratur: P.-G. Müller, W. Stenger (Hg.), Kontinuität und Einheit. (FS F. Mußner), Freiburg-Basel-Wien 1981, 261-326.
Biser, E.: Gott verstehen. Erwägungen zum Verhältnis Mensch und Offenbarung, München 1971.

Blum, G.: Offenbarung und Überlieferung. Die dogmatische Konstitution Dei Verbum des II. Vaticanum im Lichte altkirchlicher und moderner Theologie, Göttingen 1971.
Döring, H.: Paradigmenwechsel im Verständnis von Offenbarung. Die Fundamentaltheologie in der Spannung zwischen Worttheologie und Offenbarungsdoktrin: MThZ 36 (1985) 20-35.
Dulles, A.: Was ist Offenbarung?, Freiburg 1970.
Eicher, P.: Offenbarung. Prinzip neuzeitlicher Theologie, München 1977.
Gäde, G.: Offenbarung in den Religionen?: MThZ 45 (1994) 11-24.
Heinrichs, M.: Geistliche Offenbarung und religiöse Erfahrung im Dialog (APPSR.NF 41), Paderborn u. a. 1984.
Heinz, G.: Divinam christianae religionis origenem probare. Untersuchung zur Entstehungsgeschichte des fundamentaltheologischen Offenbarungstraktats der katholischen Schultheologie (TTS 25), Mainz 1984.
Herms, E.: Offenbarung und Glaube, Tübingen 1992.
Hilberath B. J. (Hg.): Erfahrung des Absoluten – absolute Erfahrung? Beiträge zum christlichen Offenbarungsverständnis (FS J. Schmitz), Düsseldorf 1990.
Kasper, W.: Offenbarung Gottes in der Geschichte. Gotteswort im Menschenwort: B. Dreher u. a. (Hg.), Handbuch der Verkündigung I, Freiburg 1970, 53-96. 101-108.
Konrad, F.: Das Offenbarungsverständnis in der evangelischen Theologie (BÖT 6), München 1971.
Lachenmann, H.: Das Wort in der Welt. Perspektiven einer neuen Theologie des Wortes Gottes, Stuttgart 1987.
Pfeiffer, H.: Gott offenbart sich. Das Reifen und Entstehen des Offenbarungsverständnisses im Ersten und Zweiten Vatikanischen Konzil (EHS.T 23,185), Frankfurt a.M.-Bern 1982.
Pfeiffer, H.: Offenbarung und Offenbarungswahrheit. Eine Untersuchung zur Verhältnisbestimmung von personaldialogischer Offenbarung Gottes und objektiver Satzwahrheit, Trier 1982.
Rahner, K., Ratzinger, J.: Offenbarung und Überlieferung (QD 25), Freiburg-Basel-Wien 1965.
Salmann, E.: Neuzeit und Offenbarung. Studien zur trinitarischen Analogik des Christentums (StAns 94), Rom 1986.
Schaeffler, R.: Fähigkeit zur Erfahrung. Zur transzendentalen Hermeneutik des Sprechens von Gott, Freiburg-Basel-Wien 1982.
Schmitz, J.: Offenbarung (LeTh 19), Düsseldorf 1988.
Schumacher, J.: Der apostolische Abschluß der Offenbarung Gottes, Freiburg i. Br. 1979.
Seckler, M.: Aufklärung und Offenbarung: ChGimG 21 (1980) 5-78.
Seckler, M.: Dei Verbum religiose audiens. Wandlungen im christlichen Offenbarungsverständnis: J. J. Petuchowski, W. Strolz (Hg.), Offenbarung im jüdischen und christlichen Gottesverständnis, Freiburg-Basel-Wien 1981, 214-236.
Seckler, M.: Was heißt Offenbarungsreligion? Eine semantische Orientierung: J. Rohls, G. Wenz (Hg.), Vernunft des Glaubens. Wiss. Theologie und kirchliche Lehre (FS W. Pannenberg), Göttingen 1988, 157-175.
Seybold, M., Waldenfels, H.: Offenbarung. Von der Schrift bis zum Ausgang der Scholastik: HDG 1/1a (1971).
Stakemeier, E.: Die Konzilskonstitution über die göttliche Offenbarung. Werden, Inhalt und theologische Bedeutung (KKTS 18), Paderborn 1966.
Strolz, W. (Hg.): Offenbarung als Heilserfahrung im Christentum, Hinduismus und Buddhismus, Freiburg-Basel-Wien 1982.

Talmon, S.: Grundzüge des Offenbarungsverständnisses in biblischer Zeit: J. J. Petuchowski – W. Strolz (Hg.), Offenbarung im jüdischen und christlichen Glaubensverständnis (QD 92), Freiburg-Basel-Wien 1991, 12-36.
Waldenfels, H.: Offenbarung. Das Zweite Vatikanische Konzil auf dem Hintergrund der neueren Theologie, München 1969.
Waldenfels, H. (u. Mitarbeit von L. Scheffczyk): Die Offenbarung. Von der Reformation bis zur Gegenwart: HDG 1/1 b (1977).
Weger, K.-H.: Gott hat sich offenbart, Freiburg-Basel-Wien 1982.
Werbick, J. (Hg.): Offenbarungsanspruch und fundamentalistische Versuchung (QD 129), Freiburg-Basel-Wien 1991.
Wiedenhofer, S.: Offenbarung: NHThG 4 (21991) 98-115.
Zenger, E.: Wie spricht das Alte Testament von Gott?: H. Fries (Hg.): Möglichkeiten des Redens über Gott, Düsseldorf 1978, 58-60.

3. Der Glaube als subjektives Prinzip der theologischen Erkenntnis

Arens, E.: Bezeugen und Bekennen. Elementare Handlungen des Glaubens, Düsseldorf 1989.
Casper, B.: Die Bedeutung der Lehre vom Verstehen für die Theologie: B. Casper, K. Hemmerle, P. Hünermann (Hg.), Theologie als Wissenschaft, Freiburg 1970.
Fries, H.: Der Glaube als Antwort der Vernunft: M. Kessler, W. Pannenberg, H. J. Pottmeyer (Hg.), Fides quaerens intellectum. Beiträge zur Fundamentaltheologie (FS M. Seckler), Tübingen-Basel 1992, 393-404.
Internat. Theologenkommission, Die Einheit des Glaubens und der Theologische Pluralismus (SlgHor. NF 7), Einsiedeln 1973.
Kasper, W.: Bewahren oder Verändern? Zum geschichtlichen Wandel von Glaube und Kirche: U. Struppe, J. Weismayer (Hg.), Hoffnung zum Heute. Die Kirche nach dem Konzil, Innsbruck-Wien 1991, 109-132.
Kunz, E.: Wie erreicht der Glaube seinen Grund? Modelle einer ‚analysis fidei' in der neuzeitlichen katholischen Theologie: ThPh 62 (1987) 352-381.
Kutschera, F. v.: Vernunft und Glaube, Berlin-New York 1990.
Neuner, P.: Der Glaube als subjektives Prinzip der theologischen Erkenntnis: HFTh 4 (1988) 51-67.
Pieper, J.: Über den Glauben, München 1962.
Rousselot, P.: Die Augen des Glaubens, Einsiedeln 1963.
Schreer, W.: Der Begriff des Glaubens. Das Verständnis des Glaubensaktes in den Dokumenten des Vatikanum II und in den theologischen Entwürfen Karl Rahners u. Hans Urs v. Balthasars (EHS 23,448), Frankfurt a.M. u. a. 1992.
Welte, B.: Was ist Glauben?, Freiburg-Basel-Wien 1982.

4.1 Die Heilige Schrift

Artola, A.M.: De la Revelación a la inspiracion. Los orígenes de la moderna teología católica sobre la Inspiración biblica, Bilbao 1983.
Bacht, H.: Die Rolle der Tradition in der Kanonbildung: Cath(M) 12 (1958) 16-37.
Beumer, J.: Die katholische Inspirationslehre zwischen Vaticanum I und II, Stuttgart [2]1967.
Campenhausen, H. v.: Die Entstehung der christlichen Bibel, Tübingen 1968.
Childs, B.S.: Biblische Theologie und christlicher Kanon: JBTh 3 (1988) 13-27.

Commission Biblique Pontificale, L'interprétation de la Bible dans l'Eglise: Biblica 74 (1993) 451-528. Dt.: Die Interpretation der Bibel in der Kirche (VAS 115), Bonn 1993.
Congar, Y.: Inspiration der kanonischen Schriften und Apostolizität der Kirche: ders., Heilige Kirche. Ekklesiologische Studien und Annäherungen, Stuttgart 1966.
Bohmen, CH., Oeming, M.: Biblischer Kanon. Warum und wozu? Eine Kanontheologie (QD 137), Freiburg-Basel-Wien 1992.
Duprey, P.: Schrift, Tradition und Kirche: H. Meyer (Hg.), Gemeinsamer Glaube und Strukturen der Gemeinschaft. Erfahrungen – Überlegungen – Perspektiven (FS G. Gaßmann), Frankfurt a.M. 1991, 59-79.
Frank, I.: Der Sinn der Kanonbildung. Eine historisch-theologische Untersuchung der Zeit vom 1. Clemensbrief bis Irenäus von Lyon (FthS 90), Freiburg-Basel-Wien 1971.
Gabel, H.: Inspirationsverständnis im Wandel. Theologische Neuorientierung im Umfeld des Zweiten Vatikanischen Konzils, Mainz 1991.
Gögler, R.: Zur Theologie des biblischen Wortes bei Origenes, Düsseldorf 1963.
Grelot, P.: Zehn Überlegungen zur Schriftinterpretation: E. Klinger, K. Wittstadt (Hg.), Glaube im Prozeß (FS K. Rahner), Freiburg-Basel-Wien 1984, 563-579.
Heymel, H.: Warum gehört die hebräische Bibel in den christlichen Kanon?: BThZ 7 (1990) 2-20.
Hübner, H.: Vetus Testamentum et Vetus Testamentum in Novo receptum. Die Frage nach dem Kanon des Alten Testaments aus neutestamentlicher Sicht: IBTh 3 (1988) 147-162.
Hübner, H.: Biblische Theologie des Neuen Testaments. I. Prolegomena, Göttingen 1990.
Kaestli, J.-D., Wermelinger O. (Hg.): Le canon de l'Ancien Testament. Sa formation et son histoire, Genève 1984.
Karpp, H.: Schrift, Geist und Wort Gottes. Geltung und Wirkung der Bibel in der Geschichte der Kirche. Von der Alten Kirche bis zum Ausgang der Reformationszeit, Darmstadt 1992.
Kertelge K. (Hg.): Die Autorität der Schrift im ökumenischen Gespräch (ÖR.B 50), Frankfurt a. M. 1985.
Künneth, W.: Kanon: TRE 17 (1988), 562-570.
Lehmann, K.: Die Bildung des Kanons als dogmatisches Ur-Paradigma. Zur Verhältnisbestimmung von Schrift, Überlieferung und Amt: Freiburger Universitätsblätter 108 (1990) 53-63.
Limbeck, M.: Die Inspiration der Heiligen Schrift: HFTh 4 (1988) 76-87.
Limbeck, M.: Inspiration: NHThG 2 ([2]1991) 409-418.
Link, H.: Rezeptionsforschung. Eine Einführung in Methoden und Probleme, Stuttgart u. a. [2]1980.
Loretz, O.: Das Ende der Inspirationstheologie. Chancen eines Neubeginns, Stuttgart 1974-76.
Maier G. (Hg.): Der Kanon der Bibel, Gießen-Basel-Wuppertal 1990.
Metzger, B.: Der Kanon des Neues Testaments. Entstehung, Entwicklung, Bedeutung, Düsseldorf 1993.
Meurer, S. (Hg.): Die Apokryphenfrage im ökumenischen Horizont. Die Stellung der Spätschriften des Alten Testaments im biblischen Schrifttum und ihre Bedeutung in den kirchlichen Traditionen des Ostens und des Westens, Stuttgart 1989.
Müller, P.-G.: Der Traditionsprozeß im Neuen Testament. Kommunikationsanalytische Studien zur Versprachlichung des Jesusphänomens, Freiburg-Basel-Wien 1982.

Mußner, F.: Was hält den Kanon zusammen? Bemerkungen zur Kanondiskussion: A. Ziegenaus, F. Courth, Ph. Schäfer (Hg.), Veritati Catholicae (FS L. Scheffczyk) Aschaffenburg 1988, 177-202.
Oeming, M.: Unitas Scripturae? Eine Problemskizze: IBTh 1 (1986) 48-70.
Ohlig, K.-H.: Woher nimmt die Bibel ihre Autorität?, Düsseldorf 1970, 184-195.
Ohlig, K.-H.: Die theologische Begründung des neutestamentlichen Kanons in der Alten Kirche, Düsseldorf 1972.
Pannenberg. W., Schneider, Th. (Hg.): Verbindliches Zeugnis I. Kanon – Schrift – Tradition (DiKi 7), Freiburg-Göttingen 1992.
Rahner, K.: Über die Schriftinspiration (QD 1), Freiburg-Basel-Wien 1958.
Ratzinger, J. (Hg.): Schriftauslegung im Widerstreit (QD 117), Freiburg-Basel-Wien 1989.
Reck, R.: 2 Tim 3,16 in der altkirchlichen Literatur. Eine wirkungsgeschichtliche Untersuchung zum Locus classicus der Inspirationslehre: WiWei 53 (1990) 81-105.
Rendtorff, R.: Kanon und Theologie. Vorarbeiten zu einer Theologie des Alten Testaments, Neukirchen-Vluyn 1991.
Ritter, A. M.: Die Entstehung des neutestamentlichen Kanons: Selbstdurchsetzung oder autoritative Entscheidung?: A. Assmann, J. Assmann (Hg.), Kanon und Zensur, München 1987, 93-99.
Robinson, J. A. P.: Wann entstand das Neue Testament?, Paderborn-Wuppertal 1986.
Sand, A.: Kanon. Von den Anfängen bis zum Fragmentum Muratorianum: HDG 1, 3 a (1), (1974).
Schäfer, R.: Die Bibelauslegung in der Geschichte der Kirche, Gütersloh 1980.
Stech, O.H.: Der Abschluß der Prophetie im Alten Testament. Ein Versuch zur Frage der Vorgeschichte des Kanons, Neukirchen-Vluyn 1991.
Vawter, B.: Biblical Inspiration, London 1972.
Vogels, W.: Die Inspiration in einem linguistischen Modell: ThGl 28 (1985) 205-214.
Wanke G., u. a.: Bibel: TRE 6 (1980) 1-109.
William, R. D.: Inspiration: EKL I ([3]1990) 690-694.
Zenger, E.: Das Erste Testament. Die jüdische Bibel und die Christen, Düsseldorf 1991.
Ziegenaus, A.: Kanon. Von der Väterzeit bis zur Gegenwart: HDG 1, 3 a (2), (1990).

4.2 Die Tradition

Beintker, H.: Die evangelische Lehre von der heiligen Schrift und der Tradition, Lüneburg 1961.
Boeckler, R.: Der moderne römisch-katholische Traditionsbegriff, Göttingen 1967.
Cochlovices, J., Zimmerling P. (Hg.): Evangelische Schriftauslegung. Ein Quellen- und Arbeitsbuch für die Gemeinde, Wuppertal 1987.
Concilium, Die Tradierung des Glaubens an die nächste Generation. Themenheft: Conc (D) 20 (4/1984).
Cullmann, O.: Die Tradition als exegetisches, historisches und theologisches Problem, Zürich 1954.
Congar, Y.: Die Tradition und die Traditionen I, Mainz 1965.
Deufel, R.: Kirche und Tradition, Paderborn 1976.
Ebertz, M. N.: Herrschaft in der Kirche. Hierarchie, Tradition und Charisma im 19. Jahrhundert: K. Gabriel, F. X. Kaufmann (Hg.), Zur Soziologie des Katholizismus, Mainz 1980, 89-111.
Franzini, A.: Tradizione e Scrittura. Il contributo del concilio Vaticano II, Brescia 1978.

Gabriel, K.: Christentum zwischen Tradition und Postmoderne (QD 141), Freiburg-Basel-Wien 1992.
Gese, H.: Der auszulegende Text: ThQ 167 (1987) 252-265.
Hauer N., Zulehner, P. M.: Aufbruch in den Untergang? Das II. Vatikanische Konzil und seine Auswirkungen, Wien 1991.
Kasper, W.: Tradition als Erkenntnisprinzip: ThQ 155 (1975) 198-215.
Lanne, E.: Tradition und apostolische Strukturen: H. Meyer (Hg.), Gemeinsamer Glaube und Strukturen der Gemeinschaft. Erfahrungen – Überlegungen – Perspektiven (FS G. Gaßmann), Frankfurt a.M. 1991, 80-93.
Lengsfeld, P.: Überlieferung. Tradition und Schrift in der evangelischen und katholischen Theologie der Gegenwart, Paderborn 1960.
Lengsfeld, P.: Tradition innerhalb der konstitutiven Zeit der Offenbarung: MySal 1 (1965) 239-288.
Loth, W. (Hg.): Deutscher Katholizismus im Umbruch der Moderne, Stuttgart u. a. 1991.
Pieper, J.: Überlieferung. Begriff und Anspruch, München 1970.
Ranft, J.: Der Ursprung des katholischen Traditionsprinzips, Würzburg 1931.
Rordorf, W., Schneider, A.: Die Entwicklung des Traditionsbegriffs in der Alten Kirche (TC 5), Bonn-Frankfurt 1983.
Schori, K.: Das Problem der Tradition. Eine fundamentaltheologische Untersuchung, Stuttgart u. a. 1992.
Seckler, M.: Der Fortschrittsgedanke in der Theologie: ders., Im Spannungsfeld von Wissenschaft und Kirche. Theologie als schöpferische Auslegung der Wirklichkeit, Freiburg-Basel-Wien 1980, 127-148.
Wiedenhofer, S.: Grundprobleme des theologischen Traditionsbegriffs: ZkTh 112 (1990) 18-29.
Wiedenhofer, S.: Tradition, Traditionalismus: O. Brunner, W. Conze, R. Kosellek (Hg.), Geschichtliche Grundbegriffe. Histor. Lexikon zur politisch-sozialen Sprache in Deutschland. Bd. 6, Stuttgart 1990, 607-650.
Wiedenhofer, S.: Der abendländische theologische Traditionsbegriff in interkultureller und interreligiöser Perspektive. Eine methodologische Vorüberlegung: M. Kessler, W. Pannenberg, H. J. Pottmeyer (Hg.), Fides quaerens intellectum. Beiträge zur Fundamentaltheologie (FS M. Seckler), Tübingen-Basel 1992, 495-507.
Wiederkehr, D.: Das Prinzip Überlieferung: HFTh 4, 100-123.
Wiederkehr, D.: (Hg.): Wie geschieht Tradition? Überlieferung im Lebensprozeß der Kirche (QD 133), Freiburg-Basel-Wien 1991.
Wolf, E.: Tradition und Rezeption: EvTh 22 (1962) 326-337.

4.3 Das Lehramt der Kirche

Congar, Y.: Pour une histoire sémantique du terme „Magisterium“: RSPhTh 60 (1976) 85-98.
Doré, J.: L'institution du magistère: RSR 71 (1983) 13-36.
Groot, J.C.: Die horizontalen Aspekte der Kollegialität: G. Barauna (Hg.), De ecclesia. Beiträge zur Konstitution „Über die Kirche“ des Zweiten Vatikanischen Konzils I, Freiburg-Basel-Wien 1966, 84-105.
Häring, B.: Erzwingung von Verstandesgehorsam gegenüber nicht-unfehlbaren Lehren?: ThG(B) 29 (1986) 213-219.
Hengstenberg, H. E.: Wahrheit, Sicherheit, Unfehlbarkeit. Zur ‚Problematik‘ unfehlbarer kirchlicher Lehrsätze: H. Rahner, K. Lehmann (Hg.), Zum Problem Unfehlbarkeit. Antworten auf die Anfrage von Hans Küng (QD 54) Freiburg-Basel-Wien 1971, 217-231.

Horst, U.: Unfehlbarkeit und Geschichte. Studien zur Unfehlbarkeitsdiskussion von Melchior Cano bis zum 1. Vatikanischen Konzil, Mainz 1982.
Houtepen, A.: Die verbindliche Lehre und das verbindende Leben der Kirche: H. Meyer (Hg.), Gemeinsamer Glaube und Strukturen der Gemeinschaft. Erfahrungen – Überlegungen – Perspektiven (FS G. Gaßmann), Frankfurt a. M. 1991, 168-184.
Hünermann, P., Mieth, D.: (Hg.), Streitgespräch um Theologie und Lehramt. Die Instruktion über die kirchliche Berufung des Theologen in der Diskussion, Frankfurt 1991.
Internat. Theologenkommission, Thesen über das Verhältnis von kirchlichem Lehramt und Theologen zueinander: ThPh 52 (1977) 57-61 (Thesen); 61-66 (Kommentar von O. Semmelroth und K. Lehmann).
Jedin, H.: Theologie und Lehramt: R. Bäumer (Hg.), Lehramt und Theologie im 16. Jahrhundert, München 1976, 7-21.
Kasper, W.: Freiheit des Evangeliums und dogmatische Bindung in der katholischen Theologie. Grundlagenüberlegungen zur Unfehlbarkeitsdebatte: W. Kern (Hg.), Die Theologie und das Lehramt, Freiburg-Basel-Wien 1982, 201-233.
Löhrer, M.: Dogmatische Erwägungen zur unterschiedlichen Funktion und zum gegenseitigen Verhältnis von Lehramt und Theologie in der katholischen Kirche: ThBer 17 (1988) 11-53.
McCormick, R. A.: Dissent in Moral Theology and its Implications: ThSt 48 (1987) 87-105.
Moingt, J.: L'avenir du Magistère: RSR 71 (1983) 299-308.
Neufeld, K.-H.: Läßt sich Glaubenswahrheit absichern? Die begrenzte Aufgabe des kirchlichen Lehramts: HerKor 45 (1991) 183-188.
Normann, F.: Christos Didaskalos. Die Vorstellung von Christus als Lehrer in der christlichen Literatur des ersten und zweiten Jahrhunderts, Münster 1967.
Orsy, L.: Magisterium: Assent and Dissent: ThSt 48 (1987) 473-497.
Pesch, O. H.: Bilanz der Diskussion um die vatikanische Primats- und Unfehlbarkeitsdefinition: ders., Dogmatik im Fragment, Mainz 1987, 206-252.
Pesch, O. H.: Die Unfehlbarkeit des päpstlichen Lehramtes. Unerledigte Probleme und zukünftige Perspektiven: H. Häring, K.-J. Kuschel (Hg.), Hans Küng. Neue Horizonte des Glaubens und Denkens. Ein Arbeitsbuch, München-Zürich 1993, 88-128.
Pottmeyer, H. J.: Unfehlbarkeit und Souveränität. Die päpstliche Unfehlbarkeit im System der ultramontanen Ekklesiologie des 19. Jahrhunderts (TTS 5), Mainz 1975.
Pottmeyer, H. J.: Wahrheit „von unten" oder Wahrheit „von oben"? Zum verantwortlichen Umgang mit lehramtlichen Aussagen: U. Struppe, J. Weismayer (Hg.), Öffnung zum Heute. Die Kirche nach dem Konzil, Innsbruck-Wien 1991, 13-30.
Rahner, K.: (Hg.), Zum Problem Unfehlbarkeit. Antworten auf die Anfragen von Hans Küng (QD 54), Freiburg-Basel-Wien 1971.
Rheinbay, G.: Das ordentliche Lehramt in der Kirche. Die Konzeption Papst Pius XII. und das Modell Karl Rahners im Vergleich (TThSt 46), Trier 1988.
Riedl, A.: Die kirchliche Lehrautorität in Fragen der Moral nach den Aussagen des Ersten Vatikanischen Konzils (FTHSt 117), Freiburg-Basel-Wien 1979.
Riedl, A.: Das Wort der Bischöfe und das Zeugnis der Gläubigen. Strukturen innerkirchlicher Kommunikation in gesellschaftlichen Fragen: ThPQ 138 (1990) 26-34.
Ritschl, D.: Lehre: TRE 20 (1990) 608-621.
Sala, G.B.: Fehlbare Lehraussagen unter dem Beistand des Heiligen Geistes? Zum ordentlichen Lehramt in der Kirche: FKTh 7 (1991) 1-20.
Schatz, K.: Der päpstliche Primat. Seine Geschichte von den Ursprüngen bis zur Gegenwart, Würzburg 1990.
Schwager, R.: Kirchliches Lehramt und Theologie: ZkTh 111 (1989) 163-182.

Seckler, M. (Hg.): Lehramt und Theologie. Unnötiger Konflikt oder heilsame Spannung?, Düsseldorf 1981.
Sullivan, F. A.: Magisterium. Teaching Authority in the Catholic Church, Dublin 1983.
Thils, G., Schneider, Th.: Glaubensbekenntnis und Treueid. Klarstellungen zu den „neuen" römischen Formeln für kirchliche Amtsträger, Mainz 1990.
Weger, K.-H.: Wie weit reicht der Schutz des Heiligen Geistes? Einige Fragen zur Unfehlbarkeit in der katholischen Kirche: P. Hünermann, D. Mieth (Hg.), Streitgespräche um Theologie und Lehramt. Die Instruktion über die kirchliche Berufung des Theologen in der Diskussion, Frankfurt 1991, 108-117.
Zinnhobler, R.: Geschichte und Unfehlbarkeit: Diak. 23 (1992) 324-328.

4.4 Die wissenschaftliche Theologie

Arens, E.: Die Struktur theologischer Wahrheit. Überlegungen aus wahrheitstheoretischer, biblischer und fundamentaltheologischer Sicht: ZKTh 112 (1990) 1-27.
Bayer, O.: Theologie als Weisheit: M. Kessler, W. Pannenberg, H. J. Pottmeyer (Hg.), Fides quaerens intellectum. Beiträge zur Fundamentaltheologie (FS M. Seckler), Tübingen-Basel 1992, 521-532.
Casper, B., Hemmerle, K., Hünermann, P.: Theologie als Wissenschaft. Methodische Zugänge, Freiburg-Basel-Wien 1970.
Clayton, Ph.: Rationalität und Religion. Erklärung in Naturwissenschaft und Theologie, Paderborn u. a. 1992.
Dalferth, I. U.: Kombinatorische Theologie. Probleme theologischer Rationalität, Freiburg-Basel-Wien 1991.
Felmy, K. CH.: Orthodoxe Theologie der Gegenwart. Eine Einführung, Darmstadt 1990.
Fleischer, M.: Wahrheit und Wahrheitsgrund. Zum Wahrheitsproblem und seiner Geschichte, Berlin 1984.
Gatzemaier, M.: Theologie als Wissenschaft. 2 Bde., Stuttgart-Bad Cannstatt 1974 f.
Grabner-Haider, A.: Theorie der Theologie als Wissenschaft, München 1974.
Gruber, F.: Diskurs und Konsens in der Wahrheitsfindung der Theologie, Innsbruck 1993.
Kattenbusch, F.: Die Entstehung einer christlichen Theologie. Zur Geschichte der Ausdrücke Theologia – Theologein – Theologos, Darmstadt 1962.
Kasper, W.: Theologie und Kirche, Mainz 1987.
Kasper, W.: Die Wissenschaftspraxis der Theologie: HFTh 4 (1988) 242-277.
Kasper, W.: Theologie I. Begriff und Geschichte. 1-3: StL 5 ([7]1989) 450-452.
Kasper, W.: Zustimmung zum Denken. Von der Unerläßlichkeit der Metaphysik für die Sache der Theologie: ThQ 169 (1989) 257-271.
Pannenberg, W.: Wissenschaftstheorie und Theologie, Frankfurt 1973.
Peukert, H.: Wissenschaftstheorie – Handlungstheorie – Fundamentale Theologie, Düsseldorf 1978.
Pottmeyer, H. J.: Das Subjekt der Theologie: M. Kessler, W. Pannenberg, H. J. Pottmeyer (Hg.), Fides quaerens intellectum. Beiträge zur Fundamentaltheologie (FS M. Seckler), Tübingen-Basel 1992, 545-556.
Ratzinger, J. Card.: Wesen und Auftrag der Theologie. Versuche zu ihrer Ortsbestimmung im Disput der Gegenwart, Einsiedeln-Freiburg 1993.
Ricoeur, P.: Die lebendige Metapher, München 1986.
Sauter G.: u. a., Wissenschaftstheoretische Kritik der Theologie. Die Theologie und die neuere wissenschaftstheoretische Diskussion. Materialien, Analysen, Entwürfe, München 1973.

Schaeffler, R.: Glaubensreflexion und Wissenschaftslehre. Thesen zur Wissenschaftstheorie und Wissenschaftsgeschichte der Theologie (QD 82), Freiburg-Basel-Wien 1980.
Scheffczyk, L.: Die Theologie und die Wissenschaften, Aschaffenburg 1979.
Seckler, M.: Im Spannungsfeld von Wissenschaft und Kirche. Theologie als schöpferische Auslegung der Wirklichkeit, Freiburg 1980.
Seckler, M.: Theologie als Glaubenswissenschaft: HFTh 4 (1988) 179-241.
Wagner, F.: Was ist Theologie? Studien zu ihrem Begriff und Thema in der Neuzeit, Gütersloh 1989.

4.5 Der Glaubenssinn der Gläubigen

Beinert, W.: Bedeutung und Begründung des Glaubenssinnes (sensus fidei) als eines dogmatischen Erkenntniskriteriums: Cath(M) 25 (1971) 271-303.
Beinert, W.: Glaube als Zustimmung. Zur Interpretation kirchlicher Rezeptionsvorgänge (QD 131), Freiburg-Basel-Wien 1991.
Beinert, W.: Das Finden und Verkünden der Wahrheit in der Gemeinschaft der Kirche. Beiträge zur Theologischen Erkenntnislehre. Hg. v. G. Kraus zum 60. Geburtstag Wolfgang Beinert, Freiburg –Basel-Wien 1993, 27-55.
Betti, U.: L'ossequio al Magistero Pontificio „non ex cathedra" nel n. 25 della „Lumen gentium": Anton. 62 (1987) 423-461.
Beumer, J.: Glaubenssinn der Kirche?: TrThZ 61 (1952) 129-142.
Beumer, J.: Glaubenssinn der Kirche als Quelle einer Definition?: ThGl 45 (1955) 250-260.
Congar, Y.: Die Rezeption als ekklesiologische Realität: Conc(D) 8 (1972) 500-514.
Femiano, S. D.: Infallibility of the Laity. The legacy of Newman, New York 1971.
Ferneken, P.: Der Glaubenssinn der Gläubigen bei M. J. Scheeben, Landau i. d. Pfalz 1974.
Garijo, M.: Der Begriff ‚Rezeption' und sein Ort im Kern der katholischen Ekklesiologie: P. Lengsfeld, H. G. Stobbe (Hg.), Theologischer Konsens und Kirchenspaltung, Stuttgart 1981, 97-109.
Gruber, F.: Diskurs und Konsens im Prozeß theologischer Wahrheit, Innsbruck-Wien 1993.
Guitton, J.: Mitbürgen der Wahrheit. Das Zeugnis der Laien in Fragen der Glaubenslehre, Salzburg 1964.
Hägglund, B.: Die Bedeutung der „regula fidei" als Grundlage theologischer Aussagen: STL 12 (1958) 1-44.
Instinsky, H.U.: Consensus universarius: Hermes 75 (1940) 265-278.
Klinger, E.: Der Dissens – Ein Prinzip der Evangelisierung: M. Kessler, W. Pannenberg, H. J. Pottmeyer (Hg.), Fides quaerens intellectum. Beiträge zur Fundamentaltheologie. (FS M. Seckler), Tübingen-Basel 1992, 210-221.
Lang, A.: Die loci thologici des Melchior Cano und die Methode des theologischen Beweises, München 1925.
Lehmann, K.: Dissensus. Überlegungen zu einem neueren dogmenhistorischen Grundbegriff: E. Schockenhoff, P. Walter (Hg.), Dogma und Glaube. Bausteine für eine theologische Erkenntnislehre (FS W. Kasper), Mainz 1993, 69-87.
Norgaard-Højen, P.: Glaubenskonsens und kirchliche Strukturen: H. Meyer (Hg.), Gemeinsamer Glaube und Strukturen der Gemeinschaft. Erfahrungen – Überlegungen – Perspektiven (FS G. Gaßmann), Frankfurt a. M. 1991, 94-116.
Potterie de la, I.: L'onction du Chrétien par la foi: Bib. 40 (1959) 12-69.
Rieß, W.: Glaube als Konsens. Über die Pluralität und Einheit im Glauben, München 1979.

Scharr, P.: Consensus fidelium. Zur Unfehlbarkeit der Kirche aus der Perspektive einer Konsenstheorie der Wahrheit (StSST 6), Würzburg 1992.
Scheit, H.: Wahrheit – Diskurs – Demokratie. Studien zur ‚Konsenstheorie der Wahrheit', Freiburg-München 1987.
Seybold, M.: Kirchliches Lehramt und allgemeiner Glaubenssinn. Ein reformatorisches Anliegen aus der Sicht des I. und II. Vatikanischen Konzils: ThGl 65 (1975) 266-277.
Tillard, J.-M.R., u. a.: Foi populaire foi savante. Actes du ve Colloque du Centre d'études d'histoire des religions populaires tenu au Collège dominicain de théologie (Ottawa), Paris 1976.
Vorgrimler, H.: Vom 'sensus fidei' zum 'consensus fidelium': Conc(D) 21 (1985) 237-242.
Wagner, H.: Glaubenssinn, Glaubenszustimmung und Glaubenskonsens: ThGl 69 (1979) 263-271.
Wiederkehr, D.: Der Glaubenssinn des Gottesvolkes – Konkurrent oder Partner des Lehramts? (QD 151), Freiburg-Basel-Wien 1994.
Wohlmuth, J.: Konsens als Wahrheit? Versuch einer theologischen Klärung: ZGTh 103 (1981) 309-323.
Wolfinger, F.: Die Rezeption theologischer Einsichten und ihre theologische und ökumenische Bedeutung. Von der Einsicht bis zur Verwirklichung: Cath(M) 31 (1977) 202-233.

Wilhelm Breuning

Gotteslehre

Bearbeitet von Wolfgang Beinert

1. Die dogmatische Gotteslehre in der Gesamttheologie

1.1 Gott – die Mitte der Theologie

Theologie ist dem Wortsinn nach *Lehre* (griech. logos) von *Gott* (griech. theós). Gott ist dementsprechend der Inhalt aller Disziplinen dieser Wissenschaft, besonders aber der zentralen Disziplin *Dogmatik*. Ob es sich um die Welt als geschaffene Wirklichkeit oder um unsere Erlösung handelt, ob es um Kirche oder Sakramente geht, ob wir nach der Vollendung von Mensch und Geschichte fragen: Immer steht Gott im Mittelpunkt als Ursprung und als Ziel. Aufgabe der Dogmatik ist es dann, herauszuarbeiten, wie er beides ist.

Hier taucht schon eine erste Schwierigkeit auf. Ein solches Unternehmen setzt voraus, daß man schon in irgendeiner Weise erkennt, wer und was *Gott* ist: Denn erst dann kann man alles andere in Bezug zu ihm setzen. Zudem erhebt sich die Frage, ob das, was sich von ihm als Ursprung und Ziel uns zeigt, wirklich dem entspricht, was er „in sich" ist.

Der christliche Glaube bejaht diese Frage. Wenn Gott sich als Ursprung und Ziel gibt, gibt er immer *sich selber*.

Die Selbstmitteilung Gottes wird somit die Voraussetzung für die Möglichkeit von Theologie. Inwiefern sich Gott mitteilen kann und sich in der Geschichte mitgeteilt hat, bedenkt die Fundamentaltheologie. Sie arbeitet heraus, daß uns Gottes Wirklichkeit nicht in der gleichen Weise gegeben ist wie die Dinge dieser Welt. Gott ist in sich und von sich selbst her ein *verborgener Gott*. Wenn wir ihm also begegnen sollen, muß er sich selber kundtun. Dies hat er in dem Geschehen getan, welches wir *Offenbarung* nennen. Inwiefern diese Erkenntnisgrund für die Dogmatik ist, wird in der Theologischen Erkenntnislehre anfangs dieses Bandes dargelegt.

1.2 Der Traktat Gotteslehre innerhalb der Dogmatik

1.2.1 Der Ausgangspunkt

Schon die ältesten Entfaltungsversuche des Glaubens stellen eine Gotteslehre an den Anfang. Das ist ziemlich selbstverständlich. Wie aber soll man sie systematisch aufbauen? „Gott" ist ein Begriff, der in allen Religionen vorkommt. Wenn

* Alle Tabellen und Schaubilder: Wolfgang Beinert

die Christen aber ihren Gottesglauben bekennen, dann meinen sie einen bestimmten Gott, den Gott der biblischen Offenbarung. Er hat sich am Beginn der Offenbarungsgeschichte dem Volk Israel als der einzige Gott geoffenbart, im Christusgeschehen aber gezeigt, daß er als Vater, Sohn und Heiliger Geist, also als trinitarischer Gott existiert. Daraus haben sich zwei systematische Ansätze ergeben:

– Die Gotteslehre wird von Anfang an trinitätstheologisch aufgebaut: So macht es Origenes (Peri archon = De principiis, um 220); ihm folgen heute der „Katholische Erwachsenenkatechismus" der Deutschen Bischöfe (1985) und der „Katechismus der Katholischen Kirche" (1992).[1]

– Entsprechend dem Apostolischen Glaubensbekenntnis wird zunächst eine schöpfungstheologisch orientierte und damit die Einzigkeit betonende Gotteslehre vorgestellt, die dann im Anschluß an den 2. und 3. Artikel trinitätstheologisch entfaltet wird. Vorreiter ist Augustinus mit seinem „Enchiridion de fide, spe et caritate" (um 420).

Welche Systematik soll uns hier leiten? Am besten ist es, wenn wir von der biblischen Offenbarung ausgehen. Gott hat sich selber mitgeteilt mit dem Ziel, uns sein innerstes Wesen kundzutun. Das ist auf der einen Seite ein Geschehen, das sich eine lange Zeit hindurch vollzieht, auf der anderen aber auch ein Geschehen von je gegenwärtiger Aktualität. Der Gott der Geschichte will unser Gott sein jetzt und hier – und er ist es als der Vater Christi und als Spender seines Heiligen Geistes.

Der erste Satz des christlichen Glaubensbekenntnisses ist mithin schon trinitarisch gefüllt. Zugleich hat er auch anthropologische Inhalte. Es ist alles andere als selbstverständlich nicht nur, daß Gott sich mitgeteilt hat, sondern vor allem, daß die Menschen gottesfähig (*capax Dei*) sind, d.h. daß sie Gott suchen und finden können. Im Rahmen der biblischen Aussagen liegt die Erklärung für diese höchst erstaunliche Feststellung in der Lehre von der menschlichen Gottebenbildlichkeit.[2]

Das Problem von Einzigkeit und Dreifaltigkeit Gottes kann man auf diesem Hintergrund weder durch eine Nebeneinandersetzung eines Teiltraktats „De Deo uno" und eines anderen „De Deo trino" lösen, wie es die neuscholastische Dogmatik tat, noch im Sinne einer Evolutionstheorie (im AT der eine, im NT auf höherer Stufe der dreieine Gott). Vielmehr kann uns das Modell menschlicher Begegnung helfen: Wir gehen aus vom Stand der jetzigen Beziehung z.B. einer Freundschaft und verfolgen sie bis in ihre Anfänge zurück. In dieser Rückbesinnung geht uns auf, wie schon dort die Keime der heutigen Vertrautheit liegen. So erscheint uns die Freundschaft als ein Ganzes. Ähnlich kann eine von der Offenbarung ausgehende Gotteslehre davon ausgehen, daß Gott „unser Gott" ist und daß er sich als solcher mitgeteilt hat als Schöpfer, als Gott Abrahams, Isaaks und Jakobs, als Vater Jesu Christi.

---

[1] Vgl. tzt D 2/I, Nr. 92-95. Zum Werden der Systematik vgl. A.Grillmeier, Mit ihm und in ihm, Freiburg-Basel-Wien ²1978, 585-636.

[2] Vgl. in diesem Band: Theologische Anthropologie 2.

1.2.2 Systemtheoretische Probleme der Gotteslehre

Die Selbstmitteilung Gottes eröffnet nicht nur den Zugang zur Gotteslehre; sie erschließt auch alle anderen Glaubensinhalte. Daher besteht ein Wechselverhältnis zwischen diesem und den anderen dogmatischen Traktaten.

Leicht einzusehen ist der Umstand, daß die Gotteslehre am Anfang des dogmatischen „Kurses" stehen muß. Der Begriff der Selbstmitteilung verlangt zuerst die Antwort auf die Frage: *Wer* teilt sich mit? Daraus ergeben sich weitere Fragen: *Wem* teilt dieser Gott sich mit? *Was sind die Folgen* für die Adressaten und ihre Welt? Damit ist der Weg in die übrigen dogmatischen Gebiete bereits gewiesen.

Seitdem sich in der frühen Neuzeit die herkömmlichen dogmatischen Traktate herausgebildet hatten, teilte man die Gotteslehre in einen Teil „De Deo Uno" (Gott als der Eine) und einen zweiten „De Deo Trino" (Gott der Dreieine). Man konnte sich dabei auf die „Summa Theologiae" des *Thomas von Aquin* berufen. Für ihn ist zwar Gott immer schon der Dreifaltige, doch aus didaktischen Gründen behandelt er zunächst dessen Einheit, dann die Dreiheit. Ist bei ihm das Gewicht gut austariert, so legen die späteren Traktate den Akzent eindeutig auf die Einheit. Die Trinitätslehre erscheint geradezu als Anhang, der für die Gotteslehre und damit auch für die restliche Dogmatik „eigentlich" ziemlich unerheblich bleibt. Faktisch hat das dann dazu geführt, daß von Gott als dem Einen vornehmlich unter dem Horizont der Metaphysik und nicht dem der Heiligen Schrift gehandelt wurde. Erst die Trinität wurde neutestamentlich begründet.

Diese traditionelle Unterteilung des Traktates ist heute fragwürdig geworden. Die moderne Theologie hat sich bewußt gemacht, daß Gott der Vater Jesu Christi ist und daß daher zuerst die Gesamtoffenbarung des Alten wie des Neuen Testamentes als Zugang zu Gott ernst zu nehmen ist. Das schließt nicht aus, daß Gott auch durch die Vernunft erkannt werden kann und daher auch eine philosophische Gotteslehre legitim ist. Aber eine *christliche* Gotteslehre muß ihren Ausgang von der Glaubensurkunde der Christen, von der Bibel also, nehmen.

Wenn aber Gott der Vater Jesu Christi ist, den die Christen als wahren Menschen und als wahren Gott bekennen, dann muß von Anfang an die Selbstmitteilung Gottes *als* Vater, Sohn (und Geist) betrachtet werden: Gott ist stets der dreifaltige Gott.[3] Die Trinitätslehre muß dann am Anfang der Gotteslehre stehen: Sie ist gleichsam die Grammatik der ganzen Glaubenslehre[4]. Wir müssen jedoch darauf hinweisen, daß erst die Darlegung von Christologie und Pneumatologie die ganze Tiefe des trinitarischen Mysteriums erhellen wird.

Es sind freilich auch andere Vorgehensweisen möglich. Im „Handbuch der Dogmatik", das Th.Schneider herausgegeben hat, steht am Beginn des Werkes eine trinitarisch-heilsgeschichtlich orientierte Gotteslehre; es folgt die geschichtliche Verwirklichung der Selbstmitteilung Gottes; die volle Ausarbeitung der Trinitätslehre bildet den krönenden, die Ge-

[3] In der evangelischen Theologie des 20. Jahrhunderts hat *Karl Barth* als erster die Trinitätstheologie als dynamisches Prinzip der Theologie herausgearbeitet. Ihm folgen heute u.a. *Eberhard Jüngel, Jürgen Moltmann* und *Wolfhart Pannenberg*. Auf katholischer Seite hat vor allem *Karl Rahner* (vor allem MySal 11, 317-401) die herkömmliche Einteilung der Kritik unterzogen.

[4] W. Kasper, Der Gott Jesu Christi, 378.

samtdarstellung wie eine Kuppel überwölbenden Abschluß[5] Wie man sich auch entscheidet: Die Verkündigung des trinitarischen Gottes ist das Kennzeichen des christlichen Glaubens, nicht aber ein Anhängsel an einen „allgemeinen" Glauben an Gott. Die vorliegende Darstellung weiß sich dieser Einsicht verpflichtet. Sie folgt der traditionellen Methode, die gesamte Gotteslehre an den Anfang der dogmatischen Darstellung (nach der einleitenden grundsätzlichen Erwägung der Theologischen Erkenntnislehre) zu setzen.

1.2.3 Einteilung

Inhalt und Abfolge dieser Darlegung wird also durch die Offenbarung Gottes als *des Vaters durch den Sohn im Heiligen Geist* bestimmt. Ihr Startpunkt ist mithin das Christusgeschehen: Nur durch Jesus Christus wissen wir von der Trinität (Teil 2).

Sodann nehmen wir die Erfahrung Gottes in den Blick, wie die Menschen sie in der Geschichte gemacht haben. Wir müssen dabei die Tatsache in den Blick nehmen, daß Gott auf den Menschen nicht nur von außen zukommt, sondern ihm ebenso in der Intimität seines Herzens begegnet. Dieser eher anthropologische Aspekt wird traditonell unter dem Thema *Gotteserkenntnis* abgehandelt (Teil 3).

Der nächste Schritt ist die Analyse des Vorgangs, wie Gott in der Gemeinschaft der Kirche Jesu Christi vernehmbar wird (Teil 4).

Der letzte Teil 5 befaßt sich mit Gegenwartsproblemen im Kontext der Gotteslehre.

1.2.4 Das Wort Gott

1.2.4.1 Terminologische Fragen

Ehe wir dieses Programm durchführen, müssen wir uns auf das tragende Wort des Traktates besinnen. Das Äquivalent des deutschen Begriffs „Gott" gibt es in allen uns bekannten Sprachen. Für monotheistisches Denken kann es nur *einen* Gott geben; *Gott* erscheint daher nur im Singular. Polytheistische Religionen kennen auch den Plural *Götter*.

Welchen Sinn hat aber ein Wort, das offensichtlich ganz unterschiedliche Verwendung findet? Hat es überhaupt einen Sinn? Immerhin gibt es nicht wenige Menschen, die das strikt verneinen (die Atheisten) oder wenigstens bestreiten, daß dahinter eine erkennbare Realität stehe (die Agnostiker). Hat also, ist zu fragen, *Gott* einen Wahrheitsgehalt?[6] Auf jeden Fall ist es in der Absicht derer, die es verwenden, kein Leerwort. Es besitzt einen akzeptierten Inhalt, der auch dann gilt, wenn dessen Wirklichkeit in Abrede gestellt wird. *Gott* bezeichnet in diesem Sinn

---

[5] Th. Schneider (Hg.), Handbuch der Dogmatik, 2 Bde., Düsseldorf 1992. Die „Gotteslehre", (D. Sattler – Th. Schneider) Bd. 1,51-119; „Summe: Der trinitarische Gott als die Fülle des Lebens. Trinitätslehre" (J. Werbick) Bd. 2, 481-576.

[6] J. Track, Sprachliche Untersuchungen zum Reden von Gott (BEvTh 93), Göttingen 1977; I. U. Dalferth, Religiöse Rede von Gott (BEvTh 87), Göttingen 1981; R. Schaeffler, Das Gebet und das Argument. Zwei Weisen des Sprechens von Gott. Eine Einführung in die Theorie der religiösen Sprache, Düsseldorf 1989. Zur Etymologie vgl. S. 339.

„ein transzendentes Gegenüber und eine alles bestimmende Wirklichkeit“[7]. Das ist eine zunächst philosophische Beschreibung; sie kann aber auch von Christen grundsätzlich akzeptiert werden.

Der christliche Gottesbegriff zeichnet sich jedoch sofort durch eine Besonderheit aus. Wegen seines Transzendenzbezuges ist *Gott* normalerweise Subjekt: Das Wort benennt Sein und Handeln der damit gemeinten Wirklichkeit. Aufgrund des Trinitätsglaubens kann der Christ das Wort aber auch prädikativ verwenden. Er kann etwa sagen: *„Jesus Christus ist Gott“* oder *„Die Trinität ist Gott“*. Im Neuen Testament herrscht folgender Sprachgebrauch: Steht *Gott* als Subjekt, ist immer der *Vater Jesu Christi*, also, in der theologischen Terminologie, die erste trinitarische Person, gemeint[8].

1.2.4.2 Die Herausforderung durch das Wort *Gott*

Wenn es ein transzendentes Gegenüber, eine alles begründende Wirklichkeit gibt, kann man sich ihr gegenüber nicht neutral verhalten. Für religiös geprägte Menschen ist ein positives Gottesverhältnis selbstverständlich. Sie wachsen in eine Praxis hinein, in der *Gott* als erfahrene Wirklichkeit erscheint.

Aber auch wenn kein ausdrückliches Gottesbekenntnis abgelegt wird, kann ein Mensch eine positive Beziehung zu Gott haben. „Die göttliche Vorsehung verweigert auch denen das zum Heil Notwendige nicht, die ohne Schuld noch nicht zur ausdrücklichen Anerkennung Gottes gekommen sind, jedoch nicht ohne die göttliche Gnade, ein rechtes Leben zu führen sich bemühen. Was sich nämlich an Gutem und Wahrem bei ihnen findet, wird von der Kirche als Vorbereitung für die Frohbotschaft und als Gabe dessen geschätzt, der jeden Menschen erleuchtet, damit er schließlich das Leben habe“[9]. Ein Mensch kann also in seiner Liebe und in seinem Willen zum Guten Gott auch dann begegnen, wenn er eine solche Begegnung nicht ausdrücklich anstrebt.

Wenn es aber für eine richtige Gotteserkenntnis in erster Linie auf „ein reines Herz“ ankommt (Mt 5,8), dann können umgekehrt Menschen zwar einen theoretisch exakten Gottesbegriff haben, aber faktisch in ihrem Verhalten Gottesleugner sein. Sie lassen Gott gerade nicht das alles bestimmende Gegenüber sein, sondern machen sich ihren eigenen Götzen. Ihre eigenen Vorstellungen und Interessen nennen sie „Gott“ und machen sich damit selber zu Göttern – das Wort *Gott* wird hier zur Chiffre des Eigeninteresses, Unterdrückung, Ausbeutung, Tötung der anderen Menschen nicht ausgeschlossen. So wird *Gott* „das beladenste aller Menschenworte. Keines ist so besudelt, so zerfetzt worden“ Gleichwohl können es die Menschen nicht aufgeben: „Wenn aller Wahn und Trug zerfällt, wenn sie ihm gegenüberstehen im einsamsten Dunkel und nicht mehr Er, Er sagen, sondern Du, Du seufzen, Du schreien, sie alle das Eine, und wenn sie dann hinzufügen ‚Gott‘, ist es nicht der wirkliche Gott, den sie alle anrufen, der Eine Lebendige, der Gott der Menschenkinder?! Ist nicht Er es, der sie *hört*? Der sie – erhört?

---

[7] J. Track, a.a.O., 254.

[8] K. Rahner, Theos im Neuen Testament: STh 1, 91-167.

[9] LG 16. Vgl. die Tabelle S. 340 „Menschliche Gottesvorstellungen“.

Und ist nicht eben dadurch das Wort Gott, das Wort des Anrufs, das zum Namen gewordene Wort, in allen Menschensprachen geweiht für alle Zeiten?"[10]

Gott bedeutet absolute Souveränität. Darum dürfen weder politische noch gesellschaftliche Mächte eine Reflexion und erst recht keine bestimmte Gottesvorstellung vorschreiben. Sie würden sich dann wieder an Gottes Stelle setzen. Die (freilich auch von der katholischen Kirche erst sehr spät anerkannte) Freiheit des Gewissens und der Religion folgt aus dem Begriff Gottes selber[11].

1.2.4.3 *Gott* als Geheimnis

Unsere Beschreibung des Wortinhaltes von *Gott* als transzendentem Gegenüber und alles begründender Wirklichkeit ist zugegebenermaßen nicht besonders klar und präzis. Das liegt jedoch nicht an schlechtem definitorischem Geschick, sondern ist in der Einsicht begründet, daß Gott als solches transzendentes Gegenüber und alles bestimmende Wirklichkeit notwendig ein unfaßbares Geheimnis ist und immer bleibt. Wir sehen es gleichsam aufleuchten am Horizont aller Realität, aber wir können es niemals ergründen. *Gott* ist ein Grenzwort, „das letzte Wort vor dem Verstummen .. , in welchem wir es durch das Verschwinden alles benennbaren Einzelnen mit dem gründenden Ganzen als solchem zu tun haben"[12]. Das Wort *Gott* kann mithin nur als Näherungsbegriff für eine Wirklichkeit verwendet werden, die sich unserer Verfügung entzieht. Verboten ist darum ein Gebrauch, der mit Hilfe des Wortes Probleme lösen will, die wir derzeit anders nicht bewältigen können („Deus ex machina"). Es gibt einen berechtigten *methodischen Atheismus*. So kann und darf beispielsweise ein Naturwissenschaftler *als* Naturwissenschaftler Gott in keiner Weise in seine Untersuchungen einbeziehen – nicht einmal als deren Voraussetzung.

Das Problem der Theologen in der Gegenwart besteht nicht darin, sondern in der Wahrnehmung, daß das Wort *Gott* in der Lebenswelt der Zeitgenossen kaum mehr vorkommt. Es blickt uns an wie ein erblindetes Antlitz[13].

Mit neuer Dringlichkeit müssen wir daher die vorhin schon gestellte Frage aufnehmen: Ist *Gott* eine Idee ohne Wirklichkeitsbezug oder bezeichnet das Wort die erste und realste Realität? Sie kann nicht einfach durch den Blick auf die empirische Welt beantwortet werden. Sie erfordert ein Fragen-Können und ein Hören auf eine von Gott ergangene Offenbarung. Die Urkunden der geschichtlichen Offenbarung vermitteln in ihrem Zusammenhang den verbindlichen Realitätsgehalt.

---

[10] M. Buber, Gottesfinsternis: Werke I, München-Heidelberg 1962, 508-510.

[11] In der Antike bezeichnete man den Anspruch des Staates, eine bestimmte Religion vorzuschreiben, als *politische Theologie*. Sie ist abzulehnen. Heute wird der Begriff allerdings verwendet, um die Folgerungen aus dem Evangelium für die Gestaltung der Gesellschaft zu kennzeichnen: So ergibt sich aus der christlichen Gotteslehre die Pflicht zur Durchsetzung der Menschenrechte. Vgl. dazu den Beschluß „Unsere Hoffnung" der Gemeinsamen Synode der Bistümer in der Bundesrepublik Deutschland: tzt D 2/I, Nr. 81. Zur heutigen „Politischen Theologie: B. Wacker, s.v.: NHThG² 4, 235-247. Zum Verhältnis von Glaubenspraxis und Glaube vgl. W. Kasper, Der Gott Jesu Christi, Mainz ²1983, 79-82. Zu den Menschenrechten: In diesem Band Theologische Anthropologie 3.3.4.3 und 4.2.1.1.

[12] K. Rahner, Grundkurs des Glaubens, Freiburg-Basel-Wien 1976, 56.

[13] Vgl. K. Rahner, a.a.O.

2. Biblisch-heilsgeschichtliche Grundlegung des Gottesglaubens

2.1 Durch Christus im Heiligen Geist zum Vater

Gotteserkenntnis, so hatten wir gesehen, beginnt nicht mit dem Akt des Menschen, sondern mit dem Handeln Gottes[14]. Gott ruft, der Mensch antwortet. Dieser tut das zwar in Freiheit, aber er vermag auch die Antwort nicht ohne Gott zu geben. Gott ist also immer und stets der Erste im Geschehen der Erkenntnis, die sich damit als Geschenk Gottes zeigt, der auf diese Weise dem Menschen mit sich selbst Gemeinschaft schenkt. Erst und nur diese Bewegung, die von Gott ausgeht und die der Mensch aktiv aufgreift, eröffnet uns den Zugang zu ihm und somit auch das „Material" einer Gotteslehre. Ihr Einstieg ist also das Leben Gottes, der sich uns selber mitteilt.

Wir nähern uns mithin dem „Gegenstand" unseres Traktats nicht auf philosophische Weise, sondern setzen voraus, was wir als Christen von Gottes Selbstmitteilung wissen. Das ist legitim, weil die Fundamentaltheologie die Möglichkeit und Tatsächlichkeit der Offenbarung aufgezeigt hat.

Man kann nun jene Dynamik der Bewegung Gottes auf den Menschen hin gemäß der Offenbarungsbotschaft auf den folgenden Nenner bringen:

> *Gott* ergreift uns durch Jesus Christus, seinen Sohn, in seinem Heiligen Geist, der auch der Geist seines Sohnes ist.

Entscheidend für unsere Gottesbeziehung ist also Christus. Er steht in einer besonderen Beziehung zum Vater. Wir können sie folgendermaßen umschreiben:

> *Jesus Christus* zieht uns in die innerste Bewegung seiner Person und nimmt uns mit zu Gott, der sein Vater ist.

Christus ist Mittler: Er ist zu sehen sowohl ganz von Gott her wie auch ganz auf ihn hin. Wir bezeichnen dieses Verhältnis als Liebe. Sie ist personal geworden im Heiligen Geist. So ist als dritter Satz hinzuzufügen:

> *Der Heilige Geist* als Zueinander von Vater und Sohn wird uns als Prinzip der Einheit und der Liebe geschenkt.

In diesen drei Sätzen ist jede der göttlichen „Personen", wie wir unter Vorwegnahme der später noch näher zu erläuternden Terminologie sagen wollen, je einmal Subjekt und sonst in Zusammenhang mit den je anderen gestellt. Als Subjekt sind sie als Urheber auf das eine und selbe Geschehen bezogen, aber ihre Urheberschaft ist unterschiedlich entsprechend ihrer Eigenheit als Vater, Sohn bzw. Geist. Sie stehen gleichwohl nicht nebeneinander, sondern sind zugleich durch das je eigene Verhältnis zueinander bestimmt.

---

[14] Daß Gott in jeder wahren Gotteserkenntnis selbst handelt, arbeitet gut heraus W. Pannenberg, Systematische Theologie I, Göttingen 1988, 207-281. Vgl. zum ganzen die Übersicht S. 341.

Die Aufgabe der Gotteslehre ist es daher, sowohl die Gleichursprünglichkeit wie auch die Unterschiedenheit und Unterscheidbarkeit zu klären.

Wenn Gott sich in Christus als der Dreieine offenbart hat, dann ist diese Offenbarung an die Menschwerdung Christi gebunden. Nur als der Inkarnierte wird der Sohn Gottes in seiner trinitarischen Eigentümlichkeit erkannt. Hier stellt sich nochmals die schon aufgeworfene Frage nach dem rechten Ort der Gotteslehre innerhalb des dogmatischen Systems. Ist Christus der „Einstieg" in einen trinitarisch strukturierten Traktat, dann müßte er von der Christologie her entfaltet werden. Aber Christus ist nur von Gott her in Wesen und Werk verständlich. Also sollte die Gotteslehre am Anfang stehen. Doch kann man christlich wiederum von Gott nur als dem Vater Jesu Christi, also christologisch reden... Wir haben einen hermeneutischen Zirkel vor uns. Man kann ihm dergestalt entrinnen, daß man das Thema einmal von Christus, dann vom Vater her angeht: Gott wird als der Dreieine erst von Christus her erkannt, aber die Dreieinheit Gottes ist zugleich die Bedingung der Möglichkeit Jesu Christi. So kann man in einem ersten Gang von Christus her nach *Gott*, in einem zweiten Schritt dann von Gott her nach *Jesus Christus* fragen. Dieser zweite Schritt wird in der Christologie als dogmatischem Traktat vollzogen.

Gotteslehre und Christologie sind also je und je aufeinander bezogen. Das bringt es mit sich, daß in beiden Traktaten weitgehend das gleiche „Material" ausgebreitet werden muß.

Das Problem reicht in die Frühzeit der christlichen Theologie zurück. Seit dem 4.Jahrhundert trifft man die Unterscheidung:

– *oikonomia* (Heilsplan, Heilsordnung: Eph 1,10; 3,9): Damit ist das Heilshandeln Gottes gemeint, wie es in Jesus Christus zum Höhepunkt gekommen ist.

– *theologia*: Darunter versteht man das Nachdenken über Gottes innerstes Wesen.

Die beiden Begriffe verstehen sich nicht als Gegensätze, sondern als Momente einer einzigen Denkbewegung: Vom Heilsgeschehen her fragen die Väter nach dem innersten Leben Gottes. Wer ist der, welcher *auf diese Weise* handelt? In der Trinitätslehre kann man daher den „dreieinen Gott für uns" (*ökonomische Trinität*) vom „dreieinen Gott in sich" (*immanente Trinität*) begrifflich unterscheiden, nicht freilich sachlich. Denn da es sich immer um den gleichen Gott handelt, gilt: „Die ökonomische Trinität ist die immanente und umgekehrt"[15]. Der einzige Ansatzpunkt aber, der offenbarungskonform ist, ist das Heilsgeschehen. Wenn Gott sich selber mitgeteilt hat, können wir ihn aus dieser Offenbarung erkennen, aber er hat sich eben *selber* kundgetan – in der „Ökonomie" zeigt er, wie er in sich selber ist, offenbart er die immanente Trinität.

[15] K. Rahner: MySal 11, 327-329. Zur Tradition: B. Studer, Gott und unsere Erlösung im Glauben der Alten Kirche, Düsseldorf 1985, 13-17.

2.2 Christus als Mittler der Gotteserkenntnis

Das Spezifikum des christlichen Glaubens besteht darin, daß er den Menschen *Jesus von Nazaret* zugleich als *Gott* bekennt. Von Anfang an war damit bereits die trinitarische Frage gestellt. Denn wenn Jahwe, der Vater dieses Jesus, *Gott* ist, und Jesus auch, dann ist die Frage nach der „Zahl" unvermeidbar: Wie kann dann noch der biblisch-jüdische Monotheismus (des Alten Testaments) gewahrt bleiben? Die erste Antwort gibt das Konzil von Nizäa (325): Gott und Jesus sind „eines Wesens" (*homoousios*); Jesus ist „wahrer Gott vom wahren Gott"[16]. Im dreigliedrigen Symbolum wird der Heilige Geist zunächst nur erwähnt. Auf den Ökumenischen Konzilien von Konstantinopel (381) und Chalkedon (451) wird das Bekenntnis zu ihm ausdrücklich ausgearbeitet. Das fundamentale Christusbekenntnis kann also nur trinitätstheologisch abgelegt werden. Jesus Christus ist sozusagen nicht schlechthin Gott, sondern nur vom Vater und vom Geist her und auf sie hin.[17] Seine Persönlichkeit ist durch und durch theozentrisch geprägt. Diese Theozentrik ist daher der Quellpunkt einer christlichen Gotteslehre: Sie ist die Dynamik, die uns zu Gott führt. Das haben die Christen vor allem und zuerst aus dem Neuen Testament ersehen.
Wenn das Neue Testament von Christus spricht, dann spricht es auch von Gott.

Das trifft in einer doppelten Weise zu:

– *Gott offenbart Jesus Christus als sein innerstes Geheimnis:* Wenn das Neue Testament Christus zu Wort kommen läßt oder über ihn redet, steht Gott selber im Mittelpunkt. Jesus lebt von einem einzigen Ursprung her und kennt nur ein einziges Ziel: Gott. Zugleich bekommt Jesu Gestalt erst ihre volle Gültigkeit und Bedeutung, wenn sie von Gott her verstanden wird. Er ist nicht nur Mittler einer Offenbarung, sondern Gott offenbart sein eigenes Wesen in ihm. In unüberbietbarer Weise kommt diese Wirklichkeit im Ostergeschehen zum Ausdruck. Da offenbart Gott endgültig Jesus als seinen geliebten Sohn. Viele Theologen sagen daher, daß Ostern die Offenbarung der Trinität sei: Gott hat Jesus an Ostern nicht nur in seiner Botschaft bestätigt, sondern zugleich bekräftigt, daß er aufgrund seines Verhältnisses zu ihm vom Kreuzesgeschehen selber betroffen und in ihm gegenwärtig gewesen ist. Darüber hinaus schenkt er seinen Sohn durch den Heiligen Geist für das Leben der Welt[18].

– *Jesus Christus ist der Grund des Gottesglaubens:* Die Christen glauben an Gott als den Vater Jesu. Wir glauben dem Gott, den er bezeugt hat. So ist er die Ursache unserer Glaubensgewißheit. Wir geben unsere Zustimmung nicht aufgrund eigener Untersuchungen, sondern weil sie von außen her (*extra nos*) durch einen Erkenntnisprozeß ausgelöst worden ist, der in allen Momenten von Jesus abhängt. Dieser ist aber nicht einfach eine der Sache selbst äußerlich bleibende Autorität, die man annimmt, sondern in der Begegnung mit ihm wird der Glaube an Gott einleuchtend. Wir können daher sagen: *„Ich weiß, wem ich geglaubt habe"*

[16] DH 125.

[17] Mutatis mutandis gilt von allen trinitarischen Personen, daß die Art, wie ihnen das Gottsein zukommt, von ihren Relationen zueinander bestimmt ist. Vgl. unten 4.7.3.

[18] Die Zusammenhänge von Kreuz, Ostern und Geistsendung hat auf katholischer Seite besonders *H.Urs v. Balthasar* vor Schrift, Patristik und Mystik entfaltet. Die reformatorischen Ansätze (M. Luther) haben in der gegenwärtigen Theologie *W. Pannenberg, J. Moltmann und E. Jüngel* fruchtbar gemacht.

(2 Tim 1,12). Dabei kommt dieses „Wissen" uns zu aus einer tiefen personalen Übereinstimmung mit Jesus, die nur in der Kraft des Geistes ermöglicht werden kann.

Das Neue Testament zeigt uns mithin nicht zwei getrennte Wirklichkeiten, sondern eine einzige Mitte: Gott in Jesus Christus. Daher werden wir geleitet, Gott von Christus wie Christus von Gott her zu sehen. Unser Gottesglaube ist in der Geschichte Jesu begründet. Der Grund liegt aber nicht darin, daß er quantitativ mehr als andere über Gott weiß, sondern daß er qualitativ ein besonderes Gottesverhältnis besitzt. Er ist so geartet, daß man in jede Gottesrede Christus einbeziehen muß, wenn man richtig über ihn sprechen will.

Das machen die Schriften des Neuen Testamentes nicht nur am Leben des irdischen Jesus deutlich, sondern besonders auch am Ereignis der Erhöhung des Auferstandenen. Innerhalb dieses „Kraftfeldes" teilt sich Gott uns selber mit.

2.3 „Gott"

Mit wenigen Ausnahmen bezieht das Neue Testament das Wort Gott, wie wir schon angemerkt haben, ausschließlich auf den „Vater Jesu Christi"[19]. Sehr oft wird emphatisch der Artikel hinzugefügt „der Gott" (*ho Theos)*. Das Wort erscheint damit wie ein Eigenname. Vor allem aber entspricht diese Hervorhebung dem Monotheismus der Bibel: Gottes Wesen ist so, daß er nur als ein einziger gedacht werden kann.

Vom Denken der Zeitgenossen her bestand aus diesem Grund kein Anlaß, den Gottesnamen auf Jesus anzuwenden. Auf der anderen Seite machte seine Botschaft und sein Schicksal deutlich, daß er mit Gott in einer einzigartigen Verbindung stand, die es zunehmend nahelegen mußte, das Wort *Gott* auch auf ihn anzuwenden. Die ersten Ansätze finden sich in den Johannes-Schriften. Sie bemühen sich dabei, die Einzigkeit des Gotteswesens zu wahren: Diese ist der Grund, weshalb die Gottesbeziehung Jesu nicht zur mathematischen Verdoppelung des Begriffes Gott (1. Gott Vater + 2. Gott Sohn) führt. „Gott" ist sozusagen der Wesensbereich, in dem der Vater und Jesus leben. Diese Überlegungen werden dogmengeschichtlich wirksam.

Zu einem weiteren Startpunkt für die späteren Überlegungen werden die sogenannten *christologischen Titel*. Von ihnen ist ausführlich im Traktat Christologie die Rede[20].

---

[19] Die Ausnahmen stehen fast nur in den johanneischen Schriften. Sicher wird *Gott* auf Jesus nur Joh 20,28 als Anrede des Thomas an den Auferstandenen bezogen. Wahrscheinlich ist auch 1 Joh 5,20 auf den Sohn zu beziehen. Joh 1,1 spricht dem Logos das Gottsein zu, der in V.14 als Mensch-Gewordener verkündet wird (Jesus Christus). Joh 1,18 ist textkritisch zu entscheiden: „Gott" oder „Sohn"? Von anderen Schriften kommt nur in Frage Tit 2,13. Röm 9,5 kann auch auf den Vater bezogen werden.

[20] Vgl. in diesem Werk Bd. II: Christologie 2.2.3 – 2.2.5.

2.4 „Sohn Gottes"

2.4.1 *Der alttestamentlich-jüdische Gebrauch*

Im Alten Testament ist das Volk Israel *Sohn Gottes* (Ex 4, 22; Hos 11,1). Die Volksangehörigen können daher ebenfalls als *Söhne Gottes* bezeichnet werden (Hos 2,1 ; vgl. Dtn 32,5.19; Jes 1,2; 43,6; 63,8; Jer 3,14; 31,20 u.ö.). In besonderer Weise trifft dies für den König zu, dessen Inthronisierung als Akt der Zeugung beschrieben wird (Ps 2,7: Vgl. die christologische Deutung Apg 13,33; Hebr 1,5; 5,5). In der Weisheitsliteratur ist der Gerechte *Gottes Sohn*, für den der Vater noch im Leiden sorgt (Weish 2,18; 5,5; vgl. auch 12,19-21 und Sir 4,10).

Damit standen für die neutestamentliche Reflexion auf Jesus Möglichkeiten bereit, seine Gestalt zu deuten, auch wenn die vorliegende Tradition sehr bald als unzureichend erkannt wird, um die singuläre Gottesbeziehung des Nazareners zu erfassen. Der Begriff *Sohn* bezeichnet ja nicht nur ein Abstammungsverhältnis, sondern auch eine familiär-intime Beziehung zum Vater. Das Neue Testament stellt dieses Moment in den Vordergrund. Der Kern der Gottessohnschaft Jesu ist also die Relationalität, die Beziehung zwischen dem Vater und ihm, und zwar die Beziehung des Wesens beider. Die spätere Trinitätstheologie greift darauf entscheidend zurück.

2.4.2 *Die paulinische Theologie*

a.) Paulus gebraucht die Wendung „Gottes Sohn" statistisch nicht oft; viel lieber spricht er vom „Herrn" (*kyrios*). Aber wo er sie gebraucht, verbindet er damit Aussagen von erheblichem Gewicht (Röm 5, 10; 8,3.29-33; 1 Kor 1,9; 15,23-28; Gal 1,16; 2,19 f.; 4,4-7; Kol 1,13).

b.) Von besonderer Bedeutung ist der Anfang des Römerbriefes:

> „Paulus ... auserwählt, das Evangelium Gottes zu verkündigen, ... *das Evangelium von seinem Sohn*, der dem Fleisch nach geboren ist als Nachkomme Davids, der dem Geist der Heiligkeit nach eingesetzt ist als Sohn Gottes in Macht seit der Auferstehung von den Toten" (Röm 1,1-4).

Die Formel „Sohn Gottes" hat Paulus wohl übernommen. Er bezieht sie auf den erhöhten Christus, sieht aber in ihr ein *qualitativ einmaliges und einzigartiges Verhältnis zu Gott* beschrieben: Dieses gilt daher nicht erst vom Zeitpunkt der Erhöhung an, sondern bereits in allen Phasen des vorausgehenden Lebens Jesu, aber auch für die weitere Geschichte.

c.) Das zeigt sich daran, wie der Apostel seine eigene Bekehrung sieht: daß Gott ihm „in seiner Güte seinen Sohn offenbarte" (Gal 1,15 f.). Die Folge: „Ich bin mit Christus gekreuzigt worden; nicht mehr ich lebe, sondern Christus lebt in mir. Soweit ich aber jetzt noch in dieser Welt lebe, lebe ich im Glauben an den Sohn Gottes, der mich geliebt und sich für mich hingegeben hat" (Gal 2,19 f.). Man achte auf den Wechsel: Die *Theozentrik* von 1,16 *wird* in 2,19 *zur Christozentrik*: Christus ist nun das Subjekt des paulinischen Glaubens geworden – weil er der *Sohn Gottes* ist!

d.) Die Bedeutung der Bezeichnung „Sohn Gottes" zeichnet sich in neuer Weise ab, wenn Paulus den *Grund für die Gewißheit der Glaubenden* nennt (Röm 8,31-39). Sie ist gegeben, weil Gott „seinen eigenen Sohn nicht verschont, sondern ihn für uns alle hingegeben" hat (V.32). Darin zeigt dieser Gott seine Barmherzigkeit in unausdenkbarer Weise: Er begibt sich in seinem Sohn selbst in das Sündengeschehen der Verurteilung Jesu hinein.

e.) Weiters verbindet der Apostel mit dem *Sohn-Gottes*-Begriff das Motiv der *Sendung* (Röm 8,3; Gal 4,4): Wenn Gott seinen Sohn in die Welt schickt, dann überbietet er nicht nur alle vorhergegangenen Sendungen (z.B. der Propheten: Hebr 1,1), sondern dann gibt er seinem Heilshandeln eine ganz neue Qualität[21].

f.) Paulus verbindet,wie die Galaterstelle zeigt, noch einen weiteren Gedanken mit der Wendung „Sohn Gottes": Die Sohnschaft Jesu zu Gott ist der Grund für die *Gotteskindschaft* der Menschen, die zu Jesus gehören: Gott sandte demnach seinen Sohn, „damit wir die Sohnschaft erlangen" (Gal 4,5). In diesem Moment rekurriert der Apostel auf den Heiligen Geist: „Weil ihr aber Söhne seid, sandte Gott den Geist seines Sohnes in unser Herz, den Geist, der ruft: Abba,Vater. Daher bist du nicht mehr Sklave, sondern Sohn; bist du aber Sohn, dann auch Erbe, Erbe durch Gott" (V. 6 f.). Nach Röm 8,29 besteht die Berufung der Christen darin, „an Wesen und Gestalt seines Sohnes teilzuhaben".

g.) Die Vater-Sohn-Relation hat auch für die *eschatologische Vollendung* der Menschen besonderes Gewicht. Im Text 1 Kor 15,23-28 geht es um den Ablauf des endzeitlichen Geschehens, das in der absoluten Herrschaft Gottes mündet:

> „Es gibt aber eine bestimmte Reihenfolge: Erster ist Christus, dann folgen, wenn Christus kommt, alle, die zu ihm gehören. Danach kommt das Ende, wenn er jede Macht, Gewalt und Kraft vernichtet hat und seine Herrschaft Gott, dem Vater, übergibt. Denn er muß herrschen, bis Gott ihm alle Feinde unter die Füße gelegt hat. Der letzte Feind, der entmachtet wird, ist der Tod. Wenn ihm dann alles unterworfen ist, wird auch er, der Sohn, sich dem unterwerfen, der ihm alles unterworfen hat, damit Gott herrscht über alles und in allem".

In den Text wird der Sohn eingeführt als der zweite, der endgültige Adam (V. 20-22). Als solcher wird ihm alles zu Füßen gelegt (Ps 110,1), zuletzt sogar der Tod. Es ist der Vater, der das alles bewirkt. Steht dann alles unter der Herrschaft Christi, wird dieser zum handelnden Subjekt: Als der *Sohn* unterwirft er sich dem Vater, der zuvor alles ihm unterworfen hat, damit „Gott herrscht über alles und in allem"[22]. Das Schöpfungsziel wird hier als personales Handeln vorgestellt, als Interaktion zwischen Vater und Sohn.

---

[21] Die Theologen sehen in dem Hinweis auf die *Sendung* bereits die Präexistenz des Sohnes angedeutet. Das geschieht wohl mit Recht, doch dieser Gedanke ergibt sich genau genommen noch nicht aus Jesu Leben, Sterben und Erhöhtwerden, sondern aus einer konsequenten christologischen Reflexion. Auf die Frage wird bei der Entfaltung der Trinitätstheologie zurückzukommen sein.

[22] Der Text ist grammatikalisch schwierig. Die wörtliche Übersetzung lautet: „Damit Gott alles in allem sei". Gemeint ist wohl die neue Schöpfung in der Lebenskraft Gottes. Vgl. W. Thüsing, Gott und Christus in der paulinischen Soteriologie I: Per Christum in Deum. Das Verhältnis der Christozentrik zur Theozentrik (NTA 1/1), Münster 1986, 246.

h.) Die gerade angeführte Stelle beleuchtet den Gehalt der Kyrios-Aussagen, die, wie bemerkt, die erste Stelle in der paulinischen Christologie einnehmen. Jesus ist der *Herr, weil er der Sohn ist*. Als der Herr lebt er „zur Ehre Gottes, des Vaters“ (Phil 2,11)[23].

i.) Die Beziehungen zwischen Vater und Sohn, Herrschaft des Vaters und Herrschaft des Sohnes werden von Paulus auch durch die „Verhältnis-Wörter“ (Präpositionen) *in* und *durch* sowie *auf ... hin* und *aus* durchsichtig gemacht. Besondere Aufmerksamkeit verdient dabei die Partikel *diá (durch)*. Sie gibt die personale Mittlerstellung Christi an und verweist zudem auf den Heiligen Geist als den, „durch“ welchen er handelt. Hier soll exemplarisch nur ein Text zitiert werden:

> „Wir haben nur einen Gott, den Vater. Von ihm stammt alles, und wir leben auf ihn hin. Und einer ist der Herr, Jesus Christus. *Durch ihn* ist alles, und wir sind *durch ihn*“ (1 Kor 8,6).

Prägnant wird hier zweimal die „Einzigkeit“ betont. Wie beide Singularitäten zueinander stehen, wird nicht weiter bedacht, jedenfalls aber sieht Paulus keine Konkurrenz: „Alles“ und „wir“ werden exklusiv auf Vater wie auf Herr bezogen. Beide müssen also zueinander in einer Einheit sein, die nur personal reflektiert werden kann.

Was ergibt sich aus der Theologie des Paulus für eine trinitarisch bestimmte Gotteslehre? Es bleibt ein undurchdringliches Geheimnis, daß *Gott* und *Jesus* als *Vater* und *Sohn* zwar voneinander unterschieden sind, aber doch so eng verbunden gezeigt werden, daß die Einzigkeit Gottes gemäß dem alttestamentlichen Monotheismus (Dtn 6,4) nicht zerstört wird. Für den Apostel steht fest, daß Gott ohne Christus nicht nur nicht verstanden wird, sondern nicht einmal existent ist. Das Miteinander beider kommt aus der Ursprünglichkeit einer Einheit, die nicht wird, sondern die schon immer ist. Das gilt auch dann, wenn sich das dergestalt in der Geschichte gezeigt hat, daß der Sohn erst in einem bestimmten Moment – „als die Zeit erfüllt war, ... geboren von einer Frau und dem Gesetz unterstellt“ (Gal 4,4) – in diese eingetreten und sein Werk ausgeführt hat. Dieses Eintreten in die Welt begründet die Gottesbeziehung des Menschen Jesus, die als solche eine echt menschliche Beziehung ist, aber sie ist nicht der absolute Beginn der Zusammengehörigkeit von *Gott* und *Christus*. Gott ist nie ohne den Sohn, der Sohn nie ohne Gott.

Aus dieser Einsicht klärt sich auch der Begriff der *Mittlerschaft Jesu*. Diese richtet nicht eine Zwischeninstanz zwischen Gott und der Welt und damit eine Begrenzung der Unmittelbarkeit Gottes zu uns auf. Denn es gibt für Paulus keine größere Unmittelbarkeit als jene zwischen Vater und Sohn. Dieser ist Mittler als der Gottunmittelbare schlechthin.

Im Folgenden wollen wir die Einsichten des Paulus dadurch auf eine breitere Grundlage stellen, daß wir nach dem Zeugnis der Evangelien von Jesus fragen.

---

[23] Die Vater-Kyrios-Beziehung ist noch einmal der Grund der Einbeziehung der Glaubenden in die Herrschaft des Christus: 1 Kor 3,21- 23; vgl. Gal 5,1.

2.4.3 Das Lebenszeugnis Jesu für Gott

Die entscheidende Frage, die die Existenz Jesu von Nazaret bei seinen Zeitgenossen provoziert, lautet: „Was ist das für ein Mensch, daß ihm sogar der See und der Wind gehorchen?" (Mk 4,41) Das älteste Evangelium antwortet, ganz am Anfang und ganz am Schluß: Er ist Gottes Sohn (1,1; 15,39). Das wird belegt durch die Erzählungen, die dazwischen liegen: Seine Wunder, seine Worte, vor allem sein Tod und seine Auferweckung bezeugen seine einzigartige, seine göttliche Vollmacht (vgl. Mk 1,22). Der Duktus der anderen Evangelien läuft in die gleiche Richtung. In der Christologie werden die Zeugnisse im einzelnen gewürdigt. Sie fokussieren sich in der Ankündigung der *basileia tou theou*, des Kommens von Gottes Herrschaft und Reich. In ihr und damit auch in dem, der sie vollzieht, ist Gott nahe wie sonst nie und nirgendwo. Jesu Taten, vor allem seine Heilungswunder, aber auch seine tätige Liebe (mit der letzten Konsequenz der Feindesliebe: Mt 5,43-48 par.) erschließen seine Person und in seiner Person die Botschaft. Blitzlichtartig werden beide beleuchtet, wenn er sagt: „Deine Sünden sind dir vergeben". Denn „niemand kann Sünden vergeben außer dem einen Gott" (Mk 2,5-13). Wenn also Jesus Sünden vergibt, setzt er sich in Übereinstimmung mit Gott selbst.

Sein Werk bezeugt ihn also; Titel braucht er dazu nicht[24].

Er tut dies aber nicht nur auf eigene Rechnung. Vielmehr bezeugt Gott selber ihn als seinen Sohn am Beginn von dessen öffentlichem Auftreten (Mk 1,11 parr.; 11,9 parr.). Damit bleibt der Vater die Mitte des Christusgeschehens. Denn nicht menschliches Forschungsvermögen („Fleisch und Blut"), sondern der „Vater im Himmel" offenbart das Sohnsein Jesu und damit dessen Gottesverbindung (Mt 16,16 f.). Was aber genauerhin offenbart wird, ist nicht die Vater- Sohn-Relation als solche – diese ist, wie wir oben sahen (2.4.1), der Bibel der Zeitgenossen Jesu vertraut-, sondern deren singuläre Qualität, ausgesprochen im Terminus *Abba (Väterchen, Papa)*, die Jesus für sich in einer eigenartigen Exklusivität in Anspruch nimmt[25].

Sicher kann man aus keinem einzelnen Moment der Evangelienerzählungen für sich allein und auch nicht aus deren Addition das absolute Sohn-Gottes-Sein Jesu erheben. Erst von der Erhöhung Jesu her, in deren Licht freilich die Verfasser schreiben, zeigt sich: „Wer mich sieht, sieht den Vater" (Joh 14,9). Der Verfasser des Kolosserbriefes kann daraus die steile Formulierung wagen: „In ihm allein wohnt wirklich die ganze Fülle Gottes" (Kol 2,9).

---

[24] Vgl. dazu in diesem Werk Bd. II: Christologie 2.2.2. Der in unserem Zusammenhang wichtige Titel *Sohn (Gottes)*, von den Synoptikern gelegentlich Jesus in den Mund gelegt (Mt 11,27; 14,33; 16,16 u.ö.), ist jedoch kaum von diesem selbst verwendet worden.

[25] Er ist als Gebetsanrede nur im Mund Jesu belegt. Es scheint aber nicht ausgeschlossen, daß er auch sonst als Anrede gebraucht wurde. Das Entscheidende liegt nicht darin, daß etwas Neues über Gott, sondern daß etwas Neues über den Menschen ausgesagt wird, der so beten darf: Der Einklang mit Gottes Willen erreicht in Jesus einen Grad, der vollkommen Gott entspricht. Vgl. zum Ganzen H. Merklein, Jesu Botschaft von der Gottesherrschaft. Eine Skizze (SBS 111), Stuttgart [3]1989.

Für die Gotteslehre ist in diesem Kontext von besonderer Wichtigkeit das aus der Logienquelle stammende Wort Mt 11,27 (Lk 10,13). Es handelt sich beim Kontext nicht um eine Lehraussage, sondern um einen Lobpreis der Gottesherrschaft durch Jesus. Die Jünger sind von ihrer ersten Sendung heimgekehrt; sie sind in das Geschehen der Gottesherrschaft einbezogen. Der für uns entscheidende Passus lautet:

„Mir ist von meinem Vater alles übergeben worden;
niemand kennt den Sohn, nur der Vater,
und niemand kennt den Vater, nur der Sohn
und der, dem es der Sohn offenbaren will“.

Hier wird gesagt, was die Gottesherrschaft ist und wer Jesus ist. Dieser kann sie vollmächtig verkünden, weil er in besonderer Weise „der Sohn“ ist. Das gegenseitige „Kennen“ ist streng exklusiv verstanden. Nur wenn der Sohn diese Kenntnis anderen vermittelt, können andere an diesem Lebensgeheimnis teilnehmen.[26]

2.4 4 Das Kreuz als Offenbarung des trinitarischen Gottes

Das Leben Jesu mündet im Sterben am Kreuz. Es erscheint als Weg, der sich im Tod der schmählichen Hinrichtung vollendet. Ist seine irdische Existenz ein *Sein für die Menschen* (pro nobis: Proexistenz), so wird sie als solche in letzter Deutlichkeit hier sichtbar. Geschieht diese Hingabe im Gehorsam gegenüber dem Willen des Vater-Gottes, so ist der Kreuzestod auch Offenbarung der Trinität: Gott ist es letzten Endes, der uns seinen Sohn gibt[27]. Dabei ist entscheidend die Vollzugsart der Hinrichtung, sofern der Kreuzestod als besondere Strafe Gottes galt. Die Behauptung, daß die Erlösung gerade auf diese Weise vollzogen worden sei, macht die christliche Botschaft zum Ärgernis und zum Irrsinn, für die Glaubenden aber zur wahren Gottesoffenbarung (1 Kor 1,18 – 2,16). Weil Paulus in Jesus den Sohn Gottes erkennt (Gal 1,15 f.), schaut er den Anteil Gottes am Kreuzesgeschehen: „Gott war es, der in Christus die Welt mit sich versöhnt hat. ... Er hat den, der keine Sünde kannte, für uns zur Sünde gemacht, damit wir in ihm Gerechtigkeit Gottes würden“ (2 Kor 5,19. 21. Vgl. Gal 2,13).

So schwierig dieser Gedankengang auch ist, er enthält nicht den Gedanken, Gott habe seines Sohnes Tod gefordert, um seinen Zorn zu stillen. Nicht Gott bedarf der Sühne, sondern Sühne ist das, was die Menschen brauchen, um wieder mit ihm in Gemeinschaft zu kommen. Sie verändert nicht Gott, sondern uns. Aber er muß sie uns gewähren.

---

[26] Zur exegetischen Bedeutung der Stelle vgl. U. Lutz, Das Evangelium nach Matthäus (EKK 1/2), Neukirchen 1990, 215.

[27] Vor allem die Mystik hat diese Zusammenhänge immer gewußt. In der Kunst bezeugt sie die Darstellung des sog. Gnadenstuhls. Theologisch wurden sie reflektiert in der Theologia crucis, deren Hauptvertreter zunächst *Anselm von Canterbury* und *Martin Luther* sind. Im 20. Jahrhundert haben sie *Karl Barth, Eberhard Jüngel* und *Jürgen Moltmann* auf reformatorischer, *Hans Urs v. Balthasar* auf katholischer Seite zum Angelpunkt ihrer Theologie gemacht. Auch *Walter Kasper* zeigt die Schlüsselrolle der Kreuzestheologie für die Gotteslehre.

Genau das geschieht in der Sendung Christi. Ihr Ziel ist es, die Menschen in die Gott-Christus-Relation einzubeziehen. Christus lebt sie bis zum letzten Augenblick und bringt gerade dadurch den Vater zu uns und uns zum Vater. So ist das Kreuz in seiner Tiefendimension ein trinitarisches Geschehen und daher auch die tiefste Gottesoffenbarung. Im Moment der tiefsten Erniedrigung beginnt bereits die Erhöhung des Sohnes als des Sohnes Gottes.

2.4.5 Johanneische Aspekte

In vierten, dem „theologischsten" aller Evangelien tritt die Gott-Christus-Beziehung am deutlichsten zutage. Wenn Jesus sich als „Wahrheit" und „Leben" erschließt, dann deswegen, weil er der „Weg" zum Vater ist (Joh 14,6). Das ist darin begründet, daß der Vater, der das Leben in sich hat, „es dem Sohn gegeben hat, das Leben in sich zu haben" (Joh 5,26). Das ist ein Geschehen, das bereits der Präexistenz des Sohnes zugeordnet ist (Joh 1,1 f.), das sich aber im Menschgewordenen voll offenbart (V.14). Jesus von Nazaret aber lebt seinerseits ganz und gar theozentrisch: „Vom Vater bin ich ausgegangen und in die Welt gekommen; ich verlasse die Welt wieder und gehe zum Vater" (Joh 16,28). Dazwischen liegt die abstrichlose Erfüllung des väterlichen Willens, der geradezu seine Speise ist (Joh 4,34. Vgl. auch 5,30; 6,38; 7,18; 8,29; 9, 31; 12,49 f.; 15,10).

Wie bei Paulus entsprechen sich auch bei Johannes die Selbsthingabe des Sohnes und die Gabe des Sohnes durch den Vater an die Welt (Joh 10,17 f.). Mit dem Motiv der *Verherrlichung* gelingt es dem Evangelisten, die Beziehung beider zu zeigen. Gott wird durch Jesus verherrlicht; damit aber wird auch Jesus selbst verherrlicht und in ihm und durch ihn kommen auch die Glaubenden zur Gottesgemeinschaft, also zum Heil. Das ist die eigentliche *Verherrlichung* des Vaters[28]. Der Verfasser des vierten Evangeliums bringt diesen Gedanken nicht nur als Reflexion, sondern macht ihn auch narrativ deutlich. In besonderer Weise sehen wir das an Jesu Gespräch mit Marta (Joh 11,21-27): Es geht um ein lebensgeschichtlich situiertes tastendes Suchen nach glaubender Begegnung mit Jesus. Es erreicht sein Ziel, wenn dieser sich der Frau erschließt als Auferstehung und Leben für alle Glaubenden.

2.5 „Heiliger Geist"

In den vorausgehenden Abschnitten zeichnete sich bereits ab, daß die Vater- Sohn-Relation uns nötigt, auch vom Heiligen Geist zu sprechen. Das Verhältnis zu ihm anschaulich zu machen, hat sich jedoch in unserer abendländischen Denk- und

[28] Neben dem ganzen „Hohenpriesterlichen Gebet" Joh 17 bezeugen diese Theologie Texte wie Joh 1,14; 7,39; 11,4; 12,16 f. 23. 28. 41; 13,31; 14,13; 15,8; 16,14). Es handelt sich um einen durchgehenden Aspekt.

Empfindungswelt als höchst schwierig herausgestellt. Während uns der unsichtbare Vater durch den menschgewordenen Sohn sichtbar gemacht wird (Joh 14,9), bleibt der Geist als Person abstrakt.

Die neutestamentlichen Autoren machen aber die Erfahrung, daß es diese „dritte Person" gleichwohl gibt – und sie machen sie in ähnlicher Deutlichkeit wie die Erfahrung mit den anderen beiden Personen. Johannes bezeugt dies wiederum am deutlichsten in den Parakletsprüchen der Abschiedsreden (Joh 14,17. 26; 15,26; 16,4-15) wie im ersten seiner Briefe (1 Joh 3,24; 4,2. 6; 5, 6). Es geht dabei um die Wurzel unseres Glaubens, der in unserem Bewußtsein erkennbare Gestalt annimmt. Die christliche Tradition hat die Weise, wie wir mit Vater und Sohn verbunden sind, auf den Heiligen Geist zurückgeführt. Er ist gleichsam die Mitte dieser Beziehung, wie die angeführten Stellen zeigen[29].

Hebräisch	Griechisch	Lateinisch	Deutsch
ruach (fem.)	pneuma (neutr.)	spiritus (masc.)	Geist (masc.)
Atem, Hauch, Wind, Sturm, Wehen			(gheis-, geizd-) lebhaftes Bewegtsein Außersichsein, Aufgebrachtsein, Erschrecktsein

Was aber ist unter *Geist* zu verstehen? Das mit dem Wort umrissene Begriffsfeld ist außerordentlich vielgestaltig[30]. In der Philosophie wird damit Immaterialität, Unabhängigkeit von der Materie und Gestaltungsmacht ihr gegenüber bezeichnet sowie das daraus hervorgehende Selbstbewußtsein als Träger dieser Verfügungsgewalt. *Geist* ist oft auch Äquivalent zu Vernunft (nous bzw. mens), Verstand (intellectus), Rationalität (logos bzw. ratio). Im rationalen Erkennen eröffnet sich dem Menschen der Zugang zur geistigen Ordnung, die das Bestimmende der Welt ist. In der abendländischen Philosophie führt die Reflexion auf das Bestimmende zur Erkenntnis eines göttlichen Grundes. *Gott* und *Geist* zeigen eine große Affinität, so daß die Tradition im *Geistsein* Gottes einen Ausdruck seines Wesens gesehen hat. In der Trinitätslehre freilich bezeichnet man mit *Geist*, zur genaueren Abgrenzung mit dem Zusatz *Heiliger* Geist versehen, die dritte göttliche Person.

Den Zugang zu ihr vermittelt nicht der philosophische Geist-Begriff, sondern die ursprüngliche etymologische Bedeutung, die auch in den biblischen Zeugnissen aufgegriffen wird und die in den meisten Sprachen etwas mit Leben und Bewegung zu tun hat.

Im Zusammenhang der Gotteslehre müssen wir uns auf einige wenige Angaben beschränken. Der Traktat *Pneumatologie* im dritten Band dieser Dogmatik entfaltet die biblische Geist-Theologie ausführlich.

Die Hl. Schrift verwendet im Alten Testament *ruach* sowohl für Gott als Kennzeichen seines Lebens und Lebenschaffens wie auch für den Menschen als lebens-

[29] Vgl. auch Röm 5,8; 2 Kor 3-4; Gal 4-6.
[30] L. Oeing-Hanhoff u.a., Geist: HWP 3 (1974) 154-204.

begründendes, von Gott geschenktes Element. Die Gott betreffenden *ruach- Aussagen* haben drei Schwerpunkte:

– Gott ist Geist *als Schöpfer* (Ps 33,6; 104,29; Ijob 34,14 f.);
– Gott wirkt als Geist *in der Geschichte Israels* (Jes 11,2; 42,1; 61,1);
– Gott wirkt als Geist *im Herzen der Menschen* (Ez 36,26 f.; Joel 3,1-3).

Besondere Erwähnung verdient das Weisheitsbuch, in dem das *pneuma* die Weisheit vermittelt (Weish. 7,22 f.).

Das Neue Testament sieht dann in Jesus den geisterfüllten Messias, der selber die Fülle des Geistes mitteilt. Das Ostergeschehen hatte die Jünger endgültig zu dieser Einsicht geführt (Röm 1,3; vgl. 1 Petr 3,18; 1 Tim 3,16). Im Hintergrund steht die vom Alten Testament her bestärkte Überzeugung, daß *Geist* das Wesen des lebendigen Gottes ist. Wenn Jesus also als Geistträger und Geistspender bezeichnet wird, wird damit auch sein Gottsein ausgesagt.

Aber auch auf das Wesen des Pneumas fällt neues Licht: Nach Paulus ist der Lebensraum des Christen als Sein in Christus und als Sein im Heiligen Geist zu bezeichnen. Der Geist ist die Gabe Gottes an die Christen schlankweg. Damit aber wird er ihnen als eine eigene Wirklichkeit bewußt. *Geist* ist weder schlechthin mit *Gott* identisch noch ist er *unser* Geist. In besonderer Weise erscheint er als Gabe der Liebe, so daß *Liebe* in eigentümlicher Weise das Wesen dieses geheimnisvollen „Dritten“ zwischen Vater und Sohn und dem Heilshandeln beider in die Schöpfung hinein kennzeichnet.

2.6 Der Gott Jesu Christi im Alten Testament

2.6.1 Die Bedeutung der alttestamentlichen Gottesoffenbarung

Der Gott Jesu Christi ist kein anderer als der Gott Abrahams, Isaaks und Jakobs. Jesus ist zutiefst in der Religion, der Geschichte und der Sprache Israels verwurzelt, so daß sein Gottesverständnis erst aus dem des Alten Testamentes voll verstanden werden kann. Sein menschliches Gottesbewußtsein ist vom Glauben geprägt, der in der langen und leidvollen Geschichte seines Volkes sich herausgebildet hatte. Wenn er sich selber auf der Seite Gottes weiß, dann versteht er sich darum als Moment der geschichtlichen Selbstmitteilung Jahwes an Israel. Er sieht die eigene Sendung innerhalb der Glaubensgemeinschaft seines Volkes. Der Gott, den er kündet, ist dessen Gott. Das Spezifische seiner Botschaft besteht darin, daß er die bereits im Alten Testament sich kundgebende Liebe und „Väterlichkeit“ Gottes hervorhebt. So wird Jesus gerade in seiner Gotteslehre zum genuinen Repräsentanten Israels.

2.6.2 Kennt das Alte Testament den trinitarischen Gott?

Die einschneidendste Zäsur des neutestamentlichen Gottesbildes gegenüber jenem des Alten Testaments ist die Kennzeichnung Jahwes als *Vater* Jesu Christi im

Sinn einer trinitarisch gedeuteten Person. Das legt die Frage nahe, ob etwas von diesem Spezifikum bereits im Alten Testament zu finden ist.

In der späteren theologischen Reflexion hatte man wenig Schwierigkeiten, sie positiv zu beantworten. Wollte man eine Dreigötterlehre (Tritheismus) vermeiden, mußte man das göttliche Wirken in die Welt hinein als Gemeinschaftswerk aller drei Personen deklarieren. Wenn also das Alte Testament vom Handeln Gottes sprach, schrieb man dies den drei Personen zu, auch wenn man der ersten, dem Vater, besondere Mächtigkeit zuerkannte. Bezeichnend ist ein Text des *Irenäus*: Gott bedurfte keiner „Hilfe, um das zu machen, was er bei sich beschlossen hatte, gleich als ob er selbst keine Hände hätte. Denn immer ist bei ihm das Wort und die Weisheit, der Sohn und der Geist, durch die und in denen er alles aus freiem Willen und Entschluß geschaffen hat“[31].

Hatte die frühe Tradition keine Probleme, von dieser Perspektive aus alttestamentliche Texte trinitarisch auszulegen, so verbietet das heute die historisch-kritische Methode entschieden. Die Autoren kannten keine Trinität und hatten daher dem Literalsinn nach sicher auch keine trinitarischen Aussageabsichten.

Eine ganz andere Frage ist es aber, ob nicht die Offenbarung Gottes auch im Alten Testament bereits von seiner innersten Eigenart geprägt ist. Wenn er als Ursprung und Ziel allen Geschehens aufleuchtet, wird sein Vatersein anschaulich; wenn seine Wirkmacht „geistig“ ist, so zeigt er sich als *Pneuma*; wenn seine Schöpfung Wortcharakter hat, so erweist er sich als *Logos*. Man kann daraus gewiß keine „alttestamentliche Trinitätslehre“ rekonstruieren. Aber von der nun einmal erfolgten Christusoffenbarung aus lassen sich strukturelle Momente der Selbstmitteilung Gottes erkennen, die sozusagen auf ein trinitarisches Muster schließen lassen.

2.6.3 Gibt es eine alttestamentliche „Gotteslehre“?

Das Alte Testament ist im wesentlichen die Nachzeichnung einer Geschichte der Gottesoffenbarung, aber kein systematischer theologischer Entwurf. Will man dennoch so etwas wie eine „Theologie des Alten Testamentes“ erstellen, so hat man sich vor allem dieser geschichtlichen Dramatik bewußt zu werden. Jahwe ist ein Gott, der sich in den Ereignissen der Geschichte seines Volkes mitteilt – also in sehr unterschiedlichen und verschiedenartigen Ereignissen, die aber gerade dadurch ihren inneren Zusammenhalt bekommen. So gibt es das Moment des Fremden, des Unbegreiflichen, des Geheimnishaften: Gott bleibt auch als der sich Offenbarende fremd; er ist nicht selten eine Zumutung, die nur ausgehalten werden kann aus dem Glauben an die frühere Verheißung. Diesen Zug arbeitet vornehmlich das Buch Ijob heraus (vor allem 19,26 f.).

Die christliche Gotteslehre hat gern versucht, ein umfassendes Gottesbild zu entwerfen, indem es „Eigenschaften“ Gottes benannte. Sie kann sich dabei aber nicht auf das Alte Testament berufen. Dort werden ihm nur wenige Attribute (*König, Herr*) zugeschrieben: Die eigentlichen Gottesaussagen sind Beschreibungen seines Tuns. Die Hagiographen geben sie nicht, um daraus ein Studienobjekt

[31] Haer. IV,20,1; tzt D 2/I, Nr. 86,5. 91. Vgl. zum ganzen die Übersicht S. 342.

„Gott" zu machen, sondern um zu zeigen, daß und wie Gott an und mit den Menschen handelt. Erst wenn und indem diese sich seinem Tun und seinem Wort im Glauben öffnen, erschließt sich ihnen Gott. Die Wahrheitsfrage stellt sich nicht theoretisch, sondern im konkreten Vollzug, d.h. indem einer sich auf das Geschehen einläßt als Geschehen, das Gott zum Herrn und Ursprung hat. Die Offenbarungsgeschichte erfüllt sich, wenn sie zur Glaubensgeschichte wird. Der *Glaube* ist die Weise, wie Gott Herz und Sinn des Menschen erreicht. Er befähigt ihn, Geschichte auf Gott zu beziehen.

Für uns bedeutet das: Gott aus dem Alten Testament erkennen, bedarf der genauen Erforschung der dort ausgebreiteten Geschichte mit allen Mitteln der historisch-kritischen Exegese. Sie widerspricht nicht dem gläubigen Erfassen ihrer gottbezogenen Inhalte, sondern ermöglicht es zu einem großen Teil erst.

2.6.4 Israel als Gottes Werk

Für das Volk Israel war die entscheidende Kundgabe Gottes das Geschehen um die Versklavung durch Ägypten und die Befreiung daraus durch Mose. Man kann in einem Kurzwort von der *Exoduserfahrung* sprechen.

Die historischen Hintergründe sind schnell gezeichnet: Aus dem Zusammenschluß von Familiengruppen und Stammesverbänden halbnomadischer Herkunft bildet sich ein zahlenmäßig kleines Volk aufgrund der Verehrung des Gottes *Jahwe*. Sein Wille wird als Fundament des Zusammenlebens in Gerechtigkeit anerkannt. Man kann heute nicht mit Sicherheit feststellen, wo der Name dieses Gottes seinen Ursprung hat, jedoch spricht viel dafür, daß der Sinai Quellort der Verehrung ist.

Für die Sippen in der Patriarchenzeit heißt Gott *El*. Das ist eine semitische Gemeinbezeichnung, die aber auch eine bestimmte Gottheit benennen kann. Vor allem aber drückt sie im Sinn einer Gattungsbezeichnung das Wesen Gottes aus. *El* kann in vielen Verbindungen auftreten (vgl. z.B. Gen 14,18; 16,13; 21,33; 35,7).

Etymologisch ungeklärt ist der Gottesname *El Schaddai*: Er wird von der Priesterschrift für die Väterzeit verwendet. Die LXX übersetzt „Gott, der Allherr".

Das AT identifiziert später *Jahwe* mit *El*. Das ist nicht unproblematisch, insofern dabei auch viele vor- und außerisraelitische El-Überlieferungen übernommen worden sind. Andererseits wird damit ein Charakteristikum der Jahweverehrung an den Tag gebracht: Sie ist offen für viele religiöse Formen und vermag sie dort zu übernehmen, wenn sie nicht als fremd empfunden werden.

Scharf abgelehnt wird dagegen der Baals-Kult, der aus Kanaan kommt. Baal ist ein anderer Gott, der neben Jahwe nicht existieren kann. Dabei reflektiert das frühe Israel noch nicht die Frage, ob es legitimerweise für andere Völker andere Götter gibt oder geben kann. Ihm kommt es allein darauf an festzuhalten: Für uns, für Israel ist kein anderer Gott als Jahwe zuständig. Wird dies bestritten, kommt es zur Polemik. Das ist in der Königszeit der Fall.

Jedenfalls führt das Alte Testament *Jahwe* auf eine Offenbarung zurück, die dem Mose am Berg Horeb /Sinai zuteil geworden sei (Ex 3,14). Damit stehen wir in der Tradition der Menschen, die den Exodus aus der Sklaverei Ägyptens erfahren hatten.

Seitdem wird die Geschichte des Volkes von Jahwe her gedeutet. Das Exil ist Strafe Jahwes wegen der Treulosigkeit des Volkes. Er erweckt ihm Mahner, die ihm seine Sünde vor Augen halten; er führt das Volk endlich wieder in die Freiheit. Nun wird die Formel *„Jahwe, der Israel herausgeführt hat aus Ägypten"* zur häufigsten und wichtigsten theologischen Aussage des Alten Testamentes[32] . Die Sinaiüberlieferung (Ex 19 – Num 10,10) bestimmt als Weisung Gottes (Tora), die seinen Willen ausdrückt, das Leben des Volkes[33]. Doch ist die Befreiung aus Ägypten nur der Grund für Jahwes exklusiven Anspruch. Er begleitet nun auch fürderhin sein Volk. Immer wieder gibt er sich ihm als der Gegenwärtige zu erkennen[34].

Gottes Weisung bleibt sein Lebensgesetz. Es zeigt sich eine eigentümliche Spannung: Auf der einen Seite erweist sich Jahwe als machtvoll seinen Willen durchsetzender Gott, auf der anderen aber will er ihn nicht aufoktroyieren (Ex 19). Er schenkt sein Gesetz, damit die Menschen es sich innerlich zu eigen machen. Gott hat sich selber eidlich gebunden an sein Volk, so daß es keinen Grund zur Furcht vor seiner Willkür gibt: Jahwe ist ein Gott, auf den man sich verlassen kann. Seine Verläßlichkeit aber gründet in seinem Wesen: Man kann daher nicht Gott in die menschlichen Berechnungen klug einbeziehen, sondern muß ihn bejahen wie er ist: als Gott. Dann erkennt man auch seine tiefe Menschenliebe. Er ist wie ein Vater zu seinem Volk.

Alles in allem zeigt sich: Die Gottesaussagen des Alten Testmentes sind zu erheben von Gottes Werk, vom Volk Israel.

2.6.5 Gottes Volk und die Völker

Gott ist für die Menschen des Alten Testamentes in erster Linie der Gott ihres Volkes Israel. Aber er ist kein bloßer Stammesgott, sondern der Gott für die ganze Welt.

Wir sehen das deutlich am Werk des *Jahwisten*, des ältesten Autors. Er sieht das spezielle Gottesverhältnis Israels im Rahmen der universalen Geschichte Gottes mit den Menschen. An den Anfang seiner Schrift stellt er die Welterschaffung mit dem Höhepunkt der Bildung des ersten Menschen. Gott heißt bei ihm von Anfang an Jahwe, d.h. er trägt immer schon den Namen des Gottes Israels. Dieses selbst tritt erst von der Abrahamsgeschichte (Gen 11ff.) an ins Zentrum der Er-

---

[32] Ausgenommen ist die Weisheitsliteratur und die Jerusalemer Tradition.

[33] Im vorliegenden Endtext Ex 19-34 wird das Geschehen als Bundesschluß charakterisiert. Es ist aber fraglich, ob das die Theologie der Frühzeit wiedergibt und nicht erst ein Ergebnis der deuteronomistischen Redaktion ist. Entscheidend ist der Akzent, der auf der Ausschließlichkeit liegt, mit der Jahwe Israel als sein Volk beansprucht. Daraus ergeben sich erst die fordernden Konsequenzen für das Volk. Vgl. dazu E. Haag (Hg.), Gott der Einzige. Zur Entstehung des Monotheismus in Israel (QD 146), Freiburg-Basel-Wien 1993; N. Lohfink, Art. Bund: Neues Bibellexikon I, Zürich 1990, 344-348 sowie ders., Der Begriff „Bund" in der biblischen Theologie: ThPh 66 (1991) 161-176.

[34] Das geschieht auch durch Naturerscheinungen – so schon auf dem Sinai. Aber Jahwe war nie Feuer-, Licht-, Gewitter- oder Berggott, sondern bedient sich nur der Naturerscheinungen: Er steigt auf Sinai herab (Ex 19,18-20), um die Gemeinschaft mit Israel zu proklamieren.

zählung. In der Exodus- und Sinaigeschichte wird er zum Volksgott, der sich gegen den Machtapparat Ägyptens mühelos durchsetzt. Immer aber weiß der Verfasser, daß er Gott für alle Menschen ist und daß darum alle ihn verehren und sich vor ihm verantworten müssen. Das wird deutlich, wenn dem Abraham als dem Stammvater Israels zugleich ein universaler Segen gespendet wird. Der Israelit, der an Jahwe glaubt und ihn verehrt, steht also in einem umfassenden Kontext mit allem Weltgeschehen.

2.6.6 *Gott handelt durch sein Wort*

Es war oben bereits die Rede davon, daß das Alte Testament nicht darauf aus ist, das *Wesen* oder die *Eigenschaften* Gottes zu schildern. Er wird in seinem Handeln erfahren, und wenn man dieses Handeln schildert, erschließt er sich von selber als er selbst. Gerade darin kommen seine absolute Weltjenseitigkeit und Macht zur Erscheinung. Daher wird die Bezeichnung *Herr* zum Synonym für Jahwe. Und weil dieser transzendente Gott sich der Welt als seiner Schöpfung zuwendet, wird er im gleichen Reflexionsgang auch als der erfahren, der, wie dann der erste Johannesbrief die ganze Erfahrung Israels zusammenfassen kann, Liebe nicht nur hat, sondern *ist* (1 Joh 4,8. 16).

Eine wesentliche Kategorie, mit der Gottes Handeln im Alten Testament erfaßt wird, ist sein *Sprechen*. Damit wird ein vielschichtiger Sachverhalt auf den Begriff gebracht. Einmal werden direkte Sprechakte angeführt, dann sind es menschliche Vermittler, die in ihrem Wort Gottes Spruch verkünden, endlich haben Ereignisse Wortcharakter[35]. Gott verlautet sich ferner im Inneren der Menschen: Sein Geist ergreift sie und legt sein Wort in ihr Herz. Hörerlebnisse (*Auditionen*) spielen eine große Rolle im Alten Testament. Aber auch *Visionen* drängen dazu, das Geschaute in Worten auszudrücken, wofern sie nicht nur aufmerksam machen auf das , was Gott sagen will[36].

Auch die Berufung des Volkes zum Eigentumsvolk Gottes vollzieht sich im Wort: Jahwe spricht zu Mose (mehr als zweihundert Stellen), Mose überbringt sein Wort dem Volk. „Ich will ihm meine Worte in seinen Mund legen und er wird ihnen alles sagen, was ich ihm auftrage“ (Dtn 18,18) , wird geradezu zur Beschreibung der prophetischen Existenz. Der Deutero-Jesaja entwirft eine ganze Theologie des Wortes Gottes: Das Wort Jahwes wirkt das Heil (Jes 55,11); es bleibt ewig bestehen (Jes 40,8). Vor allem aber erscheint das Schaffen Gottes als wirkmächtiges Hervor-Rufen (Gen 1; Ps 33,6). Sein Wort ist „der zur Sprache gewordene Gedanke des Schöpfergottes“, mit dem er seinem Werk „eine grundlegende Ordnung eingestiftet hat“[37].

---

[35] Im Hebräischen heißt *dabar* sowohl Wort wie Ereignis. Zur sachlichen Verknüpfung vgl. Vaticanum II, DV 2, wo die Korrelation von Wort und Tat beschrieben wird.

[36] Das ist der Fall bei der Vision des brennenden Dornbusches (Ex 3,2-6). Bei den Visionen angelegentlich der Prophetenberufungen (Jes 6,1-4; Ez 1,4-28) steht in der Mitte nicht die Beschreibung des Geschauten, sondern die mit Worten ergehende Bestallung zum Dienst Gottes.

[37] F. L. Hossfeld, E. Zenger, Die Psalmen I (NEB.AT), Würzburg 1993, 207.

An dieser Stelle begegnen wir neuerlich dem Phänomen, daß Gott wenig *über sich* sagt. Viel häufiger redet er über die Menschen, über Israel, über sein Handeln am Volk und dergleichen. „Direkt" ist Jahwe als Handelnder zugegen – „indirekt" erchließt er sich aber in diesem seinem Tun. In einem weiteren Schritt werden die Schriften, in denen Gottes Handeln aufgezeichnet ist, *Wort Gottes* genannt: Der Genitiv drückt sowohl die Herkunft (*von Gott*) wie das Objekt (*über Gott*) und den Formalaspekt (*im Blick auf Gott*) aus. Hier ist unter einem neuen Aspekt die Problematik gegeben, die gerade angesprochen wurde. „Direkt" ist er nur in seinem unmittelbar ergehenden Wort gegenwärtig. Dieses wird in den heiligen Schriften aber nur „indirekt" weitergegeben: Diese sind nicht mehr das Wort Gottes selbst, sondern dessen Verschriftung, also ein Niederschlag des einst unmittelbar Gesagten. Damit ist eine Spannung gegeben, die sich in der ganzen Theologiegeschichte, also auch in der dogmatischen Gotteslehre, bemerkbar macht.

Davon ist auch die katholisch-protestantische Kontroverse geprägt. Ausgehend von der Vermitteltheit des Gotteswortes in der Bibel suchte die katholische Theologie die Autorität des Gotteswortes durch die Betonung der Autorität des vermittelnden Lehramtes zu sichern. Aber wie ist dann wirklich gesichert, daß das Wort Gottes in seiner Eigenart erkannt wird?

Dagegen akzentuierte die reformatorische Exegese die Genuität des Schriftwortes: In ihm begegnen wir ungeachtet aller Vermitteltheit Gott direkter als über eine autoritative Auslegung seitens der Kirche. Damit wird der Gegensatz zwischen „Wort Gottes" und „Kirche" konstruiert.

Das Zweite Vatikanische Konzil suchte dem berechtigten Anliegen der Reformatoren dadurch Rechnung zu tragen, daß es einerseits das kirchliche Lehramt wie auch die Kirche insgesamt dem Schriftwort unterordnete, auf der anderen Seite aber nachdrücklich herausstellte, daß das Wort Gottes als *sein Wort* erst im Raum der Kirche hörbar wird.

Schließlich hat das Wort Gottes die Aufgabe, die schrecklichen Dimensionen der Untreue Israels aufzudecken. Es ist in dieser Perspektive Gerichtswort, das Vernichtung androht. Gott kann sogar sein Verhältnis zu Israel aufkündigen (Hos 1,9; 5,12. 14; 13,4. 7 u.ö.). Vor allem die Propheten stellen diesen Aspekt heraus. Aber sie verkünden, abgesehen vielleicht von Amos, immer zugleich auch hinter dem Unheil das Heil. Erschütternd zeigt sich beides Hos 11,1-11: Jahwe klagt seinen lieben „Sohn Israel" des Abfalls an. „Mein Volk verharrt in der Treulosigkeit; sie rufen zu Baal, doch er hilft ihnen nicht auf". So hat es Schwert und Vernichtung verdient. Doch Jahwe bekennt: „Mein Herz wendet sich gegen mich, mein Mitleid lodert auf". Darum lautet der endgültige Spruch: „Ich will meinen glühenden Zorn nicht vollstrecken und Efraim nicht noch einmal vernichten". Im Duktus dieser Erkenntnis von Gottes Liebe werden die Propheten nicht irre am Wort Gottes als an einem Wort des rettenden Heiles – auch wenn sie sich wie der Deuterojesaja im Exil befinden oder wenn die verheißene Rettung doch nicht zu kommen scheint, wie in der Situation des Trito-Jesaja.

Damit taucht eine neue Frage auf. Sicher kann man Gottes Gnadenhandeln keine Vorschriften machen. Aber warum muß auch der fraglos Gerechte viel leiden, dem zu zürnen Gott kein Recht zu haben scheint? Die bedrängende *Theodizee-Frage*, klassisch im Buch Ijob aufgeworfen, wird im Alten Testament nicht gelöst. Es keimt nur die Ahnung auf, daß das Leiden in der Gemeinschaft mit Gott erträglich wird, daß er ihm nicht hilflos gegenübersteht. So muß man ihm das eigene Schicksal vertrauend in die Hände legen (Ijob 19,23-25; Ps 73 sowie im NT Röm 8,18-39).

In jedem Fall verfügt Gott durch und in seinem Wort über die Menschen. Daher dürfen die Propheten nicht nach dem Mund der Leute reden, wie dies die falschen Propheten tun; sie dürfen sich aus dem gleichen Grund auch nicht den Mund verbieten lassen.

2.6.7 *Gottes Verhaltensweisen*

Gott spricht sich in seinem Wirken aus, die Gotteslehre sucht daraus Gott zu erkennen und sprachlich zu vermitteln. Wir müssen darum die Verhaltensweisen Gottes und in ihnen seine Eigentümlichkeit (sein „Wesen") herausarbeiten, wie sie in seinem Wort erkennbar sind.

2.6.7.1 Segen und Fluch

Eine markante Handlungsweise Gottes nach dem Alten Testament wird als *Segen und Fluch* beschrieben.

Unter *Segen* wird Gottes Wohlwollen, seine heilschaffende Gegenwart verstanden. Gott verbindet sich seinen Geschöpfen, läßt ihr Tun gelingen. So können Menschen selber für andere zum Segen werden (Gen 12,3 von Abraham). Umgekehrt erfahren die Menschen in ihrer Gottzugewandtheit ihre Existenz als Segen (Num 6,24-26). Wo die Menschen sich jedoch von ihm abkehren, da wendet auch Gott sein Antlitz von ihnen ab: Die Menschen erfahren nun Gottes *Fluch*. Er entspringt also nicht dessen Willkür, sondern ist die Folge eines „Wahlaktes" (Dtn 11,26-28). Die Konsequenzen sind entsetzlich: Gottes Segen ist Leben Gottes Fluch Tod. Weil aber Gott überall ist, weil es also keinen Ort gibt, an dem man vor ihm fliehen könnte, ist Gottes Fluch des Menschen Qual (Gen 3,10; 4,14).

Diese theologische Deutung ist eine hervorragende Leistung der Propheten und der deuteronomistischen Bewegung. Der religiöse Mensch hat immer auch die „dunkle Seite" Gottes gespürt, sofern er hilflos den Schicksalsmächten sich ausgeliefert fühlte. Gott erscheint als Despot, als Willkürgott, als letzte und unentrinnbare Ursache allen Übels. Der alttestamentlichen Theologie gelingt es nun, diese schaudererregende Dimension aufzuklären ohne sie wegzurationalisieren. Gott verhält sich stets wesensgemäß: Er bleibt dem Menschen zugewandt. Aber der Mensch verhält sich nicht immer auf die gleiche Weise. Im Widerspruch gegen Gott erfährt er Gottes Widerspruch an sich selber als innerste Konsequenz des eigenen Verhaltens. Gott verhängt nicht von außen eine Strafe wie dies ein menschlicher Richter tut (z.B. für Mord die Haftstrafe), sondern der Mensch wird sich in der Abkehr von Gott selbst zur Strafe. Diese Einsicht ist auch wichtig für ein rechtes Verständnis der christlichen Lehre von der Hölle[38].

[38] Vgl. in diesem Werk Bd. III: Eschatologie 11.

Was hier festgestellt wird, trifft nicht nur für die Beziehung Individuum – Gott zu, sondern auch für die Beziehung Individuum – Mitmenschen: Denn Gott ist so allen Menschen segnend zugewandt, daß man im gleichen Akt des Widerspruchs zu Gott auch in Widerspruch zu den Menschen gerät. Hier ist der innerste Grund der Einheit von Gottes- und Nächstenliebe.

Das Alte Testament kehrt mitnichten unter den Tisch, daß ungeachtet dieser Zusammenhänge das Dunkel durchaus bleiben kann, in welches das konkrete Tun Gottes hier und jetzt sich hüllt. Gott bleibt immer der verborgene Gott (*Deus absconditus*). So bleibt es auch immer möglich, daß ein Mensch versucht wird, sich angesichts des Fluches Gottes von ihm immer weiter abzuwenden. Er kann sich sogar dem rettenden Gotteszeichen und dem Gottespropheten verweigern (Jes 7,10-14). Es ist ein großer Trost, daß die Bibel Ijob gelten und zu Geltung kommen läßt. Dieser Mensch verliert unter dem scheinbar sinn- und grundlosen Fluch Gottes jeglichen Boden unter den Füßen. Dennoch wankt sein vertrauendes Wissen nicht: „Ich weiß, mein Erlöser lebt, als letzter erhebt er sich über den Staub" (Ijob 19,25). Aber es kann unendlich schwer sein, auf diesen „letzten" Moment zu warten!

So wird die Theodizee-Frage nicht hegelianisch durch Versöhnung der Gegensätze aufgehoben. Wer erkennt, daß Gott „barmherzig und gnädig, langmütig und reich an Güte" ist (Ex 34,6 f.), muß sich auch von Gott durch das Nichtverstehen Gottes führen lassen. Doch gerade weil er es ist, der führt, bevor noch der Mensch seine Gedanken- und Lebenswidersprüche thematisiert, vermag der Mensch zu lernen: „Es ist dir gesagt worden, Mensch, was gut ist und was der Herr von dir erwartet: Nichts anderes als dies: Recht tun, Güte und Treue lieben, in Ehrfurcht den Weg gehen mit deinem Gott" (Micha 6,8).

Die ihrem tiefsten Wesen nach heilende Dimension des Gottesfluches wird artikuliert in der Rede von *Reue* und *Mitleid* Gottes, die noch einmal in seiner liebenden Gerechtigkeit begründet werden (Joel 2,13; Jona 4,2; Hos 13,14 und 11,8). Damit werden keine unzulässigen Vermenschlichungen (*Anthropomorphismen*) ins alttestamentliche Gottesbild eingetragen. Gott ändert nicht wie ein Menschenkind seine Absichten (vgl. Num 23,9; 1 Sam 15,29). Aber wegen seiner innersten Zuverlässigkeit liebt er den Menschen konsequent, d.h. über dessen Versagen hinaus. Gerade sein Erbarmen ist Kennzeichen seines Gottseins, wie oben (2.6.6) Hos 11 gezeigt hat. Es entspringt nicht einer Schwäche, die angesichts des Leids zur Änderung der ursprünglichen Absicht Gottes führen würde, sondern ist Erweis seiner unüberbietbaren Stärke: In jeder Lage bleibt Gott souverän als Gott des Lebens.

So setzt sich die Einsicht durch: Gottes erbarmender Segen ist stärker als sein Fluch. Zwar verfolgt er die Schuld bis ins dritte und vierte Generationenglied, doch erweist er seine Huld Tausenden (Ex 20, 5 f. = Dtn 5,9 f.; 34,6 f.).

2.6.7.2 Güte (Gnade) und Gerechtigkeit

Unter *Güte* verstehen wir die liebende Zuwendung Gottes, die der tragende Grund seines Heilshandelns ist. Er hält und trägt seine Geschöpfe. Dem deutschen Wort entspricht kein hebräisches Äquivalent. Was gemeint ist, drücken Begriffe aus wie *lieben* (vor allem Dtn und Hos) oder *erwählen* (vor allem des Niedrigen: Jes 57,15; Ps 147, 5f.; 1 Sam 2,7. Vgl. im NT lk 1,52. 78).

In die gleiche Richtung zielt das Wort *Gnade*. Auch für die damit gemeinte Realität stehen dem Hebräischen mehrere Wörter zur Verfügung,die je bestimmte Aspekte beleuchten[39]. So meint *hanan* (LXX: *eleein*) die personale Zuwendung zu einem anderen. Es wird vor allem in den Psalmen für die wirksame Hinkehr Gottes zu den Menschen gebraucht. Die Wirkung bei diesen bezeichnet das Substantiv *hen*, das die Bedeutung von Charme, Anmut, Ansehen hat (LXX: *charis*).

In besonders starker Weise bringt das Substantiv *hesed* das begnadende Handeln einer Person zum Ausdruck (LXX: *eleos*). Es wird für Menschen, vornehmlich aber für Gott verwendet[40].

Ein weiterer wichtiger Begriff ist *emet*. Man kann dieses Wort mit Treue, Zuverlässigkeit, Wahrheit umschreiben. Gottes Gnade wird erfahren als eine in der Geschichte sich durchhaltende Huld Gottes, die zu einer letzten Wirklichkeitserfahrung führt: Gott ist verläßlich – und das ist in Wahrheit Gottes Wesen.

Beachtung verdient besonders das Wort *rahamim* (Erbarmen) mit dem Adjektiv *rahum* (barmherzig): Es leitet sich ab von *rehem*, dem Wort für den Mutterschoß (als inneres Organ). Mit Gott und seinem Handeln wird ein weiblich-mütterliches Element verbunden. Gottes barmherzige Gnade ist zärtlich wie die Zuneigung einer Mutter (Jes 49,15; 66,13; ähnlich, aber ohne Anspielung auf weibliche Zärtlichkeit, Jer 31,20).

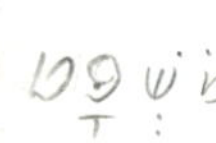

Das Alte Testament kennt aber nicht nur den Begriff der Gnade, sondern auch den der *Gerechtigkeit Gottes*. Sie beschreibt damit Handlungen Jahwes, die in sich komplex erscheinen. Gott ist aufgrund seiner Gerechtigkeit der Schrecken der Sünder, aber auch der Befreier der Unterdrückten, die Hoffnung der Notleidenden und der Garant des zwischenmenschlichen Friedens. Grundlage ist immer die Liebe Gottes zur Schöpfung: „Du liebst alles, was ist, und verabscheust nichts von allem, was du gemacht hast; denn hättest du etwas gehaßt, so hättest du es nicht geschaffen" (Weish 11,24). Gott tritt darum für die Sache seiner Kreaturen ein. Er weiß und tut das „Rechte", weil er sie kennt und liebt und um ihre Bedürfnisse weiß: So wird er ihnen „gerecht". Dazu gehört auch, daß er allen zerstörenden Tendenzen wehren muß, also gegen jegliches Un-Recht sein muß. Gerechtigkeit wird darum auch zur Richtschnur des menschlichen Zusammenlebens und zum messianischen Heilsgut (vgl. Jes 45,8).

Im Neuen Testament wird die *Rechtfertigung*, d.h. das Gerecht-Machen der Sünder als Menschen, die der Ungerechtigkeit verfallen sind, zum Inbegriff der messianischen Erlösung.

Seit der Scholastik wurde der Begriff *Gerechtigkeit* seiner biblischen Fülle beraubt, sofern er als Gegenstück zur *Barmherzigkeit* gesehen wurde: Beide vertrügen sich dann nicht. In Wahrheit aber umfaßt Barmherzigkeit auch Gerechtigkeit: Die Liebe weiß höhere Gerechtigkeit zu schaffen als sie durch Vernichtung und Zerstörung zur Geltung käme. Gottes Gerechtigkeit ist kein Zuchtmittel von außen.

---

39 Vgl. auch in diesem Werk Bd. III: Gnadenlehre 2.1.

40 *Hesed* gehört zu den am häufigsten vorkommenden Wörtern des AT: Von den 237 Notierungen stehen 127 in den Psalmen (davon 124 mit dem Subjekt Gott).

2.6.7.3 Geduld und Zorn

Die in der barmherzigen Gerechtigkeit Gottes sich aussprechende Verhaltensweise kann noch verdeutlicht werden durch das Begriffspaar Geduld (Langmut, Sanftmut) und Zorn: Auch sie zeigen, daß die göttliche Souveränität die Menschen nicht in Zwang und Vergewaltigung bringt.

Unter der *Geduld Gottes* versteht die Bibel die Bereitschaft Gottes, seine Geschöpfe zu ertragen. Diesen wird damit Mut zugesprochen, geduldig auszuharren (Sir 5,4; 18,11)[41].

Als schärfster Kontrast bringen sich jene Texte zur Geltung, die vom *Zorn Gottes*, seinem Groll (Dtn 9,8) oder Grimm (häufig in Pss) Kunde geben. In Wirklichkeit geht es wieder um die Identität Gottes mit sich selbst. Gott will die Kreatur und er will sie in Liebe. Wo diese sich aus freiem Entscheid von ihm abwendet, da zeigt diese sich als Zorn ob des Unheils, das gegen seine Intentionen heraufbeschworen wird. Der innerste Grund des Zornes ist Gottes Heiligkeit, die der Mensch nicht antasten darf.

Unter diesem Blickwinkel ist auch über die „Gewalt" Gottes im Alten Testament zu urteilen. Sie ist keine „Eigenschaft" Jahwes: Er verurteilt sie bereits in der Urgeschichte als widergöttlich (Gen 3 mit 4). Wenn er freilich an vielen Stellen Gewalttaten als „Kriegsmann" begeht, dann soll er nicht als Machtgott beschrieben werden; vielmehr ist die Sinnspitze solcher Texte die, Israels Siege nicht dessen eigener Leistung, sondern der Führung Jahwes zuzuschreiben (Ex 14,14; vgl. Ri 5,23; 7,2; Ps 33,26 ff u.ö.).

2.6.8 *Gotteserkenntnis aus der Heilsgeschichte*

Das Alte Testament orientiert seine „Gotteslehre" am Handeln Gottes, haben wir gesehen. Das schließt nicht aus, sondern gerade ein, daß sie darin Gott selber sucht: Wer und was ist Jahwe? Auch die Menschen damals wissen, daß eine restlose und erschöpfende Antwort unmöglich ist. Sie sind sich aber ebenso klar, daß wenigstens *näherungsweise* Aussagen gemacht werden können, die das „Wesen" Gottes richtig anzielen, d.h. die angeben, wie er wirklich ist.

2.6.8.1 Gottes Transzendenz

Ein erster Begriff in diesem Rahmen ist der Begriff der *Transzendenz*. Als solcher kommt er nicht in der Bibel vor , wohl aber der Sache nach. Gott wird zwar als Handelnder erlebt, aber zugleich erfahren als einer, den man nicht fassen und greifen kann wie andere Wirklichkeiten. Salomo bekennt im Tempel-Weihegebet: „Wohnt denn Gott wirklich auf der Erde? Siehe, selbst der Himmel und die Himmel der Himmel fassen dich nicht, wieviel weniger dieses Haus, das ich gebaut habe" (1 Kg 8, 27). Das Wissen um diese Un-begreif-lichkeit Jahwes führt zum

[41] Vor allem das NT hebt diese Seite Gottes ins Licht: Röm 3,4. 25; 15,5; 1 Petr 3,20; 2 Petr 3,9. 15. Ein altes Gottesprädikat ist auch *Langmut* (Ex 34,6); es wird ebenfalls besonders im NT verwendet (Röm 2,4; 9,22: Gottes Langmut darf nicht mißbraucht werden). Von der zärtlichen *Sanftmut* Gottes sprechen Jes 51,12; 57,18; 66,13 u.ö. Bezeichnend ist 1 Kön 19,11-13: Elija erfährt Gott nicht in Sturm, Erdbeben und Feuer, sondern in einem „sanften, leisen Säuseln".

berühmten *Bilderverbot* im Alten Testament (Ex 20,4 f., Dtn 5,8 f; Ex 20,23). Jede Gestalt Gottes verführt zu falscher Anschauung[42]. In der ganzen kreatürlichen Realität existiert keine Gestalt, die ihn auch nur irgendwie abbilden könnte[43].

Gottes Transzendenz zeigt sich weiter in seiner Überlegenheit über geschlechtliche Differenzierung: Er ist weder männlich noch weiblich darstellbar (Dtn 4,16). Er übersteigt die für die Personalität des Menschen wesentliche und unabdingbare Sexualität (vgl. Gen 1,27) – und dabei bleibt er dennoch und in einzigartiger Weise Person. Gerade weil er geschlechtstranszendent auch als Schöpfer der Sexualität ist, können für Gottes Verhaltensweisen Analogien aus dem Mann- und Frausein, aus Väterlichkeit und Mütterlichkeit, aus der sexuellen Begegnung der Liebenden herangezogen werden. Umgekehrt ist nicht zu übersehen, daß die menschliche Sexualität ein Indikator für Geschöpflichkeit ist

Eine andere, heute durch die Anstöße der feministischen Theologie lebhaft erörterte Frage ist es, wie weit nicht doch tatsächlich Gott mit dem Mannsein des Menschen als Symbol für Macht, Herrschaft und Überlegenheit über das weibliche Geschlecht identifiziert worden ist. Die Anfrage verstärkt sich, bedenkt man den Einfluß der neutestamentlichen Vater-Terminologie, die durch das innige Abba-Verhältnis Jesu charakterisiert wird. Anscheinend wird nun endgültig Frauliches und Mütterliches aus dem Gottesbild eliminiert. In einem männlichen Gottesbild erscheint von selber der Mann als gottähnlicher als die Frau.

Feministische Theologinnen schlagen daher entweder vor, radikal den Begriff *Gott* durch *Göttin* zu ersetzen, oder Gott *Vater und Mutter* zu nennen (wie es jetzt auch ein 1994 für Deutschland zugelassenes Hochgebet aus der Schweiz tut) beziehungsweise geschlechtsneutrale Umschreibungen zu verwenden wie Lebensquell, Schöpferkraft, Heilige Einheit.

Die Anliegen sind, bedenkt man die leidvolle Geschichte der Kirche in der Geschlechteranthropologie und ihren Folgen, sehr ernst zu nehmen. Eine angemessene Beschreibung Gottes wird jedenfalls auch weibliche Analogien heranziehen – wie es schon das Alte Testament mit den Worten *ruach, shekinah, und sophia* tut. Vor allem aber ist Gott als die alles umgreifende *Liebe* zu benennen, in der männliche und weibliche, mütterliche und väterliche Menschenliebe begründet, umfangen und geborgen ist. Geschlechtsneutrale biblische Begriffe für Gott sind Geist, Licht, Leben. Sie müssen stärker bedacht und erschlossen werden.[44]

---

[42] Obschon sich einige Jahwe-Darstellungen gefunden haben – wobei offen bleiben muß, ob sie als „legitim" galten –, scheint doch Jahwe seit alters bildlos verehrt worden zu sein. Das ist um so auffälliger, als die religiöse Umwelt Israels voller Götterbilder war. Als es darum ging, Jahwe und Baal voneinander abzugrenzen, wird daher die Unanschaulichkeit des ersteren stark hervorgehoben, die Götterbilder werden hingegen mit Spott bedacht (Jes 44,9-19; Jer 10; Ps 115 u.ö.).

[43] Chr. Dohmen, Art. Bild. II. Biblisch: LThK[3] 2,441-443. Dort weitere Literatur. Vgl. auch F. L. Hossfeld, Einheit und Einzigkeit Gottes im frühen Jahwismus: M. Böhnke, H. Heinz (Hg.), Im Gespräch mit dem dreieinigen Gott (FS W. Breuning), Düsseldorf 1985, 57-74; R. Albertz, Religionsgeschichte Israels in alttestamentlicher Zeit (ATD Efg. 8, 1), Göttingen 1992, bes. 96-103.

[44] Vgl. dazu E. A. Johnson, Ich bin die ich bin. Wenn Frauen Gott sagen. Düsseldorf 1994. – Weitgehend ungeklärt sind die Vorgänge, die zur Vorstellung eines transsexuellen Gottes in Israel geführt haben. Zum archäologischen Befund: O. Keel, Chr. Ühlinger, Göttinnen, Götter und Gottessymbole. Neue Erkenntnisse zur Religionsgeschichte Kanaans und Israels aufgrund bislang unerschlossener ikonographischer Quellen (QD 134), Freiburg-Basel-Wien 1992. Zur Frage eines möglichen „Göttinnenkults" siehe M. T. Wacker, E. Zenger (Hg.), Der eine Gott und die Göttin (QD 135), Freiburg-Basel-Wien 1992.

Das Faktum, daß ungeachtet des Verbotes, Jahwe selber bildlich darzustellen, doch in der Bibel für Jahwes Verhaltensweisen verwendet werden – wir haben gerade ein Beispiel genannt –, zeigt, daß aus der Geschöpflichkeit des Menschen *Analogien auf den Schöpfer* gezogen werden können. Er ist der Bildner schlechthin, so daß schon der erste Schöpfungsbericht den Menschen als Gottes Bild und Gleichnis beschreibt (Gen 1,26 f.)[45]. So kann die Schrift in unbefangener Weise und nicht ohne Drastik eine reiche Bildsprache verwenden (z.B. Hos 5,12. 14; Klgl 3,10). Was dem Auge verweigert wird,gesteht sie dem Ohr zu (vgl. Dtn 4,12)[46].

Einen anderen wichtigen Hinweis auf die göttliche Transzendenz bietet die Dialektik zwischen *Nähe und Unanschaulichkeit* Jahwes. Ein Text, der sie farbig zeichnet, ist Ex 33.

Nach dem Bundesbruch durch die Anbetung des Goldenen Kalbes will Gott nicht mehr selber mit dem Volk ziehen, sondern nur noch seinen Engel schicken. Da redet Mose mit ihm „Auge in Auge, wie Menschen miteinander reden" (V. 11). Als er auf der Gegenwart Gottes selber besteht, verspricht dieser: „Mein Angesicht wird mitgehen, bis ich dir Ruhe verschafft habe" (V. 14). Mose geht noch weiter: „Laß mich doch deine Herrlichkeit sehen! Der Herr gab zur Antwort: Ich will meine ganze Schönheit vor dir vorüberziehen lassen und den Namen des Herrn vor dir ausrufen" (V. 18 f.). Aber das Angesicht Gottes selber vermag der Mensch Mose nicht zu sehen, so er nicht sterben will (V. 20). Das Erleben der Gottesherrlichkeit ist nur aus zurückhaltendem Abstand heraus möglich. Jahwe weist seinen Knecht an: „Wenn meine Herrlichkeit vorüberzieht, stelle dich in den Felsenspalt und halte meine Hand über dich, bis ich vorüber bin. Dann ziehe ich meine Hand zurück, und du wirst meinen Rücken sehen. Mein Angesicht aber kann niemand sehen" (V. 21-23). Die unmittelbare Gottesschau wäre für Mose tödlich. Aber im Schutz Gottes vermag er wenigstens „hintendrein" zu erfahren, daß Gott anwesend ist.

Die unmittelbare Gottesschau wird von diesem Wissen her zum Synonym für die endzeitliche Vollendung. Für die Zeit bleibt nur die anbetende Ehrfurcht vor Gott.

Im Zusammenhang damit steht die *Bedrohlichkeit Gottes für den unreinen Menschen*. Nicht in sich ist die Majestät Gottes schreckenerregend, ist doch der Mensch Gottes Ebenbild. Sie wird es aber in dem Moment, wo dieser sich seiner Sündhaftigkeit bewußt wird. Als sich Jahwe dem Jesaja naht, ruft dieser: „Weh mir, ich bin verloren. Denn ich bin ein Mann mit unreinen Lippen und lebe mitten in einem Volk mit unreinen Lippen, und meine Augen haben den König, den Herrn der Heere, gesehen" (Jes 6.5). Gott selber muß diese Distanz aufheben: Jesaja kann seine Huld nun als Geschenk erleben.

2.6.8.2 Gottes Namen

In Gottes Handeln und Verhalten kommen charakteristische Eigentümlichkeiten zum Ausdruck, die seine unvergleichliche Einzigartigkeit hervortreten lassen. So kamen im unmittelbar vorausgehenden Abschnitt die Heiligkeit und Herrlich-

[45] Im Hebräischen steht dafür *selem* und *demut*. Im Zusammenhang mit dem Bilderverbot aber heißt „Bild" *phesal*.

[46] So W. H. Schmidt, Art. „Gott": TRE 13, 613

keit Gottes, sein Königtum und seine Schöpfermacht zur Erscheinung und zum Ausdruck. Gott hat, wie die klassische Theologie gern sagte, „*Eigenschaften*", die sein Wesen beschreiben. Wir ziehen mit Thomas von Aquin die Bezeichnung *Namen* vor[47]. Es handelt sich nämlich nicht um deduktive Ableitungen aus einem abstrakten Wesensbegriff, sondern um biblisch bezeugte Phänomene der Gottesoffenbarung.

a.) *Heiligkeit:* In der schon erwähnten Berufungsvision des Jesaja rufen die Cherubim einander zu: „Heilig, heilig, heilig ist der Herr der Heere. Von seiner Herrlichkeit ist die ganze Erde erfüllt" (Jes 6,3). „Der Heilige in deiner Mitte" ist nach Hos 11,9 die Selbstprädikation Jahwes. *Heiligkeit* ist offensichtlich geradezu die Seinsbestimmung *Gottes*: Man kann die beiden Worte schadlos austauschen. Hanna betet: „Niemand ist heilig, nur der Herr; denn außer dir gibt es keinen Gott" (1 Sam 19,2).

Es fällt jedoch auf, daß Gott gleichwohl von den Israeliten verlangen kann: „Seid heilig, denn ich, der Herr, euer Gott, bin heilig" (Lev 19,2). Das ist jedoch kein Appell an deren Leistung, sondern Aufruf, zu werden, was sie sind, nämlich durch die Heiligungstat Gottes (Lev 20,8)[48].

b.) *Herrlichkeit* (kabod, doxa): Das hebräische Wort *kabod* bezeichnet den imponierenden Eindruck, den die Begegnung mit Gott macht. Gemeint ist die Fülle und Strahlkraft, das Ansehen, die Macht, die von jemandem (auch von Menschen) ausgeht. Sie ist im Falle Gottes so gewaltig, daß die einzig angemessene Haltung die Anbetung ist.

Auf verschiedene Weise wird die *kabod* wahrgenommen. Sie zeigt sich in Naturphänomenen wie Feuer, Licht, Gewitter (Ps 29). Nicht diese selber sind göttlich, aber sie veranschaulichen Gott. Er bleibt unanschaulich, aber er gewährt in Zeichen Zugang zu seiner Herrlichkeit – so im Bundeszelt oder in der Bundeslade oder im Tempel. Bei den Propheten wächst dadurch die Zuversicht, in der messianischen Endzeit werde Jahwe sie endgültig und abstrichlos kundtun (Ez 43, 3 ff.; Ps 72,19; 57,6. 12).

c.) Eine besondere Bedeutung bekommt die *Licht-Metaphorik*. Das den Augen sichtbare Licht ist selbst nicht göttlich: Sonne und Mond, die Himmelslichter, sind von Gott installierte Geschöpfe (Gen 1,14-18). Aber kaum ein anderes Phänomen kann so gut zeigen, was und wer Gott ist. Das Gebet um seine Güte lautet Ps 4,7: „Laß dein Angesicht über uns leuchten". Der Beter von Ps 18,29 weiß: „Mein Gott macht meine Finsternis hell"[49] .

d.) *Schönheit:* Von Gottes Schönheit spricht die Hl. Schrift nur selten unmittelbar (z.B. Ex 33,19; Ps 89,18; Jes 33,17). Indirekt kommt sie zur Sprache, wenn sie von seiner „Pracht" (Ps 96,6) oder seinem „Aufstrahlen" (Ps 50,2) redet.

---

[47] S.th. I, q. 1, prooem.

[48] Von da her versteht sich die Vaterunser-Bitte „Geheiligt werde dein Name" als Bitte um Gottes Handeln (Mt 6,9. Vgl. auch Joh 17,11. 17. 19). Es wäre gut, wenn wir heute den ursprünglichen Sinn von Heiligkeit in der doppelten Bedeutung als Wesensname Gottes und Tat Gottes an uns wieder ernst nehmen und uns gegen eine inflationäre Verwendung (Heiliger Stuhl, Heiliger Vater, heilige Geräte) verwahren würden.

[49] Das NT greift an vielen Stellen diese Metaphern auf. Vor allem weist es auf die Überfülle des Gotteslichtes hin, die so groß ist, daß er gerade im Leuchten unanschaulich bleibt: Vgl. die Verkündigung der Weihnacht an die Hirten, die Verklärung auf Tabor, die Bekehrung des Paulus. Gott als Licht ist auch ein wichtiges Motiv des Johannes.

Bei den Kirchenvätern wird dieses Motiv mit der Lichtmetaphorik verbunden. Seit der Vorherrschaft der philosophisch-metaphysischen Gotteslehre (Scholastik) wandert es in die mystische Reflexion ab. Nur in der platonisch-augustinischen Tradition (V.Gioberti, A.Rosmini) und im Deutschen Idealismus wird es weiter beachtet. Im 20. Jahrhundert hat zunächst E.Przywara, dann H. Urs v.Balthasar auf die Dimension der „Herrlichkeit Gottes" aufmerksam gemacht.

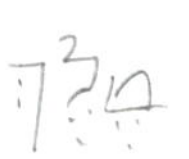

e.) *König:* Der messianische Freudenbote des Jesaja verkündet Zion, d.h. dem Volk Israel: „Dein Gott ist König" (Jes 52,7). Jesus Christus greift das auf, wenn er in die Mitte seiner Botschaft die Ankunft der basileia, der Herrschaft und des Reiches Gottes stellt[50]. Diese Gottesbezeichnung gehört allerdings nicht zum biblischen Urgestein. Erst spät übernimmt Israel den Titel Gott-König von den Kanaanitern, wo dieser als oberster von vielen Göttern verstanden wurde. Um die einzigartige Stellung Jahwes zu betonen, wird nun auch er König von Israel genannt (Ps 95,3; 97,7.9; Jes 33,22; 43,15; 44,6 u.ö.). Das wird vollends plausibel, als sich auch das Volk – gegen den Widerstand der vorexilischen Propheten – einen König als obersten Staatsrepräsentanten gibt. In der Gestalt Davids wird er bald auch zum Repräsentanten Gottes und des erwarteten Messias (1 Sam 17, 32; 2 Sam 5,10; Jes 11,1-9). Der Endpunkt dieser Entwicklung ist die eingangs erwähnte Proklamation Jahwes als König. Seine universale Herrschaft wird in der Folge in lebhaften Farben gemalt (Sach 14,9.16), Jahwe-König-Lieder werden gesungen (Ps. 47; 93; 96-99).

Die theologische Grundlage dieses Titels ist das Schöpfungswerk. Gott hat alles ins Dasein gerufen; alles gehört darum ihm; alles ist auf ihn als Ziel ausgerichtet. Letzter Grund ist der Wille Gottes, der auf das Wohl der Geschöpfe gerichtet ist.

Gott als König ist darum kein Willkürgott. Das ist besonders heute zu betonen, weil viele Menschen mit dem Wort *Herrschaft* die Einschränkung der eigenen Selbstverwirklichung und die Verweigerung der eigenen Emanzipation verbinden. Sicher ist immer wieder in der Geschichte Machtmißbrauch vorgekommen, durch den die Freiheit der Unterworfenen unzulässig eingeschränkt worden ist. Man darf jedoch nicht übersehen, daß Macht und Herrschaft nicht von vornherein negativ besetzt sind: Die Sozialnatur des Menschen bedarf der sanktionsbewehrten Ordnung, um sich entfalten zu können. Legitime Autorität (von lat. *augere* mehren, fördern) ist dafür eine notwendige Voraussetzung. Wenn die Letztautorität und die oberste Herrschaftsmacht mit Gott verbunden wird, ist gerade alle menschliche Herrschaft relativiert: Sie ist selber unter der Herrschaft Gottes und muß vor ihm verantwortet werden.

2.7 Der biblische Monotheismus

2.7.1 Die Fragestellung

Es gibt nur einen *Gott*: Diese Umschreibung des Begriffs *Monotheismus* setzt einen Klärungsprozeß voraus – sie enthält die Absage an den *Polytheismus*, d. h. an die

[50] Vgl. oben 2.4.3.

Annahme mehrerer Gottheiten. Tatsächlich hat sich auch in der Geschichte Israels ein solcher Prozeß abgespielt. Erst im babylonischen Exil wird der Ein-Gott-Glaube zum unerschütterlichen Fundament der jüdischen Religion, das dann – in der spezifischen durch die Verkündigung Jesu bedingten Form[51] – vom Christentum und – wieder in modifizierter Form – vom Islam übernommen wird. Charakteristisch ist dabei, daß maßgebend die Erkenntnis wird, daß mit dem *Begriff* Gottes notwendig der Monotheismus verbunden ist. Wenn es die Wirklichkeit „Gott" gibt, dann kann Gott nur ein einziger sein. Er ist nur als höchste Einheit denkbar.

Eine weitere Überlegung schließt sich für biblisches Denken sofort an. Wenn es den einen Gott gibt, dann muß er von absoluter Freiheit und Welttranszendenz sein, d.h. er muß, um es mit ontologischen Kategorien auszudrücken, *personal* existieren. Erst damit ließ sich die ganze Tragweite der Existenz und des konkreten Handelns Jahwes begreifen. Erst durch diesen Begriff wird die Unendlichkeit und Geheimnishaftigkeit Gottes gewahrt. Selbstverständlich ist er analog zur menschlichen Personalität zu sehen: Denn konkret geschieht Gottes Person-Sein durch seine trinitarischen Bezogenheiten. So spricht man vielleicht angemessener vom *Person-Sein*, von der *Personalität* oder vom *personalen Verhalten* Gottes.

2.7.2 Die Gottesfrage in der Bibel und in der Philosophie

Der Begriff *Person* steht als solcher nicht in der Heiligen Schrift, sondern ist Ergebnis der philosophischen Spekulation. Wie bereits früher erwähnt, ist die Gotteslehre früher in einen Traktat „De Deo uno" und einen anderen „De Deo trino" unterteilt worden; der erstere war weitgehend eine philosophische Reflexion über Dasein und Wesen Gottes. Daß Gott nur *einer* ist, erschien hier als deren klares Ergebnis. Heute wird in der Theologie erkannt, daß der Monotheismus der Heiligen Schrift Resultat der geschichtlichen Erfahrung Israels und nicht seiner denkerischen Bemühungen ist.

Der Monotheismus steht zwischen zwei Extremen. Das eine haben wir erwähnt: Es ist der *Polytheismus*, die Annahme, daß es eine Pluralität von Göttern gibt. Das andere ist der *Pantheismus*: Er läßt die personale Individualität Gottes fallen zugunsten der Überzeugung, „das Göttliche" sei eine alles umgreifende apersonale Realität. Während der Polytheismus sich vor allem in mythisch geprägten Religionen findet, ist er ein Kind aufklärerischer Tendenzen. Hinter beiden Konzeptionen steht das uralte Problem von *Einheit und Vielheit* (und bei dieser wieder das der Bedeutung des einzelnen). Es sieht sehr abstrakt aus, enthält aber ein Lebensproblem des Menschen: Er ist in eine vorgegebene Welt gestellt als einzelner. Kommt er nun zu sich selber, indem er seine Besonderheit betont oder wenn er sich als Teil des Ganzen sieht? In der Geschichte wurde die Antwort stets mit der Gottesfrage verknüpft. Ist das „Weltganze" identisch mit der Gottesidee, wäre alles Welt oder alles Gott. Eine Scheidung und somit die Wahrung sowohl der Welt wie Gottes ist nur dann möglich, wenn beide Wirklichkeiten ge- und unterschieden werden können.

---

[51] Vgl. oben 2.2.

Der biblische Glaube kennt diese Probleme, doch bestimmen sie nicht seine Ansicht von Gott. Dieser wird von den Menschen der Heiligen Schrift als der ihnen *begegnende Gott* erfahren, der Segen, Liebe, Güte ist und schenkt und der aus diesem Grunde anbetungs- und verehrungswürdig ist. Damit ist die rationale Reflexion über sein Dasein und sein Wesen keineswegs ausgeschlossen. Auch der Glaubende muß sich vergewissern, daß sein Denken über Gott der Wirklichkeit Gottes tatsächlich entspricht und nicht seine sehr menschlichen Vorstellungen personifiziert. Doch diese Überprüfung ist ein nachfolgender Schritt, der der religiösen Praxis folgt, nicht aber sie zu begründen vermag. Gott wurde schon je als der Weltüberlegene, Weltbegründende und somit auch Weltgegenwärtige erfahren; aber im gleichen Atemzug war von ihm auch zu bekennen, daß er der Weltunterschiedene und damit Welttranszendente, der „ganz Andere" ist. Die Welt kann nicht ohne Gott, Gott aber ohne Welt gedacht werden.

In der christlichen Theologie führte die biblische Einsicht zur Frage nach der Berechtigung einer *natürlichen Theologie*: Kann man aus der Schöpfung den Schöpfergott erkennen?

Die Frage hat ihren historischen Ursprung nicht eigentlich in der Bibel selber, sondern stellt sich von der griechischen Philosophie her, die nach der Eigenart des göttlichen Seins fragte. Der Stoiker *Panaitios* (2 Jh.v.Chr.) unterschied drei Arten von Theologie:
- die *politische Theologie* ist die Weltanschauung der Staatsreligion, die sich im öffentlichen Kult äußert;
- die *mythische Theologie* ist Sache der Dichter; sie wird heftiger Kritik unterworfen;
- die *natürliche Theologie* ist das echte Suchen nach dem Göttlichen und seiner „Natur"[52].

Die Kritik an den Mythen in Verbindung mit der philosophischen Reflexion legte den Todeskeim in das polytheistische System, auch wenn es sich im Volk noch lange halten konnte. Das Christentum konnte an diese Skepsis anknüpfen. Es erblickte in den denkerischen Bemühungen einen Ansatzpunkt für das Verstehen des Gottes der biblischen Offenbarung – mehr auch freilich nicht. Denn dem griechischen Denken blieb unzugänglich, daß Gott Mensch geworden sein und die Schande des Kreuzestodes auf sich genommen haben sollte (vgl. Apg 17,16-34; 1 Kor 1 – 2). Solche Aussagen schienen ihm besonders abstruse Formen der Mythologie zu sein.

Wir können diese Vorgänge nur dann richtig einordnen, wenn wir uns vergegenwärtigen, daß der Startpunkt der Gottesfrage in der Antike dem unseren diametral entgegengesetzt ist. In der Neuzeit ist die Grund- und Ausgangsfrage *Gibt es Gott?* Das war damals kein Problem. Dieses lautete: *Wie ist Gott?* Es geht um Wesen und Natur der fraglos existierenden Gottheit. Gerade darum konnte die christliche Theologie von dem Mythenvorwurf der Griechen abstrahieren und auf deren Erkenntnisse von der Einheit und Einzigkeit Gottes rekurrieren.

Theologen wie Philosophen ist gemeinsam, daß sie zur Erkenntnis kommen: Welt (griech. *kosmos* geordnete Wirklichkeit) hat ihren Ursprung in Gott als ihrem Grund (griech. *arché*, lat. *principium*). Verschieden ist aber der Weg, der zu dieser Einsicht führt.

---

[52] Die christliche Theologie versteht unter „natürlicher Theologie" etwas ganz anderes, nämlich den Bereich der Gotteserkenntnis, den sich der Mensch mit seinen natürlichen Fähigkeiten, vor allem mittels seines Verstandes, zu erschließen vermag. Das Gegenteil ist die heilsgeschichtliche Sicht, die Gott von der „übernatürlichen" Offenbarung aus erkennt. Vgl. W. Pannenberg, Systematische Theologie 1, Göttingen 1988, 83-132. Dazu W. Jaeger, Die Theologie der frühen griechischen Denker, Stuttgart 1953.

Für die Griechen ist Gott der tragende Grund der Wirklichkeit. Der menschliche Verstand (griech. *logos*, lat. *ratio*) kann daraus den logoshaften Charakter des Göttlichen erkennen. Der biblische Monotheismus dagegen bleibt streng der religiösen Erfahrung Israels verhaftet, die aus den Ereignissen der Volksgeschichte Jahwe als den befreienden Gott erfährt, neben dem andere „Götter" keinen Bestand haben (können). Damit verbindet sich bald das Bewußtsein, daß Gott sein Volk liebt: Der Gedanke der Auserwählung wird geboren. Er bietet keinen echten Grund zum Selbstruhm, aber Anlaß zur Erwiderung der Liebe Gottes. Weil aber Gott der einzige ist, kann es nicht nur keine anderen Götter geben, sondern muß dieser Gott der Gott der ganzen Welt sein. Der Monotheismus führt konsequent zum Universalismus.

Man kann zusammenfassend sagen: Die Griechen fragen in der Polemik gegen unbefriedigende Formen der Religion (Mythen) nach der wahren Natur des Göttlichen, die Israeliten suchen nach dem, der die Menschen liebt und zur Gottesliebe aufruft.

2.7.3 Das Werden des biblischen Monotheismus

2.7.3.1 Das Faktum

Die ersten reflexen Texte des Alten Testaments, die einen strengen Monotheismus vertreten, stammen nach heutiger Forschung aus dem 6. vorchristlichen Jahrhundert, aus der Zeit des babylonischen Exils.

a.) *Deuteronomium:* Signifikant ist eine Rede des Mose vor der Eroberung des Westjordanlandes, die Dtn 4 wiedergibt. Dieser erinnert an den Bundesschluß am Horeb:

> „Forsche doch einmal in früheren Zeiten nach, die vor dir gewesen sind seit dem Tag, als Gott den Menschen auf der Erde schuf; forsche nach vom einen Ende des Himmels bis zum andern Ende: Hat sich je etwas so Großes ereignet wie dieses, und hat man je solche Worte gehört?"
>
> Die Zeichen, Wunder und Machttaten Jahwes werden kurz aufgezählt, dann fährt Mose fort:
>
> „Das hast du sehen dürfen, damit du erkennst: *Jahwe ist der Gott , kein anderer ist außer ihm*" (Dtn 4,32. 35; vgl. auch 39).

Bemerkenswert ist dabei, daß noch nicht die nackten Fakten zum Monotheismus führen, sondern erst das offenbarende Handeln Jahwes, aus dem die Erkenntnis folgt („Das hast du sehen *dürfen*, damit du erkennst"). Bemerkenswert ist ferner, daß der Text während der Schmach des Exils geschrieben wird. Dieses ist offensichtlich ein starkes Argument gegen das Heilshandeln dieses einzigen Gottes, dem alle Macht zugeschrieben wird.

Dem hier zutage tretenden reflexen Monotheismus korespondiert die scharfe Verurteilung aller polytheistischen Vorstellungen in den Versen 15-28. Ähnliche Texte stehen Dtn 7,9; 10,17; 1 Kön 8,60; 18,3 mit 39; 2 Kön 19,15 mit 19.

b.) *Deuterojesaja:* Der Autor lebte wohl in der späten Exilszeit. Greifen wir wieder einen bezeichnenden Passus heraus. Jes 42 wird das Gottesgericht über die Völker geschildert. Jahwe, der Gerichtsherr, weist die Nichtigkeit der Götter nach.

„Bringt eure Sache vor, spricht der Herr, schafft eure Beweise herbei, spricht Jakobs König. Sie sollen vorbringen und uns kundtun, was sich ereignen wird. Was bedeutet das Vergangene? Teilt es uns mit, damit auch wir unsern Sinn darauf richten. Oder laßt uns das Zukünftige hören, damit wir das Ende erfahren. Tut kund, was später noch kommt, damit wir erkennen: Ja, ihr seid Götter. Ja, tut Gutes oder Böses, damit wir alle zusammen es sehen und staunen. *Seht, ihr seid nichts, euer Tun ist ein Nichts;* einen Greuel wählt, wer immer euch wählt."
Zusammenfassend sagt dann Jahwe: *„Seht her, sie sind alle nichts, ihr Tun ist ein Nichts; windig und wesenlos sind die Bilder der Götter"* (Jes 41,21-24.29).

Der Kontext dieser Stelle ist ein Ereignis, das anscheinend nichts mit Jahwe zu tun hat, nämlich die Eroberung Babylons durch Kyros. Damit ist aber auch das Ende des Exils eingeleitet. Der Kreis um den Deuterojesaja sieht daher Kyros als einen Erwählten Gottes, der, ohne es zu wissen, zum Zeugen für Jahwes Einzigkeit wird (45,5). Dem Volk Israel bietet sich damit die Chance eines neuen Anfangs. Sie fällt ihm nicht automatisch zu, sondern muß bewußt ergriffen werden. Der Prophet ruft darum die Geschichte des Volkes in Erinnerung: In des einen und einzigen Gottes Hand liegt alles Geschehen, das fördernde wie das hemmende, das geschichtliche wie das in der Schöpfung gegebene naturhafte Handeln (vgl. 40,12-17; 45,18 f.; 48,13; 51,13. 16). Alles spricht von Jahwe, die Götter aber bleiben ewig stumm. Jahwe spricht auch jetzt – und so kann man hoffen: er wird auch inskünftig sprechen. Der Blick auf den einen Gott eröffnet auch die Zukunft als Heilswirken.

2.7.3.2 Der Weg zum Eingottglauben

Der in der Exilszeit klar vertretene Monotheismus ist der Endpunkt einer langen Entwicklung. Wir können sie nicht mehr in allen Details rekonstruieren; wesentliche Stationen sind aber unbestritten.

In der Zeit vor der Volkwerdung verehrten die Familien und Stämme ihre je eigenen Lokalgottheiten. Bei den Nordwest-Semiten wird *El* zur gemeinsamen Gottgestalt. Diese Fakten lassen noch nicht auf einen echten Polytheismus schließen, für den ein hierarchischer Götterhimmel mit funktionalen Zuordnungen (Götter für Krieg, Familie, Fruchtbarkeit usw.) typisch ist. Im Raum des späteren Israel dagegen scheint *Monolatrie* herrschend gewesen zu sein. Das bedeutet: Es wird je ein einziger Gott bei den verschiedenen Familien und Stämmen verehrt.

Als sich während des außerordentlich komplexen Vorgangs der sogenannten Landnahme verschiedene Stämme zu „Israel" zusammenschlossen, da dürften auch die verschiedenen Stammesgottheiten zusammengesehen worden sein. Der Name der „neuen" Gottgestalt wird *Jahwe*. Ursprünglich ist er wohl der Gott der Exodusgruppe gewesen. Hinter ihm steht die Befreiungserfahrung. Jedenfalls hat sich im Geschichtsbewußtsein des späteren Volkes Israel dieser Vorgang tief eingegraben. Noch Jahrhunderte später rufen die Propheten die Brautzeit des Volkes in der Wüste als Norm des Gottesverhältnisses in Erinnerung. Als es zur Zeit des Hosea von Jahwe abfällt und zur Dirne wird, sagt dieser:

„Darum will ich sie selbst verlocken. Ich will sie in die Wüste hinausführen und sie umwerben. Dann gebe ich ihr dort ihre Weinberge wieder, und das Achor-Tal mache ich für sie zum Tor der Hoffnung. *Sie wird mir dorthin bereitwillig folgen wie in den Tagen ihrer Jugend, wie damals, als sie aus Ägypten herauszog*" (Hos 2, 16 f.; vgl. Jer 2, 2).

Aus dem gleichen Grund werden auch die Rechtsweisungen Gottes (Tora), die das Leben des Volkes bestimmen, in die Exoduszeit zurückdatiert, d.h. örtlich verlegt in die Sinairegion, wo der Name *Jahwe* herkommt[53].

Zunächst dürfte der Jahweglaube noch monolatrisch gewesen sein. Israel verehrt seinen einen Gott, aber zunächst gibt es keinen Anlaß, die Götter der anderen Völker zu bekämpfen oder ihre Existenz zu bestreiten. Entscheidend war lediglich, daß es dem eigenen Gott die Treue hielt: „Ich bin euer Gott, ihr seid mein Volk" (z.B. Ex 6,7 f.; Lev 26,12; Jer 24,7).

Gleichwohl kristallisiert sich eine Besonderheit gegenüber anderen Nationalgottheiten in der religiösen Umwelt Israels heraus. Während dort gewöhnlich auch der Nationalgott Teil eines Pantheons mit verschiedenen funktional begründeten Konstellationen war, also einer unter anderen, die ebenso wichtig (für bestimmte Funktionen) waren wie er, hat Jahwe von Anfang an insofern eine besondere Stellung, als er nie seinesgleichen hat. „Jahwe war niemals Teilelement in Göttergeschichten oder Götterkonstellationen. Es gab andere Götter. Sie standen ihm als sein Hofstaat gegenüber, und zwar als Gruppe, nicht mehr als Individuen mit Namen und je eigener Geschichte. Seine wirklichen Partner oder Gegenspieler waren nicht Götter, sondern Menschen, Völker. Das alles zusammengenommen ist eine ‚eigenbegriffliche' Wirklichkeit, die man nicht zu schnell in vielerorts anwendbare Kategorien einordnen sollte"[54].

Wenn dem so ist, dann ist die Forderung nach der alleinigen Verehrung Jahwes nicht das Ergebnis religiöser Intoleranz, sondern der Eigenart dieser Gottheit.

Noch ein weiterer Grund ist wohl für Israels Monolatrie anzuführen. Israel wächst als Volk zusammen aus der Exoduserfahrung heraus. Sie besteht wesentlich darin, daß die Stämme durch die Befreiung aus Ägypten geeint werden und daß dieses Geschehen Jahwe allein und nicht irgendwelchen menschlichen Instanzen (etwa Königen) zu danken ist.

Jahwe erscheint nun zunehmend auch als der All- und Alleinzuständige für den Weg des Volkes. Daraus entwickelt sich die Polemik gegen andere Gottheiten und die Klärung der Monolatrie zum Monotheismus. Auf diesem Weg ist eine bedeutungsvolle Station die Formulierung des *Ersten Gebotes* im Zehnergesetz:

„Ich bin Jahwe, dein Gott, der dich aus Ägypten geführt hat, aus dem Sklavenhaus. Du sollst neben mir keine anderen Götter haben. Du sollst dir kein Gottesbildnis machen, das irgendetwas darstellt am Himmel droben, auf der Erde unten oder im Wasser unter der Erde. Du sollst dich nicht vor anderen Göttern niederwerfen und dich nicht verpflichten, ihnen zu dienen. Denn ich, der Herr, dein Gott, bin ein eifersüchtiger Gott: Bei denen,

---

[53] Vgl. E. Zenger, Am Fuß des Sinai. Gottesbilder des ersten Testaments, Düsseldorf 1993, 92.

[54] N. Lohfink, Zur Geschichte der Diskussion über den Monotheismus im Alten Israel: E. Haag (Hg.), Gott, der einzige. Zur Entstehung des Monotheismus in Israel (QD 104), Freiburg-Basel-Wien 1985, 25.

die mir feind sind, verfolge ich die Schuld der Väter an den Söhnen und an der dritten und vierten Generation; bei denen, die mich lieben und meine Gebote achten, erweise ich Tausenden meine Huld" (Dtn 5, 6-10 = Ex 20, 2-6).

Gott erscheint in diesem Text als der Unvergleichliche. Darauf weist das Bilderverbot hin[55]. Man darf aufgrund seiner „Eifersucht" auch keinen anderen Göttern sich zuwenden – wobei dieser Begriff zugleich auf die tiefe Liebe Gottes zum Volk deutet. Ihretwegen ist das Wort mit einer Drohung bewehrt. „Worauf Du nun (sage ich) Dein Herz hängest und verlässest, das ist eigentlich Dein Gott"[56] – das können, wie damals in Israel, „fremde" Kulte sein oder sonst irgendwelche geschaffenen Werte, die zu Letztwerten erhoben werden. Wo solches geschieht, wird Gott verfehlt; und zugleich verfehlt der Mensch sich selber. Denn dann begibt sich der Mensch aus der Liebe Gottes heraus, die doch das höchste Gut ist. Das erste Gebot ist also seiner Absicht nach keine Negativaussage, sondern läßt Jahwe als das höchste Gut erkennen. Von ihm her bestimmt sich dann die „Güte" aller anderen Dinge und Menschen. Der Erweis dieses Gut-Seins Gottes bringt sich letzteren zur Erfahrung sowohl in den individuellen Lebensgeschichten wie auch in der Volks- und der Menschheitsgeschichte. Die Jahweverehrung schließt darum, wie in anderem Zusammenhang schon einmal dargelegt wurde, eine prinzipielle Offenheit für alle religiösen Erfahrungen ein.

Damit aber erhebt sich für Israel die Frage, was nun die Besonderheit seines Gottesverhältnisses ist. Die Blickrichtung führt zur *Ausschließlichkeit des Jahwekultes*. Ein erstes Moment für die Antwort ist die Abwehr des Synkretismus, der im 9. Jahrhundert Jahwe und Baal nebeneinander verehren möchte. Elija zwingt in der Inszenierung des Gottesurteils auf dem Karmel zur Entscheidung: „Wie lange noch schwankt ihr nach zwei Seiten? Wenn Jahwe der wahre Gott ist, dann folgt ihm! Wenn es aber Baal ist, dann folgt diesem!" (1 Kön 18,21). Das Endergebnis: Das Volk ist vom Gottesurteil überwältigt, „warf sich auf das Angesicht nieder und rief: Jahwe ist Gott, Jahwe ist Gott" (V. 39).

Ein Jahrhundert später greift Hosea die Szene noch einmal auf: Die Abkehr von Baal ist die Vorbedingung für den als Ehe beschriebenen Bund Gottes mit Israel (Hos 2,18-25). Dieses Liebesverhältnis bedarf keiner Bilddarstellung mehr (Hos 8,5; 13,2), sondern wird im Wort Gottes ausgedrückt. Sein Spruch wird maßgebend für alle Lebensbereiche – Ethik, Sozialverhalten, Recht, Ereignisse der Volksgeschichte.

Ein weiterer Schritt in die Richtung des Monotheismus ist die Veranschaulichung des Jahwe-Israel-Verhältnisses durch die *Theologie des Bundes*. Muster ist der Vasallenvertrag, den die neu-assyrischen Herrscher mit einem unterworfenen Volk schlossen. Es macht zwei Aspekte deutlich – auf der einen Seite den absoluten und durchsetzungskräftigen Herrschaftsanspruch Gottes, auf der anderen Seite Israels Treueverpflichtung. Der Typus wird aber überstiegen, sofern die Grundlage des Jahwe-Israel-Verhältnisses nicht eine gewaltsame Unterwerfung, sondern die „eifersüchtige" Liebe Gottes zum Volk ist, die ihrerseits das Volk zur Gottesliebe drängt.

---

[55] Vgl. oben 2.6.1.

[56] M. Luther, Großer Katechismus. Das erste Gebot: BSELK 560.

Der alttestamentliche Eingott-Glauben wird zusammengefaßt im *Sch^e^ma Jisrael*:

> „Höre, Israel! Jahwe, unser Gott, Jahwe ist einzig. Darum sollst du den Herrn, deinen Gott, lieben mit ganzem Herzen, mit ganzer Seele und mit ganzer Kraft" (Dtn 6,4 f.).

Der Text, für uns das großartige Bekenntnis eines reifen Monotheismus, geht auf die Zeit zurück, da Israel noch um die Monolatrie ringt. Von der Einsicht her, daß das Volk Jahwe allein gehört, begründet sich die Erkenntnis von dessen Einzigkeit: Wir verdanken ihm alles, also können wir neben ihm keine anderen Götter (mehr) haben. So führt die Selbstoffenbarung Gottes von der Erfahrung des Volkes mit ihm als dem einzig Handelnden zur Erfahrung Jahwes als des einzig existierenden Gottes. Das Ergebnis läßt sich einbringen in jene allgemeine Umschreibung Gottes als des transzendenten Gegenübers und der alles bestimmenden Wirklichkeit, die wir an den Anfang dieses Traktates gestellt haben. Sie wird aber erst jetzt von einer blassen Abstraktion zu einer geschichtlich-lebendigen Realität.

2.7.4 Die Problematik des biblischen Monotheismus

Heute wird der biblische Eingott-Glaube von der Religionsgeschichte, der Kulturanthropologie, der Psychologie und der Soziologie kritischen Fragen ausgesetzt. Sie beziehen sich zunächst auf seine Geschichte. Es erhebt sich der Verdacht, er sei unter Zwang durchgesetzt worden. Von der Seite der Feministischen Theologie wird dieser Verdacht zugespitzt auf die Frage, ob nicht durch die deuteronomistische Kultvereinheitlichung die Verehrung von Göttinnen und damit die Möglichkeit weiblicher Aspekte im jüdisch-christlichen Gottesbild ausgelöscht worden sei[57].

Noch einmal ist anzumerken, daß gerade die Jahwe-Vorstellung für viele religiöse Perspektiven offen ist. Man muß aber auch sehen, daß es für sie Dinge gibt, die mit der Verehrung dieses Gottes unvereinbar sind – alles das nämlich, was der Heiligkeit und Güte, kurz dem spezifischen Gott-Sein Jahwes widerspricht. Wenn dieser Widerspruch angemeldet wird, geschieht das nicht aus Intoleranz oder aus unangemessenen Ausschließlichkeitsansprüchen heraus, sondern weil es Verrat wäre, solches zu verschweigen. Der biblische Monotheismus ist geboren aus der Geschichtserfahrung, nicht abgeleitet aus einem Allgemeinbegriff spekulativer Genese. Indem und wie Gott sich sein Volk schafft, offenbart er sich in seiner Eigenart als einziger Gott.

Das Gewaltproblem bleibt aber zunächst bestehen. Die Volkwerdung mit der Landnahme ist in der Tat mit kriegerischen Ereignissen und mit vielen Grausamkeiten verbunden gewesen, die uns heute unerträglich sind. Man kann an die Hinrichtung der Baals-Propheten denken (1 Kön 18 f.). Solche Greuel lassen sich auch dann nicht wegdiskutieren, wenn man in Rechnung stellt, daß damals der

[57] O. Kehl, Chr. Uehlinger, Göttinnen, Götter und Göttersymbole. Alttestamentliche Gottesvorstellungen im Horizont feministischer Theologie (QD 134).

Begriff der Menschenrechte unbekannt war. Aber das ist eben nur der eine Aspekt, über dem man nicht vergessen darf, daß aus dem israelitischen Monotheismus auch die Gebote der gottgleichen Heiligkeit (Lev 19,2) und der Nächstenliebe mit erheblichen sozialen Forderungen folgen. Gott erscheint im Alten Testament ebenso als Kriegs- wie als Friedensgott (Ps 46,10). Der späte Prophet Sacharja verkündet als Spruch Gottes: „Nicht durch Macht, nicht durch Kraft, allein durch meinen Geist" wirkt er (Sach 4,6).

Erst von Jesus her läßt sich entschiedene Klarheit gewinnen. Zwar wirft auch das Neue Testament nicht die grundsätzliche Frage nach der moralischen Bewertung des Krieges auf. Aber Jesus stellt klipp und klar fest, daß durch das Schwert umkommt, wer das Schwert gebraucht (Mt 26,52). Vor allem das Gebot der Feindesliebe verbietet endgültig gewaltsame Lösungen.

2.8 Der Gottesname Jahwe als Konzentration der offenbarungsgeschichtlichen Gotteslehre

Das Volk Israel lebt unter der erdrückenden Sklavenherrschaft der Ägypter. Gott hört sein Stöhnen und denkt an den Väterbund. Mose wird zum Führer erwählt. Jahwe erscheint ihm im brennenden Dornbusch und sendet ihn zum Pharao mit dem Auftrag, er solle die Freigabe des Volkes verlangen. Mose bittet Gott um eine Legitimation.

> „Da sagte Mose zu Gott: Gut, ich werde also zu den Israeliten kommen und sagen: Der Gott eurer Väter hat mich zu euch gesandt. Da werden sie mich fragen: Wie heißt er? Was soll ich ihnen darauf sagen. Da antwortete Gott dem Mose: *Ich bin der ‚Ich-bin-da'*. Und er fuhr fort: So sollst du zu den Israeliten sagen: Der ‚Ich-bin-da' hat mich zu euch gesandt" (Ex 3,13 f.).

In dieser bedeutungsvollen Erzählung, die eine ungemein reiche Wirkungsgeschichte hat, wird ein Anfangsgeschehen berichtet mit einer Verheißung.

Für die Dogmatik ist nicht weiter bedeutungsvoll, daß hier verschiedene Überlieferungsstränge zusammenlaufen und daß es schon in vorisraelischer Zeit den Gottesnamen *Jahwe* gegeben hat. Auch die Etymologie ist ohne größere Relevanz. Wahrscheinlich ist die Wurzel HJI / HWI für *sein / werden*. Diskutiert wird, ob die Kurzform *Jah* (wie in „Hallelujah") oder die Langform „Jahwe" ursprünglicher ist. Vielleicht ist Ex 3,14 in der gegenwärtigen Fassung eher jung: Dafür spräche, daß außer in Hos 1,9 kaum auf die Etymologie hingewiesen wird.

Die obige Wiedergabe des Textes erfolgt nach der Einheitsübersetzung. Hebräisch lautet er: *eje aser eje*. Wörtlich muß man übersetzen: „Ich bin der (ich) bin" oder „Ich werde sein (als der), der ich sein werde". Das ist offener als die Festlegung der Einheitsübersetzung. Augenscheinlich soll keine umfassende Beschreibung Gottes gegeben werden, aufgrund derer man nach antikem Namensverständnis über ihn verfügen könnte. Zwar wird dem Mose die Auskunft nicht verweigert, aber sie ist doch so, daß sie der Göttlichkeit Gottes keinen Abbruch tut.

Was der Gottesname sagen will, ist also nicht eindeutig auszumachen. Sicher hat er nicht die Aufgabe, das Gottesgeheimnis aufzulösen. Wohl aber stellt er einen außerordentlich wichtigen Konzentrationspunkt in der Selbstmitteilung Gottes dar. Der Kern der Erzählung lautet: Gott ergreift die Initiative zur Befreiung seines Bundesvolkes. Der erste Schritt dazu ist die Berufung und Sendung des Mose. Dessen Bedenken stellt er entgegen: „Ich bin mit dir" (V.12). Im Fortgang der Erzählung stellt sich heraus: Was Gott für Mose ist, das wird er auch für das Volk sein – so deutet V. 14. Jetzt am Horeb beginnt, was die Verheißung zum Inhalt hat. Das Volk wird dazu aufgerufen, sich auf sie einzulassen, also Jahwe zu *glauben*. Dieser Glaube steht in einer langen Kontinuität. Der Offenbarer weist ja daraufhin, daß er der Gott Abrahams, Isaaks und Jakobs, der Gott der Väter, ist (VV. 6. 15). Es wird kein neuer Gott verkündet, sondern die aktuelle Gegenwart des Gottes, der schon immer heilschaffend am Werke war. Im einzelnen enthält die Kundgabe Gottes folgende Aspekte:

1.) Gott bindet sich an die Geschichte des Volkes. Sein Sein zeigt sich als Sein „für euch". Die Liebe Gottes offenbart sich darin.

2.) Gott bleibt zwar immer derselbe, aber er wird zum geschichtsmächtigen Faktor. Damit wird aber auch die Zeit zu einem Weg der Begegnung mit Gott, der als der Unveränderliche zugleich der Treue ist.

3.) Gottes Da-Sein geht aus Gottes Leben hervor. Erst die Trinitätstheologie wird deutlich werden lassen, daß das Leben Gottes in sich selbst sowohl vollkommene Fülle als auch vollkommenes Schenken ist.

In der späteren christlich geprägten Philosophie hat man in Ex 3,14 eine Offenbarung Gottes als absolutes Sein (*ipsum esse subsistens*) erblickt. Begünstigt wurde diese Deutung durch die LXX, die übersetzte: „Egò eimi ho ôn" (Ich bin der Seiende). Das ist eine Deutung, die von der hebräischen Bibel nicht gedeckt wird, auch wenn jüdische Gelehrte so das Hebräische wiedergeben. Das metaphysische Seins-Problem (warum ist etwas und nicht nichts?) ist nicht die Frage des Autors von Ex 3.

Damit ist nicht gesagt, daß es illegitim sei, von der Erzählung auf die Ontologie zurückzufragen. Gilt das geschichtliche Jahwe-Volk-Verhältnis mutatis mutandis von *aller* Wirklichkeit? Lebt nicht alle Wirklichkeit, so die Erkenntnis der biblischen Schöpfungstheologie, von der liebenden Zuwendung Gottes? Wie dem auch sei, der Glaubende der Bibel denkt nicht metaphysisch über „Gott an sich" nach, sondern erfährt stets den „Gott für uns", der das aus reiner Gnade und in ewiger Treue ist.

Eine andere Frage ist es, ob nicht auch im Alten Testament Spuren des philosophischen Nachdenkens über Gott zu finden sind. In der Weisheitsliteratur treffen wir auf sie – aber da liegt natürlich bereits griechischer Einfluß vor. Jesus Sirach gründet sein Gotteslob auf dem Gotteswirken in der Natur, das er ausführlich beschreibt. Dann endet er: „Sagten wir nochmal soviel, wir kämen an kein Ende; darum sei der Rede Schluß: Er ist alles!" (Sir 43,27). Für Weish 13,1 ist Gott „der wahrhaft Seiende".

Über *Philo von Alexandrien* gelangt die philosophische Deutung des Gottesnamens als „Sein" oder „Seiender" in die christliche Tradition. Gott ist damit der universale und zugleich transzendente Herrscher über alle Wirklichkeit. Auch wenn der dahinterstehende Seinsbegriff den ersten Hörern von Ex 3,14 fern stand und auch wenn die LXX-Übersetzung des Verses philologisch nicht korrekt ist, so hat doch die daran anknüpfende philosophische Reflexion eine tiefe Wirkung ausgeübt, die nicht als unrechtmäßig angesehen werden sollte. Der Jahweglaube bedarf der Begegnung mit einer universalistischen Philosophie, um seine eigene Tendenz zur Sprache zu bringen: Die Differenz von Gott und Geschöpf ist die Voraussetzung echter Gemeinschaft zwischen beiden. *Thomas von Aquin* nennt Gott in diesem Blickwinkel *ipsum esse subsistens* und meint damit: Gott ist die lebendige Wirklichkeit, die in ihrer Freiheit allen Geschöpfen gegenüber das unergründliche, aber alles begründende Geheimnis bleibt.

Insofern sich uns Gott als solches gibt, wird die Frage nach der Erkenntnis dieses geheimnisvollen Gottes zu einem inneren Problem des Gottesglaubens selber. Glaube verlangt auch nach der Erkenntnis, die der Mensch *von* Gott gewinnen kann – dies verstanden im doppelten Sin als Erkennntis *durch* wie als Erkenntnis *über* Gott.

3. Die Erkennbarkeit Gottes – Gottes Wirklichkeit im Denken und Sprechen des Menschen

3.1 Die Frage der Vernunft nach Gott als innerem Moment des Gottesglaubens

Der Glaube setzt entschieden auf die Wirklichkeit des Gottes, der sich in der biblischen Offenbarung bezeugt hat. Weil der Glaube aber ein Erkenntnisvorgang ist, der Wahrheit anzielt[58] „ein Überzeugtsein von Dingen, die man nicht sieht" (Hebr 10,1), bedarf er der rationalen Einsicht. In Bezug auf Gott kann diese nie vollständig und vollkommen sein, bedenkt man den Inhalt des Begriffes „Gott": Er schließt das Bleiben des Geheimnisses bereits ein. Die Wirklichkeit Gott, so lehrt schon diese Einsicht, kann dann am besten erschlossen werden, wenn der lebendige Gott sich selber kundtut. Der christliche Glaube bekennt sich dazu, daß eine solche Selbstmitteilung Gottes (Offenbarung) in der Geschichte ergangen ist und daß sie in den kanonischen Büchern des Alten und Neuen Testaments ihren Niederschlag und in der Gestalt und Geschichte Jesu Christi ihren Höhepunkt gefunden hat. Das war der Grund, weshalb dieser Traktat bei dem Gott eingesetzt hat, der der Vater dieses Christus ist. Weil der Nazarener Gott mit den Augen des glaubenden Israeliten gesehen hat, mußten wir in einem zweiten Schritt die alttestamentlichen Spuren der Gottesoffenbarung sichern.

Aus unseren Recherchen haben wir Gott benennen können als *Herrn, Schöpfer,* als *den Heiligen, den Einzigen.* Wir haben der Bedeutung des Gottesnamens *Jahwe* nachgespürt. Es liegt natürlich gerade für den systematischen Theologen nahe, solche Kennzeichnungen besonders zu beachten, die Eigenschaften und Handlungsweisen des sich offenbarenden Gottes miteinander verbinden. Das sind beispielweise Begriffe wie *der Lebendige* oder Eigenschaftsbezeichnungen wie *allmächtig, ewig, allgegenwärtig.* Gipfel solchen Suchens nach der Erkenntnis Gottes ist die Beschreibung, die am tiefsten sein Wesen wiedergibt: *„Gott ist die Liebe"* (1 Joh 4,8. 16).

In der Theologiegeschichte drängten vor allem philosophische Überlegungen zur Systematisierung der Gotteslehre. Der Grund wurde unter 2.8 bereits genannt: Die Übersetzung des Gottesnamens *Jahwe* als „Seiender" bzw. dessen Umschreibung als „ipsum esse subsistens" führte zu einer ontologischen Befassung mit dem Mysterium Gottes. In der Gegenwart erscheinen vielen solche Zugangswege als problemreich: Die Metaphysik genießt kein großes Ansehen.

Die philosophische Fragestellung behält dennoch einen wichtigen und unersetzbaren Wert für die dogmatische Lehre über Gott. Der Mensch kann nur dann

[58] Vgl. oben, Theologische Erkenntnislehre 3.

glauben, wenn und soweit das seiner Vernunft gemäß ist: Rationalität und Rationabilität gehören integral zum Begriff des Glaubens im christlichen Verstehen[59]. So müssen wir in einem dritten Schritt nach dem Beitrag der menschlichen Ratio zur Gotteserkenntnis forschen.

Die metaphysische Gotteslehre will, darf und kann das Geheimnis Gottes nicht auflösen. Sie vermag aber den Dienst zu leisten, die Differenz zwischen ihm und dem Nichtgöttlichen so scharf herauszuarbeiten, daß die Dimensionen des Mysteriums dadurch recht anschaulich gemacht werden können. Wenn Thomas Gott als *ipsum esse subsistens* charakterisiert, hebt er hervor, daß er damit nicht dessen Wesen definieren, sondern nur einen angemessenen Namen für ihn finden möchte, der auch als Ordnungsprinzip weiterer Gotteserkenntnis dienlich ist. Aber keinesfalls soll dahinter der lebendige Gott der Offenbarung verschwinden.

In der mittelalterlichen philosophischen Gotteslehre spielen zwei Begriffe eine wichtige Rolle, die einen bleibenden Ansatz bieten. Das ist zum einen der Begriff *Sein*: Er ist universal, denn er kann von allem Wirklichen ausgesagt werden. Wo Existenz bejaht wird, wird sie mit dem Verbum *sein* bezeichnet. Der zweite Begriff heißt *Unendlichkeit*. Jede Anthropologie lehrt: Obwohl der Mensch begrenzt und endlich ist, eignet ihm eine unstillbare Sehnsucht nach dem Un-Endlichen. Er lebt immer unter dessen Horizont, so daß es in bestimmter Weise zu seinem Menschsein gehört.

3.2 Der Beitrag des philosophischen Denkens zur Gotteslehre

3.2.1 Die Ansatzmöglichkeiten

Geht man vom *Seinsbegriff* aus, so bewegt man sich im Bereich des Kausalen: Etwas ist, weil es *geworden* ist – so jedenfalls lehrt uns die Erfahrung. Aber muß es dann nicht auch einen Ursprung geben, der selbst ursprungslos, also aus sich selber heraus unbegründet existiert?

Beginnt man mit dem Begriff der Unendlichkeit, öffnet sich sofort ein bedrohlicher Abgrund. Was ist, wenn unsere Sehnsucht nach dem Unendlichen doch keine Erfüllung hat, sondern ins leere Nichts läuft? Oder wird nicht doch der Mensch erst als sinnhafte Wirklichkeit verstehbar, wenn es dieses Unendliche tatsächlich gibt?

In der Theologiegeschichte wurde unter dem Einfluß des *Thomas von Aquin* für die philosophische Gotteslehre der Ansatzpunkt „Sein" begünstigt. Gott ist, wie wir früher schon erwähnten, nach ihm das „Sein selbst", das *ipsum esse* subsistens, d.h. das in sich selber begründete und gründende Sein. Damit wird zugleich ein wesentlicher Unterschied zwischen göttlichem und nichtgöttlichem Sein deutlich: dieses ist immer begründet (*ens ab alio*), *jenes* ruht in sich selber (*ens a se*).

[59] Vgl. oben, Theologische Erkenntnislehre 3.4.

Den anderen Gedanken bringt die Franziskanerschule unter dem Einfluß des *Duns Scotus* ein. Wer von einem Ding „*Sein*" aussagt, der setzt es immer vom *Nicht-Sein* ab. Das gilt für Gott und die Geschöpfe gleichermaßen. Was aber unterscheidet beide dann? Die Antwort: Was das jeweilige Seiende von innen her bestimmt, ist die Qualität *Unendlichkeit* (bei Gott) bzw. *Endlichkeit* (im Fall der Geschöpfe). *Unendlichkeit* bedeutet ein derart erfülltes Sein, daß eine Steigerung unmöglich ist. Das Endliche wird dann gedacht als jenes Sein, das vom Unendlichen her seine innere Intensität erst erhält. Auch in diesem Gedankengang wird die fundamentale Unterscheidung zwischen Gott und allem Nicht-Göttlichen gewahrt: Beide kommen „in keiner Wirklichkeit überein"[60].

Thomas und Scotus liegen nicht so weit auseinander, wie es scheint. Auch der Aquinate räumt dem Begriff „Unendlichkeit" eine Schlüsselfunktion ein. Nur leitet er sie ab von der vollkommenen Einfachheit, die sich für ihn mit dem Begriff „ipsum esse subsistens" verbindet. Jede Zusammensetzung der Aktualität Gottes hätte die zumindestens logische Voraussetzung der Elemente, die zusammengefügt sind. Diese wären also Grund für Gott, dieser mithin nicht mehr der Unbegründete, d.h. eben der Seiende schlechthin[61].

Die Bedeutung des Unendlichkeits-Begriffs für die Gotteslehre hatte in der Patristik bereits *Gregor von Nyssa* erfaßt. Anlaß war der Einwand des Arianers *Eunomius* gegen die Gottheit des Sohnes: Gott ist der ursprunglose Ursprung. Der Sohn aber ist vom Vater gezeugt, also nicht ursprunglos, mithin nicht Gott. Der Kirchenvater bestreitet nicht, daß sich Gott von den Kreaturen durch die Qualität „ursprunglos" unterscheidet. Die Lebensfülle Gottes in sich aber wird gekennzeichnet durch seine Unendlichkeit, die die Herkünftigkeit des Sohnes vom Vater unter Wahrung der Gleichwesentlichkeit ermöglicht[62]. Damit ist ein philosophiegeschichtlich bedeutsamer Wandel markiert: Im platonisch-neuplatonischen Denken ist das Unendliche (*apeiron*) negativ gewertet. Es wird mit der Materie identifiziert, die als gestaltlos, vollkommenheitsleer und damit als unfähig zum Guten charakterisiert wird[63]. *Unendlichkeit* ist also Unbestimmtheit. Bei Gregor wird sie nun Ausdruck der Seinsfülle Gottes selber. Diese aber ist nicht gestaltlos, sondern scheint uns auf im Antlitz des gleichwesentlichen Sohnes, der Mensch geworden ist. Sie ist ohne innere Begrenzung und gerade deswegen Kennzeichen Gottes in Abhebung von allem Nichtgöttlichen.

Der Begriff *Unendlichkeit* wird also zum Grenzbegriff. Geschöpfliche Determinationen werden überschritten. Was aber jenseits ihrer existiert, ist zwar grenzenlos, aber nicht unbestimmt: Es besitzt ein vollkommenes In- und Für- sich-Sein. *Thomas* kann darum diesen Begriff, geleitet von Ex 3,14, mit dem des Seins verbinden. Dieser ist zwar der allgemeinste und unbestimmteste Begriff, da er allem Seienden zukommt, doch ebenso ist er ein absoluter Begriff, der geeignet ist zur Benennung Gottes. Gerade die Unbestimmtheit ermöglicht es, dessen Eigentümlichkeit hervortreten zu lassen. Denn jede Bestimmung, die etwas über

[60] Scotus , Ord I d. 8 p.1 n. 47 (ed. Vat.IV,172): „In nulla realitate conveniunt". Vgl dazu L. Honnefelder, Ens inquantum ens. Der Begriff des Seienden als solchem als Gegenstand der Metaphysik nach der Lehre des Duns Scotus (BGPhThMA N.F. 16), Münster 1979, 385-390, vgl. auch 365.

[61] S.th. I, q. 3-11.

[62] Gregor v. Nyssa, Eun. 3,1,103 f; 7,31 f; tzt D2/I, Nr. 106 (S.121 f).

[63] Vgl. J. Auer, Gott der Eine und Dreieine (KKD 2), Regensburg 1978, 380 f.

Gottes einfaches Sein hinzufügte, grenzte ihn ein. So ist Gottes Sein zugleich sein Wesen[64].

Wir sehen: Der Sache nach liegen die Begriffe *Unendlichkeit* und *Sein* nicht allzuweit voneinander. Von beiden aus eröffnet sich ein Weg zur Erkenntnis Gottes. Verfolgen wir die Wege noch etwas weiter.

3.2.2 *„Ipsum esse subsistens"*

Wenn der Aquinate den Seinsbegriff favorisiert, dann tut er das deswegen, weil er sich von der Heiligen Schrift dazu veranlaßt sieht. Gott ist der Lebendige, der aus der Fülle seines Seins heraus alles andere (endliche) Sein in souveräner Freiheit begründet. Damit ist zwei Anliegen Rechnung getragen: Der absolute Unterschied zwischen Gott und Nichtgöttlichem wird strikt gewahrt; die Möglichkeit der Selbstmitteilung Gottes an Nichtgöttliches ist eröffnet.

Damit setzt sich Thomas von den Vorstellungen des *Neuplatonismus* ab. Danach wird der Seinsbegriff noch einmal umfangen von der Wirklichkeit des *„Einen"* (*hen*), welches überhaupt erst die Vielfalt des Seienden begründet, aber selber „über-seiend" ist. Dieser Philosophie geht es um die Erklärung des Vielen. Doch darin lauert die Gefahr des Pantheismus. Wenn das Eine das Viele begründet, dann ist es irgendwie auch im Vielen gegeben, aber nicht mehr von ihm unterschieden. Nach Thomas dagegen vermag Gott als das *ipsum esse subsistens* den Geschöpfen das Sein zu schenken als deren eigenes Wesen. Nicht er nimmt am Sein der Kreaturen teil, sondern diese verdanken ihm das Sein. Dieses ist, so unterscheidet der Aquinate, *esse commune* (gemeinsames Sein) und als solches gerade nicht subsistierendes Sein. Gott und Geschöpf stehen sich nicht als schlechthin beziehungslose Wesen, sondern *dialogisch* gegenüber. Sie sind nicht miteinander identisch, doch miteinander in Beziehung. Man kann die Differenz auch so auf den Begriff bringen: Gott *ist* sein Sein, die Geschöpfe *haben* Sein[65]. Er ist *ens a se*, sie sind *entia ab alio*.

Thomas verbindet mit dieser Einsicht den Kausalitätsgedanken. Wenn Gott *ens a se* ist, dann ist er der Grund der *entia ab alio*: Er ist der *alius* ihnen gegenüber, und zwar in einer einzigartigen, alle andere uns bekannte Ursächlichkeit übersteigenden Weise. Thomas nennt ihn die *causa prima* (Erstursache). Wir müssen genau beachten, was damit gemeint ist. In der natur- und humanwissenschaftlichen Betrachtung liegen Wirkung und Ursache stets auf der gleichen Ebene: Zwei *Menschen* können immer nur einen *Menschen* zeugen. In der Terminologie des Thomas liegt dabei aber eine „sekundäre Kausalität" vor: er nennt alle innerweltlichen Ursachen *causae secundae*. Wenn er hingegen Gott als Erst-Ursache bezeichnet, will er sagen, daß er eine allen anderen Wesen gegenüber völlig andersartige Ursächlichkeit besitzt. Es besteht eine *Differenz der Ebene*! Deswegen lassen sich prinzipiell alle geschöpflichen Kausalverhältnisse durchschauen und dienstbar machen – was erfolgreich gerade die Naturwissenschaften unterneh-

---

[64] S.th. I, q. 3 a. 4; tzt D 2/II, Nr. 148. Thomas übernimmt ein Bild der griechischen Patristik: Gott wird das Sein selbst genannt, weil er alles in sich umgreift „gleich einem unendlichen, grenzenlosen Meer von Sein" (I,13,11 nach Johannes von Damaskus, fid. orth. 1,9).

[65] S.th. I, q. 3 a 4; tzt D 2/II, Nr. 148. Zum ganzen K. Kremer, Die neuplatonische Seinsphilosophie und ihre Wirkung auf Thomas von Aquin, Leiden 1966.

men –, während die Gott-Geschöpf-Kausalität ebenso grundsätzlich undurchschaubar und unmanipulierbar bleibt: Wir werden ins bleibende Geheimnis verwiesen.

Herman Schell (+ 1906) modifizierte die thomanische Begriffssprache, indem er Gott *causa sui (Selbstursache* im Sinne von Selbstwirklichkeit) nannte. Er wollte damit die Statik überwinden, die dem metaphysischen Gottesverständnis leicht eignet, zugunsten einer aktiven Sicht[66]. Gott ist der absolute Geist, der sich in Freiheit selber setzt. Der Verdacht seiner Gegner, einen Dualismus in Gott hineinzutragen und so den Pantheismus zu begünstigen, war jedenfalls Anlaß für die 1898 erfolgte Indizierung der meisten Werke des Würzburger Professors. Später hat *Martin Heidegger* den Schell'schen Begriff mit Spott überhäuft, da man eine *causa sui* nicht anbeten könne; da sei das gottlose Denken dem göttlichen Gott noch näher[67].

Im Kontext mit der thomanischen Reflexion stehen weitere Begriffe, die wenigstens genannt sein sollen. Von der Bezeichnung „ens a se" wurde die *aseitas* als Wesensbestimmung Gottes abgeleitet. Gleichbedeutend ist die Bestimmung Gottes als *actus purus*: Sie ist der aristotelischen Philosophie entlehnt und meint, daß Gott die reinste Seinswirklichkeit ist, die keinerlei bloße Möglichkeit (potentia) in sich enthält. Er lebt alle Vollkommenheit in Fülle und Erfüllung.

3.2.3 *Unendlichkeit*

Dieser Terminus hat, wie gezeigt, seine Verwendung in der patristischen und in der mittelalterlichen Theologie. Erkenntnistheoretisch bekommt er aber eine tragende Rolle erst in der Neuzeit.

Für *Descartes* ist die grundlegende Offenheit des Geistes auf das Unendliche die Voraussetzung menschlicher Erkenntnis. Denn es ist das allen Begrenzungen gegenüber Vollkommene. Damit sieht der französische Denker auch den Erweis für die Notwendigkeit Gottes erbracht. Diese Gedanken und die Kritik daran begleiten die neuzeitliche Metaphysik[68].

Das Problem liegt darin, daß in bezug auf Gott der Begriff *Unendlichkeit* über den bloßen Gegensatz zum Endlichen hinausgedacht werden muß. Der unendliche Gott und die endlichen Geschöpfe stehen sich nicht sozusagen gleichberechtigt auf der nämlichen Ebene gegenüber. Vielmehr gewährt der unendliche Gott den Geschöpfen erst endliches Sein.

In der *scholastischen Philosophie* suchte man dieses Faktum dadurch auszudrücken, daß man sagte: Von Gott zum Geschöpf herrscht nur eine gedachte Beziehung (*relatio rationis*), in umgekehrter Richtung, vom Geschöpf zu Gott, müsse man eine wirkliche Bezogenheit (*relatio realis*) annehmen. Damit ist etwas Richtiges gesehen, aber es besteht die Gefahr, daß Gott im Grunde von den Geschöpfen nicht betroffen wird. Das aber widerspricht den biblischen Aussagen vom Mit-Leiden Gottes mit den Kreaturen, von seiner Gegenwart in der Welt.

---

[66] Siehe tzt D 2/II, Nr. 170. Vgl. die Einleitung von J. Hasenfuss zu der von ihm und P. W. Scheele herausgegebenen Ausgabe der „Katholischen Dogmatik", München-Paderborn-Wien 1968, Bd. 1, XV-XVII.

[67] Holzwege, Frankfurt 1977, 244 f.

[68] Vgl. W. Pannenberg, Systematische Theologie 1, 377-389.

Die *Kabbala* wollte das Problem lösen, indem sie postulierte, Gott habe sich in der Schöpfung zugunsten der Kreaturen selbst eingeschränkt und ihnen dadurch Raum gegeben.

Hegel suchte einen Ausweg, indem er dialektisch das Unendliche auch den Gegensatz von „endlich" und „unendlich" übergreifen ließ[69].

Ähnlich hatte schon *Nikolaus von Kues* Gott als das „Non aliud" (das Nicht-Andere) gedacht, das dem „Anderen" Andersheit wie Identität mitteilt. Gott ist dann die „coincidentia oppositorum", der Zusammenfall aller Gegensätze[70].

Die Versuchungen des Unendlichkeits-Begriffs treten zutage, wenn man das Endliche nur als Ableitung und Ausfluß des Unendlichen sieht. Gott und Welt fallen zusammen; der *Pantheismus* ist unvermeidlich: Gott ist alles, alles ist Gott. Aber damit geht die biblische Dimension des Herrseins und der vollendeten Freiheit Gottes verloren.

In der Neuzeit übte gleichwohl die Idee von der Einheit von Welt und Gott eine große Faszination aus. Schon *Giordano Bruno* ließ sich um ihretwillen 1600 verbrennen. Am konsequentesten hat sie *Baruch Spinoza* († 1677) durchdacht. Er stellt die Identitätsformel auf: Gott = Natur = tragende Substanz (*Deus sive natura sive substantia*). Das Weltgeschehen ist demnach die endliche Weise des Ablaufs der einzigen unendlich sich erfüllenden und unwandelbaren Wirklichkeit. Als Quellgrund aller Abläufe, die daher auch mit Notwendigkeit verlaufen, ist die Natur göttlich (*natura naturans*), als Wirkzusammenhang ereignet sich die sie auszeichnende Gesetzmäßigkeit (*natura naturata*). Wenn der Mensch erkennt, daß sie der Grund aller Notwendigkeit und die Trägerin allen Geschehens ist, dann erkennt er Gott.

Spinoza übte großen Einfluß aus auf die deutsche Klassik (*Goethe*) und den Deutschen Idealismus. Der Gedanke des Zusammenfalls von Gott und Welt setzte starke religiöse Gefühle frei. Man glaubte nun zu sehen, was die Welt im Innersten zusammenhält. Bald aber wurden auch die Probleme unverkennbar: Was wir wahrnehmen – ist das nun wirklich Gottes Offenbarwerden oder doch nur die in sich geschlossene Welt. Der Pantheismus schlug um in Atheismus. Wenn der Mensch die Unendlichkeit des Kosmos erschaut, ist er dann nicht selber und aus sich selbst heraus – also ohne die Hypothese Gott – schon unendlich? Ja, sagt *Ludwig Feuerbach* († 1872). Religion ist bloß das *Bewußtsein* vom Unendlichen, also ein Innenvorgang im Menschen, der unabhängig von einer möglichen Realität außerhalb seines Denkens und Empfindens ist. „Gott ist das offenbare Innere, das angesprochene Selbst des Menschen; die Religion die feierliche Enthüllung der verborgenen Schätze des Menschen, das Eingeständnis seiner innersten Gedanken, das öffentliche Bekenntnis seiner Liebesgeheimnisse". Gott wird damit zum bloßen Produkt des Menschen: „Was der Mensch nicht wirklich ist, aber zu sein wünscht, das macht er zu seinem Gott"[71].

Ein falscher Unendlichkeitsbegriff führt also den Menschen zum Atheismus, mit dem er sich selber an Gottes Stelle setzt. *Walter Kasper* hat deutlich gemacht, daß der Mensch sich damit rettungslos überfordert[72]. Er vermag der von ihm selber

---

[69] Wissenschaft der Logik I (PhB 56), 125. Dazu auch H. Küng, Existiert Gott? München 1978, 192-194.

[70] tzt D 2/II, Nr. 157 gibt ein gutes Beispiel für die Weise, wie er über die Grenzen von Sprache und Erkennen bezüglich Gottes in einer Weise nachdenkt, die zwar an die Scholastik anknüpft, sie aber auch überwindet.

[71] Das Wesen des Christentums. Ed. W. Schuffenhauer, Bd. 1, Berlin 1956, 36 f. 41.

[72] Der Gott Jesu Christi, 44-48.

postulierten Unendlichkeit weder bezüglich seiner selbst noch bezüglich der anderen Menschen gerecht werden. Die Greuel der im 20. Jahrhundert begangenen Un-Menschlichkeiten haben an die Stelle einer übersteigerten Sicht von der Größe des Menschen den Katzenjammer über sein Elend treten lassen. Daraus ist nun beileibe nicht zu folgern, daß man den Begriff aufgibt, sondern daß man seine Lebensbedeutsamkeit herausarbeitet. Der Grund des Menschenelends ist gerade seine Gott-Losigkeit, hat schon *Blaise Pascal* († 1662) erkannt[73]. Das führt ihn zu dem Verdikt: „Nichts zeugt mehr für eine außerordentliche Schwäche des Geistes, als nichts zu wissen von dem Elend eines Menschen ohne Gott; nichts zeigt mehr die Bosheit des Herzens, als nicht die Wahrheit der ewigen Versprechungen zu wünschen; nichts ist feiger, als Gott gegenüber den Heldischen zu spielen“[74]. Umgekehrt ist es dann „heldisch“, dieses Elend zu erkennen und sich dann Gott zuzuwenden[75]. Daß er dies vermag, ist seine eigentliche Größe: Die Positivität des Menschen besteht darin, daß er, obschon endlich, aufnahmefähig ist für den Unendlichen *(homo finitus capax infiniti)*. „Es ist also richtig, alles belehrt den Menschen über seine Seinslage, aber man muß es richtig verstehen; denn es ist nicht wahr, daß alles Gott enthüllt, und es ist nicht wahr, daß alles Gott verbirgt. Es ist aber gleicherweise wahr, daß er sich vor denen verbirgt, die ihn versuchen, und sich denen enthüllt, die ihn suchen, weil die Menschen gleicherweise Gottes unwürdig wie Gottes fähig sind: unwürdig, weil sie verderbt sind, fähig auf Grund ihrer ersten Natur“[76]. Pascal lenkt damit unseren Blick wieder vom metaphysischen Grenzbegriff des Unendlichen auf den unendlichen Gott der Heiligen Schrift. Die „Kapazität“ für das Infinitum ist wie eine Hohlform. Sie ist Voraussetzung für den Kontakt mit Gott, aber dieser selber muß von Gott geschenkt werden, damit die Form ausgefüllt werde.

3.3 Das Erkennen der Eigenschaften Gottes durch die Vernunft

Die in diesem Abschnitt zur Sprache zu bringenden Einsichten ergeben sich nicht aus dem (biblisch bezeugten) Handeln Gottes, sondern werden aus der gerade angestellten philosophischen Reflexion gewonnen. Sie finden sich, sieht man von Anklängen in der Weisheitsliteratur ab, nicht unmittelbar in der Heiligen Schrift, sondern folgen aus der Seinssubsistenz und Unendlichkeit Gottes. Sie lassen sich auf vier Aspekte konzentrieren[77]:

[73] Über die Religion (Pensées) 11: Elend des Menschen ohne Gott (fragm. 60-183). Ed. E. Wasmuth, Heidelberg [5]1957, 38-96.

[74] A.a.O. fragm. 194: a.a.O. 106.

[75] A.a.O. fragm. 397 f: a.a.O. 181 f.

[76] A.a.O. fragm. 557: a.a.O. 254. Zu Pascals Vorstellungen von der Sünde vgl. fragm. 434 und 556 (a.a.O. 199-204, 250-254).

[77] Zur Systematik Thomas von Aquin, S.th. I, q. 3-11.

– Einfachheit
– Allgegenwart
– Ewigkeit
– Unveränderlichkeit.

Dabei ist in Rechnung zu stellen, daß auch hier die Eigentümlichkeit aller Gotteserkenntnis zum Tragen kommt. Gott ist und bleibt stets unbegreiflich, sein Geheimnis unausschöpfbar. Eine Eigenschaften-Lehre ist unter dieser Hinsicht die Negation dieser Negation: Man kann von Gott über sein Anders-Sein hinaus positive Aussagen machen – das eben sind die Eigenschaften. Aber soll die erste Feststellung nicht klammheimlich unterlaufen werden, ist sofort hinzuzufügen, daß diese Eigenschaften nicht in allen ihren Dimensionen positiv ausgeleuchtet und begriffen werden können.

3.3.1 Einfachheit

Gott eignet *Einfachheit (simplicitas)*, weil er das subsistierende Sein ist. Wäre er aus verschiedenen Prinzipien zusammengesetzt, müßte man nach den Kräften fragen, die sie zusammengebracht haben: Sie existierten auf jeden Fall „vor" Gott und wären darum das eigentliche „Göttliche".

Aus der Einfachheit Gottes folgt seine *Geistigkeit.* Die klassische Philosophie bestimmte *Geist* als die Intensität des in sich Gegebenseins. Damit vertragen sich keine „Teile" nebeneinander, wie es bei der Materie der Fall ist. Das trifft an sich auch für den geschaffenen Geist zu. Aus der Einfachheit Gottes folgt mehr. Gott ist schon immer in sich selbst, er sammelt sich nicht wie der Mensch erst zu sich selber von der Existenz zu seinem eigentlichen Wesen.

Auch darin setzte sich die christlich inspirierte Philosophie vom Neuplatonismus ab. Hier ist *Geist (nous)* bereits geprägt von der Dualität von Erkennendem und Erkannten. Er ist also bereits unterhalb des absoluten *Einen (hen)* an zweiter Stelle zu positionieren. Diese Absetzung wurde ermöglicht durch die aus der Bibel gewonnene Erkenntnis, daß Gott in sich als der dreipersonale Einer ist und darum auch die Geschöpfe in diese Einheit hineinnehmen kann, ohne sie aufzugeben.

Trotzdem inspiriert das platonisch-neuplatonische Denken auch die Gotteslehre, sofern nämlich in der Begegnung mit ihm sich herausstellte, welches Gewicht dem Erkennen zukommt. Gott erscheint als der Erkennende und Wollende – das aber macht es plausibel, den Personbegriff auf ihn anzuwenden. Zugleich eröffnen sich Wege, die biblisch offenbarte Gottebenbildlichkeit des Menschen tiefer zu bestimmen. Geistigkeit und Intellektualität erscheinen als Synonyma. Die Neothomisten können dann statt *ipsum esse subsistens* auch *intellectualitas subsistens* als Gottesbezeichnung gelten lassen. Doch damit war eine gewisse Vereinseitigung gegeben.

Der Weg zu Mißverständnissen ist schon gebahnt durch die doppelte Bedeutung von *Geist* in der deutschen Sprache, der im Griechischen und Lateinischen je zwei Worte entsprechen. Wenn wir hier von *Geist* reden, meinen wir die Denkkraft oder Vernunft (griech. nous, lat. intellectus), nicht die lebendige Wirkkraft Gottes, die in der hebräischen Bibel *ruach* (griech. *pneuma*, lat. *spiritus*) heißt. Dieser Aspekt ist aber auch dem Deutschen nicht fremd, assoziieren wir doch mit *Geist* auch Begriffe wie *Innerlichkeit, Lebendigsein, Dynamik*. Umgekehrt weckte unter dem Einfluß der Stoa auch das Wort *pneuma* Erinnerungen an die Weltseele als vernunfthafte Gestaltungskraft, die alles durchdringt. Diese wird jedoch mit einer Art Körperlichkeit gedacht („Feuer"): Noch Tertullian denkt deswegen Gott körperhaft; noch Bonaventura im 13.Jahrhundert meint, beim geschaffenen Geist im Unterschied zum göttlichen eine „materia spiritualis" annehmen zu sollen. Aber im Hauptstrom des christlichen Denkens werden solche Theorien doch überwunden. Materie und Endlichkeit entsprechen so einander wie Geist und Unendlichkeit. Beim geschaffenen Geist zeigt sich diese infinite Tendenz in seiner tendentiellen Unbegrenztheit und Offenheit für das Sein. Sie ermöglicht natürlich auch erst das philosophische Fragen nach Gott.

Aber auch für Gott trifft diese Kennzeichnung zu. Gott als Geist ist von unendlicher Offenheit und daher eignen ihm Erkennen und Lieben[78]. Daraus ergibt sich ein Problem: Weiß Gott dann alles voraus? Wenn ja, ist dann nicht jegliches Geschehen von vornherein festgelegt? Und ist das nicht das Ende jeder geschöpflichen Freiheit?

Die Philosophie kann diesen Fragenkomplex nicht befriedigend beantworten. Dazu müßte sie das Geheimnis Gottes, aber auch das Geheimnis Mensch auflösen. Der Glaubende vermag Gottes Vorherwissen und die menschliche Freiheit zusammenzudenken, wenn er sich bewußt hält, daß Gottes Liebe die Dinge so fügen kann, daß die geschöpfliche Freiheit voll zum Zuge kommt. Erst weil Gott um sie weiß und sie in das Gefüge des Geschehens einsetzt, wird sie innerhalb der Pläne und Absichten Gottes ermöglicht.

Eine besondere Schwierigkeit für Aussagen über die Geistigkeit Gottes ist der Umstand, daß in der Theologie *Geist* sowohl eine *Wesensbezeichnung* Gottes (vgl. Joh 2,24) wie auch der *Name der dritten trinitarischen Person* ist. Schon die Scholastik machte sich Gedanken, warum dem so ist, d.h. warum diese Person gerade *Geist* genannt wird. Thomas erachtet es als angemessen, daß jene Person, die aus dem Akt der Liebe Gottes hervorgehe (gehaucht werde: spiritus von *spirare* hauchen), diesen Namen trage[79]. Eine systematische Reflexion der verschiedenen Aspekte des Geist-Begriffs steht noch aus[80].

Wie Unendlichkeit nicht Leere ist, so ist Einfachheit nicht Leblosigkeit und Unbedarftheit. Beide Begriffe weisen schon aus sich selber auf eine nicht mehr beschreibbare Wirklichkeit. So will *Einfachheit* in einer markanten Weise die Vollkommenheit Gottes ansichtig machen: Im Bereich der Geschöpfe ist alles Positive ver- und zerteilt und gerade dadurch nur in mehr oder weniger großer Beschränkung verwirklicht. Diese wird von Gott verneint, wenn von seiner *simplicitas* gesprochen wird. Zwar ist in Gott alle Gutheit, die auch von den Krea-

---

[78] Thomas von Aquin, S.th. I, q.14 a. 1 zur Begründung der *scientia Dei*. Über die Verbindung von Einfachheit und Geistigkeit vgl. 1,3,1 ad 2.

[79] S.th. I, q. 36 a. 1. Vgl. M. J. Scheeben, Handbuch der katholischen Dogmatik Bd 2: Gotteslehre oder Theologie im engeren Sinne, Freiburg ^{3}1948, Nr. 387; 762-765; 1016-1018. Die Beziehungen des Hl. Geistes zum Bewußtsein: E. Dirscherl, Der Heilige Geist und das menschliche Bewußtsein (BDS 4), Würzburg 1989.

[80] Vgl. aber W. Pannenberg, Systematische Theologie, Bd. 1, 401-416, sowie B. Hilberath, Pneumatologie (LeTh 23), Düsseldorf 1994.

turen behauptet werden kann, aber nicht im Modus der Aufgehobenheit durch eine größere Vollkommenheit, sondern als das von Gott Begründete und so in ihm Ursprüngliche, das selber keinen Grund außerhalb Gottes hat. „Die Vollkommenheiten der Geschöpfe sind in Gott geeint und einfachhin (*unite et simpliciter*) präexistent“[81].

Die Beziehung zwischen Gott und Geschöpfen sieht der Aquinate nicht nach dem Modell der Kausalität, sondern er denkt von der Wirklichkeit der *Liebe* her. Diese begründet eher denn daß sie bewirkt. Was die Geschöpfe sind, sind sie, weil Gott es ihnen geschenkt hat aus Huld und Gnade. Darum ist ihr Gutsein etwas, das ihnen wirklich zu eigen ist, so wie ein Geschenk zwar nicht eingefordert werden kann, aber ist es einmal gegeben, so gehört es dem Empfänger als sein Eigenes. Thomas vermag die Geschöpfe deswegen geradezu als „Repräsentanten“ Gottes zu bezeichnen: Sie vergegenwärtigen in Stellvertretung Gott durch das Gute, das in ihnen, wie mangelhaft auch immer, ist. Gott kommt es nicht zu, gut zu sein, sofern er Gutsein verursacht, sondern umgekehrt: Weil er gut ist, gießt er den Dingen ihr Gutsein ein, wie Augustinus sagt: Weil er gut ist, sind wir“[82].

In diesen Zusammenhang ist auch die Gotteseigenschaft der *Allmacht* zu stellen. Sie bezeichnet die Gott eigene Macht, Geschöpfe ins Dasein zu rufen. An sich entspringt sie seinem Wesen, sie ist aber auch Ausfluß seines Willens, wenn er sie ausübt. Auch sie rührt letztlich ins Geheimnis Gottes, da es uns unmöglich ist auszuloten, welche Möglichkeiten Gott hat. Im Begriff der Allmacht ist ferner enthalten, daß die Geschöpfe Gottes Macht in keiner Weise begrenzen oder einschränken.

Oft wird *Allmacht* als die göttliche Fähigkeit charakterisiert, alles zu vermögen, was nicht in sich widersprüchlich oder was böse ist. Diese Beschreibung bleibt abstrakt, denkt man nicht daran, daß nicht alles, was wir für widersprüchlich halten, es auch für Gott sein muß.

Aus der Einfachheit Gottes folgt schließlich, daß alle Eigenschaften und Handlungen, die man von ihm aussagen kann , mit seinem Wesen identisch sind, auch wenn sie für unser erstes Verstehen gegensätzlich zu sein scheinen wie *Barmherzigkeit* und *Gerechtigkeit*. Nikolaus von Kues nannte daher Gott den „Zusammenfall aller Gegensätze“ *(coincidentia oppositorum)*. Ihr steht auf Geschöpfesseite nur eine „wissende Unwissenheit“ (*docta ignorantia)* entgegen. Sie ist es aber, die das Geschöpf empfänglich für Gottes Offenbarung macht, die das Nichtwissen wenigstens ein Stück weit aufhebt.

3.3.2 Gottes Raum- und Zeitüberlegenheit

Wenn Gott das unendliche subsistierende einfache und vollkommene Sein ist, dann ist er auch *allgegenwärtig* und *ewig*. Er steht über jeder Zeit und wird durch keinen Raum beschränkt. Die kosmologischen und anthropologischen Aspekte dieser Aussagen werden vor allem in der Schöpfungstheologie gänzlich sicht-

[81] S.th. I, q. 13 a. 4.
[82] S.th. I, q. 13 a. 2.

bar[83]. Das Nach- und Nebeneinander der geschöpflichen Wirklichkeiten, ihre räumliche und zeitliche Begrenztheit sind, das ist unschwer einsichtig, Einschränkungen, die bezüglich Gottes nicht gemacht werden können. Dennoch bleibt zu fragen, ob es nicht doch positive Bezüge von Raum und Zeit zu ihm geben kann.

Auszuschließen ist jedenfalls ein Konkurrenzverhältnis wie es in der Konsequenz des Platonismus liegt. Dieser sah in der Zeit als dem Veränderlichen nur Abfall vom Ewigen, das als in sich stehende Unveränderlichkeit aufgefaßt wurde. Wenn aber Zeit nur negativ gesehen wird, wie kann sie dann noch im Rahmen der Positivität gesehen werden, die die Beziehung Gottes zu der Kreatur auszeichnet?

Die Frage ist relativ leicht bezüglich der Raumüberlegenheit Gottes zu beantworten, die wir als *Allgegenwart* bezeichnen. Er bedarf keines Raumes, um sich zu entfalten und gegenwärtig zu sein, wohl aber gewährt er den Kreaturen Raum. Weil er an jedem Ort ist, haben die Geschöpfe Sein und Lebensrahmen[84].

Etwas ausführlicher müssen wir von Gottes Zeitüberlegenheit sprechen, die als seine *Ewigkeit* bezeichnet wird.

Philosophie- und theologiegeschichtlich relevant ist die Definition des *Boethius* geworden, wonach Ewigkeit „der zugleich ganzheitlich alles umfassende und vollendete Besitz nicht endenden Lebens" ist (*interminabilis vitae tota simul et perfecta possessio*)[85].

Hat auch Gottes Ewigkeit positive Konsequenzen für die Geschöpfe? Unter platonischem Einfluß sah die Theologie der Patristik Zeit als Negativum. Sie umschließt Vergänglichkeit; diese aber ist – denken wir an den Tod – Inbegriff des menschlichen Leidens schlankweg. Die Sehnsucht nach Unsterblichkeit sieht nur in der Ewigkeit Vollkommenheit. Auf der anderen Seite muß man zur Kenntnis nehmen, daß die Heilige Schrift die Schöpfung und damit auch deren Zeiteingebundenheit positiv zeichnet. Dann aber ist die Zeit nicht nur Ausdruck des Vergehens, sondern vor allem der Weg, auf dem und durch den Gott die Geschöpfe auf sich als letztes Ziel hinordnet. Insbesondere ist die Zeit unter anthropologischem Gesichtspunkt die Ermöglichung der menschlichen Freiheit. Dann aber erweist sich des Menschen Zeitlichkeit als besondere Form der Güte Gottes, der sie mit seinem Segen erfüllt. So brauchen wir uns angesichts seiner Präsenz keine Sorgen um die Zukunft zu machen: Diese ist schon je und je bei ihm geborgen. Und auch die Vergangenheit ist im eigentlichen Wortsinn bei Gott aufgehoben: Weil er stets da ist, ist auch das Gewesene mit dem Index der Dauerhaftigkeit ausgezeichnet. Der ewige Gott ist der *zeitmächtige Gott*.

Im Begriff der Ewigkeit ist enthalten die Aussage von Gottes *Unveränderlichkeit* oder *Selbstidentität*. Sie schließt jene Begrenztheit aus, die mit Wandel und Wechsel verknüpft ist. Sicher kann von Gott weder Steigerung noch Minderung

---

[83] Vgl. in diesem Band: Schöpfungslehre 4.6.2.

[84] S.th. I, q. 8 a. 3; vgl. Bonaventura, sent. 1 d 37 e 2 q. 2.

[85] De consol. philos. V,6,4. Diese Definition hat ihre Wurzeln in der plotinischen Philosophie. Vgl. dazu W. Baierwaltes, Plotin über Ewigkeit und Zeit, Frankfurt 1981, 99. Näher: J. Auer, Gott der Eine und Dreieine (KKD 11), Regensburg 1987, 459-477; W. Pannenberg, Systematische Theologie, Bd. 1, 433-449.

prädiziert werden. Aber wieder ist zu sagen: Damit wird nicht die Positivität des Werdens schlechthin geleugnet. Auch wird nicht die Negativität übersehen, die umgekehrt mit dem Unveränderlichen etwa in der starren Ordnung des Kosmos assoziiert wird – sie kann sich grausam gegen das Individuum auswirken.

Das Werden muß dort positiv gewertet werden, wo es Anziehung auf das endgültige Ziel von Welt und Menschen (Finalursache) ist. Doch das wäre noch zu wenig: Gott erschiene da bloß als gewaltiger Magnet, der alles an sich reißt. In der Offenbarung zeigt er sich dagegen als der verläßliche Gott, der den einzelnen als solchen liebt, ihm seine Fürsorge zuwendet und sich finden läßt als der Gott der unwandelbaren Liebe (Ps 102,25-28). Gottes Unveränderlichkeit ist, biblisch ausgesprochen, seine *Treue*.

Aus dieser Perspektive heraus erweisen sich Begriffsbestimmungen als unzulänglich, die Unveränderlichkeit mit der Unbeeinflußbarkeit durch äußere Kräfte verwechselten oder darin im Sinn des stoischen Tugendideals der *Ataraxia* Leidenschaftslosigkeit erblickten. Gott ist für seine Schöpfung „eifersüchtig" engagiert.

In diesem Zusammenhang wird die für ein personales Gottesverhältnis bedrängende Frage unabweisbar, ob und wieweit sich Gott durch das *Leiden seiner Geschöpfe* berühren läßt. Griechischem Denken und der von ihm beeinflußten Theologie lag der Gedanke an ein Mit-Leiden Gottes völlig fern: Gott ließ sich nur als der absolut Glückselige beschreiben. Daher war ja das Kreuz, wie bereits Paulus spürte (1 Kor 1,23), für die Antike ein Nonsens. Aber mußte denn nicht Gott durch das Leiden seines Sohnes auch innerlich betroffen werden? Die christliche Theologie konnte da kaum mit Nein antworten, aber sie scheute sich sehr vor dieser Konsequenz.

Origenes beispielsweise argumentierte gegenüber dem Neuplatoniker *Kelsos*, der Logos selber bleibe vom körperlichen oder seelischen Leiden seiner menschlichen Natur unberührt[86]. Aber er weiß auch sehr gut, daß Angst und Leiden zum Menschen gehören und daher dem Menschgewordenen nicht fremd gewesen sein können[87]. Das führt ihn im Ezechielkommentar zu der Aussage: „Was ist das für ein Leiden, das er für uns erlitt? Es ist das Leiden der Liebe. Und der Vater selbst, der Gott des Alls, ... leidet nicht auch er in gewisser Weise? Oder weißt du nicht, daß er, wenn er sich zu den Menschen herabläßt, menschliches Leiden erleidet? ... Selbst der Vater ist nicht leidensunfähig. Wenn er angerufen wird, erbarmt er sich und fühlt den Schmerz mit"[88].

Damit ist wohl das Entscheidende gesagt; und darüber hinaus läßt sich wohl auch kaum mehr sagen. Sicher ist Gott nicht in sich unglücklich. Aber läßt sich wirklich vorstellen, daß er am Leiden seiner Geschöpfe keinen Anteil nimmt? Gott bleibt mit sich selbst identisch und darum unveränderlich, doch er verhält sich seinen Kreaturen gegenüber als der treue Gott, der ihr Wohl will und darum vom Heillosen in jeder Gestalt betroffen ist[89].

---

[86] Cels. 4,15. Das Werk erschien zwischen 246 und 248.
[87] So in dem bereits rund 20 Jahre vorher publizierten Werk princ. 2,61; tzt D 4/I, Nr. 80.
[88] Comm. in Ezech. 6,6.
[89] Vgl. näher zu diesem Problem unter 5.7.

3.3.3 *Einzigkeit*

Die metaphysische Gotteslehre bekräftigt und untermauert denkerisch die zentrale biblische Aussage von der *Einzigkeit* Gottes. Begriffe wie *Unendlichkeit, Einfachheit, Vollkommenheit* lassen sich nicht von mehreren im streng metaphysischen Sinn aussagen. Philosophisch ist eine polytheistische Religion nicht akzeptabel.

Philosophisch führt allerdings auch kein zwangsläufiger Weg zum lebendigen Gott der Bibel. Die christliche Dogmatik ist denn auch nicht über metaphysische Spekulationen oder „Gottesbeweise" zu ihrer Gotteslehre gelangt, sondern auf den Straßen der Offenbarung, die in der Heiligen Schrift angelegt worden sind. Erst nachdem sie sie gegangen war, hat sie von der menschlichen Vernunft her zurückgefragt: Kann auch sie Spuren jenes Gottes finden, der sich in der Heilsgeschichte geoffenbart hat und vom Glauben bekannt wird? Das entschiedene Ja, das die christliche Theologie gesprochen hat, ermutigt den Glaubenden, dem Gott der Offenbarung zu vertrauen.

Heute müssen diese Fragen noch einmal neu aufgegriffen werden. Uns treibt das Problem um, ob unsere Erkenntnisbewegung tatsächlich den lebendigen Gott und nicht nur ein Konstrukt der eigenen Reflexion erreicht. Unter dem Horizont der gegenwärtigen Lebenswelt müssen wir Rechenschaft ablegen vom wahren Gott.

3.4 Gotteserkenntnis aus Welterkenntnis

3.4.1 *Analogie*

Der Begriff *Gott* ist nicht inhaltsleer. Er schließt auch ein, daß das von ihm Gemeinte existiert. Seit *Kant* wissen wir, daß es trotzdem voreilig wäre, forsch zu behaupten: „Also existiert Gott". Hundert als real *bedachte* Taler sind eben noch kein *echtes* Geld, das man ausgeben kann! Man kann dem Problem nicht dadurch entrinnen, daß man ebenso forsch erklärt: „Ich *glaube* an die Existenz Gottes – und das genügt!" Denn auch der Glaube ist wesensmäßig mit einem Erkennen verbunden. Sonst kann man eine menschlich verantwortete Überzeugung der „Dinge, die man nicht sieht", wie sie der Hebräerbrief (10,1) fordert, mitnichten haben.

Zweifellos kann niemand sagen, er habe Gott unmittelbar und in sich erkannt. Damit behauptete er zugleich, daß er selber Gott sei. Aber es gibt auch indirekte Weisen des Erkennens. So kann man beispielsweise aus dem Erblicken einer Landschaft auf Schönheit oder aus Rauch auf Feuer schließen und darin etwas von dem erkennen, was *Schönheit* oder *Feuer* ist. Diese Beispiele können klar machen, wie wir Gott erkennen können. Schon das Buch der Weisheit sagt: „Von der Größe und Schönheit der Geschöpfe läßt sich auf den Schöpfer schließen" (13,5). Doch auch hier müssen wir bedächtig vorangehen. Gott ist kein Gegenstand der Welt wie es der Fall in den Beispielen ist. Seine Unsichtbarkeit ist nicht eine immanente Verborgenheit, die sich mit weltimmanenten Mitteln aufdecken läßt so wie man zum realen Feuer gelangt, wenn man dem Rauch nachgeht. Wie vermag man dennoch zu einer Gotteserkenntnis zu kommen?

Betrachten wir die Struktur des Erkenntnisvorgangs. *Erkennen* heißt: die *Eigenart* oder *Identität* eines Gegenstandes erfassen. Das geht nur durch Unterscheidung und Vergleich, also unter der Voraussetzung, daß Gegenstände teils voneinander verschieden, zum Teil miteinander gleich sind.

Wenn man sagt: „Dieser Tisch ist rund und jener viereckig", dann ist darin zum Ausdruck gebracht, daß beide erkannte Objekte *Tische* sind und die Tischplatte Dimensionen hat, die mit geometrischen Begriffen anschaulich gemacht werden können; sie unterscheiden sich darin, daß diese nicht miteinander identisch sind. Der gleiche Sachverhalt liegt prinzipiell auch dann vor, wenn nur ein Tisch vorhanden ist, von dem zu sagen ist: „Dieser Tisch ist rund" Wäre das „Tischsein" identisch mit dem „Rundsein", wäre der Satz eine überflüssige Tautologie („Das ist ein weißer Schimmel").

Erkennen setzt also voraus, daß die Erkenntnisobjekte in einem Gefüge, in einer bestimmten Ordnung zueinander stehen, welche unabdingbar für den Vorgang des Erkennens sind. Dieses ist stets „verhältnismäßig", es geht den bestehenden Verhältnissen entlang. *Verhältnismäßig* heißt griechisch *anà lógon*. Daher nennt man solches Erkennen *analog*. *Analogien* (griech. *analogía Verhältnis*, Ähnlichkeit, Übereinstimmung) sind dann *Entsprechungen*.

Diese Tatsachen hat das griechische Denken sehr früh erfaßt. Schon *Heraklit* weiß um die polare Zuordnung von Gegensätzen. Für *Platon* ist die Analogie „das schönste aller Bänder". *Aristoteles* sieht die Erkenntnis durch „Abtasten" der Wirklichkeit vorankommen, d.h. durch Urteile, die affirmieren und die negieren, was aber nur dann geht , wenn eine Grundstruktur vorhanden ist, anhand derer sie gefällt werden können. Er lieferte ein seither immer wieder verwendetes Beispiel für sprachliche Analogie: Das Adjektiv *gesund* kann man verwenden für die Gesichtsfarbe („Du siehst gesund aus"), für ein Lebensmittel („Obst ist gesund"), für den Zustand des Organismus („Sie sind vollkommen gesund"). Die Grundbedeutung ist die zuletzt genannte, alle anderen sind darauf hingeordnet: Der Normalbefindlichkeit eines Organismus entspricht eine gute Durchblutung der Gesichtshaut; damit diese Befindlichkeit gewahrt bleibt, bedarf man bestimmter Lebensmittel.

Die mittelalterliche Philosophie führte diese sprachtheoretischen Überlegungen weiter. Man unterschied *univoke* Begriffe (Mensch), *äquivoke* Begriffe (Bank = Sitzgelegenheit oder Geldinstitut) und eben *analoge* Begriffe: *gesund* ist ein Produkt der pharmazeutischen Industrie nicht im gleichen Sinne wie ein menschlicher Leib, sondern nur in Bezug auf diesen. Analoge Begriffe sind also *ähnliche* Begriffe. Sie interferieren wie die olympischen Ringe: Teilweise fallen die Inhalte zusammen, teilweise – und zwar zum größten Teil – unterscheiden sie sich. Bei der Analogie ist *die Unähnlichkeit immer größer als die Ähnlichkeit*. Aber sie besitzt deswegen Erkenntniswert, weil sie anzeigt, wie Dinge einander zugeordnet sind. Das Schaubild S. 343 f. faßt die Erklärung zusammen.

Mit der Erkennntis der Analogizität bot sich für die Theologie ein Instrument an, mittels dessen Aussagen über Gott verantwortet gemacht werden können. Man kann dann über ihn und von ihm zutreffende Urteile fällen ohne ihn als das bleibend unendliche Geheimnis aufzulösen. Vorauszusetzen ist natürlich, daß die

Begriffe in sich eindeutig bleiben – sonst sagt man nichts mehr von Gott, sondern raunt nur noch etwas[90].

Für die Gotteserkenntnis innerhalb der Theologie war die Analogizität vor allem deswegen nutzbar, weil sie davon ausgehen konnte, daß Gott der Urheber aller Dinge ist, diese ihm also nicht absolut und gänzlich unähnlich sein können. Hand in Hand damit mußte immer die *negative Theologie* dergestalt gehen, daß der radikale Unterschied zwischen Gott und Welt gewahrt bleibt. Diese Funktion konnte der Begriff *Unendlichkeit* übernehmen. Er ist eine Negation – das Endliche wird verneint –, doch setzt er ein Positivum, eine Affirmation voraus: ein Sein, dem jede Seinsschwäche abgesprochen wird. So lassen sich wirkliche Aussagen von Gott machen, wobei sich das Paradoxon ergibt: Je mehr man von ihm erkannt hat, um so logisch klarer läßt sich sagen, was er *nicht* ist.

Die klassische Theologie hat unter Rückgriff auf den von *Pseudo-Dionysius* erarbeiteten Begriff der „Überwesenheit" Gottes von einem Dreischritt gesprochen[91]. Sie hat ihre vollendete Form bei *Thomas von Aquin* gefunden.

Genau genommen kann man nicht von drei „Schritten" oder „Wegen" sprechen. Denn sie erfolgen nicht nacheinander, sondern in einem einzigen Vollzug des Denkens. Er sieht folgendermaßen aus (vgl. S. 342 f.):

1.) *Via affirmationis:* positive Aussage („Gott ist gerecht").
2.) *Via negationis:* verneinende Aussage („Gott ist nicht gerecht", wenn man nämlich die menschliche Gerechtigkeit als Maßstab anwendet).
3.) *Via (super)eminentiae:* überbietende.Aussage („Gott ist in vollkommener, unvorstellbarer, unausschöpfbarer Weise gerecht").

Wir haben schon früher Gottesbezeichnungen kennengelernt, die den dritten „Schritt" widerspiegeln, z . B. *Allmacht, Allwissenheit.*

Thomas war sich bewußt, daß der pseudo-dionysische Gedankengang einen Haken hat. Was berechtigt uns denn eigentlich, von der Positivität der Kreaturen aus positive Aussagen (wie übersteigernd auch immer) über Gott zu machen? Man kann guten Gewissens nicht einmal den Seinsbegriff ohne weiteres für ihn und sie verwenden: Zu unterschieden ist die Art, wie Gott *ist* und wie Geschöpfe *sind.* Es gibt, ist nachdrücklich zu wiederholen, keine Wirklichkeit, die sie als Gemeinsames umschließt.

Eine Lösungsmöglichkeit sieht er von der schon einmal angesprochenen unterschiedlichen Beziehung zwischen Gott und Geschöpfen. Von letzteren muß man sagen: *Zu ihrem Wesen gehört die Abhängigkeit von Gott.* Aber man kann nicht in einer Art Umkehrschluß sagen: *Zu Gottes Wesen gehört die Unabhängigkeit von seinen Geschöpfen.* Gott ist denkbar auch ohne Schöpfung. Aber wenn er de facto Geschöpfe ins Dasein ruft und wenn er das aus liebender Güte (also in abstrichloser Freiheit) tut, dann ist jede feststellbare Güte der Geschöpfe von Gott gegeben. Sie sind gut, weil sie Kreaturen sind. Was das aber tatsächlich heißt und

[90] Hier ist auch der Kern des Einwands von W. Pannenberg, Systematische Thelogie, Bd. 1, 372 f (in Anm. 14 des Werkes): Die analoge Prädikation fordert bereits eine univoke Grundlage und setzt sie voraus. „Begriffe müssen univok sein".

[91] D. n. 1,1; 13,1-3; tzt D 2/II, Nr. 114 f; c.h. 2.

meint, das wird erst in dem Maß klar , wie Gottes Güte erschlossen werden kann: Sie ist sein Wesen; er ist Liebe. In Wirklichkeit läuft also der Erkenntnisvorgang nicht von unten (*Geschöpfe*) nach oben (*Gott*), sondern er wird angeregt von der Realität der Liebe Gottes.

Thomas von Aquin setzt sich mit der Frage auseinander angelegentlich der Diskussion über die „Namen" Gottes (*De nominibus Dei*). Kann man, fragt er, Wesensaussagen über Gott machen (*Utrum aliquod nomen dicatur de Deo substantialiter*)? Nach einer langen Erörterung kommt er zum Schluß „Wenn man sagt *Gott ist gut*, heißt das nicht *Gott ist die Ursache des Gutseins* oder *Gott ist nicht böse*. Vielmehr meint man: *Was wir in den Geschöpfen* gut *nennen, präexistiert in Gott*, und zwar in einer höheren Weise. Daraus folgt nicht, daß Gott Gutsein zukommt, weil er die Güte verursacht. Es ist vielmehr eher umgekehrt: Weil er gut ist, verströmt er seine Güte den Dingen"[92]. Thomas übersteigt damit die Möglichkeiten einer rein philosophischen Gotteslehre, überwindet damit aber auch die Probleme des analogen Denkens. Die Gefahr einer wie auch immer gearteten Vereinnahmung Gottes durch irgendein kreatürliches System ist gebannt. Man beachte, daß Thomas nicht von der *analogia entis*, der Analogie des Seins, sondern von der *analogia nominum*, der Benennungs-Analogie spricht. Es geht um die Anwendbarkeit von „Namen" (nomina) auf Gott.

Erst der Thomas-Kommentator *Cajetan de Vio* im 16. Jahrhundert prägt den Begriff *analogia entis* – aber nicht im Blick auf theologische Ausagen; dies geschieht erst in der Barockscholastik (*Suarez, Johannes a S.Thoma*). Seine programmatische Bedeutung bekommt das Wort erst 1922 durch *Erich Przywara*. Daran entzündet sich eine lebhafte Diskussion (*Karl Barth, Emil Brunner* auf *reformatorischer, Gottlieb Söhngen, Hans Urs v. Balthasar und Karl Rahner* auf katholischer Seite), ob es möglich sei, von einer Analogie des *Seins* zu sprechen, oder ob man nicht eher von einer Glaubensanalogie (*analogia fidei*) reden solle, sofern die Gotteserkenntnis aus der Offenbarung schöpfungstheologische Voraussetzungen habe. Bekannt ist *Barths* Verdikt, die Seinsanalogie sei eine Erfindung des Antichrists[93].

Aussagen über Gott kommen also nicht zustande durch die Analyse von „Wesensbegriffen". Vielmehr gewinnen wir im Umgang mit der Wirklichkeit die Einsicht, wie die Geschöpfe konkret auf Gott bezogen sind: In der von ihm souverän gesetzten Relation zu ihnen zeigt er sich als Gott – liebend, aber zu aller Weltwirklichkeit unvergleichbar.

So bleibt leitend der Begriff des Geheimnisses auch und besonders dort, wo Glaube und Denken einander zugeordnet werden. Gott und Welt werden im analogen Erkennen nicht vermengt, aber sie werden auch nicht relationslos gesehen.

Darin eröffnet das Denken den Raum für den Glauben. Mit einem Wortspiel hat *Anselm von Canterbury* den Sachverhalt formuliert: Der Intellekt „begreift auf eine der Vernunft gemäße Weise, daß Gott unbegreiflich ist (*rationabiliter comprehendit incomprehensibile esse*)"[94].

Anselm kennzeichnet das Gottes-Denken auf doppelte Weise. Gott muß als ein Wesen gedacht werden,"über dem nichts Größeres gedacht werden kann (aliquid quo nihil maius cogitari possit)". Das ist aber noch recht menschlich argumentiert. Es könnte so aussehen,

---

[92] S. th. I, q. 13 a. 2 c.

[93] KD I/1, VIII.

[94] Monol. 64.

als habe man Gott eingefangen mit der Benennung *„höchstes Wesen"*. Anselm erklärt darum, Gott sei noch etwas „Größeres als gedacht werden" könne. Als das höchste Denkbare weist er über das Denkbare noch hinaus. Aber wenn wir damit Gottes Unbegreiflichkeit erahnen, dann hat Gott seinerseits unser Denken ergriffen und ihm ein Ziel gewiesen. Der erste Scholastiker rekurriert auf platonisches Bilddenken: Daß wir Gott *denken* können, beruht darauf, daß wir *Bild* Gottes sind und infolgedessen Gottes gedenken und ihn lieben können[95].

Die Analogielehre wurde vom kirchlichen Lehramt auf dem 4. Laterankonzil (1215) aufgegriffen: „Denn von Schöpfer und Geschöpf kann keine Ähnlichkeit ausgesagt werden, ohne daß sie eine größere Unähnlichkeit zwischen beiden einschlösse"[96].

Wenn das Konzil von *Ähnlichkeit* spricht, will es nicht die philosophische Problematik aufgreifen, ob es überhaupt zwischen Gott und Kreatur so etwas gebe. In der dem oben zitierten Text vorausgehenden Diskussion mit Joachim werden zwei Jesus-Worte angeführt (Joh 17,22 und Mt 5,48). Es geht in beiden um die Gnadengemeinschaft der Menschen mit Gott, also um einen theologischen Sachverhalt. Gemeinschaft ist aber nur möglich, wo irgendeine Entsprechung zwischen Gott und Menschen besteht. Diese aber folgt nicht aus den Bedürfnissen der Menschen, sondern aus der schenkenden Liebe Gottes. Sie aber wird so wenig definiert wie das Wesen des Menschen: Die Unähnlichkeit ist immer das Beherrschende. So wird auch in dieser Formel dem Geheimnis Rechnung getragen.

3.4.2 „Natürliche" Gotteserkenntnis

3.4.2.1 Fragestellung

Im Kontext dieses Kapitels verstehen wir unter *natürlicher Theologie* jene Einsichten über Gott, die sich unabhängig von der Existenz der biblischen Offenbarung gewinnen lassen[97]. Ausgangspunkt ist dabei nicht mehr Gott, d.h. sein Wesen oder seine Natur, sondern der Mensch, d.h. genauer: die Kräfte seines Verstandes. Diese Fragestellung erachtete man als wichtig, um einerseits eine Art Gegenprobe zu den offenbarungstheologischen Erkenntnissen zu machen, andererseits die universale Geltung des Offenbarungsanspruchs zu untermauern. Schon die Vernunft führt auf den Weg, auf dem dann – als maßgebende und entscheidende Instanz – die Selbstmitteilung Gottes die Menschen trifft. Die natürliche Theologie mobilisierte Hilfsbataillone für die eigentliche theologische Untersuchung.

In der Neuzeit wurde der Spieß umgedreht. Die Bibelkritik der Aufklärung führte zu einer allgemeinen Kritik der Offenbarung. Sie erschien jetzt als weniger glaubwürdig denn die Erkenntnisse, die der Mensch kraft eigenen Verstandes

---

[95] Diese Gedanken finden sich im „Proslogion", vor allem 1,2,15. Vgl. unten 3.6.3.3.

[96] DH 806. Der Text bekennt sich insgesamt zur Trinitätslehre des Petrus Lombardus, die der Abt Joachim von Fiore in Frage gestellt hatte. Diesem wird vorgeworfen, er unterscheide nicht hinreichend *Einheit* innerhalb der trinitarischen Personen und hinsichtlich unserer Beziehung zu Gott.

[97] Über den Bedeutungswandel des Begriffs vgl. oben 2.7.2.

machte. Die Bibel bekam den Rang einer pädagogischen Hilfestellung für die voraufgehenden unerleuchteten Stadien der Menschheitsgeschichte.

Dementsprechend ist die Wertschätzung der natürlichen Theologie höchst unterschiedlich. Die *Katholiken* hielten an der Überzeugung fest, daß Offenbarung und natürliche Gotteserkenntnis kongruieren, da sie beide der einen Wahrheit Gottes verpflichtet sind. Die *Protestanten* mißtrauten der seit der Scholastik etablierten Ehe von Theologie und Philosophie von Anfang an, da sie den Rang der Bibel zu mindern schien. Für eine der *Aufklärung* (Kant) offene Theologie dagegen bot die natürliche Theologie eine Hilfe für den Glauben. Die moderne *Erkenntniskritik* wurde wieder skeptisch. Sie betonte lieber die Unfähigkeit des Verstandes angesichts der Größe Gottes und gab der metaphysischen Gotteslehre einen unrühmlichen Abschied.

Die geistesgeschichtlichen Entwicklungen müssen uns vorsichtig machen, aber sie stehen nicht von vornherein gegen die Erörterung der Frage, ob und wie sich aus Wesen und Verhalten des Menschen Rückschlüsse auf seinen Schöpfer ziehen lassen. Sie mahnen uns aber doch, daß das Ziel dieser Schlüsse nicht der „unbekannte Gott“ als Größe X ist, sondern der Gott der Offenbarung. Dafür spricht schon die Tatsache, daß diese bzw. ihr Niederschlag eine innergeschichtliche Resonanz gefunden hat, also zum Menschen, wie er leibt und lebt, dazugehört. Alles in allem empfiehlt es sich dann, nicht mehr von einer natürlichen Theologie, sondern besser von einer natürlichen *Gotteserkenntnis* zu sprechen. Das Gemeinsame ist nicht ein theologisches System; es ist vielmehr das Erkennen, gerichtet auf Gott. Dieses hat viele Möglichkeiten zum Ziel zu kommen. Wir werden uns in der Gegenwart bewußt, daß die Religionen der ursprünglichste Ort dieser Ausrichtung sind. Auf der anderen Seite aber behält die rationale Durchdringung der Gesamtwirklichkeit (also einschließlich derer, die die Religionen betrachten) ihre Unersetzlichkeit. Wenn nämlich die Wahrheitsfrage mit allem Ernst gestellt wird, dann geht es meistens nicht nur um das Sein, sondern vornehmlich um das Sollen. Es geht um die Verantwortung vor dem Sein. Als Richtschnur erweist sich das Gewissen, das zunächst aus der Vernunft nach den Normen fragt[98].

3.4.2.2 Begriffsklärung

Wenn in diesem Abschnitt von *natürlich* oder *Natur* gesprochen wird, dann nicht im Sinn der neuzeitlichen philosophischen und umgangssprachlichen Verwendung. Hier ist *Natur* der dem Menschen als handelndem Subjekt vorgegebene Objektbereich (wie z.B. im Wort Natur-Schutz). Für die theologische Terminologie gibt es zwei Paten. Der erste ist *Aristoteles*. Nach ihm ist *Natur* das, was einem Ding zukommen muß, damit es seinem Wesen entsprechend es selber sein und sich verwirklichen kann. Als zweiten kann man *Augustinus* nennen. Er bezeichnet mit *Natur* den ursprünglichen guten Status des Menschen. Dieser ist dann aber von der Sünde aufs höchste geschwächt worden, so daß die Natur der Gnade bedarf, um zum Ziel zu kommen. *Natur* ist in dieser Verwendung also ein

[98] Vgl. J. H. Newman, Brief an den Herzog von Norfolk: M. Laros, W. Becker (Hg.), Ausgewählte Werke 4: Polemische Schriften, Mainz 1959, 163.

heilsgeschichtlicher Begriff. In diesem Kontext handelt die Gnadenlehre von *Natur*[99]. So unterschiedlich beide Varianten auf den ersten Blick auch scheinen, sie gehören eng zusammen. Wenn der Mensch *natürlicherweise* Gott erkennen kann, dann stellt sich sofort die Frage: Gilt das nur für den endgültig verlorenen Urstand oder auch für die Gegenwart der Sünde? Die katholische Antwort geht dahin, daß sie aufgrund der Schöpfungstat Gottes eine bleibende und unverlierbare Beziehung der Menschen zu Gott hält. Auch in der Unheilssituation wahrt der Mensch seine menschliche Natur. Er kann, wenn diese Gott grundsätzlich zu erkennen imstande ist, auch da noch Gottes inne werden.

3.4.2.3 Die natürlichen Fähigkeiten des Menschen

Was aber kann der Mensch natürlicherweise, d.h. jetzt: aus eigener Kraft, ohne Gnade? Gegen diese Fragestellung würde Augustinus protestieren und als Kronzeugen Paulus anrufen: „Was hast du, das du nicht empfangen hättest?" (1 Kor 4,7) Doch wenn die Scholastiker fragen, ob man Gott mit seinen natürlichen Kräften zu erkennen und zu lieben in der Lage sei, dann nehmen sie selbstverständlich an, daß schon durch die Schöpfung Gott aktiv geworden ist und ins Herz des Menschen die Neigung und Sehnsucht zum Schöpfer gelegt hat. Er ist immer schon der Gebende, so daß er und nicht der Mensch den ersten Schritt im Erkenntnisvorgang macht.

Es war das durch die Spätscholastik (*Gabriel Biel*) heraufbeschworene Mißverständnis einer Konkurrenz zwischen Gott und Menschen, das *Martin Luther* (unter anderem) zur emphatischen Betonung des *sola gratia* veranlaßt hat. Wird das Problem Natur – Gnade gewissermaßen zur Machtprobe zwischen Mensch (er hat eigene Potenzen gegenüber Gott durch die Natur) und Gott, dann muß man mit dem Reformator auf der Rechtfertigung aus dem Glauben allein und nicht aufgrund „natürlicher" Werke bestehen.

Die Frage der natürlichen Fähigkeiten des Menschen wird im 19. Jahrhundert von neuem akut. Diesmal geht es aber nicht um den *articulus stantis et cadentis ecclesiae* des 16. Jahrhunderts, also um die Initiative im Gnadengeschehen, sondern um das Problem, wieweit die Personalität des Menschen von seiner Gottesbeziehung geprägt ist. Dahinter steht die Sorge der Theologen und Kirchenleiter, wie man in den geistigen und politischen Umwälzungen der Epoche eine klare Orientierung im Glauben und aus dem Glauben heraus finden könne. Zwei Ansichten standen sich diametral entgegen – auf der einen Seite der *Rationalismus*, auf der anderen *Fideismus* und *Traditionalismus*.

Mit dem Namen *Rationalismus* werden verschiedene Denkströmungen zusammengefaßt, denen es gemeinsam ist, daß die geistig-rationalen Erkenntniskräfte und Erkenntnisquellen den Vorrang vor den sinnlich-empirischen besitzen. Daraus ergab sich die Leugnung des Offenbarungs- und Geheimnischarakters des Glaubens zugunsten einer reinen Vernunftreligion im besten, zugunsten des Atheismus im schlimmsten Fall. Vertreter des theologisch relevanten Rationalismus sind beispielsweise die *Deisten*. Nach ihnen steht zwar Gott am Anfang als Erstursache der Welt, doch dann läuft diese wie eine Uhr, die auch nicht mehr

[99] Vgl. in diesem Werk Bd. III: Gnadenlehre 4.1.2.2.

den Uhrmacher braucht; infolgedessen kann die Welt aus sich selbst rein rational erkannt werden.

Unter *Fideismus* versteht man eine Einstellung, der zufolge der Zugang zur Wirklichkeit des Glaubens nicht rational und argumentativ, sondern einzig und allein durch dessen Einwirkung selber – sei es durch ein Gefühl, sei es durch die Autorität einer angenommenen „Ur-Offenbarung" oder einer Glaubenstradition (in diesem Fall haben wir den *Traditionalismus*) – erreicht wird. Diese Haltung kam den restaurativen Tendenzen entgegen, die damals in katholischen Kreisen verbreitet waren. Vertreter dieser theologischen Grundeinstellung finden sich vor allem im französischen Sprachraum: *J. M de Maistre, L. de Bonald, F.R. de Lamennais, L. Bautain* und *A. Bonnetty* müssen erwähnt werden[100].

3.4.2.4 Die Lehre des Ersten Vatikanischen Konzils

Gegen beide Extreme wandte sich die Dogmatische Konstitution *„Dei Filius"* des Ersten Vatikanischen Konzils (24.April 1870). Als verbindliche Lehre wurde formuliert:

> „Wer sagt, der eine und wahre Gott, unser Schöpfer und Herr, könne mit dem natürlichen Licht der menschlichen Vernunft durch das, was geschaffen ist, nicht mit Sicherheit erkannt werden (*naturali rationis humanae lumine certo cognosci non posse*), der sei mit dem Anathema belegt"[101].

Im Kontext geht es um die Offenbarung Gottes und die Fähigkeit des Menschen, sie zu empfangen. Das Konzil bekennt sich gegen alle vernunftpessimistischen Strömungen zur schöpfungsgegebenen Offenheit des Menschen in seiner Ganzheit (also auch mit seiner Rationalität) auf den Schöpfer hin. Es stellt sich damit hinter die Grundkonzeption und die Grundanliegen des scholastischen Denkens. Dabei bleibt offen, wie und auf welche Weise konkret ein Mensch seinen Gott erkennt. Die Formel *certo cognosci posse* wahrt lediglich die prinzipielle Gottoffenheit der menschlichen Vernunft. Sie stellt nicht in Abrede, daß erst durch die Zuwendung Gottes die Vernunft ihre volle Klarheit erreicht. Diese selber ist noch einmal Gabe Gottes, so daß nicht nur dem Fideismus, sondern auch dem überzogenen Rationalismus Paroli geboten wird. Logisch geht die Vernunft der Offenbarung voraus. Das Erste Vatikanische Konzil redet abstrakt. Wie es in der konkreten geschichtlichen Ordnung steht, interessiert es nicht sonderlich. Das wird erst das Thema der zweiten Kirchenversammlung im Vatikan sein, von der anschließend zu handeln sein wird.

Die Grundlage der Aussage von 1870 ist ein Text aus dem Römerbrief. Die These dieses paulinischen Dokumentes lautet: Gott schenkt allen Menschen Gerechtigkeit aus Glauben. Alle Menschen bedürfen ihrer, die Heiden wie die

---

[100] Ein Bild von den fideistisch-traditionalistischen Theorien geben die Klarstellungen DH 2751-2756. Letzten Endes handelt es sich bei ihnen um eine Denkverweigerung. Sie findet sich heute in den Spielformen des *Fundamentalismus* aller Schattierungen wieder. Vgl. W. Beinert, Christentum und Fundamentalismus, Nettetal 1992; ders., Das entschiedene Jein. Über Ursachen und Grundlagen des Fundamentalismus in der Gegenwart: Blick in die Wissenschaft 5/1994, 66-75.

[101] DH 3026. Dem entspricht das Lehrkapitel DH 3004, das aber nur noch den Hinweis auf Röm 1,20 sachlich hinzufügt. Vgl. auch S. 344.

Juden, denn alle Menschen haben gleichermaßen gesündigt. Diese Universalität der Schuld ist das Thema des ersten Abschnittes (1,18-3,20) des systematischen Briefteiles (1,18-5,21). Sie ist nicht ein von außen hereingebrochenes Verhängnis, sondern das Ergebnis menschlichen Versagens. Wieso? Paulus antwortet:

> „Der Zorn Gottes wird vom Himmel herab offenbart wider alle Gottlosigkeit und Ungerechtigkeit der Menschen, die die Wahrheit durch Ungerechtigkeit niederhalten. Denn was man von Gott erkennen kann, ist ihnen offenbar; Gott hat es ihnen offenbart. *Seit Erschaffung der Welt wird seine unsichtbare Wirklichkeit an den Werken der Schöpfung mit Vernunft wahrgenommen, seine ewige Macht und Gottheit.* Daher sind sie unentschuldbar. Denn sie haben Gott erkannt, ihn aber nicht als Gott geehrt und ihm nicht gedankt" (Röm 1,18-21).

Kann sich das Konzil zu Recht auf diese Passage berufen? Die Fragestellung des Apostels ist sicher anders als die der Kirchenversammlung. Ihm geht es um die Unentschuldbarkeit des Götzendienstes aufgrund des menschlichen Vermögens, Gott zu erkennen und als Konsequenz daraus anzuerkennen. Aber in diesem Zusammenhang benennt er präzis die Möglichkeit einer vernunftgeleiteten Gotteserkenntnis aus den Schöpfungswerken. Dabei läßt er, wie die Wortwahl zeigt, viele Möglichkeiten des faktischen Weges zu; das förmliche Deduktionsverfahren ist nicht die einzige[102]. Nach der Apostelgeschichte sind diese Möglichkeiten übrigens auch der positive Ansatzpunkt der paulinischen Missionspredigt (14,17 und vor allem 17,22-29: die Areopagrede).

Die Bischöfe von 1870 konnten sich also durchaus auf diesen Teil der Theologie des Apostels stützen. In Entsprechung zu ihr haben sie sich auch nicht festgelegt,wie der Vernunftweg zu Gott verläuft. Es genügte ihnen, die prinzipielle Möglichkeit (*cognosci posse*) einer „natürlichen" Gotteserkenntnis zu lehren.

3.4.2.5 Die Erläuterungen des Zweiten Vatikanischen Konzils

Unsere Thematik wird in der Dogmatischen Konstitution über die göttliche Offenbarung *„Dei Verbum"* vom 18.November 1965 aufgegriffen. Der entsprechende Text lautet:

> „Durch seine Offenbarung wollte Gott sich selbst und die ewigen Entscheidungen seines Willens über das Heil der Menschen kundtun und mitteilen, ‚um Anteil zu geben am göttlichen Reichtum, der die Fassungskraft des menschlichen Geistes schlechthin übersteigt'*. Die Heilige Synode bekennt, daß Gott, aller Dinge Ursprung und Ziel, mit dem natürlichen Licht der menschlichen Vernunft aus den geschaffenen Dingen sicher erkannt werden kann' (vgl. Röm 1,20); doch lehrt sie,

[102] In V. 20 (oben im Druck hervorgehoben) steht für „mit der Vernunft wahrgenommen" griech. *nooumena kathoratai*. Es geht demnach um ein Wahrnehmen mit dem Verstand (noein von *nous* Vernunft, Verstand, Denken) im Unterschied zu einer bloßen Sinneswahrnehmung sowie um eine eher mit dem inneren Erkennen verbundene Weise des Wahrnehmens (kathorao von *horan* sehen). Paulus steht hier in der Tradition von Weish 13 – 15. Dort ist aber von einem förmlichen Schlußverfahren die Rede: „Von der Größe und Schönheit der Geschöpfe läßt sich auf ihren Schöpfer schließen" (Weish 13,5).

seiner Offenbarung sei es zuzuschreiben, ‚daß, was im Bereich des Göttlichen der menschlichen Vernunft an sich nicht unzugänglich ist, auch in der gegenwärtigen Lage des Menschengeschlechtes von allen leicht, mit sicherer Gewißheit und ohne Beimischung von Irrtum erkannt werden kann'**"[103].

Bemerkenswert ist ein Vergleich mit dem Vorgängerkonzil: Das Konzil von 1870 stellt seine Betrachtung über die natürliche Gotteserkenntnis an den *Beginn* der Ausführungen über die Offenbarung. „Dei Verbum" dagegen entfaltet zuerst die Lehre von der Offenbarung, und zwar unter heilsgeschichtlichem Aspekt. Unterschiedlich ist auch das zugrundeliegende Modell. Seinerzeit wurde Offenbarung als Instruktion über Satzwahrheiten verstanden, jetzt im Jahr 1965 wird sie als ein Kommunikationsvorgang verstanden zwischen Gott und Menschen (*manifestare* kundtun und *communicare* mitteilen sind die Kennzeichen des Vorgangs; das Erste Vatikanische Konzil hatte nur *revelare* offenbaren gesagt!). Sie ist nicht eine Information, sondern ein dialogisches Geschehen. Das Zweite Vatikanische Konzil „entfaltet die Offenbarung von ihrer christologischen Mitte her, um dann als eine Dimension des Ganzen die unaufhebbare Verantwortung der menschlichen Vernunft herauszustellen. So wird sichtbar, daß das menschliche Gottesverhältnis nicht aus zwei mehr oder minder selbständigen Stücken zusammengefügt ist, sondern unteilbar ein einziges darstellt; es gibt keine in sich ruhende natürliche Religion, sondern jede Religion ist ‚positiv' , aber gerade in ihrer Positivität schließt sie die Verantwortung des Denkens nicht aus, sondern ein"[104]. Die auf die konkreten geschichtlichen Bedingungen eingehende Betrachtungsweise des letzten Konzils integriert die gegen die rationalistischen und fideistischen Tendenzen gerichteten, aber im Abstrakten verbliebenen Intentionen der Vorgängerversammlung auf glückliche Weise. Es gibt natürliche Zugangswege zu Gott, ja; aber Gott hat den Menschen nie auf diesen Straßen allein gelassen. Er war schon immer darauf aus, den Menschen zu begnaden, um ihn in die Gemeinschaft der Gnade zu rufen.

3.5 Der Atheismus

Es genügt nicht, daß etwas in sich wahr ist; es muß als solches auch vom Subjekt, d.h. vom einzelnen Menschen erkannt werden. Diese Erkenntnis kommt gewöhnlich nicht direkt zustande, sondern auf dem Weg einer Vermittlung. Das trifft auch für die Erkenntnis Gottes zu. Es reicht nicht zu, den Begriff *Gott* zu analysieren und etwa festzustellen: „Er ist die alles bestimmende Wirklichkeit". Dieser Satz ist erst richtig mit dem Zusatz: *„Wenn es ihn denn gibt!"* Wie aber weiß ich, dieses Individuum, daß diese Bedingung zutrifft,

[103] DV 6. Die Zitate: * = Vaticanum I, Dei Filius (DH 3005); ** = a.a.O. (DH 3004 f). Vgl. S. 344.
[104] J. Ratzinger, Kommentar zu DV 6: LThK [2] VatKonz 11, 515. Vgl. auch oben, Theologische Erkenntnislehre 2.4.3.

also *wahr* ist? Woher nehme ich die Gewißheit, mich zu dem Ja zu entscheiden: „*Es gibt wirklich Gott*“? Wer vermittelt mir einen unerschütterlichen Zugang zu ihm? Denn die ganze bisherige Untersuchung in diesem Traktat hat aus verschiedenen Blickwinkeln heraus das Eine immer wieder erfahren lassen: Man kann sich Gottes niemals so vergewissern wie anderer Objekte des Erkennens.

In der Antike und im Mittelalter war man sich der Existenz Gottes so sicher, daß der existentielle Charakter solcher Fragen kaum wahrgenommen wurde. Die Theologie konnte sich begnügen, die „objektive“ Wahrheit der Existenz Gottes zu bezeugen. In der Neuzeit mit ihrer „Wende zum Subjekt“ erst wurde langsam deutlich, daß deren Bejahung eine radikale Entscheidung des Menschen voraussetzt. Wir verdanken die Schärfung unseres theologischen Bewußtseins in diesem Kontext Männern wie *Pascal, Kierkegaard, Newman, Guardini* und, in unserer Zeit, *Karl Rahner*. Nicht von ungefähr haben fast alle diese Denker auch die Bedeutung des Gewissens hervorgehoben, das entscheidend für das existentielle Urteil auch in der Frage der Anerkennung Gottes ist. Noch ein weiterer Umstand ist dafür anzusetzen, daß die Frage der subjektiven Gotteserkenntnis gerade in den letzten Jahrhunderten so akut geworden ist. Die oben gestellten Fragen wurden von immer mehr Menschen verneint. Der *Atheismus* wird seit dem 19. Jahrhundert zu einem Massenphänomen. Die Kirchen und ihre Theologien mußten sich damit auseinandersetzen.

Atheismus bedeutet *Verneinung der Existenz Gottes*. Sie kann ihren Grund mehr in subjektiven Problemen eines Menschen haben (*praktischer Atheismus*) oder eher durch objektive Schwierigkeiten (z.B. Argumente, die gegen ein Sein Gottes sprechen) begründet sein (*Überzeugungsatheismus*).

Der *praktische* Atheismus ist bereits dem Alten Testament bekannt: Die Übeltäter leugnen Gott, weil sie dann ihren bösen Weg ungestörter gehen können; sie sind in Wahrheit aber Dummköpfe (Ps 53). Heute ist diese Form der Gottverneinung zu einer Massenerscheinung geworden. Man darf gewiß nicht in einem letztlich lieblosen Kurzschluß jegliche Ablehnung der Religion mit ethischer Verantwortungslosigkeit gleichsetzen. Oft werden nur andere, vorletzte Werte absolut gesetzt und damit wird der Blick auf den absoluten Gott verbaut. Der *Überzeugungsatheismus* ist, wie bemerkt, ein Phänomen der Neuzeit. Die Aufklärung, aus sich heraus durchaus nicht prinzipiell atheistisch, hat ihn gefördert. Dazu kam die alle Lebensbereiche beeinflussende Säkularisation. Die bis zur Reformation im Westen fraglose Autorität der Kirche mußte verfallen allein schon aus dem Grund, daß es viele und immer mehr Konfessionen und Denominationen gab, die alle beanspruchten, die Wahrheit zu haben und zu verkünden.

Jedenfalls war für die Christen Handlungsbedarf gegeben. Das *Zweite Vatikanische Konzil* hat das klar erkannt. In der Pastoralkonstitution über die Kirche in der Welt von heute „Gaudium et spes“ vom 07.Dezember 1965 befassen sich die Bischöfe im Ersten Hauptteil „Die Kirche und die Berufung des Menschen“ mit der „Würde der menschlichen Person“ (Erstes Kapitel). Das ist der Kontext, in dem ausführlich und ziemlich gründlich das Atheismusproblem abgehandelt wird, und zwar in folgender Einteilung:

– Formen und Wurzeln des Atheismus (nr.19).
– Der systematische Atheismus (nr. 20).
– Die Haltung der Kirche zum Atheismus (nr.21).

Das Konzil versucht eine möglichst objektive Würdigung der Erscheinungsformen des Atheismus. Zunächst wird die praktische Variante besprochen. Sie wird nicht nur aus subjektiver Schuld geboren, sondern ist nicht selten auch durch die Erfahrung des schweren Leids oder auch durch das Versagen der Kirche und ihrer Glieder veranlaßt. Schließlich ist das allgemeine geistige Klima in Rechnung zu stellen, aufgrund dessen die Menschen den irdischen Wirklichkeiten Vorrang vor den religiösen geben.

Für den „systematischen" Atheismus, also die Überzeugungs-Form, wird das Autonomiebestreben der Neuzeit verantwortlich gemacht. Seine Vertreter sehen einen unbehebbaren Konflikt zwischen der Anerkennung eines Gottes, der an den Menschen ethische Forderungen stellt, und der freien Selbstverwirklichung des Subjektes. Vor allem aber stehe die Religion ihrer Natur nach der ökonomischen und gesellschaftlichen Befreiung entgegen, „insofern sie die Hoffnung des Menschen auf ein künftiges und trügerisches Leben richte und ihn dadurch vom Aufbau der irdischen Gesellschaft abschrecke"[105].

Was ist angesichts dieser Situation die Haltung der Kirche? Sie verweist unmißverständlich auf die seit Papst Pius XI. unermüdlich wiederholten lehramtlichen Verurteilungen des Atheismus und übernimmt sie abstrichlos. Doch damit gibt sich das Zweite Vatikanische Konzil nicht zufrieden. Es ruft seine Überzeugung in Erinnerung, daß Gott als Gott der Menschen keinem echt menschlichen Bestreben im Wege steht, sondern es erst zur ganzen Reife gelangen läßt. Gottvergessenheit und Gottesleugnung mehren das Humanum nicht, sondern zerstören es. Auf die ungelöste Frage *Mensch* kann nur Gott „die volle und ganz sichere Antwort geben; Gott, der den Menschen zu tieferem Nachdenken und demütigerem Suchen aufruft"[106]. Doch es genügt nicht, solche Einsicht bloß zu proklamieren und im Brustton der Überzeugung zu deklamieren. „Das Heilmittel gegen den Atheismus kann nur von einer situationsgerechten Darlegung der Lehre und vom integren Leben der Kirche und ihrer Glieder erwartet werden"[107].

In dem Menschenalter, das inzwischen seit dem Konzilsende vergangen ist, haben sich die Probleme in mancherlei Hinsicht verschärft. Das „postmoderne" Lebensgefühl hat zwar eine ziemlich große Skepsis gegenüber den Errungenschaften des Säkularismus; diese hat zu einer beträchtlichen Technik- und Wissenschaftsfeindlichkeit geführt und einem irrationalistischen Fundamentalismus den Weg geebnet. Für einen verantworteten Theismus sind jedoch deswegen die Chancen noch lange nicht gewachsen.

Nach wie vor gehören die dunklen und unaufgeklärten Gottesbilder zum Erbe der Gegenwart. Man macht es sich zu leicht, wenn man die Notwendigkeit der

[105] GS 20/2.
[106] GS 21/4.
[107] GS 21/5. Dazu gehört auch, so Abs. 6 der gleichen Nummer, daß ein diskriminierungsfreier Dialog zwischen Theisten und Atheisten und eine Zusammenarbeit zum Wohl der Welt in Gang gesetzt wird.

Existenz Gottes aus des Menschen Glücks- oder Gerechtigkeitsstreben ableitet, ihn als Garanten der Sittlichkeit postuliert oder zum Deus ex machina degradiert. Immer wird er da verzweckt und gerade auf diese Weise seines Gottseins entkleidet: er wird belanglos und unglaubwürdig. Niemand kann ferner übersehen, daß das millionenfache Leiden der Unschuldigen in dieser Welt und Zeit ein sehr starkes Argument gegen einen guten und liebenden Gott ist, wie ihn die Kirche verkündet.

Gleichwohl wird sie und werden ihre Vertreter in der Lehre wie vor allem im eigenen Leben beharrlich und demütig zeigen müssen, daß die Gottesfrage ungeachtet aller Gegeninstanzen nicht verstummt und ganz offensichtlich auch gar nicht zum Verstummen gebracht werden kann. Sicher kann die Hypothese *Gott* die Fragen und Sehnsüchte des Menschen nicht problemlos zum Verschwinden bringen. Die Hypothese *Atheismus* vermag es aber auch nicht. Es kann immer nur gezeigt werden, daß die Entscheidung für ihn zu größerer Hoffnung und stärkerer Gewißheit im Leben und für das Sterben führt. Es kann auch gezeigt werden, daß diese Entscheidung gute, menschlich verantwortete und verantwortbare Gründe für sich hat.

3.6 Aufweise für die Existenz Gottes

3.6.1 Die Gottesproblematik

Gott war zu allen Zeiten ein Problem für die Menschen; in unserer Gegenwart ist es für sehr viele Menschen sehr schwer, von seinem Dasein überzeugt zu sein, an seine Existenz zu glauben. Dafür gibt es mehrere Gründe, die von der Gleichgültigkeit gegenüber der Gottesfrage an sich bis zur existentiell und subjektiv empfundenen Unmöglichkeit reichen, „nach Auschwitz" noch an das Walten eines gütigen Gottes zu glauben. *Gott* als Geist scheint ein Gemächt der Menschen zu sein, die doch Sinnenwesen sind und so sehr der Materie verbunden, daß die Annahme einer ihr gegenüber transzendenten Geistwelt für absurd erklärt wird. Diese ursprünglich mit dem philosophischen Materialismus *Ludwig Feuerbachs* verbundene Form des Atheismus steht hinter vielen Formen heutiger Gottes-Ablehnung. Am Schluß steht die Ansicht, die Rede von Gott sei sinnlos: Man weiß nichts über ihn und könne darum begründet von ihm auch nicht reden (*Ludwig Wittgenstein*). Nicht selten wird den Gottgläubigen der Vorwurf gemacht, ihr Glaube verhindere die wahre Freiheit und Selbstverwirklichung des Menschen (*Friedrich Nietzsche, Jean Paul Sartre, Tilman Moser*).

Doch das ist nur die eine Seite der Medaille. Menschen aller Zeiten bis zu dieser Stunde stellen die Frage nach dem Sinn und lassen sich durch nichts davon abbringen. Sie machen die Erfahrung des Absoluten – vollendeter Schönheit, abstrichloser Liebe, umfangender Geborgenheit. Es gibt Ganzheits- und Sinnerfahrungen, die den Menschen über sich und über alles bisher Erkannte hinaustragen und die Ahnung zur Gewißheit werden lassen können: *Gott lebt*. Seit den Anfängen der Religion begegnen wir dem Phänomen der Mystik, zu dem wesentlich das unerschütterbare Bewußtsein von der Gegenwart Gottes gehört[108].

Eines der berühmtesten Zeugnisse dafür ist das sogenannte „Memorial" *Blaise Pascals* von 1654. Nach dessen Tod fand ein Diener in die Kleider des Verstorbenen eingenäht ein Papier, das eine Gotteserfahrung festhält, die Pascal eine unerschütterliche Gewißheit (*certitude*) von Gottes Dasein gab: „ ‚Gott Abrahams, Gott Isaaks, Gott Jakobs', nicht der Philosophen und Gelehrten. Gewißheit, Gewißheit, Empfinden: Freude, Friede. Gott Jesu Christi Deum meum et Deum vestrum"[109]. Vergleichbar ist das Zeugnis der hl. *Theresia von Jesus*, das diese Erfahrung verdeutlich: „Es begegnete mir nämlich, wenn ich mich durch die erwähnte Vorstellung in die Nähe Christi versetzte, und bisweilen auch unter der Lesung, daß mich plötzlich ein Gefühl der Gegenwart Gottes überkam, so daß ich ganz und gar nicht zweifeln konnte, er sei in mir oder ich sei ganz in ihn versenkt. Dies war jedoch keine Art von Vision, sondern das, was man, wie ich glaube, mystische Theologie nennt"[110].

Wissenschaftlichem Denken entspricht es, die in der Wirklichkeit auftretenden Phänomene ernst zu nehmen. So genau der Theologe also auf die Einwände hören muß, die gegen Gottes Existenz oder auch nur gegen bestimmte Gottesbilder vorgebracht werden, so wichtig sind für ihn natürlich auch die Zeugnisse der Gotteserfahrung. Die einen wie die anderen haben jedenfalls immer wieder die Frage wachgehalten, ob man einen strikten *Beweis für die Existenz Gottes* auf wissenschaftlicher Grundlage, also ohne Offenbarung und Glaubenserfahrung vorauszusetzen, zu führen in der Lage ist. Sie begegnet uns bereits in der griechischen Philosophie (*Platon, Aristoteles, Stoa*) und ist bis heute nicht aufgegeben worden.

3.6.2 Terminologische Klärungen

Unter *Beweis* versteht man eine überzeugende Begründung für eine Behauptung, deren Wahrheit damit erwiesen wird. Der bekannteste Bereich von Beweisverfahren sind die Naturwissenschaften, die Logik und die Mathematik. Hier kann man Behauptungen zwingend für den begründen, der die verwendeten Termini und Bezugsgrößen kennt und versteht. Davon zu unterscheiden ist der Aufweis, d.h. die Erklärung von Phänomenen, die in sich schlüssig, aber nicht unbedingt zwingend ist. Er ist die Form, mit der vornehmlich in den Geisteswissenschaften Urteile als wahr gezeigt werden, die als Antwort auf die Frage „Warum ist das so?" gegeben werden.

Beweise erfolgen prinzipiell durch eines dieser beiden Verfahren:

– *deduktiv:* Eine Behauptung wird logisch erschlossen aus bereits anerkannten Voraussetzungen. Es ist allgemein anerkannt, daß alle Menschen sterblich sind. Also muß auch Fritz sterben, weil er ein Mensch ist.

---

[108] B. McGinn, Die Mystik im Abendland, Bd.1: Ursprünge, Freiburg-Basel-Wien 1994, 11-20.

[109] Der ganze Text: Uber die Religion (Pensées). Ed. E. Wasmuth, Heidelberg [5]1954, 248 f.

[110] Autobiographie: Sämtl. Schriften Bd. 1, München-Kempten [2]1952, 98 f.

– *induktiv*: Eine Behauptung wird empirisch gesichert durch die Untersuchung aller Fälle. Aus der Erfahrung, daß materielle Gegenstände auf der Erde von oben nach unten fallen, kann man das universale Naturgesetz von der Schwerkraft (Gravitationsgesetz) formulieren: „$s = 1/2\ gt^2$".

Die Problematik von Beweisen liegt darin, daß im Fall der Deduktion die Voraussetzungen bestritten werden können, im Fall der Induktion eine Untersuchung tatsächlich *aller* Fälle (z.B. auch der zukünftigen) unmöglich ist. Möglicherweise gibt es doch unsterbliche Menschen und möglicherweise können morgen Gegenstände existieren, die von unten nach oben „fallen".

Aufweise können ein Phänomen erklären

– *kausal:* Es werden Ursachen (*causa*), angegeben, die eine bestimmte Wirkung gezeitigt haben. Etwas ist der Fall, *weil vorher* ... . Da auch nach dem Grund dieses „Vorher" gefragt werden kann, ist die kausale Erklärung nach rückwärts grundsätzlich unabgeschlossen. Eine Kausalerklärung ist: „Mir ist der Ziegelstein auf den Kopf gefallen, *weil* ein Sturm das Dach teilweise abdeckt".

– *teleologisch*: Es werden Zwecke und Ziele (*telos*) angegeben, aufgrund derer ein bestimmtes Phänomen so ist, wie es sich zeigt. Etwas ist der Fall, *um ... zu*. Dieses Verfahren ist grundsätzlich abschließbar ab einem bestimmten Moment, wenn nämlich das Ziel das Phänomen einsichtig erscheinen läßt. Eine Kausalerklärung lautet: „Ich habe den Ziegelstein geworfen, um meinen Feind zu verletzen".

Beide Verfahren sind keine einander ausschließenden Alternativen. Teleologische Erklärungen bauen immer auch auf kausalen auf, kausale führen zu einem Punkt, wo man sich entscheiden muß, ob die Kausalkette sinnlos und damit ohne Ziel ist oder ob man zur völligen Erklärung doch ein solches postulieren muß.

Auch Aufweise können deduktiv oder induktiv geführt werden.

3.6.3 *Die „Gottesbeweise"*

Im Laufe der Geschichte des Denkens wurden viele Versuche unternommen, die Existenz Gottes dem vernünftigen Denken überzeugend sein zu lassen. Sie können hier nicht alle vorgeführt werden; sie brauchen aber auch nicht im einzelnen dargelegt zu werden. Denn es hat sich herausgestellt, daß es eine begrenzte Zahl von Typen der Argumentation gibt. Folgende Ansätze finden sich:

(1) Ausgangspunkt ist die erfahrbare Welt, nach deren tragendem Grund und leitendem Ziel gefragt wird (*kosmologischer Ansatz*).

(2) Ausgangspunkt ist die Analyse menschlichen Denkens (*ontologischer Ansatz*).

(3) Ausgangspunkt ist die Reflexion des Menschen auf sich selbst *(anthropologischer Ansatz).*

3.6.3.1 Der kosmologische Ansatz

(a) *Kausale Überlegungen*:

Die schon von *Aristoteles* entwickelte und im Mittelalter von *Thomas von Aquin* klassisch vorgestellte Argumentation schließt von der Betrachtung der Welt auf ihren tragenden und sie ermöglichenden Grund. Wir halten uns hier an die Darlegung des genannten Theologen[111]. Er entfaltet sie anhand von vier Fragen:

1.) *Wer bewegt die Welt?* Schon Aristoteles hatte gesehen, daß alles in der uns erfahrbaren Welt in Bewegung ist, und zwar deswegen, weil es von einem anderen bewegt wird. Schaut man genau hin, so ergibt sich eine Kausalkette:

> A wird bewegt, weil B es bewegt; B wird bewegt, weil C es bewegt; C ist in Bewegung, weil es D bewegt .. .usf.

Nun kann man aber nicht endlos (*ad infinitum*) nach „rückwärts" gehen (*regredi*), also einen *regressus ad infinitum* vollziehen, weil dadurch nichts erklärt würde, auch nicht die Bewegung von A. Also muß man eine Erstursache annehmen, die selber aber nicht mehr innerhalb der Kausalkette steht. Die Kette schaut also dergestalt aus:

> A ← B ← C ← D ← ... ← Z: ERSTURSACHE

Diese „verstehen alle als Gott", der somit als der unbewegte Beweger zu bezeichnen ist.

2.) *Welches ist die Ursache aller Ursachen?* Hier geht es nicht mehr nur um die Bewegungsursächlichkeit, sondern um die Kausalität schlechthin. Dabei spielt schon ein teleologisches Moment herein. Wir stellen fest, daß die Welt offenbar deswegen geordnet und (im großen Ganzen) berechenbar ist , weil alles Seiende einen Grund hat. Nun haben aber auch die Gründe wieder einen Grund. Das gleiche Problem wie unter 1.) entsteht: An sich könnte man immer weiter und weiter fragen. Nur wüßte man am Schluß immer noch nicht, warum etwas begründet ist. Aus dieser Verlegenheit kommt man nur heraus, wenn man einen alles begründenden Grund annimmt, der aber selber außerhalb der Kausalreihe steht, d.h. der selber unbegründet existiert. Diese erste Wirkursache „nennen alle Gott". Auch dieser Gedankengang stammt von Aristoteles.

3.) *Wer ist die Notwendigkeit hinter aller Zufälligkeit?* Paten dieser Fragestellung sind die Schule von Megara und Platon. Wir sehen, daß es etwas gibt, z.B.einen roten Ball. Zugleich stellen wir fest, daß es dieses auch *nicht* geben könnte: Dieser Ball könnte an sich auch blau sein; aber natürlich ist keinerlei Notwendigkeit auszumachen, daß er überhaupt produziert werden oder in meinen Besitz kommen mußte. Man nennt solche nicht notwendigen Dinge zufällig oder *kontingent*. Sie sind alle möglich, aber nicht unbedingt auch wirklich. Nun zeigt sich aber: Gäbe es nur Mögliches, gäbe es nie Wirkliches, gäbe es nur Zufälliges, gäbe es gar nichts. Weil es aber etwas gibt, muß jemand oder etwas angenommen werden, welcher oder welches das Mögliche in die Realität überführt hat; dieser oder dieses kann aber dann nicht mehr selber zufällig, sondern muß notwendig sein. „Dies nennen alle Gott".

4.) *Gibt es unter den Werten einen absoluten Wert?* Diese schon von Platon ventilierte Frage wird ausgelöst durch die Tatsache, daß es innerhalb der Seienden so etwas wie „Wertstufen" gibt[112]: Die Qualitäten aller Dinge weisen ein Mehr oder

---

[111] S.th. I, q. 2 a. 3. In diesem Artikel stellt Thomas die *quinque viae* zur Erkenntnis der Existenz Gottes vor. Deutsch: tzt D 2/II, Nr.142-147. Die ersten vier dieser „fünf Wege" sind Variationen des kosmologischen Arguments. Im Folgenden sind alle Zitate, wo nicht anders vermerkt, aus dem erwähnten Artikel genommen. Vgl. die Tabelle S. 345-347.

[112] Dieser Begriff stammt von J. Maritain, Wege zur Gotteserkenntnis, Colmar 1955, 50 f.

Weniger (z.B. an Dichte, Farbigkeit, Wärme, Schönheit) auf. Dann aber muß es auch ein Optimum oder Maximum, also einen höchsten Wert geben, etwas mithin, „das für alle Wesen Ursache ihres Seins, ihres Gutseins und jedweder ihrer Seinsvollkommenheiten ist: und dieses nennen wir alle Gott".

(b) *Teleologische Überlegungen*:
Das daraus gewonnene Argument ist wohl der älteste Versuch eines Gottesbeweises; der erste, der mit ihnen operiert hat, ist *Anaxagoras* († 428 v.Chr.). Auch Platon und Aristoteles kennen sie; bei Thomas führen sie zur *quinta* via. Die Ausgangsfrage lautet: *Wer hat die Welt zweckmäßig geordnet?* Wir stellen wieder fest, daß sie augenscheinlich auf Ziele hingeordnet ist, z.B. auf Arterhaltung, Überlebensstrategien. Ordnung verlangt aber einen Ordner, d.h.einen Urheber, der nicht nur einzelnes zum Ziel bringt, sondern alles. Das ist hinwiederum nur dann denkbar, wenn dieser vernünftig, also Geist ist. „Also gibt es etwas vernünftig Erkennendes, von dem alle Naturdinge auf ein Ziel hingeordnet werden. Und dies nennen wir Gott".

Um den Erkenntniswert richtig einschätzen zu können, den Thomas seinen Darlegungen einräumt, ist zu bedenken, daß er nicht von Beweisen, sondern von *Wegen* spricht. Ferner sind die Schlußsätze der einzelnen Wege zu beachten. Die Wege werden nicht abgeschritten, damit der Begleiter des Magisters beim Zielpunkt zum ersten Mal staunend feststellt: „Da ist ja Gott!" Vielmehr ist immer schon vorausgesetzt, daß die Wanderer ihn bereits irgendwie kennen: „Das nennen alle" schon immer und schon vor der Beweisführung „Gott" – so oder ähnlich formuliert Thomas stets das Ergebnis. „Keine Beweise im engeren Sinne also, sondern sich ihrer selbst versichernde, rationale Orientierungshilfen für den, der im Glauben steht, Zweifelnde aufrichtet oder stärkt, Ungläubige überredet oder sogar überzeugt. Den Ausgangspunkt wählt Thomas ... in der Erfahrung, und zwar keiner experimentellen Empirie, sondern der Erfahrung im normalen Leben, im Alltag: so die Ordnung, die Bewegung, die Zweckdienlichkeit, der Zufall nebst Notwendigkeit, die hierarchische Ordnung der Dinge"[113].

Eine Variante des kosmologischen Arguments bietet *Reinhard Löw*, von dem der vorausgehende Satz stammt. Er nennt sie den *evolutionstheoretischen Gottesbeweis*[114]. Er analysiert das Werden von etwas Neuem innerhalb der Evolution. Wir sehen: Jetzt ist etwas da, was vorher nicht da war, z.B. ein Lebewesen höherer Art. Warum ist es da? Es sind drei Antworten möglich:
– Das Neue ist gar nicht neu, sondern erscheint nur so (Reduktionismus).
– Das Neue war schon im Alten enthalten (Präformationismus).
– Es gibt wirklich etwas Neues.
In diesem Fall muß man fragen: Für wen ist das Neue neu? Nur für uns , weil wir die Kausalzusammenhänge (noch) nicht durchschauen, oder „wirklich" neu? Im letzten Fall ist eine solche Feststellung nur möglich, wenn es ein Bewußtsein gibt, das dieses erkennen kann. „Erkennendes Bewußtsein ist somit Voraussetzung für die Entstehung von wirklich Neuem im Lauf der Evolution"[115]. Aber es ist nicht erforderlich, daß dieses

---

[113] R. Löw, Die neuen Gottesbeweise, Augsburg 1994, 72.
[114] A.a.O. 135-161.
[115] A.a.O. 153.

Bewußtsein ein menschliches war. „Wenn das Reden über Objekte und Ereignisse vor dem Auftreten des menschlichen Bewußtseins sinnvollerweise möglich sein *und* die Evolutionstheorie eine vernünftige Beschreibung für das Sich-zugetragen-Habende vor und nach diesem Auftreten (bei allerdings gleichzeitiger Einschränkung, daß die Theorie nicht in eine evolutionistische Weltanschauung transformiert wird) ist, dann ergibt sich als einfachste Konsequenz die Annahme der Existenz eines göttlichen Bewußtseins“[116].

3.6.3.2 Der ontologische Ansatz

Waren die *quinque viae* induktive Argumentationsgänge, so ist der nun vorzustellende Ansatz deduktiv. Er hat die größte Wirkungsgeschichte gehabt. Die klassische Formulierung verdanken wir *Anselm von Canterbury* († 1109); er ist auch von *Bonaventura, Descartes* und *Hegel* vorgetragen worden. Nach Anselm ist Gott das denkbar Größte, *aliquid quo nihil maius cogitari potest*. Wäre aber Gott nur ein Produkt des Denkens und existierte nicht, dann wäre er nicht das Größte; größer wäre jenes Wesen, das als das Größte nicht nur im Denken, sondern auch in der Wirklichkeit, im Sein existiert. Also muß Gott existieren[117].

Schon *Thomas von Aquin*[118] und später vor allem *Immanuel Kant*[119] haben gerügt, daß hier ein unerlaubter Übergang von der Ordnung des Denkens auf jene des Seins erfolge. Bei Anselm, so der Königsberger Philosoph, enthalten hundert wirkliche Taler nicht mehr als hundert mögliche. „Aber in meinem Vermögenszustande ist mehr bei hundert wirklichen Talern, als bei dem bloßen Begriffe derselben (d.i. ihrer Möglichkeit)“[120]. Das ist einsichtig, nur wird übersehen, daß auch Anselm nicht einen Beweis im strengen Wortsinn vorbringen wollte. Das Proslogion ist ein Gebet an Gott, den der Glaubende natürlich als existent betrachtet. Es geht um die Konvergenz von Vernunft und Glauben: dieser ist ohne verstehendes Denken nicht personal vollziehbar. Im übrigen ist Anselm Platoniker, für den das Denken Teilhabe am Sein und dessen Interpretation ist, die Vergewisserung vom Denken aufs Sein mithin durchaus rechtmäßig erfolgt.

3.6.3.3 Der anthropologische Ansatz

Er wurde im Altertum von *Augustinus* verfolgt, in der Neuzeit von *Kant* aufgenommen und erfreut sich in der Gegenwart besonderer Beliebtheit[121].

Startpunkt ist nicht mehr das Außen, sondern das Innen des Menschen. Folgender Grundgedanke, der von den verschiedenen Autoren variiert wird, steht hinter der Argumentation: Der Mensch macht im Nachdenken über sich selber, näherhin z.B. über seine Seele, sein Glücksverlangen, seine moralische Verantwortung, das ihn tragende Grundvertrauen, die Entdeckung, daß alle diese

---

[116] A.a.O. 155.

[117] Proslogion 2; tzt D 2/II, Nr. 120.

[118] S.th. I, q. 2 a. 1 ad 2

[119] Kritik der reinen Vernunft III,4: Von der Unmöglichkeit eines ontologischen Beweises von der Existenz Gottes: Werke in 10 Bd.en. Ed. W. Weischedel, Darmstadt [4]1975, Bd. 4, 529-536.

[120] I. Kant, a.a.O. 534.

[121] Hans Küng, Christsein, München-Zürich 1978; K.Rahner, Grundkurs des Glaubens, Freiburg-Basel-Wien 1976 u.ö.; H. de Lubac, Die Freiheit der Gnade II, Einsiedeln 1971.

Grund- und Grenzerfahrungen eines Transzendenten, eines Unendlichen nur sinnhaft sind, wenn ihnen ein unendlicher Gott entspricht.

Kant vertritt den *moralischen Gottesbeweis*: Unser sittliches Streben und unser Verlangen nach Glückseligkeit ist „nur möglich in der intelligibelen Welt, unter einem weisen Urheber und Regierer. Einen solchen, samt dem Leben in einer solchen Welt, die wir als eine künftige ansehen müssen, sieht sich die Vernunft genötigt anzunehmen, oder die moralischen Gesetze als leere Hinrgespinste anzusehen, weil der notwendige Erfolg derselben, den dieselbe Vernunft mit ihnen verknüpft, ohne jede Voraussetzung wegfallen müßte“[122]. Gott ist zwar nicht mit der reinen Vernunft zu erkennen, wie die Kritik Anselms schon deutlich machte, wohl aber ist er ein Postulat der praktischen Vernunft.

Rahner verfolgt einen *transzendentalen Aufweis der Existenz Gottes*. Wenn ein Mensch über sein Erkennen nachdenkt, dann begreift er es als begrenzt. Nun kann man aber eine Grenze nur dann erkennen, wenn man sie als Grenze sieht, d.h. als etwas, über das hinaus anderes ist. Ein endliches System kann sich also folgerichtig als solches nur dann verstehen, wenn das Verstehen auf dem Horizont des Unendlichen vor sich geht. Wäre es nichts weiter als endlich, verstünde es sich als solches so wenig wie ein Tier sich als endlich verstehen kann. Wenn sich also der Mensch als Endlichkeit begreift, begreift er sich auch als Wesen der Transzendenz und darin bejaht er, wenngleich unthematisch, auch schon Gott als *den* Unendlichen mit.

Diese Argumentationsfiguren beweisen Gott nicht, noch erklären sie ihn unmittelbar. Sie sind Deduktionen, die in der Analyse des Menschseins die Transzendenzbezogenheit des denkenden Subjekts erschließen. Diese erscheint jedoch als absurd, wenn ihr nicht ein transzendenter Urheber entspräche.

3.6.3.4 Der theologische Wert der Argumentationen

Richard Swinburne hat in seinem Buch „Die Existenz Gottes“[123] eine einläßliche sprachanalytisch-inhaltslogische Untersuchung des Beweisproblems unternommen. Das Ergebnis nimmt neu auf, was bereits Pascal in seiner berühmten Wette zwischen einem Theisten und einem Atheisten vorgelegt hatte: Es spricht mehr *für* den Theismus als *gegen* ihn. Aber beweisen kann man ihn nicht.[124]

Der Grund ist folgender:

Die *kosmologischen Argumentationen* sind Induktionen. Induktive Beweise sind aber außerhalb von Logik und Mathematik niemals vollständig. Mittels ihrer kann darum die Existenz Gottes niemals zwingend nachgewiesen werden. Allerdings vermögen sie, vor allem wenn sie kumuliert werden, doch wahrscheinlich machen, daß die „Hypothese Gott“ die einfachste Erklärung bzw. Lösung der aufgeworfenen Probleme ist. Sofern auch die atheistischen Argumentationen induktiv sind, leiden sie unter dem gleichen Problem der Unvollständigkeit.

---

[122] Kritik der reinen Vernunft II,2,2 (a.a.O. Anm. 119, 681).

[123] Stuttgart 1987; die englische Originalfassung: The Existence of God, Oxford 1979.

[124] *Theismus* wird hier im Gegensatz zu *Atheismus* als Bekenntnis zu einem transzendenten, personalen Gott verstanden. Würde *Theismus* aber eine abstrakt von der Vernunft entworfene, von der Trinität absehende Gotteslehre bedeuten, wie bei einigen evangelischen Theologen, so ist Kritik anzumelden zugunsten des biblischen „konkreten Monotheismus“. Vgl. dazu W. Kasper, Der Gott Jesu Christi, 358; W. Pannenberg, Systematische Theologie I, 363 f.

Die *ontologische Beweisführung* ist eine Deduktion. Vollständige deduktive Gottesbeweise gibt es aber auch nicht. Hinter den je angegebenen „obersten Prinzipien“ stehen immer noch einmal andere: Das kann das Interesse sein, Gott beweisen zu wollen, oder ein noch höheres Prinzip, das erklärt, weshalb jenes ein „oberstes“ sein solle. Setzt man aber Gott schon per definitionem als oberstes Prinzip, ist der Beweis erschlichen (*petitio principii*). Der Wert etwa des ontologischen Arguments liegt aber darin, daß es wiederum Aufmerksamkeit für Gott wecken kann. Wieder ist eine Symmetrie beim Atheismus-Argument zu finden, falls es deduktiv ansetzt: Es gilt auch in diesem Fall, daß aus der Undenkbarkeit Gottes seine Nichtexistenz nicht folgt – sowenig die Existenz aus der Denkbarkeit.

Die *anthropologischen Überlegungen* endlich haben den Vorteil, daß sie eine Horizonterweiterung des menschlichen Geistes anregen. Mit „Gott“ läßt sich vieles erklären – aber nicht Gott selber. Es besteht immer die Gefahr, daß er als Lückenbüßer, als Deus ex machina eingesetzt wird.

So kann man nicht von Gottes*beweisen*, sondern allenfalls von *Aufweisen* oder, noch bescheidener, von *Verweisen* von den Resultaten menschlichen Denkens auf Gottes Existenz sprechen.

Die Vernunftargumente für die Existenz Gottes erzwingen nichts, geben keine Handlunganweisungen für das Leben, üben vermutlich nur selten einen Appell zur religiösen Besinnung aus. Wohl aber geben sie zu denken. Sie zeigen zumindestens auf, daß der Gottesglaube kein irrationales Verhalten ist. Mehr noch: Sie lassen den Theismus als reale und vernünftige Möglichkeit erkennen. „A priori ist der Theismus vielleicht sehr unwahrscheinlich; er ist aber weitaus wahrscheinlicher als jede konkurrierende Hypothese“. Zusammen mit dem Zeugnis so vieler religiöser Menschen machen die Gottesaufweise es wahrscheinlich, „daß es einen Gott gibt, der das Universum und den Menschen erschaffen hat und alles im Dasein erhält“[125].

Für den religiösen Menschen ist das nicht weiter erstaunlich. Gott ist der Unendliche und Unvordenkliche. Könnte ein endlicher Mensch ihn so ergründen, daß er ihn begriffe und damit zur Offenbarung seiner selbst zwänge, dann hätte dieser Mensch im gleichen Augenblick Gott entgöttlicht und sich selbst zu Gott gemacht. „Ein logisch gelungener Beweis Gottes, gäbe es ihn, wäre Blasphemie“[126].

---

[125] R. Swinburne, Die Existenz Gottes, 403. 404.

[126] R. Löw, Die neuen Gottesbeweise, 196.

4. Das Bekenntnis zum einen Gott in drei Personen

4.1 Das Problem des Christusbekenntnisses

Die trinitarische Perspektive ist in der christlichen Gotteslehre von Anfang an gegeben. Sie legte sich nahe von der Meditation über das Geheimnis Jesu als des Christus. Die enge und einzigartige Nähe zu dem Gott, den er seinen Vater nennt, führt sehr bald zu der Erkenntnis, die das Johannesevangelium klar bezeugt: Er und der Vater sind in dem Maß eins, daß den Vater sieht, wer Jesus sieht (Vgl. Joh 14,9-11). So ist auch die Entwicklung der Christologie nicht der Weg der Vergöttlichung Jesu im Sinn einer immer höheren Prädikation über einen Menschen, sondern das Nachspüren der schon immer gegebenen Einheit von Vater und (präexistentem) Sohn. Rasch wächst auch das Wissen darum, daß der Heilige Geist zu nennen ist, wenn von Vater und Sohn, d.h. wenn von Gott gesprochen wird.

Wir verfügen über eine ganze Reihe von Zeugnissen aus der frühen Kirche, die das zeigen[127].

Ein Beispiel sei gegeben: Gegen Ende des 1. Jahrhunderts mahnt ein Brief der Kirche zu Rom an die Kirche von Korinth den Frieden in der Gemeinde an. Er führt den Frieden auf Gott zurück. Der Verfasser verwendet die alttestamentliche Schwurformel (1 Kön 14,39 u.ö.: „Es lebt der Herr"), wandelt sie aber trinitarisch um: „Denn es lebt Gott und es lebt der Herr Jesus Christus und der Heilige Geist"[128].

Vor allem aber hat das trinitarische Bekenntnis im sakramentalen und liturgischen Leben der Alten Kirche einen festen Platz. Die Taufe wird nach Mt 28,19 „im Namen des Vaters und des Sohnes und des Heiligen Geistes" gespendet. Unter diesem Aspekt wird auch das Symbolum dreigegliedert: Es berichtet das Heilshandeln der drei Personen. Trinitarisch ist auch die heute noch gebräuchliche eucharistische Doxologie am Schluß des Hochgebetes.

Das trinitätstheologische Bewußtsein zeigt sich weiter darin, daß von Sohn und Geist göttliches Handeln prädiziert wird. Gestützt auf das Neue Testament (1 Kor 8,6; Kol 1,15-17; vgl. Joh 1,3) bekennt das Große Glaubensbekenntnis, daß durch Christus „alles geschaffen" ist. Vom Heiligen Geist sagt es, er habe „gesprochen durch die Propheten".

Freilich bleiben solche Redeformen nicht unangefochten. Der erste Einwand kommt von Seiten des *Judentums*. Ein Grundpfeiler seines Glaubens ist die Einzig-

---

[127] Z. B. Justin, 1 apol. 23 (77); tzt D 4/I, Nr. 53; Irenäus v. Lyon, haer. IV,20; tzt D 2/I, Nr. 86. Weitere Belege: F. Courth, Trinität in der Schrift und Patristik (HDG 11,1 a), Freiburg-Basel-Wien 1988, 40 f. Siehe auch die Übersicht S. 347-350.

[128] 1 Clem. 58,1. Der ganze Text tzt D 2/I, Nr. 82.

keit Jahwes und zugleich seine personale Liebe zu seinem Volk. Das pointierte Gottesverhältnis Jesu und seine spezifische Gottesverkündigung, die unlösbar mit seiner eigenen Persönlichkeit verknüpft wird, muß zu Irritationen führen: Wie kann die Einzigkeit Gottes gewahrt werden, wenn Jesus Attribute Gottes zu beanspruchen scheint? Die Intimität des Bundesverhältnisses nach dem Alten Testament macht auch die Einschaltung eines Mittlers offenbar überflüssig. Die ersten Christen, die selber aus der mosaischen Religion kommen, suchen zunächst nach Figurationen in der gemeinsamen Heiligen Schrift, um den überlieferten Monotheismus zu wahren. Die späte Weisheitsspekulation bot einen solchen Brückenschlag an: Die gottnahe und schöpfungstheologische Gestalt der Sophia (Weisheit) zeigt sich in Jesus von Nazaret. Andere theologische Versuche kommen zutage, wenn die Christen versuchen, alttestamentliche Gottesbezüge auf ihn zu übertragen, z.B. *Wort / Tora* oder *Bund* oder *Anfang (arché)*. Eine wichtige, heute kaum mehr verstandene Rolle hat die Übertragung des *Engel*-Namens auf Jesus: Jesus ist *der* Bote (angelos) Gottes schlechthin, der mit dem „Engel Jahwes" (mal'ak YHWH) identifiziert wird[129]. Damit wird das Handeln Gottes in der Geschichte des Alten Bundes trinitätstheologisch erschlossen: Der Christus hat schon seit je, von der Schöpfung angefangen, als der gewirkt, in dem Gott gegenwärtig geworden ist.

Der zweite Einwand gegen das trinitarische Gottesbild der Christen wird vom *Heidentum* erhoben oder besser gesagt vom *griechisch-hellenistischen Denken*. Es ist in den ersten Jahrhunderten durchweg charakterisiert durch die Frage nach der Vermittlung zwischen Gott und Welt, wie also, platonisch gesprochen, das Eine (*hen*) mit dem Vielen zusammengedacht werden könne. Zugleich herrscht eine tiefe Sehnsucht nach Erlösung und Befreiung aus der als versklavend empfundenen Materialität. Das Heil wird in der Erkenntnis (*Gnosis*) gesucht. Das Christentum konnte sich über den spirituellen Zug der Zeit nur freuen, aber es tat sich sehr schwer, seine Botschaft von der Erlösung durch einen aufgrund ganz bestimmter historischer Konstellationen *Gekreuzigten* verständlich zu machen: Das war den Griechen eine schlichte Dummheit, wie schon Paulus verbuchen mußte (1 Kor 1,23). Daß ein Hingerichteter Gott sein solle, ist ihnen eine ungeheuerliche Zumutung. In dieser Situation bleibt den frühen Theologen nichts anderes übrig, als sich unter Zuhilfenahme des vorliegenden Begriffsinstrumentariums denkerisch um die Verständlichmachung des trinitarischen Geheimnisses zu bemühen, das sie in der Bibel offenbart sahen. Das geschieht anfangs durch den *Logos*-Begriff. Sie zeigen zum einen, daß das darin enthaltene Moment des Wegweisers zur Wahrheit in Jesus zum personalen Ausdruck kommt, zum anderen können sie von ihm her zeigen, was – oder nun genauer: – wer letzte Wahrheit und letzter Sinn der Welt ist: der Logos in einem konkreten Wesen.

Nun zeigen sich freilich auch die Probleme deutlich. In der stoischen wie in der platonischen Spekulation steht der Logos eine Stufe unterhalb der Gottheit. Ist dann auch Jesus, „unter dem Weltenschöpfer ein anderer Gott und Herr", wie *Justin* formuliert hatte[130],

---

[129] Zur Engel-Christologie vgl. A. Grillmeier, Jesus der Christus im Glauben der Kirche, Bd. 1: Von der Apostolischen Zeit bis zum Konzil von Chalkedon (451), Freiburg-Basel-Wien ³1990, 150-157.

[130] Dial. 56,4; tzt D 4/1, Nr. 55.

eine Gott untergeordnete Wirklichkeit? Das entspricht nicht der biblischen Offenbarung. Wieder mußte man also denkerische Bemühungen anstellen, um die Gleichheit von Vater und Logos terminologisch herauszuheben.

Das Ringen um die richtige Gestaltung der Logos-Theologie wird zum Hauptproblem der Theologie bis zum Konzil von Nizäa (325)[131]. Sein Verlauf macht im übrigen auch deutlich, daß die immer wieder einmal geäußerte These von der „Hellenisierung des Christentums" auf tönernen Füßen steht. Die vorgefundene Logoslehre ist nicht die leitende Norm für die Christologie, vielmehr ist der konkrete historische Jesus Ausgangspunkt eines Denkvorganges, in dem mittels des Logosbegriffs das Wesen dieser Persönlichkeit im damaligen philosophischen Kontext plausibel werden konnte.

4.2 Das Vater-Sohn-Verhältnis

Wenn der Vater Gott ist und der Sohn Gott ist, dann bieten sich zwei auf den ersten Blick eingängige Verstehensmodelle an. Die Kennworte in der Dogmengeschichte der Alten Kirche lauten *Subordinatianismus* und *Monarchianismus*.

Das entscheidende Problem der Logos-Theologie mußten wir bereits erwähnen: Wenn für griechisches Denken die Mittlergestalt des Logos eben nicht Gott gleich ist, dann folgte daraus zwingend, daß Gott als Vater und Gott als Logos /Sohn nicht auf einer Stufe stehen, sondern dieser jenem untergeordnet (*subordinatus*) ist. Ein *Subordinatianismus* schien unvermeidbar; kann man unter dieser Voraussetzung aber noch wirklich von einer Dreieinheit sprechen? Mit dieser Frage ringt die Theologie heftig, bis schließlich im *Arianismus* die ganze Konsequenz eines subordinatianistischen Denkens sich enthüllt: Ist der Logos nicht ebenso Gott wie der Vater, dann sind wir nicht in Wahrheit erlöst!

Fast alle Theologen leisten, fast unvermeidlich im damaligen Denkhorizont, dem Subordinationismus ihren Tribut. Schließlich mußte auch dem Mißverständnis des Modalismus gewehrt werden, von dem gleich anschließend zu sprechen ist. *Vater, Sohn, Geist* sind nicht bloß nur verschiedene Namen oder Seinsweisen des *einen* Gottes. Irgendwelche Unterschiede waren also anzunehmen. Den biblischen Vorgaben entsprechend sah man den Vater als Ursprung an. Dann aber ist damals kaum zu sehen, wie eine Seinsminderung bezüglich des Sohnes und des Geistes vermeidbar ist: Der Ursprung hat ein Plus gegenüber dem, dessen Ursprung er ist[132].

Das zweite Problem des 2. und 3. Jahrhunderts ist der *Monarchianismus*. Wenn Vater, Sohn und Geist nicht in einem hierarchischen Verhältnis stehen, sind sie dann vielleicht nur *einer* (*monos* einer, allein) ohne echte Unterscheidungen?

---

[131] Vgl. A. Grillmeier, Jesus der Christus im Glauben der Kirche, Bd. 1, 225-231. Zur ganzen Entwicklung vgl. auch in diesem Werk Bd. II: Christologie 2.

[132] Vgl. z.B. Origenes, princ. 1,3,5; tzt D 2/I, Nr. 93; 1,1,6; tzt D 4/I, Nr. 81; Tertullian, adv. Prax. 9,1; tzt D 2/I, Nr. 91.

Der Name *Monarchianismus* geht auf Tertullian zurück. Die damit zusammengefaßten theologischen Anschauungen sind uns im allgemeinen nur in den Schriften ihrer orthodoxen Gegner zugänglich. Es handelt sich um kein „System"; vielmehr werden erst im Nachhinein, d.h. nach Ausbildung der Trinitätstheologie, verschiedene Strömungen unter den Begriff subsumiert. Hauptsächlich zwei sind von Bedeutung:

a.) *Dynamischer Monarchianismus*: Auf den Menschen Jesus hat sich in der Jordantaufe der als Gottes Kraft (*dynamis*) verstandene Geist herabgelassen. Logos und Pneuma sind Namen für die Wirkung des einen göttlichen Subjektes. Christologisch gesehen haben wir es mit einem *Adoptianismus* zu tun: Jesus ist nur auf dem Weg der Adoption Gott. Vertreter dieser Richtung sind u.a. *Theodot von Byzanz* und vor allem *Paul von Samosata* († nach 272).

b.) *Modalistischer Monarchianismus* oder *Sabellianismus* (nach seinem Hauptvertreter Sabellius): Vater und Sohn werden so in eins gesehen, daß kein realer Unterschied mehr auszumachen ist. In Wirklichkeit wird also der Vater Mensch und stirbt am Kreuz (daher auch *Patripassianismus)*. Bei allem Heilshandeln Gottes wirkt nur ein einziges Subjekt, das nur in verschiedenen Weisen *(modi)* in Erscheinung tritt. Neben *Sabellius* vertritt diese Lehre auch *Noetus von Smyrna*.

Die orthodoxe Theologie, vertreten durch *Hippolyt von Rom, Tertullian, Origenes und Novatian*, konterte gegenüber diesen Richtungen, daß die Evangelien mit aller Deutlichkeit die Unterschiedenheit, ja das Gegenüber von Vater und Sohn herausheben, so sehr daneben auch ihre Einheit zur Geltung gebracht wird. Diese hebt die Unterschiedenheit indes in keinem Moment auf. Damit aber erfolgt sogleich ein Denkanstoß für die weitere Reflexion: Wenn die Evangelien jene Unterschiedenheit angelegentlich der Gestalt Jesu zeigen – ist die Differenz dann nur „ökonomisch", also heilsgeschichtlich-inkarnatorisch, bedingt (es ist eben nur der Sohn Mensch geworden) oder existiert sie *in* Gott selber, ist sie also auch „theologisch" (trinitätsimmanent) ein Faktum? Dieses letztere ist der Fall, antworten die Theologen. Gott *zeigt sich* nicht nur als Vater, Sohn und Geist, er *ist in sich* eine Drei-Einheit. So unterscheidet *Origenes* unterschiedliche Wirkungsbereiche der Drei, wobei er einen ökonomischen Subordinatianismus allerdings nicht vermeidet[133]. Wirkungsgeschichtlich bedeutungsvoll erweist sich die Einführung des Begriffs *„Hypostase"* durch ihn in diesem Kontext. Er soll das Unterscheidende in der göttlichen Einheit namhaft machen.

Überhaupt ergibt sich aus den Debatten: Die richtige Begrifflichkeit ist die Voraussetzung für ein angemessenes theologisches Denken. *Tertullian* hat sich auf diesem Gebiet um die westliche Theologie verdient gemacht. Er unterscheidet einen tragenden Grund des einzelnen Seienden und seiner Eigenschaften. Er nennt ihn *substantia*; die Griechen sprechen von *ousia* oder *physis*. Vater, Sohn und Geist haben nur *einen* solchen tragenden Grund,nur *eine Substanz*. Die Ursprungswirklichkeit ist der Vater, von dem in unterschiedlicher Ordnung Sohn und Geist ihr Gottsein haben und Teilhaber (*consortes*) der göttlichen Substanz sind[134]. Diese Substanz gewinnt nun in den Dreien eine unterschiedliche Existenzform. Tertullian bezeichnet sie als *persona* (griech. *prosopon*)[135]. Person ist der konkrete

[133] Princ. 1,2; 4; 3,5-8; tzt D 2/I, Nr. 92-95.

[134] Adv. Prax. 9,2. Aber auch dieser Text vermeidet nicht ganz den Subordinatianismus.

[135] Wahrscheinlich leitet sich der Ausdruck vom etruskischen *phersu* für *Maske* (zu Ehren der Göttin Phersu getragen) ab. Er kann dann stehen für *Antlitz* (griech.: das Unterscheidende beim Individuum), *Rolle, Rechtssubjekt.*

Träger der Substanz: Vater, Sohn und Geist haben nur eine einzige Substanz, unterscheiden sich aber als „Person". Das klärt sich für den Afrikaner aus der Christologie: Jesus ist als der Menschgewordene konkret unterschieden vom Vater im Sinne einer personalen Unverwechselbarkeit. Auch dem Geist muß subjekthafte Eigenständigkeit zukommen, wenn er jeden Gläubigen heiligt.

Die ganze Auseinandersetzung, zu der die Monarchianismus-Debatte angeregt hatte, wurde auch nach der Überwindung der Irrlehre durch zwei Umstände verkompliziert. Der eine ist zunächst eher ein Sprach- als ein Sachproblem. Dieses hatte sich an der Übersetzungsfrage entzündet. Rein philologisch gehören zusammen:

griech.	**prosopon**	lat.	**persona**
	hypostasis, ousia		**substantia**

In der Sprache der Trinitätstheologen aber lauten die Entsprechungen:

griech.	**prosopon, hypostasis**	lat. **persona**	= das trinitarisch Unterscheidende (Vater, Sohn, Hl.Geist)
	ousia	**substantia**	= das trinitarisch Gemeinsame (Gottheit)

Es bedarf keiner regen Phantasie, um sich die Verwirrungen auszumalen, die da vorprogrammiert sind.

Der andere Umstand ist eher sachlicher Art, hat aber auch etwas mit den unterschiedlichen Mentalitäten im christlichen Osten und im christlichen Westen, nicht zuletzt auch mit dem differierenden Verlauf der konkreten dogmatischen Auseinandersetzungen zu tun. Der Westen ist stark durch den Kampf gegen den Modalismus geprägt. Ihm gegenüber mußten die innertrinitarischen Unterschiede zwischen Vater, Sohn und Geist so herausgestellt werden, daß dennoch deren Einheit (*Trinitas*) verständlich bleibt. Das wird erreicht durch die Hervorhebung der Gleichheit der Personen und der Wesenheit als des Grundes dieser Gleichheit. Die Personalität bleibt aber dann fast notwendig abgeschattet. Das spekulative Bemühen im Osten hingegen konzentriert sich auf die Überwindung der verheerenden Folgen des Subordinatianismus. Dieser kann ausgeschlossen werden, wenn man die Wesensgleichheit (*Homoousie)* ins Licht stellt. Die Theologen des Orients sehen aber die Gefahr, daß darob die Unterschiede der Personen undeutlich werden. So suchen sie die Lebensvollzüge der Drei zu betonen. Weil aber dann der Vater als Prinzip (Ursprung) von Sohn und Heiligem Geist gesehen werden muß, besteht die latente Gefahr, doch die Einheit undeutlich werden zu lassen. Hier bahnt sich für das kommende theologische Gespräch zwischen Orient und Okzident ein Problem an, das später sehr schlimme Folgen zeitigen wird: die *Filioque-Frage*[136].

[136] Vgl. unten 4.6.

4.3 Die arianische Herausforderung und das Konzil von Nizäa (325)

4.3.1 Arius und seine Lehre

Der alexandrinische Presbyter *Arius* stürzt Anfang des 4. Jahrhunderts die Kirche, die gerade glücklich die Verfolgungszeit überstanden hatte, in eine Krise, die ihre Fundamente erschüttert. Er sagt eigentlich nichts Neues, aber er spitzt die bisherigen trinitätstheologischen und christologischen Probleme aufs äußerste zu. Wir kennen sein Werk nur aus den Zitaten seiner Gegner, seine Lehre nur aus deren Interpretation. Eine Darstellung seines Systems läßt sich aber trotzdem daraus gewinnen[137]. Theologisch ist Arius dem Origenes, philosophisch dem Mittleren Platonismus verpflichtet, d.h. der Annahme einer strengen Trennung zwischen dem göttlichen Einen und dem kreatürlichen Vielen.

Arius möchte den Trinitätsglauben verteidigen. Er stellt daher die wesensmäßige Einheit Gottes hervor und zugleich die Ursprunghaftigkeit des Vaters. Diese aber sieht er als das eigentlich und einzige göttliche Prinzip. Nur der Vater ist der Grund *allen* Seins (also auch des Seins des Sohnes!); der Vater allein besitzt alle göttlichen Eigenschaften wie Ewigkeit, Unveränderlichkeit, absolute Transzendenz. Die unerbittliche Konsequenz lautet nun: Alles, was nicht der *Vater* ist, ist auch nicht im vollen und eigentlichen Sinne *Gott*. Mithin ist der Sohn nicht Gott. Was aber nicht Gott ist, ist Geschöpf. Der Sohn ist also diesseits der rigorosen Trennungslinie zwischen Göttlichem und Nichtgöttlichem, zwischen Gott und Kreatur – wie wir auch. Zwar läßt Arius den Sohn als Schöpfungsmittler einen singulären Rang innerhalb der Kreaturen einnehmen: er ist der Erste aller Erschaffenen, er kann sogar „Gott" genannt werden. Auch der Geist gehört auf die gleiche Seite wie der Sohn. Es ergibt sich folgendes Schema:

GOTT	ursprunglos ursprünglich	VATER
NICHT-GOTT	verdankter Ursprung geschaffen	SOHN (HL.GEIST)

Die Vorstellung des Origenes, daß Gott auch Göttliches in einer immanenten Zeugung hervorbringen könne, vermag er nicht zu teilen: Sie dünkt ihn unbiblisch. Mit der Schrift (Spr 8,22) rede man lieber von Geschaffensein. Aus dem gleichen Biblizismus heraus vermag er auch die nizänische Lösung „gleichwesentlich" (vgl. unten) nicht zu akzeptieren. Dennoch ist der Presbyter aus Alexandrien kein platter Bibelfundamentalist: Den eigentlichen Hemmschuh für das Verständnis der großkirchlichen Theologie bildet seine (mittelplatonische) Ontologie. Zwischen der Ureinheit (monas) Gottes und dem Vielen kann es zwar Mittelwesen geben (mittelplatonisch: *nous, logos*), denen eine besondere Wertig-

[137] Vgl. A. Grillmeier, Jesus der Christus im Glauben der Kirche, Bd.1, 356-373. Texte bietet tzt D 4/I, Nr. 90-92.

keit gegenüber allen anderen nachgeordneten Wesen zukommt – und ein solcher Mittler ist der biblische Jesus –, aber eine echte Verbindung ist undenkbar. Letztlich ist die Gott – Nicht-Gott – Linie unüberschreitbar. Denn nur Gott kommt Einheit, Unabhängigkeit, Ursprunglosigkeit wesenhaft zu.

Der Arianismus läuft also hinaus auf einen ontischen Subordinatianismus. Die Trennlinie zwischen GOTT (Vater) einerseits und Sohn und Heiligem Geist andererseits ist unüberschreitbar. Die Folgen: Dann aber kann man GOTT auch nicht erkennen, weil uns das eigentliche Wesen Gottes für immer unzugänglich ist; dann aber gibt es auch keine Selbstmitteilung GOTTES und somit keine wirkliche Inkarnation, keine wirkliche gottgewirkte Erlösung und natürlich erst recht keine echte Trinität. Die Fundamente des biblisch-christlichen Glaubens sind in der Tat damit ins Wanken geraten. Die Kirche konnte da nicht zuschauen.

4.3.2 Die Antwort der Kirche

Nach einer Synode in Antiochia 324/25 kommen die Reichsbischöfe auf kaiserliche Einladung zur ersten gesamtkirchlichen Versammlung nach Nizäa: Das Erste Ökumenische Konzil mit einer bis heute reichenden Wirkungsgeschichte für die Konzilientheologie beginnt. Die durch Arius gestellte Frage bekommt eine verbindliche dogmatische Antwort. Sie wird eingebaut in ein altes palästinensisches Taufsymbolum, das um antiarianische Zusätze angereichert wird, und präzisiert durch ein Anathem gegen spezifische Termini des Alexandriners[138]. Der Bekenntniskontext soll darauf hinweisen, daß die Zufügungen keine Neuerungen darstellen, sondern nur das klarstellen, was schon immer zum Taufglauben gehört hat.

Kern und Stern der dogmatischen Festlegung ist die mit vielen Wendungen bestätigte absolute Gleichwesentlichkeit zwischen Vater und Sohn:

Vater	Sohn
Gott	Gott
Licht	Licht
wahrer Gott	wahrer Gott

Das ist gewissermaßen die spiegelbildliche Aussage zu Arius. Wo dieser Sohn und Geschöpf auf eine Ebene stellt, stellt die Kirchenversammlung Sohn und Gott auf die gleiche Ebene. Die Kurzformel, die die ganze Lehre von Nizäa auf den Begriff bringt, lautet *„gezeugt aus dem Wesen des Vaters“*; sie kann noch weiter komprimiert werden in den Begriff *„wesensgleich (homoousios)“*.

Die Begriffe sind genau zu betrachten:

1.) *gezeugt* (gennêtheis, natus): Das Wort ist als terminus technicus zu verstehen. Seine Präzisierung erhält es negativ durch den Ausschluß eines Schöpfungsaktes (*nicht geschaffen*: ou poiêthenta, non factus), positiv durch die Kennzeich-

[138] DH 125 f; tzt D 2/I, Nr. 53 f. Der Text wird an beiden Fundstellen in griechischer, lateinischer und deutscher Sprache geboten. Vgl. die Zusammenstellung S. 351.

nung als Hervorgang aus dem Wesen *(ousia)* des Vaters *(ek tês ousías tou Patrós, de substantia Patris)*. Die Einzigartigkeit erhellt auch noch das Wort *„Einziggeborener“* (monogenês, unigenitus) Damit wird auch jedes Werden ausgeschlossen[139]. Der Sohn hat einen Ursprung, aber keinen zeitlichen Beginn. Die Zeugung des Sohnes ist ein innergöttlicher Vorgang, der nicht zum Wesen Gottes hinzukommt, sondern dessen innerer Vollzug ist[140].

2.) *wesensgleich* (homoousios, unius substantiae): Dieser Begriff wird direkt durch die Lehre des Arius herausgefordert. In seiner Schrift „Thaleia“ hatte er ausdrücklich erklärt: Der Sohn ist dem Vater „nicht gleich und ihm auch nicht wesenseins“[141]. Dagegen bekräftigen die Väter von Nizäa: Der Sohn gehört in den Bereich Gottes, nicht den der Geschöpfe; wer also ihm begegnet, begegnet Gott, und zwar nicht einem sekundären, abgeleiteten Gott: der Sohn ist wie der Vater Gott.

Das Konzil antwortet dem Arius nicht auf der Ebene der theoretischen Spekulation, sondern durch die Verdeutlichung des christlichen Bekenntnisses, wie es sich aus der Meditation des biblischen Zeugnisses herausgebildet hatte. Zwar verwendet es dabei nicht nur die biblischen Termini – *homoousios* kommt in der Schrift nicht vor –, aber diese konnten insofern beim Klärungsprozeß nicht helfen, als die Arianer die Bibel in ihrem Sinne interpretierten. Also waren die Bischöfe von Nizäa gezwungen, den biblischen Gehalt *nicht-biblisch* auszudrücken. Die einzige Sprache, die das leisten konnte, war die der griechischen Metaphysik. Diese wird gerade dadurch aber aufgebrochen. Nicht das Christentum wird griechisch, die griechische Sprache wird in ein biblisches Dienstverhältnis genommen. Jetzt kann die Kernaussage des Neuen Testaments gewahrt werden: Gott hat in Jesus von Nazareth nicht *etwas*, sondern *sich selber* mitgeteilt, so daß das Wort des Christus das Wort Gottes, seine Erlösungstat Gottes Rechtfertigungstat an uns ist.

4.3.3 Die nachkonziliaren Auseinandersetzungen um das „homoousios“

Nachkonziliare Zeiten sind immer Zeiten von Kampf und Auseinandersetzung: Schon bei der ersten Ökumenischen Kirchenversammlung hat sich das gezeigt. Sehen wir einmal von den kirchenpolitischen Auseinandersetzungen ab, die für uns an dieser Stelle nicht weiter ins Gewicht fallen, so ist der eigentliche Streitpunkt, vor allem seit der Mitte des 4. Jahrhunderts, die genaue Bedeutung des nizänischen Schlüsselbegriffs *homoousios.*

---

[139] Es kommt nicht nur auf jedes Wort, sondern sogar auf jeden Buchstaben an: Im Griechischen ist zu unterscheiden *gignesthai* (werden) von *gennan* zeugen. Im Passiv wird aus gignesthai das Partizip *genetos* geworden (mit einem N im Griechischen), aus gennan das Partizip *gennêtos* gezeugt (mit zwei *N* im Griechischen). Phonetisch besteht aber kein Unterschied; das haben sich die Arianer manchmal zunutze gemacht.

[140] Vgl. schon Athenagoras, leg. 10; tzt D 4/I, Nr. 58 und Origenes, princ. 1,2,6; tzt D 4/I, Nr. 81.

[141] Thal. 9; tzt D 4/I, Nr. 90 (Satz 9).

Das Wort selber stammt wahrscheinlich aus der Gnosis, in deren Emanationslehre es bedeutet „aus demselben Stoff genommen". So erzeugt das Gute ihm Wesensgleiches (homoousia)[142]. Für die vornizänischen Kirchenväter (z.B. Origenes, Klemens von Alexandrien) dient es dazu, in Verbindung mit dem Begriff „Hervorgehen" die Einheit und die Verschiedenheit von Vater, Sohn und Geist zu bezeichnen. So wird es allmählich zum Ausdruck des rechten Gottesglaubens[143].

Das Konzil von 325 hatte *homoousios* eindeutig antiarianisch verwendet. Es hatte aber nichts dazu gesagt, wie sich denn nun Vater und Sohn positiv zueinander verhalten. Wie muß Gott sein, damit Sohnschaft im biblischen Sinne möglich ist? Noch ist dazu die nizänische Terminologie unklar: *hypostasis* und *ousia* werden DH 126 gleichsinnig für die Wesensgleichheit verwendet.

Um was es in der nachkonziliaren Debatte geht , kann man sich im Deutschen anhand der Frage klar machen: Sind Vater und Sohn *eines Wesens* oder *gleichen Wesens*? Ist *homoousios* mithin zu übersetzen mit *„wesenseins"* oder *„wesensgleich"*? Der Unterschied ist beträchtlich. Sind sie *eines* Wesens, sind Vater und Sohn numerisch nur ein Gott; sind sie *gleichen Wesens*, könnten sie numerisch auch zwei sein, so wie etwa eineiige Zwillinge einander gleichen „wie ein Ei dem anderen", aber doch unbestritten zwei Individuen mit unterschiedlichen Schicksalen sind. Zur Klärung steht also an, ob und wie der Monotheismus in der spezifisch christlichen Form gewahrt bleibe. Dabei mußte man sich hüten, durch eine zu große Betonung der Einheit wieder den Monarchianismus heraufzubeschwören.

Die Diskussion, die maßgeblich von *Athanasius von Alexandrien* gesteuert wird, tendiert auf die Interpretation *wesenseins*. Gott bleibt also numerisch *einer* ungeachtet des Zeugungsvorgangs, aus dem der Sohn aus dem Vater hervorgeht. Wie aber ist dieser dann zu sehen? Wie kann man das *gegenseitige* Verhältnis von Vater und Sohn begrifflich beschreiben? Athanasius lenkt die Aufmerksamkeit darauf, daß *Vater* und *Sohn* Namen sind, die die immanenten Verhältnisse Gottes bezeichnen: „Die Benennung ‚Vater' aber hat nur in Beziehung auf den Sohn Geltung und beruht auf ihm"[144]. Also nicht erst die ökonomischen Beziehungen, die Beziehungen Gottes zur Welt, sind entscheidend. Dabei hat *Vater* für den Bischof von Alexandrien eine gefülltere Bedeutung als das nizänische *agenetos* („unentstanden"); das Wort *Vater* weist auf eine gelebte Beziehung hin. Trotzdem bleibt der Sohn in der Inkarnation der Mittler. Diese Funktion ist nun aber nicht mehr mit einer Seinsminderung im Sinn des Subordinatianismus verbunden, sondern wird verstanden als die der inneren Eigenart des Sohnes entsprechende Weise der Selbstmitteilung Gottes. Das Mittler-Sein bezeichnet also eine immanente wie eine ökonomische Qualität, die sich aus dem Sohnsein ergibt. Athanasius kann darum sagen, daß in der Menschwerdung des Logos „die allwaltende Vorsehung und ihr Urheber und Schöpfer, der Logos Gottes erkennbar wurde. *Denn er wurde Mensch, damit wir vergöttlicht würden*"[145]. Gott hat wirklich

---

[142] Ptolemaios bei Epiphanius, haer. 33,7,8.

[143] Es ist ungewiß, ob es die Synode von Antiochien (268) abgelehnt hat, wie es Zeugnisse des 4. Jahrhunderts nahelegen.

[144] Ar. 1,34; tzt D 2/I, Nr. 96. Zum ganzen W. Pannenberg, Systematische Theologie Bd. 1, 295-300; 348 ff.

[145] Incarn. 54; tzt D 4/I, Nr. 98.

sich selber mitgeteilt und nicht eine Derivation, ein gegenüber sich selber niedrigeres Sein. Athanasius setzt diesen Gedankengang fort, wenn er über den Heiligen Geist spricht[146].

Die nachnizänischen Väter bedienen sich gern naturhafter Bilder, um die Einheit von Vater und Sohn zu illustrieren. Besonders beliebt sind jene, die eine Lichtmetaphorik enthalten (*Licht* , *Strahl* , *Helligkeit*), die Emanationsgleichnisse (*Quelle, Strom, Bewässerung*) und aus der Botanik entnommene Vergleiche (*Pflanze, Duft, Balsam*). Von besonderer Bedeutung ist der biblische Begriff *Bild.* Schon in den neutestamentlichen Briefen wird der Sohn „Bild des Vaters" genannt (2 Kor 4,4; Kol 1,5). Allerdings ist der Bildbegriff alles andere als eindeutig[147]. Er kann ebenso auf die vollkommene Entsprechung wie auf eine bloße Konfiguration (Schattenbild) hinweisen – und alle Nuancen werden in der Kontroverse verwendet. Für die Nizäner ist *Bild* eine perfekte Umschreibung für *homoousios*. Aber trennt das Wort nicht wieder die ökonomischen Verhältnisse von den immanenten in Gott? Das hellenistische Denken hatte im übrigen seine Schwierigkeiten, in der Menschheit des Logos einen bildhaften Hinweis auf den Vater zu erblicken.

4.4 Die Gottheit des Heiligen Geistes

4.4.1 Der pneumatomachische Streit

„Und an den Heiligen Geist" (glauben wir) – das war der geradezu abrupte Schlußsatz des Symbolums von Nizäa gewesen. Er sollte nicht der Ausdruck eines geminderten Interesses sein. Schon *Origenes* hatte gelehrt, „daß es nicht möglich ist, des Vaters oder des Sohnes teilhaftig zu werden ohne den Heiligen Geist"[148]. Doch in den Auseinandersetzungen, die zum Konzil von 325 führen, geht es primär um Fragen, die die Christologie ausgelöst hatte. Entsprechend konzentrieren sich die dogmatischen Bestimmungen auf das Verhältnis von Vater und Sohn.

Nachdem es geklärt ist, wird die pneumatologische Frage virulent. Wie steht das Pneuma, der Heilige Geist, zu den einander wesensgleichen Vater und Sohn? Ist er in die Homoousie einzubeziehen oder nicht? In diesem Fall wiederholt sich die arianische Konsequenz: Dann gehört der Geist zu den Geschöpfen. Um 360 kommt die Sache auf die theologische Tagesordnung. Den Anstoß liefern die sogenannten *Pneumatomachen* („Geist-Bekämpfer" von *pneuma* Geist und *machesthai* kämpfen; genauer: Bekämpfer der *Gottheit* des Hl. Geistes) oder *Macedonianer* (nach Bischof Macedonius von Konstantinopel). Sie scheinen besonders in Kleinasien und Unterägypten zu Hause gewesen zu sein und ihre Anhänger unter asketischen Mönchsgruppen rekrutiert zu haben. Wir kennen sie eigentlich nur aus den Schrif-

[146] Ep. Serap. 1,24; tzt D 7, Nr. 27.

[147] Vgl. die gedrängte Zusammenfassung bei A. Grillmeier, Jesus der Christus Bd. 1, 96-121.

[148] Princ. 1,3,5; tzt D 2/I, Nr. 93. Zum folgenden vgl. auch in diesem Werk Bd. III: Pneumatologie.

ten ihrer Gegner, deren Protagonisten *Athanasius* und *Basilius von Caesarea* sind. Sie argumentierten z.B. damit, daß der Geist *Gabe* genannt werde und daher nicht wie der Geber (Gott) verehrt werden dürfe. So sei er ein bloßes Geschöpf, etwas höher lediglich als die Engel gestellt. Denn immanentstheologisch fallen für sie nur die Beziehungen *ungezeugt* (Vater) – *gezeugt* (Sohn) in den Bereich „Gott"; weil das Pneuma hier keinen Platz haben kann, bleibt ihm nur der Bereich des Nicht-Göttlichen. Der arianische Subordinatianismus wird somit zwar nicht mehr für Vater und Sohn gehalten, wohl aber hinsichtlich des Geistes behauptet. Schematisch ausgedrückt, lautet die pneumatomachische Lehre:

GOTT	Zeugungsvorgänge	**VATER SOHN**
NICHT-GOTT	verdankter Ursprung Gabe Geschöpf	**HEILIGER GEIST**

Athanasius weist die These von der Wesensverschiedenheit des Geistes gegenüber Vater und Sohn zurück. Sie zerstört die heilsgeschichtliche Dynamik des Vergöttlichungsprozesses, um dessentwillen die Homoousie der beiden ersten Personen notwendig ist. Nach Paulus und Johannes macht der Geist uns christusförmig. Er ist das Bild Christi in uns, meint der Alexandriner, wie der Sohn das Bild des Vaters ist. Dann aber folgt: „Wie das Bild, so muß auch der sein, dessen Bild er ist. Daher ist es recht und billig, daß der Logos kein Geschöpf genannt wird, weil er Bild des Vaters ist. Wer demnach den Geist zu den Geschöpfen zählt, muß unbedingt auch den Sohn zu denselben rechnen und dadurch auch den Vater lästern, weil er dessen Bild lästert"[149]. Also ist der Heilige Geist *Gott* wie der Vater und wie der Sohn!

Basilius argumentiert in ähnlicher Weise, setzt aber bei der christlichen Liturgie an. Die Taufe schenkt den Geist; sie wird gespendet in den drei Namen, die entsprechend dem Taufbefehl des Matthäusevangeliums gleichberechtigt nebeneinander genannt werden. Wenn aber der Geist nach biblischem Zeugnis das göttliche Leben in uns vollendet, kann er nicht Geschöpf sein. Noch deutlicher ergibt sich dieses Resultat aus der Doxologie. Der Geist wird da mit dem Vater und dem Sohn in gleicher Weise angebetet. Das Glaubensgesetz (*lex credendi*) des Taufbefehls und die Regel des Betens (*lex orandi*) entsprechen einander – und beide sind nur stimmig, wenn der Hl. Geist *Gott* ist wie der Vater und der Sohn[150].

4.4.2 Die terminologischen Klärungen

Auf die Schwierigkeiten, die jeder Geist-Theologie die Begriffe machen, haben wir in anderem Zusammenhang hingewiesen: *Geist* ist sowohl Ausdruck des Wesens Gottes (Joh 4,24) wie auch der Name eines der Drei in Gott.

[149] Ep. Serap. 1,24; tzt D 7, Nr. 27.
[150] Spir. 27,68.

Nach Nizäa aber ist das eigentliche Problem die saubere Klärung der Termini *ousia* und *hypostasis*, die auf der Kirchenversammlung noch gleichsinnig für die Wesenseinheit der Personen gebraucht werden. Klar ist zum einen, daß Gott nur einer ist. Vater und Sohn (und wir können nun auch immer schon den Geist nennen) sind nicht *gleichen Wesens* wie zwei (drei) Individuen. Klar ist desgleichen, daß dieses *eine Wesen* sich nicht modalistisch „wie" Vater, Sohn und Geist „gibt": Es existieren reale Unterschiede, die im göttlichen Leben selber begründet sind und daher auch innerhalb dieses einen Lebens bleiben. Die „Namen" sind also *im Wesen eins* und *unterscheidbare Träger dieses Wesens.*

Sprachlich suchte man diese Erkenntnis zu fassen dadurch, daß man die Einheit mit dem Wort *ousia* (Wesen), die Unterschiedenheit mit *hypostasis* kennzeichnete. Im Lateinischen ließ sich *ousia* leicht mit *substantia* übersetzen; aber dieses Wort war auch die Übersetzung von *hypostasis*! Man versuchte der Verwirrung zu entgehen durch die Prägung des Begriffs *subsistentia*, aber durchgesetzt hat sich, wie wir bereits wissen, der Terminus *persona*.

Die endgültige terminologische Fixierung der Trinitätstheologie lautet nun:

Griechisch	Lateinisch	Deutsch	In der Trinität	„Zahl"
ousia	**substantia**	Wesen, Natur	Gottes Einheit	**eine**
hypostasis	**persona**	Person	Die drei „Namen" in Gott	**drei**
Gott ist ein Wesen in drei Personen				

4.4.3 Die lehramtlichen Festlegungen

Der Entscheidungsprozeß wird eingeleitet durch die *Synode von Alexandrien*, die Athanasius 362 einberufen hatte. Die Pneumatomachen werden als arianische Irrlehrer verurteilt. „Erst das heißt sich wirklich von der gottlosen Partei der Arianer trennen: die heilige Dreieinigkeit nicht spalten und nicht behaupten, es gebe in ihr etwas Geschöpfliches"[151]. Wer sich also als Nizäner bekennen möchte, muß auch die Gottheit des Geistes annehmen.

Ein gutes Jahrzehnt später (374) schreibt Papst Damasus an die Bischöfe des Ostens in Verteidigung des Glaubensbekenntnisses von 325: „Auch den Heiligen Geist laßt uns als ungeschaffen und einer Würde, eines Wesens, einer Kraft mit Gott, dem Vater, und unserem Herrn Jesus Christus bekennen. ... Denn nicht kann er von der Gottheit getrennt werden, der in der Tätigkeit und der Vergebung der Sünden mit ihr verbunden ist"[152].

Kurz darauf, im Jahr 376, bezieht eine von *Amphilochius* geleitete Synode in *Ikonium* mit den Argumenten des Basilius den Heiligen Geist in den nizänischen Glauben ein[153].

---

[151] Synodalschreiben an die Antiochener: tzt D 7, Nr. 7. Vgl. S. 350.

[152] DH 145; tzt D 7, Nr. 8.

[153] Amphilochius, Ep. synod.; PG 39, 96.

Die dogmatische Definition erfolgt endlich auf dem *Ersten Konzil von Konstantinopel* im Jahr 381; seit dem 5. Jahrhundert wird es als zweites in der Reihe der Ökumenischen Konzilien anerkannt. Sein Symbolum wird 451 in Chalkedon als „Glaube der 150 Väter" in der Kaiserstadt vorgetragen[154]. Seiner Struktur nach ist es eine Weiterführung des Glaubensbekenntnisses von Nizäa, erweitert um einen pneumatologischen Teil. Zwar nicht wörtlich, wohl aber der Sache nach wird die Substanz-Person-Theologie rezipiert. Im einzelnen liegt die dogmengeschichtliche Bedeutung des Textes für die Trinitätstheologie darin, daß

- das Nizänische Symbolum zur allgemeinverbindlichen Glaubensgrundlage wird,
- Einheit und Unterschiedenheit der drei „Namen" verbindlich gelehrt werden,
- die Funktion des Heiligen Geistes dogmatisch geklärt wird. Der pneumatologische Einschub lautet:

> Wir glauben (griech.) / ich glaube (lat.) „an den Heiligen Geist, den Herrn und Lebensspender, der vom Vater ausgeht. Er wird mit dem Vater und dem Sohn zugleich angebetet und verherrlicht. Er hat gesprochen durch die Propheten".
> Die folgenden Passagen des Bekenntnisses machen Aussagen über das Wirken des Geistes[155].

Die Aussagen sind ganz an der Theologie des *Basilius* orientiert. Es fällt auf, daß die Wortwahl bei der Schrift wie bei den Doxologien Anleihen macht; philosophische Termini fehlen. Im einzelnen kann man feststellen:

1.) Die Titel des Geistes lauten *herrscherlich* und *lebenspendend*: Beide sind (anders als die deutsche und beim ersten auch die lateinische Übersetzung mit „Herr" bzw. „Dominus" vermuten lassen) adjektivische Appositionen: tò kyrion (pneuma) = der herrscherliche Geist, tò zôopoión = vivificans, lebengewährend. Damit wird zum einen der Unterschied zu Christus deutlich gemacht als dem *kyrios* schlankweg, zum anderen aber die göttliche Ebene des Herrschens gewahrt (vgl. 2 Kor 3,17 f.). Die Lebensspendung ist biblischen Ursprungs (Joh 6,63; Röm 8,2; 2 Kor 3,6) und eine Prärogative Gottes als des Schöpfers.

2.) Der Begriff *Ausgang vom Vater* geht zurück auf Joh 15,26 (vgl. 1 Kor 2,12) und wahrt die innertrinitarischen Verhältnisse: Der Vater ist der Ursprung des Sohnes wie des Geistes. Aber das Ursprungsverhältnis des letzteren ist nicht das Gezeugtsein, sondern das Hervorgehen; er ist also nicht mit dem Sohn identisch. In dem Passus ist die Nichtgeschöpflichkeit des Pneumas mitenthalten.

3.) Die Positionierung des Hl. Geistes auf die Seite Gottes wird verstärkt durch die Prädikation seiner *Anbetungswürdigkeit*, die ihm gleicherweise wie Vater und Sohn zukommt (sym-proskynóumenon kaì syndoxazómenon = simul adoratur (coadoratur) et conglorificatur = mit dem Vater und dem Sohn zugleich angebetet und verherrlicht). Er steht also auf keiner minderen Seinsstufe als Vater und Sohn.

---

[154] DH 150; tzt D2 /I, Nr. 55 : jeweils griechischer, lateinischer und deutscher Text.

[155] DH 150. Zu dem Einschub „*Filioque*" („der vom Vater *und vom Sohn* ausgeht") vgl. unten 4.6.1.

4.) Schließlich ist auch der Hinweis auf sein *Offenbarungswirken* (vgl.2 Petr 1,21) eine letzte Verdeutlichung für des Geistes Lebensteilhabe an Gott. Die Homoousie-Aussage wird jedoch vermieden.

5.) Wenn die Schlußaussagen des Symbolums von der „Kirche" bis zum „ewigen Leben" bewußt als Aufschluß über das Geisteswirken verstanden werden, wird anschaulich gemacht, daß das Heilshandeln Gottes an den Menschen, das dort beschrieben und bekannt wird, trinitarisch ist: Vater und Sohn und Geist schenken sich den Menschen, wenn sich ihnen Gott schenkt.

Die pneumatomachische Abweichung ist damit behoben. Die Abwehr des Arianismus wird vollständig. Die entsprechenden Schemata erfahren eine nachdrückliche Korrektur. Die orthodoxe Fassung nach Konstantinopel hat folgende Gestalt:

GOTT	Ursprungsvorgänge (zeugen/ gezeugt werden bzw. aussenden/ hervorgehen)	**VATER** **SOHN** **HEILIGER GEIST**
NICHT-GOTT	Schöpfungsvorgänge	**GESCHÖPFE**

4.4.4 Die Trinitätstheologie der Kappadokier

Die Formel von Konstantinopel beruht wesentlich auf der neualexandrinisch geprägten Theologie der drei „Kappadokier". Es handelt sich um den schon eingeführten *Basilius von Caesarea*, seinen jüngeren Bruder *Gregor von Nyssa* und beider Freund *Gregor von Nazianz*. Ihr gemeinsames Bestreben geht darauf, dem Nizänum endgültig zum Durchbruch zu verhelfen, also konkret durch die Pneumatologie die Trinitätstheologie zu vervollständigen.

Das bedeutet in der damaligen Situation zu zeigen, daß die Rede von Gott nur dann exakt ist, wenn die Einheit des Wesens *und* die Dreiheit der Hypostasen (Personen) gewissermaßen in *einem Atemzug* ausgesprochen wird.

Man würde das Anliegen der Kappadokier mißverstehen, unterstellte man ihnen einen flachen Begriffsrationalismus. Sie wissen sehr wohl um die Unfaßbarkeit Gottes: Das Unbegrenzte (*aóriston*) hat keine Grenze (*hóros*)[156]. Die Offenbarung ist es, die zum trinitarischen Gottesbild Anlaß gibt und die damit auch verlangt, seine innere Kohärenz zu ergründen. Ein anschauliches Beispiel dieser Klärungsarbeit bietet der unter dem Namen des Basilius laufende Brief Nr. 38 an Gregor von Nyssa[157]. Er stellt fest, daß es Allgemeinbegriffe gibt wie „Mensch". Sie können von allen Individuen („Petrus", „Andreas" etc.) gesagt werden. Diese sind durch ihre Eigennamen aber von allen anderen Wesen der gleichen Gattung unterschieden. Das Gemeinsame kann man *ousia* nennen; dementsprechend sind alle Menschen *homoousioi*, eines Wesens. Das Unterschiedensein wird nun durch die Begriffe „Hypostase" oder „Person" ausgedrückt. Von dieser Erkenntnis her kann man auch die innertrinitarischen Verhältnisse etwas besser sehen, die sich dadurch

[156] Gregor v. Nyssa, c. Eun. 3,1, § 103; tzt D2/I, Nr. 106.

[157] Nach neueren Forschungen kommt aber der Adressat selbst als Verfasser in Betracht. Vgl. K. Beyschlag, Grundriß der Dogmengeschichte Bd.1, Darmstadt ²1988, 283-289. Textauszüge: tzt D/I, Nr. 99-102.

auszeichnen, daß das *eine Wesen* die hypostatischen Differnzierungsmöglichkeiten nicht aufhebt oder ausschließt. Hypostase ist nun, so hatte es schon Basilius gesehen, die *Weise* , wie das Gottsein in Vater, Sohn und Geist verwirklicht ist (*trópos tês hyparxeós*).

Alle Vergleiche hinken, auch und gerade der zwischen kreatürlichen und innergöttlichen Verhältnissen, wie auch der Briefautor weiß. *Mensch* ist ein ausfüllbarer Allgemeinbegriff, aber *Gott* ist kein Allgemeinbegriff. Sein Wesen ist nicht, wie im Fall des Begriffs *Mensch* eine auszufüllende Unbestimmtheit, sondern die höchst lebendig-konkrete dreipersonale Bestimmtheit. Im Fall *Mensch* besitzt jedes Individuum das Menschsein in einer einmaligen, von allen anderen Individuen abgesetzten Weise. Das Vater-, Sohn- und Geistsein Gottes ist hingegen keine je andere Bestimmung des Wesens Gottes (Gottsein), sondern bestimmt sich von der Beziehung des Vaters zu Sohn und Geist, des Sohnes zu Vater und Geist, des Heiligen Geistes zu Vater und Sohn. Der Unterschied in der Trinität ist also der *Unterschied der Beziehungen* (*scheseis, Relationen*) der Drei zueinander. Während im Falle *Mensch* die Unvermischbarkeit der Individuen die Trennung bedingt, lebt die Eigenständigkeit der göttlichen Hypostasen von der Untrennbarkeit des Gottseins. *Augustinus* macht die Relationenlehre später zum Angelpunkt seiner immanenten Trinitätslehre. Das wird im nächsten Abschnitt besprochen.

In der östlichen Theologie wird damit die Lehre von der *Perichorese* (Durchdringung; lat. circumincessio) begründet, deren Ausbau *Johannes von Damaskus* zu verdanken ist. Sie sagt: Die Unterschiedenheit der Hypostasen hat kein Neben- oder Außereinander im göttlichen Wesen zur Folge, sondern ein *Ineinander*, das aber nicht als statische Struktur aufzufassen ist. Die Hypostasen leben in einer aktual-dynamischen Bewegung aufeinander zu.

Welches aber sind ihre Eigentümlichkeiten? *Gregor von Nazianz* antwortet[158]:

1.) Der *Vater* ist der Anfanglose (anarchos), seine Eigentümlichkeit ist das *Ungezeugtsein*.

2.) Der *Sohn* ist der anfanglos Gezeugte, ihm kommt daher das *Gezeugtsein* zu.

3.) Der *Geist* ist der ohne Zeugung aus dem Vater Hervorgegangene, also eignet ihm das *Hervorgehen*.

Eine Anmerkung ist zum Begriff des Ungezeugt- bzw. Ursprunglosseins zu machen, das vom Vater gesagt wird: Er meint (im Gegensatz zu einem philologisch möglichen Inhalt) keine Beziehungslosigkeit. So hatten die Arianer ihn interpretiert, wenn sie in der Ursprunglosigkeit ein Synonym für die Gottheit sahen und demzufolge nur den Vater als Gott gelten ließen. Faktisch wird mit „ohne Ursprung" der Begriff „ungeschaffen" in eins gesetzt. Gott ist sicher *ungeschaffen* – aber damit wird noch gar nichts über sein innerstes Wesen und Leben mitgeteilt. In der kappadokischen Trinitätstheologie hingegen bezeichnet *Ursprunglosigkeit* die Eigentümlichkeit der ersten Person *in Hinsicht* (relate ad) auf die beiden anderen. Die erste Hypostase ist

(a) ursprunglos,

(b) Vater.

Sie ist *als Vater* ursprunglos – und genau darin wurzelt die Homoousie der beiden anderen Hypostasen.

So abstrakt alle diese Uberlegungen auch anmuten und sind: Man darf nicht vergessen, daß ihr Erfahrungsfundament die in der Heiligen Schrift erzählte göttliche Ökonomie ist. In ihr wird bereits etwas von der innergöttlichen Relationalität sichtbar, auch wenn die Kappadokier sich wohl bewußt sind, daß im Außenwirken Gottes die Hypostasen ungetrennt vereint sind. Doch läßt sich aus dem Heilshandeln Gottes das Ursprunglose, aus dem des Sohnes das Schöpferische, endlich aus dem Handeln des Geistes das Vollendende erahnen.

---

[158] Or. 30,18; tzt D2/I, Nr. 103; or. 31,9; tzt D 2/I, Nr. 104.

Insgesamt haben die beiden Brüder und ihr Freund eine staunenswerte denkerische Leistung vollbrachte, die im Horizont des griechischen Denkens, aber keineswegs in der Denkart des Hellenismus die innere Stimmigkeit des Gottesgeheimnisses zur Geltung brachte.

Es blieb aber doch ein schwacher Punkt im System, der für erhebliche Turbulenzen sorgen sollte. Schuld daran ist die eingangs dieses Abschnitts noch einmal angesprochene „Unanschaulichkeit" des Begriffs *Pneuma*. Die Kappadokier hatten klargestellt: Die Hypostase des Heiligen Geistes hat ihren Ursprung im Vater. In Abhebung zur Ursprungnahme des Sohnes sprechen sie nicht von Zeugung, sondern vom Hervorgehen. Das macht zunächst verständlich, daß der Geist kein zweiter Sohn ist. Aber was ist er dann? Und wie verhalten sich zueinander Sohn und Geist, wenn sie verschiedenen Ursprungsvorgängen „verdankt" sind? Das Konzil von Konstantinopel stellt diese Fragen nicht; es hat die Absicht, die Pneumatomachen zu entwaffnen. Basilius kennt die Fragen, weiß aber keine Antwort, weil die Offenbarung darüber sich ausschwieg. Der Nyssener wagt einige Andeutungen: Nach neutestamentlichem Zeugnis geht der Geist vom Vater aus und empfängt vom Sohn – also ist er irgendwie auch vom Sohn abhängig. Aber wie? Am Schluß von Buch I der Schrift „Contra Eunomium" hat Gregor eine etwas dunkle Bemerkung: „Wie der Sohn mit dem Vater vereint ist und das Sein von (ek) ihm hat, aber seiner Hypostase nicht nachsteht (*gemeint: im zeitlichen Sinn*), so auch der Heilige Geist dem Einziggeborenen (monogenés) gegenüber: Denn als Hypostase ist der Sohn nur der Ursache nach (*kata ton tés aitias logon*) vor dem Geist empfangen"[159]. Ist mithin der Einziggeborene auch die Ursache des Geistes? Gregor kennt das Bild von der Lampe, die eine andere entzündet, diese entzündet dann eine dritte. So erstrahlt der Geist durch den Sohn[160]. Der Sohn hat also offenbar eine Art Mittlerstellung gegenüber dem Geist. Jedenfalls deutet sich eine Formel an, die in der Auseinandersetzung mit der westlichen Theologie angelegentlich des „Filioque" wichtig wird: Der Geist geht *aus dem Vater durch den Sohn* hervor (*ek tou Patros dia tou Hyiou ekporeuetai*).

4.5 Die Trinitätstheologie Augustins

4. Phase

4.5.1 Die Intentionen

Niemand hat die westliche Trinitätslehre nachhaltiger beeinflußt als der Bischof von Hippo. Das Wesen des lebendigen Gottes beschäftigt ihn wieder und wieder in seinem grandiosen Werk, bis er seine Reflexionen nach zwanzigjähriger Arbeit in dem monumentalen Buch „De Trinitate" (419/420) veröffentlicht[161]. Augu-

[159] PG 45, 464. Zum ganzen: Y. Congar, Der Heilige Geist, Freiburg-Basel-Wien 1982 , 348-350.
[160] Maced. 6; PG 45, 1308.
[161] CChr SL 50 und 50 A. Deutsch BKV²: Augustinus Bd. XI/XII (Übersetzer: Michael Schmaus).

stinus kennt die griechische Theologie. Er steht aber nicht mehr in der Kampfsituation des 4. Jahrhunderts, sondern kann sich ruhiger Betrachtung widmen. Die Auseinandersetzungen der Vergangenheit sind aber nicht der Kern seines Interesses. Neben pastoralen und wissenschaftlich-theologischen Gesichtspunkten widmet er sich vor allem als Gottsucher und Gottliebender dem zentralen Mysterium des Glaubens. In unserem Zusammenhang beachten wir in besonderer Weise seinen dogmengeschichtlichen Beitrag zur Lehre von der göttlichen Dreieinheit.

Natürlich lautet auch für Augustinus die Frage aller Fragen: Wie verhalten sich in Gott *Einheit* und *Dreiheit* zueinander? Er richtet das Licht besonders auf den ersten Pol. *Einheit* darf nach ihm nicht eine abstrakte Aussage über Gott bleiben; wir erfahren ihn als den *Einen* in der Weise, wie er uns begegnet. Und wie begegnet er uns? In der Demut vollkommener Entäußerung, sieht der Bischof. Das ist ein entscheidender Punkt. Wie auch die Schriften der Griechen ist „De Trinitate" über lange Strecken ein philosophisches Oberseminar über den Begriff von Wesen und Einheit. Aber der Eindruck täuscht: Es geht immer um die Heilsgeschichte, es geht um das Erzählen des *amor Christi*, der Liebe des Jesus von Nazaret. Wir halten fest: Die Trinitätstheologie Augustins ist christologisch geortet. Sie möchte anschaulich werden lassen, wie Gott sich als er selbst den Menschen mitteilt.

4.5.2 *Die Einteilung von „De Trinitate"*

Die Absichten der großen Darstellung über die Trinität ergeben sich aus der Einteilung. „De Trinitate" besteht aus 15 Büchern. Man kann sie in zwei umfangreiche Teile gliedern. Der erste Teil (Bücher 1-8) ist die positive Erörterung des Problems aus den Quellen. Der zweite Teil mit den Büchern 8-15 bemüht sich um Analogie aus der Schöpfung, die dem Theologen das Mysterium näher bringen können. Da finden sich aber auch Abhandlungen, die unmittelbar mit dem Thema Trinität wenig zu schaffen haben.

DIE EINTEILUNG VON „DE TRINITATE"

Buch	Inhalt
1	Erweis der Einheit und Gleichheit der drei göttlichen Personen aus der Hl. Schrift
2	Die Gleichheit der Personen
3	Das Wesen der sichtbaren Theophanien
4	Die Sendung des Sohnes
5	Auseinandersetzung mit den Irrlehrern – Relationenlehre
6	Die Einheit und Dreiheit der Personen
7	„Ein Wesen und drei Personen"
8	Liebe und Gotteserkenntnis
9	Analogie aus der Dreiheit des menschlichen Geistes (Geist/Selbsterkenntnis/Selbstliebe)

10	Analogie aus der Dreiheit Gedächtnis/Einsicht/Wille
11	Analogien im äußeren Menschen
12	Analogie Familie
13	Weisheit und Wissenschaft
14	Vergegenwärtigung des Bildes Gottes im menschlichen Geist
15	Der Mensch als Gottes Bild – Die Grenzen der Analogien

4.5.3 Die psychologische Analogie

Augustinus will in der Schöpfung Gottes und hier vor allem im Menschen, der als Gottes Ebenbild deren Krönung ist, nach Spuren suchen, die sein Bekenntnis zur Dreieinigkeit konkreter erscheinen lassen können. Am bekanntesten gewordenen ist die „psychologische Trinitätslehre" (so der Titel der Dissertation von *M. Schmaus*). In den geistigen Vollzügen erkennt er ein Bild der innertrinitarischen Verhältnisse.

Die Analogie ist nicht zum ersten Mal gesehen. Schon die allerersten nachbiblischen Spekulationen unterschieden bezüglich des Sohnes seine Existenz als innertrinitarisches Wort (*logos endiathetos*) und als Schöpfungswort (*logos prophorikos*). Dem Bischof von Hippo geht es aber nicht um kosmologische Bezüge, sondern um den menschlichen Geist. Denn er spiegelt am besten und genauesten, sofern er der Kern der Gottebenbildlichkeit ist, das innere Sein Gottes wieder. Der geistige Lebensprozeß läßt einmal eine substantielle Einheit als einen einzigen untrennbaren Vorgang erkennen, aber zum anderen auch eine dreifache Unterschiedenheit. Betrachtet man eher die kognitive Seite, so lassen sich folgende Ternare unterscheiden:

memoria	intelligentia	voluntas
mens	notitia	amor

Mit diesen Ternaren hat Augustinus selbst am meisten gearbeitet; sie haben auch wirkungsgeschichtlich die spätere Trinitätstheologie am stärksten bestimmt. Zuvor hatte der Kirchenlehrer von Hippo jedoch eine einfachere, vielleicht überzeugendere Analogie vom personalen Vollzug der Liebe her entwickelt. Die scholastische Theologie im Gefolge *Richards von St. Viktor* (unten 4.7.1) hat sie ebenso wieder aufgegriffen wie in der Gegenwart *Hans Urs von Balthasar* (unten 5.6.1.3). Die Analogie geht vom volitiven Geschehen, also vom Vollzug von Liebe aus. Da lassen sich unterscheiden:

amans	amatus	amor

Eine Schwierigkeit sieht Augustinus im Fall der Selbstliebe; aber auch da existiert eine Dreiheit:

mens	amor	cognitio

Allen diesen triadischen Vollzügen ist je *eine* „Substanz" gemeinsam, innerhalb derer sie aufeinander bezogen sind. In keinem Augenblick vergißt er, daß es sich um Bilder, um Analogien bei bleibender größerer Unähnlichkeit handelt. Daß sie sich nahelegen, erfährt er nicht aus der Analyse des menschlichen Innenlebens. Er glaubt und bekennt die Trinität, dann sucht er nach Möglichkeiten der Veranschaulichung des Mysteriums. Die psychologische Trinitätslehre ist also „Theologie von oben".

4.5.4 *Die innergöttlichen Relationen*

Den bedeutendsten Impuls zur begrifflichen Fassung von *Einheit* und *Unterschiedenheit* in der Trinität gab Augustinus durch die Aufnahme und Ausgestaltung des Begriffs *relatio*. Er konnte sich dabei auf die Vorarbeiten der Kappadokier beziehen[162], wonach die Unterschiede der Hypostasen in den verschiedenen Ursprungs- und Herkunftsverhältnissen der Drei begründet sind.

Der Bischof von Hippo baut diesen theologischen Ansatz aus durch den philosophischen Rückgriff auf die aristotelische Kategorienlehre, die er über den Neuplatoniker *Porphyrius* kennengelernt haben dürfte. Sie unterschied *Substanz* und *Akzidentien*. Unter der ersteren versteht man das in sich selbst stehende Sein (griech. ousia, lat. substantia), unter diesen die dem Sein hinzugefügten (und daher nicht wesentlichen und notwendigen) Eigenschaften. So kann beispielsweise der Substanz *Wein* die Farbe rot, weiß oder rosé, der Geschmack trocken, lieblich, blumig oder erdig zukommen (*accidere*).

Wie steht es nun bei Gott? Er ist zweifellos sein Sein selber, die absolute Substanz. Akzidentien können ihm nicht eignen, dann wäre er ja veränderlich und auf außergöttliche Vollkommenheiten angewiesen. Nun wissen wir aber aus der Bibel, daß dieser eine Gott Vater, Sohn und Geist ist. Das können aus dem eben genannten Grund keine zur göttlichen Substanz hinzukommende Eigenschaften sein. Aber tatsächlich sind sie etwas Wirkliches, etwas Unveränderliches und etwas, das eine Unterscheidung in Gott hineinträgt: Der Vater ist nicht der Sohn, der Sohn weder Vater noch Geist usw. Die einzige philosophische Möglichkeit der Erklärung ist nun der Rückgriff auf die Kategorie der *Relation*. Sie ist, so Augustinus, deswegen theologisch geeignet, weil sie kein Akzidens und weil sie unveränderlich ist. Die göttliche Substanz ist also ein *Beziehungsgefüge*. Er hält diese Interpretation für klarer als es die mit dem Begriff *Person* arbeitende Reflexion ist: Noch wird in der zeitgenössischen Theologie nicht genau zwischen Person, Substanz und Hypostase unterschieden. Allenfalls aus sprachlicher Verlegenheit will er darum den Gebrauch von *Person* dulden. Wenn man fragt, was damit gemeint sei, so sagt er prägnant: „Jede (göttliche) Person wird bezüglich der anderen als bezogen gekennzeichnet"[163].

Was bringt nun *relatio* für die Verdeutlichung der Trinitätslehre? Wenn wir von Gott reden, klärt uns der Kirchenvater auf, können wir sozusagen zwei

[162] Vgl. oben 4.1.4.4.
[163] Trin. 11,10,1: „Relative quaeque persona ad alteram dicitur".

Standpunkte einnehmen. Vom ersten aus nehmen wir seine *Einheit* wahr; das ist der Fall, wenn wir von seiner Güte, Weisheit, Unendlichkeit etc. reden. Der zweite läßt uns die *Unterschiedenheit* sehen: Wenn wir nämlich von Gott Vater, Gott Sohn, Gott Heiliger Geist sprechen. Wir meinen nicht, diese seien je etwas anderes (*aliud*), wohl aber, sie seien je ein anderer (*alius*)[164]. Und weil sie es immer und stets sind, ist das Vater-, Sohn-, Geist-Sein kein Akzidens. Man kann dieses alius-Sein als Bezogenheit, Beziehung bezeichnen: Wenigstens die beiden ersten Namen sind ausdrücklich Relationsbegriffe. Niemand ist Vater für sich selbst oder für sich selbst Sohn, sondern man ist Vater bezogen auf den Sohn, Sohn, weil man einen Vater hat. Das Besondere des Geistes innerhalb dieses Relationsgefüges besteht darin, daß er *Gabe (donum)* des Vaters an den Sohn und des Sohnes an den Vater ist: Er ist die Liebe, die beide eint. *Liebe* ist eindeutig ebenfalls eine Beziehung, nein: sie ist die Perfektion von Beziehung überhaupt.

Trinitätstheologisch formuliert nun Augustinus einen Grundsatz, der später vom Konzil von Florenz übernommen wird als verbindliches Axiom und in dessen Diktion lautet: In der Trinität „ist alles eins, außer wo eine Gegensätzlichkeit der Beziehung auftritt" (*omniaque sunt unum, ubi non obviat relationis oppositio*)[165].

Wenn als innerstes Wesen der göttlichen Relationalität die Liebe ausfindig gemacht wird, so wird der trinitarische Gott uns wirklich nahe gebracht. Die philosophische Terminologie öffnet unseren Blick auf das Leben Gottes in sich und schärft ihn zugleich „ökonomisch", sofern dieser Gott auch als Liebe zu uns erkennbar wird, die in der Christusoffenbarung ihren unüberbietbaren Ausdruck erhalten hat. Gott ist in der Tat nicht ein in sich verschlossen ruhender, sondern ein in sich und für uns Leben zeugender und in Liebe existierender Gott. Darin liegt auch sein eigentliches und innerstes Geheimnis, aufgrund dessen Trinitätstheologie immer nur ein unbeholfener, wenn auch theologisch indispensabler Denkversuch bleiben wird. Augustinus war sich dessen bewußt. Nicht von ungefähr klingen seine oft so abstrakten und höchste Lesemühe abverlangenden Ausführungen in „De Trinitate" in einem Gebet an den „Gott Dreieinigkeit" aus; wenigstens einen Ausschnitt möchten wir hier anführen:

> Von der Glaubensregel aus „habe ich, so gut ich es vermochte, so gut du mir Vermögen gabst, dich gesucht, habe ich mit der Vernunft zu schauen verlangt, was ich glaubte, und viel habe ich erörtert, viel mich gemüht. Herr, mein Gott, meine einzige Hoffnung, erhöre mich, daß ich nicht, müde geworden, dich nicht mehr suchen will, sondern mit Inbrunst suche dein Antlitz immerdar. Gib du die Kraft zu suchen, der du dich finden ließest und die Hoffnung gabst, daß wir dich mehr und mehr finden. Vor dir steht meine Kraft und meine Unkraft: die eine wahre, die andere heile! Vor dir steht mein Wissen und mein Nichtwissen: Wo du mir geöffnet hast, nimm mich auf, wenn ich eintrete; wo du mir den Zugang verschlossen hast, öffne, wenn ich anklopfe. Deiner möge ich mich erinnern, dich einsehen, dich lieben"[166].

[164] Civ. 11,9,10.
[165] Dekret für die Jakobiten aus dem Jahr 1442 (DH 1330). Bei Augustinus: Civ. 11,9,10.
[166] Trin. 15,28,51; deutsch nach BKV, Aug. XII, 331 f.

4.6 Der Ursprung des Heiligen Geistes – Das „Filioque"

4.6.1 Die theologischen Randbedingungen[167].

Wer die griechische mit der lateinischen Fassung des Symbolums von Konstantinopel (381) vergleicht, stellt im dritten Artikel eine gravierende Differenz fest[168]: Es wird vom Heiligen Geist gesagt

Griechische Fassung			Lateinische Fassung
to ek tou Patros ekporeuomenon	der aus dem Vater hervorgeht	qui ex Patre *Filioque* procedit	der aus dem Vater *und dem Sohn* hervorgeht

Der lateinische Zusatz „Filioque" wird erstmals in das Symbolum 653 eingefügt (8.Synode von Toledo). Die Kirchen Galliens, Spaniens und Englands übernehmen ihn. Über Gallien gelangt er auch ins deutsche Franken. Rom weigert sich. Erst der deutsche (später heiliggesprochene) Kaiser Heinrich II. erreicht die Übernahme der fränkischen Praxis durch den Papst im Jahr 1014, als er sich krönen läßt. Seitdem steht er in der lateinischen Form des Grossen Glaubensbekenntnisses.

Hinter dem „Filioque" steht die Frage nach der genaueren Bestimmung des Hervorgangs der dritten göttlichen Hypostase. Bei den beiden ersten gab es keine Probleme, deuten doch die Namen bereits auf die gegenseitige Beziehung: Der Sohn geht aus dem ursprunglosen Vater hervor. Sicher gilt das auch für das Pneuma. Doch wie verhält es sich zur zweiten Hypostase, also zum Sohn? In der Ökonomie zeigten sich wiederum keine Schwierigkeiten: Der Geist ist es, der die Beziehung zu Vater und Sohn schenkt und selber deren Heilsgeschenk ist. Kann man daraus aber etwas für die Immanenztheologie schließen? Weil uns nach der Heiligen Schrift der vom Vater gesendete Sohn den Geist gibt, lag es für die Kirchenväter nahe zu sagen: Der Heilige Geist geht aus dem Vater durch (*parà, dià*) den Sohn hervor[169]. Vor allem die augustinische Spekulation von der Liebe als innertrinitarischem Gemeinschaftsband ließ ein Hervorgehen aus den beiden ersten Hypostasen als selbstverständlich erscheinen. Der eigentliche Ursprung ist der Vater. Aus ihm gehen Sohn und Geist „urgrundhaft" hervor.

> „‚Urgrundhaft' füge ich aber deshalb bei, weil sich feststellen läßt daß der Heilige Geist auch vom Sohne hervorgeht"[170].

[167] Vgl. auch in diesem Werk Bd III: Pneumatologie 4.3.3 und unten S. 352.

[168] DH 150; tzt D2/I, Nr. 55.

[169] Eine Zusammenstellung der wichtigsten Zeugen sowie weiterführende Literatur bei F. Courth, Der Gott der dreifaltigen Liebe (AMATECA 6), Paderborn 1994, 193-200. Wichtig ist, daß sowohl östliche Väter wie Origenes, Athanasius, Kyrill von Alexandrien und die Kappadokier als auch Vertreter der Westtheologie (Tertullian, Ambrosius und Augustinus) diesen doppelten Hervorgang kennen.

[170] Trin. 15,17,29; BKV Aug. XII, 298.

Kurz darauf erklärt Augustinus etwas ausführlicher:

> „Wenn daher die Heilige Schrift verkündet: ‚Gott ist die Liebe', sowie daß sie aus Gott ist und in uns bewirkt, daß wir in Gott bleiben und er in uns, und daß wir das daran erkennen, daß er uns von seinem Geiste gab, so ist eben der Geist die Liebe Gottes. Wenn schließlich unter den Geschenken Gottes nichts größer ist als die Liebe und es kein größeres Geschenk gibt als den Heiligen Geist, was ist dann folgerichtiger, als daß er die Liebe ist, er, der sowohl Gott als auch von Gott heißt. Und wenn die Liebe, durch die der Vater den Sohn liebt und der Sohn den Vater liebt, beider Gemeinschaft in unaussprechlicher Weise erweist, was ist da zutreffender, als daß jener, welcher der beiden gemeinsame Geist ist, mit dem Eigennamen Liebe bezeichnet werde?"[171]

Die Frage des Hervorgangs ist keine müßige Spekulation. Gegen alle arianisch-pneumatomachischen Versuchungen mußte betont werden, daß die drei Personen wirklich des gleichen Wesens sind. Wenn also dem Vater gegenüber dem Geist die Ursprunghaftigkeit zukommt, dann kommt sie auch dem Sohn in der Weise zu, wie er *alles* vom Vater empfängt. Zudem bietet sich auf diese Weise die Möglichkeit, auch die Sohn-Geist-Beziehung mit personalen Kategorien auszudrücken, wie wir das bei Augustinus sehen.

4.6.2 *Die kirchenpolitischen Verwicklungen*

Die Kirchen des Ostens reagierten verwundert, als der „Filioque"-Zusatz ins altkirchliche Symbolum von westlichen Kirchen, endlich von Rom eingefügt wurde. Einen kirchenspaltenden Verstoß sahen sie nicht darin. Das änderte sich 1054. Als es unter dem Patriarchen *Kerullarios* zum bis heute dauernden Bruch zwischen Osten und Westen kommt, wird als Grund auch das „Filioque" angegeben – es ist ein Verstoß gegen das Verbot des Konzils von Ephesus (431), wonach Synodaldekrete nicht verändert werden dürfen[172]. Seitdem gilt der Zusatz als kirchentrennendes Moment.

So kommt er bei allen Unionsverhandlungen und Dialogen zwischen Ost und West auf den Tisch. Am weitesten gelangt das *Konzil von Florenz*, welches beide Versionen als rechtgläubig anerkennt: „aus Vater und Sohn" ebenso wie „aus dem Vater durch den Sohn"[173]. Eine Übernahme des „Filioque" durch die Griechen wird nicht gefordert. Bekanntlich hat sich die Union aber bald zerschlagen. Das Problem blieb mithin bestehen.

In der Gegenwart haben sich beide Seiten im Rahmen des ökumenischen Gespräches um eine Lösung bemüht. Die Vorschläge reichen von der Streichung des Zusatzes seitens der Lateiner bis zur stillschweigenden Konzession durch die Ostkirchen. Papst *Johannes Paul II.* suchte 1981 zu vermitteln, indem er vor-

[171] Trin. 15,19,37; BKV Aug. XII, 308 f.
[172] COD 54.
[173] Dekret für die Griechen DH 1300 und 1302; tzt D 7, Nr. 19.

schlug, den Text von 381 als oberste dogmatische Norm anzusehen, die auch an das „Filioque" angelegt werden müsse[174].

4.6.3 Zwei Sprachspiele?

Im Verlauf unserer dogmengeschichtlichen Darstellung wurde schon mehrfach angedeutet, daß es von der Sache her zwei Zugangswege zur Erörterung des Mysteriums der Dreifaltigkeit gibt. Man kann die Einheit anzielen, indem man vom Lebensprozeß her denkt, der die Personen als Einheit konstituiert. Das ist der Weg, den die Theologie der Ostkirchen vornehmlich beschreitet. Demgemäß steht die „Monarchie" des Vaters auch bei der Beschreibung der innertrinitarischen Verhältnisse ganz oben: Der Vater ist die alleinige Quelle des göttlichen Lebens. Also verdankt auch der Geist nur ihm das Gottsein; der Sohn hat allenfalls eine mittlerische Funktion („durch"). Man kann aber auch primär die Wesensgleichheit der (voneinander unterschiedenen) Personen im Blick haben und dann vor allem von dieser her die Einheit in Gott begründet sehen. Diese Sichtweise wird in der lateinischen Theologie herrschend. Dann aber kommen Vater und Sohn darin überein, daß sie eine Ursprungsfunktion zum Pneuma haben – wie sollte man sonst auch konkret ein Verhältnis des Sohnes zum Geist benennen? Daß diese Ursprungsfunktion bei Vater und Sohn nicht vollkommen identisch ist, hatte schon Augustinus festgehalten und ins westliche Gedächtnis geschrieben. Er unterschied:

Vater: *principium non de principio* = ursprungloser Ursprung
Sohn: *principium de principio* = herkünftiger Ursprung[175].

Sind östliche und westliche Lehre vom Geisthervorgang nun zwei Wege zum nämlichen Ziel oder zwei Schienenstränge, die einen gemeinsamen Startpunkt haben, dann aber über eine Weichenstellung in divergierende Richtungen führen, d.h. ohne Bild gesprochen: die kirchentrennende Bedeutung haben? Handelt es sich um zwei Sprachspiele, die um das gleiche Thema kreisen, die also miteinander vermittelbar, zueinander übersetzbar sein könnten? Nochmals: Das sind mitnichten theoretische Verstiegenheiten, sondern Fragen, die vor einer Einheit der Kirchen stehen, so wie die Dinge sich entwickelt haben. Einer Antwort ließe sich wohl näherkommen, wenn man sich vor Augen hält, was in diesem ganzen Kapitel geradezu leitmotivisch anklingt. Wer über das Geheimnis der christlichen Geheimnisse redet, gerät unvermeidlich in Sprachnot. Betont man die innergöttliche Einheit, droht die Dreiheit in den Schatten zu geraten; legt man den Akzent auf die Unterschiedenheit der Personen, wird die Wesensgleichheit leicht zum Problem. In ähnlichen Fällen reagiert ein Sprecher dadurch, daß er die Sache aus verschiedenen Perspektiven, mit unterschiedlichen Bildern zu beleuchten trachtet – selbst wenn sich dabei auf den ersten Blick

[174] Johannes Paul II.: Wort und Weisung im Jahr 1981, Città del Vaticano-Kevelaer 1982, 480 f; 487-492. Vgl. auch F. Courth, Der Gott der dreifaltigen Liebe, 198 f.

[175] C. Maxim. 2,17,4. Trin. 15,17,29; 26,27 sagt er, der Geist gehe *principaliter* vom Vater hervor.

Widersprüche zu ergeben scheinen. Wir wissen aber heute, daß die Wahrheit, die wir begreifen können, immer perspektivisch ist. Sie ist nie unabhängig von dem Standpunkt, den einer – unvermeidlicherweise – einnehmen muß und der immer nur *ein* möglicher Standpunkt sein kann und ist.

Die moderne westliche Theologie neigt daher dazu, die unterschiedlichen Erklärungen des Hervorgangs des Heiligen Geistes als einander ergänzende Sicht- und Erklärungsweisen zu werten, die beide sinnvoll sind, die aber keine Alternativen zueinander darstellen. Im Osten urteilt man jedoch skeptischer[176]. Voraussetzung für jede Einigung ist allerdings, daß die jeweilige Tradition nicht als häretisch verurteilt und die gültigen Anliegen beider Theologien von der je anderen Seite akzeptiert werden.

4.7 Die Trinitätstheologie der Scholastik

4.7.1 Allgemeine Charakteristik

Das Mittelalter braucht nicht mehr um die Grundlagen der Erklärung zu ringen, sondern kann sich mit deren weiterer Entfaltung beschäftigen.

Eine Verschiebung ergibt sich in der *Systematik*. Hatten die Väter seit Origenes und Johannes von Damaskus in ihren Handbüchern immer mit der trinitarisch konzipierten Gotteslehre begonnen, so bahnt sich nun ein Wechsel an. *Petrus Lombardus*, der große Sentenzenmeister, folgt noch der Tradition, doch der Fürst der Scholastik, *Thomas von Aquin*, beginnt in der *Summa theologica* mit einer offenbarungstheologisch-philosophischen Reflexion über Gottes *Wesen*.

Die Trinitätslehre im engeren Sinne konzentriert sich auf die *immanente* Dimension des Geheimnisses. Dabei lassen sich unterschiedliche Methoden beobachten: Die Frühscholastiker (*Anselm von Canterbury*) gehen rational-deduktiv vor, *Gilbert von Poitiers* setzt sprachlogisch an, *Richard von St. Viktor* betrachtet vor allem die spirituellen Aspekte.

Wie auf vielen anderen Gebieten der Theologie ist auch in der Trinitätslehre *Augustinus* die unbestrittene Autorität des Mittelalters. Seine sprachtheologischen Reflexionen, seine Pneumatologie und vor allem seine Relationenlehre werden übernommen und – am konsequentesten beim *Aquinaten* – ausgebaut. Dieser legt besonderen Wert darauf, daß der Vater auch der Ursprung des Hervorgehens des Geistes aus dem Sohn ist. Die Monarchie, auf die der Osten so viel Wert legt, wird damit gewahrt. Der Vater spricht, so sagt er anschaulich, „verbum spirans amorem", das Wort, welches Liebe haucht[177].

---

[176] B. Bobrinskoy, Le Mystère de la Trinité. Cours de théologie orthodoxe, Paris 1986, 304 f, lehnt jedwede Einbeziehung des Sohnes in den Hervorgang des Geistes ab, auch die Redeweise „durch den Sohn".

[177] In I sent. 27,2,1; S.th. I, q. 43 a. 5 ad 2 u.ö.

Anselm von Canterbury macht sich verdient um die Herausarbeitung des Relationsprinzips, dessen endgültige, vom Florentiner Konzil übernommene Formulierung auf ihn zurückgeht[178]. Auch für ihn ist der Startpunkt der Trinitätstheologie die Einheit des göttlichen Wesens: Von ihr wird nach den Person-Unterschieden gefragt. Konsequenterweise sind dann auch die ökonomischen Akte der Trinität, Gottes Heilshandeln also, dem einen göttlichen Wesen zuzuschreiben. Die weitere Folge: Die drei Personen treten als spezifische Träger des Heilsgeschehens in den Hintergrund. Trinitätstheologie bekommt einen abstrakten Zug. Die Möglichkeiten des rationalen Denkens werden dabei leicht überschätzt. Man kann sich manchmal des Eindrucks kaum erwehren, vom Mysterium werde gesprochen wie von anderen Gegenständen, auch wenn näheres Hinschauen zeigt, daß Theologen wie *Thomas* oder *Bonaventura* durchaus wissen: Erst durch die Offenbarung wissen wir überhaupt etwas von der Dreifaltigkeit Gottes. Man darf auch nicht übersehen, daß das Mittelalter eine ausgeprägte Dreifaltigkeitsfrömmigkeit kennt. Der Schluß von „De Trinitate" Augustins hatte ebenfalls seine Wirkungsgeschichte[179].

Schon seit *Origenes* kann man von einer *Dreifaltigkeitsmystik* sprechen, d.h. von einer Reflexion über die gnadenhaften Beziehungen der Menschen zu den drei göttlichen Personen[180] Für diesen Denker bleibt alle Trinitätslehre rückgebunden an die Heilige Schrift und hilft der Anbetung. Einem Mann wie *Basilius* dient alles dogmatische Bemühen dem Schutz der Doxologie als der primären und eigentlichen Ausdrucksform des christlichen Glaubens. Über den schon genannten *Bonaventura* hat diese Perspektive über *Ignatius von Loyola* und *Johannes vom Kreuz* sich bis in die Neuzeit durchgehalten. Seit dem ausgehenden achten Jahrhundert findet in der Liturgie die *Votivmesse zur heiligsten Dreifaltigkeit* großen Anklang; aus ihr geht das seit 1334 vorgeschriebene *Dreifaltigkeitsfest* hervor, das am Sonntag nach Pfingsten gefeiert wird. Die dabei verwendete Präfation[181] zeigt allerdings wieder die scholastische Abstraktion der Reflexion über dieses Geheimnis. Die Überzeugung lebt, im Gebet wende man sich immer an die drei Personen, selbst im Vaterunser.

In der *Volksfrömmigkeit* des Mittelalters übt die Trinitätslehre eine eigenartige Anziehungskraft aus. Feldkulte (dreimalige Flurumgänge), Wallfahrten, Kirchen, Prunksäulen zeugen in reichem Maß davon. Der gotische Dreipaß, die Darstellung von drei Hasen mit nur drei ins Dreieck gestellten Ohren, die Dreizahl der Fenster, drei Ringe sind architektonische Elemente, die sich an vielen Kirchen zum Lob der Trinität finden. Auch Grundrisse mit Dreigestalt weisen auf sie hin, so z.B. in der Wallfahrtskirche Hl.Dreifaltigkeit in Kappel bei Waldsassen (Oberpfalz).

Nicht überschätzt werden kann der Einfluß der *bildenden Kunst*. In der Alten Kirche galt die Szene im Hain Mamre (Gen 8,1-16), in der drei Männer auftreten, als trinitarische Offenbarung. Sie wird bereits im 4.Jahrhundert in den Katakomben der Via Latina in Rom wiedergegeben. Daraus entwickelte sich die Darstellung von drei gleich aussehenden Männern, die seit der Karolingerzeit bis in den Barock hinein sehr beliebt war. Benedikt XIV. hat sie wegen der Gefahr des Tritheismus 1745 untersagt[182]. *Antoninus von Florenz* verbot sog. Trikephaloi, also die Wiedergabe von drei gleichen Köpfen. Gängige Trinitätsbilder waren die Taufe Jesu im Jordan, die Kreuzigung, die Krönung Marias.

---

[178] Vgl. oben 4.1.5.4.

[179] Vgl. oben 293.

[180] Princ. 1, praef. 8

[181] Vgl. den Text unten 4.7.3

[182] Die problematische Darstellung des Dogmas veranlaßte den Orden der Franziskaner dazu, für die eigenen Gotteshäuser auf Dreifaltigkeitsbilder zu verzichten.

Dabei erscheint der Vater gewöhnlich als greise Gestalt, der Sohn als Jüngling, der Geist als Taube. Zu den wichtigsten Bildschöpfungen im Westen gehört der *Gnadenstuhl* (M.Luther), der aus dem Versuch entstanden ist, das Geschehen der Wandlung in der Eucharistiefeier anschaulich zu machen. Wir begegnen ihm erstmals um 1120 in einem Missale (Cambrai). Zwei Formen bilden sich seit dem 15. Jahrhundert aus: Der Vater hält das Kreuz mit dem toten Christus oder diesen selbst in seinen Armen; der Geist erscheint in der Taubengestalt. Eine eher seltene Figuration ist der Typus der *Schreinmadonna*: Im Innern einer aufklappbaren Mariendarstellung sieht man einen Gnadenstuhl. Man soll darauf hingewiesen werden, daß an der Menschwerdung des Sohnes alle drei Personen beteiligt waren. Am bekanntesten ist die Roggenhausener Plastik (um 1395), die heute im Germanischen Nationalmuseum, Nürnberg, steht. Die schlechthin klassische *östliche* Darstellung des Mysteriums ist die berühmte Dreifaltigskeitsikone von *Andrei Rublev* (entstanden vor 1427).

Schließlich ist noch zu vermerken, daß sich auch religiöse Genossenschaften wie die *Trinitarier* und Bruderschaften, wie beispielsweise die von Philipp Neri gegründete *Erzbruderschaft von der Heiligsten Dreifaltigkeit*, in ihrer Spiritualität vom Trinitätsgeheimnis leiten lassen bzw. ließen[183].

Aber auch in der mittelalterlichen Theologie selber fand die spirituelle Dimension Beachtung, zwar nicht im Hauptstrom der Scholastik, wohl aber in der gedankentiefen *Monastik*. Darunter versteht man die Theologie, die nicht in den städtischen Domschulen (schola, daher Scholastik), sondern in den Mönchsklöstern (monasteria, daher Monastik), vor allem jenen der Benediktiner, getrieben worden ist. Der wichtigste Vertreter ist *Rupert von Deutz* (+ 1129/30). Sein Vorgehen im Hauptwerk „De Trinitate et operibus eius" ist, wie der Titel andeutet, nicht diskursiv, sondern heilsgeschichtlich-christologisch. Er orientiert sich ganz an der augustinischen Tradition, jedoch nicht an „De Trinitate", sondern an der geschichtstheologischen Vision von „De civitate Dei". In der Geschichte kommt bei Rupert die trinitarische Selbstmitteilung Gottes zum Ausdruck. Der Vater ist nicht nur immanent, sondern auch ökonomisch Ursprung: Die Geschichte ist also von ihm in Gang gebracht, vom Sohn geformt, vom Geist innerlich erfüllt. *Gerhoch von Reichersberg* (+ 1169), ein reformbegeisterter bayerischer Regularkanoniker, hat diesen Gedankengang übernommen.

Eine eigenartige Wirkungsgeschichte hat die ebenfalls geschichtstheologische Trinitätslehre des kalabresischen Abtes *Joachim von Fiore* (+ 1202). Nach ihm folgen aufeinander das Reich des Vaters, welches die Zeit des Alten Testaments umfaßt, das Reich des Sohnes, das vom Neuen Testament bis 1260 dauern soll; endlich kommt das Dritte Reich, das Reich des Heiligen Geistes, das als Epoche der vollendeten Verwirklichung der Bergpredigt geschildert wird. Der Laienstand ist der ersten, der Klerikerstand der zweiten, der Mönchsstand der dritten Periode zugeordnet. Diese beginnt daher schon mit Benedikt, bricht in der Zeit Joachims auf und kommt mit einem charismatischen Mönchtum zur Vollendung. In dieser apokalyptischen Schau berühren sich theologische Ideen der augustinischen Schule mit Reformideen Gerhochs zu einem explosiven Gemisch. Das zeigte sich in dem Augenblick, als franziskanische Kreise eine innere Ver-

[183] J. Engemann, Zu den Dreifaltigkeitsdarstellungen der frühchristlichen Kunst: JbAC 19 (1976) 157-172; W. Braunfels, Die Heilige Dreifaltigkeit, Düsseldorf 1954; L. Müller, Die Dreifaltigkeitsikone des Andrej Rublev, 1990; LMA III (1986) 1374-1377 (Dreifaltigkeit II).

wandtschaft zur eigenen Gedankenwelt entdeckten. Dabei wurden die joachimitischen Ideen zuerst antihierarchisch, dann (durch *Cola di Rienzo*) politisch zugespitzt. In der Neuzeit sind die Geschichtskonstruktionen *Hegels* und *Schellings* von ihnen beeinflußt. Über die nazistische Vorstellung des „Dritten Reiches" und die säkulare Idee des „Duce" (*novus Dux de Babylone* bei Joachim) reicht die Dynamik des Abtes bis ins 20. Jahrhundert hinein. Sein spirituelles Problem besteht darin, daß die historische Kirche stets hinter den Forderungen und Ansprüchen des Neuen Testaments zurückbleibt. Er sieht jedoch nicht, daß die Heilsgeschichte gerade im Blick auf die Trinitätstheologie mit ihrer Herausarbeitung der innertrinitarische Relationen eine innere Einheit bildet. Ihr Höhepunkt ist die Inkarnation des Sohnes, so daß es eine davon abgehobene und idealistisch verselbständigte Zeit des Geistes nicht geben kann. Joachim wurde auf dem 4.Laterankonzil 1215 verurteilt – allerdings nicht wegen seiner Geschichtstheologie, sondern weil er in der Gegnerschaft zu Petrus Lombardus die Trinität als eine Art Personenkollektiv und somit tritheistisch verstehe[184].

Noch eine weitere Opposition gegen den scholastischen Rationalismus ist zu vermerken. Sie kommt aus dem Pariser Kloster *St. Viktor*. Die Gotteslehre wird von den dortigen Regularkanonikern im Sinn einer personalen Ontologie entwickelt. Gott ist nicht nur, so *Achard von St.Viktor*, der absolut Größte, wie Anselm von Canterbury gelehrt hatte, sondern vor allem der absolut Gute. Im Rahmen dieses Denkens entwickelt sein schon einmal kurz erwähnter Schüler *Richard von St.Viktor* († 1173) eine originelle Version der augustinischen Trinitätstheologie. In seinem Buch „De Trinitate" sucht er nach „rationes necessariae", um die immanente Dreifaltigkeit zu verstehen. Er setzt bei der Erkenntnis des Bischofs von Hippo an, daß aus der Definition Gottes als „die Liebe" ein Ternar (Liebender, Geliebter, Liebe) abgeleitet werden kann. Liebe kann, so erklärt Richard, nur dann sie selber sein, wenn sie *jemanden* liebt. In Gott ist der Liebende der Vater, der Geliebte der Sohn. Er weicht aber von seinem Meister ab, wenn er als Drittes nicht die Liebe nennt, sondern den „Mitgeliebten" (*condilectus*). Denn Liebe kommt als Freundschaftsliebe noch nicht in der Zweisamkeit, sondern erst in der Öffnung auf einen Dritten zu sich selber und zur Vollendung[185]. So hat jede der göttlichen Personen die Liebe ganz und auf unverwechselbare Weise. Der Vater ist der Schenkende, der Sohn der empfangend dem Vater Verdankte und zugleich Schenkende; der Geist endlich ist der reine Empfangende. Die Drei sind zugleich in dieses eine Geschehen einbezogen und nur darin und auf diese Weise „die Liebe", die Gott ist[186]. Mit dieser Reflexion meidet Richard den Tritheismus und begibt sich in die Nähe zum griechischen Modell der Monarchie des Vaters.

Richards Gedanken inspirieren *Bernhard von Clairvaux, Bonaventura* und die *Franziskanerschule*. Allerdings kann sich der Gedanke vom Geist als dem „condilectus" nicht durchsetzen.

---

[184] DH 803-807; tzt D 2/I, Nr. 70-73. Vgl. unten 4.1.7.3. Die geschichtstheologischen Ideen entgingen aber auch nicht der Zensurierung: Alexander IV. sprach sie 1255 gegen die „Concordia Novi et Veteris Testamenti" aus.

[185] Trin. 11,14.18.20; tzt D 2/II, Nr. 128-130.

[186] Trin 5,16-19.

4.7.2 Das 4. Laterankonzil (1215)

Neben den Konzilien von Nizäa und Konstantinopel, die dem christlichen Gottesglauben seine dogmatischen Fundamente geliefert haben, und dem Ersten Vatikanischen Konzil, das über die Erkennbarkeit der Existenz Gottes handelt, ist diese mittelalterliche Kirchenversammlung zur Regierungszeit Innozenz III. von Bedeutung für unseren Traktat. Von den 70 verabschiedeten „Kapiteln", die den unterschiedlichsten, meist praktischen Fragen gewidmet sind, verdienen die ersten beiden unsere Aufmerksamkeit[187].

Kapitel 1 ist gegen die Albingenser und Katharer gerichtet, also gegen zwei dualistische Häresien. In einer Bekentnisformel (*Firmiter credimus et simpliciter confitemur*) bekennen sich die Bischöfe zur Einheit Gottes in drei Personen. Diese werden unter Verwendung der nunmehr traditionellen Begriffe wie *Wesen, Substanz, Natur* von den Ursprungsverhältnissen aus gekennzeichnet. Sie unterscheiden sich durch personale Eigentümlichkeiten (*personales proprietates*). Das ihnen Gemeinsame ist das göttliche Wesen (*communis essentia*).

Kapitel 2 wendet sich, wie im vorigen Abschnitt schon verzeichnet, gegen die Trinitätstheologie des Joachim von Fiore. Gegenüber seinen Angriffen bestätigt das Konzil in seltener Eindeutigkeit die Theologie des Petrus Lombardus. Der Gegensatz liegt zunächst auf sprachlogischem Terrain – aber eben dort läßt sich überprüfen, welche Konsequenzen eine trinitätstheologische Konzeption nach sich zieht[188]. Joachim warf dem Lombarden vor, er konstituiere eine „Vierfaltigkeit" (*quaternitas*), wenn er den drei Personen das göttliche Wesen hinzufüge. Man muß nach ihm aber als Modell der immanenten Einheit die Gnadeneinheit zwischen Christus und den Gläubigen nach Joh 17, 22 nehmen. Die Kirchenversammlung hält dem entgegen, daß der Abt von Fiore gar nicht zum Kern des Problems vordringe, wenn er die Personeneinheit im Modell einer Einigung konzipiere, die erst durch die Personen herbeigeführt werde. Damit aber lande er im Tritheismus: Dann gibt es drei Götter. Die innergöttliche Einheit ist in diesem Falle nur jene eines Kollektivs, so wie auch ein Volk oder die Kirche eine Einheit heißen. Als eigene Lehre bekennen die Konzilsväter „mit Petrus Lombardus, daß es *ein* höchstes, unbegreifliches und unaussprechliches Wesen gibt, das wirklich der Vater, der Sohn und der Heilige Geist ist: zugleich drei Personen und jede einzelne von ihnen Person; und darum ist Gott nur eine Dreifaltigkeit und keine Vierfaltigkeit. Denn jede der drei Personen ist jenes Wesen, d.h. jene Substanz, Wesenheit oder göttliche Natur"[189].

Anders als in der Alten Kirche rief die Kontroverse keine größeren Erschütterungen hervor. Durch die Approbation der Theologie des Lombarden wurde aber die augustinische Relationenlehre sozusagen terminologisch kanonisiert.

---

187 Kap. 1 = DH 800-802; tzt D 2/I, 70; Kap. 2 = DH 803-807; tzt D 2/I, Nr. 71-73: jeweils in Auszug.

188 Joachims Werk „De unitate Trinitatis" ist verlorengegangen. Es ist uns nur über die konziliare Verurteilung bekannt.

189 DH 804. In diesem Kontext steht auch die schon behandelte Definition der Analogie (DH 806): Vgl. oben 3.4.2.

4.7.3 Thomas von Aquin: Die Ausarbeitung der Terminologie

Die Bedeutung des größten mittelalterlichen Scholastikers liegt darin, daß er das Begriffsinstrumentarium für die künftige Gotteslehre bereitgestellt hat. Im Rückgriff auf die aristotelische Philosophie gelingt es ihm, den platonisch-augustinischen Ansatz der Trinitätslehre in eine kohärentere Systematik zu bringen als dies dem Bischof von Hippo gelungen war.

In zwei Schritten nähert sich Thomas der Wirklichkeit Gottes:

1.) Entsprechend der Grundkozeption des Stagiriten, wonach alle Erkenntnis von der Erfahrung beginnen muß, fragt er: Was kann die Vernunft von Gott erfassen aus der Beobachtung der uns zugänglichen Wirklichkeit? Er beginnt also mit einer philosophischen Betrachtung, die ihn zu den uns schon bekannten „quinque viae" führt[190]. Gott zeigt sich am Ende dieser Wege als das Ziel, welches dem Menschen Erfüllung schenkt.

2.) Jetzt stellt sich für den Christen Thomas die Frage: Was hat Gott (über die Fähigkeit der Vernunft hinaus) von sich unmittelbar, also in der Offenbarung, mitgeteilt? Das ist die Trinität, antwortet er aus der Bibellektüre. Erst durch diese Kundgabe Gottes erkennen wir die bloßem Denken unzugängliche göttliche Herrlichkeit[191] und werden gewiß, daß unser konkretes Lebensziel die Teilhabe am Leben des dreifaltigen Gottes selber ist[192].

Dem Aquinaten gelingt eine kohärente Darstellung der Gotteslehre, die sowohl dem Wesen Gottes wie auch der Sehnsucht der Menschen Rechnung trägt. Denn was der Vater tut, indem er den Sohn in der Inkarnation sendet und den Heiligen Geist als Gabe schenkt, das ist der Menschen Heil[193].

Das Resultat seines trinitätstheologischen Denkens kann man an vier Begriffen ablesen[194].

1. *Hervorgang*

Ausgangspunkt ist das *Wesen* Gottes, also sein Leben, Wollen, Erkennen. Davon kann man noch philosophisch sprechen. Betrachtet man aber die Offenbarung, so sieht man, daß Gott Namen beigelegt werden, die ein Hervorgehen zum Inhalt haben: Vater, Sohn, Wort, Hauchen. Gegen Arius und Sabellius betont Thomas: Das Hervorgehen ist keine Äußerung Gottes ins Nichtgöttliche hinein; vielmehr handelt es sich um innergöttliches Geschehen. Er greift auf die augustinische Analogie der geistigen Vollzüge des Menschen zurück, wenn er den ersten Hervorgang als Wortgeschehen veranschaulicht: Wenn jemand etwas begreift,

[190] Vgl. oben 3.6.3.

[191] S.th. I, q. 32 a. 1.

[192] Die spätere (neuscholastische) Theologie hat aus diesen beiden *Schritten* zwei *Traktate*, „De Deo Uno" und „De Deo Trino" gemacht, wie bereits anfangs dieser Darstellung bemerkt wurde. Wir sehen nun, daß sie damit der thomanischen Logik gerade nicht gerecht wird. Die Vernunft vermag wohl zu einem monotheistischen Gottesbild zu gelangen, aber was Einheit Gottes wirklich ist, zeigt erst die offenbarungsgeleitete Trinitätslehre. Vgl. dazu H. Jorissen, Zur Struktur des Traktats „De Deo Uno" in der „Summa theologiae" des Thomas von Aquin: M. Böhnke, H. P. Heinz (Hg.), Im Gespräch mit dem dreieinen Gott (FS W.Breuning), Düsseldorf 1985, 231-257.

[193] A.a.O. ad 3.

[194] S.th. I, q. 27-43.

bildet er sich innerlich ein Wort. Auch das schriftgemäße Bild von der Zeugung kann, gereinigt von allen menschlichen Unvollkommenheiten, das Gemeinte deutlich werden lassen: Es geht um einen Vorgang der Verähnlichung. In diesem Bild ist dann der erste Hervorgang *Sohn*.

Der zweite geistige Akt des Menschen ist das Wollen. Daran kann man den anderen Hervorgang in Gott illustrieren. Er ist ein Geschehen der Liebe, die nicht mehr eine Abbildung, sondern eine Hinneigung ist: Damit wird auch gewahrt, daß der erste und der zweite Hervorgang voneinander verschieden sind[195].

Man darf nicht übersehen, daß für Thomas das augustinische Verfahren ein Analogieschluß ist. Er weist darauf hin, daß Einheit und Einfachheit Gottes dynamisch zu denken sind: Sie schließen ein „ziel"gerichtetes Geschehen ein, wobei die Hervorgänge immanent bleiben. Was die Ähnlichkeit mit dem menschlichen Geist angeht, so ist die Analogie sehr schwach: Erkennen und Lieben haben in Gott ein Eigensein, die die Selbstbezogenheit des menschlichen Geistes weit überragt. Die Ähnlichkeit ist aber wegen der Gottebenbildlichkeit des Menschen gleichwohl gegeben.

Nicht zu übersehen ist: Der Hervorgang des Heiligen Geistes ist schwieriger zu erklären als jener des Sohnes. „Sohnschaft" läßt sich deutlicher fassen als etwa „Hauchen". Jedenfalls aber geht das erklärte Bestreben der alten Theologie dahin, beide Weisen des Ursprunghabens zu unterscheiden, um die Redeweise von *zwei Söhnen* zu vermeiden.

Der Ursprungscharakter des Vaters bleibt in der Rede von den Hervorgängen eher im Schatten. Er wird in den Konzeptionen der Viktoriner-Schule besser profiliert.

2. *Beziehung*

Der Begriff der *Relation* ist in der thomasischen Theologie zentral. Er hat auch eine bedeutende Wirkungsgeschichte für die abendländische Gotteslehre gehabt. Der schon bei Augustin begegnende Gedanke wird zum Schlüssel des Trinitätsverständnisses: Die trinitarischen Personen unterscheiden sich durch ihren Ursprung und der jeweilige Ursprung bestimmt in charakteristischer Weise ihre gegenseitigen Beziehungen. Für Thomas sind also die Relationen die Weise, in der die trinitarische Wirklichkeit lebt[196].

Er bewegt sich in den Gedankenbahnen des Bischofs von Hippo, ergänzt sie aber durch aristotelische Einsichten. Normalerweise unterscheiden wir z.B. bei einem Menschen sein *Wesen* (Menschsein), zu dem verschiedene nähere Bestimmungen kommen, die seine Individualität ausmachen (Geschlecht, Größe, Intelligenzquotient usw.). Diese heißen *Akzidentien*. Bereits Augustinus wußte, daß es in Gott nichts geben könne, was zu seinem Wesen bestimmend hinzutrete. Auch das Personsein vermag nicht als Akzidens Gottes qualifiziert zu werden. Ihm fiel jedoch auf, daß Beziehungsaussagen durchaus real sein können ohne Veränderung des Wesens, welches auf etwas bezogen ist. Damit aber kann der Begriff relatio auf Gott übertragen werden: Vater, Sohn und Geist unterscheiden sich durch Beziehungen, die aber ihr gemeinsames Gott-Wesen nicht beeinträchtigen. Augustinus blieb bei dieser eher formallogischen Einsicht stehen.

---

[195] S.th. I. q. 27 a. 3 und 4. Die griechische Theologie, erinnern wir uns, hat den Unterschied durch die Reservierung des Verbums *proienai* für den ersten, *ekporeuesthai* für den zweiten Hervorgang ausgedrückt.

[196] S.th. I, q. 28; auszugsweise: tzt D 2/II, Nr. 149. Vgl. auch 29,4; 39,1; 40,1-2; 41,1.

Der Aquinate kann mittels der aristotelischen Kategorienlehre tiefere Erklärungen liefern. Er fragt: Was ist die Seinsweise von Substanz und Akzidentien? Im Regelfall hat die Substanz Selbstand (*Subsistenz*), kraft dessen sie als Individuum existieren kann. Akzidentien erhalten ihr Sein dadurch, daß sie in die Substanz aufgenommen werden. „Frau sein" oder „weißhäutig sein" verwirklicht sich erst dadurch, daß diese Eigenschaften einem „Menschen" zukommen, der eben dadurch „ein weiblicher Mensch" bzw. „ein Weißer" wird. Von dieser Regel bildet die Relation eine Ausnahme. Sie wird bestimmt als *esse ad...* (Sein in Richtung auf...). Denkt man sich nun eine Wirklichkeit, die zwei aufeinander Bezogene gleicherweise umfaßt und nicht nur deren Individualität bestimmt, so hat man eine *subsistierende Relation*. Sie wohnt nicht einem Sein inne, sondern besteht in sich: sie ist reines Bezogensein, d.h. ganz auf den Anderen hin, ganz von ihm her existierend.

Von den Gottesaussagen der Heiligen Schrift sieht sich Thomas ermächtigt, die Differenzen der Personen als solche subsistenten Relationen zu erklären. Entsprechend den beiden Hervorgängen gibt es vier Relationen. Doch lediglich drei davon bilden subsistente und real voneinander verschiedene subsistente Beziehungen, weil nur sie relativ gegensätzlich sind; sie entsprechen den drei Personen; denn weil der Glaube drei Personen kennt und diese Relationen sind, muß Person und subsistente Relation dasselbe sein. Es ergeben sich somit folgende Verhältnisse:

Hervorgänge	**Relationen**	**Subsistenz**	**Person**
aktive Zeugung	Vater ⇒ Sohn	Vaterschaft	**Vater**
passive Zeugung	Sohn ⇐ Vater	Sohnschaft	**Sohn**
aktive Hauchung	Vater/Sohn ⇒ Hl.Geist		
passive Hauchung	Hl. Geist⇐ Vater/Sohn	Gehauchtsein	**Hl.Geist**

Eine Unterscheidung in Gott ist, so sehen wir nun, lediglich wegen der unterschiedlichen Ursprungsbeziehunge (Hervorgänge) möglich. Die *Vaterschaft* charakterisiert den Vater, die *Sohnschaft* den Sohn, das *Gehauchtsein* den Heiligen Geist; Vaterschaft, Sohnschaft und Gehauchtsein sind das einzige, worin sich die einzelnen Personen real voneinander unterscheiden. Alles andere haben sie gemeinsam: Sie sind gleicherweise *Gott*, d.h. göttlichen Wesens. Dieses aber besitzt nicht noch etwas, was „über" das relationale Subsistieren „hinaus" existierte. Gott ist sein Sein, indem er dreifach real relational subsistiert. Daneben gibt es keine andere Subsistenzweise in Gott.

Für den Leser und die Leserin mag dieses Gedankengebäude nicht nur schwer verständlich sein; es scheint auch von kalter Nüchternheit durchweht, die jeden Gedanken an den Gott der Liebe erfrieren läßt, den die neuplatonische, von den Viktorinern wieder aufgenommene und von den Franziskanern weitergeführte Spekulation erwecken kann. Doch erinnern wir uns nochmals der Einleitung zu diesem Abschnitt: Da war vom anthropologisch-soteriologischen Grundansatz und Grundinteresse des Thomas die Rede. Aufschlußreich ist eine Bemerkung, die er angelegentlich der Frage macht, ob man mit der natürlichen Vernunft die

Dreiheit der göttlichen Personen zu erkennen in der Lage sei[197]. Er verneint sie selbstverständlich, stellt aber nicht in Abrede, daß nach gegebener Offenbarung eine möglichst genaue intellektuelle Erfassung des Mysteriums wichtig sei: „Hauptsächlich deswegen, um in rechter Weise vom Heil des menschlichen Geschlechtes zu denken, das sich vollendet durch den menschgewordenen Sohn und die Gabe des Heiligen Geistes (*Principalius ad recte sentiendum de salute generis humani, quae perficitur per incarnatum, et per donum Spiritus Sancti)*". Es geht Thomas, der auch ein Mystiker gewesen ist, erstlich und letztlich um Erkennen und Loben der Liebe Gottes – auch wenn das in der Spröde seiner Intellektualität und der Abstraktheit seiner Logik nicht immer gleich gesehen wurde und gesehen wird.

3. *Person*

In der Trinitätslehre ist uns der Person-Begriff schon mehrfach begegnet. Zuletzt sahen wir: *Person* ist die Bezeichnung der voneinander (relational) unterschiedenen Träger des göttlichen Namens (Vater, Sohn, Geist). Gemeint ist also zunächst das Unterscheidende, doch bei Gott ist sofort immer auch an das Gemeinsame zu denken. Der Begriff besitzt also eine eigene Bedeutung innerhalb der Gotteslehre, die sich von der allgemein philosophischen Konnotation abhebt.

Wie kam die Ontologie auf den Begriff? Wenn wir die Wirklichkeit, die wir wahrnehmen, analysieren, so stellen wir fest: Wir begegnen beispielsweise Hans, Franz, Grete und Katharina – also voneinander weitgehend unterschiedenen Individuen. Sie haben alle gemeinsam, daß sie der Gattung *Mensch* zugehören. Man kann auch sagen: Das Wesen „Mensch" ist bei den genannten Menschen verwirklicht, jedoch in einer einmaligen Konstellation von Eigenschaften, die sie voneinander abheben und eben zu Einzelvertretern des „Menschseins" machen. Grundsätzlich kann man dieses Gattung-Individuum-Verhältnis auch bei Tieren, Pflanzen, Steinen usw. feststellen. Beim Menschen aber kommt noch etwas Besonderes hinzu. Er ist ein Geistwesen. Die Identität bei solchen Geistwesen aber ist ein um sich selber wissendes und sich bejahendes und sich auf andere hin öffnendes Selbstverhältnis. Dieses Spezifische geistiger Seiender nennt man Personalität; sie sind Personen. Maßgebend wurde in der abendländischen Philosophie die schon erwähnte Definition des *Boethius*: „Person ist die individuelle Substanz einer rationalen Natur" (*persona est naturae rationalis individua substantia)*. Ihr eignen, mit anderen Worten, *Selbstand, Selbstsein, unvertretbare und unteilbare Einmaligkeit*.

Nun ging es den Theologen nicht um die Anthropologie, sondern um die Gotteslehre. Es mußten also Bestimmungen gefunden werden, die auch für Gott, genauer: für dessen Dreifaltigkeit Gültigkeit haben können. Der Person-Begriff war dazu an sich prinzipiell geeignet, da er auf Geistwesen bezogen ist. Gott ist aber Geist. Das Problem war nur, daß man trinitätstheologisch nicht weiterkam mit der Unterscheidung Art / Individuum: Gottes Wesen ist, so hatte schon das 4. Laterankonzil statuiert, nicht etwas von den göttlichen Personen Verschiede-

[197] S.th I, q. 32 a. 1. Das spätere Zitat: ad 2.

nes. Im übrigen war die Fragestellung nicht nur von der Trinitätslehre, sondern auch von der Christologie her aufgeworfen. Wenn Jesus Christus dogmatisch zu definieren ist als „eine Person in zwei Naturen“[198], dann mußte man wissen: Ist hier mit *Person* das gleiche wie in der Gotteslehre gemeint?

Was Boethius gesagt hatte, kann in beiden Disziplinen verwendet werden. Die trinitarischen Personen sind, um in unserem Traktat zu bleiben, die konkrete Verwirklichung des Gott-Seins. Aber könnte man nicht auch einem tritheistisch verstandenen göttlichen Ternar Personsein zusprechen; ließe sich nicht auch von der Menschheit Christi sagen, daß sie personal ist? Die Definition des Boethius bleibt aus diesen Erwägungen heraus zwar für die mittelalterliche Theologie und Philosophie verbindlich, doch erfährt sie eine wichtige Korrektur. Ihr Urheber ist, auch er ein alter Bekannter, *Richard von St. Viktor*. Als erstes wirft er den Substanzbegriff aus der Definition heraus. Substanz ist etwas Allgemeines, Person aber etwas Individuelles und Einmaliges. Sobald etwas doppelt vorkommt, ist es keine Person mehr. Man muß vielmehr fragen: Was ist dessen Qualität und woher kommt sie? Richard meint, im Begriff der *existentia* die Antwort gefunden zu haben. Das *sistere* bezeichnet das Insichstehen (also die Qualität), das *ex* weist auf den Ursprung. Als eine Definition, welche für alle Personen, die menschlichen, die der Engel und die in Gott weit genug ist, schlägt er vor: „Person ist, wer für sich allein existiert gemäß einer einzigartigen Weise rationaler Existenz (*existens per se solum iuxta singularem quendam rationalis existentiae modum*)“[199]. Was nun die innertrinitarischen Verhältnisse betrifft, so unterscheiden sie sich von geschaffenen Personen nicht durch die personale Qualität, sondern lediglich durch den Ursprung. In Gott gibt es das, was mehreren gemeinsam sein kann (das Wesen), und das, was vollkommen inkommunikabel ist: die Ursprungsrelation. Person bezogen auf Gott ist also, definiert der Viktoriner, das göttliche Sein (Wesen), das sie aus einer nicht mitteilbaren Eigentümlichkeit besitzt (*habens divinum esse ex proprietate incommunicabili*)[200].

Thomas von Aquin nimmt Richards Definition ernst, bleibt aber bei der des Boethius. Er interpretiert aber dessen Substanzbegriff nicht primär auf das abstrakte „Wesen“; vielmehr bedient er sich des Wortes *subsistentia* (im Sinn der griechischen *hypostasis*, die von der statischen *ousia* abgesetzt worden war). Person ist für ihn ein *subsistens in natura intellectuali*, eine bestimmte Natur, die aus sich selbst besteht und deswegen alle anderen an Würde überragt[201]. Daher vermag die Person zu erkennen und zu wollen; sie verfügt über Wahrheit und Freiheit: Personen haben „die Herrschaft über ihre Akte und sind nicht nur, wie andere Dinge, Objekte des Handelns, sondern sie handeln selbst“[202]. Die Freiheit ist somit das Auszeichnende von Personen. Freiheit aber ist stets auch das Kennzeichen der Liebe. Damit kommen Thomas und der Viktoriner, der die

[198] Vgl. in diesem Werk Bd. II: Christologie 3.3.5.1.

[199] Trin. 4,24.

[200] A.a.O. 4,18.

[201] De potentia Dei 9,3 c.

[202] S.th. I, q. 29 a. 1 c: Substantiae rationales „habent dominium sui actus, et non solum aguntur, sicut alia, sed per se agunt: actiones autem in singularibus sunt. Et ideo etiam inter ceteras substantias quoddam speciale nomen habent singularia rationalis naturae. Et hoc nomen est *persona*“.

Liebe als Kennzeichen der personalen Relationen erkannt hatte, dann doch zusammen[203].

Der über Thomas vermittelte Person-Begriff des Boethius war deutungsbedürftig, wenn er in der Trinitätstheologie verwendet werden sollte; an sich kann Gott, wie bemerkt, ebenso als einzige *substantia* wie als einzige *persona* bezeichnet werden. Das letztere wäre natürlich nicht mehr christliche Sprache. Man sieht ganz deutlich, was immer wieder zu konstatieren war: Das Mysterium stellt höchste Anforderungen an ein Denken, das dann noch einmal um den rechten Ausdruck des Gedachten ringen muß. Hier wie in der Christologie sehen wir, was in der Einleitung zur Dogmatik bereits gesagt werden mußte: Das Dogma (im engen wie im weiten Sinn) ist wesentlich auch immer eine *Sprachregelung*[204]. „Wenn im Laufe der Geschichte Begriffe wie ousia, hypostasis, prosopon, substantia, natura, essentia, subsistentia, relatio usw. eingeführt wurden, ist ihr Bedeutungsgehalt keineswegs von Anfang an eindeutig und ein für allemal bestimmt. Die Begriffe sind vielmehr in einem mühevollen Prozeß zur Aussage des Gemeinten abgegrenzt und *schwerpunktmäßig* festgelegt"[205]. Solche sprachphilosophisch gesehen mehr oder weniger dezisionistischen Abgrenzungen („Definitionen"!) haben selbstverständlich nur in sehr beschränktem Sinn eine regulative Kraft in dem Augenblick, da die philosophische Entwicklung über den Rahmen des vorgegebenen Denkhorizontes sich hinausbewegt.

Das trifft in besonderer Weise gerade für den Person-Begriff zu. Seit der Aufklärung, vor allem seit *Kant*, verbindet sich mit ihm notwendig ein sich selber denkendes Bewußtsein: Person ist identisch mit Subjektsein. In dieser modernen Terminologie wäre die altkirchliche Trinitätsaussage häretisch. „In Gott sind drei Personen" bedeutete nun: „In Gott sind drei verschiedene Akt- und Bewußtseinszentren" – was auf die Vorstellung von drei Göttern, auf den Tritheismus mithin, hinausliefe. Vielmehr müßte man in der heutigen vom Personverständnis der Aufklärung geprägten Sprache formulieren: „Gott ist eine einzige Person (= ein einziges Subjekt, ein einziger Wille, eine Liebe, eine Freiheit) in drei relativ unterscheidbaren Individuationen"[206]. Doch auch das ist eine unangemessene Redeweise.

4. Proprietät

Nach Thomas sind die Relationen in der Trinität ein personales Geschehen. Die relativen Gegensätze in Gott begründen sich durch die Weise des Gebens und Empfangens des einen göttlichen Wesens; damit aber begründen sie auch die Personalität der Drei, d.h. deren relative Eigenart. Man bezeichnet diese als *Pro-*

---

[203] B. Th. Kible, Art. Person II.: Hoch- und Spätscholastik: HWP 7, 291. Vgl. auch den ganzen Artikel, der eine ausgezeichnete Übersicht über die Geschichte des Begriffs *Person* bietet: 269-338.

[204] Vgl. in diesem Band: Einleitung in die Dogmatik 2.2.

[205] F. Courth, Der Gott der dreifaltigen Liebe, 235.

[206] Vgl. K. Rahner, Der dreifaltige Gott als transzendenter Urgrund der Heilsgeschichte: MySal 11, 317-401. Rahner hat vorgeschlagen, von „drei distinkten Subsistenzweisen" zu sprechen, d.h. von drei unterschiedenen Gegebenheits- und Existenzweisen Gottes. Er hat damit wenig Anklang gefunden; in der Tat ist auch diese Ausdrucksweise sehr interpretationsfähig und interpretationsbedürftig. Vgl. 5.5 und 5.6.1.2.

prietät (proprietas). Dementsprechend kann man fünf unterschiedene Eigentümlichkeiten unterscheiden, wie sich aus dem bereits Erörterten logisch ergibt[207]:

Person	Proprietät	
Man erkennt den *Vater* daran, daß er	*ursprunglos, zeugend, hauchend*	ist.
Man erkennt den *Sohn* daran, daß er	*gezeugt, hauchend*	ist.
Man erkennt den *Geist* daran, daß er	*gehaucht*	ist.

Sachlich identisch mit diesen fünf Eigentümlichkeiten sind die *Notionen*: Man nennt so die Kennzeichnung der Lebensvorgänge in Gott, die die Proprietäten als Relationen verdeutlichen: das Ursprunglos-Sein, die aktive und passive Zeugung, die aktive und passive Hauchung. *Notionale Akte* sind dann die Tätigkeiten, die den Hervorgängen entsprechen; in der Sprache Augustins: Erkennen und Liebe[208].

Im Glaubensbekenntnis der XI. Kirchenversammlung zu Toledo (675) hat die Rede von den *proprietates* Aufnahme in einen lehramtlichen Text gefunden. Auch in der Liturgie kommt sie vor, so in der Präfation vom Dreifaltigkeitsfest. Da sie eine doxologische Zusammenfassung der klassischen Lehre ist, sei sie in ihrem Kern vollständig wiedergegeben :[209]

Qui cum unigenito Filio tuo et Spiritui Sancto unus es Deus, unus es Dominus: non in unius singularitate *personae,* sed in unius Trinitate *substantia.* Quod enim de tua gloria, revelante te, credimus, hoc de Filio tuo, hoc de Spiritu Sancto sine differentia discretionis sentimus. Ut in confessione verae sempiternaeque Deitatis et in *personis proprietas* et in *essentia* unitas et in majestate adoretur aequalitas.	Mit deinem eingeborenen Sohn und dem Heiligen Geist bist du der eine Gott und der eine Herr, nicht in der Einzigkeit einer *Person,* sondern in den drei *Personen* des einen göttlichen *Wesens.* Was wir auf deine Offenbarung hin von deiner Herrlichkeit glauben, das bekennen wir ohne Unterschied von deinem Sohn, das bekennen wir vom Heiligen Geiste. So beten wir an im Lobpreis des wahren und ewigen Gottes die *Sonderheit der Personen,* die Einheit im *Wesen* und die gleiche Fülle in der Herrlichkeit.

[207] Vgl. die Tabelle S. 304.

[208] Vgl. S.th. I, q. 32 a. 2-4; 33,1-2.

[209] Lateinischer Text nach dem Missale Romanum, deutsche Fassung nach Meßbuch für die Bistümer des deutschen Sprachgebietes. Die trinitätstheologischen Termini technici sind hervorgehoben.

4.8 Ausblick

Die Geschichte der Trinitätstheologie ist mit der Hochscholastik natürlich nicht beendet. Die geistlich-existentielle wie die wissenschaftlich-theologische Beschäftigung mit dem Gottesgeheimnis kann an kein Ende kommen, solange Menschen sich dem Vater Jesu Christi zuwenden. Beide Pole, der existentielle wie der rationale, stehen seit eh und je in Spannung zueinander. Auch wenn der Augenschein manchmal dagegen steht, seit den Anfängen der Spekulation war das leitende Interesse doxologisch: Innerster Sinn und Zweck der Dogmatik als solcher wie auch insbesondere der in ihr zentralen Gotteslehre ist das Gotteslob. In der Gegenwart verlagert sich das Interesse entsprechend der eher antimetaphysischen Grundhaltung vieler Zeitgenossen von der scholastischen Frage, wer Gott *in sich* sei, auf die Frage, wer er *für uns* ist. Das entspricht auch dem Trend, entsprechend dem Bewußtsein von der Geschichtlichkeit von Theologie und theologischem Denken die Reflexion des Glaubens *kontextuell* vorzunehmen, d.h. ihn im Zusammenhang der eigenen Erfahrungs- und Lebenssituation zu betrachten.

Dementsprechend haben sich in eigenständiger Weise die Politische Theologie, die Feministische Theologie und die Theologie der Befreiung um eine Reformulierung der klassischen Gotteslehre bemüht[210].

Allerdings ist in der Periode der Hochscholastik, der wir uns zuletzt eingehend zugewendet hatten, insofern ein gewisser Abschluß erreicht worden, als gewissermaßen das Spielfeld abgesteckt und die Spielregeln festgelegt sind für die künftige Rede über den dreieinen Gott. Deswegen können wir hier den dogmengeschichtlichen Teil abbrechen. Ein abschließender Rückblick soll der Frage gewidmet werden, ob und wie weit das erarbeitete Begriffsinstrumentarium heute noch tauglich ist.

4.8.1 Trinitätslehre und Monotheismus

Das entscheidende Problem jeder Trinitätstheologie ist darin gelegen, daß „Einheit" und „Dreiheit" ebenso unterschieden wie zueinander vermittelt werden müssen. Zugleich ist zu betonen, daß diese beiden Begriffe keine mathematisch-numerischen Verhältnisse schildern. Dann käme man zu dem schon von *Goethe* verspotteten „Hexeneinmaleins"[211]. Vielmehr soll mit dem Wort „drei" die Differenz in der Einheit auf gezeigt werden. Faktisch hat man beides in der Geschichte

---

[210] Vgl. W. Breuning (Hg.), Trinität. Aktuelle Perspektiven der Theologie, Freiburg 1984; H. Vorgrimler, Theologische Gotteslehre (LeTh 3), Düsseldorf 1985, 148-181; F. Courth, Der Gott der dreifaltigen Liebe, 241-278. Zur erfahrungs-psychologischen Seite vgl. K. Frielingsdorf, Dämonische Gottesbilder. Ihre Entstehung, Entlarvung und Überwindung, Mainz 1992.

[211] Faust I, Hexenküche, 2561 f: „Es war die Art zu allen Zeiten, / durch Drei und Eins, und Eins und Drei / Irrtum und Wahrheit zu verbreiten". Goethe selber lehnte die Dreieinigkeit aus arianischen Gründen ab.

der Trinitätstheologie dadurch zur Sprache gebracht, daß man zwei Begriffsebenen unterschieden hat. Auf jeder sind dann die historisch verwendeten Begriffe untereinander austauschbar. Es entsteht die nachfolgende Schematik:

Ebene	**Begrifflichkeit**
Einheit	Wesen (ousia, essentia) Natur Substanz
Dreiheit	Person Hypostase Subsistenz

Dabei darf in keinem Moment außer Acht bleiben, daß die Drei in der Einheit der Homoousie (des gleichen Wesens) und nicht außerhalb derselben relational unterschieden sind. Man kann sich der Sprachhilfe *Gregors von Nazianz* bedienen, um das besser zu verstehen:

> „Ein *anderer* ist der Vater, ein *anderer* der Sohn, ein
> *anderer* der Heilige Geist,
> aber sie sind nicht ein *anderes*".

Damit soll auch vor dem Mißverständnis gewarnt werden , als ob da letzten Endes eine Vierheit (Wesen + drei Personen) statuiert würde. Das gemeinsame Eine des einen Wesens *ist selbst* in seinem tiefsten Grund schon personales Sein und Leben, das sich entfaltet in der relational bestimmten Dreiheit. Der Begriff *„das eine Wesen"* ist schon ein trinitarischer Begriff! *„Person"* umgekehrt bezeichnet ein Selbstverhältnis, das durch die Relationalität der Einheit geprägt ist. Damit ist jeder *Tritheismus* vom Ansatz her ausgeschaltet.

Damit erkennen wir nun aber zugleich die spezifische Eigentümlichkeit des *christlichen Monotheismus*. Er ist ein wirklicher Mono-Theismus. Nur *einen Gott* bekennen die Christen. Doch diese Einheit ist differenziert durch das göttliche Sein und Leben selber, das uns als Bezogenheit von Vater, Sohn und Geist geoffenbart worden ist. Die *Einheit* Gottes selbst ist also in sich *trinitarisch*. Daß diese Formulierung keine Widersprüchlichkeit oder Abstrusität zum Inhalt hat, leuchtet ein, wenn wir uns wiederum von der Offenbarung sagen lassen, daß Gott die Liebe schlechthin und schlankweg ist. Es ist das notwendige Wesen von Liebe, daß sie sich plural verwirklicht.

Mit allem Nachdruck ist bei allen diesen Überlegungen der Akzent auf das Wort *Offenbarung* zu legen. Die christliche Theologie deduziert weder die Trinität aus dem Begriff „Liebe" noch versucht sie das Mysterium rational in irgendeiner Weise zu lösen oder gar aufzulösen. Sie tut nichts anderes, als meditierend auf das Wort der Schrift zu hören. Dort zeigt sich Gott in der Sendung Jesu Christi als dessen Vater in einer einzigartigen Bezogenheit und Intimität; dort spricht Jesus Christus von der Sendung des Parakleten als *seines* Geistes. *Sendung* aber ist in der Schrift stets heilbezogener Ausdruck der Menschenfreundlichkeit Gottes.

Gott scheint so auf als Gott unendlicher Liebe; der Mensch kann in etwa diesen Gott als Liebe erfassen, weil er selbst auf Liebe angelegt, auf Liebe aus ist. Jedwede spekulative Reflexion versucht nichts anderes, als die darin aufleuchtende Herrlichkeit Gottes, sein Leben und sein Handeln mit den Menschen tiefer verstehen zu lassen.

4.8.2 Das trinitätstheologische Fundamentalprinzip

In diesem Abschnitt geht es um die Frage, wie in trinitätstheologischer Perspektive sich die eben apostrophierte Menschenliebe Gottes realisiert. Es wurde gezeigt, daß von Augustinus über Anselm von Canterbury ein Gedanke geklärt wurde, der seinen lehramtlichen (wenn auch wohl nicht im strengen Sinn dogmatisch definierten) Ausdruck auf dem Konzil von Florenz gefunden hat:

(In Deo)	(In Gott)
omnia sunt unum, ubi non obviat relationis oppositio	ist alles eins, außer wo die Beziehungen in Gegenrichtung zueinander stehen

Man nennt diesen Grundsatz das *Fundamentalprinzip der Trinitätstheologie*[212]. Es läßt sich in zweifacher Richtung interpretieren. Die erste Deutung würde lauten: Wo keine Gegenläufigkeit konstatierbar ist, haben die Personen keine Bedeutung. Der Ton liegt auf der *oppositio.* Die zweite legt den Schwerpunkt auf die *Gemeinsamkeit* des Handelns, das aber gleichwohl personeigen sich verwirklicht. Sieht man Gottes Wesen schon als personhaft und personbestimmt an, wird man sich für die zweite Deutung entscheiden müssen.

Jedenfalls besagt das Prinzip: Wenn Gott ökonomisch handelt, handelt jede Person gemeinsam mit den anderen, keine für sich allein. Die Drei sind aus der Kraft der göttlichen Natur ein einziges schöpferisches Prinzip[213].

Daraus hat man folgern wollen, daß aus der Schöpfung dann auch nicht die Trinität erschlossen werden könne; weiter als bis zur Erkenntnis der göttlichen Einheit könne sie die Vernunft nicht geleiten. Daran ist zweifelsohne richtig, daß die Dreifaltigkeit erst aus den schriftbezeugten Sendungen von Sohn und Geist erkannt werden kann. Aber schließt das wirklich aus, daß wir aus der Kreatur irgendwelche Spuren des Mysteriums erahnen können, *wenn* es uns aus der Offenbarung erschließbar geworden ist? Sollte die Eigenart Gottes in seinen Geschöpfen gar nicht und in keiner Weise gespiegelt werden? Wir haben gesehen, daß Augustinus wie Bonaventura die Fragen prinzipiell bejaht haben. Auch die von Thomas übernommene augustinische Analogie für die Hervorgänge aus menschlichem Erkennen und Wollen greift nur unter der Voraussetzung, daß der trini-

[212] DH 1330; tzt D 2/I, Nr. 77. Der Ausdruck selber findet sich DH (auch schon DS) in der Anmerkung.

[213] So ausdrücklich das Florentinum, DH 1331; tzt D 2/I, Nr. 79, aber auch schon das 4. Lateranense, DH 800; tzt D 2/1, Nr. 70.

tarische Gott den menschlichen Geist so geschaffen hat, daß die Analogie möglich wird. So kann man nicht annehmen, die Gemeinsamkeit des außergöttlichen Handelns mache die göttliche Dreipersonalität bedeutungslos.

Diese Gedanken wurden in der klassischen Theologie aufgenommen in der Lehre von den sog. Appropriationen[214]. Sie besagt: Eigenschaften und Tätigkeiten, die allen göttlichen Personen wegen des *einen* Wesens gemeinsam zukommen, können aufgrund einer Hinordnung auf die Eigentümlichkeit der einen Person auf diese hingeordnet, ihr gleichsam „angeeignet" werden (*proprius* eigen, eigentümlich). So läßt sich die Weisheit mit dem *Sohn*, die Macht mit dem *Vater* zusammenordnen. Es geht aber nicht so sehr um statische Abbildungen göttlicher Personen in der Schöpfung, sondern um Entsprechungen im Heilsgeschehen zwischen Gott und den Menschen[215].

4.8.3 Trinitarischer Glaube und trinitätstheologische Sprache

Die dogmengeschichtliche Übersicht hat immer wieder gezeigt, daß gerade in der denkerischen Erschließung der Offenbarung des dreieinen Gottes der jeweilige sozio-kulturelle Hintergrund von nachhaltiger Bedeutung für die Formulierung des Glaubens gewesen ist. Die Frage ist seit der arianischen Krise nie verstummt, ob damit aber nicht in mehr oder minder sublimer Weise die Botschaft der Bibel verraten und verfälscht werde, und zwar gerade in den trinitätstheologischen und christologischen Fundamenten des Glaubens[216].

Heute bricht die Problematik von neuem und in neuer Schärfe auf. Das Christentum wird mit einer neuen kulturellen Situation in seinem Stammgebiet konfrontiert; überdies sieht es sich genötigt, in vollkommen anderen Kulturräumen (Asien und Afrika) seine Lehre plausibel machen zu müssen. Davon ist in nachdrücklicher Weise auch die theologische Reflexion betroffen. In einer neuen Epoche sind auch die *Paradigmen* in der Wissenschaft neu zu formulieren. Der Begriff stammt vom Wissenschaftstheoretiker *Th.S. Kuhn*. Man versteht unter einem Paradigma „eine Gesamtkonstellation von Überzeugungen, Werten, Verfahrensweisen usw., die von den Mitgliedern einer gegebenen Gemeinschaft geteilt werden"[217].

[214] S.th. I, q. 39, a 7.

[215] H. P. Heinz, Trinitarische Bewegungen bei Bonaventura. Fruchtbarkeit einer appropriativen Trinitätstheologie (BGPhThMA NF 26), Münster 1985.

[216] Stichwort war damals die Debatte um die Berechtigung des nicht in der Bibel vorkommenden Begriffs *homoousios* in einer dogmatischen Aussage. Seit dem 16. Jahrhundert wird generell die Frage einer möglichen „Hellenisierung des Christentums" in den ersten Jahrhunderten diskutiert. Vgl. dazu A. Grillmeier, Hellenisierung – Judaisierung des Christentums als Deuteprinzipien der Geschichte des kirchlichen Dogmas: ders., Mit ihm und in ihm. Christologische Forschungen und Perspektiven, Freiburg-Basel-Wien 1975, 423-582.

[217] Th. S. Kuhn, Die Struktur wissenschaftlicher Revolutionen, Frankfurt ²1976, 186 (korrigiertes Zitat). Unter dem Gesichtspunkt des Paradigmenwechsels betrachtet die Geschichte des Christentums H. Küng, Das Christentum. Wesen und Geschichte, München-Zürich 1994. Er unterscheidet sechs Paradigmen von der urchristlichen Apokalyptik bis zum nachmodernen „zeitgenössisch-ökumenischen" Paradigma. Er wird aber der Sachlage nicht gerecht, wenn er das trinitarische Dogma nicht für das unterscheidend Christliche hält (237).

Weil nun einmal die dogmatische Sprachregelung der ersten fünf Jahrhunderte – also konkret die hellenistische Denk- und Ausdrucksform – verbindlich geworden ist für alle seitherige Theologie, konkretisiert sich diese Problematik in der Frage: Kann der zentrale Inhalt des Gottes- und Christusglaubens auch in einer anderen Sprache – also unter anderen Denk- und Ausdrucksformen – thematisiert werden? Kann es einen Paradigmenwechsel in der Trinitätstheologie geben?

Man kann die Frage nicht blauäugig mit dem Hinweis lösen, daß doch die Wahrheit immer Wahrheit bleibe. Das stimmt in abstracto, aber nicht in der Realität des Lebens. Denn Wahrheit muß mitgeteilt und Wahrheit muß vernommen werden können *als* Wahrheit. Sie ist also auf Sprache und Denken angewiesen, die beide unvermeidlich einen Zeitindex besitzen. Theologisch muß in einer Antwort die christliche Grundaussage der Inkarnation Gottes enthalten sein. In der johanneischen Formulierung lautet sie: „Das Wort ist Fleisch geworden" (Joh 1,14). Zwei Komponenten bestimmen sie:

– *Das Wort* ist Fleisch geworden: Dieses Wort, der göttliche Logos, enthält alles, was Gott den Menschen sagen wollte unabhängig vom konkreten Raum und von der konkreten Zeit.

– *Fleisch geworden* ist das Wort: Das Wort ist in die Begrenztheit unserer raumzeitlichen Welt eingegangen, also in eine äußerste Begrenztheit. Als *solches* ist es Wort für alle Regionen und Epochen.

Damit ist ein Paradoxon gegeben. Die bleibende Wahrheit wird in einem historischen und damit begrenzten Geschehen sichtbar und erkennbar. Sie kann jedoch nicht schlechterdings in diesen Grenzen bleiben, wenn sie tatsächlich bleiben und Geltung haben soll für alle Zeiten. Konkret vollzieht sich diese Entgrenzung nun darin, daß die Termini der (biblischen) Erst- und Urformulierung übersetzt werden in die Sprache, die hier und jetzt verstanden wird und die eben nur hier und jetzt verständlich ist. Genau diesen Vorgang kann man an der Geschichte des Begriffs *homoousios* exemplarisch zeigen. Aber auch die anderen trinitätstheologischen Fachausdrücke belegen das nämliche. Gegen Sabellianismus und Subordinatianismus als den großen Bedrohungen der Orthodoxie ließ sich anders nicht verfahren, um dem Glauben gerecht zu werden, den die Offenbarung verkündet.

Kann man aber heute noch in dieser Begrifflichkeit reden? Sofern der christliche Glaube immer auch traditionell, d.h. in der gewesenen Geschichte verwurzelt, ist, bewahrt das historische Begriffsinstrumentarium seine Bedeutung. Das heißt nicht, daß man einfach die klassische Theologie repetieren muß. Wir haben öfters darauf hingewiesen, daß dort die immanente Trinität oft in einseitiger Weise reflektiert worden ist und daß dabei die ökonomische Seite des Mysteriums zu kurz gekommen war. Das darf und muß man ganz sicher korrigieren. Im übrigen haben alle Versuche einer „Modernisierung" der theologischen Sprache bisher nicht recht überzeugen und in der wissenschaftlichen Gemeinschaft (scientific community) der Theologen Heimatrecht bekommen können. Der Stein der Weisen ist noch nicht gefunden. Man muß auch fragen, ob denn die Grundproblematik, die in den Auseinandersetzungen mit den vorhin genannten Heterodoxien aufgebrochen ist, heute radikal anders geworden ist. Das ist kaum der Fall. Die alten Fragestellungen sind auch jetzt aktuell. Muß man dann eine andere Diktion finden und vermag man es – dies vor allem? Vielleicht ist es ebenso wichtig, die Ansätze der Tradition nachhaltiger durchzudenken. Das gilt bezüglich der Gotteslehre vor allem für die personale Denk- und Redeweise.

Auf jeden Fall müssen wir uns immer das Eine vor Augen halten: Sinn und Ende der Theologie ist nicht die Darlegung und Erhellung von Ideen. Sie will vielmehr die Wahrheit Gottes vermitteln und darin und dadurch beitragen, daß Gottes menschgewordene Liebe wahrhaft mitten unter *uns* Fleisch werden kann. Die hier angedeutete Problematik betrifft naturgemäß die Verkündigung der Kirche insgesamt und auf allen Ebenen, auch, aber nicht exklusiv auf jener der wissenschaftlichen Theologie.

5. Systematische Gotteslehre

5.1 Die Gottesfrage heute

Das Bekenntnis zum dreieinen Gott ist von eh und je Grundlage und Erkennungszeichen der christlichen Gemeinde gewesen. So kann es kaum verwundern, wenn es die Grundlage der ökumenischen Arbeit geworden ist. Auf seiner Vollversammlung in Neu Delhi (1961) definierte sich der Ökumenische Rat der Kirchen als „Gemeinschaft von Kirchen, die den Herrn Jesus Christus gemäß der Heiligen Schrift als Gott und Heiland bekennen und darum gemeinsam zu erfüllen trachten, wozu sie berufen sind, zur Ehre Gottes des Vaters, des Sohnes und des Heiligen Geistes“[218]. Für den deutschen Sprachraum ist zu erwähnen die Erklärung der Gemeinsamen Ökumenischen Kommission der römisch- katholischen und aller evangelischen Kirchen „Gemeinsames Bekenntnis zum dreieinigen Gott“, die 1981 anläßlich der 1600-Jahr-Feier des Nizäno-Konstantinopolitanischen Symbolums veröffentlicht wurde; ihr haben sich auch die anderen Mitgliedskirchen der „Arbeitsgemeinschaft Christlicher Kirchen“ (ACK) in der Bundesrepublik Deutschland angeschlossen[219].

Das wäre kaum möglich gewesen, wäre nicht auch in den reformatorischen Kirchen die Trinitätslehre wieder in die Mitte des theologischen Interesses gerückt. Spielte sie etwa im 19. Jahrhundert bei *Schleiermacher* noch eine Nebenrolle, so wird sie im 20. von *Barth* ins Zentrum gestellt.

Bei diesen Vorgängen geht es nicht nur um die Rückbesinnung auf die Fundamente des gemeinsamen christlichen Glaubens, mehr noch wurden sie veranlaßt durch einen spektakulären Rückgang des Gottesglaubens in der Gegenwart. Die Neuzeit ist bestimmt durch ein (heute wieder abnehmendes) Vertrauen auf die eigene Vernunft sowie durch einen starken Autoritätsverlust der Kirchen. Dadurch brach das traditionelle Christentum mitsamt seinen Lebensausprägungen auf weite Strecken zusammen. Die Frage nach dem Dasein Gottes wird dadurch zu einer existentiellen Frage, auf die mehr und mehr Menschen allenfalls eine diffuse Antwort (Gott als „höheres Wesen“ oder „Vorsehung“) finden, die aber auch viele verneinen. Der Atheismus ist zu einer verbreiteten Lebenshaltung geworden. Dabei darf offen bleiben, ob die Ablehnung Gottes wirklich den Vater Jesu Christi meint oder sich auf ein unvollkommenes oder gar falsches Gottesbild bezieht. Auch im Christentum leiden viele Menschen unter Gottesvorstellungen, die entweder in die Neurose oder in einen wenigstens praktischen

---

[218] Zum intendierten Sinn der Formel vgl. H. Krüger, Wesen und Wirken des Ökumenischen Rates der Kirchen. Basis: H. J. Urban, H. Wagner (Hg.), Handbuch der Ökumenik, Band II, Paderborn 1986, 64-66.

[219] Der vollständige Text: tzt D 2/II, Nr. 193.

Atheismus führen. Gott erscheint als Kinderschreck, als Lückenbüßer, als Angstmacher und Rächer, als Weltpolizist[220]. Damit jedoch erscheint er als Hindernis menschlicher Freiheit und Selbstverwirklichung – ein Einwand, den von Seiten der Philosophen vor allem *Friedrich Nietzsche* († 1900) und *Jean Paul Sartre* († 1980) vorgetragen haben[221].

Aber auch ernste erkenntnistheoretische Probleme verbauen den Weg zu Gott. Ist „Gott" nicht vielleicht doch, wie *Ludwig Feuerbach* († 1872) proklamierte, nur eine Projektion unserer eigenen Ideen und Ideale oder eine Hypothese zur Erklärung der Welt, deren wir heute nicht mehr bedürfen, da wir sie auch anders und besser interpretieren können; so etwa sagte der englische Biologe *Julian Huxley* († 1875). Für *Ludwig Wittgenstein* († 1951) gar ist die Rede von „Gott" so sinnlos wie der Satz „Mittwoch ist röter als oben": Beide Feststellungen lassen sich nicht durch Erfahrungen nachprüfen; was sich aber so verhält, hat keinen Sinn[222].

Endlich bleibt als vielleicht existentiell stärkster Einwand gegen den Glauben an einen guten und liebenden Gott das von uns bereits mehrfach thematisierte Problem des Leids und des Leidens in der Schöpfung. Erfahrungen des 20. Jahrhunderts, wie sie mit den Schreckensnamen *Auschwitz* oder *Stalingrad, Sarajevo* oder *Grosny* verbunden sind, wie sie literarisch etwa von *Albert Camus* („Die Pest") thematisiert worden sind, scheinen Gott nachhaltig zu desavouieren. Entweder kann er nicht dagegen an – dann ist er kein allmächtiger Gott – oder er will nicht dagegen an – dann ist er kein liebender Gott.

Gerade der letztgenannte Gedanke zeigt sehr deutlich, daß die vielen Formen der praktischen wie der theoretischen Gottesverneinung etwas mit der Frage nach dem Weltbezug zu tun haben, der Gott unterstellt wird. Das „Interesse" der Menschen an Gott steht in Korrelation zum „Interesse" Gottes an den Menschen, wie es erlebt und erfahren wird.

Nach katholischer Lehre erschuf Gott die Welt aus absolut freiem Willensentschluß heraus[223]. Das setzt die ebenso absolute Selbstbejahung Gottes voraus. In einem strengen Monotheismus ist aber schlecht denkbar, daß ein „einpersonaler" Gott vollkommen interesselos eine Schöpfung ins Sein ruft. Man kann sich „Gott" auch nicht als personloses „Gutes" vorstellen, aus dem die Welt entströmt wäre: Dazu erleben wir die Welt als viel zu wenig „gut". Auch ein bloßer apersonaler „Urgrund" vermag nichts zu erklären. Erst die Annahme einer personalen Pluralität der absoluten und von allen Werdevorgängen gelösten Liebe

---

[220] K. Frielingsdorf, Dämonische Gottesbilder. H. Jaschke, Dunkle Gottesbilder. Therapeutische Wege der Heilung, Freiburg-Basel-Wien 1992. In spektakulärer Form hat darauf T. Moser, Gottesvergiftung, Frankfurt 1978 hingewiesen, der die herkömmliche Gotteslehre anklagte, sie habe sein Leben vergiftet und ihn seine Identität nicht finden lassen.

[221] E. Coreth, J. B. Lotz (Hg.), Atheismus kritisch betrachtet, München-Freiburg 1971.

[222] Vgl. W. Weischedel, Der Gott der Philosophen, 3 Bde., Darmstadt 1972; H. G. Pöhlmann, Der Atheismus oder der Streit um Gott, Gütersloh 1977.

[223] Erstes Vatikanisches Konzil, Dekret über den katholischen Glauben (DH 3002 = tzt D 3/I, Nr. 54): „Dieser allein wahre Gott schuf aus seiner Güte und mit allmächtiger Kraft – nicht um seine Seligkeit zu mehren, noch um sich Vollkommenheit zu erwerben, sondern um seine Vollkommenheit zu offenbaren durch die Güter, die er den Geschöpfen mitteilt – in freiestem Willensentschluß ... beide Ordnungen der Schöpfung, die geistige und die körperliche ...".

kann Schöpfung verständlich erscheinen lassen und deutlich machen, daß Gott der Welt zugeneigt und zugewandt ist. Dem Glaubenden ist dabei durchaus klar, daß er weder mit diesem Gedanken noch mit den Gottesargumenten klipp und klar die Einwände widerlegen kann[224]. Man vermag sich dem Mysterium der göttlichen Dreifaltigkeit nur zu nähern, wenn man bereit ist, das Christusereignis als Tatsache der Selbstmitteilung jenes Gottes anzunehmen, nach dem die Menschen durch alle Zeiten hindurch fragen. Gott wird erstlich und letztlich zugänglich nicht durch *unser* Denken, sondern durch *sein* Handeln. Dieses Handeln ist freilich nicht als ein Gott immanentes Werden zu verstehen, sondern als ein Gewährenlassen der Werde-Welt einschließlich der Raumgabe für die menschliche Selbstverwirklichung in und aus kreatürlicher Freiheit. Weil dieses Gewährenlassen aber der absoluten Freiheit Gottes verdankt wird, ist Gott nicht einfach der hinreichende, sondern der absolut transzendente Grund des Weltseins. Weil schließlich die Begründung dieses Grund-Seins die unendliche Liebe der Trinität ist, ist die Welt in ihrer Tiefe – sie wird in der menschlichen Personalität als Analogie zu den drei göttlichen Personen am besten erfaßbar – Geschenk und Mitteilung der Liebe. Sie vollendet sich darin, daß der dreieine Gott uns an der beseligenden Gemeinschaft seiner eigenen göttlichen Liebe Anteil geben will.

Wie steht es aber mit dem Leid und dem Leiden? In der Alten Kirche existierte die Formel: „Einer aus der Trinität ist gekreuzigt worden". Sie war nicht unumstritten[225]. Immerhin vermag sie einen Impuls zu geben: Gott blieb nicht jenseits des menschlichen Leids und Leidens. Über die Verbindungen von Trinitäts- und Kreuzestheologie wird unten noch ausführlicher zu sprechen sein[226]. In diesem Abschnitt sollte nur in aller Knappheit gezeigt werden, daß der trinitarische Gottesglaube auch und besonders für die Gottesproblematik der Gegenwart von aktueller Bedeutung ist. Der dreieine Gott ist das unendliche Geheimnis, welches uns gerade so auf uns selber hin befreit, daß wir seine Gemeinschaft finden.

5.2 Gott und die Geschichte

Auch die Überlegungen, die von der gegenwärtigen Situation ausgehen, weisen darauf hin: Gott begegnen wir in der Geschichte. Das gilt selbstredend auch vom trinitarischen Geheimnis – Gott ist kein anderer als der dreifaltige. Der Kulminationspunkt dieser Geschichte ist, wir wiederholen es, Jesus von Nazaret, der als der Christus Gottes erfahren und geglaubt wird. Indem der Glaubende sich auf ihn einläßt, wird er des trinitarischen Mysteriums gewahr.

---

[224] Vgl. oben 3.6.

[225] A. Grillmeier, Jesus der Christus im Glauben der Kirche, Band 2/2: Die Kirche von Konstantinopel im 6. Jahrhundert, Freiburg-Basel-Wien 1989, 333-359.

[226] Vgl. unten 5.6.2.

5.2.1 Das Christusereignis

Trinitätstheologie hat in der Linie dieses Gedankens dort einzusetzen, wo uns Jesus als der Christus begegnet: Das ist die *Menschwerdung*. Wir verstehen sie nicht eingeengt auf den Moment von Weihnachten, sondern als Inbegriff der irdischen Existenz des Sohnes Gottes. Das bedeutet näherhin: Das Menschsein und die Menschlichkeit Jesu sind der geschichtlich-leibhaftige Ort, an dem uns Trinität geoffenbart wird. Welche Konsequenzen das im einzelnen hat, wie vor allem Gottheit und Menschheit zueinander in Jesus zu denken sind, wird eingehend im Traktat *Christologie* bedacht[227]. Im Kontext der Gotteslehre können wir jedenfalls sagen: Das gelebte Menschsein Jesu wird zum inneren Moment der Gotteserkenntnis. In ihm begegnet uns in überzeugender Anschaulichkeit die Trinität: „Wer mich gesehen hat, hat den Vater gesehen" (Joh 14,9). Er ist *„vestigium Trinitatis"*[228]. Im Glauben an ihn wird das Leben Gottes als personales Geben und Empfangen anschaulich. Was wir von seinen Beziehungen zum Vater und zum Geist im biblischen Zeugnis in den Blick bekommen, können wir auf die immanent-trinitarischen Verhältnisse übertragen[229].

5.2.2 Die Gottesherrschaft

Das Christusereignis ist gewiß die höchste denkbare Begegnung des dreieinen Gottes mit den Menschen. Es ist aber nicht schon deren Ziel. Vielmehr steht es unter dem Zeichen einer *Sendung*. Es stellt hinfort die Geschichte unter neue Vorzeichen. Das biblische Kennwort dafür ist *Gottesherrschaft* (*basileia tou Theou*). Das Weltgeschehen bekommt eine Richtung, die Paulus vom innerchristologischen Höhepunkt der Auferstehung folgendermaßen beschrieben hat:

> „Wie in Adam alle sterben, so werden in Christus alle lebendig gemacht werden. Es gibt aber eine bestimmte Reihenfolge: Erster ist Christus; dann folgen, wenn Christus kommt, alle, die zu ihm gehören. Danach kommt das Ende, wenn er jede Macht, Gewalt und Kraft vernichtet hat und seine Herrschaft Gott, dem Vater übergibt. ... Wenn ihm dann alles unterworfen ist, wird auch er, der Sohn, sich dem unterwerfen, der ihm alles unterworfen hat, damit Gott herrscht über alles und in allem" (1 Kor 15, 22-25; 28).

Gott schenkt sich in der Menschwerdung des Sohnes dermaßen selber, daß er sich geradezu in die Hände seiner Gegner begibt, um die Menschen zu sich zu führen. Der innerste Sinn des ökonomischen Handelns Gottes ist die Versöhnung mit einer Menschheit, die sich von ihrem Lebensgrund in der Sünde abgewandt

[227] In diesem Werk Bd II: Christologie 2.5.

[228] E. Jüngel, Gott als Geheimnis der Welt, Tübingen 51986, 470-505.

[229] Auch wenn uns unmittelbar nur der *Mensch* Jesus in den Evangelien zu Gesicht gebracht wird, kann man von der im Dogma von Chalkedon gelehrten ungetrennten Einheit von Menschennatur und göttlicher Personalität her sagen: Jesus ist dergestalt Mensch, daß sein Menschsein der innertrinitarischen Relationalität der zweiten Person entspricht. Der Mensch Jesus steht dem Vater und dem Geist immer „logoshaft" gegenüber – eine Trennung ist nicht denkbar.

hat. Ihr Motiv ist wiederum in der Liebe zu suchen, die keine andre sein kann als die immanente Liebe der Trinität.

Wird diese Überlegung anthropologisch weitergeführt, so zeigt sich die Geschichte als Verwirklichung der Gottesherrschaft zugleich als der Geschehensraum für die Selbstverwirklichung des Individuums. Zwar sind nach der Lehre des Römerbriefes Menschen und außermenschliche Schöpfung in ihrem Geschick unlösbar verbunden (Röm 8, 21-23), aber des Menschen Verbindung zu Gott ist die der Geschwisterlichkeit zu Jesus: Alle,die Gott „im voraus erkannt hat, hat er auch im voraus dazu bestimmt, an Wesen und Gestalt seines Sohnes teilzuhaben, damit dieser der Erstgeborene von vielen Brüdern sei" (V. 29). Der Mensch ist weltverflochten, aber er geht nicht anonym in der Welt auf. Daraus resultieren auch Würde und Liebenswürdigkeit des Menschen in einer Weise, die die schöpfungsbedingte Gottebenbildlichkeit überhöhend aufnimmt.

5.3 Drei-Einigkeit

Die christliche Theologie ist sich einig, daß das trinitarische Bekenntnis *„konkreter Monotheismus"* ist[230]. Diese These wird nicht nur gegenüber dem Judentum und dem Islam als streng monotheistischen Religionen verteidigt, sondern hat besonders neuzeitliche Versuche der Bestreitung des Dreifaltigkeitsglaubens namens der Vernunft im Auge. Der *Deismus* hatte zwar Gott eine notwendige Funktion für die Welt zuerkannt, sei es als programmierender Ursache oder als Garanten der moralischen Ordnung, doch verfehlte er dabei die Möglichkeit, nach dem Göttlichen in Gott selbst zu fragen. Der *Pantheismus* in seinen verschiedenen Formen warf seinerseits sehr wohl diese Frage auf, doch geht bei ihm Gott in der Welt auf und verliert dabei seine Transzendenz. Der Schritt zum Atheismus legt sich in beiden Denkweisen beinahe unvermeidlich nahe: Ändert sich sehr viel, wenn man Gott aus solchen Vorstellungen entfernt? ‚Denn wenn alles Gott ist, ist nichts Gott; Gott fügt dann zum Bestand der Wirklichkeit nichts hinzu'[231]. Eine nur noch „vernünftige" Gottesvorstellung landet allemal in der Gott-Losigkeit. Beide Versuche des Gottes-Denkens laufen in die Aporie der Moderne aus, die ständig schwankt zwischen der Undenkbarkeit einer Koexistenz von Gott und Welt und der Aufhebung Gottes in der Vermischung beider Größen.

Dagegen sucht die christliche Gotteslehre zu zeigen, daß und wie Gott gedacht werden kann als in sich bereits kohärente Existenz, die dennoch sich dem Außergöttlichen (Welt und Menschen) öffnet, um dieses in die innergöttliche Liebe zwischen Vater, Sohn und Geist aufzunehmen. Der Begriff *konkreter Monotheismus* meint aus dieser Sicht:

[230] W. Kasper, Der Gott Jesu Christi, 358. Vgl. auch K. Barth, KD 1/1, 368; W. Pannenberg, Systematische Theologie 1, 363.

[231] W. Kasper, Der Gott Jesu Christi, 356.

1.) Gott ist immer ein *konkreter* Gott: Die Ökonomie des göttlichen Heilshandelns mit dem Kulminationspunkt der Inkarnation hat als ihren inneren Bestimmungsgrund die Trinität. Demgegenüber bleibt jeder philosophisch erschlossene Monotheismus höchst abstrakt. Hier stehen sich Gott und Nichtgöttliches dualistisch entgegen wie Einheit und Vielheit; daraus wächst dann leicht, wie etwa in der platonischen Tradition, auch ein ethischer Dualismus, bei dem das Nicht-Göttliche auch das Böse ist. Die Trinitätstheologie hingegen zeigt, daß Gott in sich selber, in seinem eigenen Wesen liebendes Geben und Empfangen ist und daß *dieser* Gott der Schöpfer der Welt ist. Das Viele, das Plurale in der Welt ist mithin nicht aus sich, als das Viele und Plurale, schon ethisch abzuqualifizieren[232].

2.) Christlicher Glaube ist echter *Monotheismus*: Er weiß sich auf dem Weg, den das Judentum des Alten Testamentes eingeschlagen hat. „Jahwe allein" – dieses Bekenntnis wird durch das christologische Dogma nicht aufgehoben; es wird in spezifischer Weise noch verstärkt durch die unvergleichliche Weise der Zugehörigkeit des Nazareners zu Gott, seinem Vater. Er ist ihm dergestalt verbunden, daß er ihm nicht hinzukommt noch ohne ihn gedacht werden kann – so wie auch der Vater nicht ohne seinen Sohn denkbar ist. Vater, Sohn und Heiliger Geist teilen sich nicht die Gottheit, sondern schenken sie einander aus der gleichen Fülle des Lebens und Liebens und haben sie so als das *eine* Gottsein. Das christliche Denken lehnt lediglich eine Konzeption von Monotheismus ab, die sich an der Einheit der menschlichen Person orientiert, so als ob Gott eine Art singuläre in die Unendlichkeit projizierte Person wäre.

Freilich müssen wir nochmals eingestehen, daß angesichts der Trinität unser Denken wie unser Sprechen entscheidend versagen. Alle trinitätstheologischen Begriffe und Sätze sind steter Kritik zu unterziehen. Das gilt auch für die traditionelle Aussage, mit der das christliche Gottes-Denken formalisiert worden ist: „In Gott gibt es *ein Wesen (Natur) in drei* Personen". Das läßt an eine Differenz in Gott denken, die nicht real existiert wie sie existiert im empirischen Bereich. Da sind Personen und Sachen unterschieden, da ist das naturale Wesen etwas anderes als die individuelle Verwirklichung in diesem oder jenem Menschen. Nicht so in Gott! Man muß sich vergegenwärtigen, daß *Natur* als trinitätstheologischer Begriff nur eingeführt worden ist, um festzuhalten, daß die Drei in ihrem „Gottsein" gleich sind. „Gottsein" ist jedoch nach christlichem Verständnis kein Gattungsbegriff, der auf mehrere Individuen anwendbar wäre, oder ein Objekt, das man aufteilen könnte. Vielmehr ist das Zu- und Miteinander von Vater, Sohn und Heiligem Geist selber dieses „Gottsein". Darüber hinaus ist festzuhalten: „Gottsein" ist kein Abstraktum, es ist die höchste Form von Konkretheit: es ist die trinitarische Liebe, mithin etwas, was wir im Rahmen unseres Denkhorizontes mit der höchsten Personalität und Personhaftigkeit verbinden. Damit wird der Person-Begriff nicht von unserer Erfahrung her auf Gott übertragen. Umgekehrt ist es. Was wir als Liebe und Personalität erleben, erweist sich als begründet im transzendenten Gott[233].

232 Vgl. dazu in diesem Band: Theologische Anthropologie 4.

233 Vgl. dazu W. Pannenberg, Systematische Theologie 1, 365-483.

5.4 Immanente und ökonomische Trinität

Einer der fruchtbarsten theologischen (nicht nur trinitätstheologischen) Impulse der Gegenwart war das Axiom *Karl Rahners: „Die ‚ökonomische' Trinität ist die ‚immanente' Trinität und umgekehrt“*[234]. Diese Formulierung ist ermöglicht worden durch den Wechsel vom instruktionstheoretischen zum kommunikationstheoretischen Modell von Offenbarung[235]. Wenn Gott nicht *etwas* über sich, sondern *sich selber* mitteilt, dann erschauen wir in der Offenbarung immer auch etwas von seiner Intimität. Das Bekenntnis zur Trinität ist dann nicht die Behauptung schlechterdings unverständlicher und unnachweislicher innergöttlicher Verhältnisse und Vorgänge, sondern Antwort des sich offenbarenden Gottes selber auf die Frage, wer er sei. Nicht erst die Inkarnation, schon die Schöpfung ist *vestigium Trinitatis*.

Dennoch darf die Gleichung nicht die Spannung aufheben, die zwischen Immanenz und Ökonomie besteht. Zwar ist es der trinitarische Gott, der in der Heilsgeschichte am Werk ist, aber indem er wirkt, geschieht etwas, das „vorher“ noch nicht gewesen ist, also gewisermaßen ein Mehr einbringt. Würde man eine schlechthinnige Identität zwischen immanenter und ökonomischer Trinität annehmen, dann wäre die Schöpfung entweder ein Moment der Dreifaltigkeit Gottes oder es wäre belanglos, daß Gott sich den Geschöpfen zuwendet. Man muß also die Worte *„und umgekehrt“* im Rahner'schen Axiom cum grano salis nehmen: Nicht eine statische Kongruenz kann gemeint sein. Richtig ist zu sagen: Die Gleichung ist stimmig nur in der Hypothese, daß ein Handeln Gottes ins Außergöttliche vorgegeben ist. Anders ausgedrückt: Die ökonomische Trinität *setzt die immanente voraus*. Diese begründende Relation läßt sich nicht mehr umkehren.

Rahner dürfte dem zustimmen, nicht aber manche andere Theologen. So meint *Piet Schoonenberg*, man könne durchaus nicht als selbstverständlich voraussetzen, daß Gott auch abgesehen von seiner heilsgeschichtlichen Selbstmitteilung trinitarisch sei[236]. Wir wissen von Gottes Dreieinheit lediglich aus der Selbstkundgabe Gottes – was darüber hinaus Gott sei, entziehe sich uns. Trinität gibt es mit anderen Worten erst durch Gottes Heilswirken für uns. In diesem Konzept wird nicht mehr die ökonomische von der immanenten Trinität begründet, sondern allenfalls ist es umgekehrt. Aber wird Schoonenberg damit der Glaubensüberlieferung gerecht? Diese sieht in der in Jesus gegebenen Gegenwart Gottes für uns nicht einfach eine neue Form seiner Präsenz, sondern eine Gegebenheit, die in Gottes Wirklichkeit schon vor aller Schöpfung und Zeit existiert. Daß in Jesus „Gott für uns“ erschienen ist, wird erst dadurch in aller Prägnanz erkannt, wenn seine Sendung keine positivistische Setzung ist, sondern

---

[234] MySal 11, 328 sowie die Entfaltung 318-397. Vgl. auch den Auszug aus dem Aufsatz „Bemerkungen zum dogmatischen Traktat ‚De Trinitate'“ (1960) in: tzt D 2/II, Nr. 174 (S. 127-133).

[235] Vgl. in diesem Band: Theologische Erkenntnislehre 2.4.

[236] P. Schoonenberg, Ein Gott der Menschen, Einsiedeln 1969; ders., Der vollendete Bund. Thesen zur Lehre vom dreipersönlichen Gott: Orien. 37 (1973), 115-117; ders., Der Geist, das Wort und der Sohn. Eine Geist – Christologie, Regensburg 1992.

die Weise der Selbstmitteilung Gottes. Gott ist, wenn man so sagen darf, „für uns" schon in sich.

Hans Küng beurteilt, wie oben schon einmal angedeutet, die klassische Trinitätslehre skeptisch, weil er in ihr nur einen Interpretationsversuch des hellenistischen Denkens sieht[237]. Daran ist unbestreitbar, daß in der Tat die Formeln der klassischen Dogmatik in dieser Hinsicht unter dem Horizont des griechischen Denkens geprägt worden sind. Dabei ging es den Theologen und den Konzilien jedoch gerade nicht um die Festschreibung philosophischer Konzeptionen, wie wir aufzeigen mußten, sondern um deren Aufsprengung zugunsten des Primats der biblischen Offenbarung. Jesus ist nur dann wirklich der göttliche Heilsbringer, wenn er innerhalb der Trinität steht. Damit aber ist die Lehre von der Dreifaltigkeit nicht eine Spekulation jenseits der Heilsgeschichte; sie ist im Gegenteil ihr Kern: In diesem Sinne gilt dann sehr wohl, daß die ökonomische Trinität die immanente ist *und umgekehrt*.

5.5 Der Person-Begriff

Die Debatte ob und wieweit der Begriff „Person" trinitätstheologisch (heute) noch geeignet ist, wurde durch den schon apostrophierten Begriffswandel ausgelöst[238]. *Karl Rahner* hatte, angeregt auch durch Bedenken von *Karl Barth*, Person definiert als „eigenes, freies, über sich selbst verfügendes, sich von anderen absetzendes Aktzentrum in Wissen und Freiheit"[239]. Ausgangspunkt ist deutlich die menschliche Subjektivität, die menschliche Person. In diesem Sinne kann man selbstverständlich nicht von einem dreipersonalen Gott sprechen. Die Drei stünden sich in dieser Hypothese gegenüber wie drei völlig unterschiedene Individuen. An die Stelle der Trinität träte ein Tritheismus. Da nun aber heute Person im angegebenen Sinn verstanden wird, stellt sich Rahner die Frage, ob man dann weiterhin bei der herkömmlichen Sprache bleiben dürfe. Sie kann nicht einfach von der Hand gewiesen werden.

Vor einer kritischen Bewertung muß festgehalten werden, daß Barth wie Rahner nicht nur das christliche Bekenntnis voll und ganz bejahen, sondern auch anerkennen, daß in der klassischen Terminologie dem Person-Begriff durchaus positive Momente innewohnten. Festgehalten muß ferner werden, daß auch die alten Theologen (z. B. Augustinus) wußten, daß er problematisch ist. Schließlich ist zu vermerken, daß Barth und Rahner nicht einfach Tradition und traditionelle Formeln über den Haufen werfen wollen und den Wert eines begrifflichen Kürzels wie „drei Personen" zu schätzen wissen; es geht ihnen nur darum, einen neuen Begriff ausfindig zu machen, der die Vorteile des Kürzels ohne des-

---

[237] H. Küng, Christsein, München 1974; Existiert Gott? München 1978.
[238] Vgl. oben 4.7.3 (Nr. 3).
[239] Grundkurs des Glaubens, 140.

sen Nachteile hat. Barth glaubt ihn zu finden im Wort *„Seinsweise"*, Rahner entscheidet sich für *„distinkte Subsistenzweise"*. Er bleibt damit näher am dogmengeschichtlich maßgebend gewordenen griechischen Begriff der *Hypostase*, der im Lateinischen mit *subsistentia* übersetzt werden konnte.

Eine Beurteilung muß in Rechnung stellen, daß die Intentionen der beiden großen Theologen auf eine bessere katechetische Vermittlung des Geheimnisses gingen. Wenigstens hinsichtlich der Rahnerschen Formel darf bezweifelt werden, daß sie dem gerecht wird. Sie ist doch sehr fachtheologisch. Aber auch in dieser Perspektive fordert sie Fragen heraus. Vielleicht darf grundsätzlich schon einmal ein Zweifel angemeldet werden, ob denn der neuzeitliche Person-Begriff tatsächlich so weitgehend verschieden vom klassischen ist. Ist im Begriff „Aktzentrum" nicht ein Moment gegeben, der das Individuum als solches übersteigt? Der Person eignet unbestrittenermaßen eine besondere und einmalige Würde. Ist diese Würde aber aus der Individualität allein schon begründbar und in ihr begründet? Oder anders formuliert: *Person* kann nie in vollkommener Geschlossenheit und Isolation von anderem gedacht werden. Sie ist je schon offen auf Personen. So enthält der Begriff sowohl das Element der Besonderheit wie auch der Zuordnung (Relation) auf Gemeinschaft.

Darüber hinaus ist – wieder im unmittelbaren Blick auf Rahner – anzufragen, wie es denn mit dem *Distinkt-Sein* steht. Damit soll die Unterschiedenheit der Drei hervorgehoben werden. Es wird aber nicht mitgesagt, ob und wie die Subsistenzweisen aufeinander bezogen sind. Mißverständnisse lassen sich nur durch zusätzliche Erklärungen aus der Welt schaffen. Was die *Subsistenzweisen* anlangt, so scheint sich eine Vorstellung aufzudrängen, die ein einziges Subjekt als Träger voraussetzt. Nun kann aber das *eine Wesen* Gottes gerade nicht Subjekt im neuzeitlichen Sinn von Aktzentrum sein. Wenn aber die Drei Subsistenzweisen *sind*, bleiben die gleichen Probleme, die der Person-Begriff auch schon bereitet. Es ist also wenig gewonnen. Das Zueinander von Vater, Sohn und Geist wird nicht besser erklärt[240].

5.6 Trinitätstheologische Akzentuierungen

Ein Text kann mit unterschiedlichen Betonungen vorgetragen werden. Er bleibt derselbe, aber kann seinen Sinn dadurch in neuer Weise erschließen. So ist es auch in der Gotteslehre. In diesem Abschnitt werden einige trinitäts-theologi-

---

[240] Zur Auseinandersetzung mit Rahner: W. Kasper, Der Gott Jesu Christi, 348-354, W. Löser, Trinitätstheologie heute. Ansätze und Entwürfe: W. Breuning (Hg.), Trinität. Aktuelle Perspektiven der Theologie (QD 101), Freiburg-Basel-Wien 1984. Rahner verteidigt H. Vorgrimler, Zum Gespräch über Jesus: M. Marcus, E.W. Stegemann, E. Zenger (Hg.), Israel und Kirche heute (FS E. Ehrlich), Münster 1991, 148-160. Zum Personbegriff vgl. besonders H. Mühlen, Der Heilige Geist als Person. Beitrag zur Frage nach der dem Heiligen Geist eigentümlichen Funktion in der Trinität, bei der Inkarnation und im Gnadenbund (MBTh 26), Münster 1963.

sche Ansätze vorgestellt, die alle auf dem altkirchlichen Bekenntnis aufruhen. Es geht dabei um die Heraushebung von Denk-Typen, nicht um eine vollständige Darstellung. Im übrigen wird schon durch die gemeinsame Grundlage gesichert, daß sie sich nicht gegenseitig ausschließen.

5.6.1 Offenbarungstheologischer Ansatz

5.6.1.1 Karl Barth

Ein erster Denk-Typus setzt beim Verständnis der Offenbarung als *Selbstmitteilung Gottes durch sein Wort* an. Er steht damit gewissermaßen in der johanneischen Tradition, in der Jesus als das Wort Gottes Weg zur Erkenntnis des Vaters ist, und zwar nicht nur durch seine Verkündigung, sondern durch seine ganze Existenz „für uns Menschen und zu unserem Heil", wie das Große Glaubensbekenntnis formuliert hat. Die geschichtliche Existenz Jesu gibt Antwort auf die Frage, wer Gott sei.

Aus dieser Erkennntis hat vor allem *Karl Barth* seine Trinitätstheologie entwickelt. Er erklärt programmatisch: „Gottes Wort ist Gott selbst in seiner Offenbarung. Denn Gott offenbart sich als der Herr und das bedeutet nach der Schrift für den Begriff der Offenbarung, daß Gott selbst in unzerstörter Einheit, aber auch in unzerstörter Verschiedenheit der Offenbarer, die Offenbarung und das Offenbarsein ist"[241]. Damit wird die Korrelation von Wort und Offenbarung gezeigt: Offenbarung geschieht im Wort – das Wort ist Selbstoffenbarung Gottes. Nur *Er* kann seine Heiligkeit und Göttlichkeit bekunden. Offenbarung ist dann Kundgabe seines Herr-Seins. Dieses wiederum gründet im innersten Wesen Gottes selber. Indem er es offenbart, geht Gott eine Beziehung zum Menschen ein, dem er sich mitteilt, mit dem Ziel der Aufrichtung der Gottesherrschaft.

Damit wollte Barth nicht die Trinität aus dem Offenbarungsbegriff ableiten. Er suchte zu zeigen, daß das Christus-Ereignis als Ereignis der Selbstkundgabe Gottes bereits Erweis von dessen trinitarischem Wesen ist. „Das biblische Zeugnis von Gottes Offenbarung stellt uns vor die Möglichkeit, den einen Satz ‚Gott offenbart sich als der Herr' dreimal in verschiedenem Sinn zu interpretieren. Diese Möglichkeit ist die biblische Wurzel der Trinitätslehre"[242]. Die Trinitätslehre beantwortet die Frage, wer der sich offenbarende Gott ist. Damit entsteht ein Zirkel: Sie antwortet auf die Frage nach dem Subjekt der Offenbarung, „daß *Gott* der ist, der sich offenbart". Den Satz muß man aber auch zum vollen Verständnis umgekehrt betonen: „Gott ist der, der sich *offenbart*". Das Subjekt der Offenbarung weist sofort auf diese selber zurück. „Die kirchliche Trinitätslehre ist ein in sich geschlossener Kreis. Ihr beherrschendes und entscheidendes Interesse besteht darin, genau und vollständig zu sagen, daß *Gott* der Offenbarer ist. Aber wie könnte sie gerade das genau und vollständig sagen ohne eben damit zu bekunden: kein Anderer als der *Offenbarer* ist Gott"[243].

---

[241] KD 1/1, 311.
[242] KD 1/1, 396; tzt D 2/II, Nr. 171.
[243] A.a.O. 400 f; tzt D 2/II a.a.O.

Kritisch anzufragen bleibt freilich, ob der hier eingeführte Begriff *Subjekt* weiterführt. Er scheint noch schwieriger als der Terminus *Person*, der immerhin durch seine Verwendung in der Tradition einigermaßen geklärt werden konnte. In der philosophischen Sprache der Neuzeit meint *Subjekt* das Individuum, welches über sich mit Verstand und Freiheit verfügen kann. In diesem Sinn könnte er auf Gott nur im Singular bezogen werden. Die Annahme von drei Subjekten würde zum Tritheismus leicht verführen. Wohl aber legt *Subjekt* ein Aktzentrum nahe, das es in Gott gibt. Wenn Barth so sehr das Herr-Sein Gottes betont, dann geschieht dies im Duktus seiner ganzen Konzeption, die jede menschliche Selbst-Herr-lichkeit verurteilen will.

5.6.1.2 Karl Rahner

Die schon bei Barth vorausgesetzte Einheit von ökonomischer und immanenter Trinität, die sich uns aus der Offenbarung nahelegt, entfaltet der Innsbrucker Theologe in Richtung auf den Subjektbegriff. Wenn der Mensch nach seinem *Woher und Wohin* fragt, sieht er, daß der sich offenbarende Gott die Antwort ist als letzter Ursprung und endgültiges Ziel, als absolute Zukunft. So ist er der vollkommen Transzendente, der sich uns gleichwohl in und aus Liebe schenkt. Sofern die Daseinsverfassung des Menschen grundlegend bestimmt wird durch die Sehnsucht nach Wahrheit und Liebe, zeigt sich uns der transzendente Gott in der Christusoffenbarung als Wort der Wahrheit und als Geist der Liebe. Wenn Wahrheit und Liebe aber nichts anderes sein können als das göttliche Geheimnis selbst, dann ist seine Zuwendung schon die Weise des Geheimnisses in der Gestalt des Wortes und des Geistes. So ist der Mensch in theologisch-existentialer Sicht als nach Wahrheit und Liebe ausgestrecktes Wesen die Möglichkeitsbedingung für das Vernehmen der trinitarischen Offenbarung, aber diese Möglichkeit wird Realität erst und nur durch das tatsächliche Kommunikationshandeln Gottes mit dem Menschen[244].

Rahner gelingt es mit seinem Entwurf verständlich zu machen, daß die Offenbarung Gottes seinem Wesen entspricht, daß sie zur Gotteserkennntis notwendig ist und sich dennoch bereits eine Anlage im Menschen für ihre Aufnahme bereitet hat. Es fragt sich freilich, ob Rahners Gedanken wirklich der personalen Eigenständigkeit von Wort und Geist gerecht werden können. Gott wird faktisch so sehr als *ein* Subjekt gesehen, daß seine Dreipersonalität abgeschattet wird. Vor allem ist zu fragen, ob in diesem Ansatz das geschichtliche Moment des Christusereignisses noch ganz zum Tragen kommt.

5.6.1.3 Hans Urs von Balthasar

Dieses Manko gleicht der Baseler Theologe aus. Er baut auf Barth und Rahner auf[245]. Der denkerische Kontext seiner Trinitätslehre ist eine Metaphysik der Lie-

244 K. Rahner, Systematischer Entwurf einer Theologie der Trinität: MySal 2, 369-397.

245 Der Zugang zur Wirklichkeit Gottes: MySal 2, 15-45; 3/2, 133-326; Theodramatik II/2, Einsiedeln 1978, 461-489; III, a.a.O. 1980, 295-395; IV, a.a.O. 1983. Vgl. auch H. O. Meuffels, Einbergung des Menschen in das Mysterium der dreieinigen Liebe (BDSt 11), Würzburg 1991; F. Courth, Der Gott der dreifaltigen Liebe, 260-270. Siehe auch tzt D 2/II, Nr. 185.

be. Sie ist uns im wahrsten Sinn des Wortes ansichtig geworden in Jesus Christus: Er ist das Bild des unsichtbaren Gottes. Als dessen gehorsamer Sohn weist er uns auf die liebende Dreieinigkeit hin, die dem Menschen in die Leere und Sinnlosigkeit des Todes noch nachgeht. Die „Theologie des Karsamstags" eröffnet diese Dimension, deren Weite uns im Ostergeschehen erst ganz aufgeht. Zentraler Begriff ist zur Deutung dieser Lebens- und Leidensgeschichte der Gottesoffenbarung die *Kenosis* Gottes, seine vollkommene Entäußerung (vgl. Phil. 2,5-7). Sie ist nicht nur ein innerweltliches Faktum als Kreuzesgeschehen, sondern manifestiert das innerste Wesen Gottes. „Man kann ... die Selbstaussprache des Vaters in der Zeugung des Sohnes als erste, alles umfassende ‚Kenose' bezeichnen, da der Vater sich darin restlos seiner Gottheit enteignet und sich dem Sohn übereignet. ... In der Liebe des Vaters liegt ein absoluter Verzicht, für sich allein Gott zu sein, ein Loslassen des Gottseins und in diesem Sinn eine (göttliche) Gott-losigkeit (der Liebe natürlich), die man keineswegs mit der innerweltlichen Gottlosigkeit vermengen darf, die aber doch deren Möglichkeit (überholend) grundlegt. Die Antwort des Sohnes auf den geschenkten gleichwesentlichen Besitz der Gottheit kann nur ewige Danksagung (eucharistia) an den väterlichen Ursprung sein, so selbstlos und berechnungslos, wie es die erste Hingabe des Vaters war. Aus beiden hervorgehend, als ihr subsistierendes ‚Wir' atmet der gemeinsame Geist', der die unendliche Differenz zugleich offenhaltend (als Wesen der Liebe) besiegelt und als der eine Geist beider sie überbrückt"[246].

Balthasar kann von dieser Perspektive aus Rahner darin folgen, daß man von der ökonomischen auf die immanente Trinität schließen könne, doch lehnt er die Umkehrung des Satzes ab. Dann ginge die immanente in der ökonomischen Trinität auf – und da droht Modalismus.

5.6.2 *Kreuzestheologischer Ansatz*

Die christliche Offenbarung hat einen Kulminationspunkt in der höchst anstößigen Botschaft vom Kreuzestod des Gottessohnes. Von Seiten des Menschen ist andererseits eben diese Botschaft hilfreicher Trost, wo dieser sich mit dem eigenen und dem fremden Leid in der Welt konfrontiert sieht. So gesehen ist in der Tat das Kreuz Christi ein zentrales Moment in der Reflexion über Gott – und das heißt immer: über den Dreieinen. Der Vater liefert den Sohn aus, damit wir den Vater im Sohn durch den Geist finden.

Die *theologia crucis* gehört denn auch zu den wesentlichen Ergebnissen der christlichen Gottesmeditation. Ihre bedeutendsten Vertreter in der Geschichte sind nach *Paulus* vor allem *Martin Luther* und, in philosophischem Horizont, *Hegel*. Für diesen ist in realistischer Idiomenkommunikation die Hinrichtung Jesu die äußerste Negation, die Gott erfahren kann. „Dies Leiden und dieser Tod, dieser Opfertod des Individuums für alle, dieser ist die Natur Gottes, die göttliche Geschichte, die absolut schlechthin affirmativ allgemeine Subjektivität; dies aber ist, die Negation seiner zu setzen. Im Tod kommt das Moment der Nega-

[246] Theodramatik III, 300 f.

tion zur Anschauung. Dies Moment ist wesentlich Moment der Natur des Geistes, und dieser Tod ist es selbst, der in diesem Individuum hervortreten muß. ... Es liegt ... darin, daß Gott gestorben, daß Gott selbst tot ist"[247]. Über die Rede vom „Tod Gottes" bei *Nietzsche* und die „*Gott-ist-tot-Theologie*" der sechziger Jahres des 20. Jahrhunderts ist das Nachdenken über die Verbindung Gott – Tod (als etwas Gott selber Betreffendes) lebendig gehalten worden. In der Gegenwart wird es von vielen Theologen aus allen christlichen Konfessionen weitergeführt. Als Beispiel stellen wir die Gedanken *Jürgen Moltmanns* vor[248].

Für den evangelischen Systematiker bekommt der zweite Teil des Rahnerschen Axioms besondere Bedeutung: Aus der Ökonomie kann man die Immanenz Gottes erschließen. Dann gehört die Passion des Sohnes zum Wesen Gottes: „Der Schmerz des Kreuzes bestimmt das innere Leben des dreieinigen Gottes von Ewigkeit zu Ewigkeit"[249]. Kreuzestheologie und Trinitätslehre werden damit geradezu identifiziert. In der christologischen Arbeit von 1972 (²1973) erweckt Moltmann den Anschein, als ob Gott überhaupt erst im Kreuz trinitarisch „konstituiert" werde. Gegen eine solche Interpretation hat er sich jedoch in der Arbeit von 1980 ausdrücklich gewehrt. Dort wird ein ewiger immanenter Hervorgang von Sohn und Geist festgehalten. Das leitende Motiv ist im „Gekreuzigten Gott", den leidenden Menschen in steilen dialektischen Formulierungen zu vermitteln, daß Gott ins Leid wahrhaft und wirklich eingegangen ist: „Die im Kreuzestod Jesu auf Golgotha konkrete ‚Geschichte Gottes' hat darum alle Tiefen und Abgründe der menschlichen Geschichte in sich und kann darum als die Geschichte der Geschichte verstanden werden. Alle menschliche Geschichte, wie sehr sie von Schuld und Tod bestimmt sein mag, ist in dieser ‚Geschichte Gottes', d.h. in der Trinität, aufgehoben und in die Zukunft der ‚Geschichte Gottes' integriert. Es gibt kein Leiden, das in dieser Geschichte Gottes nicht Gottes Leiden, es gibt keinen Tod, der nicht in der Geschichte auf Golgotha Gottes Tod geworden wäre"[250].

Aber auch die ewige innertrinitarische Beziehung steht seit Ewigkeit unter dem Zeichen von Golgotha. Als der Tod Jesu sich dort ereignet, zerbricht die Vater-Sohn-Relation. Der Sohn ist nur noch als der Dahingegebene und Verlassene der Sohn; der Vater ist nur als der Verlassende und Hingebende der Vater. Gott geht ins Leid und Leiden – und was ihn dennoch sozusagen zusammenhält, das ist der Heilige Geist[251].

---

[247] Vorlesungen über die Philosophie der Religon III. Teil (1824): G. Lasson (Hg.), G.W.F. Hegel, Die absolute Religion, Hamburg 1929, 164; tzt D 2/II, Nr. 168.

[248] Der gekreuzigte Gott, München ²1973; Trinität und Reich Gottes, München 1980; Die Einheit des dreieinigen Gottes. Bemerkungen zur heilsgeschichtlichen Begründung und zur Begrifflichkeit der Trinitätslehre: W. Breuning (Hg.), Trinität. Aktuelle Perspektiven der Theologie (QD 101), Freiburg-Basel-Wien 1984, 97-113. Vgl. J. Niewiadomski, Die Zweideutigkeit von Gott und Welt in J. Moltmanns Theologien (IThSt 9), Innsbruck 1982; R. Radlbeck, Der Personbegriff in der Trinitätstheologie der Gegenwart – untersucht am Beispiel der Entwürfe Jürgen Moltmanns und Walter Kaspers (ESt NF 27), Regensburg 1989. Lesetexte: tzt D 2/II, Nr. 180 f.

[249] Trinität und Reich Gottes, 177.

[250] Der gekreuzigte Gott. 233; tzt D 2/II, Nr. 180, S. 151 f.

[251] Trinität und Reich Gottes, 98.

Moltmann vermag dieses furchtbare Geschehen nicht mehr mit dem traditionellen Begriffsapparat von Sein, Substanz, Subjekt, Person zu fassen, sondern greift zurück auf soziale Kategorien. Trinität ist eine Sozialität. Sie ist zu denken in Begriffen wie *Beziehung* und *Gemeinschaft*. Damit wird nach ihm die abstrakte Trinitätslehre politisch fruchtbar. In der sozialen Demokratie kann er ein Bild des dreieinen Gottes sehen[252].

Seine Dialektik hat Anlaß zu unterschiedlicher Kritik gegeben – man hat ihm auf der einen Seite vorgeworfen, er trenne die Personen so stark, daß aus der Trinitätslehre ein Tritheismus werde[253], auf der anderen, er verstehe sie nur mehr als Metaphern[254]. Schuld daran ist die extrem dialektische Sprache, mit der er den Skandal der Theodizee in Gott selber verankern und so erträglich machen will. Man kann heute insofern von einem Konsens reden, als eine statische Gottesvorstellung aufgegeben wird, in der Gott angesichts des Leidens in seiner Schöpfung in stoischer Unbeteiligtheit und Seligkeit verharrt. Das vertrüge sich nicht mit seiner Liebe. So darf man sehr wohl auch vom *Schmerz Gottes* sprechen, ja sogar von seinem *Tod* – versteht man nur unter dem ersteren nicht eine ohnmächtige Betroffenheit und unter dem letzteren nicht ein Auslöschen und Nicht-Sein Gottes. Das Sterben des Gottessohnes auf Golgotha ist Zeichen der Hingabe Gottes an die Menschen und Realisierung der göttlichen Menschenfreundlichkeit. In diesem Zeichen erhalten dann Leid und Schmerz und Sterben der Kreaturen einen tiefen Sinn.

Der kreuzesthologische Ansatz ist die Korrektur einer Gotteslehre, die zur geschlossenen Metyphysik neigt. In diesem Sinn war auch der Protest Luthers gedacht: Er stellt die Weisheit des Kreuzes gegen die scholastische Wortklugheit. Darüber sollte man freilich nicht vergessen, daß auch das mittelalterliche Bemühen getragen war von dem Bestreben, die Offenbarung und in ihr Gott zu Wort kommen zu lassen und sonst nichts. Um dessenwillen erachteten die Theologen eine ausgefeilte und sorgsam definierte Terminologie als unerläßlich.

5.6.3 Eschatologisch-heilsgeschichtlicher Ansatz

Die Heilige Schrift ist wesentlich vom Gedanken der Heilsgeschichte bestimmt: Gott ruft ein Volk aus allen Völkern, führt es durch die Geschichte und sendet in der Fülle der Zeit seinen Sohn. Der Sohn ruft das neue Gottesvolk ins Leben, das sein Geist wiederum durch die nachösterliche Geschichte kontinuierlich wirkt. Die Geschichte ist mithin der Rahmen, innerhalb dessen Gott sich kundtut, um das von Jesus Christus proklamierte Gottesreich endgültig und ohne Ende zu begründen. Verschiedene moderne Theologen haben die Trinitätslehre von diesem heilsgeschichtlichen Rahmen her zu entwickeln versucht. Sie sind mithin den Weg von der ökonomischen zur immanenten Dreifaltigkeit gegan-

[252] Vgl. Trinität und Reich Gottes, 213-217; tzt D 2/II, Nr. 181.
[253] R. Radlbeck, Der Personbegriff, 94 f.
[254] L. Scheffczyk, Glaube als Lebensinspiration, Einsiedeln 1980, 141.

gen. Genannt seien *Wolfhart Pannenberg*[255] und *Walter Kasper*[256]. Von der Geschichtstheologie Augustins inspiriert sind *Joseph Ratzinger*[257] und in besonderer Weise *Henri de Lubac*[258]. Auf das Werk des französischen Theologen gehen wir etwas näher ein.

De Lubac hat keine systematische Gotteslehre vorgelegt, wohl aber kann man die Trinität als Mitte seiner Theologie bezeichnen. Ausgang ist wieder die Offenbarung, die als Ereignis der geschichtlichen Selbstmitteilung Gottes und somit auch als Kundgabe seines trinitarischen Wesens angesehen wird. Nun erfolgt diese nicht aus Gottes Informationsdrang, sondern um die Menschen in die bleibende Gottesgemeinschaft, in die eschatologische Vollendung zu rufen. Da die Menschen ihr Ziel in sich selber suchten, hat der Vater den Sohn gesandt, um uns zurückzuführen durch den Kreuzestod dieses Sohnes. Der Heilige Geist führt dieses Werk durch die Zeiten weiter. Die Heilsgeschichte manifestiert sich als Werk der Liebe eines Gottes, der in sich dreieine Liebe ist. Der Jesuit geht also ebenfalls den Weg von der ökonomischen zur immanenten Trinität. Trinitätstheologie erschließt sich über die Geschichtstheologie; ja sie ist wenigstens in ihrem „ökonomischen" Part Theologie der Geschichte.

5.7 Die existentielle Not des Glaubens an den Gott, der Liebe ist – Das Theodizeeproblem

Der Begriff *Theodizee* geht zurück auf *Leibniz* und heißt wörtlich *Rechtfertigung Gottes* (griech. Theos Gott, dikaioun rechtfertigen). Dahinter verbirgt sich eine Menschheitsfrage: Woher kommen Übel, Leid, Schmerzen, das Böse? Sie wird in aller Schärfe dringlich dort, wo man monotheistisch an Gott glaubt: Wie kann es alles dieses Schreckliche geben, wenn doch ein allmächtiger Gott existiert? Oder ist er doch nicht allmächtig und damit nicht in Wahrheit Gott? Noch einmal spitzt sich die Frage zu, wo Gott als der Gott der Liebe bekannt und geglaubt werden soll. Wie lassen sich die unendlichen Leiderfahrungen der Menschen individuell, der Menschheit als ganzer mit der grenzenlosen Güte Gottes in Einklang bringen? Unerträglich wird sie dort, wo – wie im Neuen Testament – ausdrücklich ein Rachegott verneint, der Tun-Ergehen-Zusammenhang in Abrede

[255] Systematische Theologie, 3 Bde., Göttingen 1988-1993.

[256] Jesus der Christus, Mainz 1974 (u.ö.); Der Gott Jesu Christi, Mainz 1982 (u.ö.). Dazu R. Radlbeck, Der Personbegriff in der Trinitätstheologie der Gegenwart.

[257] Theologische Prinzipienlehre, München 1982, 15-27; Vom Sinn des Christseins, München 1971; Der Heilige Geist als communio: C. Heitmann, H. Mühlen (Hg.), Erfahrung und Theologie des Heiligen Geistes, Hamburg-München 1974, 223-237. Vgl. dazu A. Nichols, The Theology of Joseph Ratzinger, Edinburgh 1988, 110-132.

[258] Credo. Gestalt und Lebendigkeit unseres Glaubensbekenntnisses, Einsiedeln 1975; Glauben aus der Liebe – „Catholicisme", Einsiedeln 1970. Vgl. dazu E. Maier, Einigung der Welt in Gott. Das Katholische bei H. de Lubac, Einsiedeln 1983; F. Courth, Der Gott der dreifaltigen Liebe, 250-260.

gestellt und die Versöhnung Gottes mit den Sündern ins Zentrum gerückt wird[259].

Die Frage wird zum „Fels des Atheismus" (*Georg Büchner*). Die Heilige Schrift läßt sie offen zu: Das Buch Ijob ist der berühmte Beleg. Gleichwohl zeigt näheres Nachdenken, daß sie eine sekundäre, keine primäre Frage ist. Sie ist nur im Gefolge eines Glaubens an Gott anzutreffen, der von anderswoher begründet ist. Das mindert nicht ihre Schärfe: Zwar fällt die Entscheidung für Gott nicht angesichts ihrer, aber sie muß sich angesichts ihrer bewähren. Man kann sie nicht ausblenden oder verdrängen, man muß ganz im Gegenteil sich damit konfrontieren lassen: Warum glauben wir *dennoch* an Gott? Dabei genügt nicht der Rückzug auf die Eschatologie, d.h. auf eine Hoffnung, die sich irgendwie darauf verläßt, Gott werde am Ende alles zum Guten richten. Kann Auschwitz jemals einen Sinn bekommen? Es reicht auch nicht das Konzept einer Aufrechnung des doch überwiegend Guten in der Welt gegen das Böse. Wer hat da die Kompetenz, Rechenmeister zu spielen? Ist durch noch so viel Liebe ein einziger Kindermord zu verrechnen – vor allem für jene, die dem Kind Leben und Liebe geschenkt haben?

In diesem Zusammenhang rekurrieren die Theologen und Philosophen gern auf den Begriff *Vorsehung* (griech. *pronoia*, lat. *providentia*).

Er hat eine problematische Geschichte in der Neuzeit. Vorwiegend seit der Aufklärung erfreut er sich einer wachsenden Beliebtheit. Aufgrund des Vertrauens in die Vorsehung meinte *Leibniz* († 1716), Gott habe mit der unseren die beste aller Welten erschaffen. Er mußte aber nicht mehr das gewaltige Erdbeben von Lissabon im Jahr 1755 erleben, das europaweit alle theologischen Optimismen weitgehend unter sich begrub. Ihm blieb auch der Spott erspart, den *Voltaire* († 1778) über ihn ergoß in seinem meisterlichen Roman „Candide oder der Glaube an die beste der Welten"[260]. Seit *Adolf Hitler* mit der Berufung auf die Vorsehung Schindluder trieb, ist endgültig den Menschen des 20. Jahrhunderts das Vertrauen verloren gegangen.

Aber das Wort *Vorsehung* gehört dem Sprachschatz der Bibel des Alten Testamentes an, wenn auch erst dessen jüngeren Schichten (Weish 14,3; 17,2). Allerdings hat es da einen anderen Sinn als in der griechischen Philosophie: Hier ist *pronoia* die Weltvernunft, die die kosmische und sittliche Ordnung (logos) wirkt – im Sinne eines pantheistischen Monismus. Die *Stoiker* kultivieren einen Vorsehungsgedanken, der sie zum Fatalismus führt: Nicht Ergebung in den Willen Gottes, sondern Resignation gegenüber dem unvermeidlichen Schicksal (*fatum*) ist die

[259] Die Literatur ist kaum überschaubar zu diesem Thema. Einige wichtige Titel: H. Haag, Vor dem Bösen ratlos? München-Zürich 1978; W. Sparn, Leiden – Erfahrung und Denken. Materialien zum Theodizeeproblem, München 1980; K. Lüthi, Gott und das Böse. Eine biblisch-theologische und systematische These zur Lehre vom Bösen, entworfen in Auseinandersetzung mit Schelling und Karl Barth, Zürich 1981; H. Jonas, Der Gottesbegriff nach Auschwitz. Eine jüdische Stimme, Frankfurt 1984; H. Häring, Das Problem des Bösen in der Theologie, Darmstadt 1985; W. Oelmüller (Hg.), Theodizee – Gott vor Gericht? München 1990; G. Greshake, Wenn Leid mein Leben lähmt. Leiden – Preis der Liebe? Freiburg-Basel-Wien 1992 (Neuausgabe; erstmals 1978); W. Groß, K.-J. Kuschel, „Ich schaffe Finsternis und Unheil". Ist Gott verantwortlich für das Übel?, Mainz 1992. Vgl. unten, Schöpfungslehre 2.1.4.

[260] Voltaire, Sämtliche Romane und Erzählungen, München 1993, 176-287.

daraus resultierende Haltung. Diese Sicht bietet gewisse Ansätze für die christliche Missionierung, wie die Areopag-Rede des Apostels Paulus erkennen läßt (vgl. Apg 17, 28-31). Der genuin biblische Vorsehungsgedanke steht jedoch unter dem Leitmotiv der Gottesherrschaft in der Geschichte. Die Fürsorge Gottes wendet sich auch dem einzelnen um seiner selbst willen – wenn auch nie ohne den Blick auf die Gemeinschaft der Menschen – zu. Vorsehung ist dann die aus Gottes Willen hervorgehende Hinordnung der Schöpfung und besonders der Menschheit auf ihr Ziel. Das Geschick der Welt ist also weder das Ergebnis eines blinden Schicksals (*fatum*) noch sinnleerer Zufall, sondern Geschehen, das in der Liebe Gottes gründet und zur Liebe Gottes führt.

In der Epoche der Patristik bringt *Augustinus* die christliche Perspektive auf den Begriff. Ihn quält die Frage nach dem Ursprung des Bösen in der Welt. Der manichäischen Antwort, es gebe ein böses Weltprinzip neben dem guten Gott (Dualismus), hat er abgeschworen. Auch die neuplatonische Ethik mit ihrer Abwertung der Materie konnte ihn auf die Dauer nicht befriedigen. Als er sich bekehrt hat, findet er die Lösung: Erlösung ist Erlösung *per Christum*, durch jenen Christus, der Gott ist. Damit wird die Scheidelinie zwischen Gut und Böse markiert: Wo Gott, da ist das Gute, wo er nicht ist, das Böse! Weil aber alles, was ist, von ihm geschaffen ist, ist das per definitionem gott-lose Böse in sich ein Nichts. Was böse ist, hat Sein nur, insofern es Kreatur, nicht insofern es verdorben ist. Damit aber setzt es sich in einen universalen Widerspruch – zu Gott allemal, aber ebenso zur Mit- und Umwelt, sofern sie Kreatur ist, endlich auch zu sich selber, sofern die wesentliche Geschöpflichkeit der eigenen Existenz geleugnet wird. Das Verheerende dabei: Das Böse vermag anderes in böser Wirkkraft ins Unheil mit sich fortzureißen. So weit, so gut.

Aber die eigentliche Frage kommt erst: Warum hat der Schöpfer dem Bösen solche Macht eingeräumt und warum erliegen die Geschöpfe wieder und wieder dem Bösen? Augustinus antwortet: Man darf nicht auf das Böse in sich starren, sondern muß den Gesamtzusammenhang der Schöpfung ins Auge fassen. Da hat es seinen Sinn im Ganzen. „So verwandelt sich selbst das durch seine Unzuträglichkeit Verderben bringende Gift bei geeignetem Gebrauch in heilsame Arznei, während anderseits auch die Freude spendenden Dinge, wie Speise oder Tageslicht, bei unmäßigem oder unzeitigen Gebrauch sich als schädigend erweisen." Selbst wenn man den verborgenen Nutzen nicht erkennt, soll man die göttliche Vorsehung nicht tadeln: „Ist doch selbst die Unkenntnis des Nutzens heilsam als Übung der Demut oder als Vernichtung des Stolzes; aber das Böse ist durchaus keine Wesenheit, wir drücken vielmehr mit dieser Bezeichnung lediglich den Abgang des Guten aus. „Im Grund fehlt uns Menschen nur der Blick für die Ordnung und unendliche Symmetrie der Schöpfung". Der Bischof schließt seine Betrachtung mit einem Vergleich: Würde man bei einem Menschen eine Augenbraue entfernen, würde dem Leib quantitativ wenig genommen, „aber wieviel an Schönheit, die eben nicht in der Masse liegt, sondern in der Symmetrie und im Verhältnis der Einzelteile"[261]. Die Lösung liegt im Gottvertrauen. „Denn wäre das Nichtvorhandensein des Bösen nicht doch gut, dann würde es keinesfalls

[261] Civ. 11,21 f; tzt D 3/I, Nr. 109.

zugelassen vom allmächtigen Guten, für den es doch zweifelsohne ebenso leicht ist, nicht zuzulassen, was er nicht will, wie es ihm ein leichtes ist, zu machen, was er will"[262]. Schließlich rekurriert Augustinus auf die menschliche Freiheit: „Der Mensch, der aus freiem Willensentschluß das Gute tut, ist besser als der, der aus Notwendigkeit gut ist"[263]. Die menschliche Freiheit sieht er als ein so hohes Gut an, daß Gott sie auch dann nicht aufhebt, wenn sie mißbraucht wird und damit Böses heraufbeschwört. Diese Argumentation ist oft wiederholt worden.

Damit tritt allerdings ein delikates Problem auf. Auf der einen Seite respektiert Gott die kreatürliche Autonomie, auf der anderen aber ist zu postulieren, daß er der souveräne Herr der Schöpfung und ihrer Geschichte bleibt. Dann aber ist die Frage unvermeidlich: Gott muß dann die freien und unableitbaren Handlungen der Geschöpfe in irgendeiner Weise voraussehen. Die katholische Gnadenlehre hat sich ausgiebig und mit viel Scharfsinn um eine Antwort bemüht[264]. Eine passable Antwort hat sie nicht gefunden: Entweder betont man die Freiheit auf Kosten der Allmacht Gottes oder man legt den Ton auf dessen Souveränität, dann bleibt per Saldo die menschliche Freiheit auf der Strecke. Der Fehler liegt darin, daß die Relation Gott – Geschöpf zu sehr als ein Konkurrenzverhältnis betrachtet wird.

In der Gegenwart hat die in Nordamerika entstandene *Prozeßtheologie* sich mit der Frage befaßt[265]. Ihr ursprüngliches Anliegen ist es, das Unveränderlichkeitsaxiom und damit die Leidensunfähigkeit Gottes sowie seine im Zusammenhang mit diesen Vorstellungen zu folgernde Gleichgültigkeit gegenüber der Welt (und ihrem Leid) zu revidieren. Ausgangspunkt ist die Beobachtung, daß die natürliche Wirklichkeit ein Geschehen, eben ein Prozeßvorgang ist. Es hat stets eine subjektive Seite, insofern jede Wirklichkeit erlebt wird. In diesem Prozeß gibt es eine zeitliche Kontinuität dergestalt, daß jeder Impuls in der Geschichte für immer weiterwirkt. Letzte Ursache allen Geschehens ist Gott. Er ist – darin schließt sich die Prozeßtheologie der klassischen Auffassung an – Urgrund aller Ordnung; nur ist diese Ordnung nicht statisch. Sie entwickelt und ändert sich in einem fort. Damit wird Gott aber auch Schöpfer der zeitlichen Aktualität der Dinge. Man kann somit in ihm eine „Urnatur" (*Primordial Nature*) und eine „Folge-" oder „Handlungsnatur" (*Consequent Nature*) unterscheiden. Das nun heißt: Gott wird tatsächlich von allem Geschehen betroffen und dadurch in es einbezogen: Er ist Mitliebender, Mitleidender, Mitverstehender. Wie aber bleibt er dann noch souverän? Whitehead kennt noch eine dritte Natur Gottes: In seiner

[262] Enchir. 96.

[263] Quaest. Simpl. 83,2.

[264] Vgl. in diesem Werk Bd. III: Gnadenlehre. Die Gnadenstreitigkeiten sind mit den Namen von Bañez und Molina verbunden. Der erste betont die göttliche Macht, der andere die geschöpfliche Freiheit: Gnadenlehre 3.3.3.2. Vgl. auch 4.1.2.3.

[265] John B. Cobb, David Griffin, Prozeßtheologie. Eine einführende Darstellung, Göttingen 1979. K. Koch, Schöpferischer Lockruf Gottes im Prozeß der Welt. Perspektiven der Gottesfrage in der amerikanischen Prozeß-Theologie: ThBer 12, Zürich 1983, 129-171 (Lit.!). Diese Richtung beruht auf der Naturphilosophie von Alfred North Whitehead (+ 1947) und wurde von dessen Schüler Charles Hartshorne in die Theologie eingebracht. Das Hauptwerk Whitehaeds: Prozeß und Realität, Frankfurt 1979; das letzte Kapitel ist theologisch besonders relevant.

„hyperbolischen" Natur leitet er die Aktualität, in die er einbezogen ist, wieder in die Welt zurück und vollendet so sein Reich. Damit wird auch eine Antwort auf unsere Problemstellung gegeben. Gottes Herrschaft ist in dieser Sicht ungebrochen, aber sie dient in erster Linie der schöpferischen Entwicklung und Selbstverwirklichung des Menschen: Gottes Handeln ist befreiend und freiheitsfördernd. Leid und Leiden der Welt sind in die Werdewelt und den Werdegott so aufgenommen, daß sie in letzterem geborgen und im Weltgeschehen am Schluß aufgehoben werden. „Gott genießt unser Genießen und leidet mit unserem Leiden. Dies ist die Art von Responsivität, die im wahrsten Sinne göttlich ist und recht eigentlich zur Natur der Vollkommenheit gehört. Darum gehört sie auch zum Ideal der menschlichen Existenz. Auf dieser Grundlage kann christliche Agape dann auch das Element des Mitleidens, des Mitfühlens für andere in ihrer jeweiligen Situation haben, das sie schon immer hätte haben sollen"[266].

Die Prozeßtheologie hat scharfe Kritik erfahren. Die reformatorische Theologie sieht von der Rechtfertigungslehre her den qualitativen Unterschied zwischen Gott und Welt nicht gewahrt. Katholischerseits bemängelte man den evolutionistischen Optimismus, der nichts anderes als ein umgedrehter Pantheismus sei: lasse dieser die Welt in Gott aufgehen, so verschwinde der prozeßtheologische Gott in der Welt. Das Theodizeeproblem wird auch in dieser Hypothese nicht zufriedenstellend gelöst. Warum kann Gott nicht doch das Leid überwinden?

Gibt es überhaupt eine Antwort? Die Frage ist, wie mehrfach schon erwähnt wurde, weniger als alle anderen theologischen Fragen akademisch. Ein Mensch kann sein ganzes Leben lang zufrieden und glücklich leben, ohne je von dogmatischen Problemen wirklich existentiell behelligt zu werden – dieses jedoch absolut ausgenommen. Leiden und Leid sind für jeden in der Spanne der eigenen Existenz stets und ständig gegenwärtig – wenn nicht ihn aktual persönlich betreffend, so doch als etwas, dessen Zeuge und Augenzeuge (im Zeitalter der totalen Medienvernetzung selbst des fernstabliegenden Geschehens) er täglich wird. Die der Theodizeeproblematik zugrundeliegende Frage ist daher eine universale Fragestellung. Sie kann weder dadurch aufgehoben werden, daß sich ein Individuum (derzeit) nicht betroffen fühlt, noch durch eine nur individuelle Antwort – etwa in der Form, daß ich unerschütterlich in Gottes Vorsehung vertraue, mögen andere tun, was sie wollen. Ist die Menschheit eine Familie und hat der Christ die Pflicht zur Nächstenliebe (die Liebe zum Notleidenden ist), dann geht mich je das Leid der anderen existentiell und unabschiebbar an.

Eine jedwede Antwort wird erst einmal die Fakten zur Kenntnis nehmen müssen. Schon in der Scholastik hat man zwei „Arten" des Bösen unterschieden. Es gibt das *malum physicum*. Darunter ist das naturgesetzlich bedingte Unheil zu verstehen. Aufgrund der in allen Fällen wirksamen Abläufe, die in den Naturgesetzen durchsichtig gemacht werden, können sowohl nutzbringende (gute) wie auch schädliche (böse) Wirkungen hervorgebracht werden[267].

---

[266] J. B. Cobb; D. Griffin, Prozeßtheologie, 47; tzt D 2/II, Nr. 183.

[267] Vgl. zum ganzen auch die Schöpfungslehre in diesem Band 4.4.2. Unsere Lebenszeit ist dadurch bemessen, daß und wie lange sich die Zellen unseres Körpers zu teilen vermögen. Weil dieser Vorgang endlich ist, müssen wir sterben. Teilen sie sich aber so, daß die Ordnung des Teilungsvor-

In allen Fällen sind immer die gleichen Gesetzlichkeiten am Werk; erst dadurch ist überhaupt Ordnung und Berechenbarkeit in der Welt ermöglicht. Diese Gesetzlichkeiten sind in sich weder gut noch böse, weder nützlich noch schädlich; sie ermöglichen ganz einfach den Lauf der Welt, so wie sie ist. Sie ist aber eine kontingente und damit eine unvollkommene Welt. Ihre absolute und abstrichlose Vollkommenheit zu fordern hieße nichts anderes als zu verlangen, die Welt solle identisch mit Gott werden. Diese mit dem Begriff von Welt und Schöpfung (als gottverursacht, aber nicht selber göttlich) mitausgesagte Unvollkommenheit hat zur Folge, daß es unbestritten allen Segens auch zu dem kommen kann, was wir Katastrophen nennen – vom Erdbeben über den Staudammbruch bis zum Verkehrsunfall und der ganz banalen (wenn auch möglicherweise todbringenden) Krankheit.

Die zweite „Art" des Bösen nannte die klassische Theologie das *malum morale*. Darunter verstand sie alle Unzuträglichkeiten und Katastrophen, die ihren Grund in einer bestimmten Ausübung der geschöpflichen Freiheit haben: Kriege, Unterdrückung, Ausbeutung, Sklaverei, Mißhandlungen und dergleichen. Das alles ist immer die Konsequenz menschlicher Entscheidungen, letztlich wohl des egoistischen Machtstrebens einzelner oder ganzer Gruppen. Es kann auch seinen Grund haben in unheilvollen Verkettungen solcher Entscheidungen, die ein Moment des Bösen haben, ohne doch im einzelnen schon böse zu sein. Man spricht in der Moraltheologie von der *strukturellen Sünde*.

Der Wohlstand der westlichen Industrienationen beruht wesentlich darauf, daß sie aus den Entwicklungsländern preisgünstige Rohstoffe für die eigenen Produkte beziehen kann. Billig heißt aber: Der Lohn in jenen Ländern ist so gering, daß die Menschen kaum oder gar nicht davon leben können und ins Elend geraten. Hier liegt bei den Industrienationen eindeutig Schuld. Durch Entwicklungshilfe suchen sie sich davon zu befreien. Faktisch bleiben dadurch die Menschen der Dritten und Vierten Welt in steter Abhängigkeit von der Barmherzigkeit der Erst-Welt-Menschen. Das ist nicht rechtens. Doch ein Dilemma zeigt sich alsbald. Zahlen sie für die Rohstoffe einen hohen Preis, der zu besseren Lebensverhältnissen dortselbst führen würde, würde der eigene Wohlstand beeinträchtigt. Vermutlich würde sich in der Welt ein Armutspegel einstellen, der zu einem niedrigen Lebensstandard überall führte. Wer wollte das erstreben?

Das moralische Böse ließe sich nur beseitigen auf Kosten der kreatürlichen Freiheit. Wenn es diese gibt und nach Gottes Schöpferplan so geben soll, daß sie zum Wesen des Menschen gehört, dann ist auch sie kontingent, endlich – also auch für Mißbrauch offen. Er ließe sich nur verhindern, wenn man sie aufhöbe. Doch machte dies Gott, reduzierte er den Menschen auf ein (allenfalls besonders gut dressiertes) Tier.

Das Böse in seinen beiden kategorialen Erscheinungsformen ist, das ergibt sich aus unseren Überlegungen, das offensichtlich unabänderliche Fazit aus der Exi-

---

gangs gestört wird, entstehen Wucherungen, die gegebenenfalls bösartig sind (Krebs) und zum vorzeitigen Tod führen. Der Zellteilungsvorgang ist also je nachdem lebenserhaltend und lebenvernichtend. – Das Phänomen der Elektrizität bewirkt Erwärmung (elektrische Heizung), Kühlung (Gefrierschrank), Bewegung (Eisenbahn), Beleuchtung (Lampe) – und Tötung (Extremfall: der elektrische Stuhl).

stenz einer nicht absoluten Welt. Ist das die Antwort? Sie läßt uns jedenfalls unbefriedigt. Denn diese Welt ist Gottes Schöpfung, also Werk jenes Gottes, den wir als die Liebe, als das sich verströmende Gute, als den allmächtigen Lenker der Geschicke bekennen und verehren. Darf man ihm nicht zutrauen, daß er einen Weg hätte finden können, der wenigstens die Hauptquelle des Leidens, das moralisch Böse, hätte verhindern können? Sollte er wirklich nicht in der Lage sein, unbeschadet der menschlichen Freiheit seine Geschöpfe so zu erleuchten und zu lenken, daß es ausgeschaltet bliebe? Ist es tatsächlich undenkbar, daß er nicht Wege und Mittel finden könnte, die selbst das physische Übel abfedern könnten? Warum, heißt das beispielsweise konkret, muß gerade *ich* von Jugend an gelähmt sein; warum muß gerade *mein* Kind sterben?

Alle spekulativen Antworten, so gut gemeint sie sind, versagen angesichts der Fakten in ihrer ganzen brutalen Realität samt und sonders. Sie werfen bloß neue Fragen auf. Die christliche Theologie und speziell die Gotteslehre müssen ihre Aufgabe darin sehen, das Theodizeeproblem von der Offenbarung her zu orten und einer Lösung zuzuführen. Der Kern der Selbstmitteilung des dreieinen Gottes ist die Inkarnation der zweiten göttlichen Person. Faktisch aber heißt dies: Gott selber hat sich in diesem „Werk nach außen" ganz und als „ganzer" in die Welt hinein- und drangegeben, welche alles andere als eine heile Welt ist. Das Theodizeeproblem ist seitdem genauso ein Problem Gottes wie der Menschen[268]. Die Selbsthingabe Gottes in Jesus Christus hat gerade unter diesem Blickwinkel ihren unüberbietbaren Höhepunkt im Kreuz. Es zeigt sich als ein Geschehen, in dem, so weit man das überhaupt sagen kann, die Summe des physischen sich mit der Summe des moralischen Bösen addiert.

Die Exekutionsform der Kreuzigung ist vielleicht die grausamste und entwürdigendste Todesart, die Menschen ersonnen haben[269].Sie wurde im Fall Jesu an einem Menschen vollzogen, der ohne Fehl und Sünde war und keinerlei Strafe verdient hatte. Überdies stempelte ihn gerade diese Weise der Hinrichtung als gottverfluchten Menschen, sofern zu seiner Zeit das Kreuzesholz als Zeichen des Verworfenseins durch Jahwe betrachtet wurde. Alle Formen und Gestalten des *malum* einen sich auf Golgota.

In der glaubenden und aus dem Glauben reflektierenden Betrachtung ergibt sich eine neue Perspektive, unter der die Theodizeefrage zu betrachten ist: Die Antwort kann nur kreuzestheologisch sein[270]. Weil und indem der trinitarische Gott das Leiden gleichsam in sich selber hineinläßt, weil und indem er das Böse als das (augustinisch gesprochen) nichtige Nichts sich sozusagen aneignet, teilt er es mit seinen Kreaturen *wesentlich*. Das soll heißen: Leid und Leiden sind nicht nur letzthin außerhalb Gottes bleibende Befindlichkeiten, sondern betreffen ihn

---

[268] Systemtheologisch hat das zur Folge, daß es, bei unterschiedlicher Akzentsetzung, sowohl in der Gottes- wie in der Schöpfungslehre zur Sprache kommt und kommen muß.

[269] Cicero, ad Marciam de consol. 20,3: „Die grausamste und fürchterlichste Todesstrafe". Flavius Josephus, bell. iud. 7,203: „Die erbärmlichste aller Todesarten". Vgl. die nüchterne Schilderung von J. Gnilka, Jesus von Nazaret. Botschaft und Geschichte (HThK Suppl. 3), Freiburg-Basel-Wien 1990, 308-318.

[270] Vgl. oben schon den Ansatz von J. Moltmann. Besonders hat aber *Eberhard Jüngel* diesen Weg gewählt: Gott als Geheimnis der Welt, Tübingen [2]1977. Eine Leseprobe: tzt D 2/II, Nr. 184.

in seinem Gottsein selber. Genau damit und darin jedoch werden sie überwunden. Im Augenblick der Kreuzigung vollzieht sich die Überwindung des Bösen; erst jetzt wird es seinem Wesen nach zwar nicht ein Nichts – wer könnte das vor Leid und Schmerz und Unrecht wirklich behaupten? –, aber es wird *nichtig*. In dialektischer Zuspitzung erklärt *Eberhard Jüngel*: „Indem Gott dem Nichts einen Ort im göttlichen Sein eingeräumt hat, hat er diesem die chaotische Wirkung seiner gespenstischen Attraktion genommen. An sich selber die Vernichtung ertragend, erweist Gott sich als der Sieger über das Nichts, beendet er die nichtige Attraktion von ‚Hölle, Tod und Teufel'. Und gerade indem Gott sich als dieser Sieger erweist, wird überhaupt erst offenbar, was das eigentlich ist: Gott"[271]. Wo Menschen das annehmen, sagt *Jüngel* weiter, wo sie diese Hingabe des Vaters an den Sohn in ihre eigene Verschlossenheit aufnehmen, da wird der Heilige Geist sichtbar[272].

Die Lösung der Theodizeefrage ist auch diese Antwort nicht im Sinne einer ohne Rest aufgehenden und allen plausiblen Konklusion. Sie wird nur dann einsichtig und verständlich, wenn sie unter den Prämissen des liebenden Gottesglaubens bedacht wird. Dann aber kann sie auch eine praktische Antwort sein, die in der eigenen Bedrängnis und im Mit-Leiden mit dem Bösen in der Existenz der Mitmenschen den Glauben zu tragen und das Leid zu ertragen vermag.

Erst dann aber kann auch die alles tragende Aussage der christlichen Gotteslehre wirklich gewagt werden: Gott ist die dreifaltige Liebe. Sie erschöpft sich nicht schon darin, daß sie für die trinitarische Immanenz gegeben wird. Im innergöttlichen Gegenüber und Miteinander ist Gott, welcher der Schöpfer aus freier Liebe werden will, noch nicht die Liebe selbst für uns. „Daß Gott als der Liebende eben diesen seinen geliebten Sohn in die Welt – und d.h. in den sicheren Tod – sendet, daß der Liebende sich von seinem geliebten Sohn trennt, daß er als der Liebende in dem Geliebten – der ihm als Geliebter ja näher ist als er sich selbst! – sich der Lieblosigkeit aussetzt, das erst erlaubt die identifizierende Aussage: Gott ist Liebe"[273].

[271] E. Jüngel, Gott als Geheimnis der Welt, 297 f.

[272] A.a.O. 513 f.

[273] E. Jüngel, Gott als Geheimnis der Welt, 448; tzt D 2/II, Nr. 184, S. 167.

6. Beschluß

Am Anfang unseres Traktats „Gotteslehre“ hatten wir den Begriff *Gott* bestimmt als „ein transzendentes Gegenüber und eine alles bestimmende Wirklichkeit“[274]. Das war eine sehr formale und sogar von der Existenz einer solchen Realität absehende Definition.

Nach einem langen und mühevollen Gang durch die biblischen, geschichtlichen und sachbedingten Problemlabyrinthe haben wir am Schluß gesehen, wie konkret und wie bedrängend, aber auch wie lösend und befreiend die christliche Perspektive auf dieses transzendente Gegenüber ist, welches alle Wirklichkeit bestimmt.

Zu den großen Menschheitswerken gehört die *„Commedia“* Dante Alighieris, die erst vom bewundernden 16. Jahrhundert als *divina*, als göttliche Komödie bezeichnet worden ist. Sie beginnt mit der Schilderung des Dichters, der sich in der Mitte seines Lebens im „dunklen Wald“ der Ichbezogenheit verirrt hat und „den rechten Weg nicht wieder fand“[275]. Durch Hölle und Purgatorium muß er wandern; am Ende einer unendlich langen und schreckgesättigten Pilgerfahrt darf er den Himmel und im Himmel für einen Moment Gott schauen. In der Gnade Gottes, die Bernhard und Maria ihm erflehen, gelingt ihm der Blick auf den Unendlichen.

„In seiner Tiefe sah ich innerlich
in *einem* Liebesbunde, was sich draußen
im Universum auseinanderfaltet.
Substanz und Akzidens und ihr Verhalten
gleichsam in eines dergestalt verschmolzen,
daß, was ich sage, nur ein blasser Schein ist.“

Der Seher erblickt nun das Mysterium Trinitatis:

„Und so erschienen in der tiefen, klaren
Substanz des Himmelslichtes mir drei Kreise:
an Farbe *dreifach*, doch von *einem* Umfang.
Der ein und andre wie zwei Regenbogen
bespiegelten einander, und der dritte
war eine Glut, von beiden gleich geschürt.
Wie klein, wie schwächlich ist das Wort, gemessen
an meinem Denken, ach! Und dieses erst
an dem, was ich erschaute. Kaum ein Hauch!
Du ewig Licht ruhst in dir selbst allein,

---

[274] Vgl. oben 1.2.4.1.

[275] Inf. 1,1-3. Alle Zitate in der Übersetzung von Karl Vossler, Dante Alighieri, Die Göttliche Komödie, München 1969.

verstehst, erkennst dich, bist erkannt, verstanden
in dir und lächelst dir in Liebe zu.
Der Lichtkreis, der, in dir so eingeschlossen,
wie eine Spiegelung von dir erschien,
von meinen Augen um und um betrachtet,
erwies sich mir mit unsrem Ebenbild
in seinem Innen in derselben Farbe
bemalt, so daß ich mich ganz darein versenkte.

Dante schildert in der Sprache der klassischen Theologie die Trinität. Ganz am Ende aber weiß er, daß zu einer echten Schilderung Gottes seine „eignen Flügel nicht reichten" –

„bis plötzlich mir der Geist getroffen wurde
von einem Blitzstrahl, der dem Sehnen half.
Der hohe Flug des Schauens brach; schon aber
war jeder Wunsch und jeder Wille mir ergriffen
von Liebesallgewalt, die still und einig
im Kreis die Sonne führt und alle Sterne:
ma già volgeva il mio disio e 'l velle,
sì come rota ch' igualmente è mossa
l' amor che move il sole e l' altre stelle"[276].

Gott ist die Liebe – das ist der Zugang, den der Christusglaube zu Gott gewährt; in theologischer Verantwortung sollte in diesem Teil der Dogmatik Zugang zu diesem Glauben eröffnet werden. Gottes Liebe soll uns zuteil werden – das ist Gottes Beschluß und so der Beschluß der Gotteslehre.

[276] Parad. 33, 85-90; 115-132; 136-145.

Übersichten

Der Name „Gott"

(zu 1.2.4 und 2.8)

In der Antike – und somit auch in der Vorstellung der biblischen Schriftsteller – ist der Name nicht nur unterscheidende Bezeichnung eines Individuums, sondern Ausdruck von dessen Wesen, von dessen Persönlichkeit. Das gilt auch für Gott: Um ihn auf rechte Weise anrufen und verehren zu können und Falschaussagen auszuschließen, muß man daher seinen Namen kennen. In der Übersicht wird der hebräische und germanische Sprachkreis dargestellt.

Hebräischer Sprachkreis

In der altägyptischen Theologie ist Ammon-Re „der Gott mit dem verborgenen Namen". Israel empfindet es daher als singuläres Privileg, daß ihm der Gottesname geoffenbart wird. Zwar benutzt es umschreibende Bezeichnungen wie *Elohim* (Plural!) der Starke, der Verehrungswürdige, *Schaddai* der Gewaltige oder *Kadosch* der Heilige. Die entscheidende Kenntnis aber bezieht es aus der Offenbarung, die Mose Ex 3,14 am Gottesberg Horeb zuteil wird:

Ich bin Jahwe

Das Substantiv leitet sich ab von *hajah* werden, geschehen, wirksam sein, dasein. Die Übersetzung hat jeweils das Gottesbild in der Gotteslehre stark beeinflußt.

Septuaginta	ho ôn (der Seiende)
Vulgata	qui est (der da ist)
Einheitsübersetzung	der „Ich-bin-da"
Zürcher Bibel	der ICH BIN
Luther-Bibel (1984)	der ich sein werde
Martin Buber	ICH BIN DA

Der Gottesname Jahwe ist über 6700mal im AT bezeugt. Außerbiblisch kommt er u.a. auf dem Mesa-Stein aus dem 9. Jahrhundert v. Chr. vor.

Germanischer Sprachkreis

germ. *guda(n) wird

mhd. und ahd.	zu	got
gotisch	zu	gub
schwedisch	zu	gud
englisch	zu	God
deutsch	zu	Gott

Die Herkunft ist nicht eindeutig zu klären. In Frage kommen die Verben *dyu* (Sanskrit) scheinen, glänzen (Gott ist das lichte Wesen), *ghau-* (germ.) anrufen (Gott ist das angerufene Wesen), *gheu-* (germ.) gießen (Gott ist das Wesen, dem (Trank-)Opfer dargebracht werden.

Menschliche Gottesvorstellungen

(Zu 1.2.4)

Gott ist für die Menschen zu allen Epochen bleibende Frage und bleibendes Geheimnis. Das ist der Grund, weshalb es in der Geschichte zu sehr unterschiedlichen Vorstellungen vom Göttlichen gekommen ist. Ihnen entsprechen die Formen und Weisen des menschlichen Verhaltens gegenüber dem rational letztlich unbegreiflichen höchsten Wesen. In der Übersicht werden die Grundformen beider vorgestellt; wir begegnen ihnen immer wieder im Traktat Gotteslehre.

Bezeichnung	Erkenntnis des Göttlichen	Wesen Gottes	Verhalten des Menschen
Theismus „Gott existiert"	Vernunft (Glaube, Offenbarung)	absolute Person, Weltursprung, Weltlenker	Verehrung, ethischer Maßstab
Monotheismus „Ein Gott existiert"	Offenbarung und Glaube	personaler Schöpfer, personales Heil	Kult, ethische Norm
Polytheismus „Viele Götter existieren"	Offenbarung und Glaube	oberste personale Wirklichkeiten	Kult, ethische Norm
Pantheismus „Eine göttliche Substanz existiert"	Intuition, Gefühl	absolute und ewige Substanz	Kult, ethische Norm
Deismus „Gott existiert"	Vernunft	personaler Welt-ferner Urheber	ethische Orientierung
Atheismus „Gott existiert nicht"	nicht möglich (Agnostizismus) oder Projektion	Scheinrealität	keine Beziehung möglich

Die Selbsterschließung Gottes im Neuen Testament

(Zu 2.1 – 2.5)

Die nachstehende Übersicht faßt die wesentlichen Offenbarungsaussagen des NT über Gott zusammen unter Angabe der zentralen Textstellen.

Offenbarungsaussage	Inhalt	Texte
Gott wird durch Jesus Christus erkannt		Joh 14,9 b; 2 Kor 4,6; 1 Joh 1,1–3
Gott ist der Gott Jesu Christi	sein „Abba" seine Gestalt Beginn seiner Herrschaft	Mk 14,36 Joh 10,11–21 Mk 1,14 f.
Gott ist Vater, Sohn und Geist	*Namen* VATER Jesu Christi Jesus also SOHN GEIST ist göttlich erfüllt Jesus und seine Gemeinde ist Christi Geist ist Paraklet ist Geist der Wahrheit *Formeln* Alle drei Namen erwähnt bei Taufe Jesu Taufe der Christen Liturgie Charismentheologie	 Joh 17,1–4 Mt 11,25–30 Mk 3,28 ff. parr Mk 1,9–11 parr Apg Röm 8,9–11; 2 Kor 3,17 Joh 14,25 f. Joh 15,16 Mk 1,9–11 Mt 28,19 2 Kor 13,13 1 Kor 12,28 f.
Gott erweist sich in Jesus Christus als	der einzige geschichtstranszendent absolut heilig Liebe	Mk 12,29 Röm 11,33–36 Offb 4,8–10 1 Joh 4,8. 16
Gott existiert als	der Ewige der Selige der Allwissende der Langmütige der Zornige der Allmächtige der Barmherzige und Gerechte	Röm 16,25 f. 1 Tim 6,15 1 Joh 3,20 2 Petr 3,9 Röm 1,18 2 Kor 9,8 Röm 3,5: 2 Kor 1,3 f.
Gott handelt personal in der Geschichte	durch die Sendung des Sohnes durch die Kirche durch das Schöpfungswerk	Gal 4,3–5 Eph 3,8–12 Röm 1,20

Die Selbsterschließung Gottes im Alten Testament

(Zu 2.6)

Ähnlich wie die voraufgehende Tabelle möchte diese Übersicht die zentrale Gottesoffenbarung im „Ersten Testament“ veranschaulichen.

Offenbarungsaussage	Zentrale Texte
Gott handelt	
als Schöpfer im Blick auf den Bund	Gen 1,27; 3,15; 4,7–15; 6,8; 8, 21 f.
an den Vätern	Gen 17,1–14; 15,7–18
als Bundesherr an Israel	Ex 3,14 ff.; 20,2
als Lenker der Geschichte seines Volkes	Jes 7,9 ff.; z. 20,33 f.
als König	Mal 1,14
Gott verhält sich	
als Gott der Huld (hesed)	Ex 20,6; Dtn 7,9; Ps 136,1–
als Gott der Treue (emet)	Dtn 32,4; Ps 31,6
als Gott des Erbarmens (rhm)	Ex 34,6; Ps 103,8–14; Hos 6,1–3
als Gott der Liebe	2 Sam 1,26; Hos 1–3; 11,1–3
als Gott der Gerechtigkeit (sdq)	Ps 36,11; 103,17
als zürnender Gott	Ex 20,5; Dtn 29,25–28; Hos 11,8 f.
Gott erweist sich	
als der einzige Gott	Ex 20,3; 1 Kön 18,39; Jes 45,21
als personaler Gott	Jer 31,20; Hos 11,8
als transzendenter Gott	Ps 139,7–12; Jes 40
als schlechthin heiliger Gott	Jes 6
Gott deutete seine Dreieinheit an	
er ist Vater	Ps 2,7 ff.; 103,16; Jes 63,15 f.; 64,8 f.; Jer 31,18–20; Weish 14,1–3
er ist gegenwärtig durch Mediationen:	
Engel (ma'lak Jahwe)	Gen 19,9–13; 22,11 f.
Wort (dabar Jahwe)	Jes 55,11; Jer 23,29
Weisheit (hok'mah Jahwe, sophia)	Ijob 28; Weish 1,20.23.33; 7,22–8,1
Geist (ruach Jahwe)	Ps 104,29 f.; Jes 11,1 f; Joel 2,28 f.

Die Übertragung von Aussageweisen auf Gott (Analogielehre)

(Zu 3.4.1)

Aussageweise	Bedeutung	Beispiel	Existenzaussagen über Gott	Konsequenz
univok oder eindeutig	Begriff und Wirklichkeit treffen sich	Mann	Gott ist ≈ Hans ist	Pantheismus (Gottesverlust)
äquivok oder mehrdeutig	Der Begriff bezeichnet untereinander völlig verschiedene Wirklichkeiten	Bank (= Sitzgelegenheit Geldinstitut)	Gott ist | Hans ist	Weder natürliche noch übernatürliche Gotteserkenntnis ist möglich
analog oder teils ein-, teils mehrdeutig	Der Begriff bezeichnet einander ähnliche Wirklichkeiten	gesund – Körper – Hautfarbe – Medizin	Gott ist ↓ Hans ist	Natürliche und übernatürliche Gotteserkenntnis sind möglich

Die Ähnlichkeit analoger Begriffe kann sein

- eine *analogia proportionis (attributionis):* Vom Hauptbegriff oder analogatum princeps wird ein Inhalt auf andere Wirklichkeiten übertragen wegen der zwischen ihnen bestehenden Bezüge (Proportionen): *Gesund* ist an sich nur der *Körper*, doch die *gesunde* Hautfarbe zeigt dies an und die *gesunde* Medizin verhilft zu dieser Qualität des Körpers.
- eine *analogia proportionalitatis:* Sie bezeichnet die Ähnlichkeit zweier Verhältnisse. Wie sich der *Leib* zu den *Gliedern*, so verhalten sich innerhalb eines *Staates* die verschiedenen *Gruppen* oder *Individuen*, die ihn bilden.

Im Fall der Existenzaussagen über Gott liegt eine *analogia proportionis* vor.

Möglichkeiten der Gottesrede nach Ps.-Dionysius

(Zu 3.4.1)

Menschlicher Ansatzpunkt	Beispiel	Bezeichnung
Erfahrung	Gott ist gerecht	Kataphatische oder positive Theologie
Korrigierte Erfahrung: Ausscheidung der negativen Momente im Erfahrungsbegriff	Gott ist nicht gerecht (= er kennt nicht die Mängel menschlicher Gerechtigkeit, z.B. ihre Unvereinbarkeit mit der Barmherzigkeit	Apophatische oder negative Theologie
Transzendierte Erfahrung (Aussagen über Gott sind qualitativ andersartig als Erfahrungsaussagen: sie sind absolut)	Gott ist in unendlicher Weise gerecht	Mystische oder spekulative Theologie

Die einzige Sprache, über die wir Menschen verfügen, ist an der empirischen Wahrnehmung orientiert. Insofern diese die Wirklichkeit erreicht, können positive Qualifikationen auch auf Gott bezogen werden. Sofern aber Gott transzendent ist, müssen alle Begriffe, die auf diese Weise gebildet werden, so ausgesagt werden, daß die stets mitgegebene Kontingenz ausgeschaltet wird. Über den Schritt der Erfahrungskorrektur wird die Erfahrung absolut überstiegen.

Gotteserkenntnis nach dem kirchlichen Lehramt

(Zu 3.4.2.4 und 3.4.2.5)

1. Lateranense IV (1215) DH 804

   „Credimus et confitemur ..., quod una quaedam summa res est, incomprehensibilis quidem et ineffabilis, quae veraciter est Pater, et Filius, et Spiritus Sanctus".

2. Vaticanum I DH 3004

   „Deum, rerum omnium principium et finem, naturali humanae rationis lumine e rebus creatis certo cognosci posse; ... attamen placuisse eius sapientiae et bonitati, alia eaque supernaturali via se ipsum ac aeterna voluntatis suae decreta humano generi revelare".

   Die *Möglichkeit* der natürlichen Gotteserkenntnis wird betont *gegen*
   - den Agnostizismus: Gott ist nicht rational erkennbar.
   - den Fideismus und Traditionalismus (L. E. M. Bautain; L. de Bonald, F. R. Lamennais): Erkenntnis Gottes nur auf Grund von Autorität („Uroffenbarung") und Glaube möglich.

– den Ontologismus (N. Malebranche, V. Gioberti, A. Rosmini): Die Vernunft vermag in Gott alles zu schauen auf Grund der absoluten Parallelität von Denken und Sein.

3. Vaticanum II „Dei Verbum" 2 f.

„(2) Gott hat in seiner Güte und Weisheit beschlossen, sich selbst zu offenbaren und das Geheimnis seines Willens kundzutun. ... Das Offenbarungsgeschehen ereignet sich in Tat und Wort, die innerlich miteinander verknüpft sind ... Die Tiefe der durch diese Offenbarung ... erschlossenen Wahrheit leuchtet uns auf in Christus ...

(3) Gott, der durch das Wort alles erschafft und erhält, gibt den Menschen jederzeit in den geschaffenen Dingen Zeugnis von sich."

Vgl. „Gaudium et spes" 14; 38.

Grundweisen des menschlichen Gottesverhältnisses

(Zu 3.6.1)

Die transzendentale Gotteserfahrung ist gegeben bei allen Menschen		
Möglichkeiten der Objektivation	Sittliche Qualifikation	Haltung gegenüber Gott
Explizite Objektivation	Glaubenszustimmung	transzendentaler und kategorialer Theismus
Explizite Objektivation	Ablehnung durch Sünde	transzendentaler Theismus und praktischer Atheismus
	Ablehnung durch Unglaube	transzendentaler Theismus und theoretischer Atheismus
Explizit Implizit	Ablehnung Annahme	transzendentaler Theismus und kategorialer Atheismus
Explizit und Implizit	Ablehnung durch Sünde oder Entscheid gegen das eigene Gewissen	transzendentaler und kategorialer Atheismus

In Anschluß an K. Rahner, Atheismus und implizites Christentum (= S VIII, 200–202) läßt sich eine Tafel der Grundweisen des menschlichen Gottesverhältnisses erstellen, die in großen Umrissen die Möglichkeiten von theistischer und atheistischer Haltung erkennen läßt. Wenn alle Menschen aufgrund ihrer Geistigkeit prinzipiell für die Transzendenz und damit für Gotteserfahrung sind, lassen sich vier Möglichkeiten unterscheiden, die bestimmt sind a) durch die Weise, wie diese Erfahrung thematisiert wird (ausdrücklich oder nicht) und welche sittlichen Konsequenzen daraus gezogen werden. Die Objektivationen können natürlich jeweils noch sehr unterschiedlich sein (richtige und weniger richtige Objektivationen mischen sich, z.B. beim polytheistischen oder pantheistischen Gottesbegriff). Schuldhaft wäre nur die letztgenannte Form des Atheismus.

Übersicht über die wichtigsten Argumente zur Erkennbarkeit Gottes („Gottesbeweise")

(Zu 3.6.3)

Bezeichnung	geht zurück auf	ausgearbeitet von	Kernpunkt	Argumentation
Konsens-argument	Stoa	Cicero	Universale Geltung der menschlichen Vernunft	Aus der Übereinstimmung (consensus) aller Völker, daß Gott existiert, wird geschlossen, daß dieser Überzeugung eine Wirklichkeit entspricht.
Anthropologisches Argument		Augustinus	Ewige Wahrheit	Die unveränderliche Geltung von Wahrheit und Normen kann ihren Grund nur in einer real existierenden Wahrheit und Norm – Gott – haben.
Ontologisches Argument		Anselm (Proslogion)	Begriff des vollkommenen Wesens	„Gott" ist das größte Denkbare. Als solches muß es existieren, da sonst etwas Größeres zu denken wäre (das in Verstand *und* Wirklichkeit Größte).
Kosmologisches Argument („Quinque viae")		Thomas v. Aquin (S.th. I 2,3)		
1. Weg	Aristoteles Metaph. 12		Bewegung	Von der Bewegung in der Welt wird auf einen unbewegten Erstbeweger geschlossen.
2. Weg	Aristoteles Metaph. 2		Verursachung	Die abhängigen Ursachen die wir kennen, verlangen eine unverursachte Erstursache, da ein „regressus in infinitum" nicht möglich ist.
3. Weg	Platon, Avicenna		Kontingenz	Nichtnotwendiges Sein ist nur möglich, wenn es seine Existenz einem notwendigen Sein verdankt.

4. Weg	Platon, Augustinus, Anselm (Monologion)		Stufung des Seins	Wahrheit, Güte, Schönheit usw. sind in der Welt nach verschiedenen Graden verwirklicht. Dann aber muß es ein höchstes vollkommenes Sein geben, das die Ursache der Seinsstufungen ist.
5. Weg	Platon, Stoa		Finalität	Aus der erfahrbaren Zweckmäßigkeit und Zielstrebigkeit in der Welt muß auf einen höchsten ordnenden Geist zurückgeschlossen werden. Der „Zufall" erklärt nichts.
Ethikotheologisches (deontologisches) Argument		Kant, Newman	praktische Vernunft/ Gewissen	Unseren sittlichen Handlungen / den Weisungen des Gewissens muß eine sittliche oberste Instanz entsprechen. Ohne den nur von Gott verbürgbaren Ausgleich wäre die physische wie die moralische Weltordnung widersprüchlich.
Transzendentales Argument		K. Rahner	Gott als Möglichkeitsbedingung bewußter menschlicher Existenz	Der Mensch findet sich schon immer ausgerichtet auf ein Absolutes. Seine Existenz hat nur dann Sinn,wenn dieses als das bleibende Geheimnis existiert.

Aus: W. Beinert (Hg.), Lexikon der kath. Dogmatik, Freiburg–Basel– Wien [3]1991, 222 f.

Das trinitarische Problem in der Dogmengeschichte

(Zu 4.1)

Der *Ausgangspunkt* der kirchlichen Meditation ist
a) die Hl. Schrift, die in triadischen Formeln das Gottsein von Vater, Sohn und Geist bezeugt (vgl. Übersicht „Die Selbsterschließung Gottes im Neuen Testament", S. 342),
b) die christologische (Wer ist Jesus von Nazaret?) und die soteriologische Frage (Hat er uns wirklich erlöst?).

Die *Perspektiven,* innerhalb derer die Lösung zu suchen war, gaben vor
a) die Hl. Schrift, die eine scharfe Trennlinie zwischen SCHÖPFER und SCHÖPFUNG zieht (Auf welche Seite gehören Christus und der Geist?),
b) die religiöse und philosophische Umwelt, der gegenüber sowohl der griechisch-neuplatonische Emanatismus wie auch der heidnische Polytheismus, aber auch die jüdische Form des Monotheismus zu vermeiden war.

Lösungsversuche

„griechische" Lösung	„jüdische" Lösung	großkirchliche Lösung
Hintergrund: Polytheismus Lehre: Subordinatianismus (Arius)	Hintergrund: Monotheismus Lehre: Monarchianismus (Paul v. Samosata*, Sabellius**)	Trinitätstheologie Lehre: Der Dreieine (Nizäa, Konstantinopel I)
Auf die Seite SCHÖPFER gehören demnach		
GOTT (Vater)	GOTT (Vater) Christus und Geist sind * Gottes Kraft (dynamis) ** Gottes Erscheinungsformen (Modi, daher: Modalismus)	GOTT VATER SOHN HL. GEIST
Auf die Seite GESCHÖPF gehören dann		
Christus und Pneuma als Mittelwesen		

Die Entwicklung der altkirchlichen Trinitätstheologie
(Zu 4.1–4.5)

Vornizänische Theologie

Protagonisten	Beitrag	Gefahren
Apologeten	Unterscheidung des (johanneisch-stoischen) Logos λογος ἐνδιάθετος προφορικός	Subordinatianismus
Irenäus v. Lyon	Versuch einer heilsökonomischen Auffassung gegen die Gnosis	schwankende Haltung wegen Fehlens der Immanenztheologie
Antiochener	Betonung des historischen Jesus	Monarchianismus
Alexandriner	Betonung der Gottheit Jesu	Immanentismus
Tertullian	Versuch einer Verbindung von ökonomischer und immanenter Theologie („unum, non unus“) terminologische Vorbereitung der Formel Nizäa und Konstantinopel: „tres personae unius Trinitatis“	Schwanken zwischen Subordinatianismus und Monarchianismus
Novatian	Grundlage der Einheit ist die Einfachheit Gottes. Der Unterschied: Vater ungezeugt Sohn gezeugt	Subordinatianismus
Origenes	Modell der Liebesbeziehung auf Trinität angewandt Erstmals Einbeziehung des Hl. Geistes in die Spekulation	Subordinatianismus
Lehramtliche Verkündigung	Betonung der Wesensgleichheit bei innerer Differenz von Vater, Sohn und Geist	

Konzil von Nizäa (325)

Definition:	Homoousie-Lehre
Charakter:	offene Formel, die betont – gegen den Tritheismus die quantitative Identität Gottes – gegen den Subordinatianismus die Gleichwesentlichkeit von Vater und Sohn
Problematik:	keine ökonomische Betrachtungsweise. Es bleiben ungeklärt: – Hervorgang des Sohnes aus dem Vater – Verhältnis Dreiheit: Einheit – Verhältnis Vater: Sohn

Nachnizänische Lösungsversuche

Vater und Sohn sind wesensungleich	ἀνόμοιος	Anomöer
biblizistisches Umgehen der Problematik	ὅμοιος	Homöer
Vater und Sohn sind wesensähnlich	ὁμοιούσιος	Homöusianer

Orthodoxe Klärungen

Athanasius	Wesensgleichheit aus soteriologischer Notwendigkeit begründet	Keine begriffliche Absicherung gegen den Modalismus Keine Pneuma-Reflexion
Kappadokier (Jungnizäner) = Basilius d. Gr. Gregor v. Nyssa, Gregor v. Nazianz	Ausdrückliche Einbeziehung der Pneuma-Spekulation verhilft zur terminologischen Klärung. Das *eine* göttliche Wesen (οὐσία) existiert in *drei* hypostatischen (= nicht mitteilbaren) Eigenschaften (ὑπόστασις): Vater ungezeugt/ursprunglos-ursprunghaft Sohn gezeugt Geist hervorgegangen aus dem Vater durch den Sohn	

Konzil von Konstantinopel

Der Geist ist	– mit göttlichen Prädikaten versehen (Herr, Lebensspender) – aus dem Vater hervorgegangen – wie der Vater zu ehren („Homotimie“)

Problematik: Wie verhalten sich Sohn und Geist gegenüber dem Vater?

Augustinus

1. Einführung des Terminus *relatio* in die Trinitätstheologie:

   Der eine und einzige Gott lebt in inneren, wesensnotwendigen Beziehungen:
   - Vater aktive Zeugung, aktive Hauchung
   - Sohn passive Zeugung, aktive Hauchung
   - Geist passive Hauchung

2. Entwicklung der *psychologischen* Trinitätslehre:

   a) Modell ist die Einheit memoria – intelligentia – voluntas beim Menschen
   b) Modell ist die Einheit von mens – intelligentia – amor (dilectio) beim Menschen
   c) Modell ist die Zuordnung von amans – id, quod amatur – amor

Die Struktur des Glaubensbekenntnisses von Nizäa und Konstantinopel

(Zu 4.4.3)

Trinitätstheolog. Intention	1. Artikel	2. Artikel	3. Artikel
Immanenz	Vater Allmächtiger	Sohn Herr gezeugt gleichwesentlich	Herr Lebensspender
Ökonomie	Schöpfer	Leben Leiden Erlösung	Offenbarer, Geist der Kirche

Schon das feierliche trinitätstheologisch relevante Symbolum von Nizäa in der Form des Konzils von Konstantinopel zeigt die Verflechtung von immanenter und ökonomischer Dreifaltigkeit. Von jeder der drei Personen werden Aussagen gemacht, die die innergöttlichen Verhältnisse, und solche, die ihr heilsgeschichtliches Wirken benennen.

Die kirchenamtliche Trinitätslehre

(Zu 4.3.2)

Autorität	Datum	Inhalt	DH
Viktor I.	vor 198	gegen den Monarchianismus des Theodot	–
Zephyrin	vor 217	gegen den Sabellianismus	–
Calixtus I.	vor 222	Subjektsverschiedenheit bei Wesensidentität	–
Dionysius	262	wie Calixtus gg. Modalismus und Tritheismus	112–115
Konzil von Nikaia	325	Homoousie von Vater und Sohn	125 f.
Konzil von Konstantinopel I	381	Bekenntnis zur Gottheit des Hl. Geistes, Homotimie wie Vater und Sohn	150
Symbolum „Quicumque“	um 500	Rezeption der augustinischen Trinitätstheologie	75 f.
Laterankonzil	649	tres subsistentiae consubstantiales	501
Toletanum XI	675	Rezeption der Trinitätsspekulation der augustinischen Richtung	525–532
Synode von Soissons	1092	gegen den Nominalismus Roscellins	–
Synode von Reims	1148	Gott ist dreifaltiges Individuum (Deus divina essentia sensu ablativi et nominativi)	745
IV. Laterankonzil	1215	Die Distinktionen in der Trinität bestehen zwischen den Personen allein	803–806
Konzil von Florenz	1442	Dekret für die Jakobiten: Omnia sunt unum, ubi non obviat relationis oppositio	1330–1332
Paul IV.	1555	gegen die Sozinianer	1880
Hl. Offizium	1887	gegen Rosmini	3225 f.
II. Vatikan. Konzil	1964	Lumen gentium 4: Betonung der ökonomischen Trinität	4104

Das Verhältnis des Hl. Geistes zu Vater und Sohn

(Zu 4.6)

„Griechische Formel“ ἐκ τοῦ Πατρὸς
διὰ τοῦ Υἱοῦ
Πνεῦμα

„Lateinische Formel“ Ex Patre Filioque
Spiritus S.

Die griechische Theologie betont mit ihrer Formel („Der Geist geht hervor aus dem Vater durch den Sohn“) die Besonderheit der Personen, die lateinische Reflexion dagegen hat eher die Einheit des Wesens im Auge, wenn sie den Heiligen Geist „aus dem Vater und dem Sohn“ hervorgehen sieht.
Die drei folgenden Tabellen (zu den Kapiteln 4 und 5 des Traktates Gotteslehre) versuchen unter verschiedenen Aspekten, die komplizierte trinitarische Spekulation der klassischen kirchlichen Theologie anschaulich zu machen.
Die erste Übersicht („Die Konsequenzen aus dem trinitätstheologischen Grundansatz“) stellt zunächst die Aussagen zusammen, die aufgrund der Kernsätze der Trinitätstheologie gemacht werden können und müssen; dann erläutert sie anhand der lehramtlichen Dokumente die Bedeutung der Sätze, daß Gott Vater, daß er Sohn und daß er Hl. Geist ist.
Die Übersicht „Die innertrinitarischen Beziehungen“ zeigt an, welche Aussagen mit Hilfe des Begriffs *relatio* über die drei göttlichen Personen zu formulieren sind.
Die dritte Tabelle endlich stellt alle Begriffe aus der Trinitätstheologie zusammen und erläutert sie nochmals in Kurzform.

Die Konsequenzen aus dem trinitätstheologischen Grundansatz

1. Aussagereihe
Gott ist Vater, Gott ist Sohn, Gott ist der Hl. Geist. ⟶

2. Aussagereihe
Der Vater ist Gott, der Sohn ist Gott, der Hl. Geist ist Gott. ⟵

Grund: *Deus est trinitas*

3. Aussagereihe
Der Vater ist nicht der Sohn und nicht der Hl. Geist,
der Sohn ist nicht der Vater und nicht der Hl. Geist,
der Hl. Geist ist nicht der Vater und nicht der Sohn.

Grund: *Distinctio est in personis*

Gott ist Vater

bedeutet: die erste göttliche Person ist
- ἀγέννητος (DH 60)
- ingenitus (DH 441, 490 u.ö.)
- a nullo (DH 75, 485, 569)

- principium sine principio (DH 1331)
- generans (DH 800)
- fons et origo totius divinitatis (DH 490)
- principium totius deitatis (DH 3326)

Gott ist Sohn

bedeutet:
- ἐκ τοῦ Πατρὸς γεννηθείς (Symbola)
- de/ex Patre genitus/natus (Symbola)
- principium de principio (DH 1331)
- γεννηθεὶς οὐ ποιηθείς (Symbola)
- μόνος (Symbola)
- μονογενής (ἐκ τῆς οὐσίας τοῦ Πατρός) (DH 125; vgl. 1330)
- natura Filius non adoptione (DH 526)
- ex Patre natum ante omnia saecula (Symbola)

Gott ist Heiliger Geist

bedeutet: die dritte göttliche Person ist
- κύριον καὶ ζωοποιόν (Symbola)
- ἐκπορευόμενον (Symbola)
- unica spiratione procedens (DH 1300)
- Spiritus Sanctus procedit ex Filio, quod Filius habet a Patre aeternaliter, a quo etiam aeternaliter genitus est (vgl. DS 1301)
- Patris Filiique inter se caritas (DH 3326)

Grund: *Relative tres personae dicuntur*

Daraus ergeben sich *vier Relationen:*

Den vier Relationen entsprechen *drei proprietates:*

Vaterschaft
Sohnschaft
Passive Hauchung

Aus der Einheit und Differenz folgt der *trinitätstheologische Grundsatz:*
In Deo omnia sunt unum ubi non obviat relationis oppositio.
(DH 1330)

Er hat die *Perichorese* von Vater, Sohn und Geist zur Folge.

Die innertrinitarischen Beziehungen

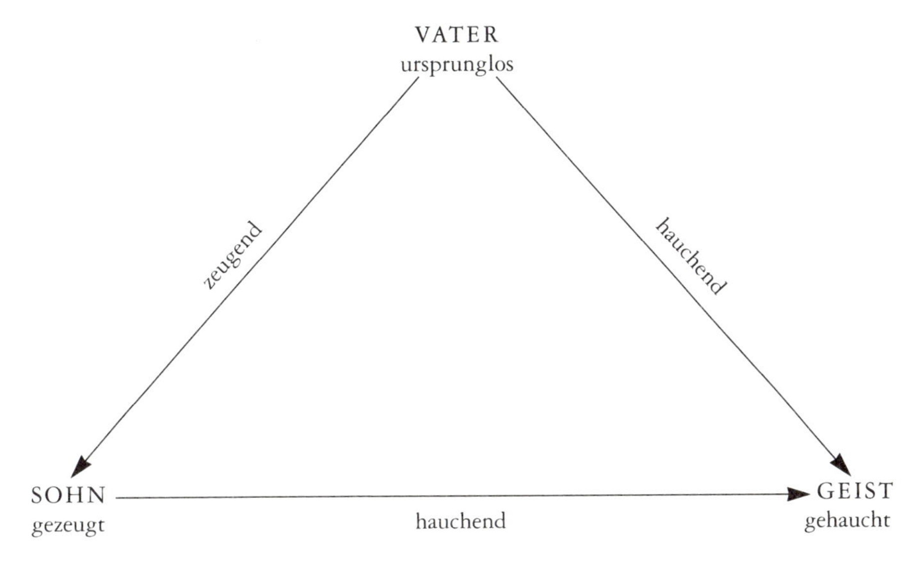

Das, was Vater, Sohn und Geist *gemeinsam* ist, ist die *göttliche Natur*.
Das, was Vater, Sohn und Geist *unterscheidet*, macht ihre *Personalität* aus.
Das, was die Art und Weise des Personseins von Vater, Sohn und Geist angibt, ist die *Relation*.
Sie wird *aktivisch* (Zeugen, Hauchen) und *passivisch* (Zeugung, Hauchung) angegeben. Im obigen Schema sind die aktivischen Beziehungen durch den Pfeil, die passivischen durch die Worte gezeugt bzw. gehaucht angedeutet.

Kommentierte Zusammenfassung der klassischen Trinitätslehre

In SS. ma Trinitate sunt	Lebensvorgänge	kommen zu	Bedeutung
quinque notiones	Ursprunglosigkeit Vaterschaft Sohnschaft Hauchung Gehauchtwerden	Vater Vater Sohn Vater/Sohn Geist	notio (Notion): Kennzeichnung der Lebensvorgänge in Gott, die die „Eigenheit" der Personen als Relationen (Beziehungen) verdeutlichen. Sie sind sachlich identisch mit den Proprietates (Eigentümlichkeiten) oder relativen Gegensätzen zwischen den Personen: Vater = ursprungslos, zeugend, hauchend Sohn = gezeugt, hauchend Geist = gehaucht

In SS. ma Trinitate sunt	Lebensvorgänge	kommen zu	Bedeutung
quattuor relationes	Vaterschaft Sohnschaft Hauchung Gehauchtwerden	Vater Sohn Vater/Sohn Geist	relatio (Beziehung): Bezeichnung der Zuordnung der Personen innerhalb des einen göttlichen Lebens. Sie gibt die Weise des Personseins an, sagt aber sachlich nichts über den Begriff *Person* aus.
tres personae	VATER SOHN HEILIGER GEIST		persona (griech. hypostasis, Person): Bezeichnung für das Unterscheidende in der Einheit des göttlichen Wesens.
duae processiones	Zeugung Hauchung	Sohn aus Vater Geist aus Vater und Sohn	processio (Hervorgang): Bezeichnung für jenen Lebensvorgang in Gott, aus dem die Eigenart von Sohn und Geist erkennbar wird.
una natura	DAS GÖTTLICHE WESEN	Vater/Sohn Geist	natura (substantia, Wesen): Bezeichnung des Gemeinsamen der drei Personen, der *eine Gott*.
nulla probatio			Das innergöttliche Leben ist ein striktes Mysterium. Es kann allein im Glauben erfaßt und angebetet werden; es entzieht sich jedem Beweis.

Die Übersicht faßt das Ergebnis der terminologischen Klärung zusammen, die von der Patristik an erarbeitet und in der Hochscholastik abgeschlossen worden ist. Die Theologen waren sich immer bewußt, daß damit lediglich ein Verständnismodell zur Verfügung gestellt wird. Die jeweils vorzunehmenden Unterscheidungen im *einen* Gott müssen dabei sofort immer auf diese Einheit vermittelt werden. Dafür prägte man auch den Begriff *Perichorese:* Er sagt, daß die drei Personen in ihrem relationalen Zueinander sich durchdringen und ganz ineinander eingehen. Der Begriff macht deutlich, daß das innerste und tiefste Wesen Gottes *die Liebe* ist.

Die in der obigen Tabelle vermerkten Begriffe haben im Rahmen der Trinitätstheologie eine unterschiedliche Wertigkeit:

Grundaussagen sind:	Natur	Person	
Erklärungsmodelle sind:	Hauchung	Hervorgang	
Personale Unterscheidungen sind:	Notion/Proprietät	Relation	Perichorese

Aufgrund der Natureinheit verbietet sich die absolute Zählung (1, 2, 3 im mathematischen Sinn), aufgrund der personalen Unterscheidungen ist die analoge Zählung erlaubt.

Literaturverzeichnis

1. Übergreifende und einführende Abhandlungen

Auer, J.: Gott, der Eine und Dreieine (KKD 2), Regensburg 1978.

Balthasar, H. U.von, Schulte, R., Schierse, F. J., Hamman, A., Scheffczyk, L., Deissler, A., Pfammatter, J., Rahner, K.: Gott als Urgrund der Heilsgeschichte: MySal 2, 15-401.

Barth, K.: Die kirchliche Dogmatik I/1, Zürich [12]1989.

Bobrinskoy, B.: Le Mystère de la Trinité. Cours de théologie orthodoxe, Paris 1986.

Böhnke, M., Heinz, H. P. (Hg.): Im Gespräch mit dem dreieinen Gott. Elemente einer trinitarischen Theologie (FS W. Breuning), Düsseldorf 1985.

Breuning, W. (Hg.): Trinität. Aktuelle Perspektiven der Theologie (QD 101), Freiburg – Basel – Wien 1984.

Buber, M.: Gottesfinsternis: Werke I, München – Heidelberg 1962.

Congar, Y.: Der Heilige Geist, Freiburg – Basel – Wien 1982.

Courth, F.: Der Gott der dreifaltigen Liebe (AMATECA VI), Paderborn 1993.

Durrwell, F.-X.: Le Père. Dieu en son mystère, Paris [2]1988.

Ebeling, G.: Dogmatik des christlichen Glaubens I, Tübingen 1979, 158-261.

Eicher, P. (Hg.): Neue Summe Theologie 1: Der lebendige Gott, Freiburg – Basel – Wien 1988.

Finkenzeller, J.: Grundkurs Gotteslehre, Freiburg 1984.

Ganoczy, A.: Dieu – grâce pour le monde, Paris 1986.

Grillmeier, A.: Mit ihm und in ihm, Freiburg – Basel – Wien [2]1978, 585-636.

Hilberath, B. J.: Der dreieinige Gott und die Gemeinschaft der Menschen, Mainz 1990.

Hilberath, B. J.: Pneumatologie (LeTh 23), Düsseldorf 1994.

Joest, W.: Dogmatik, Bd. 1: Die Wirklichkeit Gottes, Göttingen 1984.

Kasper, W.: Der Gott Jesu Christi, Mainz 1982.

Kraus, G.: Gott als Wirklichkeit. Lehrbuch zur Gotteslehre, Frankfurt 1994.

Küng, H.: Christsein, München 1974.

Lanczkowski, G., Schmidt, W. H., Thoma, C., Demke, Ch., Stead, G. C., Newlands, G., Beintker, H., Lönning, J.: Art. Gott (I-VIII): TRE 13, 1984, 601-708.

Leuze, R.: Gotteslehre, Stuttgart 1989.

Lonergan, B.: De Deo Trino, Rom [3]1984.

Müller, G. L.: Katholische Dogmatik. Für Studium und Praxis der Theologie, Freiburg – Basel – Wien 1995.

Nicolas, J.-H.: Synthèse dogmatique, Fribourg – Paris [2]1986.

O'Donnel, J. J.: Il Mistero della Trinità, Roma – Casale Monferrato 1989.

Pannenberg, W.: Systematische Theologie, Bd. 1, Göttingen 1988.

Ratzinger, J. (Hg.): Die Frage nach Gott (QD 56), Freiburg – Basel – Wien 1972.

Sattler, D., Schneider, Th.: Gotteslehre: Th. Schneider (Hg.): Handbuch der Dogmatik 1, Düsseldorf 1992, 51-119.

Schadel, E.: Bibliotheca Trinitaria I-II, München – New York – Paris 1984-88.

Schaeffler, R.: Das Gebet und das Argument. Zwei Weisen des Sprechens von Gott. Eine Einführung in die Theorie der religiösen Sprache, Düsseldorf 1989.

Scheeben, M. J.: Handbuch der katholischen Dogmatik, Bd. 2: Gotteslehre oder Theologie im engeren Sinne. Hg. v. M. Schmaus, Freiburg [3]1948.

Scheffczyk, L.: Der eine und dreifaltige Gott, Mainz 1968.
Schell, H.: Katholische Dogmatik, Bd. 1. Hg. v. J. Hasenfuss u. P. W. Scheele, München – Paderborn – Wien 1968.
Schmaus, M.: Katholische Dogmatik, 1: Gott der Dreieinige, München [5]1954.
Schmaus, M.: Der Glaube der Kirche II, St. Ottilien 1972.
Splett J., Breuning, W.: Gott/Trinität: NHThG 2, München [2]1991, 273-300.
Staniloae, D.: Orthodoxe Dogmatik I, Gütersloh 1985.
Track, J.: Sprachliche Untersuchungen zum Reden von Gott (BEvTh 93), Göttingen 1981.
Vorgrimler, H.: Theologische Gotteslehre (LeTh 3), Düsseldorf 1985.
Vorgrimler, H.: Gotteslehre I u. II (tzt 2, I/II), Düsseldorf 1989.
Waldenfels, H.: Gott. Auf der Suche nach dem Lebensgrund, Leipzig 1995.
Werbick, J.: Trinitätslehre: Th. Schneider (Hg.): Handbuch der Dogmatik 2, Düsseldorf 1992, 481-576.

2. Zur biblisch-heilsgeschichtlichen Grundlegung

Albertz, R.: Religionsgeschichte Israels in alttestamentlicher Zeit (ATD Erg. 8, 1 u. 2), Göttingen 1992.
Braulik, G.: Das Deuteronomium und die Geburt des Monotheismus: E. Haag (Hg.): Gott der einzige. Zur Entstehung des Monotheismus in Israel (QD 104), Freiburg – Basel – Wien 1985, 115-159.
Cazelles, H.: La Bible et son Dieu (Jésus et Jésus Christ 40), Paris 1989.
Deissler, A.: Die Grundbotschaft des Alten Testaments, Freiburg – Basel – Wien [10]1987.
Dohmen, Chr.: Art. Bild. II, Biblisch: LThK [3]2, 441-443.
Gerstenberger, E. S.: Jahwe – ein patriarchaler Gott? Stuttgart 1988.
Haag, E. (Hg.): Gott der einzige. Zur Entstehung des Monotheismus in Israel (QD 104), Freiburg – Basel – Wien 1985.
Hossfeld, F. L.: Einheit und Einzigkeit Gottes im frühen Jahwismus: M. Böhnke, H. P. Heinz (Hg.): Im Gespräch mit dem dreieinen Gott (FS W. Breuning), Düsseldorf 1985, 57-74.
Hossfeld, F. L. (Hg.): Vom Sinai zum Horeb. Stationen alttestamentlicher Glaubensgeschichte, Würzburg 1989.
Keel, O., Ühlinger, Chr.: Göttinnen, Götter und Gottessymbole. Neue Erkenntnisse zur Religionsgeschichte Kanaans und Israels aufgrund bislang unerschlossener ikonographischer Quellen (QD 134), Freiburg – Basel – Wien 1992.
Lang, B. (Hg.): Der einzige Gott. Die Geburt des biblischen Monotheismus, München 1981.
Lohfink, N.: Zur Geschichte der Diskussion über den Monotheismus im alten Israel: E. Haag (Hg.): Gott der einzige. Zur Entstehung des Monotheismus in Israel (QD 104), Freiburg – Basel – Wien 1985.
Lohfink, N.: Der Begriff „Bund“ in der biblischen Theologie: ThPh 66 (1991) 161-176.
Lohfink, N.: Bund: Neues Bibellexikon I, Zürich 1990, 344-348.
Merklein, H.: Jesu Botschaft von der Gottesherrschaft. Eine Skizze (SBS 111), Stuttgart [3]1989.
Mollenkott, V.: Gott eine Frau? Vergessene Gottesbilder der Bibel, München 1985.
Rahner, K.: Theos im NT: STh I, 91-167.
Rouxell, F.: Der Mythos vom männlichen Gott, Freiburg 1989.
Schmidt, W. H.: Gott. II. Altes Testament: TRE 13, 608-626.

Schmidt, W. H.: Alttestamentlicher Glaube in seiner Geschichte, Berlin [6]1987.
Theobald, M.: Gott, Logos und Pneuma. „Trinitarische“ Rede von Gott im Johannesevangelium: H.-J. Klauck (Hg.): Monotheismus und Christologie. Zur Gottesfrage im hellenistischen Judentum und im Urchristentum (QD 138), Freiburg – Basel – Wien 1992.
Thüsing, W.: Per Christum in Deum. Das Verhältnis der Christozentrik zur Theozentrik (NT A 1/1), Münster [3]1986.
Wacker, M. T., Zenger, E. (Hg.): Der eine Gott und die Göttin. Alttestamentliche Gottesvorstellung im Horizont feministischer Theologie (QD 138), Freiburg – Basel – Wien 1992.
Zenger, E.: Der Gott der Bibel, Stuttgart [3]1986.
Zenger, E.: Das erste Testament. Die jüdische Bibel und die Christen, Düsseldorf 1991.
Zenger, E.: Am Fuß des Sinai. Gottesbilder des ersten Testaments, Düsseldorf 1993.

3. Zur Erkennbarkeit Gottes und philosophischen Implikationen der Gotteslehre

Beierwaltes, W.: Platonismus und Idealismus, Frankfurt 1972.
Beierwaltes, W.: Denken des Einen. Studien zur neuplatonischen Philosophie und ihrer Wirkungsgeschichte, Frankfurt 1985.
Bresch, C. (Hg.): Kann man Gott aus der Natur erkennen? Evolution als Offenbarung (QD 123), Freiburg – Basel – Wien 1990.
Coreth, E., Lotz, J. B. (Hg.): Atheismus kritisch betrachtet, München – Freiburg 1971.
Greshake, G.: Gott in allen Dingen finden. Schöpfung und Gotteserfahrung, Freiburg 1986.
Hemmerle, K.: Thesen zu einer trinitarischen Ontologie, Einsiedeln 1976.
Honnefelder, L.: Ens inquantum ens. Der Begriff des Seienden als solchem als Gegenstand der Metaphysik nach der Lehre des Duns Scotus (BGPhThMA, N. F. 16), Münster 1979.
Kraus, G.: Gotteserkenntnis ohne Offenbarung und Glaube. Natürliche Theologie als ökumenisches Problem (KKTS 50), Paderborn u.a. 1987.
Kremer, K.: Die neuplatonische Seinsphilosophie und ihre Wirkung auf Thomas von Aquin, Leiden 1966.
Küng, H.: Existiert Gott? Antwort auf die Gottesfrage der Neuzeit, München 1978.
Löw, R.: Die neuen Gottesbeweise, Augsburg 1994.
Lutz-Bachmann, M., Hölscher, A. (Hg.): Gottesnamen, Berlin – Hildesheim 1992.
Mackie, J. L.: Das Wunder des Theismus. Argumente für und gegen die Existenz Gottes, Stuttgart 1985.
Maritain, J.: Wege zur Gotteserkenntnis, Colmar 1955.
Marquard, O. (Hg.): Einheit und Vielfalt, Hamburg 1990.
McGinn, B.: Die Mystik im Abendland. Bd. 1: Ursprünge, Freiburg – Basel – Wien 1994.
Möller, J.: Der Streit um den Gott der Philosophen. Anregungen und Antworten, Düsseldorf 1985.
Möller, J.: Die Chance des Menschen – Gott genannt, Zürich- Einsiedeln – Köln 1975.
Muck, O.: Philosophische Gotteslehre, Düsseldorf 1983.
Petri, H.: Glaube und Gotteserkenntnis. Von der Reformation zur Gegenwart (HDG I, 2 c), Freiburg – Basel – Wien 1985.

Pöhlmann, H. G.: Der Atheismus oder der Streit um Gott, Gütersloh 1977.
Schulz, W.: Der Gott der neuzeitlichen Metaphysik, Pfullingen [7]1982.
Splett, J.: Gotteserfahrung im Denken. Zur phiolosophischen Rechtfertigung des Sprechens von Gott, Frankfurt 1973.
Swinburne, R.: Die Existenz Gottes, Stuttgart 1987.
Weger, K.-H. (Hg.): Argumente für Gott – Denker von der Antike bis zur Gegenwart, Freiburg 1987.
Weischedel, W.: Der Gott der Philosophen. 2 Bde., Darmstadt [3]1975.
Weissmahr, B.: Philosophische Gotteslehre, Stuttgart 1983.
Wipfler, H.: Grundfragen der Trinitätsspekulation. Die Analogiefrage in der Trinitätstheologie, Regensburg 1977.

4. Zur Dogmen- und Theologiegeschichte

Andresen, C., Ritter, A. M.: Geschichte des Christentums. Bd. I, 1 (ThW 6,1), Tübingen 1993.
Beyschlag, K.: Grundriß der Dogmengeschichte. Bd. 1, Darmstadt [2]1988.
Courth, F.: Trinität. In der Schrift und Patristik (HDG II, 1 a), Freiburg – Basel – Wien 1988.
Courth, F.: Trinität. In der Scholastik (HDG II, 1 b), Freiburg – Basel – Wien 1985.
Elders, L. J.: Die Metaphysik des Thomas von Aquin, II. Die philosophische Theologie, Salzburg 1987.
Fuhrmann, M., Kible, B. T., Scherner, M.: Art. „Person“: HWP 7, 269-338.
Grillmeier, A.: Jesus der Christus im Glauben der Kirche. Bd. 1: Von der Apostolischen Zeit bis Chalkedon (451), Freiburg – Basel – Wien [3]1990.
Haubst, R.: Das Bild des Einen und Dreieinen Gottes in der Welt des Nikolaus von Kues, Trier 1952.
Heinz, H. P.: Trinitarische Bewegungen bei Bonaventura. Fruchtbarkeit einer appropriativen Trinitätstheologie (BGPhThMA NF 26), Münster 1985.
Hilberath, B. J.: Der Personbegriff der Trinitätstheologie in Rückfrage von Karl Rahner zu Tertullians „Adversus Praxean“, Innsbruck 1986.
Hübner, R. M.: Der Gott der Kirchenväter und der Gott der Bibel. Zur Frage der Hellenisierung des Christentums, München 1979.
Kelly, J. N. D.: Altchristliche Glaubensbekenntnisse. Geschichte und Theologie, Göttingen 1972.
Kretschmar, G.: Studien zur frühchristlichen Trinitätstheologie, Tübingen 1956.
Maas, W.: Unveränderlichkeit Gottes. Zum Verhältnis von griechisch-philosophischer und christlicher Gotteslehre, München – Paderborn 1974.
Minz, K. H.: Pleroma Trinitatis. Die Trinitätstheologie bei M. J. Scheeben, Frankfurt 1982.
Oeing-Hanhoff, L. u. a.: Geist: HWP 3 (1974), 154-204.
Ritter, A. M.: Dogma und Lehre in der Alten Kirche: C. Andresen (Hg.): Die Lehrentwicklung im Rahmen der Katholizität (HDThG 1), Göttingen 1982, 99-221.
Salman, E.: Neuzeit und Offenbarung. Studien zur trinitarischen Analogik des Christentums, Rom 1986.
Studer, B.: Gott und unsere Erlösung im Glauben der Alten Kirche, Düsseldorf 1985.

5. Zu systematischen Entwürfen und Einzelfragen in heutiger Theologie

Ackva, I.: An den dreieinen Gott glauben. Ein Beitrag zur Rekonstruktion des trinitarischen Gottesverständnisses und zur Bestimmung seiner Relevanz im nichteuropäischen Kontext (FThSt 47), Frankfurt a. M. 1994.
Balthasar, H. U. von: Der Zugang zur Wirklichkeit Gottes: MySal 2, 15-43.
Balthasar, H. U. von: Herrlichkeit. Bde. 1.3,1, Einsiedeln 1961 ff.
Balthasar, H. U. von: Theodramatik. Bde. 2/2,3, Einsiedeln 1978 ff.
Balthasar, H. U. von: Theologik 2, Einsiedeln 1985.
Boff, L.: Der dreieinige Gott, Düsseldorf 1987.
Boff, L.: Kleine Trinitätslehre, Düsseldorf 1990.
Cobb, J. B., Griffin, D.: Prozeßtheologie. Eine einführende Darstellung, Göttingen 1979.
Dalferth, J. U.: Existenz Gottes und christl. Glaube. Skizzen zu einer eschatologischen Ontologie, München 1984.
Dirscherl, E.: Der Heilige Geist und das menschliche Bewußtsein (BDS 4), Würzburg 1989.
Forte, B.: Trinität als Geschichte. Der lebendige Gott – Gott der Lebenden, Mainz 1989.
Frielingsdorf, K.: Dämonische Gottesbilder. Ihre Entstehung, Entlarvung und Überwindung, Mainz 1992.
Greshake, G.: Wenn Leid mein Leben lähmt. Leiden – Preis der Liebe?, Freiburg – Basel – Wien 1992.
Groß, W., Kuschel, K.-J.: „Ich schaffe Finsternis und Unheil". Ist Gott verantwortlich für das Übel?, Mainz 1992.
Häring, H.: Das Problem des Bösen in der Theologie, Darmstadt 1985.
Jaschke, R.: Dunkle Gottesbilder. Therapeutische Wege der Heilung, Freiburg – Basel – Wien 1992.
Johnson, E. A.: Ich bin, die ich bin. Wenn Frauen Gott sagen, Düsseldorf 1994.
Jonas, H.: Der Gottesbegriff nach Auschwitz. Eine jüdische Stimme, Frankfurt 1984.
Jüngel, E.: Gott als Geheimnis der Welt, Tübingen [5]1986.
Koch, K.: Schöpferischer Lockruf Gottes im Prozeß der Welt. Perspektiven der Gottesfrage in der amerikanischen Prozeßtheologie: ThBer 12, Zürich 1983, 129-171.
Kreiner, A.: Gott und das Leid, Paderborn [2]1995.
Lönning, P.: Der begreiflich Unergreifbare. „Sein Gottes" und modern-theologische Denkstrukturen (FSÖTh 48), Göttingen 1986.
Lüthi, K.: Gott und das Böse. Eine biblisch-theologische und systematische These zur Lehre vom Bösen, entworfen in Auseinandersetzung mit Schelling und Karl Barth, Zürich 1981.
Lubac, H. de: Die Freiheit der Gnade II, Einsiedeln 1971.
Lubac, H. de: Credo. Gestalt und Lebendigkeit unseres Glaubensbekenntnisses, Einsiedeln 1975.
Lubac, H. de: Glauben aus der Liebe – „Catholicisme", Einsiedeln 1970.
Lubac, H. de: Über die Wege Gottes, Freiburg 1958.
Lubac, H. de: Über Gott hinaus. Tragödie des atheistischen Humanismus, Einsiedeln [2]1984.
Meuffels, H. O.: Einbergung des Menschen in das Mysterium der dreieinigen Liebe (BDS 11), Würzburg 1991.
Moltmann, J.: Der gekreuzigte Gott, München [2]1973.
Moltmann, J.: Trinität und Reich Gottes, München 1980.

Moltmann, J.: In der Geschichte des dreieinigen Gottes. Beiträge zur Trinitarischen Theologie, München 1991.
Mühlen, H.: Der Heilige Geist als Person. Beitrag zur Frage nach der dem Heiligen Geist eigentümlichen Funktion in der Trinität, bei der Inkarnation und im Gnadenbund (MBTh 26), Münster 1963.
Oelmüller, W. (Hg.): Theodizee – Gott vor Gericht?, München 1990.
Radlbeck, R.: Der Personbegriff in der Trinitätstheologie der Gegenwart – untersucht am Beispiel der Entwürfe Jürgen Moltmanns und Walter Kaspers (ESt NF 27), Regensburg 1989.
Rahner, K.: Der dreifaltige Gott als transzendenter Urgrund der Heilsgeschichte: MySal 2, 317-397.
Rahner, K.: Grundkurs des Glaubens. Einführung in den Begriff des Christentums, Freiburg i. Br. 1976 u. ö.
Rahner, K.: (Hg.): Der eine Gott und der dreieine Gott. Das Gottesverständnis bei Christen, Juden und Muslimen, München – Zürich 1983.
Ratzinger, J.: Theologische Prinzipienlehre, München 1982, 15-27.
Ratzinger, J.: Vom Sinn des Christseins, München [3]1971.
Ratzinger, J.: Der Heilige Geist als communio: C. Heitmann, – H. Mühlen (Hg.): Erfahrung und Theologie des Heiligen Geistes, Hamburg – München 1974, 223-237.
Remmen, W. van: Die Dreifaltigkeit Gottes im Leben des Christen, Kleve 1992.
Schneider, Th. (Hg.): Vorsehung und Handeln Gottes (QD 115), Freiburg – Basel – Wien 1988.
Schoonenberg, P.: Ein Gott der Menschen, Einsiedeln 1969.
Schoonenberg, P.: Der Geist, das Wort und der Sohn. Eine Geist-Christologie, Regensburg 1992.
Schütz, Chr.: Gegenwärtige Tendenzen in der Gottes- und Trinitätslehre: MySal Erg. bd., Zürich – Einsiedeln – Köln 1981, 264-322.
Simonis, W.: Gott in Welt. Umrisse christlicher Gotteslehre, St. Ottilien 1988.
Theobald, Chr.: Question de Dieu et trinité: RSR 78 (1990) 97-130. 241-268.
Theobald, Chr.: La foi trinitaire des chrétiens et l'énigme du lieu social. Contribution au débat sur la „théologie politique“: P. Beauchamp, B. Bobrinskoy, E. Cornelis, A. de Libera, Chr. Theobald: Monotheisme et Trinité (Publications des Facultés universitaires Saint Louis 52), Bruxelles 1991, 91-137.
Werbick, J.: Bilder sind Wege. Eine Gotteslehre, München 1992.
Zwick, E.: Geschichte in Gott. Ein Versuch zur Begründung der Eigenwertigkeit von Geschichte: Eine Untersuchung über das Spannungsfeld von Trinität und Geschichte (Dissert./Theol. Reihe, 27), St. Ottilien, 1987.

Alexandre Ganoczy

Schöpfungslehre

1. Einleitung

1.1 Das Glaubensbekenntnis

„Ich glaube an ... den allmächtigen Vater, Schöpfer des Himmels und der Erde, aller sichtbaren und unsichtbaren Dinge. Und an ... Jesus Christus, Gottes einziggeborenen Sohn ... Durch ihn ist alles geschaffen. Er ... ist Mensch geworden ... Ich glaube an den Heiligen Geist, den Herrn und Lebensspender“ (DH 150).

Das *Glaubensbekenntnis* spricht die Schöpfung an, indem es die schöpferische Dreieinigkeit in ihrem Handeln beschreibt: den Vater als den Ursprung des Kosmos, den Sohn als den geschichtlich gewordenen Mittler der Geschichte, den Heiligen Geist als den souveränen Spender allen Lebens. Dadurch aber, daß Jesus der Christus die Mitte des Bekenntnisses ist, erhält dieses eine einzigartige Menschennähe. Der Menschgewordene bringt das Schaffen Gottes in das Drama der Menschheit hinein und erleidet dieses „für uns“, um ihm dann in der Auferstehung ein gutes Ende zu verheißen. Das so geschaffene bzw. noch zu schaffende neue Leben hat den Geist Gottes zum Urheber, der schon alles Lebendige in der Zeit belebt. Die Schöpfung erscheint also in einer theozentrischen und deshalb heilsgeschichtlichen Perspektive. Ihre Zukunft interessiert die Gemeinschaft der Glaubenden ebenso wie ihr Anfang und Werdegang.

1.2 Heutige Schwierigkeiten

Heutige Menschen, die in einer durch naturwissenschaftliches und technisches Denken geprägten Welt leben, haben oft *Schwierigkeiten* mit Sätzen des christlichen Credo, die der Sprache unseres Denkens völlig fremd sind.

Erinnert nicht die *Rede* von einem „allmächtigen Vater“ an alte Mythen des Uranfangs, die kein Paradigma für ein evolutives Weltbild liefern können? „Urknall“, Selbstorganisation der Materie, Entwicklungsspiel von Zufall und Notwendigkeit, Entstehen des Organischen aus Anorganischem, Evolution der Arten durch „natürliche Zuchtwahl“, fortdauerndes Ineinander von Chaos und Ordnung u. ä.: sind das nicht Erkenntnisse und Hypothesen, die einem Schöpfergott, besonders im Sinne einer „fortgesetzten Schöpfung“, keinen Raum mehr überlassen? Kann solche Fremdheit der Denksprachen der Versuch mancher Wis-

* Die Tabellen und Schaubilder in diesem Traktat stammen, wo nicht anders angegeben, von Wolfgang Beinert.

senschaftler beheben, die eine Analogie zwischen dem physikalischen „Modell" und dem religiösen „Symbol" entdecken[1]? Geht es doch beiden um die Veranschaulichung von Unanschaulichem, und drücken doch Mythos und Naturgesetz in je eigener Perspektive dasselbe universal Erfahrene aus. Aber wer kann schon solch feine Vergleichsversuche mitvollziehen?

– Als fraglich mag uns auch die Möglichkeit erscheinen, jenes Auseinanderklaffen von *religiöser Erfahrung* und *naturwissenschaftlicher Empirie* zu überwinden, das solche Verschiedenheit der Denksprachen begründet. Verhält man sich deshalb nicht redlicher, wenn man das, was der religiöse Glaube als *„Schöpfung Gottes"* erfährt, und das, was die Physik etwa als *„Natur"* analysiert, sauber auseinanderhält? Denn hat sich die Vermengung beider Erfahrungsbereiche nicht schädlicher ausgewirkt als deren klare Trennung und neutrales Nebeneinander? Verlangt nicht die Säkularität selbst der Gesellschaft, in der wir leben, eine Art friedlicher Koexistenz von Religion und Wissenschaft? Freilich gibt es mehrere Weisen, den Begriff *„Natur"* zu verstehen, auch eine theologisch eingebürgerte. Andererseits nimmt man heute mit Recht an, daß jede Epoche je andere „Modelle" von Natur entwickelt hat[2]. Aber verbietet nicht gerade solche Bedeutungsvielfalt einen undifferenzierten Gebrauch des Begriffs? Verfällt man sonst nicht einer erneuten Verfremdung der Naturwissenschaften durch religiös verbrämte Naturphilosophie, wie das etwa vor dem Fall Galilei gang und gäbe war?

Gewiß spricht unser Credo nicht nur die Erschaffung der Welt an, wenn es die Schöpfung Gottes nennt; es zieht auch die *zukünftige* Vollendung in Betracht. Sicherlich bekennen sich die Christen nicht bloß zu einer „opulenten Vergangenheits-Mythologie"[3], wenn sie über ihren Schöpfungsglauben nachdenken. Doch welche Divergenz in der Erwartungsperspektive! Wo der Glaubende auf die Auferweckung des ganzen Menschen jenseits der Todesgrenze, auf ein ewiges Leben bei Gott und, mit Paulus, auf die Befreiung der „ganzen Schöpfung" von der „Sklaverei der Vergänglichkeit" (Röm 8,19.21, Übers. U. Wilckens) hofft, entwirft die Naturwissenschaft verschiedene Szenarien der Beendigung gegenwärtiger Kosmosprozesse und der Möglichkeit neuer Anfänge. Wer kann schon beide Sehweisen unserer Zukunft zusammenbringen, ohne der Autonomie beider Bereiche Gewalt anzutun?

– Ein weiteres Problem: Bibel, Glaubensbekenntnis und Theologie behalten den Schöpfernamen allein Gott vor. Kirchenväter verdeutlichen das noch mit dem Hilfsbegriff „creatio ex nihilo". Anders die Neuzeit und die Moderne, die das *menschliche Schaffen* in Arbeit, Kunst, Kultur und Wissenschaft hervorheben, eine Kreativität, dank derer der Mensch sogar sich selbst und seine Welt autonom zu schaffen vermag[4]. Wer wird hier schon Theozentrik und Anthropozentrik miteinander versöhnen? Ist es überhaupt möglich, von einem ständigen

---

[1] Siehe H. Dänzer, Das Symboldenken in der Atomphysik und in der Theologie: Univ. 22 (1967) 367-377.

[2] I. Prigogine, I. Stengers, Dialog mit der Natur. Neue Wege naturwissenschaftlichen Denkens, München [5]1986, 29.

[3] E. Bloch, Das Prinzip Hoffnung. Gesamtausgabe V, Frankfurt a. M. 1959, 1500.

[4] Vgl. A. Ganoczy, Der schöpferische Mensch und die Schöpfung Gottes (Grünewald-Reihe), Mainz 1976.

göttlichen Walten bis ins Herz der Materie[5] zu reden und zugleich die „selbstschöpferischen" Kräfte der Natur im Mikrobereich der Teilchen deutlich zu machen[6]?

– Zweifellos kann auf die Alternative *„Schöpfung oder Evolution"* geantwortet werden: Die beiden Aussagen können sich schon deshalb nicht widersprechen, weil sie auf grundverschiedene Fragen antworten: „Schöpfung" auf die nach dem Entstehen von Sein überhaupt und „Evolution" auf die der Entwicklung des bereits Seienden[7]. Doch zahlt die Theologie für eine derartige Klärung des Sachverhaltes nicht einen zu hohen Preis? Schreibt sie nicht dabei, gleichsam „deistisch"[8], das ständige, gnadenhafte Einwirken des Schöpfers in den Weltprozeß stillschweigend ab? Und was kann sie dann noch zur göttlichen Tätigkeit in der Phylogenese und der Ontogenese, das heißt im Prozeß der Menschwerdung des Menschen als Gattung und Individuum, Sinnvolles sagen?

Auch jene brennend aktuelle Problematik scheint eine Bedeutsamkeit für die Schöpfungstheologie einzuschließen, die mit dem von Menschenhand steuerbaren Fortgang evolutiver Vorgänge verbunden ist. Es scheint fraglich, ob eine spezifisch christliche *Schöpfungsethik* im Hinblick auf die Humangenetik und die planetare Umweltverschmutzung glaubwürdig auftreten kann, wenn der Glaube an eine „fortgesetzte Schöpfung (creatio continua)" insgeheim von vornherein ausgeklammert wurde.

– Eng verbunden mit dieser Herausforderung steht noch die Frage nach dem *Bösen* im Raum. Was erlaubt, beim Menschen zu unterscheiden zwischen dem „sogenannten Bösen", das heißt der natürlichen, selbst- und arterhaltenden Aggressivität[9] einerseits, und dem eigentlichen, ethisch zu verantwortenden Bösen andererseits? Was zwischen dem „egoistischen Gen"[10] und der sündhaften Egozentrik? Gibt es eine Möglichkeit, zwischen einem psychoanalytisch-theologischen Konzept der „Strukturen des Bösen"[11] und einer streng naturwissenschaftlichen Erforschung physikalischer, biologischer und psychologischer Fehlfunktionen einen gemeinsamen Nenner zu finden? Und woher kommt das eigentliche Böse in der Schöpfung überhaupt? Von einem Rückfall des Menschen

---

[5] Das ist ein Gedanke von P. Teilhard de Chardin. Pierre Teilhard de Chardin (1881-1955) wird in diesem Traktat mehrmals erwähnt. Als Jesuit, Professor der Geologie und Forscher im Bereich der Paläontologie, versuchte er, eine Evolutionstheorie in eine mystisch geprägte Theologie i. S. des Kolosserbriefes einzuarbeiten. Gott ist für ihn der Schöpfer der Evolution. Er versteht die Materie als geistfähig und den Menschen als das komplexeste, weil mit Selbstbewußtsein ausgestattete Wesen. Die gesamte Entwicklung der Dinge und der Menschen sei ein unaufhaltbarer Aufstieg, streng zielbestimmt auf den „Punkt Omega" ausgerichtet. Dieser entspreche der Parusie Christi. Die Hominisation münde in die Christifikation und die Deifikation. Keine Sünde könne diesen Vorgang aufhalten. Das Christentum sei „die Religion der Evolution". Näheres bei N. M. Wildiers, Art. Teilhard de Chardin: LThK² 9, 1341f, sowie A. Gläßer, Konvergenz. Die Struktur der Weltsumme Pierre Teilhards de Chardin (ESt 4), Kevelaer 1970.

[6] Vgl. G. Binnig, Die Geheimnisse der Kreativität: Bild der Wissenschaft 27 (1990) 96-104.

[7] Vgl. H. Volk, Art. Entwicklung: LThK² 3, 906-908, hier: 907.

[8] Vgl. A. Ganoczy, Art. Deismus: LKDog ³1991, 81 f.

[9] K. Lorenz, Das sogenannte Böse. Zur Naturgeschichte der Aggression, Wien ²⁹1971.

[10] R. Dawkins, Das egoistische Gen. Übers. v. K. de Soussa Ferreia, Berlin 1978.

[11] E. Drewermann, Strukturen des Bösen I. Die jahwistische Urgeschichte in exegetischer Sicht (PaThSt 4), München 1977. Vgl. auch oben, Gotteslehre 5.7.

auf die tierische Ebene oder, umgekehrt, von seiner überheblichen Entfernung von der animalischen Unschuld? Und: Wenn schon eigentlich Böses existiert, wozu kann es gut sein? Wem kann es nützen? Dem Individuum, der Art, der Gesamtheit der Lebewesen? So daß dieses eben jenem geopfert werden müßte? Schließlich: Was für einen Sinn können „Strukturen des Bösen" in der Schöpfungsordnung nach christlichem Verständnis aufweisen, wenn sie schon von sich aus gar keinen besitzen?

1.3 Schöpfungslehre und Naturwissenschaft

Beobachtet man das heutige Verhältnis zwischen christlicher Schöpfungslehre und naturwissenschaftlicher Reflexion, so scheint sich doch ein *Konvergenzpunkt* zwischen beiden deutlich abzuzeichnen. Der Begriff *Ethik* deutet ihn an. Hier wie dort wächst das Bewußtsein, daß menschliches Machen, waltet es gegenüber Mit- und Umwelt weiterhin so wie bisher, die gesamte irdische Lebensgemeinschaft der Gefahr der Selbstvertilgung aussetzt. Da die bestehenden Handlungsmechanismen eine Eigendynamik entwickeln, die schwer zu bremsen ist, wird die Suche nach einer Einsicht aktuell, die sich durch den Schein vieler Vorteile der Industriegesellschaft nicht täuschen läßt, sondern in Kategorien planetarer Zukunft zu denken und vor allem eine neue opferbereite Sittlichkeit zu begründen vermag.

Schöpfungstheologie zählt immer schon Rettung, Erlösung, Befreiung, Erhaltung, Vorsehung und Vollendung zu den Begriffen, die ihrem Thema den Verständniskontext geben. Wie bald zu zeigen sein wird, hat schon der älteste biblische Schöpfungsglaube eine *soteriologische* Dimension, die dann durch das Christus-Ereignis und die neutestamentliche Pneuma-Erfahrung noch in einzigartiger Weise verschärft wird. Andererseits hören wir, wie Vertreter moderner Evolutionstheorie (J. Monod, K. Lorenz, M. Eigen, C. F. v. Weizsäcker u. a.) der Sorge um die Weiterentwicklung von Menschheit und Artengemeinschaft höchste Dringlichkeit zuschreiben. Diese Sorge wird in einem Atemzug mit Begriffen wie Rettung, Heilung, Schonung und vorab Verantwortlichkeit von Naturwissenschaft und Technik genannt. Das Ganze spitzt sich in der Rede von einer not-wendigen *Umkehr* bisherigen Weltverhaltens zu. Damit verbindet sich die Motivationsfrage, und folglich wird der Ruf nach geistigen Werten und systemübergreifenden Normen laut, auch nach dem Beitrag der Religionen, vornehmlich der zugleich naturnahen und universalen. Ein erneuertes Christentum erhält in diesem Bereich ein angesichts der Säkularität unerwartetes Rederecht. So auch seine Schöpfungslehre. Zumindest also in der Debatte um die neue Ethik erhält unser Schöpfungsglaube höchste Aktualität. Er wird auch angehört, wo immer ihm vom praktischen Weltverhalten der Christen und der Kirchen nicht widersprochen und er dadurch nicht unglaubwürdig gemacht wird.

Entstehen Konvergenz und Komplementarität der geistigen Kräfte auf dieser Plattform, so wird auch der eigentlich dogmatische Blick geschärft, der die soeben aufgezählten hermeneutischen Schwierigkeiten zu bewältigen vermag.

1.4 Methode und Gliederung

(1) Die heutige Dogmatik arbeitet zunehmend „hermeneutisch", näherhin „responsorisch"[12]: Das heißt, summarisch gesagt, daß sie die biblisch fundierte, patristisch und lehramtlich interpretierte Tradition im Blick auf die „Zeichen der Zeit" auszulegen sucht, ohne freilich das Mindeste von deren Substanz opportunistisch preiszugeben.

Im Fall „Schöpfungstheologie" liegen die Zeichen, Probleme und Anfragen unserer Zeit auf der Hand; und diese sind so vielfältig, daß der Dogmatiker bei weitem nicht alle systematisch berücksichtigen, geschweige denn mit einer befriedigenden Antwort bedenken kann. „Responsorik" macht *Optionen* erforderlich. In der hier zu entwickelnden Schöpfungslehre könnte der Dialog mit einschlägigen Äußerungen der Philosophie, der Literatur, der Religionswissenschaft, der Sozialpsychologie oder der Kulturanthropologie geführt werden. Wir wählen jedoch die moderne Naturwissenschaft, näherhin den Dialog mit jenen Physikern und Biologen, die ihre fachspezifische Forschung mit einer zumindest philosophischen und ethischen Reflexion zu verbinden wissen.

Diese methodische Option ist gewagt, nicht üblich und mutet dem Leser einiges an Anstrengung des Begriffs zu. Dennoch scheint sie sinnvoll, da die Wirklichkeit, welche die Theologie „Schöpfung" und die Naturwissenschaft „Natur" nennt, die *eine und selbe* ist; andererseits wird sie heute, wie nie zuvor, durch die sogenannten „exakten Wissenschaften" und deren Tochter, die Technologie, bestimmt.

(2) In dieser methodischen Optik und mit dem entsprechenden erkenntnisleitenden Interesse soll zunächst die biblische Grundlegung des christlichen Schöpfungsglaubens erfolgen, dann dessen dogmengeschichtliche Entfaltung in Theologie und Lehramt gesichtet werden. Ein dritter Teil wird sich ausführlich der systematischen Reflexion im Gespräch mit Ergebnissen moderner Naturwissenschaften widmen.

---

[12] A. Ganoczy, Einführung in die Dogmatik, Darmstadt 1983, 151-155. Vgl. auch oben, Einleitung in die Dogmatik 3.2.

2. Biblische Grundlegung

Sowohl das Alte wie das Neue Testament sprechen das Geheimnis der Schöpfung im Spannungskontext von Heil und Unheil an. Die alttestamentlichen Texte fragen danach – implizit oder explizit – vom Schicksal des Volkes Israel her, die neutestamentlichen vom Christusereignis und von der durch Christus gekommenen Erlösung her. In Christus wird die Ankunft der „neuen Schöpfung" geglaubt, die, kraft seines Geistes, jenseits aller Sterblichkeit und Sünde, durch Kräfte des ewigen Lebens geprägt ist. So darf man für die ganze Bibel von einem „soteriologischen Verständnis" des Schöpfungsglaubens sprechen[13].

2.1 Das Alte Testament

2.1.1 Das Zeugnis des Deuterojesaja

Nirgends wird die enge Verzahnung der Themen Schöpfung und Erlösung so deutlich greifbar wie in Jes 40-55. Im Babylonischen Exil geschrieben, bekennen sich diese Texte zum „Schöpfer Israels" (43,15), der das Volk einst durch den Exodus aus Ägypten erschuf und mit seiner Erwählung beschenkte (43,1; 44,2) und der es gewiß auch vom gegenwärtigen Unheil befreien wird. In allen diesen Texten steht für *schaffen* das Verbum bārā, das nur Gott zum Subjekt haben kann. Die verheißene Rückkehr in die Heimat wird mit jenem ersten Exodus verglichen (40,3; 41,18; 43,19) und so als bārā-Tat Jahwes verstanden. Denselben Gedanken weiß Deuterojesaja auch mit Hilfe des Zeitwortes āsāh, „machen", auszudrücken: „Seht her, nun mache ich etwas Neues. Schon kommt es zum Vorschein, merkt ihr es nicht?" (43,19) Das Wort bārā wird in allen Zeitformen verwendet. Es bezieht sich sowohl auf die vergangene, anfängliche Erschaffung der Welt und des Volkes (40,26.28; 43,1.7; 45,7.12.18; vgl. Gen 1,1) wie auf die gegenwärtige Geschichte (54,16) und auf die kommen sollende Vollendung (41,20; 42,5-8; vgl. 65,17f). Die Allmächtigkeit solchen göttlichen Handelns zeigt sich darin, daß es sinngemäß Gegensätze umfaßt: „Ich erschaffe das Licht und mache das Dunkel, ich bewirke das Heil und erschaffe das Unheil" (45,7).

[13] G. von Rad, Theologie des Alten Testaments I. Die Theologie der geschichtlichen Überlieferungen Israels, München ^{6}1969, 151. „Soteriologisch" meint „auf das Heil bezogen"; dies wird klassisch als Erlösung, gegenwärtig auch als Selbstwerdung des Menschen als Person und Gemeinschaft dank der Gnade Gottes verstanden (vgl. A. Ganoczy, Aus seiner Fülle haben wir alle empfangen. Grundriß der Gnadenlehre, Düsseldorf 1989). Die biblischen Leittexte zur Schöpfungslehre finden sich in tzt D3/I, Nr. 1-42.

Übersicht über die biblische Schöpfungslehre

Deutero-Jesaja (Jes 40-55)	Verzahnung von Schöpfung und Erlösung
Trito-Jesaja (Jes 56-66)	Verhalten gegenüber der Schöpfung unter eschatologischer Perspektive
Gen 1-11	„Urgeschichte": Ätiologie von Allgemeinerfahrungen durch den Rückverweis auf den Anfang
Weisheitsliteratur	Die Welt erscheint als Geheimnis des Schöpfers in ihrer Schönheit wie Dunkelheit (Ijob)
2 Makk 7,28	Andeutung einer Schöpfung aus dem Nichts (ek ouk ontôn)
Botschaft und Praxis Jesu	Bejahung und zugleich Relativierung der Schöpfung auf Gott hin in der Linie des Deuterojesaja. In den Gleichnissen erscheint Jesus als der Gute Hirte der Natur
Paulus	Christologisch-soteriologische Sicht der Schöpfung: In Christus wird die geschundene Kreatur zur neuen Schöpfung. Das hat ethische Konsequenzen
Johannes	Weltkritik von der Schöpferliebe Gottes her, der die Welt durch seinen Sohn rettet (Christus als Schöpfungsmittler)

Ein am Rande erscheinender kämpferischer Zug (51,9) verdeutlicht das monotheistische Bewußtsein des Schreibers: Im Vergleich zur Macht Jahwes sind die fremden Götter, auch die Schöpfergottheit Babylons, „Nichtse" (41,29; vgl. 40,18-20; 44,24). Die Hoffnung, daß Jahwe die Seinen erlösen kann, ist also begründet (40,27-31). Wer das Universum (hebräisch: Himmel und Erde) erschaffen hat, vermag auch zu befreien und zu erlösen. Seine Allmacht ist Prädikat seiner erwählenden und schenkenden Liebe (vgl. 43,4). Der liebende Schöpfer läßt sich mit dem Hirten (40,11) und der Frau, die ihr Kind nicht vergißt (49,15), vergleichen.

Als menschliches Symbol dieses Verhältnisses zwischen Schöpfer und Geschöpf tritt der „Gottesknecht" auf den Plan. Er leistet Dienst an der geschundenen Schöpfung, zerbricht „das geknickte Rohr" nicht (42,3), führt Jakob heim (49,5), wird von Gott auch „zum Licht für die Völker" gemacht (49,6), stärkt die Müden (50,4), läßt sich wegen der Sünden des Volkes zermalmen, um es „durch seine Wunden" zu heilen (53,5). Der Gottesknecht steht im Dienst des erlösenden Schöpfers.

2.1.2 Das Zeugnis des Tritojesaja

Einen guten Teil nachexilischer Texte zusammenfassend, führt der „dritte Jesaja" den menschenfreundlichen Ansatz des „zweiten" mit sozialkritischen und -ethischen Akzenten weiter. Denn trotz der Neuschaffung des Volkes durch das Wunder der Heimkehr fehlt vielen Juden ein schöpfergerechtes und mitgeschöpfliches Verhalten gegenüber sozial Benachteiligten (66,2). Von daher die Mahnung: Soziale Gesinnung ehrt Gott mehr als alle Pracht des neu aufgebauten Tempels (66,1-4).

Der Blick weitet sich dann vom erwählten Volk auf die Welt der Völker aus, die an der Seite Israels im neuen Jerusalem den gemeinsamen Schöpfer verherrlichen sollen (60,1-22; 66,20f). Die Fremden erhalten eine erstaunlich hohe Würdigung (56,1-8).

Ein anderer wichtiger Beitrag dieser Texte liegt in der Einbringung der kosmischen Perspektive unter dem Blickwinkel der noch ausstehenden Vollendung: „Denn schon erschaffe ich einen neuen Himmel und eine neue Erde. ... Ihr sollt euch ohne Ende freuen und jubeln über das, was ich erschaffe" (65,17f). Das neue Universum erscheint in einem erstaunlich naturfreundlichen Licht. Die Tierwelt wird erwähnt: „Wolf und Lamm weiden zusammen, der Löwe frißt Stroh wie das Rind" (65,25). In der vollendeten Welt herrscht ein unerhörter Frieden: Sogar die Normalität des Fressens und Gefressen-Werdens wird aufgehoben.

Ähnlich idyllisch wird das Bild einer voll befriedeten Menschheit gezeichnet: „Sie arbeiten nicht mehr vergebens, sie bringen nicht Kinder zur Welt für einen jähen Tod" (65,23). Und: „Man tut nichts Böses mehr" (65,25). Die apokalyptische Vision einer kosmischen Katastrophe als Voraussetzung für das neu zu schaffende Universum klingt nicht an (trotz 65,17b). Dies ist um so bemerkenswerter, als sonst das Völkergericht in grausamen Farben ausgemalt wird (63,1-6). Insgesamt aber paßt alles zum Bild von einem vollendenden Schöpfer.

2.1.3 Die Urgeschichte nach Gen 1-11

2.1.3.1 Vorbemerkung

„Urgeschichte" ist keine Geschichte im historisch-chronologischen Sinn des Wortes. Sie berichtet nicht von bestimmten Vorkommnissen der Vergangenheit. Der Name bezieht sich auf eine literarische Gattung, deren Ziel es ist, Grundzüge des Menschseins, wie sie sich in ihrem Bezug zur Welt und zur Gottheit immer und überall erfahren lassen, zu beschreiben bzw. narrativ darzustellen. Das Präfixum „Ur-" deutet Typisches an, näherhin Gegebenheiten, die als fundamental und universal erkannt werden. Das Wort „Geschichte", dem es vorangestellt wird, besagt eine Weise der Erzählung, die oft „Ätiologie" (griech.: aitía = Anfang, Ursprung, Ursache) genannt wird. Diese besteht in einer Darstellung von gegenwärtigen Allgemeinerfahrungen, die durch ihre erzählende Zurückversetzung in die imaginäre Anfangszeit der Welt mythologisch und theologisch zur Sprache gebracht werden. Nicht selten wird damit für heutige Zustände eine buchstäblich ur-sächliche Erhellung gegeben. Bleibende Erfahrungstatsachen erhalten somit eine Erklärung vom „Ursprung" her, obwohl dieser zur Zeit, in der „Urgeschichten" entstanden, durch keine Erkenntnis oder Forschung objektiv erfaßt wurde bzw. werden konnte.

Die Urgeschichte, die Gen 1-11 anbietet und in der es sich um „Adam", das heißt „den Menschen schlechthin"[14], sowie um die „Adamiten" exemplarischer Generationen handelt, hat eine konkrete Realität zum Inhalt, die eigentlich von

---

[14] O. Betz, Art. Adam: TRE 1, 414.

jedem in der eigenen Welt und Zeit nachgeprüft werden kann, insofern also einen historischen Zug besitzt. Diese Realität zeigt sich komplex und geheimnisvoll, so daß ihr die Symbolsprache, die bildhafte Schilderung angemessen ist. Sie läßt sich in „Modellen" oder in archetypischen Sprachformen adäquat aussprechen, obwohl sie auch philosophisch zur Sprache gebracht werden kann. In der Tat liegen die anthropologischen Versuche z. B. Platons sachlich in relativer Nähe dessen, was die zeitgenössischen Schöpfungsmythen ebenfalls, freilich in anderer Weise, zum Ausdruck brachten. Diesen Mythen schreibt heutige Forschung zu Recht eine ontologische[15], das heißt eine auf das Sein des Menschen bezogene, Dimension zu.

2.1.3.2 Urgeschichte nach dem Jahwisten

Entstanden in der Zeit der Könige, vermutlich im 10. Jahrhundert v. Chr., enthält die ältere „Schöpfungserzählung", die man „jahwistisch" nennt, weil sie Gott stets den Jahwe-Namen gibt, Elemente des vor- und außerisraelitischen Mythos. Die Endredaktion des Buches Genesis hat sie mit anderen Überlieferungen, vorab mit der sogenannten „Priesterschrift", verwoben, so daß sie erst durch moderne historisch-kritische Methoden identifiziert werden konnte. Das Werk der Redaktoren ist zu respektieren. Es stellt ein theologisches Ganzes dar, das aus mehreren Teilganzen besteht, und man kann es nur dann in seiner vollen Offenbarungsaussage erfassen, wenn man es auch als komplexe Ganzheit liest. Der Jahwist bietet im wesentlichen drei „Urmodelle" in urgeschichtlicher Erzählgestalt: Menschsein, Sündigen und zum Neubeginn bereite Gnade des Schöpfers.

(a) Das *Menschsein* des Menschen wird durch den im Singular gebrauchten Kollektivnamen „Adam" angedeutet. Der Mensch schlechthin wird so genannt, weil er, ähnlich wie das Tier (Gen 2,19) aus 'adāmā, das heißt Erde, Staub, Ackerscholle, „geformt" wurde (2,7). Der Mensch ist also Erdmensch, „Erdling" oder – mit heutigen Worten – ein materiegebundenes und tierverwandtes Lebewesen. Deswegen wird er, wiederum zusammen mit dem Tier als „náephaeš hajja", „lebendiges Wesen" oder modern „Lebewesen" bezeichnet. Doch kommt auch seine konstitutive Unterschiedenheit von den vormenschlichen Lebewesen deutlich zum Zuge: Die Erde ist nicht nur die Materie, aus der er herkommt und in die er, nach Beendigung seines Lebens, zurückkehrt (2,7; 3,19), sondern auch jene, die er eigentätig „zu bebauen und zu bewahren" hat (2,15); er ist also kulturfähig. Außerdem ist sein Leben und sein damit gegebener Gottbezug ein radikal anderer als bei den Tieren; das verdeutlicht das Symbol des Lebensatems, den der Schöpfer ihm direkt einhaucht, ja – das Bild hat einen intimen Zug – in die Nase bläst (2,7). Eine „Ableitung" des Menschen von Gott[16] gibt die Metapher allerdings nicht her. Es bleibt ein *Fundamentalunterschied*[17] zum Schöpfer bestehen.

---

[15] Die Schöpfungsmythen. Ägypter, Sumerer, Hurriter, Hethiter, Kanaaniter und Israeliten. Mit einem Vorwort von M. Eliade, Darmstadt 1980, 11. Außerbiblische Schöpfungserzählungen in tzt D3/II, Nr. 209-243.

[16] E. Drewermann, Strukturen des Bösen I, 12.

[17] Dieser Begriff, der vorab auf Gerhard Ebeling zurückgeht, wird im folgenden des öfteren gebraucht.

Zu den Grundzügen des Menschseins gehören noch Arbeit, Wissensdrang und eine ganz bestimmte Weise der Zweigeschlechtlichkeit.

Eigentätiges *Schaffen*, gleich ob in Landwirtschaft, Handwerk, Denken oder Sprache, gehört zur natura humana. Es hat von sich aus nichts mit Sündenstrafe zu tun, noch weniger – wie ein babylonischer Schöpfungsmythos lehrte – mit Frondienst für die niederen Götter. Freilich wird es, einmal durch die Sünde geprägt, als ein höchst ambivalentes oder auch über Maßen mühsames Handeln erfahren. Arbeit zeigt sich dann immer und überall bald als Quelle von Freude, bald als Beschwernis.

Menschliches Handeln ist zugleich mit *Wissen* verbunden: Der Baum der „Erkenntnis des Guten und des Schlechten" (2,9.17; vgl. 3,5.22), der zugleich der „Baum des Lebens" (2,9; 3,3.24) zu sein scheint, steht wohl in der Mitte des „Gartens des Menschlichen" (C.F.v.Weizsäcker). Das Symbol besitzt zunächst keine moralische Bedeutung, sondern deutet ein umfassendes, beinahe göttliches Wissen-Können an. Als gute Schöpfungsgabe des Allwissenden an sein ihm nächststehendes Geschöpf kann Wissen bzw. Wissenschaft allerdings durch Mißbrauch zweckentfremdet werden: so entsteht das Böse am eigentlich Guten. Daß die Urgeschichte kein primitives Erkennen etwa des gerade hominisierten Urmenschen, des sog. „homo sapiens" meint, sondern das eines kulturell hochstehenden, läßt sich am Symbol der Namensgebung an die verschiedenen Tiere ablesen (2,19 f). Das setzt bereits entwickeltes Naturwissen und systematisches Denkvermögen voraus. Und daß der Wissende auch der mit Entscheidungsfreiheit Begabte ist, deutet das Gebot Jahwes an, vom Baum der Erkenntnis nicht „eigenmächtig" zu essen (2,16 f).

Die *Zweigeschlechtlichkeit* des Menschen wird nicht als bloße Tatsache festgestellt, vielmehr impliziert deren narrative, das heißt erzählende Darlegung normative, vielleicht sogar gesellschaftskritische Züge. Letztere mögen sich gegen die durchweg androzentrische und patriarchalische Lebenswelt richten, in der die Erzählung zustande kam. Mehrere Symbole und Andeutungen legen nämlich die Gleichwertigkeit von Mann und Frau nahe. Schon die Namen īš und īššah (2,23), für Mann und Frau, verweisen auf eine Wesensgleichheit dadurch, daß sie von der selben semantischen Wurzel abgeleitet werden. Luther übersetzte: „Mann" und „Männin". Das Bild der Rippe deutet keine Ableitung des weiblichen Wesens aus dem männlichen an, also keine herkunftsbestimmte Unterlegenheit[18], vielmehr wird es schon im Text durch den Freudenruf des „Menschen" ausgelegt: „Das ist endlich Bein von meinem Bein und Fleisch von meinem Fleisch!" (2,23), ein typisch altorientalischer Ausdruck für engste Verwandtschaft. Die Freude Adams erklärt sich nicht einfach dadurch, daß er endlich Hilfe zur Überwindung der Einsamkeit[19] gefunden hat. Der Ausdruck, „eine Hilfe, die dem Menschen entsprach" (2,20), gibt mehr her. Er behauptet nochmals, über jede Dienlichkeit hinaus, echte Wesensgleichheit beider Geschlechter.

[18] Dies wird sogar in neutestamentlichen Texten wie 1 Kor 11,8 und 1 Tim 2,11-13 trotz der sonstigen Würdigung der Frau in den paulinischen Schriften behauptet. Die paulinische Authentizität dieser Gedanken wird von der Exegese bezweifelt.

[19] Vgl. ebd. 22.

Ausgesprochen patriarchatskritisch mutet dann der Kommentar an: „Darum verläßt der Mann (!) Vater und Mutter und bindet sich an seine Frau, und sie werden *ein* Fleisch" (2,24). Die Braut hört auf, ein Objekt zu sein, das man den Eltern abkauft und das der Bräutigam als Besitz in seine Großfamilie einbringt: Sie tritt als Subjekt auf den Plan, mit dem der Mann, sich von seinem bisherigen Familienband lösend, eine eigenständige, neue Kleinfamilie gründet. So sind Mann und Frau füreinander da. Es ist bezeichnend, daß Jesus nach Mk 10,6-8 auf diese „Schöpfungssatzung" Jahwes zurückgriff, um gegen die Männerwillkür der Frauenvertreibung kritisch vorzugehen.

Vielleicht deutet sich die Würde der Frau noch dadurch an, daß sie trotz Sündentat an der Seite des Mannes (auch hierin erkennt heutige Exegese gleiche Verantwortlichkeit!) den Ehrennamen *Eva*, das heißt „Mutter aller Lebendigen" (3,20) (von hawwa = Leben), bekommt.

(b) Auch *Sündigen* gehört zu den Grundzügen des Menschseins, wie es immer und überall erfahren wird. Von einer metaphysischen Wesensbestimmung kann im vorliegenden Kontext keine Rede sein. Der Begriff „Sündigen" bzw. „Sünde" ist hier dem des „Bösen" – der heute auch das „sogenannte Böse" oder einfach „Übel" bezeichnen kann – eindeutig vorzuziehen, da er die Gottwidrigkeit der gemeinten Tat besser hervorhebt (vgl. Ps 51,6: „Gegen dich allein habe ich gesündigt").

Die Sünde des Menschen ist vielfältig. Das zeigen die *„Modelle"*: gott-loser Gebrauch von der Macht des Wissens, Brudermord, Überheblichkeit im Gigantismus. Warum Menschen sündigen, wird nicht gesagt. Das bleibt ein Geheimnis. Wie sie es aber tun, erhält zwischen den Zeilen eine typisierende Beschreibung.

Erstens ist der Ort der Verfehlung stets etwas Naturgegebenes oder zutiefst Menschliches; *zweitens* handelt es sich um zu verantwortende Taten, nicht um ein böses Verhängnis, gegen das man nichts tun könnte; *drittens* erfolgt dabei, direkt oder indirekt, immer eine Selbstbehauptung des Subjekts, das sein Über-sich-hinausgehen-Können mißbraucht, in buchstäblicher Über-Heblichkeit oder in Über-Schreitung verbindlicher Grenzen oder noch im Übersehen des Fundamentalunterschieds Gott gegenüber.

– Das *erkenntnisbezogene* Sündenmodell (3,1-13) hebt beim natürlichen Wissensdrang an, der als solcher mit keinem Wort verdächtigt wird. Vielmehr erscheint er als der Bereich schlechthin, in dem sich menschliche Geschöpflichkeit immer wieder zu bewähren hat. Was das zur Erkenntnis fähige Wesen von seiner Welt begreift, kann es entweder noch fester an Gott binden – erzählen doch Himmel und Erde die Herrlichkeit Gottes (vgl. Ps 19,2) – oder aber es verführen. Die guten Geschöpfe haben es an sich, dem Menschen Anlaß zum Sündigen zu werden. Das scheint das Bild der Schlange zu veranschaulichen. Dieses Tier wird wegen seiner Klugheit bzw. Schlauheit hier (3,1), wie später in einem Jesuswort (Mt 10,16), ausdrücklich gerühmt.[20] Jedenfalls läßt der Jahwist gute

[20] Meines Erachtens ist diese positive Note eher festzuhalten als die Interpretation, die Schlange sei mythisches Sexualsymbol oder gar die Verkörperung des bösen Geistes. Wäre dies der Fall, so könnte man schwerlich verstehen, warum Jesus die Klugheit der Schlange als Vorbild für seine Jünger erwähnt.

Natur und menschliche Vernunft aufeinandertreffen, um eine bestimmte Weise der schuldhaften Werteverdrehung (Augustinus wird von „per-versio" reden) greifbar zu machen.

Schuldhaft ist das schlecht gebrauchte Wissen um geschaffene Güter, weil der Mensch auch anders handeln könnte. Er ist nicht zum Bösen determiniert, weshalb seine Sünde höchst unangemessen mit einem „Fall" oder einem „Absturz" (vgl. Ez 28,16f; 4 Esra 7,118) infolge existentieller Angst oder Schwindels der Freiheit (so etwa S. Kierkegaard) verglichen wird. Die Verfehlung des urtypischen Menschenpaares hat alle Züge einer überlegten Handlung, mag es auch verführerischen Kräften nachgeben.

– Das Modell *„Brudermord"* (4,1-16) besitzt besondere Aktualität. Doch auch hierin bewährt sich der Grundsatz: Sündigen entsteht an Gutem und Wertvollem. Wettbewerb und das darin wirkende Maß an Aggression erkennt bei weitem nicht erst die moderne Evolutionstheorie als naturale, fortschrittsfördernde Vorgänge bzw. Verhaltensweisen. Eigentlich Böses im sittlichen und theologischen Sinn erzeugen sie nur dort, wo sie aufgrund von Verblendung und Neid eine mit der Bestimmung des Menschen nicht mehr vereinbare Menschenwidrigkeit und somit Gottwidrigkeit des Handelns erzeugen.

– Das Modell *„Turmbau"* dokumentiert, zusammen mit der vorausgehenden Erzählung von den „Gottessöhnen", die sich schöne Menschentöchter rauben (6,1-4), die Mißachtung der gottgewollten Grenzen. Im Horizont taucht nun, in urgeschichtlicher Rede, die Großstadt der Hochkulturen auf (11,1-9). Hier findet der Drang nach Geborgenheit, Kunst, Kultur und Größe überhaupt ein privilegiertes Verwirklichungsfeld, wie auch die Sehnsucht nach Einheit sogar in der Sprache (11,1). Doch pervertiert Größenwahn echte Größe. Der zivilisierte Mensch sündigt oft dort, wo er Fortschritte macht, woraus dann eine Reihe urtypischer Sprachverwirrungen entsteht. Hält sich der Mensch als Kulturwesen nicht an seinen fundamentalen Unterschied zu Gott, benimmt er sich grenzenlos, als wäre er Gott (vgl. das Verführungswort in 3,5), sucht er maßlose Größe, so sündigt er gegen seinen Schöpfer und zieht seine Mit- und Umwelt in Mitleidenschaft.

– Die exemplarisch erzählten Weisen des Sündigens sprechen stets *Taten* und Entscheidungen von Subjekten an, wenn sie auch Verhaltensmodi des gesamtmenschlichen Kollektivs, eben „Adams" und von „Adamiten", repräsentieren. Doch werden zugleich Folgen solcher Taten aufgezeigt, die u. a. in *Zuständen* greifbar werden, welche dann die menschliche Gemeinschaft ebenso wie die einzelnen zutiefst belasten. So befindet Gen 6,5: Jahwe sah, „daß auf der Erde die Schlechtigkeit des Menschen zunahm und daß alles Sinnen und Trachten seines Herzens immer nur böse war."

Das Wort nimmt schon die Klage der Psalmisten und des Paulus über die allgemeine Verbreitung des Sündigens (vgl. Röm 5,12b) vorweg. Die Erfahrung klingt an, daß die Sünde aller in der Welt *Machtgestalt* annimmt, daß sie wie eine Sklavenhalterin über die Sünder „herrscht" (vgl. Röm 5,20f), daß sie die Menschenkinder nicht nur von außen, sondern von innen her geheimnisvoll belastet. Diese Erfahrung wird heute gern in den Begriff „strukturelle Sünde" gefaßt (besser als „Strukturen des Bösen"): Schon vor seinem eigenen Tun trifft der Mensch auf eine vom Bösen gezeichnete soziale Umwelt; diese fremde „Macht des Bösen" belastet ihn ähnlich wie seine eigene Neigung zum bösen Tun. Die Rede von „struktureller Sünde" kann sich mit Recht u. a. auf die in der jahwistischen Urgeschichte beschriebene Allgemeinerfahrung berufen.

(c) Korrelativ mit den Sündenmodellen kommt die je umfassendere Wirklichkeit der *Gnade* Gottes zum Ausdruck. *„Begnadet"* bereits durch das Geschenk des Daseins und des Lebens (die Erschaffung ist schon ungeschuldete Gnadentat des sich mitteilenden Schöpfers), wird der Mensch auch als Sünder stets neu *„begnadigt"*.

– Ähnlich wie im Fall der Gleichwertigkeit der Frau bietet der Jahwist auch beim Aufzeigen des Verhältnisses zwischen Gott und dem Sünder Überraschendes an. Er bricht mit dem allgemein verbreiteten Tun-Ergehen-Zusammenhang, gemäß dem sich eine bestimmte Strafe automatisch mit der Sündentat verbindet. Denn laut Gen 2,17 verbietet Gott dem Menschen das Essen vom „Baum der Erkenntnis von Gut und Böse" unter Androhung der Todesstrafe: „... denn sobald du davon ißt, wirst du sterben." Konsequent wäre also, kraft dieser göttlichen Bestätigung der in der Sünde selbst grundgelegten Strafe, daß das urtypische Menschenpaar an seiner Verfehlung sofort stirbt. Tatsächlich geschieht es aber anders. Jahwe verflucht zwar den Ackerboden wegen Adam (3,17), aber zugleich macht er für ihn und seine Frau „Röcke aus Fellen" (3,21), um ihre Blöße zu bedecken. Er verschont das Leben des sündigen Menschen und läßt es sogar gedeihen. Die Frau erhält den Namen „Mutter aller Lebendigen" (3,20), sie wird mehrmals schwanger und gebiert Söhne (4,1f.25) und, was den Mann anbelangt, scheint er nach dem Parallelzeugnis der Priesterschrift einen sehr langen und kinderreichen Lebensbogen vollendet zu haben (5,3-5).

So dürften wohl jene Exegeten recht haben, welche die Sündenstrafe Gottes nicht im physischen Tod erblicken, sondern in der Entfernung des Menschen aus dem Garten Eden, das heißt aus einer vom Schöpfer ihm zugedachten Gottesnähe (3,23f). Fern vom Lebensbaum verliert der Sünder einen ganz bestimmten Direktzugang zum ewigen Leben (3,22). Aber seine natürliche Sterblichkeit scheint damit kaum zu tun zu haben. Zwar erwähnt Gen 3,19 die Rückkehr des Menschen in den Staub der 'adāmā, also in die leblose Materie; doch meint der Text damit wahrscheinlich nicht einen strafmäßigen Entzug irgendwelcher Unsterblichkeit. Trifft diese Auslegung zu, so versteht man besser die Unbefangenheit, mit der Ps 89,48f ausruft: „Wie vergänglich hast du alle Menschen *erschaffen*! Wo ist der Mensch, der ewig lebt und den Tod nicht schaut?" Erst die späteren Schriften des Alten Testamentes, z. B. Ps 90,7, Sir 25,24 und Weish 2,24 (vgl. 4 Esra 3,7 und SyrBar 17,3), werden einen engeren Bezug zwischen dem Tod und der Sünde behaupten. Paulus radikalisiert dann diese Verbindung, indem er die Macht der Sünde und des Todes der Macht der Gnade, aufgrund der Auferweckung Jesu vom Tode, entgegensetzt.

– Man kann freilich sagen, daß die Strafe der Entfernung aus der Gottesnähe sich gleichsam geschlechtsspezifisch aufgliedert. Der Frau bringt die an sich gesegnete Mutterschaft jetzt auch Kummer; sie leidet an einer Unterwerfung unter den Mann, die der Schöpfer nicht gewollt hat (3,16). Der Mann erleidet Mühsal im Bereich seiner Arbeit (3,17.19). Aber beide Weisen der Sündenfolge scheinen eher exemplarischen als imperativen Charakter zu haben. Der Gedanke, daß das Menschenpaar Sünde und Schuld durch Zeugung und Abstammung ihren Nachkommen als Erbe vermachen, liegt dem jahwistischen Denkkontext fern. Die Adamssöhne stehen für ihre je eigene Verfehlung ein. So z. B. Kain, der für keine „geerbte", sondern wohl für die von ihm selbst begangene Sünde Fluch und Verbannung erfährt (4,11-14), zugleich aber auch göttlichen Schutz gegen menschliche Rache (4,15).

– Gnädig-Sein und Begnaden gehören zum Wesen des Schöpfers. Das ist auch der Inhalt der Geschichte von Noach (6,1-9,29). Er ist eine repräsentative Gestalt. Gott führt mit ihm wie schon mit dem urtypischen Menschenpaar ein Gespräch und schenkt ihm wie jenem seine „Gnade" (6,8): Die allgemeine Todesstrafe der Sintflut trifft ihn nicht (vgl. 6,7f). Vielmehr vernimmt er die Verheißung: „Ich will die Erde wegen des Menschen nicht noch einmal verfluchen; denn (!) das Trachten des Menschen ist böse von Jugend an" (8,21). Auch das gehört zum „soteriologischen Verständnis der Schöpfung".

2.1.3.3 Urgeschichte nach der Priesterschrift (= P)

(a) Hermeneutische Vorbemerkung

Die jüngere Fassung der Schöpfungserzählung Gen 1,1-2,4a läßt das Universum in einem Sechstage-Werk entstehen. Sie will damit keine Zeitangaben machen; vielmehr verwendet sie dieses Schema als symbolischen Rahmen für die „Urgeschichte". In quasi hymnischer, psalmenähnlicher Sprache erzählt und besingt dieser Text aus radikal theozentrischer Sicht Wirklichkeiten, die immer und überall zu beobachten sind. Im Gegensatz zum Jahwisten wird der Kosmos wie eine Pyramide dargestellt: Der Mensch erscheint erst an deren Spitze. „Himmel und Erde" bedeuten im Hebräischen das, was die Griechen „Kosmos" und die Lateiner „Universum" nennen. Diese umfassende Größe erfährt in Gen 1 eine Gliederung, die ein echtes Naturwissen voraussetzt. Licht, Gestirne, Festland, Meer, Nährboden, Pflanzen, Wasser-, Luft-, Landtiere und die Menschengattung treten in geordneter Weise auf. Das Ganze ist harmonisch aufgebaut und schön.[21]

Von den außerjüdischen Schöpfungsmythen[22], welche diese Überlieferung beeinflußt haben mögen, ist, nach heutigem Forschungsstand, das babylonische Enuma-Elisch-Epos an erster Stelle zu nennen. Die Priesterschrift gebraucht es selektiv.[23] Was die im Mythos vorhandenen vier Hauptmodelle von Welterschaffung angeht – Schöpfung durch Götterkampf, Geschlechtsverkehr, Handarbeit

[21] Selbstverständlich spielt in dieser Vision das naturwissenschaftliche Gesetz der Evolution, das heißt die Entstehung der Dinge und der Arten durch Abstammung des je Komplexeren vom Einfachen sowie durch Selektion und Mutation, keine Rolle. Allerdings ordnet der Verfasser das Anorganische dem Organischen vor und scheint die Vorstellung von einer Urmaterie zu haben, die an die „Ursuppe" unserer naturwissenschaftlichen Kosmologie erinnert. Ähnliches wäre von den Gewässern als Ursprungsmilieu allen Lebens zu sagen (vgl. 1,1f). Aber freilich: keine „Selbstorganisation der Materie", denn der Organisator ist Gott selber. Der Ablauf dieser göttlich-schöpferischen Welteinrichtung wird symbolisch „erzählt" und gepriesen. Siehe dazu 4.5. Belege für außerjüdische Schöpfungserzählungen: tzt D3/II, Nr. 209-243.

[22] Vgl. Schöpfungsmythen. Vgl. die Texte tzt D3/II, Nr. 216-218.

[23] Vgl. C. Westermann, Genesis I/1. Genesis 1-11 (BKAT), Neukirchen-Vluyn [2]1976, 111-113.

und Sprechakt –, scheidet der Verfasser die drei erstgenannten aus und entscheidet sich für die Schöpfung durch das Wort. Aber auch dieses entmythisiert er insofern, als er nicht an ein magisches Zauberwort, sondern an eine überlegte Willensäußerung des Schöpfers denkt.

Diese Option ist, nicht zuletzt im Hinblick auf die Gottebenbildlichkeit menschlichen Seins und Handelns, von aktueller Bedeutung. Die göttliche Schöpfungstat vollzieht sich nicht gewalttätig, sondern friedlich. Ihr geht Einsicht, Vernunft und Respekt für das zu Erschaffende voraus. Mit diesem Vorbehalt kann das Schöpferwort als „Befehl" bezeichnet werden. Gott „befiehlt" die Dinge in weiser und liebevoller Souveränität in das Sein. Das soll auch für das menschliche *Schaffen* Vorbild sein.

(b) Bārā-Taten Gottes

Für das Tun Gottes verwendet P das Verbum bārā. Wir wissen bereits: Bārā kann nur mit Gott als Subjekt verbunden werden (vgl. oben 2.1.1). Es meint: einen absoluten Anfang setzen, Nichtseiendes sein lassen. Damit wird ein unübersehbarer Unterschied zu menschlichem „Schaffen" angedeutet. Dieses setzt vorgegebene Materie, mühsame Arbeit und oft fremde Hilfe voraus. Gottes bārā-Taten hingegen erfolgen mit spielerischer Leichtigkeit, frei von Vorlage und Vorbedingung, ohne Mühe. Ein gewisses Analogon dazu ließe sich im tanzenden Schiwa erblicken[24].

P stellt freilich die Voraussetzungslosigkeit des göttlichen Schaffens nicht mit metaphysischen Begriffen, sondern bildhaft dar. Sie denkt nicht über das Nichts und das Sein nach, sondern sie „erzählt" einfach: „Die Erde aber war wüst und wirr (tohuwabohu), Finsternis lag über der Urflut" (1,2). Wiederum bietet sich ein Vergleich an, diesmal aus dem Bereich der Chaosforschung. Diese stellt in allen physikalischen, chemischen und biologischen Prozessen ein Zusammensein und -laufen von chaotischen Zuständen und Ordnungsfaktoren fest und hebt damit die Vorstellung auf, daß Unordnung und Turbulenz nur *hinter* einmal entstandener Harmonie liegen können[25]. Analog dazu scheint *P* im Sinne echter Urgeschichte jenen Schöpfer, der *immer wieder* bārā-Taten vollzieht, dem Urchaos gegenüberzustellen.

P erwähnt wie auch die übrige Urgeschichte Israel an keiner Stelle. Gleichwohl lassen sich im Text Anklänge an den Exodus entdecken, an den Auszug des erwählten Volkes aus dem Chaos der ägyptischen Sklaverei – so die Wasser- und Wüstensymbolik, der Gedanke an ein gelobtes Land, das in Besitz zu nehmen ist, vielleicht sogar an den Sieg des Gottes Israels über schöpfungswidrige Kräfte[26]. In dieser Weise wird die „Vätergeschichte" schon in der Urgeschichte gegenwärtig.

---

[24] Schiwa ist eine Gestalt der indischen Mythologie, die zugleich als Tänzer, Schöpfer und Zerstörer mit vier Armen ausgestattet dargestellt wird. Vgl. tzt D3/II, Nr. 230.

[25] Eine allgemein verständliche Darstellung der Chaosforschung findet sich in: Geo-Wissen. Chaos und Kreativität, Hamburg 1990/2. Vgl. A. Ganoczy, Chaos – Zufall – Schöpfungsglaube. Die Chaostheorie als Herausforderung der Theologie, Mainz 1995.

[26] Dieses Motiv findet sich vor allem in einem babylonischen Schöpfungsmythos, in dem die Erschaffung des geordneten Kosmos auf die Tötung der Chaosgottheit Tiâmat durch den Schöpfergott Marduk zurückgeführt wird (vgl. Schöpfungsmythen. Vgl. tzt D3/II, Nr. 217).

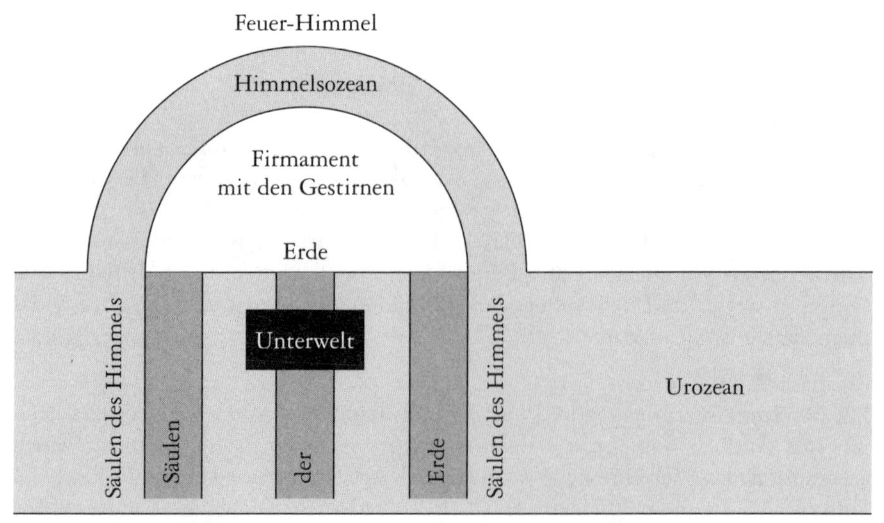

Das dreistöckige Weltbild des Alten Testamentes: Die Erde ruht auf Säulen im Urozean, überwölbt vom Firmament mit den Sternen. Darunter befindet sich die Unterwelt, darüber der Himmelsozean, der nochmals umschlossen wird vom Feuerhimmel (Zeichnung: W. Beinert).

Vorerst aber besetzt jene Weise der Urgeschichte das Blickfeld, welche von den Dingen der *Natur* zu reden und sie als Kreaturen zu würdigen hat. Die Würde der Naturwelt besteht schon in ihrer Eigengesetzlichkeit. Es heißt z. B.: „Das Land lasse junges Grün wachsen, alle Arten von Pflanzen, die Samen tragen" (1,11). Die Erde zeigt sich somit weder als bloßer Rohstoff in Gottes Hand noch als bloßer Ort seiner Wunder; sie darf selbst von sich Verschiedenes hervorbringen und Wachstumsprozesse in die Wege leiten. Die Würde der Tierwelt zeigt sich daran, daß sie zusammen mit dem Menschen den gleichlautenden Fruchtbarkeitssegen erhält (1,12.28; vgl. 8,17; 9,1f; 35,11 – alles *P*-Texte). Bezeichnend ist dagegen der Vorbehalt, mit dem die Gestirne bedacht werden. Da sie in der religiösen Umwelt Israels oftmals als göttliche Wesen verehrt wurden, wie z. B. die Sonne in Ägypten, weist ihnen *P* die Rolle einfacher Licht-Spender zu (1,14-19).

(c) Gottebenbildlichkeit des Menschen

An der Spitze aller Geschöpfe erscheint schließlich der Mensch, der schon durch das göttliche Aussagewort eine besondere Würdigung erfährt. Gott sagt nicht mehr: „Es werde ...", sondern er fordert sich selbst im feierlichen Plural auf: „Lasset uns Menschen machen" (1,26). Es folgt die Formel „*nach* unserem Bild" (Einheitsübersetzung: „als unser Abbild"), „uns ähnlich" (ebd.)[27]. Die Deutung dieses Ausdrucks ist schwierig und entsprechend divergierend[28]. Am ehesten überzeugt

[27] Für die beiden Begriffe „Bild" und „Ähnlichkeit" stehen im hebräischen Original „ṣǽlem" und d^{e}mût (vgl. H. Wildberger, Art. ṣǽlem/Abbild: THAT 2, 556-563; E. Jenni, Art. d^{e}mût/Gleichheit, Ähnlichkeit: THAT 1, 451-456). Vgl. auch in diesem Band: Theologische Anthropologie 2.

[28] Zur Diskussion siehe C. Westermann, Genesis I/1 (Anm. 18) 201.

die Exegese, die Norbert Lohfink[29] vorschlägt. Er versteht die hebr. Präposition „beth" im Sinne von „gemäß" bzw. „nach" und bezieht den durchweg handlungsorientierten Kontext mit ein. So entfällt die Vorstellung, der Mensch sei ein statisches Abbild Gottes. Dafür rückt eine mehrstufige *Dynamik* in den Vordergrund.

Gottebenbildlichkeit meint demnach folgendes: Zunächst macht der Schöpfer für sich ein Bild oder einen Entwurf vom zu schaffenden Menschen, den er dann nach diesem seinem „Konzept" erschafft. Das so verstandene Vor-bild oder Modell ist gottähnlich, und das *soll* auch der nach ihm entstehende Mensch werden. Hinzu kommt aber der Handlungsaspekt: Wie der Schöpfer handelt, so sollen auch die Menschen handeln, das heißt dem göttlich aktiven Vorbild menschlich aktiv *nachfolgen*.[30] Damit ist der sogenannte *„Schöpfungsauftrag"* (1,28) begründet.

Dieser wird dem Menschen als einem zweigeschlechtlichen Gemeinschaftswesen kraft des ihn tragenden Segens erteilt. Das besagt, daß das lebendige und tätige Abbild Gottes der „männlich und weiblich" erschaffene Mensch (1,27), folglich der Mann und die Frau in gleicher und untrennbarer Weise, sein soll. In gleicher Weise werden beide Geschlechter mit der Würde der Gottebenbildlichkeit bekleidet. So widerspricht *P* der Auffassung, der Mann sei „Abbild und Abglanz Gottes", die Frau dagegen nur „der Abglanz des Mannes" (1 Kor 11,7). *P* vertritt also ebensowenig eine abgeleitete, bloß mittelbare Gottebenbildlichkeit der Frau wie Jesus nach Mk 10,6-8!

Der erste Teil des „Schöpfungsauftrags" betrifft die *Fortpflanzung*. Sie wird zutreffend mit dem lateinischen Wort „pro-creatio"[31] bezeichnet; denn dadurch nimmt der Mensch an der Weitergabe von Leben eigentätig teil. Solches Tun geschieht in der Nachfolge des Schöpfers und gehört zu dessen fortgesetzter Schöpfung (vgl. 4.6.1). Ob der Aufruf zur Vermehrung mit dem Gedanken an deren Begrenzung zumindest kontextuell und implizit verbunden ist oder nicht, wird unterschiedlich beantwortet. C. Westermann verneint die Frage[32]; N. Lohfink bejaht sie[33], indem er das im Hintergrund des Textes erkennbare Athrahasis-Epos, das sich mit Problemen der Überbevölkerung in Mesopotamien auseinandersetzt, geltend macht. Aus diesem Grunde übersetzt er den Ruf „bevölkert die Erde" gezielt mit „füllt die Erde *an*"; denn die Erde soll genauso von der Menschengattung besiedelt werden wie das Land, das jedem Volk eigens zugeteilt bzw. verheißen wird. Der Gedanke an ein Maß oder eine obere Grenze könnte also durchaus mitschwingen.

Der zweite Teil des Auftrags lautet (in der Übersetzung Lohfinks): „Nehmet *die Erde in Besitz*". Die Einheitsübersetzung gibt ihn wieder mit: „unterwerft sie euch" (1,28); geläufig ist: „machet sie euch untertan". Vor allem die letztgenann-

---

[29] Vgl. N. Lohfink, „Macht euch die Erde untertan?": Orient. 38 (1974) 137-142.

[30] Eine imitatio Dei Creatoris – der Gedanke findet sich auch in den rabbinischen Schriften – wird gefordert.

[31] Pro-creare besagt buchstäblich ein Handeln im Auftrag; vgl. den Ausdruck „pro-consul".

[32] Vgl. C. Westermann, Genesis 1-11, 195.

[33] Vgl. N. Lohfink, Die Priesterschrift und die Grenzen des Wachstums: StZ 99 (1974) 435-450, hier: 445-448.

te Übersetzung hat bekanntlich zu dem Vorwurf Anlaß gegeben, die Bibel vertrete eine maßlose Anthropozentrik und stelle dem Menschen einen Freibrief aus für die gewaltsame Beherrschung und Ausbeutung der Naturwelt[34]. Die meisten heutigen Alttestamentler (z. B. Lohfink, Zenger, Westermann, Steck) lehnen diese Anklage ab. Mag eine bestimmte, besonders eine säkulare, Wirkungsgeschichte des Textes die verheerenden Folgen, die wir kennen, gezeitigt haben, so gibt doch der Text selbst derartiges keineswegs her. Denn er verwendet das Wort *kābāš*, das nicht nur „niederwerfen“, „vergewaltigen“, „unterwerfen“, „zertrampeln“ bedeutet, sondern genauso „friedliches In-Besitz-Nehmen“. Letzterer Wortsinn ist mit der Geste verbunden, daß jemand einen Fuß auf einen Gegenstand bzw. ein Lebewesen setzt, um den Willen zu bekunden, ihn bzw. es in Schutz zu nehmen.[35] Nun ist der Kontext von P weitgehend so friedlich wie schon die Schöpfungstat Gottes, die mit Wort und nicht mit Gewalt die Geschöpfe hervorbringt. Bezieht man auch die unterschwellige Erinnerung an die Landnahme durch die Urahnen Israels mit ein, bedenkt man dabei, daß diese nach neuester Forschung wahrscheinlich als zunächst gewaltlose Infiltration der zwischen den Städten liegenden unbewohnten Gebiete verlief, berücksichtigt man schließlich, daß der „zweite Exodus“, dank des Perserkönigs Kyros I., faktisch ohne Krieg erfolgte[36], so darf man die These einer friedfertigen Auslegung des fraglichen Satzes mit guten Gründen vertreten. Das hat dann freilich Konsequenzen für eine ökologische Theologie[37].

Der dritte Teil bezieht sich auf die *Herrschaft über die Tiere*. Sie klang schon in Gen 1,26 an, wo dieser Gedanke sich unmittelbar an die Selbstaufforderung des Schöpfers anschließt: „Laßt uns Menschen machen nach unserem Bild, uns ähnlich“. Das verwendete Zeitwort ist rādāh, das genauso Absolutherrschaft und Tyrannei wie das Herrschen eines gerechten Königs nach dem Vorbild eines Hirten bezeichnen kann. Wiederum veranlaßt uns der Kontext dazu, für letztere Bedeutung zu optieren[38]. In der Nachfolge eines Gottes, dessen Königsherrschaft befreit – das ist das durchgehende Thema der Predigt Jesu –, mit sanfter Mächtigkeit führt und Fürsorge übt, soll also auch der Mensch sein dominium terrae gegenüber seinen Mitgeschöpfen schöpfergerecht wahrnehmen. Er hat „Hirtenherrschaft“ auszuüben.

(d) Die Botschaft des „siebten Tages“

Nach Gen 2,2 f hat Gott sein Werk am siebten Tag „vollendet“, „geruht“ und diesen Tag „gesegnet“. Das könnte, nach einer „deistischen“ Lektüre etwa, bedeuten, die Schöpfungstat Gottes erschöpfe sich in der Welterschaffung; seitdem mische er sich nicht mehr in den Lauf der Dinge ein; er habe damals seine Tätigkeit faktisch abgeschlossen; Welt und Mensch hätten sich eigentätig weiter

---

[34] Vgl. C. Amery, Das Ende der Vorsehung. Die gnadenlosen Folgen des Christentums, Hamburg 1972.

[35] E. Zenger, Der Gott der Bibel. Sachbuch zu den Anfängen des alttestamentlichen Gottesglaubens, Stuttgart 1979, 148. Diese Bedeutung hat das Wort z. B. in Ps 8,7: „Du hast ... ihm alles zu Füßen gelegt.“

[36] Vgl. M. Mayer, Art. Kyros I.: LThK² 6, 715 f.

[37] Vgl. A. Ganoczy, Art. Ökologie: LKDog ³1991, 395 f.

[38] Vgl. E. Zenger, Der Gott der Bibel, 149.

zu schaffen und zu entwickeln. Oder es gäbe hier Anlaß zur „Mythoskritik" im Namen evolutionstheoretischer Dynamik: Die Bibel habe ein naives und statisches Weltbild (was im Kontext mythischer Kosmologien der Antike verständlich sei) und vertrete eine göttliche Fertigstellung des Universums, das doch in Wirklichkeit als ein unvollendetes und auf je neue Entwicklungs- bzw. Veränderungsmöglichkeiten hin offenes erfahren wird.

Gewiß besingt diese kultisch gefärbte und hymnisch verfaßte Schöpfungserzählung eine vollendete Harmonie. In der Sprache der Zahlensymbolik wird diese Vollkommenheit auch durch die Zahl Sieben ausgedrückt: In sieben Tagen vollendet sich das ganze Tun Gottes. Doch steht fest strukturierte Ordnung nicht notwendig im Gegensatz zur Bewegung, zumal nicht zu der des eigengesetzlichen Wachstums oder der immer wieder chaotisch werdenden Wasser. Vor allem aber ist zu sehen, daß P Ur-*Geschichte* schreibt, also prinzipiell geschichtlich denkt. Weil sie freilich *Ur*-Geschichte schildert, ist sie nicht an einer streng chronologischen Historie interessiert. Folglich verfällt der moderne Kritiker selbst der Naivität, wenn er etwa annimmt, der biblische Autor meine mit dem 7. Tag den *zeitlichen* Abschluß des Schöpfungswerkes Gottes oder den göttlichen Ruhetag *nach* erledigtem Geschäft.

Nein, auch dieser „Tag" ist urgeschichtlich, also als immer und überall geltend, zu verstehen. Näherhin symbolisiert er, daß jede schöpferische Tat, jedes „bārā" sich mit einer Tat des „bārāk" (Segnen) verbinden will. Der Segen folgt nicht der Schöpfung gleichsam „hinterher". Gott schafft segnend, wie er auch schöpferisch segnet. In diesem Sinne kann man G. von Rads Deutung des Ruhens Gottes als „geheimnisvoller gnädiger Zukehr" des Schöpfers zur *Gesamtheit* seiner Werke verstehen[39]. In solcher Weise kann nur der Weltenschöpfer ruhen. Die jüdische Sabbatruhe mag eine kultische Entsprechung dazu sein: Die göttliche Ruhe ist von der menschlichen weit verschieden. Sie besitzt eine eigenartige Polarität (das ist ein Grundzug alttestamentlicher Gottesbilder!) in sich. Sie ist zugleich ein Innehalten und ein intensives Tun, etwas Kontemplatives und doch Aktives. Aus seiner Schöpferruhe heraus spricht Gott seine billigenden Worte: „Es war gut" und „sehr gut" (1,31). Dieser Billigung entspricht dann auch das segnende Tun, mit dem Gott den siebten Tag selbst segnet und heiligt (2,3).

Aber wem gilt der gesamte Segen, wenn nicht einem Universum, das der Schöpfer in die Wege geleitet hat und weiterhin betreut? Er begleitet die Geschichte – die der Menschen wie die der Natur. Alles geschieht nach seinem Willen: das Wachstum und das Fruchtbringen, das Herrschen und das Besitzergreifen. Sofern er auch das Werdende achtet, kann er mit einem evolutiven Weltverständnis zusammengedacht werden[40].

2.1.4 Weisheitsliteratur

(1) Mit Weisheitsliteratur bezeichnet man jene alttestamentlichen Schriften, in denen die „Weisheit" (ḥokmā) eine eigentümliche Rolle spielt. Der Begriff

[39] G. v. Rad, Theologie des AT I, 161.

[40] Siehe zum ganzen: J. Moltmann, Gott in der Schöpfung. Ökologische Schöpfungslehre, München 1985.

bezeichnet eine synthetische Geisteshaltung angesichts der Natur als Schöpfung. „Weisheit" befähigt das Subjekt zu einer Zusammenschau der Ereignisse des Alltags ebenso wie des Verhaltens von Mensch, Tier, kurzum von allem sinnlich Wahrnehmbaren, um daraus Lehren zu ziehen. Damit verdienen diese Schriften die Beachtung der Schöpfungslehre. Der Weise hat von seiner Lebenswelt und der Naturwelt ein zunächst einmal empirisches Wissen, deutet dieses aber von einer ästhetischen, existentiellen, praktischen und religiösen Warte aus. Das religiöse Moment widerspricht nicht der tiefen Verwurzelung der Weisheit in der Profanität des Lebens, so daß ihr Diskurs Gott oftmals (ähnlich wie die Gleichnisreden Jesu) gar nicht nennt und thematisiert. So ist die hokmā in Israel zutiefst Erfahrungs- und Lebensweisheit, die ein eigentlich theologales und theologisches Moment nur implizit in sich schließt. Denn für den Juden des Altertums gibt es keine Säkularität, keine grundsätzliche Trennung zwischen *profan* und *sakral*. Was er empirisch wahrnimmt, kann ihn immer zum Lob des Schöpfers anregen; aus der Bewunderung des Schönen findet er zum Lobpreis Gottes. Gewiß: Er hält nicht jede Wirklichkeit für schön. Er hat ein Gespür auch für das Schmerzliche, Leidvolle, Unverständliche, ja Katastrophale. Nur vermag er auch solches mit dem Schöpfer in der Haltung vertrauenden Glaubens in Verbindung zu setzen. So schwankt seine Sprache zwischen Lob und Klage, ohne daß die Synthese, sei es auch nur in der Weise eines verzweifelten Versuchs, zerfällt. Denn wer könnte schon zwischen schön und häßlich, förderlich und hinderlich, angenehm und mühsam, Leben und Tod, gerecht und sündhaft strikt trennen? Die Existenz ist zweideutig. So neigt der gläubige Jude – wie M. Buber einmal vermerkte[41] – kaum zum Selbstmord, nicht nur, weil er das Leben als Eigentum Gottes und als dessen höchste Schöpfungsgabe erachtet, sondern auch weil die Weisheit seinen Glauben konflikt- und hoffnungsfähig macht.

Zusammenfassend kann gesagt werden: Die biblische Weisheit ist theologisch jederzeit entfaltbare Lebensweisheit, eher praktisch als mystisch, eher diesseits- als jenseitsbezogen, durchaus imstande, Naturwissen, Schönheitserleben und Leiderfahren mit einem hoffenden Glauben an den Schöpfer aller Dinge und Ereignisse zu bedenken. Die Relevanz dieser *sapientia* für unsere Gegenwart besteht vielleicht darin, daß sie die *scientia* in sich hereinzunehmen, zu integrieren vermag[42].

(2) *Schöpferlob* entspringt der Bewunderung dessen, was Gott geschaffen hat und was er hat wachsen lassen. Dazu sind eigentliche Wundertaten nicht erforderlich. Der Ablauf in der Natur, das Zusammensein der Dinge und die Geschichte des Volkes selbst sind schon wunderbar genug (vgl. Ijob 9,10; Ps 139,14). Für die Erkenntnis dieses Sachverhaltes liefert die Bedingung der Möglichkeit zum Teil jene naturnahe „Bauernphilosophie", die Israel, ehemals Halbnomadenvolk, mit der Zeit erworben hat. Diese läßt beispielsweise den Nordwind mit der „heimtückischen Zunge", die Kummer bringt, vergleichen (Spr 25,23) oder die Ameisenarbeit mit vorsorglichem Wirtschaften (Spr 30,25). Aus

[41] Vgl. M. Buber, Zwei Glaubensweisen: Werke I. Schriften zur Philosophie, München 1962, 651-782.

[42] Vgl. G. v. Rad, Weisheit in Israel, Neukirchen-Vluyn [2]1982, 364-405.

tierischem Verhalten kann der Mensch nützliche Lehren ziehen. Diese einfachen Beobachtungen werden ergänzt durch Analysen, die den Entwicklungsstand einer Hochkultur voraussetzen. Sie betreffen die Biologie (Ijob 10,10-22), die Verhaltenspsychologie (Spr 11,24f; 16,18; 17,1) und die Kosmologie und führen zur Bewunderung der Zweckmäßigkeit, mit der Naturgeschehen verläuft (vgl. Sir 43,2-31). Aus solchem alltäglichen bzw. gehobenen Wissen entsteht eine „naturale Meditation", die sich dann ihrerseits im Lobpreis äußert. Man denke nur an Ps 19,2-9: „Die Himmel rühmen die Herrlichkeit Gottes, vom Werk seiner Hände kündet das Firmament ..." (vgl. Ps 104; 145,10). Der Weise bewundert freilich auch die „Erschaffung" und die darauf folgende Geschichte Israels (Ps 78), wobei sich das Blickfeld gelegentlich universal erweitert (Ps 136). Das Ganze atmet eine leidenschaftliche Lebensbejahung, die mitunter auch die Erotik mit einbezieht. Das ist der Fall beim Hohenlied, das als lyrische Darstellung der Liebe zwischen Frau und Mann vom jüdischen und christlichen Kanon aufgenommen wurde, obwohl in ihm der Name Gottes nicht vorkommt. Aber für den biblischen Schöpfungsglauben hat alle wahre Liebe schon doxologischen Wert.

(3) Die *Anklage des Schöpfers* wird in demselben Lebenskontext hörbar. Es leuchtet ein, daß Leiden und Sterben zum Dasein gehören, daß sie Momente an der Schöpfung Gottes sind. Von sich aus werden sie, im Unterschied zur Philosophie der alten Griechen und besonders der Moderne, nicht Anlaß zur Theodizeefrage. Für den biblischen Weisen hat sich Gott wegen ihrer Existenz nicht zu rechtfertigen.

Anders steht es mit dem Leid des Gerechten, der sich keiner Schuld bewußt ist. Diesbezüglich findet im Alten Testament eine Entwicklung statt, an deren Ende das Buch Ijob steht.

– Eine *erste Stufe* bildet die *klassische* Beantwortung der Frage. Sie zeigt wenig Empfindsamkeit für das Los des einzelnen, wohl aber für das der Allgemeinheit – der einzelne soll sich ihr fügen. Zur allgemeinen Ordnung der Dinge gehört die Sterblichkeit: „Wir müssen alle sterben und sind wie das Wasser, das man auf die Erde schüttet und nicht wieder einsammeln kann" (2 Sam 14,14). Ganz natürlicherweise läuft der Sterbeprozeß schon mitten im Lebensbogen: Krankheit, Angst, Bedrängnis machen seine Gegenwart greifbar. Ähnlich universal, beinahe eigentätig wirkt auch das *Tun-Ergehen*-Prinzip. Eine bestimmte Verfehlung zieht mit Notwendigkeit die entsprechende Strafe nach sich. Und der Sünder wird darin bestraft, worin er gesündigt hat: auf gieriges Genießen folgen Ekel und Frustration.

Die klassische Antwort übersieht offensichtlich, daß bereits die jahwistische Urgeschichte die strenge Geltung des Tun-Ergehen-Bezugs durchbrochen hat: die angedrohte Todesstrafe wurde doch nicht vollstreckt, es trat die Gnade des Schöpfers dazwischen. So bleibt nichts anderes übrig, als für das Leiden die Ursache in irgendeiner offenen oder verborgenen Schuld des Leidenden zu suchen (vgl. 1 Sam 14,38ff) – Grund genug, das Schicksal als eine unheimliche, letztendlich anonyme Macht zu erfahren. Die Tragik des Daseins, wie sie im Mythos greifbar wird, liegt nicht weit entfernt davon.

So muß, das ist die *zweite Stufe*, der Leidende sich prüfen, korrigieren, den Vorwurf an sich selbst, wenn auch pauschal, richten: was ihm zustößt, ist kein

Zufall, sondern in seinem Tun grundgelegte Notwendigkeit. Übrigens ist nicht jedes Leid göttlich vorentschiedene und „automatisierte“ Strafe. Gott kann dadurch auch gerade seine geliebten Geschöpfe auf die *Probe* stellen, ihre Treue testen, sie läutern, wie man Gold im Feuer reinigt (vgl. Sir 2,1-5; Spr 17,3). Daß solche Vergleiche die Gefahr einschließen, das geistige Geschöpf nicht in seiner subjektiven Einmaligkeit zu erfassen, sondern es zu objektivieren, scheint hierbei nicht bewußt zu sein. Dazu ist eine weitere Entwicklung des Schöpfungsverständnisses vonnöten.

Aber auch auf dieser Entwicklungsstufe bleibt Zuversicht, daß der Schöpfer all-mächtig und wohlwollend ist, so daß er auch aus dem Übel, dem Bösen sogar, Gutes hervorbringen (vgl. Gen 50,20; Ps 49; Jer 17,11) und jedem Leid einmal ein Ende setzen kann.

– Das Buch Ijob bricht nun – *dritte Entwicklungsstufe* – mit dieser klassischen Erklärung. Zuerst wird sie in den Reden der Freunde und sogar des Schöpfers argumentativ entfaltet. Das *Neue* liegt schon darin, daß der leidende Gerechte sein Ich behauptet und somit zeigt, daß er sich nicht mehr bloß als ein Glied im Kollektiv versteht. Sein Schicksal ist ihm eigen und kann nicht vollends mit allgemein geltenden Gesetzmäßigkeiten erklärt werden. Pauschale Antworten stellen dieses Ich nicht zufrieden. Der Nicht-Israelit Ijob appelliert an Gott als seinen Schöpfer (vgl. 10,3-18; 14,15) und nennt ihn „mein Bürge“ (16,19).

Aus diesem Grunde weigert er sich, dem Mechanismus von Tun und Ergehen zuzustimmen, obschon seine Freunde ihm raten: „Beuge dich“ (5,8f; 8,20f), „unterwerfe dich“ (5,17ff). Und er wagt es, seinen Schöpfer aufzufordern, ihm persönlich auf zwei Fragen zu antworten. Ist es Gotteslästerung, wenn er seine unbestreitbare Rechtschaffenheit vor Gott behauptet und sich entgegen bestimmten Aussagen über den göttlichen Willen im Recht weiß (9,21; 27,2-6)? Darf der Glaubende Gott nicht die Warum-Frage stellen und mit ihm „rechten“ (13,3), etwa im Sinne von Ps 22: „Mein Gott, mein Gott, warum hast du mich verlassen“? Ijob fragt tatsächlich: „Warum verbirgst du dein Angesicht und siehst mich an als deinen Feind?“ (13,24).

Solche Befragung, solche Anklage des Schöpfers schließt nicht wie humanistische Atheismen unserer Gegenwart auf die Nichtexistenz Gottes, insofern er zugleich allmächtig und liebend sein soll. Sie bleibt ein *Glaubensakt*. Aber ein kritischer Glaubensakt, der nicht zögert, ein überkommenes Gottesbild, das Gott selbst gelten zu lassen schien, zu verwerfen: Das Bild jenes Allmächtigen, der Schuldlose wie Schuldige umbringt (vgl. 9,22), der willkürlich handelt, den einzelnen nicht ernst nimmt, sondern ihm gegenüber spöttisch, ja dämonisch vorgeht (9,23). G. von Rad spricht mit Recht von einem neuen, „moralischen“ Gottesbegriff in diesem zugleich schöpfungstheologischen und existentiellen Dokument[43].

In der Tat ist schon der formale Aspekt neu, daß der Schöpfer sich in Frage stellen läßt, ohne daß dies dem Fragenden als Sünde angerechnet wird. Das scheint Ijob selbst zu reichen. Obwohl die Sinnfrage, die er stellt, letztendlich offenbleibt, bekennt er: „Im Himmel ist mein Zeuge, mein Bürge in den

[43] Ebd. 283-291, hier: 286 f.

Höhen" (16,19). Daß die Genugtuung, die er sich ersehnt, noch im Verborgenen bleibt, erdrückt ihn nicht mehr. Seine Hoffnung vermag mit offenen Fragen zu überleben.[44]

(4) Die mitschöpferische Weisheit Gottes: In einem bestimmten Entwicklungsstadium wird die ḥokmā als weibliche Gestalt hypostasiert bzw. personifiziert. In Spr 8,35 tritt die Weisheit mit der Verheißung auf: „Wer mich findet, der findet das Leben und erlangt das Gefallen des Herrn." Die Zusage besitzt positiv soteriologischen Sinn. Sie enthält die Vorstellung von Heil-Werden und -Sein.

Die ḥokmā gehört zum Schöpfer, aber nicht in der Weise eines einfachen Besitzes oder einer Eigenschaft. Denn es bleibt ein *Unterschied* zwischen Gott und ihr bestehen. Die Vorstellung ist geheimnisvoll, schwebend in der sprachlichen Bestimmung. Diese Gottesweisheit zeigt sich weder als ungeschaffen noch als so geschaffen wie die übrigen Geschöpfe: „Der Herr hat mich geschaffen im Anfang seiner Wege, vor seinen Werken in der Urzeit .... Als die Urmeere noch nicht waren, wurde ich *geboren*" (Spr 8,22.24).

Die Vorstellung ist zeitlicher geprägt als die der „Urgeschichte". Die „Geburt" der ḥokmā wird in die fernstmögliche Vergangenheit verlagert, *bevor* die Urgewässer hervorgebracht wurden, eben in eine Ur-Zeit.

Von einer „Wesensgleichheit" mit Gott wird, anders als im christlichen Glaubensbekenntnis, freilich nicht gesprochen. Es fällt nur die Bezeichnung „geliebtes Kind" (Spr 8,30f; vgl. Sir 24,3). Der Kontext läßt an eine Tochter denken. Exegeten meinen[45], das Modell könnte dazu möglicherweise die ägyptische Göttin Maat geliefert haben, die in der Gesellschaft ihres Vaters, des Schöpfergottes, spielt und gern zu den Menschen hinabsteigt. Spr 8,31 legt auf jeden Fall diesen Satz in den Mund der ḥokmā: „Ich spielte auf seinem Erdenrund, und meine Freude war es, bei den Menschen zu sein." Die spielerische Leichtigkeit der bārā-Taten Gottes scheint sich hier mitzuteilen und im Verhalten seines geheimnisvollen Gegenübers eine lebendige Entsprechung zu finden. Die Weisheit spielt in der Tat das Schöpfungsspiel mit in einer Weise, daß man sagen kann, *durch* sie (nach der Einheitsübersetzung: „mit" ihr) habe der Herr die Erde „gegründet" (Spr 3,19), sie sei „die Meisterin aller Dinge" (Weish 7,21), „eingeweiht in das Wissen Gottes" und „seine Werke" bestimmend (Weish 8,4). Dinghafter und instrumentaler klingt die Parallelaussage in Ps 33,6 über das „Wort" (dābār), durch das „die Himmel geschaffen" wurden. Vermutlich sind beide Traditionen in den christologischen Sätzen von Joh 1,3, Hebr 1,2f und Kol 1,15-17 zusammengeflossen. Dort ist der *Logos* als Sohn bzw. als Ebenbild Gottes derjenige, durch den, freilich im Sinne eines analog personalen Mitwirkens, alles erschaffen wurde. Diese neutestamentliche Auslegung des weisheitlichen Befundes stützt in einmaliger Weise die Glaubenserkenntnis, die ḥokmā besitze *mitschöpferische* Macht und sei gleichsam „Partnerin" des schaffenden Allmächtigen. Der Credo-

---

[44] Von der Warte des Christusglaubens her dürfte man wohl sagen, daß der Gekreuzigte in der Gestalt Ijobs in gewissem Sinn nicht minder als in der des leidenden Gottesknechtes einen Vorläufer hat. Mit dem Unterschied freilich, daß in Jesus der Schöpfer selbst auf das Geheimnis geschöpflicher Tragik erlösend eingeht.

[45] Vgl. W. Zimmerli, Grundriß der alttestamentlichen Theologie (Theologische Wissenschaft 3), Stuttgart [3]1978, 136-146, hier: 136 f.

Satz „Durch ihn ist alles geschaffen" erscheint alttestamentlich begründet. Somit entfällt zugleich eine monokausale Vorstellung des bārā-Tuns: es wird immer schon als *relationales* Tun begreifbar.

2.2 Das Neue Testament

Die christliche Schöpfungsdogmatik wäre schlecht beraten, würde sie vom alttestamentlichen Befund vorschnell zu dessen nachösterlicher, christologischer Interpretation springen und dabei all das vernachlässigen, was heutige Forschung vom Verhalten des irdischen Jesus gegenüber der menschlichen und außermenschlichen Kreatur mit hoher Wahrscheinlichkeit erkennen kann.[46]

Diese Erkenntnisse erhalten eine besondere Bedeutsamkeit, zieht man die *eschatologische*, näherhin *apokalyptische* Atmosphäre in Israel zur Zeit Jesu in Betracht. Hatte die Naherwartung des „Endes", die er in einer ihm eigentümlichen Weise teilte, etwa eine abwertende Wirkung gegenüber dieser Geschichte und Naturwelt? Verliert in seinen Augen die diesseitige Welt ihren Eigenwert angesichts der bald kommenden jenseitigen? Zählt denn noch die „alte" Schöpfung, wo sich schon die neue, unvergängliche ankündigt?

2.2.1 Die Schöpfung im Spiegel der Botschaft und Praxis Jesu

(1) Schöpfung in der Endzeit

Mit guten wissenschaftlichen Gründen kann heute die These vertreten werden: Jesus war kein Apokalyptiker, wenn auch seine Botschaft apokalyptisches Sprach-, Bild- und zum Teil Gedankenmaterial in Auswahl aufgenommen hatte.

Das Bewußtsein, in der *Endzeit* der laufenden Geschichte zu leben, teilt Jesus mit Johannes dem Täufer und vielen seiner jüdischen Zeitgenossen. Auch für ihn naht der „letzte Tag", der bald das Aufhören des gegenwärtigen Kosmos mitbringen soll: „Himmel und Erde werden vergehen" (Mk 13,31 par). Allerdings scheint ihn der katastrophale Charakter dieses Weltendes weniger zu beschäftigen als die damit verbundene *Vollendung der Gottesherrschaft* unter den Menschen, die Ankunft des „Reiches Gottes".

Den Gedanken an Drangsal, Verfolgung, Krieg und Verfeindung zwischen Völkern und Familien als Vorzeichen des Endes verdrängt Jesus nicht (Mt 13,24f par). Das Urmodell der Sintflut erscheint auch ihm in seiner Aktualität, ja es ist aktueller als jemals zuvor (Lk 17,27-29; Mt 24,37-41). Das künftige Weltgericht spielt auch in seiner Botschaft eine heute oft unterschätzte Rolle. Er droht damit ebenso wie mit der Möglichkeit der Hölle.

---

[46] Vgl. zu diesem Kapitel auch die Christologie in Bd. II dieses Werkes, vor allem 2.4.3.

Weltende, Gericht und Hölle veranlassen Jesus jedoch nicht, die noch bestehende Welt geringzuschätzen und die Menschheit nach dem Vorbild der radikalen Apokalyptiker als unverbesserlich verdorben anzusehen.

Nur eine *Relativierung* der gegenwärtigen Güter, z. B. der Ehe und der Familie, erhebt er zum Gebot der Stunde. Er nimmt weder die eigene Verwandtschaft (Mk 3,31-35 par; 6,1-6 par) noch die seiner Jünger und Jüngerinnen „um des Evangeliums willen" davon aus (Mk 10,29-31 par; Lk 14,25f). Jene, denen es gegeben wurde, sollen den Weg der Ehelosigkeit „um der Gottesherrschaft willen" gehen (vgl. Mt 19,12 par).

(2) Bejahung des Vergänglichen

Es fällt auf, daß der Verkündiger der Heilsbotschaft – anders als Johannes der Täufer – kein asketisches Leben führt. Sonst hätten seine Gegner ihn nicht als „Fresser und Säufer" beschimpfen können (Mt 11,19) – ein höchstwahrscheinlich historisches Wort. Wie auch andere Texte bezeugt es: Jesus genießt unverkrampft die Gaben der Schöpfung, er hält mit allen möglichen Menschen, auch solchen zweifelhaften Rufes, Tischgemeinschaft. Seinen Jüngern dagegen fehlte allem Anschein nach nicht die Neigung der Apokalyptiker, Konflikte gewaltsam zu lösen: Auf ein ungastliches Samariterdorf wollen sie am liebsten Feuer vom Himmel regnen lassen (Lk 9,54). Das lehnt Jesus ab: „Der Menschensohn ist nicht gekommen, um Menschen zu vernichten, sondern um sie zu retten" (V. 55 nach einigen Varianten). Für ihn hat die Welt, so böse sie ist, ihre Qualität als Gottes Schöpfung nicht verloren; sie ist ihre Existenz wert.

Wie wenig Jesus einen totalen Bruch zwischen dem bestehenden und dem kommenden Äon vertritt, zeigt sich ferner in seiner Rede über die Toten der Vergangenheit, die bei Gott leben und weiterhin leben werden (Mk 12,18-27). Nicht nur für die großen Ahnen Israels gilt das, Abraham, Isaak und Jakob, sondern auch für die einfache Witwe, die mehrere Gatten nacheinander gehabt hat. Für sie ist Gott ebenfalls „nicht ein Gott der Toten, sondern der Lebenden" (V. 27). Jesus kennt nicht die Vorstellung der zunächst vernichteten und dann von Gott aus dem Nichts wieder erschaffenen Kreaturen. Dieser Gott des Lebens ist der Schöpfer, der die Situation mitten in der Endzeitkrise fest in der Hand behält, um diesseitiges und jenseitiges Dasein zusammenzuhalten[47].

Vielleicht erklärt diese Sicht der Dinge die Tatsache, daß Jesus dem Zeitpunkt und dem Ort der apokalyptischen Ankunft des Menschensohnes wenig Bedeutung zuschreibt (vgl. Lk 17,22-37).

Insgesamt bleibt auch die gegenwärtige Kreatur, bei aller Belastung und Knechtung durch die Macht der Sünde, liebenswert. Ihre Relativierung besagt keine radikale Abwertung.

(3) Jesus und die Naturwelt

Die Gegenwart ist für Jesus die Zeit, „in der schon die Entscheidungen der letzten Zukunft fallen"[48]. In ihr ist ja bereits die Gottesherrschaft anwesend und

[47] Vgl. J. Gnilka, Das Evangelium nach Markus. Mk 8,27-16,20 (EKK II/2), Neukirchen-Vluyn 1979, 197. Man denkt dabei unwillkürlich an das schöne Präfationswort: „vita mutatur, non tollitur" oder an 1 Kor 15,51: „Wir werden ... verwandelt werden."

[48] G. Bornkamm, Jesus von Nazareth, Stuttgart [9]1971, 62.

wirksam: „das Reich Gottes ist schon mitten unter euch" (Lk 17,21). Diese Realpräsenz der Zukunft Gottes in den Gestalten gegenwärtiger Schöpfung beschränkt sich allem Anschein nach nicht auf den Menschen allein. Die Naturwelt selbst ist durch sie betroffen. Jesu nüchterner, aber respektvoller Blick umfaßt das Miteinander von Mensch, Pflanze, Tier und Materie. „Hart und selbstverständlich steht die Welt in ihrer unverrückten Wirklichkeit da, nirgends besser gemacht als sie ist, aber auch nirgends schwarz gemacht, um eine Folie zu gewinnen für eine religiöse Lehre"[49].

So liegt es auf der Hand, daß Jesus der Natur die Würde einer „Predigerin Gottes"[50] verleiht, indem er sie in seinen Gleichnissen mit zur Sprache kommen läßt. Sowenig sakramentale Materie und Form bloßes Werk- und Fahrzeug für die durch sie mitgeteilte „Sache" sind[51], so wenig wird die Naturwelt in den Parabeln als bloßes Veranschaulichungsmaterial benutzt. Sie erzählt gerade hier die Herrlichkeit Gottes, und sie wird in das eschatologische Drama einbezogen. Auch für sie gilt die verheißene Neuschöpfung. Das Motto „gratia supponit naturam"[52] scheint hier eine eigentümliche – freilich nichtmetaphysische – Bedeutung zu finden. In diesem Zusammenhang dürfte man den Ausdruck „natürliche Theologie" in einem erweiterten Sinn des Wortes wagen. Vielleicht sogar den von „natürlicher Offenbarung" in jesuanischer Verdeutlichung, sosehr der Meister die Gottesherrschaft im Spiegel der alltäglichen Existenz und der Naturprozesse, ohne Rekurs auf die Schrift zur Sprache bringt.

Redet Jesus von der Fürsorge des Schöpfers, so gibt er ihm mit Vorliebe den Vaternamen. Und väterlich zeigt sich der Allmächtige schon darin, daß er das Gras kleidet, die Vögel ernährt (Mt 6,25-34) und das Überleben eines Spatzen sichert, wenn er auch die Menschen, denen er sogar die Haare zählt, also bis ins Detail, mit einer noch höheren Wertschätzung begleitet (vgl. Mt 10,29-31). Die mittelalterliche Theologie wird diese Fürsorge des Schöpfers treffend „providentia generalis et particularis" nennen.

Das, was insbesondere dem Menschen natürlich ist, näherhin dem Landwirt, dem Hirten, der Hausfrau, dem Kind (vgl. Mt 9,35-38; Mk 4,26-29; Lk 15,1-7; Joh 10,11-21; vgl. Mk 10,13-16 par), erfaßt Jesus ebenfalls mit seinem schöpfungstheologisch und zugleich eschatologisch geschärften Blick, Anlaß genug, hier eine Theologie der irdischen Wirklichkeiten (Leib, Arbeit, Beruf, Kultur, Kunst) begründet zu sehen. Der naturale Prozeß des *Todes* geht ihn freilich in der Endzeitsituation ganz besonders an. Daß die Sterblichkeit durch die Sünde verursacht wurde, sagt er nirgends. Ebenso nicht, daß der Tod angesichts des kommenden Äons eher einen Gewinn als einen Verlust bedeutet. Anstatt dessen heilt er Kranke trotz Naherwartung des universalen Heiles, bekämpft er das Leiden, dem er begegnet, und damit die Vorboten des Todes mitten im Leben. Wie „natürlich" er sich angesichts des eigenen Sterbens verhielt, zeigt die Ölbergszene.

---

49 Ebd. 109.
50 Ebd. 108.
51 Siehe dazu die Erläuterungen in diesem Werk Bd. III: Sakramentenlehre.
52 Siehe in diesem Werk Bd. III: Gnadenlehre.

Naturnähe und Natürlichkeit sind echt jüdische Eigenschaften, wie das schon die alttestamentlichen Zeugnisse nahegelegt haben. Und Jesus verleugnet gewiß nicht seine natürliche und kulturelle Abstammung.

(4) Agape zu den Geringsten

Er grenzt sich allerdings scharf von der mehrheitlichen Einstellung seiner Volks- und Zeitgenossen gegenüber den „Geringsten" ab. „Sozialdarwinistische" Züge der damaligen jüdischen Gesellschaft dürften die Wirklichkeit gut charakterisieren. Sozial Arme, Aussätzige, Unwissende, Fremde, aus der Ehe vertriebene Frauen, öffentliche Sünder und Sünderinnen, etliche Fremde und Unmündige fallen vielfach einer erbarmungslosen Selektion und Ausgrenzung zum Opfer, als seien sie eigentlich keine Gottesgeschöpfe. Solche sind, zumal in den eigenen Augen, allein die „Tüchtigsten" der bestehenden religiösen, moralischen, gesellschaftlichen und wirtschaftlichen Ordnung, alle, die Macht besitzen.

In diesem Kontext mutet die Option Jesu für die Armen, die exemplarisch für alle sonstigen Benachteiligten gilt, nicht zuletzt für die Frauen, echt „übernatürlich" an (vgl. Lk 6,20). In ihr leuchtet so etwas wie der Grundsatz einer neuen, *evangeliumgerechten Schöpfungsethik* auf. „Der Menschensohn ist gekommen, um das Verlorene zu suchen und zu retten" (Lk 19,10; vgl. 15,1-7) – dem Gottesknecht ähnlich, der „das geknickte Rohr" nicht zerbricht (Jes 42,3) und Dienst an der geschundenen Schöpfung leistet (vgl. Mt 12,15-21).

Ein Vollblutapokalyptiker mag die Leidenden auf den neuen Äon verweisen, vertrösten, sich gedulden lassen. Jesu Seligpreisungen haben eher präsentischen Sinn, zumindest in ihrer wahrscheinlichen Ursprungsgestalt: „Wohl euch, ihr Armen, denn euch gehört das Reich Gottes" (Lk 6,20) und dazu das negative Pendant: „Weh euch, die ihr reich seid; denn ihr habt keinen Trost mehr zu erwarten" (V. 24). Hier und jetzt ist der Heilbringer, in dessen Person die Basileia bereits vor dem Ende anwesend ist, für die Armen da. Er ist da für sie, kraft der mitgeschöpflichen Solidarität dessen, der, obwohl ohne Sünde, Umgang mit Sündern hat; der, in unvergleichlicher Nähe zu Gott stehend, doch Leid und Todesgefahr annimmt; der, von einzigartiger Würde, dennoch niemanden abwertet. Es liegt auf der Hand, daß ein solches Verständnis der Schöpfung vom Erlösungshandeln Jesu geprägt ist.

In diesem Zusammenhang muß man auch die Struktur des *Doppelgebotes der Agape* reflektieren. Es ist nicht nur mit einem apokalyptischen Zweiweltendualismus unvereinbar, sondern auch mit zwei anderen Scheidungen. Die erste besteht in der (manchmal sogar fromm aussehenden) Trennung zwischen der Liebe zu Gott „mit ganzem Herzen und mit ganzer Seele" (Dtn 6,5) und der Liebe zum Nächsten wie zu sich selbst (vgl. Lev 19,18), wobei der Nächste vorab den Volksgenossen (vgl. Lev 19,15) oder den Fremden, der im Gelobten Land heimisch geworden ist (Lev 19,33f), meint. Jesus dehnt die Liebe auf alle Menschen, sogar auf den Feind aus (Mt 5,43-48) und macht aus beiden Geboten ein einziges Hauptgebot mit zwei voneinander untrennbaren Momenten (Mk 12,29-31; Mt 22,37-40; Lk 10,27). Das ganze Evangelium legitimiert uns, das Gebot der *Agape*, das heißt der schenkenden, zur Selbsthingabe bereiten Liebe, *schöpfungstheologisch* zu deuten. Der Glaubende soll den Schöpfer und das menschliche Mitgeschöpf in *einer* Zuwendung lieben. Schließt man dabei nicht einmal den Feind und den Verfolger aus, so wandelt man in der Nachfolge Gottes, der „seine Sonne ... über Bösen und Guten" aufgehen läßt (Mt 5,45), und wird Kind des „Vaters im Himmel", ihm ähnlich. Auch das Agape-Gebot bringt den Handlungsbezug der Gottebenbildlichkeit zur Geltung.

Andererseits darf mit einigem Recht angenommen werden, daß Jesus auch keine Trennung zwischen Nächstenliebe und Barmherzigkeit für das nichtmenschliche Mitgeschöpf will. Gewiß bezieht sich in seinem Munde das Verb *agapân* nie auf Dinge, Tiere und Pflanzen. Dieser Befund läßt sich durch einen durchaus ähnlichen Wortgebrauch im Alten Testament und in der frühjüdischen Literatur erhärten[53]. Weil aber gerade letztere, die für die Interpretation des Neuen Testaments große Bedeutung hat, ein *barmherziges* Verhalten gegenüber den nichtmenschlichen Kreaturen als „imitatio Dei Creatoris" verlangt, weil solches Erbarmen untrennbar ist von dem, das gegenüber den Mitmenschen zu erweisen ist, und weil dies auch der eine, gemeinsame Schöpfer so ungeschieden und allumfassend vordemonstriert, dürfte die Schonung der Biosphäre auch zum Wirkungsfeld des Agape-Gebotes gehören – heute sogar in der Weise eines Erbarmens für „Geringste", zumal der Mensch mitten in der Naturwelt übermächtig geworden ist.

Die Szene des *„Weltgerichtes"* (Mt 25,31-46) macht die Agape zu den geringsten „Brüdern" des Richters bzw. des „Königs", der entweder der Menschensohn oder Christus oder, nach einer vermuteten Urfassung des Textes, Gott selbst[54] ist, zum Kriterium schlechthin für das Urteil. Wer hungrigen, obdachlosen, kranken, nackten, gefangenen Mitgeschöpfen die nötige Hilfe versagt hat, hat die Pflicht zur Agape mit ihrer soteriologischen Wirksamkeit unterlassen. Solche Unterlassungssünden begründen die Verwerfung, ebenso wie die spontane Praxis der Agape zum Reich Gottes Zutritt gewährt.

Nimmt man die Selbstidentifikation des Richters, in dem man Gott oder den erhöhten Christus erkennt, mit den „Geringsten" ernst, so erhält nicht nur die „Zweieinheit" des Hauptgebotes eine neue Bestätigung, sondern man kann an ein Ineinander, an eine gottgewollte „Perichorese" des Schöpfers und des geschundenen Geschöpfes denken. Nichts könnte einer sozialdarwinistischen Selektionstheorie und -praxis schärfer zuwiderlaufen.

Kommen wir zum Schluß auf die Praxis Jesu zurück. Diese billigt nicht nur „evangelisch" alles Gute, das in der Schöpfung begegnet, sondern bekämpft zugleich die Erscheinungsformen der Sünde und des Übels. Bezeichnend sind dafür besonders seine *Dämonenaustreibungen* mit dem „Finger" (Lk 11,20) oder durch den „Geist Gottes" (Mt 12,28). Das läßt sich wie folgt auslegen: Der schöpferische Gottesgeist wirkt in den Taten Jesu, die sich gegen schöpfungswidrige Kräfte richten. Wo die bösen Geister dem Menschen verheerende Determinismen aller Art aufzwingen und wo die Betroffenen selbst sündigen, setzt

---

[53] Vgl. A. Nissen, Gott und der Nächste im antiken Judentum. Untersuchungen zum Doppelgebot der Liebe (WUNT 15), Tübingen 1974, 496.

[54] Vgl. I. Broer, Das Gericht des Menschensohnes und die Völker: BiLe 11 (1970) 273-295, hier: 285-288.

sich jene Kraft der Neuschöpfung und neuen Schöpfung ein, die sich schon im Alten Testament als die *lebendigmachende* rūaḥ Jahwes offenbarte. Besessenheit, Sünde und Krankheit sind schöpfungswidrig. Gegen sie wenden sich Jesus und der Geist Gottes (Mk 1,23-34; 5,1-20; 7,24-30; 9,14-19). Auch darin offenbart sich die soteriologische Dimension der „fortgesetzten Schöpfung".

Sotería (= Heil und Rettung) schenkt Jesus schon, wenn er gleichzeitig Sünden vergibt und Kranke heilt. Denn Heil ist *zoé*, das heißt das gedeihende Leben, das auch Synonym für die Gottesherrschaft ist und welches das irdische Leben (bíos) überformt (Mk 9,42-48; Joh 3,3-16). In der radikalsten Form geschieht das in der Auferweckung vom Tod, dem Zeichen der vollendeten Herrschaft Gottes. Wenn das zeitliche Leben verewigt wird, ist Gottes Reich endgültig gekommen.

2.2.2 Christologische Schöpfungslehre bei Paulus

(1) Zur Auferweckung des Gekreuzigten

Jesus, der die Agape zu den Geringsten verkündigte, hat selbst das „Geringstenschicksal" auf sich genommen. Formen des Leidens, wie sie in Mt 25,31-46 beschrieben werden, Fremdheit, Gefangenschaft, Nacktheit, Durst und Krankheit zum Tode, gehörten ganz konkret zu seiner Passion. Am Kreuz und im Sterben erreicht – christologisch gesprochen – die Menschwerdung ihre Höchststufe. Was die Kreatur an Schmerz und Qual erfahren kann, erfährt der Gekreuzigte zum Teil bereits vor seiner Kreuzigung, außer dem Leid des Sündigseins.

Die Warum-Frage spricht er ähnlich und doch ganz anders als Ijob aus. Für ihn bleibt nämlich die Frage nicht lange offen. Wie Ijob ruft er aber, ichhaft, *seinen* Gott und Schöpfer an und bittet ihn um die Gabe des Verstehens. Eine bereits ausgesprochen christologische Formulierung findet dieser Sachverhalt im Hymnus von Phil 2,5-11. Hier erscheinen Erniedrigung, Erhöhung und Herrlichkeit als korrelative Momente eines einzigen Geschehens. Die „Kenose", die Selbstentäußerung, wird durch die österliche Erhöhung und die ewige Doxa nicht ausgetilgt, sondern verwandelt in die Ewigkeit hineingenommen. Der Auferstandene bleibt der Gekreuzigte für immer. Das heißt in schöpfungstheologischen Kategorien: Die Geschöpfwerdung dessen, der, „in der Daseinsweise Gottes seiend" (V. 6) (so originalgerechter als die EÜ: „er war wie Gott"), in die Daseinsweise eines Sklaven (V. 7) kommt, bleibt keine vorübergehende Episode. Vielmehr wird *dieser* Jesus zum Kyrios Christòs gemacht, wird *diese* geschundene Kreatur „zur Ehre Gottes, des Vaters" (V. 11) und Schöpfers.

Diese Erkenntnis ist entscheidend für jeden, der im Neuen Testament eine Antwort (die keine „Lösung" ist) auf die alte Ijob-Frage und die neuzeitliche Theodizeefrage zugleich sucht. So für den Theologen K. Barth, für den der Schöpfer am Kreuz Jesu volle Verantwortung für sein menschliches Geschöpf übernimmt[55], so für A. Camus, der im Sklaventod Christi die Behebung der Kluft zwischen einem leidlosen Gott und dem leidenden Menschen

[55] K. Barth, Die kirchliche Dogmatik II/2. Die Lehre von Gott, Zollikon-Zürich [4]1959, 181.

erblickt[56], so vielleicht für E. Wiesel, der im gehängten jungen Juden in Auschwitz die Realpräsenz des Schöpfergottes wahrzunehmen wußte[57], so für H. U. von Balthasar[58], J. Moltmann[59], E. Jüngel[60], die von einem mitleidenden oder gar „gekreuzigten Gott" reden.

(2) Der Herr über alle Schöpfung
Haben jene Forscher recht, die die älteste Rede von Jesus dem Christus in der Kyrios-Christologie erkennen, die schon im aramäischen „Marána tha"-Ruf enthalten ist und den bevorzugten Gottesnamen der Septuaginta auf den auferweckten Gekreuzigten überträgt, so erscheint der auferweckte Mensch Jesus in seiner göttlichen Qualität als der aus eigenen Kräften *Auferstandene*. Dann hat er aber selbst schöpferische Macht, da kein Geschöpf den Tod eigentätig überwinden kann. Gewiß haben die ältesten Formeln (z. B. Phil 2,9 und Röm 1,4) eher den auferweckten Menschen in Sicht und erkennen erst später in ihm den der Auferstehung fähigen ewigen Sohn Gottes. Doch spricht das Credo nur von diesem, weil es die Geschichte von Schöpfung, Erlösung und Vollendung im Kontext des *trinitarischen* Glaubens formuliert. Wie auch immer: Es bleibt die Aussage des Herr-Seins im impliziten Kontext des Gedankens an die österlich vollendete Gottesherrschaft. Wer den Tod besiegt hat, besiegt auch die Sünde (vgl. Röm 5,12-21), und wer die Macht der Sünde überwindet, entzieht im Prinzip jeder tyrannischen Herrschaft der Kreatur über andere Kreatur den Boden unter den Füßen. Die österlich vollendete Basileia stellt seither die Alternativherrschaft schlechthin dar. Und der Herr ist Jesus der Christus.

Mit dem Christus-Ereignis wurde schon bei Paulus eine Gestalt der *Neuschöpfung* verbunden, die von den von Israel erfahrenen, geglaubten oder erhofften großen Erneuerungen (Exodus, Heimkehr aus dem Exil, eschatologisch vorausgeschaute Schöpfung eines neuen Himmels und einer neuen Erde) unmöglich ableitbar ist. Alttestamentlich heißt es summarisch: Jener Gott, der das Volk aus Ägypten herausgeführt hat, kann nur der allmächtige Schöpfer des Universums sein. Nunmehr heißt es ähnlich und doch radikal anders: Jener Gott, der Jesus vom Tode auferweckt hat, kann nur der Urheber der *endzeitlich* neuen Schöpfung, die ins *ewige Leben* mündet, sein. Freilich handelt es sich in beiden Fällen um ein und denselben Gott.

Nur wird in diese Tat, ähnlich und doch anders als einst die personifizierte Weisheit, der Auferstandene als menschgewordener und personaler Mitschöpfer einbezogen. Und zwar so, daß er nicht bloß die Zukunft, sondern alle drei Zeitmodi der Gesamtgeschichte mitverantwortet. Vom Gesichtspunkt der Ewigkeit, in die Jesus ein für allemal, als „der Erstgeborene der ganzen Schöpfung" (Kol 1,15) und als „der Erstgeborene der Toten" (V. 18), eingegangen ist, kann man

[56] A. Camus, Der Mensch in der Revolte (rororo 1216), Reinbek bei Hamburg 1991, 91.
[57] E. Wiesel, Nacht: Die Nacht zu begraben, Elischa, München-Eßlingen a. N. 1986, 9-153, hier: 91-94.
[58] H. U. v. Balthasar, Theologie der drei Tage, Einsiedeln ²1990.
[59] J. Moltmann, Der gekreuzigte Gott. Das Kreuz Christi als Grund und Kritik christlicher Theologie, München 1972.
[60] E. Jüngel, Gott als Geheimnis der Welt. Zur Begründung der Theologie des Gekreuzigten im Streit zwischen Theismus und Atheismus, Tübingen ⁵1986. Vgl. in diesem Band: Gotteslehre 5.7.

die zeitumfassende Aussage in 1 Kor 8,6 einigermaßen verstehen: „Einer ist der Herr: Jesus Christus. Durch ihn *ist* alles, und wir *sind* durch ihn."

Wer vermag die Zeitlichkeit, das unumkehrbare Nacheinander von Präteritum, Präsens und Futurum derart zu überwinden und in einer ganz neuen Weise der Präsenz ineinander zu verschränken, wenn nicht jener, der Herr über alle Schöpfung ist? Diese christologische Konzentration der Zeitmodi und der Geschichte formuliert Kol 1,15-20 noch *mystischer* und unter Betonung des Lebens Christi aus dem Tode (V. 18), wobei die Zeitmodi wieder auseinandergehen: „Denn in ihm *wurde* alles erschaffen im Himmel und auf Erden ..., alles ist durch ihn und auf ihn hin geschaffen. Er ist *vor* aller Schöpfung, alles hat in ihm Bestand" (VV. 16-17).

Hier kommt der für modernes Denken schwer nachvollziehbare Gedanke an die *Präexistenz* Christi zum Ausdruck. Nüchterner und praktischer ist dessen Bedeutung: Was in Jesus dem Christus geschah, hat *universale* Bedeutung[61], sowohl im diachronen wie auch im synchronen Sinn des Wortes. Dogmatisch gesehen setzt aber diese universale Sinnhaftigkeit Christi die Korrelation von Schöpfung, Erlösung und Vollendung, also ein soteriologisches *und* eschatologisches Schöpfungsverständnis voraus.

(3) Der „éschatos Adam"

Derselbe Christus, der im Neuen Testament als Mitschöpfer verstanden wird, erhält von Paulus den Menschennamen „der letzte (éschatos) Adam" (1 Kor 15,45). So nennt der Apostel den neu geschaffenen Menschen, der doch nicht aufhört, Adamit und Erdmensch zu sein. Das ist eine andere, gewiß schwierigere Vorstellung als die des arianischen Logos: eine Kreatur, die zwischen der unnahbaren Gottheit und den irdischen Geschöpfen als Mittelwesen, weder Gott noch Mensch, auftritt.[62] Paulus wagt die jüdisch und griechisch nicht nachvollziehbare Spannungseinheit zu behaupten, die später mit dem Ausdruck „Gottmensch" wiedergegeben wird. Der ewige und mitschöpferische Sohn Gottes ist mit dem auferweckten Jesus identisch.

Der „letzte Adam" (man hört den Vollendungsgedanken mitschwingen) gehört zwar zum adamitischen Kollektiv, ohne selber Kollektivgestalt zu sein. Er ist einer von allen: ein einzelner, der aber für alle von entscheidender Heilsbedeutung zu sein vermag. Obgleich Mitglied der Menschengattung, transzendiert er diese von innen her, denn er ist nicht nur ein „beseeltes Lebewesen (*psyché zôsa*)", sondern ein „lebenschaffender Geist (*pneûma zoopoioûn*)" (1 Kor 15,45). Es besteht ein Antiparallelismus, ein asymmetrisches Verhältnis, ja eine Antithese zwischen dem ersten und dem zweiten bzw. letzten „Adam". Auch dadurch unterscheidet sich Christus von dem „ersten Menschen", daß die Seinen ihm nicht durch biologische Abstammung, sondern durch freie Glaubensbeziehung angehören. Er ist kein neuer Stammvater, sondern „der Erstgeborene von vielen Brüdern" (Röm 8,29; vgl. Hebr 2,11f.17). Vor allem unterliegt er nicht der immer und überall erfahrbaren Sünde, deren Lohn der Tod ist (Röm 6,23), sondern bringt die Herrschaft der „übergroß" gewordenen *Gnade* (Röm 5,20).

---

[61] Vgl. W. Beinert, Christus und der Kosmos. Perspektiven zu einer Theologie der Schöpfung (ts), Freiburg 1974.

[62] Näheres dazu in diesem Werk Bd. II: Christologie 3.2.2.

(4) Zur Macht der Sünde und der Gnade
Für Paulus ist die Geschöpfegemeinschaft versklavt, der Tyrannei der „Sünde (hamartía)" unterworfen. Er verdeutlicht die Universalität dieser Erfahrungstatsache (siehe „Urgeschichte"!) durch das allgemeine Gesetz des Todes, den er, recht eigenmächtig, durch den „einen einzigen Menschen" Adam, der sündigte, in die Welt gekommen sieht (Röm 5,12). Freilich weiß Paulus auch darum, daß Sünde und Tod nur so Herrschaftsgestalt gewinnen konnten, „weil alle sündigten". Wie ein Bankkonto nur dann bestehen und Zinsen bringen kann, wenn auf es immer wieder eingezahlt wird, so ballt sich die Macht der Sünde dank vieler Einzeltaten zusammen. Nur so wird sie „strukturelle Sünde", zu einer allen und jedem vorgegebenen Situation des Mangels an Gut- und Gerechtsein. Gleichsam hypostasiert, herrscht die Sünde (Röm 5,21), knechtet sie (Röm 6,6), zahlt ihren Dienern Todeslohn (Röm 6,23), macht ihr eigenes Gesetz geltend (Röm 7,23) und belastet alle Kreaturen mit dem Gewicht der „Verlorenheit" (Röm 8,21). Sie würde freilich in sich zusammenstürzen und absterben, erhielten sie nicht immer neue Sündentaten am Leben. Soviel gibt der paulinische Befund her. Eine „Erbsünden"-Lehre im augustinischen Sinn beinhaltet er allerdings keineswegs[63], genausowenig wie die „Urgeschichte" in Gen 1-11.

So wie der Apostel sie versteht, erweist sich die Macht der Sünde als eminent schöpfungswidrig. Sie läßt dämonische Mächte und Gewalten (auch mit politischer Wirksamkeit) entstehen (Gal 4,3; 1 Kor 2,6.8; vgl. Kol 2,20) und konkretisiert sich in typisierbaren Perversionen – so bei den Heiden, die an der Stelle des Schöpfers Geschöpfe vergotten (Röm 1,23.25), so bei den Juden, die auf das gute Gesetz Gottes als ein Privileg selbstzufrieden und überheblich pochen, ohne es zu befolgen (Röm 2,20-23; vgl. 1 Kor 1,27ff).

Nun drängt sich hermeneutisch der eindeutig *christozentrische* Kontext dieser Beschreibung auf. Alles deutet darauf hin, daß der Apostel nur deshalb die schöpfungswidrige Situation der Menschheit und die Tragik des ersten Adam (den er individuell versteht) so deutlich hervorhebt, weil er die neuschaffende und heilbringende Tat Gottes durch den „letzten Adam" in gewaltiger Kontrastierung behauptet: „Doch anders als mit der Übertretung verhält es sich mit der *Gnade*; sind durch die Übertretung des einen die vielen dem Tod anheimgefallen, so ist erst recht die Gnade Gottes und die Gabe, die durch die Gnadentat des einen Menschen Jesus Christus bewirkt worden ist, den vielen reichlich zuteil geworden" (Röm 5,15). Wo „die Sünde mächtig wurde, da ist die Gnade übergroß geworden" (Röm 5,20).

Was sagen diese Sätze aus, wenn nicht eine neue Weise „soteriologischen Schöpfungsverständnisses"?

(5) Der Glaubende als „neue Schöpfung"
„Wenn also jemand in Christus ist, dann ist er eine neue Schöpfung (*kainè ktísis*): Das Alte ist vergangen, Neues ist geworden" (2 Kor 5,17; vgl. Gal 6,15). Es handelt sich hierbei nicht um Kosmos-, sondern um Menschenerschaffung, und dies nicht im kollektiven, sondern im personalen Sinn des Wortes. Das „In-Chri-

[63] Vgl. U. Wilckens, Der Brief an die Römer. Röm 1-5 (EKK VI/1), Neukirchen-Vluyn 1978, 321. Vgl. auch in diesem Werk Bd. III: Gnadenlehre.

stus-Sein" entbehrt außerdem jedes lokalen Charakters, vielmehr besagt es den freiheitlichen Bezug des an Christus Glaubenden, der sein Lebensprojekt auf ihn setzt, zu Christus.

Der Satz hat indikativische Form, aber sein Kontext beinhaltet einen ethischen Imperativ (vgl. 2 Kor 5,15f.20; 6,1-10). Wer „neue Schöpfung" *ist*, soll auch als solche *handeln*, das heißt für Christus leben, sich mit Gott versöhnen lassen, Gerechtes tun, apostolisch tätig sein, ungeheuchelt lieben. Der Verfasser des Epheserbriefes macht das noch deutlicher: „Seine Geschöpfe sind wir, in Christus Jesus dazu geschaffen, in unserem Leben die guten Werke zu tun, die Gott für uns im voraus bereitet hat" (Eph 2,10; vgl. 4,24; Kol 3,9-12).

Wo einzelne die neuschaffende Gnade in sich zum Zuge kommen lassen, entsteht auch neue Gemeinschaft, Versammlung (ekklesía) die einander einst entfremdete Personen, Gruppen und Religionen zueinanderfinden läßt. Heiden und Juden werden auf diese Weise in der Person Christi „zu dem einen neuen Menschen" zusammengeschaffen (gr.: ktízo).

(6) Das Seufzen der „gesamten Schöpfung"

Neben personalen und ekklesialen Perspektiven bietet Paulus Ansätze zu einer theologischen *Kosmologie*, in der er unüberhörbar die Tätigkeit des lebendigmachenden *Gottesgeistes* hervorhebt. Das geschieht im Römerbrief, der das Wort *ktísis* siebenmal, und immer primär auf die außermenschliche Schöpfung, das heißt die Naturwelt, bezogen verwendet (1,20.25; 8,19-22.39)[64]. Auch diese hypostasiert der Apostel und macht aus ihr ein Subjekt von Sehnsucht: „Denn die ganze Schöpfung wartet sehnsüchtig auf das Offenbarwerden der Söhne Gottes" (Röm 8,19). Und: „Denn wir wissen, daß die gesamte Schöpfung bis zum heutigen Tag seufzt und in Geburtswehen liegt" (V. 22). Das Bild kommt einem Satz des Heraklit über die „Mutter Erde" nahe: „Wenn die Winterstarre zu Ende ist, dann gebärt die stöhnende Erde das in ihr Entstehende"[65]. Freilich merkt man ohne Mühe auch den Unterschied: Für den Apostel ist der Vorgang nicht einfach natürlich und die Sehweise nicht mythisch-biologisch, vielmehr hat er mit dem Walten des schöpferischen Geistes Gottes zu tun.

Warum stöhnt nach Paulus die Naturwelt? Woher kommt ihr Leiden? Von der „Vergänglichkeit (*mataiótes*)", der sie unterworfen ist (V. 20), und von der entsprechenden „Sklaverei und Verlorenheit" (V. 21)! Diese hat allem Anschein nach wiederum, wie schon in Röm 5,12-21, mit der Macht der Sünde zu tun, die ihrerseits auf Menschentaten zurückgeht. Die Naturwelt ist des Sündigens unfähig. Dieses ist anthropologisches „Privileg". Aber wo sich die geistige Kreatur gegen ihren Schöpfer wendet, zieht sie auch ihre außermenschlichen Mitgeschöpfe in Mitleidenschaft[66] – ein auch im rabbinischen Schrifttum vorhandener

[64] Vgl. ders., Der Brief an die Römer. Röm 6-11 (EKK VI/2), Neukirchen-Vluyn 1979, 153.

[65] Heraclitus Stoicus, Quaestiones Homericae, ed. soc. philol. Bonn 1910; F. Buffiere 1962, c.39 p.58,9, zitiert bei W. Bauer, Griechisch-deutsches Wörterbuch zu den Schriften des Neuen Testaments und der frühchristlichen Literatur. Hg. v. K. Aland, B. Aland, Berlin-New York [6]1988, 1583.

[66] Vgl. L. Schottroff, Schöpfung im Neuen Testament: G. Altner (Hg.), Ökologische Theologie. Perspektiven zur Orientierung, Stuttgart 1989, 130-148, hier 141.

Gedanke. Sie ist für das Leiden und ein bestimmtes Knechtsein ihrer Umwelt verantwortlich. Das hat Calvin schon so gesehen, indem er unsere Stelle kommentierte: „alle unschuldigen Kreaturen“ müssen „die Strafe für unsere Sünden mittragen“[67].

Weil das so ist, hat die umkehrbereite Menschheit einen zusätzlichen Grund mitzustöhnen. Der erste Grund dazu liegt freilich in der Erfahrung eigener Unerlöstheit, da wir noch nicht als Söhne Gottes „offenbar“ geworden sind (V. 23). Nun gesellt sich den Stöhnenden, Mensch und Naturwelt, auch der *Geist Gottes* zu: „Der Geist selber tritt jedoch für uns ein mit Seufzen, das wir nicht in Worte fassen können“ (V. 26).

Wo aber in die Äußerung solcher Negativerfahrung von Unvollendetheit und Heillosigkeit der Geist des Schöpfers, der selbst auf Lebendigmachen aus ist, einstimmt, besteht *Hoffnung*. Gott gibt schon der außermenschlichen Schöpfung Hoffnung auf Befreiung (V. 20), um so mehr dann den Glaubenden Hoffnung auf Rettung (*sotería*), Heilwerden (V. 24). Weder der paulinische noch unser heutiger Kontext verbieten es, diese Hoffnung als eine *solidarische* zu deuten, die dann auch etwa umwelt-ethische Konsequenzen hat.

2.2.3 Schöpferliebe zu einer zweideutigen Welt nach Johannes

Was die johanneische Sicht der Schöpfung gegenüber der paulinischen auszeichnet, kann als eine Konzentration des Themas durch zweierlei „Dualismen“, einen abgelehnten und einen behaupteten, bezeichnet werden. Ablehnung erfährt, in impliziter Weise, ein gnostizierender Weltpessimismus, vertreten wird eine Weltkritik angesichts der Sünde, die nur die Agape Gottes wegzuschaffen vermag.

(1) Gegen die Abwertung von Leib und Materie
Die gnostische Meinung, das Böse habe seinen Ursprung in der Materie und in den leiblichen Wirklichkeiten, da diese des Geistigen bzw. Pneumatischen nicht fähig und Werke eines minderwertigen Demiurgen seien, erfährt eine Absage durch den Glauben an die *Inkarnation*: Der *Logos* Gottes selbst ist „Fleisch geworden (*sarx egéneto*)“ (Joh 1,14). Die angeblich unüberbrückbare Kluft zwischen Gott und Mensch kann folglich nicht existieren, wenn auch der Fundamentalunterschied weiterhin besteht. Dieser Unterschied meint gerade nicht Trennung, sondern unerwartet intensive Beziehung der Unterschiedenen zueinander aus göttlichem Willen. Damit aber will Gott auch das Materielle, ähnlich wie jenen „siebten Tag“ (Gen 2,3) und das Tier, die lebendige Materie (Gen 1,22), segnen. Kraft dieses Segens, so könnte man den Gedanken, weiterführen, kann der Stoff des Brotes „sakramentales“ Fleisch Christi werden „für das Leben der Welt“ (Joh 6,51). Und wenn auch das „Fleisch“ von sich aus nichts kann, macht es der Geist, sogar aus der Niedrigkeit des Todes heraus, lebendig (vgl. V. 63).

[67] Comm. in Ep. ad Rom 8,21; OC 48-49, 153; vgl. Institutio III 25,2; vgl. U. Wilckens, Römer (EKK VI/2) 167.

Das Wesen der Sünde liegt weniger in Materieverfallenheit als im *geistigen* Akt des Nichtglaubenwollens (Joh 3,18). *Geistig* haßt der Mensch (vgl. 1 Joh 3,14), *geistig* verweigert er Agape und wird für seine Mitgeschöpfe zum Mörder (V. 15). Auch die Lüge, die Wahrheit verdrängt oder entstellt, ist ein geistiger Akt und hat einen entsprechenden „Vater" in der Gestalt des Teufels (Joh 8,44). Unterschwellig mag der Leser denken, der hochmütig-gnostische „Pneumatiker", der durch Wissen und Erkennen allein sein Heil erwirken will, sündige in ähnlicher Weise.

Der Autor von 1 Joh 3,9 zögert nicht einmal, die Befruchtung zum Bild des Gottesgeistes selbst zu machen: er nennt ihn den „Samen Gottes". Im Evangelium sind es Wasser und der Geist Gottes zusammen, die ein Geborenwerden „von oben" ermöglichen (Joh 3,3-8). Wo der geistige Gott und der Geist Gottes sich der Materie annehmen, erfährt diese keine Ab-, sondern eine Aufwertung.

(2) Zweideutige Welt und ihre Rettung

Gottgewollt materiell und geistig zugleich, ist die Welt doch zutiefst zwiespältig. Sie hat nach johanneischem Verständnis einen starken Hang zum Bösen. Mehr noch: sie ist sündhaft und Herrschaftsbereich des Teufels, der deshalb „Herrscher dieser Welt" genannt wird (Joh 12,31; 14,30). Von sich aus vermag *diese* Welt nichts Gottgerechtes und Göttliches hervorzubringen: Weder ist Jesus „aus" ihr (8,23), noch seine Königsherrschaft „von" ihr (18,36). Wir Heutigen, die wir zu einer positiven Grundhaltung der Kirche gegenüber der Welt lehramtlich aufgefordert werden, mögen auf die Mahnung von 1 Joh 2,15 allergisch reagieren: „Liebt nicht die Welt und was in der Welt ist!"

Doch sagt das Evangelium andererseits: „Gott hat die Welt so sehr geliebt, daß er seinen einzigen Sohn hingab, damit jeder, der an ihn glaubt, nicht zugrunde geht, sondern das ewige Leben hat" (3,16). Durch den Sohn Gottes soll die Welt „gerettet" werden (V. 17). Das ist die *soteriologische* Aussage. Sie findet in einem *kosmologischen* Satz ihre Entsprechung: Durch den Logos Gottes ist die Welt geworden, und sie ist deshalb sein „Eigentum" (1,10f).

Die Spannung ist gewiß nur in einer *theozentrischen* Sehweise auszuhalten, die man etwa wie folgt erläutern könnte: Für den sündigen Menschen ist die Welt Ort der Verführung, also eine für sein Heil gefährliche Größe; so sehr wird sie vom Teufel beherrscht. Liebt der Mensch diese Welt naiv oder ohne die nötige Unterscheidung, geht er in die Falle. Seine Weltlichkeit mündet anstatt in Weltbesserung in Götzendienst. Nur Gott vermag sich der Welt ohne Gefahr, sich zu verlieren, zuzuwenden. Ihn kann die Welt nicht verführen, auch nicht in sich aufsaugen. Vielmehr hat der Schöpfer dieser jetzt verdorbenen Welt die Macht, sie zu erlösen, zu retten, aus ihrer tragischen Ambivalenz herauszuführen.

Wo das geschieht, verwirklicht sich das der Welt immer schon zugedachte Heil. Und wo sich Heil vollzieht, ist *Christus* am Werk, der deshalb der „Retter der Welt (*ho sotér toû kósmou*)" (4,42; vgl. 1,29; 3,17) oder „das Licht", das „in die Welt" (3,19) kam, genannt wird. Das ist er, der ewige Sohn Gottes selbst, durch seine Menschwerdung und Erhöhung geworden.

(3) Der fleischgewordene Logos

In paulinischen und anderen Texten des Neuen Testaments finden sich Modelle einer „Aszendenzchristologie", die gleichsam den „Aufstieg" des Geschöpfes

Jesus von Nazaret zur messianischen und gottessohnschaftlichen Würde, z. B. seine „Einsetzung" als „Sohn Gottes in Macht seit der Auferstehung von den Toten" (Röm 1,4), beschreiben. Im Johannesprolog wird dieselbe Glaubenswahrheit mit einem gleichsam „absteigenden" Modell dargestellt. Es heißt dort: „Im Anfang war das Wort, und das Wort war bei Gott, und das Wort war Gott. ... Und das Wort ist Fleisch geworden" (Joh 1,1.14). Diese Orts-, Zeit- und Werdesymbolik versucht das Unsagbare zu sagen: wie der *ewige* Sohn des Vaters zugleich ein *zeitlicher* Mensch ist und in der Geschichte vom Anfang bis zum Ende „realpräsent" wirkt. Die Theologie hat dafür den Ausdruck *Präexistenz* gewählt (vgl. Phil 2,6; Kol 1,15-20; Hebr 1,2-4). Er meint jedoch nicht ein zeitliches, sondern ein seinshaftes Vorher (*prae*). Das bedeutet: Die Existenz des göttlichen Logos, der nur wahrhaft göttlich ist, wenn er auch ewig ist, wird zur *„Voraus-setzung"* schlechthin allen kreatürlichen Seins und Lebens. Sie ist die *schöpferische* Existenz, die schon der Welterschaffung, erst recht der Welterhaltung und –errettung unbedingt „vorausgeht": „Alles ist durch das Wort geworden, und ohne das Wort wurde nichts, was geworden ist" (Joh 1,3).

Das Bild könnte nicht spannungsvoller oder gar paradoxer sein. Der Urheber allen Werdens nimmt selbst Werden auf sich, der göttlich Schaffende wird menschliches Geschöpf. So ist sein historisch einmaliges Gekommensein gleichsam der Auftakt zu einer neuen „Urgeschichte". Denn seither läßt sich immer und überall sein heilbringendes Wirken erfahren: „Das wahre Licht, das *jeden* Menschen *erleuchtet*, kam in die Welt" (1,9). Auch hierin äußert sich ein soteriologisches, weil christologisches Verständnis der Schöpfung.

Das Bild wäre aber unvollständig, nähme man nicht die *pneumatologische* Perspektive des johanneischen Denkens hinzu. Wie später im dritten Credoartikel erweist sich das Pneuma schon im vierten Evangelium und im Ersten Johannesbrief als der Lebensspender schlechthin. Der Getaufte, in dem Paulus die „neue Kreatur" sieht, wird „aus dem Geist geboren" (Joh 3,5.8). „Der Geist ist es, der lebendig macht", wo das Fleisch nur Nichtiges zeitigt (6,63). Er tritt für das glaubende Geschöpf als immer und überall wirksamer *Paraklet* ein (14,16.26). Er bleibt als der „Same" des Vaters in ihm (1 Joh 3,9).

2.2.4 Zusammenfassung und Überleitung

(1) Der Blick auf die biblische Tradition von Deuterojesaja bis zum johanneischen Schrifttum hat gezeigt, daß *Schöpfung und Heil* eng zusammengehörende Themen des Glaubens sind. Das begründet das Recht der korrelativ gewendeten Formel „der schöpferische Erlöser" und „der erlösende Schöpfer". Denn viele prophetische, apokalyptisch gefärbte und neutestamentliche Texte der Schrift denken sachlich damit das Vollendungsthema zusammen. Die Schöpfung Gottes ist im Werden, sie zeigt sich unfertig, und die Erfahrung von Unerlöstheit legt das nahe, was an ungetrübtem Genuß des Heiles noch aussteht.

(2) Hermeneutisch erwies sich die literarische Gattung *„Urgeschichte"* als entscheidend, um die Reduzierung von Schöpfung auf Erschaffung zu vermeiden,

wohl aber im Geschaffenen das bleibend Kreatürliche, Menschliche, Gefährdete und von der Gnade Angezielte wahrzunehmen.

Die Tatsache, daß der *Mensch* in der Urgeschichte die Stellung der Mitte oder der Spitze einnimmt, offenbart seine Größe und sein Elend, auf jeden Fall seine Verantwortung für die Schöpfung als Gemeinschaft der Geschöpfe. Es gibt freilich eine absolut gesetzte Weise der Anthropozentrik, die biblisch untragbar ist. Sie stellt eine Pervertierung des eigentlich Gemeinten dar. Wo nämlich Gott den Menschen schöpferisch über alles liebt, ohne das Nichtmenschliche geringzuschätzen, kann sich der Mensch so überschätzen, daß er sich sowohl von seinem Schöpfer wie von seinen Mitgeschöpfen egozentrisch löst. Das zeigt zur Genüge die biblische Rede von der Sünde in allen ihren Varianten. Und die Lehre daraus ist: ohne unbedingte Theozentrik entartet die bedingte Anthropozentrik in Weisen der Schöpfungswidrigkeit. Diese Lehre ist „urgeschichtlich" bleibend aktuell.

(3) Das Menschengeschöpf „Adam" (der Name umfaßt in Gen 5,2 Mann *und* Frau!) entspricht nur insofern dem „Bild", das Gott von ihm in seinem „Herzen" hat, als es in *gleichwertiger Zweigeschlechtlichkeit* in der Nachfolge seines göttlichen Erzeugers, also als Gotteskind, wandelt. Aber damit ist nicht nur eine „übernatürliche" Berufung des Menschen gemeint, sondern auch seine Zugehörigkeit zu einer generell ebenfalls auf Zweigeschlechtlichkeit hin ins Sein entlassenen *Naturwelt*. Der Mensch ist Teil der Natur und erst so zur „Hirtenherrschaft"[68] berufener Herrscher über Materie, Pflanze und Tier. Das hat die Theologische Anthropologie ausführlich darzulegen. Allerdings mußte schon im vorliegenden Traktat die bleibende Aktualität des „Schöpfungsauftrags" hervorgehoben werden. Dieser bestimmt die Beziehung des Menschen zur außermenschlichen Kreatur bis hin zur Schicksalsgemeinschaft (vgl. Röm 8) und hat Auswirkungen konkretester Art in Kultur, Kunst, Wissenschaft und Technik. Die Dimensionen des Heiligen und des Profanen lassen sich – sogar in einer säkularisierten Gesellschaft – nie ganz voneinander trennen.

(4) Die *Weisheit* hat sich als ein schöpfungstheologischer Schlüsselbegriff erwiesen. Sie vermag Naturales und Religiöses, Wissen und Glauben, Materie und Geist, Leib und Seele, Diesseits und Jenseits, Zeit und Ewigkeit kraft Gottes Gnadengabe zusammenzuhalten. Sie lehrt den Menschen, im „Buch der Natur" wie in den Heiligen Schriften den sich offenbarenden Gott zu sehen und notfalls mit ihm den Streit des leidenden Glaubens durchzufechten wie Ijob (vgl. auch die Klage des Gekreuzigten).

(5) Die Weisheit entfaltet ihre schöpfungstheologische Schlüsselposition freilich in völlig neuer Weise, wo sie zunächst in alttestamentlicher Symbolik, dann in neutestamentlicher *Christologie* zur Bestimmung des mitschöpferischen Sohnes Gottes wird.[69] Jesus manifestiert die Sophia schon darin, daß er als echter und voller Mensch in Wort und Tun den Schöpfergott auf neue Weise offenbart.

Die eschatologische Botschaft und Praxis Jesu hat sich vom Gesichtspunkt der Schöpfungslehre als fundamental erwiesen. Denn sie setzt den Akzent auf eine

---

[68] Vgl. zu dieser Charakterisierung E. Zenger, Der Gott der Bibel, 147-149.

[69] Hier wären die Spuren einer Sophia-Christologie zu verfolgen (wie sie sich etwa schon in Mt 11,19 und Lk 7,35 anbahnt).

Zukunft, die kraft göttlichen Willens das Ende nicht als Zusammenbruch, sondern als verwandelnde Voll-endung der Geschichte verheißt. Jesus bejaht das Vergängliche, holt die Naturwelt kerygmatisch ein, lebt die Agape zu Gott und dem Nächsten, vorab dem Geringsten, vor.

(6) Paulus und Johannes haben uns auf die spezifisch *christliche* Dimension des Schöpfungsglaubens hingewiesen, nämlich die Verflechtung von Schöpfung und Christuswirklichkeit. Das legt die grundlegende Bedeutung des Osterereignisses nahe, sofern in ihm der letzte Schöpferfeind, der *Tod*, besiegt (vgl. 1 Kor 15,26) und das biologisch zeitliche Leben in das ewige Leben überführt wird. *Himmel* ist unter diesem Gesichtspunkt „verewigte Schöpfung", das heißt unvergängliche Gemeinschaft zwischen dem Geschöpf und dem Kyrios-Schöpfer, in dem erst die neue Schöpfung möglich wird. So wenig wie die johanneische Spannung zwischen der „bösen" Welt und der Weltliebe Christi ist auch diese Spannung mit empirischen Mitteln aufzulösen. Sie kann nur in der Weise der Realutopie durchgetragen werden.

Dennoch ist mit dem paradoxen Satz von einer noch zu vollendenden Schöpfung und mit dessen christologisch-pneumatologischer Verankerung ein Ansatz gegeben, der eine auch Praxis erzeugende *Theologie der Geschichte und der Natur* ermöglicht. Diese ist keine willkürliche Rückkoppelung eines einst schönen Anfangs, im Sinne der sogenannten Protologie, mit einem erhofften schönen Ende, im Sinne der Eschatologie, vielmehr ein Ernstnehmen der Schöpfung Gottes als *Prozeß*, als creatio prima, continua et nova. Die ur- und altkirchliche Rede von Gott in Patristik und Lehramt hat, biblisch hinreichend begründet, solche theologische Geschichtstheorien erarbeitet, nicht zuletzt im Kampf gegen eine weltfremde und –flüchtige Gnosis. Seitdem kann der Mensch, nicht zuletzt der westliche, sich selbst sowie seine naturale Umwelt besser in geschichtlichen Kategorien verstehen, oder, heute weitgehend säkular, Person und Kosmos zusammendenken. Solche Gedanken sollen uns vorab in unserem der theologischen Reflexion angesichts des naturwissenschaftlichen Denkens gewidmeten Teil beschäftigen.

3. Dogmengeschichte: Väter und Lehramt

3.1 Schöpfung als Geschichte – das biblische Erbe

Auf die sehr schematische Frage, ob die Väter mehr zu einem statischen, ideellen, etwa platonisch beeinflußten oder einem eher dynamischen, in Bewegungs- und Lebenskategorien konkret gefaßten Weltbild neigten, dürfte man, zumindest in der Mehrzahl der Fälle, mit der Bejahung der zweitgenannnten Vorstellung antworten. Dazu veranlaßte sie an erster Stelle ihre gewollte, wenn auch nicht immer voll verwirklichte Bibeltreue. Und auch in der Bibel gab den meisten von ihnen weniger das Stockwerkschema von Unterwelt, Erde, Firmament und Himmel den Ausschlag als das von Israel vorgelebte *Unterwegssein* des Volkes, der Völker und des Menschen überhaupt. So bietet sogar die sehr auf Über- und Unterordnung bedachte Priesterschrift mehr ein *Nacheinander* der Entstehungen als eine strikte Stufenordnung der Dinge an. Außerdem legen die Gedanken an Wachstum, Fruchtbarkeit, Populationenbildung, Schöpfungsauftrag, dann die Höhen und Tiefen des Dialogs mit dem Schöpfer, das Schwanken der Schöpfung zwischen „Gutsein" und „Ganz-verdorben-Sein" (vgl. Gen 6,12f) und schließlich die aufeinanderfolgenden Bundesstiftungen Gottes (Gen 9,9; vgl. 15,1-21; Ex 19,3-24,18) eine *Welt als Geschichte* nahe. Noch „geschichtlicher" reden der Jahwist, Deutero- und Tritojesaja, die eine ausgesprochene „Werdewelt" zu beschreiben suchen, zum Teil sogar einen nach vorne offenen und von der eschatologischen Zukunft angezogenen Prozeß. Dementsprechend werden auch die drei klassischen Momente des Volks- und Menschheitsschicksals in Gottes Angesicht – Schöpfung, Erlösung und Vollendung – größtenteils als prozeßhaft vorgestellt.

Hört diese Sicht etwa mit der Apokalyptik, die dem gegenwärtigen Weltgeschehen ein abbruchartiges Ende prognostiziert, auf? Es mag sein. Doch müßte die christlich rezipierte Art der Apokalyptik, wie sie etwa in Mk 13, Mt 25, 1 Kor 15 und nicht zuletzt in der Johannesapokalypse mit verschiedenen Akzentsetzungen zu beobachten ist, untersucht werden, um zu einer ausgewogenen Antwort zu gelangen. Nehmen wir uns das zuletzt genannte und „radikalste" Dokument vor. Dort scheint die Geschichte zunächst göttlich suspendiert zu sein, indem Gott (Offb 1,8) und Christus (Offb 22,13) Titel wie „das Alpha und das Omega" bzw. „der Erste und der Letzte, der Anfang und das Ende" gegeben werden. Als ob die Welt selbst keinen eigenen Anfang und kein eigenes Ende hätte, geschweige denn ein „Dazwischen", in dem die Geschöpfe in je eigenartiger Weise geboren werden, wachsen, gedeihen, leiden, sterben und neuen Generationen den Raum überlassen. In Wirklichkeit schreibt christliche Apokalyptik dem *geschichtlichen Dazwischen* eine entscheidende Funktion zu. Darin *wird* nämlich das, was auf seine Ewigkeitsfähigkeit hin geprüft werden soll. Wie könnten sonst auch die Toten „nach ihren Werken gerichtet" werden (Offb 20,12)? Und wie würde sonst das Buch auf konkrete politische Situationen, metaphorisch gewiß, aber um so vehementer eingehen? In der Tat bleibt auch in dieser Vision der Welt Gott der Herrscher des sich zeitlich ausstreckenden Alls, er, „der ist und der war und der kommt" (Offb 1,8). Ähnliches gilt vom bleibenden Geschichtsbezug des erhöhten Christus. Das Doppelereignis seiner *Kreuzigung und Auferweckung* zeigt sich doch als die schlechthinnige Mitte dieses „Dazwischen". So fällt nicht einmal die biblisch rezipierte Apokalyptik in die Geschichtsindifferenz der Gnosis oder sonstiger radikaler Dualismen.

Übersicht über die patristische Schöpfungslehre

Anakephalaiosis	Die Schöpfung ist gut aufgrund des Kreationsaktes der Trinität; sie wird daher in Christus als Haupt geborgen (Irenäus v. Lyon; antignostisch)
Vorsehung	Gott hat die Welt geordnet, so daß er der absolute Herr ist (Klemens von Rom, Einfluß der Stoa)
Ex nihilo	Zur Bestätigung des christlichen Monotheismus wird die Schöpfung der Welt aus dem Nichts gelehrt (Hermas, Origenes)
Heil und Unheil	Theologie der Zeit. Unde malum? Abwertung des Materiellen. Ursprungs- (Erb-)Sünde (Augustinus)
Dualismus	Ausbildung von Dämonologie und Angelologie mit der Tendenz zur Aufteilung der Wirklichkeit in ein gutes und ein böses Prinzip (Priscillian)

3.2 Heilsgeschichtliche Schöpfungslehre bei Irenäus

(1) Was wir sagten, läßt sich exemplarisch am Werk des Irenäus von Lyon zeigen, einem der entschiedensten Gegner der Gnosis. Er findet eine Weltanschauung und Frömmigkeitslehre vor, für die Gott bereits im Kontext der *Weltentstehung* von der konkreten Geschichte uneinholbar abrückt. Denn insofern er der reinste Geist ist, *kann* er diesen materiell-bösen Kosmos nicht erschaffen haben. Einerseits ist die vollkommen glückliche Gottheit darauf nicht angewiesen, andererseits läßt der faktische Ablauf der Weltgeschichte an keinen geistig guten Schöpfer denken. Er legt vielmehr nahe, auf einen *bösen Demiurgen*, ein minderwertiges, nichtgöttliches Zwischenwesen zu schließen, dem die irdische Welt ihre Heillosigkeit „verdankt". Die Erkenntnis (gnôsis) der Wahrheit liegt darin, daß die Seele des Menschen nur dann ihr Heil findet, wenn sie sich von der Welt als Geschichte losreißt. Das ereignet sich in vielen Entrückungen. Sie machen aus dem fleischlichen (somatischen) erst den seelischen (psychischen), dann den geistlichen (pneumatischen) Menschen ohne Materie, Leib und Geschichte.

(2) Dagegen stellt Irenäus die rechtgläubige Lehre, daß der Gott Jesu Christi *alle* Dinge, also auch die Materie, gleichsam „mit seinen eigenen Händen" erschaffen hat[70], und zwar unmittelbar und als einziger Schöpfer[71], der in sich doch *dreieinig* ist. Der Vater, der Sohn und der Heilige Geist vollzogen das Werk gemeinsam[72]. Dadurch, daß der Sohn selbst Fleisch geworden ist und der Heilige Geist alles Erschaffene stets belebt, wird Geschichte als Heilsgeschichte möglich. Die Welt kann nach und nach geheiligt werden, sich entfalten und zu einem guten Ende gelangen. Die drei klassischen Komponenten der einen Schöpfungsgeschichte, Erschaffung, Erlösung und Vollendung, sind voneinander untrennbar. Denn der dreieinige Gott läßt sein Gemeinschaftswerk nicht als Fragment bestehen.

Jesus Christus ist als Heilbringer das Ziel der Geschichte[73]. Er wird wiederkommen und die *in* der Geschichte und nicht *von* ihr Erlösten zum Vater heimführen. Wie ein Magnet zieht er schon die Menschen und alle Kreaturen an sich. Er führt sie eschatologisch in einer Bewegung *zusammen*, die griech. *anakephalaíosis* (vgl. Eph 1,10), lat. *recapitulatio* genannt wird. Christus ist das Haupt, die „kephalé", das „caput" des Alls; die Geschöpfe bilden gewissermaßen seinen kosmischen Körper[74].

Irenäus sieht den Menschen im Sinne einer weltoffenen Anthropozentrik in der Mitte des Weltgeschehens. In der Welt schreitet er fort oder bleibt er sündigend stehen. Alle Geschöpfe hängen mit seinem Heil und Unheil engstens zusammen. Denn Gott hat die Welt *um des Menschen willen* geschaffen[75]. Die Bestimmung der Menschenfamilie ist es, die Wohltaten des Schöpfers bewußt und dankbar anzunehmen[76].

Die Gefahr, vor allem im Hinblick auf die Sünde, besteht darin, daß der Mensch ein unvollendetes – heute sagen wir: nichtfestgelegtes, zukunfts- und weltoffenes – Wesen ist. Deshalb hat er zu reifen und zu lernen. Irenäus verwendet das Bild der *Erziehung* und mißt der Geschichte eine gottgewollte pädagogische Funktion bei[77].

Dabei werden auch die Dinge der Natur in Dienst genommen, z. B. das Wasser im Sakrament der Taufe und der Weizen in dem der Eucharistie[78]. All das trägt mitten in der Schöpfung zum Aufbau von Kirche bei, die ihrerseits Instrument und Institution göttlichen Erziehungswillens ist[79].

Was uns Heutigen auffallen mag, ist das optimistische Geschichtskonzept des Kirchenvaters, der das *Übel* nicht tragisch zu nehmen scheint. Manchmal spricht er davon als negativer Voraussetzung einer durch und durch positiv gemeinten

---

70 Haer. IV,20,1 – im folgenden alle Verweise auf dieses Werk. Vgl. tzt D3/I, Nr. 69.

71 I,22,1; II,10,2.

72 IV,20,1.3; V,6,1. Vgl. tzt D3/I, Nr. 69.

73 III,22,1.

74 IV,34,4; vgl. II,22,4; III,18,1.7.

75 V,29,1.

76 IV,14.

77 IV,37,7; vgl. K. Löwith, Weltgeschichte und Heilsgeschehen. Die theologischen Voraussetzungen der Geschichtsphilosophie, Stuttgart [6]1973, 157.

78 IV,17,5.

79 Vgl. V,20,20; 23,2.

Buntheit in der Welt[80]. Das eigentlich Böse hält er nicht so sehr für ein „erbsündiges" Verhängnis als vielmehr für das Ergebnis einzelner Taten[81]. Diese bewirken, daß der Fortschritt ausbleibt und die Kreatur auf dem Weg Rückfälle erfährt. Augustinus wird das Geheimnis des Bösen anders, metaphysisch und juridisch zugleich, umschreiben.

3.3 Göttliche „Vorsehung"

Die missionarische Bemühung der Theologen der ersten vier Jahrhunderte fand in der *stoischen* Philosophie viel mehr Ansatzpunkte als in der Gnosis. So bewirkten sie, daß in Glaubensbekenntnisse griechischer Sprache für den Schöpfer der Name *„pantokrátor"*, den die Stoa gern für den „Vater des Alls" und den „Allerhalter" gebrauchte, mit der alttestamentlichen Bedeutung „der Allmächtige" Eingang fand. Nun aber lag in der Logik des biblischen Gottesbegriffs, daß Gott auch darin des Alls mächtig ist, daß er um die Zukunft der Geschichte weiß, vorab um das Gute, das er darin bewirken will. So konnte ein zweites stoisches Wort aufgenommen werden: *prónoia,* das heißt buchstäblich „Vorauswissen", „Voraussehen", „providentia", folglich fürsorgende „Vorsehung".

Darin lag jedoch eine Gefahr. Für die Stoa war es nur ein kleiner Schritt von der Vor-*Sehung* zur Vorher-*Bestimmung* (praedestinatio), das heißt zur deterministischen Ursächlichkeit Gottes für den Lauf der Dinge. Der Mensch konnte sie nur als Schicksal (fatum) auffassen, dem er nicht entrinnen konnte.

Eine solche Projektion der naturgesetzlichen Notwendigkeit auf den Gott Jesu Christi konnten freilich die Kirchenväter nicht mitmachen, zumal das griechische Alte Testament von prónoia spricht (nur 4 Stellen: Weish 6,7; 14,3; 17,2; Ijob 10,12), Jesus aber oft von „Fürsorge" redet (z. B. Mt 6,25-34; 10,29-31). Gott sieht fürsorgend Leben und Überleben seiner Geschöpfe vor; diese können sich als Individuen in Gott geborgen fühlen. Die Väter suchen nun mit dem Gedanken der Fürsorge den Begriff der Vorsehung zu füllen. Das gelingt freilich nicht allen. Einmal betonen sie eine nur allgemeine, dann die besondere, das einzelne Lebewesen betreffende Sorge Gottes.

Im Westen läßt sich *Klemens von Rom* stark durch den stoischen *Ordnungsgedanken* beeinflussen. So erblickt er im christlichen Gott „den Schöpfer und Vater der Zeiten"[82], denjenigen, der den Jahrhunderten einen wohl gelenkten Lauf gibt. Ähnlich spricht er ihm die Urheberschaft aller Schönheit und Harmonie zu[83]. Er verdeutlicht diese durch einen Vergleich aus dem Bereich des organischen Wachstums: Wo die Samenkörner in der Erde aufgelöst werden, läßt sie „die

[80] II,25,2.
[81] III,23,3; IV,37,1-3; 4,3.
[82] 1 Clem. 35,3.
[83] Ebd. 7,3; 20,8; 35,3.

großartige Vorsehung des Herrn" auferstehen und Frucht bringen[84]. Hier spielt die göttliche Vorsehung die Rolle, die der moderne Mensch Naturgesetzen zuschreibt.

Im Osten blieb diese naturale Veranschaulichung des Vorsehungsgedankens wie auch umgekehrt die theologische Erhellung von Naturprozessen lange Zeit verbreitet. *Basilius* deutet die Entwicklung eines Baumes und des Embryos im Mutterschoß in dieser Weise[85]. Nach *Johannes Chrysostomus* setzt sich der göttliche Schöpfungsakt in der Kosmosgeschichte fort, so daß die Welt sich in geordneter Gesetzmäßigkeit und Schönheit entfalten kann[86]. Hier fallen creatio continua und providentia zusammen. Was man allerdings vermißt, ist eine größere Empfindsamkeit für die Probleme des individuellen Schicksals, insbesondere für das des sinnlosen Leidens. Die existentielle Anfrage Ijobs findet in diesem Vorsehungskonzept wenig Beachtung. Vielleicht sind auch diesbezügliche Texte von der Forschung noch nicht entdeckt worden[87].

Die „klassische" Beantwortung der Ijobfrage durch dessen Freunde wird patristisch wiederholt ohne Einbeziehung der Lehre Jesu und der Bedeutung seines solidarischen Leidens, geschweige denn eines mit-leidenden Vaters. *Athenagoras* geht sogar so weit, daß er Gott selbst nur die Fürsorge „für das Ganze und das Große" zuschreibt, während er für die kleinen Dinge der individuellen Existenz die Engel sorgen läßt[88]. Anders lehrt *Justin der Philosoph*, daß es neben der allgemeinen Providenz auch eine besondere gibt, durch die Gott selbst die je personalen Lebensgeschichten begleitet[89].

Dieser Ansatz kommt bei Augustinus zu einer bislang kaum vorhandenen Entfaltung: er hat als Konvertit das Wirken und Walten der Vorsehung am eigenen Lebensweg erfahren.[90]

3.4 Schöpfung aus dem Nichtseienden

Die Frage nach dem Nichts läßt sich sowohl anthropologisch als auch kosmologisch stellen. Die Väter der ersten vier Jahrhunderte interessieren sich vor allem für die Entstehung des Kosmos aus „Nichtseiendem" und weniger dafür, was wir, etwa seit Luther, die „Nichtigkeit" des Menschen oder im Sinne des Existentialismus „Nichtung" durch das Subjekt nennen.

Der Gedanke an eine „creatio ex nihilo" erscheint nur zweimal in der gesamten Bibel, und zwar eher am Rande. In 2 Makk 7,28 werden die Gedanken an

---

[84] Ebd. 24,5.
[85] Hex. 5,1; PG 29, 96.
[86] Stat. 9,4; 10,2 f; PG 49, 112-114.
[87] Vgl. L. Scheffczyk, Schöpfung und Vorsehung (HDG II/2a), Freiburg 1963, 2-12.
[88] Vgl. leg. 24,3; PG 6, 946 f.
[89] Dial. 1,4; PG 6, 473 ff; dial. 118,3; PG 6, 749.
[90] Vgl. unten 3.5.

Sterben und Auferwecktwerden gegenübergestellt, wenn die Mutter der Märtyrer einem ihrer Söhne vor seiner Hinrichtung Mut macht: „Schau dir den Himmel und die Erde an; sieh alles, was es da gibt, und erkenne: Gott hat das aus dem Nichts erschaffen, und so entstehen auch die Menschen." Gemeint ist die „Zeit der Gnade", wo Gott Tote lebendig macht (V. 29). Röm 4,17 hebt seinerseits die Schöpfermacht Gottes hervor, von der allein die Befruchtung des bereits „erstorbenen" Schoßes Saras (V. 19) sowie die Lebendigmachung der Toten zu erhoffen ist. Abraham hat an einen Gott geglaubt, der „das, was nicht ist (Griechisch im Plural: *tà mè ónta*), ins Dasein ruft". In beiden Texten wird die bārā-Macht Gottes als bekannte Glaubenslehre vorausgesetzt. Auf eine metaphysische Analyse des Übergangs zwischen Nichts und Sein geht allerdings keiner der beiden Texte ein.

Nun holen die Väter angesichts ihrer hellenistisch denkenden Umwelt, die sie missionarisch zu gewinnen suchen, diese Arbeit in einem bestimmten Maß nach. Ohne mit Worten die platonische Unterscheidung zwischen dem „ouk óntos", das heißt dem „Gar-nicht-Seienden" oder absolutem Nichts, das eine völlige Unmöglichkeit zu sein meint, und dem „mé óntos", das heißt dem Noch-nicht-Seienden oder dem relativen Nichts, systematisch geltend zu machen, verwenden sie betont und häufig die Formel „ex nihilo"[91]. So schreibt erstmals *Hermas* (um 150): „Glaube, daß es einen Gott gibt, der alles erschaffen und vollendet und aus dem Nichts (*ek toû mé óntos*) gemacht hat, auf daß es sei"[92]. Ja, Gott hat „das Seiende aus dem Nichts geschaffen"[93]. *Irenäus* zitiert später Hermas[94]; *Origenes* redet ähnlich[95].

Was bezwecken die Väter mit dieser Formel, die dann vom Lehramt mehrfach aufgegriffen wurde?[96] Ihr Anliegen war *theozentrisch*: Sie wollten den christlichen Monotheismus näher bestimmen. Dieser Gott ist einzig und allmächtig und deshalb schon bei der *Erschaffung* der Welt auf keine fremde Hilfe und auf keinen vorgegebenen Stoff angewiesen. Er schafft allein, also ist er der einzige Schöpfergott[97]. Der vereinzelte Topos Weish 11,17, wo die „allmächtige Hand, die aus ungeformtem Stoff die Welt gestaltet hat", gepriesen wird, veranlaßt die Väter kaum zur Dienstbarmachung der platonischen Vorstellung von einer „gestaltlosen Materie", die Gott gleichewig, folglich irgendwie gottgleich sein sollte.

Kurzum: Ihr Interesse gilt weniger dem Geschöpf als vielmehr dem Schöpfer. Nicht die Frage, *woraus* Gott den Kosmos erschuf, beschäftigt sie an erster Stelle, sondern wer geschaffen hat und wie er dies getan hat. Aus der Einmaligkeit, Allmächtigkeit und der Voraussetzungslosigkeit dieser Tat ergibt sich später mit

---

91 Vgl. W. Kern, Zur theologischen Auslegung des Schöpfungsglaubens: MySal II, 507-519, bes. 512.

92 Mand. I,1; PG 2, 913 = tzt D3/I, Nr. 62.

93 Vis. I,1,6; PG 2, 894.

94 Haer. IV,20,2; PG 7, 1032.

95 Comm. in Ioannem 32,9; PG 14, 783. Weitere Belege ebd. und bei L. Scheffczyk, Schöpfung und Vorsehung, 40.

96 So vom IV. Laterankonzil: NR 918 – DH 800 und vom I. Vatikanum: NR 316, 322 – DH 3002, 3025.

97 Vgl. L. Scheffczyk, Einführung in die Schöpfungslehre, Darmstadt ³1987, 28.

innerer Logik die Behauptung der absoluten Transzendenz, des Andersseins und der Freiheit Gottes. Aber erst in der Neuzeit wird sie kirchenamtlich definiert. Gegen pantheistische Strömungen, die den Kosmos als notwendigen Ausfluß (Emanation) Gottes verstehen, betont das Erste Vatikanische Konzil die Schöpfungstat „ex nihilo“: Gott hat die Welt erschaffen aus freiem Entschluß und aus Güte. Das gilt auch für die Zeit und somit für die Geschichte (vgl. DH 3002). Das Nichts ist unter diesem Aspekt Nicht-Geschichte.

3.5 Schöpfung zwischen Unheil und Heil: Augustinus

3.5.1 *Zur augustinischen Sicht der Wirklichkeit*

Kein Kirchenvater hat die Dogmengeschichte so nachhaltig geprägt wie der Bischof von Hippo. Stärken und Schwächen seiner theologischen Spekulation haben viele Jahrhunderte die westliche Christenheit, trotz des „Filters“ Lehramt, stark bestimmt. Aus diesem Grunde soll seine Schöpfungstheologie ausführlich behandelt werden.

Neu im Hinblick auf die Patristik der ersten vier Jahrhunderte ist bei Augustinus die massive Einbeziehung der eigenen Lebensgeschichte, näherhin die Negativ- und Positiverfahrungen des Konvertiten aus dem römischen Heidentum, in die Reflexion über die Geschichte von Welt und Mensch. Eine Art „Wende zum *Subjekt*“ findet hier statt, die ihre Folgen bei Mystikern und Mystikerinnen des Mittelalters, bei Luther und Calvin, wie auch bei maßgeblichen Theologen des Konzils von Trient haben wird. Wie einst Ijob stellt sich der Kirchenvater dem göttlichen *Du* als *Ich* gegenüber und erfährt in solcher Begegnung die ganze Dramatik seines Lebens. Doch klagt er weniger den Schöpfer an als sich selbst und den Menschen überhaupt. Bezeichnend ist der bekannte Satz, mit dem er seine „Confessiones“ beginnt: „Du hast mich auf Dich hin erschaffen, und unruhig ist mein Herz, bis es in Dir seine Ruhe findet“[98]. Es spricht die ihrer Unvollendetheit und Sündhaftigkeit bewußte Kreatur. Als solche setzt Augustinus seine Hoffnung auf die göttliche Vorsehung, die ihn lenkt und „mit sehr milder Hand“ sein Herz gestaltet[99].

Das beunruhigende Walten des Bösen, des *malum*, beobachtet er zugleich in seiner gesellschaftlichen Umgebung. Auch nach der sogenannten „Konstantinischen Wende“ leben die Bürger des Reiches allzuoft unter den Negativzeichen von Machtmißbrauch, Korruption, Perversion und Unsittlichkeit aller Art. In dieser Welt ist das Böse gleichsam „strukturell“ geworden. Von daher erklärt sich die Antithese von „civitas terrena“ und „civitas Dei“, das heißt von irdischer und von Gott beherrschter Bürgerschaft, im Zusammenhang mit anderen

---

[98] Conf. I, 1; PL 32, 660 f. Vgl. die Texte tzt D3/I, Nr. 101-115.

[99] Ebd. VI,5,7; PL 32, 722.

Gegensätzen wie Sünde und Gnade, Verderbnis und Prädestination zum Heil. Auf jeden Fall läßt sich die irdische Menschengeschichte als eine zwischen Gut und Böse hin- und hergerissene erfahren und deshalb auch als *„Pilgerschaft* (peregrinatio)" auf dem Weg zur himmlischen „Heimat (patria)" begreifen.

Neben der Bibel, die Augustinus über alles achtet und doch meist allegorisierend auslegt, schöpft er reichlich aus dem Gedankenschatz der platonischen und stoischen Philosophie (Plato, Plotin, Cicero und Seneca). Sein Wirklichkeitsverständnis ist von daher stark philosophisch geprägt. Mitbestimmt ist es ferner durch seine mystische Erfahrung, die pastorale Sorge und den unbedingten Willen, dem Credo treu zu bleiben.

3.5.2 Der dreieinige Schöpfer

Mit dem Credo bekennt sich der Bischof von Hippo zum trinitarischen Glauben. Ähnlich wie Irenäus, aber noch eindeutiger und systematischer, identifiziert er den Schöpfer nicht mit dem Vater allein, sondern mit der gesamten Dreieinigkeit. Nun erhellt er aber dieses Geheimnis philosophisch.

Demnach ist Gott „das höchste Sein" und „Gutsein", das „summum esse" und das „summum bonum"[100]. Das lehren auch die Platoniker. Es gehört zum Wesen des ewig Guten, *sich mitzuteilen*, gleichsam über sich hinauszuströmen. Mit den Worten der späteren Scholastik: *„bonum est diffusivum sui"*. Das macht verständlich, daß Gott, dem zur eigenen Seligkeit nichts fehlt, dennoch eine Welt als Geschichte schafft. Geschöpfe hervorzubringen ist für Gott „natürlich", weil er der Sich-selbst-Mitteilende, der Sein und Gutsein Schenkende ist.

Schon die Ewigkeit Gottes, abgesehen von der Schöpfung, bestimmt sich durch eine Dynamik von Mitteilung, ja Selbstmitteilung. Immer schon teilt der Vater dem Sohn sein Gottsein mit, immer schon teilen Vater und Sohn dem Heiligen Geist dasselbe mit[101]. Sie unterscheiden sich voneinander und geben sich einander hin; die so entstehenden Wechselbeziehungen machen ihr ureigenes *Personsein* aus. All das geschieht in Ewigkeit streng in dem auf dem Konzil von Nizäa dogmatisierten Sinne der Wesensgleichheit, der Konsubstantialität, der Homoousie. Keine Unter- und Überordnung, keine Subordination, vielmehr Koordination und Kooperation in Liebe bestimmen die innergöttlichen Beziehungen. Der Schöpfer ist in sich und von sich aus relational.

Aus diesem Grunde muß das Schöpfungswerk als *„opus commune"* der Trinität begriffen werden, als Gemeinschaftswerk. Im Innenleben Gottes herrscht schon das Prinzip Liebe, die caritas, und stiftet ewige Gemeinschaft. Diese wendet sich nun „nach außen (ad extra)" und teilt Sein und Gutsein in einer dreieinigen Tat mit. In ihrer ewigen Unterschiedenheit und Liebeseinheit einig, schaffen die drei Personen gemeinsam eine Kreaturwelt und damit die *Zeit*, dank der überhaupt eine Geschichte möglich wird. Es gibt augustinische Texte, in denen dieses Gemeinschaftswerk nach dem paulinischen und dem liturgischen Vorbild präzi-

---

[100] De natura boni 19; PL 42, 537.

[101] Trin. VIII,3,9 ff; PL 42, 949. Vgl. oben, Gotteslehre 4.5.

siert wird: die Schöpfung geschieht „vom Vater, durch den Sohn und im Heiligen Geist“[102].

Die Sünde kommt bei aller Mächtigkeit gegen die so erschaffene Welt nicht auf. Sie verdirbt diese zwar tiefgreifend und gibt sie der Verdammungswürdigkeit preis, vermag sie aber nicht ganz von Gott loszureißen, das heißt faktisch zu vernichten. Auch die durch das Böse entstellte, verletzte, belastete, geknechtete Welt trägt noch „Spuren (*vestigia*)“ des dreieinigen Schöpfers. Sie ist folglich erlösbar und vollendbar.

3.5.3 Die Schöpfung zwischen Sein und Nichtsein

Entsprechend seinem metaphysischen Ansatz erkennt Augustinus im geschaffenen, das heißt mitgeteilten Sein, eine *Stufenstruktur*. Denn der Schöpfer teilt das Sein unterschiedlich zu. An der Spitze, in der unmittelbaren Nähe des göttlichen Seins stehen die Engel als reine Geister, weiter unten die Menschen, dann die Tiere, die Pflanzen und die unbelebte Materie. Sie steht bereits in der Nähe des Nichtseins (*nihil*)[103]. Vom Adel der materiellen Wirklichkeiten, wie ihn Irenäus vertrat, bleibt wenig übrig.

Alles kreatürliche Sein bleibt *durch das Nichts stets bedroht*. Von sich aus könnte es dorthin zurückfallen. Deshalb betätigt sich der Schöpfer nochmals als *Erhalter*, auf den die Geschöpfe unbedingt angewiesen sind. Auf die „creatio *ex nihilo*“ muß eine „conservatio *a nihilo*“ folgen.

Luther wird bei dieser Sicht der Dinge ansetzen, um die „Nichtigkeit“ des Sünders einzuschärfen: „Die Kreatur ist aus dem Nichts, also ist alles nichts, was sie kann“[104]. Ein entferntes, nun atheistisches Echo dürfte auch der Gedanke *J. P. Sartres* sein, das Subjekt, der Mensch im Spannungsfeld von Sein und Nichts, werde „genichtet“, wenn er von anderen Subjekten verobjektiviert (verdinglicht) wird; der Mensch müsse also selber anderes „nichten“, um frei zu sein.[105]

3.5.4 Die Zeit als Schöpfungsgröße

Augustinus ist ein zu treuer Bibelleser, um die These Platons von einer ewigen Weltmaterie zu teilen. Die Welt ist zeitgeprägt; Anfang und Ende hat sie in der Zeit.

Für ihn sind näherhin Welt und Zeit streng aufeinander bezogen. So ist es sinnlos, von einem „Vorher“ und einem „Danach“ der Geschichte zu reden. Die Ewigkeit Gottes liegt nicht chronologisch vor der Erschaffung der Welt, und das ewige Leben ist keine Zeitverlängerung ins Unendliche hinein. Es besteht ein

---

[102] Vgl. civ. 11, 23; PL 41,337.
[103] Vgl. Gen. ad litt. 4,11; PL 34, 224.
[104] WA 43, 178 f.
[105] Vgl. J.-P. Sartre, Das Sein und das Nichts. Versuch einer phänomenologischen Ontologie, Hamburg 1970.

qualitativer Unterschied zwischen der anfangs- und endlosen Wirklichkeit Gottes und der raumzeitlichen Realität dieser Welt. Gott wartet auf den Menschen nicht *„nach"* dem Tod oder dem „Weltende".[106]

Die besagte Korrelation findet in dem Ausdruck *„cum tempore* creatus (mundus)" eine gedrängte Formulierung[107]. Das heißt, daß nicht *in* der Zeit, näherhin in einer vergangenen Urzeit die Erschaffung der Welt durch Gott geschehen ist, sondern daß Welt- und Zeiterschaffung strikt zusammenfallen. Dies ergibt sich von selbst, wenn man Ewigkeit als zeitüberlegene Größe versteht.

Dennoch darf man sich den ewigen Schöpfer nicht in dem Sinne zeitlos und unzeitlich vorstellen, daß er alles Vergängliche im Verhältnis zu sich selbst als nichtig und wertlos erachten würde. Im Gegenteil: der Dreieinige *trägt* die Weltzeit als seine gute Schöpfung und läßt *darin* seine Heilsgaben gedeihen.[108]

Der Mensch soll sich selbst als *Pilger auf Zeit* im buchstäblichen Sinn des Wortes verstehen. Er ist gemäß der biblischen Eschatologie in dieser Welt unterwegs zu einer Zukunft, die der Schöpfer allein verheißen und schenken kann. Das Heil kommt auf den Menschen *in* der Geschichte zu, wenn auch nicht, wie Irenäus lehrt, *als* Geschichte. Auf keinen Fall aber wird das Heil durch eine gnostisch-dualistische Entzeitlichung oder durch eine Erlösung *von* der Geschichte gewährleistet[109].

Es ist unbestreitbar, daß Augustinus mit dieser Sicht das Zeitliche und Irdische gewaltig *relativiert*. Jesus hat das auf seine Weise, unter dem Zeichen der kommenden Gottesherrschaft und der ihm eigentümlichen Naherwartung, getan. Allerdings schrieb er in seiner Berufung auf die von Gott kommende Zukunft die Gegenwart und die Vergangenheit nicht ab. Besonders die gegenwärtige Not seiner Mitmenschen rief bei ihm hier und jetzt heilende, tröstende, helfende Taten hervor. So verliert das Diesseitige angesichts des Jenseitigen nichts von seinem Eigenwert. Augustinus geht nicht so weit. In seinen Augen bleibt der laufende und noch lange dauernde Weltprozeß letztlich doch die große *Bühne* für das Drama und weniger der Adressat gnadenvoller Verwandlung.

Dennoch rechnet K. Löwith den Bischof von Hippo zu jenen Denkern, auf die die westlich-neuzeitliche Philosophie der Geschichte zurückgeht, einschließlich des Fortschrittideals[110]. Das liegt daran, daß Augustinus durch seine Behauptung eines *absoluten Ziels*, gleich ob diesseitiger oder jenseitiger Natur, eine positive Erwartung, eine *Hoffnung* zu begründen wußte. Daher geschieht die „peregrinatio" nicht umsonst, es bleibt ihr der Wert der Bewährungszeit, in der menschliches Handeln auf Erfolg ausgerichtet sein kann. So wird Augustinus zu einem Vorläufer Hegels und der idealistischen Aufklärung, wenn auch um den Preis der Säkularisierung seines Hoffnungsansatzes und seiner Theologie der Geschichte.

---

[106] Vgl. in diesem Werk Bd. III: Eschatologie.
[107] Vgl. conf. XI,30,40; PL 32, 825 f.
[108] Vgl. Gen. ad litt. 4,12; 5,22; PL 34, 224.228.
[109] Vgl. K. Löwith, Weltgeschichte und Heilsgeschehen, 153 f.
[110] Vgl. ebd.

3.5.5 Die Ursprungssünde und das Erbe Adams

Um die augustinische Lehre von der Sünde richtig zu interpretieren, muß man zumindest vier Voraussetzungen beachten. *Erstens* ist sich der Kirchenvater mit dem Römerbrief darin einig, das Geheimnis des Bösen im umfassenden Kontext der dank Jesus Christus „übergroß" gewordenen *Gnade Gottes* (vgl. Röm 5,20) zu sichten[111]. *Zweitens* spielt seine Theorie des *„malum"* – das ist sein Oberbegriff sowohl für das physische Übel wie für das moralische Böse – eine wichtige Rolle. *Drittens* wird seine Lehre stark durch die Übersetzung der Vulgata von Röm 5,12 beeinflußt. *Viertens* spielt noch seine vermutlich aus der manichäischen Jugendzeit übriggebliebene Leibfeindlichkeit hinein.

Für den erstgenannten Gesichtspunkt sei hier auf den Traktat „Das Heil als Gnade" dieses Handbuchs verwiesen[112]. So kann gleich der *zweite* behandelt werden. Augustinus verankert seine Theorie vom malum in seiner Seinslehre, wo er erklärt, das *„malum"* sei grundsätzlich „privatio essendi et boni", Wegnahme, Mangel, Fehlen von Sein und Gutsein.[113] Deshalb darf man es nicht vom Guten dualistisch abtrennen: „malum non est nisi in bono"[114], es ist immer *in und an einem guten Ding* da, ohne das es überhaupt nicht bestehen könnte. (Ähnliches lehrt der Jahwist, freilich in bildhafterer Sprache.) Auf keinen Fall stellt das malum eine eigenständige Substanz, wie es die Manichäer lehrten, dar. Es ist Nichtsein im Seienden. Die Frage, wieso ein bloßer Mangel die zerstörerischen Wirkungen, die von der Erfahrung wie von der Heiligen Schrift bezeugt werden, herbeiführen kann, erhält keine restlos befriedigende Antwort.

Dieses „malum metaphysicum" konkretisiert sich in vielen Arten des „malum *physicum*": Leid, Krankheit, Unfall, Katastrophen, Hungersnot, Dürre, üble Sozialzustände. Sie können nicht zwangsläufig auf persönlich verantwortete, also schuldhafte Taten ursächlich zurückgeführt werden, sondern sind oft Momente an der Natur und können sogar, wie die Stoiker betonten, zur Harmonie der Weltordnung beitragen. Augustinus verknüpft mit diesem Gedanken Biblisches: die Tätigkeit des Schöpfers, der seine Geschöpfe auf diese Weise prüft, straft, erzieht, auf die Probe stellt. Vielleicht darf man ein Analogon zum augustinischen Naturübel in der heutigen Rede der Verhaltensforscher vom „sogenannten" Bösen (K. Lorenz) und von der evolutionsfördernden Funktion von Leiden und Sterben erblicken. Augustinus selbst scheint sich mit einer bekenntnishaften Antwort zu begnügen: Der Schöpfer besitzt die Macht, auch das Übel in den Dienst des Guten zu stellen, sich gleichsam des Übels gut zu bedienen.[115]

Auf der *dritten* Ebene steht dann das „malum *morale*", das ethisch bestimmbare Böse. Dieses kann nur durch freiheitliche Entscheidung, durch die die Schöpfungsordnung buchstäblich „per-vertierende" Taten zustande kommen. Ganz nach der Symbolik der „Urgeschichte" geschieht dies dort, wo das geistige

---

[111] Vgl. A. Ganoczy, Aus seiner Fülle haben wir alle empfangen. Grundriß der Gnadenlehre, Düsseldorf 1989, 70-72.

[112] Bd. III, 9.

[113] Vgl. conf. III,7,12; PL 32, 688; De natura boni 17; PL 42, 556.

[114] Enchir. 14; PL 40, 238; vgl. Thomas v. Aquin, S.th. I, q. 48, a. 3.

[115] „Bene utens et malis" oder: „de malis bene facere" (Ench. C; PL 40, 279).

Wesen ein niedrigeres Gut, als sei es das höchste, anstrebt[116]. Das offenbart meist eine maßlose Selbstliebe, die bis zur impliziten oder expliziten Verachtung Gottes führt. Darin besteht die Sünde. Diese kann nicht wie eine höhere Gewalt auf den Menschen herabstürzen, sondern nur vom Menschen selbst begangen werden. Und wo sie begangen wird, entsteht notwendigerweise Schuld und Strafwürdigkeit.

An diesem Punkt kommt *Adam* als Stammvater aller Menschen ins Spiel. Augustinus liest Gen 3 nicht wie wir heute als *„Urgeschichte"*, sondern als Historie von Tatsachen in der Urzeit. Außerdem liest er durch die Brille der Fehlübersetzung von Röm 5,12 in der ihm vorliegenden lateinischen Version. Nach dem griechischen Original heißt es: „die Sünde kam in die Welt durch einen einzigen Menschen ..., *weil* (eph hô) alle sündigten". Im Lateinischen steht dagegen: „*in dem* (in quo) alle sündigten" mit der Bedeutung eines persönlichen Fürwortes. Die Vorstellung ist die eines der eigenen Existenz vorausgehenden Sündigens aller in der Person des gemeinsamen Urvaters. Dadurch wird aus dieser kollektiven Repräsentationsfigur ein *Stellvertreter* aller Menschen, dessen Sünde seiner ganzen Nachkommenschaft genauso angerechnet werden kann, als hätte diese sie selber begangen.

Eine solche Deutung der Paulus-Stelle konnte nur unterstützt werden durch das römische Rechtsprinzip, kraft dessen die guten wie schlechten Taten des „pater familias" die Rechtslage seiner gesamten Familie bestimmen. Bereits Ambrosius von Mailand, der theologische Lehrer Augustins, erklärte in diesem Sinne: „Lapsus sum in Adam" und „mortuus sum in Adam": Ich habe in Adam gesündigt, ich bin in Adam gestorben[117]. So ist auch für Augustinus die Sünde des Urahnen wirklich unser aller Sünde, unser „peccatum originale", unsere „Ursünde", die uns alle zu Schuldigen macht, die in gerechter Weise verdammt werden. Wir bilden alle in voller Rechtssolidarität eine einzige „massa damnationis"[118]. Es ist allein der freien Erwählungsgnade Gottes zu verdanken, wenn eine kleine oder gar größere Zahl doch zum Heil bestimmt wird[119].

Es bleibt die Frage nach der *Übertragung* der Ursünde, die ganz die unsrige ist, obwohl sie lange Zeit vor unserer Geburt begangen wurde. In der Antwort scheint die *leibfeindliche Neigung* des ehemaligen Manichäers und des christlichen Platonikers zum Zuge zu kommen. Sie lautet: „Per generationem", durch Zeugung, näherhin durch die fleischliche Begierde (*concupiscentia*) bzw. durch die „libido", durch die der Zeugungsakt bestimmt ist.[120] Die „väterliche Schuld" wird infolge der „Samenübertragung" nochmals zu unserer eigenen Schuld.[121] Aus der Ursünde Adams wird die *„Erbsünde"* aller Menschen. Dieser Begriff, der in der Bibel nirgends zu finden ist, gehört seit Augustinus zum Sprachschatz der

[116] Vgl. De natura boni 16; PL 42, 556.
[117] De excessu fratris 2,6; PL 16, 1374.
[118] Ep. 186; PL 33, 822 f; vgl. De corruptione et gratia 7,12; PL 44, 923.
[119] Zur augustinischen Prädestinationslehre siehe A. Ganoczy, Aus seiner Fülle, 135-139.
[120] Vgl. De nuptiis et concupiscentia 1,24; PL 44, 429; De peccatorum meritis et remissione 2,4; PL 44, 109 f; c. Iulian. II,3,5; PL 45, 1143.
[121] C. Julian. op. imperf. 1,48; PL 45, 1069.

Schöpfungs- und Gnadenlehre, wie er vor allem durch Luther radikalisiert und im deutschen Sprachraum fest verankert wurde.[122]

Um die im augustinischen Versuch enthaltene *dogmatische Intention* im heutigen Verständnishorizont nicht zu verfehlen, muß sie in zweierlei Hinsicht untersucht werden. Auf der einen Seite wird man diese Lehre am normativen Maßstab der Bibel messen. Das ist schon weiter oben kritisch gemacht worden: diese Lehre entspricht formell weder der jahwistischen „Urgeschichte" noch Röm 5. Dasselbe gilt vom Terminus „Erbsünde" oder „peccatum hereditarium", der mit heute geltendem Recht ebensowenig wie mit heutiger Ethik in Einklang zu bringen ist. Aber welche *Glaubenswahrheit* der Tradition liegt dann in ihm verborgen? Die Antwort kann, zum Teil in Anlehnung an Forschungen von K. Rahner[123], wie folgt lauten.

„Peccatum originale" besagte immer schon im Grunde „peccatum *generale*", das heißt Allgemeinheit des Phänomens „Sündigen", was Paulus auf die auch alttestamentlich belegbare Formel brachte, *alle* haben gesündigt (Röm 5,12). Außerdem beabsichtigt der alte theologische Ausdruck, eine eminent paulinische Erkenntnis anzudeuten, die wir heute etwa mit „peccatum *structurale*" wiedergeben könnten. Gemeint ist ein *Zustand fehlenden* Gerechtseins und *mangelnder* Agape, der nicht nur die Situiert- und Strukturiertheit der Menschengemeinschaft, in die jeder hineingeboren wird, gottfremd bestimmt, sondern auch laut Tridentinum „allen *inne*wohnt und jedem zu eigen ist" (DH 1513). Paulus erläutert das mit dem Bild einer Knechtschaft unter der „Herrschaft der Sünde" in der Welt sowie mit der unerklärlichen Neigung: „Ich tue nicht das, was ich will, sondern das, was ich hasse" (Röm 7,15); da handelt „die in mir wohnende Sünde" (V. 17). Das kann man auch mit der tridentinisch und nicht lutherisch verstandenen *Konkupiszenz*, die der Apostel nur „gelegentlich Sünde nennt", die aber nicht „wirklich und eigentlich Sünde" (im Sinne von Tatsünde) ist, sondern aus Sünden „stammt" und „zur Sünde geneigt macht" (DH 1515), in Einklang bringen.

Warum sagt aber auch Rahner „*peccatum* originale" und warum sogar „*Erb*-sünde"? Weil diese Ausdrücke ganz und gar als *Analogbegriffe* gebraucht werden können. Analogie beinhaltet bekanntlich eine hinreichende Ähnlichkeit zwischen sonst wesensverschiedenen Dingen, um sie mit demselben Wort bezeichnen zu dürfen. So sieht Rahner zwischen der eigentlichen Sünde, die eine je persönlich verantwortete *Abwendung* von Gott ist, und der sogenannten Ursprungs- oder Erbsünde, die „nur" einen Mangel an Gerechtsein und Liebe und den entsprechenden Zustand besagt, die aber auch objektiv eine *Abgewandtheit* vom göttlichen Heilsvorhaben bedeutet, ein analoges Verhältnis[124]. Der Zustand, in dem sich diese Welt und jeder einzelne befinden, ist zu einem großen Teil nicht ideal, nicht vom Schöpfer gewollt. Und da er jede *angehende* Lebensgeschichte

---

[122] Romanische Sprachen und die englische haben diesen Terminus nicht, sondern nur Entsprechungen zu „peccatum originale".

[123] Vgl. K. Rahner, Die Sünde Adams: Schriften zur Theologie IX, 259-275; ders., Theologisches zum Monogenismus: Schriften zur Theologie I, 253-322; K.-H. Weger, Theologie der Erbsünde (QD 44), Freiburg-Basel-Wien 1970.

[124] Vgl. Rahner, Die Sünde Adams, 263 f.

und auch die Gesamtgeschichte mit bösen und üblen Mechanismen belastet, die dann durch eine Unmenge von eigentlichen Sünden noch gesteigert werden, kann auch das Adjektiv *„originale"* verstanden werden. Von vornherein, von Geburt an, mit der Gabe des Lebens verbunden, ist uns dieser Zustand um uns und in uns vorgegeben. Wenn das Bild von „Erbe" hier hilft, so darf es auch als Analogbegriff beibehalten werden, wie Rahner meint. Die Erfahrung von Seelsorgern und Religionslehrern legt heute schon nahe, daß es eher nicht hilft.

Schöpfungstheologisch ist aber die Auseinandersetzung mit dieser Lehre, auch eine kritische, unerläßlich. Sie erinnert an das „Geheimnis des Bösen (mysterium iniquitatis)" in der Schöpfung als Geschichte, entzieht jedem naiven Weltoptimismus den Boden, fördert das Bewußtsein, für eine je bessere Zukunft sowohl im eigenen, persönlichen wie auch im kollektiven Bereich mitverantwortlich zu sein. Wie Jesus die Dämonen austrieb, weil er um das Böse wußte, so soll auch der Christ gegen den „ursündigen" Zustand seiner Welt ankämpfen.

3.6 Teufel, Dämonen und Engel

3.6.1 Zum Streit um den Dualismus

(1) Man darf mit einigem Recht die verallgemeinernde Aussage wagen: Sobald Christentum und Kirche sich von der Jesus-Nachfolge loslösten und das Geheimnis des Bösen in den eigenen Reihen nicht ernst nahmen, erhoben sich in ihrem Schoß dualistische Protestbewegungen und –lehren. Das zeigt schon der Fall *Priscillians*, der in der 2. Hälfte des 4. Jahrhunderts in Spanien und Süd-Gallien alles in der Kirche grassierende Böse manichäistisch auf die Wirkung des Teufels zurückführte. Seine Lehre läßt sich nur aus den Texten der Synode von Braga (561), die sie verwarf, erschließen.

Demnach ist der *Teufel* (diabolus) kein Geschöpf Gottes, sondern das selbständige Prinzip des Bösen und der Schöpfer der Materie. Die Seele, die von sich aus göttliche Natur besitzt, wird durch den Teufel an den Leib gefesselt, so daß die irdische Existenz des Menschen als Strafe und Verbannung für „früher" begangene Sünden der Seele zu erachten ist. Naturkatastrophen wie Unwetter und Dürre, aber auch die Zeugung und die Auferweckung des Fleisches werden vom Bösen bewirkt (Auszüge in NR 288-293; der gesamte Text in DH 455-464).

(2) Im 12. Jahrhundert entstand die dualistische Glaubenslehre der *Albigenser*, deren Ziel die Verwirklichung der „wahren Kirche" war[125]. Auch diese Lehre läßt sich nur aus Inquisitionsprotokollen rekonstruieren: Bereits vor der Erschaffung des Menschen war *Satan* der Rivale Gottes, der bloß Geistiges in und um sich hatte und über eine Welt von *Engeln* herrschte. Aber Gott war einsam, verletz-

[125] D. Müller, Albigenser – die wahre Kirche? Eine Untersuchung zum Kirchenverständnis der „ecclesia Dei", Würzburg 1986.

lich und nicht allwissend. Deshalb gelang es Satan, in den Himmel einzudringen und eine Anzahl von Engeln zu verführen, näherhin unter Einsatz weiblicher Reize ihren Sturz zu erzielen[126]. Mit dem Engelsturz[127] fällt die Erschaffung des Menschen zusammen. Seither ist die Menschenseele auf Erlösung durch Entleiblichung (Desinkarnation) angewiesen. Sie kann, zumindest annäherungsweise, durch Askese, Enthaltsamkeit, freiwillige Armut, Gewaltlosigkeit und Bereitschaft zum Märtyrertod unter Folterung erreicht werden.

Das *IV. Laterankonzil* (1215) reagiert auf dieses dualistische, gnosisnahe Schöpfungsverständnis mit der Hervorhebung der *Inkarnation* und der Welterschaffung durch die *Dreieinigkeit*. Bereits die Synode von Braga hat die Vorstellung, Gott sei eine „solitaria persona", ein *einsames* Wesen, energisch zurückgewiesen (DH 451). Dem entspricht die Positivaussage des Laterankonzils, die Fleischwerdung des Sohnes sei von der ganzen Dreieinigkeit *„gemeinsam* gewirkt" (NR 919): „a tota Trinitate communiter incarnatus" (DH 801). Folglich fällt die Schöpfung nicht in zwei Teile auseinander, wobei der materielle dem Teufel und der seelisch-geistige dem anderen Einsamen zufällt. Vielmehr verdankt sich die gesamte Schöpfung der ganzen göttlichen „Schöpfergemeinschaft". In dieser sind die drei Personen „gleichen Wesens und gleicher Vollkommenheit, gleichallmächtig und gleichewig" und so „der Eine Ursprung aller Dinge, der Schöpfer der sichtbaren und unsichtbaren, der geistigen und der körperlichen. Er hat in seiner allmächtigen Kraft zu Anfang der Zeit in gleicher Weise beide Ordnungen der Schöpfung aus dem Nichts geschaffen, die geistige und die körperliche, das heißt die Engelwelt und die irdische Welt und dann die Menschenwelt, die gewissermaßen beide umfaßt, da sie aus Geist und Körper besteht" (NR 918 – DH 800).

Es gehört, zumindest teilweise, zur Wirkungsgeschichte dieser Stellungnahme des Lehramtes, daß die *Naturwelt* durch Theologen wie Albertus Magnus, Thomas von Aquin und Roger Bacon als gottgewollt positive Größe aufgefaßt und so zum Gegenstand naturwissenschaftlicher *Erforschung* gemacht wurde.

Mit solcher Entdämonisierung der Materie hat die Kirchenversammlung das Geheimnis des Bösen nicht verdrängt, sondern kurz und bündig in den Bereich des Geistigen verwiesen: Der „Teufel und die anderen bösen Geister sind von Gott ihrer Natur nach gut geschaffen, aber sie sind durch sich selbst schlecht geworden. Der Mensch aber sündigte auf Eingebung des Teufels" (ebd.).

K. Lehmann macht in seinem Kommentar auf dreierlei aufmerksam[128]. – Erstens entfällt jede Möglichkeit eines *„Teufelsglaubens"*, den man symmetrisch dem Gottesglauben entgegenstellen müßte. Der Teufel ist Geschöpf und deshalb kein eigentlicher Glaubensgegenstand. Nur *an* Gott kann man nach biblischem Verständnis glauben, an den Bösen nicht. – Zweitens gibt der knappe Satz des Lehramtes keine nähere Auskunft über das Wesen der bösen Geister. Nur ihre *Existenz* wird mit der Hl. Schrift angenommen. – Drittens wird ein Zugang zur Anwendung einer bestimmten *Person-Analogie* angedeutet: Wer als Subjekt von

---

[126] Vgl. ebd. 73.

[127] Vgl. 2 Petr 2,4 und vor allem äthHen 6,36.

[128] Vgl. K. Lehmann, Der Teufel – ein personales Wesen?: W. Kasper, ders. (Hg.), Teufel – Dämonen – Besessenheit. Zur Wirklichkeit des Bösen, Mainz 1978, 71-98.

Bösewerden „durch sich selbst" und als Verführer anderer bezeichnet wird, darf – vorbehaltlich der Tragweite entsprechender Symbolik der Bibel – personifiziert oder als analog personhaftes Wesen angesehen werden. Dazu ist aber ein Rückgriff auf den alttestamentlichen und neutestamentlichen Befund erforderlich.

3.6.2 Böse Geister und Engel nach der Bibel

Merkwürdigerweise spielen in der Heiligen Schrift die bösen Geister eine größere Rolle als die guten, als die Engel. Das mag damit zusammenhängen, daß der antike Mensch ganz allgemein geneigt war, unerklärliche Erfahrungen auf das Wirken unheimlicher, oft böser Mächte und Kräfte zurückzuführen.

(1) Die Macht der Gott- und Schöpfungswidrigkeit wird im *Alten Testament* durch ein Wesen verkörpert, das u. a. den Namen *„ha sātān"*, das heißt „der Widersacher", trägt. Im griechischen Alten Testament wird dieses Wort mehrfach mit *„ho diábolos"*, das heißt, „jemand, der etwas auseinanderwirft", übersetzt. Im Munde Ijobs, der seinen Schöpfer zugleich als „Gegner" und „Feind" erfährt, bezieht sich das Wort „der Widersacher" sogar auf Gott (Ijob 16,9; 30,21). An anderer Stelle tritt Satan als einer der geheimnisvollen „Gottessöhne" auf den Plan (vgl. Ijob 1,6-2.10), der mit dem Allmächtigen zu streiten wagt, ohne freilich von ihm loskommen und unabhängig werden zu können. Erst ein späterer Text macht aus ihm eine quasi-selbständige Gestalt (1 Chr 21,1). Bezeichnenderweise kennen die kanonischen Zeugnisse die Vorstellung eines „Engelsturzes", infolge dessen Satan zum Bösen schlechthin geworden wäre, nicht. Die apokalyptische Literatur und die Qumran-Dokumente vertreten die Überzeugung, daß der Teufel am Ende der Zeiten beseitigt werden wird.

Im *Neuen Testament* verkörpert dann der Teufel vielfach eine schöpfungswidrige Mächtigkeit (vgl. Mt 13,36), *die Jesus bekämpft* (Mk 1,12f; 3,27), so daß er Satan vom Himmel fallen sieht (Lk 10,18). Auch diese bildhafte Wendung dürfte eher als Ausdruck der *eschatologischen* Beseitigung des Teufels denn als eines in der Urzeit erfolgten, mythischen „Engelsturzes" zu deuten sein.

Die Jesus-Tradition kennt, im Unterschied zur alttestamentlichen, *„Dämonen"* (Mehrzahl). Vermutlich redete die jüdische Bibel davon nicht, um der polytheistischen Vorstellung von niederen Göttern, die drohende Naturkräfte verkörperten, keinen Vorschub zu leisten. Dagegen konnte Jesus, der den Monotheismus nicht mehr zu verteidigen brauchte, damit Formen *naturimmanenter Zerstörung von Natur* (vorab physische und psychische Krankheit) veranschaulichen. Kannte doch die zeitgenössische Volksfrömmigkeit den Begriff „Quälgeister". Trifft diese Interpretation zu, so läßt sich die Gleichung „Heilung = Dämonenaustreibung" verstehen. Was die heutige Medizin auf Krankheitserreger und psychosomatische Störungen zurückführt, konnte Jesus in seiner dem einfachen Volk zugedachten Verkündigung mit Dämonen in Verbindung setzen. Ähnliches würde dann auch von der *Besessenheit* gelten, die als Ursache sowohl physischen und psychischen Übels als auch religiös-ethischer Sündhaftigkeit begriffen wurde. Jesus und die Urgemeinde kämpfen gegen beide Dimensionen des „malum" an.

Befreiung von körperlicher Beschwernis und Sündenvergebung, Heilung und Heiligung gehen Hand in Hand.

(2) Die biblische Rede von *Engeln* erfolgt in einer ganz anderen Perspektive. Diese Wesen stellen nicht einfach das positive Pendant zu den teuflischen und dämonischen Mächten dar. Bringen letztere eher Aspekte der anthropologischen Erfahrung zur Sprache, all das, was die menschliche Kreatur betrüben und zerstören mag, so erscheinen die Engel weitestgehend als *theologale*, an Gott erinnernde Größe.

– Bereits ihr *alttestamentlicher* Name zeigt das zur Genüge: mālāk bzw. ángelos meint den Boten, den *Gesandten,* näherhin den Gesandten des seinem Volk zugewandten Jahwe. Merkwürdigerweise wird ihr Geistsein gar nicht betont, wohl aber der Gedanke, daß sie in Gottes Auftrag einen Dienst der Vermittlung oder der Mitteilung, modern: der Information und der Kommunikation verrichten. Nicht ihr Wesen, sondern ihre *Funktion* wird „definiert“. Die Bestimmung dessen, was genau sie *sein* mögen, scheint der volkstümlichen Darstellungskraft überlassen (vgl. Ijob 1,6-12). Theologische Bilder und Sätze sagen allein, wie sie *wirken*.

Die theozentrische Funktionalität der Engel – Augustinus wird sagen: „angelus ... officii nomen est, non naturae“[129] – erhält in der Schrift eine dreifache Verdeutlichung. Erstens: durch die Genitivformel *„der Engel Jahwes“*. Das so bezeichnete Wesen ist von Jahwe selbst manchmal kaum zu unterscheiden (z. B. Gen 16,7-9). Es geht in der Theophanie oder im göttlichen Wort und Tun beinahe ganz auf. Zweitens läßt es sich als wahrnehmbares, sichtbares, hörbares *Zeichen* des transzendenten, unsichtbaren, direkt nicht vernehmbaren Gottes besonders in Situationen begreifen, in denen göttliche Hilfe greifbar wird (Ex 33,2f). Wo Jahwe dem Volk beistehen will, sendet er seinen Engel (2 Sam 14,17-20; Ex 14,19; 23,20). Drittens sind die Namen, die bestimmten Engeln gegeben werden, ganz und gar *theophore Namen*: Sie enthalten den Namen Gottes und geben an, wie dieser sich der Engel „bedient“. So bedeutet *Michael* „Wer ist wie Gott?“ (Dan 10,13.21), *Gabriel* „Stärke Gottes“ (Dan 8,15f) und *Rafael* „Gott heilt“ (Tob 11,7-13).

– Im *Neuen Testament* bleiben diese Kennzeichen des Engelseins weitgehend erhalten. Allerdings wird hier ein Mensch, *Johannes der Täufer*, mit einem Engel verglichen, weil er eben nichts anderes als Bote und Vorläufer sein will (Mt 11,10). Seine Aufgabe ist es, dem Kommenden den Weg zu ebnen, „kleiner“ zu werden, damit dieser „wachse“ (vgl. Joh 3,30).

Aus dem Alten Testament begegnet uns Gabriel, der die Geburt Jesu ankündigt (Lk 1,26). Öfters erscheint „der Engel des Herrn“, der die Kindheit Jesu begleitet (Lk 1f; Mt 1f), ihm in kritischen Situationen beisteht (Mt 4,11; Lk 22,43) und schließlich seine Auferstehung kundtut (Mt 28,2-7).

In der späteren Briefliteratur kommt das Geistsein der Engel klar zum Ausdruck. In Hebr 1,14 werden sie als „dienende Geister (leitourgikà pneúmata)“ angesprochen. Mehr sind sie nicht, so daß im Hinblick auf die einzigartige Erhabenheit des Sohnes (V. 4) mit Nachdruck die rhetorische Frage gestellt wird:

[129] Serm. 7,3.

„Sind sie nicht alle nur dienende Geister, ausgesandt, um denen zu helfen, die das Heil erben sollen?" (V. 14). Ein Kult gebührt ihnen in diesem christozentrischen Kontext nicht.

3.6.3 Dogmatische Bilanz

(1) Zur *„Angelologie"*, also zur Rede von den Engeln, hat das Lehramt, offensichtlich mangels schwerwiegender Herausforderung, sehr wenig beigetragen. Es liegt faktisch nur die Aussage des IV. Laterankonzils über die Erschaffung der „creatura angelica" durch Gott (NR 295 – DH 800) vor. Über ihre Beschaffenheit verlautet nichts. Einen ausführlichen Traktat „De angelis" finden wir erst bei Thomas von Aquin[130]. Die Frage der Anwendung der Person-Analogie auf die reinen Geister stellt die Enzyklika „Humani generis" (DH 3891).

Wie schon der biblische Befund zeigt, ist das Thema Engel vor allem in der Tradition der Frömmigkeit verwurzelt. Die damit verbundene Symbolik gehört zur Gestalt der Offenbarung und vermag auch heute der Frömmigkeit Hilfe zu geben, etwa in der Form der Verehrung der Schutzengel (vgl. Tobit).

(2) Breiter entfaltet ist die Lehre vom Teufel und die *Dämonologie* überhaupt. Schon in der johanneischen Tradition wird der Teufel „Herrscher dieser Welt" genannt (Joh 12,31; vgl. Eph 2,2; 6,10-20). Die dogmatische Tradition sieht im Teufel die Verkörperung der Schöpfungswidrigkeit und des Bösen. Als personalisierte Machtgestalt der Sünde wird er in verschiedenen Texten des Lehramtes erwähnt (z. B. DH 291, 1347, 1511, 1521, 1668). Das II. Vatikanum tut dies am Rande seiner Beschreibungen der konkret erfahrbaren Gottwidrigkeit: Unterdrückung, Gewalttätigkeit, Ungerechtigkeit[131].

Zum Phänomen der *Besessenheit* äußert sich das Lehramt – nicht auf seiner Höchststufe – eher warnend: Pathologische und parapsychologische Symptome dürfen nicht voreilig auf dämonische Einwirkung zurückgeführt werden (DH 2192; 2241-2253). Nach W. Kasper ist solche Zurückhaltung durch die Gefahr motiviert, dem Teufel eine Alibifunktion zuzuweisen und dadurch die menschliche Verantwortung für das Böse zu mindern[132].

Bezüglich der *Person-Analogie* für den Teufel und die Dämonen klaffen die Meinungen in der heutigen Dogmatik auseinander. Gegen deren Legitimität kann man eine Aussage des ökumenischen Konzils von Florenz (1442) geltend machen: „Das Böse besitzt keine Natur, weil alle Natur, insoweit Natur, gut ist" (NR 301 – DH 1333). Dieser Satz erinnert an die augustinische „privatio essendi et boni" (s. o. S. 395). Wie kann aber etwas personhaft sein, das nicht einmal eine Natur besitzt? Der böse Geist müßte, als böser irgendwie zwischen Sein und Nichtsein angesiedelt, auf jeden Fall als „Nicht-Person" oder, wie W. Kasper vorschlägt, als „Unperson"[133] angesehen werden. Das Gegenargument lautet: Als

[130] S.th. I, q. 50-64.
[131] Vgl. LG 48/4; GS 22/3; AG 9/2.
[132] Vgl. W. Kasper, Das theologische Problem des Bösen: ders., K. Lehmann (Hg.), Teufel – Dämonen – Besessenheit, 41-69, hier: 63 f.
[133] Vgl. ebd. 63.

Gottes Geschöpf hat der Teufel eine Natur, und zwar eine geistige. Nur sofern er willentlich das Böse wählt, entsteht bei ihm Mangel an Sein und Gutsein. Diesen verbreitet er dann auch unter den übrigen Kreaturen. In dieser Sicht wird ein Vergleich mit dem sündigen Menschen möglich, der zwar Böses tut und sein Sein damit mindert, aber keineswegs in das Nichts zurückfällt oder seine Personhaftigkeit verliert. So bleibt er grundsätzlich umkehrfähig. In der Tat findet sich dieser Vergleich bei Origenes, der dann daraus auch auf die Möglichkeit der Teufelsbekehrung schließt[134].

Andererseits spräche dann wiederum gegen die Anwendung einer Person-Analogie die Überlegung, daß Personsein sich positiven *Relationen* und Wechselbeziehungen verdankt. Ist ein geistiges Wesen derart per-vertiert, daß es nur noch „diabolisch" Beziehungen auseinanderwerfen und zerstören kann, kann es schwerlich personal verstanden werden. Es ist dann so etwas wie eine auch sich selbst „auflösende Ungestalt"[135]. Doch auch hier scheint eine andere Argumentation möglich. Die Lehre vom „peccatum originale", die eine *kommunikative* und solidarische Dynamik der Sünde als Abwendung oder Abgewandtheit von Gott voraussetzt, legt eher die reale, wenn auch destruktive Interpersonalität von Tätern des Bösen nahe. Daß das „Dia-bolische" im Bereich des gottgerechten Lebens die Beziehungen zerstört, schließt nicht notwendig jegliche Beziehungshaftigkeit aus und gewiß nicht jene, die als Spur der Geschöpflichkeit übrigbleiben mag. Nur ist es dann *pervertierte Beziehungsmächtigkeit.*

Argumente für eine zumindest teilweise Vergleichbarkeit Satans mit einer menschlichen Person liefert schon die Bibel. Denn sie läßt ihn als ein der Auflehnung gegen Gott fähiges Wesen, einen Versucher (Mk 1,12f par), einen Lügner (Joh 8,44), sogar als den „Herrscher dieser Welt" (Joh 12,31) auftreten. Ähnlich macht das IV. Laterankonzil aus dem „diabolus" und den „alii daemones" Gottesgeschöpfe, die *„ihrer Natur nach* gut geschaffen", *„durch sich selbst* schlecht geworden sind (NR 295 – DH 800).

Wie weit die Analogie zur Person reicht, muß offenbleiben. Nicht von ungefähr spricht die Theologie vom *Geheimnis* des Bösen (mysterium iniquitatis). Dogmatisch bleibt zweierlei festzuhalten: (a) gottwidrige Geistigkeit existiert; (b) einen Dualismus von Gott und Gegengott gibt es nicht.

3.7 Zur Sündenlehre Luthers und des Tridentinums

3.7.1 Die „Natursünde" nach Luther

Der deutsche Reformator denkt das Geheimnis der Schöpfung „heilspersonalistisch", näherhin ähnlich wie Augustinus von der eigenen existentiellen Erfah-

---

[134] Princ. I,5,5; I,6,2; I,8,3.

[135] W. Kasper, Das theologische Problem des Bösen, 63.

rung her. Er erlebt sich als Sünder, folglich als *nichtiges Geschöpf*[136]. Nachdrücklich verwendet er das Wort *„Erbsund"*, läßt aber dessen Inhalt mit der *„Personsünde"* zusammenfallen. Dahinter steht der Gedanke, daß die Verfehlung Adams in jeder aktuellen Sündentat sich vollzieht und entfaltet. Das nennt Luther die „Natursund"[137]. Dazu personalisiert er noch einen ursprünglich kollektiv gemeinten Ausdruck Augustins: „Ich bin eine Masse des Verderbens, seit meinem ersten Anfang"[138]. Doch alle Menschen können das von sich behaupten, da die Menschennatur überhaupt seit Adam „natura corrupta" ist, das heißt so verdorben, daß kein Mensch mehr den „freien Willen (liberum arbitrium)" besitzt, sondern nur einen „versklavten (servum arbitrium)"[139]. „So ist der menschliche Wille ... wie ein Lasttier; wenn Gott darauf sitzt, will er und geht, wohin Gott will ... Wenn der Satan darauf sitzt, will er und geht, wohin der Satan will"[140]. Also ist der Sünder Spielzeug der bösen Begierlichkeit. Die *Konkupiszenz* ist *identisch* mit der „Natursünde" oder „dem Wesen der Erbsünde"[141]. Auch nach der Taufe bleibt der Mensch „erbsündig", „zugleich gerecht und Sünder (simul iustus et peccator)"[142].

3.7.2 Ursprungssünde nach dem Tridentinum

Das Konzil lehnt die These einer totalen „corruptio naturae" ab. Es lehrt aber, „der ganze Adam" sei „an Leib und Seele zum Schlechteren gewandelt" (NR 353 – DH 1511). Dabei ist der Komparativ als Gegensatz zum lutherischen Superlativ wichtig: Gemindertes Gutsein besagt nicht notwendig maximales Schlechtsein. Das betrifft schon den gegenwärtigen Zustand des „freien Willens", der „keineswegs ausgelöscht", sondern nur „an Kraft geschwächt und hinfällig" ist (NR 791 – DH 1521), da die Menschheit in „Haft unter der Macht" des Teufels lebt (NR 353 – DH 1511).

Daß die Sündhaftigkeit den Allgemeinzustand ausmacht, vertritt das Konzil mit Paulus. Daß die „Sünde Adams" in einer umfassenden Weise, das heißt für Seele und Leib, den Zustand des Menschen verschlechtert und „tödlich" trifft, übernimmt es ebenfalls weitgehend vom Apostel. Für die kommunikative Dynamik unter der Sündenmacht verwendet es zwei Ausdrücke: zunächst *„propagatione"* (DH 1513), d. i. „durch Ausbreitung"[143]. Dann heißt es *„generatione"* (DH 1514), „durch Zeugung" (NR 356), als Gegensatz zu „regeneratione", „durch

[136] WA 43, 178 f. Luthers Texte zur Schöpfungslehre: tzt D3/II, Nr. 151-157.
[137] WA 10/I,1, 508.
[138] WA 50/II, 381.
[139] WA 1, 354.
[140] WA 18, 635.
[141] G. Ebeling, Art. Luther II. Theologie: RGG 4, 495-520, hier: 501; vgl. WA 1, 67; 56, 313; CA II,1 f.
[142] WA 2, 160; 56, 273.
[143] NR 355 bringt meines Erachtens überinterpretierend: „durch Abstammung" als Gegensatz zur pelagianischen „imitatione", d. i. „durch Nachahmung". Erst im Rechtfertigungsdekret werden die Gedanken „propagatio", „nasci" und „concipi" im Hinblick auf die „iustitia" miteinander verbunden (DH 1523).

neue Zeugung" (ebd.). Das entspricht Joh 3,3-5, wo sich „Geburt" oder „Gezeugtwerden" „von oben" und „aus Wasser und Geist" auf die Taufe beziehen. In der Tat schreibt die Kirchenversammlung diesem Sakrament die *schöpferische* Wirkung zu, die Getauften der Macht der Sünde ganz zu entreißen und alle Weisen der Schuld in ihnen ganz zu tilgen (NR 357 – DH 1515). Implizit lehnt sie also die lutherische Vorstellung von „gerecht und Sünder zugleich" und die Gleichsetzung der Konkupiszenz mit der auch nach der Taufe verbleibenden „Erbsünde" ab (ebd.). Der bei Paulus vorhandene asymmetrische Kontrast zwischen der „adamitischen" Kommunikation der Sünde und der den Glaubenden durch Christus geschenkten Gnadenkommunikation bestimmt den hermeneutischen Rahmen beider Dekrete über die „Ursprungssünde" (NR 352-358 – DH 1510-1516) und über die „Rechtfertigung" (NR 791-851 – DH 1520-1583).

Die biologischen und juridischen Aspekte der Lehre Augustins sowie die Vorstellung von einer „Erbsünde" in ihrer augustinischen und lutherischen Radikalität werden vom Tridentinum nicht rezipiert. Es wird eine Lehre vertreten, die für die *analoge Differenz* zwischen Tatsünde und „Ursprungssünde", zwischen persönlich verantwortetem Akt und vom einzelnen nicht direkt und von vornherein verantwortetem Fehlzustand durchaus offen ist. Diese Offenheit entlastet die Schöpfungslehre von unnötigem Ballast.

3.8 Grund und Ziel der Schöpfung nach dem Ersten Vatikanischen Konzil

3.8.1 Transzendenz und Freiheit des Schöpfers

Herausgefordert wurde das ökumenische Konzil von 1870 in hohem Maß durch zwei moderne Denkströmungen: durch eine sich von Hegel und Marx herleitende *Geschichtsphilosophie* und durch die ersten Auswirkungen jener *Evolutionstheorie*, die Darwin mit seinem 1859 erschienenen Werk über „Die Entstehung der Arten durch natürliche Zuchtwahl" in die Wege geleitet hatte. Erstere meinte unausweichliche Gesetze des geistigen und materiellen, näherhin sozial-ökonomischen und politischen Fortschritts entdeckt zu haben, eine Dialektik der Ideen und der Materie. Letztere verband den Gedanken an die Entstehung und die Entwicklung der Arten, auch der Art „Mensch" mit Faktoren wie Abstammung, Selektion und Kampf ums Dasein. Dabei lagen zwei Gefahren für das christliche Schöpfungsverständnis nahe: erstens Gott aus dem Geschichtsprozeß auszuschließen und zweitens den Fundamentalunterschied zwischen dem göttlichen Tun und dem innerweltlichen Sich-Entwickeln zu verwischen. Ersteres geschieht in der Weise des *„Deismus"*, nach dem Gott, hat er einmal die Welt erschaffen, keinen weiteren Einfluß mehr auf deren Geschichte nimmt. Letzteres nimmt entweder die Form eines *„Panentheismus"* an – Gott wirkt auf notwendige Weise in allem, was ist und wird, als dessen Prinzip, oder die des *„Pantheismus"* –

Naturwelt und Gott sind identisch. Für den Pantheisten ist Gott genauso wie die Natur dem Werden unterworfen bzw. die göttliche Quelle „ergießt sich“ in je differenzierte Naturdinge.

Genau diese letzte Meinung trifft eine erste Stellungnahme des Konzils: Der Gedanke ist unannehmbar, daß die endlichen Dinge „aus der göttlichen Substanz“ erflossen seien oder daß „die göttliche Wesenheit durch ihre Offenbarung oder Entwicklung die Wirklichkeit aller Dinge“ *werde* (NR 321 – DH 3024). Die Gottheit und die analoge Personhaftigkeit des Schöpfers widerstreben seiner Unterwerfung unter solche Werdegesetze. Dieser Gott setzt in souveräner Entscheidung Nichtgöttliches aus sich ins Dasein. Er ist auch nicht mit einer Urmaterie vergleichbar, die im Laufe der Zeit je differenziertere Gestalten annimmt. Der Schöpfer ist nicht „das Allgemeine oder Unbestimmte, das durch Bestimmung seiner selbst die Gesamtheit aller Dinge, in Arten, Gattungen und Einzelwesen gesondert“, begründen würde (ebd.). Gott schafft eine evolutive Welt, aber deswegen unterliegt er nicht selber der Evolution – gerade das macht den grundlegenden Unterschied von Gott und Welt aus: „Gott ist von der Welt wesentlich verschieden“ (NR 315, vgl. 320 – DH 3001, vgl. 3023). Gewiß *will* er diese Welt und diese Geschichte, doch nicht, weil er auf sie angewiesen wäre. Er ist ja „in sich und aus sich ganz glücklich“ (NR 315, vgl. 321 – DH 3001, vgl. 3024). Vielmehr will er sie frei, ohne irgendeiner übergeordneten Notwendigkeit oder einem inneren Zwang zu gehorchen. Gott hat die Welt „in freiestem Willensentschluß zu Beginn der Zeit aus Nichts“ erschaffen (NR 316, vgl. 322 – DH 3002, vgl. 3025). Wo Hegel meinte, Gott als Geist *müsse* sich äußern und entäußern in das Andere seiner selbst, er sei also zwangsläufig Schöpfer, erhebt das Erste Vatikanische Konzil Widerspruch.

3.8.2 Die Güte Gottes am Anfang und am Ziel der Schöpfung

Die Welt wurde nicht mit Notwendigkeit erschaffen. Sie verdankt sich etwas ganz anderem als einer ihre Existenz vorbestimmenden, determinierenden Ursache: „Gott schuf aus seiner *Güte* (bonitate sua) und mit allmächtiger Kraft, nicht um seine Seligkeit zu mehren, noch um Vollkommenheit zu erwerben, sondern um seine Vollkommenheit zu offenbaren durch die Güter, die er den Geschöpfen mitteilt“ (NR 316, vgl. 322 – DH 3002, vgl. 3025). Die Motivation liegt also in der ewigen *Agape*, die, laut 1 Joh 4,8.16, Gott nicht nur hat, sondern ist, die sich ungeschuldet, gnadenhaft, spontan offenbart und sich deshalb nichtgöttliche Gegenüber, die solche Greifbarwerdung göttlicher Güte in geschaffenen Gütern wahrzunehmen vermögen, schaffen will.

Freilich wäre es an diesem Punkt mehr als angemessen gewesen, die dreieinige Liebesgemeinschaft Gottes anzusprechen, wie das etwa Augustinus konsequent tat, als er aus der Schöpfung als Geschichte ein den drei Personen gemeinsames „Werk nach außen“ machte. Denn es ist die eine und selbe Güte bzw. Liebe, die Gott dreieinig sein und die Welt entstehen läßt, die eine und selbe Macht der unendlichen Selbstmitteilung, hier zeitlich, dort ewig.

Nichtsdestoweniger ist diese dogmatische Aussage des höchsten Lehramtes von entscheidender Bedeutung. Sie verbindet den *Offenbarungs-* und den *Schöpfungsgedanken* miteinander, um sowohl auf die Frage nach dem Grund wie auf die nach dem Ziel des universalen Schöpfungsprozesses Antwort zu geben. Das Konzil befindet: „Die Offenbarung [ist] nicht unbedingt notwendig, sondern weil Gott aus seiner unermeßlichen Güte heraus den Menschen zu einem übernatürlichen Ziel hingeordnet hat, nämlich zur Teilnahme an den göttlichen Gütern", hat er sich in Wort und Tat geoffenbart (NR 30 – DH 3005). Das Ziel entspricht dem Grund: Das Alpha und das Omega der Geschichte sind die Güte des ewig Glücklichen und deren Genuß durch glücklich werden könnende Menschen.

Wenn man die damalige theologische Diskussionslage kennt, stellt man fest, daß das I. Vatikanum die neuscholastische Unterscheidung zwischen einem „primären" und „sekundären Zweck" der Schöpfung, wie sie etwa von der Kölner Provinzialsynode vertreten wurde (NR 312), nicht übernommen hat. Es sagt also nicht, man müsse als letzten und höchsten „Zweck des Werkes" die „Verherrlichung Gottes" ansehen und diese dabei für einen Zweck „höherer Ordnung" als „das Glück der Menschen" halten (ebd.). Anstatt eines derartigen Stufendenkens scheint das Konzil das Prinzip des Irenäus zu vertreten „gloria Dei vivens homo", das heißt, die Herrlichkeit Gottes findet sich darin, daß der Mensch da ist, lebt und sein Glück findet.

In diesem Zusammenhang fällt erstaunlicherweise kein Wort von Sünde und Sündhaftigkeit, vielmehr wird die patristische Vorsehungslehre mit Aspekten des biblischen Fürsorgegedankens verbunden: „Alles, was Gott schuf, schützt und leitet er mit seiner Vorsehung (providentia) ‚kraftvoll von einem Ende zum anderen reichend und alles mit Milde ordnend' (Weish 8,1). ‚Es liegt ja alles bloß und offen vor seinen Augen' (Hebr 4,13), auch das, was durch die freie Handlung der Geschöpfe geschehen wird" (NR 317 – DH 3003).

So gelingt der Kirchenversammlung eine konstruktive Leistung. Sie begnügt sich nicht damit, eine dialektisch-deterministische Geschichtstheorie und eine pantheistische Verwischung der Transzendenz Gottes abzuwehren, sondern bietet eine positive Schöpfungstheologie an, die bereits die Bedingungen schafft, auf die Frage nach dem Sinn der Geschichte Antwort zu geben, ohne ein Jota von der Göttlichkeit des Schöpfers wegzunehmen. Diesen Ansatz führt das Zweite Vatikanische Konzil noch deutlicher weiter.

3.9 Mensch und Welt nach dem Zweiten Vatikanischen Konzil

Das jüngste ökumenische Konzil hat eine eindeutig positive, pastoral-dogmatische Optik. Es kommt ihm darauf an, die „Zeichen unserer Zeit" zu vernehmen, um daraus jene herauszulesen, die „wahre Zeichen der Gegenwart oder der Absicht Gottes sind" (GS 11/1; vgl. 44/2). Das ist möglich, weil der eine und selbe *Geist Gottes* „den Erdkreis erfüllt" und in der Kirche wirkt, so daß die Glaubenden ihn „in den Ereignissen, Bedürfnissen und Wünschen", die das „Gottesvolk" mit „den übrigen Menschen unserer Zeit teilt", zu entdecken und ihm zu folgen vermögen (ebd.). Noch nie hat das Lehramt der Pneumatologie in seiner Schöpfungslehre eine so entscheidende Rolle eingeräumt. Allerdings wird hier die Schöpfungslehre nicht eigens als solche thematisiert. Vielmehr konkretisiert das Konzil, vorab in seiner „Pastoralkonstitution", *Konsequenzen* christlichen Schöpfungsglaubens unter den Bedingungen moderner Gesellschaft. Hierbei wird dogmatisch Maßgebliches gesagt. Dies kommt in einem Denkzusammenhang zur Erörterung, der durch das *evolutive* Weltverständnis der Gegenwart bestimmt ist und Entwicklungskategorien geltend macht.

Was das Konzil zur Würde des Menschen, zu seiner leib-seelischen Beschaffenheit (GS 14-18), zu seiner christlichen Berufung in Ehe, Familie (GS 48-50) und Gesellschaft (GS 23-27 und 32) sowie zu seinem aktiven Unterwegssein in Kultur, Wirtschaft, Politik, Friedensarbeit und Völkergemeinschaft (GS 57-94) aussagt, gehört zum größten Teil in den Traktat „Der Mensch auf dem Weg zu Gott"[144]. Hier sollen nur die Verbindungsstellen dieser christlichen Anthropologie zur Schöpfungslehre kurz angesprochen werden.

3.9.1 Menschenschöpfung aus Liebe

Ähnlich wie das I. Vatikanum, aber nunmehr in einem *trinitarischen* Kontext, erklärt GS 19/1, der Mensch sei „aus Liebe (ex amore) geschaffen" worden, so daß er zum Dasein in „Gemeinschaft (communio)" mit seinem Schöpfer und zum „Dialog (colloquium)" bestimmt ist.

Da diese Urbestimmung des menschlichen Geschöpfes durch die solidarische Tat und die allumfassende Herrschaft *Jesu Christi* einmalige Verwirklichungschancen erhalten hat, ist der „neue Mensch", von dem Paulus sprach, keine bloße Utopie mehr. Er ist ja bereits Wirklichkeit geworden im „neuen Adam", und dieser *ist* „das Geheimnis des Menschen" (GS 22/1).

Als solche bleibt die eschatologische Realität des Menschen nicht im auferweckten und erhöhten Gekreuzigten gleichsam eingeschlossen, sondern allen angeboten bzw. mitgeteilt, dank des Wirkens des *Hl. Geistes*. „Durch diesen Geist, der das ‚Unterpfand der Erbschaft' (Eph 1,14) ist, wird der ganze Mensch innerlich erneuert bis zur ‚Erlösung des Leibes' (Röm 8,23)" (GS 22/4). Hinzu kommt dann eine zweite Entschränkungsaussage: „Das gilt nicht nur für die Christusgläubigen, sondern für *alle Menschen guten Willens*, in deren Herzen die Gnade unsichtbar wirkt" (GS 22/5; vgl. LG 16). Der schöpferische Geist Gottes wirkt, wo er will. Er bietet allen die Möglichkeit an, dem Neuen Adam effektiv und aktiv „verbunden zu sein" (GS 22/5).

Kurzum: aus der Agape des Dreieinigen geschaffen, sind alle Glieder der Menschengattung in dessen ewige Gemeinschaft, über Erlösung und Vollendung, gerufen.

---

[144] Vgl in diesem Band: Theologische Anthroplogie.

3.9.2 *Schöpfungsauftrag in Liebe*

Dem dogmatischen Indikativ folgt der entsprechende ethische Imperativ: „Als von Christus erlöst und im Heiligen Geist zu einem neuen Geschöpf gemacht, kann und muß der Mensch die von Gott geschaffenen Dinge lieben" (GS 37/4). Daran erinnert die Eucharistie, in der „Früchte der Natur" neben der menschlichen Arbeit „in den Leib und das Blut des verherrlichten Herrn verwandelt" und in „brüderlicher Gemeinschaft" genossen werden (GS 38/2).

Ganz im Sinne von Gen 1,28 werden Männer und Frauen, die durch das Band der Ehe verbunden sind, zu einer „besonderen Teilnahme" am „schöpferischen Wirken" Gottes und zur „Mitwirkung mit der Liebe des Schöpfers und Erlösers" berufen (GS 50/1), und zwar nicht nur in der Weitergabe des Lebens, sondern auch als Zeugen des Evangeliums füreinander und für die von ihnen erzogenen Kinder. In jeder Hinsicht haben die Ehepartner „Interpreten" der Liebe des Schöpfers (GS 50/2) zu sein.

Die Sendung erstreckt sich, wiederum der „Urgeschichte" gemäß, auch auf die Bearbeitung der Erde: „Der nach Gottes Bild geschaffene Mensch hat ja den Auftrag erhalten", die Erde zu „regieren" (GS 34/1). „Männer und Frauen, die, etwa beim Erwerb des Lebensunterhaltes für sich und ihre Familie, ihre Tätigkeit so ausüben, daß sie ein entsprechender Dienst für die Gemeinschaft ist, dürfen überzeugt sein, daß sie durch ihre Arbeit *das Werk des Schöpfers weiterentwickeln*, daß sie ... zur geschichtlichen Erfüllung des göttlichen Plans beitragen" (GS 34/2; vgl. 67/2).

Deshalb läßt es der christliche Glaube nicht zu, die säkularen Errungenschaften der Menschheit zu verdächtigen und geringzuschätzen: „Den Christen liegt es ... fern, zu glauben, daß die von des Menschen Geist und Kraft geschaffenen Werke einen Gegensatz zu Gottes Macht bilden oder daß das mit Vernunft begabte Geschöpf sozusagen als Rivale dem Schöpfer gegenübertrete. Im Gegenteil, sie sind überzeugt, daß die *Siege der Menschheit ein Zeichen der Größe Gottes*" sind (GS 34/3).

Leider umfaßt diese Aussagereihe nicht die Verantwortung des Menschen gegenüber der *Naturwelt*. Daß Schöpfungstheologie auch eine ökologische Dimension besitzt und ohne diese heute nicht vollständig ist, deutet das jüngste Konzil noch nicht an. Das wird erst in der nachkonziliaren Zeit nachgeholt[145], allerdings nicht von höchster lehramtlicher Stelle.

Gefahren des menschlichen Schaffens unter den Bedingungen heutiger Industriegesellschaft werden aber vom Konzil selbst deutlich gemacht. Wo immer „die geschaffenen Dinge" ohne „Bezug auf den Schöpfer" gebraucht werden, sinkt das wissenschafts- und technikmächtige Geschöpf auf eine niedrige Ebene ab (GS 36/3). Wird der Fortschritt zum Selbstzweck und zur Versuchung erhoben, so wird „die Wertordnung verzerrt und *Böses mit Gutem vermengt*", so bedroht das Können des Menschen selbst die Menschengemeinschaft mit Zerstörung (GS 37/1). Gegen solche „ungeordnete Selbstliebe" wird das Agape-Gebot Jesu eingeschärft (GS 38/1; 45/2).

Die Rede vom Schöpfungsauftrag erhält ganz biblisch ihren Abschluß mit dem Gedanken an die eschatologische „*Vollendung* der Erde und der Menschheit" (GS

[145] Vgl. Europäische Ökumenische Versammlung. Frieden in Gerechtigkeit. Basel 15.-21. Mai 1989. Das Dokument. 20. Mai 1989. Die Botschaft (u. a.) (Arbeitshilfen 70). Hg. v. Sekretariat der Deutschen Bischofskonferenz, Bonn 1989 [= Baseler Erklärung]. Vgl. auch die Erklärung der Deutschen Bischofskonferenz zu Fragen der Umwelt und Energieversorgung: tzt D3/I, Nr. 59.

39/1). Diese soll das gegenwärtige Universum nicht apokalyptisch vernichten, sondern verwandeln (ebd.). Die „Erwartung der neuen Erde“ darf „die Sorge für die Gestaltung dieser Erde nicht abschwächen“, sie soll „sie im Gegenteil ermutigen“ (GS 39/2). Als Endziel der Geschichte wird nicht ein reines Wunder, das der Mensch passiv erfährt, bestimmt, vielmehr eine *„Gerechtigkeit“*, die auch durch Taten der Agape mitaufgebaut werden soll. Diese bzw. ihr Fehlen sind dann auch Gegenstand des Gerichtes, wie es Mt 25 lehrt. Was wird alles überdauern? Die „Liebe wird bleiben wie das, was sie einst getan hat“ (GS 39/1; vgl. 1 Kor 13,8).

Lehramtliche Aussagen zur Schöpfungsgeschichte
(Zusammenstellung: W. Beinert)

Text	Hauptaussagen	DH	NR
Symbola	Gott ist der alleinige Schöpfer der Welt		
Toletanum I (400)	Dogmatische Festlegung der Schöpfungsgeschichte	191	
Synode v. Konstantin. (543)	Die Schöpfung geht auf einen freien Akt Gottes zurück	410	287
Synode v. Braga (561)	Gott ist der Schöpfer *aller* Dinge (gg. Dualismus)	455-464	288-293*
Glaubensbekenntnis f. d. Waldenser (1208)	Gott ist der Schöpfer *aller* Dinge (gg. Dualismus)	790	294
4. Laterankonzil (1215)	Alles stammt von Gott (gg. Dualismus)	800	295
Johannes XXII. (1329)	Verurteilung Meister Eckarts	951-953	976 f.
Konzil von Florenz (1442)	Gott hat *alle* Dinge geschaffen (gg. Dualismus)	1333-1336	296-302
Versammlung der Kölner Kirchenprovinz (1860)	Zusammenfassung der damaligen Schöpfungstheologie		303-313
Syllabus Pius IX. (1864)	Verurteilung v. Pantheismus und Deismus	2901 f.	314
1. Vatikanisches Konzil (1870)	Gott ist universaler Schöpfer; es gibt eine nichtmaterielle Welt; Gott und Welt sind wesensverschieden; Verurteilung des Pantheismus; die Schöpfung geht auf einen freien Akt Gottes zurück	3001-3003 3021-3025	315-322
2. Vatikanisches Konzil (1962-1965)	Optimistisches Verhältnis zur Welt		
Die Deutschen Bischöfe (1980)	Zukunft der Schöpfung – Zukunft der Menschheit		

* = Übersetzung nicht vollständig

4. Theologische Reflexion

4.1 Dialog mit den Naturwissenschaften

4.1.1 Bedeutung

(1) Die christliche Schöpfungstheologie führt mit vielen anderen Wissenschaftsdisziplinen ein Gespräch. Dem Dialog mit den Naturwissenschaften kommt dabei in der Gegenwart ein gewisser Vorrang zu. Denn die Schöpfungstheologie kann nicht von einer heutigen Gesellschaft absehen, deren geistige Atmosphäre durch forschende Rationalität und deren Lebensweise durch technische Machbarkeiten aller Art bestimmt sind und in der das Bewußtsein wächst, daß Physik, Biologie, Genetik, Psychologie, Informatik und Ingenieurswissenschaften das Schicksal der Erde in der Hand haben.

Der Notwendigkeit einer Kommunikation der Theologie mit der säkularen Intelligenz unserer Zeit entspricht umgekehrt die Tatsache, daß eine Vielzahl moderner Physiker ein reges Interesse für religiöse Fragestellungen zeigt. M. Planck erklärte, Religion und Naturwissenschaft „ergänzen und bedingen einander“[146]. Nach dem Zeugnis W. Heisenbergs dachte er dabei an eine Komplementarität von objektiver Erkenntnis und ethischen Soll-Werten[147]. P. Jordan bezog neben der moralischen auch die kultische Dimension ein[148]. M. Eigen begrüßte in P. Teilhard de Chardin den Theologen, „der den Versuch einer Integration wissenschaftlicher Erkenntnis in das Weltbild des christlichen Glaubens unternommen“ hatte[149]. Und H. von Ditfurth schrieb: „Niemand hat Anlaß ..., unser Planetensystem nicht mehr als einen Teil göttlicher Schöpfung zu betrachten, nur weil es uns gelungen ist, sein Verhalten naturgesetzlich zu verstehen“[150].

Freilich kann aus solchen exemplarischen Erklärungen nicht auf eine Dialogbereitschaft *aller* Physiker oder gar *aller* Naturwissenschaftler geschlossen werden. Dennoch vermögen solche Erklärungen repräsentativ für einen Teil der Forscher zu stehen, die, über ihr jeweiliges Fachgebiet hinausgehend, Interesse für

---

[146] M. Planck, Religion und Naturwissenschaft. Vortrag, gehalten im Baltikum, Leipzig 1938. Zit. nach E. Ch. Hirsch, Das Ende aller Gottesbeweise? Naturwissenschaftler antworten auf die religiöse Frage (Stundenbücher 121), Hamburg 1975, 30. Vgl. tzt D3/II, Nr. 201-208, Texte von Naturwissenschaftlern des 20. Jahrhunderts.

[147] Vgl. ebd. 30-32.

[148] Vgl. P. Jordan, Der Naturwissenschaftler vor der religiösen Frage. Abbruch einer Mauer, Oldenburg b. Hamburg 1963, 23-25.

[149] M. Eigen, R. Winkler, Das Spiel. Naturgesetze steuern den Zufall, München-Zürich [5]1983, 290.

[150] H. v. Ditfurth, Wir sind nicht nur von dieser Welt. Naturwissenschaft, Religion und die Zukunft des Menschen, Hamburg [5]1987, 57.

die *Gesamtwirklichkeit* unserer Welt zeigen und meist gegenüber der *ökologischen* Krise stark sensibilisiert sind.[151]

(2) Das *Zweite Vatikanische Konzil* hat seinerseits den Boden für diesen Dialog bereitet, indem es ein evolutives Verständnis der Welt festgestellt und die Autonomie der irdischen Wirklichkeiten anerkannt hat.

Die Pastoralkonstitution engt den Begriff „Evolution" nicht mehr bloß, wie dies noch die Enzyklika „Humani generis" getan hatte (vgl. NR 332 – DH 3896), auf die Frage nach der biologischen, näherhin phylogenetischen Menschwerdung des Menschen ein, sondern verbindet damit einen Entwicklungsprozeß, der einerseits eine kosmische und molekulare, andererseits aber auch eine kulturelle und politische Dimension besitzt. „Die Menschheit" vollzieht heute „einen Übergang von einem mehr statischen Verständnis der Ordnung der Gesamtwirklichkeit zu einem mehr dynamischen und evolutiven Verständnis" (GS 5/3). Alles „evolviert" bzw. entwickelt sich, was eine wachsende Komplexität der Probleme mit sich bringt. Andererseits gerät der Prozeß zunehmend in Menschenhand. Menschliches Wissen und Können entwickeln „das Werk des Schöpfers" weiter oder entstellen es durch kurzsichtig und unverantwortlich betätigte Eingriffe (GS 34/2).

Dennoch redet das höchste Lehramt nicht davon, daß das mit Vernunft begabte Geschöpf Mensch Rivale des Schöpfers sei (GS 34/3). Vielmehr lehrt es: „Wenn wir unter *Autonomie* der irdischen Wirklichkeiten verstehen, daß die geschaffenen Dinge ... ihre eigenen Gesetze und Werte haben, die der Mensch schrittweise erkennen, gebrauchen und gestalten muß, dann ist es durchaus berechtigt, diese Autonomie zu fordern. Das ... entspricht auch dem Willen des Schöpfers. Durch ihr Geschaffensein selber nämlich haben alle Einzelwirklichkeiten ihren festen Eigenstand, ihre eigene Wahrheit, ihre eigene Gutheit sowie ihre Eigengesetzlichkeit und ihre eigenen Ordnungen, die der Mensch unter Anerkennung der den einzelnen Wissenschaften und Techniken eigenen Methode achten muß. Vorausgesetzt, daß die methodische Forschung in allen Wissensbereichen in einer wirklich wissenschaftlichen Weise und gemäß den Normen der Sittlichkeit vorgeht, wird sie niemals in einen echten Konflikt mit dem Glauben kommen, weil die Wirklichkeiten des profanen Bereiches und die des Glaubens in demselben Gott ihren Ursprung haben" (GS 36/2; Verweis auf das Erste Vatikanische Konzil, DH 3004 f). Aus diesem Grund ist der „Fall Galilei", der nur aufgrund eines „unzulänglichen Verständnisses für die legitime Autonomie der Wissenschaft" zustande kommen konnte, „zu bedauern" (ebd.).

Dieselbe Welt wird auf der einen Seite als „Natur" verstanden, naturwissenschaftlich erforscht und technisch umgewandelt und auf der anderen als „Schöpfung" gedeutet und auf ihre theologischen, doxologischen und ethischen Implikationen hin untersucht. Das begründet die Notwendigkeit einer interdisziplinären Zusammenarbeit. Diese Zusammenschau läßt sich ohne Mühe auf die christologischen und pneumatologischen Aussagen des Glaubensbekenntnisses

[151] C. F. von Weizsäcker, Geschichte der Natur. Zwölf Vorlesungen, Göttingen [8]1979, 126. Ihm ist auch weitgehend die sog. „Baseler Erklärung" zu verdanken (s. o. unter 3.9.2 Anm. 145); vgl. auch I. Prigogine, I. Stengers, Dialog mit der Natur, 210.

zurückbinden. Denn jener Teil empirischer Natur, der durch die nur für den Glauben erfahrbaren Ereignisse der *Inkarnation* und der leiblichen *Auferstehung* in die ewige Gottheit Gottes hereingenommen wurde[152], bildet den Ansatz schlechthin für eine „Theologie der Natur".

4.1.2 Methode

(1) In diesem Dialog kommt dem methodischen Vorgehen eine größere Rolle zu als der intuitiven Synthese und der dichterischen Ausdrucksweise. Dementsprechend kann die christologische Dimension des christlichen Schöpfungsglaubens nicht am Anfang, sondern erst am Ende der interdisziplinären Reflexion angesprochen werden[153]. Ebenso ist eine die Grenzen verwischende Sprache zu vermeiden.

Im Folgenden soll eine Schöpfungslehre *„von unten"* versucht werden, die bei naturwissenschaftlichen Erkenntnissen ansetzt – ähnlich wie eine „Christologie von unten" beim „historischen" Jesus. Gemeint sind vor allem Erkenntnisse der modernen Physik nach der Wende der Relativitäts- und der Quantentheorie (die Physik ist ja die fundamentalste aller Naturwissenschaften!), die geeignet scheinen, *„gemeinsame Plattformen"* zu konstituieren, auf denen dann eine positive und kritische Auseinandersetzung zwischen beiden Wissensbereichen sinnvoll durchgeführt werden kann. Dabei ist von der Voraussetzung auszugehen, daß es solche „Plattformen" tatsächlich gibt und daß sie etwas anderes als Konflikt oder bloße Feststellung von Nichtwidersprüchlichkeit versprechen.

Die geplante Auseinandersetzung sollte weder auf willkürlichen Entscheidungen der einen Seite noch auf zeitbedingter Opportunität der Fragen allein beruhen. Vielmehr ist erforderlich, daß sich die Gesprächsplattformen aus der „Sache" selbst ergeben. Als diesbezüglich am besten fundiert erscheinen heute vermutlich jene, die, von der Erkenntnis der *„Komplementarität"* im Bereich der physikalischen Phänomene ausgehend, auf eine *analoge* Versprachlichung der Sachverhalte unter Anwendung von ebenfalls analogen *Kategorien* abzielen.

(2) Zum physikalischen Prinzip *„Komplementarität"* haben N. Bohr, M. Planck, P. Jordan und W. Heisenberg die entscheidenden Bauelemente zusammengetragen. Alles beruht auf der Entdeckung der Atomphysik, daß das eine und selbe Phänomen im Bereich der kleinsten Komponenten der Materie oft *zwei „Seiten"* aufweist, die keineswegs aufeinander reduziert werden können. Das meint der physikalische Begriff „Dualismus". So tritt z. B. ein Elektron einmal wellenartig in Erscheinung, ein anderes Mal als Korpuskel. Schon Einstein hat eine ähnliche Doppelstruktur des Lichtphänomens erkannt: das Licht verbreitet sich bald als „Wellen-", bald als „Energiepaket", wobei Energie mit Masse identisch ist. Ferner ist nachgewiesen worden, daß diese zwei „Seiten" „niemals zugleich in Erscheinung treten".[154] Daraus folgt, daß sie auch unmöglich mit einem einzi-

[152] Vgl. K. Rahner, Fest der Zukunft der Welt: Schriften zur Theologie VII, 178-182, hier: 180: „Bleibendheit der Materie ..." in Ewigkeit „durch eine Verwandlung hindurch ...".

[153] Darin liegt die Problematik des Versuchs von Teilhard de Chardin (vgl. unter 1.2 Anm. 5).

[154] Vgl. P. Jordan, Der Naturwissenschaftler, 207.

gen theoretischen Satz ausreichend beschrieben werden können. Nun aber gehören die beiden in gleicher Weise stimmigen, wirklichen Aspekte einem in sich unteilbaren Beobachtungsgegenstand, so daß ihre Zweiheit kraft dieser fundamentalen Einheit nur als *sich gegenseitig ergänzend*, eben als „komplementär" erachtet werden kann. Das heißt, ein derartiger Vorgang wird komplementär genannt, weil er als solcher unter beiden Aspekten gemessen werden kann.

Eine analoge Extrapolation dieser Erkenntnis auf das Verhältnis zwischen *Religion und Naturwissenschaft* findet sich bei M. Planck, W. Heisenberg und P. Jordan sowie anderen theoretischen Physikern. Demnach besitzt die eine und selbe Werdewelt gleichsam eine „Naturseite" und eine „Schöpfungsseite", die nicht aufeinander reduzierbar sind. Keine kann die andere ersetzen, keine in der anderen aufgehen. Würde die eine entfallen, so hätte auch die andere keinen Bestand mehr. Sie sind sachlich und erkenntnismäßig komplementär und werden in der Weise gegenseitiger Ergänzung besprochen. Freilich bedeutet das noch *nicht* vollständige *Symmetrie* zwischen ihnen. Es kann einen Unterschied in der jeweiligen Tragweite, etwa im Blick auf existentielle Bedeutsamkeit, geben.

(3) Die Denkfigur *„Analogie"* erhält gerade in der bleibenden Differenz komplementärer Wirklichkeitsdimensionen ihren sinnvollen Ort. Denn analoge Rede bezeichnet wesensverschiedene Dinge mit demselben Wort, weil diese untereinander ein hinreichendes Maß an Ähnlichkeit vorweisen. Konkreter ist damit jene Analogie gemeint, die zwischen den den beiden Disziplinen Naturwissenschaft und Theologie eigenen *Erfahrungsweisen* besteht. Schon Roger Bacon (+ 1295), der sowohl Mathematik als auch Theologie betrieb, befand: „Alles muß ... verifiziert werden durch Erfahrung. Aber es gibt eine zweifache Erfahrung: die erste ist die der äußeren Sinne. So kann man ... mit Experimenten mittels Instrumenten, die zu diesem Zweck konstruiert wurden, arbeiten. Auf sie bauen die Naturwissenschaft und die Philosophie auf. Daneben gibt es eine innere Erfahrung durch göttliche Inspiration"[155].

Ansatz und Weg der empirischen und der religiösen Wahrnehmung durch Erfahrung sind je verschieden. Erstere geht von *sinnlicher* Erkenntnis aus und geht den Weg von Beobachtung, Experiment, Messung, Rechnung, Hypothesenbildung, Verifikation bzw. Falsifikation, Mathematisierung und Formulierung allgemein geltender Sätze über Sachverhalte. Sie orientiert sich an vorausgesetzten Erklärungshypothesen der Naturvorgänge, den sogenannten *Naturgesetzen*, und entdeckt dabei neue Aspekte derselben. Die religiöse Erfahrung, die am Anfang jeder Theologie steht, ist wesentlich *Glaubenserfahrung*: Bei dieser gibt die Wahrnehmung einer Selbstoffenbarung Gottes den Ausschlag. Was sich als göttlich erweist, sei es auch mitten in der Naturwelt (vgl. Röm 1,20), ruft das Vertrauen des Empfängers hervor, dieser setzt sein Lebensprojekt ganz auf den als glaubwürdig Erfahrenen, sucht dessen Willen zu erfüllen und somit den Sinn seines Lebens zu finden. Die Tragweite der so verstandenen religiösen Erfahrung geht über das empirisch Faßbare hinaus und verweist auf die Möglichkeit eines Lebens über den Tod hinaus.

---

[155] R. Bacon, Opus maius, p. VI, c.1, Venedig 1750, 336 f; zit. bei R. Lay, Der neue Glaube an die Schöpfung, Olten-Freiburg/Br. 1971, 24.

Bei aller Verschiedenheit zeigen doch beide Erfahrungsweisen ein hohes Maß an formaler Ähnlichkeit: hier wie dort geht es buchstäblich um *Wahr-nehmung*, darum, daß eine vorliegende Realität menschliches Erkenntnis- und Wahlvermögen an-spricht, herausfordert, interessiert und daß das Subjekt einen dauerhaften Umgang mit ihr pflegt. Deshalb sind bei dem analytisch-forschenden und dem mystisch-kontemplativen Verkehr mit der Wirklichkeit eine ähnliche Aufmerksamkeit und Geduld erforderlich. Auch im Streben nach einer Objektivität, die sich von der bloßen Objektivierung fundamental unterscheidet, zeigen sich wissenschaftliche und religiöse Erfahrung verwandt.

Aber nicht nur die beiden Erfahrungsweisen besitzen jenes hinreichende Maß an Ähnlichkeit, sondern auch die entsprechenden *Ausdrucksweisen*: das naturwissenschaftliche *„Modell"* und das religiöse *„Symbol"*. Der Physiker Hermann Dänzer verweist in diesem Zusammenhang[156] auf den Versuch Paul Tillichs, „den Gedankeninhalt der modernen Theologie am Erfahrungs- und Denkmaterial der modernen Physik in Analogie zu entwickeln"[157]. Zwischen der physikalischen Formulierung in Modellen und der religiös-theologischen Sprache in Symbolen, wie sie Tillich verwendet, erblickt Dänzer eine „formale Analogie"[158], die in der Einsicht gründet, daß sowohl die Physik der Elementarteilchen wie die Rede von Gott dem Schöpfer je neu *Unanschauliches* zur Sprache bringen müssen.

Wie die Physik mehrere Atommodelle kennt, die allesamt Phänomene der makroskopischen Alltagsforschung auf den mikroskopischen Bereich analog übertragen, so beschreibt die religiöse Symbolik den unsichtbaren Schöpfer mit Hilfe vieler der Alltagssprache entliehener Bilder und Metaphern sowie anthropomorpher Eigenschaften und Namen. Sowohl Naturwissenschaften als auch Theologie verwenden in Modellen bzw. Symbolen analoge Redeweisen, um die Wirklichkeit, die sie erforschen, zu beschreiben.

Dänzer schließt seine Argumentation mit folgenden Sätzen: „1. Das physikalische Modell ist die bildhafte Antwort des forschenden Menschengeistes bei seiner Begegnung mit der physikalischen Wirklichkeit. 2. Das religiöse Symbol ist die bildhafte Antwort des von der Gotteswirklichkeit getroffenen und ergriffenen Menschen. 3. Die Begegnung mit der physikalischen Wirklichkeit vollzieht sich in der Welt der Dinge, weist aber auf die ‚Tiefendimension' dieser Wirklichkeit hin. 4. Die Begegnung mit der Gotteswirklichkeit vollzieht sich in der Tiefe der Menschenseele und erzeugt ein Ergriffensein, das wir im Sinne Tillichs ‚Glaube' nennen können"[159].

[156] Vgl. H. Dänzer, Das Symboldenken.
[157] Ebd. 367.
[158] Ebd.
[159] Ebd. 368.

4.2 „Natur“ und „Schöpfung“

Die theologische Botschaft von der bārā-Tat Gottes nach Deutero-Jesaja und der Priesterschrift ist eindeutig. „Schöpfung“ besagt das ausschließlich Gott mögliche Tun des Erschaffens und Neuschaffens sowie dessen Ergebnis. Sie drängt nach geschichtlicher Entfaltung und Vollendung. In diesem Sinne ist kein Geschöpf der Schöpfung fähig. Es kann dem Schöpfer nur „nachfolgen“, einen „Schöpfungsauftrag“ wahrnehmen, aus dem Bestehenden kreativ Neues hervorbringen.

Wesentlich anders steht es mit dem Begriff der *Natur*. Er ist vor allem in unseren heutigen Sprachen *mehrdeutig*. Gewiß schwingt in ihm noch etwas von griech. „phýein“ und von lat. „nasci“, das heißt „wachsen“ bzw. „geboren werden“, mit. Und diese etymologische Bedeutung verweist immer noch auf Ursprung und Herkunft eines Dinges, auf das Geworden-, Gezeugt- oder Erzeugtsein aller „physis“, „natura“ und „Natur“ durch etwas anderes. Die Zweiteilung des Terminus in metaphysische „Wesensnatur“ und physisch-stoffliche Natur ist nach wie vor philosophisch vertretbar. Im ersten Fall besagt er die Beschaffenheit, die Essenz, das Wesen und das fundamentale Seins-, Bewegungs- und Aktionsprinzip eines Seienden als Art oder Individuum. Die Scholastik hat lange Zeit diesen Wortsinn privilegiert, um etwa von tierischer, menschlicher und göttlicher Natur zu reden und das, was dem Menschen natürlich ist, der ungeschuldeten „übernatürlichen“ Gnade Gottes entgegenzusetzen. Der konkrete, *materielle* Naturbegriff, den bereits Kant vom metaphysischen scharf absetzte[160], wurde bis heute theologisch wenig beachtet. Und doch ist er derjenige, der allen Naturwissenschaften zugrunde liegt. Dort dient er als Bezeichnung aller organischen und anorganischen Erscheinungen, sofern sie Gegenstand von sinnlicher Erfahrung, rationaler Erforschung und technischer Bearbeitung sind.

Gewiß liegt dieser Wortsinn den Naturwissenschaften so zugrunde, daß er seinen schillernden, je nach Kontext anders gewendeten Charakter nicht verliert. So können I. Prigogine und I. Stengers urteilen: „Jede große Epoche der Wissenschaft hat ein bestimmtes Modell der Natur entwickelt. Für die klassische Wissenschaft war es die Uhr, für die Wissenschaft des 19. Jahrhunderts ... war es ein Motor, der irgendwann nicht mehr weiterläuft ... Wir stehen vielleicht den Vorstellungen Platons näher, der die Natur mit einem Kunstwerk verglich“[161]. In der Tat wiegt im Begriff bald der Zeit-, bald der Raum-, bald der Ordnungsaspekt vor, aber auf jeden Fall meinen mit ihm Physiker und Biologen etwas, was empirisch-experimentell auslotbar und technisch verwendbar ist. Deswegen kann der Naturphilosoph drastisch formulieren, Natur sei alles, was wir zwar nicht gemacht haben, was aber doch stets zum Gegenstand, ja zum Material menschlichen Machens wird[162]. So hat auch die Umgangssprache den Begriff als den einen Pol des Gegensatzes „Natur-Mensch“ oder „Natur-Kultur“ rezipiert.

[160] Vgl. R. Spaemann, Art. Natur: HPhG 2, 956-969, hier: 965 f.

[161] I. Prigogine, I. Stengers, Dialog mit der Natur, 29.

[162] Vgl. R. Spaemann, a.a.O. 956 f.

Das läuft aber wiederum einer neuesten Tendenz entgegen, die eher ein faktisches oder sein sollendes Ineinander der beiden Pole nahelegt.

Das Zweite Vatikanische Konzil sieht im Menschen einen *„Teil der Natur"* (GS 14/2), der aber vom Schöpfer selbst zum Transzendieren des rein Natürlichen bestimmt und aufgerufen wurde. Von daher ergibt sich die schöpfungstheologisch entscheidende Frage, ob und wie weit wir die materiell bedingte Natur ganz *im Rahmen* der Schöpfung Gottes, ja gleichsam als deren empirisch faßbare „Seite" verstehen müssen. Und weiter: ob das geschichtlich oft verhängnisvolle Ausspielen der Schöpfungsseite der Gesamtwirklichkeit gegen ihre Naturseite heute nicht im Sinn einer echten Komplementarität überwunden werden muß. Was lehrt dazu ein Blick in die Geschichte des Verhältnisses von Theologie und Naturwissenschaft?

4.3 Zur Geschichte des Verhältnisses von Theologie und Naturwissenschaft

4.3.1 Biblische Natürlichkeit

Die Entwicklung des biblischen Weltverständnisses spiegelt eine kulturgeschichtliche Entwicklung wider, in der das Verständnis von Welt von den im Mythos vergotteten und dämonisierten Naturkräften allmählich losgelöst wird und zum Wahrnehmen einer Gott und dem Menschen dienenden Naturwelt führt. Die Unmittelbarkeit des Verhältnisses zu den Sternen, den Pflanzen, den Tieren und den Elementen bleibt dabei ähnlich wie in der mythischen Religion erhalten. Von daher erklärt sich die sachliche Gleichsetzung von Natur und Schöpfung, die einen eigenen Begriff für das, was die Griechen „Kosmos" und „phýsis" nannten, im Hebräischen überflüssig machte. Weil der biblische Mensch die Naturwelt als das Werk des einen, allmächtigen und alles belebenden Schöpfers ansieht, betet er sie nicht an, obgleich er sie achtet und in Besitz nimmt. Wie im 2. Kapitel gezeigt, entfallen sowohl das naturreligiöse wie das naturfremde, das sakralisierende wie das profanisierende Extrem; ja die Profanität der Dinge wird als gottgewollt, gut und förderlich erfahren.

So rezipieren die Priesterschrift und die Weisheitsliteratur das Naturwissen der damaligen Hochkulturen[163], so macht Jesus aus der Natur eine Predigerin der Gottesherrschaft, so werden die Rabbiner den Kosmos als „heiligen Raum (mākōm kadōš)" bezeichnen[164]. Sowenig die Bibel einer gnostisch-dualistischen Abspaltung der Materie vom Geist anheimfällt, so wenig trennt sie zwischen Leib und Seele oder zwischen Natur und Gott.

[163] Vgl. C. Westermann, Schöpfung und Evolution: W. Böhme (Hg.), Evolution und Gottesglaube. Ein Lese- und Arbeitsbuch zum Gespräch zwischen Naturwissenschaft und Theologie, Göttingen 1988, 240-250.

[164] Vgl. M. Jammer, Das Problem des Raumes. Die Entwicklung der Raumtheorien, Darmstadt (1960) ²1980.

Weltbilder im Wandel

Kultur	Zentrum	Anfang	Ende	endlich	unendlich	statisch	evolutiv
Naturvölker	Erde	*	*	*		*	
Ägypten	Erde			*		*	
Babylonien	Erde	*		*		*	
Antike	Erde	*		*		*	
Mittelalter	Erde	*	*	*		*	
Galilei	Sonne	*	*	*		*	
Klass. Physik					*	*	
Moderne Physik		*	*	*			*

Das Schema veranschaulicht die gravierenden Änderungen im Weltbild anhand verschiedener kosmologischer Modelle. Die Asterisci (*) geben die jeweils eingenommene Position an; wo sie fehlen und das nicht durch den Widerspruch zu einer anderen Aussage auf der gleichen Zeile zu erklären ist, soll gesagt werden: Darüber diskutieren die Vertreter des Modells nicht. Drei bedeutsame Korrekturen fallen auf: Der Übergang vom geo- zum heliozentrischen Weltbild (1), das heute aber ebenfalls verlassen wird: Es gibt keinen Weltmittelpunkt für die moderne Physik (2). Erst in unserem Jahrhundert wird der Kosmos als Ganzes evolutiv verstanden (3). Bezüglich des Endes werden heute drei Szenarien entworfen: a) Die Gravitation gewinnt die Oberhand und die Expansion des Universums wird gestoppt: „Weltenbrand"; b) nach dem Kollaps ist eine erneute Expansion denkbar: „Ewige Wiederkehr des Gleichen": c) Fortschreiten der Expansion: „Kältetod" (Schema: W. Beinert).

4.3.2 Naturdenken in der griechischen Philosophie

Neben ihrer biblischen Quelle, die ja „Natur" problemlos integriert, hat die altkirchliche Schöpfungstheologie auch vieles von der griechischen Kosmologie übernommen. Gemeint ist jenes Kosmos- und Naturdenken, das bereits vor Plato, Aristoteles und der Stoa die mythische Phase monotheistisch hinter sich gebracht hat und in der Moderne von der philosophierenden Naturwissenschaft als ihr echter Vorläufer wiederentdeckt wurde. Deswegen haben die großen Fragen der griechischen Naturphilosophie brennenden Aktualitätswert, freilich auch im Hinblick auf den hier intendierten Dialog. Exemplarisch sollen hier vier dieser Fragen skizziert werden: die Frage nach dem Urgrund bzw. Grundstoff aller Dinge, nach der Einheit in der Vielheit, nach der Bewegung und nach den bestimmenden Formen. Letztere Frage öffnet sich, wie das Beispiel des Platonismus besonders klar zeigt, auf den geistigen und den göttlichen Bereich. So empfand es, unter vielen anderen theoretischen Physikern der Gegenwart, W. Heisenberg, dessen Darstellung[165] im folgenden in großen Linien übernommen wird.

(1) Die Vorsokratiker zeigen ein ausgeprägtes Interesse für den *Urgrund aller Dinge*, mit dem sie meist auch deren Grundstoff zusammendenken. Der erste Aspekt der Fragestellung ist, unter Ausschaltung der verschiedenen Schöpfungsmythen, gleichsam „schöpfungsphilosophisch": Woher kommt die kosmische Ordnung? Da die stofflichen Dinge nicht anders als in der modernen Naturwis-

[165] Vgl. zum folgenden W. Heisenberg, Physik und Philosophie.

senschaft im Vordergrund stehen, wird nach dem „Grundstoff" gesucht. Thales findet ihn im Wasser, Anaximenes in der Luft, Heraklit im Feuer, Empedokles denkt an eine Mischung von vier Elementen: Wasser, Luft, Feuer und – ähnlich wie 'adāmā (Gen 2) – Erde. Die Philosophen streiten, ob der Grundstoff unendlich oder endlich, ewig oder zeitlich sei und ob man ihn auf seine kleinsten Bausteine im Denken aufteilen, zerlegen und sich folglich das letztlich Unteilbare, „tò á-tomon", vorstellen könne, bis Demokrit sich eindeutig für das Atom, als „die unteilbare kleinste Einheit der Materie"[166] ausspricht.

(2) Doch ist die griechische Sorge um die kosmische Harmonie zu stark, um die Welt der Dinge in die Vielfalt ihrer wahrnehmbaren Bestandteile zerfallen, „atomisieren" zu lassen. So stellte sich die bohrende Frage nach der *Einheit des Vielen*: Wie läßt sich dieses aus dem *einen* Urgrund erklären? Schattet sich das Ureine bloß in viele materielle Gestalten ab, ohne sich zu verändern? Heraklit gelangt zum Schluß, daß die Vielfalt der Dinge durch ständige Veränderung zustande kommt, so daß man die Veränderung selbst als das Grundprinzip ansehen kann, als jenen „unvergänglichen Wandel, der die Welt erneuert", wie die Dichter es besungen haben[167]. Zugleich ahnt Heraklit aber, daß dieses Grundprinzip der vielheitsstiftenden Dynamik nicht einfach eine „materielle Ursache" sein kann, weshalb er es durch das unfaßbarste Element, das Feuer, „repräsentiert"[168].

(3) Wichtig wird die Frage nach jener *Bewegung*, die nicht unbedingt im Sichtbaren und auch nicht im Sinne eines linearen Voranschreitens, sondern vieldimensional erkennbar ist. Empedokles macht in diesem Zusammenhang die bewegende Kraft der *Liebe* geltend, die er neben die des Streites stellt. Die Komplexität der Bewegungen, die unter solchem Antrieb entsteht, versucht er dann mit dem Prinzip *„Mischung"* anzudeuten. Die vier Elemente mischen und trennen sich, so daß immer neuer Wandel zur Weltharmonie beiträgt. Noch deutlicher vertritt dieses Prinzip Anaxagoras, für den unzählige verschiedene „Samen", die auch unfaßbar klein sind, den Grundstoff des großen Mischvorgangs bilden, der aber – das ist neu – geometrisch gedeutet werden kann. Ihre Zahl, ihr Ort, ihr zeitlicher Gang erscheinen ihm meßbar. Dennoch ist die Meßbarkeit nicht das Letzte. Anaxagoras befindet: „Und wenn die Anteile des Großen und des Kleinen ... zahlenmäßig gleich sind, muß auch deshalb alles in jedem sein. So ist es ausgeschlossen, daß irgend etwas isoliert wäre; nein, es hat alles Anteil an

---

[166] W. Heisenberg, Physik und Philosophie, 50.

[167] Ebd. 47.

[168] Ebd. Dazu trifft Heisenberg eine interessante Aussage: „Wir können an dieser Stelle einfügen, daß die moderne Physik in einer gewissen Weise der Lehre des Heraklit außerordentlich nahekommt. Wenn man das Wort 'Feuer' durch das Wort 'Energie' ersetzt", kommt dies klar in den Blick. „Die Energie ist tatsächlich der Stoff, aus dem alle Elementarteilchen, alle Atome und daher überhaupt alle Dinge gemacht sind, und gleichzeitig ist die Energie auch das Bewegende" (ebd.; vgl. 54f). Wird der Urgrund mit dem Grundstoff eng zusammengedacht, so läßt sich die Paraphrase formulieren: „Am Anfang war die Energie" und hinzufügen: Sie bleibt und wirkt immerfort durch vielerlei Verwandlungen hindurch. Diese Erkenntnis findet ihren Ausdruck im thermodynamischen Grundsatz, daß die Gesamtsumme der Energie erhalten bleibt, wenn sie auch vielen Umwandlungen in Bewegung, Licht, Spannung und Wärme unterzogen wird und wenn sie auch „am Ende" zum Stillstand im sogenannten „Wärmetod" kommen kann.

jedem."[169] Theologisch interessant ist der Begriff *perichoresis*, den Anaxagoras dafür benutzt. Die Kirchenväter bezeichnen damit in der Trinitätstheologie und der Christologie das interaktive Ineinandersein von Göttlichem und Menschlichem bzw. der göttlichen „Personen". Also findet sich hier schon eine mögliche Analogie zwischen Physik und Theologie, die um so mehr Anaxagoras selbst gerecht wird, als dieser die Bewegung des Kosmos auf die Urheberschaft des übermateriellen *„noûs"*, das heißt der „Vernunft", zurückband. Das kommt dem Logosgedanken des Johannesprologs nahe.

Aristoteles bringt für die Bewegung eine eher „lineare" Erklärung: Die jeweiligen Wirk- und Zielursachen befinden sich auf derselben Linie, und als erstes Glied der Kette fungiert die Gottheit als der *„unbewegte Beweger"*. Dieser bestimmt das Reich der Notwendigkeit im kosmischen Geschehen. Dem Zufall, dem Kontingenten, dem Unableitbaren dagegen kommt keine göttliche Würde zu. Das führt in die Nähe eines deterministischen (theologisch: prädestinationistischen) Denkens, nach dem schon der Anfang den Ausgang bestimmt. So kann auf jeden Fall der aristotelische Gedanke der „entelécheia"[170] (Entelechie) gedeutet werden. Er besagt, daß ein Ding so beschaffen ist, daß es sein Endziel bereits in sich hat.

Die Schöpfungslehre des Thomas von Aquin hat die aristotelische Bewegungs- und Ursachenlehre zwar rezipiert, sie hat auch den Schöpfer als „Erstursache" der Welt, die mittels einer Reihe von „Zweitursachen" in den Weltprozeß hineinwirkt, gedeutet. Dennoch dachte der Aquinate biblisch genug, um diese Kosmologie mit dem Gedanken eines souverän freien Urhebers der Schöpfung, der sich den freien Menschen als sein Ebenbild schaffen will, zu ergänzen. Heute, im Zeitalter der Chaosforschung, interessiert auch den Dogmatiker die neu eröffnete Debatte zwischen den Erben des Anaxagoras und des Aristoteles. Dabei wird das Spiel zwischen Zufall und Notwendigkeit in neuer Weise interessant.

(4) Die Frage nach den *Formen*, zuerst von Pythagoras und Platon gestellt, findet neues Interesse bei heutigen Naturphilosophen und theoretischen Physikern. Die Verbindung zwischen *Mathematik und Religion*, wie sie Pythagoras verstand, gehört zwar nicht zur gegenwärtigen Fragestellung, aber es zeigt sich wieder ein Gespür für Harmonie, die sich ebenso im physikalischen Maß und im biologischen Gleichgewicht wie in Musik und Mystik zeigt.

Plato bleibt diesem Ansatz treu, indem er die Elemente durch geometrische Formen repräsentiert, „reguläre Körper" erfindet, und die abstrakt-mathematischen Formen engstens mit der *geistigen* Welt der Ideen verknüpft. Hinzu kommt die Einsicht, daß die Gottheit ideelle Bildungen benutzte, um „das Universum abzustecken"[171]. Da auch für den Quantentheoretiker Heisenberg im Bereich der Elementarteilchen mehr die „Form" als der Stoff den Ausschlag gibt, neigt er stark dazu, hinter der Materie, etwa in der Substanz ihrer Feinstruktur, „Geist" und folglich Gott zu entdecken. C. F. von Weizsäcker und I. Prigogine denken ähnlich.

[169] Zit. nach J. Mansfeld (Hg.), Die Vorsokratiker griechisch/deutsch, Stuttgart 1987, 515. 517.
[170] De anima 2,1-4.
[171] Zit. bei W. Heisenberg, Physik und Philosophie, 53.

4.3.3 *Zum Verhältnis von Natur, Mensch und Gott im Mittelalter und in der Neuzeit*

(1) Schöpfungstheologisch gewinnt die Rezeption der aristotelischen Kosmologie durch bahnbrechende Vertreter der *Hochscholastik* große Bedeutung.

Albertus Magnus (1200-1280), Botaniker, Zoologe, Theologe und Mystiker in einem, ist von der Vereinbarkeit des christlichen Schöpfungsdogmas mit der Naturwissenschaft überzeugt. Sein persönliches Interesse für die Biologie ist durch seinen Glauben motiviert. Erfahrung umfaßt für ihn „experientia Dei" und „experientia naturae" zugleich. In dieser Hinsicht ist sein Einfluß auf Meister Eckhart und Nikolaus von Kues unbestreitbar. Halten wir aber hier nur seine These fest: Theologie hat mit Natur zu tun, sofern Materie und Lebewesen zum Heil des Menschen in Dienst genommen werden[172]. Freilich denkt er an die Natur als Schöpfung Gottes, wenn er deren Heilsbedeutsamkeit hervorhebt, nicht an eine von seinem Urheber losgelöste Natur.

Thomas von Aquin (1225-1274) vertritt den Glauben an den Schöpfer, den I. Prigogine als den „rationalen Gott der Christen" bezeichnen konnte. In der Tat reimen sich beim Aquinaten natura, creatura und ratio divina. Das Erbe des griechischen „noûs" und des johanneischen „logos" vereinend, schließt er auf Prinzipien, die der Natur „von der göttlichen Vernunft (a ratione divina)" eingestiftet sind[173]. So sind die Grundsätze der Natur und der Vernunft letztendlich identisch[174]. „Wer vernünftig lebt, lebt natürlich und umgekehrt", so könnte die von Thomas intendierte ethische Folgerung lauten. In der Tat ist das Vernunftwesen Mensch aufgerufen, die Natur nachzuahmen: „ratio imitatur naturam"[175]. Das kann als eine naturphilosophische Untermauerung des biblischen Schöpfungsauftrags angesehen werden, auch im Sinne einer Verpflichtung der Vernunft gegenüber der Naturwelt, die Thomas nicht bloß metaphysisch, sondern auch physikalisch versteht.

Roger Bacon (1214-1295) hält das „principium experimenti" hoch, verbindet Empirie und „innere", von Gott direkt inspirierte Erfahrung und kritisiert eine zur Interdisziplinarität nicht bereite Theologie: „Keine Wissenschaft ist für sich allein genommen nützlich. Jede ist Teil eines organischen Ganzen"[176]. In einer bestimmten Hinsicht ist die Mathematik der Theologie gleichgestellt, in anderer sogar überlegen, nur freilich in Fragen des Glaubens, der Ethik und der letzten Dinge nicht. Die insgesamt 15 Jahre, die Bacon wegen zu gewagter Aussagen in kirchlicher Haft verbringen mußte, nehmen schon den Fall Galilei vorweg.

(2) Das Drama *Galileo Galileis* (1564-1642) hat einen ähnlichen Bruch im Bereich des wissenschaftlichen Denkens bewirkt wie das Nein Luthers zum römisch-scholastischen Kirchendenken und macht gleicherweise heute noch „ökumenische" Bemühungen erforderlich. Die Tatsache, daß der gläubige Christ Galilei das biblische Weltbild mit seiner Geozentrik und seiner Stockwerkstruk-

---

[172] Vgl. A. Sauer, Die theologische Lehre von der materiellen Welt beim heiligen Albert dem Großen, Würzburg 1935, 111-168.

[173] S.th. I, q. 50 a. 4, resp. Vgl. tzt D3/II, Nr. 136-141, Texte des hl. Thomas.

[174] Ebd. II/II, q. 154 a. 12. resp.

[175] Ebd. I, q. 60 a. 5, resp.

[176] Zit. bei R. Lay, Der neue Glaube an die Schöpfung, 15.

tur als für die eigentlich intendierte Offenbarungswahrheit unerheblich betrachtete und mit diesem die von Kopernikus (1475-1543) theoretisch entworfene und von ihm selbst experimentell nachgewiesene *Heliozentrik* für vereinbar erklärte, ist für heutige wissenschaftliche Schriftauslegung kein Problem. Die Theorie, nach der die Erde nicht der Mittelpunkt des Universums ist, sondern mit den anderen Planeten zum Sonnensystem gehört und sich als kugelähnlicher Körper täglich um ihre Achse dreht, erschreckte schon damals gebildete Päpste wie Clemens VII. und Paul III. keineswegs[177]. Vielleicht spielte bei ihrer Einstellung die Glaubensüberzeugung eine Rolle, daß der Schöpfer, der das „geringste" der Völker erwählt hatte, auch den relativ kleinen und „am Rande" eines größeren Systems kreisenden Planeten zum Ort der Menschwerdung seines Sohnes habe machen können. Für Galilei gibt es keinen Zweifel darüber, „daß es zwischen dem Buch der Natur und dem der Offenbarung keinen Widerspruch geben" kann[178]. Das entspricht genau der Lehre des Ersten und Zweiten Vatikanischen Konzils.

Freilich kann diese Nichtwidersprüchlichkeit dahingehend gedeutet werden, daß der Physiker *in keiner Weise* den Gottbezug der Dinge ansprechen darf, nicht einmal als einen seinen eigenen Kompetenzbereich übersteigenden komplementär sinnvollen Gedanken. Vieles in der Wirkungsgeschichte der Philosophie *R. Descartes* legt eine solche Interpretation nahe. Wo Galilei, Newton und Descartes selbst ihre Wissenschaft als Lob auf den Schöpfer verstanden und Gott als durchaus denknotwendigen gemeinsamen Bezugspunkt für das Universum und das glaubende Ego ansahen, führte die cartesianische Trennung zwischen Subjekt und Objekt, die von ihrem Urheber bloß als kritische *Methode* gemeint war, faktisch dazu, daß der Gottesgedanke aus der Welt der analysierten Objekte vollends verdrängt wurde. Seither konnte der Schöpfer zwar vom fragenden Ego her, aber nicht mehr von der natürlichen Welt her gedacht werden.[179] Um so revolutionärer mutet heute der Titel eines Bestsellers von Paul Davies an: „Gott und die moderne Physik".

Auf Dialogmöglichkeit in der Gegenwart wird vor allem von Physikern, Biologen, Psychologen und Verhaltensforschern hingewiesen, denen die *Einheit der Natur* und das Gesamt der Weltwirklichkeit zu einem wichtigen Forschungsanliegen geworden sind und die sich dabei für die Zukunft unseres Planeten verantwortlich wissen. Sie beklagen das unselige Schisma zwischen den Natur- und Geisteswissenschaften und suchen nach dessen Überwindung.

Was weitgehend fehlt, ist ein entsprechendes Bewußtsein bei den meisten *Theologen*, eine Tatsache, die nicht einfach zu erklären ist.

Wie dem auch sei: Natur war kein Thema der Theologie, noch weniger deren wissenschaftliche Erkenntnis. So etablieren sich die Religiosität und der Glaube einer Anzahl großer Physiker, Biologen und Mediziner *außerhalb* oder am Rande der dogmatischen Thematik; sie gingen eigene Wege, z. B. den Weg einer „kosmischen Religiosität" mit platonischen und fernöstlichen Ansätzen.[180]

---

[177] Vgl. R. Lay, Der neue Glaube an die Schöpfung, 35.
[178] H. Dolch, Art. Galilei: LThK^2 4, 494 f.
[179] Vgl. W. Pannenberg, Anthropologie in theologischer Perspektive, Göttingen 1983, 11.
[180] Vgl. S. Müller-Markus, Der Gott der Physiker, Basel 1986.

Kleines Glossar naturwissenschaftlicher Fachbegriffe

Anthropisches Prinzip: Die Vorstellung, daß viele Eigenschaften des Kosmos darauf angelegt sind, die Existenz des Menschen zu ermöglichen.

Chaostheorie: Deutung der Tatsache, daß die makroskopische Welt zwar deterministischen Gesetzen folgt, daß dennoch in der Natur Unregelmäßigkeiten gegeben sind, die eine langfristige Voraussagbarkeit der Vorgänge nicht zulassen. „Chaos“ ist dabei ein möglicher Mechanismus beim Aufeinanderprallen von Alternativen und oft die Grundlage neuer Ordnung.

Entropie: Physikalische Größe, die die umkehrbare Verlaufsrichtung eines Wärmeprozesses kennzeichnet. Nach dem E.gesetz wird in geschlossenen Systemen arbeitsfähige Energie in arbeitsunfähige umgewandelt (Energiegleichgewicht, Wärmetod).

Entelechie: Formprinzip, das z.B. einen Organismus zur Selbstentwicklung bringt.

Evolutionstheorie: In der Biologie Erklärung der heutigen Formenvielfalt der Lebewesen durch *Mutation* (Änderungen in einer Zelle, durch die neues genetisches Material geschaffen wird), *Migration* (Änderung von Genfrequenzen in einer Population durch Verbindung mit anderen Populationen), *Selektion* (besser an die Umwelt angepaßte Individuen gelangen bevorzugt zur Fortpflanzung) und *Gendrift* (Änderungen der Genfrequenz, die nicht vorhersehbar sind). Kosmologie: Entstehung von Materie und Leben aus dem ↗ Urknall-Geschehen.

Galaxie: Milchstraße, auch Sternsystem allgemein.

Heisenbergsche Unschärferelation: Prinzip, das besagt: Ort und Geschwindigkeit eines Teilchens können nicht gleichzeitig mit beliebiger Genauigkeit ermittelt werden.

Hominisation: Evolutiver Vorgang der Entstehung des Menschen durch Kombination von aufrechtem Gang, Freisetzung der Hand und Leistungssteigerung des Gehirns (Cerebralisation).

Komplexe Systeme: Das Universum hat die Tendenz zur Komplexität, d.h. zum Entstehen von Strukturen, die weder willkürlich noch ganz regelmäßig zustande kommen, aber eine neue Ordnung (System) hervorbringen (↗ Selbstorganisation)

Ontogenese: Entwicklungsgeschichte eines einzelnen Lebewesens.

Phylogenese: Entwicklungsgeschichte eines Stammes von Lebewesen.

Quantentheorie: Theorie der Mikrophänomene und Mikroteilchen, wonach diese sowohl Teilchen- als auch Wellencharakter besitzen (M. Planck).

Relativitätstheorie: A. Einstein formulierte 1905 die Spezielle R., wonach dieselben Naturgesetze unabhängig vom Bewegungszustand des Beobachters gelten. 1915 folgte die Allgemeine R.: Die Wirkung der Schwerkraft wird durch Verformung der Struktur der Raum-Zeit beschrieben. Die Allgemeine R. ist heute unentbehrlich als Grundlage der Kosmologie.

Selbstorganisation: Wenn sich Elemente zu größeren Einheiten verbinden, treten in der Natur neue Beziehungen auf, so daß immer komplexere hierarchisch strukturierte Systeme mit Wechselwirkungen und gegenseitigen Verbindungen auftreten: Elementarteilchen – Atome – Moleküle – Makromoleküle – Zellorganismen – Zellen – Organe – Organismen – Populationen – Arten – Ökosysteme.

Urknall (Big Bang): Heutiges kosmologisches Standardmodell, wonach alle Materie am Beginn der Entstehung von Kosmos, Raum und Zeit von einem Ausgangszustand von unvorstellbarer Dichte und ungeheurem Druck sich ausgedehnt hat.

Zeitkrümmung: Nach der Allgemeinen Relativitätstheorie (↗) verursacht die Schwerkraft eine Verzerrung des Geflechts von Raum und Zeit. Die Lichtstrahlen werden tatsächlich durch die Anwesenheit von Masse beeinflußt, als liefen sie in einem gekrümmten Raum.

Außerdem trugen die *Erfolge* der Naturwissenschaften angesichts einer relativen Erfolglosigkeit der Theologie zur Scheidung bei. Bürger der modernen Industriegesellschaft erfuhren und erfahren oft die Vorteile einer in Technik umgesetzten Naturwissenschaft in aller Unmittelbarkeit, so daß dabei die Sinnfrage verdrängt wird und der Nutzen eines theologisch vermittelten Weltverständnisses nicht einmal zur Sprache kommt. Die Theologie, die inzwischen durch die Integration historischer und humanwissenschaftlicher Forschungsergebnisse und –methoden einen neuen Status unter den Geisteswissenschaften errang, blieb angesichts der sogenannten Exaktwissenschaften erstaunlich verlegen und ratlos. Das erklärt eine bestimmte Ghettomentalität, die K. Rahner noch in seinen letzten Lebensjahren bitter beklagt hat.

Christliche *Philosophen* entwickelten hingegen Ansätze einer Kosmologie, die mit der modernen Physik und Evolutionstheorie gemeinsame Plattformen aufwies. Sie tragen auch heute dazu bei, daß es nicht mehr als absurd, vielmehr als reizvoll erscheint, Gott und Erkenntnisse der Naturwissenschaften *komplementär* anzusprechen. Im Folgenden sollen aber zunächst jene „Plattformen“ untersucht werden, die von seiten der modernen Physik vorgeschlagen wurden.

4.4 Moderne Physik und Schöpfungsglaube

Vier dieser Plattformen sollen hier dargestellt werden: Bei jeder soll ihre schöpfungstheologische Relevanz angesprochen werden.

4.4.1 Endliches und relatives Raumzeitkontinuum

(1) Die *„klassische Physik“* der Neuzeit, die von Galilei über Laplace und Newton bis etwa zu Einstein vorherrschte, verstand den Raum *absolut*, das heißt ohne jeden Bezug zur Zeit. Dieser zeitunabhängig und gleichbleibend gedachte Raum wurde als unendlich vorgestellt. Man konnte ihn veranschaulichen mit dem an sich paradoxen Bild eines Quadrats, dessen „Grenzen“ sich ins Unendliche verlieren. Was die Zeit anbelangt, so wurde sie ihrerseits unabhängig vom Raumfaktor als eine gerade Linie ohne Ende vorgestellt, als ein Fluß, der sich in einen endlosen Ozean hinein verliert.

Daß damit bedenkenlos die *Gottesprädikate* Unendlichkeit und Ewigkeit auf den Kosmos übertragen werden konnten, erschien anfangs noch mit dem Glauben vereinbar. *Giordano Bruno* glaubte zugleich an Gott und an das unendliche Weltall der Sonnen und Planeten mit ewiger Dauer[181]. *Newton* sah im absoluten Raum das „Sensorium Gottes“[182], das sein ewiges Wesen in meßbarer Weise ver-

[181] Vgl. P. Jordan, Der Naturwissenschaftler, 88.
[182] Vgl. C. F. v. Weizsäcker, Die Geschichte der Natur, 48.

körpert und seinen Willen durch unabänderliche Naturgesetze erfüllt. Diese Sicht der Dinge entspricht einem zum Pantheismus neigenden Gottheitsglauben, der auch noch bei dem großen Kritiker Newtons, *A. Einstein*, und bei nicht wenigen heutigen Naturwissenschaftlern zu finden ist: Dieser Pantheismus unterscheidet sich vom klassischen dadurch, daß er nicht mehr eine deterministische Wirk- und Zielursächlichkeit auf die ewige Gottheit überträgt, sondern vielmehr im Zusammenspiel der Naturabläufe ein göttliches Spiel erblickt.

(2) Mit Albert Einsteins spezieller und allgemeiner *Relativitätstheorie* bricht ein bestimmter Determinismus zusammen. Demnach sind Raum und Zeit voneinander nicht ablösbar, das heißt je für sich verab-solutierbar. Sie sind korrelative Größen, so daß man sie am besten mit einem einzigen Wort „Raumzeitkontinuum" bezeichnet. Sie bilden Koordinatensysteme (Mehrzahl!), weil jedes Teilsystem im uns bekannten Universum sein eigenes Raumzeitkontinuum haben kann. In verschiedenen Galaxien können je andere Koordinatensysteme walten.

Einstein verzichtet auf eine Veranschaulichung, durch die unsere alltägliche Wahrnehmung von Höhe, Tiefe und Weite zum universal geltenden Vorstellungsschema erhoben wird. Die darauf beruhende Euklidische Geometrie mit ihren nur drei Dimensionen entspricht nicht der eigentlichen Struktur der Materie, so daß Einstein selbst schon an Vierdimensionalität – die „Zeitdimension" wird als die jeweilig vierte verstanden – denken konnte. Die gegenwärtige Chaosforschung geht noch weiter und führt den Begriff „fraktale", das heißt „gebrochene Dimension" ein, wobei deren Zahl gar nicht von vornherein feststeht[183].

Schöpfungstheologisch ist die Entdeckung des endlich-relativen Raumzeitkontinuums schon deshalb wichtig, weil sie die Vermengung des Schöpfers mit seinen angeblich unendlichen „Sensorien" erheblich erschwert. Gott verliert somit seine Doppelgängerin in der Gestalt einer ihm gleichewigen, insofern also gottgleichen Weltmaterie. Seine *Transzendenz* kann erneut, wenn auch nicht mehr unter den Voraussetzungen der biblischen Stockwerk-Vorstellung, eindeutiger als radikale *Überraumzeitlichkeit* behauptet werden, die doch für recht verschiedene Raumzeitkontinuen von sinngebender Bedeutung ist. Zugleich erhält auch die *Geschichte* als endliches, zeitliches, unumkehrbares und einmaliges Geschehen ihre wahre Würde zurück.

(3) Die *spezielle* Relativitätstheorie führt ihrerseits zum Abbau einer statisch harmonischen Architektonik des Universums: Es tritt in seiner unermeßlich dynamischen Komplexität in Erscheinung. Sie weist nach, wie sich die verschiedenen *bewegten* Körper und Körpersysteme aufeinander beziehen und sich gegenseitig unter der einen invariablen Maßgabe der *Lichtgeschwindigkeit* (300.000 km/Sek.) bedingen.

Daraus folgt u. a. eine wenig bekannte Einzelheit: Relativ zu diesem universalen Maßstab modifizieren sich die verschiedenen Zeitkoordinaten der entsprechenden Räume, wodurch das Rätsel ihrer „Krümmung" erhellt wird. Je mehr sich nämlich die Geschwindigkeit eines bewegten Körpers der Lichtgeschwindigkeit nähert, um so stärker wird die Zeitkrümmung. P. Davies nennt diese

---

183 H. Jürgens u. a., Fraktale – eine neue Sprache für komplexe Strukturen: Chaos und Fraktale (Spektrum der Wissenschaft), Heidelberg 1989, 106-119, hier: 117 f.

Eigenschaft der Raumzeitkontinuen Elastizität, denn sie „dehnen" sich oder „schrumpfen" je nach Annäherung an die bzw. Entfernung von der Lichtgeschwindigkeit[184].

Eine Folge dieses Sachverhaltes besteht darin, daß wir kosmische Vorgänge, die von uns viele Lichtjahre entfernt sind, z. B. eine Sternexplosion, hier und heute beobachten können. Der philosophische Gedanke an die „Gleichzeitigkeit" von Wahrnehmungsobjekt und -subjekt wird dadurch physikalisch illustriert. Freilich kennen auch das religiöse Denken und die christliche Theologie Fälle der Zeit- und Raumrelativierung, z. B. im Glaubensakt oder in der sakramentalen Feier, bei denen Vergangenes und Zukünftiges oder Entferntes in ihrer aktuellen Wirksamkeit wahrgenommen werden.

(4) Die *allgemeine* Relativitätstheorie bringt zusätzlich den Faktor *„Gravitation"* in Rechnung. Demnach erzeugt jede Masse, z. B. die Erde, ihr eigenes Schwerefeld, in dem alle sich zur Masse bewegenden Fremdkörper angezogen werden. Hier gilt der Grundsatz: „Je näher, um so schwerer" bzw. „Je ferner, um so leichter", bis hin zur sogenannten „Schwerelosigkeit". Einstein hat theoretisch entdeckt, was die Raumfahrer experimentell feststellen können: „Im Weltraum, wo die Erdgravitation geringer ist, läuft die Zeit tatsächlich rascher ab als auf der Erde"[185].

Somit wird die Nichtabsolutheit bzw. die Raumrelativität der Zeit in der Form von *„je verschiedenen Zeiten"* erneut greifbar. Zwischen diesem Faktum und dem, was die *Bibel* uns vom entscheidenden „Wozu" der Zeiten lehrt, scheint eine gewisse Ähnlichkeit zu bestehen. Nach biblischem Schöpfungsverständnis gibt es zunächst die „Zeit" des Schöpfers, die nicht unbedingt synchron zu unseren kreatürlichen Zeiten verläuft. Vielmehr haben sich diese auf den Rhythmus Gottes einzustellen, das heißt unsere gemessenen Zeiten *(chrónoi)* auf die göttlich geschenkten Entscheidungsmomente *(kairói)*. Außerdem lehrt die Weisheitsliteratur, daß unsere Zeiten handlungsrelativ sind: Es gibt eine Zeit je zum Lachen, zum Weinen, zum Lieben, zum Sterben usw. Zudem sollen alle Zeiten dem Willen des Schöpfers entsprechend „gefüllt" werden. So sagt z. B. der markinische Jesus: „Die Zeit ist erfüllt" (Mk 1,14).

(5) Mehr noch als die bisherigen Überlegungen bildet die physikalische Erkenntnis der *Geschichte der Natur* eine gemeinsame Dialogbasis. Nicht nur der Mensch, sondern auch die Naturwelt, die ihn „gezeugt" hat, ist zutiefst geschichtlich, das heißt, sie steht zwischen einem bestimmten Anfang und einem mit Wahrscheinlichkeit berechenbaren Ende[186].

Die Frage nach dem Anfang des Kosmos beantwortet die Physik mit der Hypothese vom „Urknall". Neuerdings in Kritik geraten, erscheint sie nach wie vor gut begründet. Gemäß dieser Hypothese explodierte vor 5-10 Milliarden Jahren eine Urmasse. Über Urmoleküle entwickelte sie sich in einer immer noch andauernden Expansion. Dabei entsteht die Frage, wohin denn das Universum wachse. Die Antwort ist paradox: Für den sich ausdehnenden Weltraum gibt es

---

184 Vgl. P. Davies, Gott und die moderne Physik, 160-162.

185 Vgl. ebd. 163.

186 Vgl. C. F. v. Weizsäcker, Die Geschichte der Natur, 10.

kein „Außerhalb" oder einen physikalischen Überraum. Der endliche Kosmos, der im Urknall seinen Anfang nahm, ist räumlich „allumfassend", obwohl er „zu verschiedenen Zeiten verschiedene Größen hat"[187]. Es ist allerdings vorauszusehen, daß die Expansion einmal in *Kontraktion* umschlägt und mit einer Art Kollaps ein *Ende* findet. Das besagt nicht Vernichtung, denn die Energie bleibt nach dem ersten Hauptsatz der Thermodynamik erhalten. Vielmehr entsteht ein neuer Urmassezustand, der dann möglicherweise wieder explodiert. Die Vorstellung von einem mehrmals expandierenden und sich kontrahierenden Kosmos nennt man „pulsierendes Universum".

Meines Erachtens bildet diese Theorie ebensowenig eine unüberwindbare Schwierigkeit für die *Schöpfungstheologie* wie die Erkenntnis der Heliozentrik durch Kopernikus und Galilei. Denn nichts hindert den Gott Jesu Christi in *einem* der möglichen Universen, und zwar darin auf dem winzigen Himmelskörper Erde, sein Ebenbild entstehen zu lassen und an ihm sein Heilsvorhaben zu vollziehen. Er pflegt ja Geringste zu erwählen.

Die eigentlich „erdzeitliche" Endlichkeit unserer Welt hängt noch mit dem zweiten Hauptsatz der Thermodynamik zusammen *(Entropie-Satz).* Dieser beschreibt u. a. den Prozeß, durch den „arbeitsfähige" Energie, z. B. die Bewegungsenergie, unumkehrbar in „arbeitsunfähige" Wärme verwandelt wird. Der Satz besagt außerdem, daß diese „Tendenz zur Degradation"[188], näherhin zum „Wärmetod" oder zum Gleichgewicht im Stillstand führt, daß also die „Entropie" in *geschlossenen Systemen* stets zunimmt. *Geschlossen* nennt man ein System, das von außen keine Energiezufuhr erfährt. Das Gesamtuniversum gilt als ein solches. Der Erdball ist insofern ein offenes System, als er noch lange Zeit von der Sonne Energienachschub bekommt. Daß er damit aber einem tödlichen Endstillstand entkommt, ist dennoch nicht sicher; ganz im Gegenteil. Industriegesellschaftliche Kohlendioxyd-Produktion, Abholzung und Umweltvergiftung aller Art tragen täglich immer mehr zur künstlichen Erhöhung der Entropie in unserer Biosphäre bei.

Nun ist die Entropie unumkehrbar *(irreversibel)*, auch dann, wenn sie auf gegensätzliche Wirkungen stößt und dadurch „gesteuert" oder „gebremst" werden kann[189]. In dieser Irreversibilität liegt der sogenannte *„Zeitpfeil"*, der „nach vorne" gerichtet ist und auf das kommende Ende weist[190]. So dürfte man wohl in einer gewissen Analogie von einer „Sterblichkeit" des Universums reden.

Schöpfungstheologisch entspricht dieser Entdeckung der modernen Physik etwa das markinische Jesuswort: „Himmel und Erde werden vergehen, aber meine Worte werden nicht vergehen" (Mk 13,31). Der zweite Satzteil deutet auf die spezifisch christliche Weise, Zeitlichkeit, Vergänglichkeit und Sterblichkeit des irdischen Lebens positiv anzunehmen. Das geschieht dort, wo sich Menschen nach den unvergänglichen Worten des Mitschöpfers richten und ihre Lebenszeit durch sie „füllen" lassen. Der Christ sucht und findet, anders als der Gnostiker,

---

[187] Ebd. 263.
[188] Vgl. I. Prigogine, I. Stengers, Dialog mit der Natur, 124.
[189] Vgl. ebd. 210.
[190] Vgl. ebd. 128.

seine Erlösung nicht in der Abkehr von der gegenwärtigen Welt, sondern *in* ihr. Heil ist für ihn eine geschichtliche Größe, ähnlich wie die Natur – wenn auch in einer anderen Dimension. Die biblische *Eschatologie*, ohne die der christliche Schöpfungsglaube in seiner ganzen Tragweite unverständlich bleibt, wertet die zeitlich-endlich-relative Welt nicht ab, sondern auf. Denn sie lehrt, wie die Zeiten qualitativ gefüllt und erfüllt werden können.

4.4.2 *Offenheit der Materie auf Geist hin*

(1) Eine bestimmte Wissenschaftsgläubigkeit, etwa der marxistische oder liberale Szientismus, neigt zu einer Form des *Materialismus*. Schon für Demokrit gab es nichts als die Materie, das heißt die Atome, neben dem „leeren Raum"[191]. Mögen sich die Atome in tragische oder komische Menschenschicksale emporarbeiten, so sind sie doch alle aus dem selben Stoff, nur ihre Formen variieren. Das ist eine *monistische* Weltanschauung, in der, anders als bei Plato, auch die Form letztlich nur materieller Natur sein kann[192]. Zudem wird diese Welt durch Notwendigkeit und Determinismus vorangetrieben, wie das der andere „Atomist" Leukipp anzunehmen schien[193].

Der marxistische Materialismus erhebt einen weiteren Anspruch: neben der Philosophie auch die neuzeitliche Physik, Biologie und Verhaltensforschung in den Zeugenstand für seinen *dialektischen* Materialismus zu rufen. Folgerichtig hat er sich lange Zeit erbitterten Widerstand gegen die Quantentheorie geleistet[194]. Diese schien seinen Vertretern zu „idealistisch", sogar religiös verfremdet. Er hielt ihr gegenüber am „Dogma" fest: auch die geistigen, kulturellen, religiösen Erscheinungen sind nur „Überbau" einer durchweg materiellen, näherhin sozialökonomischen, Infrastruktur. Demnach ist aller Geist letztlich Materie oder materiell bedingt. Dank der zum hochentwickelten Menschengehirn gewordenen Materie ist die wissenschaftliche Erforschung und die technische Bearbeitung der sonstigen Materie, „Natur" genannt, möglich und notwendig. Damit soll eine feste, realistische Grundlage für den Fortschritt gegeben sein: die immer *besser erkennbare Materie* bzw. Natur.

(2) Die moderne Physik hat jedem systematischen Materialismus den Boden entzogen. Denn je mehr die Erforschung der *Elementarteilchen* voranschreitet, um so rätselhafter erscheint die Feinstruktur der Materie. W. Stegmüller faßt den Sachverhalt wie folgt zusammen: „... Der Materiebegriff [ist] der schwierigste, unbewältigtste und rätselhafteste Begriff überhaupt für die Wissenschaft dieses Jahrhunderts ..."[195]. Das Wort „Atom" hat seine etymologische Bedeutung – das Ungeteilte bzw. Unteilbare – eingebüßt. Es teilt sich in Wirklichkeit in Protone, Neutrone, Elektrone, Mesone auf, und es werden immer neue Elementarteilchen

[191] Zit. bei P. Jordan, Der Naturwissenschaftler, 125.
[192] Vgl. W. Heisenberg, Physik und Philosophie, 51 f.
[193] Vgl. ebd.
[194] Vgl. ebd. 119-136, bes. 126 f.
[195] W. Stegmüller, Hauptströmungen der Gegenwartsphilosophie. Eine kritische Einführung III, Stuttgart [7]1986, 90.

entdeckt. So läßt sich kein Atom, geschweige denn „*die* Materie", eindeutig definieren. Ja man verzichtet zunehmend auf die Frage nach Definitionen. „Es ist charakteristisch für die Physik", schreibt C. F. von Weizsäcker, „daß sie nicht wirklich fragt, was Materie ist, für die Biologie ..., was Leben ist, und für die Psychologie ..., was Seele ist, sondern daß mit diesen Worten jeweils nur vage ein Bereich umschrieben wird, in dem man zu forschen beabsichtigt"[196].

Die Problematik wird noch komplexer dadurch, daß im mikroskopischen Bereich teilweise modifizierte oder sogar *andere Naturgesetze* als im makroskopischen herrschen. Man nimmt z. B. „Quantenbahnen" und „-sprünge" an, die mit der normalen Gravitation unvereinbar zu sein scheinen.

Diese Bilder „Bahnen" und „Sprünge" verweisen noch auf die Hilflosigkeit, die wir angesichts der Unanschaulichkeit der Welt der Teilchen empfinden. Hierin kann nur ein Höchstmaß an Abstraktion der konkreten Realität gerecht werden. Diese kann nur *mathematisch* eingeholt werden[197].

Das kann man gut am Begriff „Feld" zeigen. Nehmen wir das elektromagnetische Feld. Es kann nicht als etwas Stoffliches beschrieben werden, eher schon als ein Komplex von „Wahrscheinlichkeitszuständen", die „zwischen" zwei Massen herrschen und Veränderungen in diesen verursachen. Ein Kraftfeld wird nur über seine Wirkungen meßbar. P. Jordan schreibt: Die „Einführung einer *nicht-materiellen physikalischen* Realität, des Feldes, in das physikalische Denken bedeutete sicherlich ... auch ein Abrücken von den materialistischen Vorstellungen in ihrer gröbsten ... Form"[198]. Wieso aber kann etwas Nicht-Materielles doch physikalisch sein? Die Antwort liegt darin, daß die moderne Physik eine radikal andere Vorstellung von der Materie hat als der normale Sprachgebrauch, aber auch als der mechanistische Materialismus.

(2) Auch der Begriff *„Geist"* widerstrebt einer eindeutigen Definition. Er ist ein „Grundbegriff", der seinen Inhalt „immer nur aus der konkreten Fülle dessen, für das er den Grund bildet", empfängt.[199] Der Grundbegriff – auch *Materie, Liebe, Gottheit, Seele* sind solche Grundbegriffe – hat etwas vom Mysterium, das nur mit vielen Bildern einigermaßen beschrieben werden kann. Sein Bedeutungsreichtum sprengt zu enge Kategorien. Hinzu kommt noch die kulturelle Streuung des Geist-Begriffs. Er besagt Lebenskraft für die Hebräer, Ursache erregten Gemütes für die Altgermanen, zugleich vier Phänomene für die Griechen: Erkenntnisprinzip (noûs), Ordnungsprinzip (lógos), Prinzip von Leben und Wahrnehmung (psyché), Spirituelles höchsten Grades (pneûma). Bei Hegel dient „Geist" als der Oberbegriff für alles Wirkliche; für die philosophische Anthropologie der Moderne bezeichnet er oft einfach Bewußtsein bzw. Selbstbewußtsein.

Obwohl *Geist* nicht zum Wortschatz der Naturwissenschaftler gehört, reden heute viele Physiker, Biologen und Verhaltensforscher davon. Die Wortbedeutung fällt dann, je nach Kontext, entweder anthropologisch oder, so in den mei-

---

[196] C. F. v. Weizsäcker, Die Einheit der Natur. Studien, München [3]1982, 287.

[197] Vgl. ebd. 289; vgl. M. Eigen, R. Winkler, Das Spiel 164.

[198] P. Jordan, Der Naturwissenschaftler, 125.

[199] W. Wieland, Art. Geist, philosophisch: RGG 2, 1286-1289, hier: 1286.

sten Fällen, *kosmologisch* aus. Der Astrophysiker E. Jantsch sieht im „Geist" die Antriebskraft aller Evolution: „Geist ist in dieser Sicht nicht Gegensatz zur Materie, sondern die Selbstorganisationsqualität der dynamischen Prozesse, die im System und in seinen Beziehungen zur Umwelt ablaufen. Geist koordiniert die Raumzeitstrukturen der Materie"[200]. Er tut das freilich nicht mechanistisch, im Sinne etwa eines deterministischen Idealismus (Hegel), sondern indem er die Teilsysteme in immer neue Konstellationen führt[201], so daß am Ende der Prozesse *„Sinn"* aufleuchtet. Bezeichnend für diese Theorie ist dann der Satz: „Höchster Sinn liegt im Unentfalteten ebenso wie im voll Entfalteten, beides reicht an die *Gottheit* heran"[202]. Allerdings ist diese für Jantsch nicht der Schöpfergott der Bibel, sondern „der Geist des Universums"[203].

Andere Theorien assoziieren „Geist" mit Dispositionen und Potentialitäten innerhalb des Stofflichen[204], z. B. der Verwandelbarkeit der Wasserstoffatome, wieder andere machen aus ihm die bildende Kraft, ja „den Stoff" der Materie[205]. Interessant ist in dieser Hinsicht die „Vermutung" C. F. von Weizsäckers, daß „das Eigentliche des Wirklichen, das uns begegnet, Geist ist"[206].

Christliche Schöpfungstheologie wird diesen Pendelschlag in Richtung idealistischer Kosmologie in Anlehnung an Plato nicht voreilig, auf jeden Fall nicht ohne erhebliche Vorbehalte mittragen können. Ein Geist-Monismus widerspricht dem biblischen Befund ebenso wie ein materialistischer Monismus. Der christliche Gott ist souveräner Schöpfer und kann nicht mit einem immanenten Weltgeist gleichgesetzt werden. Vor allem dann nicht, wenn man neben seiner Transzendenz und Freiheit auch seine *Dreieinigkeit* beachtet.

Nichtsdestoweniger bildet die heute vielfach vertretene Offenheit der Materie auf Geist hin eine der von uns gesuchten „gemeinsamen Plattformen". Diese Offenheit zeigt sich gleichsam „nach vorne" gerichtet im Sinne der Evolution menschlicher Geistigkeit, „nach unten" im Sinne der Tiefenregion der Elementarteilchen und „nach hinten", indem man etwa in Gott als Geist den Natur- und Menschengeschichte Erschaffenden erblickt. Von hier ist aber noch ein weiter Weg bis zum Bekenntnis des Heiligen Geistes als „Herrn und Lebensspender" und des Urhebers der Auferweckung Jesu von den Toten. Aber dieser Weg scheint heute gangbar.

4.4.3 Notwendigkeit und Kontingenz

(1) Die aristotelische Philosophie beeinflußte nicht nur die Hochscholastik, sondern auch die Natur-Reflexion des Mittelalters. So konnte die göttliche Erstursa-

---

200 E. Jantsch, Die Selbstorganisation des Universums. Vom Urknall zum menschlichen Geist (dtv 4397), München 1982, 43.

201 Diesbezüglich verwendet Jantsch die Begriffe „Koevolution" (145f) und „Metaevolution" (34).

202 Ebd. 413.

203 Ebd. 47; vgl. 412.

204 W. Stegmüller, Gegenwartsphilosophie III, 170.

205 Vgl. R. Ruyer, Jenseits der Erkenntnis. Die Gnostiker von Princeton. Übers. v. E. Roboz, Wien 1974, 104.

206 C. F. v. Weizsäcker, Die Einheit der Natur, 289.

che und die regelmäßige Wirksamkeit der von ihr abhängigen „Zweitursachen" als ein harmonisches Reich der *Notwendigkeiten* begriffen werden. Die Idee des *Naturgesetzes* selbst ist stark durch den notwendigen Zusammenhang von Ursache und Wirkung sowie durch die lineare Verkettung der Ursachen geprägt. Ein Naturgesetz, wie es von *Newton* und *Kant* verstanden wurde, besitzt allgemeine Geltung, läßt keine eigentliche Ausnahme zu und determiniert so sehr die laufenden Prozesse, daß deren Zukunft grundsätzlich voraussagbar ist.

In diesem Zusammenhang ist der sogenannte *Laplacesche Dämon* zu erwähnen. Laplace stellte sich ein unendlich intelligentes Wesen vor, das zu einer bestimmten Zeit, an einem exakt gemessenen Ort, die Geschwindigkeit aller bewegten Körper des Universums gleichzeitig zu erkennen vermag, so daß es deren *Zukunft unfehlbar vorausberechnen* kann.

Freilich kann die Hypothese von Laplace sowohl atheistisch – wenn auch nur im Sinne einer rein methodischen Gottlosigkeit – wie auch theistisch interpretiert werden. Im letzteren Fall steht ein allwissend-allmächtiger Gott im Raum, der auch alle Zukunft *prädestinierend* schafft, z. B. einen Teil der Menschen zum Heil, einen anderen zum ewigen Unheil bestimmt, ohne daß irgendeine „Ijob-Frage" dazwischenreden dürfte. Das ist dann der starre Gesetzes- oder, wie Nietzsche dachte, Moral-Gott, der einseitig und monologisch vorgeht und so für die *Ordnung* der Dinge in der Welt sorgt.

(2) Die Physik der Elementarteilchen hat nun die Entdeckung gemacht, daß es im mikroskopischen Bereich neben determinierten Vorgängen auch *nichtdeterminierte* gibt, ja daß diese langfristig Richtung, Charakter und Beschaffenheit der Prozesse radikal verändern können. Gewiß herrscht im makroskopischen Bereich genügend „zuverlässige Kausalität"[207], um entscheidende Erfolge des in Technik und Industrie umgesetzten Naturwissens auch langfristig zu ermöglichen.

Doch geschieht im subatomaren Bereich das *Unwahrscheinliche* immer wieder, lassen sich Erscheinungen von gegebenen Voraussetzungen nicht strikt ableiten, wird *Zufall* oder Kontingenz zum evolutionsbestimmenden Faktor, wenn auch freilich mit notwendigen Vorgängen zusammenspielend[208]. Hier *vernetzen sich* verschiedene Kausalwirkungen und lassen sich aufeinander rückkoppeln. Ähnlich kommen im mikrobiologischen Bereich in der Reproduktion des genetischen Materials *„Kopierfehler"* vor, die aber eine ganz neue Wende in der biologischen Struktur der Nachkommenschaft vorbereiten.

In diesem Zusammenhang ist auch die Heisenbergsche *„Unschärferelation"* bzw. „Unbestimmtheitsrelation"[209] zu nennen. Diese besagt, daß bestimmte aufeinanderbezogene Größen wie Ort, Zeit, Energie und Geschwindigkeit der Teilchen nie *gleichzeitig exakt* gemessen werden können. Die Physik der Elementarteilchen entzieht damit dem Laplaceschen Dämon den Boden unter den Füßen.

(3) Die Schöpfungstheologie kann durchaus im Zufall einen geschichts- und evolutionsbestimmenden Faktor anerkennen. W. Pannenberg hat den Begriff

---

[207] Vgl. P. Jordan, Der Naturwissenschaftler, 196.

[208] Vgl. M. Eigen, R. Winkler, Das Spiel; J. Monod, Zufall und Notwendigkeit. Philosophische Fragen der modernen Biologie. Vorrede zur dt. Ausgabe von Manfred Eigen, München [2]1971. Vgl. tzt D3/II, Nr. 208.

[209] Vgl. W. Heisenberg, Physik und Philosophie, 153-155; vgl. 72-79.

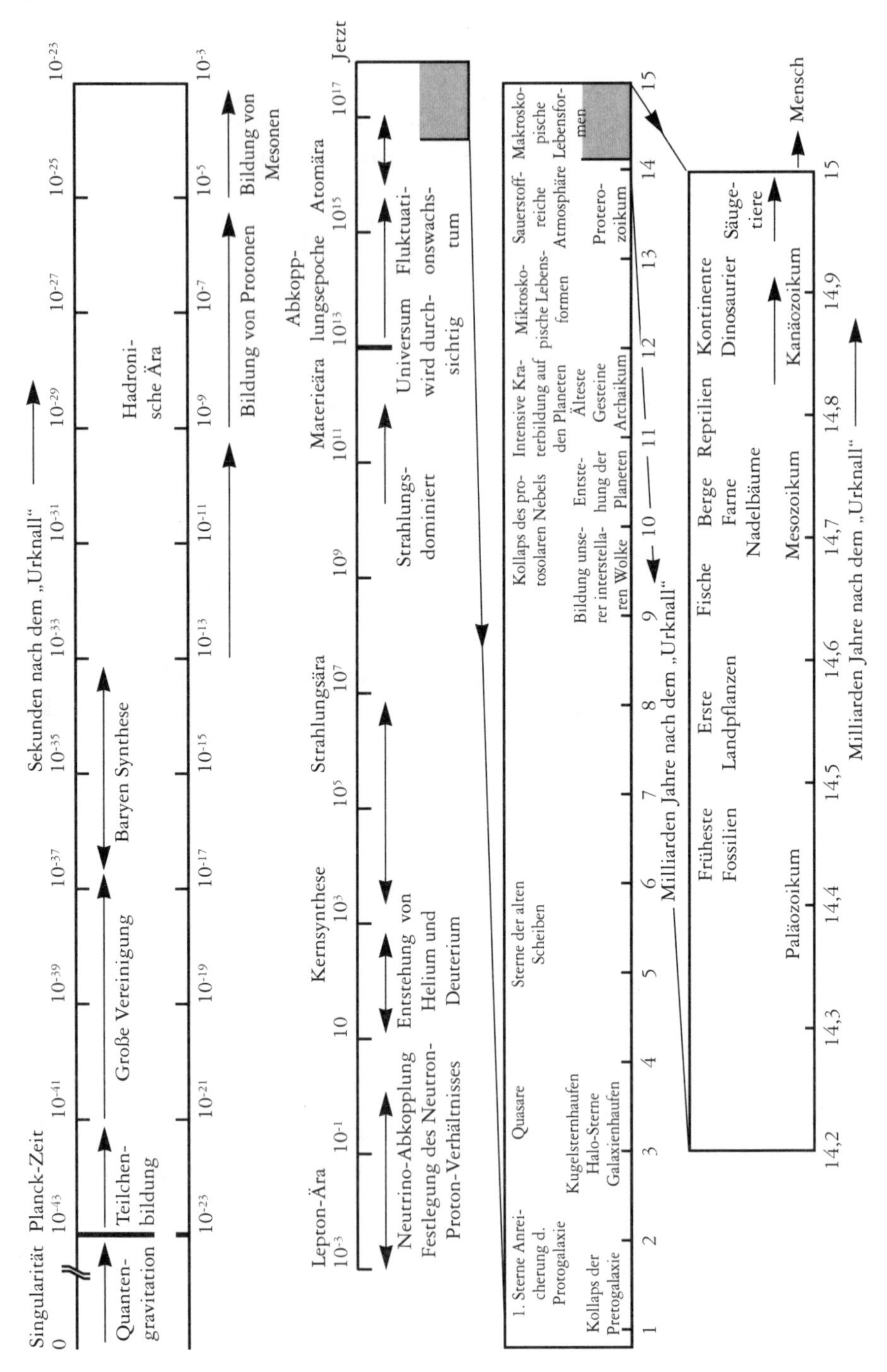

Überblick über die Geschichte des Weltalls vom Urknall bis in die Gegenwart. Quelle: J. D. Barrow – J. Silk, Die asymmetrische Schöpfung. Ursprung und Ausdehnung des Universums, München-Zürich 1986, 162

vor Millionen von Jahren: 0, 50, 100, 150, 200, 250, 300, 350, 400, 450, 500, 550, 600, 650, 700

Ära	Periode	Epoche	Ereignis
Känozoikum	Quartär	Pleistozän	Auftreten des Menschen
	Tertiär	Pliozän Miozän Oligozän Eozän Paleozän	Ausbreitung der Säugetiere
Mesozoikum	Kreide		Letzte Dinosaurier Erste Primaten Erste Blütenpflanzen
	Jura		Dinosaurier Erste Vögel
	Trias		Erste Säugetiere Vorherrschaft der Therapsiden
Paläozoikum	Perm		Aussterben mariner Gruppen Vorherrschaft der Pelykosaurier
	Karbon		Erste Reptilien
	Devon		Erste Amphibien Kieferfische differenzieren sich
	Silur		Erste Gefäßpflanzen
	Ordovizium		Artenexplosion der Metazoen
	Kambrium		Erste Fische Erste Chordaten
Präkambrium	Algonkium		Erste skelettähnliche Elemente Erste Weichtiere Erste Tierspuren (Coelomaten)

Die Übersicht stellt sozusagen einen Ausschnitt aus dem letzten Teil des Überblicks über die Geschichte des Weltalls dar. Sie zeigt die wichtigsten Ereignisse in der Evolution der Vielzeller in den letzten 700 Millionen Jahren von den ersten fossilen Spuren bis zum Menschen. Quelle: Spektrum d. Wissenschaft, Evolution, Heidelberg ^{7}1988, 140.

Geschehenskontingenz vorgeschlagen[210]: Wie es eine Korrelation, gleichsam eine „Perichorese" zwischen Zufall und Notwendigkeit gibt, wobei Nichtdeterminiertes Determiniertes affiziert oder Gesetze Zufälliges „steuern"[211], gibt es analog dazu auch in der bewegten Beziehung zwischen dem Schöpfer und dem Geschöpf eine Korrelation von Kontinuität und Wandel[212].

Daraus ergibt sich eine Gott-Mensch-Beziehung, die nur mit der Kategorie *Freiheit* recht umrissen wird. Gott ist nicht der Ordnungshüter schlechthin, sondern absolute personale Freiheit, die freie Personen als Partner ins Dasein ruft.

Aufgrund dieser theologischen Sicht von Notwendigkeit und Kontingenz läßt sich auch die Entstehung des *Menschen* als sehr unwahrscheinliches und doch sinnvolles Geschehen begreifen. J. Monod hat zwar recht, wenn er sie als Zufall in der kosmischen Evolution nachweist. Aber der Theologe wird, zusammen mit Monods Freund und Kritiker Manfred Eigen, dabei keinem *„blinden* Kombinationsspiel" das Wort reden[213]. Denn bereits die Regel der Selektion, die dabei mitgespielt hat, kann unmöglich als „blind" bezeichnet werden. Noch weniger das hominisierende Schöpfungsspiel Gottes. Auf der anderen Seite muß der Theologe auch nicht ein sogenanntes *„anthropisches Prinzip"* vertreten, nach dem der Mensch von vornherein „im Fadenkreuz der Naturgesetze" stand[214], als hätte er sich aus der Evolution mit Notwendigkeit ergeben müssen. Vielmehr verdankt sich der Mensch sowohl einer durch vielerlei Zufallsmutationen mitbestimmten Entwicklung wie auch einem gnadenhaft-ungeschuldeten, *nichtnotwendigen*, kontingenten Geschehen. Eine „Entelechie" der vormenschlichen Naturgeschichte auf die Entstehung des homo sapiens et faber hin ist dogmatisch nicht erforderlich.

4.4.4 *Objektivität und Subjektivität*

(1) Die klassische Physik war davon überzeugt, daß alle Sachverhalte mit absoluter Objektivität erkennbar sind. Dem entsprach bei den Naturwissenschaftlern eine fast ebenso absolute Wissenschaftsgläubigkeit. Die Formel von der „exakten Wissenschaft" bekam quasi mythischen Glanz.

Subjektivität, Vorverständnis, persönliche Gefühle bei einem Forscher galten als höchst unangemessen. Besonders nachdrücklich plädierte *J. Monod* für ein „Ethos der objektiven Erkenntnis" als einziger Garantie für die Wahrheitsfindung[215].

Wie problematisch ein solches Ideal ist, zeigt die Humanmedizin. Der Arzt muß zwecks Diagnose und Therapie in bestimmter Hinsicht seinen Patienten „objektivieren". Zugleich aber muß er sich ihm mit subjektivem Interesse zuwenden und die subjektiven Gegebenheiten dieses Kranken wahrnehmen,

---

[210] Vgl. W. Pannenberg, Kontingenz und Naturgesetz: Müller, Klaus A. M., ders., Erwägungen zu einer Theologie der Natur, Gütersloh 1970, 33-80.

[211] M. Eigen, Vorrede zur dt. Ausgabe von J. Monod, Zufall und Notwendigkeit, IX-XIV.

[212] Dazu wären als mögliche theologische Analoga die Begriffspaare „Gesetz und Evangelium", „habituelle und aktuelle Gnade", „cháris und chárisma" zu nennen.

[213] J. Monod, Zufall und Notwendigkeit, 95.

[214] R. Breuer, Das anthropische Prinzip. Der Mensch im Fadenkreuz der Naturgesetze, München 1981. Vgl. C. Bresch in tzt D3/II, Nr. 207.

[215] J. Monod, Zufall und Notwendigkeit, 148.

Die Vernachlässigung der deontologischen Dimension in der Natur

In den Jahren 1988, 1990, 1993 und 1995 wurde halb Westeuropa von verheerenden Überschwemmungskatastrophen heimgesucht. Schuld an dieser Häufung sind nicht Klimaveränderungen (Erderwärmung), sondern zunehmende Eingriffe der Menschen in die Landschaft. Seit 1830 wurden laufend Begradigungen des Rheinbettes vorgenommen (Zerstörung der Auen). Die Ufer wurden durch Straßen und Bauten wasserundurchlässig gemacht (Versiegelung); durch das massenhafte Baumsterben haben die Wälder ihre Fähigkeit verloren, Wasser zurückzuhalten. Dadurch wird die Fließgeschwindigkeit verdoppelt mit dem Ergebnis, daß bei Hochwasser die Scheitelwelle des Rheins in Koblenz mit der der Mosel zusammentrifft.
Die obere Grafik macht die Folgen der Flußregulierung deutlich, die untere zeigt die Zunahme der Hochwasser am Pegel Worms (Quelle: Der Spiegel 5/95, S. 19 f.)

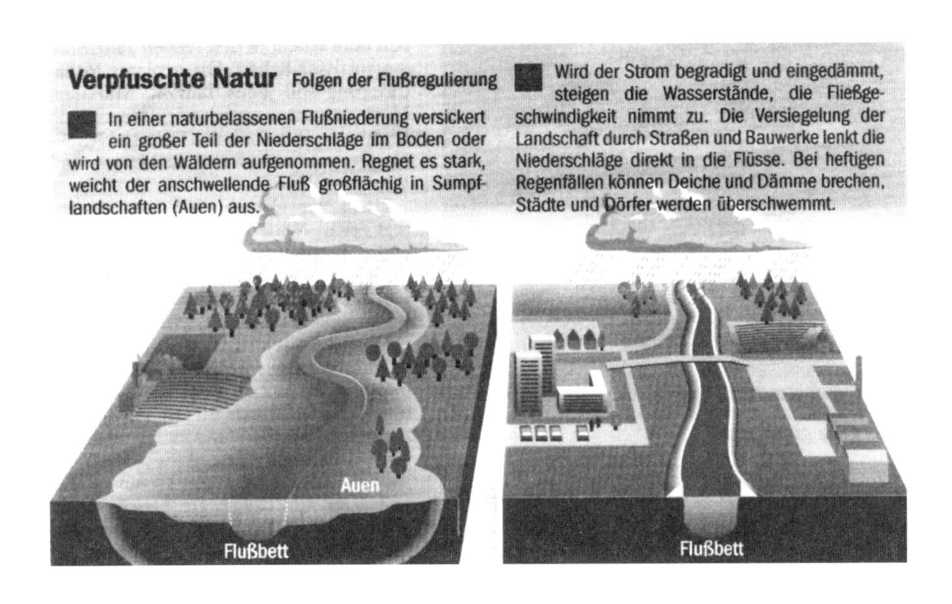

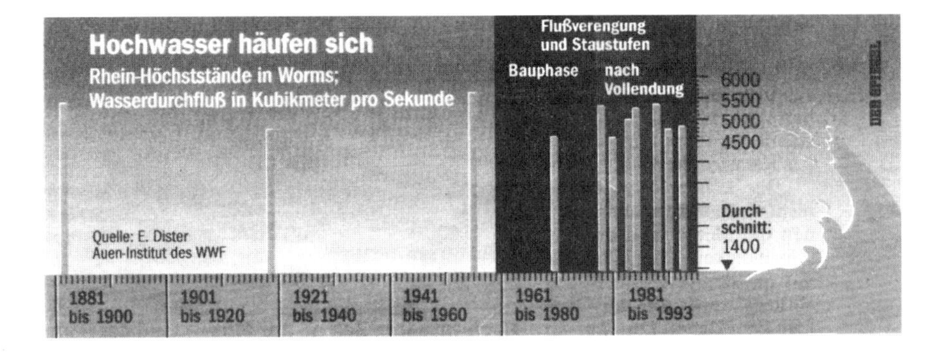

will er ihn als ganzen Menschen gesund machen. Nur durch intersubjektive Aktionen wird also dem Sachlichkeitsideal entsprochen.

(2) Seit der allgemeinen Rezeption der Quantentheorie entpuppt sich der Glaube an absolute Objektivität als ein Postulat mit mythischen Zügen[216]. Nach Heisenberg ist das Subjekt des Beobachters in einem physikalischen Experiment konstitutiver Bestandteil der interaktiven Dreierbeziehung, von Objekt, Medium und Subjekt. Der Experimentator entscheidet über den zu beobachtenden Gegenstand, wählt die Meßgeräte aus, setzt eine bestimmte Methode ein, beschließt, welche Fragen er an das beobachtete Naturphänomen richtet und welche nicht. Auch seine Intuitionen und seine Kreativität überhaupt gehören dazu. Diese erbringen oft das Entscheidende, das, was der Forschung neue Wege eröffnet. So entstehen fruchtbare Hypothesen, die sich erst nachträglich experimentell bewähren, „bewahrheiten".

(3) Schöpfungstheologisch ist die positiv ausgetragene Subjekt-Objekt-Beziehung nicht unerheblich, wenn man die wissenschaftliche Arbeit als eine Wahrnehmungsweise des *Schöpfungsauftrags* begreift. Dieser schließt grundsätzlich Achtung und *Respekt* vor der zu „beherrschenden" Natur ein. Er verlangt, daß das je andere als solches begriffen wird und daß seine „Be-arbeitung" es nicht zum bloßen, beliebig manipulierbaren Material herabsetzt. Hier könnte man ökologisch-theologisch ausholen[217]. Die biblische Offenbarung setzt der wissenschaftlichen Naturerforschung keine willkürlichen Grenzen. Der Erkenntnisbaum gehört zum Garten Gottes für den Menschen. Nur das selbstherrliche An-sich-Reißen von Erkenntnis wird untersagt. Wer den Schöpfer im Forschungsvorgang absolut eliminiert, findet nicht mehr zur not-wendigen Zusammenschau der Wirklichkeit sowie der eigenen wissenschaftlichen Arbeit.

Damit wird keineswegs in Abrede gestellt, daß es eine legitime Autonomie der Forschung gibt und daß sie segensreiche Folgen hatte. Gleichzeitig aber muß auch das ebenso legitime theologische Interesse angemeldet werden, auf die deontologische Dimension der Forschung hinzuweisen: *Darf* diese wirklich alles, was ihr technisch *möglich* ist? Aus dem Glauben an den Schöpfer und aus der damit verbundenen Verantwortung für sein Werk vermag, die autonome Forschung motiviert und humanisiert zu werden: Sie ist und kann nicht Selbstzweck sein, sondern muß für ihre Resultate Verantwortung übernehmen. Auf dieser Ebene kann ihr ein Glaube helfen, der die Welt als Schöpfung versteht.

4.5 Evolutionstheorie und Schöpfungsglaube

Neben den „Öffnungen" der modernen Physik bietet auch die heutige Evolutions- und Systemtheorie für unser Gespräch gemeinsame Plattformen an. Diese

[216] Vgl. W. Heisenberg, Physik und Philosophie, 36-42; 87 f.

[217] Vgl. A. Ganoczy, Ökologische Perspektiven in der christlichen Schöpfungslehre: ders., Liebe als Prinzip der Theologie. Gesammelte Studien für eine „responsorische" Dogmatik. Hg. von R. Dvorak, Würzburg 1994, 155-165.

sind allerdings schwieriger zugänglich, und es liegen bleibende Unvereinbarkeiten vor.

Ein weiterer Unterschied ergibt sich aus der klarer wahrnehmbaren *ethischen* Relevanz der evolutionstheoretischen Fragestellung, wofür die humangenetische Diskussion der Gegenwart ein beredtes Beispiel abgibt. Wo der laufende Evolutionsprozeß in einem so hohen Maß vom *homo faber* abhängig geworden ist, ergeben sich neue und noch nicht bewältigte Probleme.

Es ist weiter oben gezeigt worden, wie das Lehramt des 20. Jahrhunderts das „evolutive Verständnis" der Wirklichkeit als ein Zeichen der Zeit erachtet und es im Lichte des Evangeliums nicht nur zu lesen, sondern aufzunehmen bereit ist.

Die dogmatische Problematik auf dieser Plattform könnte man wie folgt zusammenfassen: Nach christlichem Glaubensverständnis bestimmt die *bārā*-Tätigkeit Gottes die Geschichte der Welt und des Menschen. Auf sie wird nicht nur Erschaffung, sondern auch Entwicklung, Erlösung und Vollendung alles Geschaffenen zurückgeführt. Der Ausdruck „creatio continua" (fortgesetzte Schöpfung) bringt diese Überzeugung zur Sprache. Nun aber stellt sich neben die Sicht des Glaubens – scheinbar als Konkurrenz – die evolutions- und systemtheoretische Deutung der Natur gerade an der Stelle, wo dieses „Kontinuum" göttlichen Handelns hervorgehoben wird. Nimmt diese Deutung ideologische Züge an, so schließt sie Gott in jeder Hinsicht von dem Prozeß aus, den sie „*Selbstorganisation der Materie*" nennt. Oder es erfolgt eine deistische Teilung der Momente: Gott komme die Erschaffung allein, dem Erschaffenen aber die Entwicklung auf je Höheres und auf ein Ende hin zu. Heutige Schöpfungstheologie hält dagegen an der *sachlichen Einheit* alles Geschaffenen und Evolvierenden fest und erblickt darin sowohl göttliche wie eigengesetzlich-natürliche Tätigkeit.

Damit bei Leserin und Leser das Problembewußtsein geweckt werde, soll hier ein kurzer Rückblick auf die Geschichte der darwinistischen Lehren geboten werden.

4.5.1 Die Abstammungslehre Darwins

Anders als die heutigen systemtheoretisch geprägten Evolutionstheorien beschränkt sich die Entwicklungslehre *J. B. Lamarcks* und *Ch. Darwins* auf den *biologischen* Bereich. *Lamarck* (1744-1829) lehrt, daß die Lebewesen die in ihrer Anpassung an die Umwelt erworbenen Eigenschaften ihren Nachkommen durch Vererbung weitergeben. So kann die Veränderung von Organen und Instinkten bei aufeinanderfolgenden Generationen einer Art und auch das Entstehen neuer Arten erklärt werden, etwa die Entwicklung der Vogelarten aus den im Wasser lebenden Reptilien.

Darwin (1809-1882) ergänzt diese Theorie durch seine Beobachtungen im Bereich der Tierzucht und der tropischen Lebewesen. Seine Evolutionshypothese heißt eigentlich „Abstammungs-" oder „Deszendenzlehre", denn sie versucht zu beschreiben, wie aus ursprünglich einfachen Formen *je komplexere* entstehen[218].

[218] Vgl. Ch. Darwin, Über die Entstehung der Arten durch natürliche Zuchtwahl oder die Erhaltung der begünstigten Rassen im Kampfe um's Dasein. Hg. v. G. H. Müller, Darmstadt [9]1988, 533-565.

Der Aufstieg von Individuen und Rassen geschieht nach Darwin unter harten Bedingungen, nicht zuletzt der der *Überbevölkerung*. Was *R. Malthus* (1766-1834) in der Humandemographie beobachtete, überträgt Darwin auf alle Lebewesen: Die Vermehrung einer Population schreitet oft schneller voran als die Vermehrung der notwendigen Nahrungsmittel. Eine zu hohe Geburtenrate wird somit für die Art zum existentiellen Problem. Ihr Interesse liegt folglich in der Einschränkung der Zahl bei gleichzeitiger Optimierung der biologischen Qualität der Population. Die Natur sorgt selbst für die Auslese der besten Individuen, was sonst die Tierzüchter künstlich herbeiführen. Es gibt eine *„natürliche Zuchtwahl"* oder *„Selektion"*.

Dieses Prinzip gilt für alle Arten, auch für den Menschen. Es verbindet sich mit dem des *Wettbewerbs*, der Konkurrenz von Individuen gleicher oder verschiedener Art, so daß alle um ihr Leben zu kämpfen haben. Das nennt Darwin *„struggle for life"*. Gerungen wird um Nahrung, Revier und um optimale, d. h. zahlreiche und gesunde Nachkommenschaft versprechende Geschlechtspartner. Es gibt also auch eine „sexuelle Selektion". Ihr ist letztendlich die *Vererbung* des im Daseinskampf Erlernten zu verdanken. Träger dieses Erbes sind *„Mutanten"*, die als lebendige Versuche der Natur, den Umwelt- und Kampfbedingungen je besser zu entsprechen, anzusehen sind. Nun bewähren sich bei weitem nicht alle Mutanten in der sie betreffenden „Selektionsprüfung". Die einen werden verdrängt und sterben ab, während die anderen überleben und bevorzugt werden. Darwin faßt diese Erkenntnis im Ausdruck *„survival of the fittest"*, das heißt „Überleben der Passendsten" oder der optimal „Angepaßten" (nicht der „Tüchtigsten"!) zusammen.

Finale Überlegungen stellt Darwin nicht an. Die Menschengattung steht für ihn nicht „im Fadenkreuz der Naturgeschichte", und sie hat auch kein vorgegebenes Endziel vor sich. Viele Mutationen, so auch jene, die zur Entstehung des Menschen führten, sind zufällig. Vom Ziel bleibt aber der Aspekt *Zweck* erhalten. Die Zweckmäßigkeit einer biologischen Veränderung ist sogar Voraussetzung des Überlebens und des Fortschrittes in einer gegebenen Situation.

Ursächliche Überlegungen sind dagegen selbstverständlich. Das gilt auch für die Herkunft des Menschen von tierischen Vorfahren. In diesem Entwicklungsvorgang verdient der Mensch den Titel „das dominierendste Tier"[219]. Körperlich schwach, unspezialisiert und auf keine Umwelt festgelegt, errang diese Art *intellektuelle* Qualitäten, die ihr schließlich eine Herrschaftsstellung über die restliche Tierwelt ermöglichte. Der Mensch erwies sich nicht physisch, wohl aber *geistig* als „der Passendste".

Doch trifft das bei weitem nicht auf alle Individuen und *Rassen* zu. Es gibt eine zum Teil naturgegebene Stufenordnung zwischen hochwertigen und minderwertigen Menschen. Darwin bringt als Beispiel die geistig und moralisch hochentwickelte angelsächsische Rasse protestantischen Glaubens, der er die katholischen Iren entgegenstellt, die zwar viele Kinder haben, aber nicht zuletzt

---

[219] Ch. Darwin, Die Abstammung des Menschen. Übers. v. H. Schmidt. Mit einer Einführung von Christian Vogel (KTA 28), Stuttgart [4]1982, 55.

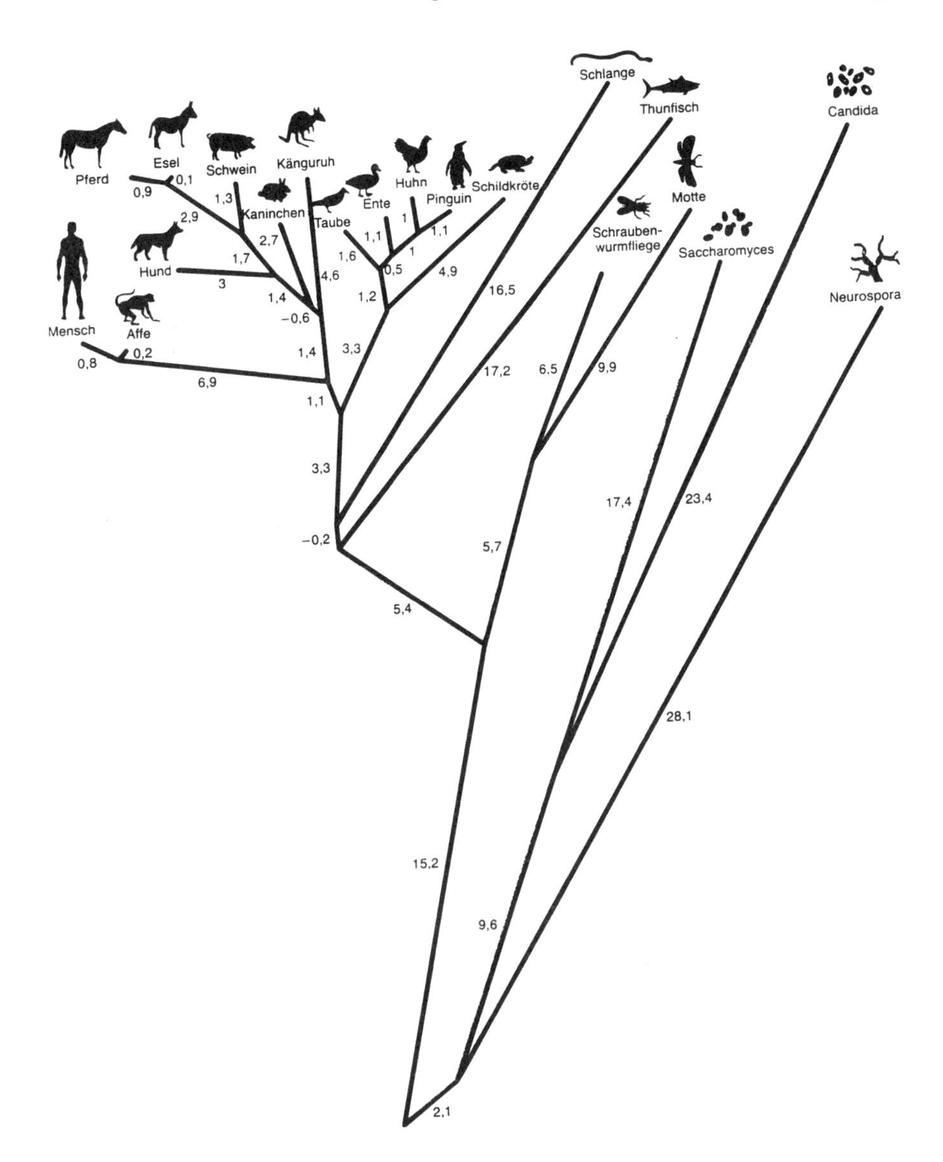

Das Schema will einen Einblick in den Vorgang der *Evolution* vermitteln. Es zeigt den phylogenetischen Stammbaum von 20 Arten, wie er aus der Untersuchung der Aminosäure-Sequenzen von Cyclochrom-c-Molekülen (also eines einzigen Proteins) konstruiert wurde. Er stimmt fast genau überein mit den Ergebnissen der Entwicklungsgeschichte, wie sie aus fossilen Funden eruiert wurde. Die Zahlen geben an, wie viele Nucleotidbasen sich im Gen, das die Synthese des Cytochroms c steuert, mindestens ändern mußten, um die beobachteten Unterschiede hervorbringen zu können (Negative Zahlen: Nucleotidbasen mußten eliminiert werden). Quelle: Spektrum d. Wissenschaften, Evolution, Heidelberg 1988,29)

durch Trunksucht belastet und somit minderen Wertes sind[220]: Diesen rassistischen Ansatz hat der Nationalsozialismus später noch radikalisiert[221].

Trotz solcher fragwürdiger Implikationen seiner Abstammungslehre, in der die Grenze zwischen Tier und Mensch verwischt wird, betont Darwin auch das Maß an *Relativität* in der Wirkung der Naturgesetze. Sogar die „natürliche Zuchtwahl" wirkt dementsprechend noch eher „in der Weise des Versuchs" als in der zwingender Notwendigkeit. Schließlich sprengt die faktische Entwicklung nicht selten den Rahmen des Voraussehbaren. Eine günstig ausgefallene Zuchtwahl hat bestimmte Rassen und Individuen erwiesenermaßen vor dem Aussterben nicht bewahren können, „da sie in anderen Beziehungen nicht genügten"[222]. Auch das Prinzip des Kampfes erfährt eine Einschränkung durch Eigenschaften wie der *Sympathie*[223]. Selbst Tiere können sich für Artgenossen opfern, etwa zum Schutz der jungen Generation[224].

Verlegenheit bereitet Darwin die aus der christlichen Tradition stammende Ethik. Gegen das Gesetz des Daseinskampfes verlangt das Gebot der Nächstenliebe von zivilisierten Menschen manches, was die natürlich lebenden „Wilden" nicht kümmert. Sie lasse behindertes Leben, das Leben von „Idioten, Krüppeln und Kranken" schonen, sie räume biologisch und geistig Minderwertigen das Recht zur Fortpflanzung ein. Durch all das aber werde der Entwicklungswert der Gesamtheit nur belastet und herabgesetzt.[225]

Darwin zeigt den Kern eines Problems an, das eine interdisziplinäre Diskussion erforderlich macht: Wie kann erwiesene Faktizität in einem bestimmten Bereich, z. B. die Selektion, für alle Bereiche, auch für den menschlichen, einen allgemein-verpflichtenden Charakter haben? Worin unterscheiden sich prä- und extrahumane und hominisierte Evolution voneinander? Wo ist die Frage nach Sinn und Ziel zu verankern? Inwiefern sind die Hypothesen, die bisher als Naturgesetz galten, veränderbar? Was wird am Gang der Evolution zunehmend manipulierbar?

4.5.2 Die Aggressionstheorie von K. Lorenz

Die *ethische* Dimension der Fragestellung erscheint bei dem von Darwin beeinflußten Verhaltensforscher *Konrad Lorenz* in aller Deutlichkeit. Er versteht unter „Aggression" den auf den Artgenossen gerichteten „Kampftrieb", dessen Zweck die Freigabe der Sieger zur Zeugung besserer Nachkommenschaft ist[226]. Da der unterlegene Artgenosse selten getötet, sondern nur zur Unterwerfung unter den

---

[220] Vgl. ebd. 171-188.

[221] Vgl. Ch. Vogel, Charles Darwins Werk über die Abstammung des Menschen: Ch. Darwin, Die Abstammung des Menschen. Übers. v. H. Schmidt (KTA 28), Stuttgart [4]1982, VII-XLII, hier: XXVIII, XXXI.

[222] Ch. Darwin, Abstammung des Menschen, 181; vgl. 184.

[223] Vgl. ebd. 77.

[224] Vgl. ebd. 85 f.

[225] Vgl. ebd. 171 f.

[226] Vgl. K. Lorenz, Das sogenannte Böse, 33-66.

Sieger gezwungen wird, dient der Trieb zum Aufbau und zur Erhaltung einer Hierarchie, ohne die keine soziale Ordnung bestehen kann. Es überlebt immer die besser hierarchisierte Population[227]. Weil die Schwächlinge nicht zur Zeugung kommen, sorgt der Aggressionstrieb für Zahl und Quantität einer Population. Das wirft natürlich Fragen auf: Birgt dann die Aggression die Verheißung einer optimalen Zukunft für die betreffende Art in sich? Kann sie nicht auch verhängnisvolle Folgen zeitigen?

Lorenz antwortet: Die Aggression ist „Teil der system- und lebenserhaltenden Organisation aller Wesen, die zwar, wie alles Irdische, in Fehlfunktionen verfallen und Leben vernichten kann, die aber doch vom großen Geschehen des organischen Werdens zum Guten bestimmt ist"[228].

Wie steht es nun beim Menschen? Er muß, meint Lorenz, erst einmal die tierische Triebhaftigkeit bei sich selbst zur Kenntnis nehmen[229]. Anders aber als ein Tier vermag er seine Triebe zu steuern. Denn, wieder im Gegensatz zum Tier, ist er sich eines *Zieles* bewußt. Es liegt in der Verwirklichung des „wahrhaft humanen Menschen" und des „unwiderruflich unübertrefflichen Ebenbildes Gottes"[230]. Hier schafft Lorenz selbst eine „Plattform", indem er *biblische* bzw. *theologische* Begriffe in seine naturwissenschaftliche Theorie einbezieht und somit Darwins Verlegenheit überwindet.

Implizit entspricht diese Sprache des Biologen dem Gedanken J. G. Herders über eine *werdende* Gottebenbildlichkeit des Menschen[231]. Der Mensch kann zum je vollkommeneren Bild des Schöpfers evolvieren, nicht zuletzt durch Anerkennung und Befolgung *transzendenter* Werte. Diese beeinflussen seinen Aggressionstrieb, so daß sich dieser auch nach der Maßgabe von ethischen Normen, wie z. B. dem Agape-Gebot, richten kann.

In diesem Zusammenhang stellt Lorenz einen Vergleich zwischen Tier und Mensch an: Menschengruppen zeigen sich manchmal „ähnlich beschaffen wie die ... Ratten, die ebenfalls innerhalb der geschlossenen Sippe sozial und friedfertig, wahre Teufel aber gegen jeden Artgenossen sind, der nicht zur eigenen Partei gehört"[232].

Was will dieser Vergleich? Zunächst verdeutlicht er, daß das „sogenannte Böse" beim Menschen zum *eigentlichen Bösen* werden kann, falls der Mensch den spezifischen Unterschied zum Tier nicht verantwortungsbewußt zur Kenntnis nimmt. Die Ratten sind unschuldig, wenn sie sich wie „wahre Teufel" verhalten. Dem Menschen ist tierische Unschuld versagt. Denn er *kann* anders handeln als nur triebhaft. Er *kann*, folglich *soll* er auch seine Aggression steuern. Er kann sie in *friedlichem Wettbewerb*, z. B. im Sport, abreagieren[233]; er kann „Tötungshemmungen" einüben, Maßstäbe der Humanität in der militärischen und wirtschaft-

[227] Vgl. ebd. 60 f.

[228] Ebd. 66.

[229] Vgl. ebd. 294-298.

[230] Ebd. 305f.

[231] J. G. Herder, Ideen zur Philosophie der Menschheit, 1784, IX, 5. Ed. H. Stolpe, Berlin-Weimar 1965, 1,377. Vgl. W. Pannenberg, Anthropologie, 40-57.

[232] K. Lorenz, Das sogenannte Böse, 319.

[233] Vgl. ebd. 355; vgl. 326f.

lichen Konkurrenz beachten[234]. Vernunftgemäß und verantwortlich hat der Mensch auch seine geistige Evolution zu fördern.

4.5.3 Allgemeine Selektion und Ethik bei M. Eigen

(1) Eigen ist überzeugt davon, daß das Darwinsche Selektionsprinzip bereits im physikalischen Bereich Geltung hat. Diese Erkenntnis erweitert die Theorie nicht nur auf die Kosmoswerdung des Kosmos, sondern auch auf die gegenwärtigen Vorgänge im Bereich der Elementarteilchen. Bereits vor Eigen hatte die eigentlich biologische Evolutionslehre eine substantielle Ergänzung durch die moderne Genetik erhalten. Näherhin wurden in den „Genen" die Träger der Erbsubstanz aller Lebewesen erkannt und dabei auch das Gesetz, nach dem bestimmte Gene im Übertragungsprozeß wegen ihrer Nützlichkeit für die erforderliche Spezialisierung gefördert, andere, hinderliche, dagegen unterdrückt werden. Kampf und Harmonie scheinen also auch hier die zwei Seiten der Medaille zu bilden. Außerdem werden analog selektive Vorgänge auch in der Geschichte des menschlichen Wissens und der Kultur festgestellt[235].

Eigen hält es für nachgewiesen, daß nicht nur das Auswahlprinzip universale Geltung besitzt, sondern auch die Evolutionstheorien selbst evolvieren, wobei die einen die anderen überholen und ersetzen. Insbesondere der Beitrag der Relativitäts- und Quantentheorie trug neben der Genetik zu einer wahrhaft neuen nunmehr systemtheoretisch ausgebauten Sicht der evolutiven Prozesse bei.

Die gesamte Evolution wird vom gemeinsamen Fundament aller Materie, nämlich dem Universum der Moleküle her gesichtet und erklärt. Schon dort herrscht ständige Konkurrenz. Bestimmte chemische Verbindungen etwa gewinnen Vorsprung gegenüber anderen, optimieren ihre Eigenschaften, setzen sich besser durch, vermehren sich stärker, absorbieren Energie der unterliegenden Molekülgruppen[236]. Daß das wirklich so ist, läßt sich experimentell erhärten. Molekulare Evolution kann heute „im Reagenzglas unter künstlichen Bedingungen und in zellfreien Systemen" reproduziert werden[237].

Eigen erblickt in der Evolution ein freies „Spiel" unter Beachtung bestimmter Spielregeln. Einfach ist dieses nicht. Es tendiert auf je höhere Komplexität hin. Eine unzählige Menge von Wechselbeziehungen kompliziert es, macht es mitunter chaotisch, aber dieses Chaos ist in einer Ordnung beheimatet und probiert immer neue Ordnungen aus. Die Natur ist zutiefst innovatorisch[238] in ihrer inneren Bewegung. Sie kennt viele Alternativen, „testet" sie auf ihr *„Passen"* zu gegebenen oder möglichen Umweltbedingungen. Dabei gibt es „kein anderes Krite-

---

[234] Vgl. ebd. 320-343.

[235] Zur kosmologischen, biologischen, anthropologischen und kulturellen Evolution siehe A. Ganoczy, Schöpfungslehre (LeTh 10), Düsseldorf ²1987, 154-177.

[236] Vgl. St. N. Bosshard, Erschafft die Welt sich selbst? Die Selbstorganisation von Natur und Mensch aus naturwissenschaftlicher, philosophischer und theologischer Sicht (QD 103), Freiburg-Basel-Wien 1985, 29.

[237] M. Eigen, R. Winkler, Das Spiel, 73.

[238] Vgl. I. Prigogine, I. Stengers, Dialog mit der Natur, 189.

rium als das Resultat der Auslese selbst. Darwins Prinzip besteht in dieser Spielversion aus der bloßen Tautologie: ‚survival of the survivor'"[239], das Überleben des Überlebenden. Alle sonstigen Kriterien sind variabel: jede Umwelt hat für ihre „Bewohner" eigene Bewährungsmaßstäbe.

Wie wird nun aber dieses komplexe, in der Tiefe aller Dinge wirkende Evolutionsspiel auf der Ebene des *Menschlichen* gesehen? Wird es in seiner Faktizität kommentarlos festgehalten? Wird sogar das als allgemein gültig anerkannte *Erfolgskriterium* etwa zur Norm menschlichen Verhaltens gemacht? Das würde letzten Endes zur Legitimierung eines *Sozialdarwinismus* führen.

(2) *M. Eigen* und seine Kollegin *R. Winkler* nehmen zu dieser ethisch überaus wichtigen Frage Stellung. Sie setzen beim Gedanken der *„gerechten Ordnung"* unter den Menschen an, womit die Gefahr einer rein individualethischen Engführung vermieden wird. Diese Ordnung, die die Beziehung der Menschen untereinander und zu ihrer Umwelt regelt, sei *„nicht naturgegeben"*[240]. Das heißt wohl nicht ableitbar von den Naturgesetzen allein, die sonst auch für die Moleküle menschlicher Organismen gelten. Hierzu kommt *spezifisch menschliches* Gesetz, das, gerade weil menschlich, *normativen* Charaker hat. Diese Normen können nur geschaffen werden, wenn und wo und insofern der Mensch sich „vom biologischen Erbe" befreit[241]. Normen gibt sich der Mensch als Mensch und nicht etwa als Lebewesen unter Lebewesen. Gewiß evolvieren die Normen selbst. Aber sie tun das anders als die Dinge der materiellen Welt. Sie evolvieren dank der unverwechselbaren Geschichte des menschlichen Geistes. Dieser geht seine eigenen Wege, indem er sich *die „Bedürfnisse der Menschheit"* als Ganzes zum Orientierungspol macht[242]. So entsteht Ethik nicht mehr durch das objektive Zusammenspiel von Notwendigkeit und Zufall.

An diesem Punkt kritisieren die Autoren Eigen und Winkler die von J. Monod vorgeschlagene Ethik der „objektiven Erkenntnis": Wollen wir eine Ethik aufbauen, „so sollten wir uns weder auf eine starre Ordnung eines ... Weltablaufs noch auf die Willkür einer zufälligen Existenz berufen"[243]. Neben solchen Objektivitäten sollen Werte zum Zuge kommen, die nur *subjektiv* erfahrbar und befolgbar sind, besser gesagt: über Wege der Intersubjektivität. Denn die „‚gerechte' menschliche Ordnung bedarf zu ihrer Verwirklichung nicht nur der objektiven – stets aber unvollkommenen – Erkenntnis, sondern auch eines auf Hoffnung, Barmherzigkeit und Liebe bauenden Humanismus"[244].

(3) Diese Feststellung ist eine vorzügliche Basis für das Gespräch mit der christlichen Schöpfungsethik. Ihre Themen wie Schöpfungsauftrag, Naturtheologie, göttliche Fürsorge, eschatologische Hoffnung aller Kreaturen lassen sich sinnvoll einbringen. Sie vermag vor allem in ihrer christologischen Perspektive einen echten Humanismus grundzulegen.

---

[239] M. Eigen, R. Winkler, Das Spiel, 74.
[240] Vgl. ebd. 153.
[241] Vgl. ebd.; vgl. 156.
[242] Vgl. ebd. 197.
[243] Ebd. 196.
[244] Ebd. 198.

Die Kritik von M. Eigen und J. Monod an animistischen Tendenzen bei Teilhard de Chardin[245] ist für unsere Schöpfungstheologie unüberhörbar. Sie sticht insofern, als Christus nicht in der Weise einer aristotelisch gedachten „Entelechie", auch nicht einer unausweichlichen „Christogenese" für die Natur als Schöpfung Gottes von Bedeutung ist. Wäre es nur so, dann wäre die Evolution gleichsam christologisch determiniert. Das ist aber nicht die Lehre der biblischen Offenbarung, die dem Kontingenzfaktor Menschengeschichte, die sowohl christusgemäß wie christuslos oder christuswidrig verlaufen kann, eine angemessene Funktion beimißt. Vielmehr wird, im Sinne dieser Offenbarung, jene Christuswirklichkeit, die die Natur als Schöpfung unbedingt angeht, in der Weise der eschatologischen Verheißung mit der ihr eigenen „Unschärferelation" verkündigt und zu-gesagt. Sie soll im Glauben angenommen werden.

Aus allen diesen Überlegungen kann man folgende Schlußfolgerung ziehen: „Evolutio naturae" und „Creatio continua Dei" schließen sich nicht aus. Sie sind die beiden, komplementären „Aspekte" der einen Weltwirklichkeit. Die Selbstorganisation der Materie und des Geistes ist keine Konkurrenz für die unaufhörliche bārā-Tätigkeit des dreieinigen Schöpfers. Das Werden des Kosmos wird vom *Werdenlassen Gottes* so getragen, daß dabei die Eigengesetzlichkeiten der Werdewelt zu sich selbst kommen. Innerweltliches Wirken des Schöpfers in punktuellen Wundertaten ist nicht die Regel, sondern die Ausnahme. Wunder genug ist der absolute Anfang des Weltalls und seine nachträglich aufleuchtende Sinnhaftigkeit, die dann ihr Licht auch auf den Prozeßverlauf wirft.

4.6 Analoge Aspekte naturwissenschaftlicher und schöpfungstheologischer Rede

Nachdem einige Beispiele für „gemeinsame Plattformen" seitens der modernen Physik und der Evolutionstheorie dargelegt wurden, sollen nun *Analogien* zwischen naturwissenschaftlichen und schöpfungstheologischen Aussagen systematisch in fünf Punkten entwickelt werden.

4.6.1 Selbstorganisation der Materie und fortgesetzte Schöpfung

(1) *Analogie* besagt nach theologischem Verständnis: Ähnlichkeit zwischen grundverschiedenen Wirklichkeiten, ausgedrückt durch gleichlautende Worte oder Sätze. Nun geht unsere Reflexion davon aus, daß jene Wirklichkeit, die einerseits „Selbstorganisation der Materie", andererseits „fortgesetzte Schöpfung" genannt wird, sachlich-material die *eine* und selbe ist. Insofern ist für sie eine analoge Rede nicht möglich.

[245] Siehe zu seiner Theorie unter 1.2 Anm. 5.

Bedenkt man aber, daß diese eine Wirklichkeit sowohl *in sich*, das heißt in ihrer raumzeitlichen, empirisch erkennbaren Endlichkeit, als auch in ihrer *Herkünftigkeit* von Gott und ihrer Zukünftigkeit auf ihn hin betrachtet werden kann, werden tiefgreifende *Unterschiede* sichtbar. Diese Unterschiede sind real, obwohl sie kein Gegenstand einer Messung oder einer Definition sein können. Es ist nicht möglich zu sagen: Bis hierher ist die Welt Gotteswerk, und von dort an ist sie eine eigenständig entstehende Größe. Weiterhelfen kann aber eine transzendentale Überlegung, die die Ebene des *Seins* von der des Greifbarseins absetzt. Daraus folgt: Insofern die Bedingung der Möglichkeit des Seins der Welt Gott ist, der ihr auch eine empiriejenseitige, relativ-ewige „Zukunft" gewährt, liegt ein Realunterschied innerhalb dieser Welt vor. Denn sie zeigt sich dann wahrhaft anders, als wenn sie nur in ihrer empirisch-experimentell analysierbaren Zeitlichkeit und Greifbarkeit erfaßt wird. Diese Differenz wird deutlicher, wenn man etwa die Frage von Leibniz einführt, warum denn eher *Sein* sei als Nichts. Auf diese Frage antwortet die evolvierende, sich organisierende, von ihrem intelligentesten Teil erforschte Materie keineswegs. Die Antwort kann nur von einer wesentlich *anderen Warte* aus kommen, die auf das Sein des Seienden selbst gerichtet ist.

Eine andere Verdeutlichung könnte von der *Zukunftsfrage* her vorgeschlagen werden. Die Naturgeschichte als Selbstorganisation der Materie bis zur Erscheinung des Menschengeistes sucht zwar höchstmögliche Optimierung. Sie ist aber so geartet, daß sie keine sichere Voraussage über ihre letzte Zukunft und ihr Ende bieten kann. Anders steht es mit der Naturgeschichte als Schöpfung Gottes. Sie steht von vornherein unter dem soteriologischen Zeichen der *verheißenen Vollendung* und der Prophetie von einem neu zu schaffenden Universum.

Die so in Erscheinung tretende *Zweiheit* mitten in der sachlichen *Einheit* des Weltprozesses erinnert an den Welle-Teilchen-Dualismus der Physik und an das dadurch bestimmte Prinzip der Komplementarität. Auf jeden Fall liegt eine Unterschiedlichkeit vor, die ermöglicht, *analoge* Bezüge zwischen den beiden „Seiten" der einen Realität zu entdecken und auszusagen.

(2) Die Geschichte als Selbstorganisation der Materie nimmt nach einer immer noch vorherrschenden Hypothese wahrscheinlich mit dem sogenannten *Urknall* ihren Anfang. Dieser bleibt freilich völlig unanschaulich und einer experimentellen Verifizierung nur zum Teil zugänglich. Denn niemals werden die „Anfangsbedingungen", in denen sich der Urknall ereignete, im Labor originalgetreu wiederholt. Man kommt nur indirekt, d. h. von den Wirkungen aus, zur wahrscheinlichen Ursache: Durch die Rotverschiebung im Hubbleschen Spektralapparat läßt sich die Expansion des Universums mit einiger Sicherheit behaupten. Die Physik kann aber sinnvoll nicht mehr nach der Letztursache desselben fragen. Sie muß Raum und Zeit voraussetzen – und gerade sie sind „vor" dem Urknall per definitionem nicht gegeben.

Das wußten schon der Vorsokratiker Leukippos und die „Atomisten" im alten Griechenland: Die „Kausalität kann immer nur spätere Vorgänge durch frühere erklären, aber sie kann niemals den Anfang erklären"[246]. P. Davies verweist auf

---

[246] W. Heisenberg, Physik und Philosophie, 51.

eine Hypothese J. A. Wheelers, der „hofft, daß wir im Zusammenhang der Physik ein Prinzip zu entdecken vermögen, das das Universum in den Stand versetzt, ‚aus eigenem Entschluß' ins Dasein zu treten“[247]. Dieser Satz scheint einen Widerspruch und eine unangemessene Analogie zu beinhalten. Es ist widersprüchlich, von Fähigkeiten oder Unfähigkeiten eines Dinges zu reden, das noch nicht ins Dasein getreten ist. Andererseits hinkt der Vergleich eines solchen an sich unmöglichen Geschehens mit einem Entschluß, der wohl ein gewisses Maß an Freiheit voraussetzt. Davies fährt fort: „Wheeler hat dieses ‚sich selbst verursachende' Universum mit einem sich selbst erregenden Schwingkreis in der Elektronik verglichen“[248]. Aber auch hier hat die Analogie wenig Sinn: Wie kann das Entstehen von Elektronen mit dem Verhalten bestehender Elektronen zusammengedacht werden? Davies selbst zieht es deshalb vor, kein solches *„Vorher“* des Urknalls anzunehmen, vielmehr dessen Ereignis als mit der Entstehung von Raum und Zeit simultan vorzustellen. Wenn er schon ein *„Jenseits des Urknalls“*[249] annimmt, so abstrahiert er dabei von jeder raumzeitlichen Kausalität. Die Tatsache, daß die Physiker seit den 30er Jahren in der Lage sind, Materie im Labor zu erzeugen, veranlaßt Davies zu schreiben: „Im Labor läßt sich Energie zur Herstellung von Materie verwenden, doch tritt mit ihr gemeinsam stets eine gleich große Menge Antimaterie auf. Ein Zusammentreffen von Materie und Antimaterie führt zur explosionsartigen gegenseitigen Vernichtung, wobei die in beiden enthaltene Energie freigesetzt wird. Es ist ein ungeklärtes Geheimnis, wie die Materie im Universum geschaffen wurde, ohne sie zugleich mit einer gefährlichen Mischung von Antimaterie zu ‚verseuchen'“[250]. Das meint wohl der physikalische Hilfsbegriff: „ursprüngliche Singularität“[251]. Darunter versteht man ein einmaliges Phänomen, das ursächlich gar nicht erklärt werden kann. Diese Vorstellung hebt zunächst einmal die Hoffnung auf, zwischen dem, was mit vorhandener Energie im von Menschenhand gebauten Labor machbar ist, und dem, was den Anfang der Selbstorganisation der Materie ausmachte, eine tragfähige Analogie herzustellen. Es bleiben aber Analogiemöglichkeiten in Richtung Schöpfungstheologie offen, besonders wenn man sich nicht von der Anfangsfrage hypnotisieren läßt, sondern sie von vornherein vom faktisch laufenden Prozeß her betrachtet.

(3) Bereits die Bibel verpflichtet den Theologen, Anfang, Prozeß und Ende zusammenzudenken. So ist ihm folgender Gedankengang möglich: Der von Gott gewollte Weltprozeß hat in und dank Gott seinen *absoluten Anfang* und kann auf ein von Gott verheißenes *„Ende als Vollendung“* hoffen. Das Ganze geht auf eine Tätigkeit zurück, die das singuläre Verbum bārā bezeichnet. Was die Physik „Urknall“ nennt, gehört in dieser Sicht zum Prozeß, konstituiert also keineswegs den absoluten Anfang der Welt. Obwohl Davies dazu neigt, „Urknall“ und „Welterschaffung“ gleichzusetzen, dürfte sich die Physik derartiges verbieten.

---

[247] P. Davies, Gott und die moderne Physik, 64.
[248] Ebd.
[249] Vgl. ebd. 65.
[250] Ebd. 51.
[251] Ebd. 38.

Der Satz: „Am Anfang schuf Gott" (Gen 1,1) bezieht sich auf einen jenseits von Zeit und Raum gesetzten, von sich aus *ewigen Akt* des Schöpfers. Dieser ist auch das eigentliche „Jenseits des Urknalls", von dem Davies spricht. Gott setzt aus seiner Ewigkeit heraus die Bedingung der Möglichkeit von Sein, Zeit, Raum, Energie, Materie, Antimaterie und Urknall. Er ist „vor aller Zeit", er „*prä*-existiert", wobei dieses „prae" selbstverständlich nicht ein zeitliches, sondern ein seinsmäßiges, ontologisches „vor" besagt. Denn Zeit ist nicht etwas, *in* der Gott den Urbeginn als Voraussetzung aller zeitlichen Anfänge setzen würde; vielmehr setzt er die Zeit, indem er die Welt erschafft. So ist unsere raum-relative Weltzeit nochmals relativ zur Ewigkeit des Schöpfers.

Diese Gottestat, die sich dann in einer entsprechenden Tätigkeit im Prozeß fortsetzt, bezeichnete die Scholastik jahrhundertelang mit der Kategorie *„causa prima"*, „Erstursache". Dieser Wortgebrauch scheint in verschiedener Hinsicht fragwürdig.

Das deutsche Wort „Ursache" beinhaltet den Begriff „Sache", was freilich dem biblischen Befund in keiner Weise entspricht. Angemessener ist deshalb der Terminus *„Urheber"*, der der theo-logischen Person-Analogie besser gerecht wird.

Außerdem läßt sich eine Ursache wissenschaftlich und philosophisch nur aus ihren Wirkungen *erkennen*, dann aber hinreichend oder gar vollständig. Zwar schließt auch das biblische Weisheitsdenken aus den „Werken der Schöpfung" auf „die ewige Macht und Gottheit" des Schöpfers (Röm 1,20), aber keine solche „natürliche Gotteserkenntnis" erhebt Anspruch auf eine ganzheitliche oder gar „hinreichende" Wahrnehmung des göttlichen Urhebers.

Mit der Kausalität wird leicht Determinismus assoziiert. Die Gesetzmäßigkeit gehört zum Begriff der Ursächlichkeit selbst, wie sie landläufig verstanden wird. Oder zumindest die Zwangsläufigkeit, mit der ein ursächlich wirkendes Subjekt seinem Willen Geltung verschafft. Nun aber läßt der biblisch bezeugte Urheber von Pflanze, Tier und Mensch deren geschaffene Eigengesetzlichkeit gelten, was auf menschlicher Ebene Respekt Gottes vor der Entscheidungsfreiheit bedeutet. Der Offenbarungsbefund legt vielfach so etwas wie ein *Spiel* nahe, das der Schöpfer unter Mitspielen der Geschöpfe spielen will und das etliche Freiräume zum Eigenbeitrag offenläßt. So tritt schon die Weisheit als Urgeschöpf Gottes vor aller Schöpfung als Mitspielerin auf den Plan, eine Tradition, die bei Paulus und Johannes in christologischer Variante wiederkehrt. Das Ziel des Schöpfungsspiels wird im Neuen Testament mit dem auferweckten Gekreuzigten, der wiederkommen soll, gleichgesetzt. Aber das hat nichts mit zielursächlicher Notwendigkeit zu tun, vielmehr mit einer zur Annahme angebotenen festen Zusage.

Freilich wendet sich die Ijob-Frage immer wieder an Gott mit dem Satz: „Warum mußte ich geboren werden?" „Ist das Dasein mir nicht aufgezwungen worden?" Diese Frage impliziert doch die Idee an eine göttliche Kausalität, die zusätzlich mit der Willkür des Töpfers gegenüber seinen Werken veranschaulicht wird. Genauso wurde die Klage Ijobs in den biblischen Kanon aufgenommen und dann vielfach als die sogenannte „Theodizeefrage" neu aufgegriffen. Auf der anderen Seite bezeugt das Buch Ijob selbst, daß sich das Gottesbild vom Töpferbild befreien soll und daß der Schöpfer als personhafter Fürsprecher des Leidenden und als sein Erlöser auf eine bessere Zukunft hoffen läßt.

Die Bezeichnung des Schöpfers als „prima causa" geschieht gewöhnlich im Hinblick auf die „secundae causae". Schon die Numerierung kann hierbei irreführen. In Wirklichkeit wirkt der Schöpfer nicht wie die *erste* Ursache in der *Reihe* von weiteren Ursachen. Es ist hierbei deutlich zu machen, daß von der Erstursächlichkeit des Schöpfers nur analog in dem Sinne geredet werden kann, daß hier das Maß der Unähnlichkeit erheblich größer als das Maß der Ähnlichkeit ist.

Schließlich müßte darauf geachtet werden, daß die „Kausalität" des Schöpfers vom Gedanken an eine *„Monokausalität"* losgelöst wird. Denn wie es noch auszuführen bleibt, muß die *„coomnipotentia"* der Dreieinigkeit in Betracht gezogen werden.

(4) Aber *woraus* hat der Urheber der Welt diese erschaffen bzw. „gemacht"? Die Frage ist uralt, schon im Mythos und in der Philosophie der Antike reichlich bezeugt. Der Jahwist selbst nennt bildhaft die 'adāmā, das heißt die staubige Erde des Ackerbodens als „Erschaffungsmaterial" für Tier und Mensch. Das ist nicht mehr als ein symbolischer Veranschaulichungsversuch für etwas, das in Wirklichkeit jeder Beobachtung, genauso wie der Urknall, entzogen bleibt. Meines Erachtens hilft der Ausdruck „creatio ex nihilo" kaum weiter. Denn das Nichtsein ist zwar eine unanschauliche Vorstellung, aber seine Verbindung mit dem Präfixum „ex- (aus)" läßt doch an eine räumlich anmutende Herkunft denken. So sagt das „aus dem Nichts" kaum mehr als das „aus der Erde". In gewisser Hinsicht sogar weniger. Während nämlich letzteres die empirisch einleuchtende Materiegebundenheit von Tier und Mensch andeutet und somit eine gemeinsame Plattform für den naturwissenschaftlichen Tatbestand anbietet, verweist ersteres ins radikal Unerkennbare. Die Mahnung Leukipps: „Nichts entsteht aus Nichts, sondern alles aus einem bestimmten *Grund* und aus Notwendigkeit"[252], müßte schöpfungstheologisch beherzigt werden. Freilich auch die Intention der altkirchlichen Theologen, die mit dem „ex nihilo" vielmehr eine monotheistisch-theozentrische Glaubensaussage als eine Antwort auf die Worausfrage beabsichtigten (s. o. S. 389-391).

Stellt man die Frage nicht mehr „stoff-" und „herkunfts"-bezogen, sondern wie von Leukipp und der Bibel zugleich gefordert, *grundbezogen*, so kommen wir dem Satz des Zweiten Vatikanischen Konzils *„ex amore creatus"* (GS 19/1) nahe. Gemeint ist freilich der „homo", aber man darf, ihn als Stellvertreter aller Kreatur verstehend, die gesamte Schöpfung als eine aus der Liebe Gottes erschaffene ansehen. Damit ist genau der Grund der Schöpfung als das *Grundmotiv* des Schöpfers genannt.

Ähnliches könnte mit der Formel *„ex sese* creavit deus" zur Sprache gebracht werden. In diesem Fall käme etwa die Seins- oder Lebensfülle Gottes in Betracht, aus der er schöpfend-schaffend *mitteilen* würde. In der Tat redet die Theologie seit Augustinus vom „ens a se (Sein von sich)" für den Schöpfer und vom „ens per participationem (Sein durch Teilhabe)" für das Geschöpf. Diese Denkweise begründet dann auch die „analogia entis (Seinsanalogie)" zwischen Gott und der Kreatur. Doch Vorsicht! Das Erste Vatikanische Konzil warnt vor einer Interpre-

[252] Zit. bei W. Heisenberg, Physik und Philosophie, 51.

tation des Teilhabegedankens im Sinne einer „Emanation", als „fließe" kreatürliches Sein notwendig aus der göttlichen Seinsfülle heraus. Die Formel „ex sese" wird hingegen hilfreich verwendet, wo sie auf eine souverän freie und den „Fundamentalunterschied" immer schon mitsetzende *„Selbstmitteilung"* des Schöpfers, der ja Agape ist, bezogen wird. Welterschaffung und fortgesetzte Schöpfung sind als göttliche Selbstmitteilung denkbar; denn was kann Gott als Schöpfer da, wo noch nichts vorhanden ist, anderes mitteilen als sich selbst, als sein ewiges Sein und Leben. Die *Gnadenlehre* zeigt uns auf jeden Fall, daß Gott nicht bloß „etwas" mitzuteilen pflegt, sondern in geheimnisvoller Weise sich selbst. Wenn Schöpfungstat und –tätigkeit Gottes als Gnadentat und -tätigkeit begriffen werden können, also als *ungeschuldete* Gabe, dann kann man auch den Grund der Schöpfung in jeder Hinsicht im Selbstmitteilungswillen Gottes erblicken, in der Liebe, die nichtgöttliche Liebespartner und in der gesamten Schöpfung Spuren ihrer selbst haben wollte.

(5) Schließen wir von den unzähligen und miteinander vernetzten Wirkungen, die der Urknall zeitigte und zeitigt, hypothetisch auf dessen verdichtete *Komplexität*, so wird die zunehmende Verflochtenheit der physikalischen, chemischen und biologischen *Systeme* leichter verständlich. Dann ist der Begriff *„evolvere* (sich entfalten oder entwickeln)" buchstäblich gerechtfertigt. Dann entfällt auch eine monokausale Kosmologie, nach der sich alles in linearem Nacheinander „voneinander" ableiten ließe. Andererseits leuchtet ein Begriff wie „Koevolution"[253] ein: das eine Evolvierende „trägt des anderen Last", ist mit ihm verbunden und schreitet nicht ohne es voran, auch wenn es mit ihm ringt.

Koevolution kommt aber nur in der bleibenden *Differenz* der koevolvierenden Moleküle, Lebewesen und Arten zustande. Die Vielfalt der Dinge wird nicht uniform gemacht. Die Selbstorganisation der Materie erzeugt im Gegenteil eine immer höhere Differenziertheit der *„komplexen Systeme"*. Diese strukturieren sich multiform, und umgekehrt: in der Multiformität kommt *„Selbstähnlichkeit"*[254] der Strukturen zum Zuge. Das besagt u. a., daß kleinere Gestalten ihre ihnen ähnlichen „Abbilder" in größeren finden, und das Umgekehrte gilt wohl auch. Der philosophisch geschulte Leser wird die Nuance zwischen „Ähnlichkeit" und „Identität" merken. Die Natur kopiert sich nicht haargenau, sondern sie bringt „Selbstähnliches" hervor, das dank kleinster *Abweichungen* vom Urmodell *echt neue* Systeme entstehen läßt.

Auch diese Beobachtung hat schöpfungstheologische Bedeutung. Augustinus hat aus biblischen Ansätzen den Gedanken eingebracht, daß die Schöpfung Werk Gottes als des *Dreieinigen* ist. Vater, Sohn und Heiliger Geist bezeichnet er als „cooperantes personae"[255]. In der bereits zitierten Erklärung des IV. Laterankonzils zum *Schöpfungsdogma* werden die drei göttlichen Personen „consubstantiales et coaequales et coomnipotentes et coaeterni" und in solcher Konvergenz ihres Seins und Wirkens das *„unum* universorum principium" genannt (DH 800).

---

[253] Vgl. E. Jantsch, Die Selbstorganisation des Universums, 145-174; 284-290.

[254] Ein wichtiger Begriff der gegenwärtigen Chaosforschung!

[255] Serm. 71,16,26; PL 38, 459; vgl. comm. in Jo 20,3.9; PL 35, 1557 f, 1561; trin. V,13,14; PL 42, 920.

Von einer „monokausalen" Hervorbringung des Weltalls kann dennoch keine Rede sein. Außerdem bleibt der Blick des Konzils keineswegs auf die Erschaffungstat allein fixiert. Wie sehr sich die gleichsam „kommunitäre" Sicht des Schöpfertums Gottes auch auf das ausdehnt, was wir „creatio continua" nennen und wozu wir freilich auch Ereignisse der Heilsgeschichte rechnen, zeigt sich im Zusatz: „Jesus Christus, a tota Trinitate communiter incarnatus" (DH 801). Die Menschwerdung des Sohnes ist somit ebenfalls „Gemeinschaftswerk", freilich auch die Erlösung und die Vollendung, wie schon Augustinus betonte[256]. Als solches aber setzt es zugleich die konstitutive *Differenz* zwischen den drei schöpferischen Personen voraus. Nicht der Vater und der Geist, sondern der Sohn nimmt kreatürliche Daseinsweise an. Dieser Unterschied offenbart die Dreieinigkeit als differenzierte und komplexe Struktur, in der bei aller „Selbstähnlichkeit" die jeweilige Eigentümlichkeit gewahrt bleibt. Dank dieser Unterscheidung sind überhaupt Beziehungen zwischen ihnen möglich, dank solcher Vielheit vollzieht sich jene Einigung und Einheit der Personen, die ihr Sein und Wirken ebenfalls auszeichnen. Es läßt sich so etwas wie eine innergöttliche Wechselwirkung, Interaktion, Vernetzung erkennen. Diese hat aber nichts Mechanisches, Deterministisches, Zwangsläufiges, denn sie ist Vollzug der Liebe, die der Dreieinige ist.

Was nun das *Werk* dieses Schöpfers anbelangt, so trägt es nach Augustinus *„vestigia Trinitatis* (Spuren der Dreieinigkeit)"; die Menschenseele ist sogar *„imago Trinitatis"*[257]. Der Kirchenvater wagt es, auch im physikalischen Bereich an Gott erinnernde „Ternare" wie Feuer, Glanz, Strahl[258] oder Maß, Zahl, Gewicht[259] zu vermuten. Heute können wir diese Zahlenmystik, die über Plato auf Pythagoras zurückgeht, beiseite lassen und brauchen nur die Intention der Lehre festhalten. Diese scheint in der *strukturellen Angleichung der Schöpfung an den Schöpfer* zu liegen, die nicht nur die Beschaffenheit, sondern auch die Dynamik der Dinge betrifft. Das heißt, nicht nur statisch spiegelt die Welt Strukturen der Gottheit, sondern auch durch ihre Werdedynamik *tendiert* sie zu je größerer Ähnlichkeit mit ihr. Ähnlich wie Herder, der von einer Gottebenbildlichkeit *im Werden* sprach, um die Evolution des Menschen auszudrücken, redet schon Augustinus davon, daß der Mensch nicht nur „imago Dei" ist, sondern *„ad* imaginem Dei" erschaffen wurde[260]. Der Mensch soll werden, was er ist. Die vollkommene „imago Dei" Christus ist ebenfalls insofern im Kommen, als seine vollkommene Ankunft, die Parusie, noch aussteht[261].

Im Rahmen dieser Theologie dürfen wir heute die „komplexen Systeme", die Physik, Chemie, Biologie, Psychologie und Soziologie erforschen und systemdynamisch deuten, als „Spuren" eines in sich differenzierten Schöpfers bezeichnen. Nach dieser Vorstellung könnte man vielleicht sagen, daß Gott in der „Selbstähnlichkeit der fraktalen Strukturen", von der moderne Chaos-Forschung

[256] Trin. I,4,7; PL 42, 824.
[257] Trin. XII,5,5; 6,6-8; PL 42, 1000-1003.
[258] Fid. et symb. 9,17; PL 40, 189 f; trin. IV,20,27; PL 42, 906 f.
[259] Trin. XI,11,8; PL 42, 998.
[260] Quaest. Simpl. 83,51,4; PL 40, 33; vgl. retr. 1,25; PL 32, 623 f.
[261] Trin. VII,6,11.12; PL 42, 943-946.

spricht, ein Spiegelbild seiner selbst sieht. Die fraktalen, das heißt nichtlinearen, „gebrochenen" und somit chaotischen Gestalten des Kosmos als Bedingung jeder neuen Gestalt erinnern an die innere Dynamik und die äußere Handlungsweise des Schöpfers. Ist und schafft er wahrhaft als Dreieiniger, kann er nur höchst unangemessen „linear" vorgestellt werden. Vater, Sohn und Heiliger Geist sind nicht wie nacheinander handelnde Gestalten, in Analogie etwa zum „Ternar" Quelle, Fluß und Meer. Vielmehr stehen sie in jener Gleichwertigkeit und Gegenseitigkeit zueinander, ohne die ihr gemeinsames Wesen als Liebe nicht verständlich wäre. In diesem innergöttlichen Spielraum ereignet sich die Ewigkeitsdynamik Gottes als je spontane Verwirklichung immer neuer Möglichkeit.

Vestigium, imago, similitudo meinen eine *Seins*analogie, man könnte heute vielleicht sagen: eine *Struktur*analogie. Folglich markieren diese Begriffe auch den *konstitutiven Unterschied* zwischen Schöpfer und Geschöpf. Bei aller Angleichung an das Modell hört der Eigenstand und die Selbstorganisation der materiellen und geistigen Wirklichkeiten der Welt nicht auf. Vielmehr kommt das Sich-Angleichende wahrhaft zu sich selbst.

4.6.2 Raumzeitkontinuum und Ewigkeit

(1) Wir haben schon weiter oben angedeutet, daß das Einsteinsche Raumzeitkontinuum nicht einfach als Summe der drei euklidischen Dimensionen plus Zeitdimension, sondern eher als etwas „Gekrümmtes" zu denken ist. Anders gesagt: Der Kosmos addiert sich nicht aus vier linearen Komponenten zusammen. Wenn man heute manchmal von einem „vierdimensionalen" Weltgebilde spricht, meint man nicht die bloße Hinzurechnung der Zeit zum dreidimensionalen Raum. Vielmehr denken die Physiker an eine echte Zeitrelativität des Raumes und an eine echte Raumrelativität der Zeit sowie an ihr Ineinander oder, mit Anaxagoras, an ihre „Perichorese" (gegenseitige Durchdringung). Heute verwendet die Chaos-Forschung noch eine weitere Dimension. Man rechnet mit „fraktalen" oder Zwischen-Dimensionen (etwa zwischen der 1. und 2. Dimension).

Das genügt, um die Möglichkeit und die Notwendigkeit nahezulegen, von der klassischen Vorstellung eines *absoluten* Raumes und einer *absoluten* Zeit endgültig Abschied zu nehmen und zugleich alle Implikationen der *Relativitätstheorie* zu bedenken. Bei dieser Suche wird, wie schon angedeutet, eine Verschränkung der Zeitmodi mit den vielen Raummodi nicht undenkbar.

Schöpfungstheologisch gilt von vornherein die Unmöglichkeit, Raum und Zeit absolut zu setzen und ihnen das Unendlichkeitsprädikat, wie es Gott allein gebührt, zuzuerkennen.

Für die Bibel, deren Stockwerkeweltbild gewiß schon vor Galilei hinfällig geworden war, herrscht entscheidend die Einsicht vor, daß sowohl der Raum wie die Zeit *relativ* zu etwas sind, das sie dann auch inhaltlich füllt. So ist der Raum der Erde *Lebensraum* für Pflanze, Tier und Mensch, wie auch der Himmel Raum für die als Zeitindikatoren dienenden Gestirne. So füllt sich auch jeder Zeitraum konkret. Er artikuliert sich entweder im Hinblick auf den Gottbezug der

Geschichte, z. B. als Vorzeit, heutige Zeit, kommende Zeit, Endzeit usw., oder im Blick auf den endlichen *Lebenslauf* der einzelnen, z. B. als „Zeit fürs Gebären und Zeit fürs Sterben" (vgl. Koh 3,2)[262].

Das Weltbild der Bibel ist in entscheidender Weise *geschichtlich* und nicht einfach architektonisch. Dabei gilt die *Zukunft* als die Zeit der verheißenen und erwarteten Vollendung. Man könnte vielleicht analog von einem *„eschatologischen Zeitpfeil"*, etwa in der prophetischen Verkündigung, reden, der freilich wiederum „raumrelativ" ausfällt, da der Glaubende „am Ende" mit einem neuen Universum, einem „neuen Himmel" und einer „neuen Erde" rechnen darf. Nun aber erhält die so gemeinte Zukunft ihre synthetische, versammelnde, aber auch richtende Kraft von nichts anderem als der zukünftigen *Ankunft Gottes* bzw. seines Reiches. Die schöpfungsmäßige Bezogenheit von Raum und Zeit wird eschatologisch nochmals überformt. Das bestehende Raumzeitkontinuum wird in neuartiger Weise geprägt durch die Botschaft Jesu: „Die Zeit ist *erfüllt*, das Reich Gottes ist nahe" (Mk 1,15).

(2) Nach der johanneischen Theologie mündet aber das diesseitige Leben bereits hier und jetzt in das „ewige Leben", das dann auch die letztendliche „Zukunft Gottes" für die Menschen sein wird. Verewigt, wird das Leben radikal *verwandelt*, nicht abgebrochen. Das lehrt wesentlich auch Paulus, wenn er die *auferweckende* Tat des Schöpfers deutet (vgl. 1 Kor 15,42-50). Durch solche „Rückkoppelung" unseres irdischen Raumzeitkontinuums auf die Ewigkeit des Ewigen hören viele Möglichkeiten des Analogie-Dialogs mit der modernen Physik und der Evolutionstheorie auf. Die Verewigung des Zeitlichen ist *analogielos*, nicht minder als ihr Auslöser: die Auferweckung des toten Menschen. Die eschatologische Relativität der gegenwärtigen Schöpfung bildet eine buchstäblich *übernatürliche* Überformung dessen, was von Relativitäts- und Quantentheorie erhellt wird.

Andererseits aber sind es die irdisch erlebten Zeit- und Raummodi, die somit „erhöht" und miteinander *verschränkt* werden sollen. Weisen sie schon physikalisch die Möglichkeit oder gar Tendenz zur Verschränkung auf, sofern sie „gekrümmt" sind und sich chaotisch verhalten können, so ist der Gedanke nicht abwegig, daß sie durch ihre Verewigung einer radikal neuen Weise des Ineinandergreifens, der „Perichorese" unterzogen werden.

Wie läßt sich die *Ewigkeit Gottes* denken? Wie jene schöpferische Macht, die Raumzeitliches verewigt? Augustinus kann sich von der heilsgeschichtlichen Denkweise der Bibel, die anthropo- und kosmomorph von „ewigen Zeiten" redet, nicht freimachen. So bestimmt er Gottes Ewigkeit gleichsam „von unten", indem er erklärt: „praeterita et futura cum praesentibus ... cuncta praesentia"[263]: Irdisch vergangene und zukünftige Ereignisse werden, zusammen mit gegenwärtigen Ereignissen, in Gott in einmaliger Weise *„präsent"* gemacht oder als präsent erfaßt. Deshalb vergeht übrigens nichts von einer geschehenen Geschichte

---

[262] Übersetzung von H. W. Wolff, Anthropologie des Alten Testaments, München [4]1984, 137; siehe den gesamten Teil II: Des Menschen Zeit, 125-230. Zum folgenden vgl. auch in diesem Werk Bd. III: Eschatologie.

[263] Trin. XV,7,13; PL 42, 1066 f.

in Gottes Augen, vielmehr wird alles in seiner Ewigkeit „aufgehoben" und eingeborgen. Das Vergängliche wird ins Unvergängliche verwandelt.

Aus diesem Grunde kann man sich vorstellen, daß die Ewigkeit Gottes zwar zeitüberlegen, aber auch zeitoffen ist. Er ist von sich aus nicht auf Raum und Zeit bezogen, aber er ist der Zeit „überzeitlich" präsent, wie Augustinus nahelegt. Diese Gegenwart läßt sich aber nicht, wie die klassische Theologie sagte, als „stehendes Jetzt" *(nunc stans)* begreifen[264], sondern ist dynamisch, erfüllt von Leben – das zeigt der biblische Gottesname „der Lebendige". Man kann auch eher philosophisch formulieren: Die Ewigkeit Gottes als des dreieinigen Schöpfers besteht in der Verwirklichung *immer neuer* Möglichkeit[265].

Wenn die Ewigkeit aber so gedacht werden kann, dann versteht sich ohne große Mühe, daß sie „zeitfreundlich" ist, daß sie die Raumzeit und darin Evolution entstehen läßt, daß sie auch unsere gelebten Zeiten in sich aufnimmt und ineinander verschränkt, daß sie der Schöpfungsgeschichte „am Ende" eine Erfüllung und Vollendung verheißt.

Solche Verschränkung der Raumzeitmodi erleben schon im vergänglichen Leben die Propheten und die Mystiker (nach der modernen Sterbeforschung vielleicht auch Menschen im Verlauf des Sterbeprozesses)[266], sie wird aber alltäglich in den Sakramenten, vorab in der eucharistischen Realpräsenz Christi, vorweggenommen.

Gilt das nur für den Menschen oder mutatis mutandis auch für den *Kosmos?* Die paulinisch-deuteropaulinische Weltlehre legt das nahe (vgl. Kol). Auf der anderen Seite schließt die physikalische Erkenntnis, daß das expandierende Universum kein „Außerhalb" besitzt und daß das universale Raumzeitkontinuum bei aller Abstraktheit als ein „gekrümmtes", gleichsam „sphärisches" Gebilde veranschaulicht werden darf, die Vorstellung nicht aus, daß dieses All von der dynamischen Ewigkeit seines Schöpfers gleichsam „umschlossen" ist. Dann aber eröffnet sich der Weg zu neuen Analogiemöglichkeiten, die bisher nur noch wenig reflektiert wurden.

4.6.3 Gehirn, Geist und Gottesgeist

Es ist bereits gezeigt worden (4.4.2), wie schwierig die Begriffe „Materie" und „Geist" naturwissenschaftlich und philosophisch zu bestimmen sind, ferner, wie der materialistische oder idealistische Gegensatz „Materie-Geist" für viele Vertreter der Quantentheorie höchst problematisch geworden ist.

Wir haben aber die *evolutionstheoretischen* Deutungen des Materie-Geist-Verhältnisses und die Hypothesen moderner *Gehirnforschung* kaum berührt. Das soll hier am Beispiel der „evolutionären Erkenntnistheorie" von *K. Lorenz* nachgeholt

[264] So Thomas von Aquin, S.th. I, q. 10, a. 2: „apprehensis aeternitatis, inquantum apprehendimus nunc stans".

[265] Vgl. W. Pannenberg, Eschatologie, Gott und Schöpfung: ders., Theologie und Reich Gottes, Gütersloh 1971, 9-29; ders., Der Gott der Geschichte: ders., Grundfragen systematischer Theologie. Gesammelte Aufsätze II, Göttingen 1980, 112-128.

[266] Vgl. R. A. Moody, Leben nach dem Tod, Reinbek b. Hamburg 1977.

werden[267]. Diese hat die phylogenetische Gehirnentwicklung und folglich den Prozeß der „Hominisation", das heißt der Menschwerdung des Menschen aus tierischen Vorfahren, einschließlich der Frage nach dem „Auftauchen" des Geistes, zum Gegenstand.

In dem Moment, in dem Materie belebt wird, entsteht für das belebte Wesen die Notwendigkeit, sein Dasein fortwährend zu sichern. Dazu benötigt es die Fähigkeit der Wahrnehmung und die entsprechenden Sinnesorgane. Diese müssen sich aber immer wieder an die sich ändernden Umweltbedingungen anpassen. Dabei werden sie vom zentralen Nervensystem bzw. dem *Gehirn* gesteuert, die deshalb mit den Anpassungsbestrebungen des Lebewesens Schritt halten müssen. Auf diese Weise entsteht das Gehirn. Bei zunehmender Evolution wird es *stets komplexer*. Es ermöglicht wachsendes Lernvermögen und einen je höheren Grad an *Bewußtsein*. Ein hoher Bewußtseinsgrad ergibt sich einerseits aus evolutiven Vorgängen, andererseits schafft er Vorteile für die weitere Entwicklung. *In* dieser aufsteigenden und zunehmend komplex werdenden Bewegung tritt das *spezifisch menschliche* Bewußtsein als Selbstbewußtsein auf mit Fähigkeiten der Reflexion und der Selbstreflexion. Der Mensch kann somit die Dinge seiner Umwelt wie auch sich selbst zu Objekten seiner subjektiven Erkenntnis machen. Daraus entsteht das abstrakte, wissenschaftliche, technische und kulturschaffende Denken.

Alle Evolution des Lebens zeigt sich somit als Wahrnehmungs- und Erkenntnisentwicklung. Dabei ist die *Grenze* zwischen tierischer und menschlicher Bewußtseinsstufe bzw. „Seele" bio-psychologisch nicht leicht zu bestimmen. Zwei Theorien suchen eine Antwort[268].

(1) Nach der *monistischen* Theorie bilden die belebte Materie und die verschiedenen Weisen des „Geistes", obwohl mehrdimensional, eine einzige Größe. Diese kann entweder betont materialistisch oder entschieden idealistisch oder einfach verhaltenstheoretisch interpretiert werden. Heute ist besonders jene Interpretation verbreitet, die sich als *„Identitätstheorie"* bezeichnet. Sie versteht „Geist" einfach als „Funktion des Gehirns, die erst auf einer gewissen Organisationshöhe (vor allem des Zentralnervensystems) auftritt. Seelische, geistige, Bewußtseinszustände sind Zustände von Neuronen"[269]. Danach unterscheidet sich der Mensch vom Tier bloß durch die höhere Organisation seines Gehirnes. Interessanterweise rechnet der Naturwissenschaftler *G. Vollmer* auch den thomistischen „Hylemorphismus", für den die Seele und der Körper sich wie „Form (morphé)" und „Materie (hýle)" zueinander verhalten und so eine nur im Tode auflösbare Einheit bilden, zu den monistischen Erklärungsversuchen[270]. Wollte man die thomistische Sicht identitätstheoretisch „übersetzen", so würde der Seele, auch der menschlichen Geistseele, die Rolle des Gehirns als formgebende, die Iden-

---

[267] Vgl. K. Lorenz, Die Rückseite des Spiegels. Versuch einer Naturgeschichte menschlichen Erkennens, München-Zürich 1973 (⁴1983).

[268] Siehe Tabelle bei G. Vollmer, Evolutionäre Erkenntnistheorie und Leib-Seele-Problem: W. Böhme (Hg.), Evolution und Gottesglaube. Ein Lese- und Arbeitsbuch zum Gespräch zwischen Naturwissenschaft und Theologie, Göttingen 1988, 134-166, hier: 146.

[269] Ebd.

[270] Vgl. ebd.

tität des Lebewesens bestimmende Größe zukommen. Der Mensch wäre dann dadurch Mensch, daß sein *Gehirn* die Eigenschaften der *„Geistseele"*, die mehr ist als die tierische Seele, besäße.

(2) Die *dualistische* Erklärungsweise hat ihre klassische Gestalt im Platonismus, auch in dessen christlicher Variante etwa bei Augustinus. Danach wird alles Materielle vom Geist belebt, gesteuert und bestimmt, was besonders im Falle des göttlichen, aber in eigentümlicher Weise auch im Falle des menschlichen Geistes, festzustellen sei. Eine moderne Variante der Theorie, die zwischen Geist und Materie, näherhin materiellem Gehirn, scharf unterscheidet, liegt im sogenannten *„Interaktionismus"*. Dieser lehrt: Geist und Gehirn stehen in Interaktion bzw. Wechselwirkung zueinander, wobei der menschliche Geist sich von allen tierischen Geistesfunktionen radikal absetzt.

Dieser Unterschied wurde in der Vergangenheit vereinfacht mit dem Gegensatz zwischen Trieb- und Umweltgebundenheit der Tierarten und der zur Triebbeherrschung und zur „Weltoffenheit"[271] fähigen Seele des Menschen erklärt. Allerdings dachten vor allem Philosophen so. Interessanterweise verwenden Naturwissenschaftler, die sich für die Unableitbarkeit des Menschengeistes einsetzen und sich weigern, menschliche Geistigkeit ausschließlich auf Systemeigenschaften des Zentralnervensystems oder auf Gehirnfunktionen zu reduzieren, eher *theologische Analogien*.

Der Biologe *H. Sachsse* ist der Überzeugung, der Geist sei *in* unserem Bewußtsein da als mehr und etwas anderes als unser Bewußtsein. Er sei *„da*, ohne uns zu sagen, woher er kommt und wohin er uns noch führen wird"[272]. „Der Geist ist da und ergreift uns mit Macht"[273]. Aber seine Macht ist zugleich eine *„Gabe"*, ja ein Aspekt unserer „Gottebenbildlichkeit". Diese besagt, daß das spezifisch menschliche Bewußtsein von Gott „geschaffen" ist, um *„als Organ zur Teilhabe an Seinem Geist und an Seinem Werk"* zu dienen[274]. *Sachsse* ist sich bewußt, daß er mit diesem Satz den Kompetenzbereich eines Biologen überschritten und damit eine Plattform für das Gespräch mit der Schöpfungstheologie eröffnet hat[275].

Der Physiker *H. von Ditfurth* öffnet die Fenster weniger auf die biblische als eher auf die allgemeine religiöse Antwort hin. Er erklärt zunächst, daß sich „das Seelische" im Menschen „aus den Gesetzen unserer materiellen Wirklichkeit auf keinerlei Weise ableiten läßt."[276] Es „könnte dadurch zustande kommen, daß die Evolution es fertiggebracht hat, unser Gehirn auf einen Entwicklungsstand zu bringen, der in ihm einen ersten Reflex des Geistes einer jenseitigen Wirklichkeit entstehen läßt"[277]. Gemeint ist die *Wende* zur Hominisation, die als ein „Entstehen" und nicht als ein einfaches Abstammen oder „Sich-Ergeben aus" verstanden wird. Wenn diese Wende schon durch etwas herbeigeführt wird, dann

[271] Vgl. z. B. M. Scheler, Die Stellung des Menschen im Kosmos, München 1947, 39.
[272] H. Sachsse, Wie entsteht Geist? Überlegungen zur Funktion des Bewußtseins: W. Böhme (Hg.), Evolution und Gottesglaube, 167-182, hier: 182.
[273] Vgl. ebd. 178.
[274] Ebd. 179; vgl. 182.
[275] Vgl. ebd. 182.
[276] H. v. Ditfurth, Wir sind nicht nur von dieser Welt, 275.
[277] Ebd.

durch die Fähigkeit, „den Geist einer jenseitigen Wirklichkeit" zum ersten Mal zu reflektieren. *Ditfurth* verdeutlicht diese hominisierende Reaktion im Gehirn durch das Bild von Licht und Spiegel[278]. Der Spiegel erzeugt nicht das Licht, aber das Licht kann ohne Spiegelung nicht wahrgenommen werden. Genauso erzeugt das Gehirn nicht den Gedanken, aber ohne es kann nicht gedacht werden[279]. Folglich taucht jenes „Seelische" und Transzendenzfähige, das den Menschen zum Menschen macht, *in* einem hochentwickelten Zentralnervensystem auf, ohne dessen Produkt zu sein.

Soweit zu sehen ist, hat die Identitätstheorie heute mehr Anhänger als die Interaktionslehre. Das erschwert den Dialog mit der Theologie, macht ihn aber keineswegs unmöglich. Denn die Vertreter beider Erklärungsversuche der Leib-Seele- bzw. der Materie-Geist-Problematik wissen, daß sie sich hierbei auf philosophisches und theologisches Gebiet begeben, wo ihre Kompetenz als Naturwissenschaftler aufhört.

(3) Schöpfungstheologisch konstituiert den Menschen grundsätzlich *sein personhafter Gottbezug*. An der Aussageintention der biblischen Symbole: direkte Einhauchung des Lebensodems (Gen 2,7) und Nach-dem-Bilde-Gottes-geschaffen-Sein (Gen 1,26) hat die dogmengeschichtliche Entwicklung nichts geändert. Erst von dieser Offenbarung her ist die *ganzheitliche Anthropologie* der Bibel wirklich verständlich, jene vernetzte und aspekthafte Einheit von Leib, Seele, Geist, Herz usw. Diese Sicht schließt eher aus, daß man das spezifisch Menschliche in einem *einzigen* seiner Aspekte, sei es hochentwickeltes Gehirn, Bewußtsein, Weltoffenheit oder gar Geist usw., zu bestimmen sucht. Nur eine synthetische Betrachtungsweise wird ihm gerecht, die eben durch die gottbezogene Personhaftigkeit des hominisierten Lebewesens ermöglicht wird. Dabei ist zu bedenken, daß unser modernes, relationales *Personverständnis* erwiesenermaßen theologischer Herkunft ist, es leitet sich von den frühkirchlichen christologischen und trinitarischen Diskussionen her[280].

Auf dieser festen Grundlage erscheint das hochentwickelte *Tier* als menschenanalog, was die Arbeitsweise heutiger Tierpsychologie nur bestätigen kann. Aber es ist etwas wesentlich anderes als der Mensch. Seine seelischen Bewußtseinseigenschaften entfalten sich nicht in der Korrelation „Erkenntnis in Freiheit" und „Freiheit in Erkenntnis" unter dem Zeichen stets möglicher Aktualisierung und Bewußtmachung des Gottbezugs.

Die theologische Bestimmung des Menschen als Person kann Ergebnisse der modernen Gehirnforschung weitgehend integrieren, denn Personsein ist notwendig gehirnhaft und Menschengehirn grundsätzlich personal. Die Transzendenzfähigkeit des Menschen, in der man Welt- und Gottoffenheit theoretisch unterscheiden kann, leitet sich für die theologische Anthropologie nicht von Systemeigenschaften des Zentralnervensystems ab, vielmehr kommt sie darin zum Vollzug. Gehirnoperationen und eine vielleicht in der Zukunft machbare Gehirntransplantation mögen die Persönlichkeit des Patienten

[278] Vgl. ebd. 274.
[279] Vgl. ebd. 264 f.
[280] Vgl. W. Pannenberg, Art. Person: RGG³ 5, 230-235.

verändern. Sie berühren nicht seine fundamentale Fähigkeit, als gottbezogene Person da zu sein.

Von daher ist der Mensch als Mensch, bei weitem nicht nur in seiner Geistigkeit oder gar Religiosität, des *Geistes Gottes* fähig. Das schöpferische Pneuma ist im gottfähigen Personwesen „zu Hause". Es bietet sich ihm von vornherein, also etwa schon dem Embryo oder dem Kleinkind, als zuvorkommende „Gnade in Person" an[281]. Es ist stets auf den freiheitlichen Dialog in der Gestalt des Glaubensvollzugs mit dem Menschenpneuma aus. Auch die Instinkte, Triebe und alles, was im Menschen bleibend tierverwandt ist, sind Adressaten des schöpferischen Gottesgeistes. Vorab freilich die personalen Fähigkeiten, die als Nährboden *charismatischer Gaben* anzusehen sind. Ein gutes Beispiel für die charismatisch begabte Person liegt in der Kreativität, durch die diese besonders „gottanalog" wird.

4.6.4 Kreativität und Schöpfung

(1) Neuzeit und Moderne haben, nicht zuletzt unter dem Impuls des naturwissenschaftlichen Fortschritts, der sich einer Reihe von *Erfindungen* verdankt, den Gottesnamen „Schöpfer" auf den Menschen übertragen. Heute ist es gang und gäbe, von „schöpferischen Menschen", von „Schöpfungen" eines Künstlers und von „Kreationen" eines Modemachers zu reden[282]. Damit ist ein Thema gegeben, das vor allem die Theologische Anthropologie herausfordert. Hier soll kurz ein Beispiel eingebracht werden, welches zeigt, wie ein Kreativitätstheoretiker der Gegenwart *wissenschaftlichen* und *gläubigen* Umgang mit der Wirklichkeit analog aufeinander bezieht. Die gemeinsamen Züge, die darin sichtbar werden, können dann als Vollzüge des „Schöpfungsauftrags" in der Nachfolge des Schöpfers interpretiert werden.

(2) In einem vorzüglichen Beitrag über „Das Schöpferische" nimmt *Siegfried Müller-Markus* A. Einstein als Beispiel, um die Grundzüge des kreativen Aktes herauszuarbeiten[283]. Der Vater der Relativitätstheorie stand gewiß *nicht vor einem Nihil*, auch nicht vor einem Chaos von physikalischen Erkenntnissen, als er eine neue Gravitationstheorie entwickelte. Er ging von Überkommenem aus. Doch verhielt er sich diesem gegenüber frei. Allem Anschein nach einem inneren Drang folgend, entschied er sich für ein bestimmtes Thema, mit dem er dann in eine Art „Dialog" trat. Und so kam es durch wiederholte Untersuchung der Licht-, Zeit- und Schwerkraftphänomene zu einer neuen *Intuition*.

Müller-Markus stellt sich den Erfinder als einen „gerade im Akt der Kreativität unerhört" *freien* Menschen vor[284]. Dabei erfährt er einen Höhepunkt nicht so sehr

[281] Vgl. A. Ganoczy, Aus seiner Fülle, 343.

[282] Vgl. A. Ganoczy, Der schöpferische Mensch; ders., J. Schmid, Schöpfung und Kreativität (Texte zur Religionswissenschaft und Theologie. Systemat. Sektion III/1), Düsseldorf 1980 (siehe dort auch Lit.).

[283] S. Müller-Markus, Das Schöpferische: H. Gross (Hg.), Zukunft und Kreativität, Düsseldorf-Wien 1971, 233-263.

[284] Ebd. 245.

seiner Wahlfreiheit als eher seines Vermögens, selbst-bewußt zu sich zu kommen. Die Theorie, die er entdeckt hat, definiert den Menschen Einstein in einer vorher nicht dagewesenen Weise. Sein Selbst wird zwar im Umgang mit der neuen Theorie maximal versachlicht, insofern er als Urheber der Relativitätslehre definiert wird, aber eben dadurch wird es auch eminent verwirklicht. Kreativität als das Freiheitsphänomen schlechthin vollzieht sich als Akt der Selbstwerdung und -behauptung.

Außerdem *macht sie Geschichte*. Der Erfinder steht zwischen einer offenen Vergangenheit und einer offenen Zukunft – einer Vergangenheit, deren Geschlossenheit in der Gestalt der feststehenden, klassischen Physik, er selbst aufgebrochen hat, und einer Zukunft, zu deren Prägung seine Intuition Bleibendes beigetragen hat. Er hat aus der Fülle der abgeschlossenen Rechenvorgänge und erfolgreichen Experimente einige herausgegriffen und durch den Einsatz seiner Subjektivität radikal erneuert. Was er erfindend findet, stellt nochmal die Geltung jener Dreierbeziehung unter Beweis, die wir weiter oben (S. 436) als Beziehung zwischen dem beobachteten Objekt, dem beobachtenden Subjekt und dem von diesem gewählten Beobachtungsinstrumentar dargelegt haben.

Weil das Ich bzw. das Selbst des Wissenschaftlers konstitutiv für die so entstandene revolutionäre Theorie oder das neue „Naturgesetz" ist, zögert *Müller-Markus* nicht, in seine Analyse einen spezifisch theologischen Begriff einzuführen: „Ein *analoger Glaube* ist nötig, um die Tragfähigkeit eines Gedankenversuchs vorauszusetzen, ehe ich mir die Mühe mache, ihn zu ersinnen"[285]. Er nennt diesen Glauben zwar „physikalisch", weil er die Gestalt mathematischer Operationen annimmt und somit den Raum zwischen anfänglichem und abschließendem Experiment füllt. Nichtsdestoweniger zeigt sich dieser Glaube als ein *Vertrauen* auf feste Wirklichkeit, das dem biblisch-religiösen „Glauben *an* ..." bei aller Andersheit doch ähnlich ist.[286] Ein kreativer Akt hat den Charakter eines Glaubensaktes, der den Mut zum Wagnis einflößt wie einst bei Abraham.

Müller-Markus wendet sich dann der Wirkungsgeschichte menschlicher Kreativität zu. So hat die Einsteinsche Theorie außerordentliche Folgen (segensreiche und verhängnisvolle) für Technik, Industrie und Wirtschaft gezeitigt. Heute ist Kreativität Voraussetzung für den Erfolg: „Im technischen Wettbewerb gilt es, neue Ideen zu entwickeln. In der Wissenschaft setzt sich nur durch, wer neue Entdeckungen entwirft, in der Wirtschaft nur, wer neue Märkte erschließt und neue, bessere Produkte anbietet sowie neue Methoden einsetzt. Die drohenden Weltkatastrophen ... lassen sich nur durch eine globale Strategie bewältigen, welche grundsätzlich neue Wert-Haltungen, neue technische Verfahren und eine neue soziale Planung voraussetzt"[287].

Kreativität ist also ambivalent. Die ursprüngliche schöpferische Intuition wird verobjektiviert und Zwecken dienstbar gemacht, die auch negative Konsequenzen haben können. Beispiele für diese Zweideutigkeit sind die Probleme der Kern- und Genforschung.

---

[285] Ebd. 252

[286] Vgl. oben, Theologische Erkenntnislehre, zum Stichwort „Du-Glauben" 3.4.

[287] S. Müller-Markus, Das Schöpferische, 233.

Zur Komplexität der Entwicklung trägt auch das Phänomen bei, daß *rationale* „Schöpfungen" oft durch Wellen der Irrationalität überdeckt werden oder daß das *Überrationale*, ohne das weder Philosophie noch Kunst, noch Religion möglich sind, durch eine einseitig wissenschaftlich-technische Kreativität verdrängt wird. Außerdem tritt noch die Erscheinung der *„Antikreativität"* auf den Plan. Müller-Markus schreibt: „Ich verstehe darunter im rationalen Bereich ein schöpferisches Tun, das die Bedingungen seines eigenen Schöpfertums hemmt oder gar zerstört"[288].

Dadurch wird die ethische Dimension kreativen Handelns angesprochen, z. B. in der Gestalt einer Disziplinierung, ja einer Askese der „schöpferischen" Individuen, wobei Grundhaltungen wie Geduld, Aufmerksamkeit, Bereitschaft zum Nachdenken und Verzicht mitwirken. Kreative Prozesse sollen zum Gegenstand von Meditation gemacht werden, damit ihr letzter Sinn oder ihre Sinnlosigkeit aufgehen können. Müller-Markus spricht Gott selbst „als die Bedingung des Schöpferischen" an[289]. Ihn gilt es wiederzuerkennen, damit der Mensch, bei der rasanten Veränderung der Welt, sich selbst zu verändern nicht vergißt.

(3) Die schöpfungstheologische Analogie ist die Gottebenbildlichkeit des Menschen, die die Erfüllung des Schöpfungsauftrags einschließt. Dessen personale Seite zeigt sich noch klarer in Jesus, der eine kreative Persönlichkeit gewesen ist, die nicht nur auf einem bestimmten Gebiet, sondern für alle Menschen Vorbild ist. Letzteres berührt eine Erkenntnis heutiger Kreativitätsforschung nach der nicht nur Genies, Hochbegabte, Originelle, große Erfinder und Künstler, sondern jedermann als zumindest potentiell kreativ erachtet wird. Deshalb besteht auch die Möglichkeit des Erlernens und der *Erziehung* in diesem Bereich[290].

Von dieser theologischen Warte aus kann die ganze Vielfalt des „schöpferischen" Handelns bejaht und begründet werden, das über das bloße *Machen* hinausgeht, d. h. über jenes rein iterative und reproduktive Handeln, das den größten Raum in unserem Alltag besetzt. Christliche Glaubenslehre hat daher die menschliche Kreativität nach Kräften zu ermöglichen und zu fördern, damit der Mensch in innerer Freiheit und ohne den Zwang der Verzweckung innovativ wirken und damit der menschlichen Gesellschaft dienlich sein kann.

4.6.5 Das Böse und die Sünde

(1) Naturwissenschaftler beschäftigen sich heute zunehmend mit *ethischen* Fragen. Dabei entleihen sie oft Begriffe aus der christlichen Theologie der Sünde. Das trifft besonders zu für K. Lorenz, dessen Buch „Das sogenannte Böse" schon weiter oben zitiert wurde[291]. Im Folgenden sollen seine weiteren Arbeiten[292] auf ihre schöpfungstheologischen Implikationen hin geprüft werden.

---

[288] Ebd. 234.

[289] Ebd. 263.

[290] Vgl. G. Ulmann, Kreativität, Weinheim u. a. ²1970, 97-158.

[291] Siehe unter 4.5.2 Anm. 227.

[292] K. Lorenz, Die Rückseite des Spiegels; ders., Die acht Todsünden der zivilisierten Menschheit, München-Zürich (1973) ²²1990; ders., Der Abbau des Menschlichen, München-Zürich 1983.

Im bereits zitierten Werk werden die menschlichen Verhaltensweisen vorwiegend in der Perspektive der tierischen analysiert. Deswegen heißen dort das *Naturübel* wie das Leiden und der Tod nebst *Aggressivität* nur im übertragenen, uneigentlichen Sinn „Böses", eben „das *sogenannte*". Es kommt ihnen nämlich eine weitgehend positive Funktion im „großen Geschehen des organischen Werdens"[293] zu. So gibt z. B. der Kampftrieb zwischen Artgenossen den Sieger zur Zeugung besserer Nachkommen frei, löst das Problem der Überbevölkerung durch Töten oder Tötenlassen der Minderwertigen und erhält ganze biologische Systeme und Arten am Leben[294].

Die in den weiteren Werken von Lorenz vertretene These lautet: Das *eigentliche*, also *moralische* Böse hängt wesentlich mit dem *Geistsein* des Menschen zusammen. Es hat mit der Einzigartigkeit unserer Gattung zu tun, die kraft einer essentiellen und nicht bloß graduellen Überbrückung des kategorialen „Hiatus" (N. Hartmann) zwischen Tier und Mensch entstanden ist, kraft der „Fulguration des menschlichen Geistes"[295]. Dieser besteht in der Kollektiverscheinung[296] des begrifflichen Denkens, der syntaktischen Sprache und des vererbbaren Wissens[297]. Kein Tier besitzt Geist, folglich kann es Böses auch nicht tun. Nur der Mensch vermag dies, und zwar bei weitem nicht bloß durch geistig gesteigerte Aggressivität, sondern auch durch viele andere verantwortete Fehlfunktionen. Das wirklich Böse ist ein durch und durch anthropologisches Phänomen und unterliegt *sittlicher* Beurteilung.

Dazu wären aber klare ethische Normen bleibender oder zumindest situativer Geltung erforderlich. Ist der Naturwissenschaftler dazu befugt, solche vorzuschlagen? Der Verhaltensforscher und Arzt versucht es, will aber dazu zunächst den Umweg von *Pathologie* und *Diagnose* einschlagen. Außerdem achtet er darauf, daß seine Urteile streng *gegenwartsbezogen* bleiben. Letzte Gründe und Ursachen der menschheitlichen „Krankheitsgeschichte" sucht er nicht klarzulegen. Sein ganzes Interesse gilt der epidemischen „Erkrankung" des heutigen „Zivilisationsmenschen" der technokratischen Gesellschaft[298]. Frühere Etappen unserer Stammesgeschichte kommen hier in seinen Augen schon deshalb nicht in Frage, weil „manches, was wir heute als ‚sündhaft' oder zumindest als verächtlich betrachten, durchaus richtige, ja lebensnotwendige Strategie des Überlebens" waren[299]. Untersucht werden soll lediglich ein bestimmter Typ des gegenwärtigen Menschen, dessen großer *Erfolg* unermeßliche *Gefahren* heraufbeschworen hat[300] und dessen *„Tugenden"* wie Ordnungsliebe, Funktionslust, Spezialisiertheit, Wissenschaft unter Umständen zu echten *Bedrohungen* für die irdische Lebensgemeinschaft geworden sind. Sie tragen zu ihrer „Vergiftung" bei[301].

---

[293] K. Lorenz, Das sogenannte Böse, 66.
[294] Vgl. ebd.
[295] Ders., Die Rückseite, 225.
[296] Ders., Der Abbau, 195.
[297] Vgl. ebd. 145.
[298] Vgl. ebd. 71.
[299] Ders., Todsünden, 43.
[300] Vgl. ders., Der Abbau, 156.
[301] Vgl. ebd. 11.

(2) Lorenz entwickelt mit diesen Prämissen eine *Phänomenologie* des Bösen, die einer theologischen Schöpfungsethik heute in vielem entspricht. Im Gespräch mit Lorenz richten wir unsere Aufmerksamkeit auf zwei Themen: auf die Evolution als menschliche Stammes- und Kulturgeschichte und auf das soziale Zusammenleben.

Bezüglich der *Stammesgeschichte* stellt Lorenz die herausfordernde These auf, daß unsere Evolution neben „Wertzuwachs"[302] auch *„Wertverminderung"*, näherhin Abbau des Menschlichen[303] zeitigt. Solcher Abbau ist einer pervertierten Wirkung der natürlichen *Selektion* zuzuschreiben: „Die schöpferische Wirkung der Selektion ist jedoch nicht nur fortgefallen; sie hat sich in ihr Gegenteil verkehrt. Die heute noch wirksame Selektion zielt in Richtung der Verderbnis."[304] Das scheint nicht mehr *Darwin*s, sondern des *Augustinus* Perspektive von der Selbstverdammung der Menschheit zu sein. Lorenz redet sogar zugespitzt von „den satanischen Wirkungen der intraspezifischen Selektion"[305]. Damit wird nicht nur dem heute noch immer verbreiteten Fortschrittsoptimismus eine Absage erteilt, sondern auch vor einer blinden Befolgung jedes natürlichen Selektionsdrucks durch den Menschen gewarnt[306].

Auf der Basis dieser erstaunlich kritischen These wird dann eine detaillierte Phänomenologie der Perversion zweier Naturgesetze der Darwinschen Evolutionstheorie, der Zuchtwahl und des Wettbewerbs, entwickelt.

Schon grundsätzlich gilt: „Die natürliche *Selektion* bevorzugt durchaus nicht das, was auf lange Sicht für die Art vorteilhaft ist, sondern belohnt blindlings alles, was im Augenblick einen größeren Fortpflanzungserfolg gewährt."[307] Somit lockt das evolutive Geschehen selbst Lebewesen in „Sackgassen" und den Menschen in „Irrtümer"[308]. Um so zweideutiger fällt manchmal jener Selektionsdruck aus, der auf die zivilisierte Menschheit ausgeübt wird. Er treibt sie in Sachzwänge, die ihr den Blick in die *Zukunft* verwehren[309]. Wo dies geschieht, züchtet der Mensch sich buchstäblich zugrunde. Denn er ist nicht mehr nur Gegenstand natürlicher Zuchtwahl, sondern auch Subjekt und Urheber einer künstlich betätigten Auswahl.

Der *Wettbewerb* büßt nach Lorenz in ähnlicher Weise einiges von seiner vorwiegend aufbauenden, fortschrittsfördernden Funktion ein. Schon von sich aus birgt der Kampf zwischen Individuen derselben Art die Gefahr einer „positiven Rückkoppelung", d. h. einer Steigerung von Einzelwirkungen in sich[310], was letztendlich dem Gemeinwohl und der Zukunft der betreffenden Art abträglich ist. Mit dem „Anwachsen der Kulturhöhe" vervielfacht sich diese Gefahr[311]. Zwar verbindet sich der intersubjektive Wettlauf mit Freude, andererseits aber führen des-

[302] Ebd. 17.
[303] Ebd. 52.
[304] Ebd. 208.
[305] Ders., Todsünden, 33.
[306] Näheres darüber vgl. ders., Der Abbau, 52.
[307] Ebd. 48.
[308] Vgl. ebd. 28.
[309] Vgl. ebd. 229.
[310] Ders., Todsünden, 32.
[311] Vgl. ders., Der Abbau, 172 f.

sen *„Exzesse“*[312] zu katastrophalen Zuständen. Die instrumentale Vernunft der Technokratie gibt zu einer „übermäßigen Konkurrenz“[313], insbesondere in Wirtschaft und Politik, Anlaß, womit sich dann verschiedene Formen der „kollektiven Aggressivität“[314] verbinden. Es wächst dabei die *Angst*, „im Wettlauf überholt zu werden“[315], bis hin zur Neurose, die dann alle echten Werte der Kultur verdrängt.

Der Geist pervertiert also sowohl die natürliche Selektion wie die natürliche Konkurrenz, was so manches in der Entwicklung des hominisierten Lebewesens *rückgängig* macht. Das betrifft in gleicher Weise die Phylo- und Ontogenese, das heißt den Werdegang der Art und des Individuums. Die Menschengattung entwickelt sich „abwärts“ und holt bald eine ganz bestimmte *tierische* Stufe ein. Gewiß nicht die des gesunden Wildtieres, sondern die des domestizierten Haustieres, so daß eher das Adjektiv „viehisch“ angemessen ist[316]. Bezeichnend ist in dieser Hinsicht das Sexualverhalten des „zivilisierten“ Menschen. Es entfällt z. B. das komplexe Werberitual, auch die gemeinschaftsfördernde Disziplin der Instinkte, und die isolierten Individuen trachten nach sofortiger Befriedigung ihrer Triebe. Dabei wird eher Genuß als Freude gesucht[317]. Nun aber hat die eigentlich humane Kultur andere Erfordernisse: „Alles kulturelle Zusammenleben hat zur Voraussetzung, daß der Mensch seine Triebe zu zügeln lernt ...“[318] Lorenz spricht von „Askese“.

Im ontogenetischen Bereich zeigt sich die Abwärtsentwicklung eher als Verbleiben auf einer Stufe der *Unreife*, des infantilen Verhaltens bei Erwachsenen. Auch hier gibt es den Drang nach sofortiger Wunschbefriedigung nebst Mangel an Verantwortung und an Rücksichtnahme[319]. Die heutige Wohlstandsgesellschaft züchtet Egozentriker. Solche Individuen können dann jedes *Verschiedene*, Andersartige, Fremde, Ungewöhnliche nur äußerst schlecht annehmen. Daraus folgt, daß die Kultur sich zunehmend *vereinheitlicht*, uniform, eintönig, glatt, seicht und fad wird[320]. Freilich ist die eigentliche Humanität anders: Sie ist auf Kulturvielfalt und auf echte Vielgestaltigkeit in allen Bereichen angewiesen, wie auch die eine Art auf den ganzen geschaffenen Reichtum anderer Arten.

Lorenz sieht den Grund für die Entartung so: „Wenn die Kulturentwicklung ... *schneller* verläuft als die stammesgeschichtliche, dennoch ähnlichen Gesetzen gehorcht, ist es sehr wahrscheinlich, daß sie imstande ist, die Richtung der Phylogenese in ihrem Sinne, das heißt in die gleiche Richtung, zu lenken“, nämlich *„abwärts“*[321]. Die „Ursünde“ der zivilisierten Menschheit hat mit überhöhter Geschwindigkeit zu tun, die sich buchstäblich einseitig, nur für die technisch

[312] Vgl. ders., Todsünden, 58.
[313] Ders., Der Abbau, 177.
[314] Ebd. 173.
[315] Ders., Todsünden, 35.
[316] Vgl. ebd. 45.
[317] Vgl. ebd. 46.
[318] Ebd. 55.
[319] Vgl. ebd. 64 f.
[320] Vgl. ders., Der Abbau, 77-79.
[321] Ebd. 19.

manipulierbare Seite derselben als förderlich, stammesgeschichtlich aber als hinderlich erweist.

Was nun die *soziale* Dimension anbelangt, so erweist sich das Böse als Behinderung des gemeinschaftlichen Zusammenlebens. Das ist zunächst einmal einem *Gleichgewichtsbruch* zwischen „Geist" und „Seele" sowie zwischen rationalen und nichtrationalen Kräften zuzuschreiben.

„Der *Geist* ist ein sozialer Effekt", das heißt, „nur als Mitglied einer geistigen Gruppe kann" der homo sapiens „voll Mensch sein"[322]. Das leuchtet ein: Insofern Geist aus begrifflichem Denken, syntaktischer Sprache und vererbbarem Wissen besteht, kann seine primäre Daseinsweise nur gemeinschaftlich sein. Erkrankt der so verstandene „Geist", wie dies bei vielen heutigen „Zivilisationsmenschen" der Fall ist[323], dann setzt er sich ein-seitig gegen die *„Seele"* durch, ja er wird sogar deren „Widersacher"[324]. Unter „Seele" versteht Lorenz das Vermögen des „subjektiven Erlebens"[325]; man könnte auch sagen: das Innenleben der Person, würde er nicht Seelenhaftigkeit auch Tieren zuschreiben. Nun kommt es auch hier zu einer Nichtübereinstimmung der Entwicklungsgeschwindigkeiten. Technokratisch, auf Rationalität und Objektivierung zielend, entwickelt sich der Geist „um ein Vielfaches schneller" als die Seele[326]. Das Subjekt wird – buchstäblich „objektiv" – überfordert. Für Innerlichkeit bleibt keine Zeit. Seelisches Erleben kann mit dem Tempo nicht mehr Schritt halten. Das Kollektive erdrückt das Individuelle.

Daraus folgt, daß das Gleichgewicht auch in der Zweieinheit des *Rationalen* und des *Nichtrationalen* gestört wird. Es kommt zu einseitigen Exzessen. Der Mensch wird durch das Kollektiv, in dem er lebt – anderswo vermag er nicht zu leben –, hin- und hergerissen zwischen einem rational verursachten „Wärmetod des Gefühls"[327] und gefühlsmäßiger Erregung, die die rationale Leistung nur hemmen kann[328].

Dieser Exzeß nimmt besonders menschenunwürdige Formen an, wo „Instinkte und Emotionen" *manipuliert* werden, wo man mit durchaus rationalen Mitteln Irrationalität schürt und das Unterbewußte beim Menschen (Angst, Sexualtrieb, Rangordnungsbedürfnis) zu verdeckten Zwecken benutzt, wo man mit hoher sozialpsychologischer Kunst, Propaganda und Werbung Feindbilder herstellt, um „kollektivaggressive Begeisterung" zu erzeugen[329]. Auf der anderen Seite versündigt sich der heutige Mensch an seinem eigenen Menschsein, indem er einer „der Hauptsorgen des Großstadtmenschen" nachgibt: „Not to get emotionally involved"[330], das heißt, sich durch die Probleme des Mitbürgers emotional nicht berühren zu lassen, sondern *teilnahmslos* zu bleiben und, soweit möglich, vom

[322] Ebd. 70.
[323] Vgl. ebd. 195.
[324] Ebd. 148.
[325] Ebd. 145.
[326] Vgl. ebd.
[327] Ders., Todsünden, 39.
[328] Vgl. ebd. 82.
[329] Der Abbau, 182-186.
[330] Ders., Todsünden, 21.

Leiden „weg[zu]schauen". Auf solche Weise schützt sich oftmals der kleinere Teil der Menschheit, der an Überernährung „leidet", während der größte Teil „darbt"[331]. Ein solcher Wärmetod des Mitgefühls, ein solches Höchststadium der seelischen Entropie schadet freilich den Verantwortlichen selber. Lorenz urteilt: „Ob die Menschheit zu einer Gemeinschaft wahrhaft humaner Wesen werden wird oder zu einer straffen Organisation entmündigter Un-Menschen, hängt ausschließlich davon ab, ob wir uns von unseren *nichtrationalen Wertempfindungen* lenken lassen."[332]

Welche sind diese? Der Ausdruck bleibt erstaunlich unscharf. Gebührt ihnen nicht eher das Adjektiv *„transrational"*, da sie scheinbar rationale Verhaltensweisen zugleich integrieren und transzendieren müssen? Ein solcher Wert liegt nach christlicher Schöpfungstheologie sicherlich in einer Synthese von sozialer Gerechtigkeit und *Agape-Liebe*. Lorenz äußert sich in diesem Zusammenhang gefühlsbetont skeptisch: „Wer überhaupt noch herzliche und warme Gefühle für Mitmenschen aufbringen will, muß sie auf eine geringe Zahl von Freunden konzentrieren, denn *wir sind nicht so beschaffen, daß wir alle Menschen lieben können*, so richtig und ethisch die Forderung ist, dies zu tun."[333]

Lorenz schlägt in seiner Phänomenologie der sozialen „Todsünden" noch einen letzten Weg ein, wobei er den pathologischen Begriff „Neurose" mit der biblisch anmutenden Metapher „Teufelskreise" verbindet, um das Phänomen der *Habsucht* anzusprechen[334]. Auch hier macht er implizit das physikalisch fundierte Gesetz der „positiven Rückkoppelung" geltend und befindet: „Die böseste gegenseitige Steigerung findet zwischen Macht und Herrschsucht statt"[335]. Der kritische Ton des Satzes entfernt ihn meilenweit von der sachlich-definitorischen Rede Darwins vom Menschen als dem „dominierendsten Tier". Der Naturwissenschaftler, der auf der Suche nach einer *sozialen* Moral ist, zielt auf eine komplexere Stufe der Objektivität ab. Dabei empfindet er die Notwendigkeit, naturwissenschaftlich nicht mehr bestimmbare Wirklichkeitsdimensionen *komplementär* mit einzubeziehen wie jene des „mysterium iniquitatis". Den „Ausfall bestimmter sozialer Verhaltensweisen" nennt Lorenz *„das Böse schlechthin"* und fügt gleich hinzu: „Es ist nicht nur die Negation und Rückgängigmachung des Schöpfungsvorgangs, durch den ein Tier zum Menschen wurde, sondern etwas viel Schlimmeres, ja Unheimliches." Hierbei liege ein „Fehlen" des Guten oder gar eine „Feindschaft dagegen" vor, Phänomene, die „viele Religionen an einen *Feind und Gegenspieler* Gottes glauben" lassen. Der Ansicht, „der Antichrist sei los", könne man nicht in rationalistischer Überheblichkeit widersprechen[336].

(3) Lorenz kritisiert auch das naturwissenschaftliche Denken selbst. Mit geradezu inquisitorischem Vokabular zieht er gegen den „Irrglauben" des Szientismus bzw. der *„ontologischen Reduktion"* zu Felde. Diese bestehe darin, daß der Mensch „nichts anderes als" ein Komplex physikalischer, chemischer und biolo-

---

331 Vgl. ders., Der Abbau, 262.

332 Ebd. 85.

333 Ders., Todsünden, 20 f.

334 Vgl. ders., Der Abbau, 127.

335 Ebd.

336 Vgl. ders., Todsünden, 66.

gischer Vorgänge sei[337]. Die „Häresie" liege darin, daß dabei „die unermeßlich komplexe Struktur" des Menschen außer acht bleibt. Es sei falsch, wenn ein Wissenschaftler heute übersieht, daß in allen Bereichen „sich *zwei* völlig verschiedene, scheinbar in keinem logischen Zusammenhang stehende ‚*Seiten*' derselben Wirklichkeit sehen lassen"[338]. Wenn er die Zweieinheit von Leib und Seele, von Rationalem und Nichtrationalem im Menschen verkennt, weckt er den Eindruck, daß er auch die „Dualismen" von Welle und Teilchen oder von Materie und Energie zu reduzieren bereit ist.

Das Gebot der quantenphysikalischen Aufklärung und somit der *Komplementarität* verlangt dagegen, daß keine „Seite" der Wirklichkeit als Quelle wissenschaftlicher Erkenntnis und kognitiver Leistung ausgeschaltet wird, weder die seelische noch die nichtrationale, noch die unsagbar existierende[339]. Der Szientist bzw. Reduktionist begeht eine Unterlassungssünde: „Eine kognitive Leistung zu vernachlässigen bedeutet einen Wissensverzicht – und das ist der größte Verstoß gegen den Geist der Wahrheitssuche, den ein Forscher begehen kann."[340] Folgerichtig setzt sich Lorenz für das Niederreißen der „bösen Mauer zwischen Natur- und Geisteswissenschaften" ein[341].

(4) Christliche Schöpfungstheologie kann gegenüber einer solchen Phänomenologie des nicht mehr bloß „sogenannten" Bösen unmöglich gleichgültig bleiben. Mag diese Analyse auch problematische Züge und Übertreibungen enthalten, so weist sie doch zahlreiche *Analogien* zu einer *Theologie der Sünde* auf. In diesem Zusammenhang ist zunächst festzustellen, mit welcher Selbstverständlichkeit der Verhaltensforscher die Begriffe „Natur" und „Schöpfung" als Synonyma verwendet und die Evolution als *„schöpferisches Geschehen"* bezeichnet. Je nach Gesichtspunkt wird man dies als unzulässige oder als dialogfördernde Grenzüberschreitung ansehen.

Lorenz selbst ist insofern offen für das Gespräch mit der Theologie, als er sich im Nachwort seines Werkes über das moralisch Böse zu Gott bzw. mit Sokrates zu „‚irgend etwas' Göttlichem" bekennt[342]. Wie man von einem Evolutionstheoretiker, der für Teilhard de Chardin eine begrenzte Sympathie zeigt[343], erwartet, fällt sein Gottesbegriff sehr dynamisch aus: „Was immer die schöpferische Kraft sein mag, die nie dagewesenes Höheres aus niedrigeren Wesen entstehen läßt – sie schafft ‚aus dem Stegreif'! Wie denn anders sollte *der seiner Schöpfung immanente Schöpfer* schaffen? Er ist nicht der Schauspieler, der Worte spricht, die ein großer Dichter niedergeschrieben hat; er ist der Dichter selbst ..."[344] Da liegt schon eine gewisse *Transzendenz* des Schöpfers gegenüber seinem Werk nahe, was seiner Ablehnung des Verzichtes „auf alles Transzendente", das nicht-platonisch gedacht wird, gut entspricht[345].

---

[337] Vgl. ders., Der Abbau, 197.
[338] Ebd. 95 f.
[339] Vgl. ebd. 102.
[340] Ebd. 97 f.
[341] Vgl. ders., Die Rückseite, 29 f.
[342] Vgl. ders., Der Abbau, 282.
[343] Vgl. ebd. 17.
[344] Ebd. 284.
[345] Vgl. ebd. 283.

Nun wird von dieser Vorstellung bzw. von einer ähnlichen Glaubenshaltung abgeleitet, daß „Gott“ nicht nur mit dem „Wesen des Kosmos“, sondern auch mit der Setzung fundamentaler *Werte* für das menschliche Verhalten zu tun hat[346]. So sehr hat er damit zu tun, daß kein Mensch, kein Individuum und keine Gruppe sein angemessenes *„Ebenbild“* sein kann, wenn er sich, wie der heutige, so weitgehend böse und dumm benimmt[347]. Was damit gemeint ist, wird der Theologe in eine positive Formel wenden: Das geistige Wesen Mensch hat den guten und weisen Schöpfergott zum Vorbild, dieser Gott ist also *der schlechthinnige Wert* für ihn, nach dem er, in einer Haltung der „imitatio Dei creatoris“ sein eigenes Verhalten, seine Moral auszurichten hat. So *wird* er zum Ebenbild Gottes. Und der Theologe könnte noch, angesichts des Leidens und des Todes, mehr noch aber der gegenwärtigen Macht des Bösen in der Schöpfungsordnung, hinzufügen: Wie der unserer Menschheit kommunitär zugewandte Gott am Kreuz des wahren Menschen und des wahren Gottessohnes Jesus *Verantwortung* für den faktischen Lauf der Schöpfungsgeschichte übernommen hat, so ähnlich soll es auch der schöpferische Mensch tun.

Was die eigentümliche Bestimmung von „Sünde“ ausmacht, liegt in dem in ihrer Gottwidrigkeit selbst eingeschlossenen *Gottbezug*. Eigentlich sündigt der Mensch gegen Gott. Nach P. Ricoeur entspricht der Sündenbegriff der Kategorie des „Vor Gott“, biblisch dem dialogischen Verhältnis des „Bundes“[2348]; das macht ihn eigentümlich relational und theologal. Hinter dem sündig übertretenen Gebot steht das Selbstangebot dessen, der das Volk an- und be-ruft[349]. Nun besagt das keineswegs, daß Sünde sich ausschließlich in Gottwidrigkeit, etwa in Lästerung, erschöpfen würde. Sie ist zugleich Vergehen an Mensch, Welt und Selbst, also menschenwidrige Gottwidrigkeit. Diese Dimension der Sünde erfaßt Lorenz selbst, wenn er von der Selbstschädigung der zivilisierten Menschheit oder von Umweltzerstörung redet. Er spricht gleichsam die „Dualeinheit“ Böses – Sünde von ihrer empirisch wahrnehmbaren Seite an, verfehlt aber damit nicht notwendig die andere, nur theologisch formulierbare Seite. Umgekehrt gehen die Sätze des Zweiten Vatikanischen Konzils an der empirischen Seite des Bösen nicht vorbei, wenn sie befinden, die Menschheit setze sich ihre Handlungsziele *„außerhalb Gottes“*, verstricke sich somit „in vielfältige Übel“ und bestrafe sich selber (GS 13/1).

Ähnlich wie Lorenz betont das Konzil außerdem vor allem *Gegenwartsgestalten* der Sünde. Wie J. Ratzinger in seinem Kommentar zur Pastoralkonstitution vermerkt, nehmen die Verfasser Abstand von „dem klassischen neuscholastischen Typ von Erbsündenlehre“ und bieten eine „konkretere Darstellung der allgemeinen Sündhaftigkeit“ in der „erfahrbaren Situation“ des *heutigen* Menschen „mit seinen Zerrissenheiten, seinen Abgründen, seiner Ordnungslosigkeit“[350]. Man

---

[346] Vgl. ebd. 284.

[347] Vgl. ebd. 285.

[348] Vgl. P. Ricoeur, Symbolik des Bösen. Phänomenologie der Schuld II, Freiburg-München 1971, 60 f.

[349] Vgl. ebd. 62-64.

[350] J. Ratzinger, Kommentar zum I. Kapitel (Pastorale Konstitution über die Kirche in der Welt von heute „Gaudium et spes“): LThK² 14, 313-354, hier: 320 ff.

könnte hinzufügen, das ökumenische Konzil sichte unter den „Zeichen *unserer* Zeit" (GS 11/1; vgl. 44/2) auch die bedrohlichen, weil von der Macht der Sünde herstammenden, die „der Gegenwart oder der Absicht Gottes" entgegenlaufen (vgl. ebd.).

Man darf der Ansicht sein, das Konzil nehme hier eine gewisse relativierende Formulierung der Lehre von der Ursünde vor, die historisierend den Ursprung allen Sündigens in die fernste *Vergangenheit* und in die stellvertretende Person eines gemeinsamen Stammvaters aller Menschen verlegt. Trifft diese Interpretation zu, so ergeben sich weitere Dialogmöglichkeiten mit einer Evolutionstheorie und einer philosophischen Anthropologie, die mit der *augustinischen* und lutherischen „Erbsündenlehre" gar nichts anfangen können. K. Lorenz hätte höchstwahrscheinlich dem Satz P. Ricoeurs über den „Adam-Mythos" zugestimmt: „Die Spekulation über die Weitergabe einer von einem ersten Menschen herstammenden Sünde ist eine späte Rationalisierung, in der ethische und biologische Kategorien vermengt sind"[351]. Was die recht verstandene Intention der tridentinischen Lehre vom „peccatum originale", die J. Ratzinger mit „allgemeiner Sündhaftigkeit" wiedergibt, angeht, so hat sie ihren Ansatz in der „überbiologischen und überhistorischen Einheit des ‚*Volkes*' und selbst der ‚Menschheit'"[352]. Ricoeur verweist auf das wohl vorexilische Sündenbewußtsein Israels, ohne das Gen 1-11, näherhin die ätiologischen Erzählungen von der Verführung Adams und Evas durch die Schlange sowie vom Verbrechen Kains und vom Turmbau geistesgeschichtlich adäquat nicht verständlich wären[353].

Nun verhält sich das, was die Bibel über den *kollektiven* Charakter der urgeschichtlichen Verfehlung „Adams" aussagt, analog zu dem, was der Naturwissenschaftler – seine Kompetenzgrenzen bewußt überschreitend – vom bösen Verhalten der zivilisierten Menschheit denkt. Auf beiden Seiten können Stichworte wie folgende einen Sinn haben: rationale, sprach- und kommunikationsfähige Geistigkeit der Menschengattung, eine Entwicklungshöhe, die die Gefahr des „Rückfallens" in sich birgt, ein Erfolg, der zum Verhängnis zu werden droht, Pervertierung von sonst gesunden Trieben, Entartung der natürlichen Aggressivität, Kurzsichtigkeit im Drang nach sofortiger Befriedigung und nach unmittelbaren Vorteilen, Selbstzerstörung durch schöpfungswidriges Verhalten, mehr geistige als „fleischliche" Motivation zum Bösen, Gleichgewichtsbruch zwischen dem Rationalen und dem Transrationalen, Verwischung der lebensnotwendigen Grenzen und Differenzen, Unfähigkeit zum komplementären Verhalten. So wird „Ursünde" hier und heute begangen.

Der Theologe hat gute Gründe dafür, die Lorenzsche Analyse der *Geschwindigkeitsdiskrepanz* zwischen kultureller und stammesgeschichtlicher Evolution des Menschen mit besonderem Interesse zu verfolgen. Denn auch das katholische Lehramt stellt sich auf die Plattform eines „evolutiven Verständnisses" der „Ordnung der Gesamtwirklichkeit", wobei es sich der damit wachsenden Komplexität der Probleme durchaus bewußt ist (GS 5/2). Da die Menschen durch ihre

---

[351] P. Ricoeur, Symbolik, 99.
[352] Vgl. ebd.
[353] Vgl. ebd. 276 f.

Arbeit und durch ihre technokratisch verführbare Geistigkeit „das Werk des Schöpfers weiterentwickeln *(evolvere)*" (GS 34/2) und da sie dazu heute mehr als jemals zuvor fähig sind, bestimmen sie auch das *Tempo* der Entwicklung weitgehend künstlich – so z. B. im sogenannten Wirtschaftswachstum (vgl. GS 4/3; 5/4). Entkommt dieses Tempo der Kulturevolution der angemessenen Kontrolle und Steuerung, werden lebensnotwendige *Gleichgewichte* bedroht und zerstört (vgl. GS 8/1; 10/1). So versündigt sich die zivilisierte Menschheit an ihrem Schöpfungsauftrag selbst. Sie handelt an der Schöpfung ein-seitig; und das zeitigt lebensbedrohliche Folgen. Das Konzil betont, wie gemeingefährlich absolut gesetzter Fortschritt sein kann: „die *Wertordnung*" wird „verzerrt und Böses mit Gutem vermengt" (GS 37/1). Wo immer „die geschaffenen Dinge" ohne „Bezug auf den Schöpfer" gebraucht werden, sinkt das zur Wissenschaft und Technik fähige Geschöpf ab (GS 36/3).

Der Naturwissenschaftler und der Dogmatiker kommen einander vielleicht dort am nächsten, wo es sich um die *soziale* Dimension des Bösen bzw. der Sünde handelt. Für Lorenz ist der „Ausfall bestimmter sozialer Verhaltensweisen ... das Böse schlechthin"[354]. Das Zweite Vatikanische Konzil hebt seinerseits die „sozialen Sünden" wie noch nie zuvor hervor, als da etwa sind Kollektivegoismus der Reichen gegenüber den Armen, Rassismus, Sexismus, Rüstungswettlauf, Krieg als Konfliktlösung, fehlgeleitete Wissenschaft, Technik und Industrie. Freilich sucht das Konzil nach den Gründen solcher Mißstände und findet sie letztlich in der *„ungeordneten Selbstliebe"* (vgl. GS 37/1-4). Diese wirkt in seinen Augen gesellschaftswidriger als ein „Wärmetod des Gefühls" und eine „Teilnahmelosigkeit", die eher als ihre Folgen gesehen werden. Ihnen stellt das katholische Lehramt gesellschaftsethische Forderungen des „neuen Gebotes der Liebe" entgegen (GS 38/1; vgl. 45/2), ganz im Sinne der Zuwendung Jesu zu den Geringsten.

An diesem Punkt wird zugleich ein Unterschied zwischen Lorenz und der theologisch fundierten Sozialethik sichtbar. Der Verhaltensforscher ordnet zunächst die Liebe zusammen mit dem Haß in die Kategorie der „Systemfunktionen", die zur Harmonie des natürlichen Zusammenlebens „unentbehrlich" sind[355]. Andererseits haben wir von ihm gehört, wir seien „nicht so beschaffen, daß wir *alle* Menschen lieben können", wir „müssen also eine *Auswahl* treffen"[356]. Hier wird stammesgeschichtlich und biologistisch gedacht. Aber dann versteht der Leser nicht mehr die Forderung, „Moral und menschliche Wertempfindungen" müßten „den Sieg über schier unwiderstehliche, phylogenetisch programmierte Verhaltenstendenzen des Menschen davontragen"[357]. Man stellt die berechtigte Frage: Welche Moral denn und welche „Wertempfindungen", wenn nicht eine *Agape-Liebe mit universaler Tragweite und Gerechtigkeit schaffender Effektivität?* Diese Liebe leitet auch das Konzil nicht von natürlichen Prämissen ab, vielmehr versteht es sie als *ungeschuldete Gabe* des Schöpfers an sein werdendes Ebenbild. Die sozial wirksame Agape kann und *muß geboten* werden, zum Haupt-

---

354 K. Lorenz, Todsünden, 66.
355 Vgl. ebd. 16.
356 Ebd. 20 f.
357 Ders., Der Abbau, 168.

gebot auch im Hinblick auf den Schöpfungsauftrag erhoben werden. Dieses Liebesgebot hat freilich nur deshalb einen Sinn, weil die *Möglichkeit* seiner Erfüllung vom Schöpfer selbst *allen Menschen* für *alle* anderen gegeben ist. So findet die christliche Sündenlehre ihr Alpha und Omega in der Rede von einer schenkenden Liebe, die allein das geistige Geschöpf seinem Schöpfer ähnlicher machen und es auf alle seine menschlichen, tierischen und pflanzlichen Mitgeschöpfe *ohne Ausnahme* öffnen kann.

Nach der visionären Beschreibung des „Weltgerichtes" Mt 25,31-46 besteht wohl die schwerste Sünde in der *Unterlassung* der Agape gegenüber den geringsten Brüdern und Schwestern des göttlichen Richters. K. Lorenz beschreibt analog dazu das Böse oft als Mangel und Fehlen von Einsicht, Teilnahme, Mitgefühl. Man darf annehmen, daß sein Satz über den „*Ausfall* bestimmter sozialer Verhaltensweisen" als „das Böse schlechthin" in dieselbe Richtung weist. Die These könnte also wiederum „interdisziplinär" aufgestellt werden: Das schöpferische Geschehen evolviert erst dort wieder „aufwärts", wo tatkräftige Sozialagape auf Weltebene am Werk ist.

4.7 Schöpfung in christologischer, pneumatologischer und trinitarischer Sicht

4.7.1 Suche nach Religion bei Naturwissenschaftlern

Das Beispiel von K. Lorenz hat es verdeutlicht: heute zögern prominente Naturwissenschaftler nicht mehr, „Natur" „Schöpfung" zu nennen und zugleich das Gemeinte mit „etwas Göttlichem" oder gar mit „Gott" in Verbindung zu setzen. Ob sie dabei an den Gott Jesu Christi denken und den *christlichen* Schöpfungsglauben teilen, ist gar nicht sicher. Fritjof Capra bekennt sich zur altchinesischen Religion, zum Gottdenken des Hinduismus und des Buddhismus, wobei er Einstein und Heisenberg zu den Vorläufern seines Bekenntnisses zu machen sucht[358]. Andere suchen nach den Spuren des Göttlichen bei den Vorsokratikern sowie vor allem bei Plato und in der Stoa, deren Kosmologie sie oftmals als sehr aktuell empfinden. Etwas vereinfachend ließe sich sagen, daß sich hier ein Drang vor allem großer Physiker nach *mystischer* Er-gänzung bemerkbar macht, das heißt nach einer *geistigen Schau* der Gesamtwirklichkeit, die sie sonst von der empirischen Seite her analytisch angehen. Was sie dann bei diesen Philosophen der griechischen Antike und in den alten mystischen Schriften des Fernen Ostens entdecken, kann mit einigen Stichworten angedeutet werden: Einheit der Natur, Überwindung der Gegensätze auf Harmonie hin, das Ineinander von Raum und Zeit, eine jede Statik sprengende dynami-

[358] F. Capra, Das Tao der Physik. Die Konvergenz von westlicher Wissenschaft und östlicher Philosophie, München 1984.

sche Selbstorganisation des Alls, die Spannungseinheit von Struktur und Wandel, die gegenseitige Durchdringung („Perichorese") von Materie und Geist, Kritik an einer Anthropozentrik, wie sie sich in der westlichen Moderne entwickelt hat.

Viele Naturwissenschaftler werfen dem westlichen Christentum vor, es habe den Menschen zur „Krone der Schöpfung" hochstilisiert und ihn damit in Gegensatz zum Kosmos gebracht, dessen Teil er ist. Geleitet von einem patriarchalisch-herrscherlichen Gottestitel sei der Mensch als Abbild dieses Gottes zum Ausbeuter der Erde geworden.

Doch das ist ein Mißverständnis. Die (analog zu verstehende) „Väterlichkeit" Gottes ist nach der Heiligen Schrift nicht irgendeine Herrschaft, sondern Fürsorge. Das zeigt sich unüberbietbar in der Inkarnation, deren Ziel „das Heil der Welt" ist und die sich in der Kreuzeshingabe vollendet.

4.7.2 Christologische Annäherungen

Das christliche Schöpfungsverständnis steht und fällt mit *Jesus dem Christus*. Es ist zutiefst christologisch geprägt[359], d. h., es setzt den Glauben an einen Schöpfergott voraus, der mit dem Geschöpf in innigste „Perichorese" tritt. Diese „Geschöpfwerdung des Schöpfers" ist *freie Tat* aus ungeschuldeter Liebe. Sie ist der Person-Analogie fähig.

Diese Perichorese setzt sich also angemessen in intersubjektive Solidarität um. In Erinnerung zu rufen sind zunächst einmal spezifisch jesuanische Verhaltensweisen wie Lebensbejahung, Naturnähe, Erhebung der Pflanzen- und Tierwelt zur Predigerin der Gottesherrschaft, Lehre von der Fürsorge des Schöpfers, Abwehr einer apokalyptischen Weltenbrandideologie, Sinn für das Werden einer Menschheit, die zwischen dem Schon und dem Noch-Nicht auf dem Wege ist, Hinwendung zum Geringsten (vgl. Mt 25,35-40), Achtung der Personwürde der Frau, Option für die Armen. Diese Schöpfer-Geschöpf-Solidarität entfaltet sich weitgehend im *Verborgenen*.

Am Kreuz wird offenbar, wie die Agape des Schöpfers „anthropozentrisch" gewendet ist: nicht den Menschen zur Krone der Schöpfung erhöhend, sondern das Kreuz Jesu in die Geschichte stellend. Der Träger der Allmacht nimmt freiwillig Ohnmacht auf sich, Gott ist am Kreuz realpräsent, perichoretisch vereint mit dem Gekreuzigten. Den Sinn dieses Geschehens haben so verschiedene Denker wie Papst Leo I., Albert Camus und Karl Barth erfaßt. Leo sprach von der freien Vereinigung des Unsterblichen mit dem Sterblichen (NR 176 – DH 294), Camus beschrieb ein an Pest sterbendes Kind, das „im zerwühlten Bett die groteske Stellung eines Gekreuzigten"[360] einnahm. Indem Christus das Leiden auf sich nimmt, tritt er „dazwischen und erleidet seinerseits die äußerste Ungerech-

[359] Vgl. A. Ganoczy, Thesen zu einem christologischen Schöpfungsverständnis: ders., Liebe als Prinzip der Theologie. Gesammelte Studien für eine „responsorsische" Dogmatik. Hg. v. R. Dvorak, Würzburg 1994, 115-135.

[360] A. Camus, Die Pest (rororo 15), Hamburg 1987, 140.

tigkeit, damit die Revolte die Welt nicht entzweischneidet, *damit der Schmerz auch den Himmel gewinnt* und ihn dem Fluch der Menschen entreißt"[361].

Auf Golgota wird, schreibt K. Barth, die *„Verantwortung"* greifbar, „die Gott selbst damit übernommen hat, daß er den Menschen geschaffen und seinen Sündenfall nicht verhindert hat"[362].

Die Schöpfung steht somit ein für allemal unter dem Zeichen des Gekreuzigten – der aber auch der Auferweckte und Erhöhte ist. Schöpfung wird vom Ostergeschehen her *neue* Schöpfung. Weil aber der Ostermorgen nicht vom Karfreitag zu trennen ist, hat eine einseitige „theologia gloriae" und eine vorschnelle Harmonisierung von Leid und Herrlichkeit auch schöpfungstheologisch keine Existenzberechtigung.

Die Christen glauben also zwar, daß Christus der Herr über alle Kreatur ist. Er ist das aber nicht als das dominierendste Individuum der dominierenden Spezies (vgl. Darwin), sondern als Diener einer Schöpfung, die sie selber werden darf. Auch der Mensch kommt dann erst in der Nachfolge Christi zur Vollgestalt seiner Gottebenbildlichkeit, deren Maß niemand anderer als der Gott-Mensch ist.

4.7.3 Pneumatologische Annäherungen

Aus der christologischen ergibt sich die pneumatologische Perspektive der Schöpfungstheologie. Schon im Alten Testament steht die Rede vom Geist im Kontext von Schöpfung und Neu-Schöpfung (Ez 37,9). Im Neuen Testament erblickt Paulus den Gottesgeist bei der Auferweckung Jesu und der Seinen vom Tode am Werk (Röm 1,3f; 8,11). Nach Johannes macht der Geist die Christusjünger „neu" (Joh 6,63).

Einem bestimmten naturwissenschaftlichen Denken, das gewohnt ist, sich absolut zu setzen, ist die paulinische Formel *„Geistleib* (sôma pneumatikón)" widersprüchlich oder mythisch. Es erscheint ihm physikalisch und biologisch unmöglich, daß ein totes Individuum nicht nur wieder belebt, sondern eines völlig neuartigen, nicht mehr abbaubaren, „ewigen" Lebens teilhaftig wird. Noch widersprüchlicher klingt ihm der Gedanke, daß dieses neue Leben *zugleich* somatisch und durch das göttliche Pneuma bestimmt ist. Ist eine solche Vergeistigung der Materie denkbar? Überraschend scheint P. Davies mit einem Ja zu antworten, allerdings über den Umweg der alten Lehre von der Scheidung zwischen Leib und Seele. Der Physiker nimmt die „Existenz des Geistes" als ganzheitschaffendes „Organisationsmuster, das sogar *vom Körper abtrennbar* ist"[363], an. Sein Ansatz ist quantentheoretisch, folglich antimaterialistisch und bereit, dem „Geist" schon rein kosmologisch eine fundamentale Funktion einzuräumen. Er nennt diesen das schöpferische Ordnungsprinzip oder gar den „natürlichen Gott"[364]. Das legt seines Erachtens die Hypothese nahe, dieser Geist des Univer-

[361] A. Camus, Der Mensch in der Revolte, 91.
[362] K. Barth, KD II/2, Zollikon [4]1959, 181.
[363] P. Davies, Gott und die moderne Physik, 294.
[364] Ebd. 286.

sums sterbe mit dem Kosmos nicht mit, vielmehr „begeiste" und belebe er neue Universen. So könnte der zugleich göttliche und natürliche Geist ewig und unendlich tätig bleiben oder als fortdauernde „Software" bei wechselnder „Hardware" weiterfunktionieren[365]. Weist nicht diese originelle Vision einige Analogien zur Glaubensvorstellung auf, daß der Gekreuzigte nicht nur als die „Seele" des Individuums Jesus dessen Tod, getrennt von seinem Körper überlebt, sondern daß er durch den Geist, der Gottesgeist ist, in eine neue Weise des Lebens überführt wird? Wie der Apostel Paulus, so scheint auch Paul Davies dem „Geist" solche „Singularität" zuzutrauen, wenn beide damit auch etwas je anderes meinen. Was Paulus unter dem Heiligen Geist versteht, sprengt in der Tat alles, was naturphilosophisch erdacht werden kann. Ostern ist ja ein Ereignis der in ihrem tiefsten Grund empiriejenseitigen Christuswirklichkeit.

Nichtsdestoweniger ist die Möglichkeit beiderseits vorhanden, Materielles und Geistiges, Kosmisches und Anthropologisches, biós und zoé, Weltliches und Göttliches zusammenzudenken. Der spezifisch christliche Schöpfungsglaube umfaßt freilich auch noch die *ekklesiologische* Dimension. Das Volk Gottes ist Geschöpf des Gottesgeistes. Es lebt auch im Sinne seines fortdauernden Geschaffenwerdens von dessen *Charismen*, Gnadengaben. Darunter entfaltet sich als die alles übrige tragende Dynamik die Agape, die von Hause aus Gottes Gnade schlechthin ist und als solche sich in konkret-kreative Nächsten- und – warum nicht – Naturliebe umsetzt – in eine „Solidarität" mit der seufzenden Gesamtkreatur im Sinne von Röm 8,18-27.

4.7.4 Trinitarische Annäherungen

Wir haben früher auf die biblischen Wurzeln der von Augustinus formulierten und vom Lehramt rezipierten Idee von der Schöpfung als Werk der Trinität hingewiesen. An dieser Stelle ist nur noch einmal darauf aufmerksam zu machen, daß sich die trinitarische Liebe des Schöpfergottes durch Jesus Christus in der Welt der evolutiven Welt offenbart hat. Die Theologie von der Schöpfung hat ihre spezifische Perspektive in der Tat Gottes „ex amore" (GS 19/1).

---

[365] Vgl. ebd. 270.

Literaturverzeichnis

I. Allgemeine Literatur

Ebeling, Gerhard: Art. Luther II. Theologie: RGG 4, 495-520.
Gross, Herbert (Hg.): Zukunft aus Kreativität, Düsseldorf-Wien 1971.
Kasper, Walter: Das theologische Problem des Bösen: ders., K. Lehmann (Hg.), Teufel – Dämonen – Besessenheit. Zur Wirklichkeit des Bösen, Mainz 1978, 41-69.
Kraus, Georg (Bearbeitung): Schöpfungslehre, 2 Bde. (= tzt D3), Graz-Wien-Köln 1982.
Kern, Walter: Zur theologischen Auslegung des Schöpfungsglaubens: MySal 2, 464-545.
Lehmann, Karl: Der Teufel – ein personales Wesen?: W. Kasper, ders. (Hg.), Teufel – Dämonen – Besessenheit. Zur Wirklichkeit des Bösen, Mainz 1978, 71-98.
Müller, Daniela: Albigenser – die wahre Kirche? Eine Untersuchung zum Kirchenverständnis der „ecclesia Dei", Würzburg 1986.
Müller, Klaus A. M., Pannenberg, Wolfhart: Erwägungen zu einer Theologie der Natur, Gütersloh 1970.
Rahner, Karl: Die Sünde Adams: ders., Schriften zur Theologie IX, Einsiedeln u. a. 1970, 259-275.
Rahner, Karl: Theologisches zum Monogenismus: ders., Schriften zur Theologie I, Einsiedeln u. a. 1954, 253-322.
Rössler, Otto E.: Anaxagoras' Idea of the infinitely exact chaos: G. Marx (Hg.), Teaching Nonlinear Phenomena, Vol. II. Chaos in Education, Veszprém 1987, 99-113.
Sartre, Jean-Paul: Das Sein und das Nichts. Versuch einer phänomenologischen Ontologie, Hamburg 1970.
Scheffczyk, Leo: Einführung in die Schöpfungslehre, Darmstadt [3]1987.
Weger, Karl-Heinz: Theologie der Erbsünde (QD 44), Freiburg-Basel-Wien u. a. 1970.
Westermann, Claus: Schöpfung und Evolution: W. Böhme (Hg.), Evolution und Gottesglaube. Ein Lese- und Arbeitsbuch zum Gespräch zwischen Naturwissenschaft und Theologie, Göttingen 1988, 240-250.

II. Zitierte Literatur

Literatur zu Kap. 1: Einleitung

Binnig, Gerd: Die Geheimnisse der Kreativität: Bild der Wissenschaft 27 (1990) 96-104.
Bloch, Ernst: Das Prinzip Hoffnung. Gesamtausgabe V, Frankfurt a. M. 1959.
Dänzer, Hermann: Das Symboldenken in der Atomphysik und in der Theologie: Univ. 22 (1967) 367-377.
Dawkins, Richard: Das egoistische Gen. Übers. v. K. de Soussa Ferreia, Berlin 1978.
Drewermann, Eugen: Strukturen des Bösen I. Die jahwistische Urgeschichte in exegetischer Sicht (PaThSt 4), München 1977.
Ganoczy, Alexandre: Art. Deismus: W. Beinert (Hg.), Lexikon der katholischen Dogmatik, Freiburg-Basel-Wien [3]1991, 81 f.
Ganoczy, Alexandre: Einführung in die Dogmatik, Darmstadt 1983.
Ganoczy, Alexandre: Der schöpferische Mensch und die Schöpfung Gottes (Grünewald-Reihe), Mainz 1976.

Gläßer, Alfred: Konvergenz. Die Struktur der Weltsumme Pierre Teilhards de Chardin (ESt 4), Kevelaer 1970.
Lorenz, Konrad: Das sogenannte Böse. Zur Naturgeschichte der Aggression, Wien ^{29}1971.
Prigogine, Ilya, Stengers, Isabelle: Dialog mit der Natur. Neue Wege naturwissenschaftlichen Denkens, München ^{5}1986.
Volk, Hermann: Art. Entwicklung: LThK^{2} 3, 906-908.

Literatur zu Kap. 2: Biblische Grundlegung

Amery, Carl: Das Ende der Vorsehung. Die gnadenlosen Folgen des Christentums, Hamburg 1972.
Balthasar, Hans Urs von: Theologie der drei Tage, Einsiedeln ^{2}1990.
Barth, Karl: Die kirchliche Dogmatik II/2. Die Lehre von Gott, Zollikon-Zürich ^{4}1959.
Bauer, Walter: Griechisch-deutsches Wörterbuch zu den Schriften des Neuen Testaments und der frühchristlichen Literatur. Hg. v. K. Aland, B. Aland, Berlin-New York ^{6}1988.
Beinert, Wolfgang: Christus und der Kosmos. Perspektiven zu einer Theologie der Schöpfung (ts), Freiburg 1974.
Betz, Otto: Art. Adam: TRE 1, 414.
Bornkamm, Günther: Jesus von Nazareth, Stuttgart ^{9}1971.
Broer, Ingo: Das Gericht des Menschensohnes und die Völker: BiLe 11 (1970) 273-295.
Buber, Martin: Zwei Glaubensweisen: Werke I. Schriften zur Philosophie, München 1962, 651-782.
Camus, Albert: Der Mensch in der Revolte (rororo 1216), Reinbek bei Hamburg 1991.
Drewermann, Eugen: Strukturen des Bösen I. Die jahwistische Urgeschichte in exegetischer Sicht (PaThSt 4), München 1977.
Ganoczy, Alexandre: Aus seiner Fülle haben wir alle empfangen. Grundriß der Gnadenlehre, Düsseldorf 1989.
Ganoczy, Alexandre: Art. Ökologie: W. Beinert (Hg.), Lexikon der katholischen Dogmatik, Freiburg-Basel-Wien ^{3}1991, 395 f.
Gnilka, Joachim: Das Evangelium nach Markus. Mk 1-8,26 (EKK 2/1); Mk 8,27-16,20 (EKK 2/2), Neukirchen-Vluyn 1978 f.
Jenni, Ernst: Art. d^{e}mūt/Gleichheit, Ähnlichkeit: THAT 1, 451-456.
Jüngel, Eberhard: Gott als Geheimnis der Welt. Zur Begründung der Theologie des Gekreuzigten im Streit zwischen Theismus und Atheismus, Tübingen ^{5}1986.
Lohfink, Norbert: „Macht euch die Erde untertan"?: Orient. 38 (1974) 137-142.
Lohfink, Norbert: Die Priesterschrift und die Grenzen des Wachstums: StZ 99 (1974) 435-450.
Mayer, Marinus: Art. Kyros I.: LThK^{2} 6, 715 f.
Moltmann, Jürgen: Der gekreuzigte Gott. Das Kreuz Christi als Grund und Kritik christlicher Theologie, München 1972.
Moltmann, Jürgen: Gott in der Schöpfung. Ökologische Schöpfungslehre, München 1985.
Nissen, Andreas: Gott und der Nächste im antiken Judentum. Untersuchungen zum Doppelgebot der Liebe (WUNT 15), Tübingen 1974.
Rad, Gerhard von: Theologie des Alten Testaments I. Die Theologie der geschichtlichen Überlieferungen Israels, München ^{6}1969.
Rad, Gerhard von: Weisheit in Israel, Neukirchen-Vluyn ^{2}1982.

Scheffczyk, Leo: Schöpfung und Vorsehung (HDG II/2a), Freiburg-Basel-Wien 1963.
Die Schöpfungsmythen. Ägypter, Sumerer, Hurriter, Hethiter, Kanaaniter und Israeliten. Mit einem Vorwort von M. Eliade, Darmstadt 1980.
Schottroff, Luise: Schöpfung im Neuen Testament: G. Altner (Hg.), Ökologische Theologie. Perspektiven zur Orientierung, Stuttgart 1989, 130-148.
Westermann, Claus: Genesis I/1. Genesis 1-11 (BKAT), Neukirchen-Vluyn [2]1976.
Wiesel, Elie: Nacht: Die Nacht zu begraben, Elischa, München-Eßlingen a. N. 1986, 9-153.
Wilckens, Ulrich: Der Brief an die Römer. Röm 1-5 (EKK VI/1); Röm 6-11 (EKK VI/2), Neukirchen-Vluyn 1978 f.
Wildberger, Hans: Art. ṣǽlem/Abbild: THAT 2, 556-563.
Zenger, Erich: Der Gott der Bibel. Sachbuch zu den Anfängen des alttestamentlichen Gottesglaubens, Stuttgart 1979.
Zimmerli, Walther: Grundriß der alttestamentlichen Theologie (ThW 3), Stuttgart [3]1978.

Literatur zu Kap. 3: Dogmengeschichte: Väter und Lehramt

Europäische Ökumenische Versammlung. Frieden in Gerechtigkeit. Basel 15.-21. Mai 1989. Das Dokument. 20. Mai 1989. Die Botschaft (u. a.) (Arbeitshilfen 70). Hg. v. Sekretariat d. Dt. Bischofskonferenz, Bonn 1989 [= Baseler Erklärung].
Löwith, Karl: Weltgeschichte und Heilsgeschehen. Die theologischen Voraussetzungen der Geschichtsphilosophie, Stuttgart [6]1973.

Literatur zu Kap. 4: Theologische Reflexion

Barth, Karl: Die kirchliche Dogmatik II/2. Die Lehre von Gott, Zollikon-Zürich [4]1959.
Böhme, Wolfgang (Hg.): Evolution und Gottesglaube. Ein Lese- und Arbeitsbuch zum Gespräch zwischen Naturwissenschaft und Theologie, Göttingen 1988.
Bosshard, Stefan Niklaus: Erschafft die Welt sich selbst? Die Selbstorganisation von Natur und Mensch aus naturwissenschaftlicher, philosophischer und theologischer Sicht (QD 103), Freiburg-Basel-Wien 1985.
Breuer, Reinhard: Das anthropische Prinzip. Der Mensch im Fadenkreuz der Naturgesetze, München 1981.
Camus, Albert: Die Pest (rororo 15), Hamburg 1987.
Capra, Fritjof: Das Tao der Physik. Die Konvergenz von westlicher Wissenschaft und östlicher Philosophie, München 1984.
Dänzer, Hermann: Das Symboldenken in der Atomphysik und in der Theologie: Univ. 22 (1967) 367-377.
Darwin, Charles: Die Abstammung des Menschen. Übers. v. H. Schmidt. Mit einer Einführung von Christian Vogel (KTA 28), Stuttgart [4]1982.
Darwin, Charles: Über die Entstehung der Arten durch natürliche Zuchtwahl oder die Erhaltung der begünstigten Rassen im Kampfe um's Dasein. Hg. v. G. H. Müller, Darmstadt [9]1988.
Davies, Paul: Gott und die moderne Physik, München 1986.
Ditfurth, Hoimar von: Wir sind nicht nur von dieser Welt. Naturwissenschaft, Religion und die Zukunft des Menschen, Hamburg [5]1987.
Dolch, Heimo: Art. Galilei: LThK[2] 4, 494 f.
Eigen, Manfred, Winkler, Ruthild: Das Spiel. Naturgesetze steuern den Zufall, München-Zürich [5]1983.

Ganoczy, Alexandre: Chaos – Zufall – Schöpfungsglaube. Die Chaostheorie als Herausforderung der Theologie, Mainz 1995
Ganoczy, Alexandre: Ökologische Perspektiven in der christlichen Schöpfungslehre: ders., Liebe als Prinzip der Theologie. Gesammelte Studien für eine „responsorische" Dogmatik. Hg. v. R. Dvorak, Würzburg 1994, 155-165.
Ganoczy, Alexandre: Der schöpferische Mensch und die Schöpfung Gottes (Grünewald-Reihe), Mainz 1976.
Ganoczy, Alexandre: Schöpfungslehre (LeTh 10), Düsseldorf [2]1987.
Ganoczy, Alexandre: Thesen zu einem christologischen Schöpfungsverständnis: ders., Liebe als Prinzip der Theologie. Gesammelte Studien für eine „responsorische" Dogmatik. Hg. v. R. Dvorak, Würzburg 1994, 115-135.
Ganoczy, Alexandre, Schmid, Johannes: Schöpfung und Kreativität (Texte zur Religionswissenschaft und Theologie. Systemat. Sektion III/1), Düsseldorf 1980.
Heisenberg, Werner: Physik und Philosophie, Stuttgart [5]1990.
Herder, Johann Gottfried: Ideen zur Philosophie der Menschheit, 1784, IX, 5. Ed. H. Stolpe, Berlin-Weimar 1965.
Hirsch, Eike Christian: Das Ende aller Gottesbeweise? Naturwissenschaftler antworten auf die religiöse Frage (Stundenbücher 121), Hamburg 1975.
Jammer, Max: Das Problem des Raumes. Die Entwicklung der Raumtheorien, Darmstadt (1960) [2]1980.
Jantsch, Erich: Die Selbstorganisation des Universums. Vom Urknall zum menschlichen Geist (dtv 4397), München 1982.
Jordan, Pascual: Der Naturwissenschaftler vor der religiösen Frage. Abbruch einer Mauer, Oldenburg b. Hamburg 1963.
Jürgens, Hartmut u. a.: Fraktale – eine neue Sprache für komplexe Strukturen: Chaos und Fraktale (Spektrum der Wissenschaft), Heidelberg 1989, 106-119.
Lay, Rupert: Der neue Glaube an die Schöpfung, Olten-Freiburg i. Br. 1971.
Lorenz, Konrad: Der Abbau des Menschlichen, München-Zürich 1983.
Lorenz, Konrad: Die acht Todsünden der zivilisierten Menschheit, München-Zürich (1973) [22]1990.
Lorenz, Konrad: Die Rückseite des Spiegels. Versuch einer Naturgeschichte menschlichen Erkennens, München - Zürich 1973 ([4]1983).
Lorenz, Konrad: Das sogenannte Böse. Zur Naturgeschichte der Aggression, Wien [29]1971.
Mansfeld, Jaap (Hg.): siehe unter: Die Vorsokratiker.
Monod, Jacques: Zufall und Notwendigkeit. Philosophische Fragen der modernen Biologie. Vorrede zur dt. Ausgabe von Manfred Eigen, München [2]1971.
Moody, Raymond A.: Leben nach dem Tod, Reinbek b. Hamburg 1977.
Müller-Markus, Siegfried: Der Gott der Physiker, Basel 1986.
Müller-Markus, Siegfried: Das Schöpferische: H. Gross (Hg.), Zukunft aus Kreativität, Düsseldorf-Wien 1971, 233-263.
Pannenberg, Wolfhart: Anthropologie in theologischer Perspektive, Göttingen 1983.
Pannenberg, Wolfhart: Eschatologie, Gott und Schöpfung: ders., Theologie und Reich Gottes, Gütersloh 1971, 9-29.
Pannenberg, Wolfhart: Der Gott der Geschichte: ders., Grundfragen systematischer Theologie. Gesammelte Aufsätze II, Göttingen 1980, 112-128.
Pannenberg, Wolfhart: Kontingenz und Naturgesetz: Müller, Klaus A. M., ders., Erwägungen zu einer Theologie der Natur, Gütersloh 1970, 33-80.
Pannenberg, Wolfhart: Art. Person: RGG 5, 230-235.
Prigogine, Ilya, Stengers, Isabelle: Dialog mit der Natur. Neue Wege naturwissenschaftlichen Denkens, München [5]1986.

Rahner, Karl: Fest der Zukunft der Welt: ders., Schriften zur Theologie VII, Einsiedeln u. a. 1966, 178-182.
Ratzinger, Joseph: Kommentar zum I. Kapitel (Pastorale Konstitution über die Kirche in der Welt von heute „Gaudium et spes"): LThK[2] 14, 313-354.
Ricoeur, Paul: Symbolik des Bösen. Phänomenologie der Schuld II, Freiburg-München 1971.
Ruyer, Raymond: Jenseits der Erkenntnis. Die Gnostiker von Princeton. Übers. v. E. Roboz, Wien 1974.
Sachsse, Hans: Wie entsteht der Geist? Überlegungen zur Funktion des Bewußtseins: W. Böhme (Hg.), Evolution und Gottesglaube. Ein Lese- und Arbeitsbuch zum Gespräch zwischen Naturwissenschaft und Theologie, Göttingen 1988, 167-182.
Sauer, Adam: Die theologische Lehre von der materiellen Welt beim heiligen Albert dem Großen, Würzburg 1935.
Scheler, Max: Die Stellung des Menschen im Kosmos, München 1947.
Spaemann, Robert: Art. Natur: HPhG 2, 956-969.
Stegmüller, Wolfgang: Hauptströmungen der Gegenwartsphilosophie. Eine kritische Einführung III, Stuttgart [7]1986.
Ulmann, Gisela: Kreativität, Weinheim u. a. [2]1970, 97-158.
Vogel, Christian: Charles Darwins Werk über die Abstammung des Menschen: Ch. Darwin, Die Abstammung des Menschen. Übers. v. H. Schmidt (KTA 28), Stuttgart [4]1982, VII-XLII.
Vollmer, Gerhard: Evolutionäre Erkenntnistheorie und Leib-Seele-Problem: W. Böhme (Hg.), Evolution und Gottesglaube. Ein Lese- und Arbeitsbuch zum Gespräch zwischen Naturwissenschaft und Theologie, Göttingen 1988, 134-166.
Die Vorsokratiker griechisch/deutsch. Auswahl der Fragmente, Übersetzung und Erläuterungen von Jaap Mansfeld, Stuttgart 1987.
Weizsäcker, Carl Friedrich von: Die Einheit der Natur. Studien, München [3]1982.
Weizsäcker, Carl Friedrich von: Die Geschichte der Natur. Zwölf Vorlesungen, Göttingen [8]1979.
Wieland, Wolfgang: Art. Geist, philosophisch: RGG 2, 1286-1289.
Wolff, Hans Walter: Anthropologie des Alten Testaments, München [4]1984.

Georg Langemeyer

Die theologische Anthropologie

1. Einleitung

Die Theologische Anthropologie ist einer der jüngsten Traktate im Lehrgebäude der Theologie. Sie hat sich als eigenständiges Lehrstück erst in unserem Jahrhundert herausgebildet. *Karl Rahner* stellte 1957 fest, daß die katholische Theologie eine systematisch entwickelte Theologische Anthropologie noch nicht habe. Hier liege noch eine unerfüllte Aufgabe der Theologie.[1] In der protestantischen Theologie gehen die Anfänge einer Theologischen Anthropologie bis in die dreißiger Jahre zurück (*Emil Brunner*, *Rudolf Bultmann* und *Friedrich Gogarten*). Es ist daher verständlich, daß sich für diesen Traktat noch keine feste, allgemein anerkannte Lehrtradition herausgebildet hat. An der Theologischen Anthropologie ist ungefähr alles noch problematisch. Die theologische Diskussion über ihren Sinn, ihren Gegenstand, ihren systematischen Ansatz und ihren Ort im Ganzen der Dogmatik ist noch in vollem Gange. Einen ersten Einblick in die anstehenden Probleme kann bereits der Name *Theologische Anthropologie* vermitteln.

1.1 Die Bezeichnung Theologische Anthropologie

Anthropologie ist Rede oder Lehre vom Menschen, Theologie Rede oder Lehre von Gott. Wie will die Verbindung dieser beiden Lehren verstanden sein? Es gibt eine psychologische, biologische, soziologische usw. Anthropologie. In diesen Verbindungen handelt es sich immer um einen speziellen Phänomenbereich am Menschen, von dem her der Mensch erforscht und bestimmt wird. Das Problematische der Theologischen Anthropologie liegt darin, daß hier *Anthropologie* nicht durch einen Teilaspekt am Menschen spezifiziert wird, sondern mit etwas anderem verbunden wird.

1.1.1 Drei Möglichkeiten des Verständnisses

Diese Verbindung könnte so verstanden werden, daß hier auch eine andere Lehre vom Menschen gemeint ist als die, die er im Blick auf sich selbst gewinnt, nämlich die Lehre Gottes vom Menschen. Theologische Anthropologie wäre dann die göttliche Lehre vom Menschen, die aus

[1] K. Rahner, Anthropologie, Theologische A.: LThK^2 1, 622; tzt D8, Nr. 121.

Gottes Wort, d.h. aus den Aussagen der Bibel und der verbindlichen Lehre der Kirche zu erheben ist. Im Gegensatz dazu könnte die Verbindung aber auch verstanden werden als menschliche Lehre von Gott. In ihr ginge es dann um die religiöse Dimension, wie sie im Wissen des Menschen von und um sich selbst mitgegeben ist. Schließlich kann eine Lehre gemeint sein, die Theologie und Anthropologie aufeinander bezieht. Sie wäre das Ergebnis eines wechselseitigen kritischen Dialogs zwischen den Aussagen der biblisch-christlichen Glaubenstradition über den Menschen und dem Wissen des Menschen von sich selbst.

1.1.2 Welche trifft zu?

Welche von diesen drei Möglichkeiten trifft auf die Theologische Anthropologie zu? In einem gewissen Sinne treffen sie alle drei zu. Darin besteht gerade das Problem einer Theologischen Anthropologie. Sie kann nicht darauf verzichten, davon zu reden, was oder wer der Mensch von Gott her ist. Sonst wäre sie keine *Theologie* im christlichen Sinne. Tut sie dies aber ohne Rücksicht auf das, was der Mensch von sich selbst her, aus seinem eigenen Erfahren und Erkennen, ist, so redet sie nicht von und zu dem Menschen, um den es in der *Anthropologie* geht. Eine rein theologische Lehre vom Menschen, die keinerlei Vorstellungen, Erfahrungen und Erkenntnisse des Menschen von sich selbst aufgriffe, wäre letztlich überhaupt nicht als sinnvolle Rede verstehbar. Theologische Anthropologie kann daher auch nicht darauf verzichten, von dem zu reden, was oder wer der Mensch von sich selbst her ist. Konzentriert sie sich aber auf die menschlichen Erfahrungen und Erkenntnisse, die in den biblisch-christlichen Aussagen über den Menschen zum Ausdruck kommen, so läuft sie Gefahr, dort nur das bestätigt zu finden, was der Mensch an sich erfährt und von sich aus erwartet. Tatsächlich begegnen in der theologischen Diskussion um die Theologische Anthropologie immer wieder beide Vorwürfe: Die theologische Lehre vom Menschen bleibe dem wirklichen Menschen fremd, sie werde ihm als reines Glaubenswissen übergestülpt; die anthropologische Theologie reduziere das Wort Gottes über den Menschen auf das, was der Mensch als Antwort auf seine Fragen oder zur Bewältigung seiner Lebensprobleme benötigt.

1.1.3 Verbindung von Theologie und Anthropologie

Es bleibt folglich nur die dritte Möglichkeit: die zugleich kritische und konstruktive Verbindung von Theologie und Anthropologie. Denn die Theologische Anthropologie muß auf der einen Seite das Theologische festhalten. Sie muß davon reden, was der Mensch von Gott her, vor Gott und auf Gott hin ist. Sie muß auf der anderen Seite das Anthropologische festhalten. Sie muß von und zu dem Menschen reden, wie er sich erfährt, erkennt und versteht.

1.2 Die Anschlußstelle[2] zwischen Anthropologie und Theologie

Das Projekt *Theologische Anthropologie* steht und fällt damit, daß sie zugleich Theologie und Anthropologie ist. Ihr Grundproblem ist folglich die Frage nach der Stelle, wo beide sich berühren und aufeinander beziehbar werden. Diese Frage muß daher von beiden Seiten aus beantwortet werden.

1.2.1 Von der Anthropologie zur Theologie

In der katholischen und der protestantischen Theologie herrscht inzwischen weitgehend Übereinstimmung darüber, daß die fragliche Anschlußstelle von der Anthropologie her im *menschlichen Subjektbewußtsein* zu sehen ist. Was gemeint ist, kann jeder bei sich selbst erfahren und beobachten. Wir sehen, hören, denken, wollen, empfinden, fühlen nicht nur dieses oder jenes. Wir wissen dabei zugleich um uns. Wir *haben diese* Wahrnehmungen, Empfindungen, Gedanken, Absichten. Indem ich bewußt *diese* Inhalte habe, bin ich mir bewußt als der, der sie hat. Dieses mit allen wechselnden Inhalten mitgegebene Wissen um sich selbst meint der Subjektbegriff, wie er im Laufe der Neuzeit entwickelt und philosophisch durchdacht wurde. Aber nicht die neuzeitliche Subjektphilosophie ist die Anschlußstelle zur Theologie, sondern das Bewußtseinsphänomen, von dem sie ausgeht. Sie interpretiert dieses vom Menschen her, z.B. als autonome Selbstbestimmung, selbstzweckliche Person usw. Von der Theologie her kann die Interpretation ganz anders aussehen, selbst wenn sie Begriffe der neuzeitlichen Philosophie aufgreift.

Das ursprüngliche Wissen um mich als den, der diese oder jene Bewußtseinsinhalte hat, entzieht sich jeder inhaltlichen Festlegung. Es ist prinzipiell offen über jeden Inhalt hinaus, den es hat. Auch die Erkenntnisse der empirischen Anthropologie über die Entstehung und das Funktionieren des menschlichen Bewußtseins können das im Bewußtsein mitgegebene Wissen um sich selbst nicht ganz erfassen. Sie setzen ja immer das Wissen um sich als den, der diese Erkenntnisse hat, voraus.

Dem menschlichen Bewußtsein eignet immer ein Überschuß über das hinaus, was ihm inhaltlich bewußt ist. In diese Offenheit des Menschen über all das hinaus, was ihn jeweils inhaltlich bestimmt, kann die Theologie von den einmaligen geschichtlichen Bewußtseinsinhalten reden, in denen sich der Gott Israels und Vater Jesu Christi als Ursprung und Ziel der prinzipiellen Offenheit des Menschen zu verstehen gibt.

---

[2] Der in der evangelischen Theologie eingeführte Begriff ‚Anknüpfungspunkt‘ ist durch den Streit zwischen Karl Barth und Bultmann/ Brunner belastet; dazu E. Brunner, Natur und Gnade. Zum Gespräch mit Karl Barth, Zürich ²1935; tzt D8, Nr. 117; R. Bultmann, Anknüpfung und Widerspruch: Glauben und Verstehen II, Tübingen ³1961, 117-132.

1.2.2 Von der Theologie zur Anthropologie

Die biblisch-christliche Rede von Gott ist Heilsbotschaft. Sie will nicht informieren über eine ferne andere Wirklichkeit, die mit dem Menschen und seinem Leben nichts zu tun hat. Sie bezeugt Gottes Wirklichkeit, indem sie Heilserfahrungen erzählt: Erfahrungen von Hilfe und Rettung, von Erwählung und Verheißung. Gott offenbart sich im Medium menschlicher Heilserfahrungen. Die Theologie wird durch die biblische Gottesrede an die Stelle gewiesen, wo der Mensch mit sich und seiner Welt nicht fertig wird, wo er an sich selbst nicht genug hat. Das bedeutet nicht, das Heil von Gott sei nichts anderes als das, was sich der Mensch aus seinem Ungenügen an sich selbst vorstellt und wünscht. Aber die biblische Heilsbotschaft bezieht sich doch auf eine irgendwie geartete Erfahrung der Heilsbedürftigkeit, die der Mensch von sich aus mitbringt.

Weil Theologie im biblisch-christlichen Sinne Rede von Gott zum Heil der Menschen ist, bezieht sie sich von sich her auf Anthropologie, auf die Rede des Menschen von seinen Erfahrungen und Erkenntnissen von sich selbst.

1.3 Die Mehrdeutigkeit des Zusammenhangs zwischen Anthropologie und Theologie

Die Offenheit des Subjektbewußtseins und die Heilsintention der christlichen Botschaft weisen auf die Stelle, *wo* sich Anthropologie und Theologie berühren. Es wird aber daraus noch nicht deutlich, *wie* sie sich berühren. An dieser Frage scheiden sich die Entwürfe einer Theologischen Anthropologie. Der Zusammenhang kann im Ansatz *positiv*, zwischen positiv und negativ *pendelnd* oder *negativ* gedeutet werden.

1.3.1 Der positive Ansatz

Man kann mit *Karl Rahner*[3] das „Wie" der Berührung grundsätzlich positiv sehen. Das Subjektbewußtsein überragt (transzendiert) jeden bestimmbaren Inhalt des Bewußtseins. Es verweist somit den Menschen auf den Inbegriff allen Seins, der sich jeder Bestimmung entzieht, auf das absolute Geheimnis. Als Subjekt hat es der Mensch in allem, was ihn bestimmt und was er bestimmt, letztlich immer schon mit Gott zu tun. Dies gilt unabhängig davon, ob er sich dessen bewußt ist oder nicht. Deshalb ist der Mensch in allem, was ihm in der Geschichte widerfährt, ein Hörer des Wortes Gottes. Es liegt an ihm, ob er auf Gott hören will oder nicht.

[3] K. Rahner, Grundkurs, 35 f; tzt D8, Nr. 122.

Die transzendentale Verwiesenheit des Menschen auf Gott geht der geschichtlichen Heilsoffenbarung sachlich voraus. Sie ermöglicht erst, daß der Mensch in bestimmten geschichtlichen Ereignissen die Offenbarung des absolut unbestimmbaren Gottes erkennen kann. Somit bringt nicht erst die biblische Heilsoffenbarung den Menschen ursprünglich unter den Heilswillen Gottes. Sie macht ihm vielmehr den ewigen Heilswillen Gottes inhaltlich faßbar, so daß er bewußt danach leben kann.

Methodisch gesehen beruht dieser positive Ansatz auf einer gedanklichen Schlußfolgerung aus der Tatsache des Subjektbewußtseins, also auf einer begrifflichen Reflexion des transzendentalen Bewußtseins. Er geht transzendentalphilosophisch vor.

1.3.2 Der positiv-negative Ansatz

Zu einem anderen Ansatz kommt man, wenn man, wie *Wolfhart Pannenberg*, nicht vom Subjektbewußtsein als solchem ausgeht, sondern davon, wie es sich faktisch in der Geschichte zeigt. Es zeigt sich dort einerseits erwartend und ausgreifend offen über das jeweils Gegebene und Erreichte hinaus, andererseits festhaltend und sich orientierend am Gegebenen und Erreichten. So wird das geschichtlich Neue zugleich positiv und negativ erfahren, wobei einmal die positive, einmal die negative Seite überwiegt. Der Mensch ist zwar offen über das geschichtlich Gewordene hinaus. Seine Offenheit bleibt aber jeweils gebunden am und bestimmt vom Gewordenen. Sie ist der Horizont des jeweiligen geschichtlichen Zustands. Also eine relative, nicht eine absolute Offenheit. Sie verändert sich sozusagen als „Wanderhorizont"[4] mit dem Gang der Geschichte.

Der Zusammenhang zwischen dem Subjektbewußtsein des Menschen und der Heilsoffenbarung Gottes stellt sich aus dieser Sicht erst in der Geschichte her. In der Geschichte Israels bis zu Jesus von Nazaret wird die Heilserwartung durch den Wechsel von Heilserfahrungen und Unheilserfahrungen, durch Erfüllung und Enttäuschung gesteigert zur Erwartung Gottes selbst als der Fülle des Heils. Zugleich weitet sich der Horizont des Subjektbewußtseins vom Volksgott Israels, der mächtiger ist als die Götter der anderen Völker, zum einzigen welttranszendenten Gott. Neutestamentlich zeigt dies anschaulich die Emmauserzählung (Lk 24,13-35). Die Heilserwartung der Jünger, die durch den Tod Jesu enttäuscht wurde, weitet sich durch die Erfahrung des von Gott her Lebendigen aus den Toten ins Eschatologische. Der Durchgang durch die Enttäuschung ist sozusagen das heilsgeschichtliche „Muß" für den Zugang zur Fülle des Heils, das Geschichte und Tod umfaßt und transzendiert.

Methodisch geht dieser positiv-negative Ansatz geschichtsphilosophisch vor. Die relative Offenheit des Menschen wird durch Geschichte ins Absolute, auf Gott hin, geweitet. Gott gibt sich selbst durch den Gang der Geschichte dem Menschen zum Heil, das die ganze Geschichte vollendet.

---

[4] J. Moltmann, Theologie der Hoffnung, München 1969, 98; vgl. W. Pannenberg, Anthropologie in theologischer Perspektive, Göttingen 1983, 485 f.

1.3.3 Der negative Ansatz

Dieser Ansatz geht von dem alltäglichen Dasein aus. Er fragt, wie der Mensch mit seiner einmaligen Existenz, die mit dem Selbstbewußtsein gegeben ist, umgeht. Wie versteht er sein eigenes Dasein, wie lebt er es? Er entwirft bei allem, was er erfährt und tut, eine Vorstellung von sich und der Welt, in der er lebt. Er identifiziert sich mit dem, was er sein möchte oder mit dem, was andere – einzelne Mitmenschen oder die Gesellschaft – von ihm halten und erwarten. Er wäre sonst völlig orientierungslos und unsicher, könnte nicht sinnvoll auf die Welt, in der er sich vorfindet, reagieren. Aus der reinen Offenheit seiner Existenz allein kann er nicht leben. Er stände völlig haltlos vor dem Nichts. Bildlich gesprochen: Die Tür ins Offene ist zwar da, aber der Mensch verschließt sie ständig, weil außerhalb seines Hauses, seiner Welt kein Boden ist, auf dem er stehen könnte. Er kommt aus seiner Welt, mit der er sich so oder so identifiziert, nur heraus, wenn er von außen als einmalige Existenz, als Person, angesprochen wird. Dies geschieht durch das Wort Gottes. Es gibt ihm sich selbst jenseits aller seiner Identifikationen als Subjekt zu verstehen (*Rudolf Bultmann*). Jesus Christus ist aus dieser Sicht das persongewordene Wort Gottes. Er eröffnet dem Menschen zugleich die personale Begegnung mit Gott und mit den anderen Menschen.

Der Zusammenhang zwischen dem Selbstbewußtsein des Menschen und dem in der Bibel bezeugten Wort Gottes über, genauer: an den Menschen erscheint hier im Ansatz negativ. Der Mensch kommt immer als einer, der sich vor Gott verschließt, unter das Wort Gottes. Das Wort Gottes trifft auf den Menschen, der im Widerspruch zu Gott lebt und damit zugleich zu sich selbst als Subjekt und Person (*Emil Brunner*). Vom Wort Gottes aus wird dem Menschen seine eigene Daseinsweise als Sünde offenbar. Theologisch ist folglich vom Menschen als *Sünder* auszugehen.

Der negative Ansatz greift die Existenzphilosophie (*Sören Kierkegaard*, *Martin Heidegger*) und den dialogischen Personalismus (*Martin Buber*, *Ferdinand Ebner*) auf. Er beschreibt die Weisen, wie der Mensch faktisch mit seiner einmaligen Existenz und deren Offenheit umgeht, und deckt auf, wie er dabei sein eigentliches Sein verfehlt.

Exemplarische Berührungsängste zwischen Theologie und Anthropologie

[1] Positiver Ansatz	[2] Positiv-negativer Ansatz	[3] Negativer Ansatz
transzendental-philosophische Methode	geschichts-philosophische Methode	existenz-philosophische Methode
transzendentale Offenheit auf Gott	geschichtlich vermittelte (= relative) Offenheit auf Gott	existentiell verfehlte Offenheit auf Gott
z.B. K. Rahner	z.B. W. Pannenberg	z.B. R. Bultmann, E. Brunner

Erstellt v. D. Jax/M. Gennert

1.3.4 Das Problem der Wahl des Ansatzes

Im Blick auf die Sache, nämlich den Menschen, gehören die transzendentale Offenheit, ihre geschichtliche Konditionierung und ihr existentieller Vollzug zusammen. Aber sie lassen sich nicht mosaikartig zusammenfügen. Denn jeder Ansatz eröffnet eine Perspektive auf das Ganze. In jedem der Ansätze werden auch die beiden anderen berücksichtigt. Aber in der Entfaltung jedes Ansatzes erhalten die beiden anderen jeweils eine andere Bedeutung und eine andere logische Zuordnung, einen anderen systematischen Ort im Ganzen. Man müßte daher zunächst je für sich die Entfaltung jedes Ansatzes darstellen. Aber was wäre damit gewonnen? Um sie kritisch zu vergleichen und zu beurteilen, bräuchte man wiederum ein Kriterium, einen anthropologisch-theologischen Standpunkt. Man kommt also um die Wahl einer Perspektive nicht herum. Denn bloß über die bisher entstandenen Theologischen Anthropologien zu informieren und sie nach Grundtypen zu unterscheiden, das ergäbe wohl noch nicht eine Theologische Anthropologie als eigenes Lehrstück der dogmatischen Glaubenslehre.

Über die Wahl des Ansatzes läßt sich nur entscheiden, wenn man sich darüber klar ist, was eine Theologische Anthropologie innerhalb der Dogmatik leisten soll.

1.4 Die Begründung für das Lehrstück Theologische Anthropologie

Warum muß es überhaupt eine Theologische Anthropologie innerhalb der katholischen Dogmatik geben? Um diese Frage zu klären, ist es hilfreich, auf die Entstehung der *Philosophischen Anthropologie* zurückzublicken.

1.4.1 Die Entstehung der Philosophischen Anthropologie

Der Ruf nach einer Theologischen Anthropologie steht in Zusammenhang mit dem Aufkommen der Philosophischen Anthropologie. Es wird datiert mit dem Erscheinen der Schrift von *Max Scheler* „Die Stellung des Menschen im Kosmos" (1928). Scheler ging es um eine einheitliche Idee vom Menschen. Die wissenschaftliche Erforschung des Menschen hatte sich im Laufe der Neuzeit in zwei Richtungen geteilt, die sich immer mehr voneinander entfernten. Die philosophische Geistmetaphysik deutete den Menschen von seinem Selbstbewußtsein her, die empirischen Naturwissenschaften sahen den Menschen als eine Erscheinungsform der Natur und des organischen Lebens. Wahrscheinlich hat die Desorientierung durch die menschliche Katastrophe des ersten Weltkrieges die Suche nach einem Gesamtkonzept vom Menschen als dringliches Anliegen erkennen lassen. Darauf deutet das große Echo, das Schelers Buch fand.

Scheler versuchte noch vom Geist her die Einheit der leibhaft-sinnlichen Lebensäußerungen des Menschen zu begreifen. *Helmuth Plessner* veröffentlichte im gleichen Jahr 1928 eine Einleitung in die Philosophische Anthropologie mit dem Titel „Die Stufen des Organischen und der Mensch". Wie schon der Titel andeutet, versucht er aus den leibhaft-sinnlichen Lebensäußerungen des Menschen ein Gesamtbild vom Menschen zu erheben. Diese Zielsetzung hat auch das 1940 erschienene Werk von *Arnold Gehlen* „Der Mensch. Seine Natur und seine Stellung in der Welt". Gehlen ließ sich noch stärker auf die Ergebnisse der empirischen Forschung ein, vor allem der biologischen. Und noch die 1972 von *Hans Georg Gadamer* und *Paul Vogler* herausgegebene „Neue Anthropologie", die in sieben Bänden alle mit dem Menschen befaßten Wissenschaften zu Wort kommen läßt und zu integrieren versucht, ist von der Sorge um den ganzen Menschen bewegt.

Die Entstehung der Philosophischen Anthropologie in den zwanziger Jahren war getragen von dem Interesse an dem ganzen Menschen, den die spezialisierten Wissenschaften aus dem Auge verloren hatten.

1.4.2 Die Lehre vom Menschen in der herkömmlichen Dogmatik

In der herkömmlichen Dogmatik finden sich die Glaubensaussagen vom Menschen auf viele Traktate verteilt. Einen breiteren Raum nehmen sie vor allem in der Schöpfungs- und Gnadenlehre sowie in der Eschatologie ein. Das erwachte Interesse an der Ganzheit des Menschen ließ in diesem Befund einen Mangel erkennen. Dem Bedürfnis der Zeit entsprach es, eine geschlossene dogmatische Lehre vom Menschen zusammenzustellen und als das von Gott geoffenbarte Menschenbild dem philosophischen bzw. den Menschenbildern der einzelnen empirischen Wissenschaften gegenüberzustellen.[5]

Die leitende Zielsetzung dürfte in derartigen ersten katholischen Darstellungen einer dogmatischen Lehre vom Menschen – ausgesprochen oder unausgesprochen – ein einheitliches Bild vom ganzen Menschen gewesen sein. Aber bei dem gegenwärtigen Stand der Diskussion über das Verhältnis von Theologie und Anthropologie reicht der Befund, daß die dogmatischen Aussagen vom Menschen herkömmlich über verschiedene Lehrstücke verstreut dargeboten werden, allein nicht mehr aus, einen eigenen Traktat *Theologische Anthropologie* zu begründen.

1.4.3 Die anthropologische Komponente der ganzen Dogmatik

Christliche Botschaft ist Heilsbotschaft. Sie wendet sich an den heilsbedürftigen Menschen. Subjekt der theologischen Erkenntnis und Darstellung dieser Botschaft ist der Mensch. In der dogmatischen Lehre kommen daher immer der Heilscharakter der Botschaft und die subjektive Perspektive des Erkennenden zusammen. Jede dogmatische Aussage ist folglich immer auch eine anthropolo-

[5] Diesem Konzept folgt noch G. Kraus, Blickpunkt Mensch. Menschenbilder der Gegenwart aus christlicher Sicht, München 1983.

gische. Diese Tatsache kann als Grund *für* und *gegen* eine eigene Theologische Anthropologie angeführt werden.

Dafür spricht, daß dieses Zusammenkommen von *Heil von Gott* und *Heilsbedürftigkeit des Menschen* an irgendeiner Stelle grundsätzlich entfaltet werden muß. *Dagegen* spricht, daß diese Entfaltung sehr abstrakt bliebe. Nur die durchgehende Auslegung des Heilsbezuges in allen dogmatischen Traktaten bringt die anthropologische Komponente so zur Geltung, daß sie den wirklichen Menschen betrifft. Je mehr für die dogmatische Wissenschaft die durchgehende Auslegung der biblisch-christlichen Glaubenstradition in Beziehung zum Menschen in seiner konkreten Situation selbstverständlich wird, umso mehr scheint sich eine eigene Theologische Anthropologie zu erübrigen. Die grundsätzliche Erörterung der subjektiven Seite dogmatischer Erkenntnis muß ja bereits in der einleitenden Lehre von den Prinzipien dogmatischer Erkenntnis stattfinden.

Dieses Gegenargument findet eine gewisse Bestätigung in der Entwicklung der Philosophischen Anthropologie. Man hat versucht, die dynamische und unabsehbar variable Weltoffenheit so zu bestimmen, daß eine bleibend gültige Grundstruktur des Menschen entsteht, ein Bild vom ganzen Menschen. Diese Versuche werden zunehmend als gescheitert angesehen. Die Theologie steht vor der Frage, ob sie vom Wort Gottes her ein solches Menschenbild bieten kann oder ob das Wort Gottes den Menschen gerade „nicht festlegt auf ein Bild seiner selbst“[6].

1.4.4 Die Frage nach dem christlichen Menschenbild

Menschenbilder sind nicht erst das Produkt wissenschaftlicher Tätigkeit, sie gehören zum alltäglichen Leben des Menschen. Der Mensch übernimmt und entwirft ständig ein Bild von sich, seinen Mitmenschen und seiner Welt (vgl. o. 1.3.3). Er braucht Leitbilder zu seiner Orientierung, zur Stellungnahme und zum Handeln.[7] Und der gläubige Christ braucht christliche Leitbilder, wenn der Glaube lebenswirksam werden soll.

Braucht er nicht auch ein christliches Menschenbild, um sein ganzes Leben an Gottes Offenbarung in Jesus Christus auszurichten und so zu seinem Heil zu gelangen? Nach der biblisch-christlichen Botschaft ist Gott selbst das Heil des Menschen. Er gibt sich in Jesus Christus den Menschen zum Heil. Folglich verliert sich die Frage nach *dem* christlichen Menschenbild in der Unbegreiflichkeit Gottes. Alle Leitbilder, die auch der Christ braucht, um in den einzelnen Lebenssituationen christlich leben zu können, müssen vorläufig und partikulär bleiben. Das gilt auch für das sogenannte Menschenbild der Bibel. Genauer und unmißverständlicher müßte es *die* Menschenbilder heißen. Denn im Alten wie im Neuen Testament treten bei näherem Hinschauen deutlich verschiedene Menschenbilder hervor.

---

[6] P. Eicher, Du sollst dir kein Bildnis machen. Möglichkeiten und Grenzen theologischer Anthropologie heute: G. Bitter, G. Miller (Hg.), Konturen heutiger Theologie. Werkstattberichte, München 1976, 40.

[7] E. Meinberg, Das Menschenbild der modernen Erziehungswissenschaft, Darmstadt 1988, 1-3.

Ein allgemein gültiges christliches Menschenbild zu erstellen, kann und darf nicht die Aufgabe der Theologie sein, weil der Mensch theologisch dadurch bestimmt ist, daß Gott selbst sich ihm in Christus gibt. Das christliche Menschenbild kommt daher als Begründung für eine eigenständige Theologische Anthropologie nicht in Betracht.

1.4.5 Leitbilder für konkrete Lebenssituationen

Findet dann die Theologische Anthropologie vielleicht darin ihre Berechtigung, daß der Christ in der jeweiligen geschichtlichen, gesellschaftlichen oder auch persönlichen Situation vorläufige Leitbilder für die Glaubenspraxis braucht? Sie wäre dann eine lose Folge von einzelnen theologischen Lehrstücken ohne übergreifende Systematik.

Außerdem hat heute jede Theologie einen mehr oder weniger konkreten Erfahrungsbezug, einen sogenannten „hermeneutischen Ort". Wird das Wort Gottes, das die biblisch-christliche Glaubenstradition bezeugt, mit der einen oder anderen dieser konkreten Situationen konfrontiert, erscheint jeweils die ganze Glaubenslehre in einem anderen Licht. Deshalb gibt es eine Befreiungstheologie, eine feministische, eine ökologische Theologie usw.. Die christliche Glaubenslehre stellt sich heute unausweichlich in einer Vielzahl von Theologien dar. Und dies nicht zuletzt deshalb, weil sie sich der anthropologischen Komponente jeglicher theologischer Erkenntnis bewußt geworden ist (s.o. 1.4.3).

Die Notwendigkeit von Leitbildern für die konkrete christliche Praxis rechtfertigt keine eigene Theologische Anthropologie; sie erfordert und begründet vielmehr den Pluralismus in der heutigen Theologie.

1.4.6 Der ganze Mensch und sein Heil in Gott

Mit dem Verzicht auf ein einheitliches theologisches Menschenbild und der Hinwendung der Theologie zum konkreten Menschen ist das anthropologische Problem des ganzen Menschen noch nicht vom Tisch. Die Theologie kann bei dem bloßen Nebeneinander der vielen Theologien entsprechend der vielen konkreten Situationen der Menschen nicht stehenbleiben. Denn indem Gott in der Welt zur Herrschaft kommt, indem er in Jesus Christus zum Menschen kommt, wird der ganze Mensch heil. Worin dieses Heil besteht, können wir so wenig begreifen, wie wir Gott begreifen können. Aber neutestamentliche Umschreibungen wie „*Fülle des Lebens*", „*Gott alles in allem*", „*vollkommene Freude*" deuten an, daß das Heil den Menschen nicht nur teilweise, nicht nur in einem Bereich seiner Wirklichkeit, sondern ganz und gar umfaßt. Es integriert alle in Raum und Zeit verteilten Weisen menschlicher Wirklichkeit. Es bringt den Menschen zu seiner vollen Identität (vgl. 1 Kor 13,12). Auch die Selbstoffenbarung Gottes in verschiedenartigen begrenzten Heilserfahrungen, wie sie die biblischen Geschichten erzählen (s.o. 1.3.2), weisen auf den Zusammenhang zwischen dem Heil von Gott und der Vollendung des ganzen Menschen hin.

Die Theologie redet folglich nur vom Gott der biblischen Offenbarung, wenn sie auch die Zusammenführung der in Raum und Zeit zerstreuten Erscheinungsformen des Menschlichen und der Wirklichkeit überhaupt durch Gottes Kommen in die Welt bedenkt. Dies ist vorab ein theoretisches Grundproblem des unausweichlichen Pluralismus in der heutigen Theologie: Wie wird der eine christliche Glaube in den verschiedenen und gegensätzlichen Theologien gewahrt?[8]

Es ist aber auch ein praktisches Problem menschlichen und christlichen Lebens. Nicht nur die Wissenschaften vom Menschen kommen heute nicht mehr zu einer umfassenden Bestimmung des Menschen. Auch der konkrete Mensch lebt heute in verschiedenen Lebenswelten. In der Arbeitswelt und der Freizeitwelt, in der öffentlichen und privaten Welt usw. erfährt er sich jeweils anders, erfährt er auch die anderen Menschen jeweils anders. Der Christ kann sich mit diesem „je anders" nicht abfinden, da er in all den verschiedenen Lebenswelten unterwegs bleiben muß zum Reich Gottes, zu dem Gott, der in allem zur Herrschaft kommt. Er kann sich damit nicht abfinden, weil er den Mitchristen, der den gemeinsamen Glauben anders lebt, nicht nur dulden, sondern *mit ihm* unterwegs zum Reich Gottes sein muß.

Die Theologische Anthropologie könnte ihr eigenes Thema darin finden, daß sie menschliches und christliches Leben zu verstehen gibt als Zusammenführung der vielfältig verschiedenen Erfahrungsbereiche und Handlungsfelder auf die Vollendung des ganzen Menschen und der ganzen Menschheit hin. Sie hätte den Weg zu erkunden, auf den die in der Heilszusage Gottes mit zugesagte Vollendung des Ganzen den Menschen und die Menschheit stellt. Ihr Thema wäre dann weder, ein einheitliches christliches Menschenbild zu erstellen, noch, Leitbilder für christliches Handeln in konkreten Situationen zu entwerfen. Ihr Thema wäre die christliche Spiritualität, die den Christen und die Christen miteinander durch die vielfältigen Profile christlicher Praxis hindurch unterwegs bleiben läßt zur Vollendung des Ganzen. Mit diesem Thema wäre sie zugleich an dem Punkt, wo die Humanwissenschaften, einschließlich der Philosophischen Anthropologie dem Menschen nicht weiterhelfen können.

Das Problem des ganzen Menschen rechtfertigt – anthropologisch und theologisch – noch immer eine eigenständige Theologische Anthropologie innerhalb der Dogmatik. Ihr Gegenstand ist weder ein Wesens- oder Zielbegriff vom ganzen Menschen, noch die bloße Aufreihung verschiedener vorläufiger Menschenbilder, sondern das Verständnis des Prozesses vom je konkreten Menschen zum ganzen Menschen.

[8] K. Rahner, Grundkurs, 18-20; G. Langemeyer, Viele Theologien – ein Glaube. Wo bleibt der eine Glaube im Wettstreit der Theologien?: IRP Mitteilungen 21 (1991) 9-18.

1.5 Der Ort der Theologischen Anthropologie in der Dogmatik

Die Theologische Anthropologie ist in der Theologie noch „ohne festen Wohnsitz". Sie begegnet in der Dogmatik an verschiedener Stelle. Sie begegnet aber auch außerhalb der Dogmatik.

1.5.1 Fundamentaltheologische und dogmatische Anthropologie

Da sie Anthropologie und Theologie zusammenführt, kann sie entweder von der empirischen und philosophischen Anthropologie oder von der biblisch-christlichen Glaubenstradition ausgehen. Im ersten Fall spricht man von einer *fundamentaltheologischen Anthropologie*. Sie greift die nichttheologische Forschung und Theoriebildung auf und nimmt sie kritisch in die theologische Reflexion hinein.[9] Davon unterscheidet man die *dogmatische Anthropologie*. Sie geht von der Glaubenstradition aus und interpretiert diese auf den Menschen hin, in kritischer Auseinandersetzung mit der nichttheologischen Anthropologie.[10]

Der Unterschied zwischen den beiden Typen Theologischer Anthropologie liegt weniger in der Sache als in der Methode. Aber verschiedene Erkenntniswege führen unvermeidlich auch zu verschiedenen Schwerpunkten in der Erkenntnis der Sache. Daher besteht die Unterscheidung auch sachlich zu Recht. Trotzdem ist sie in sachlicher Hinsicht nicht streng durchzuhalten. Denn der Fundamentaltheologe geht ja doch mit einem theologischen Interesse an die nichttheologische Anthropologie heran. Er bringt ein theologisches Menschenverständnis immer schon mit. Sonst könnte er die humanwissenschaftlichen Erkenntnisse nicht theologisch kritisch aufgreifen. Methodisch konsequent müßte er sich dieses mitgebrachte Interesse genau bewußt machen. Damit befände er sich aber in der dogmatischen Anthropologie. Ebenso bringt der Dogmatiker ein von der gegenwärtigen Problemlage geprägtes Frageinteresse mit, wenn er die Glaubenstradition nach dem theologischen Verständnis des Menschen befragt. Er kann die biblisch-christliche Botschaft nicht voraussetzungslos hören (s.o. 1.1.2). Wiederum würde die strenge Wissenschaftlichkeit erfordern, daß er sein menschliches Frageinteresse offenlegt. Damit befände er sich in der fundamentaltheologischen Anthropologie.

Die unterschiedliche Zuordnung der Theologischen Anthropologie zur Fundamentaltheologie oder zur Dogmatik beruht in erster Linie auf der gewählten Methode. Sie hat auch sachliche Konsequenzen, ist aber sachlich nicht streng durchführbar, weil sich Anthropologie und Theologie gegenseitig voraussetzen.

---

[9] Vgl. W. Pannenberg, Anthropologie in theologischer Perspektive, 20 f; tzt D8, Nr. 126.

[10] O. H. Pesch, Frei sein aus Gnade. Theologische Anthropologie, Freiburg 1983 44 f; vgl. J. Werbick, Theologie und Anthropologie: KatBl 110 (1985) 554-558.

1.5.2 Die Plazierung innerhalb der Dogmatik

Der klassische Ort der Lehre vom Menschen ist in der katholischen Theologie die *Schöpfungslehre.* Daran hält sich die heilsgeschichtliche Dogmatik *Mysterium Salutis.*[11] Die Theologische Anthropologie handelt von dem Partner, den Gott sich für den angestrebten Heilsbund erwählt hat: von dem „von Gott geschaffenen und begnadeten, von Gott abgefallenen und von ihm wieder in Gnade aufgenommenen Menschen"[12]. Sie endet mit dem Kapitel „Der Mensch in der Sünde". Daran schließt sich die Lehre von den Engeln und Dämonen an. Sie beschränkt sich auf das geschöpfliche Wesen des Menschen, „das sich durch alle geschichtlichen ‚Stände' des Menschen durchhält"[13]. Doch kommt sie nicht ganz ohne Vorgriffe auf die *Erlösungsordnung* aus.

Die Einschränkung auf das geschöpfliche Wesen des Menschen kann nicht ganz befriedigen, da die christologische und eschatologische Bestimmung des Menschen später nachgeholt werden muß. Außerdem trifft, so *Otto Hermann Pesch*, eine schöpfungstheologisch geortete Theologische Anthropologie nicht den konkreten Menschen, der vom Wort Gottes her immer Sünder und/oder Begnadeter ist. Günstiger erscheint von daher die Plazierung in der *Gnadenlehre.* „Ort und Ansatz theologischer Anthropologie liegen in der Lehre von Gnade und Rechtfertigung."[14]

Ebenfalls auf Grund der Schwierigkeiten, innerhalb der Schöpfungstheologie die christologische und heilsgeschichtlich-eschatologische Bestimmung zur Geltung zu bringen, plädiert *Stephan Otto* für eine fundamentaldogmatische Anthropologie, die der speziellen Dogmatik vorauszuschicken ist. Sie wäre demnach *vor der Gotteslehre* zu plazieren. Ihr Thema sollen die „existentialen Grundbefindlichkeiten des menschlichen Vorgottseins" sein, die sich aus der biblischen Aussage ergeben, daß der Mensch Bild Gottes ist. Es sind dies „in wechselseitiger Verschränkung ...: ‚Bildsein', ‚Antwortsein', ‚Geschichtlichsein'"[15].

Eine Theologische Anthropologie, die nach dem Weg zum Heil unter dem Aspekt der Ganzheit des Menschen fragt (s.o. 1.4.6), wäre schließlich auch denkbar als Eröffnung der *Eschatologie.* Denn ihr systematischer Zentralaspekt ist die Frage nach der Vollendbarkeit des ganzen Menschen. Sie könnte aber auch mit guten Gründen der Gnadenlehre und, wie noch zu zeigen ist, sogar der Schöpfungslehre zugeordnet werden.

Die Plazierung der Theologischen Anthropologie innerhalb der Dogmatik hängt maßgeblich von dem systematischen Ansatz der Theologischen Anthropologie ab. Daneben spielt aber auch das Konzept des Traktats eine Rolle, dem sie zugeordnet werden soll. Dies gilt vor allem für die Schöpfungslehre.

---

[11] MySal II, 559-843. Zur grundsätzlichen Problematik einer Einteilung der Dogmatik siehe in diesem Band: Einleitung in die Dogmatik 5.

[12] Ebd., 559.

[13] Ebd., 560.

[14] O. H. Pesch, Frei sein aus Gnade, 36; tzt D8, Nr. 129.

[15] St. Otto, Gottes Ebenbild in Geschichtlichkeit. Überlegungen zur dogmatischen Anthropologie, München u.a. 1964, 34.

1.6 Notwendige Entscheidungen

Angesichts der verschiedenen Möglichkeiten, die zur Diskussion stehen, sind nun Entscheidungen zu treffen, wie die Theologische Anthropologie in diesem Lehrbuch dargeboten werden soll. Zur Entscheidung stehen
1. der Frageansatz und die systematische Perspektive, die sich daraus ergibt;
2. die Methode, die diesem systematischen Zugriff entspricht.

1.6.1 Der Ansatz

Wir entscheiden uns hier für den Ansatz bei der Frage nach dem ganzen Menschen unter dem theologisch zentralen Aspekt der Heilszusage Gottes. Dieser Ansatz ist bereits vorgestellt und begründet worden (s.o. 1.4.6). Er greift ein menschliches Grundproblem auf, das in allen menschlichen Problemen unserer Zeit mitgegeben ist. Er führt die einschlägigen Aussagen der Dogmatik, die im einzelnen von der Schöpfungslehre bis zur Eschatologie zu erörtern sind, unter einem einheitlichen Gesichtspunkt zusammen. Er vermeidet es aber, den Menschen auf einen theologischen Wesensbegriff bzw. auf wesentliche Strukturen festzulegen. Er wahrt die geschichtliche und eschatologische Offenheit des Menschen, der immer erst unterwegs ist zu seinem Wesen.

1.6.1.1 Die Zielsetzung

Was dieser Ansatz anstrebt, ist lediglich ein Suchmuster für den Weg zu Gott, insofern er der Weg zur Vollendung des ganzen Menschen ist. Das angestrebte Suchmuster kann zwar nur ausgehen von den bereits vorliegenden anthropologischen und theologischen Erkenntnissen; es muß aber offen sein für neue Erfahrungen und Erkenntnisse. Denn es soll ja ein Wegweiser sein zur Vollendung des Ganzen, die weder theoretisch noch praktisch vorwegnehmbar ist. Trotz dieser Offenheit beansprucht das zu erstellende Suchmuster nicht Geltung für alle Zukunft. Neue Erkenntnisse und Erfahrungen können auch neue Wegweisungen bzw. Korrekturen erfordern.

1.6.1.2 Die Plazierung nach der Schöpfungslehre

Die in dieser Weise konzipierte Theologische Anthropologie steht nicht im Gegensatz zu der Plazierung in diesem Lehrbuch hinter der Schöpfungslehre. *Schöpfung* kann ja nicht als Ereignis verstanden werden, das vor der Heilsgeschichte liegt. Gottes schöpferisches Handeln reicht vom Anfang der Schöpfung über die Heilsgeschichte bis zur Vollendung. *Indem* Gott die Welt schafft, bringt er sie auf den Weg. Es geht in der Heilsgeschichte um die Bewahrung und Vollendung der Schöpfung, um den Weg der Schöpfung von ihrem offenen Anfang zu ihrer Vollendung.[16] Auf

[16] Vgl. Ch. Schütz, Schöpfung als Thema der Theologie: MySal Ergänzungsband, 323-325.

diesen Weg ist auch der Mensch gestellt. In dieser Hinsicht hat die hier angestrebte Theologische Anthropologie einen ihr gemäßen Ort hinter der Schöpfungslehre.

1.6.2 Die sachgemäße Methode

Die fundamentaltheologische Methode kommt innerhalb eines dogmatischen Lehrbuchs nicht in Frage. Es ist also dogmatisch vorzugehen.

1.6.2.1 Geschichtlich – systematisch

Aber auch die Dogmatik kann nicht voraussetzungslos von den Quellen der Glaubenstradition ausgehen (s.o. 1.5.1). Das Frageinteresse am ganzen Menschen wirkt sich unvermeidlich bei der Erkundung der Quellen aus. Es könnte daher methodisch angezeigt erscheinen, in einem ersten Schritt darzustellen, ob und wie sich das Interesse am ganzen Menschen heute artikuliert – in der wissenschaftlichen Anthropologie, in der Alltagserfahrung der Menschen.[17] Eine andere Möglichkeit besteht darin, die Entfaltung dieser Fragestellung in der Geschichte der Bibel und der Theologie zu verfolgen. Das setzt allerdings voraus, daß im bisherigen Gang dieser Einleitung genügend deutlich geworden ist, wonach gefragt wird.

In der Annahme, daß dies der Fall ist, entspricht diese zweite Möglichkeit nicht nur eher dem Charakter eines Lehrbuches. Sie hat auch im Blick auf den hier gewählten Ansatz einiges für sich. Die Frage nach dem ganzen Menschen hat ja auch einen zeitlichen und geschichtlichen Aspekt. Sie betrifft die verschiedenen Erscheinungsformen menschlichen Daseins in den drei Lebensphasen Kindheit, Erwachsensein und Alter. Sie betrifft darüber hinaus die verschiedenen Erscheinungsformen des Menschlichen in den Epochen der Geschichte. Das geschichtliche Vorgehen stellt die Frage nach dem ganzen Menschen, wie sie sich heute aufdrängt, in den weiteren Horizont der geschichtlichen Selbsterfahrung des Menschen. Es läßt auch bereits erkennen, auf welchem Wege die Bibel und die Tradition das Ganze des Menschen angesprochen und im Blick behalten haben. Der Weg der Geschichte wird fruchtbar für die gegenwärtige Wegweisung, die dann systematisch zu entfalten ist.

1.6.2.2 *Ebenbildlichkeit* als biblisches Ausgangssymbol

Eine geschichtlich-dogmatische Methode hat von der *Heiligen Schrift* auszugehen. Geschieht dies unter der Fragestellung nach dem ganzen Menschen, so geht es nicht darum, nach so etwas wie dem Menschenbild der Bibel, bzw. den Menschenbildern des Alten und des Neuen Testaments Ausschau zu halten. Das Alte Testament faßt die vielfältigen Erfahrungen und Erkenntnisse, die der israelitische Mensch in der Geschichte mit seinem Gott von sich selbst gewonnen hat, zusammen in dem Symbolwort „*Abbild Gottes*“ (Gen 1,26 f). Das Neue Testament greift dieses Symbol auf, um die Zusammenfassung von allem in Jesus Christus

[17] Zum letzteren vgl. G. Langemeyer, Menschsein im Wendekreis, Münster 1988.

und durch ihn in der „*Fülle Gottes*" auszudrücken (Eph 1,10-12; Kol 1,15-20). In der Theologiegeschichte zieht dieses Symbol immer wieder die zeitgeschichtlichen anthropologischen Erkenntnisse und theologischen Aussagen über den Menschen auf sich zusammen. Bei der Auslegung und begrifflichen Fassung der Ebenbildlichkeit wird das jeweilige Wissen und Glaubenswissen des Menschen von sich sozusagen gebündelt. Das Symbol der Ebenbildlichkeit erfüllt in der biblisch-christlichen Glaubenstradition die Aufgabe, die anthropologisch-theologischen Aussagen auszurichten auf den ganzen Menschen und seine Vollendung in Gott. „Die Lehre von der Gottebenbildlichkeit des Menschen ist das Grundthema der christlichen Anthropologie und enthält alle ihre Themen in sich."[18] Es legt sich daher nahe, das theologische Symbol der Ebenbildlichkeit zum Orientierungspunkt, zum roten Faden für das geschichtliche wie das systematische Vorgehen zu machen. Dadurch wird es möglich, den umfangreichen und vielschichtigen Stoff unter der einheitliche Perspektive unseres Ansatzes darzustellen.

Die Geschichte der Auslegung des biblischen Symbols der Ebenbildlichkeit soll aber nicht dazu dienen, eine begriffliche Bestimmung dessen zu erreichen, was *Ebenbildlichkeit* bedeutet. Denn jede Festlegung würde der Offenheit auf das Ganze im Wege stehen. Die Frage nach dem ganzen Menschen und seinem Heil in Gott zielt vornehmlich auf die Weise, wie die Einzelaussagen und gegebenenfalls Definitionen vom Menschen im Symbol *Ebenbildlichkeit* zusammengeführt werden.

Noch weniger darf dieses Symbol im voraus begrifflich fixiert werden, etwa als Person vor Gott, als „ein zum Hören bestimmtes Wesen"[19] oder dergleichen. Solche Bestimmungen treffen sicherlich das mit *Ebenbildlichkeit* Gemeinte, aber immer schon unter einem besonderen Aspekt. Die eben genannten Bestimmungen legen z.B. den Menschen fest auf das Gegenüber zu Gott, auf sein Vor-Gott-Sein. Nach dem Neuen Testament macht aber erst die Präsenz des Heiligen Geistes im Menschen diesen zum Hörer des Wortes Gottes.[20] Begriffliche Einengungen dürfen daher nicht in den Ausgang vom biblischen Symbol der Ebenbildlichkeit eingehen.

Ausgangspunkt und durchgehende Mitte der geschichtlich-systematischen Methode soll die Ebenbildlichkeit sein. Das leitende Interesse an dem Weg des Menschen zu Gott als dem Heil des ganzen Menschen erfordert es, *Ebenbildlichkeit* nicht als bereits bestimmten Begriff, sondern als offenes Symbol anzusetzen.

1.6.3 Der Aufbau

Die getroffenen Vorentscheidungen führen zu folgendem Aufbau des Traktates:

– Der erste Hauptteil beschäftigt sich mit der biblischen Anthropologie. Er fragt zunächst nach dem Sinn der biblischen Rede vom Menschen als Bild oder

[18] MySal 2, 814.

[19] E. Jüngel, Der Gott entsprechende Mensch. Bemerkungen zur Gottebenbildlichkeit des Menschen als Grundfigur theologischer Anthropologie: H.-G. Gadamer, P. Vogler (Hg.), Neue Anthropologie, Bd. 6, Stuttgart 1974, 343.

[20] Z.B. 1 Kor 2,10-16 und 12,3; dazu: G. B. Langemeyer, Grundaspekte einer systematischen Pneumatologie: ThGl 80 (1990) 4 f.

Abbild Gottes und zieht zur Interpretation andere alttestamentliche Aussagen hinzu. Er verfolgt dann die Aufnahme dieser Rede im Neuen Testament, ihre christologische Deutung und deren Konsequenzen.

– Der zweite Hauptteil behandelt am Leitfaden der Ebenbildtheologie die geschichtliche Entwicklung der Lehre vom Menschen. Er beschäftigt sich also mit den Kirchenvätern, der mittelalterlichen Scholastik und den neuzeitlichen Entwicklungslinien bis zur Gegenwart.

– Der letzte Hauptteil erarbeitet in exemplarischer Absicht die Grundzüge einer systematischen Theologischen Anthropologie. Er führt die theologiegeschichtlichen Ansätze zur Einbeziehung des ganzen Menschen in die Gottebenbildlichkeit weiter in die heutige anthropologische Problematik hinein.

2. Die Bestimmung des Menschen zum Bild Gottes in der Bibel

Eine Theologische Anthropologie, die nach dem Weg fragt, auf den der Mensch von Gott gestellt ist, muß vom Neuen Testament ausgehen und von dort auf das Alte Testament zurückgreifen. *Erst von Christus her* wird die Heilsabsicht Gottes deutlich, die in der Geschichte Israels wirksam war. Der Heilsweg Israels, den das Alte Testament bezeugt, hat sicherlich auch eine eigenständige Bedeutung. Er wird ja von den Juden, dem anderen Volk Gottes, noch immer als maßgebliche Weisung gelebt. Und sicher kann die christliche Anthropologie von der jüdischen etwas lernen über ihre eigene Herkunft. Aber die christliche Sicht des alttestamentlichen Heilsweges bleibt doch eine andere als die jüdische. Ferner schließt das Ausgehen vom Neuen Testament bereits im Ansatz die unzulängliche Stoffverteilung aus, die in der traditionellen Dogmatik häufig anzutreffen ist: Sie benutzt das Alte Testament als Quelle für die Lehre von der Erschaffung und der Sünde des Menschen und das Neue Testament für die Lehre von der Erlösung und der Vollendung.

2.1 Die Gottebenbildlichkeit des Menschen

2.1.1 Jeder Mensch ist als Bild Gottes geschaffen

Im Neuen Testament kommt die Bezeichnung *Bild Gottes* für den Menschen als solchen nur am Rande, an zwei Stellen, vor: Jak 3,9 und 1 Kor 11,7 (tzt D8, Nr. 29 u. 31). Der Jakobusbrief mahnt im 3. Kapitel zur Vorsicht im Reden. Denn es sei dieselbe Zunge, die Gott preise und die Menschen verfluche, die nach dem Bild (wörtlich: nach der Ähnlichkeit) Gottes geschaffen seien. Einen Menschen – sei er gut oder böse – zu verfluchen, ihm das Daseinsrecht abzusprechen, verstößt gegen seine Würde, die ihm als Gott ähnlichem Geschöpf zukommt. Der Fluch trifft auf Grund der Ähnlichkeit zugleich Gott. Die Gottähnlichkeit scheint hier eine unverlierbare Wesenseigenschaft zu sein, die der Schöpfer dem Menschen verliehen hat.

Ähnlich sagt Paulus vom Mann, er sei Bild (*eikon*) und Abglanz (*doxa*) Gottes. Diese Aussage gilt allgemein für jeden Mann, wenngleich Paulus sie an dieser Stelle als Argument für die christliche Gottesdienstordnung benutzt. Die Einschränkung der Ebenbildlichkeit auf den Mann an dieser Stelle steht, wie sich noch zeigen wird, in Widerspruch zu anderen Aussagen des Paulus.

Nach Jak 3,9 und 1 Kor 11,7 ist jeder Mensch bzw. Mann geschaffen zum Bild Gottes.

2.1.2 Der neue Mensch nach dem Bild Gottes

An zwei anderen Stellen, Kol 3,10 (tzt D8, Nr. 30) und Eph 4,24, ist dagegen die Rede von der Erneuerung des Menschen nach dem Bild Gottes.[21] Das Bild des Schöpfers bzw. Gottes, nach dem der Mensch erneuert wird, ist nach Kol 1,15 und Eph 1,3-10 eindeutig Jesus Christus. Nicht als ob die Christusebenbildlichkeit an die Stelle der Gottebenbildlichkeit getreten wäre! In Jesus Christus ist vielmehr das Bild Gottes, zu dem der Mensch, jeder Mensch, geschaffen ist, erst voll verwirklicht. Daher muß der zum Bild Gottes geschaffene Mensch erneuert werden und sich erneuern (Eph 4,23) nach dem Bild Jesu Christi.

Nach Kol 3,10 und Eph 4,24 wird der zum Bild Gottes geschaffene Mensch erneuert werden nach dem Bild Jesu Christi.

2.1.3 Jesus Christus, das eigentliche Bild Gottes

Auch hier haben wir es nur mit wenigen Stellen zu tun (2 Kor 4,4; Kol 1,15; Hebr 1,3), aber sie haben in ihrem jeweiligen Zusammenhang ein besonderes Gewicht. 2 Kor 4,4 führt Paulus den *„Glanz der Heilsbotschaft ... von der Herrlichkeit Christi“* darauf zurück, daß Christus *„Gottes Ebenbild ist“*. Die beiden anderen Stellen stehen in der Einleitung des jeweiligen Schreibens, die in feierlicher Form den Horizont eröffnen für die folgenden Ausführungen. Der Kolosserbrief fordert zum Dank an den Vater auf, der *„uns ... aufgenommen hat in das Reich seines geliebten Sohnes“* (V. 12f). *„Er ist das Ebenbild des unsichtbaren Gottes, der Erstgeborene der ganzen Schöpfung. Denn in ihm wurde alles erschaffen ...“* (V. 15f). Der Hebräerbrief beginnt: *„Viele Male und auf vielerlei Weise hat Gott einst zu den Vätern gesprochen durch die Propheten; in dieser Endzeit aber hat er zu uns gesprochen durch den Sohn, den er zum Erben des Alls eingesetzt und durch den er auch die Welt erschaffen hat; er ist der Abglanz seiner Herrlichkeit und das Abbild seines Wesens“* (V. 1-3).

Die Gottesebenbildlichkeit des Menschen im Neuen Testament

2.1.1	Mensch *als* Bild Gottes	Jak 3,9, 1 Kor 11,7
2.1.2	Mensch *nach* dem Bild Gottes	Kol 3,10, Eph 4,24
2.1.3	*Jesus Christus*, das eigentliche Bild Gottes	2 Kor 4,4, Kol 1,15, Hebr 1,3

Erstellt v. D. Jax/M. Gennert

[21] Eph 4,24 heißt es wörtlich „nach Gott geschaffen“. Exegetisch ist aber „sachlich das Bild Gottes zu vermuten“; J. Gnilka, Der Epheserbrief (HThK 10,2), Freiburg-Basel-Wien 1971, 232. So auch der Text der Einheitsübersetzung.

Der Kontext der Rede von Christus, dem Bild Gottes, ist einmal das Heil (2 Kor 4,4), zum anderen die Erschaffung der Welt. Beides ist für unsere anthropologische Fragestellung wichtig.

2.1.3.1 Die Gottebenbildlichkeit Christi als Heil

Weil er Bild Gottes ist, macht Christus den Menschen heil. Wie ist das gemeint? Gottes Heilswille hat in Christus Gestalt angenommen, ist in Christus verwirklicht. Er kann in Christus nicht nur erkannt werden, sondern wird durch ihn den Menschen zugesagt und vermittelt. Darum bedeutet das „Bildwerden" Gottes in Christus Heil für den Menschen.

Aber *Bild* meint hier noch mehr. Nach griechischem Verständnis von *Bild*, das hier mit anklingt, hat das Bild teil an dem, dessen Bild es ist. Das Bild vertritt ihn nicht nur. Es steht nicht nur für seine Autorität und seinen Willen. Es ist nicht nur Botschaft, die gehört werden soll. Gott selbst ist *im Bild gegenwärtig*. Denn der *„Glanz der Heilsbotschaft"*, der Glanz Christi, des Ebenbildes Gottes, ist der *„göttliche Glanz auf dem Antlitz Christi"* (2 Kor 4,6). Es ist also die Gegenwart Gottes selbst, die in der Gottebenbildlichkeit Christi für den Glaubenden erkennbar und heilend wirksam wird.

Die Heilsbedeutung der Gottebenbildlichkeit Christi hat zwei Aspekte:
– Durch Christus wird der Heilswille Gottes kundgemacht und zugesagt.
– In Christus ist Gott selbst heilend gegenwärtig.

2.1.3.2 Die Vollendung der Schöpfung in der Ebenbildlichkeit Christi

Nach dem Kolosser- und Hebräerbrief weist die Ebenbildlichkeit Christi zurück auf den Anfang der Schöpfung. In Jesus Christus nimmt der schöpferische Akt Gottes sichtbare Gestalt an. Denn *„in ihm"*, *„durch ihn und auf ihn hin"* ist alles geschaffen (Kol 1,16; Hebr 1,2f). Worauf Gottes schöpferisches Tun von allem Anfang an aus war, das ist in Jesus Christus sichtbar ins Bild gesetzt. In Christus, durch ihn und auf ihn hin ist alles versöhnt (Kol 1,20), ist alles in Besitz genommen und getragen (Hebr 1,2f), ist alles vereint (Eph 1,10). Schöpfungsanfang und Bildwerden in Christus entsprechen sich hier wie Absicht und Verwirklichung, Plan und Ausführung.

Ausführendes Subjekt ist in diesen Texten Gott selbst. Er verwirklicht seine Schöpfung *durch*, *in* und *auf* Christus *hin*.
– *Durch*: Gemeint ist hier der irdische Lebensweg Jesu und seine Erhöhung zu Gott. Die Ausführung geschieht *„durch sein Blut am Kreuz"* (Kol 1,20; Hebr 1,3; 2,10; vgl. Eph 2,14). Durch seinen Abstieg in die irdische Wirklichkeit bis zum Tod und seinen Aufstieg *„zum höchsten Himmel"* hat Jesus *„das All erfüllt"* (Eph 4,9f)[22], hat er das All in seiner Person vereint und zusammengefaßt. Aber es geht hier nicht um die Zusammenfassung und Vollendung des Alls durch *menschliches* Tun und somit im Menschen Jesus.
– *In*: Gott ist auch der Ausführende in Jesus. Denn er wohnt in ihm *„mit seiner ganzen Fülle"* (Kol 1,19). Indem Gott durch Jesus Christus alles versöhnt und

[22] Übersetzung nach dem Urtext. Einheitsübersetzung hat „das All beherrschen".

vereint, erfüllt er selbst alles, wird er *„alles in allem"* (1 Kor 15,28[23]; vgl. Röm 11,36). In Christus geht Gott selbst ein in seine Schöpfung und gibt ihr Anteil an seiner Fülle.

– *Auf ihn hin*: Erschaffung und Vollendung geschehen nicht in zwei Schritten, in zwei Handlungen. Beides geschieht in einem dynamischen Prozeß, der auf die endgültige Vollendung hinzielt. Die Schöpfung *wird* und die Vollendung *wird*. Wie wir sahen, geschieht die Ausführung der schöpferischen Heilsabsicht Gottes durch eine Geschehensfolge, durch den Lebensweg Jesu. Und dieser Lebensweg hat ein noch ausstehendes „Auf hin". So nennt ihn Hebr 10,1 das *Bild der zukünftigen Güter*[24], das heißt der eschatologischen Vollendung.

Das Bild Gottes, Jesus Christus, ist nicht als Wesensbild nach Art eines Porträts zu verstehen, sondern gleichsam als szenisches Bild nach der Art alter Altarbilder, die eine Folge von Ereignissen in ein Bild fassen. Als Bild Gottes erfaßt Jesus Christus aus der Perspektive des ewigen schöpferischen Willens Gottes den ganzen Prozeß der Schöpfung vom Anfang bis zur endgültigen Vollendung.

2.1.4 Die Ebenbildlichkeit als geschöpfliche Bestimmung des Menschen

Wir kommen jetzt auf die geschöpfliche Ebenbildlichkeit (s.o. 2.1.1) zurück, die in Jesus Christus, dem eigentlichen Bild Gottes, zur vollen Verwirklichung kommt. Nach Gen 1,26 (tzt D8, Nr. 1) hat Gott den Menschen *„zu seinem Bilde"*[25] geschaffen. Diese Aussage der sogenannten *Priesterschrift* steht nicht am Anfang der israelitischen Glaubenserfahrung. Der Verfasser der Priesterschrift blickt über eine lange Glaubensgeschichte auf den Anfang zurück, auf die ursprüngliche Absicht des Schöpfers mit dem Menschen. Er will in Form einer Erzählung des Anfangs zum Ausdruck bringen, wie es zu der Geschichte Gottes mit Israel gekommen ist. Den Anfang damit hat allein und souverän Gott gemacht. *„Im Anfang schuf Gott Himmel und Erde"* (Gen 1,1). Auch der Mensch ist vor allem anderen, was er ist, erst einmal Geschöpf. Dies wird dadurch unterstrichen, daß er im Sechstagewerk am selben sechsten Tag geschaffen wird wie die lebendigen Wesen der Erde (V. 24f). Aber der Text macht doch eine Zäsur zwischen Tier und Mensch. Er hebt neu an mit den Worten: *„Laßt uns den Menschen machen zu unserem Bild, uns ähnlich"* (V. 26). Dem menschlichen Geschöpf wird die Fähigkeit gegeben, zu *„herrschen ... über die ganze Erde"*. Aber nicht schon diese Herrschergewalt als solche macht ihn zum Bild Gottes. Sie ist gleichsam die Ausstattung für die Bestimmung zum Bild Gottes. Der Inhalt dieser Bestimmung ist nach den folgenden Versen ein zweifacher.

2.1.4.1 Abbildliche Tätigkeit

Gott macht den Menschen zum Bild seines eigenen Schöpfertums, indem er ihn als Mitarbeiter an seinem Schöpfungswerk einsetzt. Er soll sich vermehren und

---

[23] Übersetzung nach dem Urtext. Einheitsübersetzung hat „herrscht über alles und in allem".

[24] Man beachte den Zusammenhang mit Hebr 9,28. Einheitsübersetzung gibt *Bild* (eikon) an dieser Stelle mit *Gestalt* wieder.

[25] Die Übersetzung „zum Bilde" ist vom hebräischen Text her vorzuziehen, vgl. THAT II, 559.

die Erde bevölkern. Darum schuf Gott den Menschen als Mann und Frau (V. 27f). Gen 5,1-3 bringt die Zeugung von Nachkommen ausdrücklich mit der Gottebenbildlichkeit in Verbindung: Gott schuf den Menschen als Mann und Frau. Und der Mensch (Adam) zeugte einen Sohn, *„der ihm ähnlich war, wie sein Abbild*".

Die Gottenbenbildlichkeit des Menschen nach dem Alten Testament

Gen 1,26	Dann sprach Gott, Laßt uns den Menschen machen	
	Hebr.	b^e salmenu kid^{e}mutenu
	LXX	kat' eikona *kai* homoiôsin
	Vulg.	ad imaginem *et* similitudinem
	EÜ	als unser Abbild, uns ähnlich
	Buber	in unserem Bild nach unserem Gleichnis
	Der Mensch erscheint als Spitze einer auf Gott weisenden Pyramide. Abweichung vom Gen 1 üblichen Dreischritt „Ankündigung – Formel – Ausführung" Singuläre Einführung des Schöpfungsaktes („Laßt uns...") Der Mensch ist geschaffen „in der Gestalt *(selem)* Gottes" als sein „Nachbild/Modell *(demut)*".	
Gen 5,1 f.	Alle und jeder einzelne Mensch ist in Bezug auf Gott geschaffen.	
Gen 5,3	Adam ist Gottes Bild, Adams Kind des Adam Bild (Heilslinie).	
Gen 9,6	Gottebenbildlichkeit ist Grund der Unverletzlichkeit des Menschen.	
Sir 17,1-14	Alle positiven Aussagen über den Menschen beruhen auf dessen Gottebenbildlichkeit	

Erstellt von Wolfgang Beinert

Das Volk, das aus der schöpferischen Zeugungskraft des Menschen entsteht, soll die Tiere unterwerfen und sich nutzbar machen, und alle Pflanzen sollen Mensch und Tier zur Nahrung dienen (V. 28f). Mit anderen Worten: Die Menschen sollen Viehhaltung und Ackerbau betreiben. Als Bild seines Schöpfers ist hier der Kultur schaffende Mensch angesprochen.

In Bevölkerung und Kultivierung der Erde bildet der Mensch Gottes Schöpfertum ab. Menschliches Zeugen und Schaffen ist *abbildliches Tun*. Es hat sein Richtmaß nicht in der schöpferischen Eigenmacht des Menschen, sondern in Gottes Schöpferabsicht. Der Mensch ist in der Schöpfung Sachwalter Gottes. Sein Tun wird als *herrschen* bezeichnet, weil es Gottes Herrschaft über seine Schöpfung darstellt und ausführt. Daher ist mit *Abbild* auch eine Beziehung des Menschen zu Gott gemeint. Der Mensch steht mit seinem schöpferischen Tun in Verantwortung vor Gott.

Die Ebenbildlichkeit des Menschen liegt nach Gen 1,26-31 in der ihm verliehenen Kreativität zur Vermehrung der Menschheit und zur Kultivierung der Erde. Als abbildlicher Mitarbeiter am Schöpfungswerk steht der Mensch seinem Schöpfer in Verantwortung gegenüber.

2.1.4.2 Abbildliche Ruhe

Nicht ohne Absicht stellt die Priesterschrift die Erschaffung der Welt als Sechstagewerk dar und fügt den siebten Tag hinzu, an dem Gott *„ruhte"*. Dieses Ruhen Gottes, *„nachdem er sein ganzes Werk vollbracht hatte"* (Gen 2,2.3), soll nicht etwa die Größe der Schöpfung hervorheben. Als ob es selbst Gott ermüdet hätte, sie zu machen! Es deutet vielleicht an, daß Gott nicht in seinem Schaffen aufgeht. Es hat aber sicher eine bestimmte anthropologische Bedeutung. Denn der Text spricht wie bei der Bestimmung des Menschen zur Vermehrung und Bevölkerung der Erde vom *Segen* Gottes. *„Gott segnete den siebten Tag und erklärte ihn für heilig"* (2,3; 1,28). Die Menschen sollen diesen Tag, den Sabbat, heilig halten, indem sie von ihrer schöpferischen Tätigkeit lassen. Der Sinn ist nicht der, daß sie den Unterschied zwischen Schöpfer und Geschöpf anerkennen: Als Geschöpfe haben sie nur begrenzte Kraft; sie *müssen* sich ausruhen von der Arbeit, sich erholen. Nein, der Sabbat ist der Ruhetag, der *„dem Herrn, deinem Gott, geweiht"* (Ex 20,10) ist. Der Mensch soll am Sabbat die Schöpfung und seine Tätigkeit in ihr loslassen auf Gott hin, zur Ruhe kommen lassen in Gott, dem Schöpfer von allem.

Der abbildliche Mensch hat also nicht nur an der Schöpfertätigkeit Gottes teil, sondern auch an seiner Ruhe.[26] In Lobpreis und Dank soll er sich ganz seinem Schöpfer zuwenden, der Gegenwart Gottes innewerden (vgl. Ps 22,4) und darin verweilen (vgl. Jes 58,13f). Zum Ort, an dem der Mensch in der Gegenwart Gottes zur Ruhe kommen sollte, erwählte Gott dann den Tempel auf dem Sion (Ps 132,8.14) im Land, das er Israel zugewiesen hatte.

Der Hebräerbrief nimmt die Bestimmung Israels zur Teilnahme an der Ruhe Gottes auf (3,7-4,11). Josua habe das Volk Gottes noch nicht in das verheißene *Land der Ruhe* Gottes geführt. Erst Jesus Christus ist durch sein gehorsames Leiden und Sterben in die wahre Sabbatruhe Gottes gelangt. Das Evangelium Jesu Christi verheißt dieses *Land der Ruhe* den Glaubenden. Die Bestimmung des Menschen zum Abbild der Ruhe Gottes findet demnach in Christus, dem Bild Gottes, ihre volle Verwirklichung. Schon das späte Buch der Weisheit (80-30 v. Chr.) deutete die Ebenbildlichkeit im Zusammenhang mit der ewigen Ruhe Gottes: *„Gott hat den Menschen zur Unvergänglichkeit erschaffen und ihn zum Bild seines eigenen Wesens gemacht"* (2,23); *„der Gerechte aber, kommt auch sein Ende früh, geht in Gottes Ruhe ein"* (4,7). Freilich tritt durch diese Ausweitung auf die jenseitige Ruhe der ursprünglich gemeinte diesseitige Lebensrhythmus von Tätigkeit und Ruhe in den Hintergrund. Die Ruhe in Gott bekommt ein Übergewicht gegenüber der verantwortlichen Tätigkeit vor Gott. Für den Hebräerbrief und das Weisheitsbuch ist das verständlich. Beide richten sich an verfolgte Gläubige, für die das Ausharren bei Gott und Hoffen auf die jenseitige Ruhe vordringlich ist.

Zur Ebenbildlichkeit gehört das Ablassen vom Beherrschen und Benutzen der Schöpfung, gehört das zur Ruhe Kommen des Menschen und seiner Welt in der

[26] S. dazu und zum folgenden N. Lohfink, Der Schöpfergott und der Bestand von Himmel und Erde: G. Altner (Hg.), Sind wir noch zu retten?, Regensburg 1978, 15-39.

Begegnung mit Gott, dem Schöpfer. Der Weg, auf den die geschöpfliche Ebenbildlichkeit den Menschen bringt, ist der Wechsel von verantwortlicher Tätigkeit und Ruhe in Gott.

2.2 Abbildliche Hoheit und geschöpfliche Schwäche

Der priesterliche Schöpfungsbericht stellt vor allem die Sonderstellung des Menschen als Bild *Gottes* heraus, obwohl er nicht übergeht, daß der Mensch „nur" *geschöpfliches* Abbild ist. Was diese Geschöpflichkeit des Abbildes mit sich bringt, kommt im anschließenden sogenannten *jahwistischen Schöpfungsbericht* viel deutlicher zum Ausdruck. Der Mensch erscheint dort weniger als zu Gott erhobenes denn als von Gottes Fürsorge und Erbarmen abhängiges Geschöpf. Das ganze Alte Testament durchzieht die doppelte Sicht des Menschen: Er ist das über alle anderen erhobene und zugleich das schwache, hinfällige Geschöpf.

2.2.1 Ein hilfloses, vergängliches, verführbares Geschöpf[27]

Gott formte den Menschen aus Erde und blies ihm den Lebensatem ein (Gen 2,7). Mit der Herkunft des Menschen von der Erde wird unterstrichen, daß der Mensch ein hinfälliges, sterbliches Geschöpf ist (V. 19b; vgl. Ps 39). Er hat seine Lebenskraft nicht aus sich selbst, sondern erhält sie von Gott (vgl. Ps 104,27-30). Er ist auf Gottes Erhaltung und Fürsorge angewiesen. Diese Fürsorge bestimmt Gottes weiteres Tun: Er setzt den Menschen in den Paradiesgarten, verbietet ihm, sich göttliche Erkenntnis und Macht anzueignen, damit er nicht stirbt (Gen 2,17 und 3,5). Weil der Mensch allein furchtsam und hilflos ist, erschafft er ihm ein „Gegenüber" als Hilfe. Der Grund für die Erschaffung des Menschen *als Mann und Frau* ist hier nicht die Vermehrung, sondern die *geschöpfliche Bedürftigkeit* des Menschen. Die nachfolgende Geschichte vom „Sündenfall" zeigt, wie sich das Verhältnis des Menschen zur übrigen Schöpfung und das Verhältnis zwischen Mann und Frau verkehrt, sobald er seine geschöpflichen Grenzen überschreitet (Gen 3,1-24).

Demgegenüber kommt die Sonderstellung des Menschen in der Schöpfung darin zum Ausdruck, daß er als erster, vor den anderen Geschöpfen, geschaffen wird. Der Garten und die Tiere werden *für ihn* gemacht. Er soll den Garten bebauen und hüten; er gibt den Tieren ihren Namen. Doch scheint nicht diese Sonderstellung der Grund für sein Aufbegehren gegen Gott zu sein, sondern die Erfahrung seines unstabilen und vergänglichen Lebens. Er begehrt dagegen auf, daß er nur Geschöpf ist, angewiesen auf die Fürsorge seines Schöpfers. Darauf weist vielleicht auch die Anknüpfung der Erzählung von der Verführung der

[27] Siehe tzt D8, Nr. 2-4 u. 9.

ersten Menschen, der Sündenfallgeschichte, an die Vereinigung von Mann und Frau zu einem Fleisch. Das Glückserlebnis der Vereinigung weckt den Wunsch nach unvergänglicher Dauer. In den mythischen Vorstellungen der Nachbarvölker Israels galt die sexuelle Vereinigung als Teilhabe an einer göttlichen Paarung, an der sogenannten „Heiligen Hochzeit". Diese Vorstellung war Israel verwehrt, weil sie die Souveränität des Schöpfers antastet. Sie ist aus der Sicht der Gotteserfahrung Israels ein „Seinwollen wie Gott".[28]

Das Alte Testament kennt keine *Erbsünde*. Es stellt einfach fest, daß der Mensch von Jugend auf zum Bösen, zur Auflehnung gegen Gott und sein Gebot, neigt (Gen 8,21; Ps 51,7). Gott erbarmt sich des sündigen Menschen wie ein Vater seiner Kinder: *„Denn er weiß, was wir für Gebilde sind; er denkt daran: Wir sind nur Staub"* (Ps 103,13f). Damit ist nicht gesagt, der Mensch sei als Sünder geschaffen. Aber er wird unausweichlich zum Sünder, wenn er sich nicht zu seinem Schöpfer hinwendet, von ihm Hilfe und festen Halt erwartet (Ps 62).

Als Geschöpf „vom Staub der Erde" ist der Mensch vergänglich, hilfsbedürftig, zur Auflehnung gegen seinen Schöpfer geneigt und verführbar.

2.2.2 Niedrigkeit und Erhöhung des Menschen

Wie das Alte Testament den Menschen zugleich als schwaches Geschöpf und als über die übrige Schöpfung erhobenen Sachwalter Gottes sieht, wird an zwei Texten beispielhaft deutlich: bei Jesus Sirach im Kapitel 17 und im Psalm 8. Dort werden die anthropologischen Aussagen aus beiden Schöpfungsberichten zusammengenommen.

2.2.2.1 Jesus Sirach 17,1-10[29]

Dem zweiten Schöpfungsbericht entnimmt Jesus Sirach vor allem die Aussage, daß der Mensch, *„aus Erde erschaffen"* (V. 1), vergänglich ist. Er hat nur eine begrenzte Lebenszeit. Dies stets vor Augen zu haben, kennzeichnet den Weisen (Ps 90,12). Darüber hinaus beachtet der Weise die ihm bestimmten Zeiten, in denen sich sein Leben jeweils anders ausprägt (Koh 3,1-8; tzt D8, Nr. 13). Menschliches Leben hat nicht nur ein Ende, es besteht aus vergänglichen Lebenszeiten.

Gleichsam im selben Atemzug mit der dem Menschen zugewiesenen Zeitlichkeit spricht der Text (V. 2) davon, daß Gott den Menschen *„Macht gab über alles auf der Erde"* und sie *„nach seinem Abbild erschaffen"* hat (V. 3). Er schildert seine besonderen Fähigkeiten sehr optimistisch, sieht aber deren eigentlichen Sinn darin, daß die Menschen *„seine Wunder rühmen und seinen heiligen Namen loben"* (V. 9f). Der Wechsel von herrschaftlicher Tätigkeit und Ruhe in Gott nach dem ersten Schöpfungsbericht klingt hier an.

---

[28] Siehe dazu G. Langemeyer, Versuche einer Integration der kanaanäischen Fruchtbarkeitsreligion in den Glauben an Jahwe: FS 69 (1987) 69-78.

[29] tzt D8, Nr. 15.

Der Sinn des zugleich vergänglichen und zu Gott erhobenen Menschen besteht nach Jesus Sirach darin, die gewährte Zeit zu nutzen, um das Gute zu tun und Gott zu preisen. Denn *„beim Toten, der nicht mehr ist, verstummt der Lobgesang; nur der Lebende und Gesunde preise den Herrn“* (Sir 17,28).

2.2.2.2 Psalm 8[30]

Der Psalmist erfährt die Winzigkeit des Menschen angesichts der Unermeßlichkeit des Sternenhimmels, über den Gott seine Hoheit ausbreitet (V. 2.4.5). Des winzigen Menschen im Weltall hat Gott sich angenommen und ihn zu sich erhoben, damit er herrsche über die Schöpfung Gottes (V. 5-9). Aber auch hier mündet das Staunen über die unglaubliche Bevorzugung des Menschen im Lobpreis Gottes, des Herrschers, dessen Name gewaltig ist auf der ganzen Erde (V. 10).

Der Zusammenhang mit den Schöpfungsberichten ist in diesem Psalm nur in der Rede von der Einsetzung des Menschen zum Herrscher zu erkennen. Die geschöpfliche Schwäche wird nicht entfaltet. Sie bildet aber die Grundlage für den Lobpreis Gottes für die Erhöhung des Menschen. Der Psalm ist theozentrisch, nicht anthropozentrisch. Er will nicht die Macht des Menschen über die anderen Geschöpfe preisen, sondern die Macht Gottes, der das Niedrige erhöht.

2.2.2.3 Die Erniedrigung und Erhöhung des Menschensohnes

Der Hebräerbrief versteht Psalm 8 als eine Verheißung, die Gott in Jesus erfüllt hat (Hebr 2,5-18). Denn ihn, seinen Sohn, hat er unter die Engel erniedrigt, hat ihn zum Menschen gemacht, *„in allem seinen Brüdern gleich“* (V. 17). Ihn hat er *„um seines Todesleidens willen mit Herrlichkeit und Ehre gekrönt“*, weil er die Menschen (*„viele Söhne“*) *„zur Herrlichkeit führen wollte“* (V. 9.10). Wodurch führt Jesus die winzigen Menschen – *„seine Brüder“* – zur Herrlichkeit? Er hilft ihnen in Versuchungen und Leiden, da er selbst in Versuchung geführt wurde und gelitten hat (V. 18). Er befreit sie durch seinen Tod, den er nach dem Willen Gottes für alle erlitt (V. 9; vgl. 5,7-9), von der Furcht vor dem Tod, der sie zeitlebens erlegen waren (V. 15).

Das irdische Leben des glaubenden Menschen wird hier durch *Versuchung, Leiden und Tod* gekennzeichnet. Die Erhöhung ist dem zukünftigen Leben nach dem Tode vorbehalten. Diese Zuordnung von Niedrigkeit und Erhöhung erklärt sich zum Teil dadurch, daß der Hebräerbrief an Gemeinden gerichtet ist, die in ihrer Umwelt eine unterdrückte Minderheit bildeten. Von Herrlichkeit war da nichts zu spüren. Teilnahme an der herrschenden Gesellschaftsschicht war nur durch Distanzierung von der Gemeinde zu erreichen. Der Hebräerbrief mahnt daher die Gläubigen, sich nicht verführen zu lassen und die Erniedrigung in Hoffnung auf die künftige Herrlichkeit zu ertragen. Aber Leid und Tod gehören auch grundsätzlich zur Geschöpflichkeit des Menschen. Zur Vollendung gelangt er nur, wenn er sein Leben nicht durch die Furcht vor Leid und Tod bestimmen läßt, sondern durch Leid und Tod hindurchzugehen bereit ist zur Vollendung. Leiden und Sterben bestimmen indes nicht allein den Weg des Menschen zur

[30] tzt D8, Nr. 8.

Vollendung, den Jesus *„für uns als unser Vorläufer“* (Hebr 6,20) vorausgegangen ist. Denn es gibt ja auch andere Lebenssituationen als die der Unterdrückung und Verfolgung.

Der zugleich schwächlich und gottähnlich geschaffene Mensch kommt durch Jesus, den Menschensohn, zur Vollendung. Der Weg, den Jesus nach Gottes Willen durch Leiden und Tod vorangegangen ist, wird für alle Menschen der Weg zum Heil.

2.2.3 Vielfalt, Zwiespalt und Gegensätzlichkeit: Der Mensch als Leib, Seele und Geist

Diese drei biblischen Kennzeichnungen des Menschen haben bereits im Alten Testament eine Entwicklung durchgemacht. Sie werden im Neuen Testament in unterschiedlicher Weise aufgegriffen. Sie erfahren dann im Zusammenhang mit dem griechisch-hellenistischen Menschenverständnis eine wechselvolle Interpretationsgeschichte, in der häufig auch die Deutung der Ebenbildlichkeit des Menschen eine Rolle spielt.

2.2.3.1 *Fleisch*, *Seele* und *Geist* im Alten Testament

Im Hinblick auf die Ebenbildlichkeit des Menschen interessiert weniger das altorientalisch-semitische Menschenbild, das hinter diesen Bezeichnungen steht. Es geht vor allem um ihre theologische Bedeutung. Nur soviel muß vorausgeschickt werden: Die drei Wörter bezeichnen nicht Wesensbestandteile, sondern *zentrale Lebensäußerungen* des Menschen. Sie kennzeichnen also jeweils den ganzen Menschen aus verschiedenen Perspektiven. Deshalb können sie im späteren Stadium des Alten Testaments an einigen Stellen einfach synonym für ‚Mensch‘ stehen. Dabei ist aber der ursprüngliche besondere Gesichtspunkt immer noch irgendwie mitgemeint.

Im Zusammenhang mit Gott bezeichnet *Fleisch* (*basar*) den schwachen, vergänglichen und zum Bösen verführbaren Menschen (vgl. z.B. Gen 6,3 und 12). Das Wort hat also weitgehend dieselbe Bedeutung wie *Erde* (*Staub*) in Gen 2,7. Es bezeichnet den Menschen nicht in seiner individuellen Eigenart, sondern in Verbindung mit den anderen (z.B. Gen 2,23f). Er ist *Fleisch* von anderen und mit anderen. „Alles Fleisch“ bedeutet „alle Menschen“. *Fleisch* hebt somit den Unterschied hervor zwischen Gott dem Schöpfer und den menschlichen Geschöpfen. Es kann daher auch als Anlaß zur Sünde angesehen werden, insofern der Mensch mehr sein will als nur Fleisch. Das Aufbegehren des Fleisches gegen Gott meint folglich nicht das sinnliche oder gar sexuelle Begehren, obschon dieses mit im Spiele sein kann. Es meint in erster Linie das Aufbegehren des „nur“ geschöpflichen Menschen gegen den Schöpfer. Daß die Menschen nur armselige Geschöpfe sind, weckt auf der anderen Seite Gottes Erbarmen und Bereitschaft zur Vergebung: *„Denn er dachte daran, daß sie nichts sind als Fleisch, nur ein Hauch, der vergeht und nicht wiederkehrt“* (Ps 78,38f).

Das hebräische Wort *nefes*, das meistens mit *Seele* oder *Leben* wiedergegeben wird, hat die Grundbedeutung *Schlund*, *Kehle*.

Von daher ergibt sich der Gebrauch des Wortes für die menschliche Lebensäußerung des Hungers und Durstes bzw. des Essens und Trinkens, wie auch des Atemholens. Mit dem Wort *nefes* kommt der Lebensdrang, die Vitalität des Menschen, in den Blick. Seine *nefes* hungert und dürstet, sucht und begehrt, wird gesättigt und erquickt. *Nefes* bezeichnet dann auch das individuelle Subjekt des Bedürfens und Verlangens. Gott schützt und umsorgt die *nefes*, indem er bereitstellt, wessen sie bedarf bzw. wonach sie verlangt. Er lenkt aber durch den Wechsel von Gabe und Entzug ihr Verlangen auf sich selbst. Nur in Gott kommt es zur Ruhe (Ps 62[31]). Der Mensch soll daher sein Verlangen auf Gott lenken, soll Gott lieben mit seiner ganzen *nefes*, d.h. mit seinem ganzen Begehren (Dtn 6,5).

Auch das Wort *ruach* (*Geist*) bezeichnet, wo es vom Menschen ausgesagt wird, die Vitalität und Lebenskraft. Aber es meint nicht den Drang, der zum Leben als solchem gehört, sondern außergewöhnliche oder besonders heftige Lebensäußerungen. Die Grundbedeutung ist *Windstoß* oder *Hauch*. Von daher ist mit *ruach* zum einen die Vorstellung eines plötzlichen Wirkimpulses verbunden, zum anderen die Vorstellung des Ungreifbaren, Sichentziehenden. „*Der Wind weht, wo er will; du hörst sein Brausen, weißt aber nicht, woher er kommt und wohin er geht*“ (Joh 3,8). Die *ruach* ist demnach ursprünglich nicht eine Eigentümlichkeit des Menschen. Sie kommt und geht, von innen heraus oder von außen. Theologisch ist es Gott, der dem Menschen die *ruach* gibt und nimmt, als Lebensodem (Gen 6,3) oder als Impuls und Befähigung zu einer besonderen Tätigkeit. Später, z.B. bei Ezechiel, wird *ruach* zum „Willens- und Aktionszentrum“ des Menschen.[32] Das kommt unserem Begriff vom *Geist* des Menschen nahe. Aber auch in dieser Rede von der *ruach* des Menschen dürfte der ganze Mensch gemeint sein unter dem Gesichtspunkt seiner ungreifbar verborgenen Absichten und Entscheidungen, aus denen seine Lebensäußerungen hervorgehen. Darauf weist unter anderem die parallele Rede vom *Herzen* hin. Auch der Zusammenhang mit der *ruach Gottes* ist noch erhalten: Gott gibt ein neues Herz und einen neuen Geist (Ez 11,19; 18,31; 36,26). Die *ruach* als geistiges Zentrum des menschlichen Lebens wird also in Abhängigkeit von Gottes Wirken und folglich im Verhältnis zu Gott gesehen. Die Selbsterfahrung des menschlichen Geistes wird daher nicht, wie bei den Griechen, zur Basis für die Überzeugung von der Unsterblichkeit der Seele.

2.2.3.2 Die neutestamentliche Ausprägung

Im neutestamentlichen Verständnis von *Leib* (*sarx* oder *soma*), *Seele* (*psyche*), und *Geist* (*pneuma*) kommen zur alttestamentlichen Grundlage spätjüdische Akzentuierungen und griechisch-hellenistische Einflüsse hinzu. Die politische und gesellschaftliche Lage des jüdischen Volkes – Fremdherrschaft der Diadochen und dann der Römer in Palästina, zerstreute Gemeinden in hellenistischer Umwelt – wurde als das Walten böser Mächte erlebt. Sie steigerte die messianische Erwartung eines befreienden Eingreifens Gottes bzw. die apokalyptische Erwartung des endzeitlichen Gerichtes Gottes. Die alttestamentlichen Perspekti-

---

[31] tzt D8, Nr. 10.
[32] THAT II, 741.

ven des ganzen Menschen: *Fleisch – Seele – Geist*, polarisierten sich. Der Mensch *als Fleisch*, als schwaches, vergängliches Geschöpf erschien nun beherrscht von der Macht des Bösen, die ihn zur Sünde verführt und dem Tod ausliefert. „*Das Begehren von Fleisch und Blut ist böse*" (Sir 17,31). Der Mensch *als Seele oder Geist* war dann der an Gott festhaltende, auf Gott hoffende Mensch.

Dieses bipolare Verständnis des Menschen konnte sich – vor allem in der Diaspora – leicht mit der griechisch-hellenistischen Sicht verbinden, wonach der Mensch zusammengesetzt ist aus einer körperlich-sinnlichen (*Leib*) und einer geistigen Substanz (*Seele*). In der exegetischen Forschung ist es strittig, wie stark diese Tendenz auch im Neuen Testament wirksam ist, vor allem in den paulinischen und johanneischen Schriften. Maßgebend ist aber im Neuen Testament letztlich die Erfahrung des Heils im Glauben an Jesus Christus. Von ihr her ist der geschöpfliche Mensch und auch der Mensch unter dem mosaischen Gesetz eines Heiles bedürftig, das er von sich aus nicht erreichen kann. Er entspricht nicht dem Heilswillen Gottes, der durch Jesus Christus wirklich geworden ist und im Glauben als Heil erfahren wird.

Von daher bezeichnet *sarx* (*Fleisch*) bei Paulus und Johannnes den Menschen, der auf Grund seiner Geschöpflichkeit oder durch das Gesetz zum Heil kommen will. Er ist Sünder, weil er aufbegehrt gegen Gottes Heilswillen, weil er den Heilsweg, den Gott ihm in Christus geschenkt hat, verfehlt. „*Das Trachten des Fleisches ist Feindschaft gegen Gott; es unterwirft sich nicht dem Gesetz Gottes und kann es auch nicht*" (Röm 8,7). „*Was aus dem Fleisch geboren ist, das ist Fleisch*"; es „*kann nicht in das Reich Gottes kommen*" (Joh 3,5f).

Der Gegenpol ist in diesem Zusammenhang nicht die *Seele* oder der *Geist des Menschen*, sondern der *Geist Gottes bzw. Christi*. Wer sich von diesem Geist leiten läßt, wird das Begehren des Fleisches nicht erfüllen (Gal 5,16). Denn in ähnlichem Sinne wie dem *fleischlichen* Menschen stellt Paulus dem *seelischen* (*psychikos*) den vom Geist Gottes erfüllten Menschen (*pneumatikos*) gegenüber (1 Kor 2,14f; 15,44f). Der Ausdruck *psyche* (*Seele*) wird dagegen im Neuen Testament meistens im Sinne von *Leben* gebraucht, ähnlich wie *nefes* im Alten Testament. Von einem Widerstreit zwischen der menschlichen Vernunft, die das Gute bejaht, und dem Fleisch, das das Böse vollbringt, spricht Paulus Röm 7,23.25b.[33] Die Rede ist hier vom Menschen, der nicht bzw. noch nicht zum Glauben an Christus gekommen ist. Er erkennt im Gewissen oder durch das Gesetz des Mose den Willen Gottes (vgl. Röm 2,12-15), handelt aber nach einem anderen Gesetz „in seinen Gliedern", *mit dem Fleisch*. Der Gedanke an den Zwiespalt von Vernunft (*Seele*) und Sinnlichkeit, der in der griechischen Philosophie spekulativ und praktisch entfaltet wurde, liegt hier zumindest nahe. Aber wahrscheinlich meint Paulus das geschöpfliche Aufbegehren gegen Gott (etwa nach Gen 3),[34] das ja nicht auf die Sinnlichkeit beschränkt ist. Man könnte den gemeinten innermenschlichen Zwiespalt vielleicht so deuten: Das eigenmächtige Streben des endlich-begrenzten Menschen nach

---

[33] tzt D8, Nr. 24. Zu V. 25b merkt die Einheitsübersetzung an: „faßt die Gedanken der Verse 14-23 nochmals zusammen"; einige Exegeten halten dagegen den Vers für eine spätere Glosse, z.B. H. Schlier, Der Römerbrief (HThK 6), Freiburg-Basel-Wien ²1979, 235.

[34] Vgl. H. Schlier, a.a.O., 223, 225, 228-235.

Lebensfülle widerstreitet der Einsicht in seine geschöpfliche Verwiesenheit auf Gott. Die geistige Selbstbehauptung des Geschöpfes gegen Gott in eigenmächtigem Streben nach der Fülle des Lebens könnte dann zur Folge haben, daß der Mensch sich seinen sinnlichen Begierden und Leidenschaften ausliefert, wie es Paulus Röm 1,18-32 feststellt. Der Zwiespalt im Menschen zwischen dem Bejahen des Willens Gottes, des Guten, und dem Erstreben des Gegenteils, des Bösen, wirkt sich auch aus im Widerstreit zwischen Vernunft und Sinnlichkeit. Sie führt zu jenem „anthropologischen Dualismus“[35], von dem das griechisch-hellenistische Menschenbild und vor allem die jüdisch-hellenistische Gnosis geprägt sind.

Bereits die Septuaginta gibt das hebräische *basar* nicht mit *sarx*, sondern mit *soma* (*Leib*) wieder, wenn es den einzelnen in seiner konkreten Leiblichkeit meint. Paulus ordnet dann die *sarx* in der Regel dem Machtbereich der Sünde zu. Dagegen kann *soma* der *„Leib der Sünde“* (Röm 6,6) und *„des Todes“* (Röm 7,24) sein; er kann aber auch durch Glaube und Taufe zum Glied Christi und Tempel des heiligen Geistes werden (1 Kor 6,15.19). Er steht dann nicht mehr im Dienst der Sünde, sondern im Dienst Gottes (Röm 6,13). Der leibhaftige Mensch hat dann in seinem sterblichen Leben teil am Todesleiden Jesu und im zukünftigen an seiner Auferstehung (Phil 3,10f; 2 Kor 4,10f). Denn der Geist, der Christus von den Toten erweckt hat, wird *„auch unseren sterblichen Leib lebendig machen“* (Röm 8,11). Ein Unterschied zwischen Leib und Seele ist in diesen Aussagen nicht erkennbar. Sünde und Heil betreffen den ganzen leibhaftigen Menschen. Eine Ausnahme bildet 1 Thess 5,23: *„Der Gott des Friedens heilige euch ganz und gar und bewahre euren Geist, eure Seele und euren Leib ...“*. Die Formel *„den Geist, die Seele und den Leib“* entfaltet wohl das „ganz und gar“. Sie kann den Menschen in jeder Hinsicht oder in allen seinen „Teilen“ meinen. Das läßt sich nicht sicher ausmachen. In der Geschichte der theologischen Anthropologie spielt diese Stelle eine gewisse Rolle (vgl. 3.1.2.1 und 3.2.3.2).

Im Neuen Testament begegnet bei Paulus das Wort *Geist* (*pneuma*) auch in der anthropologischen Bedeutung, die sich schon im Alten Testament herausbildete, etwa bei Ezechiel. *Geist* bezeichnet dann das verborgene Innerste des Menschen, seine innerste Gesinnung oder Absicht. *„Wer kennt den Menschen, wenn nicht der Geist des Menschen, der in ihm ist?“* (1 Kor 2,11). Aber die Entgegensetzung von *sarx* und *pneuma* ist für Paulus so grundsätzlich, daß er vom *Pneuma* des Menschen nur beim Glaubenden spricht. Der Geist des Menschen ist das durch den Geist Gottes im Innersten des christusgläubigen Menschen gewirkte Zentrum seines Denkens und Handelns. Er ist oder wohnt im Menschen, zugleich ist und lebt der Mensch im Geist Gottes. Der Glaubende ist ihm so verbunden, daß sich an manchen Stellen nicht sicher sagen läßt, ob der Geist *Gottes* oder der Geist *des Menschen* gemeint ist. Denn der Geist des Menschen stammt aus dem Geist Gottes und lebt von ihm her. „Darum kann das pneuma, das ganz Gottes Geist bleibt und nie aufgeht in dem dem Menschen individuell gegebenen pneuma, doch zugleich das innerste Ich dessen werden, der eben nicht mehr aus seinem eigenen Sein, sondern aus Gottes Sein für ihn lebt“.[36]

---

[35] Ebd., 235.

[36] E. Schweizer: ThWNT 6, 435.

Leib, *Seele* und *Geist* sind im Alten und Neuen Testament nicht niedere und höhere Teile, aus denen der Mensch zusammengesetzt ist. Sie bezeichnen eher verschiedene Richtungen, Dimensionen, in denen sich das menschliche Leben verwirklicht: *leibhaftig* in einer konkreten Welt mit bestimmten anderen Menschen, *seelisch* in Bedürfnissen, Erwartungen und Empfindungen, *geistig* in Einsicht (Weisheit) und Absicht. Im Verhältnis zu Gott werden sie geschöpflich positiv und durch die Sünde negativ bestimmt. Dieser Zwiespalt steigert sich zum Neuen Testament hin zu einem unvereinbaren Gegensatz zwischen der positiven Bestimmung des Menschen durch Gott und der tatsächlichen Wirklichkeit des Menschen. Diesen Gegensatz erfährt der Mensch nach Paulus auch als unlösbaren Widerspruch in sich selbst: zwischen Lebenswillen und Sterblichkeit, Wollen und Vollbringen, Vernunft und Begehren. Durch Jesus Christus setzt Gott die negative Bestimmung (das Böse, die Sünde) außer Kraft und bringt den Menschen leibhaftig, seelisch und geistig in die Lebensrichtung zur positiven Vollendung.

Der Mensch als Leib, Seele und Geist

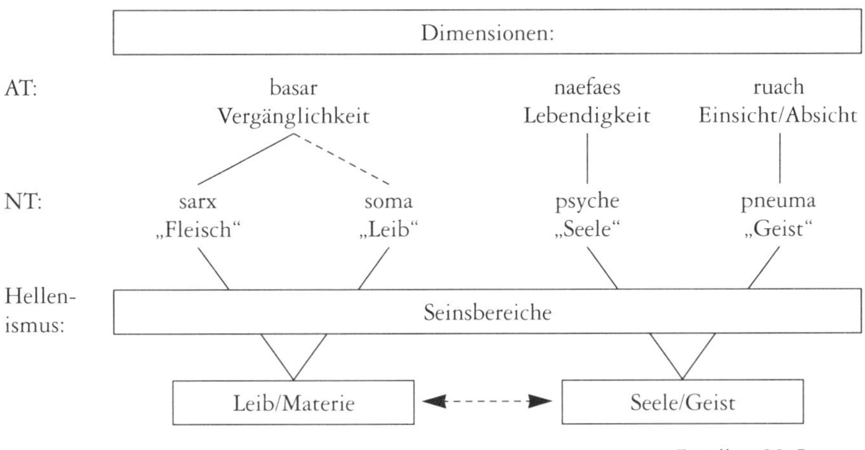

Erstellt v. M. Gennert

2.3 Die Praxis Jesu als Weg zum Heil des ganzen Menschen

Bisher hat sich Folgendes ergeben: Der Mensch ist bestimmt zum Ebenbild Gottes. Diese Bestimmung ist in Jesus von Nazaret voll verwirklicht und zwar nicht nur in seinem Verhältnis zu Gott, sondern auch in seinem tätigen Leben, in „Tätigkeit und Ruhe". Sie ist nicht nur verwirklicht in den höchsten Möglichkeiten menschlichen Geistes, sondern auch in geschöpflicher Schwäche, in

Leiden und Tod, in Niedrigkeit und Erhöhung. Sie ist nicht nur verwirklicht in *einer* Entfaltungsrichtung menschlichen Lebens, sondern in Leibhaftigkeit, Vitalität und Weisheit, in *Leib*, *Seele* und *Geist*. In Jesus von Nazaret kommt das ganze Menschsein zu seiner Vollendung. Dieses Ergebnis läßt aber noch nicht erkennen, *auf welchem Wege* in Jesus der ganze Mensch zur Entfaltung und Vollendung kommt. Es bleibt abstrakt bezüglich der Frage, wie der Mensch in allen seinen Lebensbereichen und Lebensmöglichkeiten ganz und heil werden kann. Die umfassende Aussage „Jesus ist das wahre und eigentliche Ebenbild Gottes" muß daher ergänzt werden durch die Beschreibung seines gottebenbildlichen Lebensweges.

Das Leben Jesu wird theologisch in erster Linie unter dem Aspekt betrachtet, wie darin Gott offenbar wird bzw. wie Gott darin heilend und vollendend an den Menschen handelt. Das entspricht auch dem, was die Evangelien in erster Linie bezeugen wollen. Sie wollen keine Biographie und keine Psychologie Jesu bieten. Die Theologische Anthropologie hat das Leben Jesu indes als Wegweisung für *die* Verwirklichung menschlichen Lebens zu sehen, die der ebenbildlichen Bestimmung des Menschen entspricht. Sie schließt damit weder die Gottessohnschaft Jesu aus, von der die Christologie handelt, noch die Vermittlung des Heils durch die Gnade Jesu Christi. Beides setzt sie voraus. Aber zur Verwirklichung des Heils gehört nach dem Zeugnis der Schrift die *Nachfolge* Jesu bzw. nachösterlich die Nachahmung Christi (1 Kor 11,1; 1 Thess 1,6). Die Frage nach der Eigenart des menschlichen Lebensweges Jesu ist daher erlaubt, wenn ihr auch in biographischer und psychologischer Hinsicht enge Grenzen gesetzt sind.

Für die Frage nach dem Weg zum Heil des ganzen Menschen kommen am Leben Jesu weniger die konkreten Einzelheiten und zeitgeschichtlichen Umstände in Betracht. Wichtig sind vor allem die leitenden Orientierunspunkte, die den Grundvollzug des Lebens Jesu bestimmen. Konkrete Weisungen und Handlungen Jesu in einzelnen Lebensbereichen und Lebenssituationen haben wir daher nicht in ihrer Bedeutung für eine christliche Ethik zu bedenken, sondern als Anzeichen für die durchgehende Eigenart seiner Lebenspraxis.

2.3.1 Die Praxis der Herrschaft Gottes

Das „Zentrum der Verkündigung Jesu" und „die Mitte seines Wirkens" war die *Herrschaft Gottes* (*basileia tou theou*).[37] Gott tritt seine Herrschaft an in seiner Schöpfung. Aus der Nähe Gottes, der seine Schöpfer- und Heilsabsicht in der Welt durchsetzt, empfing Jesus seinen Lebensinhalt, seine Botschaft und sein Wirken.[38] Seine Predigt und sein Handeln stimmten völlig überein. In seinem Lebensvollzug selbst kam Gott zur Herrschaft, wurde seine heilende und vollendende Nähe in der Welt erfahrbar. In diesem Sinne war sein Leben die Praxis des Reiches Gottes. Wie ist aber diese Praxis? Wie geht menschliches Leben vor sich, das ganz bestimmt ist von der heilenden und vollendenden Nähe Gottes?

---

[37] J. Gnilka, Jesus von Nazaret. Botschaft und Geschichte (HThK Suppl. 3), Freiburg-Basel-Wien 1990, 87. Vgl. zum folgenden Bd II: Christologie 2.2.

[38] E. Schillebeeckx, Jesus. Die Geschichte von einem Lebenden, Freiburg [7]1980, 227-238.

2.3.1.1 Die Sammlung aller in Gottes Herrschaft

Jesus hat sich nicht einer bestimmten Vorstellung seiner Zeit von der Herrschaft Gottes und der Art ihres Eintretens angeschlossen. Entscheidend wichtig war ihm, daß Gott selbst zur Herrschaft kommt. Wenn Jesus dabei auch gemäß der Glaubenstradition des Alten Testaments zunächst an Israel gedacht hat, so betrifft die Herrschaft Gottes doch „letztlich die Erde, die Menschheit".[39] Der universalistische Zug der Reich-Gottes-Praxis Jesu wird aber schon in seiner Absicht deutlich, ganz Israel in die Herrschaft Gottes zu sammeln. Denn zur Zeit Jesu war das Volk der Juden keine Einheit. Es war „in verschiedene Gruppierungen, Parteiungen aufgespalten".[40] Jesus bevorzugte keine dieser Gruppen, er suchte sie alle zu sammeln in die ankommende Gottesherrschaft. Er brachte Schriftgelehrte, ungebildete Leute aus Galiläa, Kollaborateure der Römer (Zöllner) und Aufrührer gegen die Römer (Zeloten), Fromme und Dirnen an einen Tisch. Er rief Angehörige der einander bekämpfenden Parteien in seine engere Gefolgschaft. Wenn er mit Vertretern einzelner Gruppen in Konflikt geriet, ihnen scharf entgegentrat, so war der Grund der, daß ihre Auffassung oder ihr Verhalten der Sammlung aller in Gottes Reich widersprach.[41] *„Wer nicht mit mir sammelt, der zerstreut"* (Lk 11,23).

Jesu Einladung und Sammlung in Gottes heilende und vollendende Nähe galt grundsätzlich den Menschen in allen Lebenssituationen. *„Er hat alles gut gemacht"* (Mk 7,37). Er ließ aber vor allem die Armen und Kranken, die Sünder und Ausgestoßenen diese Nähe Gottes erfahren. Denn diese widersetzten sich am wenigsten der Sammlung, während die Reichen und Gerechten, die Besitzenden im weitesten Sinne, geneigt waren, sich hinter ihrem Besitz und ihrer gesellschaftlichen Stellung zu verschanzen. Die Erfahrung der Ablehnung hat ihn indes nicht veranlaßt, die Ausrichtung auf alle, auf ganz Israel, einzuschränken. Die Gerichtsdrohungen sind nicht als Zurückweisung, sondern als ein verschärfter Appell zu verstehen, der Einladung in die Herrschaft Gottes zu folgen. Jesus hat diese Einladung durchgehalten bis zum Tod. Das zeigt besonders die Vorausdeutung seines Todes im Letzten Abendmahl.[42]

Für den Weg der Nachfolge wichtig ist die uneingeschränkte Offenheit des Lebensvollzugs Jesu: in Kommunikation mit anderen Auffassungen, in Teilnahme an anderen Lebenssituationen, im Einsatz für die Ausgeschlossenen und Entrechteten. In dieser grundsätzlichen Offenheit kommt die Vielfalt und Gegensätzlichkeit menschlicher Wirklichkeit, der ganze Mensch, weitgehend zum Zuge. Aber der Leitpunkt der Praxis Jesu ist nicht die allseitige Entfaltung seiner Lebensmöglichkeiten, nicht die Entwicklung einer reifen Persönlichkeit, die sich bildet an allem, was ihr begegnet. Diese Offenheit für alles „Menschliche" hat ihren Grund allein in der Universalität des göttlichen Schöpfer- und Heilswillens. Dies zeigt sich etwa am Verzicht Jesu auf Ehe, festen Wohnsitz und Besitz. Sein Lebensstil wird bestimmt von seinem Lebensinhalt, von der

[39] J. Gnilka, Jesus von Nazaret, 143.
[40] Ebd., 196.
[41] E. Schillebeeckx, a.a.O., 127.
[42] J. Gnilka, Jesus von Nazaret, 288; vgl. 202.

Nähe des Reiches Gottes.[43] Das wird am deutlichsten an der konsequenten Offenheit auch gegenüber seinen Gegnern. Er entzog sich ihnen nicht, sondern ging auf sie zu und gab sich in ihre Hände. Dennoch bedeutet das Kreuz nicht den Verzicht auf menschliche Vollendung, sondern es bezeugt die Offenheit als Weg zur Vollendung noch im Scheitern am „Allzumenschlichen".

2.3.1.2 Die Hinwendung zum „Nächsten"

Nach den Erzählungen der Evangelien hat Jesus die grundsätzliche Offenheit nicht programmatisch im Zugriff auf alle verwirklicht, z.B. in organisierten Massenaktionen. Er hat Gottes Herrschaft verkündet und erfahrbar gemacht an den Orten, wo er jeweils war, und für die Menschen, die ihm dort gerade begegneten. Das Gleichnis vom barmherzigen Samariter (Lk 10,25-37) veranschaulicht eindrucksvoll diese Hinwendung zum jeweils Nächsten, die kennzeichnend ist für die Praxis Jesu, für sein Reden und Handeln. Seine Weisungen sind „konkret, situationsbezogen".[44] Sein Handeln bringt Gottes Herrschaft „punktuell-situativ" nahe.[45] Seine von der Herrschaft Gottes bestimmte Offenheit für alle konzentriert sich jeweils ganz auf das konkret Gegenwärtige, auf das, was im Augenblick entscheidend ist, damit Gott zur Herrschaft kommt.

Das Leben Jesu gestaltet sich folglich nicht von innen nach außen. Es verwirklicht nicht eine Idee, folgt nicht einem Plan. Es ist zwar durchdrungen von der Herrschaft Gottes, aber wie und wo Gottes Herrschaft konkret ankommen will, das liegt nicht von vornherein fest. Was jeweils zu sagen und zu tun ist, ergibt sich aus dem Begegnenden, aus der Situation. Das Ringen Jesu um den Willen Gottes am Ölberg in der Aussicht auf die drohende Verhaftung und Verurteilung macht dies besonders deutlich.

Anthropologisch darf man aus der durchgehenden Hinwendung Jesu zum jeweils Nächsten wohl folgende Einsicht gewinnen: Menschliches Leben nach dem Bilde Gottes ist im Letzten und Eigentlichen nicht von dem Streben geleitet, die gottgegebenen persönlichen Fähigkeiten möglichst vielseitig auszugestalten. Es kommt seiner Bestimmung zum Ebenbild umso näher, je mehr es dem Ruf Gottes folgt, der jeweils aus dem Begegnenden ergeht. Daß sich diese beiden Aspekte menschlicher Lebensgestaltung nicht ausschließen, liegt auf der Hand. Auch eine vorhandene Fähigkeit kann ja in einer Situation zum Ruf werden, eine Aufgabe zu übernehmen, weil dazu unter den konkreten Umständen kein anderer fähig oder imstande ist. Die Entwicklung gegebener Fähigkeiten kann zu dem Zweck geschehen, dem jeweils Begegnenden gerecht zu werden. Aber es würde wohl dem Leben in der Nachfolge widersprechen, wenn man sich auf die vermeintlichen eigenen Fähigkeiten festlegte; wenn man sich nur soweit auf die konkrete Situation einließe, wie sie diesen Fähigkeiten entspricht.

Am Lebensvollzug Jesu scheinen für den Weg der Nachfolge zum Heil des ganzen Menschen vor allem zwei durchgehende Merkmale von Bedeutung zu sein: 1. die Offenheit für alles Menschliche, weil Gott in allen und in allem zur

[43] Ebd., 175-183.
[44] Ebd., 171.
[45] H. Vorgrimler, Hoffnung auf Vollendung. Aufriß der Eschatologie, Freiburg 1980, 35.

Herrschaft kommen will; 2. die Konzentration auf die jeweilige konkrete Situation, in der Gott hier und jetzt zur Herrschaft kommen will.

2.3.2 Die Praxis der Nachfolge

Nachfolge im engeren Sinne meint in den Evangelien die Lebensweise der Jünger, die Jesus zu seinen ständigen Begleitern machte und an seinem Wirken für die Herrschaft Gottes beteiligte. Nach Ostern wurde die Jüngerschaft und damit auch die Forderung der Nachfolge auf alle Gläubigen ausgeweitet.[46] Diese Ausweitung sowie die veränderte nachösterliche Situation wirkten sich notwendigerweise auf das Verständnis der Nachfolge aus. Als Eintritt in die Nachfolge galten nun die Bekehrung zum Glauben an Christus und die Taufe. Die Nachfolge erstreckte sich nun auch auf den Tod und die Auferstehung Christi. Und die Vollzugsweise der Nachfolge wurde vorzugsweise unter dem alle Gläubigen umfassenden und betreffenden Stichwort *Liebe* entfaltet.

2.3.2.1 Vom *alten* zum *neuen* Menschen

In der Bekehrung zum Glauben an Christus geschieht eine radikale Umorientierung des Lebens. Sie wird im Neuen Testament unter anderem mit dem Bild des Wechsels der Bekleidung veranschaulicht. In der Bekehrung zum Glauben legt der Mensch sein Kleid, die bisherige Gestalt seines Lebens, ab und zieht als neues Kleid Christus an (Gal 3,27). Er legt den alten Menschen ab, der er war, und zieht den neuen Menschen an (Eph 4,22f; Kol 3,9f), den Herrn Jesus Christus (Röm 13,14). Versteht man unter *Kleid* die Selbstdarstellung des Menschen, die Gestalt dessen, was er von sich hält und aus sich machen will, so kann man hier geradezu von einem *Identitätswechsel* sprechen. Im Glauben findet der Mensch eine neue Identität. Er wird ein neuer Mensch. Dieser hat seinen Lebensgrund und sein „Existenzmodell"[47] in Christus. Er versteht und verwirklicht sich letztlich nicht mehr von dem her, was er von sich aus ist oder kann, z.B. als Mann oder Frau, Sklave oder Herr, Jude oder Grieche (Gal 3,28), sondern von Christus her (s.o. 2.1.2).

In den Evangelien kommt diese Umorientierung des ganzen Lebens in dem Spruch vom Verlieren und Gewinnen des Lebens zum Ausdruck.[48] „Wer sein Leben durch falsche Sicherungen, verkehrte, egoistische Ziele, Leistung, irdischen Besitz und dergleichen meint erfüllen zu können, wird den Sinn verfehlen".[49] Wer dagegen diesen eigenen Lebensentwurf losläßt und sein Leben an Christus ausrichtet, wird zu einer Erfüllung kommen, die über den Tod hinausreicht *„bis ins ewige Leben"* (Joh 12,25).

[46] R. Schnackenburg, Die sittliche Botschaft des Neuen Testaments Bd. I (HThK Suppl. 1), Freiburg-Basel-Wien 1986, 66.

[47] F. Mußner, Der Galaterbrief (HThK 9), Freiburg-Basel-Wien [5]1988, 263.

[48] Mt 10,39/Lk 17,33; Mk 8,35/Mt 16,25/Lk 9,24; Joh 12,25.

[49] J. Gnilka, Jesus von Nazaret, 173 f.

Wie ist dieses *neue Leben* zu verstehen? Ist es nicht eher eine totale Selbstentfremdung als eine neue Identität? Tatsächlich handelt es sich *zunächst* um eine fremde Identität. Paulus drückt in seiner Tauftheologie (Röm 6,3-11) den Übergang vom alten zum neuen Leben passivisch aus: „*Unser alter Mensch wurde mitgekreuzigt*" (V. 6), „*eingefügt in das Gleichbild seines Todes und seiner Auferstehung*" (V. 5). Dem muß aber die aktive Identifizierung folgen: Die Getauften sollen tot sein für die Sünde und leben für Gott in Christus Jesus (V. 11), sich Gott zur Verfügung stellen als Menschen, die vom Tod zum Leben gekommen sind (V. 13). In Glaube und Taufe geschieht also zweierlei. Das Gleichbild Christi wird als neue Identität eingeprägt. Bei Johannes heißt dies „*neu geboren werden aus dem Wasser und dem Geist*" (Joh 3,5). Dem entspricht auf Seiten des Täuflings die Haltung des Empfangens. Der Täufling verhält sich also eigentlich nicht passiv, sondern rezeptiv. Zugleich bekennt er sich aktiv zu dieser Identität. Er identifiziert sich mit dem Gleichbild Christi.

Läuft diese Identifizierung mit Christus nicht doch auf eine völlige Aufgabe des eigenen Ich hinaus? „*Ich bin mit Christus gekreuzigt worden; nicht mehr ich lebe, sondern Christus lebt in mir*" (Gal 2,19f). Paulus betont hier ohne Zweifel die Aktivität Christi. Christus gibt Anteil an seinem Tod und seiner Auferstehung. Er geht somit aktiv in das Leben des Glaubenden ein. Aber indem der Glaubende sich ganz davon bestimmen läßt, kommt er zu seinem wahren Selbst, wird er zu dem Bild Gottes, zu dem er geschaffen ist (s.o. 2.1.2 und 2.1.3). Es ist der Geist Gottes, in dem der Glaubende eins wird mit Christus. „*Wer sich an den Herrn bindet, ist ein Geist mit ihm*" (1 Kor 6,17). Der Geist Gottes tritt aber nicht an die Stelle des menschlichen Geistes, sondern er „*bezeugt unserem Geist, daß wir Kinder Gottes sind, ... Miterben Christi*" (Röm 8,16f). Die neue Identität in Christus ist als übernommene dennoch die ureigene, weil Gott, wenn er im Menschen zur Herrschaft kommt, das eigene Sein des Menschen nicht auflöst, sondern erfüllt.

Die neue Identität in Christus bedeutet daher schließlich auch keine Hörigkeit, keine Unfreiheit. Sie befreit im Gegenteil zur Freiheit (Gal 5,1.13). Denn sie führt ja in jene Offenheit für alle und alles, die dem universalen Heils- und Vollendungswillen Gottes entspricht, der in Jesus Christus Wirklichkeit geworden ist. *Freiheit* im neutestamentlichen Sinne ist allerdings nicht neutrale Wahlfreiheit, sondern geschöpfliche Freiheit. Wenn sie nicht dem Willen des Schöpfers folgt, verliert sie sich an das *Fleisch*, an die *Unheilsmächte*.

In der Bekehrung zum Glauben gewinnt der Mensch von Christus her ein neues Leben, eine neue Identität. Er gewinnt das neue Leben, indem er es zugleich rezeptiv empfängt und aktiv verwirklicht. Die übernommene Identität in Christus wird so zur ureigenen.

2.3.2.2 Mit- und Nachvollzug von Kreuz und Auferstehung

Das Ablegen des alten Menschen und Anziehen des neuen Menschen in Glaube und Taufe ist kein einmaliger Akt, der mit der Bekehrung abgeschlossen wäre. Die Gläubigen sind es, die in Röm 13,14 und Eph 4,24 aufgefordert werden, Christus bzw. den neuen Menschen anzuziehen. Die Umkehrung des Lebensvollzuges ist *ein lebenslanger dynamischer Prozeß*. Das eigene Leben loslassen und es in

Christus neu gewinnen ist gleichsam das Schrittmuster des Weges zum Heil. Der Grund dafür liegt nicht allein darin, daß die Umkehr nicht gleich ganz gelingt, sondern erst durch Anstrengung und Übung erreicht wird. Die Hinwendung zum Nächsten, das ganzheitliche Eingehen auf die jeweilige Situation in der Nachfolge Jesu bedeutet jeweils eine neue Wendung der bisherigen Lebensrichtung. Die konkrete Situation erfordert eine Umorientierung, die ein Loslassen des Vorhergegangenen einschließt. Zudem hat auch der Gläubige als begrenztes und endliches Geschöpf gegenüber dem Anruf Gottes in der „nächsten" Situation die Neigung, sich an das Bisherige zu klammern. Die Hinwendung zum Nächsten kommt daher einer Umkehr gleich. Denn der „Nächste" im Sinne Jesu ist ja nicht der, der einem immer schon am nächsten steht, sondern derjenige, der hier und jetzt *zum Nächsten wird.* In diesem Sinne lebt der nicht in der Nachfolge Jesu, der Vater oder Mutter, Sohn oder Tochter mehr liebt als Jesus (Mt 10,37). Selbst der immer schon Nahestehende kann immer wieder in neuer Weise zum Nächsten werden. Mit der Nachfolge Jesu ist folglich stets auch ein Verzicht auf gelebtes Leben verbunden. Lukas hat daher der Aufforderung Jesu zur Kreuzesnachfolge *„täglich"* hinzugefügt (Lk 9,23). Die Nachfolge Jesu bleibt auch für die nachösterliche Gemeinde, für den neuen Menschen, *Kreuzesnachfolge.*[50]

In den neutestamentlichen Briefen bezieht sich die Nachfolge Christi fast ausschließlich auf Leiden, Tod und Auferstehung Christi. Dabei liegt der Akzent bald mehr auf der Leidensnachfolge, bald mehr auf dem Nachvollzug der Auferstehung. Diese Akzentuierung ist mitbedingt von der kulturellen und gesellschaftlichen Umwelt, in der die jeweils angesprochenen Gemeinden leben. Haben Gemeinden z.B. gesellschaftliche Diskriminierung zu ertragen oder gar blutige Verfolgung zu bestehen, tritt verständlicherweise die Kreuzesnachfolge in den Vordergrund (Paulusbriefe, 1 Petr, Hebr, Offb). Bei Paulus dürfte neben seinen persönlichen Entbehrungen und Leiderfahrungen auch die Erwartung der baldigen Wiederkunft Christi eine Rolle spielen. Wird die Kreuzesnachfolge besonders betont, so rückt der Nachvollzug der Auferstehung in die Zukunft. Jetzt *„mit ihm leiden, um mit ihm auch verherrlicht zu werden"* (Röm 8,17b)! *„Christus will ich erkennen und die Macht seiner Auferstehung und die Gemeinschaft mit seinem Leiden; sein Tod soll mich prägen. So hoffe ich auch zur Auferstehung von den Toten zu gelangen"* (Phil 3,10f). Der Grund für die Hoffnung ist der Geist, *„der Jesus von den Toten auferweckt hat"* (Röm 8,11). Er wohnt bereits in uns (V. 9).

Weil der Geist der Auferstehung schon dem Leben in der Kreuzesnachfolge innewohnt, kann der Nachvollzug der Auferstehung auch schon in die Gegenwart rücken. Dies deutet sich bereits bei Paulus an in der Unterscheidung des *äußeren* und des *inneren* Menschen: *„Wenn auch unser äußerer Mensch aufgerieben wird, der innere wird Tag für Tag erneuert"* (2 Kor 4,16). Im Herzen ist bereits der *„göttliche Glanz auf dem Antlitz Christi"* aufgeleuchtet (4,6), spiegeln wir *„die Herrlichkeit des Herrn wider und werden so in sein eigenes Bild verwandelt von Herrlichkeit zu Herrlichkeit"* (3,18). In diese Richtung gehen dann der Kolosser- und

[50] R. Schnackenburg, Die sittliche Botschaft des Neuen Testaments Bd. II, 117 f; vgl. zu Johannes ebd. 162-164.

Epheserbrief weiter. *„Ihr seid mit Christus auferweckt“* (Kol 3,1; vgl. Eph 2,6). *„Ihr seid gestorben und euer Leben ist mit Christus verborgen in Gott“* (Kol 3,3). Denn Gott hat in Christus, dem Haupt, schon alles versöhnt und zusammengefaßt (Eph 1,10; Kol 1,18). Der Nachvollzug besteht nun darin, sich an das Haupt zu halten (Kol 2,19a), hineinzuwachsen in das Haupt (Eph 4,15), um *„von der ganzen Fülle Gottes erfüllt“* zu werden (Eph 3,19) und dies im Gemeindeleben wie im häuslichen Leben leibhaftig in Erscheinung treten zu lassen (Eph 4,1-6,9). Die Verleiblichung der bereits empfangenen Auferstehungswirklichkeit schließt aber auch noch ein Sterben und Ablegen (3,5.8) in sich, ein ständig neues Hinübergehen vom alten zum neuen Menschen. Bemerkenswert ist hier auch die doppelte Richtung der Nachfolge: Das Hineinwachsen in das Haupt geschieht vornehmlich durch Gottesdienst, Gebet und Meditation (vgl. Eph 3,14-21; Kol 3,15-17), während die Verleiblichung in Gemeinde und Hausgemeinschaft die tätige Liebe verlangt.

Die exstremste Form der Orientierung der Nachfolge am erhöhten Herrn findet sich in den johanneischen Schriften. Dort ist *nachfolgen* gleichbedeutend mit *glauben.*[51] An Jesus, den Sohn Gottes, glauben schließt zwar die Bereitschaft ein, für diesen Glauben Leiden zu ertragen. Aber der Übergang vom Tod zum Leben ist mit dem Akt des Glaubens schon endgültig vollzogen. Wer glaubt, *„hat das ewige Leben“*, *„ist aus dem Tod ins Leben übergegangen“* (Joh 5,24;). Dasselbe gilt für die Bruderliebe (1 Joh 3,14) Was für die Dauer der irdischen Lebenszeit noch zu tun ist, nennt Johannes mit Vorliebe *bleiben*, *„bleiben in Jesu Wort und in seiner Liebe“* (vgl. Joh 8,31; 15,7-9). Daß auch dieses Bleiben stets neue Anforderungen stellt, wird nicht geleugnet, aber auch nicht besonders bedacht (vgl. z.B. 1 Joh 3,2-7). Der Hintergrund für diese „Reduzierung“ der Nachfolge auf Glaube und Liebe[52] dürfte die verführerische Anziehung sein, die gnostische Irrlehren auf die Gläubigen der johanneischen Gemeinden ausübten.

Beide Akzentuierungen der Nachfolge haben eines gemeinsam. Der in Glaube und Taufe empfangenen Teilhabe an Tod und Auferstehung Christi hinkt der aktive Nachvollzug hinterher. Paulus hat dies treffend ausgedrückt mit der Formel *„schon von Christus ergriffen sein, aber noch nicht ergriffen haben“* (vgl. Phil 3,12f). Weist das „noch nicht“ bei Paulus in die Zukunft, so weist es in Eph und Kol nach unten oder nach außen. Die Dynamik geht einmal von der Gegenwart in die Zukunft, das andere Mal vom Verborgenen ins Sichtbare, Leibhaftige. Die letztere Sicht kommt der räumlichen Vorstellung des Hellenismus vom Menschen im Kosmos näher. Sie wird sich daher, vor allem nach dem Ende der Christenverfolgung, weitgehend durchsetzen.

Die radikale Umorientierung des Lebensvollzuges beim Eintritt in die Nachfolge ist zugleich das Grundmuster des Lebens in der Nachfolge. Empfangen wird es durch die Gleichgestaltung mit Tod und Auferstehung Christi in der Taufe. Der Übergang vom Kreuz zur Auferstehung legt sich im Nachvollzug zeitlich und räumlich aus: vom jetzigen Leiden zur künftigen Auferstehung; von der verborgenen Herrlichkeit zur sichtbaren Verleiblichung.

---

[51] R. Schnackenburg, a.a.O. II, 163 f.

[52] R. Schnackenburg, a.a.O. II, 161.

2.3.2.3 Nachahmung der Liebe Christi

Die Vollzugsform, die sich aus der Nachfolge ergibt, ist die Liebe. Schon das zahlenmäßige Vorkommen des Wortes *Liebe* im neutestamentlichen Wortschatz läßt die Liebe als *die* christliche Grundhaltung hervortreten.[53] Sieht man von den synoptischen Evangelien ab, so orientiert sich die Liebe an der Todeshingabe und Auferstehung Christi. *„Gott hat seine Liebe zu uns darin erwiesen, daß Christus für uns gestorben ist, als wir noch Sünder waren“* (Röm 5,8; Joh 15,12f; 1 Joh 3,16). *„Liebt einander, weil auch Christus uns geliebt hat und sich für uns hingegeben hat“* (Eph 5,2). Auch in konkreten Äußerungen der Liebe wird an dieser Liebe Christi Maß genommen: Rücksicht nehmen auf die Glaubensüberzeugung der anderen, weil auch *„Christus nicht für sich selbst* (nicht sich selbst zu Gefallen) *gelebt hat“* (Röm 15,3); auf das Wohl des anderen achten, *„weil auch Christus nicht daran festhielt, wie Gott zu sein, sondern sich erniedrigte bis zum Kreuz“* (vgl. Phil 2,5-8).

Die Liebe hat dieselbe Struktur wie das Sammeln Jesu in die Herrschaft Gottes. Sie richtet sich an alle, indem sie sich jeweils ganz dem Nächsten in seiner konkreten Situation zuwendet. Sie antwortet auf die Liebe Gottes zu allen, indem sie im konkret Begegnenden auf Gott zugeht. *„Wer an dem Notleidenden vorbeigeht, den er sieht, liebt Gott nicht, den er nicht sieht“* (vgl. 1 Joh 3,17 und 4,20). Die unbegrenzte Offenheit der Liebe zeigt sich in der sogenannten Bergpredigt am Gebot der Feindesliebe (Mt 5,43-48; Lk 6,27-36). Bei Paulus kommt sie zum Ausdruck in den „Alles“-Aussagen. Die Liebe *„trägt alles, glaubt alles, hofft alles, hält alles aus“* (1 Kor 13,7). Dies ist im Munde des Paulus keine hymnische Übertreibung, sondern Ausdruck seiner eigenen missionarischen Einstellung: *„Allen bin ich alles geworden“* (1 Kor 9,22) – nicht aus gefälliger Anpassung an die Überzeugung bzw. das Verhalten derjenigen, mit denen er es jeweils zu tun hatte, sondern *„gemäß dem Gesetz Christi“* (V. 21), *„um des Evangeliums willen“* (V. 23). Ziel dieser auf alle und alles zugehenden Liebe ist die Herrschaft Gottes: *„Gott alles in allem“* (1 Kor 15,28). Für diese Liebe, die in allem Gottes Herrschaft sucht, gilt: *„Alles ist euer, ... Welt, Tod, Gegenwart und Zukunft; ihr aber seid Christi und Christus ist Gottes“* (1 Kor 3,21-23; vgl. Röm 8,38f).

In den Mahnungen zur Liebe an die Gemeinden scheint aber dann doch eine gewisse Abstufung Platz zu greifen. Die Liebe der Gläubigen zueinander wird abgesetzt von der Achtung, Friedfertigkeit, dem Tun des Guten gegenüber allen Menschen (1 Petr 2,17; 1 Thess 3,12; Röm 12,17f; Gal 6,9f).[54] Johannes spricht nur noch von der Liebe zu den Brüdern, d.h. den Glaubensgenossen. Andersgläubigen soll die Gastfreundschaft und – im Gegensatz zur Bergpredigt (Mt 5,47) – sogar der Gruß verweigert werden (2 Joh 10f). Damit ist aber keine Rangfolge oder gar Einschränkung der Liebe gemeint. Die Liebe der Gemeindemitglieder zueinander hat theologisch eine eigene Qualität, insofern sie in der Welt die Liebe Gottes in Christus bezeugt. Sie hat aber auch anthropologisch eine eigene Qualität. Denn der endlich-begrenzte Mensch kann sich nicht allen Menschen mit gleicher Intensität zuwenden. Gegenseitige Anteilnahme setzt eine Lebens-

---

[53] R. Schnackenburg, a.a.O. I, 213 f.

[54] G. Lohfink, Wie hat Jesus Gemeinde gewollt?, Freiburg-Basel-Wien 1982, 124-134.

gemeinschaft voraus, eine Vertrautheit mit dem Denken und Handeln des anderen. Eine allgemeine „Fernstenliebe" auf Kosten der Liebe zu den Nahestehenden würde dem Sinn des Liebesgebotes Jesu widersprechen. Liebe in Ehe, Familie und Gemeinde steht der Offenheit für alle nicht grundsätzlich im Wege. In ihnen wird Liebe gerade in einer Weise empfangen und gegeben, die den ganzen Menschen meint und beansprucht. Daraus gewinnt die Liebe erst die Kraft, sich auch dem Fremden zuzuwenden. Aber daraus ergibt sich nicht eine Regel, eine Ordnung der Liebe: Erst die Nahestehenden, dann die anderen. Entscheidend ist die konkrete Situation. Wenn ein Fernstehender zum Nächsten wird, gilt das Wort Jesu: „*Wer Vater oder Mutter mehr liebt als mich, ist meiner nicht würdig*" (Mt 10,37). Die neutestamentlichen Gemeinden „haben sehr nüchtern versucht, Bruderliebe zuerst einmal in ihren eigenen Reihen zu verwirklichen, sich dann aber gleichzeitig bemüht, die Grenzen nach außen ständig zu überschreiten. Auf diese Weise werden immer mehr Menschen in die Brüderlichkeit der Gemeinden einbezogen und immer neue Nächstenverhältnisse möglich".[55] Nur im Extremfall haben Gemeinden jeden Umgang mit Andersgläubigen gemieden, dann nämlich, wenn schon der Kontakt mit ihnen den Glauben und die Brüderlichkeit der Gemeinde aufs äußerste gefährdete. 2 Joh 10f ist nicht als Grundregel, sondern als seltene Ausnahme anzusehen.

Die Liebe ist nach dem neutestamentlichen Zeugnis für die Menschen der Weg, welcher der Sammlung aller in die Herrschaft Gottes durch Jesus Christus entspricht. Dieser Weg der Liebe nimmt den ganzen Menschen in Anspruch und zielt auf den ganzen Menschen, ja auf das Heil der ganzen Menschheit.

[55] Ebd., 134.

3. Die Auslegung der Bestimmung des Menschen zum Bild Gottes in der Theologiegeschichte

Aufgabe dieses Kapitels ist es, die geschichtliche Entwicklung der theologischen Auffassung vom Menschen darzustellen. Der leitende Gesichtspunkt soll dabei wie schon bisher die Frage sein, wie der ganze Mensch in die Heilsbeziehung zu Gott hineinkommt. Diesem Frageinteresse entsprechend erhalten in der Darstellung jene Phasen der Entwicklung besonderes Gewicht, in denen bestimmte anthropologische Aspekte neu oder grundlegend anders in die Theologie der Ebenbildlichkeit aufgenommen werden. Im groben folgt der Aufbau des Kapitels der geläufigen Einteilung der Theologiegeschichte: Patristik, Mittelalter, Neuzeit, Gegenwart.

3.1 Die Theologie der Ebenbildlichkeit bei den Kirchenvätern

Die äußere Situation, in der die Kirchenväter den christlichen Weg des Menschen zum Heil zu vertreten hatten, war bis 324 die gesellschaftliche Diskriminierung und Verfolgung der Christen. Unter der Herrschaft Kaiser Konstantins verkehrte sich diese Situation dann ins Gegenteil. Die christliche Religion konnte sich nicht nur frei entfalten, sie wurde sogar gefördert und mit Vorrechten ausgestattet. Aber die Helden der Verfolgungszeit, die Märtyrer, blieben noch lange maßgeblich für das Verständnis des christlichen Weges zum Heil. Die mönchische Lebensweise galt als die höchste Verwirklichung des christlichen Weges. Denn sie schien dem Weg des leibhaftigen Martyriums durch asketisches und mystisches Sterben mit Christus am nächsten zu kommen.

Auch kulturell und religiös wurden die Christen, die größtenteils aus den unteren ungebildeten Schichten kamen, zunächst belächelt und verachtet. Denn sie standen hochentwickelten philosophischen und mythischen Heilslehren gegenüber. Zu nennen sind hier vor allem der *mittlere Platonismus* und die *Gnosis*. Allen Heilslehren der Zeit war eines gemeinsam: die Überzeugung, daß der Mensch nur in der Anteilnahme am unvergänglichen Sein des Göttlichen sein Heil finden könne. Und für alle führte der Weg dahin vom Körperlichen und dem sinnlichen Leben, das diesem zugeordnet ist, weg zum Geistigen. Die einen suchten dem Göttlichen durch das Erkennen des unveränderlich Wahren und das Wollen des unveränderlich Guten ähnlich zu werden (Philosophie), die anderen betrachteten den Menschen als Gefangenen der bösen materiellen Mächte oder als durch die geistigen göttlichen Mächte Erleuchteten (Gnosis). Auf je verschiedene Weise verstanden auch der Platonismus und die Gnosis den Menschen als

Bild Gottes. *Bild* und *Verähnlichung* waren daher Begriffe, mit denen die Kirchenväter den biblisch-christlichen Heilsweg im hellenistischen Kulturraum verständlich machen konnten, an denen sie zugleich die Unterschiede deutlich zu machen versuchten. So erlangten zentrale Probleme hellenistischer Anthropologie wie das Verhältnis von Seele und Leib und die Stellung des Menschen im Kosmos auch für die christliche Theologie der Ebenbildlichkeit größere Bedeutung als in der Heiligen Schrift.

Das heutige Verhältnis zwischen philosophischer und theologischer Anthropologie ist mit der damaligen kulturellen Situation nicht zu vergleichen. Denn auch die hellenistische Philosophie beanspruchte, *theologische* Heilslehre zu sein. Die wechselseitige Beeinflussung christlicher und hellenistischer Heilslehre machte es sehr bald notwendig, auch eine innerchristliche Diskussion über die unverfälschte Auslegung des christlichen Heilsweges zu führen. Die Anfänge dieser Auseinandersetzung finden sich schon im Neuen Testament selbst. Da nach der Verfolgungszeit die „heidnischen" Heilslehren keine bedrohliche Konkurrenz mehr darstellten, verlagerte sich die Diskussion fast ganz ins Innerchristliche. Dabei traten auch die Unterschiede zwischen dem griechisch-östlichen und dem lateinisch-westlichen Verständnis des Menschen und seines Weges zum Heil mit zunehmender Deutlichkeit hervor.

3.1.1 Die Unterscheidung zwischen Bild und Ähnlichkeit

Die biblische Aussage *„unser Abbild, uns ähnlich"* (Gen 1,26) wird in der griechischen Septuaginta mit „(nach) unserem Bild *und* unserer Ähnlichkeit" wiedergegeben. Das *und* im griechischen Text bot den Kirchenvätern die biblische Grundlage, jedem der beiden Ausdrücke einen eigenen Sinn zu geben.[56] Die Unterscheidung zwischen *Bild* und *Ähnlichkeit* taucht bereits in der zweiten Hälfte des 2. Jahrhunderts in zwei verschieden akzentuierten Deutungen auf. Sie hat dann eine lange wechselvolle Geschichte. Ihre Bedeutung für die Theologische Anthropologie liegt vor allem darin, daß sie den dynamischen Charakter des menschlichen Seins begrifflich faßbar macht. Außerdem erlaubt sie es, den Verlust der Gottesbeziehung durch die Sünde auszusagen und zugleich die bleibende geschöpfliche Hinordnung des Menschen auf Gott festzuhalten.

3.1.1.1 Die heilstheologische Deutung (*Irenäus von Lyon*)

Irenäus (+ um 202) wurde zu der Unterscheidung veranlaßt durch die gnostische Auslegung der beiden Berichte von der Erschaffung des Menschen (Gen 1,26 und Gen 2,7). Nach dieser Auslegung ist dort von der Erschaffung zweier verschiedener Menschen die Rede: vom himmlischen, göttlichen Menschen und vom irdischen, vergänglichen Menschen. Irenäus verstand dagegen den zweiten Bericht als nähere Erläuterung zum ersten. Gott formte den Menschen aus Erde nach seinem *Bilde* und hauchte ihm dann seinen Geist ein, der ihn unvergänglich

[56] St. Otto, Gottes Ebenbild in Geschichtlichkeit, a.a.O., 59.

und Gott *ähnlich* machte.[57] Die Ähnlichkeit war jedoch noch nicht vollkommen verwirklicht. Denn zum Menschsein gehört wie zu allem Geschöpflichen ein Anfang und ein Werden. Der Mensch mußte erst von Gott zur Ähnlichkeit erzogen werden; er mußte noch in die Ähnlichkeit mit Gott hineinwachsen.[58] Zur vollen Ähnlichkeit konnte der Mensch daher erst später kommen. Erst durch Jesus Christus, in dem das ewige göttliche Urbild sich mit dem vergänglichen menschlichen Abbild vereinigt,[59] kommt der Gott ähnlichmachende Geist Gottes vollends zum Menschen.

Irenäus sieht folglich den Menschen am Anfang nicht in paradiesischer Vollkommenheit, die dann durch die Sünde verlorengeht. Er sieht ihn am Anfang als unfertig, noch im Werden begriffen unter der schöpferischen Führung Gottes. Durch die Sünde verlor der Mensch zwar die anfängliche Ähnlichkeit, fiel aber nicht aus dieser Führung Gottes heraus. Denn erst in Christus sollte die Erschaffung des Menschen in der Ähnlichkeit Gottes voll verwirklicht werden. Vorher konnte der Mensch leicht vom Weg zur Ähnlichkeit abirren, weil das Ziel noch nicht sichtbar war.[60] Die Sünde Adams und seiner Nachkommen stellt nach Irenäus gleichsam einen Umweg dar auf dem Weg vom Bild zur Ähnlichkeit.

3.1.1.2 Die heilsanthropologische Deutung der Alexandriner

Klemens von Alexandrien (+ vor 215) und *Origenes* (+ 253/54), sein Nachfolger in der Leitung der dortigen Katechetenschule, waren bestrebt, das griechische philosophische Erbe in die christliche Lehre einzubeziehen. So meinen sie etwa, die griechischen Philosophen hätten ihre Lehre von der Gottähnlichkeit als Ziel des vernunftbegabten Menschen aus der Genesis übernommen. Das *Bild* Gottes, nach dem der Mensch erschaffen ist, deuten sie als die Fähigkeit, aus eigener Anstrengung Gott ähnlich zu werden. Sie ist dem Menschen von Gott bei der Schöpfung mit seiner Vernunft und Freiheit gegeben. „Er sollte sich selbst durch eigenen Eifer die Ähnlichkeit durch Nachahmung Gottes erwerben."[61] Dazu bedarf der Mensch der erzieherischen Hilfe Gottes. Denn er ist ständig in Gefahr, den verführerischen Gütern dieser Welt zu verfallen. Die Lehrer und Erzieher waren für die Juden Moses und die Propheten, für die Heiden die Philosophen. Der Lehrer und Erzieher, der sie alle überragt, ist Jesus Christus, der menschgewordene göttliche Logos.[62]

Die Sünde des Menschen und ihre verführerische Macht in der Welt führte Klemens auf die Willensfreiheit und das schlechte Vorbild zurück. Origenes nahm auch bei der Deutung des Sündenfalls platonisches Gedankengut zu Hilfe. Er lehrte, die menschlichen Seelen seien ursprünglich rein geistig geschaffen. In Voraussicht ihres Abfalls schuf Gott die körperliche Welt und verband die

[57] Irenäus von Lyon, dem. 11; FC 8/1 (1993) 40; tzt D8, Nr. 36.
[58] Irenäus, haer. IV,38,1; BKV 4/2 (1912) 461; tzt D8, Nr. 38.
[59] Ebd. IV,38,2 und 3: a.a.O., 461-463.
[60] Ebd. V,16,2: a.a.O., 517; tzt D8, Nr. 43.
[61] Origenes, princ. III,6,1: H. Goergemanns, H. Karpp (Hg.), Origenes. Vier Bücher von den Prinzipien, Darmstadt 1976, 643; tzt D8, Nr. 35.
[62] Klemens von Alexandrien, paed. I,96,3-97,2; BKV² 7, 290; tzt D8, Nr. 32.

menschlichen Seelen nach dem Sündenfall mit Körpern, zur Strafe und zur Läuterung auf dem ‚Rückweg' zur Gottähnlichkeit. Doch besteht der Rückweg nicht in der Loslösung vom Körperlichen, sondern in der völligen Unterordnung des Körperlichen unter die geistige Verähnlichung mit Gott, durch Abtötung der Leidenschaften und sinnlichen Begierden. Diese Unterordnung vollendet sich in der Auferstehung des vergeistigten Leibes.

Auch Irenäus hatte vom Wachsen und Reifen des Menschen unter der Erziehung Gottes gesprochen. Aber die Unterscheidung zwischen *Bild* und *Ähnlichkeit* betraf primär das schöpferische Handeln Gottes am Menschen: durch anfängliche Erschaffung nach dem Bild des Sohnes und durch Vollendung in der Menschwerdung des Sohnes. Die Unterscheidung der Alexandriner betrifft den Menschen im Verhältnis zu Gott bezüglich seiner vorgegebenen Fähigkeit und seiner eigenen Betätigung. Die beiden Weisen der Unterscheidung schließen sich nicht aus. Sie erfassen die Spannung zwischen Schöpfung und Vollendung bzw. Schöpfung, Sünde und Heil aus verschiedener Blickrichtung. Die origenistische Deutung des Sündenfalls war indes ein Gegenstand heftiger Auseinandersetzung und der späteren Verurteilung durch die *Synode von Konstantinopel* (543).

3.1.1.3 Die Vernachlässigung der Unterscheidung bei den Lateinern

Tertullian (+ nach 220) und *Augustinus* (354-430), die einflußreichsten Theologen des lateinischen Westens, kannten die Unterscheidung der „Griechen" zwischen *Bild* und *Ähnlichkeit*. Sie maßen ihr aber keine besondere Bedeutung bei. Ein Grund dafür dürfte in der römischen Mentalität der beiden liegen. Der Römer denkt pragmatisch vom handelnden Subjekt her, während der Grieche primär vom wahrgenommenen und erkennend durchschauten Sachzusammenhang her denkt.

Tertullian sieht daher in der Fähigkeit zur Entscheidung zwischen Gut und Böse den Kern der Abbildlichkeit und Ähnlichkeit des Menschen zu Gott. Zu dieser Entscheidungsfähigkeit bedarf es keiner besonderen Belehrung und Bildung. Das Wissen um Gott und das Gute ist jedem Menschen mit seiner eigenen Vernunftnatur gegeben. Gott ist von seinem Wesen her gut, der Mensch wird gut durch seine eigene Entscheidung für das Gute. In seiner von Gott geschaffenen vernünftig-freien Natur hat der Mensch bereits alles, was er braucht, um Gott ähnlich zu werden.[63]

Tertullian ist indes alles andere als ein Optimist, im Gegenteil. Durch die Sünde Adams sind alle Menschen mitbetroffen. Sie werden von Adam her mit einer zum Bösen geneigten Natur gezeugt. Die Entscheidungsfreiheit als solche geht dadurch zwar nicht verloren, aber die abbildliche Ähnlichkeit zu Gott wird krank und behindert. Jeder Mensch bedarf nun der Vergebung und der gnadenhaften Stärkung des Willens durch Gott, um dem Hang zum Bösen widerstehen zu können. Die Wiederherstellung der ursprünglichen Ebenbildlichkeit beginnt mit der Bekehrung und erfordert eine lebenslange Buße.[64]

---

[63] Tertullian, adv. Marc. 2,9: Tertullians sämtliche Schriften 2, Köln 1882, 183-185.

[64] St. Otto, Gottes Ebenbild in Geschichtlichkeit, 87-89.

Für das Sprachempfinden *Augustins* sagt *Bild* (*imago*) mehr als *Ähnlichkeit* (*similitudo*). *Ähnlich* sind Gott irgendwie alle Geschöpfe, weil sie von Gott stammen. Aber nur der Mensch ist *Bild* Gottes.[65] Die Bildhaftigkeit deutet Augustin noch konsequenter als Tertullian von der subjektiven Selbsterfahrung des Menschen her. Durch Bewußtsein, Erkennen und Wollen ist der Selbstvollzug des Menschen unmittelbar auf Gott gerichtet. Der Mensch bildet den göttlichen Geist nicht nur nach, sondern hat teil an der Erkenntnis und Liebe des dreifaltigen Gottes.[66] Er vollendet sich daher in der ewigen Schau und Liebe Gottes. Eine Unterscheidung zwischen *Bild* und *Ähnlichkeit* im Sinne von Anlage und Ausführung will hier nicht so recht greifen. Denn die Verähnlichung mit dem Urbild gehört bei Augustin bereits zum Begriff des Bildes. Es kann nur darum gehen, daß der Mensch immer mehr Bild Gottes wird. Die Sünde, die auch nach Augustinus von Adam durch Zeugung auf alle übergeht, betrifft daher die Bildhaftigkeit selbst. Sie blockiert die geistige Ausrichtung auf Gott, indem sie den Geist an die sinnlichen Begierden versklavt. Sie macht sozusagen den bildhaften Spiegel des göttlichen Geistes, welcher der menschliche Geist ist, blind. Die Wiederherstellung der Bildbeziehung kann daher nur durch ein unmittelbares Einwirken Gottes auf das geistige Bewußtsein des Menschen geschehen. Gottes ewige Wahrheit (*veritas aeterna*) muß wieder das Erkennen erleuchten und Gott, das höchste Gut (*summum bonum*), muß wieder das Wollen bewegen.[67]

3.1.1.4 Die Entwicklungslinie der Unterscheidung

Die Sicht des Irenäus von einer geschichtlichen Erschaffung des ebenbildlichen Menschen, die erst durch das Ereignis der Menschwerdung des göttlichen Urbildes zur Vollendung kommt, wurde durch die alexandrinische Auffassung allmählich verdrängt. Nach ihr ist der Verlust der ursprünglichen Gottähnlichkeit durch den Sündenfall der Grund für die Dynamik des menschlichen Lebens von der bildhaften Anlage zur Gottähnlichkeit. Augustinus vollzieht gewissermaßen eine Synthese beider Auffassungen. Die geschichtliche Dynamik ist mit der dem menschlichen Geist eigentümlichen Bewegung auf Gott hin gegeben. Sie sollte sich vollenden in der ewigen Schau und Liebe Gottes. Aber Adams Sünde hat diese Bewegung von Gott weg zu den geschaffenen Gütern abgelenkt. Durch Jesus Christus stellt Gott eine neue Beziehung her. Christus wird zum inneren Licht und Beweggrund des menschlichen Geistes und seiner bildhaften Beziehung zu Gott.[68] Augustinus hat also die geschichtliche Dynamik ins Innerlich-Geistige verlegt. Die Menschwerdung des Logos, der ursprünglich jeden Menschen erleuchtet hat, geschah nur auf Grund der Sünde. Diese Sicht wurde für die abendländische Theologie maßgeblich, während die östliche Theologie vor allem von der alexandrinischen Sicht bestimmt blieb.

---

[65] Siehe Augustinus, civ. XI; Textbelege bei A. Schindler, Wort und Analogie in Augustins Trinitätslehre, Tübingen 1965, 65 f.

[66] Augustinus, trin. XIV,12,15; BKV^2 13/14, 231; vgl. tzt D8, Nr. 62.

[67] Augustinus, comm. in Jo. 26,4; BKV 11/2,439 f; tzt D8, Nr. 67; trin. XIV,14,18: a.a.O., 253 f.

[68] Augustinus, comm. in Jo. 15,19 und 18,10; TKV I 369 und 351; tzt D8, Nr. 66.

3.1.2 Leib, Seele und Geist

Im Zusammenhang mit der Unterscheidung von Bild und Ähnlichkeit klangen auch schon verschiedene Auffassungen darüber an, wie der ganze Mensch in die Abbildlichkeit und Ähnlichkeit einbezogen ist. *Der ganze Mensch*, das heißt für die Kirchenväter vor allem, der Mensch *mit Leib und Seele*. Für den hellenistischen Menschen war der Zusammenhang zwischen dem Leib, der sich verändert und vergeht, und dem Geist, der das Bleibende und Unvergängliche erfaßt, ein zentrales anthropologisches Problem. Daraus bezogen die gnostischen dualistischen Lehren ihre Anziehungskraft. Auf Grund des Bekenntnisses zur leibhaften Auferstehung Christi hielten die Kirchenväter daran fest, daß die leibhaftige Erscheinungsform sowie die sinnliche Wahrnehmung des Menschen in den Prozeß von der Abbildlichkeit zur Gottähnlichkeit bzw. in den Vollzug der bildhaften Beziehung zu Gott einbezogen wird. Aber die Vorstellungen, wie dies geschieht, gehen auseinander. Zwei Aspekte heben sich deutlich heraus: 1. Versöhnung des Gegensatzes von Leib und Seele und dauerhafte Verbindung beider durch den Geist Gottes; 2. Ordnung und Beherrschung des Leibhaft-Sinnlichen durch den menschlichen Geist.

3.1.2.1 Einigung von Seele und Leib durch den Geist Gottes

Irenäus löst das Problem der Einbindung von Seele und Leib in die Gottebenbildlichkeit und Gottähnlichkeit wiederum theozentrisch. Leib und Seele sind *Teile* des Menschen. Sie gehören zum Menschen, machen aber noch nicht den vollständigen Menschen aus. Ihre Verbindung ist nicht von Dauer. Erst durch den Geist Gottes wird der Mensch zu einem Ganzen.[69] Ohne die Einwohnung des Geistes bliebe der Mensch ein Torso, ein flüchtiges Gebilde. Irenäus sagt in einem anderen Zusammenhang, die mannigfaltigen geschöpflichen Dinge seien, „jedes für sich allein betrachtet, einander entgegengesetzt und nicht übereinstimmend". Aber der Schöpfer verbinde sie durch seine Weisheit (seinen Geist) zu einem harmonischen Ganzen.[70] Übertragen auf das Verhältnis von Leib und Seele bedeutet das: „Die den Geist Gottes nicht in sich tragen", „besitzen nicht das Einigende".[71] Der Geist vollendet im Menschen die Ebenbildlichkeit in zweierlei Hinsicht: Er einigt Seele und Leib und verleiht dem ganzen Menschen unvergängliche Dauer.

Irenäus hat daher keinerlei Bedenken, auch dem Leib die Ebenbildlichkeit zuzusprechen.[72] Dabei übersieht er aber nicht die besondere Bedeutung der seelischen Fähigkeiten. Die Seele nimmt eine Mittenstellung ein, da sie sich vermöge ihrer Freiheit sowohl vom Geist wie auch vom sinnlichen Begehren bestimmen lassen kann.[73] Nur, wenn sie sich vom Geist Gottes bestimmen läßt, kommt der Mensch zu seiner leib-seelischen Einheit.

---

[69] Irenäus, haer. V,6,1; BKV 4/2, 485-487; tzt D8, Nr. 40.
[70] Irenäus, haer. II,25,2; FC 8/2 (1993) 211.
[71] Irenäus, haer. V,9,1; BKV 4/2, 493; tzt D8, Nr. 41.
[72] Irenäus, haer. V,6,1; BKV 4/2, 485-487; tzt D8, Nr. 40.
[73] Irenäus, haer. V,9,1; BKV 4/2, 493; tzt D8 Nr. 41.

Nicht die menschliche Freiheit bewirkt die Einheit von Leib und Seele, sondern der Geist Gottes im Menschen. Indem er sich, so die Freiheit ihn aufnimmt, mit dem Menschen verbindet, eint er Leib und Seele und führt sie zur unvergänglichen Gottähnlichkeit.

Die griechischen Konzeptionen vom Menschen

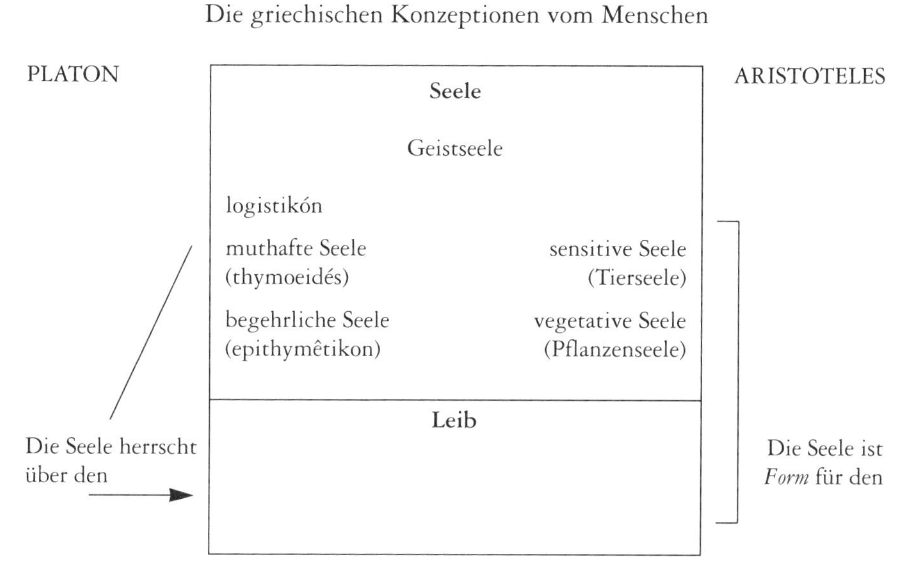

Das griechische Menschenbild ist vom Dualismus zwischen dem (vergänglichen und daher minderwertigen) Leib und der (unsterblichen und daher eigentlich allein wertigen) Seele bestimmt. Anthropologie wird im Grund zur Psychologie. Bei *Platon* besteht das Ziel des Menschen darin, die Seele aus dem Grab (sêma) des Leibes (sôma) zu befreien. Die Seele selbst hat drei „Bestandteile", deren bedeutenster das logistikón, die Vernunft (intellektuelle Erkenntnis), ist. Vor allem die Anthropologie der Kirchenväter wurde davon beeinflußt. *Aristoteles* sucht den scharfen Dualismus zu vermeiden, indem er entsprechend seiner hylemorphistischen Sicht die Seele als Form des (materiellen) Leibes bezeichnet. Aber er kennt auch noch den Geist (nous, eigentlich: Vernunft), der von außen (thyrathen) kommt und göttlich ist. Damit bleibt der fundamentale Dualismus bestehen. Die aristotelische Anthropologie hat die mittelalterliche Theologie, vor allem Thomas von Aquin, stark geprägt.

Erstellt von Wolfgang Beinert

3.1.2.2 Überordnung der Seele über den Leib

Die meisten Kirchenväter weisen jedoch den seelischen Fähigkeiten, Vernunft und Freiheit, die Aufgabe zu, den Leib und die Sinne dem Geistigen ein- oder unterzuordnen. Sie beziehen folglich auch die Ebenbildlichkeit des Menschen hauptsächlich oder sogar ausschließlich auf die Seele.[74] Zur Begründung greifen sie Gedanken der griechischen philosophischen Tradition zum Verhältnis von Leib und Seele auf. Bestimmend für die Aufnahme philosophischer Schulmeinungen bleibt aber meistens die Absicht, das leibliche und sinnliche Leben in die ebenbildliche Ausrichtung der Seele auf Gott einzubeziehen.

[74] Ambrosius, hex. 6,45; BKV 17/1, 267 f; tzt D8, Nr. 50.

Achtet man vor allem auf diese theologische Absicht und weniger auf die unterschiedlichen philosophischen Hintergründe, so heben sich zwei Grundtendenzen ab: eine ethische und eine kontemplative. Die *ethische* tritt im Westen zuerst bei *Tertullian* in Erscheinung. Im Osten findet man sie besonders im Umkreis der *antiochenischen Katechetenschule*. Der vernünftigfreie Mensch soll im leibhaftigen Tun das Gute verwirklichen.[75] Darin folgt er Christus nach, läßt sich vom Geist leiten, wird Gott ähnlich, verdient er sich das ewige Leben bei Gott. Im Leib hat der Mensch als sittliches Subjekt das notwendige und geeignete – allerdings durch die Sünde beschädigte – Werkzeug zur Verwirklichung des Guten. Der Leib hat daher selbstverständlich auch Anteil am ewigen Lohn. Nicht eigentlich Beherrschung, sondern Einordnung des Leibes ist die gestellte Aufgabe.

Die *kontemplative* Richtung wurde vor allem in der *alexandrinischen Schule* gepflegt. Ihr Ziel ist die Erkenntnis und Schau des göttlichen Urbildes von allem. Das sittliche Tun steht im Dienst dieses Zieles. Der menschliche Geist soll die leiblichen Bedürfnisse und sinnlichen Regungen so beherrschen, daß er in den sinnlichen Eindrücken allein das Geistige, in Wort und Zeichen allein den Geist Gottes erfaßt und unbehindert in der Schau der göttlichen Wahrheit verweilen kann.[76] Leib und Sinnlichkeit sind hier eher als Prüfstein der menschlichen Freiheit auf dem Wege zu ihrer geistigen Unabhängigkeit und Gottunmittelbarkeit gewertet. Man hält zwar daran fest, daß der Leib auch in die ewige Vollendung eingeht, betont aber seine völlige Durchgeistigung im Jenseits.[77]

Um die Unabhängigkeit des menschlichen Geistes vom Körperlichen zu wahren, griffen die Alexandriner (*Clemens*, *Origenes*) die platonische Unterscheidung einer niederen und einer höheren Seele auf. Danach besteht der Mensch aus drei Wesensbestandteilen: Leib, Seele *(psyche)*, Vernunft (*nous*). Man nennt diese Auffassung *Trichotomismus*. Nur die Psyche belebt den Leib, die Vernunft, auch Geist (*pneuma*) genannt, ist allein der geistigen Erkenntnis der Wahrheit, des göttlichen Logos zugewandt. Nach *Clemens von Alexandrien* entsteht die niedere Seele durch die Zeugung, die Geistseele wird dagegen direkt von Gott geschaffen.

Die Einbindung des Leibes in die Ebenbildlichkeit der Seele ist Aufgabe der menschlichen Freiheit, durch sittliches Tun oder durch Erhebung über Leib und Sinne zur geistigen Schau. Dabei kommt der Geist Gottes dem Menschen belehrend und anregend zu Hilfe, z.B. durch die Heilige Schrift und vor allem durch die Menschwerdung des Logos.

3.1.2.3 Die Synthese des *Augustinus*

Augustinus verdient schon deshalb besondere Beachtung, weil er die weitere Entwicklung der Theologischen Anthropologie im Abendland maßgeblich bestimmt hat. Aber er führt auch sachlich über die beiden genannten Grundrichtungen hinaus. Er verbindet sogar auf seine besondere Weise die Sicht des Irenäus mit der der anderen.

---

[75] Johannes Chrysostomus, hom. in Rom 14 (zu Röm 7,18); BKV 39/ 5, 242 f; tzt D8, Nr. 54.

[76] Athanasius, gent. 2; BKV 31/2, 532-534; tzt D8, Nr. 45.

[77] Vor allem Origenes, z.B. princ. III,6; H. Goergemanns, H. Karpp (Hg.), a.a.O., 601-603.

Augustins Auffassung von Leib und Seele ist von der Seinslehre (Ontologie) *Plotins* beeinflußt, der um die Mitte des 3. Jahrhunderts in Rom lehrte. Leib und Seele gehören nach Augustinus verschiedenen Stufen der guten Schöpfung Gottes an. Was die leibliche und sinnliche Seinsstufe an Gutem auszeichnet, ist auf der höheren Stufe der Seele vollkommener verwirklicht. So kann sich die Seele wohl im Leiblich-Sinnlichen ausdrücken, aber von dort nichts empfangen, was sie in sich selbst nicht in höherem Maße hätte. Der Mensch sinkt sozusagen unter sein Niveau, wenn er Leib und Sinne um ihrer selbst willen schätzt. Weil sie niederen Seins sind, wird er ihnen nur gerecht, wenn er sie zugunsten des Höheren, der Seele gebraucht.[78]

Aber auch das Sein und Gutsein der Seele ruht nicht in sich selbst. Es verweist über sich hinaus auf den Ursprung allen Seins und Guten, auf Gott. Entsprechend kommt der Mensch in seinem geistigen Selbstvollzug, in Bewußtsein (*memoria*), Erkennen und Wollen, nur zu seinem Sein und Gutsein, wenn Gottes Wahrheit (*veritas aeterna*) sein Erkennen erleuchtet und Gottes Gutsein (*summum bonum*) sein Wollen leitet. Die innere Erleuchtung durch den göttlichen Logos und die innere Bewegung durch den göttlichen Geist befähigen den Menschen zum ebenbildlichen Selbstvollzug und zum entsprechenden Gebrauch des Leibhaft-Sinnlichen. Die leibhaftige Verwirklichung des sittlich Guten wie auch die kontemplative Schau der ewigen Wahrheit beruhen auf dem Wirken Gottes im Menschen. Der menschlichen Freiheit obliegt es, sich dieser Einwirkung nicht zu verweigern, nicht auf das Niveau der vergänglichen Sinnes-und Körperwelt herabzusinken.[79]

Anders als bei Irenäus bringt die theozentrische Einbindung des Leiblichen bei Augustin ein *Wertgefälle* vom Äußeren zum Inneren, vom Geschichtlichen zum Spirituellen mit sich. Dazu haben wohl auch zeitgeschichtliche Erfahrungen beigetragen. Das einst glorreiche weströmische Reich bot zur Zeit Augustins infolge der Verheerungen durchziehender Germanenstämme das Bild eines unaufhaltsamen Verfalls. Entsprechend führt nach Augustin der Weg des Menschen zu Gott nicht durch die äußere Geschichte, sondern durch die inneren Erlebnisse und Konflikte zwischen Sinnlichkeit und Geist.

Es ist nach Augustinus letztlich Gott, der die Einbeziehung des Leiblichen in den ebenbildlichen Vollzug des menschlichen Geistes bewirkt. Durch die Erleuchtung des Verstandes und Bewegung des Willens befähigt er den menschlichen Geist, Leib und Sinne so zu gebrauchen, daß er allein in der ewigen Wahrheit und im höchsten Gut sein Genüge findet. Es handelt sich eigentlich nicht um eine Einbeziehung, sondern um eine Anbindung des Leiblichen.

3.1.3 Mensch und Welt

Durch den Leib ist der Mensch eingebunden in die Welt. Durch die Sinne nimmt er Welt wahr, wird Welt auch zum Inhalt seines bewußten Erlebens und

[78] Augustinus, civ. 14,4; BKV 16, 746-748; tzt D8, Nr. 64.
[79] Siehe z.B. Augustinus, in ps. 145,2 (5); TKV I, 384 f; tzt D8, Nr. 65.

geistigen Verstehens. „Anthropologie und Kosmologie sind siamesische Zwillinge, deren Trennung beide sterben ließe.“[80] Mit der Einbeziehung der Leiblichkeit in die Ebenbildlichkeit ist daher auch schon das Verhältnis zwischen Mensch und Welt angesprochen. Die beiden Vorstellungen zum Verhältnis von Leib und Seele: Einigung (s.o. 3.1.2.1) und Überordnung (3.1.2.2), werden auch maßgeblich für die ebenbildliche Deutung des menschlichen Weltbezuges.

3.1.3.1 Die Herrschaftsstellung des Menschen in der Welt

Nach Gen 1,26 soll der Mensch als Bild Gottes herrschen *„über die ganze Erde“*. Dieses Wort wird von den Kirchenvätern im umfassenden Sinne verstanden. Die ganze vernunftlose Schöpfung ist um des Menschen willen geschaffen, zu seinem Dienst und Nutzen. Die Fürsorge, mit der Gott alle Dinge, Pflanzen und Tiere zweckmäßig für den Menschen geschaffen hat, ist ein unerschöpfliches Thema vieler Kirchenväter. Darüber hinaus hat Gott den Menschen zum „Aufseher“ bestellt[81] und zum „Mitwirkenden mit seinem [Gottes] gütigen Willen“[82]. Um diese Aufgabe wahrnehmen zu können, ist der Mensch als ein Wesen aus Leib und Geist geschaffen. Gott setzte ihn als „eine zweite Welt, eine große in der kleinen, auf die Erde“, „als König über das Irdische und als Untertan gegenüber dem Himmel“, d.h. Gott.[83] Die den Menschen bedrohende Natur (giftige Pflanzen, wilde Tiere, Naturkatastrophen und Krankheiten) gehört nicht zur ursprünglichen Natur. Sie ist Folge des Sündenfalls, sei es, daß Gott sie in Voraussicht der Sünde geschaffen hat, sei es, daß der sündige Mensch die Herrschaft über sie verloren hat. Sie hat aber nicht nur Strafcharakter. Gott wirkt die physischen Übel, um den sündigen Menschen zur Umkehr zu bringen und ihn zu heilen.[84]

Dem Menschen kommt nach Gottes Schöpferabsicht die Herrschaft über die vernunftlose Schöpfung zu. Er bewahrt und verwirklicht diese Herrschaft aber nur dann, wenn er sie abbildlich ausübt, nach dem Bilde Gottes, der Herr ist über die vernunftlose und vernünftige Schöpfung.

3.1.3.2 Die Mittenstellung des Menschen in der Welt

Nach der anderen Vorstellung bestände die abbildliche Aufgabe des Menschen darin, die Gegensätze von Materie und Geist, Sinnlichkeit und Vernunft, in Einklang zu bringen. Er hätte die verbindende Mitte *im* Kosmos zu sein. Die philosophische Tradition bot dafür die anthropologische *Theorie vom Menschen als Mikrokosmos* an. In seiner leib-seelischen Einheit spiegelt sich die vielfältige Wirklichkeit des ganzen Kosmos. Wie die göttliche Weltseele diese vielfältige Wirklichkeit durchwaltet und zu einem geordneten Kosmos verbindet, so durchwaltet und ordnet die menschliche Seele die leiblich und sinnlich vermittelte Welt des Menschen.

---

[80] K. Lorenz, Einführung in die philosophische Anthropologie, Darmstadt 1990, 85. Vgl. in diesem Band: Schöpfungslehre 4.5.2 u. 4.5.3.

[81] Gregor von Nazianz, Auf die Geburt Christi 9-11; TKV I, 353; tzt D8, Nr. 46.

[82] Mesrop der Armenier, or. 2; TKV I, 222 f; tzt D8, Nr. 73.

[83] Gregor von Nazianz, Auf die Geburt Christi 9-11; TKV I, 353.

[84] Gregor von Nazianz, Rede nach einem Hagelschlag 5; BKV 59/1, 324-326.

Die Kirchenväter haben diese Theorie vom Mikrokosmos nur zögernd aufgegriffen. Denn der christliche Schöpfergott ist nicht die alles verbindende Mitte des Kosmos (Weltseele), sondern steht souverän über diesem. Es war schwierig, die einigende Funktion des Menschen zwischen Geist und Materie, Vernunft- und Sinneswesen mit der ebenbildlichen Bestimmung des Menschen in Verbindung zu bringen. Wo der Mikrokosmosgedanke aufgegriffen wird, kommt in den praktischen Konsequenzen meistens doch wieder das Herrschaftsmodell zum Zuge.[85] Erst *Maximus Confessor* (um 580-662) gelingt es, die Mittenstellung des Menschen in der Schöpfung in ihrer Abbildbeziehung zu Gott zu begreifen. Grundlage dafür ist, daß er Gott nicht als das Höchste in einer Seinspyramide vom Stoff zum Geist denkt. Gott ist vielmehr der welttranszendente Ursprung und Einheitsgrund von Geist und Stoff. Er bindet die geistigen und die sinnlichen Dinge an sich und neigt sie dadurch zugleich auch gegenseitig zueinander hin.[86] Als Bild des überweltlichen Gottes ist der Mensch ein einheitliches Wesen aus wechselseitiger Beziehung von Stoff und Geist. Aber als geschöpfliches Bild ist er gleichsam eingebettet in die zugleich materielle und geistige Schöpfung. „Der Mensch, bestehend aus Seele und sinnlichem Leib, wird durch seine gegenseitige naturhafte Bezüglichkeit zu beiden Reichen der Schöpfung und durch das Eigentümliche seines Wesens ebenso umgriffen, als er selbst umgreift: ... umgriffen wird er von den intelligiblen und sinnlichen Dingen, weil er selber Seele und Leib ist, umgreifen kann er sie durch seine Geistmächtigkeit, weil er Vernunft und Sinnesvermögen besitzt... . Gott aber ist einfach und ohne Grenze und liegt über alle Wesen hinaus, über die umgriffenen so gut als über die umgreifenden... ."[87] Seiner abbildlichen Mittenstellung in der Schöpfung kommt der Mensch nicht dadurch nach, daß er die Welt der Sinne beherrscht und übersteigt zum rein Geistigen. Seine Aufgabe ist es vielmehr, die „unverminderbare gegenseitige Beziehung" von Leib und Seele, Welt und Geist in den Vollzug seiner Ebenbildlichkeit einzubringen, indem er die „geistigen Dinge durch die sichtbaren hindurch" anschaut und die „sichtbaren durch die unsichtbaren hindurch" versteht.[88] Und dies gilt nicht nur theoretisch, sondern auch für das praktische Tun. Weil Leib und Geist sich gegenseitig durchdringen müssen, sind für Maximus Theorie und Praxis, Wissen und Tun gleichgewichtig.[89]

Die abbildliche Verwirklichung der Mittenstellung allein führt indes noch nicht zur Gottähnlichkeit. Wie für *Irenäus* wird auch für *Maximus* die Bestimmung des Menschen zur Gottähnlichkeit erst in und durch Jesus Christus Wirklichkeit. In ihm, dem Gottmenschen, kommt die mikrokosmische Verbindung der vielfältigen Schöpfung im Menschen zur Einheit mit der makrokosmischen Verbindung der ganzen Schöpfung in Gott, ihrem transzendenten Ursprung. Jesus Christus „eint den Mann und das Weib,... die Erde und den Himmel,...

---

[85] So bei Nemesius von Emesa; tzt D8, Nr. 72; vgl. A. Kallis, Der Mensch im Kosmos. Das Weltbild Nemesios' von Emesa, Münster 1978, 90-93.

[86] Maximus Confessor, myst. 1; PG 91, 664D-665C; H. U. von Balthasar, Kosmische Liturgie. Maximus der Bekenner. Höhe und Krise des griechischen Weltbilds, Freiburg 1962, 20.

[87] Ambig.; PG 91, 1153AB; H. U. von Balthasar, ebd., 158 f.

[88] Myst. 2; PG 91, 669D; H. U. von Balthasar, ebd., 160; tzt D8, Nr. 74.

[89] Ebd., 336-353; vgl. tzt D8, Nr. 75.

die sinnlichen und die intelligiblen Dinge ... und schließlich auf unaussprechliche Weise die geschaffene und die ungeschaffene Natur."[90] Durch gnadenhafte Teilhabe an dieser in Christus verwirklichten Einheit und durch eigenen Nachvollzug vollendet sich die abbildliche Mittenstellung des Menschen in der Schöpfung zur Gottähnlichkeit.

Unter dem Gesichtspunkt der Mittenstellung des Menschen als Mikrokosmos besteht der abbildliche Weg des Menschen darin, seine vielfältig und gegensätzlich erscheinende Welt theoretisch und praktisch zu verbinden und einzubringen in die leib-geistige Hinwendung zu Gott.

Augustinus und Maximus im Vergleich

Der Stufenbau des Menschen nach Augustinus (3.1.2.3):

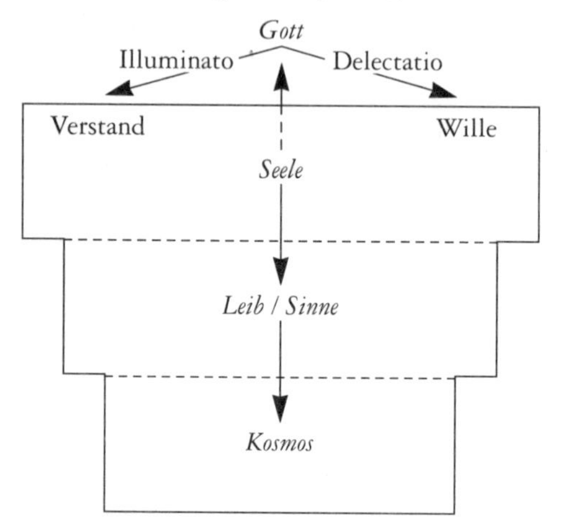

Die Mittenstellung des Menschen nach Maximus (3.1.2.2):

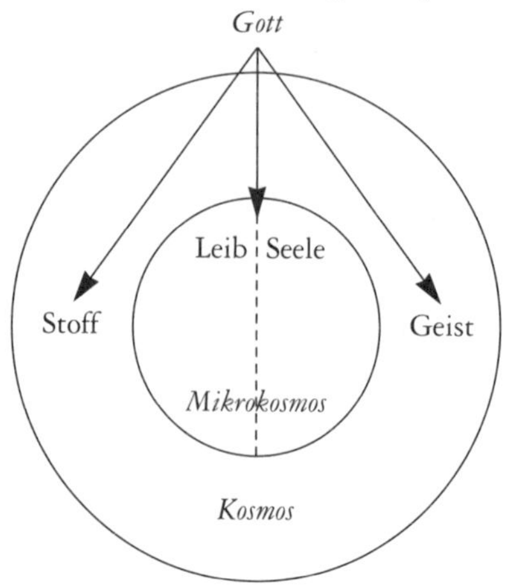

Erstellt v. M. Gennert

[90] Quaest. Thal. 48; PG 90, 435AB; H. U. von Balthasar, ebd., 269.

3.1.4 Einzelmensch und Gemeinschaft

Bei ihrer Auslegung der Bestimmung des Menschen zum Bild Gottes scheinen die Kirchenväter vom Einzelmenschen auszugehen. Denn sie sahen diese Bestimmung begründet in der Unmittelbarkeit der Geistseele zu Gott. Darum suchten sie auch in der Verbindung von Leib und Seele die Eigenständigkeit des Geistigen im Menschen zu wahren. Die mitmenschliche Beziehung kann dann eigentlich nur als Folge aus der Gottesbeziehung gedacht werden. „Denn unmöglich können jene in ihrer Gesinnung zusammenstimmen, die nicht zuvor Gott in Einstimmigkeit anhangen.“[91]

Aber der Schein trügt. Für die Kirchenväter gehören nämlich die Bestimmung des Einzelmenschen und die der ganzen Menschheit zum Bild Gottes untrennbar zusammen. Theologisch ist das selbstverständlich. Denn Jesus Christus, das vollkommene Bild Gottes, faßt die einzelnen in sich, in der Kirche als seinem Leib, zu einer „brüderlichen“ Gemeinschaft zusammen. Zur Gottähnlichkeit kommt der einzelne nur *in* dieser Gemeinschaft. Aber wie geht dieser Gemeinschaftsbezug mit der Gottunmittelbarkeit jeder Einzelseele zusammen?

3.1.4.1 Die eine, allen gemeinsame Menschennatur

Der damaligen philosophischen Tradition gemäß verstanden die Kirchenväter *das menschliche Wesen*, das in allen einzelnen Menschen verwirklicht ist, als eine allen gemeinsame Wirklichkeit. *Gregor von Nyssa* las aus Gen 1,26 sogar heraus, daß Gott zuerst diese allgemeine Natur nach seinem Bilde geschaffen habe und erst danach die ersten Einzelmenschen, Mann und Frau.[92] Auf Grund der gemeinsamen Natur neigen die Menschen dazu, sich gemeinschaftlich zu verbinden. Diese Neigung zueinander ist nach manchen Vätern auch der Zweck, weshalb Gott nicht jeden Menschen wie Adam unmittelbar geschaffen hat, sondern alle von ihm als Stammvater abstammen ließ.[93] Von Adam her besteht zwischen allen Nachkommen ein verwandtschaftliches Band. Auf Grund der Bestimmung ihrer gemeinsamen Natur zum Bild Gottes können die Menschen auch nur gemeinsam miteinander zur Fülle der Gottähnlichkeit gelangen.

Es ist daher für die Kirchenväter ohne weiteres verständlich, daß sich die Sünde der Stammeltern auch auf die gemeinsame Natur aller auswirkt. Die natürliche sinnliche Zuneigung der Menschen zueinander entgleitet der Kontrolle des Willens. Sie wird zur leidenschaftlichen Abneigung oder Hörigkeit. Gesetzliche Ordnungen und Sanktionen müssen die verlorene Kontrolle ersetzen. Auch die Gutwilligen bedürfen dieser Unterstützung, weil sich die sinnlichen Regungen nicht mehr von selbst dem geistigen Streben zur Gemeinschaft unterordnen. Aber das Motiv dieses Strebens, der christlichen Nächstenliebe, muß die Ebenbildlichkeit sein, die des anderen und die eigene. Den anderen Menschen als Bild

---

[91] Maximus Confessor, cp. 2; PG 91, 396D; H. U. von Balthasar, ebd., 187.

[92] Gregor von Nyssa, hom. opif. 16. 22; H. de Lubac, Katholizismus als Gemeinschaft, Einsiedeln 1943, 333-337; tzt D8, Nr. 49.

[93] Augustinus, civ. 22,22-23; BKV 16/2, 683-686; tzt D8, Nr. 63.

Gottes lieben heißt nach Augustinus, ihn nicht um seiner selbst willen lieben, sondern um Gottes willen.[94] Menschliche Gemeinschaft hat ihren Sinn und ihr Ziel nicht in sich selbst, sondern in Gott. Als Bild Gottes soll der Mensch Gott ähnlich werden, indem er Gottes Liebe zu allen Menschen nachahmt. Wer Gutes tut, „wird für die Empfänger ein Gott, der ist Gottes Nachahmer".[95]

Die Bestimmung zum Bild Gottes verwirklicht sich nur in Gemeinschaft, weil sie eine Bestimmung der einen Menschennatur ist, die allen Menschen gleichermaßen zukommt. Gott, dem jeder einzelne Mensch ähnlich werden soll, ist der Gott aller. Darum kann der einzelne nur mit anderen und zugunsten anderer zur Gottähnlichkeit gelangen.

3.1.4.2 Mann und Frau

Der Unterschied von Mann und Frau ist gleichsam die Nagelprobe für die Einbeziehung der Sozialnatur des Menschen in die Bestimmung zur Ebenbildlichkeit. In der allen Menschen *gemeinsamen* Natur „nach dem Bilde Gottes" hat die *Verschiedenheit* von Mann und Frau offenbar keinen Platz. Sie betrifft nicht die geistige, sondern allein die leibhaft-sinnliche Komponente des Menschen. *Gregor von Nyssa* meint, Gott habe den Menschen nur deshalb als Mann und Frau geschaffen, weil er die Sünde vorausgesehen habe.[96] Dies ist zwar eine Sondermeinung. Sie zeigt aber eine Schwierigkeit an, die sich aus dem Grundverständnis der Väter über die Verbindung von Leib und Seele ergibt. Die Beziehung zwischen Mann und Frau kommt zustande durch eine Emotionalität – sinnliches Verlangen und sinnliche Lust – , die der rationalen Bewältigung immer schon vorausgeht. Besonders der Zeugungsakt kommt für gewöhnlich nicht ohne eine irrationale Erregung zustande. Dies widerspricht aber der Verbindung von Sinnlichkeit und Geist, wie sie dem Menschen als Bild Gottes gemäß ist. Es setzt nicht nur die geistige Beherrschung der Sinne außer Kraft, sondern auch die wechselseitige Durchdringung von beidem. Sinnliches Verlangen und sinnliche Lust sind zwar nicht als solche Sünde. Aber die Entmachtung des Willens und der Vernunft durch die Sinne ist für die Kirchenväter die Folgeerscheinung der Abkehr des Willens von Gott. So haftet zwar *nicht dem Sein* von Mann und Frau, wohl *aber ihrer tatsächlichen Beziehung* fast zwangsläufig etwas an, das in die Bestimmung der Menschen zum Bilde Gottes nicht einbezogen werden kann.

Die Kirchenväter sahen daher keinen Widerspruch zwischen den Aussagen des Paulus, daß einerseits in Christus kein Unterschied ist zwischen Mann und Frau (Gal 3,29) und daß andererseits der Mann *„Abbild und Abglanz Gottes"*, die Frau aber *„Abglanz des Mannes"* ist (1 Kor 11,7). Denn die erste Aussage bezieht sich für sie auf die in Christus vollendete geschöpfliche Abbildlichkeit aller Menschen, die zweite auf die individuell differenzierte leibliche Erscheinungsform dieser allgemeinen Abbildlichkeit. Die allgemeine ist unverlierbar, die individuelle unterliegt der Bestimmung durch den freien Willen. Während die alexan-

---

[94] Augustinus, doctr. christ. 1,20-21; TKV II, 467 f; tzt D8, Nr. 71.

[95] Diogn. 10; K. Wengst (Hg.), Schriften des Urchristentums. 2. Teil, Darmstadt 1984, 333.335.337; tzt D8, Nr. 44.

[96] Gregor von Nyssa, hom. opif. 16. 22; H. de Lubac, a.a.O., 333-337; tzt D8, Nr. 49.

drinische Theologie dazu neigte, die geschlechtliche Differenzierung selbst bereits als eine Folge der Sünde anzusehen (s.o. *Gregor von Nyssa*), hielt sich die antiochenische Theologie an den Text der Genesis: Mann und Frau sind gleichwertig als Bild Gottes geschaffen (Gen 1,27). Die Herrschaft des Mannes über die Frau ist Folge und Strafe des Sündenfalls (Gen 3,16).[97] *Johannes Chrysostomus* war noch besonders um den Nachweis bemüht, daß die Frau infolge ihrer Unterordnung unter den Mann „weder in weltlichen noch in geistigen Dingen eine unbedeutendere Rolle als der Mann“ spiele. Die Keuschheit z.B. könne sie viel besser bewahren als der Mann, „da die Glut der Sinnlichkeit sie nicht so sehr belästigt“.[98] Nicht die Sinnlichkeit selbst verstößt gegen die Tugend der ehelichen Keuschheit, aber sie ist ihrer Natur nach ungeordnet und somit der Steuerung durch den Willen unterstellt.[99] Aufgabe des Willens ist es, das sinnliche Begehren und die sinnliche Lust auf Gott hinzulenken. Die sinnliche Neigung und Vereinigung von Mann und Frau ist nur die vorläufige Voraus-Darstellung der geistigen Vermählung zwischen Gott und der Menschheit bzw. Christus und der Kirche.

An dem Verhältnis zwischen Ebenbildlichkeit und Zweigeschlechtlichkeit des Menschen wird für die Väter anschaulich, daß die Sinne und die sinnlich gegebene Wirklichkeit insgesamt nur im Hinblick auf ihren übersinnlichen geistigen Gehalt in den Vollzug der Ebenbildlichkeit einbezogen werden.

3.1.5 Leben und Sterben

In den ersten christlichen Jahrhunderten der Verfolgung gehörte die ständige Bereitschaft, für den Glauben an Christus zu sterben, zur Lebenseinstellung jedes Christen. Der Märtyrertod galt als die Vollendung der Nachfolge Christi. Diese Bereitschaft, den Leib der tötenden Gewalt preiszugeben, wurde gefestigt durch die Glaubensgewißheit, daß die Seele unzerstörbar mit Christus verbunden ist. Die äußere leibliche Unterlegenheit wurde erträglich durch die innere seelische Überlegenheit. Diese Erfahrung mag die Übernahme der Auffassung vom *Tod als Trennung von Leib und Seele* aus der griechischen Philosophie begünstigt haben. Nach der Verfolgungszeit war der Märtyrertod in der Regel nicht mehr gefordert. Die Bereitschaft zu sterben blieb aber wesentliches Kennzeichen des christlichen Weges zu Gott. Das Leben nach dem Bilde Christi blieb primär und zentral Kreuzesnachfolge.

3.1.5.1 Vorwegnahme der Trennung von Leib und Seele

Wir hatten gesehen, daß das Leibhaft-Sinnliche dadurch in die Bestimmung des Menschen zum Bild Gottes einbezogen wird, daß die Geistseele es beherrscht bzw. durchdringt. Der Mensch darf nicht im Sinnlichen aufgehen und zur Ruhe

[97] Johannes Chrysostomus, hom. in Gen. 17; TKV I, 323 f.
[98] Johannes Chrysostomus, hom. in 2 Tim. 10,3; TKV III, 600 f.
[99] Johannes Chrysostomus, hom. in Rom. 14,2; Übersetzung nach BKV 39/5, 1510-1513; tzt D8, Nr. 55.

kommen wollen. Er ist vielmehr dazu geschaffen, daß er in Gott zur Ruhe kommt. Nach *Ambrosius* ruhte Gott, nachdem er den Menschen geschaffen hatte, „im Innern des Menschen, er ruhte in dessen Geist und Willen"[100]. Der nach dem Bilde Gottes Lebende nimmt folglich von der Befriedigung in der Sinnenwelt Abstand. Er vollzieht eine Trennung von Leib und Seele, ein Sterben. In diesem Sinne bedeutet menschliches Leben nach dem Bilde Gottes ein ständiges Sterben. Die Zielrichtung des äußeren sinnlichen Lebens, Befriedung des Begehrens in der sinnlichen Lust, wird abgetrennt, abgetötet, damit das innere Leben mit Christus obsiege.[101]

Das Verständnis des Lebens als eines ständigen Sterbens ergibt sich aus der Einbeziehung des Sinnenlebens in die Gottebenbildlichkeit. Das Beherrschen bzw. geistige Durchdringen des Sinnlichen schließt eine Loslösung von dem sinnlichen Erleben, eine Trennung der Seele vom Leib ein.

3.1.5.2 Die Erfahrung der Zeit als seelisches Sterben

Augustinus erkennt ein ständiges Sterben nicht nur im leibhaft-sinnlichen, sondern auch im geistigen Leben des Menschen. Das geistige Bewußtsein ist durch die Zeit zerteilt in Zukünftiges, Gegenwärtiges und Vergangenes. Es weiß gegenwärtig um Zukünftiges, das noch nicht ist, um Vergangenes, das nicht mehr ist, und um das, was in diesem Augenblick wirklich ist. In jedem Augenblick wird gegenwärtig, was im vorhergehenden noch zukünftig war. In jedem Augenblick wird Vergangenheit, was vorher gegenwärtig war. Menschliches Dasein vollzieht sich also von Augenblick zu Augenblick als Leben und Sterben.[102]

Augustinus folgert daraus, daß der zeitliche Mensch von sich aus niemals ganz zu sich selbst kommen kann. Auch die Spitze seines geistigen Bewußtseins ist ständig im Übergang vom Noch-nicht-Sein zum Sein und vom Sein zum Nichtmehr-Sein. So bleibt der Mensch zeit seines Lebens auf der Suche. Sein zeitlich zerteiltes Dasein kann nur ganz auf einmal gegenwärtig sein, wenn es in Gott „zusammenfließt".[103] Erst wenn Gott die Mischung aus Leben und Sterben, als die sich der zeitliche Mensch erfährt und verwirklicht, in seine Ewigkeit hineinnimmt, wird das ganze menschliche Leben unzerteilte Gegenwart. Nur in der Hinwendung zum ewigen Gott folgt der zeitliche Mensch seiner Bestimmung zum Bild Gottes.

Im Wissen um Vergangenes, Gegenwärtiges und Zukünftiges erfährt sich der Mensch als ein ständig Werdender und Vergehender. Die Zeiten seines Lebens können nicht in ihm selbst zu einem Ganzen werden. Nur vom überzeitlichen Gott her und auf ihn hin sammeln sich die Lebenszeiten zum Ganzen, zu dem Bild Gottes, das er sein soll und – auf rechte oder falsche Weise – sein will.

---

[100] Ambrosius, hex. 6,75; BKV 17/1, 292 f; tzt D8, Nr. 51.

[101] Ambrosius, bon. mort. 8-12; TKV II, 557-559; tzt D8, Nr. 52.

[102] Augustinus, comm. in Jo. 38,10; TKV IV, 394 f; tzt D8, Nr. 68.

[103] Augustinus, conf. 11,37-39; H. U. von Balthasar, Die Bekenntnisse, Einsiedeln 1985, 313-315; tzt D8, Nr. 69.

3.1.6 Das durchgehende Kernthema der patristischen Anthropologie

Wie sich gezeigt hat, stießen die Kirchenväter bei ihrem Bemühen, die Bestimmung des Menschen zum Bilde Gottes theoretisch und praktisch zu erläutern, immer wieder auf das Verhältnis von Leib und Seele. Die dem Menschen eigentümliche Erfahrung des Unterschieds oder gar Gegensatzes zwischen sinnlichem Erleben und geistigem Erfassen seiner Wirklichkeit war der anthropologische Problemansatz für die Auslegung der Ebenbildlichkeit, im Hinblick auf seinen Welt- und Gemeinschaftsbezug wie auf seine Zeitlichkeit und Vergänglichkeit. Um der Bildbeziehung zu Gott willen schien die Eigenständigkeit des Geistigen unaufgebbar. Infolge des mehr oder weniger konsequenten Festhaltens an der Eigenständigkeit des Geistigen und seiner unmittelbaren Beziehung zu Gott bekam die sinnliche Wirklichkeit von Welt und Gemeinschaft als solche unvermeidbar den Charakter des Vorläufigen. In dieser Hinsicht hat die Patristik die Frage nach der Vollendung des ganzen sinnlich-geistigen Menschen weitergereicht an die mittelalterliche Theologie.

3.2 Neue anthropologische Akzente in der Theologie des Mittelalters

Die Theologische Anthropologie des Mittelalters baut auf dem patristischen Erbe auf, vor allem auf *Augustinus*. Aber Augustinus hatte in einer alten Welt gelebt, die seit langem gesetzlich geordnet und durch einen Beamtenapparat verwaltet war, aber allmählich unaufhaltsam zerfallen war. Die mittelalterliche Anthropologie wurde dagegen geboren aus der Erfahrung einer jungen Welt, die noch dabei war, Gestalt anzunehmen. Es galt, das geistige Erbe der Antike nach den Wirren der Völkerwanderung neu zu entdecken und anzueignen. Die zum christlichen Glauben bekehrten Germanenstämme mußten in einer übergreifenden Friedensordnung verbunden werden. Als deren Grundpfeiler hatten sich bereits in den Wirren der Völkerwanderung herausgebildet: die Gefolgschaftstreue der Stammesangehörigen und die uneigennützige Fürsorge der Stammesführer (*Lehenswesen*). Ein großes Vertrauen in die menschliche Erkenntnisfähigkeit und ein hoher Anspruch an den uneigennützigen Willen des einzelnen waren von daher dem Selbstverständnis des mittelalterlichen Menschen in die Wiege gelegt.

3.2.1 Die begriffliche Differenzierung der Ebenbildlichkeit

Die Abhängigkeit von Augustinus wird ganz augenscheinlich in der begrifflichen Fassung der biblischen Rede vom Menschen als Bild Gottes.

3.2.1.1 Die Festlegung des Bildbegriffs auf die Trinität

Die mittelalterlichen Theologen bezogen die Gottebenbildlichkeit (*imago Dei*) durchweg nicht auf Christus, sondern – wie Augustinus – auf die göttliche Dreifaltigkeit. *Petrus Lombardus* (+ 1160) lehnte in seinen Sentenzen, die zum „theologischen Schulbuch“ des Mittelalters wurden[104], das christologische Verständnis der *Imago* aus theologischen Gründen ab.[105] Für den Menschen als Bild der Dreifaltigkeit Gottes kam der Fachausdruck „geschaffene Trinität“ (*trinitas creata*) in Gebrauch. Die Gleichgestaltung mit Christus wurde indes nicht ganz übersehen. *Thomas von Aquin* brachte sie in Zusammenhang mit den Sakramenten. Aber über das Verhältnis zwischen der geschaffenen Trinität und der sakramentalen Christusförmigkeit reflektierte auch er nicht.[106]

Durch die Festlegung des Bildbegriffs auf die geistigen trinitarischen Vermögen *Gedächtnis* – im augustinischen Sinne von „im Bewußtsein haben“ (s.o. 3.1.1.3) –, *Verstand*, *Wille* wird zugleich ein bestimmtes Verständnis der Trinität festgeschrieben. Gott ist Geist, der sich in Erkennen und Wollen vollkommen selbst besitzt. Gegen diesen vom menschlichen Geistesleben abgeleiteten trinitarischen Gottesbegriff hat in der Frühscholastik *Gilbert von Poitiers* (+ 1154) Einspruch erhoben.[107] In der Tat ist er zumindest einseitig. Unter dem Aspekt der Theologischen Anthropologie wird das an Folgendem deutlich: Der menschliche Geist ist nach dieser Auffassung abbildlich auf Gott bezogen, insofern Gott sich selbst erkennt und liebt. Das leibhaft tätige Leben hat folglich einen niederen Rang als das geistige. Das tätige Leben ist gleichsam eine Durchgangsstufe zum geistigen Erkennen und Lieben Gottes. Die Vermittlung Jesu Christi muß dann – abgesehen von der Erlösung von der Sünde – vor allem darin bestehen, daß er dem Menschen diesen trinitarischen Selbstvollzug Gottes offenbart und so zugänglich macht.

Der Mensch – Bild Gottes

christologisch		trinitarisch	
Gott/ Urbild	Vater Sohn Geist	Gott:	Vater – Sohn – Geist
Bild Gottes:	Christus	Bild der Trinität:	Gedächtnis – Verstand – Wille
Bild Christi	Mensch mit Leib und Seele	Bild Gottes:	Geistseele des Menschen

Erstellt von M. Gennert

[104] L. Scheffczyk, Schöpfung und Vorsehung (HDG II/2a), Freiburg-Basel-Wien 1963, 81.

[105] Petrus Lombardus, Sentenzen: liber sententiae in IV libris distinctae. Tom. I, pars I (ed. Grottaferrata 1971), liber II, dist. 16, ep. 3, 407-409.

[106] L. Hödl, Die Gottebenbildlichkeit des Menschen und der sakramentale Charakter des Christen: M. Gerwing (Hg.), Welt-Wissen und Gottes-Glaube in Geschichte und Gegenwart, St. Ottilien 1990, 191-211.

[107] Siehe St. Otto, Gottes Ebenbild in Geschichtlichkeit, a.a.O., 93-96.

Dagegen erhält nach der *christologischen* Auslegung des Bildbegriffs der abbildliche Mensch Anteil an der Beziehung Jesu Christi zum Vater im Heiligen Geist. Jesus Christus ist nicht nur der Weg zur Erkenntnis und Liebe des dreifaltigen Gottes, er ist der Weg in das Mysterium des Lebens Gottes hinein. Indem der abbildliche Mensch Jesus Christus nachfolgt in Erkennen, Wollen *und* Tun wird er dem Ur-Bild Gottes, Jesus Christus, mehr und mehr ähnlich, wächst er in die vom Geist Gottes erfüllte Beziehung Christi zum Vater hinein.

Die begriffliche Fixierung der Bestimmung des Menschen zum Bild Gottes auf die Beziehung der geistigen Vermögen zum trinitarischen göttlichen Geist hat den christologischen Aspekt, die Vollendung der menschlichen Ebenbildlichkeit in Christus, zurückgedrängt.

3.2.1.2 Die Unterscheidung von *Bild* und *Ähnlichkeit*

Auch in diesem Punkt hat sich die Auffassung des Augustinus weitgehend durchgesetzt. Irenäus und die Alexandriner hatten mit dieser Unterscheidung die Dynamik der Bestimmung zum Bilde – von der Anlage zur Verwirklichung – erfaßt. Dieser Dynamik suchten die Scholastiker Rechnung zu tragen, indem sie eine dreifache *Imago* unterschieden: die geschöpfliche (*imago naturae*), gnadenhafte (*gratiae*) und die vollendete (*gloriae*). *Thomas von Aquin* konnte aber auch der griechischen Unterscheidung einen Sinn abgewinnen. Ähnlichkeit könne in einem allgemeinen Sinne wie bei Augustinus und einem speziellen Sinne verstanden werden. Im speziellen Sinne könne ein Bild dem Abgebildeten mehr oder weniger ähnlich sein bzw. werden.[108]

Die Unterscheidung zwischen *imago naturae, gratiae und gloriae* drückt zwar auch die heilsgeschichtliche Dynamik aus, teilt sie aber in zuständliche Etappen auf. Aus der Sicht der griechischen Kirchenväter, besonders des Irenäus, steht auch der Sünder unter dem Heilswillen Gottes. Gott erzieht ihn durch sein Wirken in der Geschichte zu einem Leben, das seiner Bestimmung zum Bild Gottes gemäß ist. Er bringt ihn auf den Weg vom Bild zur Ähnlichkeit. Diese Kontinuität im Schaffen Gottes an seinem geschöpflichen Abbild und ihre Auswirkung auf die freiheitliche Eigentätigkeit des Menschen kommen in der scholastischen Unterscheidung der *Imago* nach den drei Stadien: Schöpfung – Gnade – Vollendung, weniger deutlich zum Ausdruck. Die Verwirklichung der *Imago* weckt hier eher die Vorstellung einer Leiter, auf der man vorankommt, indem man Stufe um Stufe übersteigt, als eines Weges, auf dem man alles auf- und mitnimmt. *Bonaventura* (1221-1274) hat die Stufenleiter vom geschöpflichen Bild zum gnadenhaften Bild und zur Vereinigung mit dem göttlichen Urbild in seinem *Itinerarium*, dem Pilgerbuch der Seele zu Gott, in unübertroffener Weise dargestellt.[109]

Die Dynamik, die in der Bestimmung des Menschen zum Bild Gottes liegt, erhält in der mittelalterlichen Anthropologie ihre begriffliche Fassung in Gestalt

[108] Thomas von Aquin, S.th. I, q. 93, a.9: Die deutsche Thomas-Ausgabe, Bd. 7, München 1941, 81-84; tzt D8, Nr. 89.

[109] Bonaventura, Itinerarium mentis in deum VII,1: J. Kaup (Hg.), Bonaventura, Itinerarium mentis in deum. De reductione artium ad theologiam, München 1961, 147. 149; tzt D8, Nr. 82.

der Unterscheidung zwischen dem natürlichen, gnadenhaften und eschatologischen Bild Gottes. Die Verwirklichung erscheint demnach als ein stufenförmiger Aufstieg, wie ihn bereits Augustinus vorgezeichnet hat.

3.2.2 Der freiheitliche Selbstvollzug der Seele

Schon Augustinus hatte die Bildbeziehung des Menschen zu Gott am bewußten Vollzug von Erkennen und Wollen abgelesen. Darin ist ihm das Mittelalter weitgehend gefolgt. Aber er sah, und zwar im Lauf seiner Entwicklung immer mehr, diesen Vollzug vornehmlich bestimmt von dem her, was den Menschen anzieht und bewegt: die sinnlichen Dinge oder Gottes Wahrheit und Güte. Der mittelalterliche Mensch ging offenbar mehr von den seelischen Kräften aus, die in ihm selbst, in seiner geistigen Natur liegen. Dies ist sicherlich nicht neu. Auch die Kirchenväter, besonders Tertullian, betonten die Selbstmächtigkeit des Menschen. Aber dies war nur der eine Pol. Der andere war das Wirken der göttlichen Vorsehung und Erziehung. Natürlich wird dieser auch in der mittelalterlichen Theologie nicht übersehen. In den Vordergrund rückt dennoch stärker die Frage, wie der Mensch vermöge seiner Erkenntnis- und Willenskräfte sich selber einbringt in die Bestimmung zum Bilde Gottes, geschöpflich, gnadenhaft und eschatologisch. Das Ringen um diese Frage und die verschiedenen Antworten sollen an drei großen Theologen aufgezeigt werden.

3.2.2.1 *Anselm von Canterbury*: Der Vorrang des Willens

Der neue anthropologische Akzent ist bereits bei *Anselm von Canterbury* (1033-1103), dem bewundernden Anhänger des Augustinus, deutlich zu erkennen. *Johannes Duns Skotus* (1265/66-1308) hat die Willenslehre Anselms ausdrücklich aufgegriffen und den Primat des freien Willens bei Gott und beim Menschen noch radikaler entfaltet. Freilich war im Spätmittelalter der Kontext ein anderer. Der anthropologische Grundansatz läßt sich an Anselm leichter verdeutlichen als an der komplizierten Denkweise des Duns Skotus.

Mit Augustinus sah Anselm die Abbildlichkeit des Menschen darin, daß er „sich seiner bewußt (*sui memor*) und erkennend und liebend sein kann“; und noch mehr darin, daß er sich damit zugleich der göttlichen Dreifaltigkeit „bewußt werden, sie erkennen und lieben kann“.[110] Aus der Abbildlichkeit ergibt sich als vornehmste Aufgabe, das „eingeprägte Bild durch willentliches Wirken auszuprägen“. Die Erkenntnis der Abbildbeziehung allein wäre „völlig unnütz und überflüssig“ ohne ihre Verwirklichung durch den Willen. Daraus folgt, daß all das, was im Vermögen der abbildlichen Seele ist, „mehr sein muß im Willen“.[111]

Wie geschieht diese willentliche Ausprägung? Anselm unterscheidet drei Bedeutungen von *Wille*: den Willen als *Werkzeug*, als *Neigung*, die diesem Werkzeug eigen ist, und als *Gebrauch*. „Werkzeug nennen wir Wille, wenn wir sagen,

[110] Anselm von Canterbury, Monologion 67: P. F. S. Schmitt (Hg.), Anselm von Canterbury, Monologion. Lateinisch-deutsche Ausgabe, Stuttgart-Bad Cannstatt 1964, 195; tzt D8, Nr. 76.
[111] Anselm von Canterbury, Monologion 68; ebd., 197; tzt D8, Nr. 76.

daß wir unseren Willen verschiedenem zuwenden... ."[112] Mit der Kennzeichnung *Werkzeug* wird die Freiheit, der freie Gebrauch des Willens, angesprochen. Aber dieses Werkzeug bringt seiner geschöpflichen Natur nach eine Eignung mit. Der Wille hat zwei Neigungen: er strebt nach dem Angenehmen (*commodum*), und er strebt nach dem Richtigen (*justitia*). Diese beiden Neigungen sind in allem wirksam, was der Mensch im tatsächlichen Gebrauch seines Willens will. Während aber das Streben nach dem Angenehmen unverlierbar ist, geht das Streben nach dem Richtigen verloren, wenn der Mensch sich unter Mißachtung des Richtigen für das Angenehme entscheidet. Er verliert dadurch zwar nicht die Freiheit für das Werkzeug. Da aber das Werkzeug nur noch dem Angenehmen zuneigt, ist er unfrei für das Richtige und Gute. Ohne das Richtige zu wollen und zu verwirklichen, kann der Mensch aber letztlich auch das Angenehme, die unvergängliche Glückseligkeit in der Erkenntnis und Liebe des dreifaltigen Gottes, nicht erreichen, nicht verdienen. Denn: „Die Glückseligkeit hat Gott dem Menschen ... zu dessen Annehmlichkeit gegeben, die Gerechtigkeit aber zu seiner eigenen Ehre."[113] Beides gehört untrennbar zusammen: Gottes Fürsorge für das Leben und Glück des Menschen und des Menschen freies, uneigennütziges Tun dessen, was Gottes schöpferischem Willen gerecht wird.

Hinter dieser Ausdeutung der Bildbeziehung des Menschen zu Gott wird die *Lehensordnung* als Erfahrungsbasis deutlich. Indem Gott die Schöpfung den Menschen zum Lehen gibt, übernimmt er die Sorge für Leben und Glück der Menschen, wenn und solange die Menschen ihm, gegebenenfalls unter Hintansetzung ihres eigenen Vorteils oder gar Lebens, Lehensgefolgschaft leisten. Die Freiheit des Menschen im Gebrauch des Willens zur Gerechtigkeit war Anselm so wichtig, daß er die Erlösung durch den Kreuzestod Christi vor allem in der Wiederherstellung dieser Freiheit sah.[114]

Bei Anselm rückt die freie Entscheidung im Einsatz der geistigen Fähigkeiten, vor allem des Willens, in den Mittelpunkt der Bildbeziehung des Menschen zu Gott. Vorgegeben sind dieser Entscheidung die beiden Grundstrebungen des Willens auf die Glückseligkeit und auf die Gerechtigkeit. Aber nur die primäre Entscheidung für die Gerechtigkeit führt auch zur Glückseligkeit.

3.2.2.2 *Thomas von Aquin*: Der Vorrang des Erkennens

Thomas von Aquin wies der Erkenntnis die führende Rolle zu für die Verwirklichung der menschlichen Bestimmung zum Bild Gottes. Das zeigt sich schon daran, daß er im Zusammenhang mit der Abbildlichkeit des Menschen abkürzend von der Vernunftnatur (*natura intellectualis*) des Menschen spricht.[115] Denn die augustinische *memoria*, das Bewußtsein von sich selbst, ist kein eigenes Vermögen. Sie ist eine Eigentümlichkeit des Erkenntnisvermögens.[116] Und der Wille

---

[112] Anselm von Canterbury, De concordia III,11; FC 13 (1994) 339 f.

[113] Anselm von Canterbury, De concordia III,13: FC 13 (1994) 353.

[114] Siehe tzt D8, Nr. 78-79; vgl. G. Greshake, Der Wandel der Erlösungsvorstellungen in der Theologiegeschichte: Erlösung und Emanzipation (QD 61), Freiburg-Basel-Wien 1973, 338.

[115] Thomas von Aquin, S.th. I, q. 91, a.3c: Deutsche Thomas-Ausgabe, Bd. 7, 55-58.

[116] Thomas von Aquin, S.th. I, q. 79, a.7: Deutsche Thomas-Ausgabe, Bd. 6, Salzburg-Leipzig 1937, 170-173.

steht unter dem Intellekt, da er vom Urteil des Intellekts geleitet werden muß.[117] Von Natur aus strebt der Wille immer nach dem Glück. Wie im irdischen Dasein ein möglichst glückliches Leben und Zusammenleben der Menschen zu erreichen ist, kann nur der natürliche Intellekt dem Willen vorhalten. Wie darüber hinaus die ewige Glückseligkeit zu erlangen ist, muß ihm wiederum die vom Glauben erleuchtete Vernunft sagen. Schließlich, auch die Vollendung selbst in der seligen Schau Gottes besteht wesentlich im Akt der Erkenntnis, dem dann die Liebe als Reaktion des Willens folgt.[118]

Der Intellekt weist nach Thomas von Aquin in allem den Weg, auf dem der Mensch seine irdische Wirklichkeit in die Bildbeziehung zu Gott einbringt und zu ihrer Vollendung in Gott gelangt.

3.2.2.3 *Bonaventura*: Der Vorrang des Gefühls (*affectus*)

Das Affektive gehört nach der mittelalterlichen Psychologie zum Willensvermögen. Nach der Anselmschen Willenslehre würde es zu den eigentümlichen Neigungen des Werkzeuges gehören, mit dem der Mensch will. Worum es aber bei *Bonaventura* geht, ist nicht die Richtung des naturhaften Strebens, sondern die Heftigkeit oder Intensität, die wir heute Gefühlsbewegung oder Emotion nennen. Sie wird lokalisiert im Herzen des Menschen.

Wer den Spuren Gottes in der Schöpfung, dem Bilde Gottes in der Seele und über sie hinaus dem vollkommenen Bilde Gottes in Jesus Christus, dem Gekreuzigten, folgen will, um zu Gott selbst zu gelangen, der muß nach Bonaventura vor allem ein Mensch der Sehnsucht (*vir desideriorum*) sein. Er muß brennen vor Sehnsucht.[119] Die Erforschung der Schöpfung und das Studieren der Heiligen Schrift nützen dem Menschen nichts, wenn sie ihn nicht emotional ergreifen. Sie müssen so betrieben werden, daß sie in ihm die Sehnsucht nach Gott entfachen. Die gefühlsmäßige Intensität der Liebe zu Gott ist die treibende Kraft auf dem Weg zu Gott. Sie ist es auch, die den Menschen schließlich zur Glückseligkeit in Gott selbst erhebt. Menschliches Erkennen versagt letztlich gegenüber dem unbegreiflichen Wesen Gottes. Die freie Übereinstimmung unseres Willens mit dem Willen Gottes bleibt zurück hinter der unerschöpflichen Güte Gottes. Alle geistigen Tätigkeiten müssen aufhören, wenn die Flammenspitze des Gefühls (*apex affectus*) hinübergetragen (*transferatur*) und umgeformt (*transformetur*) werden soll in Gott.[120]

Bei Bonaventura übernimmt die emotionale Ergriffenheit des Herzens die Führung auf dem Weg des Menschen zu Gott. Die anderen Seelenkräfte dienen dazu, die Intensität des Gefühls, der affektiven Liebe zu Gott, zu steigern bis zur Ekstase.

3.2.2.4 Vergleich der Konzeptionen

Charakteristisch für alle drei Anthropologien ist, daß sie die verschiedenen Äußerungen des seelischen Lebens einzubinden suchen in die Bildbeziehung zu

[117] Thomas von Aquin, S.th. I, q. 82, a.3 und 4: Deutsche Thomas-Ausgabe, Bd. 6, 222-230.
[118] Thomas von Aquin, S.th. I, q. 3, a.4: Deutsche Thomas-Ausgabe, Bd. 1, Graz u.a. 1982, 62-66.
[119] Bonaventura, Itinerarium, prol. 3 und 4, a.a.O., 47-51.
[120] Bonaventura, Itinerarium VII,4, a.a.O., 151; tzt D8, Nr. 82.

Gott, indem sie bei aller Betonung der wechselseitigen Beeinflussung der seelischen Tätigkeiten jeweils *einer* die stärkste Zugkraft auf Gott hin zuerkennen. Dem entspricht dann auch die Auffassung von der Vollendung. Diese besteht primär in der völligen Übereinstimmung mit dem Willen Gottes, in der unvermittelten Erkenntnis Gottes oder im ekstatischen Überschwang der affektiven Liebe zu Gott. Ihren eigentlichen theologischen Unterscheidungsgrund haben die verschiedenen anthropologischen Konzepte in der verschiedenen Vorstellung von Gott. Das ist verständlich, denn Theologische Anthropologie hat ja den Menschen nach dem Bilde Gottes zum Gegenstand.

3.2.3 Die Leib-Seele-Einheit des Menschen

Das theologische Bemühen um ein einheitliches Verständnis des auf Gott bezogenen Menschen erstreckte sich auch auf das Verhältnis von Leib und Seele. Die bedeutendste Neuerung in dieser Sache ist das thomistische Verständnis der Seele als einziger Form des ganzen leib-seelischen Menschen. Diese Lehre stieß zunächst auf heftigen Widerstand. Sie widersprach der für jedermann erfahrbaren Pluriformität der menschlichen Wirklichkeit. Sie schien auf der einen Seite unvereinbar mit der besonderen Gottesbeziehung der vernunftbegabten (Geist-) Seele. Auf der anderen Seite schien sie aber auch der christlichen Verehrung des toten Leibes Christi sowie der Reliquien der Heiligen nicht gerecht zu werden.[121] Denn wenn die Seele den Körper zum menschlichen Leib macht, gehört der Leichnam nicht mehr zu dem verstorbenen Menschen. Es ging also um die Einheit der vielfältigen Wirklichkeit des Menschen. Wie schon in der Patristik wurde dieses Problem am Verhältnis von Leib und Seele thematisiert.

3.2.3.1 Die Geistseele als Formprinzip des Leibes

Von der Patristik und Augustinus her stellte sich das Problem so: *Wie sind die beiden seinsmäßig verschiedenen Substanzen Leib und Seele miteinander verbunden?* Thomas lehrte nun in Aufnahme aristotelischer Gedanken, sie seien nur eine Substanz, d.h. sie bildeten als *Form* und *Materie* die eine Substanz des menschlichen Wesens. Nach Aristoteles besteht jedes veränderliche „Ding" ontologisch aus zwei Seinsprinzipien: Form und Materie. Das Prinzip *Form* gibt dem Ding seine Gestalt, sein Wesen; das Prinzip *Materie* nimmt diese Gestalt auf. Sie macht das Ding zu *diesem* einzelnen. Übertragen auf das Leib-Seele-Verhältnis bedeutet dies: Die Geistseele macht das Körperliche zum menschlichen Leib. Und der Leib gibt dem Geistigen das konkrete Dasein als menschlicher Geist. Es gehört folglich zum Wesen der menschlichen Seele, daß sie leibhaftig wirklich und tätig ist. Das Körperliche am Menschen ist dann nicht von gleicher Art wie leblose, pflanzliche und tierische Körper, sondern von der Geistseele belebter und geprägter Körper, d.h. menschlicher Leib.[122]

---

[121] Th. Schneider, Die Einheit des Menschen, Münster ²1988, 57-63.

[122] Thomas von Aquin, S.th. I, q. 76, a.1 und 4: Deutsche Thomas-Ausgabe, Bd. 6, 34-44, 61-67; tzt D8, Nr. 83.

Für die geistigen Tätigkeiten des Menschen folgt daraus, daß sie sinnlich vermittelt sind. Aus sinnlichen Eindrücken gewinnt der Mensch seine geistigen Einsichten und Urteile, auch seine Erkenntnis Gottes.[123] An den sinnlichen Bedürfnissen wird ihm das Streben seines Willens nach Glückseligkeit bewußt. Für die sinnlichen Wahrnehmungen und Bedürfnisse folgt daraus, daß sie ihrer Natur nach dem Geistigen nicht widerstreiten. Im Gegenteil, sie drücken auf leibhaft-sinnliche Weise die Wirklichkeit und Tätigkeit der Geistseele aus. Die Geistseele ist ihr formgebendes Prinzip.

Das Leib-Seele-Problem in der christlichen Interpretation

Altertum

Die meisten Väter vertreten einen platonisch beeinflußten Dualismus mit hierarchischen Tendenzen
Leib – Seele – (Geist –) = Mensch
(Klemens v. Alexandrien, Augustinus).
Nur wenige Kirchenväter denken monistisch (Ignatius v. Antiochien, Tertullian).

Mittelalter

Unter dem Einfluß des aristotelischen Hylemorphismus setzt sich ein grundsätzlicher Monismus durch:
anima est forma (unica) corporis
(Thomas v. Aquin).

Lehramt

Die menschliche Seele ist weder
– ein Teil Gottes
– noch von göttlicher Substanz
– noch präexistent
(DH 188, 403, 455-464, 685, 977).
sondern
– die einzige „Form" des Leibes
(DH 902, Vienne: 1440, Lateran V.)

Erstellt von Wolfgang Beinert

Eigentlich müßte nach diesem thomistischen Verständnis der substantiellen Einheit von Leib und Seele der *ganze* Mensch Bild Gottes sein. Aber offensichtlich hielt Thomas innerhalb dieser Einheit an dem augustinischen Stufenschema fest. Obschon der Mensch wesentlich leibhaftiger Geist ist, bleiben die leibhaft vermittelten Bezüge zum Mitmenschen und zur Welt zweitrangig. Sie stehen in der Bildbeziehung zu Gott auf einer zweiten, abgeleiteten Stufe. Zwei Beispiele seien dafür angeführt: der Unterschied von Mann und Frau und die Zusammenfassung der Welt im Menschen als einem Mikrokosmos:

– Da der Mensch auf Grund seiner Geistnatur Bild Gottes ist, kommt der *Unterschied von Mann und Frau* für die Ebenbildlichkeit nicht in Betracht.[124] Denn

[123] Thomas von Aquin, S.th. I, q. 88, a.3: Deutsche Thomas-Ausgabe, Bd. 6, 376-378; tzt D8, Nr. 84.
[124] Thomas von Aquin, S.th. I, q. 93, a.6 ad 2: Deutsche Thomas-Ausgabe, Bd. 7, 68-69; tzt D8, Nr. 87.

die Geistnatur liegt beim Mann und bei der Frau vor. Sekundär, nämlich in Bezug auf die leibliche Abstammung, liegt im Mann ein Bild Gottes vor, das sich in der Frau nicht findet. „Denn der Mann ist Ursprung und Ziel des Weibes, wie Gott Ursprung und Ziel der gesamten Schöpfung ist."[125] Folgerichtig bezieht Thomas auch die biblische Aussage von Christus als dem Haupt der Menschen in erster Linie (*principaliter*) auf die Seele und in zweiter (*secundario*) auf den Leib.[126]

– Der Mensch wird eine „Welt im Kleinen" (*minor mundus*) genannt, „weil alle Geschöpfe der Welt sich in ihm in gewisser Weise vorfinden".[127] Hierin kann er sekundär als Bild Gottes betrachtet werden, insofern die Seele ganz in allen Teilen des Körpers ist. Ähnlich verhält sich Gott zur ganzen Welt.[128]

Auf dem *Konzil von Vienne* wurde 1312 die Wesenseinheit des Menschen zum Dogma erhoben. Das Konzil griff die thomistische Formulierung auf, indem es als glaubenswidrig (häretisch) zurückwies zu behaupten, „die vernünftige oder verstandbegabte Seele sei nicht durch sich und wesentlich die Form des Leibes".[129]

3.2.3.2 Die Vielgestaltigkeit des einen Menschen

Zur Zeit des Vienner Konzils hatten zwar alle theologischen Schulrichtungen die Lehre übernommen, daß die Geistseele die einende Form des ganzen Menschen sei, doch sie wurde nicht einmal von allen Dominikanertheologen im Sinne ihres Ordensbruders Thomas von Aquin verstanden. Inzwischen war nämlich eine andere Denkweise im Kommen. Sie war mehr an dem Individuellen in seinen vielfältigen konkreten Erscheinungsformen interessiert als an den allgemeinen Seinsprinzipien und Wesensformen. Man traute der Vernunft nicht mehr so recht zu, sie könne die allgemeinen Wesenheiten und Wesensordnungen ergründen, die den Erscheinungen zugrundeliegen. Nicht mehr das abstrahierende und schlußfolgernde Erkennen des Allgemeinen, sondern das Beobachten und Beschreiben des Konkreten schien der Wirklichkeit gerecht zu werden.

Eine Ursache für diesen Wandel mag der beginnende Zerfall der mittelalterlichen Welt- und Lebensordnung gewesen sein.[130] Diese hatte ja als Schöpfungsordnung gegolten, von der Weisheit Gottes ersonnen und gelenkt. Doch sie schien zerbrochen zu sein: Zur Zeit des Vienner Konzils residierte der Papst in Avignon und stand unter dem Einfluß des Königs von Frankreich und seiner politischen Ziele.

Aus der Sicht dieser anderen Denkweise waren Materie und Form keine *Seinsprinzipien*, sondern *gedankliche* Hilfsbegriffe, um die beobachtbare Vielgestaltigkeit zu beschreiben und zu ordnen. Deshalb hatte man keine Schwierigkeit von

[125] Thomas von Aquin, S.th. I, q. 93, a.4 ad 1: Deutsche Thomas-Ausgabe, Bd. 7, 60; tzt D8, Nr. 86.

[126] Thomas von Aquin, S.th. III, q. 8, a.2: Deutsche Thomas-Ausgabe, Bd. 25; Salzburg-Leipzig 1934, 217-219.

[127] Thomas von Aquin, S.th I, q. 91, a.1c: Deutsche Thomas-Ausgabe, Bd. 7, 16-21; tzt D8, Nr. 85.

[128] Thomas von Aquin, S.th. I, q. 93, a.3c: Deutsche Thomas-Ausgabe, Bd. 7, 55-58.

[129] DH 902; tzt D8, Nr. 131.

[130] Vgl. M. Gerwing, Malogranatum oder der dreifache Weg zur Vollkommenheit. Ein Beitrag zur Spiritualität des Spätmittelalters, München 1986, bes. 11-16, 256-259.

vielen Formen (*pluralitas formarum*) im Menschen zu reden: von einer Körperform, einer vegetativen Lebensform usw. Die Geistseele ist dann die Form, die all diese Formen vereint und vervollständigt (*forma completiva*) zum einen Menschen. Duns Skotus z.B. kann dem zustimmen, daß eine Form *completive* dem Ganzen das Wesen gibt. Aber das schließe nicht aus, daß in diesem Ganzen viele Formen enthalten sind.[131] Mit dem Formbegriff im aristotelischen und thomistischen Sinne des Seinsprinzips ist die Annahme mehrerer Formen unvereinbar. Diese Annahme entspricht aber der Beobachtung von mannigfachen Erscheinungsformen am Menschen, z.B. solchen, die sich auch bei leblosen Körpern oder bei Pflanzen und Tieren finden, oder von erblichen Eigenschaften, von verschiedenen typischen Ausdrucksformen und dergleichen mehr.

Das forma-corporis-Modell (3.2.3.1)

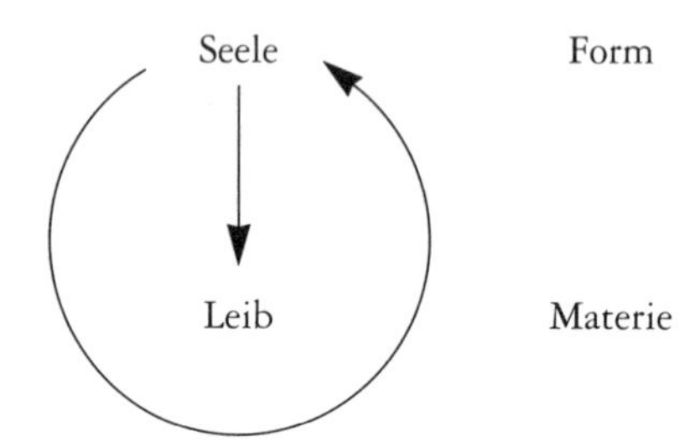

Das pluralitas-Modell (3.2.3.2)

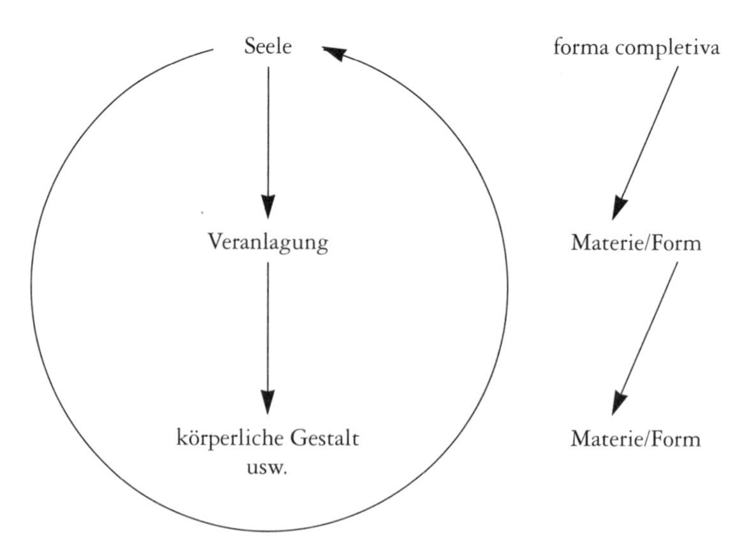

Erstellt v. M. Gennert

[131] Siehe Th. Schneider, a.a.O., 248 mit Anm. 3.

In der Frage, wie der Formbegriff im Hinblick auf die Einheit des Menschen zu verstehen sei, wollte das Vienner Konzil keine Stellung beziehen. Ihm ging es um die Einheit des Menschen in seinem Verhältnis zu Gott als einer mit dem christlichen Glauben unlöslich verbundenen Wahrheit. Die Formulierung des Lehrentscheids ist jedoch ohne Zweifel beeinflußt von der thomistischen philosophischen Formulierung dieser Einheit.

Mit dem Lehrentscheid des Vienner Konzils über die Wesenseinheit des Menschen ist nicht die philosophische Begründung dieser Einheit nach dem ontologischen Materie-Form-Prinzip dogmatisiert. Die Lehrentscheidung, die Geistseele sei von sich aus Form des Leibes, will als Glaubenswahrheit bekräftigen, daß die geistige Haltung des Menschen zu Gott entscheidend ist für das Heil des ganzen leibhaftigen Menschen.

3.2.3.3 Die Einheit im Ursprung (*Meister Eckehart*)

Die Erfahrung der vielgestaltigen Wirklichkeit des Menschen drängte auch in der mystischen Theologie zu neuen Antworten auf die Frage nach seiner Einheit. In bahnbrechender Weise wurden sie durch *Meister Eckehart* (um 1260-1327/29) gegeben. Nach ihm gelangt man nicht zur Einheit, wenn man die einzelnen Wirklichkeiten in sich selbst zu erkennen sucht. Man muß das einzelne „in seiner Ursache" erkennen, und die liegt im göttlichen Sein. ‚Das vielgestaltige Leben kann nicht zur Einheit kommen, wenn es nicht in seine „Ursache gebracht" wird, „in der das Leben ein Sein ist".[132] In ihrem Ursprung, im göttlichen Sein sind alle Geschöpfe eins. Und von ihrer seingebenden Ursache her sind sie alle gleichwertig. Das gilt auch für die Seelenkräfte. Im Sein „sind sie alle eins und gleich edel", die geistigen wie die sinnlichen. Im Wirken sind die geistigen höher als die sinnlichen.[133]

Zwei Lebensbewegungen sind notwendig, damit das Leben *in seinen Ursprung* gebracht wird. Der Mensch muß sich lösen von allen sinnlichen Vorstellungen und Begierden, allen geistigen Erkenntnissen und Absichten. Er muß sich hinabgleiten lassen in den Grund seiner Seele, wo Ursprung und Entspringendes eins sind. Und er muß von dieser Einheit im Ursprung ausgehen durch geistige und sinnliche Tätigkeiten in die vielfältige Wirklichkeit, um sie in die Einheit des Ursprungs zu „sammeln".[134] Der Ausdruck *sammeln* greift ein Wort Jesu auf: „*Wer nicht mit mir sammelt, der zerstreut*" (Lk 11,23). „Denn wer recht daran sein soll, bei dem muß je von zwei Dingen eines geschehen: entweder muß er Gott in den Werken zu ergreifen und zu halten lernen, oder er muß alle Werke lassen. Da nun aber der Mensch in diesem Leben nicht ohne Tätigkeit sein kann, die nun einmal zum Menschsein gehört und deren es vielerlei gibt, darum lerne der Mensch, seinen Gott in allen Dingen zu haben."[135] Loslösung von allem bedeutet bei Eckehart nicht Weltflucht, sondern innere

[132] Meister Eckehart, Predigt 9; J. Quint, Meister Eckehart, Deutsche Predigten und Traktate, München 1979, 193 f; tzt D8, Nr. 94.
[133] Meister Eckehart, Predigt 34; J. Quint, a.a.O., 314-316.
[134] Meister Eckehart, Predigt 9; J. Quint, a.a.O., 193 f.
[135] Meister Eckehart, Reden der Unterweisung, Rede 7; J. Quint, a.a.O., 63.

Freiheit von allem, was daran hindert, „die Dinge zu durchbrechen und seinen Gott darin zu ergreifen".[136]

In diesem Zusammenhang erhält die Bestimmung des Menschen zum Bild Gottes einen anderen Sinn. Gott hat die Seele nach seinem Bild gemacht, damit „nichts weiter darin sei als er allein".[137] Wenn der Mensch leer und frei ist von allem, was er von sich aus ist oder kann, dann bildet sich Gott selbst in ihn ein. Und diese *Einbildung* Gottes ist im Ursprung eins mit dem innergöttlichen Geschehen, in welchem der Vater sich abbildet im Sohn. Wie sich Jesus Christus „zeitlos neu ... empfängt von seinem himmlischen Vater und sich im selben Nun ohne Unterlaß vollkommen wieder eingebiert", „so sollte der Mensch dastehen, ... ledig und frei göttliche Gabe in diesem Nun neu empfangend und sie ungehindert in diesem gleichen Lichte mit dankerfülltem Lobe in unserm Herrn Jesus Christus wieder eingebärend".[138] Die doppelte Lebensbewegung, in welcher die vielfältige Wirklichkeit des Menschen eins wird mit Gott, ist auf höchstmögliche Weise verwirklicht im menschgewordenen Urbild aller Geschöpfe, Jesus Christus. Er ist das Bild Gottes, das sich in die Seele einbildet, dem der Mensch gleich werden soll.

Nach Meister Eckehart ist die Einheit der vielfältigen Wirklichkeit des Menschen in ihrem Ursprung, in Gott zu suchen. Und in diesen einen Ursprung müssen alle sinnlichen und geistigen Tätigkeiten des Menschen eingebracht werden.

3.2.3.4 Die Vielfalt selbst als Bild Gottes (*Nikolaus von Kues*)

Auch *Nikolaus von Kues* (1401-1461), „ein großer Fortsetzer Eckeharts und zugleich ein Vorläufer einer neuen Zeit"[139], suchte die Einheit der vielfältigen Wirklichkeit des Menschen in ihrem göttlichen Ursprung. Sein „geistiges Ursprungserlebnis" hatte er auf einer Schiffsreise, auf der er mit griechisch-orthodoxen Theologen über die Möglichkeiten zur Wiedervereinigung diskutierte. Es war die Einsicht, der menschliche Geist müsse sich „zu jener Einheit erheben, in der die Widersprüche zusammenfallen".[140] Im unendlichen Gott fallen alle Gegensätze zusammen (*coincidentia oppositorum*), z.B. der zwischen Materie und Geist, Mensch und Kosmos, Sinnlichkeit und Verstand, und schließlich auch der zwischen Vielheit und Einheit.

Für das Verständnis des Menschen als Bild Gottes bedeutet das: Die Unendlichkeit Gottes bildet sich in der vielfältigen Wirklichkeit des Menschen ab, und zwar wiederum auf mehrfache Weise:

Erstens: *in der Vielzahl der Menschen*, „weil die unendliche Ähnlichkeit seiner Kraft nur in vielen Bildern ... entfaltet werden kann".[141] Wenn die verschiede-

[136] Meister Eckehart, Reden der Unterweisung, Rede 6; ebd., 61.
[137] Meister Eckehart, Predigt 1: J. Quint, a.a.O., 153; tzt D8, Nr. 92.
[138] Ebd., 155.
[139] L. Cognet, Gottes Geburt in der Seele. Einführung in die deutsche Mystik, Freiburg u.a. 1980, 198.
[140] J. Stallmach, Ineinsfall der Gegensätze und Weisheit des Nichtwissens. Grundzüge der Philosophie des Nikolaus von Kues, Münster 1989, 1.
[141] Nikolaus von Kues, De visione dei 25; D. und W. Dupré (Hg.), Nikolaus von Kues, Vom Sehen Gottes. Ein Buch mystischer Betrachtung, München 1987, 120; tzt D8, Nr. 95.

nen Menschen miteinander kommunizieren, wird die Erkenntnis Gottes vergrößert und die Liebe zu Gott verstärkt.[142] Hier wird der sinnlich und sprachlich vermittelte Gemeinschaftsbezug in die Auslegung der Ebenbildlichkeit hineingenommen. Der einzelne ist mehr Bild Gottes in Gemeinschaft mit den anderen als für sich allein. Er kann sein Bildsein nur mit anderen zur Ähnlichkeit entfalten. Und dies nicht auf Grund der gemeinsamen Menschennatur, sondern auf Grund der Mannigfaltigkeit der Individuen. Die Abbildlichkeit liegt in der individuellen Vielfalt. Damit erst ist die Wende des Denkens vom Allgemeinen, von den Universalien, zum Konkreten und Individuellen in die Theologische Anthropologie eingeholt.

Zweitens: *im Weltbezug des Menschen*. Er erscheint unter einem neuen Aspekt. Jeder Mensch faltet vermöge seiner leib-seelischen Natur in sich das Geistige und das Körperliche zusammen zu einem Mikrokosmos. In seinem Selbstvollzug fallen die Gegensätze von Kosmos und Geschichte, Geist und Natur zusammen. Der absolute Zusammenfall aller Gegensätze in Gott spiegelt sich im Menschen.

Drittens: *in der schöpferischen Weltdeutung und Weltgestaltung*. Der Mensch selbst macht aus den gegensätzlichen Wirklichkeitsbereichen seine „kleine Welt". Er fügt mit seiner Vernunft die Sinnesdaten zu seiner geordneten Welt zusammen. Er ist gewissermaßen Schöpfer seiner Welt. Denn wie schon die verschiedenen Kulturen zeigen, sind verschiedene menschliche Weltordnungen möglich. Hier rückt die Kreativität des Menschen, der subjektiv bestimmende Aspekt der menschlichen Welterkenntnis und Weltgestaltung, in den Blick einer Theologie der Ebenbildlichkeit.

Aber in allen drei Bereichen bleibt der Mensch geschöpflich eingeschränkt, stößt er an seine Grenzen.[143] Die unermeßliche Weite des Kosmos können seine Sinne nicht erreichen. Das Wesen der Dinge vermag seine Vernunft nicht zu erkennen. Auch der Erfahrungs-und Erkenntnisaustausch aller Menschen bringt nicht die absolute Wahrheit ans Licht. Zu seinem abbildlichen Selbstvollzug gehört das Wissen um das Unbegreifliche (*docta ignorantia*) und die Hinwendung zu ihm. Nur in der Hinwendung zum unbegreiflichen Gott wahrt der Mensch die Mitte, in die er gestellt ist, verliert er sich nicht in die Unermeßlichkeit des Kosmos, überschätzt er nicht seine schöpferische Fähigkeit.

Zur höchstmöglichen Verwirklichung käme der Mensch, wenn er zur Einheit mit dem unendlichen Urbild und Ursprung von allem aufsteigen könnte und in ihm zur Ruhe käme. Dann wären die kleinen Welten der Menschen mit dem Universum aller Dinge zusammengefaßt. „Dieser wäre sicherlich so Mensch, daß er Gott wäre, und so Gott, daß er Mensch wäre, er wäre die Vollendung des Universums... ."[144] Diese höchstmögliche Vollendung sah Nikolaus von Kues in Jesus Christus. In ihm erst ist der Mensch nach dem Bilde Gottes und zugleich die ganze Schöpfung vollendet. „Denn er ist das letzte und vollkommenste und unvermehrbare Bild Gottes. Ein derartiges höchstes Abbild kann es nur einmal

[142] Nikolaus von Kues, ebd., 121.

[143] Nikolaus von Kues, De docta ignorantia 3,3; H. G. Senger (Hg.), Nikolaus von Kues, Die belehrte Unwissenheit Buch III, Hamburg 1977, 21, Randnummer 198.199; tzt D8, Nr. 97.

[144] Nikolaus von Kues, ebd., 21, Randnummer 199.

geben." Alle anderen Menschen sind Abbilder Gottes und werden Gott ähnlicher nur durch seine Vermittlung.[145] So gelangt Nikolaus von Kues auf spekulativem Wege zu der biblischen Christozentrik der Ebenbildlichkeit zurück, wie sie zuerst Irenäus theologisch entfaltet hatte.

Wie bei Eckehart geschieht bei Nikolaus von Kues die Einbeziehung der vielfältigen Wirklichkeit des Menschen in die Bildbeziehung zu Gott durch den Aufstieg des Geistes zum einen göttlichen Ursprung. Aber nach Eckehart muß der Mensch zuerst, ledig aller Bilder, Begriffe und Absichten, eins werden mit Gott, um dann Gott in allen Dingen zu finden und alle Dinge in Gott zu sammeln. Bei Nikolaus – hierin Bonaventura vergleichbar – steigt der Mensch durch alle Bilder und Tätigkeiten hindurch auf zum wissenden Nichtwissen, zum Innewerden des bild- und namenlosen unendlichen Gottes. Bei beiden stehen sich jedoch nicht mehr, wie bei Maximus Confessor, zwei Wege, der tätige und der beschauliche, gleichwertig gegenüber. Hier geht es vielmehr darum, zwei verschiedene Arten, Tätigkeit und Beschauung, zu verbinden, gleichsam als notwendigen Schrittwechsel auf ein und demselben Weg. Die Art der Verbindung, die der Kusaner vertritt, liegt zwar auf der Linie der spätmittelalterlichen Entwicklung. Sie weist aber zugleich schon auf die Neuzeit voraus. Zu nennen sind da etwa die Betonung der schöpferischen Potenz des freien Subjekts, der Sprache und Kommunikation, der unermeßlichen Weite des Kosmos.

Nach Nikolaus von Kues bildet sich das unendliche göttliche Urbild in der endlichen Vielzahl der Bilder ab. Von daher kommt die Abbildlichkeit des Gemeinschaftsbezugs und des kreativen Weltbezugs, der Weltdeutung und Weltgestaltung, in den Blick der Theologischen Anthropologie.

3.3 Theologische Anthropologien der Neuzeit

Es hatte, wie wir sahen, schon in der Patristik und im Mittelalter verschiedene theologische Menschenbilder gegeben. Aber sie waren umgriffen von der gemeinsamen Orientierung am christlichen Glauben. Aus dieser Orientierung hatte sich nach und nach eine gemeinsame theologische Denktradition entwickelt, der sich alle verpflichtet wußten, wenn einzelne Theologen und Schulen sie auch unterschiedlich aufgriffen und weiterführten. Im Laufe der Neuzeit zerfiel dieser gemeinsame Rahmen der Anthropologie mehr und mehr. Was nach Nikolaus von Kues in Gott zusammenfällt, die unermeßliche Vielfalt der objektiven Schöpfung und die unabsehbaren schöpferischen Möglichkeiten des Subjekts, konnte die Folgezeit nicht mehr zusammenhalten. Zunächst löste sich im *Humanismus der Renaissance* die anthropologische Fragestellung aus der Umklammerung der christlich-theologischen Lehrtradition. Die emanzipierte Anthropologie verzweigte sich in zwei Richtungen, die im Laufe der Neuzeit immer mehr

[145] Nikolaus von Kues, De visione dei 25; a.a.O., 121.

auseinanderstrebten. Die eine betrachtete den Menschen als Naturwesen, mit der Tendenz, ihn aufgehen zu lassen in die Vielfalt der Objektwelt; die andere ging von der Subjektivität des Menschen aus, mit der Tendenz, diese ins Unendliche zu steigern. Zudem zerbrach in der *Reformation* auch die gemeinsame Glaubens- und Lehrtradition. Protestantische und römisch-katholische Theologische Anthropologie entwickelten sich gegeneinander und nebeneinander. Und beide setzten sich auf verschiedene Weise mit den Entwicklungen der profanen Anthropologie auseinander.

Für unsere systematische Grundfrage nach dem Ganzwerden des Menschen scheint daher die neuzeitliche Epoche nicht viel herzugeben. Sicherlich ging es auch in der Neuzeit philosophisch wie theologisch um die Einheit des Menschen; aber man hat sie jeweils in einer Richtung gesucht. Man hat den ganzen Menschen jeweils unter einer Perspektive zu begreifen versucht. Als Resultat dieser neuzeitlichen Bemühungen um das Verständnis des Menschen hat sich in unserem Jahrhundert die Frage nach dem ganzen Menschen erst recht aufgedrängt. Auf der Suche nach der Einheit ging die Ganzheit des Menschen verloren. Umso deutlicher wurde die Vielfalt der Erscheinungsformen des Menschen, der möglichen Perspektiven seines Selbstverständnisses bewußt, die mögliche Vielfalt auch philosophischer und theologischer Ansätze der Anthropologie. Aus dem Scheitern des neuzeitlichen Bemühens um ein einheitliches Bild vom Menschen ist die *gegenwärtige Frage* hervorgegangen, *wie der Mensch, der sich nicht als Einheit erfährt und erkennt, ganz werden kann.*

3.3.1 Vom Bild Gottes zum Wort Gottes

Die *Humanisten* haben die Bedeutung der Sprache, des gesprochenen Wortes, für das menschliche Leben und Zusammenleben entdeckt.[146] Bis dahin galt die Sprache allgemein als ein äußeres lautliches Zeichen für einen innerlich erfaßten Sachverhalt, für ein inneres Erkenntnisbild. Die Theologie suchte daher der Heilsbedeutung, welche die Bibel dem Wort Gottes beilegt, gerecht zu werden durch die Unterscheidung zwischen dem äußeren und dem inneren Wort. Das *innere Wort* ist das eigentliche Bild der Wahrheit, auf die das *äußere Wort* hinweist.[147] Sprache und Wort wurden vom Bild her als lautliche Abbildung verstanden und gewertet. Nach den Humanisten vermögen dagegen nur die sprachlichen Ausdrucksformen wie Dichtung, Rhetorik, Erzählung dem Menschen die geschichtliche Situation zu deuten, in der er steht. Nicht die allgemeine abstrakte Bedeutung der Wörter und Sätze erhellt die konkrete Lebenssituation, sondern die sprachliche Form, die sich unter den gegebenen Umständen spontan aufdrängt. Diese deutende Funktion der Sprache für das menschliche Leben betrifft auch die Heilige Schrift und die christliche Glaubensverkündigung als Wort Gottes. Die Reformatoren haben das erkannt. Sie gelangten zu einem neu-

---

[146] E. Grassi, Einführung in die humanistische Philosophie. Vorrang des Wortes, Darmstadt 1991.

[147] Vgl. A. Schindler, Das innere Wort: Wort und Analogie in Augustins Trinitätslehre, Tübingen 1965, 86-114.

en Ansatz Theologischer Anthropologie, der vorrangig vom Wortgeschehen zwischen Gott und Mensch bestimmt ist.

3.3.1.1 Der Mensch unter dem Wort Gottes (*Martin Luther*)

Auch für die vorangegangene Theologische Anthropologie war die Heilige Schrift das maßgebliche Wort Gottes darüber, was der Mensch ist und sein soll. Sie hatte die Auskunft des Wortes Gottes über den Menschen mit Hilfe philosophischer Erkenntnis erläutert. *Luther* forderte dagegen, der Mensch müsse sich *allein* aus dem Wort Gottes verstehen. Dies bedeutet grundlegend: Der Mensch ist dadurch Mensch, daß Gott zu ihm spricht. Er lebt durch das an ihn ergehende Wort Gottes. Dieses *Wort* ist in der Geschichte offenbar geworden in der Heiligen Schrift und deren zentralem Inhalt, in Jesus Christus. Aber als Wort *Gottes* ergeht es zu jeder Zeit. Der Kreuzestod Christi zur Vergebung der Sünden „ist geschehen und vergangen. Wenn man aber die Austeilung der Vergebung ansieht, so ist keine Zeit da, sondern ist von Anfang der Welt geschehen. Es liegt alles am Wort.“[148] Jesus Christus ist von allem Anfang an das Wort, in dem Gott dem von sich aus sündigen Menschen Vergebung und Heil zusagt. Der Mensch ist von Anfang an, schon sofern er Geschöpf ist, als Glaubender geschaffen. Seine eigentliche Sünde, die Adams und aller Menschen, ist daher der Unglaube: Der Mensch vertauscht das Vertrauen auf die *Heilszusage Gottes* mit dem Vertrauen auf das *eigene Wirken* zu seinem Heil.

Der Ausdruck *Zusage* ist hier ganz wörtlich zu nehmen. Das Resultat der Anrede Gottes ist nicht, daß der Mensch nun in sich sündelos und vollendet geworden ist. Er ist dies nur im Wort, das ihn freispricht und ihn heil nennt, d.h. nur außerhalb seiner selbst in Jesus Christus. Die Wirkung der Anrede Gottes im Menschen ist allein der Glaube an die Zusage von Vergebung und Heil, das Vertrauen auf Gottes Wort. Frei von Sünde und heil ist er nur im Hören auf Gottes Wort. Die Freiheit und Heilsgewißheit im Vertrauen auf Gottes Wort wirkt sich dann allerdings aus auf sein Leben in der Welt, „weil der Glaube als das lebenschaffende Werk Gottes am Menschen nicht sein kann, ohne daß daraus menschliches, schaffendes Leben hervorgeht“.[149] Aber die Werke des Glaubens dürfen nicht in das gläubige Vertrauen eingehen, etwa als Grund oder Bestätigung des Vertrauens. Denn dann würde das Wort der gnädigen Zusage als gebietender Wille gehört. Das Evangelium würde zum Gesetz, an dem der Mensch sein Tun zu messen hat. Das Gebot der Gottes- und Nächstenliebe würde zum Gericht, vor dem das Tun nicht bestehen kann. Aus diesem Grund wollte Luther streng unterschieden wissen zwischen dem Wort Gottes als *Evangelium* und als *Gesetz*, zwischen *Glaube* (Vertrauen) und *Liebe* (Werk), zwischen der Gleichgestaltung mit Christus im *Glauben an das Wort* und der *tätigen Nachfolge* Christi. Das zugesagte Heil, auf das der Mensch sich im Glauben einläßt, wird nicht durch das Tun vollendet, sondern durch eben das Wort Gottes, dem der Glaube traut.

[148] WA 18, 205.

[149] G. Ebeling, Martin Luther. Einführung in sein Denken, Tübingen 1964, 193.

Nach Luther hat der Mensch seine geschöpfliche Wirklichkeit im Wort, in dem Gott sich ihm zusagt zu seinem Heil. Der Glaube an das Wort Gottes ist die theologische Grundverfassung des Menschen.

3.3.1.2 Die worthafte Deutung der Ebenbildlichkeit

In der Wort-Anthropologie Luthers und der Reformatoren kann der Ausdruck *Bild Gottes* keine erkenntnisleitende Rolle spielen. Denn am Menschen als Bild könnte seine Bezogenheit auf das göttliche Urbild „gesehen" werden. Der Mensch stände auf Grund dessen, was er ist, vor Gott. Nach Luther darf aber der Mensch nicht von dem her verstanden werden, was er ist. Er muß von Gott her verstanden werden, von dem Wort, das von Gott auf ihn zukommt. Seine Beziehung zu Gott gründet nicht in seinem Sein, sondern sein Sein gründet in der Beziehung Gottes zu ihm. Das Wort, in dem sich Gott auf den Menschen bezieht, ist Jesus Christus, das einzige Bild Gottes. Der Glaube an das Wort Gottes versetzt den Menschen in dieses ewige Bild Gottes.[150] Nicht in sich ist der Mensch Bild Gottes, sondern in Christus dem Wort Gottes.

Luthers Auslegung von Gen 1,26[151] geschieht daher in kritischer Auseinandersetzung mit der patristischen und scholastischen Tradition. Abgelehnt wird nicht nur die Unterscheidung von Bild und Ähnlichkeit im Sinne von Irenäus und Origenes. Auch die scholastische Unterscheidung zwischen der unverlierbaren kreatürlichen und der gnadenhaften Imago Dei widerspricht dem Menschsein im Wort Gottes. Die Imago Dei besteht im Glauben an das Wort. Sie geht daher auch durch die Sünde, deren Wurzel ja der Unglaube ist, ganz verloren. Was bleibt, ist nur ein äußerlicher Rest. Die Überlegenheit des Menschen über die Tiere und Pflanzen ähnelt der Herrschaft Gottes über die ganze Schöpfung. Aber ohne den Glauben dient diese Überlegenheit gerade zur Selbstbehauptung des Menschen gegen Gott oder gar zur Selbstvergottung des Menschen.[152]

Die konsequente Wort-Anthropologie Luthers wurde in der reformatorischen Theologie nicht durchgehalten. Man verstand das Wort Gottes, die Heilige Schrift, mehr als Belehrung. So konnte schon *Calvin* seine Anthropologie gemäß dem Wort Gottes von Gen 1,26 auf die Imago Dei zentriert entwickeln.[153] Er bezog die Bildhaftigkeit primär auf die Herrlichkeit Gottes. Christologische Gestalt nimmt sie erst infolge der Sünde an. Doch blieb Calvin dem Ansatz Luthers darin treu, daß er das Bildsein des Menschen allein auf die Beziehung Gottes zum Menschen gründete. Der Mensch findet nicht in sich selbst das Bild Gottes, das ihn Gott erkennen und lieben läßt. Er findet es nur im Glauben an das Wort Gottes. Denn es ist die gnädige Hinwendung Gottes zum Menschen, die sich im Glauben und dankbaren Preisen der Liebe Gottes wie in einem Bild spiegelt. So schaut Gott die Herrlichkeit seiner Liebe im dankbar glaubenden

[150] WA 42, 167, 14-20.
[151] Vgl. tzt D8 Nr. 99 u. 100.
[152] Vgl. WA 42, 45-47.
[153] Vgl. zum folgenden T. F. Torrance, Calvins Lehre vom Menschen, Zürich 1951; vgl. tzt, D8 Nr. 102-103.

Menschen wie in einem Spiegel. Ein Abbild dieser Beziehung zwischen Gott und Mensch sah Calvin in der Beziehung zwischen Mann und Frau. Gott habe Mann und Frau geschaffen, damit der Mann in der Frau sowie umgekehrt die Frau im Mann sich wie in einem Spiegel erkenne und so beide einander verbunden seien.[154] Calvin lag offenbar daran, die Gemeinschaftlichkeit in die Imago Dei einzubeziehen.

In der reformatorischen Anthropologie wird die Bezeichnung des Menschen als Bild Gottes dem Verhältnis zwischen Wort Gottes und Glaube angepaßt. Der Bildbegriff wird gefaßt als Spiegelung der gnädigen Heilszusage Gottes im Glauben des Menschen. Der Mensch sieht und erkennt sich bzw. den anderen Menschen nicht als Bild Gottes, sondern er hört und glaubt sich und den anderen als Bild Gottes.

3.3.2 Die Subjekthaftigkeit des Menschen als Bild Gottes

Nikolaus von Kues hatte die besondere Abbildlichkeit des Menschen zu Gott unter anderem darin gesehen, daß er seine Welt als freies Subjekt schöpferisch hervorbringt. Schon die Humanisten hatten diesen Gedanken aufgegriffen und noch gesteigert, z. B. *Pico della Mirandola* (1464-1493).[155] *Erasmus von Rotterdam* hatte die Freiheit des Menschen gegen Luthers theozentrische Wort-Anthropologie verteidigt. Auch das *Trienter Konzil* hatte die Fähigkeit des Sünders zur Erkenntnis und zur Wahl des Guten gegen die Reformatoren in Schutz genommen, freilich mit der Einschränkung, daß der Sünder sich nicht selbst aus der Erbsünde befreien kann (DH 1555 u. 1557). Selbst die protestantische Theologie zeigte bald ein „unreformatorisches“ Interesse an den von Luther zugestandenen Resten der Imago Dei. Die geistesgeschichtliche Wende zum Subjekt beeinflußte über die konfessionellen Unterschiede hinweg die Theologische Anthropologie. Auf katholischer Seite ließ sich vor allem die *Tübinger Schule* von Gedanken der Subjektphilosophie (Idealismus) beeinflussen. Eine originelle Ebenbildtheologie hat in diesem Kontext Franz Anton Staudenmaier dargeboten.

3.3.2.1 Der individuelle Mensch als Bild einer göttlichen Idee[156] (*Franz A. Staudenmaier*)

Vom Idealismus übernahm *Franz Anton Staudenmaier* (1800-1856) den Gedanken, daß alle Wirklichkeit ihr ursprüngliches Sein als Gedanke oder Idee des göttlichen Bewußtseins hat. Was bedeutet das für den Menschen und sein Subjektbewußtsein? Es könnte bedeuten: In der Subjektwelt des Menschen kommt die allgemeine Weltidee zum Selbstbewußtsein. Um diese pantheistische Ten-

[154] T. F. Torrance, ebd., 46 f.

[155] tzt D8, Nr. 98; vgl. Ch. Trinkhaus, In Our Image and Likeness. Humanity and Divinity in Italien Humanist Thought, Bd. I und II, London 1970.

[156] Siehe zum folgenden tzt D8, Nr. 106-107; ferner A. Burkhart, Der Mensch – Gottes Ebenbild und Gleichnis. Ein Beitrag zur Dogmatischen Anthropologie F. A. Staudenmaiers, Freiburg u.a. 1962, bes. 261-304.

denz des Idealismus zu vermeiden, unterschied Staudenmaier zwischen dem trinitarischen Selbstbewußtsein Gottes und der göttlichen Idee des Nichtgöttlichen, die den Entschluß des göttlichen Willens zur Weltschöpfung in sich schließt. Dieses willentliche Moment in der göttlichen Weltidee hat in bezug auf den Menschen eine besondere Bedeutung. Die göttliche Idee vom Menschen umfaßt nämlich zugleich das Allgemein-Menschliche und jeden einzelnen Menschen in seiner Individualität. Jeder Mensch ist ein individueller Gedanke Gottes.[157] Zu dieser göttlichen Idee des individuellen Menschen gehören die Verhältnisse, in denen sich der Mensch als Subjekt vollzieht: das Verhältnis zur Welt, zum eigenen Selbst und zu Gott. Die so verstandene göttliche Idee ist im Menschen angelegt in seinem geistigen Wesen, in Vernunft und Freiheit.

Durch die ebenbildliche geistige Anlage der göttlichen Idee ist der Mensch dazu bestimmt, sich selbst als die göttliche Idee nachzuvollziehen, die in ihm angelegt ist. Er soll im Selbstvollzug die göttliche Setzung dieser Idee nachbilden. Darin wird er Gott ähnlich. Die patristische Unterscheidung von Bild und Ähnlichkeit wird hier aufgegriffen. Selbstvollzug und Vollzug der göttlichen Idee sind im Grunde dasselbe, weil das Selbst ebenbildlich zur göttlichen Idee angelegt ist. Ziel des gottähnlichen Selbstvollzuges ist die Einheit mit Gott; jedoch nicht als Aufgehen des menschlichen Subjekts in Gott, weil das Einssein mit Gott vermittelt ist durch die göttliche Idee des Nichtgöttlichen, nämlich des individuellen Menschen. In der völligen Übereinstimmung seines Selbstvollzuges mit der göttlichen Idee ist der Mensch zugleich eins mit Gott und verschieden von Gott selbst. Das Einssein mit Gott und das Selbstsein in Gemeinschaft mit Gott kommen beide in der göttlichen Idee als der des individuellen Menschen zur Vollendung.

Staudenmaier sah die menschliche Gottebenbidlichkeit und Gottähnlichkeit auf einzigartige Weise in Jesus Christus verwirklicht. Christus ist nicht nur Erlöser von der Sünde, sondern auch das Urbild des gottebenbildlichen Menschen. Der Tod hat Staudenmaier gehindert, die christologische Bestimmung der Ebenbildlichkeit des näheren darzulegen.[158]

Das Subjektsein des Menschen wird in der idealistisch geprägten Theologischen Anthropologie Staudenmaiers vor allem unter dem Aspekt der Individualität gesehen und ebenbildlich gedeutet. Der Selbstvollzug der individuellen Anlagen bildet die göttliche Setzung der Idee des individuellen Menschen ab und wird darin Gott ähnlich.

3.3.2.2 Das Subjektsein des Menschen als „Chiffre" Gottes[159] (*Karl Rahner*)

Vom Subjektbewußtsein des Menschen geht auch *Karl Rahner* (1904-1984) aus. Aber in der Zwischenzeit war durch die Existenzphilosophie (*Kierkegaard, Heidegger*) schärfer unterschieden worden zwischen der Subjekthaftigkeit des Bewußtseins und den Inhalten dieses Bewußtseins, zwischen Individualität und

[157] Vgl. dazu die theologische Deutung der Individualität des Menschen bei H. Thielicke, Mensch sein – Mensch werden, München u.a. 1976, 200-223.

[158] A. Burkhart, a.a.O., 413 f.

[159] K. Rahner, Grundkurs des Glaubens, 222; tzt D8, Nr. 123.

Existenz, zwischen Persönlichkeit und Person. Der Schritt vom vorigen zum gegenwärtigen Jahrhundert läßt sich in der Theologischen Anthropologie am Wandel des Subjektverständnisses gut verdeutlichen.

Bei Staudenmaier bestand das Besondere des Menschen darin, daß er das, *was* er durch Gottes Setzung objektiv ist, subjektiv nachvollzieht. Rahners Bestimmung der Subjekthaftigkeit betrifft dagegen die Tatsache, *daß* er es subjektiv vollzieht. Was der Mensch auch immer von sich, von Gott und der Welt weiß und willentlich bejaht oder ablehnt, ist getragen von dem Wissen um sich selbst als den, der dies alles weiß. Er ist in allem, was er weiß, wissend bei sich selbst. Im Subjektbewußtsein ist demnach eine gegenständliche und eine ungegenständliche Weise des Wissens und Wollens zu unterscheiden. Das ungegenständliche Selbstbewußtsein transzendiert alle möglichen Gegenstände des Bewußtseins. Es kann sich selbst nicht gegenständlich begreifen, weil es jeden möglichen Begriff von sich wiederum transzendiert. Andererseits weiß der Mensch um sich als Subjekt überhaupt nur, indem er etwas weiß und will. Er ist endlich begrenztes Subjekt. So bleibt der Mensch als Subjekt, das in allem, was es weiß und will, bei sich ist, sich selbst eine grundsätzlich offene Frage. Er ist sich in seiner Subjekthaftigkeit unaufhebbar Geheimnis. Er ist „das Wesen der Transzendenz, d.h. jenes Seiende, dem sich die unverfügbare und schweigende Unendlichkeit der Wirklichkeit als Geheimnis dauernd zuschickt. Dadurch wird der Mensch zur reinen Offenheit für dieses Geheimnis gemacht und gerade so als Person und Subjekt vor sich selbst gebracht."[160]

Aus der biblisch-christlichen Botschaft, aus dem Glauben an die Menschwerdung Gottes in Jesus Christus ergibt sich nun die Einsicht: Gott, das absolute Geheimnis, auf das der Mensch als Subjekt transzendierend offen ist, will nicht nur das „radikal fernbleibende Woraufhin und Wovonher dieser Transzendenz" sein, sondern sich selbst in diese Offenheit des Menschen hineingeben.[161] Durch diese gnadenhafte Selbstmitteilung ist der Mensch dazu bestimmt, sich erkennend und liebend unmittelbar Gott zuzuwenden und alles Gegenständliche, das seinem zeitlich-endlichen Leben vorgegeben und aufgegeben ist, in das nahe Geheimnis Gottes einzubringen. „Durch alles läßt er sich vertrauensvoll Gott selbst zuschicken, der diesen unberechenbaren Pluralismus seiner Welt gewollt hat, damit der Mensch gerade durch ihn hindurch ahne, daß dies alles umfangen ist von dem ewigen Geheimnis".[162]

Schon aus dieser groben Skizze der Grundkonzeption von Rahners Theologischer Anthropologie wird deutlich, daß der Bildbegriff darin keine tragende Funktion hat. Selbst Jesus Christus ist für Rahner primär das Wort Gottes, in dem sich die Selbstmitteilung Gottes den Menschen hörbar zusagt. Der Mensch ist Hörer des Wortes, in dem sich Gott selbst mitteilt. In Jesus Christus „ist die Frage, die wir sind, auch in geschichtlicher Greifbarkeit beantwortet mit Gott selber".[163] Von *Bild Gottes* könnte man hier wohl am ehesten im Sinne Eckeharts

[160] Ebd., 46.
[161] Ebd., 125.
[162] Ebd., 192.
[163] Ebd., 223; tzt D8, Nr. 123.

sprechen. Gott, das absolute Geheimnis, bildet sich in die Transzendenz des menschlichen Subjekts ein.

Die Grundbegriffe der Theologischen Anthropologie Rahners sind *Transzendenz des endlichen Subjekts* und *Selbstmitteilung Gottes*. Das ungegenständliche Grundverhältnis von Gott und Mensch ist zwar vermittelt durch die Vielfältigkeit der gegenständlichen Wirklichkeit. Aber die theologische Bedeutung dieser Wirklichkeit liegt in ihrem Verweis über sich hinaus ins ungegenständliche, bildlose Gott-Mensch-Verhältnis.

3.3.3 Der Mensch als Person im Dialog mit Gott

Wie man die Neuzeit geistesgeschichtlich durch die Entdeckung des Ich gekennzeichnet hat, so könnte man die Epoche, die nach dem Ersten Weltkrieg begann, die Zeit der *Entdeckung des Du* nennen. Unabhängig voneinander haben *Ferdinand Ebner*, *Martin Buber*, *Franz Rosenzweig*, *Eugen Rosenstock-Huessy*, um nur die wichtigsten zu nennen, an der Subjektphilosophie kritisiert, daß sie vom einzelnen Bewußtsein ausgehe, vom „Ich", das sich als Subjekt seiner Objekte weiß. In Wirklichkeit entstehe das Subjektbewußtsein dagegen in der Beziehung von Mensch zu Mensch. Und diese Beziehung werde ursprünglich gestiftet durch die Sprache, genauer, im Vorgang des Sprechens (*Ebner*), bzw. in der Begegnung, die dem Grundwort *Ich-Du* und nicht dem Grundwort *Ich-Es* entspricht (*Buber*). Im Vorgang des Sprechens wird nicht nur über etwas gesprochen; es wird mittels der Personalpronomen Ich und Du von Mensch zu Mensch gesprochen. Dabei handelt es sich aber nicht darum, daß sich ein Subjekt zu einem anderen verhält. Der Mensch kommt vielmehr erst dadurch zu sich selbst, zu seinem Ichbewußtsein, daß er als „Du" angesprochen wird. Er empfängt sich als Subjekt vom anderen. Er vollzieht sich ursprünglich als Subjekt, indem er auf den Anspruch „Du" mit „Ich" antwortet. Deshalb spricht man von Ich-Du-Beziehung, vom personalen Dialog und nicht einfach von Intersubjektivität.

Schon die oben genannten „Entdecker des Du" waren mit ihrem philosophischen Denken in der biblisch-jüdischen oder christlichen Tradition verwurzelt. In der protestantischen Theologie wurde bald eine gewisse Verwandtschaft der dialogisch-personalen Sicht des Menschen zur Wort-Anthropologie Luthers entdeckt. Eine christliche Anthropologie, die Ebners und Bubers Erkenntnisse aufnimmt, erschien 1937 unter dem Titel „Der Mensch im Widerspruch"[164] (*Emil Brunner*). Die katholische Theologie zeigte sich zunächst eher skeptisch. Wo sie sich dem dialogischen Personalismus öffnete, geschah dies anfangs in Auseinandersetzung mit den protestantischen Entwürfen einer dialogischen Anthropologie. Die konfessionellen Unterschiede im Verständnis von Natur und Gnade, Geschöpflichkeit und Sünde bestimmten weitgehend die Einstellung zum dialogischen Personalismus. Schon innerprotestantisch war um diese Fragen eine heftige Diskussion entstanden.[165] Da

---

[164] E. Brunner, Der Mensch im Widerspruch. Die christliche Lehre vom wahren und wirklichen Menschen, Zürich [3]1941; siehe Vorwort S. VIII.

[165] Vgl. E. Brunner, Natur und Gnade. Zum Gespräch mit Karl Barth, Tübingen 1934, [2]1935.

diese Probleme in der Gnadenlehre behandelt werden, sollen sie hier nur in dem Umfang zur Sprache kommen, wie dies zum Verständnis der dialogischen Anthropologie erforderlich ist. Auch empfiehlt es sich bei dieser Sachlage nicht, diese Anthropologie exemplarisch an einzelnen Vertretern darzustellen. Dabei träte die Fülle der Aspekte, die sich im Laufe der theologischen Diskussion herausgestellt haben, zu wenig zutage. Vor allem läßt sich der katholische Beitrag zu dieser Diskussion kaum an exemplarischen Vertretern festmachen. Der dialogische Ansatz wurde hier in den sechziger Jahren von neuen theologischen Richtungen, wie der Politischen Theologie, der Theologie der Hoffnung und der Befreiungstheologie, überrollt, bevor er sich systematisch entfalten konnte. Das *Zweite Vatikanische Konzil*, das unter dem Zeichen des Dialogs zwischen Kirche und Welt stand, führt bei der Beschreibung der menschlichen Person die dialogische Bestimmung nur als eine unter anderen auf (GS 12, 4; 19, 1). Darin spiegelt sich nicht nur der damalige Stand der katholischen Theologie, sondern auch der heutige. Der dialogische Gedanke wird zwar in vielfältiger Weise aufgegriffen, erlangt aber keine Monopolstellung. Wir ziehen es deshalb vor, die folgende Darstellung der dialogischen Anthropologie nicht nach exemplarischen Vertretern, sondern nach zentralen theologischen Gesichtspunkten zu ordnen.

3.3.3.1 Gottebenbildlichkeit als Entsprechung

Die Grundentdeckung des dialogischen Personalismus lautete: Der Mensch wird erst er selbst, *er wird Person in der Beziehung zum anderen* als Person. Theologisch bedeutet das: Er wird Person in der Beziehung zwischen Gott und sich. Gott schafft ihn, indem er sich ihm zuwendet, ihn als Person anspricht. Und der Mensch kommt zu seinem personalen Dasein, indem er auf diesen Sein gebenden Anruf antwortet. Sein personales Sein ist also ein In-Beziehung-Sein. Das personale Sein geht dem Antworten nicht voraus, sondern besteht im Antworten. Es ist Sein im Dialog. Der Schöpfungsakt umfaßt zwar auch die Vernunftnatur des Menschen. Aber nicht diese macht den Menschen zur Person. Sie ist nur „das Material, das Substrat der Gottesbeziehung" (*Emil Brunner*), des Antwortaktes, der das Sein der Person ausmacht.[166] Dem Schöpfungsakt entspricht unmittelbar der Antwortakt, der den Menschen zur Person macht.

Gegen diese rein aktualistische Auffassung erhoben sich nicht nur in der katholischen, sondern auch in der protestantischen Theologie Bedenken.[167] Ermöglicht das schöpferische Wort Gottes den personalen Antwortakt des Menschen allein dadurch, daß es den Menschen als Person anspricht? Muß es ihm nicht zugleich, logisch sogar voraus, die seinshafte Fähigkeit zum Antworten mitteilen? Die Kritiker sahen in der geschöpflichen Vernunftnatur des Menschen diese Möglichkeit gegeben. Sie wollten aber den Rückfall in den traditionellen Personbegriff vermeiden, wonach der Mensch auf Grund der individuellen Geistnatur eigenständige Person ist. Aus protestantischer Sicht droht damit die von Luther abgewiesene Eigenmächtigkeit des Menschen gegenüber Gott. Das Sein

---

[166] E. Brunner, Der Mensch im Widerspruch, 93; vgl. tzt D8, Nr. 118-119.

[167] Vgl. G. Langemeyer, Der dialogische Personalismus in der evangelischen und katholischen Theologie, Paderborn 1963, 186-192.

der Person, das dem Antwortakt zugrundeliegt, sagte man, müsse selbst als ein relationales Sein oder ein Sein in Relation verstanden werden. Das voraktuelle personale Sein des Menschen sei derart, daß der Mensch „mit seinem Dasein selbst, über das er keine Gewalt hat, Antwort auf den Anruf des Schöpfers ist" (*Romano Guardini*).[168] Die Geistnatur sei schöpfungstheologisch nicht als Grund der Selbstgegebenheit, der Subjektivität des Menschen zu deuten, sondern als Grund der Bezogenheit auf das göttliche Schöpfungswort. Der Mensch kommt nicht zuerst als Person zu sich selbst, die sich dann auf andere bezieht. Er kommt zu sich selbst unter dem Anruf der anderen Person, unter dem Anruf Gottes. Sein *Selbststand* ist seinsmäßig *Gegenüberstand*. Die voraktuelle Seinsebene der Person wird hier bereits mit dialogischen Begriffen bestimmt.

In dieser Sicht kann der Mensch nicht mehr als Abbild Gottes verstanden werden. Nicht, was er in sich ist, ist Grundlage der Erkenntnis Gottes und der Beziehung zu Gott. „Ein ‚dialogisches Bild' gibt es nicht, es sei denn auf der höheren Ebene des Wortes" (*Hans Urs von Balthasar*).[169] „Nicht um Bild und Abbild geht es also, sondern um Wort und Antwort" (*Emil Brunner*).[170] Nicht das Bild als solches, sondern allein die Beziehung des Bildes zu dem, was es darstellt, abbildet, ist das theologisch Bedeutsame an der Ebenbildlichkeit des Menschen. Der theologische Sinn der Gottebenbildlichkeit ist die seinsmäßige Bezogenheit, das Antwortsein bzw. die aktuelle Antwortbeziehung des Menschen zum schöpferischen Anruf Gottes.

Der Ausdruck *Ebenbild Gottes* wird in der dialogischen Anthropologie im übertragenen Sinne verstanden. Wie sich das Bild zum Abgebildeten verhält, so verhält sich die menschliche Person zum schöpferischen Wort Gottes. Sie entspricht antwortend dem Wort Gottes. Der gottebenbildliche Mensch ist „der Gott entsprechende Mensch" (*Eberhard Jüngel*).[171]

3.3.3.2 Die mitmenschliche Beziehung als Ort der Gottesbeziehung

Nach *Ebner* und *Buber* ist die konkrete Ich-Du-Beziehung der Ort, wo der Anruf des absoluten, ewigen Du erfahren und beantwortet wird. Diese Verschränkung der zwischenmenschlichen Beziehung mit der Gottesbeziehung kommt auf den ersten Blick der Theologischen Anthropologie sehr entgegen. Man denke etwa an die Einheit von Gottes- und Nächstenliebe im Evangelium: „Wer seinen Bruder nicht liebt, den er sieht, kann Gott nicht lieben, den er nicht sieht" (1 Joh 4,20).

Für die *protestantische Theologie* rührt das Verhältnis zwischen Gottesbeziehung und mitmenschlicher Beziehung an den Kern des reformatorischen Bekenntnisses, an die Unterscheidung von Gesetz und Evangelium, Glaube und Werk. Wird der Glaube als Antwort auf das Wort Gottes verstanden, so ist er nicht nur ein Handeln Gottes am Menschen: Das Wort Gottes wirkt den Glauben, wie

---

[168] R. Guardini, Welt und Person. Versuche zur christlichen Lehre vom Menschen, Würzburg 1939 (³1950), 113; vgl. G. Langemeyer, Der dialogische Personalismus, a.a.O., 248-258; tzt D8, Nr. 109.

[169] H. U. v .Balthasar, Glaubhaft ist nur Liebe, Einsiedeln 1963, 53.

[170] E. Brunner, Der Mensch im Widerspruch, 89.

[171] E. Jüngel, Der Gott entsprechende Mensch, a.a.O.

Luther immer wieder betont hatte, aber der Glaube ist auch eine Re-aktion auf das Wort Gottes, eine Entscheidung für das Du. Allerdings, diese Möglichkeit zum Reagieren hat der Mensch nicht aus sich, sondern nur im Empfangen. Aber das Empfangen, das gläubige Hören der Zuwendung Gottes im Wort ist zugleich ein Geben, eine aktive Hinwendung zu Gott und zur mitmenschlichen Person. „Daß ich mich in der Liebe von dem Menschen, den ich liebe, empfange und daß ich mich im Glauben von Gott empfange, das geschieht in einem. Es ist nur das eine Mal in bezug auf den Menschen und das andere Mal in bezug auf Gott ausgesagt“ (*Friedrich Gogarten*).[172] Im Antwortakt des Glaubens, in dem der Mensch Person wird, sind Glaube und Liebe eins. Sie treten aber auseinander in der konkreten Verwirklichung dieses Aktes: Gott kann der Mensch nur sich selbst geben; die Hinwendung zum mitmenschlichen Du muß sich dagegen unter den Bedingungen der jeweiligen weltlichen und geschichtlichen Situation verwirklichen. Sie bleibt daher immer hinter der personbildenden Grundentscheidung für das Du zurück. Luthers Überordnung des Glaubens über die Liebe behält somit in dem Sinne ihr Recht, daß in der Beziehung zu Gott nur die Alternative Glaube oder Unglaube (Gottesliebe oder Selbstliebe) zur Entscheidung steht, während in der Beziehung zum mitmenschlichen Du die Werke aus Glaube und Liebe nur „etwas“ vom Ich geben. Das Ich bleibt sich dem Du immer schuldig. Dem Glauben an das Wort der vergebenden Liebe Gottes kann durch konkretes Handeln nicht voll entsprochen werden.

Die Unterscheidung des personalen Antwortaktes von der konkreten Verwirklichung scheint bisweilen, z.B. bei *Emil Brunner*, in eine Trennung überzugehen. Die dialogische Struktur droht dann der konkret erfahrbaren Lebenswirklichkeit des Menschen lediglich dogmatisch übergestülpt zu werden.[173] Der Erfahrungsansatz des dialogischen Personalismus wird weitgehend preisgegeben. Bleibt man dagegen bei diesem Erfahrungsansatz, so stellt sich die Frage: Wie ergeht in der konkreten Begegnung von Mensch zu Mensch der Anruf des Wortes Gottes, der das Personsein ermöglicht? Er ergeht, wenn in ihr von Gott geredet wird. Das geschieht, wenn das Evangelium unter Menschen zur Sprache kommt, z.B. in der Verkündigung oder im seelsorglichen Gespräch. Theologische Anthropologie hätte dann nur vom Menschen zu reden, wie er im zwischenmenschlichen Dasein vom Wort Gottes getroffen wird. Sie hätte vom Menschen als Sünder auszugehen, der immer schon im Widerspruch zum Wort Gottes existiert. Dieser Widerspruch ist ureigene Entscheidung jedes einzelnen Menschen. Er ist aber zugleich zwischenmenschlich bedingt. Denn in der zwischenmenschlichen Situation, auf die das Wort Gottes trifft, bleibt jeder dem anderen sich selbst schuldig. Es gibt den anderen nicht, von dem her man als Person angesprochen und zur personalen Antwort ermächtigt werden könnte. Was traditionell *Erbsünde* heißt und auf die Tat des ersten Menschenpaares zurückgeführt wird, läßt sich hier verstehen als zwischenmenschliches Bedingtsein der Freiheit, als sündige Situation der dialogisch bestimmten Freiheit. In dieser „erbsündigen“ Situation kann sich menschliche Freiheit nur im Widerspruch zum Du vollziehen. Theolo-

[172] F. Gogarten, Die Verkündigung Jesu Christi. Grundlagen und Aufgabe, Heidelberg 1948, 512.
[173] Vgl. G. Langemeyer, Der dialogische Personalismus, a.a.O., 144 f.

gische Anthropologie hätte sodann zu zeigen, wie der Mensch im Glauben an das Wort Gottes zu seinem eigentlichen Leben als Geschöpf Gottes kommt, zur personalen Mitmenschlichkeit und zum freien Umgang mit der Welt.[174]

Karl Barth, der den dialogischen Ansatz zunächst ganz abgelehnt hatte, fand einen anderen Weg, das zwischenmenschliche Gegenüber von Ich und Du mit dem Gegenüber von Gott und Mensch zu verbinden.[175] Er ging aus von der Unterscheidung zwischen dem schöpferischen und dem begnadenden Wirken des Wortes Gottes. Er hielt diese Unterscheidung für unumgänglich. Denn das Besondere der Liebe Gottes, die in Jesus Christus zugesagt wird, käme sonst gegenüber der bloßen Beziehung zwischen Gott und dem Menschen als Geschöpf nicht klar zum Ausdruck. Um der Offenbarung der Liebe willen, die Gott in sich selbst ist, schafft Gott den Menschen als möglichen Partner dieser Liebe. Das dialogische Gegenüber von Ich und Du, in das Gott den Menschen durch die Schöpfung hineinstellt, ist das von Mensch zu Mensch. Barth deutete die Ausdrücke der Genesis *Bild* und *Ähnlichkeit* im Sinne von „in unserem Urbild nach unserem Vorbild".[176] Das Urbild ist das Gegenüber in Gott zwischen Vater und Sohn. „In unserem Urbild" bezieht sich auf die gnadenhafte Erwählung, hineingenommen zu werden in die Beziehung des Gottmenschen Jesus Christus zum Vater. „Nach unserem Vorbild" bezieht sich auf das Gegenüber von Mann und Frau als Prototyp der Ich-Du-Beziehung von Mensch zu Mensch. Die nähere Beschreibung, die Barth von der zwischenmenschlichen Ich-Du-Beziehung gibt, läßt deutlich das Bemühen erkennen, sie von der Ich-Du-Beziehung zu Gott abzuheben, die in Christus geschenkt wird. Die Menschlichkeit Jesu besteht darin, daß er ganz und gar für die Menschen da ist und so Gottes Liebe offenbart. In geschöpflicher Entsprechung dazu haben die Menschen einander nötig, leisten einander Beistand und erwecken einander zum Ichbewußtsein, und zwar aus ihrer Natur heraus. Es liegt in der geschöpflichen Natur des Menschen, gerne mit dem Mitmenschen zusammen zu sein. Zwar bleibt der dialogische Grundsatz erhalten, daß der Mensch auf den Anruf des anderen angewiesen ist, um in der Beziehung zu ihm als Person zu existieren. Aber „für ihn sein in jenem strengen Sinn des Begriffs kann er nicht, das kann Gott allein. Er kann aber für ihn zu haben sein... ."[177] „Für ihn zu haben sein" ist der Beistand, die Hilfe, die jeder Mensch braucht, um als menschliche Person leben zu können. Und dieses Angewiesensein auf den anderen Menschen ist der Ort, an dem ihn das Gnadenwort Gottes gleichsam abholt: Jesus Christus, der ganz für ihn da ist und in dem Gott selbst für ihn da ist.

Für die dialogische Anthropologie ist die personale Beziehung von Mensch zu Mensch der Ort (Gogarten) oder der Vorort (Barth) der personalen Beziehung zwischen Gott und Mensch.

---

[174] So F. Gogarten, Der Mensch zwischen Gott und Welt, Stuttgart ²1956; siehe tzt D8, Nr. 115; ähnlich G. Ebeling, Dogmatik des christlichen Glaubens I, Tübingen 1979, 334-414.

[175] Zum folgenden K. Barth, Kirchliche Dogmatik III,1, Zürich ³1957, 204-233; III,2, Zürich ²1959, 264-329. Vgl. H. U. v. Balthasar, Karl Barth, Darstellung und Deutung seiner Theologie, Köln ²1962, 131-148.

[176] K. Barth, KD III,1, a.a.O., 205 f.

[177] K. Barth, KD III,2, a.a.O., 315; vgl. tzt D8, Nr. 112.

3.3.3.3 Die christologische Vermittlung

Ob die zwischenmenschliche Wort-Antwort-Beziehung als Ort oder als Vorort der Gottesbeziehung gesehen wird, in beiden Fällen ist der theologische Ausgangspunkt Jesus Christus als das Wort Gottes. Da der Anruf des Wortes Gottes im menschlichen Dasein Jesu ergangen ist, hat Gott selbst die menschliche Wirklichkeit zu dem Ort bestimmt, an dem der Mensch zur Antwort des Glaubens und zum wahren Leben kommen soll. In beiden Fällen wird auch Christus bzw. die bezeugende Rede von Christus als das vergebende Wort Gottes verstanden, durch das der sündige Mensch erst zu seinem Selbstvollzug als geschöpfliche Person in Beziehung zu Gott und den mitgeschöpflichen Personen kommt. Das Wort Gottes trifft den Menschen immer in der Verfassung des Widerspruchs gegen Gott und gegen seine geschöpfliche Bestimmung, als Antwort auf das Wort Gottes zu existieren. Beide Auffassungen scheiden sich aber an der Frage, ob Gottes Wort in Jesus Christus nur vergebendes Wort ist (*Gogarten*, *Brunner*) oder auch über die Geschöpflichkeit hinausführendes (*Barth*, *v. Balthasar*). Mit anderen Worten: Hat sich in Jesus Christus die menschlich-personale Antwort ereignet, die dem Schöpfungswort entspricht, vom Menschen aber in der Sünde verweigert wurde? Oder hat sich in ihm eine einzigartige Antwort auf das Wort Gottes ereignet, die zwar auch geschöpflich-personale Antwort ist, aber zugleich mehr ist als das. Worin bestände dieses „Mehr“?. Auf Grund der Menschwerdung Gottes ist die menschliche Antwort Jesu zugleich göttliche Antwort des Sohnes an den Vater. Jesus Christus vermittelt als Wort Gottes an die Menschen ein Antworten, das nicht nur dem dialogischen Gegenüber von Gott und Mensch entspricht, sondern darüber hinaus dem Gegenüber von Vater und Sohn in Gott.

Die zweite Auffassung entspricht offensichtlich mehr der katholischen Tradition. Man denke an die Unterscheidung von Bild und Ähnlichkeit bei Irenäus oder die von natürlicher und übernatürlicher Imago Dei in der Scholastik, aber auch an Rahners Begriff der Selbstmitteilung Gottes als des absoluten Geheimnisses in die transzendentale Offenheit des menschlichen Subjekts. Anthropologisch kommt in dieser Auffassung deutlicher zum Tragen, daß menschliches Leben und Zusammenleben eine Geschichte hat. Menschliches Leben ist nicht nur in dem Sinne geschichtlich, daß jeweils in einer konkreten Situation zur Entscheidung steht: menschlich-personales oder unmenschlich-egozentrisches Leben. Menschliche Ich-Du-Beziehung hat eine Geschichte, die vielleicht schon mit der frühen Mutter-Kind-Beziehung beginnt und sich in verschiedenartigen Begegnungen entfaltet.[178] In dieser Geschichte sind Sünde und geschichtliches Unterwegssein auf unlösliche Weise verquickt. Die Alternative „widersprechendes oder entsprechendes Leben gegenüber Gott und den Mitmenschen“ läßt alles Suchende, noch Unfertige und Unvollendete als Symptom der Sünde erscheinen. Der Mensch, der Gott noch nicht ganz *ent*spricht, *wider*spricht Gott. Die verharmlosende Möglichkeit, die Sünde umzudeuten als eine unvermeidliche Entwicklungsphase des Subjektwerdens (*Hegel*) beruht vielleicht auch auf der undifferenzierten Alternative zwischen Sündersein und Leben als Geschöpf Gottes.

---

[178] Vgl. dazu H. U. v. Balthasar, MySal 2, 15-38.

Der dialogische Ansatz begünstigt in der Theologischen Anthropologie eine Deutung des Christusereignisses, nach der durch Christus das personale Verhältnis des geschöpflichen Menschen zu Gott überhaupt erst ermöglicht wird. Die Alternative lautet dann: Als Sünder oder als Geschöpf Gottes existieren. Der katholischen Tradition Theologischer Anthropologie scheint eher die Auffassung zu entsprechen, daß die durch Christus erschlossene Gottesbeziehung nicht nur das Hindernis der Sünde beseitigt, sondern auf den Weg stellt von der geschöpflichen in die christusförmige Gottesbeziehung.

3.3.3.4 Kritische Relativierung

Die personalistische Anthropologie darf als der letzte Beitrag zur Theologischen Anthropologie angesehen werden, der systematisch durchgearbeitet ist. *Guardini* sah mit der Konzentration auf das Personale bereits das Ende der Neuzeit gekommen.[179] Die personalistische Theologie blieb aber im Grunde dem neuzeitlichen Denken vom Subjekt her verbunden. Sie „kehrte das Verhältnis von Ich und Du nur um und behandelte das Du, insbesondere das göttliche Du, als das eigentliche, souveräne Ich".[180] In der allgemeinen Katastrophenstimmung nach 1945 schienen das welttranszendente Geheimnis (*Rahner*) oder die personalen Beziehungen das einzige zu sein, das noch Halt bot. Das kulturell-gesellschaftliche „Haus" des Menschen war zerstört. Aber mit dem Neuaufbruch zu einer besseren, humaneren Nachkriegsgesellschaft meldeten sich in der Theologie Bedenken gegen den transzendentalen und noch mehr gegen den dialogischen Ansatz der Theologischen Anthropologie. Und noch einmal, diesmal sogar noch grundsätzlicher, wurde der personalistische Ansatz hinterfragt, als die ökologische Krise die Theologie veranlaßte, das Verhältnis des Menschen zur Natur, zur außermenschlichen Schöpfung neu zu bedenken. Beide Bedenken sind aber nicht mehr systematisch zu einer Theologischen Anthropologie entfaltet worden. Für unseren geschichtlichen Durchgang sind sie aber wichtig, weil hier Perspektiven der menschlichen Wirklichkeit neu oder auf neuartige Weise in die theologische Deutung des Menschen einbezogen werden (s.u. 3.4).

Die Bedenken kamen vor allem von der *Theologie der Hoffnung* (*Jürgen Moltmann*) und von der *Politischen Theologie* (*Johann Baptist Metz*). In der dialogisch-personalistischen Theologie werde die gesellschaftlich-politische Wirklichkeit des Menschen „als sekundär behandelt".[181] Der Nächste im Sinne des Neuen Testaments kommt nach Moltmann „nur in personaler Begegnung, nicht aber in seiner gesellschaftlichen Realität zur Erscheinung", er wird nicht ernst genommen „in seiner juristischen Person und seiner sozialen Rolle".[182] Darin zeigt sich, so Metz, ein „Trend zum Privaten".[183] Die gesellschaftliche Wirklichkeit darf theologisch nicht nur negativ gewertet werden. Sie ist nicht grundsätzlich der

[179] R. Guardini, Das Ende der Neuzeit, Würzburg 1950; siehe tzt D8, Nr. 108.
[180] W. Pannenberg, Anthropologie, 178.
[181] J. B. Metz, Zur Theologie der Welt, Mainz-München 1968, 100.
[182] J. Moltmann, Theologie der Hoffnung, Untersuchungen zur Begründung und zu den Konsequenzen einer christlichen Eschatologie, München 1965, 290.
[183] J. B. Metz, a.a.O., 101; W. Pannenberg, a.a.O., 178.

Bereich der Sünde, in dem sich personale Beziehung und Glaube an Gott nicht ereignen kann. Wo sie das ist, ermutigt und ermächtigt die Botschaft vom Reich Gottes dazu, sie zu verändern.

Die Bedenken, die von der sogenannten *„Öko-Theologie"* herkommen, gehen noch weiter. Ging es der Politischen Theologie um eine humane Gestaltung der Welt, so wird nun fraglich, ob theologisch die Natur als Material für eine humane Gesellschaft gewertet werden darf; als Werkstoff, der dem Menschen zur Verfügung gestellt ist, um – im Zugehen auf das Reich Gottes – eine universale zwischenmenschliche Gemeinschaft in Gerechtigkeit und Frieden zu ermöglichen. Der Mensch ist nicht nur als Gegenüber zum Du geschaffen, sondern als Mitgeschöpf in eine Solidarität zu *allen Geschöpfen* gestellt. Daher steht er auch in Verantwortung für alle Geschöpfe.[184] Diese Solidarität und Verantwortung beruht auf seiner „Blutsverwandtschaft" mit der ganzen Schöpfung. Damit bekommt nicht nur sein Verhältnis zur Natur ein anderes theologisches Gewicht. Die naturale Basis seiner Subjektivität, er selbst als letztlich unergründliches Naturwesen erhält theologisch eine eigenständige Bedeutung neben der subjektiven Verwiesenheit auf das absolute Geheimnis bzw. das absolute Du.[185]

In der Politischen Theologie der sechziger Jahre und der jüngsten „Öko-Theologie" treten mit der Kritik am dialogischen Ansatz zwei neue Wirklichkeitsbereiche in das Blickfeld der Theologischen Anthropologie: der gesellschaftliche und der natural-kosmische.

3.3.4 Die Lehre des Zweiten Vatikanischen Konzils über den Menschen

Es war eines der Grundanliegen des Zweiten Vaticanum, auf die gegenwärtige Weltsituation einzugehen, mit dieser Welt und dem Menschen von heute in Dialog zu treten und die Aufgaben der Kirche in der Welt deutlich zu machen. Mit dieser Absicht des Konzils war die christliche Anthropologie bereits als wichtiges Thema angezeigt. Sie fand ihren angemessenen Platz in der Pastoralkonstitution über die Kirche in der Welt von heute „Gaudium et Spes".[186] Denn die christliche Sicht des Menschen bilde „das Fundament für die Beziehung zwischen Kirche und Welt wie auch die Grundlage ihres gegenseitigen Dialogs" (40,1). In den ersten drei Kapiteln dieser Konstitution wird erstmals von einem Konzil eine christliche Lehre vom Menschen dargeboten. Der Zusammenhang mit der pastoralen Ausrichtung auf die Weltsituation zur Zeit des Konzils ist wohl zu beachten, um den lehramtlichen Anspruch des Textes richtig einschätzen zu können.[187] Sowohl der Ansatz dieser konziliaren Anthropologie wie auch die Auswahl der Inhalte und Aspekte sind davon geprägt.

---

[184] R. Burggraeve, Verantwortlich für „einen neuen Himmel und eine neue Erde": Conc(D) 27 (1991) 338 f.

[185] Vgl. K. Rahner, Naturwissenschaft und vernünftiger Glaube: Wissenschaft und christlicher Glaube: ders., Schriften zur Theologie XV, Zürich u. a. 1983, 24-62; hier 56 f.

[186] Siehe tzt D8, Nr.133-141.

[187] Zur Konzilsdebatte darüber, ob der Text als Konstitution eingestuft werden solle, die zu dem Kompromiß „Pastorale Konstitution" führte, vgl. Ch. Moeller, Das Prooemium, Kommentar: LThK² 14 „Das Zweite Vatikanische Konzil III", Freiburg u.a. 1968, 280-282.

3.3.4.1 Der methodische Ansatz

Der Text richtet sich nicht nur an die Christen, „sondern an alle Menschen schlechthin" (2; vgl. 10,2). Er beginnt daher mit einer Beschreibung der Zeitsituation des Menschen (4-10). Denn er will „vor allem jene Werte, die heute besonders in Geltung sind", im Lichte des Glaubens „beurteilen und auf ihren göttlichen Ursprung zurückführen". Das Urteil über die derzeitig geltenden Wertvorstellungen ist grundsätzlich positiv, da „diese Werte nämlich aus der gottgegebenen Anlage des Menschen hervorgehen". Wegen der menschlichen Sünde müssen sie jedoch oft korrigiert und richtig ausgerichtet werden (11,2; 13).[188]

Das Konzil folgt hier einer Methode, welche die allgemeine Anthropologie und die Theologie positiv zu verknüpfen sucht (s.o. 1.3.1). Es begründet dieses Verfahren damit, daß „in den Ereignissen, Bedürfnissen und Wünschen ... unserer Zeit ... wahre Zeichen der Gegenwart oder der Absicht Gottes" gegeben sein können. Deren richtige Erkenntnis bedarf allerdings der sorgfältigen Unterscheidung im Licht des Glaubens (11,1).[189] Unter den theologisch relevanten Ereignissen versteht der Text vor allem die Wandlungen der Gesellschaft (6) und der seelischen Verfassung der einzelnen Menschen (7) infolge der naturwissenschaftlich-technischen Errungenschaften (4 u. 5). Die daraus entstehenden Bedürfnisse und Wünsche faßt der Text folgendermaßen zusammen: „daß die Menschheit nicht nur ihre Herrschaft über die Schöpfung immer weiter verstärken kann und muß, sondern daß es auch ihre Aufgabe ist, eine politische, soziale und wirtschaftliche Ordnung zu schaffen, die immer besser im Dienst des Menschen steht und die dem Einzelnen wie den Gruppen dazu hilft, die ihnen eigene Würde zu behaupten und zu entfalten" (9,1).

Dieser Diagnose der Zeittendenzen entsprechen die Kapitel der folgenden Darlegung der christlichen Anthropologie: 1. Die Würde der menschlichen Person (12- 22), 2. Die menschliche Gemeinschaft (23-32) und 3. Das menschliche Schaffen in der Welt (33-39). Diese drei Aspekte begegnen schon in der grundlegenden Interpretation der Gottebenbildlichkeit (12,3 u. 4), die mit der Feststellung der Übereinstimmung von Gläubigen und Nichtgläubigen eingeleitet wird, „daß alles auf Erden auf den Menschen als seinen Mittel- und Höhepunkt hinzuordnen ist" (12,1). Die gemeinsame Basis wird schließlich noch dadurch unterstrichen, daß alle drei Kapitel zunächst schöpfungstheologisch argumentieren und die christologische Perspektive als Abschluß – Erneuerung und eschatologische Vollendung des Menschen – einbringen. Der Aufbau bestätigt somit den methodischen Ansatz der positiven Verbindung von Anthropologie und Theologie.

---

[188] Nr. 13 ist eine spätere Einfügung, die eine einseitig positive Deutung der „Zeichen der Zeit" abwehren soll; vgl. J. Ratzinger, Kommentar zum Ersten Kapitel des ersten Teils: LThK^2, a.a.O., 320 f.

[189] Diese Einschränkung der positiven theologischen Deutung der „Zeichen der Zeit" ist im Laufe der Textgeschichte immer stärker betont worden; s. J. Ratzinger, Kommentar zum 1. Kapitel, a.a.O., 313 f.

Die christliche Anthropologie in der Pastoralkonstitution verbindet die Gottebenbildlichkeit des Menschen mit der menschlichen Welt- und Selbsterfahrung nach dem Konvergenzmodell.

3.3.4.2 Die Personwürde

Die Personwürde, die mit der Erschaffung nach dem Bilde Gottes gegebene ist, wird an erster Stelle in der geistigen Fähigkeit des Menschen gesehen, „seinen Schöpfer zu erkennen und zu lieben" (12,3). Diese Fähigkeit wird als *Vernunft* (15), *Gewissen* (16) und *Freiheit* (17) ausdrücklich entfaltet. Dabei wird die Vernunftnatur der Person deutlich von der empirisch-wissenschaftlichen Erkenntnis abgehoben. Die Vernunft stößt „vom Sichtbaren zum Unsichtbaren" vor und „vermag geistig-tiefere Strukturen der Wirklichkeit mit wahrer Sicherheit zu erreichen" (15). Ähnlich ist das Gewissen „die verborgenste Mitte ... im Menschen, wo er allein ist mit Gott, dessen Stimme in diesem seinem Innersten zu hören ist" (16). Und die Freiheit besteht „in bewußter und freier Wahl", so daß der Mensch „seinen Schöpfer aus eigenem Entscheid suche" (17). Dabei wird zwar die sündige Verkehrung beachtet, aber naturale und geschichtliche (sozio-kulturelle) Bedingungen dieser geistigen Fähigkeiten bleiben weitgehend unberücksichtigt.[190]

Diese Überordnung des Geistigen über die ganze übrige geschöpfliche Wirklichkeit zeigt sich denn auch in der Bestimmung des Verhältnisses von Leib und Seele. Durch den Leib vereint der Mensch die stoffliche Welt und erhebt „ihre Stimme zum freien Lob des Schöpfers" (14,1). Der Mensch ist „nicht nur als ein Teil der Natur" zu deuten; „in seiner Innerlichkeit übersteigt er die Gesamtheit der Dinge". Dort gelangt er vor Gott und entscheidet „unter den Augen Gottes über sein eigenes Geschick" (14,2).

Schließlich bestätigt sich die vorherrschend hierarchische Sicht von Seele und Leib bzw. Geist und Natur gemäß der augustinisch-thomistischen Tradition in der Deutung der Sterblichkeit des Menschen. Die Erfahrung der leiblichen Hinfälligkeit und Vergänglichkeit weckt die „Furcht vor immerwährendem Verlöschen" Aber aufgrund seiner Geistigkeit wehrt sich der Mensch zurecht gegen die Vorstellung, daß seine Person im Tod endgültig untergeht. Denn „der Keim der Ewigkeit im Menschen läßt sich nicht auf bloße Materie zurückführen" (18). Hier wird die Blickrichtung der Konzilslehre deutlich: Sie richtet sich gegen das materialistische bzw. naturalistische Menschenbild.

In Frontstellung gegen den Materialismus betont das Konzil bei der Auslegung der gottebenbildlichen Personwürde den Vorrang des Geistigen aufgrund seiner Gottunmittelbarkeit. Durch die Vermittlung der geistigen Fähigkeiten kommen die leibliche Wirklichkeit des Menschen und die materielle Welt zu ihrer der Schöpferabsicht gemäßen Bestimmung.

3.3.4.3 Die Menschenrechte als Norm der Gesellschaftsordnung

Da der Konzilstext die Personalität in der ebenbildlichen Beziehung jedes einzelnen Menschen zu Gott sieht, das dialogische Personverständnis also nicht auf-

[190] Vgl. J. Ratzinger, a.a.O., 326 f, 329, 332 f.

greift,[191] muß er die mitmenschliche, soziale Verfassung des Menschen eigens begründen. Dies geschieht mit dem Hinweis 1. auf die Erschaffung des Menschen als Mann und Frau (12,4), 2. auf den Ratschluß Gottes, „daß alle Menschen *eine* Familie bilden und einander in brüderlicher Gesinnung begegnen" sollen (24,1; 32), und 3. auf eine Joh 17,20-22 angedeutete „gewisse Ähnlichkeit ... zwischen der Einheit der göttlichen Personen und der Einheit der Kinder Gottes in der Wahrheit und in der Liebe" (24,3). Darin sieht der Text die Lehre der Hl. Schrift begründet, „daß die Liebe zu Gott nicht von der Liebe zum Nächsten getrennt werden kann" (24,2).

Aus dieser theologischen Begründung der Sozialnatur des Menschen ergibt sich, daß die Verwirklichung der menschlichen Person und die Entwicklung der Gesellschaft sich gegenseitig bedingen. Träger und Ziel der gesellschaftlichen Ordnung und Entwicklung muß aber die menschliche Person sein (25,1). Die gesellschaftlichen Einrichtungen und Maßnahmen „müssen sich dauernd am Wohl der Personen orientieren; denn die Ordnung der Dinge muß der Ordnung der Personen dienstbar werden und nicht umgekehrt" (26,3). In diesem Zusammenhang erhalten die Menschenrechte ihre theologische Bedeutung. Sie ergeben sich aus der ebenbildlichen Würde jedes Menschen. „Es muß also dem Menschen zugänglich gemacht werden, was er für ein wirklich menschliches Leben braucht, wie Nahrung, Kleidung und Wohnung, sodann das Recht auf eine freie Wahl des Lebensstandes und auf Familiengründung, auf Erziehung, Arbeit, guten Ruf, Ehre und auf geziemende Information; ferner das Recht zum Handeln nach der rechten Norm seines Gewissens, das Recht auf Schutz seiner privaten Sphäre und auf die rechte Freiheit auch in religiösen Dingen" (26,2). Der Text betont nachdrücklich, es entspreche nicht dem Plan Gottes, wenn diese Rechte nicht allen Menschen zugestanden werden. Er erwähnt besonders die „beklagenswerte Tatsache", daß diese Rechte vielerorts den Frauen nicht in gleicher Weise wie den Männern zuerkannt werden (29,2).

Zugleich weist das Konzil jedoch eine individualistische Auffassung dieser Rechte der Person zurück. Nicht, daß jeder sie für sich beansprucht, sondern daß jeder sie den anderen zukommen läßt und sich für ihre allgemeine Geltung in der Gesellschaft einsetzt, entspricht der geschöpflichen Würde des Menschen und dem Heilsplan Gottes (26. 30. 31). Dieses solidarische Verständnis der Menschenrechte muß der Text besonders hervorkehren, weil er zunächst individualistisch bei der Gottunmittelbarkeit jeder einzelnen Person vermöge ihrer geistigen Fähigkeiten angesetzt hat.

Das Konzil versteht die Menschenrechte, ausdrücklich auch bezüglich der Frau, als Konsequenz der Gottebenbildlichkeit jedes Menschen. Aufgrund der Absicht Gottes, die Menschen in einer Menschheitsfamilie zu vereinen, sind diese Rechte jedoch nicht auf jeden einzelnen für sich zu beziehen, sondern von jedem solidarisch und deshalb auch auf gesellschaftlicher Ebene für alle zu erstreben.

---

[191] J. Ratzinger bedauert „Verzicht unseres Textes auf die Thematik der Ich-Du-Beziehung" und somit auf „die Bestimmung des Menschen zur Liebe": a.a.O., 325.

Menschenrechte

Die theologische Grundlegung der Menschenrechte ist die Gottebenbildlichkeit des Menschen. Erste Sicherungen für die Würde und Freiheit des Menschen bot die *Magna Charta Libertatum* (1215) und die *Habeas-Corpus-Akte* (1679) gegen willkürliche Verhaftungen. Entscheidend für die neuzeitliche Entwicklung wurden die *Erklärung der Grundrechte von Virginia* (1776) sowie die französische *Erklärung der Menschen- und Bürgerrechte* (1789/1791). Nach dem Zweiten Weltkrieg wurden die Menschenrechte in einer *Deklaration der UN* (1948) festgelegt. Im *Grundgesetz für die Bundesrepublik Deutschland* (1949) handeln die Artikel 1-19 von den Grundrechten. Die Texte finden sich in: W. Heidelmeyer (Hrsg.). Die Menschenrechte, Paderborn 1972. – Die kirchliche Anerkennung der Menschenrechte leistete das 2. Vatikanische Konzil (GS 41,3). Im CIC (1983) hat die Liste der Rechte und Verantwortlichkeiten der Kirchenglieder Verfassungsrang (cann. 208-221 allgemein, 224-231 für Laien, 274,1, 279,1 und 281,1 für Kleriker). Vgl. K. Hilpert, Die Menschenrechte, Geschichte – Theologie – Aktualität, Düsseldorf 1991, W. Odersky, Die Menschenrechte. Herkunft, Geltung, Gefährdung, Düsseldorf 1994.
Die *Heilige Schrift* kennt eine Reihe von Schutzrechten für die Armen, Witwen, Waisen und Fremdlinge (Ex 22, 20-26). Jesus legt sie durch Wort (Lk 4,17-19; Mt 5,3-12) und Tat (Umgang mit den gesellschaftlichen Randgruppen der Sünder, Zöllner, Frauen, Dirnen) aus. Vor allem aber sichert die *zweite Tafel des Dekalogs* (Ex 20,2-17) den Grundbestand der Menschenwürde.

Entsprechungen (Nach K. Hilpert, 190)

Dekalog	*Menschenrechtsdeklaration der UN von 1948*
Mordverbot	Recht auf Leben und Sicherheit
Ehebruchverbot	Freiheit der Eheschließung, Schutz der Ehe und Familie
Diebstahlverbot	Recht auf Eigentum; Verbot der Sklaverei
Verbot des falschen Zeugnisses	Anspruch auf gerichtlichen Rechtschutz; Recht auf Gehör vor einem unabhängigen unparteiischen Gericht; Verbot der Vorverurteilung
Verbot von Übergriffen in den Lebensraum des anderen	Schutz vor willkürlichen Eingriffen in Privatleben, Familie , Wohnung, Ehre, Beruf und vor willkürlicher Beraubung

Erstellt von Wolfgang Beinert

3.3.4.4 Die theologische Bedeutung der menschlichen Arbeit

Mit dem dritten Kapitel gelangt die Darlegung der christlichen Anthropologie zur „Grundfrage der ganzen Konstitution nach der Sinngebung der Arbeit".[192] Das Konzil hat aber offensichtlich nicht den alltäglichen Überlebenskampf vor Augen, wie er den meisten Menschen in der Dritten Welt aufgebürdet ist und wie ihn die Sündenfallerzählung als Folge der Sünde beschreibt (Gen 3,17-19). Es denkt vielmehr an die Arbeit in der modernen Industriegesellschaft, durch die der Mensch, „mit den Mitteln von Wissenschaft und Technik, seine Herrschaft über beinahe die gesamte Natur ausgebreitet" hat. Die Arbeit in

[192] J. Ratzinger, a.a.O., 318.

diesem Sinne hat zudem eine Verflechtung der Menschen und Völker mit sich gebracht, so daß „sich die Menschheitsfamilie allmählich als *eine* die ganze Welt umfassende Gemeinschaft" gestaltet (33,1). Es geht also nicht um die *Arbeit zum Überleben*, sondern um die *Arbeit zur fortschreitenden Verbesserung der Lebensbedingungen*, die zugleich eine zunehmende Vergesellschaftung mit sich bringt.

Die theologische Deutung der so verstandenen Arbeit erfolgt nach einer dreifachen Wertstufung: Verbesserung der Lebensbedingungen – Vergemeinschaftung der Menschen – Verherrlichung Gottes.

1) Die Unterwerfung und Ausnutzung der Natur zugunsten der menschlichen Lebensqualität entspricht dem Schöpfungsauftrag Gottes. Von Gott wurde der ebenbildlich geschaffenen Mensch „zum Herrn über alle irdischen Geschöpfe gesetzt, um sie in Verherrlichung Gottes zu beherrschen und zu nutzen" (12,3. 34,1). Der zivilisatorische Fortschritt bringt jedoch die „große Versuchung" mit sich, die errungenen Lebensgüter egoistisch für sich bzw. die eigene Gruppe zu behalten und gegen die anderen auszuspielen. Dadurch wird die Arbeit „in ein Werkzeug der Sünde verkehrt" (37).

2) Aber der Mißbrauch nimmt der Arbeit als solcher nicht jede positive Bedeutung. Denn sie erbringt durch wirtschaftliche Verflechtung, Verkehrs- und Kommunikationsmittel und anderes mehr die Voraussetzungen für das Zusammenwachsen der Menschen zu *einer* Menschheitsfamilie. So bietet der durch Arbeit erzielte technische Fortschritt „die Basis für den menschlichen Aufstieg" (3,51). Daraus ergibt sich seine „Bedeutung für das Reich Gottes, insofern er zu einer besseren Ordnung der menschlichen Gemeinschaft beitragen kann", die „eine umrißhafte Vorstellung von der künftigen Welt geben kann" (39,2).

Zu dem Schöpfungsauftrag, die Natur zu unterwerfen, tritt hier als zweiter theologischer Aspekt das Schöpfungsziel, die Schöpfung in Christus zu vereinen und im Reich Gottes zu vollenden. Diesem Ziel dienen die arbeitenden Menschen, „die, etwa beim Erwerb des Lebensunterhalts für sich und ihre Familie, ihre Tätigkeit so ausüben, daß sie ein entsprechender Dienst für die Gemeinschaft ist". Dann entwickeln sie „das Werk ihres Schöpfers" weiter und tragen „zur geschichtlichen Erfüllung des göttlichen Planes" bei (34,2).

3) Der dritte theologische Aspekt betrifft die christliche Spiritualität der Arbeit. Die Arbeit wird zum Gottesdienst, wenn sie im Geiste Christi geschieht. Der Geist befreit die Arbeitenden, „damit sie durch Absage an ihren Egoismus und unter Dienstbarmachung aller Naturkräfte für das menschliche Leben nach jener Zukunft streben, in der die Menschheit selbst eine Gott angenehme Opfergabe wird" (38,1). Die Arbeit geht dann ein in die eschatologische Selbsthingabe Christi an den Vater. Sie geht ein in die Eucharistie, in der „unter der Pflege des Menschen gewachsene Früchte der Natur in den Leib und das Blut des verherrlichten Herrn verwandelt werden" (38,2).

Erfüllung des Schöpfungsauftrags, Bereitung der Welt für die eschatologische Vollendung und Verherrlichung Gottes geben der menschlichen Arbeit ihren dreistufigen theologischen Sinn.

3.3.4.5 Der Ort der Konzilslehre in der Geschichte der Theologischen Anthropologie

Das Konzil wollte in der Pastoralkonstitution eine christliche Antwort geben auf die anthropologischen Fragen, wie sie sich in seiner Zeit stellten. Es wollte die christliche Auffassung von Menschen aus dem Ghetto herausführen, in das sie aus verschiedenen Gründen im Laufe der Neuzeit geraten war. Es wollte die Christen auf ihren Auftrag und Dienst verpflichten, den sie bei dem Neuaufbruch der Menschheit nach zwei Weltkriegskatastrophen haben.

Aber inzwischen hat sich die anthropologische Fragestellung verändert. Die einschneidendste Änderung ist wohl auf die Erfahrung der ökologischen Krise zurückzuführen, die zur Zeit des Konzils noch völlig außerhalb des Blickfeldes lag. Exemplarisch wird das deutlich an der erwähnten eucharistischen Deutung der Arbeit. Während es im liturgischen Segen über die Gaben heißt: „die Frucht der Erde *und* der menschlichen Arbeit", formuliert der Konzilstext: „unter der Pflege des Menschen gewachsene Früchte der Natur". Zur eucharistischen Gabe wird nach dieser Formulierung das, was der Mensch aus der Natur macht. Das Wechselverhältnis zwischen Mensch und Natur wird als Unterordnung der Natur unter den Menschen ausgelegt. Ähnliches geschieht, wenn der Text sagt, der Mensch müsse „die von Gott geschaffenen Dinge lieben", und dies so versteht, daß er sie „als Gaben aus Gottes Hand" betrachten und schätzen soll, die ihm gehören zu seinem Gebrauch und „wahren Besitz", der ihm jedoch nur ganz gehört, wenn er selbst Gott gehört (38,2).

Diese gänzliche Überordnung des Menschen wirkt zurück auf das Verständnis der Gemeinschaft und des leib-geistigen Menschen selbst. Vielleicht hängt der Verzicht des Konzilstextes auf das dialogische Personvertändnis auch damit zusammen, daß die dialogische Ich-Du-Beziehung sprachlich-leiblich vermittelt ist. Die sprachliche Verfassung bindet die geistigen Fähigkeiten nicht nur an andere Personen, sondern auch an die Sinne, die Kultur und Gesellschaft. Der Konzilstext muß aber an der Unmittelbarkeit des menschlichen Geistes zu Gott interessiert sein, um die Herrschaft des Menschen über die gesamte Natur gewährleisten zu können. Die Erfahrung der ökologischen Krise bringt hier neue Fragen mit sich, deren Gewicht das Konzil wohl noch nicht erkennen konnte. Diese Fragen verlangen heute nach Antworten der theologischen Anthropologie, die über die Lehre des Konzils hinausgehen. Einen ersten Schritt in diese Richtung hat die Deutsche Bischofskonferenz mit ihrem Hirtenschreiben von 1980 zu Fragen der Umwelt und der Energieversorgung getan. Sie ergänzt die Formel: „Die anderen Geschöpfe sind *für* den Menschen da" durch den Zusatz: „aber der Mensch ist nur *mit* ihnen da".[193] Dieser Zusatz birgt in seiner Konsequenz ein differenzierteres Verständnis der Gottebenbildlichkeit sowie auch der leib-geistigen Einheit des Menschen, der Arbeit und der anderen Menschenrechte.

Die Erfahrung der ökologischen Einbindung des Menschen in die übrige Schöpfung, die dem Konzil noch nicht zugänglich war, stellt die Frage nach der Gottebenbildlichkeit des Menschen sowie nach der theologischen Sinndeutung der menschlichen Gemeinschaft und der Arbeit in einen gewandelten Bezugsrahmen.

[193] tzt D3/I, Nr. 59.

3.4 Der geschichtliche Gang der Theologischen Anthropologie in systematischer Sicht

Die theologiegeschichtliche Darstellung hat bereits unter der Frage gestanden: Wie wird die ganze menschliche Wirklichkeit in die theologische Bestimmung des Menschen zum Bild Gottes eingebracht? Unter diesem systematischen Gesichtspunkt soll nun die theologiegeschichtliche Entwicklung zusammengefaßt und auf den gegenwärtigen Problemstand der Theologischen Anthropologie hin bedacht werden. Damit wird die geschichtlich zurückblickende Systematik in eine vorausblickende konstruktive Systematik hinübergeführt.

3.4.1 Systematischer Rückblick auf die Geschichte

Die christliche Botschaft verkündet: Indem Gott selbst zum Menschen kommt, wird *der ganze Mensch* heil. Von Anfang an mußte in der christlichen Anthropologie *der ganze Mensch* im Blick sein. Wir konnten daher die Geschichte der Theologischen Anthropologie unter dem Gesichtspunkt betrachten, wie sich der theologische Zugriff auf den ganzen Menschen in die vielfältigen Erscheinungen menschlicher Wirklichkeit verzweigt. Im Rückblick lassen sich die Grundlinien dieser Verzweigung vergröbernd im Schema auf S. 590 zusammenfassen:

3.4.2 Der gegenwärtige Problemstand

Der schematische Überblick könnte den Eindruck erwecken, die Theologische Anthropologie habe sich im Laufe der Geschichte immer mehr angereichert und gleichsam fortschreitend die vielfältige Wirklichkeit des Menschen theologisch erfaßt. Sicherlich ist dieser Eindruck nicht ganz unzutreffend. Es gibt durchgehende Themen, die im Laufe der Zeit begrifflich schärfer durchgearbeitet wurden: z.B. die Abbildlichkeit der seelischen Vermögen in ihrem Verhältnis zueinander, die Abbildlichkeit der Einheit von Seele und Leib. Es gibt auch Themen, die neu oder zumindest grundsätzlicher in die theologische Diskussion einbezogen werden: z.B. die Unermeßlichkeit des Kosmos und der menschlichen Kreativität, der Gemeinschaftsbezug und das gesellschafliche Bestimmtsein des Menschen.

Eine solche Betrachtung bleibt aber an der Oberfläche. Sie berücksichtigt zu wenig, daß jede geschichtliche Gestalt Theologischer Anthropologie auf ihre Weise den *ganzen* Menschen zu erfassen sucht. Wenn dabei einige Wirklichkeitsbereiche oder Vollzugsmöglichkeiten weniger oder gar nicht hervortreten, so liegt das auch daran, daß ihnen weniger Bedeutung für das Ganze zuerkannt wurde. Die jeweilige Konfrontation zwischen dem überlieferten Verständnis der christlichen Botschaft und der zeitgeschichtlichen Erfahrung vordringlicher Pro-

Systematischer Rückblick auf die Geschichte

Zeit	Theologisch	Anthropologisch
Patristik: Irenäus	geschaffen als Bild Gottes, vollendet in Christus als Bild und Ähnlichkeit	unfertiger Anfang, geschichtliches Werden
Alexandriner	geschaffen als Bild mit der Fähigkeit zur Ähnlichkeit	Eigentätigkeit: durch Erkenntnis und Einsatz des freien Willens
Augustinus	Bild der Trinität Ewigkeit Gottes	Selbsterfahrung im Erkennen des Wahren und Wollen des Guten zeitliche Struktur des Bewußtseins
Maximus	Einheit von Gott und Mensch im Gottmenschen	Mikrokosmos, Einigung von Geist und Materie
Mittelalter: Anselm von Canterbury	Wiederherstellung der geschöpflichen Würde des Menschen durch Christus	Entscheidungsfreiheit
Thomas von Aquin	Gnadenhafte Erhebung der Seele zur Schau Gottes	führende Rolle des Intellekts substantielle Einheit des Leibes mit der intellektuellen Seele (anima forma corporis)
Bonaventura	Durch die absteigenden Liebe Gottes in Christus Aufstieg zur Vereinigung mit Gott	emotionale Ergriffenheit und Liebe
Nikolaus von Kues u.a.	Geschöpfliches Abbild des unendlichen Gottes – Zusammenfall der Gegensätze	Vielgestaltigkeit des Menschen bzw. der Menschen und der Welt
Neuzeit: Luther	Wort Gottes als Zusage und Anspruch	Bestimmung des Menschen durch Wort und Beziehung
Staudenmaier	Individuelle göttliche Ideen des Nichtgöttlichen	Subjektivität als individueller Selbstvollzug
Rahner	Selbstmitteilung des absoluten Geistes	Subjektivität als Vollzug der Transzendenz
Brunner, Barth u.a.	Gottes Sein als Beziehung und beziehungsstiftendes Wort	Mensch als Person im Dialog personale Beziehung zwischen Mann und Frau

Erstellt von D. Jax/M. Gennert

bleme menschlichen Lebens ließ jeweils auch eine bestimmte *Leitvorstellung* vom Heil des ganzen Menschen in den Vordergrund treten. Das Einbringen der menschlichen Wirklichkeit in die Bestimmung zum Bild Gottes geschah nicht so, daß fortschreitend Neues hinzugefügt wurde. Man versuchte vielmehr das Ganze zu erfassen, indem man die Teilaspekte einem Zentralpunkt zu- und unterordnete. Jede geschichtliche Gestalt Theologischer Anthropologie entfaltet sich von einem bestimmten theologischen und anthropologischen Standpunkt aus. Sie zielt unter einer bestimmten Perspektive auf das Ganze des Menschen. In jüngster Zeit konkurrierten miteinander die transzendentale, die personale und die gesellschaftspolitische Perspektive. Als Teilaspekte schließen sie sich offensichtlich keineswegs aus. Aber die Theologische Anthropologie nimmt insgesamt jeweils eine andere Gestalt an, je nachdem, welche Perspektive die Systematik maßgeblich bestimmt. Sollen alle drei gleichgewichtig berücksichtigt werden, so müßte nach einem übergreifenden Blickwinkel gefragt werden, der dies möglich macht.

Gegenwärtig ist eine solche übergreifende Perspektive nicht in Sicht. Es macht sich sogar eine Resignation gegenüber der Frage nach einer solchen einheitlichen Perspektive bemerkbar. Noch mehr: Es wird ausdrücklich die Forderung erhoben, auf eine solche zu verzichten. Denn jede Perspektive bringt zwangsläufig einige Aspekte menschlicher Wirklichkeit besser zur Geltung als andere. Das läßt sich an der Geschichte der Theologischen Anthropologie gut beobachten. Der Mannigfaltigkeit menschlicher Erfahrungssituationen und entsprechender Perspektiven kann theologisch nur ein *Nebeneinander mehrerer Theologischer Anthropologien gerecht werden* (vgl. 1.4.5).

Die Berechtigung mehrerer verschiedener Theologischer Anthropologien kann heute kaum in Zweifel gezogen werden. Es hat in der Geschichte der Theologie schon immer verschiedene Anthropologien nebeneinander gegeben. Man war sich dessen nur nicht so deutlich bewußt. Die Diskussion kreiste mehr um die gegensätzlichen Ansichten zu Einzelfragen. Die verschiedenen Perspektiven, die diesen Ansichten zugrundelagen, blieben meistens im Hintergrund. Heute ist das anders. Die Frage nach dem hermeneutischen Ort, nach der leitenden Perspektive wird an jeden Entwurf Theologischer Anthropologie ausdrücklich gestellt. Nur aus dieser Perspektive kann der Argumentationsgang einer Theologischen Anthropologie sachgemäß nachvollzogen und sein Wahrheitsanspruch sachgerecht beurteilt werden. Daher tritt heute das Nebeneinander gegensätzlicher Ansätze, der *Pluralismus* in der Theologischen Anthropologie deutlicher ins Bewußtsein als früher.

Trotzdem kann es auch in der heutigen Situation aus theoretischen und praktischen Gründen (vgl. 1.4.6) kaum befriedigen, einfach bei diesem Nebeneinander stehen zu bleiben. Vielmehr drängt sich heute als *eine* Perspektive eben diese unreduzierbare Mannigfaltigkeit der menschlichen Wirklichkeit und der menschlichen Handlungsmöglichkeiten auf. So mußte bereits das *Zweite Vatikanische Konzil* feststellen: „Im Menschen selbst sind viele widersprüchliche Elemente gegeben" (GS 10). Auch aus der Sicht der Feministischen Theologie gelangt man zu der Einsicht, „das anthropologische Modell einer menschlichen Natur als einer ungeheuren Vielfalt in Verschiedenheiten" tauge am ehesten zur Lösung der anstehenden Probleme. Gegen eine „dualistische Sicht, die uns ein für alle mal auf ‚männlich' und ‚weiblich' fixiert", aber auch gegen eine „Verkürzung auf ein einziges Ideal oberhalb der Leiblichkeit" wird plädiert für „eine bunte Vielfalt menschlicher Lebensweisen; eine außerordentlich hohe Zahl von Kombinationen wichtiger menschlicher Wesensmerkmale, unter denen Sexualität bloß eine ist".[194]

Diese Perspektive ist nicht ganz und gar neu. Sie bestimmte schon die Theologische Anthropologie des *Maximus Confessor* und des *Nikolaus von Kues*. Bei beiden spielte die theologische Deutung des anthropologischen Begriffs *Mikrokosmos* eine zentrale Rolle. Aus der jüngsten Vergangenheit ist besonders *Karl Rahner* zu nennen. Sein transzendentaler Ansatz ist grundsätzlich offen für die unabsehbare Vielfalt menschlicher Daseinsbedingungen und –möglichkeiten. Es geht also im folgenden systematischen Entwurf darum, eine bereits in der Geschichte eröffnete Perspektive aufzugreifen und fortzuführen.

Die Geschichte der Theologischen Anthropologie führt unter dem Gesichtspunkt der Ganzheit des Menschen mit einer gewissen Folgerichtigkeit zu einer Systematik, die das gleichgewichtige Nebeneinander verschiedener menschlicher Seins- und Wirkbereiche zur leitenden Perspektive erhebt.

Die Geschlechterproblematik in der Theologiegeschichte

Das Verhältnis von Mann und Frau wurde in der Geschichte des Christentums nicht nur durch die theologischen Vorgaben, sondern stets auch durch den kultursoziologisch bis in die Gegenwart hinein herrschenden Patriarchalismus bestimmt. Daraus ergab sich eine sehr zwiespältige Einstellung, die sich schon in der Bibel findet. Nachstehend soll eine grobe Übersicht über die Daten geboten werden.

Äquivalenzaussagen	Differenzaussagen
Altes Testament	
• Die Zweigeschlechtlichkeit gehört zur Gottebenbildlichkeit (Gen 1,27) • Beide Geschlechter haben gleiche Würde und gleiches Recht (Gen 1,22; 5,1 f.) • Glück und Erkennen des Menschen haben ihren Grund in der Doppelgeschlechtlichkeit (Gen 2,21-25) • Grundsätzliche Hochschätzung der Frau (Spr. 31,10-31; Pred 9,7-9) • Die Geschlechterliebe ist das Paradigma für das Bundeshandeln Gottes (Propheten)	• Faktische Vorherrschaft des Mannes (Spr 5,15-20) • Misogyne Züge (Spr. 19,13 f.; Sir 42, 9-14)
Neues Testament	
• Hochachtung vor der gottgewollten Geschlechterdifferenzierung (Ehescheidungsworte Jesu: Mk 10,2-12; Mt 19,3.12)	• Unterordnung der Frauen nach Schöpfungs- und Erlösungsordnung (1 Kor 11,3.7.9; Eph 5,22-24; 1 Tim 2,12; 1 Petr 3,1.5 f.)

[194] E. A. Johnson, Jesus der Mann: Conc(D) 27 (1991) 522 f.

• Unbefangenes und wertschätzendes Verhalten Jesu zu den Frauen (z.B. Wunder auf Bitten v. Frauen, Lebenswelt der Frauen in Gleichnissen, Erstadressaten der Ostererscheinungen; vgl. besonders Joh 4,1-42 die Frau am Jakobsbrunnen) • Bedeutende Rolle von Frauen in der Urkirche (Apg 12,12; 16,14 f. 40; 17,4.12.34; 21,9 Röm 16) • Gleichwertigkeit der Geschlechter in der Heilsordnung (Gal 3,28) • Die Sexualität hat christologische Bedeutung (1 Kor 6,12-20)	• Frau als Ursache der Sünde (1 Tim 2,14) • Relativierung der Ehe (1 Kor 7,1-4) • Androzentrische Anweisungen (1 Kor 11,2-16; 14,33-36; Eph 5,23.33b; 1 Tim 2,8-15; Tit 2,4 f.; 1 Petr 3,3)
Altertum	
• Anerkennung der vollen Gleichberechtigung der Geschlechter (Klemens v. Alex.: „Männer und Frauen haben nur einen gemeinsamen Namen: Der Mensch" (Paid. 1,10,2)) • Verteidigung der Ehe • Heilsbedeutsamkeit der Frauen (Ambrosius, In exp. Lc 2,28: „Wie die Sünde bei den Frauen begann, beginnt bei ihnen auch das Gute")	• Verdrängung der Frau aus dem kirchlichen Leben • Behauptung der intellektuellen Inferiorität der Frau • Abwertung der Sexualität
Mittelalter	
• Realistische Einstellung zu Sexualität und Bedeutung der Frau • Ganzheitliche Anthropologie verlegt die Sünde in den Menschen, nicht nur in dessen Leiblichkeit	• Behauptung der physiologischen Minderwertigkeit der Frau (mas occasionatum = mißglücktes Männchen) • Behauptung der ethischen Inferiorität der Frau (Sünderin Eva ist Typus der Frau schlechthin)
Neuzeit	
• Partnerschaftliches Verständnis der Geschlechterdifferenz • Bewußtsein der anthropologischen Zuordnung der Geschlechter (GS 29.49)	• Praktisches Defizit der Anerkennung der Frau in der Kirche • Streit um die Zulassung der Frau zu den kirchlichen Ämtern (Diakonat, Priesteramt)

Erstellt von Wolfgang Beinert

4. Theologische Anthropologie in der pluralistischen Situation

Eine systematische Darstellung der christlichen Lehre vom Menschen muß zunächst die Perspektive ausleuchten, aus der sie erfolgt. Sonst kann der systematische Gedankengang nicht mitvollzogen und kritisch beurteilt werden. *In einem ersten Schritt* sind daher die anthropologischen und theologischen Leitideen herauszustellen, welche die Systematik bestimmen sollen. *Sodann* müssen diese Leitlinien inhaltlich entfaltet werden. Dazu greifen wir zurück auf die Differenzierungen der Gottebenbildlichkeit, die sich in der Geschichte herausgebildet haben. Im zweiten Schritt geht es also darum, die geschöpfliche, sündige und christusförmige Gestalt der ebenbildlichen Bestimmung des Menschen in dem erstellten Bezugsrahmen zu interpretieren.

Schon aus Raumgründen kann die Systematik einer Theologischen Anthropologie aus der Perspektive der pluralistischen Verfassung des Menschen nicht voll ausgearbeitet werden. Das würde auch über die Aufgabe eines Lehrbuches hinausgehen. Worauf es hier ankommt, ist, die Ausarbeitung einer systematischen Theologischen Anthropologie exemplarisch vorzuführen. Zu lernen ist daran in erster Linie das „Wie". Was dabei inhaltlich ausgeführt wird, ist als Versuch zu werten und erhebt nicht den Anspruch auf Vollständigkeit und hinreichende Begründung.

4.1 Die anthropologischen und theologischen Leitbegriffe

Methodisch haben wir von der anthropologischen Bestimmung der Perspektive auszugehen. Denn die theologischen Aussagen über den Menschen (z.B. Bild Gottes, Christusförmigkeit, Heil des Menschen) sind *eschatologische Symbole*. Damit ist gemeint: Sie sind prinzipiell offen über jede Festlegung hinaus, die wir vornehmen können. Ihre inhaltliche Beschreibung, erst recht ihre begriffliche Bestimmung, erfolgt immer von unserer geschichtlichen, sozio-kulturell bedingten Situation aus. Sie bedeuten daher immer mehr, als wir aussagen können. Sie haben einen Überschuß, der erst in der Vollendung der Welt eingelöst wird. Deshalb müssen wir zuerst die anthropologische Situation bestimmen, auf die wir die theologischen Aussagen beziehen wollen.

4.1.1 Die anthropologische Situation der Pluralität

Pluralität ist ein Fachausdruck. Seine Bedeutung kann uns dazu verhelfen, die Mannigfaltigkeit der menschlichen Wirklichkeit, von der die Systematik ausgehen soll, genauer zu bestimmen. Ferner ist zu klären, in welchem Sinne *Pluralität* eine anthropologische Situation darstellt. Schließlich ist zu untersuchen, welche Leitidee vom ganzen Menschen dieser Situation am ehesten gerecht wird.

4.1.1.1 Der Begriff *Pluralität*

Unter *Pluralität* versteht man eine Mehrzahl (Plural), die nicht auf einen gemeinsamen Nenner gebracht werden kann. Das heißt, sie kann weder aus einem Einheitsgrund abgeleitet noch in eine übergeordnete Einheit überführt werden. Das Einzelne läßt sich nicht als Teil eines Ganzen oder Funktion in einem System auffassen. Alle einzelnen stehen nebeneinander, widerstreben ihrer Zusammensetzung zu einem Ganzen, ihrer Einbindung in ein System. Gemeint ist aber nicht die bloße Summe verschiedener Einzelheiten. Es handelt sich vielmehr um Einzelne, die miteinander zu tun haben. Sie konkurrieren miteinander, bringen sich gegeneinander zur Geltung. Durch diese Wechselwirkung stellt sich ein Zusammenhang her, ein pluralistisches Gebilde. Nicht jedoch als fertiges Ergebnis, das ohne diese Wechselwirkung weiterbestehen könnte. Es besteht nur, indem und solange die konkurrierenden Faktoren wechselseitig aufeinander wirken. Es hat prozessualen Charakter. In diesem Sinne spricht man von einem Pluralismus der wissenschaftlichen Methoden und Theorien, von einer pluralistisch strukturierten Gesellschaft und allgemein von der pluralistischen Wirklichkeit.

Ob sich die Welt letztlich aus der konkurrierenden Wechselwirkung gleichgewichtiger Wirkfaktoren aufbaut oder ob es an uns liegt, daß wir sie pluralistisch erfahren, ist hier nicht zu erörtern. Zweifellos haben die modernen Naturwissenschaften und die differenzierte Struktur der Industriegesellschaft die pluralistische Erfahrung der Wirklichkeit verstärkt. Anthropologisch haben wir die Wirklichkeit so zu nehmen, wie sie uns in der Erfahrung gegeben ist. Sie ist uns gegeben in einer Vielfalt und Vielschichtigkeit, deren Einheit wir weder durchschauen noch herstellen können.[195]

Drei Merkmale gehören demnach wesentlich zum Begriff *Pluralität*: 1. Das unaufhebbare Nebeneinander von verschiedenen Einzelnen, 2. der Zusammenhang auf Grund konkurrierender Wechselwirkung, 3. der Prozeßcharakter.

4.1.1.2 *Situation* im anthropologischen Sinn

Unter *Situation* versteht man allgemein die Lage, in der sich etwas auf Grund von bestimmten Umständen oder Ereignissen befindet. Eine menschliche Situation ist eine Lage, die den Menschen nicht nur äußerlich umgibt, sondern auch innerlich angeht. Es kann eine Zwangssituation sein, der er nicht ausweichen kann (Tod, Krankheit), eine bedrohliche Situation oder auch eine günstige Situation. Wie die Existenzphilosophie (*Jaspers*, *Heidegger*, *Sartre*) aufgewiesen hat, ist der Mensch nicht zuerst für sich da und kommt oder bringt sich dann in eine Situation. Jeder Mensch findet sich vielmehr immer schon in einer bestimmten Situa-

[195] K. Rahner, Pluralismus: LThK^2 8, 566; vgl. zur Philosophie der Pluralität W. Welsch, Unsere postmoderne Moderne, Weinheim ^{3}1991.

tion vor. Er ist immer schon innerlich angegangen, betroffen von Umständen und Ereignissen, die sein Dasein ermöglichen. Ermöglichen, d. h. zugleich Möglichkeiten eröffnen und auf bestimmte Möglichkeiten beschränken. Der Mensch kann sich daher auch selbst in Situationen bringen, aber nur, wenn die Situation, in der er schon ist, dies erlaubt. Situationen ändern sich von außen, durch äußere Ereignisse, und von innen, durch menschliches Zutun.

Durch sein Zutun nimmt der Mensch seine Situation an. Er bringt sich in die Situation ein, verwirklicht sich in ihr. Er kann sich ihr aber auch verweigern. Es gibt somit zwei alternative Grundweisen des Daseins in der Situation: sich einbringen oder sich verweigern. Wenn es aber richtig ist, daß der Mensch immer schon von einer Situation herkommt, so lautet die gestellte Alternative nicht einfach: für oder gegen die ihn angehende Situation. Sich einer angehenden Situation verweigern heißt dann vielmehr: festhalten an der vorausgegangenen Situation. Wer das Rentnersein nicht annimmt, hält sich an seiner vergangenen Berufstätigkeit fest. Wer sich dem nahenden Tod verweigert, hält am Leben fest. Indem er sich auf die Ausgangssituation festlegt, entfremdet er sich der jetzt anstehenden Situation. Wenn er sich dagegen auf die anstehende Situation einläßt, läßt er die Ausgangssituation los. Diese ermöglicht zwar den Übergang in die anstehende Situation, erzwingt ihn aber nicht. Die Grundentscheidung, vor die jede Situation stellt, lautet demnach: *loslassen/sich einlassen* oder *festhalten/sich verweigern*.

Situation im anthropologischen Sinne ist das Bündel konkreter Umstände und Ereignisse, das den Menschen oder auch eine Gruppe von Menschen gegenwärtig angeht. In ihr fällt jeweils die Entscheidung: Annahme oder Verweigerung. Bezüglich der Situation, von der aus der Mensch in die ihn angehende Situation kommt, geht es um die Alternative, sie loszulassen, um sich in die anstehende einzubringen, oder an ihr festzuhalten, um der anstehenden auszuweichen.

4.1.1.3 Pluralität als menschliche Situation

Von der pluralistischen Situation kann in zweierlei Bedeutung die Rede sein: Zum einen ist Pluralität eine Eigentümlichkeit *jeder* menschlichen Situation; zum anderen kann Pluralität zu einer *speziellen* geschichtlichen Situation werden. Der erste Bedeutungsgehalt bedarf kaum einer Erklärung. Er ist uns im vorausgegangenen Durchgang durch die Geschichte schon mannigfach begegnet. Jede Situation stellt von außen gesehen eine Konstellation von Umständen und Ereignissen dar. Jede Situation geht uns auch innerlich vielschichtig an: sinnlich, geistig, ästhetisch, kognitiv, ethisch usw.. Sie geht uns über unsere Sinne verschieden an. Sie betrifft unser Gemüt, unseren Verstand und unseren Willen auf verschiedene Weise.

Bisher hat man Pluralität fast immer „als Entfaltungsform, Herausforderung oder Entwicklungsanlaß von Einheit" gesehen.[196] Die Vielfalt des Sinnlichen wurde auf den einen Geist bezogen, der sie beherrschen soll (Patristik), die leiblichen Erscheinungsformen auf die Geistseele, die den Leib informiert (Mittelal-

---

[196] W. Welsch, Unsere postmoderne Moderne, 320.

ter), die verschiedenen Weisen des Selbstbewußtseins auf das eine Ich, das sich in ihnen erkennt und selbst bestimmt (Neuzeit). Das Bestimmtsein *durch* und Sich-Bestimmen *in* der pluralistischen Situation betraf das Sein und das „Sich" nicht in ihrem Kern, sondern nur in ihren Entfaltungsmöglichkeiten. In unserer geschichtlichen Situation scheint die Identität der Geistseele, der Substanz des leib-geistigen Menschen oder des sich seiner selbst bewußten Ich nicht mehr selbstverständlich zu sein. Unter dem Einfluß der humanwissenschaftlichen Erkenntnisse kann der Mensch vor sich selbst kommen als eine Konstellation aus physischen, chemischen, psychischen, sozialen und kulturellen Faktoren.[197] In unserer hochentwickelten Gesellschaft zerfällt das Leben in verschiedene, je anders organisierte Lebenswelten: das Berufs-Ich, das Familien-Ich, das Verkehrs-Ich und noch andere „Iche". Sie hängen zwar in unserem Bewußtsein irgendwie zusammen, aber sie werden nicht ohne weiteres als das eine mit sich identische Ich erfahren.[198] Das gleiche gilt für die Mitmenschen. Sie begegnen in den verschiedenen Lebensbereichen jeweils als andere. Man kennt sie manchmal nicht mehr wieder.

Diese pluralistische Erfahrung hat das Sensorium geweckt für den Unterschied, für das unaufhebbar Andere im Vergleichbaren und Vereinbaren. „Wir sind auf dem Weg, das Verschiedene . . . in seinem Eigenwert zu schätzen und deshalb zu fördern und zu verteidigen".[199] Das kann aber leicht dazu führen, den Zusammenhang des Verschiedenen und damit den Sinn des Ganzen auf sich beruhen zu lassen. Die Gesellschaft bietet, vor allem durch die Medien und den Markt[200], für fast alle Lebenslagen, Lebensstile und Lebensalter Identifikationsmuster an. Wer sie annimmt, hat teil am Leben, weiß, wo er daran ist und was zu tun ist. Die Frage nach dem Sinn des ständigen Kreislaufs von Identität zu Identität ist nicht einprogrammiert.[201] Sie würde lebenshemmend wirken, weil sie den lebengebenden Kreislauf unterbräche. Da sie jedoch nicht ganz unterdrückt werden kann, baut man auch religiöse Identifikationsmuster in den Kreislauf ein. Selbst der Tod scheint von diesem gesellschaftskonformen Lebensgefühl her am ehesten verständlich als Übergang in eine andere Identität. Die hinduistische Vorstellung von der Reinkarnation findet daher – allerdings gegen ihren ursprünglichen Sinn – in der modernen Gesellschaft breite Zustimmung.

Pluralistische Erfahrung der Wirklichkeit, die den Blick für das Ganze getrübt, den Willen zum Selbst gelähmt hat und deren geschmeidige Lebendigkeit dennoch faszinieren kann, hat Rilke mit unnachahmlicher Anschaulichkeit zum Symbol verdichtet:

---

[197] So z.B. M. Harris, Menschen. Wie wir wurden, was wir sind. Aus dem Amerikanischen übersetzt von U. Enderwitz, Stuttgart ²1991.

[198] H. Rombach, Strukturanthropologie, Freiburg-München 1987, 234 f; vgl. W. Welsch, a.a.O., 315-317.

[199] W. Welsch, a.a.O., 317.

[200] Vgl. G. Schulze, Die Erlebnisgesellschaft, Frankfurt a.M. 1992; besonders Kap. 9.

[201] Vgl. F. X. Kaufmann, Religion und Modernität. Sozialwissenschaftliche Perspektiven, Tübingen 1989, 35-41.

Der Panther

Sein Blick ist vom Vorübergehn der Stäbe
so müd geworden, daß er nichts mehr hält.
Ihm ist, als ob es tausend Stäbe gäbe
und hinter tausend Stäben keine Welt.

Der weiche Gang geschmeidig starker Schritte,
der sich im allerkleinsten Kreise dreht,
ist wie ein Tanz von Kraft um eine Mitte,
in der betäubt ein großer Wille steht.

Nur manchmal schiebt der Vorhang der Pupille
sich lautlos auf –. Dann geht ein Bild hinein,
Geht durch der Glieder angespannte Stille –
und hört im Herzen auf zu sein.[202]

Die anthropologische Grundgegebenheit der Pluralität erweist sich darin als spezielle geschichtliche Situation des gegenwärtigen Menschen, daß sie die Ich-Erfahrung selbst betrifft. Ich bin in dieser Situation mir selbst als eine Vielheit von Identitäten („Ichen") gegeben, die nebeneinander bestehen und miteinander konkurrieren.

4.1.1.4 Der pluralistisch bestimmte Mensch als ganzer

Die systematische Perspektive soll von der pluralistischen Welt- und Selbsterfahrung des Menschen auf sein Ganzsein blicken. Welche Leitidee vom Menschen kommt dieser Blickrichtung am nächsten? Als erstes bietet sich der *Personbegriff* an. Denn „meine Person [,] meint mich stets als Ganzes. Und je mehr mein Personsein zur Entfaltung gekommen ist, desto eher versteht es auch seine menschliche Gesamtwirklichkeit zu integrieren". Das Personsein ist dynamisch zu verstehen. Der Mensch ist nicht „fertige Person, er ist immer auf dem Wege zu ihr".[203] Person meint im Unterschied zu dem Ich, das wir in jeder Situation sind, „uns selbst in der Ganzheit unseres Daseins", zu dem wir noch unterwegs sind. „Person ist die Gegenwart des Selbst im Augenblick des Ich, in der Beanspruchung dieses Ich durch unser wahrhaftes Selbst und im vorwegnehmenden Bewußtsein unserer Identität."[204] Dieses antizipativ gegenwärtige Personsein schließt die Beziehung zur Welt und vor allem zum Mitmenschen und zur Menschheit mit ein. In der ersten Ich-Du-Beziehung zwischen Mutter und Kind, in welcher der Mensch ins personale Dasein tritt, ist, wie *Hans Urs von Balthasar* formuliert, „die Fülle der Wirklichkeit grundsätzlich erschlossen" – „wie im Paradies".[205]

Personalität gehört ohne Zweifel zur Ganzheit des Menschen. Aus der Perspektive, die von der pluralistischen Erfahrung ausgeht, beinhaltet der Person-

[202] R. M. Rilke, Werke I, Frankfurt a.M. 1980, 261.
[203] Chr. Schütz, R. Sarach: MySal 2, 646 f.
[204] W. Pannenberg, Anthropologie in theologischer Perspektive, 233.
[205] H. U. v. Balthasar, MySal 2, 16; vgl. H. Rombach, Strukturanthropologie, 260.

begriff dennoch eine Verengung. Denn zu ihm gehört unaufgebbar das Unterscheidende, das den einzelnen Menschen allen anderen gegenüberstellt. Schon genetisch betrachtet ist aber die Gegenübersetzung von Person zu Person nicht die einzig maßgebende Situation der Menschwerdung. Die Ich-Du-Situation geht hervor aus der Einheit von Mutter und Kind, aus der Symbiose oder, wie wiederum *Hans Urs von Balthasar* sagt, aus „der umhüllenden Sphäre der gemeinsamen Menschennatur, ja noch intimer: gemeinsamen Fleisches von Mutter und Kind"[206]. Dieses pränatale Einssein mit der Wirklichkeit ist ebenso eine bleibende Weise menschlicher Wirklichkeitserfahrung wie das postnatale Gegenübersein.[207] Es gehört zur nicht reduzierbaren Pluralität menschlichen Daseins.

Ein anderer möglicher Leitbegriff könnte die *Sprachlichkeit des Menschen* sein. Alle menschliche Wirklichkeit ist sprachlich vermittelt. Die Sprache scheint in der Vielfalt ihrer Ausdrucks- und Aussagemöglichkeiten sowie ihrer verschiedenen Funktionen der pluralistischen Wirklichkeitserfahrung zu entsprechen. Tatsächlich bleibt sie aber hinter der Pluralität unserer Wirklichkeit zurück. Das kann jeder im Gespräch erfahren, wenn der Partner versucht, ihm seinen Standpunkt, seine besondere Daseinssituation verständlich zu machen. Will er den anderen auch nur annähernd verstehen, darf er nicht beim Gesagten stehen bleiben. Er muß sich gleichsam in die Lage des anderen versetzen, das Gesagte von ihm her und nicht auf ihn hin verstehen. Sonst erfaßt er das Gesagte nur von seiner eigenen Lage her. Sprache bleibt im Hinblick auf die Vielfältigkeit der menschlichen Situationen immer mehrdeutig.[208] Zur Pluralität unserer Wirklichkeit gehören ferner auch Situationen, die uns nicht sprachlich erschlossen und gedeutet angehen, sondern sprach*los* machen: das Staunen, das undefinierbare Ahnen, das Erschrecken. Das sind Erfahrungen, denen die sprachliche Deutung immer erst nachkommt und nie ganz beikommt.

Am nächsten kommt dem pluralistischen Ansatz wohl Rahners Begriff des *endlichen Subjekts* (siehe 3.3.2.2). Subjekterfahrung ist einerseits endlich bestimmt durch die unberechenbar pluralistische Wirklichkeit, in der sich der Mensch vorfindet und verwirklicht, andererseits bestimmt durch die Offenheit über jede vorfindliche und getätigte Wirklichkeit hinaus (Transzendenz). Indem er sich als endlich-begrenzter gegeben ist, ist er sich zugleich als unbegrenzt-offener entzogen. Für Rahner scheint aber die transzendentale Offenheit des Subjekts als solche das Ganze zu sein, das die Pluralität der menschlichen Wirklichkeit in sich schließt. Seine systematische Perspektive verläuft vom transzen-dentalen Vorgriff auf das Ganze zur Pluralität der endlichen Wirklichkeit. Pluralität kommt daher in Rahners Subjektbegriff als eine immer schon umfaßte und überholte in den Blick. Geht man dagegen von der Situation der Pluralität auf das Ganze des Menschen zu, so ergibt sich eine etwas andere Fassung des Subjektbegriffs. Das Subjekt ist *jeweils* endlich bestimmt und zugleich *jeweils* offen über diese Bestim-

[206] H. U. v. Balthasar, ebd., 20.
[207] L. Janus, Wie die Seele entsteht. Unser psychisches Leben vor und nach der Geburt, Hamburg 1991.
[208] H. Rombach, Strukturanthropologie, 135.

mung hinaus. Nicht nur die Wirklichkeit, in der der Mensch als Subjekt da ist, hat situativen Charakter. Auch die Offenheit ist situativ geprägt. Das Subjekt ist von einer bestimmten Situation aus offen über sich selbst hinaus, offen auf andere unabsehbare Situationen hin. Die Offenheit des Subjekts auf das absolute Geheimnis (Gott) ist durch die geschöpfliche Wirklichkeit auf vielfältige Weise vermittelt.[209] Folglich berührt die Pluralität der menschlichen Erfahrung auch die Transzendenz und Gottverwiesenheit. Der Mensch erfährt sich je anders als sich entzogenes auf Gott verweisendes Geheimnis.[210]

Aus der Perspektive des Pluralität bietet sich als anthropologischer Leitbegriff im Anschluß an Karl Rahner der des *endlichen Subjekts* an. In diesem Begriff muß aber der situative Charakter menschlichen Daseins durchgehend zur Geltung kommen. Der Mensch ist *jeweils* endliches und *jeweils* offenes Subjekt.

4.1.2 Gott als Heil des pluralistisch situierten Menschen

Wie spricht die biblisch-christliche Glaubensbotschaft in die Situation der Pluralität hinein? Wie betrifft Gottes Offenbarung den Menschen in seiner pluralistischen Wirklichkeit, in seiner je anderen Selbstgegebenheit? Unter dieser Fragestellung sind nun die zentralen theologischen Begriffe zu erarbeiten, die den systematischen Gedankengang leiten sollen.

4.1.2.1 Der eine Gott und seine Herrschaft

Gegenüber der Vielfalt menschlicher Selbst- und Gotteserfahrung bekundet sich Gott in der Bibel als der schlechthin eine und einzige (Dtn 5,7; 6,4; Röm 3,30). Der pluralistischen Wirklichkeitserfahrung entspricht dagegen eher ein Polytheismus, wie er ja auch am Anfang fast aller Religionen steht.[211] Selbst noch da, wo menschliche Erfahrung und Reflexion zu dem einen göttlichen Wesen vorgedrungen ist, wird dieses eine Göttliche in verschiedensten und auch entgegengesetzten Erscheinungsformen (Götterbildern) anerkannt und verehrt. Darauf beruhte z.B. die prinzipielle religiöse Toleranz des Römischen Reiches. Sie kam der christlichen Religion nicht zugute, weil der christliche Glaube diese Pluralität der Götterverehrung, vor allem in Gestalt des Kaiserkultes, nicht dulden konnte. Denn der eine Gott bekundet sich, indem er sich ein Volk erwählt zum Zeugnis für alle Völker, indem er durch *„die Gnadentat des einen Menschen Jesus Christus"* die vielen begnadigte (Röm 5,15). Er ist nicht nur einzig in sich, sondern er erweist sich als der eine und einzige zum Heil für alle Menschen.[212]

Wie schenkt Gott Heil, wenn er durch *ein Volk*, und letztgültig durch den *einen Menschen* Jesus Christus sich als der *einzige* erweist und sich so den vielen zu

[209] E. Schillebeeckx, Christus und die Christen, Freiburg-Basel-Wien 1977, 792 f.

[210] G. Langemeyer, Menschsein im Wendekreis, 39-43.

[211] S. dazu K. Hübner, Die Wahrheit des Mythos, München 1985, 109-134.

[212] Vgl. E. Grässer, „Ein einziger ist Gott" (Röm 3,30). Zum christologischen Gottesverständnis bei Paulus: „Ich will euer Gott werden". Beispiele biblischen Redens von Gott (SBS 100), Stuttgart ²1982, 177-205.

erkennen gibt? Er wird als der *eine Herr* über allem und im Unterschied von allem anerkannt. Die Vielen und das Viele ordnen sich ihm unter. Wenn er über alle und alles zur Herrschaft kommt, wandelt sich die zersetzende Gegensätzlichkeit der Vielen und des Vielen in ein friedliches Miteinander, das Leben bewahrt und gedeihen läßt. Das ist die Heilserfahrung und die Heilshoffnung, die im Alten und im Neuen Testament auf vielfältige Weise konkret erzählt, in Geboten und Mahnungen wach gehalten und in Bekenntnissen ausgesagt wird.

Die theologische Tradition hat, wie wir gesehen haben, die Bewältigung der Pluralität durch ihre Beherrschung im Dienst Gottes, aus Liebe zu Gott, zur Ehre Gottes usw. auf beeindrukende Weise entfaltet. *Gott über alles* und alles andere *um Gottes willen*, das war und ist der Grundtenor einer Heilstheologie, die ausgeht von Gott als dem einen und einzigen Herrn über alle und alles. Ihre biblische Grundlage hat sie darin, daß Gott sich offenbart in einem für die vielen. Solche Theologie sieht die pluralistische Wirklichkeit fast immer, wenn auch mehr oder weniger ausdrücklich, unter dem Vorzeichen der Sünde. Die Erfahrung des Vielen ist bedrohlich, eine Situation der Versuchung. Sie geht in die Deutung des Menschen als Bild Gottes nicht ein, es sei denn so, daß der Mensch teilhat an der Herrschaft Gottes über alles. Das Heil nimmt dann leicht die Gestalt einer Befreiung vom pluralistischen Charakter der menschlichen Wirklichkeit an. Heil geschieht dem Menschen durch Rückführung aus der Verlorenheit in das Viele zur Geborgenheit im Einen.

Unter dem theologischen Zentralaspekt der Einheit und Einzigkeit Gottes kommt demnach die Situation der Pluralität überwiegend negativ in den Blick. Sie erscheint nur als das, was den Menschen radikal von Gott unterscheidet. Das ist sie sicherlich theologisch auch, aber nicht nur. Wenn *„seit Erschaffung der Welt"* Gottes *„unsichtbare Wirklichkeit an den Werken der Schöpfung mit der Vernunft wahrgenommen"* werden kann (Röm 1,20), muß dies auch für den Pluralismus als „Index der Kreatürlichkeit"[213] gelten. Gott muß theologisch als das Woher der Pluralität und zudem als deren Wohin, d.h. als deren Vollender gedacht werden können. Als Vollender ist er nicht nur in dem Sinne zu denken, daß er die pluralistische Wirklichkeit des Menschen heil macht, sondern daß er selbst das Heil des pluralistisch verfaßten Menschen ist (vgl. 1.4.6). Dazu reicht der unterscheidende Aspekt der Einheit und Einzigkeit Gottes gegenüber der Pluralität menschlicher Wirklichkeit nicht aus.

Der Aspekt der Einheit und Einzigkeit Gottes reicht als systematische Leitidee nicht aus, weil er die Pluralität menschlicher Wirklichkeit weder in seiner Herkunft von Gott noch auf seine Vollendung in Gott hin theologisch erhellen kann.

4.1.2.2 Herrschaft und Herrlichkeit – Hören und Sehen

In der Bibel geht mit der Bekundung der Einzigkeit Gottes eine andere einher: die Bekundung seiner Herrlichkeit.[214] Die Grundbedeutung des hebräischen Wortes für *Herrlichkeit* ist *Schwere*, *Gewicht* und von daher *Ansehen*, *Ehre*. Schwer

[213] K. Rahner, Pluralismus, a.a.O., 566.
[214] Siehe dazu die bibeltheologischen Lexika.

an Gewicht ist, was Masse, Ausmaß, Fülle hat. Es macht Eindruck und findet Achtung. Dies schwingt auch in der Rede von der Herrlichkeit Gottes mit. In seinen geschichtlichen Taten, die heil machen, wird seine überlegene Macht erfahren. Im Tempel dagegen wird seine Gegenwart als Größe, Fülle und Pracht erfahren und gepriesen. In Jesus Christus erscheint *„der Abglanz seiner Herrlichkeit“* (Hebr 1,3; 2 Kor 4,4). Durch Christus erhalten die Gläubigen im Geist Anteil an der Herrlichkeit Gottes (z.B. 2 Kor 3,18). Das vollendete Heil besteht darin, daß Gott die Menschen, die ganze Schöpfung an seiner Herrlichkeit teilhaben läßt (Röm 8,19-30).

Der Herrschaft Gottes entspricht das *„Höre, Israel!“* (Dtn 6,4), der Herrlichkeit das Schauen (Ex 16,7). Hören und Sehen sind in der Bibel – vor allem im Neuen Testament – aufs Ganze gesehen gleichwertig.[215] Wenn auch im Neuen Testament an einigen Stellen das Sehen dem Hören, an anderen das Hören dem Sehen zu- oder untergeordnet wird, so werden beide doch als „eigenständige Erfahrungsweisen“ des Glaubens beschrieben.[216] In der Geschichte der Theologischen Anthropologie konnten wir dagegen – unter dem Einfluß griechischer Denktradition – zunächst eine Höherwertung des Bildes und des Sehens und dann seit der Reformation eine zunehmende Akzentverschiebung vom Bild zum Wort und damit vom Sehen zum Hören beobachten.

Unser systematischer Ansatz legt es nahe, diese Akzentverschiebung zum Wort hin zu korrigieren. Denn anthropologisch sind Hören und Sehen als unreduzierbar verschiedene Weisen der Pluralität unserer Sinneswahrnehmung anzusehen. Wird die Situation, in der sich der Mensch jeweils vorfindet, nur *gesehen*, so wird ihr Anspruch nicht wahrgenommen. Der Mensch geht nicht in die Situation ein. Wird die Situation nur als Anspruch *gehört*, so erfolgt eine blinde Reaktion, die den Sinn der Situation verfehlt. Das schließt nicht aus, daß es Situationen gibt, die *primär* das Ohr treffen, und solche, die *primär* ins Auge fallen.

Auch theologisch gibt es Zeiten, wo es gilt, auf Gottes Wort zu hören und zu gehorchen, und Zeiten, wo es gilt, die Zeichen der Nähe Gottes zu sehen und zu deuten. Paulus stellt zwar häufig den Glauben, der vom Hören auf die Botschaft kommt (Röm 10,17), dem zukünftigen Schauen gegenüber (Röm 8,24f). Aber bereits die Botschaft des Wortes wird bekräftigt durch *„Zeichen und Wunder, in der Kraft des Geistes Gottes“* (Röm 15,18f) und durch sein vorbildliches Leben: Was ihr *„gehört und an mir gesehen habt, das tut! Und der Gott des Friedens wird mit euch sein“* (Phil 4,9).[217] Gottes Selbstbekundung erfaßt den Menschen nur ganz, wenn sie sich zu hören *und* zu sehen gibt. *„Das Wort ist Fleisch geworden ... und wir haben seine Herrlichkeit gesehen“* (Joh 1,14). Man wird von daher die geläufige Vorstellung neu überdenken müssen, daß bei der Vollendung des Menschen das Hören auf Gott aufhört und übergeht in das Schauen Gottes. Denn auch in der Vollendung bleibt Gott das undurchschaubare Geheimnis. Auch die selige Schau Gottes ist zugleich noch als ein Hören zu verstehen, ein Horchen auf das Wort, das Kunde gibt vom unsichtbaren Geheimnis Gottes (vgl. Joh 1,18).

---

[215] K. Lammers, Hören, Sehen und Glauben im Neuen Testament (SBS 11), Stuttgart 1966, 98.
[216] Ebd., 87 f.
[217] Vgl. ebd., 67.

Im Hinblick auf den ganzen Menschen müssen das Hören auf Gottes Wort und das Sehen der Herrlichkeit Gottes theologisch durchgehend unterschieden und als gleichwertig verstanden werden.

4.1.2.3 Der sich mitteilende unendliche Gott

Gott übt seine Herrschaft über die Menschen aus, indem er ihnen seine Herrlichkeit zu erkennen gibt und mitteilt. Der *eine* Gott, der in seiner Einzigkeit der geschöpflichen Pluralität gegenübersteht, ist also zugleich der *unendliche*, der alle wirkliche und mögliche Vielheit überragt und in sich enthält. Wenn Gott aus unergründlicher Freiheit und Liebe seine Unendlichkeit herrlich erscheinen läßt, dann entsteht die unermeßliche Vielfalt geschöpflicher Wirklichkeit. Dann entsteht Pluralität als geschöpfliche Situation des Menschen. Dem göttlichen *infinitum* entspricht das geschöpfliche *indefinitum*, der göttlichen *Unendlichkeit* die geschöpfliche *Unermeßlichkeit*. Die Leitvorstellung des unendlichen Gottes, der seine unerschöpfliche Fülle zuspricht und mitteilt, seine Herrlichkeit erstrahlen läßt und verheißt, ermöglicht ein theologisches Verständnis des Menschen in seiner pluralistischen Vorfindlichkeit. Gott wird als das Woher der Pluralität verstehbar. Der Mensch kann hinsichtlich der Pluralität als Bild Gottes gedeutet werden, wie dies bereits *Nikolaus von Kues* getan hat (3.2.3.4).

Das pluralistische Dasein des Menschen vollzieht sich wesentlich in der Zeit, genauer: in einem Prozeß verschiedener stets zukunftoffener Zeitphasen. Dieser zeitliche Prozeßcharakter spiegelt die Ewigkeit des unendlichen Gottes wider. Der *unendlichen* Ewigkeit Gottes entspricht die *endlose* Zeit des kreatürlichen Menschen. Endlos ist sie, insofern sie von sich aus nicht an ihr Ende gelangen kann. Das Ende des Menschenlebens oder auch der Menschheitsgeschichte bedeutet immer Abbruch, weil bei einer pluralistischen Wirklichkeit eine letzte Phase, in welcher der Daseinsprozeß sein Ziel, seine endgültige Gestalt erreicht hätte, nicht denkbar ist. Jede Phase des Prozesses ist ja wiederum situiert, d.h. begrenzt und daher zukunftoffen.

Die Pluralität der menschlichen Wirklichkeit manifestiert daher nicht nur die unendliche Fülle seines göttlichen Ursprungs. Ihre in sich unabschließbare prozessuale Dynamik bewegt sich auch auf die Vollendung in der ewigen Unendlichkeit Gottes hin. Bezüglich des menschlichen Zeitbewußtseins hat *Augustinus* dies deutlich gesehen: Das „Nicht mehr" des Vergangenen und „Noch nicht" des Zukünftigen lassen sich nicht in das Gegenwartsbewußtsein zusammenziehen. Nur auf den ewigen Gott hin fließen die zeitlich zerteilten Lebensphasen zusammen (vgl. 3.1.5.2). Auch Meister Eckehart hat die Vollendung der Vielfältigkeit des Menschen in Gott hervorgehoben. Das ist erstaunlich, weil seine Mystik über Zeit und Raum hinausstrebte zur Einheit mit dem ewig-einen Ursprung.[218] Offenbar sah er in dieser mystischen Vereinigung keinen Gegensatz zu der Vollendung der vielfältigen Wirklichkeit: „Es gibt also nichts in Gott, was etwas zerstörte, das irgendwie Sein hat; vielmehr ist er ein Vollender aller Dinge. Ebenso sollen (auch) wir kein noch so kleines Gutes in uns zerstören noch eine geringe

[218] Vgl. dazu B. Weiss, Die Heilsgeschichte bei Meister Eckhart, Mainz 1965.

Weise um einer großen willen, sondern wir sollen sie (alle) vollenden zum Allerhöchsten."[219]

Die Vollendung aller Dinge in der Vereinigung mit Gott ist daher nicht als Aufhebung der Vielheit in die Einheit des Ursprungs zu denken, sondern als volle Entfaltung der Vielfalt in der Herrlichkeit Gottes. „Schenke im Ende auch die Vollendung. Nicht in die Leere falle die Vielfalt irdischen Seins", betet die Kirche im Stundengebet.[220] *Nikolaus von Kues* hat in der Blickrichtung von der gegensätzlichen Vielfalt auf die einfache Unendlichkeit Gottes die Vorstellung vom Zusammenfall der Gegensätze in Gott entwickelt (vgl. 3.2.3.4): Gottes Unendlichkeit liegt jenseits der unvereinbaren Gegensätze, jenseits des Unterschieds von Einheit und Vielheit. Darum kommt die geschöpfliche Vielfalt zu um so größerer Entfaltung, je mehr sie der Herrlichkeit Gottes teilhaftig wird. Die gegensätzlichen Kräfte stören und zerstören sich dann nicht, sondern sie durchdringen und fördern einander. Einheit und Verschiedenheit wachsen in gleichem Maße. Das war schon ein grundlegender Gedanke in der theologischen Synthese des *Maximus Confessor* (3.1.3.2)[221].

Unter der Leitidee der sich mitteilenden und zusprechenden Unendlichkeit Gottes, geht die theologische Perspektive auf. Sie gewährt Durchblick und Überblick von Gott zu der pluralistischen Situation des Menschen und von dieser zu Gott, dem Schöpfer und Vollender des ganzen Menschen.

4.2 Durchgehende theologische Aspekte des Menschen

Es geht nun darum, die eingenommene Perspektive auszufüllen. Dies soll, wie gesagt, geschehen unter den herkömmlichen theologischen Aspekten: *Geschöpflichkeit*, *Sündigkeit*, *Christusförmigkeit*. Wir nehmen damit die christliche Lehrtradition auf, die vom Menschen als Geschöpf Gottes, als Sünder und als durch Christus endgültig Erlösten redet. Traditionell werden diese Aussagen im chronologischen Sinne heilsgeschichtlich dargeboten: Der Mensch wurde am Anfang von Gott „gut" erschaffen, ist aber durch die Sünde von Gott abgefallen und dann durch Christus erlöst worden. Da wir von der gegenwärtigen Situation des Pluralismus her auf den Weg des Menschen zu seiner Ganzheit blicken, tritt die chronologische Betrachtungsweise zurück. Aus unserer Sicht betreffen die Phasen der Heilsgeschichte den Menschen *alle zugleich* auf seinem ganzen Weg zum Heil. Sie ergeben eine Pluralität von theologischen Bestimmungsfaktoren des menschlichen Daseins. In gewissem Sinne gehen sie sogar noch in die Vollendung ein. Die Vollendung hebt die Geschöpflichkeit nicht auf. Selbst die Sündigkeit bestimmt als gerichtete und vergebene die Gestalt der Vollendung.

---

219 Meister Eckhart, Reden der Unterweisung 22; J. Quint, a.a.O., 93.

220 Hymnus ad libitum zur Komplet am Dienstag im Stundenbuch für den deutschen Sprachraum.

221 Vgl. H. U. v. Balthasar, Kosmische Liturgie, 12-22.

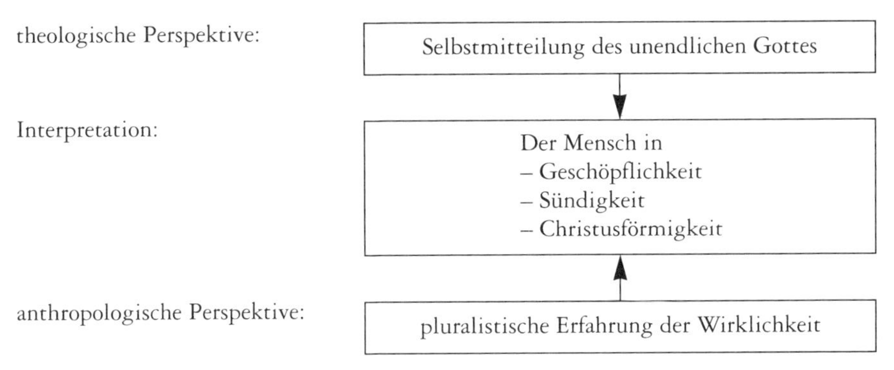

Erstellt v. M. Gennert

4.2.1 Geschöpflichkeit

Der Mensch ist Geschöpf Gottes. Wie kommt dieses Geschöpfsein aus der Perspektive der Unendlichkeit Gottes in den Blick? Der eine ewige Schöpfungsakt des unendlichen Gottes umfaßt die pluralistische geschöpfliche Wirklichkeit und alles einzelne, das in der Zeit aus ihr hervorgeht. Die Geschöpflichkeit des Menschen ist von daher auszulegen 1. als mitgeschöpfliches Dasein, 2. als in Raum und Zeit werdendes Dasein und 3. als vergängliches Dasein.

4.2.1.1 Mitgeschaffen

Der einfachen Unendlichkeit des Schöpfergottes entspricht die Vielheit endlicher Geschöpfe. Von daher ist der Mensch grundsätzlich Mitgeschöpf. Nach Gen 1,27 ist der Mensch als Mitmensch geschaffen, nämlich als Mann und Frau im Hinblick auf zahlreiche Nachkommen. Das Dasein mit anderen Menschen gehört zu dem Bild Gottes, als das jeder Mensch geschaffen ist. Jeder Mensch ist nicht Bild Gottes *wie* die anderen, sondern *mit* den anderen. Der eine unendliche Gott bildet sich in vielen verschiedenen Menschen ab (s.o. 3.2.3.4). Nicht aufgrund des ihnen Gemeinsamen kommt allen Menschen zu, Ebenbild Gottes zu sein, sondern aufgrund des Verschiedenen, für das prototypisch *Mann und Frau* stehen. Die gleiche *Menschenwürde* (s.o. 3.3.4.2) aller Menschen besteht in dem unaufhebbaren Anderssein jedes Menschen. Dieses Anderssein meint nicht die Je-Einmaligkeit der Existenz als solcher, deren sich der Mensch aufgrund seiner Vernunft bewußt werden kann. Denn jeder Mensch existiert konkret jeweils an einer ureigenen Stelle in Raum und Zeit und im mitmenschlichen Beziehungsgefüge, d.h. in der pluralistischen geschöpflichen Wirklichkeit. An seinem Ort in dieser Pluralität hat er seine von allen anderen verschiedene Menschenwürde als Bild des unendlichen Gottes. Folglich bedürfen auch die sogenannten allgemeinen *Menschenrechte* (s.o. 3.3.4.3) jeweils einer besonderen Auslegung.

Pluralistisch verstandene Mitgeschöpflichkeit spielt also den Eigenwert des einzelnen Menschen nicht herunter zugunsten einer beliebigen Vielzahl von Menschen. Der einzelne ist nicht auswechselbar. Pluralität meint ja eine unreduzierbare Vielheit, die nur im Zusammenwirken bestimmter einzelner entsteht: einzelner Menschen bzw. Menschengruppen, aber auch einzelner Pflanzen, Tiere, Landschaften usw. Denn auch letztere haben ja jeweils ihre besondere Lage (z.B. Regenwald) und entsprechend ihre besondere Eignung.

Die übrigen Geschöpfe sind dem Menschen nicht insgesamt unterstellt, wie der Wortlaut von Gen 1,26f nahelegen könnte. Aus dem Fortgang der priesterschriflichen Darstellung wird deutlich: Mit der *„ganzen Erde“*, die der Herrschaft des Menschen unterstellt wird (Gen 1,26), ist das Wohngebiet gemeint, das der Schöpfer jedem Volk zugewiesen hat. Für das Volk Israel ist dies das Land Kanaan.[222] Die Menschen stehen *nicht über* der restlichen Schöpfung, sondern sind in sie hineingestellt. Vor Gott sind sie grundlegend Geschöpfe *mit* allen übrigen Geschöpfen. Diese Mitgeschöpflichkeit vor Gott soll am Sabbat auch praktisch gelebt werden (s.o. 2.1.4.1 u. 2).

Der theologischen Mitgeschöpflichkeit des bzw. der Menschen kommen die heutigen anthropologischen Erkenntnisse mehr entgegen als die Sicht des Menschen, die vom *Dualismus Geist-Materie* der griechischen Philosophie bestimmt war. Der Mensch steht nicht nur in Beziehung zu anderen Menschen, Tieren, Pflanzen und Dingen. Er kommt auch von den anderen her zu seinem eigenen Dasein. Alles was er als sein eigenes Dasein erlebt und erfährt, kommt von außen. Von seiner Entstehung her ist das offensichtlich. Sein Leben kommt aus der Evolution. Seine individuellen Anlagen hat er durch Vererbung, sein Eigenleben durch Abnabelung von der Symbiose mit der Mutter, sein Ichbewußtsein durch die Zuwendung der primären Bezugspersonen und durch die sogenannte Sozialisation. Er ist *verinnerlichte Außenwirklichkeit*. Dies gilt nicht nur für die Entstehung. Eine Verinnerlichung von Außenwirklichkeit setzt sich in jeder Situation seines Daseins auf irgendeine Weise fort (vgl. 4.1.1.2). Er lebt physisch, psychisch und geistig von anderen Geschöpfen.

Jeder Mensch ist also von Grund auf verbunden mit der übrigen Schöpfung. Diese Verbindung ist zum einen kausal: Er kommt von der übrigen Schöpfung her, geht als Produkt aus ihr hervor und bleibt in ihr verwurzelt. Aber die rein kausale Betrachtung reicht nicht aus. Verinnerlichung bedeutet, daß die Außenwirklichkeit zum subjektiven Erlebnis wird. Die äußeren Ursachen sind sozusagen blind für mein Erlebnis von „blau“ und „rot“, taub für mein Erlebnis eines Tones, einer Melodie, unempfindsam für meine Angst und Freude. Auch der Mitmensch kann nicht meinen Schmerz empfinden, mein Farb- oder Tonerlebnis haben. Er kann sie allenfalls nachempfinden. Aber das ist dann nicht dasselbe, sondern höchstens ein gleiches. Die verinnerlichte Außenwirklichkeit ist eine je eigene Wirklichkeit in der Außenwirklichkeit. Wir kommen also der mitgeschöpflichen Verbindung näher, wenn wir zur kausalen Deutung die bildhafte hinzufügen. Indem sich eine Außenwelt nach innen einbildet, bildet sich eine

[222] S. N. Lohfink, Der Schöpfergott und der Bestand von Himmel und Erde: G. Altner u.a., Sind wir noch zu retten?, Regensburg 1978, 29 f.

eigene Innenwelt aus, ein je eigener Mikrokosmos, ein je eigenes Bild des unendlichen Gottes in der abbildlichen Vielfalt der Schöpfung (s.o. 3.2.3.4). Und indem sie sich ausbildet, bildet sie sich wiederum reaktiv in die Außenwelt ein.

Der mitgeschöpfliche Mensch ist zugleich mitschöpferisch. Indem er sich in seiner Situation positiv oder negativ zum Ausdruck bringt, macht er Eindruck, übt er Einfluß aus auf die Mitgeschöpfe, bestimmt er ihre Situation mit. Mitgeschöpfliche Existenz ist nehmend und gebend. Wer seine mitgeschöpfliche „Lage" nicht annimmt und auf sich nimmt, läßt entweder seine eigenen Daseinsmöglichkeiten verkümmern oder versteigt sich in ihre exzessive Durchsetzung. In beiden Fällen verfehlt er nicht nur sein situativ bestimmtes Dasein und somit sich selbst, sondern stört und lähmt auch das pluralistische Zusammenwirken der anderen, das Ökosystem der Natur, die zwischenmenschliche Kommunikation, die humane Gestaltung der Gesellschaft. Sein Leben ist der Schöpfung nicht zu-, sondern abträglich.

In diesem Zusammenhang wäre der theologische Sinn der menschlichen *Arbeit* zu überdenken. Es gehört zwar grundsätzlich zur mitgeschöpflichen Würde des Menschen, daß er sich auch gebend in den Zusammenhang der Schöpfung einbringt. Aber seine konkreative Tätigkeit ist nicht Herrschaft (s. o. 3.3.4.4), sondern Mitarbeit an seiner Stelle innerhalb der geschöpflichen Pluralität. Sie erhält ihren Sinn und ihre jeweilige Eigenart in der pluralistischen Konstellation der Gemeinschaft und Gesellschaft sowie der Geschichte und der Natur.

Als Bild des unendlichen Gottes ist der Mensch seiner Herkunft nach wie in seinem Lebensvollzug durchweg mitgeschöpflich bestimmt. Er nimmt sein Dasein von Gott an, indem er es von anderen Geschöpfen annimmt. Er gibt es Gott, indem er mit anderen und für andere Geschöpfe lebt.

4.2.1.2 Werdend in Raum und Zeit

Der Mensch hat, wie alles Geschaffene, einen Anfang und ein Wachstum. Er entsteht aus dem ewigen Schöpfungsakt des unendlichen Gottes in einer zeitlichen Folge von „Orten", von bestimmten Situationen. In einem Prozeß des Wachsens und Reifens, so sagte schon Irenäus von Lyon, wird er erst Mensch (3.1.1.1). Dieser Prozeß ist aber nicht schon durch den gesetzten Anfang festgelegt. Der Anfang ist vielmehr ein offener, eine Disposition für viele mögliche Entfaltungen. Das Werden des Menschen vollzieht sich nicht in einer geradlinigen Entwicklung, sondern nimmt in einer Folge von krisenhaften Situationen immer wieder eine neue Wendung und gelangt so zu einer neuen Gestalt. Schon die scheinbar „naturalen" psychischen Grunderlebnisse: Symbiose im Mutterleib, Trennung durch Geburt usw., haben Ereignischarakter. Sie sind geschichtlich geprägt und haben selbst wiederum eine Geschichte. Sie gehen jeweils in verwandelter Form in jede neue Lebenssituation mit ein, bis ins hohe Alter.[223] Ähnliches gilt auch für die Erfahrungen, die man gesammelt hat. Sie erscheinen im Kontext der je gegenwärtigen Situation immer wieder in einem anderen Licht.

Auf dem krisenhaften Charakter des Werdens beruht die *Angst* des Menschen als Grundphänomen seiner Geschöpflichkeit (s.u. 4.2.2.1). Sie ist im Grunde

[223] Vgl. L. Janus, Wie die Seele entsteht, bes. 152-161.

Entzugsangst. Im Prozeß des Werdens wird dem Menschen die bisherige Lebensgrundlage entzogen und eine neue, ihm noch nicht vertraute angeboten. Darauf reagiert er zunächst mit Angst. Diese hat jedoch nicht nur die negative Bedeutung, das Werden zu behindern oder gar zu verhindern. Sie bedeutet auch eine positive Warnung, den Übergang vom Bisherigen zum Angebotenen nicht zu überstürzen, sondern sich erst mit der neuen Lebenssituation vertraut zu machen. Denn nur dann kann der Mensch sich in ihr wiederfinden und orientieren.

Es gehört also zur Geschöpflichkeit des Menschen, daß er niemals fertig dasteht, niemals seine ganze Wirklichkeit lebt. Er kann nicht zugleich Kind, Erwachsener und Greis sein, er kann nicht zugleich alle Situationen mit ihren besonderen Lebensmöglichkeiten wahrnehmen und ausleben. Er ist ein ökologisch und kairologisch (*kairos* = richtiger Zeitpunkt) bestimmtes Wesen. Sein Werden kann nur gelingen, wenn er die jeweils gegebenen Lebensmöglichkeiten wahrnimmt und für die Verwirklichung jeder Möglichkeit den richtigen Zeitpunkt trifft. Er lebt als Geschöpf Gottes, wenn er dieses raum-zeitliche Bestimmtsein nicht als einschränkende Behinderung, sondern als geschenkte Möglichkeit wahrnimmt, an der unendlichen Lebensfülle Gottes auf geschöpfliche Weise teilzuhaben. Alles auf einmal wollen heißt, nicht Geschöpf sein wollen.

Das raumzeitliche Bestimmtsein betrifft alle Lebensbereiche, auch das *Subjektbewußtsein* und das Verhältnis zu Gott. Ich kann zwar gedanklich erfassen, daß das Subjektsein über jede mögliche Situation und jeden Augenblick hinaus offen ist, aber existentiell kann ich diese *Offenheit* nicht an sich, sondern nur in meiner gegenwärtigen Situation vollziehen. Dasselbe gilt für den Vollzug der Offenheit auf den transzendenten Gott. Ich kann beides nicht über Raum und Zeit hinweg vollziehen, sondern nur in meiner je gegenwärtigen Lage. Und diese Lage eröffnet mir den Transzendenzvollzug in einer bestimmten Perspektive. Es gibt für das menschliche Geschöpf keine völlig ort- und zeitlose Daseinsweise, nicht einmal auf dem Wege der Mystik. Das zeigt sich schon an den verschiedenen Zugängen zur mystischen Erfahrung und an den verschiedenen Erscheinungsformen dieser Erfahrung selbst.

Der Mensch ist – und bleibt zeitlebens – ein Werdender. Die Pluralität von Orten und Zeiten gehört zu allen seinen Lebensweisen und –bereichen als geschöpfliche Spiegelung des unendlichen Schöpfers.

4.2.1.3 Vergänglich und sterblich

Im Unterschied zum ewigen Gott ist der Mensch ein vergängliches Geschöpf (s. 2.2.1). Seine Vergänglichkeit erfährt er aber nicht erst am Ende seines Lebens. Das Vergehen des Lebens gehört zu seinem zeitlichen Werden, wie Augustinus treffend beschrieben hat (s.o. 3.1.5.2). Der Mensch kann seine pluralistische Wirklichkeit nur so leben, daß er jeweils als der, der er war, vergeht, damit er in der gegenwärtigen Situation dasein kann. Der schöpfungstheologische Sinn des Vergehens besteht in der Perspektive der Unendlichkeit Gottes darin, daß es die abbildliche Vielgestaltigkeit des menschlichen Lebens ermöglicht. Unter diesem Gesichtspunkt dürfte das menschliche Leben eigentlich nie zu Ende gehen. Das vollkommenste Abbild des Schöpfers wäre die unbegrenzte Pluralität, verwirklicht in einem endlosen Vergehen und Werden. Die subjektive Erfahrung der Offenheit über jeden Zeitpunkt und jede Situation hinaus scheint auf diese Endlosigkeit angelegt zu sein. Im Blick auf das Leben des einzelnen Menschen bedeutet das Altern und Sterben daher einen willkürlichen Abbruch des nicht zu Ende gelebten Lebens. Es endet nicht, weil es nichts mehr zu leben gäbe, sondern weil die Kraft zu leben nachläßt und erlischt. Haben Altern und Sterben nur den Sinn, daß der Mensch sich nicht stolz gegen seinen Schöpfer erhebe (vgl. Gen 3,22)?

Eine positive theologische Bedeutung des menschlichen Alterns und Sterbens wird sichtbar, wenn man die *Mitgeschöpflichkeit* mit in Betracht zieht. Als Mitgeschöpf ist der einzelne Mensch einer unter vielen. Unter ihnen hat er seinen Lebensraum, seine Möglichkeiten und Aufgaben. Er kann die anderen Menschen nicht ersetzen. Er lebt von den anderen, und andere leben von ihm. Nur in diesem *Voneinander* und *Füreinander* nimmt er seine Lebensmöglichkeiten wirklich wahr. Wieder zeigt sich: Die Pluralität ist nicht reduzierbar. In dieser Sicht hat das Sterben des einzelnen den Sinn, den Lebensraum frei zu machen für das Dasein anderer Menschen mit ihren anderen Lebensmöglichkeiten.[224] Das Sterben des einzelnen dient der größeren abbildlichen Vielfalt, die sich nur im zeitlichen Prozeß von Werden und Vergehen verwirklichen kann. Der Mensch, der in sein geschöpfliches Altern und Sterben einwilligt, gibt dem unendlichen Schöpfer die Ehre und dient seiner Verherrlichung in der abbildlichen Schöpfung.

Diese geschöpfliche Zustimmung zur Sterblichkeit und zum eigenen Tod, steht nicht im Gegensatz zur grundsätzlichen Offenheit des Subjekts. Als Subjektvollzug ist diese Zustimmung auch in der Situation des Sterbens offen über das Ende hinaus. Offen für das neue Leben anderer, offen aber auch auf die unendliche Macht und Herrlichkeit des Schöpfers hin. Denn als Geschöpf nimmt der Mensch seinen Tod zugunsten anderer so auf sich, daß er sich der unendlichen Macht seines Schöpfers anheimgibt. Der Glaube Israels hat den Tod lange Zeit allein aus der Offenheit für die Nachkommen angenommen, in denen der Name des Verstorbenen fortlebt (z.B. Sir 30,4; 41,13). Aber der Glaube an die Macht und Herrlichkeit Gottes konnte auf die Dauer nicht „an der Todesgrenze haltmachen".[225] Auch Jesus hat den Sadduzäern, die nicht über den Tod hinaus zu glauben vermochten, entgegengehalten: Ihr kennt nicht die Macht Gottes (Mk 12,24). Die Offenheit für das Leben anderer und die Offenheit für Gott gehören beim kreatürlichen Sterben zusammen wie Tätigkeit und Ruhe in der Gottebenbildlichkeit (s.o. 2.1.4.1 u. 2). Durch sein Sterben tätigt der Mensch geschöpflich-abbildliche Vielfalt und läßt sich los in die Ruhe des unendlichen Gottes.

Vergänglichkeit und Sterblichkeit haben schöpfungstheologisch den Sinn, die abbildliche Vielfalt menschlichen Lebens zu ermöglichen und so der Herrlich-

---

[224] Aus anthropologischer Sicht siehe dazu C. F. v. Weizsäcker, Der Mensch in seiner Geschichte, München-Wien 1991, 43 f.

[225] W. Berg, Jenseitsvorstellungen im Alten Testament mit Hinweisen auf das frühe Judentum: A. Gerhards (Hg.), Die größere Hoffnung der Christen. Eschatologische Vorstellungen im Wandel (QD 127), Freiburg-Basel-Wien 1990, 56. Näheres in diesem Werk Bd III: Eschatologie.

keit des unendlichen Gottes zu dienen. Schöpfungsgemäßes Sterben vollzieht sich zugleich auf die Mitgeschöpfe und auf den Schöpfer hin.

4.2.2 Sündigkeit

Die Bibel und die christliche Tradition sprechen den Menschen als Sünder an, der ohne Gottes Vergebung und Gnade nicht zu Gott und zum Heil gelangen kann. Sünde ist Ungehorsam gegen Gott, Rebellion gegen das eigene Geschöpfsein, Unglaube. Die Theologische Anthropologie hat daher den Menschen, wie er tatsächlich existiert, zu verstehen als einen, der seiner göttlichen Bestimmung zur Ebenbildlichkeit nicht nachkommt. Die Glaubensüberlieferung kennt zwei Ursachen für die Sündigkeit des einzelnen Menschen: seine eigene freie Entscheidung (*persönliche Sünde*) und seine Herkunft von sündigen Menschen (*Erbsünde*).

Die Interpretation dieser beiden Ursachen und ihres Zusammenhangs hat in der abendländischen Theologie zu heftigen Auseinandersetzungen und lehramtlichen Entscheidungen geführt: auf dem Konzil von Orange (529) für Augustinus gegen die Pelagianer[226]; auf dem Trienter Konzil (1546) gegen die Reformatoren.[227] Die traditionelle Erbsündelehre fußt auf der Vorstellung von der einen Menschennatur (s.o. 3.1.4.1), die von Adam und Eva an alle Menschen weitergegeben wurde – aufgrund des Sündenfalls als von Gott abgefallene Natur. Diese Vorstellung machte seit der Wende zum Individuum und zum Subjekt am Beginn der Neuzeit (s.o. 3.2.3.2 u. 3.3) zunehmend Schwierigkeiten. Heute wird die Erklärung für den Zusammenhang zwischen persönlicher und überkommener Sünde in zwei Richtungen gesucht. Erbsünde wird entweder als existentielle Tiefendimension der persönlichen Sünde jedes einzelnen Menschen (s.o. 1.3.3 u. 3.3.3.2) oder als geschichtlich-gesellschaftlich vermittelte Unheilssituation der persönlichen Freiheit verstanden.[228]

Die kirchliche Erbsündenlehre und ihre Interpretation

Es hat nie eine gnadenfreien Zustand in der Geschichte gegeben.	Gegen Pelagianer und Semipelagianer des 5./6. Jh. (DH 222, 239, 242, 370, 383, 622), die Reformatoren (DH 1926, 1955)
Die Erbsünde (peccatum originale) ist eine wirkliche und universale, aber analog zu verstehende Sünde (Analogieprinzip ist nicht Ursprung, sondern Effekt der Sünde = Gnadenmangel), die aber nicht die völlige Heillosigkeit der Menschheit zur Folge hat.	Verwerfung des Pelagianismus (DH 222-230; 267f.; 371f.; 398f.), reformatorischer Ansichten im *Decretum de peccato originali* des Konzils v. Trient vom 17.06.1546 (DH 1510-1516), der Irrtümer des M. Bajus DH 1946-1949), des Jansenismus (DH 2319) und von G. Hermes (DH 2739)

[226] Siehe tzt D 3/I, Nr. 45.
[227] Siehe tzt D 3/I, Nr.50.
[228] S. Chr. Schütz: MySal (1981) Erg.bd., 342 f. Vgl. in diesem Band: Schöpfungslehre 3.5.5 und 4.6.5.

Die kirchliche Erbsündenlehre kann sich weder auf die Erzählung vom Sündenfall (Gen 3) noch auf Röm 5,12 (eph' hô bezieht sich auf den Grund (*weil*), nicht den Urheber (*in dem = Adam*) der Sünde) berufen. Sie antwortet auf die Frage, weshalb auch Säuglinge die sündenvergebende Taufe (*in remissionem pectorum*) empfangen müssen. Während die östliche Theologie den Grund in der *Naturgemeinschaft* der Menschen mit dem Sünder Adam sieht, verlegt ihn seit Augustinus die westliche Theologie in die *Personengemeinschaft* (durch die Zeugungsherkunft) mit Adam. Sie setzt voraus, daß die Menschheit von einem einzigen Paar abstammt (Monogenismus); daher kann sie den kausalnexus nur biologisch und nicht geschichtlich verstehen. Außerdem betrachtet sie die Beziehungen zwischen Gott und Menschen sachhaft, nicht personal.
Eine geschichtliche Interpretation, wie sie heute versucht wird, macht aufmerksam, daß der Mensch sich stets in vorpersonal situierten Zusammenhängen findet und befindet, die seine personalen Akte beeinflussen und prägen. Faktisch ist die Geschichte eine Geschichte der Sünde, in die jeder Mensch hineingeboren wird, die ihn zum Bösen geneigt werden läßt und zu der er durch seine persönliche Sünde mehrend beiträgt.
„Der Christ ist realistisch genug, die Abgründe der Sünde zu sehen, aber er sieht sie im Licht der je größeren Hoffnung, die uns in Jesus Christus geschenkt ist. Die wichtigste Funktion der Lehre von der Erbsünde ist es, uns auf Jesus Christus als unser einziges Heil hinzuweisen" (Kath. Erwachsenkatechismus von 1985, S. 137).

Erstellt von Wolfgang Beinert

Im Rahmen unserer Systematik bietet sich eine Verbindung beider Interpretationsrichtungen an. Eine Disposition zur persönlichen Sünde liegt bereits in der geschöpflichen Existenzweise des offene Werdens zum Bilde Gottes. Diese Existenzweise ist aber von Grund auf mitgeschöpflich situiert und daher in einen überindividuellen Zusammenhang der Sünde eingebunden.

4.2.2.1 Verweigerung des Werdens zum Bild Gottes

Der Mensch soll im raumzeitlichen Wechsel seines Lebensvollzugs ein vielfältiges Abbild seines unendlichen Schöpfers werden. Dabei stellt jeder Wechsel eine Krise dar, eine Verunsicherung des Lebensvollzuges, in dem der Mensch bis dahin festen Stand gefunden hat. Der anstehende Wechsel macht *Angst*. Er bringt die Versuchung mit sich, an dem gewonnenen Stand festzuhalten, die Änderung des Lebensvollzuges zu verweigern. – In der Entwicklungspsychologie heißt die Tendenz, an der vorausgehenden Entwicklungsphase festzuhalten bzw. zu ihr zurückzukehren, *Regression*.[229] – Die aus der Angst hervorgehende Versuchung zur Regression bildet demnach die geschöpfliche Grundlage für die Möglichkeit der Sünde (vgl. 2.2.1; 3.1.1.1). Das offene Werden stellt den Menschen jeweils in die Entscheidung, der Bestimmung zum Bild des unendlichen Gottes nachzukommen oder sich ihr zu verweigern.

Die Entscheidung zur Sünde ist auf der Basis des offenen Werdens nicht als grundsätzliches und umfassendes Nein zu Gott zu verstehen (vgl. 3.3.3.2). Dazu ist der werdende Mensch gar nicht fähig. Sein Nein geschieht von einem bestimmten Standpunkt, einem bestimmten Lebensvollzug aus und richtet sich

[229] Eine theologische Interpretation der psychischen Entwicklung des Menschen als Tiefenstruktur der Sünde versucht E. Drewermann, Strukturen des Bösen, Paderborn 1978.

immer nur auf den jeweils anstehenden Wechsel im Abbildungsprozeß des unendlichen Gottes. Sein Nein ist relativ, vorläufig. Es kann sich von Lebenssituation zu Lebenssituation verfestigen. Aber der Sünder bleibt dennoch zeitlebens angehbar durch nicht absehbare Situationen, die ihn erneut dazu einladen, sich in das Werden auf Gott hin einzulassen.

Das Nein der Sünde erfaßt folglich nicht das geschöpfliche Werden schlechthin. Jemand kann im persönlichen Umgang mit anderen Menschen rücksichtsvoll und sensibel sein und im Straßenverkehr ein verantwortungsloser Raser. Von einigen KZ-Wächtern ist z.B. bekannt, daß sie fürsorgliche Ehegatten und Familienväter waren. Die Sünde im theologischen Sinne gibt sich daher in der Erfahrung des Menschen nicht als solche zu erkennen. Der Mensch kommt sich vor als eine Mischung von „gut" und „böse". Er erfährt sich hier gut und dort böse. Gut oder wenigstens voll guten Willens sieht er sich dort, wo er ganz bei der Sache ist, seinen Standpunkt und seine Weltsicht hat, sich identifiziert. Das Böse dagegen passiert ihm scheinbar nur, wenn er nicht ganz bei sich selbst und bei der Sache war.

Zur Sünde gehört die *Täuschung* des Menschen über sich selbst, seine Welt und seinen Gott. Sie verbirgt ihm, daß die Fixierung seines Selbstwertgefühls, seines guten Willens auf ein bestimmtes Tätigkeitsfeld oder eine bestimmte Lebensanschauung der Grund ist für sein Bösesein und Schuldigwerden in andersartigen Lebenssituationen. Geschieht die Fixierung mit Berufung auf die Gottesvorstellung, die diesem bestimmten Standpunkt entspricht, so wird das Böse völlig verdeckt unter dem Schein des Guten, der Erfüllung des Willens Gottes. Religiöser Fanatismus ist die perfekt gelungene Täuschung im Gefolge der Sünde. *Meister Eckehart* hat das so ausgedrückt: „Wer Gott in einer (bestimmten) Weise sucht, der nimmt die Weise und verfehlt Gott, der in der Weise verborgen ist."[230] In jeder Lebenssituation geht Gott den Menschen auf eine bestimmte Weise an. Macht aber der Mensch diese Weise zum Ganzen seines Lebens und seines Gottesbildes, so folgt er einem Götzen und kommt vom Weg zum lebendigen Gott und zum Heil ab.

Eine andere subtile Form der Täuschung, unter der sich die Sünde verbirgt, liegt in der „modernen" „Legitimation des fortgesetzten Wandels"[231], die einen bestimmten Anspruch der Situation, des „Nächsten" im Sinne Jesu, übersieht zugunsten einer beliebigen Vielfalt von Möglichkeiten (s. 4.1.1.3). Die Ideologie der freien Auswahl bedeutet in Wirklichkeit ein Ausweichen vor dem Anspruch der konkret gegebenen und aufgegebenen Wirklichkeit und damit vor dem Anspruch Gottes. Man versteht sich nicht als Mitgeschöpf in der Pluralität, sondern als Außenstehender, der diese nach Belieben in Gebrauch nimmt. Hierzu wiederum *Meister Eckehart*: „Der Mensch muß jeweils nur eines tun, er kann nicht alles tun. ... Denn wenn der Mensch alles tun wollte, dies und jenes, und von seiner Weise lassen und eines anderen Weise annehmen, die ihm just gerade viel besser gefiele, für wahr, das schüfe große Unbeständigkeit."[232]

[230] Meister Eckehart, Predigt 6; J. Quint, a.a.O., 180.
[231] F. X. Kaufmann, Religion und Modernität, a.a.O., 35.
[232] Reden der Unterweisung 22; J. Quint, a.a.O., 92.

Es versteht sich von selbst, daß für den auf eine bestimmten Lebensvollzug fixierten Menschen Vergänglichkeit und Tod ihren schöpfungstheologischen Sinn verlieren. Sie erscheinen als ständig drohender Entzug der Lebensgrundlage, auf der der Mensch festen Stand gefaßt hat. So folgt aus der Sünde die *Angst vor dem Tod*, zugleich aber auch das Mißtrauen gegenüber anders denkenden und lebenden Menschen („*Fundamentalismus*"). Sie stellen den eigenen festen Stand in Frage. Sie bilden eine Gefahr für das eigene Dasein, gegen die man sich zur Wehr setzen muß, die man beseitigen muß. Angst vor dem Tod und Neigung zur Gewaltanwendung, zum Töten kennzeichnen den Tod als Folge der Sünde, wie ihn die Bibel unter vielerlei Aspekten aussagt.

Die persönliche Sünde zeigt sich in unserer Perspektive als Verweigerung des Werdens, als Widerstand gegen den Abbildungsprozeß, in dem der Mensch teilhaben soll an der unendlichen Herrlichkeit Gottes. Der geschöpfliche Werdeprozeß bringt die Versuchung zur Regression oder zur Flucht in die unverbindliche Vielfalt mit sich.

4.2.2.2 Mitgeschöpfliche Wechselwirkung („*Erbsünde*")

Nicht nur im Lebensprozeß des einzelnen Menschen breitet sich die Sünde aus und blockiert mehr oder weniger die vielfältige Ausgestaltung des Bildes Gottes. Sie dringt auch in den mitgeschöpflichen Zusammenhang ein. Sünde wird dort zu einem pluralistischen Gebilde, an dem nicht nur die einzelnen Menschen in verschiedener Weise mitwirken. Auch der Lebensraum der Menschen, zufällige naturhafte Umstände und Ereignisse können dabei eine Rolle spielen. Was immer es mit bösen Geistern, Dämonen und Teufeln auf sich hat, anthropologisch ist wichtig, daß auch naturale Ereignisse (vgl. Eph 6,12) an dem pluralistischen Gebilde der Sünde beteiligt sind. Sie werden daher unwillkürlich als unheimliche Mächte empfunden.

Ein anschauliches Beispiel für den mitgeschöpflichen Zusammenhang der Sünde ist die Entstehung eines Rufmords. Eine leichthin geäußerte Verdächtigung kann unter unglücklichen Umständen der Anfang sein. Die Äußerung wird als Neuigkeit weitererzählt, wichtigtuerisch aufgebauscht, unkritisch als Tatsache übernommen. Es entsteht ein allgemeines anonymes Vorurteil, ein soziales Klima, in dem der Betroffene isoliert, vom Leben abgeschnitten wird. Er muß sich seinen Daseinsraum gegen die anderen erkämpfen oder er verliert seine Selbstachtung und verwahrlost. Einzelne Lieblosigkeiten haben sich mit bestimmten Umständen zu einem lebensfeindlichen Netzwerk verkettet. Das Böse hat eine Gestalt und eine Mächtigkeit erhalten, wie sie nur aus der Wechselwirkung vieler entsteht. Dieses Netzwerk beeinträchtigt den Abbildungsprozeß aller und jedes einzelnen. Denn jeder einzelne kommt durch Verinnerlichung mitgeschöpflicher Außenwirklichkeit zu seinem eigenen Lebensvollzug.

Was die Lehrtradition als *Erbsünde* bezeichnet, gibt sich hier zu verstehen als ein überindividueller Zusammenhang, der in jeden einzelnen hineinwirkt und an dem jeder einzelne auf andere hin mitwirkt.[233] Die so verstandene Erbsünde hat zwar ihren geschichtlichen Anfang in einer persönlichen Sünde. Aber sie kann

[233] Vgl. zu dieser Deutung der Erbsünde K.-H. Weger, Theologie der Erbsünde, Freiburg 1970.

doch nicht allein auf die Schuld der ersten Menschen (Adam und Eva) zurückgeführt werden, wie dies in der abendländischen Theologie aufgrund der Autorität des Augustinus geschah (s.o. 3.1.1.3). Die anfängliche Sünde gewinnt in einem geschichtlichen Prozeß ihre Gestalt und ihre entzweiende, zerstörerische Macht. Daraus folgt, daß die überindividuelle Sünde den Weg des Menschen bzw. der Menschheit zu Gott nicht immer in gleicher Weise und im gleichen Maße beeinträchtigt. Aber in jedem Fall beeinträchtigt sie ihn so, daß jeder Mensch auf befreiende und befriedende Einwirkungen von außen, d.h. auf die vergebende und heilende Gnade Gottes angewiesen ist.

Auf Grund der mitgeschöpflichen Wechselwirkung erlangt die Sünde eine überindividuelle Gestalt, aus der heraus jeder einzelne Mensch zu sich selbst kommt („*Erbsünde*") und die er in seinem Selbstvollzug aktiv mitträgt (*persönliche Sünde*).

4.2.3 Christusförmigkeit

Der Ausdruck *Christusförmigkeit* knüpft an Gal 4,19 und Röm 8,29 an. Paulus erleidet von neuem Geburtswehen, *„bis Christus in euch Gestalt annimmt"* (Gal 4,19). *„Denn alle, die er {Gott} im voraus erkannt hat, hat er auch im voraus dazu bestimmt, an Wesen und Gestalt seines Sohnes teilzuhaben"* – wörtlich: *„bestimmt zu Mitgestalteten des Bildes seines Sohnes"* (Röm 8,29). Die Adressaten sind an beiden Stellen gläubige, getaufte Christen. Ihr Leben ist ein Prozeß der Umformung in die Gestalt Christi, ihr Lebensziel die Christusförmigkeit. Gilt diese Bestimmung nur für besonders auserwählte und berufene Menschen, d.h. für die Christen, oder für alle Menschen? Wenn Gott will, daß alle Menschen zum Heil kommen, und wenn er dieses Heil für alle in Jesus Christus verwirklicht hat (1 Tim 2,4-6), dann muß die Bestimmung zur Christusförmigkeit in irgendeiner Weise für alle Menschen gelten.[234] In Jesus Christus hat die pluralistische menschliche Wirklichkeit ihre vollendete Gestalt erlangt. „Zusammengestaltetwerden" mit Christus ist nicht nur der christliche, sondern zugleich der menschliche Weg zum Heil. Während jedoch die Vollendung in Christus für die christliche Anthropologie als gemeinsame Zielbestimmung aller Menschen gelten muß, ist der geschichtliche Weg dorthin offensichtlich pluralistisch geprägt. Der christliche Mensch ist mit anderen nichtchristlichen Menschen unterwegs zur Vollendung in Christus. Das spannungsreiche Verhältnis zwischen dem christlichen und dem menschlichen Weg zum Heil[235] muß aber unter dem Gesichtspunkt der gemeinsamen Vollendung in Christus betrachtet werden.

4.2.3.1 Jesus Christus – der vollendete Mensch

Einen einzelnen und einmaligen Menschen in der Geschichte, Jesus von Nazaret, bekennt der christliche Glaube als den auf einzigartige Weise vollendeten

[234] Näheres dazu in der Lehre von der Kirche und von der Gnade. Zur Kurzinformation siehe die Artikel „Allgemeiner Heilswille Gottes" und „Nichtchristen" : LKDog [3]1991.

[235] Siehe dazu das Themenheft „Das Menschliche, Kriterium christlicher Existenz?: Conc(D) 18 (1982) 287-365.

Menschen. Aber diese Einmaligkeit und Einzigartigkeit ist nicht im ausschließenden Sinne zu verstehen: nur *er allein* im Unterschied zu allen anderen Menschen. Sie ist im einschließenden Sinne gemeint: *für alle und mit allen* (s.o. 2.1.3). In seine Vollendung ist die ganze pluralistische Geschöpflichkeit (s.o. 4.2.1), die zur menschlichen Wirklichkeit gehört, einbezogen. Alles ist in ihm zusammengefaßt (Eph 1,10; Kol 1,20). Der ganze Mensch in all seinen vielfältigen und gegenläufigen Wirklichkeitsbezügen, den kosmischen, mitmenschlichen, geschichtlichen, geschlechtlichen usw., ist in ihm befriedet und vollendet. Er ist die Vollendung der Menschheit und der ganzen Schöpfung. Dies ist er aber nicht schon auf Grund seiner einmaligen und einzigartigen Existenz in der menschlichen Geschichte, sondern auf Grund der einmaligen und einzigartigen Weise, wie Gott mit ihm eins ist. Weil er eins ist mit Gott, ist er der eine für alle und alles. Gott wohnt in ihm in seiner ganzen Fülle (Kol 1,19). Gott, der alles trägt, umfaßt und erfüllt – neutestamentlich gesprochen, der Geist Gottes –, hat ihn auferweckt (Röm 1,4) und ihn dadurch zum „*Erben des Alls eingesetzt*“ (Hebr 1,2).

Die christusförmige Zielbestimmung des Menschen ist nun nicht so zu verstehen, daß jeder Mensch *wie Jesus Christus* durch Gott und in Gott zur Vollendung kommen soll. Er kann vielmehr nur *durch und mit Christus* in Gott zur Vollendung kommen – als „*Mitgestalteter des Bildes seines Sohnes*“ (Röm 8,29). Denn in Jesus Christus ist die menschliche Wirklichkeit „*ein für allemal*“ (Hebr 9,12; 10,10) verwirklicht. Unter dem Aspekt der Mitgeschöpflichkeit des Menschen in einer pluralistischen Wirklichkeit wird dieses „ein für allemal“ auch anthropologisch einsichtig. Durch die Vollendung des einen geschichtlichen Menschen in Gott ist die ganze mitgeschöpfliche Wirklichkeit dieses einen mitbetroffen. Die Vollendung der anderen kann nicht auf gleiche Weise geschehen, sondern nur so, daß die anderen in seine Vollendung hineingenommen werden und hineinwachsen. Sonst wäre Jesus Christus nicht der vollendete mitgeschöpfliche Mensch. Die Christusgestalt wäre lediglich das Symbol für die Vollendungsgestalt jedes Menschen. Das Leben und Sterben Jesu für Gottes Herrschaft in allem hätte lediglich die Idee der Vollendung der Menschen in Gott hervorgebracht und die Hoffnung darauf geweckt.

Christusförmigkeit meint hingegen Teilhabe und Nachvollzug, genauer: Nachvollzug auf Grund der von Christus erwirkten Teilhabe. Durch Christus, mit ihm und in ihm. Man wird dann allerdings auch die Vollendung Jesu Christi selbst als einen eschatologischen Prozeß denken dürfen, der erst am Ende der Menschheitsgeschichte abgeschlossen ist. Bis dahin geschieht noch die Hineinnahme der zu ihm gehörenden mitgeschöpflichen Wirklichkeit in seine Vollendung. Daher begeht die Christengemeinde in der Eucharistiefeier seinen Tod und seine Auferstehung bis zu seiner endzeitlichen Wiederkunft (vgl. Röm 11,26).

Von der Vollendung des einen Menschen Jesus von Nazaret durch Gott und in Gott sind alle Menschen mitgeschöpflich betroffen. Ihre Vollendung kann theologisch nur als Teilhabe an seiner Vollendung gedacht werden. Sie ist in diesem Sinne christusförmig bestimmt.

4.2.3.2 Christusförmigkeit als Ziel und Weg

Jahrhundertelang herrschte in der Theologie die Auffassung, daß die christusförmige Zielbestimmung seit der Geburt Christi nur noch durch den Glauben an Christus und ein Leben in der christlichen Gemeinschaft (Kirche) zu erreichen sei. Gestützt wurde diese Auffassung unter anderem dadurch, daß nach dem Ende der Christenverfolgung der christliche Glaube jedem Menschen im römischen Weltreich zugänglich war. Menschliche Gesellschaft und christliche Glaubensgemeinschaft wurden mehr und mehr deckungsgleich. Wer außerhalb des christlichen Glaubens stand, stand praktisch auch außerhalb der menschlichen Gemeinschaft und umgekehrt. Der Ungläubige schien zugleich ein Feind der menschlichen Gesellschaft zu sein, ein Unmensch. Heute lebt der Christ inmitten einer Vielzahl von Religionen und Weltanschauungen. Sein Glaube an Christus hindert ihn nicht anzuerkennen, daß der Nichtchrist „nicht einfach schlechthin in seinem Daseinsvollzug das Gegenteil von ihm sagt und lebt".[236] Was sich bei den Nichtchristen „an Gutem und Wahrem findet", wird vom Christen „als Gabe dessen geschätzt, der jeden Menschen erleuchtet, damit er schließlich das Leben habe" (LG 16).

In der Perspektive der geschöpflichen Pluralität und ihrer Vollendung im unendlichen Gott durch den Gottmenschen Jesus Christus erscheint auch die Vielzahl der Heilswege als ein pluralistischer Zusammenhang. Christliche und andersartige menschliche Existenz sind wechselseitig aufeinander bezogen. Sie haben auf je verschiedene Weise einander nötig zum Heil des ganzen Menschen. Das heißt: Sie sind nur miteinander unterwegs zur eschatologischen Christusförmigkeit. Der Christ lebt zwar aus dem Glauben an die christusförmige Vollendung des Menschen und der Menschheitsgeschichte. Aber er kann diesen Glauben nur begrenzt leben und zur Sprache bringen. Sowohl die Erfahrungstradition des christlichen Glaubens wie die je gegenwärtige Situation bleiben unausweichlich hinter der universal-eschatologischen Christusförmigkeit zurück. Auf seinem Weg der Eingestaltung in das Bild Christi wird der Christ daher um der allumfassenden Christusförmigkeit willen auf menschliche und religiöse Erfahrungen verwiesen, die außerhalb seiner eigenen Wegstrecke liegen. Menschliche und religiöse Erfahrungen und Bemühungen, in denen sich auf andere Weise die Suche nach dem Glück, nach dem Heil des ganzen Menschen ausdrückt. Denn in der eschatologischen Christusförmigkeit des ganzen Menschen kommen auch die „wahren und guten" außerchristlichen Erfahrungen der menschlichen Wirklichkeit zur Vollendung, die dem Christen auf seinem eigenen geschichtlichen Weg nicht aufgegangen sind. Der Glaube an die Vollendung der menschlichen Wirklichkeit in Christus schließt die Anerkennung außerchristlicher Vorzeichen dieser Vollendung ein. Der Christ kann in ihnen das Wirken des Geistes Christi erkennen; er kann in ihnen dem erhöhten Christus begegnen, der alle an sich zieht (Joh 12,32).

Auf Grund der einen menschlichen und christlichen Zielbestimmung stehen der christliche Weg und die nichtchristlichen Wege in einem bis zur Vollendung in Christus unaufhebbaren Zusammenhang.

---

[236] K. Rahner, Grundkurs des Glaubens, 387.

4.2.3.3 Menschwerden und Christwerden

Die Frage nach dem Verhältnis zwischen dem Menschlichen und dem Christlichen auf dem Weg zur Vollendung des ganzen Menschen in Christus stellt sich der Theologischen Anthropologie nicht nur und nicht einmal zuerst als die nach dem Verhältnis des Christen zum Nichtchristen. Sie betrifft schon das Menschliche im Christen selbst. Der Christ lebt heute in Lebensbereichen, die nach menschlichen Zielvorstellungen organisiert sind, die nicht christlich motiviert sind: Selbstbestimmung, Leistung, Sicherheit, Wohlstand, Bewegungsfreiheit usw. Aus der christusförmigen Zielbestimmung des ganzen Menschen lassen sich keine spezifisch christlichen Verhaltensweisen in diesen Lebensbereichen ableiten. Daher ist mit dem christlichen Glauben eine „*Ethik der Humanität*" verbunden.[237] Das spezifisch Christliche wurde – und wird von manchen auch heute – darin gesehen, daß der Christ diese humanen Werte einschränken und unter Umständen sogar opfern muß um der eschatologischen Vollendung des Ganzen willen. Alles verlassen, um am Ende alles zu gewinnen – darin bestehe der Ernst der Kreuzesnachfolge. Die Kreuzigung des Menschlichen gehöre zur Verwirklichung des Christlichen. Diese Auffassung des christlichen Heilswegs hat der neuzeitliche Humanismus als menschenfeindlich kritisiert. Eine positive Bedeutung kann er dem Kreuz nur abgewinnen, insofern eine gewisse Entsagung zu einer ausgeglichenen Persönlichkeit und zu jeder auf sozialen Frieden eingestellten Politik gehört.[238]

Die Kreuzigung des Menschlichen um des Christlichen willen entspricht aber nicht ganz der neutestamentlichen Sicht vom Kreuzestod Jesu und von der Nachfolge Christi (s.o. 2.3). Sie ist offensichtlich beeinflußt vom Ersatz des Martyriums durch die mönchische Lebensweise nach der Verfolgungszeit (s.o. 3.1). Das spezifisch Christliche kann letztlich nicht im Verzicht auf die Entfaltung des Menschlichen bestehen. Der Glaube an die christusförmige Vollendung des ganzen Menschen erstickt sich selbst, wenn er die Entfaltung des Menschlichen unterdrückt. Und er verfehlt seine Sendung, diese Vollendung in der Welt zu bezeugen. Das spezifisch Christliche ist vielmehr die Entfaltung des Menschlichen im Glauben an die christusförmige Vollendung des ganzen Menschen. Das Kreuz hat darin überall dort seinen Ort, wo die Entfaltung einer Seite des Menschlichen sich verselbständigt und der Öffnung auf das Ganze widersetzt; oder sozial gewendet: wo eine Gruppe von Menschen ihre Möglichkeiten durch Unterdrückung der anderen auslebt. Solcher einseitigen Ermächtigung muß der Glaube an das Heil des ganzen Menschen durch Widerstand und unter Umständen durch Verzicht zugunsten anderer Seiten der menschlichen Wirklichkeit bzw. der unterdrückten Menschen begegnen.

Aber auch dieses Ja zum Kreuz erfordert heute nach der Erfahrung des Scheiterns so vieler humanistischer Ideologien bereits eine konsequent durchgehaltene *offene Humanität*. Unterscheidet den Christen vielleicht „nur die Hoffnung, daß wir auf ewig Menschen bleiben dürfen, von denen, die humanistisch an sich

[237] E. Schillebeeckx, Christliche Identität und menschliche Integrität: Conc(D) 18 (1982) 314.

[238] Siehe dazu auch Ch. Duquoc, Die Torheit des Kreuzes und das Humane: Conc(D) 18 (1982) 351-358.

selbst und an ihrer Welt verzweifeln"?[239] Offene Humanität schließt die Möglichkeit einer Vollendung, die sich über alles vom Menschen her Machbare hinaus eröffnet, nicht grundsätzlich aus. Vielleicht ist solche humanistische Hoffnung wie vieles, was heute der Menschenwürde zugerechnet wird, nicht ohne Einfluß des Christentums entstanden. Aber sie kann womöglich doch ohne den christlichen Glauben gelebt werden. Wie könnte der christliche Glaube sonst überhaupt andere Heilsmöglichkeiten anerkennen?

Statt nach dem Unterscheidenden zwischen Menschwerden und Christwerden zu suchen, hat die Theologische Anthropologie wohl eher den Dienst des christlichen Glaubens an der Menschwerdung des Menschen herauszustellen. Christliche Menschwerdung bestätigt und ermutigt das Gute und Wahre, das in der menschlichen Suche nach Glück und Heil wirksam ist. Denn christliche Menschwerdung hat teil an der Sendung Jesu, alle zu sammeln in die heilende und vollendende Nähe Gottes. Auf Grund dieser Teilhabe an der Sendung Christi weiß sich der Mensch als Christ von Gott in dieselbe menschliche Wirklichkeit gerufen, aus der heraus er als Mensch auf der Suche ist nach dem „Vollender aller Dinge" (Meister Eckehart), nach Gott. Aus dem christlichen Erwählungs- und Berufungsbewußtsein in der Nachfolge Christi mögen sich dann in bestimmten konkreten Lebenssituationen auch andere Akzente der Betroffenseins und der Reaktion ergeben als aus der „bloß" menschlichen Suche nach Gott. Aber dieses Besondere des Christlichen zielt nicht auf Einschränkung oder gar „Abtötung" des Menschlichen, sondern steht im Dienst an der Vollendung des ganzen Menschen.

Es widerspräche der Sendung Jesu und somit dem Geist Christi, das Besondere des Christlichen dem „bloß" Menschlichen gegenüberzustellen. Der Christ ist zugleich als pluralistisch verfaßter und situierter Mensch auf der Suche nach Vollendung des Ganzen und als der, welcher an die Vollendung der ganzen Schöpfung in Christus glaubt, auf der Suche nach allem Menschlichen.

4.2.3.4 Kirche als Praxismodell pluralistischer Menschlichkeit

Menschliche Praxis steht auf Grund der geschöpflichen pluralistischen Wirklichkeit (4.2.1.1) in einer doppelten Gefahr. Sie droht sich in die beliebige Vielfalt zu verlieren oder sich auf eines als das für alles andere und alle anderen Maßgebliche festzulegen (4.2.2.1). Beide Einstellungen verfehlen die eschatologische Vollendung des Menschen in Christus, dem – aufgrund der ihm innewohnenden Fülle Gottes – *einen für alle* (4.2.3). Menschliche und christliche Praxis muß einen Weg finden „jenseits von Relativismus und Fundamentalismus"[240], einen Weg, der weder vom Markt beliebiger Lebensmöglichkeiten noch vom Diktat einer einzigen alleingültigen Lebensmöglichkeit bestimmt ist.

Abschließend soll daher noch darauf hingewiesen werden, daß und wie die Kirche bzw. die Gemeinde von Christus her sich als ein solcher Weg zu verstehen und ihn zu gehen hat. Kirche ist Weggemeinschaft zu vollendetem

---

[239] So P. Eicher, Die Konsequenz von Gottes Menschlichkeit. Zum Problem eines christlichen Humanismus: Conc(D) 18 (1982) 297.

[240] D. Tracy, Jenseits von Relativismus und Fundamentalismus: Conc(D) 28 (1992) 183-188.

Menschsein. Im Neuen Testament wird das Spannungsverhältnis zwischen Vielfalt und Einheit der Kirche vor allem mit dem Bild vom einen Leib Christi und seinen verschiedenartigen Gliedern angesprochen (1 Kor 12,12-27; Röm 12,4-8; Eph 4,7.11-16). Paulus betont besonders die Verschiedenartigkeit der Glieder. Ohne diese wäre der Leib überhaupt nicht Leib: „*Wären alle zusammen nur ein Glied, wo bliebe dann der Leib? So aber gibt es viele Glieder aber doch nur einen Leib*" (1 Kor 12,19f). „*Denn wie wir an dem einen Leib viele Glieder haben, aber nicht alle Glieder denselben Dienst leisten, so sind wir, die vielen, ein Leib in Christus, als einzelne aber sind wir Glieder, die zueinander gehören*" (Röm 12,4f). Die Einheit des Leibes in Christus soll sich in der Praxis darstellen als ein „*zueinander gehören*" (Röm 12,5), „*einträchtig füreinander sorgen*" (1 Kor 12,4f). Paulus propagiert also nicht ein Konfliktmodell, wonach die verschiedenen Glieder (Interessensgruppen, Parteien) sich gegeneinander zur Geltung bringen und so zu einem Ausgleich kommen. Das Je-Eigene soll nicht gegen das Andersartige, sondern in Solidarität mit dem Andersartigen eingebracht werden. Es soll so eingebracht werden, daß es das Andersartige nicht zurückdrängt, sondern ermutigt und fördert, weil beides zum Ganzen des Leibes Christi gehört.

Dem Epheserbrief geht es vorrangig um die Einheit. Aber „sie ist nicht Nivellierung und Gleichmacherei, sondern bewährt sich und kommt zum Ausdruck in der Vielgestalt individueller Züge".[241] In der Vielfalt der Gaben und Dienste „*sollen wir alle zur Einheit im Glauben und in der Erkenntnis des Sohnes Gottes gelangen, damit wir zum vollkommenen Menschen werden und Christus in seiner vollendeten Gestalt darstellen*" (wörtlich: „*und zum Altersmaß der Fülle Christi*") (Eph 4,13). Vollends Mensch wird der einzelne Christ zusammen mit den andersartigen anderen Christen in der gemeinsamen Beziehung zu Christus.

Das Zweite Vatikanische Konzil hat diesen Weg zum vollendeten Menschen, der vom Evangelium Jesu Christi vorgezeichnet ist und immer wieder ermöglicht wird, für unsere Zeit erneut zur Geltung gebracht: mit Bezug auf die verschiedenen Völker (LG 13), auf das Verhältnis der Teilkirchen zur Gesamtkirche (LG 23) und auf die Beziehung zwischen Laien und Amtsträgern (LG 32). Aber die Gemeinschaft der Christen ist diesen Weg nie ganz gradlinig gegangen. Auch heute bleibt er neu zu entdeken und zu praktizieren. Die Amplituden zwischen Einheit und Vielfalt sind weiter geworden, da die pluralistische Eigenart unserer Wirklichkeit deutlicher ins Bewußtsein getreten ist. Sie droht zur unvereinbaren Gegensätzlichkeit zu werden. Auf der anderen Seite droht das Bemühen um Einheit zur Verkümmerung der Vielfalt zu führen. Beides gereicht zum Schaden für den ganzen heilen Menschen und die Vollgestalt des Leibes Christi.

Die kirchliche Praxis, die zum ‚vollkommenen Menschen' hinführt, kann nicht verordnet und organisiert werden. Institutionen können sie lediglich besser oder weniger gut ermöglichen. Der eigentliche Ort dieser Praxis ist die konkrete Lebensgemeinschaft der Glaubenden. Denn nur im unmittelbaren Lebenskontakt kann ich die Andersartigkeit des anderen aus seinem Lebenskontext nachvollziehen und verstehen. Ich kann seine andersartige Betroffenheit durch das Evangelium in der scheinbar gleichen Situation verstehen, anerkennen und mittragen. Ich

[241] J. Gnilka, Der Epheserbrief (HThK 10,2), Freiburg-Basel-Wien ²1977, 205.

kann einsehen, daß die scheinbar gemeinsame Situation für den anderen doch nicht ganz dieselbe ist wie für mich. Seine Betroffenheit kommt dann vom anderen her auf mich zu. Sie betrifft mich, insofern mich der andere in der Andersartigkeit seiner Existenz betrifft. Sie gehört zu meiner Existenz. Ich partizipiere an ihr, ohne daß ich meine eigene Betroffenheit aufgebe oder verleugne. Es ereignet sich ein wechselseitiges Betroffensein, ein Mitgehen mit dem Glaubensvollzug des anderen, das über ein bloßes Geltenlassen des anderen hinausgeht. Ich erfahre die Entfaltung der pluriformen menschlichen Wirklichkeit, das Heilwerden des ganzen Menschen in der Einheit des Glaubens an Christus. Diese Heilserfahrung erschließt sich nur im persönlichen existentiellen Kontakt zwischen verschiedenartigen Menschen: zwischen Alten und Jungen, Männern und Frauen, Amtsträgern und Laien, Progressiven und Konservativen, Menschen aus armen Ländern und aus reichen Ländern.

Die im unmittelbaren Kontakt gelebte Gemeinschaft im Glauben vor Ort ist die Quelle der Erfahrung ganzmenschlichen Heilwerdens. Nur von dort kann diese Erfahrung in die übergreifenden Ordnungen hineinwirken, auf daß die Gesamtkirche immer mehr Anwalt und Wegweiser des ganzen Menschen und seiner Vollendung in Christus werde.

Literaturverzeichnis

Zu Kap. 1:

Eicher, P.: Du sollst dir kein Bildnis machen. Möglichkeiten und Grenzen theologischer Anthropologie heute: G. Bitter, G. Miller (Hg.), Konturen heutiger Theologie. Werkstattberichte, München 1976, 21-44.
Fischer, H. (Hg.): Anthropologie als Thema der Theologie, Göttingen 1978.
Frey, Chr.: Arbeitsbuch Anthropologie. Christliche Lehre vom Menschen und humanwissenschaftliche Forschung, Stuttgart u.a. 1979.
Gehlen, A.: Der Mensch. Seine Natur und seine Stellung in der Welt (1940), Frankfurt [12]1978.
Meinberg E.: Das Menschenbild der modernen Erziehungswissenschaft, Darmstadt 1988.
Otto St.: Gottes Ebenbild in Geschichtlichkeit. Überlegungen zur dogmatischen Anthropologie, München u.a. 1964.
Pannenberg, W.: Anthropologie in theologischer Perspektive, Göttingen 1983.
Pannenberg, W.: Was ist der Mensch? Die Anthropologie der Gegenwart im Lichte der Theologie (1962), Göttingen [7]1985.
Pesch, O. H.: Frei sein aus Gnade. Theologische Anthropologie, Freiburg 1983.
Plessner, H.: Die Stufen des Organischen und der Mensch. Einleitung in die philosophische Anthropologie, Berlin 1965.
Rahner, K.: Theologie und Anthropologie: ders., Schriften zur Theologie VIII, Einsiedeln u.a. 1967, 43-65.
Scheler, M.: Die Stellung des Menschen im Kosmos (1928), Bern u.a. [7]1966.

Zu Kap. 2:

Berger, K.: Historische Psychologie des Neuen Testaments (SBS 146/147), Stuttgart 1991.
Schnelle, U.: Neutestamentliche Anthropologie. Jesus – Johannes – Paulus (BThSt 19), Neukirchen-Vluyn 1991.
Wolff, H.W.: Anthropologie des Alten Testaments, München [4]1984.

Zu Kap. 3.1:

Dinkler, E.: Die Anthropologie Augustins, Stuttgart 1934.
Kallis, A.: Der Mensch im Kosmos. Das Weltbild Nemesios' von Emesa (MBTh 43), Münster 1978.
Karpp, H.: Probleme altchristlicher Anthropologie, Biblische Anthropologie und philosophische Psychologie bei den Kirchenvätern des dritten Jahrhunderts, Gütersloh 1950.
Osborn, E.: Anfänge christlichen Denkens. Justin, Irenäus, Tertullian, Klemens. Übers., bearb. u. hg. v. Johannes Bernard, Düsseldorf 1987.
Thunberg, L.: Microcosm and Mediator. The Theological Anthropology of Maximus The Confessor, Lund 1965.

Zu Kap. 3.2:

Bruch, R.: Die Gottebenbildlichkeit des Menschen nach den bedeutendsten Scholastikern des 13. Jahrhunderts, Freiburg 1946.
Haubst R. (Hg.): Das Menschenbild des Nikolaus von Kues und der christliche Humanismus (MFCG 13), Mainz 1978.
Otto, St.: Die Funktion des Bildbegriffes in der Theologie des 12. Jahrhunderts (BGPhMA 40), Münster 1963.
Schneider, Th.: Die Einheit des Menschen. Die anthropologische Formel „anima forma corporis" im sogenannten Korrektorienstreit und bei Petrus Johannes Olivi. Ein Beitrag zur Vorgeschichte des Konzils von Vienne (BGPhMA.N.F. 8), Münster 1973.

Zu Kap 3.3:

Barth, K.: Mensch und Mitmensch. Die Grundform der Menschlichkeit, Göttingen 1954.
Brunner, E.: Der Mensch im Widerspruch. Die christliche Lehre vom wahren und wirklichen Menschen (1937), Zürich [3]1941.
Gogarten, F.: Der Mensch zwischen Gott und Welt (1952), Stuttgart [2]1956.
Guardini, R.: Welt und Person. Versuche zur christlichen Lehre vom Menschen, Würzburg 1939.
Jüngel, E.: Der Gott entsprechende Mensch. Bemerkungen zur Gottebenbildlichkeit des Menschen als Grundfigur theologischer Anthropologie: H.-G. Gadamer, P. Vogler (Hg.), Neue Anthropologie, Bd. 6, Stuttgart 1974.
Peters, A.: Der Mensch (HST 8), Gütersloh 1979.
Rahner, K.: Grundkurs des Glaubens. Einführung in den Begriff des Christentums, Freiburg 1977.
Thielicke, H.: Mensch sein – Mensch werden. Entwurf einer christlichen Anthropologie, München u.a. 1976.

Zu Kap. 4:

Langemeyer, G.: Menschsein im Wendekreis des Nichts. Entwurf einer Theologischen Anthropologie auf der Basis des alltäglichen Bewußtseins, Münster 1988.
Möller, J.: Menschsein: ein Prozeß. Entwurf einer Anthropologie, Düsseldorf 1979.
Rombach, H.: Strukturanthropologie: „Der menschliche Mensch", Freiburg u.a. 1987.
Seibel, W.: Der Mensch als Gottes übernatürliches Ebenbild und der Urstand des Menschen: MySal 2 (1967) 805-843.

Personenregister

Das Personenregister erstellte Barbara Kastenbauer. Das Sachregister erarbeiteten die Autoren und der Herausgeber. Gesamtredaktion: Bertram Stubenrauch

Sachregister